DICCIONARIO ESCOLAR GUADAL

DE LA LENGUA ESPAÑOLA

DICCIONARIO ESCOLAR GUADAL

DE LA LENGUA ESPAÑOLA

EDITORIAL ••◆ GUADAL

Diccionario Escolar Guadal 2022 / coordinación general de María José Pingray. -
1a ed. - Ciudad Autónoma de Buenos Aires : El Gato de Hojalata, 2022.
528 p. ; 17 x 11 cm.

ISBN 978-987-797-897-1

1. Diccionarios. I. Pingray, María José, coord.
CDD 463

Abreviaturas

a.C.	antes de Cristo.	conj. disy.	conjunción disyuntiva.
abs.	absoluto.	conj. il.	conjunción ilativa.
abr.	abreviatura.	conjug.	conjugación.
acep.	acepción.	contr.	contracción.
adj.	adjetivo o adjetival.	copul.	copulativo o copulativa.
adv.	adverbio o adverbial.	d. C.	después de Cristo.
adv.a	adverbio de afirmación.	def.	verbo defectivo.
		dem.	demostrativo.
adv.c	adverbio de cantidad.	depon.	deponente.
adv.correlat. cant.	adverbio correlativo de cantidad.	deriv.	derivado.
		des.	desinencia.
adv. d.	adverbio de duda.	desp.	despectivo o despectiva.
adv. interrog. l.	adverbio interrogativo de lugar.	det.	determinado.
adv. l.	adverbio de lugar.	dim.	diminutivo.
adv. lat.	adverbio latino.	distrib.	distributivo o distributiva.
adv. m.	adverbio de modo.		
adv. n.	adverbio de negación.	disyunt.	disyuntivo o disyuntiva.
adv. o.	adverbio de orden.		
adv. relat. l.	adverbio relativo de lugar.	e. o ej.	ejemplo.
		E.	Este.
adv. t.	adverbio de tiempo.	etc.	etcétera.
adverb.	adverbial.	excl.	exclamación o exclamativo.
advers.	adversativa.		
alt.	altitud o altura.	expre.	expresión.
amb.	ambiguo.	(expr. fr.)	voz francesa.
amer.	americanismo.	(expr. i.) o (expr. ing.)	voz inglesa.
apl.	aplica o aplicado.	(expr. lat.)	voz latina.
apóc.	apócope.	f.	sustantivo femenino.
art.	artículo.	f. pl.	femenino plural.
aum.	aumentativo.	fam.	familiar.
aux.	verbo auxiliar.	fig.	figurado o figurada.
barb.	barbarismo.	fut.	futuro.
c.	como.	gén.	género.
C.	centígrado.	ger.	gerundio.
col.	uso coloquial.	h.	hacia.
com.	género común.	ho.	homónimo.
comp.	comparativo o comparativa.	íd.	ídem.
		ilat.	ilativo o ilativa.
conc.	concesiva.	imper. o imperat.	imperativo.
cond.	condicional.	imperf.	imperfecto.
conj.	conjunción.	impers.	verbo impersonal.
conj. ad.	conjunción adversativa.	indef.	indefinido.
conj. com.	conjunción comparativa.	indet.	indeterminado.
conj. cond.	conjunción condicional.	indic.	indicativo.
conj. cop.	conjunción copulativa.	inf.	infinitivo.
conj. dist.	conjunción distributiva.	insep.	inseparable.

intens.	intensivo.
interj.	interjección o interjectiva.
interr.	interrogativo o inyterrogativa.
intr.	intransitivo.
inv.	invariable.
irón.	irónica o irónico.
irreg.	irregular.
kmh.	kilómetro por hora.
km/s.	kilómetro por segundo.
lat.	latitud o latino.
loc.	locución.
loc. adj.	locución adjetiva.
loc. adv.	locución adverbial.
loc. conjunt.	locución conjuntiva.
loc. interj.	locución interjectiva.
loc. prepos.	locución prepositiva.
long.	longitud.
m.	sustantivo masculino o género masculino.
m. pl.	masculino plural.
m/s.	metros por segundo.
m. y f.	masculino y femenino.
Más c.	Más común como.
n.p.	nombre propio.
N.	Norte.
NE.	Nordeste.
neg.	negación.
negat.	negativo o negativa.
núm. o núms.	número o números.
O.	Oeste.
onomat.	onomatopeya.
p.	participio.
p. a.	participio activo.
p. ej.	por ejemplo.
p. ext.	por extensión.
p. f.	participio de futuro.
p. f. p.	participio de futuro pasivo.
p. p.	participio pasivo.
P. G. M.	Primera Guerra Mundial.
pers.	persona.
pl.	plural.
poét.	poéticamente.
pop.	popular.
pref.	prefijo.
prep.	preposición.

prep. insep.	preposición inseparable.
pres.	presente.
pret.	pretérito.
prnl.	pronominal.
pron.	pronombre.
pron. correlat. cant.	pronombre correlativo de cantidad.
pron. dem.	pronombre demostrativo.
pron. exclam.	pronombre exclamativo.
pron. indef.	pronombre indefinido.
pron. interrog.	pronombre interrogativo.
pron. pers.	pronombre personal.
pron. pos.	pronombre posesivo.
pron. relat.	pronombre relativo.
pron. relat. cant.	pronombre relativo de cantidad.
rec.	verbo recíproco.
regr.	regresivo.
s.	sustantivo o siglo (delante de número romano).
S.	Sur.
S. G. M.	Segunda Guerra Mundial.
Se usa m.	Se usa más.
sent.	sentido.
sign.	significa o significación.
sing.	singular.
SO.	Sudoeste.
subj.	subjetivo.
suf.	sufijo.
sup. o superl.	superlativo.
t.	temporal, tiempo.
tr.	verbo transitivo.
unip.	unipersonal.
(voz al.) o (voz alem.)	voz alemana.
(voz ár.)	voz árabe.
(voz cat.)	voz catalana.
(voz fr.)	voz francesa.
(voz hol.)	voz holandesa.
(voz i.) o (voz i.)	voz inglesa.
(voz it.)	voz italiana.
(voz lat.)	voz latina.
vulg.	vulgar, vulgarismo, vulgarmente.

Materias

ACÚST.	Acústica	GEOG.	Geografía
AERON.	Aeronática	GEOL.	Geología
AGRIC.	Agricultura	GEOM.	Geometría
ALBAÑ.	Albañilería	GRAM.	Gramática
ÁLG.	Álgebra	HERÁLD.	Heráldica
ALQ.	Alquimia	HIST.	Historia
ANAT.	Anatomía	HISTOL.	Histología
ANTROP.	Antropología	IMPR.	Imprenta
APIC.	Apicultura	INFORM.	Informática
ARIT.	Aritmética	LING.	Lingüistica
ARQ. y ARQUIT.	Arquitectura	LIT.	Literatura
ART.	Arte	LOG.	Lógica
ASTROL.	Astrología	MAR.	Marina
ASTRON.	Astronomía	MAT.	Matemática
ASTRONAUT.	Astronáutica	MEC.	Mecánica
AUTOM.	Automovilismo	MED.	Medicina
AV.	Aviación	METAL.	Metalurgia
BACT.	Bacteriología	METEOR.	Metereología
BLAS.	Blasonería	MÉTR.	Métrica
BIOL.	Biología	MICROBIOL.	Microbiología
BIOQUÍM.	Bioquímica	MIL.	Milicia
BOT.	Botánica	MINER.	Minería
CARP.	Carpintería	MINERAL.	Mineralogía
CIB.	Cibernética	MIT.	Mitología
CIN. Y CINEM.	Cinematografía	MÚS.	Música
CIR.	Cirugía	NUMISM.	Numismática
COM.	Comercio	OPT.	Óptica
DEP.	Deporte	ORTOGR.	Ortografía
DER.	Derecho	PALEONT.	Paleontología
DOCUM.	Documentación	PARAPSICOL.	Parapsicología
ECOL.	Ecología	PAT.	Patología
ECON.	Economía	PINT.	Pintura
ELECTR.	Electricidad	POL.	Política
ELECTRÓN.	Electrónica	PSICOL.	Psicología
EPIST.	Epistemología	PSICOPAT.	Psicopatología
EQUIT.	Equitación	PSIQUIAT.	Psiquiatría
ESC.	Escultura	QUIM.	Química
ESTAD. y ESTADÍST.	Estadística	RADIO.	Radio
ETIC.	Ética	REL. y RELIG.	Religión
ETIM.	Etimología	RET.	Retórica
ETNOL.	Etnología	SOCIOL.	Sociología
FARM.	Farmacia	TAUR. y TAUROM.	Tauromaquia
FILOS.	Filosofía	TEATRO.	Teatro
FIS.	Física	TECNOL.	Tecnología
FISIOL.	Fisiología	TEOL.	Teología
FON.	Fonética	TOPOG.	Topografía
FOT.	Fotografía	TV.	Televisión
GEN. o GENÉT.	Genética	VETER.	Veterinaria
GEOF.	Geofísica	ZOOL.	Zoología

A

a. f. Primera letra del alfabeto español y primera de las vocales. || prep. Denota el complemento de la acción del verbo. Seguida del artículo el, forma la contracción al. No confundir con ha *(del verbo haber)* ni con la interjección ¡ah! || pref. que significa privación o negación. || Ante una palabra que empieza por vocal, toma la forma an.

ábaco. m. Tablero de madera con alambres y bolas para enseñar a contar. || ARQUIT. Parte superior del capitel.

abad, desa. m. y f. Superior de un monasterio de religiosos que tiene categoría de abadía. || m. Autoridad eclesiástica de algunas colegiatas.

abadejo. m. Bacalao.

abadía. f. Iglesia, monasterio o territorio regido por un abad o una abadesa. || Territorio y bienes bajo la jurisdicción de una abad o una abadesa.

abajo. adv. l. Hacia lugar o parte inferior. || En lugar posterior o inferior. || En dirección a la parte más baja. || Interj. Se usa para expresar desaprobación.

abalanzarse. prnl. Lanzarse o arrojarse hacia alguien o algo. Se construye con las preps. a, hacia y sobre.

abalorio. m. Cuentecillas de vidrio agujereadas para hacer collares o adornos. || Cualquier adorno de poco valor.

abanderado, da. m. y f. En desfiles o actos públicos, persona que lleva la bandera. || Portavoz o defensor de una causa, movimiento u organización.

abanderar. tr. Matricular o registrar bajo la bandera de un Estado una embarcación de nacionalidad extranjera. || Proveer a un buque de los documentos que acrediten su bandera. || Defender o ponerse al frente de una determinada causa, movimiento u organización.

abandonado, da. adj. Descuidado, desidioso o despreocupado. || Sucio, desaseado.

abandonar. tr. Dejar, desamparar. || Desistir, renunciar. || Dejar un lugar. || prnl. Dejarse dominar por afectos, pasiones o vicios. || Descuidar los intereses, las obligaciones, el aseo personal o la compostura. || Rendirse ante las adversidades.

abandono. m. Desamparo, descuido. || Re-

nuncia, desinterés. || Alejamiento de un lugar. || Descuido de los intereses, las obligaciones, el aseo personal o la compostura.

abanicar. tr. Dar aire, especialmente con un abanico. También prnl. || TAUROM. Incitar al toro, flameando ante él el capote como un abanico, generalmente para hacerle cambiar de lugar en la suerte de varas.

abanico. m. Instrumento semicircular con un armazón de varillas que se pliegan y despliegan, utilizado para hacer aire. || Lo que tiene una forma parecida a la de este instrumento.

abaratamiento. m. Disminución o bajada del precio de un producto o servicio.

abarcar. tr. Ceñir, rodear. || Comprender, contener. || Alcanzar con la vista. || Ocuparse de varios asuntos a la vez.

abarrotar. tr. Llenar, atestar.

abastecer. tr. y prnl. Proveer a alguien de aquello que necesita.

abastecimiento. m. Provisión de lo que resulta necesario.

abasto. m. Provisión de cosas necesarias, especialmente de víveres. También pl. || dar abasto. loc. Bastar o ser suficiente.

abatatar. tr. *amer.* Turbar, confundir, acobardar. También prnl.

abate. m. Clérigo extranjero, especialmente francés o italiano.

abatimiento. m. Falta o pérdida de ánimo, fuerza o energía. || Inclinación o giro de algo que estaba vertical. || MAR. Ángulo que forma la línea de la quilla con el rumbo.

abatir. tr. Derribar, bajar, tumbar. || Hacer que baje una cosa. || Inclinar o colocar en posición horizontal. || Desarmar o descomponer algo. || tr. y prnl. Humillar. Perder o hacer perder el ánimo, la fuerza o la energía. || intr. MAR. Desviarse el barco de su rumbo.

abdicación. f. Renuncia voluntaria a un cargo o dignidad, en favor de otra persona. || Documento en que consta la abdicación.

abdicar. tr. Renunciar a un cargo o dignidad. || Ceder, abandonar.

abdomen. m. ANAT. Vientre, cavidad del cuerpo comprendida entre el tórax y la pelvis, que contiene la mayor parte de las vísceras del aparato digestivo y genitourinario. || Región posterior del cuerpo de los artrópodos.

abdominal. adj. ANAT. Del abdomen o relativo a el. || m. DEP. Ejercicio que se hace para fortalecer los músculos del abdomen.

abducción. f. MED. Movimiento por el que una extremidad del cuerpo se aleja de su plano medio.

abecé. m. LING. Abecedario. || Rudimentos de una ciencia o actividad.

abecedario. m. LING. Serie ordenada de las letras de un idioma. || Cartel o libro pequeño que contiene estas letras, que sirve para enseñar y aprender a leer.

abedul. m. BOT. Árbol que abunda en los bosques europeos, de corteza lisa y plateada, ramas flexibles y colgantes y hojas pequeñas y puntiagudas, cuya madera ligera se utiliza para fabricar utensilios. || Madera de este árbol.

abeja. f. Insecto himenóptero de color pardo oscuro, con el cuerpo velloso, el aparato bucal alargado en forma de lengua, dos pares de alas membranosas y un aguijón, que produce la cera y la miel y se alimenta del polen y el néctar de las flores.

abejorro. m. Insecto himenóptero, velludo, con la trompa larga, que zumba mucho al volar. || Persona pesada o de molesta conversación.

aberración. f. Desviación de lo que se considera normal o lícito. || Error grave del entendimiento o de la razón.

abertura. f. Hendidura o grieta en una superficie que no llega a dividirse en dos. || Separación de las partes de algo, dejando al descubierto el interior. || Terreno ancho y abierto entre dos montañas.

abeto. m. BOT. Árbol perteneciente a la familia de las abietáceas, propio de zonas de alta montaña.

abierto, ta. p. p. irreg. de Abrir. || adj. No cerrado, no cercado. || Sincero, franco, espontáneo. || Tolerante, comprensivo. || Claro, evidente, indudable.

abigarrado, da. adj. De varios colores mal combinados. || Heterogéneo, sin orden ni conexión.

abisal. adj. GEOL. Se dice de la región más profunda del mar o del océano, a partir de los dos mil metros. || ZOOL. y BOT. Se dice de la fauna o flora que habita esta región, adaptada a las especiales condiciones ambientales.

abisinio, nia. adj. y s. De Abisinia, actual Etiopía, o relativo a este país africano.

abismal. adj. Del abismo o relativo a él. || Muy profundo. || Incomprensible.

abismar. tr. Hundir en un abismo. || Confundir, abatir. || prnl. Meterse de lleno en algo.

abismo. m. Profundidad grande y peligrosa. || Lo que es inmenso, insondable o incomprensible. || Gran diferencia u oposición entre personas, ideas o cosas. || REL. Infierno. || BLAS. Parte central de un escudo. || al borde del abismo. loc. adv. En una situación peligrosa.

abjurar. tr. e intr. Retractarse, renunciar alguien a una creencia o a un compromiso públicamente.

ablación. f. Extirpación de una parte del cuerpo.

ablandar. tr. y prnl. Poner blando o disminuir la dureza de algo. || Suavizar, conmover a alguien o mitigar su enfado. || Laxar, suavizar algo. || prnl. Acobardarse.

abnegación. f. Sacrificio o renuncia voluntaria de una persona a pasiones, deseos o intereses en favor del prójimo.

abnegado, da. adj. Que tiene o demuestra abnegación.

abobado, da. adj. Que parece bobo o distraído.

abocado, da. adj. Expuesto, amenazado. || adj. y m. Se dice del vino que no es seco ni dulce.

abocar. tr. Acercar, aproximar. También prnl. || Verter el contenido de un recipiente en otro uniendo las bocas. || intr. MAR. Comenzar a entrar una embarcación en un puerto, canal, etc. || Desembocar, ir a parar.

abochornar. tr. y prnl. Causar bochorno el calor excesivo. || Sonrojar, avergonzar. || prnl. BOT. Referido a las plantas, enfermar por exceso de calor.

abofetear. tr. Dar o pegar bofetadas. || Ultrajar o escarnecer a alguien.

abogacía. f. DER. Profesión y ejercicio de abogado. || DER. Cuerpo de abogados en ejercicio.

abogado, da. m. y f. DER. Persona legalmente autorizada para defender en juicio los derechos o intereses de los litigantes. || Persona que intercede entre dos partes contendientes.

abogar. intr. DER. Defender en juicio a una de las partes. || Interceder, hablar en favor de alguien.

abolengo. m. Ascendencia de una persona, especialmente si es ilustre. || DER. Herencia procedente de los antepasados.

abolición. f. Derogación o anulación de una ley, precepto o costumbre.

abolir. tr. Derogar o anular una ley, precepto o costumbre.

abolladura. f. Hundimiento de una superficie a causa de un golpe o mediante presión.

abollar. tr. y prnl. Producir un hundimiento en una superficie a causa de un golpe o mediante presión.

abombar. tr. y prnl. Dar o tomar forma convexa. || Asordar, aturdir. || intr. Hacer funcionar una bomba de extracción. || prnl. *amer.* Empezar a corromperse algo. || *amer.* Achisparse, marearse.

A

abominable. adj. Que merece ser condenado o aborrecido.

abominación. f. Condenación o aborrecimiento. || Cosa abominable.

abominar. tr. Condenar o aborrecer algo o a alguien.

abonar. tr. AGRIC. Echar abono en la tierra. || Acreditar de bueno. || Pagar una cantidad. || Inscribir a una persona, mediante pago, para que pueda asistir a algún lugar o recibir algún servicio. Más c. prnl. || ECON. Anotar una cantidad en el haber de una cuenta bancaria.

abono. m. AGRIC. Sustancia con que se fertiliza la tierra. || Pago de una cantidad. || Derecho del que se abona y documento en que consta. || Lote de entradas o billetes que se compran conjuntamente y que permiten el uso periódico o limitado de algún servicio.

abordaje. m. MAR. Roce o choque de una embarcación con otra.

abordar. tr. MAR. Rozar o chocar una embarcación con otra. || MAR. Asaltar una nave. || Acercarse a una persona para tratar con ella un asunto. || Emprender o plantear un negocio que ofrezca dificultades. || intr. MAR. Atracar una nave.

aborigen. adj. Originario del lugar en que vive. || LING. Se dice de las lenguas primitivas anteriores a la llegada y establecimiento de los pueblos colonizadores. || adj. y com. Se dice del primitivo morador de un país.

aborrecer. tr. Tener o sentir aversión u odio hacia alguien o algo. || Abandonar las aves el nido, los huevos o las crías.

aborrecimiento. m. Aversión, odio.

abortar. intr. Interrumpir el desarrollo de un feto durante el embarazo, de forma natural o provocada. || Fracasar, malograrse algo antes de su realización completa. || tr. Producir alguna cosa imperfecta o abominable.

aborto. m. Interrupción del desarrollo de un feto durante el embarazo, de forma natural o provocada. || Fracaso, interrupción de algo antes de su realización completa. || Cosa o ser imperfecto, engendro.

abotagarse o **abotargarse.** prnl. Hincharse, inflarse el cuerpo o alguna de sus partes, generalmente por causa de una enfermedad. || Atontarse.

abotonar. tr. y prnl. Ajustar con botones. || intr. BOT. Echar botones o yemas las plantas.

abovedar. tr. ARQUIT. Cubrir con bóveda. || Dar figura de bóveda.

abracadabra. m. Palabra cabalística que se escribía en once renglones, formando un triángulo, a la que se atribuían poderes curativos.

abrasador, ra. adj. Que abrasa o quema. || Referido a una pasión, que se siente con mucha fuerza.

abrasar. tr. Reducir a brasa, quemar. También prnl. || BOT. Referido a una planta, secarla el exceso de calor o frío. También prnl. || Quemar, calentar mucho. || Agitar o consumir a alguien una pasión intensa. También prnl.

abrasión. f. Desgaste por fricción. || GEOL. Erosión superficial que ejercen sobre las rocas diversos agentes externos, fundamentalmente las olas del mar, el viento o el hielo. || MED. Herida superficial de la piel o mucosas por roce o raspado. || MED. Acción irritante de los purgantes enérgicos.

abrasivo, va. adj. De la abrasión o que la produce. || m. Producto que sirve para desgastar o pulir por fricción.

abrazadera. f. Pieza para asegurar alguna cosa, ciñéndola.

abrazar. tr. Estrechar entre los brazos a una persona en señal de afecto. También prnl. || Rodear con los brazos. También prnl. || Rodear, ceñir. || Contener o incluir. || Adoptar, seguir una idea, conducta o doctrina. || Tomar una persona a su cargo alguna cosa.

abrazo. m. Muestra o gesto de afecto que consiste en estrechar entre los brazos a una persona.

abrelatas. m. Instrumento de metal para abrir latas de conserva.

abrevadero. m. Estanque, pilón o lugar apropiado para que beba el ganado.

abrevar. tr. Dar de beber al ganado. || intr. Beber el ganado.

abreviar. tr. Acortar, reducir a menos tiempo o espacio. || intr. Acelerar, apresurar. También tr. || LING. Reducir gráfica o fonéticamente el cuerpo de una palabra, sintagma o enunciado.

abreviatura. f. LING. Representación abreviada de una palabra en la lengua escrita. || LING. Palabra resultante de esta reducción gráfica. || Compendio, resumen.

abrigar. tr. Defender, resguardar del frío. También prnl. Se construye con la prep. de. || Auxiliar, amparar, proteger. || Tener o albergar ideas o afectos. || MAR. Defender, resguardar una embarcación del viento o del mar.

abrigo. m. Cierta prenda de vestir con mangas que se pone sobre las demás para protegerse del frío. || Defensa contra el frío. || Lo que abriga o defiende del frío. || Refugio, lugar defendido de los vientos. || Auxilio, amparo, protección.

abril. m. Cuarto mes del año, entre marzo y mayo, que tiene treinta días. || Primera juventud. || pl. Años de la primera juventud.

abrillantar. tr. Dar brillo. || Dar más valor o lucimiento a algo.

abrir. tr. y prnl. Descubrir lo que está cerrado u oculto. || Separar del marco la hoja o las hojas de una puerta o ventana. || Referido a un mecanismo de cierre, descorrerlo o soltarlo. || Mover un mecanismo para dar paso a un fluido por un conducto. || Rajar, rasgar, dividir. || Romper o despegar una cosa por algún sitio para ver o sacar su contenido. || Desplegar, extender lo doblado. || Separar en ángulo. || Permitir el acceso, facilitar el tránsito. || Inaugurar, anunciar, comenzar el periodo de tiempo en que debe realizarse algo. || Ir a la cabeza o delante. || Referido a las ganas de comer, provocarlas. || Presentar u ofrecer.

abrochar. tr. y prnl. Cerrar, ajustar con broches, corchetes, etc.

abrogar. tr. DER. Abolir o revocar.

abrojo. m. BOT. Planta herbácea perjudicial para los sembrados, perteneciente a la familia de las cigofiláceas, de tallos largos y rastreros, hojas compuestas, flores amarillas y fruto redondo y espinoso. || pl. Penalidades.

abrumar. tr. Agobiar con algún peso o trabajo. || Molestar, apurar a una persona, por exceso de alabanzas, atenciones o burlas.

abrupto, ta. adj. Se dice del terreno escarpado, con mucha pendiente o de difícil acceso. || Áspero, violento.

absceso. m. MED. Acumulación de pus en los tejidos orgánicos.

absentismo. m. Falta de asistencia al trabajo practicada habitualmente. || Costumbre de abandonar funciones y deberes propios de un cargo.

ábside. amb. ART. Parte abovedada y generalmente semicircular que sobresale de la fachada posterior de un templo, en donde se encuentra el altar mayor y el presbiterio.

absolución. m. REL. En la confesión, perdón de los pecados que el sacerdote concede a un penitente. || DER. Declaración de un acusado como no culpable.

absolutismo. m. POL. Sistema de gobierno propio del Antiguo Régimen en el que el rey ostenta todo el poder del Estado sin limitación. || Autoritarismo, totalitarismo.

absoluto, ta. adj. Que excluye toda relación o comparación. || Ilimitado, sin restricción. || Completo, total. || en absoluto. loc. adv. De una manera general y terminante. Se usa sobre todo como negación enfática y equivale a 'de ningún modo'.

absolver. tr. Liberar de algún cargo u obligación. || REL. En la confesión, perdonar los pecados el sacerdote a un penitente. || DER. Declarar no culpable a un acusado.

absorber. tr. Retener una sustancia las moléculas de otra en estado líquido o gaseoso. || FÍS. Transferir la energía de las ondas electromagnéticas o sonoras a un medio, cuando lo atraviesan o inciden sobre él. || Llamar la atención, ensimismar. || Incorporar una o varias empresas en otra ya existente o de nueva creación. || Consumir totalmente. || FISIOL. Aspirar los tejidos orgánicos sustancias externas a ellos.

absorción. f. Retención por una sustancia de las moléculas de otra en estado líquido o gaseoso.

absorto, ta. p. p. irreg. de Absorber. || adj. Admirado, pasmado, ensimismado.

abstemio, mia. adj. y s. Que no toma bebidas alcohólicas.

abstención. f. Renuncia voluntaria a hacer algo, especialmente a votar en unas elecciones.

abstenerse. prnl. Privarse de alguna cosa. || Dejar de hacer algo.

abstinencia. f. Renuncia a alguna cosa, fundamentalmente por motivos religiosos o morales.

abstracción. f. Consideración aislada de las cualidades esenciales de un objeto, o del mismo objeto en su pura esencia o noción. || Concentración del pensamiento, prescindiendo de la realidad exterior.

abstracto, ta. p. p. irreg. de Abstraer. || adj. No concreto, que no tiene realidad propia. || De difícil comprensión.

abstraer. tr. Considerar aisladamente las cualidades esenciales de un objeto, o el mismo objeto en su pura esencia o noción. || prnl. Prescindir alguien de la realidad exterior, para concentrarse en su pensamiento.

absurdo, da. adj. Contrario y opuesto a la razón.

abuchear. tr. Manifestar públicamente desaprobación mediante ruidos o gritos.

abuelo, la. m. y f. Respecto de una persona, padre o madre de su padre o de su madre. || col. Anciano.

abulia. f. Falta de voluntad o disminución notable de energía.

abúlico, ca. adj. De la abulia o relativo a ella. || adj. y s. Que padece abulia.

abultar. tr. Aumentar el bulto o volumen de algo.

abundancia. f. Gran cantidad.

abundante. adj. Copioso, en gran cantidad.

abundar. intr. Existir algo en gran cantidad.

aburrido, da. adj. Que aburre o cansa.

aburrimiento. m. Cansancio, molestia, fastidio.

aburrir. tr. Molestar, fastidiar.

abusar. intr. Usar o aprovecharse excesiva o indebidamente de algo o de alguien.

abuso. m. Uso o aprovechamiento excesivo o indebido de algo o de alguien, en perjuicio propio o ajeno.

abyección. f. Bajeza, envilecimiento. || Humillación.

abyecto, ta. adj. Despreciable, vil.

acá. adv. l. Indica el lugar en que está el que habla, pero de forma menos precisa que aquí. || adv. t. Indica el momento presente, ahora.

acabado, da. adj. Perfecto, completo, consumado. || Fracasado, destruido. || m. Perfeccionamiento final de una obra o labor.

acabar. tr., intr. y prnl. Dar fin a una cosa. || Apurar, consumir. || intr. Rematar, terminar de una determinada forma. || Poner fin, extinguir, aniquilar.

acacia. f. BOT. Árbol o arbusto perteneciente a la familia de las mimosáceas, a veces con espinas, de hojas compuestas o divididas en hojuelas, flores olorosas en racimos colgantes y fruto en vaina. || Madera de este árbol.

academia. f. Sociedad científica, literaria o artística establecida con autoridad pública. || Edificio que la alberga. || Conjunto de personas que la componen. || Establecimiento docente.

académico, ca. adj. De una academia o relativo a ella. || De un centro oficial de enseñanza o relativo a él. || Acorde con las normas clásicas. || m. y f. Individuo de una academia.

acaecer. intr. Suceder, producirse un hecho.

acallar. tr. Hacer callar. || Aplacar, sosegar.

acalorado, da. adj. Apasionado, enérgico, vehemente.

acalorar. tr. Dar o causar calor. || Fatigar con el demasiado trabajo o ejercicio. || Promover, avivar. || prnl. Enardecerse en la conversación.

acampanado, da. adj. Que tiene forma de campana.

acampar. intr. Instalarse temporalmente en un lugar al aire libre, alojándose generalmente en tiendas de campaña.

acanalado, da. adj. Que pasa por un canal o lugar estrecho. || Que tiene forma de canal o teja. || ARQUIT. Se dice del objeto cuya superficie presenta surcos continuos y regulares.

acanalar. tr. Hacer canales o estrías en una superficie. || Dar forma de canal o teja.

acantilado, da. adj. Se apl. al fondo del mar cuando forma escalones. || adj. y m. Se dice de la costa rocosa cortada verticalmente.

acantonar. tr. y prnl. MIL. Alojar las tropas militares en diversos lugares.

acaparador, ra. adj. y s. Que acapara, disfruta o se apropia de todo o la mayor parte de una cosa.

acaparamiento. m. Disfrute o apropiación de todo o la mayor parte de una cosa. || Adquisición o retención de mercancías en cantidad superior a la normal para especular o prevenir la escasez.

acaparar. tr. Disfrutar o apropiarse de todo o la mayor parte de una cosa. || Adquirir y retener mercancías en cantidad superior a la normal para especular o prevenir la escasez.

acápite. m. *amer.* Párrafo aparte, especialmente en textos legales.

acaramelar. tr. Bañar de azúcar a punto de caramelo. || prnl. Estar o ponerse muy cariñoso y dulce con alguien. Se apl. especialmente a los enamorados que se dan visibles muestras de mutuo cariño.

acariciar. tr. y prnl. Hacer caricias. || Rozar o tocar algo suavemente. || Pensar con esperanza en hacer o conseguir algo.

ácaro. adj. y m. De los ácaros o relativo a este orden de arácnidos. || m. pl. ZOOL. Orden de arácnidos microscópicos o diminutos, generalmente parásitos de animales y plantas, de respiración traqueal y con el cefalotórax unido al abdomen.

acarrear. tr. Transportar en carro o de otra manera. || Ocasionar o provocar algún daño.

acarreo. m. Transporte en carro o de otra manera. || GEOL. Sedimento transportado mecánicamente por agua o viento.

acaso. m. Casualidad, suceso imprevisto. || adv. m. Por casualidad. || adv. de duda. Quizá, tal vez. || por si acaso. loc. adv. o conj. Por si ocurre o llega a ocurrir algo; por precaución. || si acaso. loc. En todo caso, a lo sumo.

acatamiento. m. Aceptación voluntaria de una norma o autoridad.

acatar. tr. Obedecer, aceptar voluntariamente una norma o autoridad. || Reconocer y respetar la autoridad de algo o alguien. || tr. e intr. *amer.* Percatarse de algo, notar.

acatarrarse. prnl. Coger un catarro, resfriarse.

acaudalado, da. adj. Que tiene mucho caudal, hacienda o bienes.

acaudalar. tr. Hacer o reunir caudal de una cosa.

acaudillar. tr. Mandar algo o a alguien como jefe. || Guiar, conducir.

acceder. intr. Consentir en lo que otro quiere. || Ceder uno a la idea de otro. || Tener entrada o paso a un lugar. || Tener acceso a una situación, o llegar a alcanzarla.

accesible. adj. Que tiene acceso o entrada. || Que puede alcanzarse o conseguirse, asequible. || De trato fácil. || Inteligible, comprensible.

acceso. m. Llegada o acercamiento a algo. || Entrada o paso. || Posibilidad de llegar a algo o a alguien. || MED. Aparición súbita de un arrebato o de un ataque.

accesorio, ria. adj. Que depende de lo principal, secundario. || m. Utensilio auxiliar para determinado trabajo.

accidentado, da. adj. Agitado, con muchos incidentes. || Hablando de un terreno, que es escabroso o abrupto. || adj. y s. Se dice de quien ha sido víctima de un accidente.

accidental. adj. No esencial. || Casual, contingente. || Se dice del cargo que se desempeña con carácter provisional.

accidente. m. Suceso eventual del que involuntariamente resulta un daño. || Suceso casual que altera el orden regular de las cosas. || FILOS. Calidad o estado no esencial de algo. || GEOG. Irregularidad del terreno. || MÚS. Signo que se coloca sobre una determinada nota, alterando su tonalidad.

acción. f. Ejercicio de la facultad de hacer o realizar alguna cosa que tiene un ser. || Lo que se hace o se realiza. || ECON. Cada una de las partes en que está dividido el capital de una empresa, generalmente una sociedad anónima. capital.

accionar. tr. Poner en funcionamiento un mecanismo. || intr. Gesticular o hacer movimientos y gestos para dar a entender alguna cosa o para acompañar a la palabra.

accionista. com. ECON. Poseedor de una o varias acciones de una empresa.

acebo. m. BOT. Árbol perteneciente a la familia de las aquifoliáceas, de hojas perennes, brillantes y con bordes espinosos, flores pequeñas de color blanco sonrosado y fruto en baya de color rojo || Madera de este árbol.

acechanza. f. acecho.

acechar. tr. Observar, aguardar cautelosamente. || Amenazar.

acecho. m. Vigilancia o espera cautelosa. || al o en acecho. loc. adv. Observando a escondidas y con cautela.

acedar. tr. y prnl. Poner agrio. || Molestar o disgustar a alguien. || prnl. BOT. Ponerse una planta amarilla y enferma por la excesiva humedad o acidez del medio en que vive.

acéfalo, la. adj. Falto de cabeza. || Referido a un grupo social, que no tiene jefe o dirección.

aceitar. tr. Untar o bañar con aceite. || amer. Sobornar.

aceite. m. Grasa líquida que se obtiene por presión de las aceitunas, de algunos otros frutos o semillas y de algunos animales. || Líquido oleaginoso que se encuentra formado en la naturaleza o que se obtiene por destilación de ciertos minerales bituminosos.

aceituna. f. BOT. Fruto del olivo del que se extrae aceite, comestible, de forma ovalada y color verde o negro.

aceitunado, da. adj. Del color de la aceituna. || f. Cosecha de la aceituna.

aceleración. f. Aumento de la velocidad o rapidez. || MEC. Variación de la velocidad de un móvil por unidad de tiempo.

acelerador, ra. adj. Que acelera. || m. MEC. Mecanismo que permite aumentar las revoluciones del motor de explosión. || Pedal o dispositivo para accionarlo. || Cualquier mecanismo destinado a acelerar el funcionamiento de otro.

acelerar. tr. y prnl. Dar celeridad o mayor rapidez a algo. || tr. e intr. Aumentar la velocidad. || MEC. Accionar el mecanismo acelerador. || prnl. Ponerse nervioso, excitado.

acelga. f. BOT. Planta herbácea anual perenne, de hojas grandes y comestibles, con el nervio central muy desarrollado.

acento. m. FON. Tilde, signo ortográfico que se coloca sobre una vocal, de acuerdo a unas normas establecidas, indicando la sílaba tónica o algún matiz especial de pronunciación. || FON. Pronunciación destacada de una sílaba en el interior de una palabra, para distinguirla de las demás. || Particulares inflexiones de voz de una región. || Modulación de la voz. || Énfasis, intensidad.

acentuación. f. FON. Colocación del acento ortográfico sobre una vocal. || FON. Realce de una sílaba en el interior de una palabra, pronunciándola con una característica fónica que la distingue de las demás. || Realce, abultamiento.

acentuar. tr. y prnl. FON. Poner acento ortográfico a una palabra. || FON. Realzar una sílaba en el interior de una palabra, pronunciándola con una característica tónica que la distingue de las demás. || Realzar, abultar. || prnl. Cobrar importancia algo.

acepción. f. LING. Cada uno de los significados que puede adquirir una palabra o frase según el contexto.

aceptable. adj. Que puede ser aceptado.

aceptación. f. Recibimiento de forma voluntaria de una cosa. || Aprobación. || Admisión, conformidad. || COM. Obligación por escrito de pagar una letra o libranza.

aceptar. tr. Recibir voluntariamente una cosa. || Aprobar o dar por bueno. || Admitir, conformarse. || COM. Obligarse por escrito a pagar una letra o libranza.

acequia. f. Zanja o canal por donde se conducen las aguas para regar y para otros fines.

acera. f. Orilla de la calle o de otra vía pública, con pavimento adecuado para el paso de los peatones, que separa la calzada de la pared de las construcciones. || p. ext., línea o fila de casas a cada lado de una calle.

acerado, da. adj. De acero o con características propias de él. || Fuerte, de mucha resistencia. || Incisivo, mordaz.

acerar. tr. y prnl. Dar al hierro las propiedades del acero. || Dar un baño de acero. || Fortalecer, vigorizar. || tr. Poner aceras en una calle o en otra vía pública.

acerbo, ba. adj. Áspero al gusto. || Cruel, riguroso.

acerca de. loc. prep. En cuanto a, respecto a, a propósito de, sobre.

acercamiento. m. Aproximación, colocación en una posición más cercana.

acercar. tr. y prnl. Poner a menor distancia de lugar o tiempo. || Llevar algo o a alguien a algún lugar. || Aproximarse.

acero. m. QUÍM. Aleación de hierro y carbono, en diferentes proporciones, que adquiere con el temple gran dureza y elasticidad. || Arma blanca, y en especial la espada.

acérrimo, ma. adj. sup. irreg. de Acre. || Muy firme y entusiasta. || Intransigente, extremado.

acertado, da. adj. Se dice de lo que es cierto, adecuado o conveniente.

acertar. tr. e intr. Dar en el punto a que se dirige algo. || Encontrar, hallar. || En algo dudoso, ignorado u oculto, dar con lo cierto. || intr. Hacer algo con tino. || Suceder por casualidad.

acertijo. m. Especie de enigma para entretenerse en adivinarlo.

acervo. m. Conjunto de bienes morales, culturales o materiales de una colectividad de personas. || Montón de cosas menudas.

acetato. m. QUÍM. Sal formada por el ácido acético con una base.

achacar. tr. Atribuir, imputar algo negativo a alguien.

achacoso, sa. adj. Que sufre con frecuencia pequeños achaques o molestias, a causa de una enfermedad o por edad avanzada.

achaque. m. Indisposición o enfermedad habitual, especialmente en la vejez. || Vicio o defecto frecuente, tanto físico como moral. || Excusa o pretexto. || Asunto o materia.

achatar. tr. y prnl. Aplastar, poner chata alguna cosa.

achicar. tr. y prnl. Reducir el tamaño o duración de algo. || Sacar el agua de un lugar, especialmente de una embarcación. || tr. Humillar, acobardar. || Hacer de menos, rebajar la estimación de una persona o cosa.

achicoria. f. BOT. Planta herbácea, perteneciente a la familia de las compuestas, de hojas dentadas, ásperas y comestibles. || Bebida que se obtiene por la infusión de la raíz tostada de esta planta y que se utiliza como sucedáneo del café.

achinado, da. adj. Que tiene rasgos físicos parecidos a los de los chinos o características propias de ellos. || adj. y s. amer. Mestizo.

achuchar. tr. Azuzar. || Aplastar, estrujar con fuerza. || Atosigar, meter prisa. || intr. y prnl. amer. Tiritar, estremecerse por frío o fiebre.

achura. f. amer. Asadura del animal vacuno, lanar o cabrío.

achurar. tr. amer. Sacar las achuras de una res. || amer. Matar a tajos a una persona o animal.

aciago, ga. adj. Infausto, infeliz, de mal agüero.

acicalar. tr. y prnl. Adornar, aderezar algo o a alguien. || tr. Limpiar, bruñir, principalmente las armas blancas. || ARQUIT. Dar a una pared el último pulimento o retoque.

acicate. m. Espuela con una sola punta para montar a la jineta. || Incentivo, estímulo.

acidez. f. Sabor ácido. || Cantidad de ácido libre contenida en los líquidos naturales. || Aspereza en el trato. || QUÍM. Propiedad que tiene una disolución de reaccionar como un ácido.

ácido, da. adj. Que tiene sabor agrio. || Áspero, desabrido. || Con las características o propiedades de un ácido. || Mordaz, irónico.

acierto. m. Solución correcta entre varias posibilidades. || Habilidad o destreza en lo que se ejecuta. || Cordura, prudencia, tino. || Coincidencia, casualidad.

aclamación. f. Muestra de entusiasmo hacia alguien, por parte de una multitud, con voces y aplausos.

aclamar. tr. Dar voces la multitud en honor y aplauso de alguien. || Conferir, por unanimidad, algún cargo u honor.

aclaración. f. Explicación o puesta en claro. || En un texto, nota o comentario aclaratorio.

aclarar. tr. y prnl. Hacer más clara o transparente alguna cosa. || Hacer menos denso o tupido. || Explicar o poner en claro. || Quitar el jabón a algo, volviéndolo a lavar solo con agua. || Hacer más perceptible la voz. || intr. Disiparse las nubes o la niebla. || prnl. Poner uno en claro su mente.

aclimatar. tr. Adaptar a un ser orgánico a un cambio climático o a nuevas condiciones de vida. || Hacer que algo prevalezca en lugar distinto de aquel en que tuvo origen.

acne o **acné.** m. MED. Enfermedad de la piel típica de la adolescencia, caracterizada por una inflamación crónica de las glándulas sebáceas con formación de espinillas y granos, especialmente en la cara y en la espalda. || También es correcta, pero menos usada, la forma femenina: la acné. Es más frecuente la forma aguda: acné.

acobardar. tr. y prnl. Amedrentar, asustar o hacer perder el valor o la energía.

acodar. tr. y prnl. Apoyar sobre un lugar uno o ambos brazos a la altura del codo. || Doblar algo en forma de codo. || AGRIC. Enterrar parte de un vástago sin separarlo de la planta.

acogedor, ra. adj. I hospitalario, agradable.

acoger. tr. Admitir a alguien en su casa o compañía. || p. ext., proteger, amparar. || Admitir con un sentimiento determinado un hecho o a una persona. || prnl. Invocar para sí los beneficios que concede una disposición legal, una norma o una costumbre. || Valerse de algún pretexto para disfrazar o disimular algo.

acogido, da. m. y f. Persona sin recursos a quien se admite y mantiene en un establecimiento benéfico. || f. Recibimiento u hospitalidad que ofrece una persona o un lugar. || p. ext., protección, amparo. || Admisión con un sentimiento determinado de un hecho o de una persona.

acogotar. tr. y prnl. Acoquinar, dominar. || Derribar a una persona, sujetándola por el cogote. || Matar con herida o golpe dado en el cogote.

acolchar. tr. Poner algodón, lana u otras materias blandas entre dos telas y coserlas después con pespunte. || p. ext., recubrir una superficie con material mullido.

acólito. m. REL. En la iglesia católica, persona que ayuda al sacerdote en el altar y puede administrar la Eucaristía. || REL. Monaguillo. || col. Persona que depende de otra.

acometer. tr. e intr. Atacar de forma violenta, embestir con ímpetu. || Emprender, intentar. || Empezarle a alguien repentinamente determinado estado físico o moral.

acomodadizo, za. adj. Que se aviene a todo o se conforma fácilmente.

acomodador, ra. adj. Que acomoda. || m. y f. En los cines y teatros, persona encargada de indicar el asiento de cada espectador.

acomodar. tr., intr. y prnl. Ajustar o adaptar una cosa a otra. || Disponer o arreglar de modo conveniente. || Colocar en un lugar cómodo. || Amoldar o ajustar a una norma. || Colocar en un estado o cargo. || prnl. Avenirse, conformarse.

acomodo. m. Colocación, ocupación, empleo. || Sitio donde se vive.

acompañamiento. m. Gente que va acompañando a alguien. || Conjunto de personas que en las representaciones teatrales figuran y no hablan. || Conjunto de acordes instrumentales o vocales que acompañan a la melodía principal. || Conjunto de alimentos que se sirven como complemento de un plato principal.

acompañante. adj. y com. Que acompaña a otra persona. || Que mantiene una relación sentimental con otra persona.

acompañar. tr. y prnl. Estar o ir en compañía de otro. || Juntar, agregar una cosa a otra. || Coincidir o existir simultáneamente. || Existir o hallarse algo en una persona, especialmente una cualidad o habilidad. || Participar en los sentimientos de otro. || MÚS. Ejecutar el acompañamiento musical.

acompasado, da. adj. Rítmico. || Que habla, anda o se mueve con mucho reposo y lentitud.

acompasar. tr. Adaptar, proporcionar, ajustar una cosa a otra.

acomplejar. tr. Causar a una persona un complejo. || prnl. Padecer un complejo.

acondicionar. tr. Disponer, preparar algo para un determinado fin. || Climatizar.

acongojar. tr. y prnl. Oprimir, afligir.

aconsejable. adj. Que se puede aconsejar.

aconsejar. tr. Dar un consejo. || Indicar, sugerir algo a alguien. || prnl. Tomar consejo o pedirlo a otro.

acontecer. intr. Suceder, producirse un hecho.

acontecimiento. m. Suceso de alguna importancia.

acopiar. tr. Juntar, reunir en cantidad alguna cosa.

acoplar. tr. y prnl. Unir o encajar entre sí dos piezas o cuerpos de manera que ajusten perfectamente. || Adaptar algo o a alguien a un fin determinado distinto del original. || Colocar a una persona en un lugar o circunstancia determinados, o emplearla en algún trabajo. || Agrupar dos aparatos, piezas o sistemas para que funcionen combinadamente.

acorazado, da. adj. Con coraza o blindaje. || adj. MIL. Se apl. a la parte del ejército que posee carros de combate. || m. MAR. Buque de guerra blindado y de grandes dimensiones.

acorazar. tr. Revestir con planchas de hierro o acero, especialmente buques de guerra o fortificaciones. || prnl. Defenderse.

acordar. tr. Decidir algo de común acuerdo o por mayoría de votos. || Determinar o resolver algo una sola persona, tras meditar sobre ello. || Conciliar, acercar. || MÚS. Templar las voces o los instrumentos para que estén afinados y no disuenen. || amer. Conceder, otorgar. || prnl. Recordar.

acorde. adj. Conforme o de la misma opinión. || Bien combinado, en consonancia. || m. MÚS. Conjunto de sonidos combinados con armonía.

acordeón. m. MÚS. Instrumento musical de viento, compuesto de lengüetas de metal, un pequeño teclado y un fuelle que se acciona con el brazo izquierdo.

acordonar. tr. Ceñir o sujetar con un cordón. || Incomunicar un lugar, rodeándolo con un cordón humano.

acorralar. tr. Perseguir a un animal o a alguien hasta algún sitio del que no pueda escapar. || Poner a alguien en una situación de la que no pueda salir sino accediendo a lo que se le pide. || Dejar a uno confundido y sin respuesta. || Meter el ganado en el corral.

acortar. tr., intr. y prnl. Disminuir la longitud, duración o cantidad de alguna cosa.

acosar. tr. Perseguir, sin tregua ni reposo, a un animal o a una persona. || Perseguir, fatigar a alguien. || Hacer correr al caballo.

acostar. tr. y prnl. Echar o tender a alguien para que duerma o descanse. || MAR. Arrimar o aproximar el costado de una embarcación a otra, o a la costa. || intr. MAR. Llegar a la costa. || prnl. Mantener relación sexual una persona con otra.

acostumbrar. tr. y prnl. Adquirir o hacer adquirir un hábito o costumbre. || intr. Tener costumbre de algo, soler hacer algo.

acotación. f. Acotamiento. || Anotación que se pone al margen de algún escrito. || Nota que en una obra teatral aclara lo relativo al escenario, acción o movimientos de los personajes. || TOPOG. Cota de un plano topográfico.

acotar. tr. Señalar los límites de un terreno para reservarlo a un uso concreto. || Delimitar cualquier otra cosa. || Referido a un escrito, poner notas al margen. || TOPOG. Poner cotas en los planos. || Cortar a un árbol todas las ramas por la cruz.

ácrata. adj. y com. POL. Partidario de la acracia o supresión de toda autoridad.

acre. adj. Áspero y picante al gusto y al olfato. || Tratándose del carácter o las palabras, áspero y desabrido.

acre. m. AGRIC. Medida anglosajona de superficie equivalente a 40 áreas y 47 centiáreas.

acrecentar. tr. y prnl. Aumentar el tamaño, la cantidad o la importancia de algo.

acreditar. tr. y prnl. Dar credibilidad a algo, demostrar su autenticidad. || Afamar, dar crédito o reputación. || Asegurar de que algo o alguien es lo que parece. || Testimoniar con documento fehaciente que una persona posee las facultades necesarias para desempeñar un cometido. || ECON. Abonar.

acreedor, ra. adj. Que merece obtener algo. || adj. y s. Que tiene derecho a pedir el cumplimiento de alguna obligación o la satisfacción de una deuda.

acribillar. tr. Abrir muchos agujeros en alguna cosa. || Hacer muchas heridas o picaduras a una persona o a un animal. || col. Molestar mucho y con frecuencia.

acrílico, ca. adj. QUÍM. Se apl. a las fibras y a los materiales plásticos que se obtienen por polimerización del ácido acrílico o de sus derivados.

acritud. f. Aspereza en el gusto y en el olfato. || Aspereza en el carácter.

acrobacia. f. Cada uno de los ejercicios gimnásticos o de habilidad que realiza un acróbata. || Cualquiera de las maniobras o ejercicios espectaculares que efectúa un aviador en el aire.

acróbata. com. Persona que, con riesgo y gran habilidad, salta, baila o hace cualquier otro ejercicio sobre el trapecio, la cuerda floja, etc., en los espectáculos públicos.

acrónimo. m. LING. Palabra formada por las iniciales, y a veces por más letras, de otras palabras.

acrópolis. f. Parte más alta y fortificada de las ciudades griegas.

acróstico, ca. adj. y m. Se apl. a la composición poética en que las letras iniciales, medias o finales de los versos, forman un vocablo o una frase. || m. Palabra formada de esta manera.

acta. f. Relación escrita de lo sucedido, tratado o acordado en una junta o en una reunión. || Certificación en que consta la elección de una persona para un cargo público o privado. || Certificación oficial de un hecho.

actitud. f. Postura del cuerpo humano o del animal. || Manifiesta disposición del ánimo.

activar. tr. y prnl. Avivar, aumentar la intensidad, energía o rapidez de algo. || Poner en marcha un mecanismo. || FÍS. Dotar a una sustancia de propiedades radiactivas.

actividad. f. Facultad de obrar. || Diligencia, eficacia. || Conjunto de operaciones o tareas propias de una persona o entidad. || Tarea, ocupación. || FÍS. Número de núcleos atómicos radiactivos de una sustancia que se desintegran por unidad de tiempo.

activista. adj. y com. Que es miembro activo de una organización o partido que defiende y emplea la violencia con fines sociales, políticos o económicos. || Que promueve los ideales de un partido, doctrina, etc.

activo, va. adj. Que obra o tiene facultad de obrar. || Diligente y eficaz. || Que obra sin dilación. || Se dice del funcionario mientras presta servicio. || FÍS. Se dice de los materiales de radiactividad media o baja, así como de los lugares donde se manipulan. || GRAM. Que indica o expresa que el sujeto es el que realiza la acción verbal.

acto. m. Hecho o acción. || Hecho público o solemne. || División importante de una obra escénica. || DER. Disposición legal. || FILOS. Existencia real del ser, opuesta a la potencia.

actor, triz. m. y f. Persona que representa un papel en el teatro, cine, televisión o radio. || Personaje de una acción o de una obra literaria o cinematográfica.

actuación. f. Determinada manera de obrar o de comportarse. || Realización de actos voluntarios o propios del cargo u oficio de una persona. || Efecto que una cosa produce sobre algo o alguien. || Interpretación de un papel o muestra del trabajo en un espectáculo público. || DER. Autos o diligencias de un procedimiento judicial.

actual. adj. Del presente, contemporáneo. || Que está de moda.

actualidad. f. Tiempo presente. || Cosa o suceso que en un momento dado atrae la atención de la gente.

actualizar. tr. y prnl. Poner al día algo que se ha quedado atrasado. || Renovar, modernizar. || LING. Hacer que los signos lingüísticos virtualmente asociados en la lengua se conviertan en expresiones concretas de habla.

actuar. intr. Obrar, comportarse de una determinada manera. || Realizar una persona actos voluntarios o propios de su cargo u oficio. || Producir una cosa efecto sobre algo o alguien. || Interpretar un papel, especialmente en una obra teatral o cinematográfica. || Trabajar en un espectáculo público. || Realizar el ejercicio de una oposición. || DER. Formar autos, proceder judicialmente.

acuarela. f. Técnica pictórica que emplea colores diluidos en agua. || Obra realizada sobre papel o cartón con esta técnica. || pl. Colores empleados en esta técnica.

acuario. m. Recipiente con agua en que se tienen vivos animales o vegetales acuáticos. || Edificio destinado a la exhibición de animales acuáticos vivos. || ASTRON. Uno de los signos del Zodiaco, al que pertenecen las personas que han nacido entre el 21 de enero y el 18 de febrero. || Constelación zodiacal que actualmente se encuentra delante y un poco hacia el Oriente de este mismo signo. || adj. y com. Se dice de la persona nacida bajo este signo del Zodiaco.

acuartelar. tr. y prnl. MIL. Reunir o retener la tropa en el cuartel en previsión de algún disturbio o para realizar maniobras.

acuático, ca. adj. Se dice del animal o vegetal que vive en el agua, tanto dulce como marina. || Del agua o relativo a esta sustancia líquida, inodora, incolora e insípida.

acuchillar. tr. Cortar, herir o matar con un cuchillo u otra arma blanca. || Raspar y alisar una superficie de madera para luego barnizarla o encerarla.

acudir. intr. Ir alguien al sitio adonde le conviene o es llamado. || Ir o asistir con frecuencia a algún lugar. || Venir, sobrevenir algo. || Ir en socorro de alguno. || Recurrir a alguien o algo.

acueducto. m. Conducto artificial para conducir agua, especialmente para el abastecimiento de una población.

acuerdo. m. Resolución tomada por una o por varias personas. || Conformidad, armonía entre varias personas. || Pacto, tratado. || *amer.* Reunión de una autoridad gubernativa con sus inmediatos colaboradores para tomar conjuntamente decisión sobre asuntos determinados. || *amer.* Consejo de ministros. || *amer.* Confirmación de un nombramiento hecha por el Senado.

acumulador, ra. adj. y s. Que acumula, agrupa o amontona algo en cantidad. || m. FÍS. Pila eléctrica reversible que transforma y almacena como energía química la energía eléctrica que recibe, y que efectúa el proceso inverso durante la descarga.

acumular. tr. y prnl. Agrupar o amontonar algo en cantidad. || DER. Reunir dos o más acciones en una sola demanda, o varios procesos en uno solo, para su resolución en una misma sentencia.

acunar. tr. Mecer al niño en la cuna o en los brazos.

acuñar. tr. Imprimir y sellar una pieza de metal por medio de cuño o troquel. || Referido a una moneda, fabricarla, emitirla y ponerla en circulación. || LING. Crear, dar forma a expresiones o términos, especialmente cuando logran difusión o permanencia.

acuoso, sa. adj. De agua o parecido a ella. || Abundante en agua. || p. ext., de mucho jugo. || FÍS. Se dice de la solución cuyo disolvente es el agua. || MED. Se dice del líquido que circula en las cámaras anterior y posterior del ojo.

acupuntura. f. MED. Técnica terapéutica, de origen chino, que consiste en clavar una o más agujas en puntos específicos del cuerpo humano, con fines curativos.

acurrucarse. prnl. Encogerse para resguardarse del frío o por otros motivos.

acusación. f. Imputación a alguien de un delito, una culpa o una falta. || DER. Abogado o abogados encargados de demostrar en un pleito la culpabilidad del procesado. || DER. Documento o discurso en que se acusa de un hecho punible.

acusado, da. adj. Que destaca de lo normal. || m. y f. Persona a quien se acusa.

acusador, ra. adj. y s. Que acusa o imputa a alguien un delito, una culpa o una falta.

acusar. tr. y prnl. Imputar a alguien un delito, una culpa o una falta. || Denunciar, delatar. || Manifestar, revelar. || Notificar, avisar la recepción de cartas, oficios, etc.

acústico, ca. adj. Del órgano del oído o relativo a él. || De la acústica o relativo a esta parte de la física. || f. Condiciones o características sonoras de un local. || FÍS. Parte de la física, que trata de la producción, transmisión y recepción de las ondas sonoras.

adagio. m. Sentencia breve, de inspiración culta o popular y de contenido moral o doctrinal. || MÚS. Composición o parte de ella que se ha de ejecutar con movimiento lento.

adalid. m. Caudillo militar. || Guía y cabeza de algún partido, corporación o escuela.

adaptable. adj. Que se adapta o se puede adaptar.

adaptación. f. Acomodación o ajuste de una cosa a otra. || Transformación de un objeto o de un mecanismo para que desempeñe funciones distintas de aquellas para las que fue construido. || Modificación de una obra científica, literaria o musical. || Adquisición de lo necesario para acomodarse mental y físicamente a diversas circunstancias. || BIOL. Proceso por el que un animal o un vegetal se acomoda al *medio ambiente* y a sus cambios.

adaptar. tr. y prnl. Acomodar, ajustar una cosa a otra. || Hacer que un objeto o mecanismo desempeñe funciones distintas de aquellas para las que fue construido. || Modificar una obra científica, literaria, musical, etc. || prnl. Acomodarse una persona mental y físicamente a diversas circunstancias.

adecuar. tr. Acomodar una cosa a otra.

adefesio. m. *col.* Persona, traje o adorno ridículo y extravagante.

adelantado, da. adj. Precoz. || Avanzado. || m. Antiguo cargo de gobernador militar y político de una región fronteriza.

adelantar. tr. y prnl. Mover o llevar hacia delante. || Acelerar, apresurar. || Anticipar. || Ganar la delantera a algo o alguien. || Conseguir o llegar a tener. || Correr hacia adelante las agujas del reloj. || intr. Funcionar un reloj más deprisa de lo debido || Progresar, mejorar.

adelante. adv. l. Más allá. || Hacia el frente. || adv. t. En tiempo futuro. || Interj. que se usa para animar a alguien a hacer o seguir haciendo algo, o para autorizar el paso a un lugar. || Interj. que se usa para dar ánimo.

adelanto. m. Avance temporal. || Progreso. || Anticipo, dinero que se adelanta.

adelgazar. tr. Disminuir el peso o el grosor. || intr. Enflaquecer.

ademán. m. Movimiento o actitud con que se manifiesta un estado de ánimo. || pl. Modales.

además. adv. c. A más de esto o aquello.

adentrarse. prnl. Penetrar en el interior de una cosa. || Profundizar en algo.

adentro. adv. l. A lo interior o en lo interior. || Interj. que se usa para ordenar o invitar a alguien a entrar en un lugar. || m. pl. Lo interior del ánimo.

adepto, ta. adj. y s. Afiliado a alguna secta o asociación. || Partidario de alguna persona o idea.

aderezar. tr. y prnl. Condimentar los alimentos para darles sabor. || Arreglar, componer, adornar || Disponer o preparar. || Acompañar una acción con algo que le añade gracia o adorno.

aderezo. m. Condimentación de los alimentos para darles sabor. || Condimento o conjunto de ingredientes que se usan para sazonar las comidas. || Arreglo. || Adorno o conjunto de adornos. || Disposición, preparación de algo.

adeudar. tr. Deber, tener deudas. || COM. Cargar, anotar una cantidad en el debe de una cuenta. || prnl. Endeudarse.

adherir. tr. Pegar una cosa a otra. || intr. Pegarse una cosa con otra. || Convenir en un dictamen o partido y abrazarlo.

adhesión. f. Unión a una idea o causa y defensa que se hace de ellas. || FÍS. Atracción molecular entre superficies de cuerpos distintos puestos en contacto.

adhesivo, va. adj. Capaz de adherirse o pegarse. || m. Sustancia que pega dos cuerpos. || Objeto que se pega a otro.

adicción. f. Dependencia del organismo de alguna sustancia o droga a la que se ha habituado.

adición. f. Añadidura o agregación de una cosa a otra. || Añadidura que se hace en alguna obra o escrito. || MAT. Operación de sumar. || QUÍM. Reacción en la que dos o más moléculas se combinan para formar una sola.

adicional. adj. Que se añade o agrega como complemento de algo.

adicionar. tr. Añadir o agregar una cosa a otra. || Hacer adiciones en alguna obra o escrito.

adicto, ta. adj. y s. Se dice de la persona que tiene adicción a alguna sustancia o droga. || p. ext., muy aficionado, inclinado, apegado.

adiestrar. tr. y prnl. Enseñar, preparar, hacer diestro. || Amaestrar, domar a un animal.

adinerado, da. adj. Que tiene mucho dinero.

adiós. interj. que se emplea para despedirse. || Interj. que denota que ya es irremediable un daño. || Interj. que se emplea para expresar sorpresa desagradable. || m. Despedida.

adiposo, sa. adj. MED. Formado por grasa o que la contiene.

aditamento. m. Lo que se añade a algo. || LING. Complemento circunstancial de la gramática tradicional.

adivinación. f. Predicción del futuro o descubrimiento de lo oculto o ignorado, haciendo uso de la magia o de poderes sobrenaturales.

adivinar. tr. y prnl. Predecir el futuro o descubrir las cosas ocultas o ignoradas, haciendo uso de la magia o de poderes sobrenaturales. || Descubrir por conjeturas algo que no se sabe. || Acertar el significado de un enigma. || Vislumbrar, distinguir.

adivino, na. m. y f. Persona que predice el futuro o descubre las cosas ocultas o ignoradas, haciendo uso de la magia o de poderes sobrenaturales.

adjetivar. tr. y prnl. Aplicar adjetivos. || GRAM. Referido a una parte de la oración que no funciona como adjetivo, pasar a tener su valor y a desempeñar una función propia de él.

adjetivo, va. adj. Del adjetivo, relacionado con él o que participa de su naturaleza. || Se cundario, no esencial. || m. GRAM. Se dice de la palabra que acompaña al sustantivo, concordando con él en género y número, para limitar o completar su significado.

adjudicar. tr. Declarar que una cosa corresponde a una persona. || prnl. Apropiarse uno de alguna cosa. || DEP. En algunas competiciones, ganar o conseguir la victoria.

adjuntar. tr. Enviar, juntamente con una carta u otro escrito, notas, facturas, etc. || GRAM. Poner inmediatamente un vocablo junto a otro.

adjunto, ta. adj. Que va o está unido con otra cosa. || En lenguaje comercial o administrativo, se emplea con valor de adv. de modo, con el significado de 'juntamente'. || adj. y s. Se dice de la persona que acompaña a otra para algún asunto, o comparte con ella un cargo o función. || m. y f. Persona que ocupaba una adjuntía. || m. GRAM. Palabra que funciona como complemento de otra, sin mediar nexo entre ellas.

administración. f. Ordenación, organización, en especial de la hacienda o de bienes. || Dosificación de algo. || Aplicación de un medicamento. || Suministro o distribución de algo. || Acción y resultado de conferir o dar un sacramento. || Oficina donde se administra un negocio o un organismo. || Gobierno de un territorio y su comunidad.

administrador, ra. adj. y s. Que administra. || m. y f. Persona que administra y tiene a su cargo determinados bienes, negocios o intereses ajenos. || ECON. En una sociedad, persona que ejerce las funciones de gestión y representación de la misma.

administrar. tr. y prnl. Ordenar, organizar, en especial la hacienda o bienes. || Dosificar, racionar algo. || Aplicar, dar o hacer tomar una medicina. || Suministrar, proporcionar o distribuir alguna cosa. || Conferir o dar un sacramento. || Gobernar un territorio y su comunidad. || Desempeñar un cargo o dignidad. || Hacer cumplir las leyes el poder judicial.

admirable. adj. Que causa admiración o sorpresa.

admiración. f. Consideración especial que se tiene hacia alguien o algo por sus cualidades. || Sorpresa, extrañeza. || LING. Signo doble ortográfico (¡!) que acompaña a una exclamación.

admirador, ra. adj. y s. Que admira a alguien o algo.

admirar. tr. y prnl. Ver o considerar con estima o agrado especiales a una persona o cosa juzgadas. || Causar sorpresa la vista o consideración de alguna cosa.

admisión. f. Acción y resultado de recibir, dar

entrada o aceptar algo. || DER. Trámite previo en que se decide si hay lugar a la tramitación de la querella o recurso presentado. || MEC. En los motores de combustión interna, primera fase del proceso en la que la mezcla explosiva es aspirada por el pistón.

admitir. tr. Recibir o dar entrada. || Aceptar, dar por bueno. || Permitir, tolerar. || Reconocer como cierta alguna cosa. || Tener capacidad.

admonición. f. Amonestación, advertencia que se hace a alguien para que corrija su conducta.

adobar. tr. Poner en adobo las carnes u otras cosas para sazonarlas y conservarlas. || Curtir las pieles.

adobe. m. Masa de barro moldeada en forma de ladrillo y secada al sol, que se emplea en la construcción de paredes y muros.

adobo. m. Caldo o salsa con que se sazona un manjar. || Mezcla de varios ingredientes que se hace para curtir las pieles.

adocenado, da. adj. Vulgar y de muy escaso mérito.

adolecer. intr. Caer enfermo o padecer alguna enfermedad habitual. || Tener alguien o algo la cualidad negativa o el defecto que se expresa.

adolescencia. f. Edad que sucede a la niñez y que transcurre desde la pubertad hasta el pleno desarrollo.

adolescente. adj. y com. Se dice de la persona que está en la adolescencia.

adónde. adv. interrog. l. A qué lugar.

adonde. adv. relat. l. A qué parte, o a la parte que.

adondequiera. adv. l. A cualquier parte.

adonis. m. Mancebo hermoso.

adopción. f. Acto formal, sometido a la aprobación judicial, por el que una persona recibe como hijo al que no lo es naturalmente. || Aceptación o adquisición de algo. || Toma de resoluciones o acuerdos con previo examen.

adoptar. tr. Recibir como hijo al que no lo es naturalmente. || Hacer propios los pareceres, métodos, ideologías, etc., creados por otros. || Tomar resoluciones o acuerdos con previo examen. || Adquirir una configuración determinada. || Comportarse de un modo determinado.

adoquín. m. Piedra labrada en forma rectangular para empedrados. || col. Persona torpe intelectualmente.

adoquinar. tr. Empedrar con adoquines.

adorable. adj. Que merece ser adorado.

adoración. f. Culto o reverencia a un ser u objeto, que se considera divino. || Reverencia y honra a Dios. || Amor muy profundo o admiración extrema.

A

adorar. tr. Reverenciar a un ser u objeto, que se considera divino. || Reverenciar y honrar a Dios. || Gustar o querer algo o a alguien extremadamente.

adormecer. tr. Dar o causar sueño. || Calmar, sosegar. || prnl. Empezar a dormirse. || Entorpecerse o dormirse una parte del cuerpo, disminuyendo su capacidad de movimiento o su sensibilidad.

adornar. tr., intr. y prnl. Engalanar con adornos. || Servir de adorno una cosa a otra. || Dotar a un ser de perfecciones.

adorno. m. Lo que se pone para embellecer a personas o cosas. || TAUROM. Lance con que el torero remata una serie de pases. || MÚS. Cada una de las notas que se añaden a una melodía sin conllevar alteraciones fundamentales.

adosar. tr. Poner una cosa junto a otra que le sirve de respaldo o apoyo.

adquirir. tr. Ganar, llegar a tener algo. || Comprar. || DER. Lograr el disfrute o la propiedad de un bien o derecho.

adquisición. f. Compra de algo. || La cosa adquirida. || col. Persona cuyos servicios o ayuda se consideran valiosos.

adquisitivo, va. adj. Que sirve para adquirir.

adrede. adv. m. A propósito, con deliberada intención.

adrenalina. f. FISIOL. Hormona segregada principalmente por la médula de las glándulas suprarrenales, que aumenta la presión sanguínea. || Nerviosismo, exceso de tensión acumulada.

adscribir. tr. y prnl. Inscribir, atribuir algo a alguien. || Agregar a una persona al servicio de un cuerpo o destino. || Adherir a alguien a un grupo, ideología, etc.

aduana. f. COM. Oficina pública, generalmente situada en las fronteras o puntos de contacto directo con el exterior, donde se registran las mercancías que se importan o exportan y donde se cobran los derechos que adeudan. || COM. Derechos percibidos por esta oficina.

aduanero, ra. adj. De la aduana o relativo a ella. || m. y f. Persona empleada en una aduana.

aducir. tr. Presentar o alegar pruebas, razones, etc., para demostrar o justificar algo.

adueñarse. prnl. Hacerse uno dueño de una cosa. || Referido especialmente a un sentimiento o estado de ánimo, hacerse dominante en una o varias personas.

adulación. f. Alabanza excesiva e interesada para conseguir el favor de una persona.

adulador, ra. adj. y s. Que adula o prodiga alabanzas interesadas para conseguir el favor de una persona.

adular. tr. Alabar excesivamente a alguien, generalmente con fines interesados.

adulteración. f. Alteración de la calidad o pureza de algo, por la adición de una sustancia extraña. || Falsificación o manipulación de la verdad.

adulterar. tr. y prnl. Alterar la calidad o pureza de algo por la adición de una sustancia extraña. || Falsificar o manipular la verdad.

adulterio. m. Relación sexual de una persona casada con otra que no sea su cónyuge.

adúltero, ra. adj. Del adulterio o de la persona que lo comete. || adj. y s. Que comete adulterio.

adulto, ta. adj. m. y f. Llegado a su mayor crecimiento o desarrollo, tanto físico como psicológico. || Llegado a su grado mayor de perfección.

adusto, ta. adj. Se dice de la persona seria o severa en su aspecto o carácter. || Seco, árido.

advenedizo, za. adj. y s. Se dice del que llega a una posición que no le corresponde o a un lugar en el que lo consideran extraño.

advenimiento. m. Venida o llegada de un tiempo determinado o de un acontecimiento importante. || Ascenso de un sumo pontífice o de un soberano al trono.

adventicio, cia. adj. Extraño o que sobreviene accidentalmente. || BIOL. Se apl. al órgano o parte de los animales o vegetales que se desarrolla ocasionalmente en un sitio que no le corresponde.

adventista. adj. Del adventismo o relativo a él. || adj. y com. Partidario de esta doctrina.

adverbial. adj. GRAM. Del adverbio o que participa de su naturaleza. || GRAM. Que funciona como un adverbio.

adverbio. m. GRAM. Parte invariable de la oración cuya función consiste en modificar la significación del verbo, de un adjetivo o de otro adverbio.

adversario, ria. m. y f. Persona contraria o enemiga. || m. Conjunto de personas contrarias o enemigas.

adversativo, va. adj. GRAM. Que implica o denota oposición o contrariedad de concepto o sentido.

adversidad. f. Cualidad de lo que es adverso o no favorable. || Desgracia, infortunio. || Situación desgraciada en que se encuentra una persona.

adverso, sa. adj. Contrario, enemigo, desfavorable.

advertencia. f. Aviso o información que se da a alguien. || Escrito breve en una obra que advierte algo al lector.

advertir. tr. Fijar en algo la atención. || Llamar la atención de uno sobre algo. || Aconsejar, amonestar, prevenir.

adyacente. adj. Contiguo, situado en las inmediaciones o proximidades de otra cosa.

aéreo, a. adj. Del aire o relativo a él. || Que se realiza en el aire. || De la aviación o de los aviones, o relativo a ellos. || Sutil, fantástico, inmaterial. || BIOL. Se dice de los animales o plantas que viven en contacto directo con el aire atmosférico.

aerobio, bia. adj. y m. BIOL. Se apl. al microorganismo que necesita del aire u oxígeno molecular libre para subsistir.

aerodinámico, ca. adj. De la aerodinámica o relativo a esta parte de la mecánica. || Se dice de los vehículos y otras cosas que tienen forma adecuada para disminuir la resistencia del aire. || f. FÍS. Parte de la mecánica que estudia el movimiento de los gases y el movimiento relativo entre un cuerpo y un gas.

aeródromo. m. Sitio destinado al despegue y aterrizaje de los aviones.

aerolínea. f. AV. Organización o compañía de transporte aéreo.

aerolito. m. GEOL. Meteorito que cae sobre la tierra, formado por material rocoso y originado por la fragmentación de un cuerpo celeste al atravesar la atmósfera.

aeronauta. com. Piloto o tripulante de una aeronave.

aeronáutico, ca. adj. De la aeronáutica o relativo a esta ciencia o arte. || f. Ciencia o arte de la navegación aérea. || AV. Conjunto de medios destinados al transporte aéreo.

aeronaval. adj. Del ejército del aire y de la armada, o relativo a ellos; se apl. especialmente a las operaciones o efectivos militares en que participan conjuntamente.

aeronave. f. Vehículo capaz de navegar por el aire.

aeronavegación. f. AV. Navegación aérea.

aeroplano. m. Avión.

aeropuerto. m. Aeródromo para el tráfico regular de aviones.

aerosol. m. Suspensión de partículas muy finas de un líquido o un sólido en un medio gaseoso. || Líquido que, almacenado bajo presión en un recipiente, puede lanzarse al exterior pulverizado. || Aparato utilizado para producir esta dispersión con cualquier líquido.

aerostático, ca. adj. De la aerostática o relativo a esta parte de la mecánica. || f. FÍS. Parte de la mecánica que estudia las leyes que rigen el equilibrio de los gases y de los cuerpos en el aire.

afable. adj. Agradable en la conversación y el trato.

afamado, da. adj. Que es muy conocido o tiene fama.

afán. m. Anhelo vehemente. || Actitud de entregarse alguien a una actividad con todo su interés. || Fatiga, penalidad, apuro.

afanar. tr. *vulg.* Hurtar. || prnl. Entregarse a alguna actividad con solicitud y empeño.

afear. tr. y prnl. Hacer o poner feo. || Censurar, vituperar.

afección. f. Enfermedad, dolencia. || Impresión que hace una cosa en otra. || Afición o inclinación.

afectación. f. Falta de naturalidad en la manera de hablar o de actuar.

afectar. tr. y prnl. Atañer, concernir. || Producir algo un determinado efecto, generalmente negativo. || Hacer impresión una cosa en una persona, causando en ella alguna sensación. || Hablar o actuar con demasiado estudio o cuidado, perdiendo la naturalidad. || Fingir. || Perjudicar, producir daño.

afectividad. f. PSICOL. Capacidad de reacción de un sujeto ante los estímulos que provienen del medio externo o interno, cuyas principales manifestaciones son los sentimientos y las emociones.

afectivo, va. adj. Del afecto o relativo a este sentimiento. || Que se emociona con facilidad. || Sensible, cariñoso.

afecto, ta. adj. Inclinado a una persona o cosa. || Se dice de la persona destinada a ejercer funciones o prestar servicios en determinada dependencia. || m. Cariño, simpatía hacia una persona o cosa. || Cualquiera de las pasiones del ánimo, como amor, ira u odio.

afectuoso. adj. Amable y cariñoso en la forma de comportarse.

afeitar. tr. y prnl. Rasurar el pelo, especialmente el que crece en la cara. || TAUROM. Cortar de forma antirreglamentaria la punta de los cuernos de un toro de lidia, a fin de disminuir la peligrosidad de su embestida.

afeite. m. Aderezo, compostura.

afelpar. tr. Dar el aspecto de felpa o recubrir con felpa.

afeminado, da. adj. Con características atribuidas tradicionalmente a las mujeres. || Que parece de mujer.

afeminar. tr. y prnl. Perder o hacer perder las características que tradicionalmente se consideran propias de hombres, para adoptar las asociadas generalmente a las mujeres.

aferrar. tr. y prnl. Agarrar fuertemente. || prnl. Insistir con tenacidad en algún dictamen u opinión. || Acogerse a algo como única salida o esperanza.

afianzar. tr. y prnl. Afirmar o asegurar algo para darle mayor sujeción. || Asir, agarrar. || Hacer firme o consolidar algo.

afiche. m. Cartel o aviso expuesto al público, realizado con alguna intención artística, mediante el que se anuncia un evento futuro. Se usa más en Hispanoamérica.

afición. f. Inclinación, amor a una persona, actividad o cosa. || Actividad o cosa hacia la que se siente tal inclinación. || Conjunto de personas aficionadas a las corridas de toros u otros espectáculos.

aficionado, da. adj. y s. Que tiene afición a algo. || Que cultiva algún arte, deporte, etc., sin tenerlo por oficio.

aficionar. tr. Inducir a alguien a que tenga afición por algo. || prnl. Prendarse de una persona o cosa.

afijo, ja. adj. y m. GRAM. Se dice de la partícula que se adjunta a una palabra o raíz, modificando su sentido o valor gramatical, para formar otras derivadas o compuestas. || Se dice del pron. pers. cuando va pospuesto y unido al verbo.

afilar. tr. e intr. Sacar filo a un objeto o afinar la punta del que ya la tiene. || Aguzar el entendimiento o los sentidos. || *amer.* Flirtear, cortejar. || prnl. Adelgazarse, enflaquecerse, especialmente la cara, nariz o dedos.

afiliar. tr. y prnl. Asociar una persona a otras que forman corporación.

afín. adj. Próximo, contiguo. || Que tiene afinidad con otra cosa. || com. Pariente por afinidad.

afinar. tr. y prnl. Poner algo más fino y suave. || Perfeccionar, dar el último punto a una cosa. || Hacer fina o cortés a una persona. || QUÍM. Purificar los metales. || MÚS. Poner en tono los instrumentos musicales. || intr. MÚS. Cantar o tocar entonando con perfección los sonidos. || Apurar o aquilatar hasta el extremo la calidad, condición o precio de una cosa.

afincar. tr. Fijar o establecer la residencia en algún lugar.

afinidad. f. Proximidad, analogía, semejanza de una cosa con otra. || Adecuación de caracteres, gustos, etc., entre dos o más personas. || Parentesco entre un cónyuge y los parientes del otro. || QUÍM. Tendencia de los átomos, moléculas o grupos moleculares, a combinarse entre sí.

afirmación. f. Expresión que indica que una cosa es cierta. || Expresión o gesto para decir que sí. || PSICOL. Reforzamiento psicológico.

afirmar. tr. Poner firme, dar firmeza. || Asegurar o dar por cierta alguna cosa. || intr. Decir que sí mediante expresiones o gestos. || prnl. Asegurarse en algo para estar firme. || Ratificarse uno en su dicho.

afirmativo, va. adj. Que denota o expresa afirmación. || FILOS. Se dice de la proposición y del juicio que expresan una afirmación.

aflicción. f. Sufrimiento físico, pena, tristeza.

afligir. tr. y prnl. Causar sufrimiento físico, tristeza o pena.

aflojar. tr. y prnl. Disminuir la presión o la tirantez de algo. || *col.* Entregar uno dinero u otra cosa. || intr. Perder fuerza una cosa. || Dejar uno de emplear el mismo vigor o aplicación que antes en alguna cosa.

aflorar. intr. GEOL. Asomar a la superficie terrestre un filón, masa rocosa o capa mineral consolidados en el subsuelo. || Surgir, aparecer lo que estaba oculto o en gestación.

afluencia. f. Concurrencia en gran número a un lugar o sitio. || Abundancia o copia. || Facilidad de palabra.

afluente. m. Río secundario que desemboca en otro principal.

afluir. intr. Acudir en abundancia o concurrir en gran número a un lugar o sitio. || Verter un río sus aguas en las de otro, o en un lago o mar.

afonía. f. Falta total o parcial de la voz.

afónico, ca. adj. Que ha perdido total o parcialmente la voz.

aforar. tr. Calcular la cantidad y el valor de los géneros o mercancías existentes en un depósito para el pago de derechos. || Medir la cantidad de agua que lleva una corriente en una unidad de tiempo. || Calcular la capacidad de algo. || Dar o tomar, mediante el pago de un canon, alguna heredad. || Dar, otorgar fueros.

aforismo. m. Sentencia breve y doctrinal que se propone como regla en una ciencia o arte.

afortunado, da. adj. m. y f. Que tiene buena suerte. || Feliz, que produce felicidad o resulta de ella. || Oportuno, acertado, inspirado.

afrancesado, da. adj. y s. Que imita a los franceses. || Partidario de los franceses.

afrenta. f. Vergüenza y deshonor que resulta de algún dicho, hecho o imposición de una pena. || Dicho o hecho afrentoso.

afrentar. tr. Causar afrenta, ofender o insultar. || prnl. Avergonzarse, sonrojarse por algo.

africano, na. adj. y s. De África o relativo a este continente.

afrodisiaco, ca o **afrodisíaco, ca.** adj. y m. Que excita el apetito sexual.

afrontar. tr. Hacer frente al enemigo, a un peligro, etc. || Poner una cosa enfrente de otra.

afta. f. PAT. Úlcera pequeña, blanquecina, que se forma en la mucosa bucal durante el curso de ciertas enfermedades.

afuera. adv. l. Fuera del sitio en el que uno está. || En la parte exterior. || Interj. que se usa para ordenar a alguien que salga de un lugar o deje el camino libre. || f. pl. Alrededores de una población.

agachadiza. f. ZOOL. Nombre común de diversas especies de aves zancudas, semejantes a la chocha, que vuelan muy bajo y se esconden en los lugares pantanosos.

agachar. tr. Inclinar o bajar alguna parte del cuerpo. || prnl. Encogerse, doblando el cuerpo hacia abajo.

agalla. f. ZOOL. Cada una de las branquias que tienen los peces. || BOT. Excrecencia redonda que se forma en algunos árboles por la acción parasitaria de ciertos insectos. || pl. Valentía, audacia.

ágape. m. Comida de confraternización que los primeros cristianos celebraban durante sus asambleas para profundizar sus lazos de concordia. || p. ext., Banquete.

agarrar. tr. y prnl. Asir o coger fuertemente con la mano o de cualquier modo. || Coger o contraer una enfermedad, o empezar a padecer una sensación física o un estado de ánimo. || Sorprender a alguien. || Conseguir lo que se intentaba o se pretendía. || intr. Prender una planta. || prnl. Hablando de guisos, quemarse.

agarrotar. tr. Oprimir o apretar algo o a alguien fuertemente, tanto física como moralmente. || Apretar los fardos con cuerdas retorciéndolos con un palo. || Ejecutar mediante el procedimiento del garrote. || prnl. Entumecerse un miembro. || Dejar de funcionar un mecanismo por falta de movilidad de sus piezas.

agasajar. tr. Atender a alguien ofreciéndole regalos o grandes expresiones de cariño y afecto.

agasajo. m. Regalo o muestra de cariño y afecto.

ágata. f. Variedad de sílice con franjas de colores.

agazaparse. prnl. Agacharse, encogiendo el cuerpo contra la tierra. || p. ext., esconderse u ocultarse encogiendo el cuerpo.

agencia. f. Empresa destinada a gestionar asuntos ajenos o a prestar determinados servicios. || Sucursal de una empresa. || amer. Casa de empeño.

agenciar. tr. Hacer las diligencias necesarias para lograr una cosa. || prnl. Conseguir algo con maña.

agenda. f. Libro o cuaderno en que se apuntan, para no olvidarlas, las cosas que se han de hacer. || Programa de actividades o trabajos. || Relación de los temas que han de tratarse en una reunión. || Sección de un periódico en que se agrupan datos de escaso interés informativo, como el tiempo, el santoral, etc.

agente. adj. Que obra o tiene virtud de obrar. || adj. y m. GRAM. Se dice de la palabra o sintagma que designa la persona, animal o cosa que realiza la acción del verbo. || m. Persona o cosa que produce un efecto. || Persona que obra con poder de otro. || com. Persona que tiene a su cargo una agencia para gestionar asuntos ajenos o prestar determinados servicios. || Funcionario encargado de velar por la seguridad pública o por el cumplimiento de las leyes u ordenanzas.

agigantar. tr. y prnl. Dar o adquirir proporciones gigantescas.

ágil. adj. Capaz de moverse con ligereza y facilidad. || De inteligencia rápida y aguda. || Referido al estilo o al lenguaje, vivo, fluido.

agilidad. f. Facilidad para ejecutar algo de forma rápida, física o mentalmente.

agilizar. tr. y prnl. Hacer ágil. || Facilitar y acelerar la ejecución de un proceso o procedimiento.

agitación. f. Movimiento violento y repetido. || Inquietud, preocupación, nerviosismo. || Provocación de movimientos de protesta de carácter social o político.

agitador, ra. m. y f. Persona que incita a otros a propugnar violentamente determinados cambios políticos o sociales. || m. QUÍM. Aparato o mecanismo utilizado para mezclar o revolver líquidos.

agitar. tr. y prnl. Mover violenta y repetidamente. || Inquietar, preocupar, poner nervioso. || Provocar la inquietud social o política. || QUÍM. Revolver un líquido con cierta intensidad para disolverlo o para mezclar sus componentes.

aglomeración. f. Amontonamiento, reunión sin orden de cosas o personas.

aglomerar. tr. y prnl. Amontonar, juntar sin orden cosas o personas. || Unir fragmentos de una o varias sustancias con un aglomerante.

aglutinación. f. Reunión, adhesión o asociación de cosas o personas. || LING. Unión en una sola unidad de dos o más palabras originariamente diferentes, pero que constituyen frecuentemente un sintagma. || MED. Agrupación en masa de células o bacterias insolubles, por reacción de un antígeno del que son portadoras con el correspondiente anticuerpo o aglutinina.

aglutinante. adj. y m. Que aglutina o sirve para aglutinar. || LING. Se dice de las lenguas que yuxtaponen varias palabras que expresan ideas simples, para formar otras que expresen ideas compuestas. || PINT. Sustancia líquida que solidifica pasado algún tiempo y en la que se diluyen los pigmentos.

aglutinar. tr. y prnl. Unir, pegar una cosa con otra. || Reunir, aunar. || LING. Formar palabras por aglutinación.

agnosticismo. m. EPIST. Doctrina filosófica que niega al entendimiento humano la capacidad de llegar a comprender lo absoluto y sobrenatural.

agobiar. tr. y prnl. Causar gran molestia o fatiga. || Imponer a alguien actividad o esfuerzo excesivos, preocupar gravemente, causar gran sufrimiento.

agolpar. tr. Juntar de golpe en un lugar gran número de personas, animales o cosas. || Venir juntas y de golpe ciertas cosas.

agonía. f. Estado previo a la muerte. || Pena o aflicción extremada. || Agotamiento que indica el final de algo. || pl. usado c. sing. com. *col.* Persona apocada y pesimista.

agonizar. intr. Estar en la agonía, luchar un enfermo entre la vida y la muerte. || Sufrir angustiosamente.

ágora. f. ARQUIT. Plaza pública en las ciudades griegas, que constituía el centro de la vida administrativa, religiosa y comercial. || Asamblea que se llevaba a cabo en ellas.

agorar. tr. Predecir o anunciar males o desdichas con poco fundamento.

agorero, ra. adj. y s. Que predice o anuncia con poco fundamento males o desdichas.

agosto. m. Octavo mes del año, entre julio y septiembre, que tiene treinta y un días.

agotamiento. m. Gasto o consumo total de algo. || Cansancio extremado.

agotar. tr. y prnl. Extraer todo el líquido que hay en una capacidad cualquiera. || Gastar del todo, acabar con algo. || Cansar extremadamente.

agraciado, da. adj. Que tiene gracia o es gracioso. || Bien parecido. || adj. y s. Afortunado en un sorteo.

agraciar. tr. Dar gracia o belleza a una persona o cosa. || Hacer o conceder alguna gracia o premio.

agradable. adj. Que agrada o produce agrado. || Se dice de la persona simpática y amable.

agradar. intr. Complacer, contentar, gustar.

agradecer. tr. Sentir o mostrar gratitud por algo recibido. || Corresponder una cosa al trabajo empleado en conservarla o mejorarla.

agradecimiento. m. Sentimiento o muestra de gratitud por algo recibido.

agrado. m. Complacencia, gusto, placer. || Afabilidad en el trato.

agrandamiento. m. Aumento del tamaño de alguna cosa.

agrandar. tr. y prnl. Hacer más grande alguna cosa.

agrario, ria. adj. Del campo o relativo a él.

agravamiento. m. Aumento de la gravedad de una situación o de un enfermo.

agravante. adj. y amb. Que agrava o aumenta la gravedad de algo. || DER. Se dice de la circunstancia que constituye un motivo legal para recargar la pena correspondiente a un delito.

agravar. tr. y prnl. Aumentar la gravedad de una situación o de un enfermo.

agraviar. tr. Hacer agravio. || prnl. Ofenderse, sentirse molesto.

agravio. m. Ofensa que se hace a uno en su honra o fama. || Hecho o dicho con que se hace esta ofensa. || Perjuicio que se hace a uno en sus derechos o intereses.

agredir. tr. Cometer agresión.

agregado, da. adj. y s. Empleado adscrito a un servicio del cual no es titular. || Profesor numerario con una categoría inmediatamente inferior a catedrático. || m. y f. Funcionario diplomático encargado de asuntos de su especialidad. || m. Conjunto de cosas homogéneas que forman un cuerpo.

agregar. tr. y prnl. Unir o añadir una parte a un todo. || Añadir algo a lo ya dicho o escrito. || Destinar a alguna persona a un cuerpo u oficina sin plaza efectiva.

agremiar. tr. y prnl. Reunir en gremio.

agresión. f. Ataque o acto violento que causa daño. || Acto contrario al derecho de otro, en particular, ataque armado de una nación contra otra.

agresivo, va. adj. Se dice de la persona o animal que actúa con agresividad. || Propenso a faltar al respeto o a provocar a los demás. || Que implica provocación y violencia. || Activo, dinámico emprendedor.

agresor, ra. adj. y s. Que comete agresión o provoca un ataque o acto violento.

agreste. adj. Del campo o relativo a él. || Se dice del terreno abrupto, sin cultivar o lleno de malezas. || Rudo, tosco, grosero.

agriar. tr. y prnl. Poner agria alguna cosa. || Exasperar los ánimos, hacer tenso o amargo.

agrícola. adj. De la agricultura o del agricultor, o relativo a ellos.

agricultor, ra. m. y f. Persona que cultiva la tierra.

agricultura. f. Cultivo de la tierra. || Conjunto de técnicas utilizadas en dicho cultivo.

agridulce. adj. Que tiene mezcla de agrio y de dulce.

agrietamiento. m. Abertura o formación de grietas.

agrietar. tr. y prnl. Abrir grietas.

agrimensor, ra. m. y f. Persona especializada en medir la superficie de los terrenos y levantar los planos correspondientes.

agrimensura. f. Arte o técnica de medir la superficie de los terrenos y levantar los planos correspondientes.

agrio, gria. adj. Que produce sensación de acidez. || Que se ha agriado. || Acre, áspero o desabrido. || m. pl. Conjunto de frutas de sabor agridulce, como el limón o la naranja y otras semejantes.

agro. m. Campo, tierra de labranza.

agrónomo, ma. adj. y s. Se dice de la persona que profesa la agronomía.

agropecuario, ria. adj. Que tiene relación con la agricultura y la ganadería.

agrupación. f. Reunión en grupo de elementos con características comunes. || Conjunto de personas u organismos que se asocian con algún fin. || MIL. Unidad militar formada por fuerzas de diversas armas con una misión concreta.

agrupar. tr. y prnl. Reunir en grupo elementos con características comunes. || Constituir una agrupación.

agua. f. Sustancia líquida, inodora, insípida e incolora en pequeña cantidad y verdosa o azulada en grandes masas, que está formada por la combinación de un volumen de oxígeno y dos de hidrógeno. || Lluvia. || Licor extraído por infusión, disolución o emulsión de flores, plantas o frutos, y usado en medicina y perfumería. || ARQUIT. Vertiente de un tejado. || pl. Visos u ondulaciones que tienen algunas telas, plumas, piedras, maderas, etc.

aguacero. m. Lluvia repentina, impetuosa y de poca duración. || Sucesos y cosas molestas que, en gran cantidad, caen sobre una persona.

aguachento, ta. adj. *amer.* Impregnado, empapado o lleno de agua. || *amer.* Se dice de la fruta u otro alimento insípido por exceso de agua.

aguado, da. adj. Se dice de lo que está mezclado con agua. || f. PINT. Técnica pictórica similar a la acuarela pero que emplea también el color blanco, cuyos colores son más espesos y opacos y se diluyen en agua o cola mezclada con agua. || PINT. Pintura realizada con esta técnica. || Sitio donde es posible abastecerse de agua potable en las zonas áridas. || Aprovisionamiento de agua potable en una embarcación.

aguafiestas. com. *col.* Persona que turba una diversión.

aguafuerte. f. QUÍM. Agua fuerte. || m. ART. Técnica de grabado en metal, normalmente sobre cobre, que se obtiene tratando las partes de la plancha no protegidas por un barniz previo con una solución de ácido nítrico en agua. || ART. Estampa hecha de esta manera.

aguamarina. f. MINERAL. Variedad de berilo, transparente, de color parecido al del agua del mar y muy apreciado en joyería.

aguamiel. f. Agua mezclada con miel. || *amer.* Jugo extraído del maguey que, fermentado, produce el pulque.

aguantar. tr., intr. y prnl. Sostener, no dejar caer. || Resistir, soportar. || Tolerar a disgusto algo molesto. || TAUROM. En la suerte de matar, conservar el torero la postura con que cita al toro, resistiendo su embestida. || intr. Reprimirse, contenerse. || prnl. Conformarse con lo que pasa o con lo que se tiene.

aguante. m. Sufrimiento, paciencia. || Fortaleza o vigor.

aguar. tr. y prnl. Mezclar vino u otro líquido con agua. || Turbar, interrumpir. || prnl. Llenarse de agua.

aguardar. tr., intr. y prnl. Esperar a que venga o llegue alguien o algo. || Dejar pasar un tiempo antes de realizar alguna cosa. || tr. e intr. Ir a ocurrirle algo a alguien.

aguardiente. m. Bebida alcohólica que, por destilación, se saca del vino y otras sustancias.

aguarrás. m. Esencia volátil de trementina que se emplea como disolvente de pinturas y barnices.

agudeza. f. Delgadez en la punta o en el filo. || Grado de intensidad de un mal o de un dolor. || Rapidez mental, ingenio. || Perspicacia o rapidez del sentido de la vista, del oído o del olfato. || Expresión que muestra rapidez mental o dicho ingenioso.

agudizar. tr. y prnl. Hacer más agudo o intenso. || Agravar, aumentar la gravedad de una situación o de una enfermedad.

agudo, da. adj. Delgado, afilado. || Se dice de la sensación viva e intensa, especialmente el dolor, o de la enfermedad grave y de corta duración. || Ingenioso, rápido. || Gracioso, oportuno. || Referido al sentido de la vista, del oído o del olfato, perspicaz y rápido. || GRAM. Se dice de la palabra que lleva el acento prosódico en la última sílaba.

agüero. m. Procedimiento de adivinación basado principalmente en la interpretación supersticiosa de determinadas señales, como el canto o el vuelo de las aves, los fenómenos meteorológicos, etc. || Presagio o señal supersticiosa de un acontecimiento futuro. || mal agüero. Que presagia sucesos favorables o adversos, o que da buena o mala suerte.

aguerrir. tr. y prnl. Acostumbrar a los soldados inexpertos o sin preparación militar a los peligros de la guerra, haciéndolos fuertes y valientes.

aguijar. tr. Picar a los animales de carga con la aguijada para que anden más deprisa, o avivarlos con la voz o de cualquier otro modo. || Estimular, incitar. || intr. Acelerar el paso.

aguijón. m. Extremo puntiagudo de la aguijada. || ZOOL. Órgano abdominal punzante del escorpión y algunos insectos, con el cual pican e inyectan el veneno. || BOT. Espina de las plantas. || Estímulo, incitación.

aguijonear. tr. Aguijar, picar con la aguijada. || Picar con el aguijón. || Incitar, atormentar.

águila. f. ZOOL. Ave rapaz diurna de gran envergadura, de vista muy perspicaz, fuerte musculatura, pico curvo y ganchudo, garras afiladas y vuelo rapidísimo. || Persona viva y perspicaz. || Insignia de la legión romana y de algunos ejércitos modernos.

aguileño, ña. adj. Del águila o relativo a esta ave. || Se dice del rostro o nariz largos y delgados.

aguilucho. m. Pollo o cría del águila. || ZOOL. Nombre común de varias aves falconiformes, de cabeza pequeña y cola y alas alargadas, con el plumaje de color gris en el macho y pardo en la hembra.

aguinaldo. m. Regalo que se da por las Navidades.

aguja. f. Barrita puntiaguda de metal u otra materia con un ojo para meter el hilo, que se utiliza para coser, bordar, tejer, etc. || Tubito metálico de pequeño diámetro con un extremo cortado en diagonal y el otro provisto de un casquillo que se enchufa en la jeringuilla para poner inyecciones. || Barrita de metal, hueso, marfil, etc., que sirve para hacer medias y otras labores de punto. || Varilla de metal, concha, etc., utilizada en el tocado de las mujeres. || Manecilla del reloj y de otros aparatos de precisión. || Especie de estilete que recorre los surcos de los discos musicales y reproduce las vibraciones inscritas en ellos. || Pastel largo y estrecho relleno de carne picada, pescado o dulce. || Riel movible que sirve para que el tren cambie de vía. || Costillas del cuarto delantero de una res. || Conjunto de pequeñas burbujas de gas carbónico que se forman en ciertos vinos como consecuencia de la fermentación. || ARQUIT. Chapitel estrecho de gran altura, generalmente cónico o piramidal, que remata una torre o el techo de una Iglesia. || ZOOL. Pez marino de cuerpo largo y delgado, con los huesos de la cara prolongados en forma de tubo, con el dorso de color verde azulado y el vientre plateado. || ZOOL. Ave zancuda, de pico largo y delgado, ligeramente curvado hacia arriba, con plumaje castaño en la cabeza y pecho.

agujerear o **agujerar.** tr. y prnl. Hacer agujeros.

agujero. m. Abertura más o menos redonda en una superficie. || Pérdida injustificada de dinero. || col. Habitación o vivienda de una persona.

agusanarse. prnl. Criar gusanos alguna cosa.

aguzar. tr. y prnl. Hacer o sacar punta. || Aguijar, estimular. || Avivar el entendimiento o los sentidos, para que perciban mejor y con más detalle.

aherrumbrar. tr. Dar a una cosa color o sabor de hierro. || prnl. Tomar una cosa, especialmente el agua, color o sabor de hierro. || Cubrirse de herrumbre u orín.

ahí. adv. l. En ese lugar, o a ese lugar. || En esto, o en eso. || amer. Pronto, en seguida. || ahí mismo. loc. adv. Muy cerca, al lado. || de ahí. loc. Designa el tiempo pasado o futuro del que se acaba de hablar. || de ahí que. loc. conjunt. Se usa para indicar una consecuencia de algo que se ha dicho antes. || por

ahí. loc. adv. Por un lugar indeterminado o no muy lejano.

ahijado, da. m. y f. Cualquier persona, respecto de sus padrinos.

ahijar. tr. Adoptar al hijo ajeno. || Acoger un animal la cría de otro, o poner a cada cría con su propia madre o con otra para que lo críe. || intr. Echar una planta vástagos nuevos.

ahínco. m. Empeño y eficacia con que se hace o solicita algo.

ahíto, ta. p. p. irreg. de Ahitar. || adj. Harto por haber comido demasiado. || Cansado de algo o alguien. || m. Indigestión o empacho.

ahogado, da. adj. Se dice de la respiración o del sonido emitidos con dificultad. || Se dice del lugar o del ambiente en que apenas se respira por falta de ventilación, estrechez o calor. || m. y f. Persona que ha fallecido por falta de respiración, especialmente en el agua.

ahogar. tr. y prnl. Matar a alguien impidiéndole respirar, o fallecer por falta de respiración. || Referido a una planta, dañarla el exceso de agua o el efecto nocivo de otras plantas. || Referido al fuego, apagarlo, sofocarlo con materias que dificultan la combustión. || Referido a un automóvil, inundar el carburador con exceso de combustible. || Extinguir, apagar. || tr. Oprimir, fatigar. También intr. y prnl. || prnl. Sentir sofocación o ahogo.

ahogo. m. Asfixia, dificultad en la respiración. || Aprieto, congoja. || Apuro, apremio.

ahondar. tr., intr. y prnl. Hacer más hondo o profundo. || Introducir más profundamente una cosa en otra. || Investigar, profundizar en algo.

ahora. adv. t. A esta hora, en este momento, en el tiempo actual o presente. || Inmediatamente antes del momento en que se habla; equivale a 'hace poco'. || Inmediatamente después del momento en que se habla; equivale a 'dentro de poco'. || conj. distr. Bien, ya. || conj. ad. Pero, sin embargo. || ahora bien. loc. conjunt. ad. Esto supuesto o sentado. || ahora mismo. loc. adv. En este mismo instante. || ahora que. loc. conjunt. Equivale a 'pero'. Introduce la situación o el momento en que se encuentra una persona. Con verbos como pensar, recordar o decir, introduce aquello que se piensa, se recuerda o se dice. || ahora sí que. loc. adv. Expresa seguridad de que algo va a ocurrir. || hasta ahora. Expr. que se usa para despedirse. || por ahora. loc. adv. Por el momento, provisionalmente. En el tiempo actual.

ahorcado, da. m. y f. Persona fallecida por ahorcamiento.

ahorcar. tr. Quitar la vida a alguien, echándole un lazo al cuello y colgándolo de él en una horca u otra parte hasta producirle asfixia. || Referido a una profesión o a una actividad, dejarlas o abandonarlas. || En el juego del dominó, impedir al jugador rival que pueda colocar una ficha doble.

ahorrar. tr. e intr. Reservar parte del dinero del que se dispone. || tr. y prnl. Economizar, no malgastar algo. || Librar a alguien de una molestia o trabajo.

ahorrativo, va. adj. Que ahorra, economiza o gasta poco. || Que implica o encierra ahorro.

ahorro. m. Gasto menor de lo habitual. || Lo que se ahorra.

ahuecar. tr. y prnl. Poner hueco o cóncavo. || Mullir, esponjar o hacer menos compacto lo que estaba apretado o aplastado. || tr. Dicho de la voz, hablar con afectación. || intr. *col.* Ausentarse de una reunión, marcharse. || prnl. Engreírse.

ahumar. tr. y prnl. Poner al humo o someter a la acción del humo, especialmente un alimento para su conservación o para darle cierto sabor. || Llenar de humo. || intr. Despedir humo lo que se quema. || prnl. Tomar un alimento sabor a humo. || Ennegrecerse una cosa con el humo.

ahuyentar. tr. Hacer huir a una persona o a un animal. || Desechar o apartar algo que molesta, entristece o aflige. || prnl. Alejarse huyendo.

aimara o **aimará.** adj. y com. De un pueblo indio que habita en la región del lago Titicaca, entre Perú y Bolivia, o relativo a él. || m. LING. Lengua indígena de este pueblo.

airar. tr. y prnl. Irritar, enfurecer.

aire. m. Mezcla gaseosa que forma la atmósfera de la Tierra. || Atmósfera terrestre. || Viento. || Parecido entre las personas. || Aspecto. || Garbo, gracia, elegancia. || Vanidad, engreimiento. || Modo personal de hacer una cosa. || Ambiente o conjunto de circunstancias que rodean un acontecimiento.

airear. tr. Poner al aire o ventilar. || Dar publicidad o actualidad a una cosa, hacerla pública o sacarla a la luz. || prnl. Ponerse o estar al aire para refrescarse.

airoso, sa. adj. Garboso o gallardo. || Se dice del que realiza algo con éxito. || Se apl. al tiempo o sitio en que hace mucho viento.

aislador. m. FÍS. Pieza de material aislante, como vidrio, porcelana, etc., que se utiliza como soporte de un conductor eléctrico.

aislamiento. m. Separación de una persona, una población o una cosa, dejándolas solas o incomunicadas. || Falta de comunicación, soledad. || FÍS. Acción y resultado de evitar o disminuir la propagación de un fenómeno

físico, como el calor, el sonido o la electricidad, por medio de un material aislante.

aislar. tr. y prnl. Dejar una cosa sola y separada de otras. || Incomunicar, apartar a una persona del trato con los demás. || FÍS. Evitar o disminuir la propagación de un fenómeno físico, como el calor, el sonido o la electricidad, por medio de un material aislante. || QUÍM. Separar un elemento de un compuesto del que forma parte o separar un elemento o un compuesto de una mezcla.

ajar. tr. Envejecer algo o a alguien manoseándolo y arrugándolo. || prnl. Deslucirse una cosa o una persona.

ajedrecista. com. Profesional del ajedrez o aficionado a este juego.

ajedrez. m. Juego entre dos personas, cada una de las cuales dispone de 16 piezas movibles que se colocan sobre un tablero dividido en 64 escaques. || Conjunto de piezas y tablero que se utiliza en este juego.

ajenjo. m. BOT. Planta herbácea perenne, perteneciente a la familia de las compuestas, medicinal, amarga y aromática. || Bebida alcohólica elaborada con esta planta y otras hierbas aromáticas.

ajeno, na. adj. Que pertenece a otro. || Extraño a alguien. || Que no tiene conocimiento de algo. || Impropio, que no corresponde.

ajetreo. m. Gran actividad o movimiento constante de un lado a otro.

ají. m. BOT. Pimiento.

ajo. m. BOT. Planta herbácea anual, perteneciente a la familia de las liliáceas, de bulbo blanco, redondo, de sabor picante y olor fuerte, usado mucho como condimento. || Cada una de las partes o dientes en que está dividido el bulbo de ajos. || ajo y agua. loc. *col.* Expr. que se usa para indicar resignación. || ¡ajo! o ¡ajó! interj. con que se estimula a los bebés para que empiecen a hablar.

ajuar. m. Conjunto de muebles, enseres y ropas que la mujer aporta al matrimonio, o los de uso común en la casa.

ajustar. tr. y prnl. Poner alguna cosa de modo que venga justa o encaje con otra. || Adaptar, acomodar una cosa a otra, de suerte que no haya discrepancia entre ellas. || Concertar, acordar. || Contratar a alguna persona para realizar algún servicio. || Liquidar una cuenta. || Concertar el precio de alguna cosa.

ajuste. m. Unión de varias piezas que encajan perfectamente entre sí. || Adaptación o acomodación de una cosa a otra, de suerte que no haya discrepancia entre ellas. || Concertación del precio de alguna cosa.

ajusticiar. tr. Aplicar la pena de muerte.

al. contr. de la prep. a y el art. el.

ala. f. Parte del cuerpo de algunos animales, de la que se sirven para volar. || Parte de una cosa que por su situación o forma se parece a un ala. || Cada una de los dos extremos de la parte externa del avión que sustentan el aparato en vuelo. || Cada una de las partes que se extienden a los lados del cuerpo principal de un edificio u otra construcción. || Cada una de las diversas tendencias de un partido, organización, etc., especialmente de posiciones extremas.

alabanza. f. Elogio. || Expresión o conjunto de expresiones con que se alaba. || en alabanza. loc. Alabando, para alabar.

alabar. tr. y prnl. Elogiar, celebrar con palabras. || prnl. Jactarse o vanagloriarse.

alabarda. f. Arma ofensiva formada por un asta de madera cuya punta está cruzada por una cuchilla transversal, aguda por un lado y en figura de media luna por el otro.

alabastro. m. GEOL. Variedad de mármol translúcido, generalmente con visos de colores, que se emplea como piedra de ornamentación.

alacena. f. Hueco hecho en la pared, con puertas y anaqueles, a modo de armario.

alacrán. m. ZOOL. Escorpión. || Persona malintencionada, especialmente al hablar de los demás.

alado, da. adj. Que tiene alas, o de figura de ala. || Veloz, muy ligero.

alambicado, da. adj. Complicado, rebuscado. || Dado con escasez y muy poco a poco.

alambicar. tr. QUÍM. Destilar, separar. || Examinar atentamente alguna cosa para desentrañar su significado o sus cualidades. || Sutilizar excesivamente, complicar mucho.

alambique. m. QUÍM. Aparato para extraer al fuego, y por destilación, la esencia de cualquier sustancia líquida.

alambrado, da. adj. Cercado con alambres. || m. y f. Cerca o valla de alambres sujetos y tensados con postes. || f. MIL. Red de alambre grueso, llena de pinchos, que se emplea para impedir o dificultar el avance de vehículos o tropas enemigas.

alambrar. tr. Cercar un sitio con alambre.

alambre. m. Hilo de metal.

alameda. f. Terreno poblado de álamos. || Paseo con álamos u otros árboles.

álamo. m. BOT. Árbol perteneciente a la familia de las salicáceas, que crece en zonas templadas, de tronco alto con muchas ramas, hojas alternas ovaladas o acorazonadas y madera blanca y ligera, muy resistente al agua. || Madera de este árbol.

alano, na. adj. y s. HIST. Se dice del individuo de un pueblo germánico que, en unión con vándalos y suevos, invadió España en el año 409. || adj. y m. Se dice del perro de raza cruzada

de dogo y lebrel, corpulento, fuerte, de cabeza grande, orejas caídas, hocico chato, cola larga y pelo corto y suave.

alarde. m. Ostentación y gala que se hace de alguna cosa.

alardear. intr. Hacer ostentación y gala de alguna cosa o presumir públicamente de algo.

alargar. tr. y prnl. Dar más longitud a una cosa. || Dar mayor extensión a una cosa, dilatarla, ensancharla. || Prolongar una cosa, hacer que dure más tiempo. || Aumentar la cantidad. || Extender, estirar, desencoger. || Retardar, diferir, dilatar. || prnl. Extenderse en lo que se habla o escribe.

alarido. m. Grito fuerte y lastimero.

alarma. f. Señal que avisa de un peligro inmediato. || MIL. Señal para prepararse inmediatamente a la defensa o al combate. || Dispositivo que avisa de un peligro o de alguna particularidad. || Inquietud, susto o sobresalto.

alarmante. adj. Que produce alarma.

alarmar. tr. y prnl. Dar la alarma o avisar de un peligro inmediato. || Inquietar, asustar, sobresaltar.

alarmista. adj. y com. Se dice de la persona que tiende a difundir noticias alarmantes, a propagar rumores sobre peligros imaginarios o a exagerar los peligros reales.

alazán, ana. adj. y s. Se dice del caballo o yegua que tiene el pelo de color canela.

albacca. com. DER. Persona encargada por el testador o por el juez de cumplir la última voluntad de un difunto y custodiar sus bienes hasta repartirlos entre los herederos.

albahaca. f. BOT. Planta herbácea anual, muy olorosa, perteneciente a la familia de las labiadas, de hojas pequeñas muy verdes y flores blancas, algo purpúreas, que se utiliza como condimento.

albanés, esa. adj. y s. De Albania o relativo a este estado de la península balcánica. || m. LING. Lengua indoeuropea hablada en Albania y en las regiones colindantes con ella.

albañil, la. m. y f. Maestro u oficial de albañilería.

albañilería. f. Arte o técnica de construir edificios u obras en las que se emplean ladrillos, piedra, cal, arena, yeso, cemento u otros materiales semejantes. || Obra realizada según esta técnica.

albaricoque. m. BOT. Fruto del albaricoquero, dulce y carnoso, casi redondo, de color amarillento y algo encarnado, piel aterciopelada y con un hueso liso en el centro.

albatros. m. ZOOL. Ave palmípeda de gran resistencia para el vuelo, que vive en los mares australes y alcanza gran tamaño, de plumaje blanco y pardo, pico ganchudo y alas muy largas y estrechas.

albedrío. m. Potestad de obrar por reflexión y elección. || Antojo, capricho o voluntad de alguien.

alberca. f. Depósito artificial de agua con muros de fábrica. || *amer.* Piscina deportiva.

albergar. tr. Dar albergue, hospedaje. || Encerrar, contener. || Tener una determinada idea o sentimiento sobre algo. || prnl. Tomar albergue o estar albergado en cierto sitio.

albergue. m. Lugar en que una persona halla hospedaje o resguardo. || Establecimiento público que atiende al turismo durante estancias cortas. || Establecimiento benéfico donde se aloja provisionalemnte a gente necesitada. || Ayuda y protección.

albino, na. adj. y s. Se dice de los seres vivos que presentan ausencia congénita más o menos completa de pigmentación en la piel, ojos y pelos, debida a la falta de melanina.

albo, ba. adj. poét. Blanco. || f. Amanecer. || Primera luz del día antes de salir el sol. || Túnica blanca que los sacerdotes se ponen para celebrar los oficios divinos.

albóndiga. f. Bolita de carne o pescado picado, mezclado con pan rallado o harina, huevos batidos y especias.

albor. m. Albura. || Luz del alba. || Comienzo, principio.

alborada. f. Tiempo de amanecer. || Composición poética o musical dedicada al alba, especialmente la de origen trovadoresco. || MIL. Toque o música militar que se ejecuta al amanecer.

albornoz. m. Bata de tela de toalla que se utiliza para secarse después del baño o ducha. || Especie de capa o capote con capucha.

alborotar. tr., intr. y prnl. Inquietar, alterar, perturbar. || tr. y prnl. Desordenar. || Referido al mar, encrespar.

alboroto. m. Vocerío, estrépito. || Desorden o tumulto. || Inquietud, sobresalto.

¡albricias!. interj. Expresión de júbilo que acompaña a la buena noticia que se trae.

álbum. m. Libro en blanco cuyas hojas se llenan con breves composiciones literarias, sentencias, piezas de música, fotografías, grabados, etc. || Carpeta en forma de libro destinada a guardar discos. || Carpeta o estuche que contiene dos o más discos que se venden juntos. || Disco de larga duración que contiene canciones de uno o varios autores.

albúmina. f. QUÍM. Proteína natural simple, animal o vegetal, que se disuelve en agua y se coagula por el calor.

albur. m. Contingencia o azar de que depende el resultado de alguna empresa.

albura. f. Blancura perfecta. || BOT. Capa blanda de la madera de los árboles, de color blanquecino, situada entre la corteza y el duramen.

alcachofa. f. BOT. Planta herbácea perenne, perteneciente a la familia de las compuestas, de raíz fusiforme y tallo estriado y ramoso, que produce unas cabezuelas carnosas comestibles. || BOT. Cabezuela de esta planta, de coloración azul o violácea y tamaño abultado. || Pieza con agujeros que se adapta a algunos aparatos.

alcahuete, ta. m. y f. Persona que procura, encubre o facilita amores ilícitos. || *col.* Persona a la que le gusta contar chismes.

alcaide. m. El que tenía a su cargo la guarda de una fortaleza. || El que en las cárceles custodiaba a los presos.

alcalde, esa. m. y f. Persona que preside un ayuntamiento.

alcaldía. f. Oficio o cargo de alcalde. || Oficina o lugar de trabajo de un alcalde, sede del ayuntamiento. || Territorio o distrito de la jurisdicción de un alcalde.

alcalino, na. adj. QUÍM. De álcali o que contiene álcali. || metal alcalino. QUÍM. Cada uno de los metales del grupo la de la tabla periódica, que se caracterizan por tener un solo electrón en el último nivel, lo que determina que sean monovalentes y muy electropositivos.

alcaloide. m. QUÍM. Cualquiera de los compuestos orgánicos nitrogenados, de carácter básico, que se extraen de ciertos vegetales y que tienen propiedades alcalinas.

alcance. m. Distancia a que llega el brazo. || Distancia a la que llega la acción o influencia de alguien o algo. || Importancia o trascendencia de algo. || Capacidad o talento. || al alcance de la mano. loc. Muy accesible o fácil de conseguir. || dar alcance a una persona o cosa. loc. Alcanzarla, ponerse a su altura.

alcancía. f. Hucha. || *amer.* Cestillo para limosnas o donativos.

alcanfor. m. QUÍM. Producto sólido, cristalino, blanco, de olor penetrante característico, que se extrae del alcanforero y de otras plantas y que se utiliza en medicina y en la industria.

alcantarilla. f. Acueducto subterráneo fabricado para recoger las aguas llovedizas o residuales y darles paso. || Cada uno de los sumideros de las calles, por los que entra el agua de lluvia.

alcanzar. tr. Llegar a juntarse con una persona o cosa que va delante. || Llegar a tocar, coger, golpear o herir a alguna persona o cosa. || Llegar a igualarse con otro en alguna cosa. || Coger algo alargando la mano. || Conseguir, lograr algo que se desea. || Entender, comprender. || Llegar hasta cierto punto o término. || intr. Ser suficiente o bastante una cosa para algún fin.

A

alcatraz. m. ZOOL. Pelícano americano blanco de unos 90 cm de longitud, propio de los mares templados, de pico largo y alas apuntadas con los extremos negros, que vuela con destreza y se zambulle en el agua desde gran altura.

alcaucil o **alcaucí.** m. BOT. Alcachofa silvestre.

alcázar. m. ARQUIT. Fortaleza, recinto fortificado. || ARQUIT. Palacio fortificado de los reyes musulmanes, ampliado o reconstruido por los reyes cristianos.

alce. m. ZOOL. Mamífero rumiante perteneciente a la familia de los cérvidos, parecido al ciervo aunque de mayor corpulencia, de cuello corto, cabeza grande, pelaje oscuro y cuernos planos en forma de pala, con los bordes muy recortados. También se conoce como anta. || m. En un juego de naipes, porción de cartas que se corta tras barajar y antes de repartirlas.

alcista. adj. Del alza de los valores, especialmente en bolsa, o relativo a ella. || com. Persona que juega al alza de estos valores.

alcoba. f. Aposento destinado para dormir.

alcohol. m. Líquido incoloro e inflamable, de olor fuerte, que se obtiene por la destilación del vino o de otros licores. || Bebida que lo contiene. || QUÍM. Cada uno de los compuestos orgánicos que contienen el grupo hidroxilo unido a un radical alifático o a alguno de sus derivados.

alcohólico, ca. adj. Del alcohol o que contiene alcohol. || adj. y s. Que abusa de las bebidas alcohólicas.

alcoholismo. m. Abuso de bebidas alcohólicas. || Enfermedad, ordinariamente crónica, ocasionada por tal abuso.

alcoholizar. tr. Echar alcohol en otro líquido. || prnl. Adquirir la enfermedad del alcoholismo por frecuente abuso de bebidas alcohólicas.

alcornoque. m. BOT. Árbol perteneciente a la familia de las fagáceas, de hoja persistente, fruto en bellota y madera muy dura, cuya gruesa corteza constituye el corcho. || BOT. Madera de este árbol. || adj. y com. col. Persona necia, ignorante.

alcurnia. f. Ascendencia, linaje, especialmente el noble.

aldaba. f. Pieza de metal que cuelga de las puertas para llamar golpeando con ella. || Barra o travesaño con que se aseguran las puertas o postigos después de cerrados.

aldea. f. Pueblo de corto vecindario y, por lo común, sin jurisdicción propia.

aldeano, na. adj. De una aldea o relativo a ella. || adj. Inculto, rústico.

aleación. f. Producto homogéneo, de propiedades metálicas, compuesto de dos o más elementos, uno de los cuales, al menos, debe ser un metal.

alear. intr. Mover las alas o los brazos. || tr. Mezclar, fundiéndolos, un metal con otros elementos, metálicos o no.

aleatorio, ria. adj. Del juego de azar o relativo a él. || Que depende de la suerte o del azar.

aleccionar. tr. Instruir, amaestrar, enseñar.

aledaño, ña. adj. Colindante, contiguo. || m. Confín, término, límite.

alegación. f. Presentación de algún argumento, mérito, etc., como prueba, disculpa, defensa o justificación. || Alegato.

alegar. tr. Citar, traer uno a favor de su propósito, como prueba, disculpa o defensa, algún hecho, dicho, ejemplo, etc. || Tratándose de méritos, servicios, etc., exponerlos para fundar en ellos alguna pretensión. || intr. DER. Traer el abogado leyes y razones en defensa de su causa. || amer. Discutir, altercar.

alegato. m. DER. Escrito en el que expone el abogado las razones que fundan el derecho de su cliente e impugna las del adversario. || p. ext., razonamiento, exposición.

alegoría. f. Ficción en virtud de la cual una cosa representa o significa otra diferente. || Obra o composición literaria o artística que se basa en este tipo de ficción. || ESC. y PINT. Representación simbólica de ideas abstractas por medio de figuras. || RET. Figura que consiste en hacer patentes en el discurso, mediante una sucesión de metáforas, un sentido recto y otro figurado, a fin de dar a entender una cosa expresada por otra distinta.

alegórico, ca. adj. De la alegoría o relativo a ella.

alegrar. tr. y prnl. Poner alegre. || Referido a algo inanimado, avivarlo, hermosearlo, darle nuevo esplendor. || prnl. Ponerse uno alegre por haber bebido vino u otros licores con algún exceso.

alegre. adj. Que denota o produce alegría. || Que siente o manifiesta de ordinario alegría. || Que expresa alegría. || Pasado o hecho con alegría. || Referido a un color, vivo. || Excitado por la bebida. || Algo libre o licencioso. || Poco sensato, frívolo.

alegría. f. Sentimiento grato y vivo, producido por un motivo placentero, que, por lo común, se manifiesta con signos externos. || Persona o cosa que manifiesta o causa alegría. || Falta de sensatez, frivolidad. || pl. Cante y baile andaluz, cuya tonada es viva y graciosa.

alegro. m. MÚS. Movimiento musical moderadamente vivo. || MÚS. Composición o pasaje que se ejecutan con este movimiento.

alejar. tr. y prnl. Distanciar, poner lejos o más lejos. || Ahuyentar, hacer huir. || Apartar ciertas ideas o creencias.

alelar. tr. y prnl. Poner lelo o tonto.

aleluya. amb. En la liturgia católica, canto de alegría en demostración de júbilo, especialmente en tiempo de Pascua.

alemán, ana. adj. y s. De Alemania.

alentar. tr. y prnl. Animar, infundir aliento o esfuerzo, dar vigor. || Mantener vivo un sentimiento. || intr. Respirar.

alerce. m. BOT. Nombre con el que se conoce a diversas especies de árboles, pertenecientes a la familia de las pináceas.

alergia. f. FISIOL. Conjunto de fenómenos de carácter respiratorio, nervioso o eruptivo, debidos a la absorción de sustancias que producen en el organismo una reacción especial de rechazo.

alérgico, ca. adj. De la alergia o relativo a ella. || adj. y s. Que padece alergia.

alero. m. Parte inferior del tejado que sale fuera de la pared. || DEP. Jugador de baloncesto que se mueve por los laterales de la cancha.

alerón. m. Cada una de las piezas salientes y móviles que están situadas en la parte trasera de las alas de un avión, que sirven para cambiar la inclinación del aparato o facilitar otras maniobras.

alerta. adv. m. Con vigilancia y atención. || f. Situación de vigilancia o atención. || Interj. Voz que se emplea para excitar a la vigilancia.

alertar. tr. Dar alerta o avisar de un peligro o de una amenaza.

aleta. f. ZOOL. Cada uno de los apéndices externos y aplanados que los vertebrados acuáticos utilizan como elemento de dirección del movimiento. || Especie de calzado de goma que usan las personas para impulsarse en el agua, al nadar o bucear. || Guardabarros que sobresale de los laterales de un automóvil. || Parte lateral plana que sobresale en distintos objetos. || ARQUIT. Cada una de las dos partes del machón que quedan a la vista en cada lado de una columna o de una pilastra adosada.

aletargar. tr. Causar letargo. || prnl. Padecerlo.

aletear. intr. Mover las aves repetidamente las alas sin echar a volar. || Mover los peces repetidamente las aletas cuando se les saca del agua. || Mover los brazos a modo de alas.

alevosía. f. DER. Concepto que designa una de las circunstancias agravantes de la responsabilidad criminal, cuando el que comete un delito contra las personas pone los medios para asegurar su ejecución, sin peligro para él. || Traición, perfidia.

alevoso, sa. adj. Que implica alevosía o se hace con ella. || adj. y s. Que comete alevosía.

alfa. f. Primera letra del alfabeto griego, que se corresponde con nuestra a.

alfabético, ca. adj. Del alfabeto o relativo a él.

alfabetizar. tr. Ordenar alfabéticamente. || Enseñar a leer y a escribir.

alfabeto. m. Abecedario. || Conjunto de los símbolos empleados en un sistema de comunicación. || Sistema de signos convencionales, como perforaciones en tarjetas u otros, que sirve para sustituir al conjunto de las letras y de los números.

alfajor. m. Pasta hecha con almendras, nueces, pan tostado, especias y miel. || Dulce hecho con esta pasta.

alfalfa. f. BOT. Planta herbácea, perteneciente a la familia de las leguminosas, de hojas alternas compuestas y flores en racimos axilares de color azul violáceo, que se cultiva para forraje o alimento del ganado.

alfarería. f. Arte y técnica de fabricar vasijas u otros objetos de barro. || Lugar donde se fabrican o se venden.

alfarero, ra. m. y f. Persona que se dedica profesionalmente a fabricar vasijas u otros objetos de barro.

alféizar. m. ARQUIT. Parte del muro que constituye el reborde de una ventana, especialmente su parte baja o inferior.

alfeñique. m. col. Persona delicada. || Dulce hecho con azúcar hervida en aceite de almendras y que tiene forma de barra delgada y torcida.

alférez. m. MIL. Oficial del ejército español cuyo grado es inmediatamente inferior al de teniente.

alfil. m. Pieza grande del juego de ajedrez que se mueve diagonalmente.

alfiler. m. Clavillo metálico con punta en un extremo y cabecilla en el otro que sirve para sujetar unas cosas a otras, especialmente telas. || Joya con esta forma, que se usa como adorno o para sujetar exteriormente algo.

alfilerazo. m. Pinchazo dado con un alfiler.

alfombra. f. Tejido de lana o de otras materias con que se cubre el piso de las habitaciones y escaleras, como adorno o para evitar el frío. || p. ext., lo que cubre el suelo.

alfombrar. tr. Cubrir el suelo con alfombra. || p. ext., cubrir el suelo con algo a manera de alfombra.

alforja. f. Tira de tela fuerte que se dobla por los extremos formando dos bolsas grandes y cuadradas, que sirve para transportar una carga al hombro o a lomos de las caballerías.

alforza. f. Pliegue o doblez que se hace en ciertas prendas como adorno o para acortarlas.

alga. f. BOT. Cualquiera de las plantas del grupo de las algas. || pl. BOT. Grupo de plantas talofitas, unicelulares o pluricelulares, que viven preferentemente en el agua, tanto dulce como marina, y que, en general, están provistas de clorofila u otros pigmentos fotosintéticos.

algarabía. f. Griterío confuso de varias personas que hablan a un tiempo. || Nombre que daban los cristianos a la lengua árabe en tiempos de la Reconquista.

algarroba. f. BOT. Planta herbácea anual, perteneciente a la familia de las leguminosas, de flores blancas y semillas moteadas que se utilizan como pienso. || BOT. Semilla de esta planta. || BOT. Fruto del algarrobo en forma de vaina, dulce, comestible, con semillas pequeñas y duras.

algarrobo. m. BOT. Árbol mediterráneo siempre verde, perteneciente a la familia de las papilionáceas, de hojas persistentes, flores purpúreas y cuyo fruto es la algarroba.

algazara. f. Ruido, griterío de gente que está alegre o se divierte.

álgebra. f. MAT. Parte de las matemáticas que estudia la cantidad considerada en general y representada por letras u otros signos.

algebraico, ca. adj. Del álgebra o relativo a esta parte de las matemáticas.

álgido, da. adj. Muy frío. || MED. Acompañado de frío glacial. || Importante, culminante.

algo. pron. indef. n. Designa una cosa que no se puede o no se quiere nombrar. || También denota cantidad o intensidad indeterminada, o parte de una cosa. || adv. c. Un poco, no del todo.

algodón. m. BOT. Planta perteneciente a la familia de las malváceas, de hojas alternas casi acorazonadas y de cinco lóbulos, flores amarillas con manchas encarnadas y fruto capsular con varias semillas envueltas en una borra larga y blanca. || Esta misma borra que envuelve las semillas. || Fibra o borra de esta planta que, limpia y esterilizada, se presenta en el comercio de formas distintas y para usos médicos, higiénicos, cosméticos, etc. || Hilado o tejido de esta borra.

algodonero, ra. adj. Del algodón o relativo a esta planta. || m. y f. Persona que cultiva algodón o negocia con él.

algoritmo. m. MAT. Conjunto ordenado y finito de operaciones que permite hallar la solución de un problema. || MAT. Método y notación en las distintas formas del cálculo.

alguacil. m. Oficial inferior de justicia que ejecuta las órdenes de un tribunal. || Oficial inferior que ejecuta los mandatos del alcalde.

alguien. pron. indef. que designa vagamente a una o varias personas. || m. col. Persona de importancia.

algún. adj. indef. apóc. de Alguno. Se usa solo delante de sustantivos masculinos en singular, aunque entre ambos se interponga un adj.

alguno, na. adj. y pron. indef. que se apl. indeterminadamente a una persona o cosa con respecto de varias. || En frases negativas, pospuesto generalmente al sustantivo, equivale a ningún o ninguna. || Indica una cantidad imprecisa, pero moderada. || pron. indef. Alguien.

alhaja. f. Joya. || Adorno o mueble precioso. || Cosa de mucho valor y estima. || col. Persona o animal de excelentes cualidades.

alharaca. f. Demostración excesiva de algún sentimiento.

alhelí. m. BOT. Planta perteneciente a la familia de las crucíferas, que se cultiva para adorno. || BOT. Flor de esta planta, sencilla o doble, de colores varios y olor agradable.

aliado, da. adj. y s. Que está unido o coligado con otro u otros. || Se dice del país, estado, ejército, etc., que se une a otro para un determinado fin.

alianza. f. Acuerdo o pacto. || Unión de cosas que concurren a un mismo fin. || Conexión o parentesco contraído por casamiento. || Anillo matrimonial.

alias. adv. lat. De otro modo, por otro nombre. || m. Apodo.

alicaído, da. adj. col. Débil, falto de fuerzas. || col. Triste y desanimado.

alicate. m. Herramienta de metal parecida a unas tenazas, con las puntas planas o redondas, que sirve para sujetar objetos pequeños, doblar alambres o apretar tuercas.

aliciente. m. Atractivo o incentivo.

alícuota. adj. Que es proporcional. || Que está comprendido un número de veces en un todo.

alienación. f. Enajenación.

alienado, da. adj. y s. Loco, afectado de alienación mental.

alienar. tr. y prnl. Enajenar.

aliento. m. Respiración, aire expulsado al respirar. || Respiración o aire que se respira. || Vigor del ánimo, esfuerzo, valor.

aligerar. tr., intr. y prnl. Hacer ligero o menos pesado. || Abreviar, acelerar. || Aliviar, moderar.

alijar. tr. Aligerar de carga una embarcación, descargarla parcial o totalmente. || Pasar de un barco a otro o dejar en tierra mercancía ilegal o de contrabando.

alijo. m. Conjunto de géneros de contrabando.

alimaña. f. Animal que resulta perjudicial para la caza menor o para la ganadería. || col. Persona mala y perversa.

alimentación. f. Suministro de alimentos. || Conjunto de lo que se toma o se proporciona como alimento. || Suministro de la materia, la energía o los datos que necesita una máquina, sistema o proceso para su funcionamiento. || Fomento del desarrollo, actividad o mantenimiento de cosas inmateriales.

alimentar. tr. y prnl. Dar alimento. || p. ext., sustentar. || Suministrar a una máquina, sistema o proceso, la materia, la energía o los datos que necesitan para su funcionamiento. || Fomentar el desarrollo, actividad o mantenimiento de cosas inmateriales. || intr. Servir de alimento.

alimenticio, cia. adj. Que alimenta o tiene la propiedad de alimentar.

alimento. m. Cualquier sustancia que toma o recibe un ser vivo para su nutrición. || Lo que sirve para mantener la existencia de algo. || Tratándose de cosas inmateriales, fomento, sostén.

alineación. f. Colocación en línea recta. || DEP. Formación de un equipo deportivo. || DEP. Inclusión de un jugador en un equipo deportivo. || Vinculación a una tendencia política, ideológica, etc.

alinear. tr. y prnl. Poner en línea recta. || DEP. Componer un equipo deportivo. || prnl. Vincularse a una tendencia política, ideológica, etc.

aliñar. tr. Aderezar. || TAUROM. Preparar al toro para una suerte sobriamente y sin adorno ni intención artística.

aliño. m. Aderezo. || TAUROM. Preparación del toro para una suerte de manera sobria y sin adorno ni intención artística.

alisar. tr. y prnl. Poner liso. || Pulimentar, pulir. || prnl. Arreglarse ligeramente el cabello.

alisios. adj. y m. pl. Se dice de los vientos regulares que soplan en dirección NE o SE, según el hemisferio, desde las altas presiones subtropicales hacia las bajas del ecuador.

aliso. m. BOT. Árbol perteneciente a la familia de las betuláceas, de copa redonda, hojas redondeadas, pegajosas y verdes por ambas caras, flores blancas y frutos agrupados en pequeñas piñas, pequeños y rojizos.

alistamiento. m. Inscripción de alguien en lista o en la milicia. || Conjunto de jóvenes a quienes cada año obliga el servicio militar.

alistar. tr. y prnl. Inscribir a alguien en lista. || prnl. Inscribirse en la milicia.

aliviar. tr. y prnl. Aligerar, quitar a una persona o cosa parte de la carga o peso. || Disminuir, mitigar una enfermedad, una pena, una fatiga. || Descargar de superfluidades el cuerpo o sus órganos. || tr. Acelerar el paso. || Ponerse mejor de una enfermedad.

alivio. m. Aligeramiento o disminución de la carga o peso. || Disminución o mitigación de una enfermedad, una pena, una fatiga. || Atenuación de las señales externas de duelo, especialmente en el color de la ropa, una vez transcurrido el tiempo de luto riguroso.

aljibe. m. Cisterna. || MAR. Embarcación o buque para el transporte de agua dulce.

allá. adv. l. Indica lugar lejano indeterminado. Admite grados de comparación: *tan/más/muy allá*. Precede a otros adverbios: *allá arriba, allá lejos*. Precede a nombres significativos de lugar, denotando lejanía: *allá en América*. || Indica falta de interés o despreocupación respecto a los problemas ajenos: *allá tú, allá cada cual, allá te las compongas*. || adv. t. Indica tiempo remoto.

allanamiento. m. Acción y resultado de poner llano. || Vencimiento o superación de una dificultad.

allanar. tr., intr. y prnl. Poner llano. || Vencer, superar o hacer más fácil alguna dificultad. || Llevar a cabo un allanamiento de morada. || prnl. Conformarse, avenirse.

allegado, da. adj. Cercano, próximo. || Pariente.

allegar. tr. y prnl. Recoger, juntar. || Arrimar o acercar una cosa a otra. || prnl. Adherirse a un dictamen o idea, convenir con ellos.

allende. adv. l. De la parte de allá. || prep. En la parte de allá de.

allí. adv. l. Indica lugar alejado del que habla y del que escucha. || En correlación con aquí, suele designar sitio indeterminado y tiene sentido distributivo. || adv. t. Entonces.

alma máter. (loc. lat.: 'madre nutricia') f. En la actualidad, designa figuradamente a la universidad. || Lo que actúa como impulsor de algo e imprime fuerza y vitalidad.

alma. f. Parte espiritual e inmortal del hombre, capaz de entender, querer y sentir, y que, junto con el cuerpo, constituye su esencia humana. || p. ext., principio sensitivo de los animales y vegetativo de las plantas. || Persona, individuo. || Lo que da vida y aliento a algo. || Interés, energía o voluntad que se pone en hacer las cosas.

almacén. m. Local donde se guardan mercancías o se venden al por mayor. || *amer.* Tienda de comestibles.

almacenar. tr. Poner o guardar las cosas en un almacén. || Reunir o guardar cosas en cantidad. || INFORM. Introducir datos e información en el disco duro de un ordenador o en cualquier otro dispositivo de memoria.

almácigo. m. BOT. Árbol caducifolio perteneciente a la familia de las anacardiáceas, que puede alcanzar doce metros de altura, de madera noble y cuya resina posee propiedades medicinales.

almanaque. m. Registro o catálogo de todos los días del año, distribuidos por meses y semanas, con datos astronómicos, meteorológicos, religiosos, etc. || Publicación anual que recoge los datos o noticias más relevantes sobre determinado asunto.

A

almeja. f. ZOOL. Molusco lamelibranquio marino de carne comestible, que vive encerrado en una concha bivalva.

almena. f. Hueco entre dos remates dentados en la parte superior de un muro. || Cada uno de los pequeños pilares de piedra, de sección cuadrangular, que coronan los muros de las antiguas fortalezas. || p. ext., coronamiento dentado de los muros de las antiguas fortalezas.

almendra. f. BOT. Fruto en drupa aovada y comprimida que da el almendro. || Semilla del almendro, comestible y muy sabrosa. || p. ext., semilla de cualquier fruto drupáceo.

almendrado, da. adj. Que tiene forma de almendra. || m. Dulce hecho con pasta de almendras, harina y miel o azúcar.

almendro. m. BOT. Árbol perteneciente a la familia de las rosáceas, de unos 7 a 8 m de altura, de raíz profunda, madera dura, hojas caedizas y lanceoladas, flores blancas o rosadas, y cuyo fruto es la almendra.

almíbar. m. Azúcar disuelto en agua y espesado al fuego.

almibarado, da. adj. Que es demasiado dulce o amable. Se apl. especialmente al lenguaje o forma de expresión de alguien.

almidón. m. Sustancia blanca y granulosa que se almacena como material de reserva en los tubérculos, raíces y semillas de ciertas plantas, especialmente en los cereales. || Compuesto químico líquido que se aplica a los tejidos para darles mayor rigidez.

almirantazgo. m. MIL. Alto tribunal o consejo de la armada. || MIL. Dignidad y jurisdicción del almirante. || MIL. Conjunto de empleos o grados de almirante en todas sus categorías.

almirante, ta. m. y f. MIL. Oficial de la armada cuyo cargo está por encima del vicealmirante y por debajo del capitán general.

almizcle. m. Sustancia grasa, untuosa, de olor intenso que segregan algunos mamíferos.

almohada. f. Colchoncillo para reclinar la cabeza o para sentarse sobre él.

almohadón. m. Colchoncillo a manera de almohada que sirve para sentarse, recostarse o apoyar una parte del cuerpo en él.

almorzar. tr. Comer en el almuerzo alguna cosa. || intr. Tomar el almuerzo.

almuerzo. m. Comida ligera que se toma a media mañana. || Comida fuerte que se toma a mediodía o a primeras horas de la tarde.

alocado, da. adj. y s. Que actúa o se comporta con poco juicio. || Que está aturdido o atolondrado.

alocución. f. Discurso breve dirigido por un superior a sus subordinados con una finalidad determinada.

aloe o **áloe.** m. BOT. Planta perteneciente a la familia de las liliáceas, de cuyas hojas, largas y carnosas, se extrae un jugo denso y muy amargo. || BOT. Jugo de esta planta.

alojamiento. m. Instalación temporal en un lugar que sirve de vivienda. || Lugar donde se está alojado.

alojar. tr. y prnl. Hospedar, aposentar. || Colocar una cosa dentro de otra.

alondra. f. ZOOL. Pájaro insectívoro de 15 a 20 cm de largo, de plumaje pardo con listas negras por el dorso y blanco en las partes inferiores, con la cola ahorquillada y una cresta corta y redonda, que emite un canto muy agradable y anida en los campos de cereales.

alopatía. f. Terapéutica cuyos medicamentos producen, en un organismo sano, fenómenos diferentes de los que caracterizan las enfermedades en que se emplean.

alpaca. f. ZOOL. Mamífero rumiante sudamericano, de la misma familia que la llama, muy apreciado por su pelo largo y fino, que se emplea en la industria textil. || Pelo de este animal, más largo, brillante y flexible que el de las bestias lanares. || Tejido hecho con este pelo. || Tela de algodón abrillantado. || f. QUÍM. Aleación de cobre, cinc y níquel, de color parecido a la plata.

alpargata. f. Calzado de tela con suela de esparto, cáñamo o caucho.

alpinismo. m. DEP. Deporte que consiste en la ascensión a las altas montañas.

alpinista. adj. DEP. Del alpinismo o relativo a él. || com. DEP. Persona aficionada al alpinismo o que practica este deporte.

alpino, na. adj. De los Alpes o de otras montañas altas, o relativo a ellas. || Del alpinismo o relativo a él. || GEOG. Se dice de la región geográfica caracterizada por tener una fauna y una flora más o menos semejantes a las de los Alpes. || GEOL. Se dice del conjunto de movimientos orogénicos del terciario y de las formas características de su relieve.

alpiste. m. BOT. Planta herbácea forrajera, perteneciente a la familia de las gramíneas, cuya semilla sirve para alimento de pájaros y para otros usos. || BOT. Semilla de esta planta. || col. Cualquier bebida alcohólica.

alquilar. tr. Dar o tomar alguna cosa para hacer uso de ella, por un tiempo y precio determinados. || prnl. Ajustarse para un trabajo o servicio.

alquiler. m. Acción y resultado de dar o tomar alguna cosa para hacer uso de ella, por un tiempo y precio determinados. || Precio en que se alquila algo.

alquimia. f. Conjunto de antiguas doctrinas y experimentos, generalmente de carácter esotérico, relativas a las transmutaciones de la materia, que fueron el precedente de la moderna ciencia química.

alquimista. adj. y com. Que practicaba el arte de la alquimia.

alquitrán. m. Sustancia untuosa oscura, de olor fuerte, que se obtiene de la destilación de ciertas materias orgánicas, principalmente de la hulla y de algunas maderas resinosas.

alquitranar. tr. Cubrir con alquitrán una superficie.

alrededor. adv. l. con que se denota la situación de personas o cosas que circundan a otras. || m. Contorno de un lugar.

altanería. f. Altivez, soberbia. || Caza que se hace con halcones y otras aves de rapiña de alto vuelo.

altanero, ra. adj. Altivo, soberbio. || Se dice del halcón y de otras aves de rapiña de alto vuelo.

altar. m. Piedra sobre la que se ofrecen sacrificios a la divinidad. || En el cristianismo, mesa consagrada sobre la que el sacerdote celebra la misa. || p. ext., conjunto constituido por esta mesa, la base en que está, el sagrario, etc.

altavoz. m. Aparato electroacústico que transforma la energía eléctrica en ondas sonoras y eleva la intensidad del sonido.

alteración. f. Cambio en la esencia o forma de una cosa. || Sobresalto, inquietud. || Alboroto, tumulto. || Descomposición, deterioro. || MÚS. Signo que se emplea para modificar el sonido de una nota.

alterar. tr. y prnl. Cambiar la esencia o la forma de una cosa. || Perturbar, inquietar. || Enojar, excitar. || Estropear, descomponer.

altercado. m. Disputa o discusión fuertes o violentas.

altercar. intr. Disputar o discutir obstinadamente y con tenacidad.

alternador. m. FÍS. Generador electromagnético de corriente alterna.

alternar. tr. Hacer, decir o colocar algo por turno y sucesivamente. || intr. y prnl. Sucederse unas cosas a otras recíproca y repetidamente. || Mantener relación amistosa unas personas con otras. || En ciertas salas de fiesta o lugares similares, tratar las mujeres contratadas para ello con los clientes, para estimularles a hacer gasto en su compañía.

alternativo, va. adj. Que se hace, dice o sucede por turnos y de forma sucesiva. || Capaz de alternar con función igual o semejante. || f. Opción entre dos cosas o más. || Cada una de las cosas entre las cuales se opta. || TAUROM. Ceremonia en la que un torero autoriza a un novillero a pasar a ser matador de toros.

alterno, na. adj. Alternativo. || Uno sí y otro no. || BOT. Se dice de las hojas, u otros órganos vegetales, que están situadas a diferente nivel en el tallo o en la rama, de forma que cada una ocupa en su lado la parte que

corresponde a la que queda libre en el lado opuesto. || FÍS. Se dice de la corriente eléctrica que sufre constantes cambios de valor y sentido, debidos a la variación periódica de diferencia de potencial entre los dos puntos del hilo conductor.

alteza. f. Tratamiento honorífico que se da a los príncipes e infantes de España. || Elevación, sublimidad, excelencia.

altibajos. m. pl. col. Desigualdades o altos y bajos de un terreno. || col. Alternancia de bienes y males o de sucesos prósperos y adversos, o cambios de estado sucesivos.

altillo. m. Armario que se construye rebajando el techo, o que está empotrado en lo alto de una pared, o sobre otro armario. || Entreplanta, piso elevado en el interior de otro y que se usa como dormitorio, despacho, almacén, etc.

altiplanicie. f. Meseta de mucha extensión y a gran altitud.

altisonante o **altísono, na.** adj. Referido al lenguaje o al estilo, que abusa de términos formales, elevados o muy sonoros.

altitud. f. GEOG. Altura de un punto de la Tierra con relación al nivel del mar.

altivez o **altiveza.** f. Orgullo, soberbia.

altivo, va. adj. Orgulloso, soberbio.

alto, ta. adj. De gran estatura. || De altura considerable. || Levantado, erguido. || Se dice de la porción de un territorio que se halla a mayor altitud. || Levantado, elevado sobre la Tierra. || Tratándose de ríos, parte que está más próxima a su nacimiento. || Se dice del río muy crecido o del mar alborotado. || Referido a un periodo histórico, que es el más lejano respecto del tiempo actual. || Caro. || Sonoro, ruidoso. || Avanzado. || Difícil de alcanzar, ejecutar o comprender. || Referido a personas, de gran dignidad o categoría. || Referido a cosas, noble, elevado, excelente. || Referido a ciertas magnitudes físicas, que tienen un valor superior al ordinario. || Referido a las hembras de ciertos animales, que están en celo. || m. Altura, dimensión de un cuerpo perpendicular a su base. || Sitio elevado. || Detención, parada. || m. pl. En un edificio, por contraposición a la planta baja, piso o conjunto de pisos más elevados. || f. Orden que da el médico al enfermo declarándolo oficialmente curado. || Documento que lo acredita. || Documento que acredita la entrada de un militar en servicio activo. || adv. l. En lugar o parte superior. || adv. m. En un tono de voz fuerte o que suene bastante.

altoparlante. m. amer. Altavoz.

altorrelieve. m. ESC. Relieve en el que las figuras sobresalen del plano más de la mitad de su bulto.

altruismo. m. Diligencia en procurar el bien ajeno sin esperar nada a cambio.

altruista. adj. y com. Que se comporta con altruismo o le mueve el afán de procurar el bien ajeno sin esperar nada a cambio.

altura. f. Elevación de cualquier cuerpo sobre la superficie de la Tierra. || Dimensión de los cuerpos perpendicular a su base, y considerada por encima de esta. || Cumbre de los montes o parajes altos del campo. || Parte alta o lugar elevado. || Mérito, valor. || Situación en que está algo. || ACÚST. Tono de un sonido por un aumento o disminución de las vibraciones. || GEOM. En una figura plana o en un cuerpo, segmento de la perpendicular trazada desde un vértice al lado o a la cara opuestos, y, p. ext., longitud de este segmento. || pl. Cielo. || Dirección, jefatura.

alubia. f. Judía, planta, fruto y semilla.

alucinación. f. Sensación subjetiva falsa.

alucinar. tr., intr. y prnl. Deslumbrar o impresionar vivamente a alguien. || Seducir o engañar con maña. || intr. Padecer alucinaciones. || prnl. Confundirse, desvariar.

alucinógeno, na. adj. y m. Se dice de la sustancia que produce alucinación.

alud. m. Gran masa de nieve que se desprende de los montes con violencia y estrépito. || Gran número de personas o cosas.

aludir. intr. Referirse a personas o cosas sin nombrarlas. || p. ext., hacer una referencia breve y de pasada.

alumbrado. m. Conjunto o sistema de luces que iluminan un lugar.

alumbramiento. m. Dotación de luz y claridad. || Parto o nacimiento de un bebé. || Creación de una obra de la mente humana. || MED. Expulsión de la placenta y membranas al final del parto.

alumbrar. tr. e intr. Llenar de luz y claridad. || Poner o luces en algún lugar. || Acompañar con luz a otro. || Parir la mujer. || Sacar a la luz, dar existencia. || prnl. *col.* Emborracharse ligeramente.

aluminio. m. QUÍM. Metal de color y brillo similares a los de la plata, ligero, maleable y buen conductor del calor y de la electricidad. Su símbolo es Al y su número atómico, 13.

alumnado. m. Conjunto de alumnos de un centro de enseñanza.

alumno, na. m. y f. Discípulo respecto de su maestro, de la materia que está aprendiendo o de la escuela, clase, colegio o universidad donde estudia.

alunizar. intr. Posarse en la superficie de la Luna un aparato astronáutico o un tripulante de ella.

alusión. f. Referencia a personas o cosas sin nombrarlas. || p. ext., referencia breve y de pasada. || RET. Tipo especial de perífrasis literaria mediante la cual se pone en contacto una noción real con un sistema fijo de referencias.

alusivo, va. adj. Que alude o hace alusión a algo de manera breve e indirecta.

aluvión. m. Avenida fuerte de agua, inundación. || GEOL. Sedimento arrastrado por las lluvias y las corrientes. || Gran cantidad de personas o cosas agolpadas.

alveolo o **alvéolo.** m. ZOOL. Cavidad de los maxilares en que están engastados los dientes en los vertebrados. || ZOOL. En los pulmones de los vertebrados, cada uno de los sacos en que terminan las últimas ramificaciones de los bronquiolos. || Celdilla de un panal.

alza. f. Pedazo de suela con que se aumenta la altura o anchura de un zapato. || Aumento o subida de precio, valor, intensidad, etc. || Regla graduada en el cañón de las armas de fuego, que sirve para precisar la puntería.

alzado, da. adj. Se dice del precio que se ajusta a una cantidad determinada previamente. || Rebelde, sublevado.

alzamiento. m. Levantamiento de abajo hacia arriba. || Levantamiento o rebelión.

alzar. tr. Levantar algo, mover hacia arriba. || Poner derecho o en vertical. || Elevar un precio. || Esforzar la voz. || Construir. || Quitar, recoger, guardar. || Levantar o anular una pena o prohibición. || Fundar, crear o desarrollar. || REL. En la misa, elevar la hostia y el cáliz tras la consagración. || En los juegos de naipes, cortar la baraja. || prnl. Levantarse, ponerse en pie. || Sublevarse, levantarse en rebelión. || Levantarse o sobresalir en una superficie. || DER. Recurrir al juez o tribunal superior.

amabilidad. f. Complacencia, agrado y delicadeza en el trato con los demás. || Hecho o dicho amables.

amable. adj. Que es complaciente, agradable y delicado en el trato con los demás.

amado, da. m. y f. Persona amada.

amadrinar. tr. Actuar como madrina de alguien que recibe un sacramento o un determinado honor. || Referido a una iniciativa particular o colectiva, patrocinarla una mujer para que tenga éxito.

amagar. tr. e intr. Dejar ver la intención de hacer algo sin llegar a hacerlo. || Hacer ademán de favorecer o hacer daño. || intr. Estar algo próximo a suceder. || prnl. *col.* Ocultarse, esconderse.

amago. m. Acción y resultado de dejar ver la intención de hacer algo sin llegar a hacerlo. || Señal o indicio de alguna cosa que no llega a ocurrir.

amainar. tr. MAR. Recoger las velas de una embarcación para aminorar su marcha. || intr. Perder su fuerza el viento, la lluvia, etc. || Aflojar en algún deseo o empeño.

amalgama. f. QUÍM. Aleación de mercurio con otro u otros metales. || Mezcla de cosas de naturaleza distinta.

amalgamar. tr. y prnl. QUÍM. Combinar el mercurio con otro u otros metales. || Mezclar cosas de naturaleza distinta.

amamantar. tr. Dar de mamar la hembra de los mamíferos a sus crías.

amancay, amancaya o **amancayo.** m. *amer.* BOT. Nombre de diversas plantas de la zona andina, ya herbáceas, ya arbóreas, pertenecientes a la familia de las amarilidáceas. || BOT. Flor de estas plantas, blanca o amarilla.

amanecer. m. Tiempo durante el cual amanece. || Comienzo de algo.

amanecida. f. Tiempo durante el cual amanece.

amanerado, da. adj. Que no es natural ni sencillo. || Se dice del artista o de la obra poco originales, sujetos a normas.

amansar. tr. y prnl. Hacer manso a un animal, domesticarlo. || p. ext., sosegar, apaciguar, quitar la violencia a alguien o a algo.

amante. adj. y com. Que ama. || com. Persona que tiene relaciones sexuales periódicas con otra sin estar casados. || m. pl. Hombre y mujer que se aman.

amanuense. com. Escribiente, persona que se dedica profesionalmente a escribir a mano, al dictado o copiando. Se usa especialmente para referirse a los copistas de la Edad Media.

amapola. f. BOT. Planta herbácea anual, perteneciente a la familia de las papaveráceas, de flores rojas y semilla negruzca. || BOT. Flor de esta planta, asentada sobre un tallo largo, delgado y piloso, con cuatro pétalos de color rojo y una mancha negra en su base.

amar. tr. y prnl. Tener amor, querer. || Hacer el amor. || Sentir gran afición por algo.

amaranto. m. BOT. Planta herbácea anual, perteneciente a la familia de las amarantáceas, de tallo grueso y ramoso, hojas alargadas, flores terminales en espiga densa, aterciopeladas y de color carmesí, blanco, amarillo o jaspeado, y fruto con muchas semillas negras y relucientes. También se conoce como flor de amor. || Color carmesí. También adj.: tono amaranto.

amargado, da. adj. y s. Se dice de la persona que guarda algún resentimiento por frustraciones, fracasos, disgustos, etc.

amargar. intr. Tener alguna cosa sabor o gusto amargo. || tr. Dar sabor desagradable. || Estropear, aguar. || tr. y prnl. Causar aflicción

o disgusto. || Experimentar una persona resentimiento por frustraciones, fracasos, disgustos, etc.

amargo, ga. adj. Se dice de lo que tiene el sabor característico de la hiel, de la quinina y de otros alcaloides. || Que causa o implica aflicción, disgusto. || Áspero y de genio desabrido. || m. Amargor, sabor.

amargura. f. Sentimiento de pena, aflicción o disgusto. || Lo que causa este sentimiento.

amarilis. f. BOT. Planta perteneciente a la familia de las amarilidáceas, con bulbos o tallos subterráneos, pequeños grupos de flores de colores muy vivos y fruto en cápsula.

amarillento, ta. adj. Que tira a amarillo.

amarillo, lla. adj. De color semejante al del oro, el limón, etc. || Pálido, demacrado. || Se dice de los individuos de raza asiática. || Se apl. a las organizaciones obreras, prensa, etc., que prestan su apoyo a la patronal. || Se dice del periodismo sensacionalista.

amarra. f. MAR. Cabo con que se asegura la embarcación en el puerto o paraje donde da fondo. || pl. *col.* Protección, apoyo.

amarradero. m. Poste, pilar o argolla donde se amarra alguna cosa. || MAR. Sitio donde se amarran los barcos.

amarrar. tr. Atar con cuerdas, maromas, cadenas, etc. || p. ext., asegurar. || MAR. Asegurar una embarcación en el puerto o en cualquier fondeadero, mediante cuerdas, maromas, cadenas, etc.

amarrete, ta. adj. y s. *amer. col.* Tacaño.

amartillar. tr. Poner a punto un arma de fuego para dispararla. || Martillar.

amasar. tr. Hacer masa, mezclando harina, yeso, tierra o cosa semejante con agua u otro líquido. || Acumular, atesorar.

amasijo. m. Operación de amasar y disponer las cosas necesarias para ello. || Porción de harina amasada. || Porción de masa hecha con yeso, tierra, etc., y agua u otro líquido. || *col.* Mezcla desordenada de cosas o especies heterogéneas.

amatista. f. MINERAL. Cuarzo transparente, de color violeta, muy apreciado en joyería.

amauta. m. En el antiguo imperio de los incas, sabio, maestro o consejero.

amazona. f. Mujer que monta a caballo. || MIT. Mujer cazadora y guerrera descendiente del dios de la guerra Ares, que, según la leyenda, se amputaba el seno derecho para facilitar el manejo del arco. || Traje de falda que usan algunas mujeres para montar a caballo.

amazónico, ca o **amazonio, nia.** adj. De las amazonas o relativo a ellas. || Del río Amazonas o de los territorios situados a sus orillas.

ambages. m. pl. Rodeos de palabras. Se usa m. en la loc. 'sin ambages'.

ámbar. m. y adj. Resina fósil de color amarillo, muy ligera, dura y quebradiza, que se electriza por frotamiento y arde con facilidad, desprendiendo un olor agradable. || Color similar al de esta resina. || Perfume delicado.

ambición. f. Deseo ardiente de conseguir poder, riquezas, dignidades o fama.

ambicionar. tr. Desear algo intensamente.

ambidextro, tra o **ambidiestro, tra.** adj. y s. Que es tan hábil con la mano izquierda como con la derecha.

ambientar. tr. Reproducir de forma detallada el marco histórico o social en que se desarrolla la acción de una obra de ficción. || Crear un ambiente determinado o proporcionarlo. || tr. y prnl. Introducir o adaptar a una persona a un nuevo medio, situación, etc.

ambiente. adj. Se apl. a cualquier fluido que rodea un cuerpo, especialmente el aire. || m. Aire o atmósfera. || Condiciones o circunstancias físicas, humanas, sociales, culturales, etc., que rodean a las personas, animales o cosas. En algunas disciplinas se le llama medio ambiente. || Entorno propicio, agradable. || Conjunto de características típicas de un determinado marco histórico o social. || Grupo, estrato o sector social.

ambigüedad. f. Posibilidad de que algo pueda entenderse de varios modos o de que admita distintas interpretaciones. || Incertidumbre, duda o vacilación.

ambiguo, gua. adj. Que puede entenderse de varios modos o admitir distintas interpretaciones. || Incierto, confuso, dudoso. || LING. Se apl. a los sustantivos que se usan tanto en género masculino como femenino.

ámbito. m. Espacio comprendido dentro de unos límites determinados. || Esfera, campo de actividad.

ambivalencia. f. Condición de aquello que tiene dos sentidos diferentes o se presta a dos interpretaciones opuestas. || PSICOL. Estado de ánimo, transitorio o permanente, en el que coexisten dos emociones o sentimientos opuestos.

ambos, bas. pron. indef. y adj. pl. El uno y el otro; los dos.

ambrosía o **ambrosia.** f. MIT. Manjar de los dioses. || Comida o bebida de gusto suave o delicado. || Cosa deleitosa.

ambulancia. f. Vehículo para el transporte de heridos y enfermos. || Hospital ambulante en las campañas de guerra.

ambulante. adj. Que va de un lugar a otro, que no está fijo.

ameba. f. ZOOL. Protozoo microscópico unicelular de forma cambiante que se desplaza mediante unos falsos pies o seudópodos.

amedrentar. tr. y prnl. Infundir miedo, atemorizar.

amén. m. Voz hebrea que se dice al final de las oraciones litúrgicas con el significado de 'así sea'. || Conforme, de acuerdo. || adv. c. Además, a más.

amenaza. f. Dicho o hecho con que se amenaza. || Anuncio de un mal o peligro.

amenazar. tr. e intr. Dar a entender con actos o palabras que se quiere hacer algún mal a otro. || Anunciar, presagiar, o ser inminente algún mal.

amenidad. f. Capacidad para resultar divertido, entretenido, placentero, deleitable.

amenizar. tr. Hacer ameno un lugar o alguna otra cosa.

ameno, na. adj. Divertido, entretenido, placentero, deleitable.

americanismo. m. Calidad o condición de americano. || LING. Vocablo, giro o rasgo fonético, gramatical o semántico de procedencia indígena americana o propios del español hablado en América, y empleados en otra lengua. || Inclinación o apego a lo americano.

americanizar. tr. y prnl. Dar o adquirir características que se consideran propias de lo americano.

americano, na. adj. y s. De América o relativo a este continente. || Suele aplicarse restrictivamente a los naturales de Estados Unidos y a todo lo relativo a este país. || f. Chaqueta.

amerindio, dia. adj. y s. De los pueblos aborígenes americanos o relativo a ellos.

ametrallador, ra. adj. Que dispara metralla. || f. Arma de fuego automática montada sobre un ajuste fijo o móvil, que dispara proyectiles por ráfagas.

ametrallar. tr. Disparar con ametralladora o fusil ametrallador.

amianto. m. MIN. Silicato de cal, alúmina y hierro, en forma de fibras finas, blancas y flexibles, muy resistente al fuego y al calor, y que se utiliza en la industria papelera, en la fabricación de tejidos incombustibles, etc.

amigable. adj. Amistoso, cordial, afable.

amígdala. f. ANAT. Cada uno de los dos cuerpos glandulares y rojizos que, situados a la entrada de la faringe, constituyen un sistema de defensa contra las infecciones.

amigo, ga. adj. Que tiene amistad. || adj. Amistoso, agradable. || Aficionado o inclinado a alguna cosa. || m. y f. col. Amante.

amilanar. tr. Causar tal miedo a uno que quede aturdido y sin acción. || tr. y prnl. Desanimar.

aminoácido. m. QUÍM. Denominación que reciben ciertos ácidos orgánicos, algunos de los cuales son los componentes básicos de las proteínas humanas.

aminorar. tr. Disminuir o reducir el tamaño, cantidad o intensidad de algo.

amistad. f. Confianza y afecto desinteresado entre las personas. || pl. Conjunto de personas con las que se tiene amistad. || Conocidos, influyentes.

amistoso, sa. adj. Que demuestra amistad. || DEP. Referido a un encuentro o partido, que se juega fuera de competición.

amnesia. f. MED. Pérdida total o parcial de la memoria.

amnistía. f. Perdón por ley o decreto de delitos, particularmente políticos.

amnistiar. tr. Conceder a alguien amnistía.

amo, ma. m. y f. Persona dueña de algo. || Persona que posee criados. || Mayoral o capataz. || Persona que predomina sobre otros, o en algo. || f. Criada principal de una casa.

amoblar. tr. *amer.* Amueblar.

amodorrar. tr. Producir modorra, sueño o sopor profundos. || prnl. Caer en modorra, adormilarse.

amoldar. tr. y prnl. Ajustar una cosa a un molde o a alguna forma conveniente. || Ajustar la conducta de alguien a una pauta determinada.

amonestación. f. Advertencia o llamada de atención sobre un error o falta, antes de tomar una decisión negativa contra alguien. || Notificación pública que se hace en la iglesia de los nombres de los que se van a casar u ordenar.

amonestar. tr. Hacer presente a uno alguna cosa para que se considere, procure o evite. || Advertir, prevenir, avisar a alguien de un error o falta, antes de tomar una decisión negativa contra él. || Publicar en la iglesia los nombres de las personas que quieren casarse.

amoniaco o **amoníaco.** m. QUÍM. Compuesto gaseoso, de olor irritante, soluble en agua, formado por tres átomos de hidrógeno y uno de nitrógeno.

amontonamiento. m. Agrupación o acumulación desordenada de cosas.

amontonar. tr. y prnl. Poner unas cosas sobre otras sin orden ni concierto. || Apiñar personas, animales o cosas. || Juntar, reunir cosas en abundancia. || prnl. Sobrevenir muchos sucesos en poco tiempo.

amor. m. Conjunto de sentimientos que ligan una persona a otra, o bien a las cosas, ideas, etc. || Persona amada, y p. ext., aquello que es especialmente querido. || Ternura, suavidad. || Esmero con que se hace algo. || pl. Relaciones amorosas.

amoral. adj. Desprovisto de sentido o finalidad moral.

amoralidad. f. Falta de sentido o finalidad moral.

amoratado, da. adj. De color morado.

amordazar. tr. Poner mordaza. || Impedir que alguien hable o se exprese libremente.

amorfo, fa. adj. Sin forma regular o bien determinada. || *col.* Que carece de personalidad y carácter propio. || GEOL. Se dice del mineral no cristalizado.

amorío. m. Relación amorosa que se considera superficial y pasajera.

amoroso, sa. adj. Del amor o relativo a él. || Que siente amor. || Que manifiesta amor. || Fácil de trabajar. || Suave, apacible.

amortajar. tr. Poner la mortaja a un difunto. || p. ext., cubrir, envolver.

amortiguar. tr. y prnl. Hacer menos intensa, viva o violenta una cosa.

amortización. f. ECON. Reembolso gradual de un préstamo o deuda. || ECON. Recuperación de los fondos invertidos en una empresa. || ECON. Desvalorización periódica de los bienes y posesiones cuyo valor disminuye con el tiempo o con el uso. || Supresión de empleos o plazas en un cuerpo u oficina. || DER. Acción y resultado de pasar los bienes a manos muertas.

amortizar. tr. ECON. Reembolsar gradualmente el capital de un préstamo o deuda. || ECON. Recuperar o compensar los fondos invertidos en una empresa. || ECON. Desvalorizar periódicamente los bienes y posesiones cuyo valor disminuye con el tiempo o con el uso. || Suprimir empleos o plazas en un cuerpo u oficina. || DER. Pasar los bienes a manos muertas.

amotinamiento. m. Provocación de un motín o sublevación contra la autoridad constituida.

amotinar. tr. Provocar un motín. || prnl. Sublevarse contra la autoridad constituida.

amparar. tr. Favorecer, proteger. || prnl. Valerse del favor o protección de alguien o algo.

amparo. m. Protección, resguardo, defensa. || Persona o cosa que ampara.

amperio. m. FÍS. Unidad de intensidad de corriente eléctrica, que corresponde al paso de un culombio por segundo.

ampliación. f. Aumento de la cantidad, la duración o el tamaño de algo. || Fotografía ampliada.

ampliar. tr. Aumentar la cantidad, la duración o el tamaño de algo. || Profundizar. || Reproducir fotografías, planos, textos, etc., en tamaño mayor del que tiene el original.

amplificador, ra. adj. Que amplifica. || m. FÍS. Aparato mediante el cual se aumenta la amplitud o intensidad de un fenómeno físico.

amplificar. tr. Ampliar o aumentar la cantidad, la duración o el tamaño de algo. || FÍS. Ampliar o aumentar la intensidad de una magnitud física, especialmente el sonido, mediante procedimientos técnicos. || RET. Emplear la amplificación retórica.

amplio, plia. adj. Extenso, dilatado, espacioso. || Holgado, no ceñido.

amplitud. f. Extensión, dilatación. || Capacidad de comprensión intelectual o moral. || FÍS. Valor máximo que puede alcanzar una magnitud oscilante en un periodo de tiempo.

ampolla. f. MED. Vejiga formada por la elevación de la epidermis. || Vasija de cuello largo y angosto y de cuerpo ancho y redondo. || Pequeño recipiente de vidrio cerrado herméticamente, que contiene por lo común un medicamento. || Burbuja que se forma en el agua.

ampollar. tr. y prnl. Hacer o hacerse ampollas en la piel y, p. ext., hacerse abultamientos en una superficie cualquiera.

ampuloso, sa. adj. Hinchado, redundante, falto de naturalidad o sencillez; se apl. especialmente al estilo o al lenguaje.

amputación. f. CIR. Separación espontánea, traumática o quirúrgica de un miembro del cuerpo o de parte de él.

amputar. tr. CIR. Cortar o separar un miembro del cuerpo o parte de él, especialmente mediante operación quirúrgica.

amueblar. tr. Dotar de muebles un edificio, una habitación, una casa, etc.

amuleto. m. Objeto al que se atribuye virtud sobrenatural.

amura. f. MAR. Parte de los costados de una embarcación donde esta empieza a estrecharse para formar la proa. || MAR. Cabo que hay en cada uno de los puños bajos de las velas mayores de cruz y en el bajo de proa de todas las de cuchillo, para llevarlos a proa y afirmarlos.

amurallar. tr. Rodear o cercar con murallas.

anacarado, da. adj. Con el aspecto o color del nácar.

anaconda. f. ZOOL. Serpiente semiacuática americana, no venenosa y que llega a alcanzar hasta 10 m de longitud.

anacoreta. com. Persona que vive en lugar solitario, entregada a la contemplación y a la penitencia.

anacrónico, ca. adj. Que está en desacuerdo con la época presente o que no corresponde a la época en que se sitúa.

anacronismo. m. Error que consiste en presentar algo como propio de una época a la que no corresponde. || Cosa impropia de las costumbres o ideas de una época.

anaerobio, bia. adj. y m. BIOL. Se apl. al organismo que puede vivir y desarrollarse en ausencia completa o casi completa de oxígeno molecular libre.

anagrama. m. Palabra que resulta de la transposición o reordenación de las letras de otra.

anales. m. pl. Relaciones de sucesos por años. || Publicación periódica anual de carácter científico o técnico. || col. Historia o memoria.

analfabetismo. m. Falta de instrucción elemental en un país. || Desconocimiento de la lectura y de la escritura. || Falta de cultura.

analfabeto, ta. adj. y s. Que no sabe leer ni escribir. || Ignorante, sin cultura.

analgésico, ca. adj. MED. De la analgesia o relativo a esta ausencia de toda sensación dolorosa. || adj. y m. MED. Se dice de la sustancia o medicamento que calma o quita el dolor físico.

análisis. m. Distinción y separación de las partes de un todo hasta llegar a conocer sus principios, elementos, etc. || Estudio minucioso de una obra, de un escrito o de cualquier otro objeto de estudio intelectual. || GRAM. Examen de los componentes del discurso y de sus respectivas propiedades y funciones. || MED. Examen cualitativo y cuantitativo de ciertos componentes o sustancias del organismo según métodos especializados, con un fin diagnóstico. || INFORM. Estudio, mediante técnicas informáticas, de los límites, características y posibles soluciones de un problema al que se aplica un tratamiento por ordenador.

analítico, ca. adj. Del análisis o relativo a él. || Que procede por vía de análisis. || LING. Se apl. a las lenguas que necesitan morfemas independientes, como las preposiciones, conjunciones y artículos, para expresar las relaciones sintácticas. || f. MED. Análisis clínico.

analizar. tr. Hacer un análisis.

analogía. f. Relación de semejanza entre cosas distintas. || GRAM. Semejanza formal entre los elementos lingüísticos que desempeñan igual función.

analógico, ca. adj. Análogo. || GRAM. De la analogía o relativo a ella. || FÍS. Que representa de manera continua en el tiempo la evolución de una magnitud.

análogo, ga. adj. Que tiene analogía con otra cosa. || BOT. Se dice de los órganos que pueden adoptar aspecto semejante por cumplir determinada función, pero que no son homólogos.

ananá o **ananás.** m. BOT. Planta tropical de la familia de las bromeliáceas, que crece hasta unos siete decímetros de altura, con hojas rígidas de bordes espinosos y rematados en punta muy aguda, y flores de color morado. || BOT. Fruto de esta planta, carnoso, amarillento, muy fragante y terminado en una corona de hojas.

anaquel. m. Estante de un armario, librería, alacena, etc.

anaranjado, da. adj. De color semejante al de la naranja.

anarquía. f. Falta de todo gobierno en un Estado. || Desorden, confusión o barullo por ausencia o flaqueza de una autoridad.

anarquismo. m. Doctrina política y social que preconiza la completa libertad del individuo, la abolición del Estado y la supresión de la propiedad privada.

anarquista. adj. Del anarquismo o la anarquía o relativo a ellos. || com. Partidario o defensor del anarquismo o de la anarquía.

anatema. amb. REL. En la Iglesia católica, excomunión. || Maldición, reprobación o condena.

anatomía. f. BIOL. y MED. Ciencia que estudia la forma y estructura externa e interna de los seres vivos, y especialmente del cuerpo humano.

anatómico, ca. adj. BIOL. y MED. De la anatomía o relativo a ella. || Se dice del objeto que se adapta perfectamente al cuerpo humano.

anca. f. Cada una de las dos mitades laterales de la parte posterior de algunos animales. || Grupa de las caballerías. || Cadera de una persona. || col. Nalga de una persona.

ancestral. adj. De los antepasados o relativo a ellos. || De origen remoto o muy antiguo.

ancho, cha. adj. Que tiene una anchura considerable o excesiva. || Demasiado holgado o amplio. || Orgulloso, ufano. || m. Anchura.

anchoa o **anchova.** f. ZOOL. Boquerón curado en salmuera con parte de su sangre.

anchura. f. La menor de las dos dimensiones principales de los cuerpos o figuras planas. || En una superficie, dimensión considerada de derecha a izquierda o de izquierda a derecha. || En objetos de tres dimensiones, la segunda en magnitud. || Medida del contorno o diámetro de un orificio. || Amplitud, extensión o capacidad grandes.

ancianidad. f. Último periodo de la vida natural de las personas. || Estado o condición de la persona que tiene muchos años.

anciano, na. adj. y s. Se dice de la persona que tiene muchos años, y de lo relativo a ella.

ancla. f. MAR. Instrumento de hierro, en forma de arpón o anzuelo doble, que sirve para sujetar las naves al fondo del mar.

anclaje. m. MAR. Acción y resultado de anclar una embarcación.

anclar. intr. y tr. MAR. Quedar sujeta una embarcación por medio del ancla. || tr. Sujetar algo firmemente al suelo. || prnl. Aferrarse a una idea o actitud.

andaluz, za. adj. y s. De Andalucía.

andamiaje. m. Conjunto de andamios. || Conjunto de bases teóricas sobre las que se apoya algo.

andamio. m. Armazón de tablones o vigas

para colocarse encima de ella y trabajar en la construcción o reparación de edificios.

andante. adj. Que anda. || m. amer. Caballo de silla. || (voz it.) m. MÚS. Indicación de tiempo moderadamente lento. || MÚS. Composición o pieza musical en este tiempo.

andanza. f. Peripecia, trance, aventura, especialmente las ocurridas durante un viaje.

andar. intr. Ir de un lugar a otro dando pasos. || Moverse o trasladarse de un lugar a otro lo inanimado. || Funcionar un mecanismo. || Transcurrir el tiempo. || Estar, hallarse en un determinado estado. || Haber, existir. || Tomar parte, ocuparse o entretenerse en algo. || col. Traer entre manos. || Hurgar o poner las manos o los dedos en alguna cosa. También prnl. y con valor reflex. || Encontrarse en un punto exacto o aproximado. || Con gerundio, estar realizándose la acción expresada por este.

andar. m. Modo de andar. || Movimiento, avance.

andariego, ga. adj. y s. Que anda mucho o va de un lugar a otro sin parar en ninguno.

andarivel. m. MAR. Cuerda colocada en diferentes sitios de una embarcación, a manera de pasamanos. || MAR. Cuerda tendida entre las dos orillas de un río o canal, mediante la cual pueden palmearse las embarcaciones menores. || Mecanismo compuesto de una especie de cesta o cajón que, pendiente de dos argollas, corre por una maroma fija por sus dos extremos.

andén. m. En las estaciones de trenes y autobuses, especie de acera al borde de la vía o de la calzada. || En los puertos de mar, espacio de terreno sobre el muelle en donde trabajan las personas encargadas del embarque y desembarque de las mercancías. || amer. Acera de la calle.

andinismo. m. amer. DEP. Deporte de montaña en los Andes.

andino, na. adj. De los Andes o relativo a esta cordillera montañosa.

andrajo. m. Prenda de vestir vieja, rota y sucia. || Pedazo o jirón de tela muy usada.

androceo. m. BOT. En una flor, conjunto formado por los estambres.

androide. m. CIB. Autómata de figura humana.

anécdota. f. Relato breve de un suceso curioso o divertido. || Suceso irrelevante o sin importancia.

anecdotario. m. Colección de anécdotas.

anecdótico, ca. adj. De la anécdota o relativo a este relato o a este suceso.

anegadizo, za. adj. Que frecuentemente se anega o inunda.

anegar. tr. Inundar de agua y, p. ext., de cualquier otro líquido. También prnl. || prnl. Naufragar.

A

anélido, da. adj. y m. De los anélidos o relativo a este grupo de invertebrados celomados. || m. pl. ZOOL. Grupo de invertebrados celomados, que comprende a los gusanos, de cuerpo casi cilíndrico y segmentado por anillos o pliegues transversales externos.

anemia. f. MED. Trastorno que se caracteriza por la disminución de la hemoglobina o del número de glóbulos rojos en la sangre.

anémico, ca. adj. MED. De la anemia o relativo a esta alteración de la sangre. || adj. y s. MED. Que padece anemia.

anémona, anemona o **anemone.** f. BOT. Planta herbácea de la familia de las ranunculáceas, con pocas hojas en los tallos y flores de seis pétalos, grandes y vistosas. || BOT. Flor de esta planta.

anestesia. f. MED. Privación general o parcial de la sensibilidad, con o sin pérdida de conciencia, mediante la administración de una sustancia anestésica. || MED. Sustancia utilizada para anestesiar.

anestesiar. tr. MED. Insensibilizar por medio de un anestésico.

anestésico, ca. adj. MED. De la anestesia o relativo a ella. || adj. y m. MED. Se dice de la sustancia que produce anestesia.

anexar. tr. Unir una cosa a otra con dependencia de ella.

anexión. f. Unión de una cosa a otra, de la que depende o deriva, especialmente un territorio.

anexo, xa. adj. y s. Anejo. || m. pl. MED. Tejidos, estructuras o partes accesorias de un órgano.

anfetamina. f. MED. Droga que se usa como estimulante de los sistemas nervioso central y cardiovascular.

anfibio, bia. adj. Se dice de los animales y plantas que pueden vivir en el agua y fuera de ella. || p. ext., se dice de los vehículos, aparatos o tropas militares que pueden desplazarse por tierra y por agua. || adj. y m. ZOOL. Batracio. || m. pl. ZOOL. Clase de vertebrados tetrápodos de vida semiacuática, que presentan respiración branquial en estado larvario y respiración pulmonar cuando son adultos.

anfibología. f. Doble sentido de una palabra o de una frase, o manera de hablar a la que puede darse más de una interpretación. || RET. Figura que consiste en emplear intencionadamente voces o cláusulas de doble sentido.

anfiteatro. m. ARQUIT. Edificio de forma redonda u oval con gradas alrededor, en el cual se celebraban espectáculos en la antigüedad. || Conjunto de asientos colocados en gradas semicirculares en las aulas, los teatros y otros locales.

anfitrión, ona. m. y f. Persona que tiene invitados. || p. ext., persona o entidad que recibe en su país o en su sede habitual a los invitados.

ánfora. f. Cántaro alto y estrecho, de cuello largo, con dos asas.

ángel. m. Espíritu celeste criado por Dios para su ministerio. || Gracia, simpatía. || Persona de calidades propias de los espíritus angelicales.

angelical o **angélico, ca.** adj. De los ángeles o relativo a estos espíritus celestes. || Que se parece a los ángeles por su hermosura, candor o inocencia.

ángelus. m. REL. Oración en honor del misterio de la Encarnación.

angina. f. PAT. Inflamación de las amígdalas o de estas y la faringe. || ANAT. En lenguaje corriente, amígdalas. || angina de pecho. Síndrome que se caracteriza por una constricción de la región anterior del tórax, con dolor y sensación de ahogo.

anglicanismo. m. REL. Conjunto de doctrinas de la religión reformada predominante en Inglaterra.

anglicano, na. adj. REL. Del anglicanismo o relativo a este conjunto de doctrinas religiosas. || adj. y s. REL. Que profesa el anglicanismo.

anglicismo. m. LING. Vocablo o giro propios del inglés y empleados en otra lengua.

angloamericano, na. adj. De los ingleses y estadounidenses, o con elementos propios de ambos. || adj. y s. Se dice del individuo de origen inglés, nacido en América, o del norteamericano nacido en los Estados Unidos.

angosto, ta. adj. Estrecho, reducido.

angostura. f. Estrechura o paso estrecho. || Estrechez intelectual o moral. || f. BOT. Planta de la familia de las rutáceas cuya corteza tiene propiedades medicinales. || Bebida amarga elaborada a base de dicha corteza.

anguila. f. ZOOL. Pez teleósteo, sin aletas abdominales, de cuerpo largo y cilíndrico y de carne comestible, que vive en los ríos pero que emigra hasta el mar de los Sargazos para desovar.

angular. adj. Del ángulo o relativo a él. || Con forma de ángulo.

ángulo. m. GEOM. Figura formada en una superficie por dos líneas que parten de un mismo punto, o, en el espacio, por dos superficies que parten de una misma línea. || Rincón. || Esquina o arista. || Perspectiva, punto de vista.

angustia. f. Aflicción, congoja. || Temor opresivo sin causa precisa.

angustiar. tr. y prnl. Causar angustia, afligir, acongojar.

angustioso, sa. adj. Que produce angustia.

anhelar. tr. Tener ansia o deseo vehemente de conseguir alguna cosa.

anhelo. m. Deseo vehemente de conseguir alguna cosa.

anhídrido. m. QUÍM. Denominación que se utilizaba antiguamente para referirse a los óxidos no metálicos.

anhidro, dra. adj. QUÍM. Se dice de la sustancia que no contiene agua.

anidar. intr. y prnl. Hacer nido las aves o vivir en él. || Morar, habitar. || Hallarse o existir algo en una persona o cosa. || MED. Fijarse o insertarse el óvulo fecundado en la pared mucosa del útero.

anilina. f. QUÍM. Líquido tóxico artificial que se obtiene por reducción del nitrobenceno y que se emplea, sobre todo, como colorante.

anilla. f. Cada uno de los anillos que sirven para colgar o sujetar alguna cosa. || Pieza de metal o plástico, en forma de circunferencia, que se coloca en las patas de los animales para su estudio, especialmente en las aves. || pl. DEP. En gimnasia, aparato que consta de dos aros, pendientes de cuerdas o cadenas, en el que se realizan diferentes ejercicios.

anillado, da. adj. Que tiene uno o varios anillos. || Se dice del cabello rizado. || Sujetado con anillos o anillas. || adj. y m. ZOOL. Se dice de los animales cuyo cuerpo imita una serie de anillos.

anillar. tr. Dar forma de anillo. || Sujetar con anillos o anillas. || Poner anillas en las patas de los animales para su estudio, especialmente en las aves.

anillo. m. Aro pequeño, en particular el de metal u otra materia que se lleva, principalmente como adorno, en los dedos de la mano. || Pieza de metal o plástico. || TAUROM. Redondel de la plaza de toros. || MED. Nombre que se da a ciertas estructuras anatómicas de forma circular. || ARQUIT. Moldura que rodea el fuste de las columnas. || ARQUIT. Cornisa de forma circular que sirve de base a la cúpula. || ZOOL. Cada uno de los segmentos en que está dividido el cuerpo de los gusanos o artrópodos. || BOT. Cada uno de los círculos leñosos concéntricos que forman el tronco de un árbol. || QUÍM. Estructura molecular formada por una cadena cerrada de átomos. || ASTRON. Formación celeste que circunda determinados planetas.

ánima. f. Alma del hombre. || Alma del purgatorio. || Hueco del cañón de las piezas de artillería y, en general, de toda arma de fuego. || pl. Toque de campanas para rogar por las almas del purgatorio y hora en que tiene lugar.

animación. f. Dotación de movimiento, vigor o intensidad a cosas inanimadas. || Viveza y agilidad en las acciones, palabras o movimientos. || Concurso de gente en una fiesta, regocijo o esparcimiento. || Conjunto de técnicas o procedimientos destinados a impulsar la participación de los individuos en una determinada actividad y en el desarrollo sociocultural del grupo del que forman parte. || CIN. Técnica de preparación de dibujos en serie para una película.

animado, da. adj. Dotado de alma, con vida. || Alegre, divertido. || Concurrido.

animador, ra. adj. y s. Que anima. || m. y f. Persona que presenta y ameniza un espectáculo de variedades, o invita a la gente a participar en él. || Persona que se dedica profesionalmente a organizar fiestas o reuniones. || CIN. Especialista en animación.

animadversión. f. Enemistad, ojeriza u odio.

animal. m. Ser orgánico que vive, siente y se mueve por propio impulso. || Ser irracional por oposición a los humanos. || adj. Del animal o relativo a él. || De la parte instintiva de un ser viviente, frente a la racional o espiritual, o relativo a ella. || adj. y com. Se dice de la persona grosera o muy ignorante. || Se dice de la persona que destaca extraordinariamente por su saber, inteligencia, fuerza o corpulencia.

animalizar. tr. y prnl. Embrutecer o privar en alto grado a una persona del uso de la razón.

animar. tr. Incitar a alguien a una acción. || Dar a alguien ánimo, energía moral o confianza. || Dotar de movimiento, vigor o intensidad a cosas inanimadas. || prnl. Cobrar ánimo, atreverse.

anímico, ca. adj. Del ánimo o relativo a él.

animismo. m. Término que denota la creencia general de que todos los seres y objetos de la naturaleza están animados o tienen espíritu. || Doctrina que considera al alma como principio de acción de los fenómenos vitales.

ánimo. m. Alma o espíritu, en cuanto es principio de la actividad humana. || Valor, esfuerzo, energía. || Intención, voluntad. || Interj. que se usa para alentar o esforzar a una persona.

animosidad. f. Aversión, antipatía. || Ánimo, valor.

animoso, sa. adj. Que tiene ánimo o valor.

aniquilación. f. Reducción a la nada, destrucción o ruina de algo o de alguien. || Abatimiento de una persona, con pérdida del ánimo. || Deterioro grave del estado o de la condición de algo. || FÍS. Reacción entre una partícula elemental y su antipartícula, en la que desaparecen ambas y se transforman en fotones.

aniquilar. tr. y prnl. Reducir a la nada, destruir o arruinar enteramente. || Abatir a una persona, haciéndole perder el ánimo. || Deteriorar gravemente el estado o la condición de algo. || FÍS. Reaccionar una partícula elemental con su antipartícula, de forma que desaparecen ambas para convertirse en radiación electromagnética.

anís. m. BOT. Planta herbácea anual, de la familia de las umbelíferas, de tallo ramoso y flores pequeñas y blancas. || BOT. Semilla de esta planta, aovada, verdosa, aromática y de sabor agradable. || Aguardiente elaborado con esta semilla.

aniversario. m. Día en que se cumplen años de algún suceso. || Acto conmemorativo de este día.

ano. m. ANAT. Orificio del conducto digestivo por el cual se expele el excremento.

anoche. adv. t. En la noche de ayer, especialmente referido al tiempo transcurrido entre el momento en que se hace de noche y la hora de acostarse.

anochecer. intr. impers. Empezar a faltar la luz del día, venir la noche. || intr. Llegar a estar en un paraje, situación o condición determinados al empezar la noche.

anochecer. m. Tiempo durante el cual se hace de noche.

anodino, na. adj. Insignificante, insustancial.

ánodo. m. QUÍM. Electrodo positivo.

anomalía. f. Irregularidad, anormalidad o falta de adecuación a lo que es habitual. || ASTRON. Distancia angular del lugar verdadero o medio de un planeta a su afelio, vista desde el centro del Sol. || BIOL. Malformación, alteración biológica, congénita o adquirida.

anómalo, la. adj. Irregular, extraño.

anonadar. tr. y prnl. Causar gran sorpresa o dejar muy desconcertada a una persona. || Apocar, disminuir mucho alguna cosa. || Humillar, abatir.

anónimo, ma. adj. y m. Se apl. a la obra o escrito que no lleva el nombre de su autor. || Se dice de la persona cuyo nombre no es conocido. || Secreto de la persona que oculta su nombre.

anormal. adj. Que no es normal. || adj. y com. Persona cuyo desarrollo físico o intelectual es inferior al que corresponde a su edad. También se emplea como insulto.

anormalidad. f. Irregularidad, anomalía o falta de adecuación a lo que es habitual.

anotación. f. Adición de notas o comentarios a un escrito. || Apunte o toma de un dato por escrito.

anotador, ra. adj. y s. Que anota. || CIN. Ayudante del director que apunta durante el rodaje de una película los pormenores de cada escena.

anotar. tr. Poner notas o añadir comentarios a un escrito. || Apuntar o tomar nota de un dato por escrito. || Hacer anotación o asiento en un registro público. || DEP. Marcar tantos. || prnl. Obtener un éxito o un fracaso.

anquilosar. tr. y prnl. Disminuir o perder la movilidad en una articulación. || prnl. Detenerse algo en su progreso.

anquilosis. f. MED. Disminución o imposibilidad de movimiento en una articulación normalmente móvil.

ánsar. m. ZOOL. Ave palmípeda propia de países septentrionales, de la que desciende el ganso doméstico, con plumaje blanco agrisado, pico largo, robusto y anaranjado y patas rojizas. || ZOOL. Ganso.

ansia. f. Anhelo intenso. || Congoja o fatiga que causa en el cuerpo inquietud o agitación violenta.

ansiar. tr. Desear con ansia.

ansiedad. f. Estado de agitación o inquietud del ánimo. || PAT. Estado de angustia y temor que acompaña a muchas enfermedades y que no permite el sosiego de quien la padece.

antagónico, ca. adj. Que manifiesta o implica antagonismo.

antagonismo. m. Oposición sustancial en doctrinas y opiniones. || Oposición mutua o acción contraria, especialmente entre fármacos, músculos, organismos, etc.

antagonista. adj. y com. Se dice de la persona o cosa contraria u opuesta. || adj. y m. MED. Se dice de los fármacos, nervios y músculos que actúan en oposición. || com. LIT. Personaje de una obra literaria, narrativa o dramática, que se opone al protagonista.

antaño. adv. t. En tiempo pasado.

antártico, ca. adj. ASTRON. y GEOG. Se dice del polo opuesto al ártico o polo sur. || ASTRON. y GEOG. Del polo sur o relativo a él. || p. ext., Meridional.

ante. m. ZOOL. Anta. || ZOOL. Búfalo. || Piel de alce u otros animales adobada y curtida.

anteanoche. adv. t. En la noche de anteayer.

anteayer. adv. t. En el día inmediatamente anterior al de ayer.

antebrazo. m. ANAT. Parte del brazo desde el codo hasta la muñeca.

antecámara. f. Sala que precede a la principal de un palacio o casa grande.

antecedente. adj. Que antecede o precede. || m. Circunstancia anterior que sirve para juzgar hechos posteriores. || GRAM. El primero de los términos de una correlación gramatical, o el término mencionado en una deixis anafórica. || GRAM. Nombre, pronombre u oración que precede a un pronombre relativo y al que este último se refiere. || LÓG. En las proposiciones condicionales, enunciado precedido por la partícula 'si'.

antecesor, ra. m. y f. Persona que precedió a otra en una dignidad, empleo u obra. || m. Antepasado, ascendiente.

antediluviano, na. adj. Anterior al diluvio universal. || Muy antiguo, pasado de moda.

antelación. f. Anticipación temporal con que sucede una cosa respecto a otra.

antemano (de). loc. adv. t. Con anticipación, anteriormente.

antemeridiano, na. adj. Anterior al mediodía.

antena. f. Dispositivo de formas muy diversas que, en los emisores y receptores de ondas electromagnéticas, sirve para emitirlas o recibirlas. || Apéndices articulados que tienen en la cabeza muchos animales artrópodos. || Capacidad o interés en escuchar conversaciones ajenas.

anteojo. m. Instrumento óptico para ver objetos lejanos, compuesto principalmente de una lente objetivo destinada a formar imágenes y una lente ocular que las amplía. || pl. Gafas o lentes.

antepasado, da. m. y f. Ascendiente más o menos remoto de una persona o grupo de personas. || adj. Dicho del tiempo, que es anterior a otro tiempo ya pasado.

antepecho. m. Pretil o barandilla que se coloca en lugares altos para poder asomarse sin peligro. || Cierre inferior de un vano donde es posible apoyarse para mirar al exterior.

anteponer. tr. Colocar una persona o cosa por delante de otra en el espacio o en el tiempo. || Preferir, estimar más.

anteproyecto. m. Conjunto de trabajos preliminares para redactar el proyecto de una obra de arquitectura o de ingeniería. || p. ext., primera redacción sucinta de una ley, programa, etc.

anterior. adj. Que precede en lugar o tiempo.

antes. adv. t. y l. que denota prioridad de tiempo o lugar. || adv. ord. que denota prioridad o preferencia. || conj. ad. que denota idea de contrariedad y preferencia en el sentido de una oración respecto del de otra. || adj. Anterior, antecedente.

antesala. f. Sala que precede a la principal de una casa.

antibiótico, ca. adj. y m. MED. Se dice de la sustancia química producida por un ser vivo o fabricada por síntesis, capaz de impedir el desarrollo de ciertos microorganismos patógenos o de causar la muerte de ellos.

anticipación. f. Avance temporal con respecto a lo previsto o señalado. || RET. Figura que refuta por anticipado las objeciones previstas.

anticipar. tr. Hacer que ocurra alguna cosa antes del tiempo regular. || Fijar tiempo anterior al señalado para hacer alguna cosa. || Tratándose de dinero, darlo antes del tiempo señalado. || Referido a una noticia, adelantarla o avanzarla. || prnl. Adelantarse una persona a otra en la realización de una acción. || Ocurrir una cosa antes del tiempo señalado.

anticipo. m. Anticipación. || Dinero que se adelanta.

anticlerical. adj. y com. Contrario al clericalismo o a todo lo que se relaciona con el clero.

anticonceptivo, va. adj. y m. Se dice del medio, práctica o agente que impide el embarazo de una mujer.

anticonstitucional. adj. Contrario a la constitución de un Estado.

anticristo. m. REL. Nombre que da el evangelista san Juan al misterioso adversario que antes de la segunda venida de Cristo intentará seducir a los cristianos y apartarlos de su fe.

anticuado, da. adj. Que no tiene uso desde hace tiempo, propio de otra época. || adj. y s. Se dice de la persona de mentalidad o gustos pasados de moda.

anticuario, ria. m. y f. Persona que estudia, vende o colecciona cosas antiguas.

antídoto. m. BIOL. y MED. Medicamento que contrarresta la acción de un veneno. || Medio para evitar incurrir en un vicio o falta.

antieconómico, ca. adj. Opuesto a los principios que rigen una buena economía.

antiestético, ca. adj. Contrario a la estética y, p. ext., feo o de mal gusto.

antifaz. m. Máscara con que se cubre la cara, especialmente la parte que rodea los ojos.

antigás. adj. Máscara destinada a evitar la acción de los gases tóxicos.

antigüedad. f. Existencia desde hace mucho tiempo. || Tiempo antiguo, pasado. || Tiempo transcurrido desde el día en que se obtiene un empleo. || pl. Monumentos u objetos artísticos de tiempo antiguo.

antiguo, gua. adj. Que existe desde hace mucho tiempo. || Que existió o sucedió en tiempo remoto. || Viejo, desfasado. || Se dice de la persona que lleva mucho tiempo en un lugar, empleo o actividad. || m. pl. Los que vivieron en siglos remotos.

antílope. m. ZOOL. Cualquiera de los mamíferos rumiantes, de la familia de los bóvidos, de cornamenta persistente en que el núcleo óseo es independiente de su envoltura.

antimonio. m. QUÍM. Metal de color blanco azulado y brillante, duro, quebradizo e insoluble en ácido nítrico, que se usa en aleación con plomo y estaño para fabricar los caracteres de imprenta. Su símbolo es Sb y su número atómico, 51.

antinatural. adj. Opuesto a lo que se considera natural.

antinomia. f. DER. Contradicción entre dos preceptos legales. || LÓG. Contradicción entre dos principios racionales.

antipapa. m. El que no está canónicamente elegido Papa y pretende ser reconocido como tal.

antiparras. f. pl. *col.* Anteojos, gafas.

antipatía. f. Sentimiento de aversión, repulsión o desacuerdo hacia alguna persona, animal o cosa.

antipático, ca. adj. y s. Que causa antipatía.

antípoda. adj. Se dice de cualquier habitante del globo terrestre con respecto a otro que viva en lugar diametralmente opuesto. || *col.* Se aplica a las personas y a las cosas que tienen oposición entre sí.

antirrábico, ca. adj. y f. FARM. Que previene o combate la rabia.

antisemitismo. m. Doctrina o tendencia de los antisemitas.

antiséptico, ca. adj. y m. MED. Que impide el desarrollo de los microorganismos patógenos causantes de las infecciones o los mata.

antisocial. adj. y com. Contrario a la sociedad o al orden social establecido.

antítesis. f. FILOS. Oposición o contrariedad de dos juicios o afirmaciones. || Persona o cosa opuesta en sus condiciones a otra. || RET. Figura que consiste en contraponer una frase o una palabra a otra de significado contrario.

antojadizo, za. adj. y s. Que tiene antojos o deseos pasajeros.

antojo. m. Deseo vivo y pasajero de alguna cosa. || Lunar o mancha que suelen presentar en la piel algunas personas y que tradicionalmente se atribuyen a caprichos no satisfechos por las madres durante el embarazo. || pl. *amer.* Antojitos.

antología. f. Libro que contiene una selección de textos literarios de uno o varios autores y, p. ext., cualquier medio (libro, disco o colección de discos, exposición, etc.) que incluya una selección de obras artísticas.

antónimo, ma. adj. y m. LING. Se dice de las palabras que expresan ideas opuestas o contrarias.

antorcha. f. Tea para alumbrar. || Lo que sirve de guía.

antracita. Carbón fósil seco o poco bituminoso que arde con dificultad.

ántrax. m. PAT. Tumor inflamatorio localizado en el tejido subcutáneo, con abundante formación de pus y, a veces, complicaciones locales y generales graves.

antro. m. Caverna, cueva, gruta. || Local, establecimiento, vivienda, etc., de mal aspecto o reputación.

antropofagia. f. Costumbre que tienen algunos salvajes de comer carne humana.

antropófago, ga. adj. y s. Se dice del salvaje que come carne humana.

antropología. f. Ciencia que trata de los aspectos biológicos del hombre y de su comportamiento como miembro de una sociedad.

antropólogo, ga. m. y f. Persona especializada en antropología o que se dedica profesionalmente a ella.

anual. adj. Que sucede o se repite cada año. || Que dura un año.

anualidad. f. Repetición de una cosa cada año. || Período de tiempo que dura un año. || Importe anual de una renta o carga periódica.

anuario. m. Libro que se publica al principio de cada año para que sirva de guía a las personas de determinadas profesiones.

anudar. tr. y prnl. Hacer uno o más nudos, o unir algo con un nudo. || Juntar, unir, estrechar.

anuencia. f. Consentimiento, permiso para realizar algo.

anulación. f. Acción y resultado de dar algo por nulo o dejarlo sin validez. || Desautorización o humillación de alguien.

anular. adj. Del anillo, con su forma o relativo a él. || adj. y m. Se dice del cuarto dedo de la mano.

anular. tr. y prnl. Dar algo por nulo o dejarlo sin validez. || Desautorizar o humillar a alguien, o no dejarle actuar libremente.

anunciación. f. REL. P. ant., el anuncio que el arcángel san Gabriel hizo a la Virgen del misterio de la Encarnación y fiesta con que se celebra.

anunciar. tr. y prnl. Dar noticia o aviso de alguna cosa. || Hacer propaganda o anuncios comerciales. || Pronosticar, decir qué va a suceder en el futuro. || Hacer saber el nombre de un visitante a la persona por quien desea ser recibido.

anuncio. m. Acción y resultado de dar noticia o aviso de alguna cosa. || Conjunto de palabras, signos o imágenes con que se anuncia algo. || Pronóstico, presagio.

anverso. m. En las monedas y medallas, cara principal. || IMPR. Primera página impresa de un pliego.

anzuelo. m. Arponcillo o garfio, generalmente pequeño y metálico, que, pendiente de un sedal o alambre y puesto en él algún cebo, sirve para pescar. || Trampa, atractivo o aliciente.

añadir. tr. Agregar o incorporar una cosa a otra. || Aumentar, acrecentar o ampliar, especialmente un discurso oral o escrito.

añejo, ja. adj. Se dice de ciertas cosas que tienen uno o más años. || Que tiene mucho tiempo, antiguo.

añicos. m. pl. Pedazos pequeños en que se divide alguna cosa al romperse.

añil. adj. De color azul oscuro con tonalidades violetas. || m. BOT. Arbusto perenne de la familia de las papilionáceas, de tallo recto, hojas compuestas, flores rojizas en espiga o racimo y fruto en vaina ovalada. || Pasta de color azul oscuro que se obtiene de los tallos y hojas de esta planta. || m. Color de esta pasta.

año. m. ASTRON. Tiempo que transcurre durante una revolución real del eje de la Tierra en su órbita alrededor del Sol. || Periodo de doce meses, a contar desde el día 1 de enero hasta el 31 de diciembre, ambos inclusive. || Periodo de doce meses a partir de una fecha determinada. || col. Época remota. || pl. Edad, tiempo vivido. || Día en que se celebra el aniversario del nacimiento de una persona.

añoranza. f. Nostalgia o sentimiento de pena que produce la ausencia, privación o pérdida de una persona o cosa muy querida.

añorar. tr. e intr. Recordar con pena la ausencia, privación o pérdida de una persona o cosa muy querida.

añoso, sa. adj. Que tiene muchos años; se apl. especialmente a las plantas.

aorta. f. ANAT. Arteria principal del cuerpo que nace en el ventrículo izquierdo del corazón.

aovado, da. adj. Con forma de huevo.

aovar. intr. Poner huevos.

apabullar. tr. col. Confundir, intimidar a una persona, haciendo exhibición de fuerza o superioridad.

apacentar. tr. Dar paso a los ganados. || fig. Instruir, enseñar. || prnl. Pacer el ganado.

apache. adj. y com. Se dice del indio nómada de las llanuras de Nuevo México, que se caracterizaba por su gran belicosidad. || Se dice del bandido o salteador de París y, p. ext., de las grandes poblaciones.

apacible. adj. Manso, dulce y agradable en la forma de ser y en el trato. || De buen temple, tranquilo, agradable.

apaciguar. tr. y prnl. Poner en paz, sosegar, aquietar.

apadrinar. tr. Actuar como padrino de alguien que recibe un sacramento o un determinado honor. || Referido a una iniciativa particular o colectiva, patrocinarla un hombre para que tenga éxito. || prnl. Ampararse, valerse, acogerse a la protección de alguien.

apagar. tr. y prnl. Extinguir el fuego o la luz. || Aplacar, dispar, extinguir. || Interrumpir el funcionamiento de un aparato desconectándolo de su fuente de energía. || tr. PINT. Rebajar un color demasiado vivo o templar el tono de la luz.

apaisado, da. adj. Referido a una figura rectangular, que es más ancha que alta.

apalabrar. tr. Concertar de palabra dos o más personas alguna cosa.

apalear. tr. Dar golpes a una persona o animal con un palo o con algo semejante. || Referido a la ropa, a una alfombra, etc., sacudirla con un palo o vara. || Varear las ramas de un árbol para recoger su fruto. || tr. Aventar el grano con la pala para limpiarlo. || Tratándose de dinero o riquezas, tenerlas o ganarlas en abundancia.

apañar. tr. e intr. Coger, agarrar. || Recoger y guardar alguna cosa, o apoderarse de ella ilícitamente. || Remendar lo que está roto. || Solucionar, arreglar. || Acicalar, asear, ataviar. || Aderezar o condimentar la comida. || amer. Encubrir. || prnl. Darse maña para hacer algo.

aparador. m. Mueble donde se guarda lo necesario para el servicio de la mesa.

aparato. m. Instrumento o mecanismo que tiene una función determinada. || Circunstancia o señal que precede o acompaña a algo. || Pompa, ostentación. || BIOL. Conjunto de órganos que en los animales o en las plantas desempeñan una misma función fisiológica. || POL. Conjunto de instituciones, leyes, mecanismos, cargos, etc., de un Estado, administración u organización. || col. Teléfono.

aparcar. tr. Colocar transitoriamente en un lugar coches u otros vehículos. || Aplazar, postergar un asunto o decisión.

aparear. tr. Ajustar una cosa con otra, de forma que queden iguales. || Juntar las hembras de los animales con los machos para que críen.

aparecer. intr. y prnl. Manifestarse, dejarse ver, generalmente de forma inesperada. || Encontrarse, hallarse lo que estaba perdido u oculto. || Cobrar existencia o darse a conocer por primera vez. || Hacer una persona acto de presencia en un lugar.

aparejar. tr. prnl. Preparar, disponer. || Vestir con esmero. || Poner el aparejo a las caballerías. || MAR. Poner el aparejo a una embarcación.

aparejo. m. Preparación, disposición para alguna cosa. || Objetos necesarios para hacer ciertas cosas. || Arreo necesario para montar o cargar las caballerías. || ARQUIT. Forma o modo en que quedan colocados los materiales en una construcción, especialmente los ladrillos y sillares. || MAR. Conjunto de palos, vergas, jarcias y velas de un barco.

aparentar. tr. e intr. Manifestar o dar a entender lo que no es o no hay. || Tener una persona el aspecto correspondiente a una determinada edad.

aparente. adj. Que parece y no es. || Oportuno, adecuado. || Que se muestra a la vista. || Que tiene buen aspecto o apariencia.

aparición. f. Manifestación ante la vista de lo que estaba perdido u oculto. || Visión de un ser sobrenatural o fantástico. || Espectro, fantasma.

apariencia. f. Aspecto exterior de una persona o cosa. || Verosimilitud, probabilidad. || Cosa que parece y no es.

apartado, da. adj. Retirado, remoto. || Diferente, diverso. || m. Párrafo o serie de párrafos en que se divide un texto, artículo, etc. || Servicio de la oficina de correos por el que se alquila al usuario una caja numerada, en donde se deposita su correspondencia. || Número asignado a esta caja.

apartamento. m. Vivienda, generalmente pequeña, que forma parte de un edificio en el que hay otras similares.

apartamiento. m. Separación o alejamiento de una persona o cosa del lugar donde estaba. || Lugar apartado o retirado. || *amer.* Apartamento.

apartar. tr. y prnl. Separar, dividir. || Quitar a una persona o cosa del lugar donde estaba. || Alejar, retirar. || Disuadir a alguien de algo o hacer que desista de ello.

aparte. adv. l. En otro lugar. || A distancia, desde lejos. || adv. m. Por separado. || adj. Diferente, distinto, singular. || m. En la representación escénica, lo que dice cualquiera de los personajes, suponiendo que no le oyen los demás.

apartheid. (voz africana) m. Discriminación racial aplicada en la República Sudafricana por la raza blanca frente a la negra.

apasionado, da. adj. y s. Que siente pasión o una fuerte inclinación por algo o por alguien.

apasionar. tr. y prnl. Causar, excitar alguna pasión. || prnl. Aficionarse con exceso a una persona o cosa.

apatía. f. Dejadez, falta de interés, vigor o energía.

apear. tr. Descender o bajar de una caballería o de un medio de transporte. || Sondear, superar, vencer alguna dificultad. || *col.* Disuadir a alguien de sus opiniones, ideas, creencias, etc. También prnl.

apedrear. tr. Lanzar o arrojar piedras a una persona o cosa. || Matar a pedradas. || intr. impers. Caer pedrisco. || prnl. Padecer daño con el pedrisco las cosechas.

apegarse. prnl. Tomar apego a una persona o cosa.

apego. m. Afecto, cariño o estimación hacia una persona o cosa.

apelación. f. DER. Presentación ante el juez o tribunal superior de un recurso para que revoque la sentencia dada por el inferior. || Llamamiento dirigido a una persona o cosa en cuya autoridad o criterio se confía para resolver un asunto.

apelar. intr. DER. Recurrir al juez o tribunal superior para que revoque la sentencia dada por el inferior. || Recurrir a una persona o cosa en cuya autoridad o criterio se confía para resolver un asunto.

apelativo, va. adj. y m. LING. Que sirve para llamar o atraer la atención. || LING. Se dice del nombre común.

apellidar. tr. Nombrar a una persona por su apellido o sobrenombre. || prnl. Tener un determinado apellido.

apellido. m. Nombre de familia con que se distinguen las personas. || Sobrenombre, mote.

apenar. tr. y prnl. Causar pena, afligir. || prnl. *amer.* Sentir vergüenza.

apenas. adv. neg. Casi no. || adv. c. Escasamente, solo. || adv. t. Inmediatamente antes. || conj. Tan pronto como, al punto que.

apéndice. m. Cosa adjunta o añadida a otra, especialmente el anexo o suplemento que se incluye al final de un libro, de una obra o de un trabajo de investigación.

apendicitis. f. PAT. Inflamación aguda del apéndice vermicular.

apercibir. tr. Prevenir, preparar lo necesario para algo. Más c. prnl. || Advertir, avisar. || Amenazar con una sanción. || DER. Hacer saber a la persona citada, emplazada o requerida las consecuencias que pueden derivarse de determinadas actitudes o actuaciones y las sanciones en que puede incurrir quien deja de cumplir lo que se le ordena. || prnl. Darse cuenta, percatarse.

aperitivo. m. Bebida y manjares que se toman antes de una comida principal. || Tapa o pincho que sirve para abrir el apetito.

apero. m. Conjunto de instrumentos y herramientas de cualquier oficio.

apertura. f. Acción y resultado de abrir o descubrir lo que está cerrado u oculto. || Inauguración de un local, asamblea pública, curso académico, etc. || Tendencia favorable a la comprensión de actitudes ideológicas, políticas, etc., distintas de las que se tiene.

apesadumbrar. tr. Causar pesadumbre, afligir. Más c. prnl.

apestar. tr. y prnl. Causar o comunicar la peste. || *col.* Fastidiar, cansar. || intr. Despedir mal olor.

apetecer. intr. Gustar, agradar una cosa. || tr. Desear algo, tener ganas de algo.

apetito. m. Ganas de comer. || Impulso instintivo que lleva a satisfacer deseos o necesidades. || Lo que excita el deseo de alguna cosa.

apiadar. tr. Causar piedad. || prnl. Tener piedad de algo o alguien.

ápice. m. Extremo superior o punta de alguna cosa. || Parte pequeñísima o insignificante.

apicultura. f. Técnica o arte de criar abejas para aprovechar sus productos.

apilar. tr. Amontonar, poner una cosa sobre otra, haciendo pila o montón.

apiñar. tr. y prnl. Juntar o agrupar estrechamente personas y cosas.

apio. m. BOT. Planta herbácea anual de la familia de las umbelíferas, de tallo y raíz comestibles, que se cultiva en las huertas.

apisonar. tr. Apretar y allanar la tierra por medio de rodillos pesados o mediante una apisonadora.

aplacar. tr. y prnl. Mitigar, sosegar o suavizar la fuerza de algo o la excitación del ánimo.

aplanar. tr. Allanar, poner llana una superficie. || Dejar a uno pasmado o estupefacto con una novedad inesperada. || Abatir física o moralmente a una persona, haciéndole perder el ánimo o la energía. También prnl.

aplastar. tr. Deformar una cosa por presión o golpe, aplanándola o disminuyendo su grosor. También prnl. || Derrotar, humillar o vencer por completo. || Apabullar, abrumar.

aplaudir. tr. Palmotear en señal de aprobación o entusiasmo. || Celebrar con palabras u otras demostraciones a personas o cosas.

aplauso. m. Palmoteo en señal de aprobación o entusiasmo. || Reconocimiento, elogio o aprobación.

aplazamiento. m. Retraso en la realización de algo.

aplazar. tr. Retrasar o dejar algo para más tarde. || *amer.* Poner un suspenso.

aplicación. f. Colocación de una cosa sobre otra. || Empleo o puesta en práctica en el conocimiento o principio, a fin de conseguir un determinado fin. || Referencia de un caso general a un caso particular. || Asiduidad con que se hace alguna cosa. || Ornamentación ejecutada en materia distinta de otra a la cual se sobrepone. Más en pl.

aplicar. tr. Poner una cosa sobre otra. || Emplear o poner en práctica un conocimiento o principio, a fin de conseguir un determinado fin. || Referir a un caso particular lo que se ha dicho en general. || Destinar, asignar, adjudicar. || Atribuir o imputar a alguien un hecho o dicho. || prnl. Poner esmero e interés en una tarea, especialmente en el estudio.

aplomado, da. adj. Que tiene aplomo o serenidad. || Plomizo.

aplomo. m. Gravedad, serenidad. || Verticalidad.

apocado, da. adj. De poco ánimo, abatido.

apocalipsis. m. REL. Último libro canónico del Nuevo Testamento, que contiene las revelaciones escritas por el apóstol san Juan, referentes en su mayor parte al fin del mundo. || Fin del mundo. || Catástrofe.

apocalíptico, ca. adj. Del Apocalipsis o relativo a este último libro canónico del Nuevo Testamento. || Terrorífico, espantoso.

apocar. tr. Mermar, disminuir. || Humillar, abatir. También prnl.

apócope. f. GRAM. Supresión de uno o varios fonemas o de una o más sílabas al final de una palabra.

apócrifo, fa. adj. Falso, supuesto o fingido. || Se dice de todo escrito que no es de la época o del autor a que se atribuye. || Se dice de todo libro que, atribuyéndose a autor sagrado, no está, sin embargo, incluido en el canon de la Biblia.

apodar. tr. y prnl. Poner o dar apodos.

apoderar. tr. Dar poder o permiso una persona a otra para que la represente. || prnl. Hacerse dueño de alguna cosa por la fuerza. || Dominar o someter a una persona un determinado sentimiento.

ápodo, da. adj. Falto de pies. || adj. y m. De los ápodos o relativo a este orden de anfibios. || m. pl. ZOOL. Orden de anfibios.

apodo. m. Nombre que suele darse a una persona, en sustitución del propio, normalmente tomado de sus defectos corporales o de alguna otra circunstancia.

apogeo. m. Punto culminante o más intenso de un proceso. || ASTRON. En la órbita lunar, punto más alejado de la Tierra.

apolillar. tr. y prnl. Roer, penetrar o destruir la polilla las ropas u otras cosas. || prnl. Quedarse anticuado o desfasado.

apolíneo, a. adj. De Apolo o relativo a él. || Apuesto, hermoso. || En contraposición a dionisíaco, se apl. a lo equilibrado, coherente, etc.

apolítico, ca. adj. y s. Que manifiesta indiferencia o desinterés frente a la política.

apología. f. Discurso o escrito en alabanza o defensa de personas o cosas.

apoplejía. f. PAT. Suspensión súbita y completa de la acción cerebral, debida comúnmente a derrames sanguíneos en el encéfalo o las meninges.

aporrear. tr. Golpear de forma repetida y con insistencia. || Tocar un instrumento musical sin ningún criterio artístico, produciendo un sonido estridente. || Importunar, molestar a alguien.

aportar. tr. Dar o proporcionar algo. || DER. Llevar cada cual la parte que le corresponde a la sociedad de que es miembro. || Presentar pruebas, razones, etc.

aporte. m. Aportación, contribución. || GEOG. Acción y resultado de depositar materiales un río, un glaciar, el viento, etc.

aposentar. tr. Dar habitación y hospedaje de manera provisional en un lugar. || prnl. Alojarse temporalmente en un lugar. || *col.* Acomodarse.

aposento. m. Cuarto o pieza de una casa. || Posada, hospedaje.

apósito. m. MED. Remedio que se aplica exteriormente, sujetándolo con vendas.

apostar. tr. Pactar entre sí los que discrepan que aquel que no tenga razón o esté equivocado es el que pierde la cantidad de dinero o cualquier otra cosa que se determine. También prnl. || Arriesgar cierta cantidad de dinero en la creencia de que alguna cosa, como juego, contienda deportiva, etc., tendrá tal o cual resultado, de forma que, si se acierta, se recibe una cantidad de dinero mucho mayor.

apóstata. com. Persona que reniega de la fe cristiana o de las creencias en que ha sido educado.

apostilla. f. Acotación que aclara, interpreta o completa un texto.

apóstol. m. REL. Cada uno de los doce principales discípulos escogidos por Jesucristo para predicar el Evangelio por todo el mundo. || Predicador, evangelizador.

apostólico, ca. adj. REL. De los apóstoles o relativo a ellos. || REL. Del Papa o que procede de su autoridad.

apóstrofe. amb. RET. Figura que consiste en cortar de pronto el discurso o narración para dirigir la palabra con vehemencia a una o varias personas presentes o ausentes, o a cosas personificadas.

apóstrofo. m. ORTOGR. Signo ortográfico (') que indica la elisión de una letra (*l'enfant*) o cifra (*'98*).

apostura. f. Gentileza, gallardía.

apotegma. m. Dicho breve y sentencioso, generalmente proferido o escrito por un personaje célebre.

apoteosis. f. Ensalzamiento de una persona con grandes honores y alabanzas. || Final brillante de algo, especialmente de un espectáculo.

apoyar. tr. Hacer que una cosa descanse sobre otra. También prnl. || Basar, fundar. También prnl. || Favorecer, ayudar. || Confirmar, probar o sostener alguna opinión o doctrina.

apoyo. m. Lo que sirve para sostener. || Protección, auxilio o favor. || Fundamento, confirmación o prueba de una opinión o doctrina.

apreciar. tr. Determinar de manera aproximada el valor de algo. || Estimar el mérito de personas o cosas. || Sentir cariño o afecto. || tr. y prnl. Referido a una moneda, aumentar su valor o cotización.

aprecio. m. Estimación del mérito de personas o cosas. || Cariño, afecto.

aprehender. tr. Coger, asir, prender a una persona o cosa, especialmente una mercancía ilegal. || Asimilar inmediatamente, llegar a entender.

aprehensión. f. Detención o captura de una persona o cosa, especialmente de una mercancía ilegal. || Asimilación inmediata de ideas o conocimientos.

apremiar. tr. Meter prisa. También intr. || Urgir, ser necesaria o conveniente la ejecución inmediata de cierta cosa. || Compeler u obligar a alguien con mandamiento de autoridad a que haga alguna cosa. || Imponer apremio o recargo.

aprender. tr. Adquirir el conocimiento de alguna cosa. || Fijar algo en la memoria. También prnl.

aprendiz, za. m. y f. Persona que aprende algún arte u oficio.

aprendizaje. m. Adquisición de conocimientos, especialmente en algún arte u oficio. || Tiempo que se emplea en ello.

aprensión. f. Escrúpulo o recelo que alguien siente hacia una persona o cosa, por temor a algún contagio. || Idea infundada o extraña.

apresar. tr. Hacer presa con las garras o colmillos. || Capturar, coger a una persona o cosa. || Aprisionar, poner en prisión.

aprestar. tr. Disponer o preparar lo necesario para alguna cosa. También prnl. || Dar consistencia o rigidez a los tejidos con alguna sustancia.

apresto. m. Disposición o preparación de lo necesario para alguna cosa. || Acción y resultado de dar consistencia o rigidez a los tejidos con alguna sustancia.

apresurar. tr. y prnl. Dar prisa, acelerar.

apretar. tr. Poner una cosa sobre otra haciendo fuerza o presión. || Quedar los vestidos y otras cosas semejantes muy ajustadas. || Poner más tirante o más fuerte. También prnl. || Apiñar, juntar estrechamente cosas o personas. También prnl. || Acosar.

aprieto. m. Apuro, conflicto o situación difícil. || Apretura, opresión.

aprisa. adv. m. Con rapidez, presteza y prontitud. También se escribe a prisa.

aprisionar. tr. Atar o sujetar con fuerza a alguien, privándole de libertad de movimiento. || Poner en prisión.

aprobación. f. Consentimiento. || Conformidad o asentimiento.

aprobar. tr. Dar por bueno o suficiente. || Obtener aprobado en una asignatura o examen. También intr. || Declarar hábil y competente a una persona. || Asentir a doctrinas u opiniones.

aprontar. tr. Disponer con rapidez. || Entregar sin dilación, especialmente dinero.

apropiación. f. Acción y resultado de tomar para sí alguna cosa haciéndose dueño de ella.

apropiado, da. adj. Acomodado o proporcionado para el fin a que se destina.

apropiar. tr. Acomodar con propiedad. || prnl. Tomar para sí alguna cosa haciéndose dueño de ella.

aprovechar. tr. Emplear útilmente alguna cosa. || intr. Servir de provecho alguna cosa. || Adelantar en estudios, virtudes, artes, etc. || prnl. Sacar utilidad de algo o alguien. || col. Propasarse sexualmente.

aprovisionar. tr. Abastecer. || Suministrar.

aproximación. f. Acercamiento de una cosa a otra. || En la lotería nacional, cada uno de los premios que se conceden a los números anterior y posterior de los primeros premios de un sorteo.

aproximar. tr. y prnl. Arrimar, acercar. || Obtener un resultado tan cercano al exacto como sea necesario para un propósito determinado. || prnl. Estar cada vez más cerca. || Faltar poco para cierta edad.

aptitud. f. Capacidad y buena disposición para ejercer o desempeñar una determinada tarea, función, empleo, etc. También pl.

apto, ta. adj. Idóneo, apropiado. || m. Calificación otorgada cuando se supera una prueba o examen.

apuesto, ta. p. p. irreg. de Aponer. || adj. De buena presencia. || f. Pacto entre varias personas que discrepan por el que la persona que no tenga razón o esté equivocada es la que pierde la cantidad de dinero que se determine o cualquier otra cosa. || Acción o resultado de arriesgar cierta cantidad de dinero en un juego, contienda deportiva, etc., de forma que, si se acierta el resultado, se recibe una cantidad de dinero mucho mayor. || Lo que se apuesta.

apuntador, ra. m. y f. Persona que en el teatro se coloca cerca de los actores para recordarles sus parlamentos.

apuntalar. tr. Poner puntales. || Sostener, dar firmeza.

apuntar. tr. Asestar un arma. También intr. || Señalar hacia un sitio u objeto determinado. || Tomar nota por escrito de algo. || Insinuar o señalar la conveniencia de una cosa. || Fijar o sujetar algo provisionalmente. || Pretender, ambicionar. || tr. y prnl. Inscribir a alguien en una lista o registro o hacerle miembro o partícipe de una sociedad. || intr. Empezar a manifestarse. || prnl. Conseguir o atribuirse un éxito o un tanto.

apunte. m. Nota breve que se toma por escrito de alguna cosa. || Pequeño dibujo tomado del natural rápidamente. || En el teatro, texto escrito del que se sirve el apuntador.

apuñalar. tr. Dar puñaladas.

apurar. tr. Acabar o agotar. || Apremiar, dar prisa. Más c. prnl. Se usa sobre todo en América. || Molestar, impacientar. || prnl. Afligirse, preocuparse.

apuro. m. Escasez grande, especialmente de dinero. || Aprieto, conflicto, dificultad. || Vergüenza, reparo. || amer. Prisa.

aquejar. tr. Acongojar, afligir. || Referido a una enfermedad, vicio o defecto, afectar o causar daño.

aquel, lla, llo, llos, llas. Formas del pron. dem. en los tres géneros m., f. y n., y en ambos números sing. y pl., que designan lo que, física o mentalmente, está lejos de la persona que habla y de la persona con quien se habla. || En oposición a este, designa el término del discurso que se nombró en primer lugar. || m. col. Voz que se emplea para expresar una cualidad que no se quiere o no se acierta a decir, o para referirse a un encanto o atractivo.

aquelarre. m. Reunión nocturna de brujos y brujas.

aquerenciarse. prnl. Referido a un animal, encariñarse con un lugar.

aquí. adv. l. Indica el lugar en que se encuentra el hablante o un lugar cercano a él. || En este punto. || En correlación con allí, adquiere valor distributivo y designa un lugar indeterminado. || En el lenguaje popular, se usa como pron. dem. para presentar personas cercanas a quien habla. || adv. t. Ahora, en el tiempo presente. || Entonces, en tal ocasión.

aquiescencia. f. Autorización, consentimiento.

aquietar. tr. y prnl. Poner paz, sosegar, apaciguar.

aquilatar. tr. Graduar los quilates del oro y de las perlas. || Valorar o apreciar el mérito de una persona o la verdad de una cosa.

ara. f. Altar, piedra sobre la que se ofrecen sacrificios a la divinidad. || ART. Piedra consagrada sobre la cual extiende el sacerdote los corporales para celebrar la misa. || En el cristianismo, altar, mesa consagrada.

árabe. adj. y com. De Arabia o relativo a esta península del sudoeste asiático. || p. ext., de los pueblos de lengua árabe o relativo a ellos. || m. LING. Lengua semítica hablada por los habitantes de estos pueblos.

arabesco, ca. adj. Arábigo.

arábigo, ga. adj. Árabe, de Arabia. || m. LING. Lengua árabe.

arácnido, da. adj. y m. De los arácnidos o relativo a esta clase de artrópodos. || m. pl. ZOOL. Clase de artrópodos sin antenas.

arado. m. AGRIC. Instrumento que sirve para labrar la tierra abriendo surcos en ella.

arador, ra. adj. y s. AGRIC. Que ara o labra la tierra abriendo surcos en ella con el arado.

arancel. m. ECON. Tarifa oficial que fija los derechos que se han de pagar en aduanas, ferrocarriles, etc.

arandela. f. Pieza en forma de anillo que se usa para asegurar el cierre hermético de una junta o para evitar el roce entre dos piezas. || Disco con un agujero en medio, que se pone en el candelero para recoger la cera que se derrite y cae de la vela.

araña. f. ZOOL. Arácnido de cuatro pares de patas, que presenta un pequeño cefalotórax no articulado al que se une un abdomen abultado, en el extremo del cual tiene los órganos productores de seda.

arañar. tr. Rasgar ligeramente el cutis con las uñas, con un alfiler o con otra cosa. También prnl. || Rayar superficialmente una superficie lisa.

arar. tr. AGRIC. Labrar la tierra abriendo surcos en ella con el arado.

araucano, na. adj. y s. Se dice de un pueblo amerindio que, en la época de la conquista española, habitaba el centro y sur de Chile.

araucaria. f. BOT. Árbol conífero de la familia de las abietáceas, que puede alcanzar hasta 50 m de altura.

arbitraje. m. DEP. Ejercicio de las funciones de árbitro en una competición deportiva. || ECON. Operación de cambio de valores mercantiles, en la que se busca la ganancia aprovechando la diferencia de precios entre dos mercados. || DER. Remisión de las dos partes de un litigio a una tercera, cuya decisión se comprometen a aceptar.

arbitrar. tr. Hacer de árbitro en una competición o en un litigio. También intr. || Dar o proporcionar recursos.

arbitrariedad. f. Forma de actuar contraria a la justicia, la razón o las leyes, dictada por la voluntad o el capricho. || Lo que resulta arbitrario, no por naturaleza, sino por convención.

arbitrario, ria. adj. Se dice de la persona que actúa injusta o caprichosamente, y de las cosas que son resultado de esta actitud. || Convencional, entre varias personas.

arbitrio. m. Facultad humana de adoptar una resolución con preferencia a otra. || Voluntad que no responde a la razón, sino al capricho.

árbitro, tra. adj. y s. Que puede hacer algo por sí solo, sin dependencia de otro. || m. y f. DEP. Persona que en las competiciones deportivas cuida de la aplicación del reglamento.

árbol. m. BOT. Planta perenne, de tronco leñoso y elevado, que se ramifica a cierta altura del suelo.

arboleda. f. BOT. Terreno poblado de árboles.

arborescente. adj. Con características parecidas a las de un árbol.

arbusto. m. BOT. Planta perenne de mediana altura, de tallo leñoso y corto, con las ramas desde la base.

arca. f. Caja, comúnmente de madera, sin forrar y con una tapa plana que va unida con bisagras por uno de sus lados y con candados o cerraduras por el opuesto. || Caja o cofre para guardar dinero u objetos de valor. || pl. Pieza donde se guarda el dinero en las tesorerías.

arcabuz. m. Arma antigua de fuego, semejante al fusil, que se disparaba prendiendo pólvora con una mecha móvil.

arcada. f. ARQUIT. Conjunto o serie de arcos. || Vano cubierto por un arco. || Movimiento violento del estómago que excita a vómito.

arcaico, ca. adj. Muy antiguo o anticuado.

arcaísmo. m. Cualidad de arcaico o anticuado.

arcángel. m. TEOL. Espíritu bienaventurado que pertenece al octavo coro celeste, intermedio entre los ángeles y los principados.

arcano, na. adj. Secreto, recóndito, reservado. || m. Secreto muy reservado o misterio muy difícil de conocer.

arce. m. BOT. Árbol de la familia de las aceráceas, de madera muy dura, hojas sencillas y lobuladas, flores pequeñas en corimbo o en racimo y fruto en doble sámara.

archipiélago. m. GEOG. Conjunto, generalmente numeroso, de islas agrupadas en una superficie, más o menos extensa, de mar.

archivar. tr. Guardar documentos o información en un archivo o archivador. || Arrinconar o dar algo por terminado.

archivo. m. Local en que se custodian documentos públicos o particulares. || Conjunto de estos documentos.

arcilla. f. Roca sedimentaria, formada a partir de depósitos de grano muy fino, compuesta esencialmente por silicatos de aluminio hidratados.

arco. m. GEOM. Porción continua de una curva. || Objeto o figura de esta forma. || Arma compuesta por una vara de un material elástico, sujeta por los extremos con una cuerda muy tensa, que sirve para disparar flechas.

arder. intr. Estar encendido o incendiado. || Despedir mucho calor. || Experimentar ardor alguna parte del cuerpo. || Estar muy agitado, apasionado. || arner. Escocer.

ardid. m. Artificio empleado para el logro de algún intento.

ardiente. adj. Que desprende mucho calor o produce sensación de ardor. || Fervoroso, apasionado, vehemente.

ardilla. f. ZOOL. Mamífero roedor, muy ligero e inquieto.

ardor. m. Calor intenso. || Sensación de calor o de ardor en alguna parte del cuerpo. || Agitación, apasionamiento. || Intrepidez, valentía. || Brillo, resplandor. || Ansia, anhelo.

ardoroso, sa. adj. Que tiene ardor. || Ardiente, vigoroso, eficaz.

arduo, dua. adj. Muy difícil.

área. f. Espacio de tierra comprendido entre ciertos límites. || Medida de superficie que equivale a cien metros cuadrados. || DEP. En algunos deportes, zona marcada delante de la meta, en la que las faltas cometidas dentro de ella son castigadas con sanciones especiales. || Espacio en que se produce determinado fenómeno o que se distingue por ciertos caracteres geográficos, botánicos, zoológicos, económicos, etc. || Conjunto de materias que están relacionadas entre sí.

arena. f. GEOL. Conjunto de partículas desagregadas de las rocas y acumuladas en las orillas del mar, del río, o en capas de los terrenos de acarreo. || Lugar del combate o la lucha.

arenga. f. Discurso solemne y de tono elevado pronunciado ante una multitud con el fin de enardecer los ánimos.

arengar. intr. y tr. Pronunciar una arenga.

arenoso, sa. adj. Que tiene arena o características propias de ella.

arenque. m. ZOOL. Pez teleósteo marino, de unos 25 cm de longitud, color azulado por encima y plateado por el vientre.

areópago. m. Tribunal superior de la antigua Atenas.

argamasa. f. ALBAÑ. Mortero hecho de cal, arena y agua, que se emplea en las obras de construcción.

argelino, na. adj. y s. De Argelia o relativo a este país norteafricano.

argentífero, ra. adj. Que contiene plata: *mineral argentífero.*

argentinismo. m. LING. Palabra, locución o giro propios del español hablado en la Argentina y empleados en otra lengua.

argentino, na. adj. Argénteo. || adj. y s. De la República Argentina o relativo a este país sudamericano.

argolla. f. Aro grueso, generalmente de hierro, que sirve para amarrar o de asidero.

argón. m. QUÍM. Elemento químico que forma parte del grupo de los gases nobles o raros.

argonauta. m. MIT. Cada uno de los héroes griegos que fueron a Colcos en la nave Argos a la conquista del vellocino de oro.

argot. m. Jerga de maleantes. || Lenguaje especial entre personas de un mismo oficio o actividad.

argucia. f. Sutileza, sofisma, argumento falso presentado con agudeza.

argüir. tr. Dar argumentos a favor o en contra de algo. También tr. || Sacar en claro, deducir como consecuencia natural. || Descubrir, probar. || Echar en cara, acusar.

argumentar. intr. Aducir, alegar, poner argumentos. También tr. || Disputar, discutir.

argumento. m. Razonamiento empleado para convencer a alguien o para demostrar algo. || Asunto del que trata una obra literaria, cinematográfica, etc.

aria. f. Composición musical sobre cierto número de versos para que la cante una sola voz.

aridez. f. Sequedad, falta de humedad. || Falta de amenidad.

árido, da. adj. Seco, de poca humedad. || Falto de amenidad. || m. pl. Granos, legumbres y otras cosas sólidas a que se aplican medidas de capacidad.

aries. m. ASTRON. Uno de los signos del Zodiaco, al que pertenecen las personas que han nacido entre el 21 de marzo y el 19 de abril.

ario, ria. adj. y s. Se dice del individuo de un primitivo pueblo de Asia central del que proceden los indoeuropeos.

arisco, ca. adj. Áspero, intratable.

arista. f. GEOM. Línea que resulta de la intersección de dos superficies, considerada por la parte exterior del ángulo que forman. || Borde, esquina. || Filamento áspero del cascabillo que envuelve el grano del trigo y el de otras plantas gramíneas.

aristocracia. f. Clase noble de una nación, provincia, etc. || Gobierno ejercido por esta clase. || p. ext., clase que sobresale entre las demás por alguna circunstancia.

aristócrata. com. Miembro de la aristocracia o partidario de ella.

aristocrático, ca. adj. De la aristocracia o relativo a ella. || Fino, distinguido.

aritmético, ca. adj. MAT. De la aritmética o relativo a esta rama de las matemáticas. || m. y f. MAT. Persona que tiene en ella especiales conocimientos. || f. MAT. Rama que estudia los números y las operaciones hechas con ellos.

arlequín. m. Personaje cómico de la antigua comedia del arte italiana, que llevaba mascarilla negra y traje de cuadros o rombos de distintos colores. || Persona vestida con este traje. || col. Persona informal y ridícula.

arma. f. Instrumento, medio o máquina destinados a ofender o a defenderse. || MIL. Cada uno de los grupos armados de una fuerza militar. || Defensa natural de un animal. || Medio para conseguir alguna cosa. || pl. Profesión militar. || Tropas o ejércitos de un Estado.

armadillo. m. ZOOL. Mamífero americano del orden de los desdentados, con el cuerpo protegido por un caparazón formado de placas óseas cubiertas por escamas córneas y móviles, de manera que puede enrollarse sobre sí mismo.

armado, da. adj. Provisto de cierta cosa con que poder atacar o defenderse. || *amer.* Bien formado. || f. Conjunto de fuerzas navales de un Estado.

armadura. f. Conjunto de armas de hierro con que se vestían para su defensa los que habían de combatir. || Pieza o conjunto de piezas unidas unas con otras, que sirven para montar algo sobre ellas o para sostenerlo.

armamento. m. Aparato y prevención de todo lo necesario para la guerra. || Conjunto de armas para el conjunto de un cuerpo militar. || Equipo y provisión de una embarcación.

armar. tr. Poner o dar armas. También prnl. || Preparar para la guerra. También prnl. || Juntar entre sí las varias piezas de las que se compone un objeto. || Causar, formar, producir. También prnl.

armario. m. Mueble con puertas en que se guardan libros, ropas u otros objetos.

armazón. amb. Armadura, pieza o conjunto de piezas. Más c. m.

armenio, nia. adj. y s. De Armenia o relativo a esta región del sudeste asiático.

armería. f. Edificio o sitio en el que se guardan diferentes tipos de armas para curiosidad o estudio. || Tienda en la que se venden armas.

armero, ra. m. y f. Persona que se dedica a la fabricación, venta o arreglo de armas. || Persona encargada de la custodia, limpieza y reparación de armas. || m. Mueble especial para colocar las armas.

armiño. m. ZOOL. Mamífero del orden de los carnívoros, de piel muy suave y delicada.

armisticio. m. Suspensión de hostilidades pactadas entre pueblos y ejércitos beligerantes.

armonía. f. Conveniente proporción y correspondencia de unas cosas con otras. || Unión y combinación de sonidos simultáneos y diferentes, pero acordes.

armónico, ca. adj. De la armonía o relativo a ella. || m. MÚS. Sonido agudo, producido naturalmente por la resonancia de otro fundamental. Más en pl. || f. MÚS. Instrumento musical de viento provisto de una serie de orificios con lengüeta.

armonioso, sa. adj. Sonoro y agradable al oído. || Que tiene armonía o correspondencia entre sus partes.

armonizar. tr. Poner en armonía dos o más partes en un todo. || intr. Estar en armonía.

aro. m. Pieza de hierro o de otra materia rígida, en figura de circunferencia.

aroma. m. Perfume, olor muy agradable.

aromático, ca. adj. Que tiene aroma u olor agradable.

aromatizar. tr. Dar o comunicar aroma a algo.

arpa. f. MÚS. Instrumento musical, de figura triangular, con cuerdas colocadas verticalmente y que se tocan con ambas manos.

arpía. f. MIT. Ave fabulosa con rostro de mujer y cuerpo de ave de rapiña.

arpillera. f. Tejido, generalmente de estopa muy basta, usado para hacer sacos y cubiertas.

arpón. m. Instrumento que se compone de un astil de madera armado por uno de sus extremos con una punta de hierro que sirve para herir o penetrar, y otras dos, dirigidas hacia atrás, que impiden que la presa se suelte.

arquear. tr. Dar o adquirir figura de arco.

arqueología. f. Ciencia que estudia todo lo que se refiere a las artes y a los monumentos de la antigüedad.

arqueólogo, ga. m. y f. Persona que profesa la arqueología o tiene especiales conocimientos sobre ella.

arquero, ra. m. Soldado que peleaba con arco y flechas. || m. y f. DEP. Persona que practica el tiro con arco. || Persona que se dedica profesionalmente a hacer arcos o aros para toneles, cubas, etc.

arquetipo. m. Modelo, tipo ideal. || Modelo original y primario en un arte u otra cosa.

arquitecto, ta. m. y f. Persona que profesa o ejerce la arquitectura.

arquitectura. f. Arte o técnica de proyectar y construir edificios. || Método o estilo en el que se proyecta y construye un edificio, caracterizado por ciertas particularidades.

arrabal. m. Barrio fuera del recinto de la población a que pertenece.

arraigar. intr. y prnl. Echar o criar raíces. || Hacerse muy firme y difícil de extinguir o extirpar un afecto, virtud, vicio, uso o costumbre. || prnl. Establecerse, radicarse en un lugar.

arraigo. m. Fijación firme, firme y duradera.

arrancar. tr. Sacar de raíz. || Sacar con violencia una cosa del lugar a que está adherida o sujeta, o de que forma parte. También prnl. || Quitar con violencia. || Obtener o conseguir algo de una persona con trabajo, violencia o astucia. || Separar con violencia o con astucia a una persona de alguna parte, o de costumbres, vicios, etc. || intr. Partir de carrera para seguir corriendo. || *col.* Partir o salir de alguna parte. || Iniciarse el funcionamiento de una máquina o el movimiento de traslación de un vehículo. También tr. || Empezar a hacer algo de modo inesperado. También prnl. || Provenir, tener origen.

arranque. m. Puesta en funcionamiento de algo. || Ímpetu de cólera, piedad, amor u otro afecto. || Dispositivo que pone en marcha el motor de una máquina. || Decisión, valor o fuerza de voluntad para hacer algo. || Ocurrencia viva e ingeniosa que no se espera.

arrasar. tr. Allanar la superficie de alguna cosa. || Destruir, arruinar. || Llenar o cubrir los ojos de lágrimas. También prnl. || intr. *col.* Tener algo o alguien un éxito extraordinario. || intr. y prnl. Despejarse el cielo.

arrastrar. tr. Llevar a una persona o cosa por el suelo, tirando de ella. || Llevar uno tras sí, o traer a otro a su dictamen o voluntad. || Tener como consecuencia inevitable. || Soportar algo penosamente, como una desgracia o un mal físico. || En algunos juegos de naipes, jugar carta que obliga a los demás jugadores a echar una carta del mismo palo. || prnl. Ir de un sitio a otro rozando con el cuerpo en el suelo. || Humillarse vilmente.

arrastre. m. Acción y resultado de llevar a una persona o cosa por el suelo, tirando de ella.

arrayán. m. BOT. Arbusto oloroso de la familia de las mirtáceas, de ramas flexibles, hojas opuestas, persistentes y de color verde intenso, flores axilares, pequeñas y blancas, y bayas de color negro azulado.

arrear. tr. Estimular a las bestias para que echen a andar o para que aviven el paso. || Dar prisa, estimular. También intr. || *col.* Pegar o dar golpes. || intr. *col.* Llevarse algo de forma violenta. || tr. Poner arreos, adornar, hermosear, engalanar.

arrebatar. tr. Quitar o tomar algo con violencia. || Atraer alguna cosa. || Conmover poderosamente excitando alguna pasión o afecto. También prnl. || prnl. Enfurecerse. || Cocerse o asarse mal y precipitadamente un alimento por exceso de fuego.

arrebato. m. Furor causado por la intensidad de alguna pasión. || Éxtasis.

arrebol. m. Color rojo de las nubes iluminadas por los rayos del Sol. || p. ext., el mismo color en otros objetos y especialmente en el rostro de la mujer. || Colorete.

arreciar. intr. y prnl. Irse haciendo cada vez más recia, fuerte o violenta alguna cosa.

arrecife. m. Banco o bajo formado en el mar, casi a flor de agua, por rocas, corales, etc.

arreglar. tr. Ordenar, poner en orden. También prnl. || Acicalar, mejorar el aspecto físico de una persona. También prnl. || Reparar algo roto o que no funciona. || Solucionar, enmendar. || Condimentar un plato. || *col.* Castigar a alguien.

arreglo. m. Orden y colocación correcta de algo. || Mejora del aspecto físico de una persona. || Avenencia, conciliación.

arrellanarse. prnl. Ensancharse y extenderse en el asiento con toda comodidad.

arremeter. intr. Acometer con ímpetu y furia. || Emprender con decisión.

arremolinarse. prnl. Amontonarse o apiñarse desordenadamente la gente. || Formarse remolinos.

arrendar. tr. Ceder o adquirir el uso o aprovechamiento temporal de cosas, obras o servicios, a cambio de un precio y de su devolución en perfecto estado tras la extinción del contrato de arrendamiento.

arrendatario, ria. adj. y s. Que toma algo en arrendamiento.

arrepentimiento. m. Pesar que se siente por haber hecho alguna cosa.

arrepentirse. prnl. Pesarle a uno haber hecho o haber dejado de hacer alguna cosa. || Cambiar de opinión o no ser consecuente con un compromiso.

arrestar. tr. Detener, poner preso.

arresto. m. Detención provisional del presunto reo. || Reclusión por un tiempo breve, como corrección o pena. || Arrojo o determinación para emprender una cosa ardua.

arriar. tr. Bajar las velas, las banderas, etc.

arriba. adv. l. A lo alto, hacia lo alto. || En lo alto, en la parte alta. || En un escrito, lugar anterior. || Con voces de cantidades o medidas, denota exceso indeterminado. || En situación de superioridad. || Interj. Se emplea para animar a alguno a que se levante, a que suba, etc.

arribar. intr. MAR. Llegar una nave a un puerto. || Llegar por tierra a cualquier paraje. || Llegar a conseguir lo que se desea.

arribeño, ña. adj. y s. *amer.* Se apl. a los habitantes de la costa que proceden de las tierras altas.

arribo. m. Llegada o entrada en un lugar.

arriero. m. Persona que trajina con bestias de carga.

arriesgado, da. adj. Aventurado, peligroso. || Osado, temerario.

arriesgar. tr. Poner a riesgo. También prnl.

arrimar. tr. y prnl. Acercar o poner una cosa junto a otra. || Dar un golpe. || prnl. Apoyarse sobre algo, como para descansar o sostenerse. || Agregarse, juntarse a otros, haciendo un cuerpo con ellos. || Acogerse a la protección de alguien o de algo, valerse de ella. || *col.* Amancebarse.

arrinconar. tr. Poner algo en un rincón o lugar retirado. || Perseguir a una persona dentro de unos límites hasta que no pueda escapar. || Desatender o abandonar una actividad o a una persona. || prnl. Retirarse del trato de la gente.

arritmia. f. Falta de ritmo regular.

arroba. f. Unidad de peso que equivale a 11 kilogramos y 502 gramos. || Medida de líquidos.

arrodillar. tr. Hacer que uno hinque la rodilla o ambas rodillas. || prnl. Ponerse de rodillas.

arrogancia. f. Altanería, soberbia o sentimiento de superioridad ante los demás. || Valentía, decisión.

arrogante. adj. Altanero, soberbio. || Valiente, decidido.

arrogar. tr. DER. Adoptar como hijo a una persona huérfana o emancipada. || prnl. Referido a cosas inmateriales, atribuírselas indebidamente o apropiarse de ellas.

arrojar. tr. Lanzar o impeler con violencia a una persona o una cosa. || Echar o dejar caer. || Expulsar, despedir o echar de un lugar. || Despedir de sí o emitir. || col. Vomitar. También intr. || Tratándose de cuentas, documentos, etc., presentar o dar como resultado. || prnl. Precipitarse, dejarse ir con violencia de alto a bajo. || Dirigirse con violencia contra algo o alguien. || Lanzarse a la consecución de una determinada empresa sin reparar en las dificultades.

arrojo. m. Osadía, intrepidez.

arrollar. tr. Envolver algo en forma de rollo. || Desbaratar, dominar o derrotar. || Llevar rodando la violencia del agua o del viento alguna cosa sólida. || Llevar rodando o arrastrando, atropellar. || No hacer caso de leyes ni de otros miramientos. || Confundir, dejar a una persona sin poder replicar. || intr. amer. Realizar contorsiones al bailar.

arropar. tr. Cubrir o abrigar con ropa para protegerse del frío. También prnl. || Proteger, defender o amparar a alguien.

arrope. m. Mosto cocido hasta que toma consistencia de jarabe.

arroyo. m. Caudal corto de agua, casi continuo. || Corriente de cualquier cosa líquida. || Ambiente de miseria y marginación.

arroz. m. BOT. Planta herbácea anual cuyo fruto es un grano oval, harinoso y blanco que, cocido, es alimento de mucho uso.

arrozal. m. Terreno sembrado de arroz.

arruga. f. Pliegue que se hace en la piel, generalmente a consecuencia de la edad. || Pliegue deforme e irregular que se hace en la ropa o en cualquier tela o cosa flexible.

arrugar. tr. Hacer arrugas. prnl. Encogerse, apocarse.

arruinar. tr. Causar ruina. También prnl. || Destruir, causar grave daño. También prnl.

arrullar. tr. Atraer con arrullos el palomo o el tórtolo a la hembra, o al contrario. || Adormecer al niño con arrullos. || Referido a un sonido, adormecer. || col. Enamorar con palabras dulces.

arrullo. m. Canto grave o monótono con que se enamoran las palomas y las tórtolas. || Cantarcillo grave y monótono para adormecer a los niños. || Sonido que adormece. || Habla dulce con que se enamora a una persona.

arrumbar. tr. Poner una cosa como inútil en un lugar retirado o apartado. || Desechar, abandonar. || intr. MAR. Fijar el rumbo a que se navega o a que se debe navegar.

arsenal. m. Establecimiento en que se construyen, reparan y conservan las embarcaciones. || Almacén general de armas y otros efectos de guerra.

arsénico. m. QUÍM. Elemento químico que combinado con el oxígeno constituye un veneno violento.

arte. amb. Acto mediante el cual imita o expresa el hombre lo material o lo invisible, valiéndose de la materia, de la imagen o del sonido, y crea copiando o imaginando. || Conjunto de obras, estilos o movimientos artísticos de un país, una época, etc. || Virtud e industria para hacer algo. || Conjunto de reglas para hacer bien algo. || Cautela, maña, astucia. || Aparato que sirve para pescar.

artefacto. m. Artificio, máquina, aparato. || Cualquier tipo de carga explosiva.

arteria. f. MED. Vaso que lleva la sangre desde el corazón a las demás partes del cuerpo. || Calle principal de una población.

arterial. adj. MED. De las arterias o relativo a estos vasos sanguíneos.

arteriosclerosis. f. MED. Enfermedad vascular consistente en lesiones en la pared de la arteria que impiden el paso de la sangre.

artero, ra. adj. desp. Mañoso, astuto, ladino.

artesanía. f. Arte u obra de los artesanos. || Artesanado, clase social.

artesano, na. adj. De la artesanía o relativo a este arte. || m. y f. Persona que hace por su cuenta objetos de uso doméstico imprimiéndoles un sello personal, a diferencia del obrero fabril.

ártico, ca. adj. ASTRON. y GEOG. Se dice del polo de la esfera celeste inmediato a la Osa Menor, y del correspondiente del globo terráqueo.

articulación. f. Enlace o unión entre dos partes de una máquina que permite y ordena su movimiento. || Pronunciación clara.

articular. adj. MED. De las articulaciones óseas o relativo a ella. || tr. Unir o enlazar dos o más piezas de modo que puedan realizar algún movimiento rotatorio o deslizante. También prnl. || Pronunciar las palabras clara y distintamente.

artículo. m. GRAM. Parte de la oración que expresa el género y número del nombre. || Mercancía con que se comercia. || Cada una de las partes en que se divide un escrito, tratado, ley, etc. || Cada una de las divisiones de un diccionario encabezada por una palabra. || Escrito de cierta extensión de un periódico, revista o publicación periódica.

artífice. com. Artista, artesano. || Persona o cosa que causa, inventa o hace algo.

artificial. adj. Hecho por el hombre. || No natural, falso, ficticio.

artificio. m. Arte, habilidad o ingenio con que se hace algo. || Predominio de la elaboración artística sobre la naturalidad. || Artefacto, invento, máquina. || Disimulo, doblez.

artillar. tr. Armar de artillería y munición. || Colocar en disposición de combate la artillería.

artillería. f. Arte de construir, conservar y usar todas las armas, máquinas y municiones de guerra. || Material de guerra que comprende cañones, morteros y otras máquinas. || Cuerpo militar destinado a este servicio.

artillero, ra. adj. De la artillería o relativo a ella. || m. y f. Especialista en artillería. || Soldado de artillería.

artilugio. m. Mecanismo, artefacto. || Ardid o maña que se usa para el logro de algún fin.

artimaña. f. Artificio, astucia. || Trampa para cazar animales.

artista. com. Persona que se dedica a algún arte o realiza obras de arte. || p. ext., persona que actúa ante el público en un espectáculo musical, teatral o cinematográfico.

artístico, ca. adj. De las artes, especialmente de las bellas artes, o relativo a ellas. || Que está hecho con arte.

artrópodo, da. adj. y s. De los artrópodos o relativo a este tipo de animales. || m. pl. ZOOL. Tipo de los animales invertebrados.

arveja. f. BOT. Planta herbácea anual o bianual, de la familia de las leguminosas, que se cultiva para abono verde, heno y pasto.

arzobispo. m. REL. Obispo de una archidiócesis.

as. m. Carta de la baraja o cara del dado que representan el número uno. || Persona que destaca en su clase, profesión, etc. || Antigua moneda romana.

asa. f. Asidero, parte que sobresale del cuerpo de ciertos recipientes que sirve para sujetarlo.

asado. m. Carne asada.

asalariado, da. adj. y s. Que percibe un salario por su trabajo.

asaltante. adj. y com. Que asalta, ataca o acomete por sorpresa.

asaltar. tr. Acometer una fortaleza para conquistarla. || Atacar a una persona o a una entidad, para robarla. || Acometer repentinamente y por sorpresa. || Ocurrir, sobrevenir de pronto alguna cosa, un pensamiento, etc.

asalto. m. Acción y resultado de asaltar.

asamblea. f. Reunión de personas para algún fin. || Cuerpo político y deliberante, como el Congreso o el Senado.

asar. tr. Hacer comestible un manjar tostándo-

lo al fuego. || Molestar a alguien con insistencia y pesadez. || prnl. Sentir extremado ardor o calor.

ascendencia. f. Conjunto de los antepasados o antecesores de una persona. || p. ext., origen, procedencia de algo.

ascender. intr. Subir de un sitio a otro más elevado. || Adelantar en empleo o dignidad. También tr. || Aumentar una cosa. || Importar una cuenta.

ascensión. f. Subida, elevación. || Se dice de la de Jesucristo a los cielos.

ascenso. m. Subida, elevación. || Aumento, incremento. || Promoción o mejora de categoría en un empleo.

ascensor. m. Aparato para subir o bajar de unos pisos de los edificios a otros.

asceta. com. Persona que practica el ascetismo, renunciado a los bienes materiales y dedicándose a su propia espiritualidad.

ascético, ca. adj. Se dice de la persona que se dedica a la práctica y ejercicio de la perfección espiritual y lleva una vida modesta y sobria. || De esta práctica y ejercicio o relativo a ello. || f. Ascetismo.

asco. m. Repugnancia producida por algo que incita a vómito. || Impresión desagradable.

ascua. f. Pedazo de materia sólida y combustible, candente por la acción del fuego.

aseado, da. adj. Limpio, ordenado, curioso.

asear. tr. y prnl. Limpiar, adecentar.

asechanza. f. Engaño o artificio con el fin de perjudicar a alguien. Más en pl.

asediar. tr. Cercar un lugar para impedir que salgan los que están en él o que reciban socorro de fuera. || Molestar o importunar sin descanso.

asedio. m. Cerco que se pone a un lugar para impedir que salgan los que están en él o que reciban socorro de fuera. || Molestia constante que sufre una persona por insistencia de otra.

asegurar. tr. Dejar firme y seguro. || Afirmar la certeza de algo o quedar seguro de que se está en lo cierto. También prnl. || Concertar una póliza de seguros con una entidad aseguradora para prevenir las consecuencias económicas desfavorables de un riesgo. || Preservar o resguardar de daño a las personas y las cosas, defenderlas e impedir que pasen a poder de otro. También prnl.

asemejar. tr. Hacer una cosa con semejanza a otra. || prnl. Mostrarse semejante, parecerse.

asenso. m. Asentimiento, corroboración de lo que antes se ha expuesto como cierto o adecuado.

asentar. tr. Poner o colocar a alguien o alguna cosa de modo que permanezca firme. || Tratándose de pueblos o edificios, situar, establecer. También prnl. || Asestar, dar un golpe con fuerza y puntería. || Aplanar, alisar. || Anotar una cosa en algún registro o documento para que conste. || prnl. Estar una cosa situada firmemente en un lugar. || Posarse un líquido o fijarse un sólido.

asentimiento. m. Asenso, afirmación. || Aprobación, anuencia.

asentir. intr. Admitir como cierto o adecuado lo dicho o lo expuesto.

aseo. m. Limpieza, esmero, cuidado. || Habitación en la que uno se asea, cuarto de baño, sobre todo si es pequeño.

asepsia. f. MED. Ausencia de microbios o de infección.

asequible. adj. Que puede conseguirse o alcanzarse.

aserción. f. Afirmación, aseveración, expresión en que se da por cierta una cosa.

aserradero. m. Sitio donde se asierra la madera u otra cosa.

aserrar. tr. Cortar o partir con una sierra.

asesinar. tr. Matar a alguien con alevosía o premeditación.

asesinato. m. Crimen alevoso o premeditado.

asesino, na. adj. y s. Criminal, homicida. || Se dice de lo que es hostil o molesto.

asesor, ra. adj. y s. Que se dedica a asesorar o a aconsejar.

asesorar. tr. Dar consejo o dictamen en materia de cierta dificultad. || prnl. Tomarlo.

asestar. tr. Dirigir o descargar un proyectil o un golpe contra un objetivo.

aseveración. f. Afirmación de alguna cosa.

aseverar. tr. Afirmar o asegurar lo que se dice.

aseverativo, va. adj. Que asevera o afirma.

asfaltar. tr. Revestir de asfalto una superficie.

asfalto. m. Mezcla sólida y compacta de hidrocarburos y minerales que se emplea en el pavimento de calzadas.

asfixia. f. Suspensión o dificultad en la respiración.

asfixiar. tr. y prnl. Producir asfixia.

así. adv. m. De esta o de esa manera. || Denota extrañeza o admiración. || adv. c. Seguido de la prep. de y de un adjetivo equivale a tan. || conj. En consecuencia, por lo cual, de suerte que.

asiático, ca. adj. y s. De Asia o relativo a este continente.

asidero. m. Parte por donde se coge alguna cosa. || Aquello que sirve de ayuda o apoyo en la adversidad.

asiduo, dua. adj. Frecuente, puntual, perseverante.

asiento. m. Lo que sirve para sentarse. || Emplazamiento, lugar en que se sitúa algo. || Lugar que se ocupa en un tribunal o una junta. || Localidad de un espectáculo. || Poso, sedimento de un líquido. || Pieza fija sobre la

que descansa otra. || Anotación en libros de contabilidad.

asignación. f. Establecimiento de lo que corresponde a algo o alguien para un determinado objetivo. || Cantidad de dinero establecida para algún fin.

asignar. tr. Señalar, fijar o establecer lo que corresponde a algo o alguien para un determinado objetivo. || Destinar a un uso determinado, designar.

asignatura. f. Cada una de las materias que se enseñan en un centro docente o de que consta una carrera o plan de estudios.

asilar. tr. Dar asilo. || Albergar en un asilo. También prnl. || prnl. Tomar asilo en algún lugar.

asilo. m. Establecimiento benéfico en que se da hospedaje o asistencia a ancianos o personas necesitadas. || Lugar que sirve de refugio para los perseguidos. || Amparo, protección.

asimilar. tr. Apropiarse los organismos de las sustancias necesarias para su conservación o desarrollo. También prnl. || Comprender lo que se aprende, incorporarlo a los conocimientos previos.

asimismo. adv. m. De este modo, también.

asir. tr. Tomar, agarrar alguna cosa con la mano. También prnl. || prnl. Agarrarse con fuerza a algo.

asirio, ria. adj. y s. De Asiria o relativo a esta antigua región asiática. || m. LING. Lengua semítica hablada en esta región.

asistencia. f. Concurrencia a un lugar y permanencia en él. || Conjunto de personas que están presentes en un acto. || Ayuda, socorro.

asistente. adj. y com. Que asiste. || m. Soldado al servicio personal de un oficial.

asistir. tr. Socorrer, ayudar. || Servir o atender a una persona, especialmente de un modo eventual o desempeñando tareas específicas. || Servir interinamente en una casa. || Atender y cuidar a un enfermo.

asma. f. MED. Enfermedad de los bronquios.

asmático, ca. adj. MED. Del asma o relativo a esta enfermedad de los bronquios. || adj. y s. MED. Que padece asma.

asno. m. ZOOL. Animal doméstico cuadrúpedo parecido al caballo.

asociación. f. Unión de varias personas o cosas para el logro de un fin. || Creación de una relación entre objetos o ideas. || Conjunto de los asociados para un mismo fin y, en su caso, persona jurídica formada por ellos.

asociar. tr. Juntar para un mismo fin. También prnl. || Relacionar.

asolar. tr. Destruir, arrasar. || tr. Secar los campos o estropear sus frutos el calor, una sequía, etc. Más c. prnl.

asolear. tr. Exponer al sol una cosa por algún tiempo. || prnl. Acalorarse o ponerse muy moreno por haber tomado el sol.

asomar. intr. Empezar a verse. || Dejar entrever por una abertura. También prnl.

asombro. m. Sorpresa, pasmo, admiración grande. || Lo que causa gran admiración o extrañeza.

asomo. m. Indicio o señal de una cosa.

asonancia. f. MÉTR. Correspondencia de vocales a partir del último acento en dos o más palabras.

aspa. f. Cruz en forma de X. || Mecanismo exterior del molino de viento con forma de cruz o de X.

aspaviento. m. Demostración aparatosa y exagerada de un sentimiento. Más en pl.

aspecto. m. Apariencia, semblante.

aspereza. f. Desigualdad de una superficie, que produce falta de suavidad. || Dureza en el trato, falta de amabilidad. || Inclemencia del tiempo meteorológico.

áspero, ra. adj. De superficie desigual. || fig. Desabrido, falto de afabilidad.

áspid o **áspide.** m. Cierto reptil muy venenoso, de color verde amarillento, parecido a la culebra común.

aspiración. f. Introducción del aire exterior en los pulmones.

aspirante. adj. y com. Persona que aspira a conseguir un empleo, cargo o título.

aspirar. tr. Atraer el aire exterior a los pulmones. || Referido a una determinada sustancia o partícula, succionarla con una máquina.

aspirina. f. Medicamento constituido por ácido acético y salicílico que se utiliza contra el dolor, la fiebre y las inflamaciones.

asquear. intr. y tr. Sentir asco de algo.

asta. f. Palo de la bandera. || Cuerno.

asterisco. m. Signo ortográfico (*) para hacer llamadas a notas aclaratorias o para usos convencionales.

asteroide. m. Cada uno de los pequeños planetas cuyas órbitas se hallan comprendidas, mayoritariamente, entre las de Marte y Júpiter.

astigmatismo. m. MED. Defecto visual por anomalías en las curvaturas de las superficies de refracción del ojo, principalmente en la córnea y, en menor grado, en el cristalino, de forma que los rayos luminosos no pueden ser enfocados claramente en un punto de la retina.

astilla. f. Fragmento irregular de madera o de un mineral.

astillar. tr. Hacer astillas. También prnl.

astillero. m. Lugar donde se construyen y reparan los buques.

astral. adj. De los astros o relativo a ellos.

astringente. adj. y m. Se dice de la sustancia que produce constricción y sequedad de los tejidos orgánicos, disminuyendo así la secreción.

astringir. tr. Contraer y secar alguna sustancia los tejidos orgánicos, disminuyendo así la secreción.

astro. m. Cuerpo celeste de forma bien determinada. || Persona que sobresale poderosamente en la esfera de sus actividades.

astrofísico, ca. adj. De la astrofísica o relativo a esta parte de la astronomía. || m. y f. Persona que se dedica profesionalmente al estudio de la astrofísica.

astrología. f. Estudio de la influencia que tienen sobre la vida y los acontecimientos humanos la posición y el movimiento de los cuerpos celestes.

astrólogo, ga. m. y f. Persona que se dedica profesionalmente al estudio de la astrología.

astronauta. com. Tripulante de una astronave.

astronomía. f. Ciencia que estudia la constitución de los astros y sus posiciones y movimientos.

astronómico, ca. adj. De la astronomía o relativo a esta ciencia. || col. Muy cuantioso, exageradamente grande.

astrónomo, ma. m. y f. Persona que se dedica profesionalmente a la astronomía.

astucia. f. Sagacidad; sutileza, habilidad para engañar o evitar el engaño y lograr un objetivo. || Ardid, treta, artimaña.

astuto, ta. adj. Hábil, sutil, sagaz.

asueto. m. Vacación corta, de un día o una tarde.

asumir. tr. Tomar para sí un asunto o una responsabilidad. || Aceptar y tomar conciencia de lo propio.

asunción. f. Aceptación, admisión. || Elevación al cielo de la Virgen María.

asunto. m. Materia de la que se trata. || Negocio, ocupación. || Tema o argumento de una obra. || Aventura amorosa que se desea mantener en secreto.

asustar. tr. y prnl. Causar o sentir susto o desasosiego.

atacar. tr. Acometer, embestir. || Criticar u oponerse con fuerza a algo o a alguien. || Acometer, empezarle a alguien repentinamente determinado estado físico o moral. || Perjudicar o causar un daño.

atado. m. Conjunto de cosas atadas.

atadura. f. Lo que sirve para atar, ligadura. || Sujeción, traba.

atajar. intr. Tomar un atajo para abreviar el camino. || tr. Impedir, detener una acción o un proceso. || Salir al encuentro de alguien por algún atajo.

atajo. m. Senda que abrevia el camino. || desp. Grupo de personas o cosas.

atalaya. f. Torre situada en un lugar alto para vigilancia. || Eminencia o altura desde donde se descubre mucho espacio de tierra o mar.

atañer. intr. Afectar, corresponder, incumbir.

ataque. m. Acción de atacar o acometer. || Acometimiento repentino de algún mal o enfermedad. || Crítica, ofensa.

atar. tr. Sujetar con ligaduras. También prnl. || Impedir el movimiento. || Relacionar, unir. || prnl. Ceñirse o limitarse a algo concreto.

atardecer. intr. Caer la tarde. || m. Final de la tarde.

atarear. tr. Dar o poner tarea. || prnl. Entregarse mucho al trabajo.

atascar. tr. Obstruir un conducto. También prnl. || Dificultar, impedir. || prnl. Quedarse detenido por algún obstáculo.

ataúd. m. Caja, normalmente de madera, donde se deposita un cadáver para enterrarlo.

ataviar. tr. y prnl. Adornar, arreglar, componer.

atavío. m. Adorno, compostura. Más en pl.

atavismo. m. Tendencia a continuar o a imitar costumbres y formas de vida arcaicas.

ateísmo. m. Negación de la existencia de Dios.

atemorizar. tr. y prnl. Causar temor, intimidar.

atemperar. tr. y prnl. Moderar, templar.

atención. f. Acción de atender. || Cortesía, urbanidad, demostración de respeto. Más en pl.

atender. tr. e intr. Aplicar el entendimiento, prestar atención. || Tener en cuenta, considerar. || Cuidar, ocuparse de alguien o de algo.

ateneo. m. Asociación cultural, generalmente científica o literaria. || Local que ocupa.

atenerse. prnl. Ajustarse, sujetarse a algo.

ateniense. adj. y com. De Atenas o relativo a esta capital griega o con la antigua república del mismo nombre.

atentado. m. Acto criminal contra el Estado o una autoridad y, p. ext., contra cualquier persona o cosa.

atentar. intr. Cometer un atentado.

atento, ta. adj. Que fija la atención en algo. || Cortés, amable.

atenuar. tr. Disminuir la intensidad o fuerza de algo. También prnl.

ateo, a. adj. y s. Que niega la existencia de Dios.

aterciopelado, da. adj. Semejante al terciopelo, con una textura parecida a la suya.

aterido, da. adj. Rígido, paralizado, pasmado de frío.

aterosclerosis. f. PAT. Estado patológico caracterizado por un endurecimiento de los vasos sanguíneos, especialmente de las arterias.

aterrador, ra. adj. Que causa miedo o terror. || Muy grande, fuerte o intenso.

aterrar. tr. Cubrir algo con tierra. || Bajar o tirar algo al suelo. || Llegar a tierra un barco o aterrizar un avión.

aterrar. tr. y prnl. Aterrorizar.

aterrizaje. m. Acción de aterrizar.

aterrizar. intr. Tomar tierra una aeronave o sus pasajeros. || col. Caer al suelo. || col. Aparecer, presentarse repentinamente en alguna parte.

aterrorizar. tr. y prnl. Causar terror.

atesorar. tr. Acumular y guardar cosas de valor. || Poseer buenas cualidades.

atestiguar. tr. Declarar como testigo. || Ofrecer indicios ciertos de algo cuya existencia ofrecía duda.

ático, ca. adj. y s. Del Ática, de Atenas o relativo a ellas. || m. LING. Dialecto de la lengua griega. || Último piso de un edificio.

atildado, da. adj. Elegante, muy compuesto.

atildar. tr. Poner tildes a las letras. || Arreglar, componer con esmero y cuidado. También prnl.

atinar. intr. Dar con algo, acertar.

atisbo. m. Conjetura, vislumbre.

atizar. tr. Remover el fuego. || Referido a una pasión o a una discordia, avivarlas, estimularlas. || tr. y prnl. col. Pegar, golpear.

atlántico, ca. adj. Del océano Atlántico o relativo a él. || Del monte Atlas o relativo a él.

atlas. m. Libro que recoge una colección de mapas. || Colección de láminas, generalmente aneja a una obra.

atleta. com. Persona que practica el atletismo. || Persona corpulenta y fuerte.

atmósfera o atmosfera. f. Masa gaseosa que rodea un astro, especialmente referida a la que rodea la Tierra. || Ambiente. || FÍS. Medida de presión.

atolladero. m. Lugar donde se producen atascos. || Apuro, dificultad.

atolondrado, da. adj. Que procede sin reflexión, atontado.

atómico, ca. adj. Del átomo o relativo a él. || Relacionado con los usos o efectos de la energía contenida en el núcleo del átomo.

atomizar. tr. Pulverizar un líquido o reducirlo a partículas muy pequeñas.

átomo. m. Partícula más pequeña e indivisible de un elemento químico, que conserva las propiedades de este. || Cualquier cosa muy pequeña.

atónito, ta. adj. Muy sorprendido, estupefacto o espantado.

atontar. tr. y prnl. Aturdir o atolondrar. || Entontecer o volverse tonto.

atorar. tr. Atascar, obstruir. También intr. y prnl. || prnl. Atragantarse o trabarse en la conversación.

atormentar. tr. Dar tormento para obtener una información. || tr. y prnl. Causar dolor físico. || Causar aflicción o disgusto.

atornillar. tr. Sujetar con tornillos. || Mantener obstinadamente a alguien en un sitio, cargo, etc. También prnl.

atosigar. tr. y prnl. Fatigar, apremiar. || Inquietar o causar agobio con exigencias o preocupaciones.

atracar. tr. y prnl. *col.* Hartar de comida y bebida. || tr. MAR. Arrimar una embarcación a tierra. También intr.

atracción. f. Acción de atraer. || Fuerza para atraer. || Lo que despierta interés o simpatía. || pl. Espectáculos variados que forman parte de un mismo programa.

atraco. m. Acción de atracar o saltear.

atractivo, va. adj. Que atrae. || m. Cualidad de atraer.

atraer. tr. Traer hacia sí. || Acercar y retener un cuerpo a otro en virtud de sus propiedades físicas. || Captar el interés o la simpatía de alguien. También prnl.

atragantarse. prnl. Atravesarse algo en la garganta, de forma que provoca ahogo o asfixia. || Causar fastidio, enfado o antipatía.

atrancar. tr. Asegurar una puerta o ventana con tranca. || Atascar, obstruir. También prnl. || prnl. *col.* Atragantarse o interrumpirse al hablar.

atrapar. tr. Alcanzar al que huye o va deprisa. || *col.* Agarrar, coger. || *col.* Conseguir algo de provecho.

atrás. adv. l. En o hacia la parte posterior. || En las últimas filas de un grupo de personas congregadas. || En el fondo de un lugar. || En el pasado.

atrasar. tr. Retardar, retrasar. También prnl. || Hacer retroceder las agujas del reloj. || intr. No marchar el reloj con la debida velocidad. También prnl. || prnl. Quedarse atrás.

atraso. m. Efecto de atrasar o atrasarse. || Subdesarrollo. || pl. Pagas o rentas vencidas.

atravesar. tr. Colocar algo de modo que pase de una parte a otra. || Penetrar un cuerpo de parte a parte. || Recorrer un lugar de parte a parte. || Pasar circunstancialmente por una situación favorable o desfavorable.

atrayente. adj. Que atrae, atractivo.

atreverse. prnl. Determinarse a hacer o decir algo que implica un riesgo, osar. || Insolentarse, perder el respeto debido.

atrevimiento. m. Osadía, decisión para realizar algo arriesgado. || Falta de respeto, insolencia al hablar o actuar.

atribución. f. Adjudicación de hechos o cualidades a alguien. || Asignación de algo a alguien como de su competencia. || Facultad que da a una persona el cargo que ejerce.

atribuir. tr. Aplicar o adjudicar hechos o cualidades a alguien. También prnl. || Asignar algo a alguien como de su competencia.

atribular. tr. y prnl. Causar o padecer tribulación, preocupación o sufrimiento.

atributo. m. Cualidad de un ser.

atril. m. Soporte en forma de plano inclinado, generalmente metálico o de madera, usado para sostener papeles o libros abiertos.

atrincherar. tr. Fortificar una posición militar con trincheras. || prnl. Ponerse en trincheras a cubierto del enemigo.

atrio. m. Espacio abierto y porticado que hay en el interior de algunos edificios. || Recinto o espacio cerrado situado a la entrada de algunos templos y palacios. || Zaguán.

atrocidad. f. Gran crueldad. || Disparate, dicho o hecho temerario o necio que se sale de lo razonable y lo lícito. || Insulto muy ofensivo.

atrofia. f. FISIOL. Disminución en el desarrollo, volumen y actividad de los músculos y tejidos de un órgano.

atrofiar. tr. y prnl. Producir o padecer atrofia.

atropellar. tr. Pasar precipitadamente un vehículo por encima de alguna persona o animal o chocar contra ellos. || Derribar o empujar con violencia. || Agraviar por abuso de poder. || prnl. Apresurarse.

atropello. m. Acción y resultado de pasar precipitadamente un vehículo por encima de alguna persona o animal o chocar contra ellos. || Agravio. || Apresuramiento.

atroz. adj. Cruel, inhumano. || Muy grande o desmesurado. || Malo, de pésima calidad.

atuendo. m. Atavío, conjunto de las prendas con que se viste una persona.

atún. m. Pez teleósteo marino de carne muy apreciada.

aturdimiento. m. Perturbación física de los sentidos por efecto de un agente externo como un golpe o un ruido. || Falta de serenidad y reflexión.

aturdir. tr. y prnl. Causar aturdimiento. || Confundir, desconcertar.

audacia. f. Valor, osadía y atrevimiento al hablar o actuar.

audaz. adj. Valiente, osado, atrevido.

audición. f. Percepción de un sonido a través del oído. || Concierto, recital o lectura en público.

audiencia. f. Acto de oír la autoridad a quien acude a ella. || Ocasión que se concede a una de las partes de un pleito de presentar testimonio o pruebas. || Tribunal de justicia de un territorio.

audífono. m. Aparato amplificador de los sonidos que utilizan los sordos para oír mejor.

audiovisual. adj. Que se refiere conjuntamente al oído y a la vista. || m. Proyección de imágenes de una película o diapositivas combinada con sonidos, con fines didácticos.

auditivo, va. adj. Del oído o relativo a él.

auditorio. m. Conjunto de oyentes. || Sala destinada a conciertos, recitales, conferencias y otros actos públicos. || Parte del teatro destinada al público.

auge. m. Periodo o momento de mayor elevación o intensidad de un proceso o estado de cosas.

augurar. tr. Presagiar, predecir.

augurio. m. Presagio, anuncio o señal, favorables o adversos, de algo futuro.

augusto, ta. adj. Que infunde respeto y veneración. || m. Payaso que forma pareja con el clown.

aula. f. En un centro docente, sala destinada a la enseñanza.

aullar. intr. Dar aullidos.

aullido. m. Voz triste y prolongada del lobo, el perro y otros animales.

aumentar. tr., intr. y prnl. Acrecentar, hacer crecer el tamaño, el número o la materia de algo. || tr. y prnl. Mejorar económica o socialmente.

aumento. m. Incremento, crecimiento en tamaño, número o intensidad.

aun. adv. m. Incluso, también. || conj. conc. Seguido de gerundio, aunque.

aún. adv. t. Todavía, hasta este momento.

aunar. tr. y prnl. Unir o reunir para algún fin. || Unificar, juntar o armonizar varias cosas.

aunque. conj. conc. Expresa una objeción que no impide el desarrollo de la acción principal. || conj. ad. Expresa la coordinación de dos o más acciones opuestas.

aura. f. Irradiación luminosa inmaterial que rodea a ciertos seres.

áureo, a. adj. De oro o parecido al oro.

aureola o **auréola.** f. Disco o círculo luminoso que se representa rodeando la cabeza de las imágenes sagradas. || Admiración o fama que recibe una persona por sus virtudes.

aurícula. f. ANAT. Cada una de las dos cavidades superiores del corazón, situadas sobre los ventrículos, que reciben la sangre de las venas.

auricular. m. Del oído o relativo a él. || De las aurículas del corazón o relativo a ellas. || m. En los aparatos telefónicos o receptores de sonido, parte o dispositivo que se aplica al oído para recibirlo.

aurífero, ra. adj. Que lleva o contiene oro.

aurora. f. Claridad y luz sonrosada que precede inmediatamente a la salida del sol.

ausencia. f. Alejamiento, separación de un lugar. || Tiempo que dura el alejamiento. || Privación o falta de algo.

ausente. adj. y s. Que no está presente. || com. Distraído.

auspiciar. tr. Patrocinar o proteger. || Predecir o adivinar.

auspicio. m. Agüero. || Protección, favor. || pl. Señales que presagian un resultado favorable o adverso.

austeridad. f. Severidad y rigidez en la forma de obrar o vivir. || Sobriedad, ausencia de adornos.

austero, ra. adj. Que obra y vive de forma severa y rígida. || Sobrio, sin adornos.

austral. adj. Del austro y relativo a este viento del Sur, así como con el polo y el hemisferio Sur.

australiano, na. adj. y s. De Australia o relativo a esta gran isla de Oceanía.

austriaco, ca o **austríaco, ca.** adj. y s. De Austria o relativo a este país centroeuropeo.

autarquía. f. Organización y política económica de un Estado que pretende autoabastecerse con la producción nacional evitando las importaciones.

autenticar. tr. Autentificar, autorizar o legalizar alguna cosa. || Dar fe de la verdad de un documento o un hecho ante la autoridad.

autenticidad. f. Calidad y carácter de verdadero o autorizado.

auténtico, ca. adj. Acreditado como cierto y verdadero por sus características. || Autorizado o legalizado.

auto. m. DER. Resolución judicial que decide cuestiones para las que no se requiere sentencia. || Breve composición dramática de tema religioso en que intervienen personajes bíblicos o alegóricos.

autobiografía. f. Biografía de una persona escrita por ella misma, redactada normalmente en primera persona.

autóctono, na. adj. y s. Que se ha originado o ha nacido en el mismo país o lugar en que se encuentra.

autodidacto, ta. adj. y s. Que se educa o instruye por sus propios medios.

autódromo. m. Circuito o pista de carreras y pruebas para automóviles.

autógrafo, fa. adj. y m. Escrito de mano del propio autor. || m. Firma de una persona famosa o destacada.

autómata. m. Máquina que contiene un mecanismo que le permite realizar determinados movimientos. || Máquina que imita la figura y los movimientos de un ser animado. || com. col. Persona que se deja dirigir o actúa condicionada y maquinalmente.

automático, ca. adj. Que sucede de manera necesaria e inmediata a ciertos condicionantes. || Maquinal, que se lleva a cabo involuntariamente y sin reflexión. || adj. y s. Se aplica al mecanismo que funciona en todo o en parte por sí mismo.

automotor, ra. adj. y m. Se aplica a los mecanismos, aparatos o vehículos que se mueven sin intervención directa de una acción exterior.

automóvil. adj. Que se mueve por sí mismo. || m. Vehículo movido por un motor de explosión o combustión interna.

automovilista. com. Persona que conduce un automóvil.

autonomía. f. Condición y estado del individuo, comunidad o pueblo con independencia y capacidad de autogobierno.

autopista. f. Carretera con varios carriles para cada dirección separados por una mediana, sin cruces a nivel, con pendientes limitadas y con curvas muy amplias, lo que permite la circulación a gran velocidad.

autopsia. f. ANAT. Examen anatómico de un cadáver.

autor, ra. m. y f. Persona que realiza, causa u origina algo. || Creador de una obra literaria o artística.

autoridad. f. Potestad, facultad de mandar y hacerse obedecer. || Persona que las ejerce.

autoritario, ria. adj. y s. Que se basa en la autoridad o abuso de ella. || Partidario del autoritarismo.

autorización. f. Permiso. || Documento en el que se autoriza una cosa.

autorizar. tr. Dar autoridad, poder o facultad para hacer algo. || Dar o conceder permiso. || Aprobar o dar validez.

autorretrato. m. Retrato de una persona hecho por ella misma.

auxiliar. adj. Que auxilia o ayuda.

auxiliar. tr. Socorrer, ayudar.

auxilio. m. Ayuda, socorro, amparo.

aval. m. Firma al pie de un escrito por la que una persona responde de otra. || Escrito con ese mismo fin.

avalar. tr. Garantizar por medio de aval.

avance. m. Acción y resultado de avanzar. || Mejora, progreso.

avanzar. tr. Mover o prolongar hacia delante. || Anticipar o adelantar algo. || intr. Ir hacia delante. || Transcurrir el tiempo o acercarse a su fin. || Progresar o mejorar.

avaricia. f. Codicia, ansia de riquezas.

avaro, ra. adj. y s. Que acumula dinero y no lo emplea. || Tacaño, miserable.

avasallar. tr. Dominar, rendir o someter a obediencia. || Actuar sin tener en cuenta los derechos de los demás.

ave. f. ZOOL. Animal vertebrado, ovíparo, cuerpo cubierto de plumas y con dos alas que generalmente le sirven para volar.

avellana. f. Fruto comestible del avellano.

avellano. m. Arbusto de la familia de las betuláceas cuyo fruto es la avellana.

avemaría. f. Oración cristiana.

avena. f. Planta herbácea de tallos delgados y hojas estrechas.

avenencia. f. Convenio, transacción, ajuste. || Conformidad y unión.

avenido, da. adj. Con los adv. bien o mal, conforme o disconforme con personas o cosas, o en buena o mala armonía. || f. Calle muy ancha, generalmente con árboles a los lados.

avenir. tr. Reconciliar, poner de acuerdo. También prnl. || prnl. Entenderse bien con alguien.

aventajar. tr. Dar, llevar o sacar ventaja. || prnl. Adelantarse.

aventar. tr. Echar al viento los granos que se limpian en la era. || Empujar el viento alguna cosa.

aventura. f. Suceso extraño y peligroso. || Empresa arriesgada.

aventurar. tr. Arriesgar o poner en peligro. También prnl.

aventurero, ra. adj. y s. Que busca aventuras.

avergonzar. tr. Causar vergüenza. || prnl. Sentir vergüenza.

avería. f. Daño, deterioro que impide el funcionamiento de algo.

averiar. tr. y prnl. Dañar o deteriorar algo, producir una avería.

averiguar. tr. Buscar la verdad hasta descubrirla.

aversión. f. Asco, repugnancia.

avestruz. m. Ave corredora que puede llegar a medir 2 m de altura.

avezado, da. adj. Se dice de la persona acostumbrada o habituada a algo.

aviación. f. Navegación aérea en aparatos más pesados que el aire.

aviador, ra. m. y f. Persona que tripula un avión.

avícola. adj. De la avicultura o relativo a ella.

avicultor, ra. m. y f. Persona que se dedica profesionalmente a la avicultura.

avicultura. f. Técnica consistente en el cuidado y cría de las aves.

avidez. f. Ansia o deseo muy fuertes e intensos de tener o conseguir algo.

avieso, sa. adj. Torcido, malintencionado, malvado.

avío. m. Preparativo. || Provisión de los pastores. || Conveniencia, utilidad. || pl. col. Utensilios necesarios para alguna cosa.

avión. m. Pájaro de color negro con el vientre blanco, parecido al vencejo. || m. Vehículo más pesado que el aire, provisto de alas, que vuela propulsado por uno o varios motores.

avisar. tr. Notificar, anunciar. || Advertir, aconsejar o reprender. || Llamar a alguien para que preste un servicio.

aviso. m. Anuncio, noticia. || Indicio, señal. || Advertencia, consejo. || Precaución, atención, cuidado. || *amer.* Anuncio publicitario.

avispa. f. Insecto provisto de aguijón de 1 a 1,5 cm de largo, de color amarillo con fajas negras, que vive en sociedad.

avispero. m. Panal que fabrican las avispas. || Lugar donde lo hacen. || Multitud de avispas. || *col.* Negocio enredado.

avistar. tr. Alcanzar con la vista.

avivar. tr. Excitar, animar, hacer más intenso. || Hacer que arda más el fuego. || intr. y prnl. Cobrar vida, vigor.

avizorar. tr. Acechar.

avutarda. f. Ave zancuda de vuelo corto y pesado.

axila. f. ANAT. Sobaco.

¡ay!. interj. Expresa aflicción o dolor. || m. Suspiro, quejido.

ayer. adv. t. En el día inmediatamente anterior al de hoy. || En tiempo pasado. || m. Tiempo pasado.

ayuda. f. Auxilio, socorro. || Persona o cosa que ayuda. || Subvención, cantidad de dinero que se da a una persona que lo necesita. || m. Criado.

ayudanta. f. Mujer que trabaja bajo la dirección de otra, generalmente en oficios manuales.

ayudante. com. Persona que ayuda a otra en un trabajo o en una profesión. || Profesor adjunto. || MIL. Oficial destinado personalmente a las órdenes de otro superior.

ayudar. tr. Cooperar, colaborar. || Auxiliar, socorrer. También prnl. || prnl. Valerse de la ayuda de algo o alguien.

ayunar. intr. Abstenerse de comer o beber.

ayuno, na. adj. Que no ha comido. || Que ignora o no comprende algo. || m. Acción y resultado de ayunar.

ayuntamiento. m. Corporación que administra el municipio. || Casa consistorial. || Acto sexual.

azabache. m. Variedad dura de lignito, de color negro y susceptible de pulimento. Se emplea como adorno en joyería y bisutería.

azada. f. Instrumento agrícola formado por una pala de metal cuadrangular, afilada en uno de sus extremos, que está sujeta a un mango o astil.

azafato, ta. m. y f. Persona que atiende al público en congresos, exposiciones, o a los pasajeros de un avión, tren, autobús. Más c. f.

azafrán. m. Planta cuyos estigmas, de color rojo anaranjado, se usan para condimento.

azahar. m. Flor blanca del naranjo, limonero y cidro.

azalea. f. Arbusto originario del Cáucaso, con flores de varios colores y muy ornamentales.

azar. m. Casualidad.

azaroso, sa. adj. Desgraciado, desafortunado, ajetreado.

ázimo. adj. Sin levadura.

azogue. m. QUÍM. Mercurio.

azor. m. Ave rapaz diurna, con la parte superior oscura y el vientre blanco con manchas oscuras.

azorar. tr. y prnl. Sobresaltar, inquietar.

azotar. tr. Dar azotes. También prnl. || Referido al agua o al viento, golpear con fuerza. || Producir daños o destrozos de gran importancia.

azote. m. Golpe en las nalgas con la palma de la mano. || Golpe repetido del agua o del aire. || Instrumento de castigo formado por cuerdas anudadas.

azotea. f. Cubierta llana de un edificio. || *col.* Cabeza.

azteca. adj. y com. Se dice de un antiguo pueblo dominador de México.

azúcar. amb. Sustancia de sabor dulce y color blanco, cristalizada en pequeños granos, que se extrae principalmente de la remolacha.

azucarar. tr. Bañar o endulzar con azúcar.

azucena. f. Planta perenne de la familia de las liliáceas, con tallo alto, hojas largas, y flores muy olorosas.

azufre. m. QUÍM. Metaloide de color amarillo, insípido, que se quiebra con facilidad.

azul. adj. y m. Del color del cielo sin nubes.

azulado, da. adj. De color azul o con tonalidades azules.

azulejo. m. Ladrillo pequeño vidriado, de diferentes colores, que se usa para cubrir suelos, paredes, etc., o en la decoración.

azuzar. tr. Incitar, achuchar a los perros para que embistan. || Irritar, estimular.

B

b. f. Segunda letra del alfabeto español y primera de sus consonantes. Su nombre es be. pl. bes.

baba. f. Saliva espesa y abundante que cae de la boca. || Líquido viscoso segregado por algunos animales y plantas. || Mala baba. Mal carácter o mala intención.

babear. intr. Echar baba por la boca. || Hacer demostraciones de excesiva complacencia, satisfacción o contento ante una persona o cosa.

babel. amb. Desorden y confusión.

babero. m. Prenda que se les pone a los niños, atada al cuello y que cae sobre el pecho, para evitar que se manchen.

babieca. adj. y com. Se aplica a la persona simple o boba.

babor. m. Lado izquierdo de una embarcación mirando de popa a proa.

babosear. tr. Llenar de babas a una persona. || *amer.* Burlarse de alguien.

baboso, sa. adj. y s. Que echa babas. || Se aplica al hombre que resulta molesto e impertinente cuando intenta agradar a una mujer. || Se aplica al que no tiene edad ni condiciones para lo que hace, dice o intenta. || *amer.* Bobo, tonto, simple. || f. Molusco gasterópodo terrestre, sin concha, que cuando se arrastra deja abundante baba. Es muy dañino en las huertas.

babucha. f. Zapato ligero y sin tacón.

babuino. m. Especie de simio.

bacalao. m. Pez teleósteo, de cuerpo simétrico con tres aletas dorsales y dos anales; es muy apreciado como alimento, sobre todo en salazón.

bacán, ana. adj. y s. *amer.* Elegante, de vida acomodada y lujosa. || *amer.* Bueno, excelente.

bacanal. adj. Del dios romano Baco, símbolo del vino y la sensualidad, o relativo a él. || f. Fiesta en honor de este dios. || Orgía.

bachata. f. *amer.* Juerga.

bache. m. Hoyo que se hace en el pavimento de calles o caminos. || Desigualdad de la densidad atmosférica que determina un momentáneo descenso del avión. || Mal momento en la vida de una persona.

bachiller. com. Persona que ha obtenido el grado que se concede al terminar la segunda enseñanza. || Persona que había recibido el primer grado académico, que se otorgaba antes a los estudiantes de universidad.

bachillerato. m. Grado de bachiller. || Estudios necesarios para obtener dicho grado.

bacía. f. Vasija que usan los barberos para remojar la barba.

bacilo. m. Bacteria en forma de bastoncillo.

backgammon. (voz i.). m. Juego de mesa para dos jugadores, que consiste en mover unas fichas blancas o negras sobre un tablero dividido en veinticuatro casillas triangulares.

back-up. (voz i.). m. INFORM. Copia de seguridad de un archivo o directorio.

bacon. (voz i.) m. Beicon. || Panceta.

bacteria. f. Microorganismo unicelular, sin núcleo. Interviene en procesos como la fermentación, y pue de ser la causa de enfermedades tales como el tifus, el cólera, enfermedades venéreas, etc.

bactericida. adj. y m. Que destruye las bacterias.

bacteriología. f. Parte de la microbiología que estudia las bacterias.

báculo. m. Cayado. || Alivio, consuelo, apoyo.

badajo. m. Pieza que pende en el interior de las campanas, y con la cual se golpean estas para hacerlas sonar.

badana. f. Piel curtida de carnero u oveja. || Tira de este cuero que se cose al borde interior de la copa del sombrero. || com. Persona perezosa.

badén. m. Zanja que forma en el terreno el paso de las aguas llovedizas. || Cauce empedrado, que se hace en una carretera para dar paso a un corto caudal de agua. || p. ext., bache de la carretera.

badil. m. Paleta de metal para mover la lumbre en las chimeneas y braseros.

bádminton o badminton. m. Juego de raqueta semejante al tenis, pero que se juega con una pelota semiesférica con plumas y la red más elevada.

baffle. m. Plancha rígida del altavoz que elimina las interferencias. || p. ext., cada uno de los altavoces de un equipo de sonido y caja que los contiene.

bagaje. m. Conjunto de conocimientos o noticias de que dispone una persona. || Equipaje. || Equipaje militar de un ejército o tropa en marcha.

bagatela. f. Cosa de poca importancia y valor.

bagre. m. Pez teleósteo, abundante en los ríos americanos, que mide entre 40 y 80 centímetros, sin escamas y con barbillas.

bagual, la. adj. *amer.* Maleducado o inculto. || m. *amer.* Potro o caballo no domado. || f. *amer.* Canción popular argentina, que suele cantarse en corro, con acompañamiento de caja o tambor.

baguette. (voz fr.) f. Barra de pan francés, estrecha y muy larga, que se usa sobre todo para bocadillos.

¡bah!. interj. con que se denota incredulidad o desdén.

bahamés, esa. adj. y s. De Bahamas o relativo a este estado insular de América Central.

bahía. f. Entrada de mar en la costa, de entrada ancha y extensión considerable, pero menor que la del golfo.

bailable. adj. Se dice de la música compuesta para bailar. || m. Pieza de danza que forma parte de algunas óperas u obras dramáticas.

bailador, ra. adj. y s. Que baila.

bailaor, ra. m. y f. Persona especializada en bailes andaluces.

bailar. intr. y tr. Mover el cuerpo al compás de la música. || Moverse una cosa sin salir de un espacio determinado. || Girar rápidamente una cosa alrededor de su eje, como la peonza, la perinola, etc. || Llevar algo demasiado ancho. || Cambiar por error un número o una letra por otra o alterar su orden.

bailarín, ina. adj. y s. Que baila. || m. y f. Persona que practica o se dedica profesionalmente al baile.

baile. m. Movimiento del cuerpo al compás de la música. || Danza. || Fiesta en que se baila. || Espectáculo teatral en que se ejecutan varias danzas. || Error que consiste en cambiar un número o una letra por otra o en alterar su orden.

bailotear. intr. Bailar mucho y sin formalidad.

baja. f. Cese de una persona en un cuerpo, una profesión, una carrera, etc. || Documento que acredita el cese temporal en el trabajo por accidente o enfermedad. || Pérdida o falta de un individuo. || Disminución del precio.

bajá. m. En Turquía, antiguamente, el que obtenía algún mando superior. Hoy es título de honor.

bajada. f. Disminución de la intensidad, el valor o la cantidad de algo. || Descenso en la inclinación o en la posición de algo o alguien. || Camino por donde se baja desde alguna parte. || bajada de aguas. Tubería que en un edificio recoge el agua de lluvia y la de salida.

bajamar. f. Fin del reflujo en la marea. || Tiempo que dura.

bajante. f. Tubería de desagüe. || *amer.* Descenso del nivel de las aguas.

bajar. intr. tr. y prnl. Ir a un lugar más bajo. También prnl. || Descender de un vehículo o de una caballería. || Disminuir la intensidad, la cantidad, el precio o el valor de alguna cosa. || Viajar hacia el sur. || tr. Recorrer de arriba abajo. || Poner una cosa en un lugar inferior. || Inclinar hacia abajo. || Descender en el sonido desde un tono agudo a otro más grave. || prnl. Inclinarse uno hacia el suelo.

bajativo. m. *amer.* Copa de licor que se toma después de las comidas como digestivo.

bajel. m. *poét.* Barco.

bajeza. f. Característica de lo que es indigno o despreciable. || Hecho o acción indigna o despreciable.

bajista. adj. Relativo a la baja de los valores en la Bolsa. || com. Persona que juega a la baja en la Bolsa. || Persona que toca el bajo.

bajo, ja. adj. De poca altura o situado a poca distancia del suelo. || Que está en lugar inferior. || Inclinado hacia abajo. || De poca cantidad o intensidad, o inferior en una determinada escala. || Se dice de ciertas magnitudes físicas para indicar que, en determinada ocasión, tiene un valor inferior al ordinario. || Se dice del oro y de la plata, cuando tienen poca pureza. || Se dice de la temporada turística en que hay menos actividad y los servicios hosteleros son más baratos. || Se dice de las últimas etapas de un determinado período histórico. || Humilde. || Despreciable, vulgar. || Referido al precio de algo, reducido, barato. || Se apl. al sonido, voz o nota musical que es grave. || m. Piso que está a la misma altura que la calle. || Parte inferior de una prenda de vestir. || Voz e instrumento que produce sonidos más graves. || Persona que tiene esa voz o toca ese instrumento. || Lugar hondo. || pl. En un automóvil, carrocería externa del piso. || adv. Abajo. || Con poca fuerza o intensidad. || A poca distancia del suelo. || prep. Debajo de.

bajón. m. Disminución importante de algo.

bajorrelieve. m. ESC. Obra cuyas figuras resaltan poco del plano.

bala. f. Proyectil de armas de fuego. || Fardo. || bala perdida. Se aplica a la persona que es alocada y un poco sinvergüenza.

balacear. tr. *amer.* Tirotear.

balacera. f. *amer.* Tiroteo.

balada. f. Canción romántica de ritmo suave y melodioso. || Composición poética de tono sentimental, en la que se narran sucesos tradicionales, legendarios o románticos.

baladí. adj. Insignificante, de poco valor.

balaje o **balaj.** m. Rubí de color morado.

balance. m. Confrontación del activo y el pasivo para determinar el estado de un negocio. || Resultado de algún asunto. || balanceo.

balancear. intr., tr. y prnl. Moverse un cuerpo de un lado para otro. || Dudar. || tr. *amer.* Poner en equilibrio.

balanceo. m. Movimiento que hace un cuerpo, inclinándose a un lado y a otro. || *amer.* Equilibrado, especialmente el de las ruedas de un coche.

balancín. m. Pequeña atracción infantil que consiste en una barra metálica o de madera cuyo centro se apoya en una base y en sus extremos hay asientos para que dos niños puedan subir y bajar alternativamente. || En los jardines, playas, terrazas, etc., asiento colgante cubierto con un toldo. || Mecedora. || Palo largo que usan los acróbatas para mantenerse en equilibrio. || Barra paralela al eje de las ruedas delanteras de un vehículo.

balandra. f. Velero pequeño de un solo palo.

balanza. f. Instrumento que sirve para pesar o medir masas.

balar. intr. Dar balidos.

balasto o **balastro.** m. Capa de grava que se tiende para asentar y sujetar las traviesas de las vías férreas, o en las carreteras como base del pavimento.

balaustra. f. Árbol, variedad del granado, que tiene las flores de mayor tamaño y color más vivo.

balaustrado, da. adj. Decorado con balaústres. || f. Barandilla formada por balaústres.

balaústre o **balaustre.** m. Pequeña columna, generalmente de piedra o madera, que forma, junto con otras, barandillas, balcones, etc.

balazo. m. Golpe o herida de bala disparada con un arma de fuego.

balbucear. intr. y tr. Hablar o leer con pronunciación dificultosa, trastocando a veces las letras o las sílabas.

balbuceo. m. Pronunciación vacilante o entrecortada al hablar o leer.

balbucir. intr. y tr. Balbucear.

balcánico, ca. adj. y s. De los Balcanes o relativo a este sistema montañoso, o con la región del sureste europeo del mismo nombre.

balcón. m. Hueco abierto en la fachada de un edifico desde el suelo de la habitación, que se prolonga al exterior y está protegido con una barandilla. || Esta barandilla.

balconada. f. Conjunto de balcones, generalmente con una barandilla común.

baldado, da. adj. Muy cansado, agotado. || Tullido, impedido.

balde. m. Cubo que se emplea para sacar y transportar agua; barreño.

baldear. tr. Regar las cubiertas de los buques con los baldes, a fin de refrescarlas y limpiarlas. || Regar con baldes cualquier suelo, piso o pavimento.

baldeo. m. Riego de una superficie con baldes. || Espada, arma.

baldíamente. adv. m. En balde, inútilmente.

baldío, a. adj. Terreno que no se cultiva o no da fruto. También m. || Vano, sin fundamento. || m. *amer.* Solar en el que no se ha edificado.

baldón. m. Injuria, afrenta. || Deshonra.

baldonar. tr. Injuriar a alguien de palabra, en su cara.

baldosa. f. Placa delgada de cerámica, piedra u otro material resistente, que sirve para solar.

balear. adj. y com. De las islas Baleares o relativo a estas islas españolas. || Se dice del pueblo indígena prerromano de las islas Gimnesias o Baleares en su antigua denominación. || m. Variedad de la lengua catalana que se habla en las islas Baleares. || tr. *amer.* Tirotear, disparar balas sobre alguien o algo; balacear.

balero. m. *amer.* Juego que consiste en ensartar una bola agujereada en un palo al que está unida por un hilo.

balido. m. Voz del carnero, el cordero, la oveja, la cabra, el gamo y el ciervo.

balín. m. Bala de menor calibre que la del fusil. || Proyectil que disparan las armas de aire comprimido.

balístico, ca. adj. De la balística o relativo a esta ciencia. || f. Ciencia que estudia la trayectoria de los proyectiles.

baliza. f. Señal fija o móvil que se pone en la tierra o sobre el agua para marcar una zona. || Señal luminosa que marca las pistas y sus límites en los aeropuertos. || pl. *amer.* Intermitentes de un automóvil.

ballena. f. Mamífero cetáceo, el mayor de todos los animales conocidos, que llega a medir más de 30 m de longitud en algunas especies. Vive en todos los mares, especialmente los polares. || Cada una de las láminas córneas y elásticas que tiene la ballena en la mandíbula superior. || Tira de esta lámina, o de plástico o metal, que se usa especialmente para armar corsés u otras prendas.

ballenato. m. Cría de la ballena.

ballenero, ra. adj. Relativo a la pesca de la ballena. || m. Barco especialmente destinado a la captura de ballenas. || m. y f. Persona que pesca ballenas.

ballesta. f. Cada uno de los muelles en los que descansa la caja de los coches. || Antigua arma portátil que servía para disparar flechas, saetas y bodoques. || Máquina antigua de guerra utilizada para arrojar piedras o saetas gruesas.

ballestera. f. En las naves o muros, tronera o abertura por donde se disparaban las ballestas.

B

ballestero. m. Hombre que disparaba con la ballesta o servía con ella en la guerra. || Hombre que hacía ballestas. || Hombre que cuidaba las armas de los miembros de la realeza y los asistía cuando salían a cazar.

ballet. (voz fr.) m. Danza escénica estilizada que desarrolla un argumento. || Composición musical que acompaña esta danza. || Compañía que la interpreta.

balneario, ria. adj. De los baños públicos o relativo a ellos, especialmente a los medicinales. || m. Edificio con baños medicinales y en el cual suele darse hospedaje.

balompié. m. Fútbol.

balón. m. Pelota grande que se usa en varios deportes. || Recipiente para contener cuerpos gaseosos.

baloncesto. m. Deporte que se juega entre dos equipos de cinco jugadores cada uno, que, botando la pelota, tratan de acercarse a un aro que está a cierta altura, e introducir en él el balón.

balotaje. m. amer. Recuento de votos; escrutinio.

balsa. f. Charca. || balsa de aceite. Lugar o situación en que se disfruta de una gran tranquilidad. || f. Conjunto de maderos, que unidos, forman una superficie flotante. || Árbol de América del Sur, del género de la ceiba. || Madera de este árbol.

balsámico, ca. adj. Que tiene bálsamo o alguna de sus propiedades expectorantes o cicatrizantes. || Que alivia la irritación de garganta y reconforta las vías respiratorias.

bálsamo. m. Líquido aromático que fluye de ciertos árboles y que se espesa por la acción del aire. || Medicamento que se aplica en la piel para aliviar heridas y llagas. || Consuelo, alivio.

báltico, ca. adj. y s. Del mar Báltico y de los países que baña o relativo a ellos.

baluarte. m. Obra de fortificación de figura pentagonal, que sobresale en el encuentro de dos partes de una muralla. || Amparo y defensa de algo o alguien.

bamba. f. Bollo relleno de crema, nata, etc. || Baile latinoamericano.

bambalear. intr. y prnl. Bambolear. || No estar segura o firme alguna cosa.

bambalina. f. Tira de lienzo pintado que cuelga del telar del teatro.

bambolear. intr. Moverse algo o alguien a un lado y otro sin perder el sitio en que está.

bambolla. f. Ostentación excesiva o falsa apariencia de lujo o importancia. || amer. Fanfarronería. || amer. Charlatanería.

bambú. m. Planta gramínea, propia de países tropicales, de cañas ligeras y muy resistentes que se destinan a múltiples usos, como fabri-

cación de muebles; la corteza sirve para la fabricación de papel.

banal. adj. Que es intrascendente, vulgar o de poca importancia.

banalidad. f. Propiedad de lo que es banal. || Dicho o hecho banal.

banana. f. Fruto comestible del banano o platanero, alargado y curvo, con una cáscara verde que amarillea cuando madura.

bananal. m. Lugar poblado de bananos.

bananero, ra. adj. Del banano o de su fruto o relativo a ellos. || Se dice del terreno poblado de bananos. También m. || m. y f. Persona que se dedica al cultivo o al comercio del plátano. || m. Banano.

banano. m. Planta musácea cuyo fruto es la banana o plátano.

banca. f. Conjunto de actividades económicas consistente en comerciar con el dinero. || Conjunto de bancos o banqueros. || En los juegos de azar, fichas o dinero que pone cada jugador para pagar al que gana. || Asiento de madera sin respaldo, en el que puede sentarse más de una persona. || amer. Banco, asiento. || amer. Puesto parlamentario.

bancada. f. Tabla o banco donde se sientan los remeros de una embarcación. || Basamento firme para una máquina o conjunto de ellas. || amer. Conjunto de parlamentarios de un grupo político.

bancal. m. En los terrenos pendientes, rellano de tierra que se aprovecha para algún cultivo. || Pedazo de tierra rectangular preparado para la siembra. || Arena amontonada a la orilla del mar.

bancar. tr. y prnl. amer. Soportar una situación o a una persona molesta. || amer. Pagar los gastos.

bancario, ria. adj. De la banca o relativo a esta actividad económica.

bancarrota. f. Quiebra comercial de una empresa o negocio.

banco. m. Asiento en que pueden sentarse varias personas. || Entidad financiera constituida en sociedad por acciones. || Establecimiento médico donde se almacenan y conservan órganos, tejidos o líquidos fisiológicos humanos para su uso quirúrgico, de investigación, etc. || En los mares, ríos y lagos navegables, bajo que se prolonga en una gran extensión. || Conjunto de peces. || Conjunto de nubes o de niebla. || Mesa de madera sobre la que trabajan carpinteros, cerrajeros, herradores y otros artesanos.

banda. f. Cinta ancha que se lleva atravesada desde un hombro al costado opuesto. || Zona limitada por cada uno de los dos lados más largos de un campo deportivo, y otra línea exterior, que suele ser la del comienzo de las localidades donde se sitúa el público. || Intervalo de magnitudes o valores comprendidos entre dos límites definidos. || *amer.* Correa del ventilador del coche. || f. Agrupación de gente unida con fines ilícitos o criminales. || Bandada, manada. || Agrupación musical en la que predominan los instrumentos de percusión o viento y que pertenece a un organismo o institución. || Grupo de música rock.

bandada. f. Conjunto de aves que vuelan juntas y, p. ext., conjunto de peces. || Tropel o grupo bullicioso de personas.

bandazo. m. Tumbo o balance violento que da una embarcación hacia cualquiera de los dos lados. || p. ext., cualquier movimiento semejante a ese. || Cambio inesperado de ideas, opiniones, etc.

bandear. tr. *amer.* Cruzar un río de una banda a otra. || prnl. Saberse gobernar o ingeniar para satisfacer las necesidades de la vida o para salvar otras dificultades.

bandeja. f. Pieza plana o algo cóncava, para servir, presentar o depositar cosas. || Pieza movible, en forma de caja descubierta y de poca altura, que divide horizontalmente el interior de un baúl, maleta, etc. || Accesorio plano y movible, entre los asientos y el cristal trasero de un automóvil, que sirve para dejar objetos.

bandera. f. Trozo de tela, por lo general cuadrada o rectangular, que se sujeta por uno de sus lados a un asta o a una driza, y se emplea como insignia de una nación, de un equipo deportivo o de cualquier otro grupo de personas. || Trozo de tela cuadrada, rectangular o triangular con la que se hacen determinadas señales en los aeropuertos, barcos, competiciones deportivas, etc. || Nacionalidad a la que pertenecen los buques mercantes. || En el ejército, cada una de las compañías de ciertas unidades tácticas.

bandería. f. Grupo de personas que defienden la misma idea u opinión.

banderilla. f. Palo delgado armado de un arponcillo que usan los toreros para clavarlo en el cerviguillo de los toros. || Tapa de aperitivo compuesta de trocitos de encurtidos pinchados en un palillo.

banderillear. tr. Poner banderillas a los toros.

banderillero. m. Torero que pone banderillas.

banderín. m. Bandera pequeña. || Cabo o soldado que sirve de guía a la infantería en sus ejercicios.

banderola. f. Pequeña bandera para hacer señales. || *amer.* Montante, ventana sobre una puerta.

bandido, da. m. y f. Bandolero, salteador de caminos. || Persona traviesa o de mala intención.

bandó. (voz fr.) m. Banda horizontal que cubre la barra de la que cuelga una cortina o estor.

bando. m. Mandato o aviso oficial comunicado por la autoridad a toda una colectividad, mediante un pregonero o carteles en lugares públicos. || m. Facción, partido. || Conjunto de aves que vuelan juntas, bandada. || Banco de peces.

bandolero. m. Ladrón o salteador de caminos que robaba en lugares despoblados y solía pertenecer a una banda. || f. Correa que cruza por el pecho y la espalda y que lleva un gancho para colgar un arma de fuego.

bandolina. f. Instrumento musical de cuatro cuerdas, semejante al laúd.

bandoneón. m. Variedad de acordeón, de forma hexagonal y escala cromática, muy popular en Argentina.

bandurria. f. Instrumento musical semejante a la guitarra, pero de menor tamaño.

banjo. m. Instrumento musical de cuerda, de origen africano, utilizado en el jazz.

banquero, ra. m. y f. Persona que dirige o es propietaria de un banco.

banqueta. f. Asiento pequeño y sin respaldo. || *amer.* Acera.

banquete. m. Comida que se organiza para celebrar algo y a la que acuden muchos invitados. || Comida espléndida.

banquillo. m. Asiento en que se coloca el procesado ante el tribunal. || Lugar donde se sientan el entrenador y los jugadores en reserva, mientras el resto del equipo juega.

banquina. f. *amer.* Arcén de la carretera.

banyo. m. Banjo.

bañadera. f. *amer.* Bañera. || *amer.* Autobús viejo de alquiler.

bañadero. m. Charco o paraje donde suelen bañarse o revolcarse los animales monteses.

bañado, da. adj. Mojado. || m. *amer.* Terreno húmedo.

bañador. m. Prenda o conjunto de prendas para bañarse en sitios públicos. || Traje de baño femenino de una sola pieza.

bañar. tr. y prnl. Meter el cuerpo o parte de él en agua o en otro líquido. || Sumergir algo en un líquido. || Tocar el agua del mar, de un río, etc. algún paraje. || Cubrir algo con una capa de otra sustancia. || Tratándose del sol, la luz o el aire, dar de lleno.

bañera. f. Sanitario en el que cabe una persona sentada o tumbada y que sirve para asearse.

bañista. com. Persona que se baña en un lugar público. || Socorrista. || Persona que acude a un establecimiento de aguas mineromedicinales con fines curativos.

B

baño. m. Acción y resultado de bañar o bañarse. || Acción y resultado de someter el cuerpo o parte de él al influjo intenso o prolongado de un agente físico. || Agua o líquido para bañarse. || Bañera. || Cuarto de baño. || Capa fina con que se cubre una cosa. || Derrota clara y contundente que sufre el adversario. || pl. Lugar con aguas medicinales; balneario.

baobab. m. Árbol tropical, de la familia de las bombacáceas, con ramas horizontales de 16 a 20 m de largo, flores grandes y blancas, y fruto comestible.

baptisterio. m. Lugar de la iglesia donde está la pila bautismal. || Edificio construido cerca de una iglesia donde se bautizaba a los fieles. || Pila bautismal.

baqueano, na. adj. *amer.* Conocedor de los caminos y atajos de un terreno. También s. || *amer.* Hábil y experto en una cosa.

baquelita. f. Resina sintética de gran dureza; se emplea en la elaboración de productos industriales, especialmente en la preparación de barnices y de lacas.

baqueta. f. Varilla que sirve para apretar el taco en las armas de fuego. || pl. Palillos con que se toca el tambor.

baqueteado, da. adj. Que tiene mucha experiencia en un asunto o negocio. || Que ha sufrido mucho por una situación o una vida difíciles.

baquetear. tr. Maltratar o hacer sufrir a una persona. || Adiestrar o ejercitar a una persona en una actividad.

báquico, ca. adj. De Baco, dios romano de la sensualidad y el vino, o relativo a él. || Relativo al vino o a la embriaguez.

bar. m. Establecimiento donde los clientes consumen bebidas y algún alimento, como tapas o bocadillos. || m. Baro, unidad de medida de la presión atmosférica.

barahúnda. f. Ruido y confusión grandes.

baraja. f. Conjunto de naipes que sirven para varios juegos.

barajar. tr. En el juego de naipes, mezclarlos unos con otros antes de repartirlos. || Considerar varias opciones antes de tomar una decisión. || *amer.* Detener en el aire un objeto. || *amer.* Parar los golpes del adversario.

baranda. f. Barandilla. || Borde o cerco que tienen las mesas de billar.

barandilla. f. Antepecho o pretil compuesto de balaústres y barandales.

baratear. tr. Vender una cosa a bajo precio. || Regatear el precio de una cosa.

baratija. f. Cosa menuda y de poco valor.

barato, ta. adj. Se dice de cualquier cosa de bajo precio. || m. Venta a bajo precio. || adv. m. Por poco precio.

barba. f. Pelo que nace en la parte inferior de la cara y en los carrillos. || Este mismo pelo crecido. || p. ext., cualquier pelo o conjunto de pelos o filamentos que recuerde al que crece en la cara de las personas. || Parte de la cara que está debajo de la boca. || Carnosidad de color rojo que cuelga de la mandíbula inferior de algunas aves. || pl. Láminas duras y flexibles que cuelgan de la mandíbula superior de alguna ballenas. || Filamentos que salen del cañón central de las plumas de un ave. || Conjunto de las raíces delgadas de las plantas. || Reborde desigual del papel después de cortarlo.

barbacoa o **barbacúa.** f. Parrilla usada para asar al aire libre carne o pescado. || Comida en la que se preparan los alimentos en esta parrilla. || *amer.* Carne asada en un hoyo que se hace en la tierra. || *amer.* Superficie de cañas entretejidas que, sobre unos puntales, sirve de camastro. || *amer.* Casita construida en alto, sobre árboles o estacas.

barbada. f. Quijada inferior de las caballerías. || Cadenilla o hierro que pasa por debajo de la barba de una caballería, atravesando de una cama del freno a la otra, y que sirve para dirigirlas. || Pieza de madera adosada al violín para que apoye la barbilla quien lo toca. || Pez teleósteo, que vive en el Mediterráneo, con barbilla en la mandíbula inferior, negruzco en el lomo y plateado en el abdomen.

barbado, da. adj. y s. Que tiene barba o barbas. || m. Árbol o sarmiento que se planta con raíces. || Renuevo o hijuelo que brota de las raíces de los árboles o arbustos.

barbar. intr. Crecerle la barba a un hombre. || Echar raíces las plantas. || APIC. Criar las abejas.

barbaridad. f. Dicho o hecho necio o temerario. || Atrocidad, exceso. || Cantidad grande o excesiva.

barbarie. f. Fiereza, crueldad. || Rusticidad, falta de cultura.

barbarismo. m. Extranjerismo empleado en una lengua que no está totalmente incorporado a ella. || Vicio del lenguaje, que consiste en pronunciar o escribir mal las palabras, o en emplear vocablos impropios.

bárbaro, ra. adj. y s. De cualquiera de los grupos de pueblos que en el siglo V invadieron el Imperio romano y se extendieron por la mayor parte de Europa, o relativo a ellos. || Violento, cruel. || Grosero, que no tiene educación. || Bruto, imprudente. || adj. *col.* Estupendo, extraordinario.

barbear. tr. Llegar con la barba a cierta altura. || *amer.* Coger una res por el hocico y el cuerno o la testuz, y torcerle el cuello hasta derribarla. || intr. Acercarse una cosa a la altura de otra. || Hacer su oficio el barbero. || *amer.* Halagar, lisonjear.

barbechar. tr. Arar la tierra después de recoger la cosecha. || Dejar descansar la tierra arada durante un tiempo, para que se regenere.

barbecho. m. Tierra labrantía que no se siembra durante uno o más años. || Acción de barbechar. || Porción de tierra preparada para sembrar.

barbería. f. Local donde trabaja el barbero.

barbero, ra. adj. Se apl. a los objetos que se utilizan para cortar el pelo, o afeitar o arreglar la barba. || m. Hombre que se dedica profesionalmente a cortar el pelo, o afeitar o arreglar la barba.

barbijo. m. *amer.* Barboquejo. || *amer.* Herida alargada en la cara; chirlo. || *amer.* Mascarilla de tela con que se cubren la boca y nariz los médicos y enfermeras.

barbilla. f. Parte de la cara que está debajo de la boca. || Papada. || Apéndice carnoso que tienen algunos peces en la parte inferior de la cabeza. || pl. Filamentos diminutos que están en las barbas de las plumas de las aves.

barbillera. f. Cinta que se pasa por debajo de la barbilla de los cadáveres para sujetarles la boca.

barbirrojo, ja. adj. Que tiene roja la barba.

barbirrucio, cia. adj. Que tiene en la barba pelos blancos y negros mezclados.

barbitúrico. adj. Ácido barbitúrico. || m. Cualquiera de los derivados de este ácido.

barbotar o **barbotear.** intr. e tr. Hablar de forma entrecortada y confusa.

barbudo, da. adj. Que tiene muchas barbas.

barbulla. f. Griterío y confusión que forman los que hablan atropelladamente y al mismo tiempo.

barbullar. intr. Hablar atropelladamente y al mismo tiempo, haciendo mucho ruido.

barca. f. Embarcación pequeña, generalmente de madera, que se usa para pescar o pasear por sitios tranquilos.

barcada. f. Carga que transporta una barca en cada viaje. || Cada viaje de una barca.

barcaje. m. Transporte en barca y precio o flete que se paga por él.

barcarola. f. Canción popular de Italia, y especialmente de los góndoleros de Venecia.

barcaza. f. Lanchón para transportar carga de los buques a tierra, o viceversa.

barcelonés, esa. adj. y s. De Barcelona o relativo a esta ciudad española y a la provincia, del mismo nombre, de la que es capital y que se encuentra en la comunidad autónoma de Cataluña. || De Barcelona o relativo a esta ciudad venezolana, capital del estado de Anzoátegui.

barco. m. Vehículo flotante que se utiliza para transportar por el agua personas, animales o cosas.

barda. f. Cubierta de paja, ramas u otros materiales que se ponía en las tapias bajas de los corrales, para ganar en altura.

bardo. m. Poeta de los antiguos celtas. || p. ext., poeta de cualquier época o nacionalidad.

bareto. m. *col.* Bar de pequeño tamaño y algo descuidado, donde se reúnen los jóvenes.

bario. m. QUÍM. Metal blanco amarillento, dúctil y difícil de fundir. Su símbolo es Ba y su número atómico, 56.

barisfera. f. Núcleo central del globo terrestre.

barita. f. QUÍM. Óxido de bario que en forma de polvo blanco se obtiene en los laboratorios.

barítono. m. Cantante que tiene la voz de registro intermedio entre la de tenor y la de bajo.

barlovento. m. Parte de donde viene el viento con respecto a un punto o lugar determinado.

barman. (voz i.) m. Camarero encargado de la barra en cafeterías y bares.

barniz. m. Disolución de una o más resinas en un líquido que al aire se volatiliza o se deseca. || Baño que se da en crudo al barro, a la loza y a la porcelana, y que se vitrifica con la cocción. || Noción superficial de una ciencia.

barnizar. tr. Dar un baño de barniz.

baro. m. Unidad de medida de la presión atmosférica, equivalente a cien millones de pascalios.

barógrafo. m. Barómetro que registra automáticamente las variaciones de la presión atmosférica en un cilindro giratorio.

barómetro. m. Instrumento para determinar la presión atmosférica. || Índice o medida de un determinado proceso o estado.

barón, onesa. m. y f. Título nobiliario, que en España es inmediatamente inferior al de vizconde.

barquero, ra. m. y f. Persona que gobierna una barca.

barquilla. f. Cesto en que van los tripulantes de un globo. || Molde para hacer pasteles.

barquillero, ra. m. y f. Persona que hace o vende barquillos. || m. Molde de hierro para hacer barquillos. || f. Recipiente donde se guardan los barquillos; suele ser de color rojo y lleva en la tapa una especie de ruleta, que determina el número de barquillos que corresponden por tirada.

barquillo. m. Hoja delgada de pasta de harina sin levadura ni azúcar, generalmente en forma de canuto.

barra. f. Pieza generalmente prismática o cilíndrica y más larga que gruesa. || Pieza de pan de forma alargada. || Mostrador de un bar. || Banco de arena o piedras en el mar. || MÚS. Línea que corta el pentagrama para separar los compases.

B

barrabás. m. Persona mala, traviesa, díscola.

barrabasada. f. Travesura grave, acción disparatada que provoca algún perjuicio.

barraca. f. Albergue construido toscamente. || Vivienda rústica de las huertas de Valencia y Murcia, con el tejado de caña y a dos aguas muy vertientes. || *amer.* Edificio en que se almacenan cueros, lanas, maderas, etc.

barracón. m. Caseta tosca y grande, en la que se aloja un grupo de personas.

barracuda. f. Pez de mares tropicales y templados, de cuerpo alargado y provisto de poderosos dientes; puede alcanzar 2 m de longitud y es muy voraz; se aprecia como comestible.

barrancal. m. Lugar donde hay muchos barrancos.

barranco. m. Despeñadero, precipicio. || Erosión producida en la tierra por las corrientes de aguas de lluvia.

barredero, ra. adj. Que arrastra o se lleva cuanto encuentra. || f. Máquina usada en las grandes poblaciones para barrer las calles.

barrena. f. Barra de hierro con uno o los dos extremos cortantes, que sirve para agujerear peñascos, sondear terrenos, etc. || Instrumento para taladrar o hacer agujeros.

barrenador, ra. adj. Que barrena. || m. y f. Barrenero. || m. Lamelibranquio que origina galerías en la madera y en los cuerpos sumergidos.

barrenar. tr. Abrir agujeros con una barrena o un barreno.

barrendero, ra. m. y f. Persona cuya profesión consiste en barrer las calles.

barrenero, ra. m. y f. Persona que en una mina o cantera, abre los barrenos. || Persona que hace o vende barrenas.

barreno. m. Barrena de gran tamaño para taladrar o hacer agujeros. || Agujero hecho con la barrena. || Agujero relleno de un explosivo para volar alguna cosa.

barrer. tr. e intr. Limpiar el suelo con la escoba. || Llevarse todo lo que había en alguna parte. || Derrotar con facilidad al adversario.

barrera. f. Obstáculo fijo o móvil que impide el paso por un lugar. || Dificultad que impide el logro de un deseo. || Cantidad o límite de una cosa. || DEP. Grupo de jugadores que se colocan uno al lado del otro, delante de la portería, para defenderla del saque de una falta. || Valla de las plazas de toros que separa el ruedo de la zona de espectadores dejando un pasillo por medio. || En las mismas plazas, primera fila de ciertas localidades.

barriada. f. Barrio. || Parte de un barrio.

barrial. m. *amer.* Barrizal. || adj. *amer.* Relativo al barrio.

barrica. f. Tonel mediano.

barricada. f. Parapeto improvisado para defenderse de algo.

barrido. m. Acción de barrer. || FÍS. Proceso por el que un dispositivo explora sistemática y repetidamente un espacio, punto por punto, para transformarlo en señales eléctricas transmisibles a distancia. Es el fundamento de la televisión, el radar, etc. || CIN. Panorámica muy rápida en la que la imagen registrada se reduce a unas estelas horizontales.

barriga. f. *col.* Vientre, cavidad abdominal de los vertebrados que contiene diversos órganos. || *col.* Conjunto de vísceras contenidas en esta parte del cuerpo. || *col.* Abultamiento de la parte inferior del abdomen, debido al embarazo o a la grasa. || Parte abultada de una vasija, columna, pared, etc.

barrigón, ona. adj. *col.* Barrigudo. || m. aum. de Barriga, abultamiento.

barril. m. Recipiente de madera, hecho con listones combados y sujetos en los extremos por aros metálicos, que sirve para conservar y transportar diferentes licores y géneros en polvo o grano. || Recipiente metálico donde se conservan y transportan líquidos.

barrilete. m. Instrumento que usan los carpinteros para asegurar sobre el banco los materiales que labran. || Pieza del revólver donde se colocan las balas. || Pieza cilíndrica del clarinete más inmediata a la boquilla.

barrillo. m. Grano que sale en la cara.

barrio. m. Cada una de las zonas en que se divide una población grande. || Grupo de casas o aldea que depende de otra población.

barrito. m. Berrido del elefante.

barrizal. m. Sitio o terreno lleno de barro o lodo.

barro. m. Masa que resulta de la mezcla de tierra y agua. || Lodo que se forma cuando llueve. || Granillo que sale en el rostro.

barroco, ca. adj. Se dice del estilo artístico desarrollado en Europa y América durante los siglos XVII y XVIII. || Se aplica a lo excesivamente recargado de adornos.

barroquismo. m. Tendencia a lo barroco.

barrote. m. Barra gruesa y fuerte, normalmente de hierro o madera que sirve para afianzar o reforzar una cosa.

barruntar. tr. Conjeturar, presentir una cosa por algún ligero indicio.

barrunto. m. Presentimiento o sospecha de que algo va a suceder. || Indicio, noticia.

bartola (a la). loc. adv. *col.* Despreocupadamente, sin cuidado.

bártulos. m. pl. Enseres, trastos.

barullo. m. Confusión, desorden.

basa. f. Asiento de una columna o estatua.

basal. adj. Se dice de la medición de una función orgánica tomada durante el reposo o el ayuno. || Que está situado en la base de un órgano o formación orgánica.

basalto. m. Roca volcánica, de color negro o gris oscuro, de grano fino, muy dura y compuesta principalmente de feldespato y piroxena.

basamento. m. Cuerpo de la columna que comprende la basa y el pedestal. || Soporte de una escultura, un arco, etc.

basar. tr. y prnl. Fundar, apoyar algo sobre una base.

báscula. f. Aparato para medir pesos, generalmente grandes, que se colocan sobre un tablero.

bascular. intr. Moverse un cuerpo, que está unido a un eje vertical, de un lado a otro. || En algunos vehículos de transporte, inclinarse la caja para que la carga resbale por su propio peso. || Variar alternativamente un estado de ánimo. || DEP. Desplazarse un jugador lateralmente, de forma alternativa y continuada.

base. f. Fundamento o apoyo principal en que descansa alguna cosa. || Línea o superficie en que descansa una figura. || Conjunto de personas representadas por un mandatario, delegado o portavoz suyo. || MAT. Cantidad que se multiplica por sí misma las veces que indica el exponente. || MAT. Número siguiente al último con que opera un determinado sistema de numeración. || QUÍM. Cuerpo orgánico o inorgánico, que tiene la propiedad de combinarse con los ácidos para formar sales. || Instalación en que se guarda material bélico o se entrena parte de un ejército. || DEP. En el béisbol, cada una de las cuatro esquinas del campo que defienden los jugadores. || pl. Conjunto de normas para participar en una competición, concurso o una subasta. || com. DEP. En el baloncesto, jugador que organiza el juego de su equipo.

básico, ca. adj. De la base sobre la que se sustenta una cosa; fundamental. || Que es indispensable o esencial. || QUÍM. Se dice de la sustancia en que predomina la base.

basílica. f. Edificio público de planta rectangular, con tres o más naves, a menudo con ábsides en los lados menores, que servía a los romanos como tribunal, o como lugar de reunión y de contratación. || Cada una de las 13 iglesias de Roma que se consideran, en categoría, como las primeras de la cristiandad. || Iglesia notable o que goza de ciertos privilegios, a imitación de las basílicas romanas.

basilisco. m. Animal fabuloso, al que se atribuía la propiedad de matar con la vista. || Reptil americano de color verde y anillos negros, que posee cresta dorsal, o dos en el caso de los machos. || Persona furiosa o dañina.

basket. (voz i.) m. amer. Baloncesto.

basquear. intr. Sentir bascas. || tr. Producir bascas.

basquet o **basquetbol.** m. amer. Baloncesto.

basset. (voz i.) com. y adj. Raza de perros de cuerpo largo y patas cortas.

¡basta!. loc. Voz que sirve para poner término a una acción o discurso.

basta. f. Hilván. || Cada una de las puntadas que suele tener un colchón para mantener el relleno en su lugar.

bastante. adj. Que basta, suficiente. || adv. No poco. || Ni mucho ni poco, regular.

bastar. intr. y prnl. Ser suficiente.

bastarda. f. Lima de grano fino.

bastardear. intr. Degenerar algo de su naturaleza. || tr. Apartar una cosa de su pureza primitiva.

bastardilla. adj. y f. Se dice de la letra inclinada hacia la derecha.

bastardo, da. adj. y s. desp. Se dice del hijo natural o nacido fuera del matrimonio. || desp. Que tiene mala intención o es un indeseable. || Que degenera de su origen o naturaleza.

bastedad. f. Característica del objeto que es tosco o está sin pulimentar.

basteza. f. Característica de lo que es grosero y tosco.

bastidor. m. Armazón de madera o metal para fijar lienzos, vidrios, etc. || Armazón sobre el que se instala la decoración teatral. || Armazón metálico que soporta la caja de un vehículo.

bastilla. f. Doblez que se hace en los bordes de una tela y se cose superficialmente para evitar que el tejido se deshilache.

bastimento. m. Provisión para sustento de una ciudad, un ejército, etc. || Embarcación.

bastión. m. Baluarte.

basto, ta. adj. Que es tosco y áspero o está sin pulimentar. || Que es inculto y ordinario. || m. En la baraja española, cualquiera de los naipes en los que aparecen representadas una o varias figuras de leños. || pl. Uno de los cuatro palos de la baraja española, en cuyos naipes aparecen una o varias figuras de leños como clavas.

bastón. m. Vara con puño y contera para apoyarse al andar. || Insignia de mando o de autoridad. || En el esquí, palos metálicos que se clavan en la nieve para apoyarse o impulsarse.

bastonazo. m. Golpe dado con un bastón.

bastoncillo. m. Palito de plástico con bolas de algodón en los extremos que se usa en la higiene, sobre todo, de los niños. || Prolongación cilíndrica de ciertas células nerviosas de la retina.

bastonero, ra. m. y f. Persona que hace o vende bastones. || Persona que dirigía ciertos bailes. || f. Mueble en que se colocan paraguas y bastones.

basura. f. Inmundicia, suciedad. || Desecho, residuos. || Persona o cosa despreciable. || Estiércol de las caballerías.

basural. m. *amer.* Basurero, sitio donde se arroja o amontona la basura.

basurear. tr. *amer. col.* Tratar mal o despectivamente a una persona.

basurero, ra. m. y f. Persona cuya profesión es la recogida de basura. || m. Sitio donde se arroja y amontona la basura. || *amer.* Cubo donde se echa la basura.

bata. f. Prenda holgada que se usa al levantarse de la cama o para estar en casa. || Prenda como una blusa larga, que se ponen encima de la ropa los que trabajan en laboratorios, clínicas, oficinas, peluquerías, etc., como medida de higiene o para no mancharse.

batacazo. m. Golpe fuerte y ruidoso que da alguna persona cuando se cae. || Caída inesperada de un estado o condición.

batahola. f. Bulla, ruido grande.

batalla. f. Combate de un ejército con otro. || Lucha, pelea. || Agitación e inquietud interior del ánimo. || Justa, torneo.

batallador, ra. adj. y s. Que lucha mucho por conseguir lo que desea.

batallar. intr. Pelear con armas. || Luchar por conseguir algún propósito.

batallón. m. Unidad de tropa formada por varias compañías. || Grupo de personas muy numeroso.

batán. m. Máquina para golpear y desengrasar los paños.

batata. f. Planta herbácea, de tallo rastrero, con flores grandes, blancas por fuera y rojas por dentro, con tubérculos parecidos a las patatas. || Tubérculo comestible de las raíces de esta planta.

bate. m. Palo para jugar al béisbol.

batea. f. Bandeja de madera, adornada con pajas. || Barco pequeño en forma de cajón. || Construcción cuadrada, generalmente de madera, en medio del mar, que se usa como criadero de mejillones. || Vagón descubierto con los bordes muy bajos. || *amer.* Artesa para lavar.

bateador, ra. m. y f. Persona que, en el béisbol, golpea la pelota con el bate.

batel. m. Bote, barco pequeño.

batería. f. Instrumento de percusión compuesto por tambor, bombo, platillos, etc. || Acumulador de electricidad. || Conjunto de utensilios de cocina. || Conjunto de piezas de artillería. || Unidad de tiro de artillería. || Obra de fortificación. || Conjunto de cañones de los barcos de guerra. || com. Persona que toca la batería en un grupo musical.

batiborrillo o **batiburrillo.** m. Mezcla de cosas.

baticola. f. Correa sujeta al fuste trasero de la silla de montar.

batida. f. Acción de batir el monte para que salga la caza. || Acción de explorar varias personas una zona buscando a alguien o algo. || Allanamiento y registro de algún local que, por sorpresa, realiza la policía.

batido, da. adj. Se aplica a la tierra muy fina utilizada en algunas pistas de tenis. || Se aplica a los tejidos de seda que resultan con visos distintos. || Se aplica al camino muy andado. || m. Bebida refrescante hecha con leche mezclada con helado, fruta u otros ingredientes.

batidor, ra. adj. Que bate. || m. Instrumento para batir. || Cada uno de los soldados de infantería que preceden al regimiento. || Peine de púas largas y separadas, que sirve para desenmarañar pelo, lana o seda. || m. y f. Explorador que descubre y reconoce el campo o el camino. || Persona que levanta la caza en las batidas. || f. Instrumento con el que se baten o trituran los alimentos o bebidas.

batiente. m. Parte del marco de puertas, ventanas y otras cosas semejantes, en la que baten cuando se cierran. || Cada una de las hojas de una puerta o de una ventana. || Lugar donde la mar bate el pie de una costa o de un dique.

batifondo. m. *amer.* Alboroto, griterío, confusión.

batik. (voz malaya) m. Arte y técnica de origen oriental para decorar tejidos, que consiste en pintar unos motivos sobre la tela con cera líquida y después teñir la tela, para que al retirar la cera quede el dibujo más claro.

batimetría. f. Estudio de las profundidades marinas y de los grandes lagos. También se escribe *batometría.*

batir. tr. Dar golpes. || Revolver alguna cosa para que se condense o para que se disuelva. || Mover con fuerza algo. || Derrotar al enemigo o vencer a un contrincante. || DEP. Superar un récord o marca deportiva. || DEP. En atletismo, apoyar la pierna contraria a la que inicia un salto. || Reconocer, explorar un terreno. || Atacar y derribar con la artillería una plaza enemiga. También dominar por la fuerza de las armas un terreno o una posición. || Martillar una pieza de metal hasta reducirla a chapa. || Acuñar monedas. || prnl. Combatir, pelear.

batiscafo. m. Embarcación sumergible, que se usa para explorar las profundidades del mar.

batisfera. f. Cámara esférica, que se sumerge en el mar mediante un cable de acero, para reconocer los fondos marinos.

batista. f. Tela fina de hilo o algodón.

batón. m. *amer.* Bata para estar por casa.

batracio, cia. adj. y m. De los batracios o relativo a esta clase de vertebrados. || m. pl. ZOOL. Antigua denominación de la clase de los anfibios, a la que pertenecen los vertebrados que no tienen pelos ni plumas, son de sangre fría y necesitan un medio acuático o muy húmedo para nacer o vivir.

batuque. m. *amer.* Alboroto, confusión, ruido.

batuta. f. Varita con la que el director de orquesta indica el compás.

baúl. m. Especie de arca que sirve generalmente para guardar ropa. || *amer.* Maletero de un coche.

bautismo. m. Sacramento de la Iglesia católica y de otras iglesias cristianas que confiere el carácter de cristiano. || Ceremonia en la que se pone nombre a una cosa o institución.

bautista. com. Persona que administra el bautismo.

bautizar. tr. y prnl. Administrar el sacramento del bautismo. || Poner nombre a una persona o una cosa. || *col.* Tratándose de vino, mezclarlo con agua. || *col.* Arrojar sobre una persona agua u otro líquido.

bautizo. m. Ceremonia para la administración del sacramento del bautismo y fiesta con que se celebra.

bauxita. f. Mineral blando de color blanquecino, grisáceo o rojizo, formado por óxido hidratado de aluminio.

baya. f. Fruto carnoso, jugoso, cuyas semillas están rodeadas de pulpa, como la uva, la grosella y otros.

bayo, ya. adj. y s. De color blanco amarillento.

bayón. m. Saco de estera con el que se embalan artículos de comercio. || Baile popular de América del Sur. || Frijol amarillo claro.

bayoneta. f. Arma blanca que se ajusta a la boca del fusil.

bayunco, ca. adj. *amer.* Rústico, grosero.

baza. f. Número de naipes que se utilizan en cada jugada y se echan sobre la mesa y que recoge el jugador que gana.

bazar. m. Tienda donde se venden mercancías diversas. || En Oriente, mercado público.

bazo. m. Víscera de los vertebrados, de color rojo oscuro y forma variada, situada a la izquierda del abdomen. Sus funciones primordiales son la eliminación de hematíes caducos, la producción de linfocitos y el almacenamiento de hierro que se usa en la formación de la hemoglobina.

bazofia. f. Comida poco apetitosa. || Cosa despreciable o de mala calidad.

bazuca. amb. Arma portátil para lanzar proyectiles de propulsión a chorro.

be. f. Nombre de la letra *b*. || f. Onomatopeya de la voz del carnero, de la oveja y de la cabra. || m. Balido.

beat. (voz i.) adj. y s. Beatnik.

beatificación. f. Declaración del Papa en la que beatifica a una persona. || Ceremonia solemne en la que se hace esta declaración.

beatificar. tr. Declarar el Papa que alguien goza de la eterna bienaventuranza y se le puede dar culto.

beatitud. f. Para los cristianos, bienaventuranza eterna. || Felicidad, satisfacción, dicha.

beatnik. (voz i.) adj. y s. De un movimiento juvenil que triunfó en la década de los sesenta, contrario a la sociedad de consumo y a los valores sociales burgueses, o relativo a él.

beato, ta. adj. y s. Se dice de la persona beatificada. || Que se dedica a hacer obras de caridad y se aleja de los placeres mundanos. || Se dice de la persona que muestra una religiosidad exagerada. || m. Manuscrito medieval, bellamente decorado, que reproduce los *Comentarios al Apocalipsis* del Beato de Liébana.

beatus ille. (expr. lat.) Tópico literario que ensalza la vida sencilla y sosegada.

bebe, ba. m. y f. *amer.* Bebé.

bebé. m. Niño muy pequeño o recién nacido.

bebedero. m. Vaso en que se echa la bebida a las aves domésticas. || Paraje donde acuden a beber las aves, el ganado y otros animales. || *amer.* Fuente para beber en lugares públicos, como parques y colegios.

bebedizo. m. Bebida medicinal. || Filtro de amor, elixir. || Bebida venenosa.

bebedor, ra. adj. y s. Que es aficionado a las bebidas alcohólicas o abusa de ellas.

beber. tr. e intr. Ingerir un líquido. || Informarse, recibir opiniones, ideas. || intr. Tomar bebidas alcohólicas. || Brindar.

bebible. adj. Referido a medicamentos, que debe beberse. || *col.* Se dice del líquido que se puede beber, porque no es del todo desagradable al paladar.

bebido, da. adj. Embriagado. || f. Cualquier líquido que se bebe. || Consumo habitual y excesivo de alcohol.

beca. f. Ayuda económica para cursar estudios, realizar una investigación, etc. || Faja de paño que se coloca sobre el pecho de los estudiantes, en forma de uve, y que cae hacia atrás.

becado, da. adj. y s. Que disfruta de una beca para estudios.

becar. tr. Conceder una beca para estudios.

becario, ria. m. y f. Persona que disfruta de una beca.

becerrada. f. Lidia o corrida de becerros.

becerro, rra. m. y f. Cría de la vaca cuando es menor de tres años. || m. Piel de ternero o ternera curtida.

bechamel. f. Besamel.

bedel, la. m. y f. Persona que cuida del orden de los establecimientos de enseñanza y otros centros oficiales, además de realizar tareas auxiliares.

beduino, na. adj. y s. De los árabes nómadas, que viven en los desiertos del norte de África y Oriente medio.

befa. f. Burla, mofa.

befar. intr. Mover el caballo los belfos hacia los lados, para alcanzar la cadenilla del freno. || tr. y prnl. Burlarse de una persona.

befo, fa. adj. y s. Belfo, que tiene más grueso el labio inferior que el superior. || Que tiene los labios gruesos. || Que tiene las piernas o los pies torcidos hacia fuera. || m. Labio de un animal.

begonia. f. Planta perenne, originaria de América, con tallos carnosos, hojas grandes, acorazonadas, de color verde bronceado por encima, rojizas y con nervios muy salientes por el envés, y flores sin corola, con el cáliz de color rosa.

beicon. m. Panceta ahumada.

beige. (voz fr.) adj. y m. Color marrón claro; pajizo, amarillento.

béisbol. m. Juego entre dos equipos de nueve jugadores cada uno que se practica con una pelota y un bate, y en el que los jugadores han de recorrer ciertos puestos o bases de un circuito.

belcebú. m. Demonio, diablo.

beldad. f. Belleza. || Persona muy bella.

belfo, fa. adj. y s. Que tiene más grueso el labio inferior que el superior. || m. Labio del caballo y otros animales.

belga. adj. y com. De Bélgica o relativo a este país europeo.

belicismo. m. Tendencia a tomar parte en conflictos armados.

belicista. adj. Del belicismo o relativo a él. || adj. y com. Partidario de esta tendencia.

bélico, ca. adj. Relativo a la guerra.

belicosidad. f. Tendencia a participar en conflictos armados. || Tendencia a actuar de un modo violento y agresivo.

belicoso, sa. adj. Que se inclina hacia los conflictos armados. || Agresivo.

beligerancia. f. Participación en una guerra o conflicto.

beligerante. adj. Belicoso, agresivo. || adj. y com. Se aplica a la potencia, estado, grupo que está en guerra, o que está de parte de alguno de los contendientes.

bellaco, ca. adj. y s. Que es ruin y perverso.

bellaquería. f. Hecho o dicho propio de un bellaco.

belleza. f. Armonía y perfección que inspira admiración y deleite. || Persona muy hermosa.

bello, lla. adj. Que agrada a los sentidos. || Que es bueno o excelente.

bellota. f. Fruto de la encina, del roble y de otros árboles, de forma ovalada, algo puntiagudo, de dos o más centímetros de largo, dentro de la cual está su única semilla. Se emplea como alimento del ganado de cerda.

bemol. adj. y m. MÚS. Se aplica a la nota musical cuya entonación es un semitono más baja que la de su sonido natural. || m. MÚS. Signo que representa esta alteración.

benceno. m. QUÍM. Hidrocarburo cíclico, aromático, de seis átomos de carbono. Es un líquido incoloro e inflamable, de amplia utilización como disolvente y como reactivo en operaciones de laboratorio y usos industriales.

bencina. f. QUÍM. Líquido incoloro, volátil e inflamable, obtenido del petróleo, que se emplea como disolvente. || *amer.* Gasolina.

bendecir. tr. Hacer un sacerdote cruces con la mano extendida sobre cosas o personas, para invocar la protección divina. || Conceder la Providencia divina bienes o prosperidad a una persona. || Consagrar al culto divino una cosa. || Alabar, ensalzar, o mostrar alegría o agradecimiento.

bendición. f. Acción y resultado de bendecir. || pl. Ceremonia del matrimonio.

bendito, ta. p.p. irreg. del verbo Bendecir. || m. y f. Persona buena o inocente.

benedictino, na. adj. y s. Relativo a la orden de san Benito. || m. Licor que fabrican los frailes de esta orden.

benefactor, ra. adj. y s. Bienhechor.

beneficencia. f. Virtud de hacer bien. || Conjunto de establecimientos y demás instituciones benéficos que prestan servicios gratuitos a las personas necesitadas.

beneficiar. tr. y prnl. Hacer bien, producir un beneficio. || prnl. Sacar provecho de algo. || *vulg. desp.* Tener relaciones sexuales con una persona.

beneficiario, ria. adj. y s. Que goza de un beneficio o se beneficia de algo.

beneficio. m. Bien que se hace o se recibe. || Utilidad, provecho. || Ganancia que se obtiene de una inversión.

beneficioso, sa. adj. Que es provechoso o útil.

benéfico, ca. adj. Que hace bien. || Relativo a la beneficencia.

benemérito, ta. adj. Digno de recompensa.

beneplácito. m. Aprobación, permiso.

benevolencia. f. Propiedad de la persona que es comprensiva y tolerante.

benevolente. adj. Que se comporta con benevolencia.

benévolo, la. adj. Que es comprensivo o tolerante.

bengala. f. Varilla con pólvora en uno de los extremos, que al arder produce chispas y una luz muy viva. || Artificio luminoso con el que se hacen señales a distancia desde un barco u otro lugar parecido.

benignidad. f. Carácter templado y apacible del clima o la temperatura. || Ausencia de gravedad o de malignidad de un tumor o enfermedad. || Tendencia de una persona a ser comprensiva, indulgente o afable.

benigno, na. adj. Se dice de la enfermedad o tumor que no reviste gravedad. || Templado, apacible. || Comprensivo, indulgente, afable.

benjamín, ina. m. y f. Hijo menor. || Persona de menor edad en cualquier grupo. || adj. y m. DEP. Se aplica al deportista que, por edad, pertenece a la categoría más baja.

benjuí. m. Bálsamo aromático que se obtiene por incisión en la corteza de algunos árboles tropicales y que se emplea en medicina y perfumería.

benzoico, ca. adj. QUÍM. Del benjuí o relativo a este bálsamo aromático. || QUÍM. Se dice un ácido orgánico derivado del benceno.

benzol. m. Líquido incoloro volátil que se extrae de la brea de hulla y se utiliza para la fabricación de productos sintéticos.

beocio, cia. adj. Que es ignorante o tonto. || De Beocia o relativo a esta región de la Grecia antigua. También s.

beodo, da. adj. y s. Borracho, embriagado, ebrio.

berberecho. m. Molusco bivalvo, de conchas estriadas casi circulares; es muy apreciado como comestible.

beréber o **bereber.** adj. y com. De Berbería o relativo a esta región del norte de África. || m. Lengua hablada en esta región.

berenjena. f. Planta solanácea, de tallos fuertes, hojas grandes y flores moradas. || Fruto de esta planta, aovado, cubierto por una película morada y lleno de una pulpa blanca, que es comestible y carnosa.

berenjenal. m. Sitio plantado de berenjenas. || col. Enredo, dificultad.

bergamota. f. Variedad de lima muy aromática, de la cual se extrae una esencia usada en perfumería. || Variedad de pera muy jugosa y aromática.

bergamoto o **bergamoto.** m. Limero que produce la bergamota. || Peral que produce la bergamota.

bergante. com. Persona capaz de actuar sin honradez, sin escrúpulos, bribona.

bergantín. m. Buque de dos palos y velas cuadradas.

beriberi. m. Enfermedad crónica provocada por la falta de vitamina B cuyos síntomas son la rigidez muscular, los problemas cardíacos y la debilidad general.

berlinés, esa. adj. y s. De Berlín o relativo a la capital alemana.

bermejo, ja. adj. Rubio, rojizo. Se aplica especialmente al pelo.

bermejón, ona. adj. De color bermejo o que tira a él.

bermellón. m. Cinabrio en polvo que se emplea para obtener pintura de color rojo vivo. || Este mismo color.

bermudas. adj. y amb. pl. Se aplica al pantalón corto que llega hasta la rodilla.

berrear. intr. Dar berridos el becerro u otros animales. || Llorar o gritar desaforadamente un niño. || Gritar una persona. || col. Cantar desentonadamente.

berreta. adj. y s. amer. Que se comporta con vulgaridad y poco refinamiento.

berretín. m. amer. col. Terquedad, obstinación. || amer. col. Cariño muy grande que siente una persona por otra.

berrido. m. Voz del becerro y otros animales. || Grito estridente.

berrinche. m. Rabieta, enojo grande.

berro. m. Planta angiosperma que crece en lugares húmedos; sus hojas, de sabor picante, se comen en ensalada.

berrocal. m. Terreno lleno de berruecos.

berroqueño, ña. adj. Se aplica a la piedra de granito. || Que es fuerte y resistente.

berrueco. m. Roca, peñasco granítico. || Tumorcillo del iris de los ojos.

besamanos. m. Acto público de saludo a las autoridades. || Modo de saludar a algunas personas acercando la mano derecha a la boca. || Acto en que se besa la palma de la mano a un sacerdote después de su primera misa.

besamel o **besamela.** f. Salsa blanca que se hace con harina, leche y mantequilla.

besar. tr. y prnl. Tocar algo o a alguien con los labios juntos y separarlos haciendo una pequeña aspiración, en señal de saludo, cariño, amistad o reverencia. || Hacer el ademán propio del beso. || Tocar una cosa con otra. || prnl. Tropezar una persona con otra.

beso. m. Toque que se hace a algo o a alguien con los labios juntos y separándolos haciendo una pequeña aspiración. || Expresión simbólica de lo que esta acción representa. || Tropiezo, golpe.

bestia. f. Animal cuadrúpedo de carga, especialmente el doméstico. || adj. y com. Persona ruda e ignorante.

bestial. adj. Brutal o irracional. || Extraordinario, enorme. || adv. m. col. Muy bien.

bestialidad. f. col. Hecho o dicho brutal, estúpido o poco educado. || col. Gran cantidad.

bestiario. m. Hombre que luchaba con las fieras en los circos romanos. || LIT. Colección de fábulas de animales reales o fantásticos.

best-seller. (voz i.) m. Libro que ha alcanzado un gran éxito de venta.

besucón, ona. adj. y s. Que da muchos besos.

besugo. m. Pez teleósteo, con ojos de gran tamaño; es muy apreciado por su carne blanca y sabrosa. || Persona torpe o necia.

besuquear. tr. col. Dar a alguien muchos besos cortos de manera pesada e impertinente.

beta. f. Segunda letra del alfabeto griego, que se corresponde con nuestra *b*. || adj. y com. Se apl. a un sistema de grabación y reproducción de vídeo doméstico.

betel. Planta trepadora con cierto sabor a menta.

betuláceo, a. adj. y f. De la familia de las betuláceas o relativo a estas plantas. || f. pl. BOT. Familia de plantas leñosas, de hojas simples y alternas, flores de color verdoso en amento y fruto en forma de aquenio, como el abedul, el aliso y el avellano.

betún. m. Crema o líquido para lustrar el calzado. || Nombre genérico de varias sustancias, compuestas de carbono e hidrógeno, que se encuentran en la naturaleza y arden con llama, humo espeso y olor peculiar. || amer. Crema de distintos sabores con que se bañan los pasteles.

bey. m. Gobernador del imperio turco.

bezo. m. Labio grueso.

bianual. adj. Que ocurre dos veces al año.

biatlón. m. Deporte olímpico que combina esquí de fondo y tiro al blanco con arma de fuego.

biauricular. adj. De los dos oídos o relativo a ellos.

biberón. m. Botella pequeña, de plástico o cristal, con una tetina, que se utiliza en la lactancia artificial de los bebés. || Leche que contiene esta botella.

Biblia. f. Conjunto de los libros canónicos del Antiguo y Nuevo Testamento; Sagradas Escrituras. || Libro que contiene este texto. || Obra que reúne los conocimientos o ideas relativos a una materia y que es considerada por sus seguidores como modelo ideal.

bíblico, ca. adj. De la Biblia o relativo a ella.

bibliofilia. f. Afición a los libros, especialmente por los raros y curiosos.

bibliófilo, la. m. y f. Persona aficionada a los libros, especialmente a las ediciones más raras o curiosas.

bibliografía. f. Relación de libros o escritos referentes a una materia determinada. || Descripción de los libros y manuscritos, sobre todo de sus ediciones, fechas de impresión, autor, compilador, etc. || Relación ordenada de libros y publicaciones de un mismo autor.

bibliología. f. Ciencia que estudia la historia y la técnica del libro.

bibliomanía. f. Pasión exagerada por tener libros.

bibliorato. m. amer. Archivador, carpeta para archivar documentos.

biblioteca. f. Local donde se tiene un considerable número de libros ordenados para su consulta o lectura. || Mueble, estantería, etc., donde se colocan libros. || Conjunto de estos libros. || Colección de libros o tratados análogos o semejantes entre sí, ya por las materias de que tratan, ya por la época y nación o autores a que pertenecen.

bibliotecario, ria. m. y f. Persona encargada de una biblioteca.

bibliotecología. f. Ciencia que estudia las bibliotecas en todos sus aspectos.

biblista. com. Persona que se dedica al estudio de la Biblia.

bicameral. adj. Se dice del poder legislativo, cuando está compuesto de dos cámaras.

bicarbonato. m. Cualquiera de las sales derivadas del ácido carbónico; entre ellas, el bicarbonato sódico, muy utilizado para neutralizar la acidez gástrica y facilitar la digestión.

bicéfalo, la. adj. Que tiene dos cabezas. || Que tiene dos dirigentes.

bicelular. adj. Que tiene dos células.

bicentenario, ria. adj. Que tiene doscientos años. || m. Día o año en que se celebran los dos siglos del nacimiento o muerte de una persona famosa, o de un suceso importante.

bíceps. adj. y m. Se dice de los músculos pares que tienen por arriba dos porciones o cabezas, especialmente el del brazo.

bicharraco. m. desp. Animal de figura desagradable.

bichero. m. Palo largo con un gancho en un extremo, que se usa para atracar y desatracar pequeñas embarcaciones.

bicho. m. desp. Animal pequeño. || col. Animal doméstico. || col. Persona mala o traviesa. || Toro de lidia.

bici. f. col. apóc. de Bicicleta.

bicicleta. f. Vehículo de dos ruedas generalmente iguales, movidas por dos pedales y una cadena.

bicicross. m. Modalidad de ciclismo que consiste en subir y bajar obstáculos sin apoyar los pies en el suelo en un circuito preparado para ello.

bicoca. f. col. Ganga. || Cosa ventajosa.

bicolor. adj. De dos colores.

bicóncavo, va. adj. Se dice del cuerpo que tiene dos superficies cóncavas opuestas.

biconvexo, xa. adj. Se dice del cuerpo que tiene dos superficies convexas opuestas.

bicornio. m. Sombrero de dos picos.

bicromía. f. IMPR. Impresión en dos colores.

bicúspide. adj. Que tiene dos cúspides o remates puntiagudos.

bidé. m. Lavabo bajo de forma ovalada empleado en la higiene íntima.

bidentado, da. adj. BOT. Se dice de la hoja que tiene el borde recortado en lóbulos pequeños, especialmente si son dos.

bidente. adj. Que tiene dos dientes. || m. Azada o azadón de dos dientes.

bidimensional. adj. Que tiene dos dimensiones, altura y anchura.

bidón. m. Recipiente con cierre hermético para transportar líquidos.

biela. f. Barra que, en las máquinas, transforma un movimiento de vaivén en otro de rotación, o viceversa.

bieldo. m. Instrumento agrícola para aventar las mieses.

biempensante. adj. y com. Que es tradicional y conservador en sus ideas.

bien. m. Lo que en sí mismo tiene el complemento de la perfección, o lo que es objeto de la voluntad. || Lo que es favorable, conveniente. || Lo que enseña la moral que se debe hacer, o lo que es conforme al deber. || Utilidad, beneficio, bienestar. || Calificación académica que indica que se ha superado el nivel exigido y está entre el aprobado y el notable. || m. pl. Hacienda, riqueza.

bienal. adj. y s. Que sucede o se repite cada dos años. || Que dura un bienio. || f. Exposición o manifestación artística o cultural que se repite cada dos años.

bienaventurado, da. adj. y s. Afortunado, feliz. || Que goza de Dios en el cielo.

bienaventuranza. f. Prosperidad, felicidad. || Vista y posesión de Dios en el cielo. || Las ocho felicidades que manifestó Cristo a sus discípulos para que aspirasen a ellas.

bienestar. m. Estado o situación de satisfacción o felicidad. || Estado o situación del que tiene buena posición económica y una vida desahogada.

bienhablado, da. adj. Que habla cortésmente y con corrección.

bienhechor, ra. adj. y s. Que hace el bien. || Protector.

bienio. m. Tiempo de dos años. || Incremento salarial que se produce por cada periodo de dos años trabajados.

bienvenido, da. adj. Se dice de la persona o cosa cuya venida se acoge con agrado. || f. Manifestación de agrado que se comunica a alguien por su llegada.

bienvivir. intr. Vivir con holgura. || Vivir honestamente.

bies. m. Trozo de tela cortado en sesgo respecto al hilo, que se aplica a los bordes de prendas de vestir.

bifase. f. ELECTR. Sistema formado por dos corrientes alternas iguales y desfasadas entre sí un cuarto de ciclo.

bifásico, ca. adj. De una bifase o que está relacionado con ella.

bife. m. *amer.* Trozo de carne que se sirve asada o a la plancha. || *amer.* Bofetada.

bífido, da. adj. BIOL. Hendido en dos partes, bifurcado.

bifocal. adj. Que tiene dos focos.

bífora. f. ARQUIT. Ventana formada por dos vanos geminados, y coronada por un arco de medio punto.

biforme. adj. Que puede tener dos formas.

bifronte. adj. De dos frentes o dos caras. || m. ESC. Busto o estatua de dos cabezas que miran en sentido opuesto.

bifurcación. f. División en dos ramales. || Punto en que algo se bifurca.

bifurcarse. prnl. Dividirse en dos ramales, brazos o puntas.

big bang. (expr. ing.) m. FÍS. Gran explosión inicial que dio origen al Universo.

bigamia. f. Estado del hombre o mujer casados con dos personas al mismo tiempo.

bígamo, ma. adj. y s. Que se casa de nuevo, teniendo todavía vigencia legal su anterior matrimonio.

bigote. m. Pelo que nace sobre el labio superior. || *col.* Restos de bebida o de comida que quedan en el labio superior.

bigotera. f. Compás pequeño que tiene una rosca para regular su abertura. || Restos de bebida o comida que quedan en el labio superior. || Tira de gamuza o redecilla que usaban los hombres para dar la forma que deseaban a los bigotes.

bigotudo, da. adj. y s. Que tiene un bigote muy grande.

bikini. m. biquini.

bilabiado, da. adj. BOT. Se dice del cáliz o la corola que tiene la parte superior dividida en dos partes.

bilabial. adj. Se dice del sonido en cuya pronunciación intervienen los dos labios. || Se dice de la consonante que se articula de esta manera.

bilateral. adj. Relativo a ambos lados. || Se dice del acuerdo, contrato, o negociación en que intervienen dos partes.

biliar o **biliario, ria.** adj. De la bilis o relativo a ella.

bilingüe. adj. Que habla dos lenguas. || Escrito en dos lenguas.

bilingüismo. m. Uso habitual de dos lenguas en una misma región o comunidad lingüística. || Cualidad de bilingüe de alguien o algo.

bilioso, sa. adj. Que tiene abundancia de bilis. || Se dice del carácter agrio e irritable.

bilis. f. Sustancia amarga, de color amarillo o verdoso, segregada por el hígado. || Malhumor, irritación.

billar. m. Juego que se practica impulsando con un palo o taco bolas de marfil sobre una mesa rectangular forrada de paño verde, rodeada de barandas elásticas y con troneras o sin ellas. || Lugar donde se juega.

billetaje. m. Conjunto o totalidad de los billetes de un teatro, transporte, etc.

billete. m. Papel moneda. || Tarjeta que da derecho a entrar u ocupar asiento en alguna parte o para viajar en un vehículo. || Número de una rifa o lotería. || Carta breve.

billetero, ra. m. y f. Cartera pequeña de bolsillo para llevar billetes de banco. || *amer.* Persona que vende billetes de lotería.

billón. m. Un millón de millones. || Signo con que se representa este número. || En Estados Unidos, mil millones.

billonésimo, ma. adj. num. ord. Que ocupa el lugar número un billón en una serie ordenada de elementos. || adj. num. frac. Se dice de cada una del billón de partes iguales en que se divide algo.

bilogía. f. Libro, tratado o composición literaria que consta de dos partes.

bimembre. adj. De dos miembros o partes.

bimensual. adj. Que se hace u ocurre dos veces al mes.

bimestral. adj. Que sucede cada dos meses. || Que dura dos meses.

bimestre. m. Periodo de tiempo de dos meses. || Renta, sueldo, pensión, etc., que se cobra o paga por cada dos meses. || adj. Bimestral.

bimetalismo. m. Sistema monetario que admite como patrones el oro y la plata, conforme a la relación que la ley establece entre ellos.

bimotor. adj. y m. Se apl. al avión provisto de dos motores.

binario, ria. adj. Compuesto de dos elementos, unidades o guarismos.

bingo. m. Juego de azar parecido a la lotería, en el que cada participante debe tachar los números que tiene en su cartón a medida que salen de un bombo y se cantan; tiene premio quien primero consigue tachar una línea de números del cartón y quien primero consigue tacharlos todos. || Premio que se entrega al ganador. || Sala donde se juega. || Interj. *col.* que se usa para expresar que se ha solucionado o acertado una cosa.

binocular. adj. Se dice de la visión que se hace con los dos ojos simultáneamente. || Se apl. al instrumento óptico que se emplea simultáneamente con los dos ojos. || m. pl. Aparato óptico para ver a distancia, formado por dos tubos, uno para cada ojo, que en su interior tienen una combinación de prismas y lentes.

binóculo. m. Especie de gafas sin patillas.

binomio. m. Expresión compuesta de dos términos algebraicos separados por los signos de suma o resta. || Conjunto de dos personas que mantienen una estrecha relación profesional.

bioagricultura. f. Modalidad de la agricultura que respeta los ciclos naturales de los cultivos, sin añadirles abonos artificiales ni productos químicos.

biodegradable. adj. Se dice de las sustancias químicas que se descomponen por un proceso natural biológico.

biodegradación. f. Descomposición de una sustancia química por un proceso natural biológico.

biodinámica. f. Parte de la fisiología que estudia la actividad de los fenómenos biológicos.

bioética. f. Disciplina científica que estudia los aspectos éticos de los avances y métodos de la medicina y la biología.

biofísico, ca. adj. De la biofísica o relativo a ella. || m. y f. Persona que se dedica profesionalmente a la biofísica. || f. Estudio de los fenómenos vitales mediante los principios y métodos de la física.

biogénesis. f. Teoría según la cual todo ser vivo procede de otro ser vivo.

biogeografía. f. Ciencia que estudia la distribución geográfica de los seres vivos y las causas y modificaciones de esta distribución.

biografía. f. Historia de la vida de una persona.

biografiado, da. m. y f. Persona cuya vida es el objeto de una biografía.

biográfico, ca. adj. De la biografía o relativo a ella.

biógrafo, fa. m. y f. Autor de una biografía.

biología. f. Ciencia que trata de los seres vivos, considerándolos en su doble aspecto morfológico y fisiológico.

biólogo, ga. m. y f. Persona que se dedica profesionalmente a la biología.

bioma. m. Área dentro de una región biogeográfica con un determinado tipo de vegetación y fauna predominante.

biomasa. f. Suma total de la materia de los seres que viven en un ecosistema determinado, expresada habitualmente en peso estimado por unidad de área o de volumen.

biombo. m. Mampara compuesta de varios bastidores articulados.

biomecánica. f. Ciencia que estudia la aplicación de las leyes de la mecánica a las estructuras y los órganos de los seres vivos.

biónica. f. Ciencia que estudia el diseño de aparatos o máquinas que funcionan de acuerdo con principios observados en los seres vivos.

biopsia. f. Procedimiento de investigación clínica que consiste en separar del organismo vivo una porción de un órgano determinado para confirmar o completar un diagnóstico.

bioquímico, ca. adj. De la bioquímica o relativo a ella. || m. y f. Persona que se dedica profesionalmente a la bioquímica. || f. Parte de la química que estudia la composición y las transformaciones químicas de los seres vivos.

biorritmo. m. Ciclo periódico en la actividad de los procesos vitales de una persona o animal.

biosfera. f. Parte de la superficie sólida, líquida y gaseosa de la Tierra en la que se desarrollan los seres vivos. || Conjunto que forman los seres vivos con el medio en que se desarrollan.

biosíntesis. f. BIOL. Formación de sustancias en el interior de un ser vivo.

bioterapia. f. MED. Tratamiento de una enfermedad con sustancias producidas por seres vivos.

biótico, ca. adj. BIOL. Que es característico de los seres vivos o se refiere a ellos. || BIOL. De la biota o relativo a ella.

biotipo. m. BIOL. Animal o planta que se consideran característicos de la variedad, especie o raza. || BIOL. Grupo de seres vivos que tienen características hereditarias comunes.

biotopo o **biótopo.** m. Ambiente físico ocupado por una biocenosis o comunidad de especies animales y vegetales.

bióxido. m. QUÍM. Combinación de un radical simple o compuesto con dos átomos de oxígeno.

bíparo, ra. adj. Que tiene dos crías en el parto. || Se dice de la mujer que ha parido dos veces.

bipartición. f. División de una cosa en dos partes.

bipartidismo. m. Forma de gobierno basado en la existencia de dos partidos.

bípedo, da. adj. y m. De dos pies.

biplano. m. Avión con cuatro alas que, dos a dos, forman planos paralelos.

biplaza. adj. y m. Vehículo, especialmente el avión, de dos plazas.

bipolar. adj. Que tiene dos polos.

bipolaridad. f. Propiedad de un cuerpo que tiene dos polos eléctricos o magnéticos opuestos.

biquini. m. Bañador de mujer de dos piezas de reducidas dimensiones.

birlar. tr. *col.* Quitar algo, estafar.

birmano, na. adj. y s. De Myanmar, antigua Birmania, o relativo a este país asiático. || m. Lengua chino-tibetana, oficial en Myanmar.

birome. f. *amer.* Bolígrafo.

birra. (voz it.) f. *col.* Cerveza.

birreme. adj. y m. Antiguo navío con una fila de remos a cada lado.

birreta. f. Bonete cuadrangular que usan algunos clérigos.

birrete. m. Gorro de forma prismática que en algunos actos solemnes sirve de distintivo a los profesores de universidad, magistrados, jueces y abogados. || Birreta.

birria. f. *desp.* Cosa de mala calidad o mal hecha. || com. *desp.* Mamarracho.

bis. adv. c. Se emplea para dar a entender que una cosa debe repetirse o está repetida. || m. Ejecución o declamación repetida, para corresponder a los aplausos del público, de una obra musical o recitada o de un fragmento de ella.

bisabuelo, la. m. y f. Respecto de una persona, el padre o la madre de su abuelo o de su abuela.

bisagra. f. Conjunto de dos piezas metálicas articuladas que permite la articulación de puertas y ventanas. || Elemento que se encuentra entre otros dos y sirve de punto de unión o articulación.

bisar. tr. Repetir, a petición de los oyentes, una obra musical o recitada o un fragmento de ella.

bisbisear o **bisbisar.** tr. Musitar, hablar en voz muy baja produciendo un murmullo.

biscuit. (voz fr.) m. Bizcocho. || Porcelana.

bisecar. tr. GEOM. Dividir en dos partes iguales.

bisección. f. GEOM. División en dos partes iguales.

bisector, triz. adj. y s. GEOM. Que divide en dos partes iguales. || f. GEOM. Línea recta que divide a un ángulo en otros dos iguales.

bisel. m. Corte oblicuo en el borde de una lámina o plancha.

biselar. tr. Hacer biseles.

bisemanal. adj. Que se hace u ocurre dos veces por semana. || Que sucede cada dos semanas.

bisexual. adj. Hermafrodita. || adj. y com. Se dice de la persona que mantiene relaciones sexuales con personas de su mismo sexo y del contrario, indistintamente.

bisiesto. adj. y m. Se dice del año de 366 días. Excede del año normal en un día, que se añade al mes de febrero. Se repite cada cuatro años.

bisílabo, ba. adj. y s. De dos sílabas.

bismuto. m. QUÍM. Elemento químico metálico, muy brillante, de color gris rojizo, hojoso, muy frágil y fácilmente fusible. Se emplea en calderas, industrias farmacéuticas y en la fabricación de cierres de seguridad. Su símbolo es Bi y su número atómico, 83.

bisnes. m. *argot* Negocio, actividad económica o lucrativa.

bisnieto, ta. m. y f. Respecto de una persona, hijo o hija de su nieto o de su nieta.

bisonte. m. Bóvido salvaje, parecido al toro, con la parte anterior del cuerpo muy abultada, cubierto de pelo áspero y con cuernos poco desarrollados.

bisoñé. m. Peluca que cubre solo la parte anterior de la cabeza.

bisoño, ña. adj. y s. Se aplica al soldado o tropa que acaba de ingresar en el ejército. || Inexperto en algún oficio o actividad.

bistec o **bisté.** m. Loncha o filete de carne asada o frita.

bistró o **bistrot.** (voz fr.) m. Restaurante al estilo de las casas de comida francesas.

bisturí. m. Instrumento con forma de cuchillo pequeño usado en cirugía.

bisutería. f. Industria que produce joyas, hechas de materiales no preciosos. || Local o tienda donde se venden dichas joyas. || Estas mismas joyas de adorno.

bit. m. INFORM. Unidad de información, la más pequeña, equivalente a la elección entre dos posibilidades igualmente probables. || Unidad de medida de la capacidad de memoria de un ordenador, de un disco magnético, etc.

bitácora. f. Armario que en un barco se sitúa cerca del timón, donde se pone la brújula.

bituminoso, sa. adj. Que tiene betún o semejanza con él.

bivalente. adj. y m. QUÍM. Se dice del elemento que tiene dos valencias o posibilidades de combinación con otro elemento.

bivalvo, va. adj. y m. De los bivalvos o relativo a este grupo de animales. || m. pl. ZOOL. Grupo de animales que tienen dos valvas.

bizantino, na. adj. Se dice de la discusión inútil o complicada por ser demasiado sutil. || adj. y s. De Bizancio o relativo a esta antigua colonia griega o con el imperio romano de Oriente.

bizarría. f. Gallardía, valor. || Generosidad, lucimiento.

bizarro, rra. adj. Valiente, gallardo. || Generoso, espléndido.

bizco, ca. adj. Se dice del que padece estrabismo. || Se dice del ojo y la mirada torcidos.

bizcocho. m. Bollo de harina, huevos y azúcar cocido al horno. || Pan sin levadura que se cuece dos veces para que se seque y dure mucho. || Objeto de porcelana o de loza, cocido una o dos veces y sin barnizar.

bizcochuelo. m. amer. Masa de harina, huevos y azúcar que sirve de base para hacer un pastel.

bizna. f. Película que separa los cuatro gajitos de la nuez.

biznieto, ta. m. y f. Bisnieto.

bizquear. intr. col. Padecer estrabismo o simularlo.

blackjack. m. Juego de cartas o dados en el que gana el jugador que hace veintiún puntos exactos o más se acerca a ellos sin pasarse.

blackout. (voz i.) m. Censura informativa.

blanco, ca. adj. De color de nieve o leche. Es el color de la luz solar, no descompuesta en los colores del espectro. || De color más claro que otras de la misma especie. || Se dice de la raza europea o caucásica. También s. || m. Objeto para ejercitarse en el tiro y puntería. || Intermedio entre dos cosas. || Objetivo o fin al que se dirige un acto, un deseo o un pensamiento. || f. Nota musical que equivale a dos negras en el compás de compasillo. || Antigua moneda española.

blancura. f. Propiedad de las cosas blancas.

blancuzco, ca. adj. Que tira a blanco, o es de color blanco sucio.

blandengue. adj. Excesivamente blando. || adj. y com. desp. Se aplica a la persona débil y que se queja con frecuencia.

blandir. tr. Mover un arma u otra cosa con movimiento oscilante o vibratorio.

blando, da. adj. Tierno, suave, que cede fácilmente al tacto. || Benévolo, falto de energía o severidad. || Débil de carácter. || GEOL. Se dice del mineral que se raya con facilidad.

blanqueador, ra. adj. y s. Que blanquea.

blanquear. tr. Poner blanca una cosa. || Dar de cal o yeso blanco a las paredes, techos, etc. || Limpiar un metal. || Ajustar a la legalidad fiscal el dinero procedente de negocios delictivos. || intr. Mostrar una cosa la blancura que tiene. || Ir tomando una cosa color blanco.

blanquecino, na. adj. Que tira a blanco.

blanqueo. m. Acción y resultado de blanquear. || Tratamiento que se da al papel y a las fibras textiles para eliminar impurezas. || Legalización de dinero ilícito.

blasfemar. intr. Decir blasfemias. || Maldecir, vituperar, especialmente a algo o alguien que se considera sagrado o digno de respeto.

blasfemia. f. Palabra o expresión injuriosa contra Dios o las personas o cosas sagradas. || Injuria grave contra una persona.

blasfemo, ma. adj. Que contiene blasfemia. || Que blasfema. También s.

blasón. m. Arte de explicar y describir los escudos de armas. || Figura de un escudo. || Escudo de armas. || Honor, fama.

blasonar. tr. Jactarse, presumir.

blastocito. m. BIOL. Célula embrionaria que todavía no se ha diferenciado.

blastodermo. m. BIOL. Primitiva acumulación de células embrionarias que proceden de la segmentación del óvulo fecundado.

blastómero. m. BIOL. Cada una de las células en que se divide el óvulo para dar lugar a las primeras fases embrionarias.

blástula. f. BIOL. Una de las primeras fases del desarrollo embrionario en la que, por segmentación del cigoto, se forma una estructura a manera de esfera hueca, constituida por una sola capa de células.

blazer. (voz i.) f. Especie de chaqueta, generalmente azul, y que suele llevar el escudo de un equipo, colegio, etc. en el bolsillo superior.

bledo. m. Planta rastrera, de unos tres decímetros de largo, hojas triangulares de color verde oscuro y flores rojas y pequeñas. || importarle algo un bledo a alguien. loc. Importarle muy poco o nada.

blefaritis. f. MED. Inflamación de los párpados.

blenorrea. f. MED. Blenorragia crónica.

blindado, da. adj. Cubierto por un blindaje. || col. Intocable, protegido.

blindaje. m. Acción y resultado de blindar. || Revestimiento, coraza o defensa usada contra la acción de proyectiles. || Conjunto de materiales que se utilizan para blindar. || Pantalla, generalmente metálica, que sirve de protección contra radiaciones.

blindar. tr. Acorazar y proteger con planchas de diversos materiales contra agentes externos como proyectiles, radiaciones, etc.

blíster. (voz i.) m. Soporte de cartón con una lámina de plástico transparente que forma distintas cavidades utilizadas como envase de manufacturados pequeños.

bloc. (voz fr.) m. Cuaderno o taco pegado de hojas de papel en blanco.

blonda. (voz fr.) f. Encaje de seda, bolillos o aguja formado por hilos en varias direcciones y de distinto grosor.

blondo, da. adj. Rubio, claro.

bloque. m. Trozo grande de piedra u hormigón sin labrar. || Coalición ocasional de partidos políticos. || Conjunto de países que mantienen características políticas, militares y económicas comunes. || Manzana o edificio de casas de similares características. || INFORM. Conjunto de caracteres tratados como una sola unidad. || En los motores de explosión, pieza de fundición que contiene uno o varios cilindros en cuyo interior circula el agua de refrigeración.

bloquear. tr. y prnl. Cortar las comunicaciones de una ciudad o puerto con fines militares o políticos. || Detener el funcionamiento de un mecanismo o el desarrollo de un proceso en cualquiera de sus fases. || Interrumpir un servicio por exceso de demanda. || Inmovilizar la autoridad una cantidad, crédito o bienes impidiendo a su titular disponer de ellos.

bloqueo. m. Acción y resultado de bloquear. || Incapacidad transitoria de un individuo para reaccionar ante una situación determinada. || Aislamiento. || Sistema de seguridad en la señalización de ferrocarriles.

blues. (voz i.) m. Canción lenta afroamericana, de carácter urbano, nostálgico y sensual, estructurada sobre una melodía de doce compases con modulaciones en la parte central.

bluff. (voz i.) m. Falsa apariencia, objeto o persona que atraen sin tener cualidades para ello.

blusa. f. Prenda de vestir, generalmente femenina, amplia y con mangas, que cubre la parte superior del cuerpo.

blusón. m. Blusa larga y amplia.

bluyín. m. amer. Pantalón vaquero, tejano.

boa. f. Serpiente miembro de la familia de los boidos, de considerable tamaño, vivípara, no venenosa, que mata a sus presas comprimiéndolas con su fuerza y devorándolas después. || Prenda femenina de plumas o piel que se coloca alrededor del cuello.

boato. m. Ostentación, lujo.

bobada. f. Bobería, necedad.

bobalicón, ona. adj. y s. col. Bobo, inocentón.

bobear. intr. Hacer bobadas, tontear. || Malgastar el tiempo en cosas inútiles.

bobería. f. Dicho o hecho necio. || Asunto sin importancia.

bobina. f. Carrete sobre el que se enrolla hilo, alambre, etc. y el hilo mismo. || Rollo de papel continuo que utilizan las rotativas. || Cilindro con dos discos laterales, en el que se enrolla la película cinematográfica. || Cilindro en el que se enrolla hilo conductor devanado. || Parte del sistema de encendido de un motor de explosión, en la que se efectúa la transformación de la corriente.

bobo, ba. adj. y s. De poco entendimiento y capacidad. || Excesivamente candoroso e ingenuo. || amer. Pez de río de medio metro de largo y piel negra, cuya carne blanca es muy apreciada. || amer. Nombre vulgar para diversas especies de árboles. || amer. Mona, juego de naipes. || amer. Chupete.

boca. f. Orificio del aparato digestivo de los animales, destinado a la recepción del alimento. || Abertura que sirve de entrada o salida. || Pinza que remata las patas delanteras de los crustáceos. || En diversas herramientas, parte afilada con que se corta o destinada a golpear. || Gusto o sabor del vino. || Órgano de la palabra. || Persona o animal a quien se mantiene.

bocabajo. adv. m. Boca abajo, tendido con la boca hacia el suelo. || m. amer. Persona servil y aduladora. || amer. Castigo de azotes que se daba a los esclavos.

B

bocacalle. f. Entrada de una calle. || Calle secundaria que afluye a una principal.

bocadillo. m. Panecillo cortado longitudinalmente en dos rebanadas con alimentos variados en su interior. || Interlocución de los personajes de cómics y tebeos rodeado por una línea curva que sale de su boca. || Breve intervención de un actor teatral. || *amer*. Denominación para diversos dulces americanos cuyo ingrediente principal puede ser el coco, la guayaba o el boniato.

bocadito. m. Pastel pequeño relleno de nata montada o crema. || *amer*. Cigarro de picadura envuelto en una hoja de tabaco.

bocado. m. Cantidad de comida que cabe de una vez en la boca. || Un poco de comida. || Mordedura, mordisco. || Pedazo arrancado de cualquier cosa de manera violenta. || Parte del freno que entra en la boca de las caballerías y, p. ext., el freno. || Objeto que se usa para mantener abierta la boca de un animal. || pl. Conserva de fruta que se deja secar y a partida.

bocajarro (a). loc. adv. Referido a un disparo, hecho desde muy cerca, a quemarropa. || De improviso, inopinadamente.

bocal. m. Jarro de boca ancha usado para sacar el vino de las tinajas. || Recipiente utilizado en farmacia y medicina. || Pecera, recipiente para peces vivos.

bocamanga. f. Abertura de la manga por donde sale la mano y, en especial, la parte interior más próxima a la muñeca.

bocanada. f. Cantidad de cualquier fluido que se toma o se arroja por la boca de una vez. || Afluencia, tropel. || Golpe de humo, aire o viento que sale o entra de alguna abertura.

bocaza. f. Boca grande. || com. *col*. Bocazas.

bocazas. com. *col*. Persona que habla más de lo debido y de forma indiscreta.

bocera. f. Residuo que queda pegado en los labios después de comer o beber. || Herida en la comisura de los labios, boquera.

boceto. m. Esbozo o bosquejo de rasgos generales que sirve de base al artista antes de emprender la obra definitiva.

bocha. f. Bola pequeña de madera para jugar a las bochas. || pl. Juego en el que se lanzan unas bolas hacia otra más pequeña, ganando el jugador que más se aproxima. || a bocha. loc. adv. *amer*. En cantidad.

bochinche. m. Alboroto, tumulto. || Taberna. || *amer*. Chisme, rumor. || *amer*. Baile, fiesta casera.

bochorno. m. Aire caliente que se levanta en verano. || Calor sofocante. || Sofocación del rostro por el excesivo calor. || Rubor causado por algo que ofende o avergüenza.

bochornoso, sa. adj. Que ofende o provoca vergüenza.

bocina. f. Instrumento de forma cónica con que se refuerza el sonido para proyectarlo a distancia. || Avisador acústico de los automóviles. || Pabellón de los gramófonos. || Caracola, cuerno, instrumento de viento. || *amer*. Parte del teléfono que recoge la voz al hablar. || MAR. Revestimiento interior metálico de un orificio.

bocio. m. Hipertrofia de la glándula tiroides reflejada en la hinchazón del cuello. || Tumor en el cuerpo del tiroides.

boda. f. Casamiento y fiesta con que se celebra.

bodega. f. Lugar donde se guarda, cría o fabrica el vino. || Almacén o tienda de vinos. || Cosecha o producción de vino de una zona determinada. || Almacén, despensa, granero, depósito en general. || Espacio interior de los buques que va de la cubierta inferior a la quilla. || *amer*. Abacería, tienda de comestibles.

bodegón. m. Establecimiento que sirve comidas comunes. || Taberna, establecimiento de bebidas alcohólicas. || Pintura que representa una composición de comestibles, utensilios usuales y seres inanimados.

bodoque. m. Bola de barro endurecida al aire, que servía para tirar con ballesta. || Reborde con que se refuerzan los ojales del colchón por donde se pasan las bastas. || Relieve de forma redonda que sirve de adorno en algunos bordados. || Burujo, pella de lana o de masa. || *amer*. Pelota o pedazo informe de papel, masa, lodo u otro material blando. || *amer*. Chichón o hinchazón en cualquier parte del cuerpo. || *amer*. Cosa mal hecha. || *amer*. Ser querido, en especial los niños. || adj. y com. Persona de corto entendimiento.

bodrio. m. Cosa mal hecha o de mala calidad. || Caldo de algunas sobras de sopa, mendrugos, verduras y legumbre. || Guiso mal aderezado. || Sangre de cerdo mezclada con cebolla para hacer morcillas.

body. (voz i.) m. Malla para practicar danza o deporte. || Prenda interior femenina que cubre el tronco completo.

bóer. adj. y com. Descendiente de los colonos holandeses establecidos en el Sur de África, al norte de El Cabo. || De esta región de África.

bofe. m. Pulmón de las reses muertas destinado al consumo humano o animal.

bofetada. f. Golpe que se da en la mejilla con la mano abierta. || Sensación repentina de frío, calor, etc. || Desaire, ofensa. || *amer*. Puñetazo.

bofetón. m. Bofetada fuerte. || Tramoya giratoria para hacer aparecer o desaparecer personajes u objetos del escenario. || *amer*. Hoja de papel que cubre los cigarros en las cajas de habanos.

bofia. f. *argot* Policía, cuerpo de seguridad y orden público.

boga. f. Aceptación, fama. || f. Acción de bogar. || com. Persona que boga. || f. Pez teleósteo fluvial de pequeño tamaño, color plateado y aletas blancas. || Pez teleósteo marino, de cuerpo alargado, de color blanco azulado con cuatro o cinco bandas doradas en el vientre.

bogar. intr. Remar. || *amer.* MIN. Quitar la escoria al mineral.

bohemio, mia. adj. y s. De Bohemia o relativo a esta ciudad checa. || Se aplica a un tipo de vida inconformista, libre y no convencional. || Se dice de la persona que lleva esta vida. || Persona de raza gitana. || m. Lengua checa.

bohío. m. Cabaña circular o casa rústica americana, hecha de madera, ramas, cañas o pajas, sin más abertura que la puerta.

boicot. m. Presión que se ejerce sobre una persona o entidad suprimiendo o dificultando cualquier relación con ella.

boicotear. tr. Privar a una persona o entidad de toda relación y capacidad de acción para obligarla a ceder en algo.

boina. f. Gorra de una sola pieza, generalmente de lana, sin visera, redonda y chata.

boite. f. Sala de fiestas, local de espectáculos.

boj. m. Arbusto de unos 4 metros de altura, tallos ramosos de hojas perennes fuertes y duras, flores pequeñas y blanquecinas, y de madera amarilla, dura y compacta. || Madera de este arbusto muy utilizada en tornería y xilografía. || Taco de madera sobre el que se cosen los zapatos.

bol. m. Recipiente redondo, amplio y sin asas. || m. Red de pesca que se lanza desde la playa. || Lanzamiento de la red.

bola. f. Cuerpo esférico. || Esfera de hierro que se lanza en diversos juegos de habilidad. || Canica. || Esferas numeradas usadas en los juegos de lotería o rifas. || En algunos juegos de naipes, conseguir todas las bazas. || *col.* Bíceps. || Armazón compuesta de dos discos negros, cruzados entre sí perpendicularmente, que sirve para hacer señales. || Esfera de acero, de tamaño pequeño, que va en el interior de los rodamientos de las máquinas. || Betún para el calzado. || Botón o cabeza de un clavo. || Embuste, mentira, rumor. || *amer.* Tamal, empanada de maíz de forma esférica. || *amer.* Bola de piedra muy pesada que se arroja a distancia, volteándola a modo de honda. || *amer.* Juego de la argolla. || *amer.* Cometa grande y redonda. || *amer.* Tumulto, sublevación.

bolada. f. Lanzamiento hecho con una bola, especialmente en billar. || Caña del cañón de artillería. || *amer.* Rumor, chisme. || *amer.* Ocasión favorable para un negocio.

bolazo. m. Golpe dado con una bola. || Mentira, embuste. || *amer.* Disparate, despropósito.

bolchevique. adj. y com. Relativo o partidario del bolcheviquismo o su doctrina. || Comunista.

bolcheviquismo o **bolchevismo.** m. Doctrina política, económica y social dirigida por Lenin, partidaria de la dictadura del proletariado y el colectivismo. || Sistema de gobierno que se impuso en la URSS tras la Revolución de octubre de 1917.

boldo. m. Arbusto chileno de hojas verdes y de fruto comestible, cuya infusión es usada en medicina para enfermedades del aparato digestivo.

boleadoras. f. pl. Instrumento compuesto de dos o tres bolas pesadas, forradas de piel y sujetas por unas correas, usado en América del Sur para cazar o detener animales.

bolear. intr. En billar, jugar por entretenimiento. || Tirar o lanzar las bolas en cualquier juego. || Derribar muchos bolos. || tr. *amer.* Lanzar las boleadoras a un animal. || *amer.* Confundir y enredar a alguien con mala intención. || *amer.* Dar betún al calzado o limpiarlo. || prnl. *amer.* Tropezar. || *amer.* Equivocarse. || *amer.* Avergonzarse. || *amer.* DEP. En el béisbol, lanzarse la pelota un jugador a otro. || *amer.* Levantarse el potro sobre las patas traseras y caer.

bolero, ra. adj. y s. Que dice muchas mentiras. || m. y f. *amer.* Limpiabotas. || m. *amer.* Boliche, juego que tiene una bola unida a una asta para ensartarla.

bolero. m. Canción melódica lenta, de tema amoroso, originaria de las Antillas. || Música y baile popular de origen andaluz. || Chaquetilla corta de mujer. || *amer.* Chistera, sombrero de copa. || *amer.* Volante ancho o arandela que usan las mujeres en el vestido. || *amer.* Caballo delantero que tira de un vehículo.

boleta. f. Cédula que permite circular y entrar en alguna parte. || La que se daba a los militares, señalando a cada uno la casa donde había de alojarse. || Libranza de cobro o de suscripción a una empresa. || *amer.* Cédula de voto. || *amer.* Cédula que tiene un nombre o número para ser sorteado. || *amer.* Borrador que dan las partes al notario, para una escritura pública.

boletería. f. *amer.* Taquilla o casillero donde se despachan de billetes.

boletín. m. dim. de Boleta. || Publicación periódica sobre un determinado campo del saber. || Publicación periódica de carácter oficial. || *amer.* Billete de ferrocarril.

B

boleto. m. Resguardo o impreso de participación en una rifa o sorteo. || *amer.* Billete de un vehículo. || *amer.* Entrada para un espectáculo. || Género de hongos que se distinguen por tener en el envés del sombrerete túbulos en vez de laminillas.

boliche. m. Bola pequeña. || Juguete compuesto de una bola taladrada unida a un palito con un cordón, y que se mueve intentando meter la bola en el palito. || Juego de los bolos. || Bolera. || Adorno torneado que remata algunos muebles. || Horno pequeño para fundir minerales de plomo o hacer carbón. || Casa de juegos. || *amer.* Comercio de poca importancia, especialmente el que se dedica al despacho y consumo de bebidas, comestibles y baratijas. || *amer.* Bar. || *amer.* Tabaco de clase inferior que se produce en la isla de Puerto Rico. || m. Jábega pequeña, red que se lanza desde tierra. || Pescado menudo que se obtiene con ella. || MAR. Bolina o cabo de las velas menudas.

bólido. m. Automóvil destinado a participar en carreras que alcanza gran velocidad. || Persona muy rápida. || METEOR. Masa mineral en ignición que atraviesa la atmósfera con rapidez y suele estallar al contacto con ella.

bolígrafo. m. Instrumento para escribir que tiene un depósito de tinta y una bolita metálica en la punta que gira para liberarla progresivamente.

bolilla. f. *amer.* Bola pequeña numerada que se usa en los sorteos. || *amer.* Cada uno de los temas numerados en que se divide el programa de una materia para su enseñanza.

bolillo. m. Palito torneado que sujeta y tensa el hilo con que se tejen encajes y pasamanería. || Boliche, trozo de madera que se usa en determinados juegos de mesa. || En la mesa de billar, hierro redondo que se coloca en la cabecera. || Hueso al que se une el casco de las caballerías. || Vuelo de gasa o encaje. || Horma para plancharlos. || *amer.* Porra de la policía. || pl. *amer.* Barritas de masa dulce. || *amer.* Pan de trigo.

bolita. f. *amer.* Armadillo, mamífero americano cuyas escamas usa como coraza. || *amer.* Bola para votar.

bolívar. m. Unidad monetaria de Venezuela. Su abreviatura es br.

boliviano, na. adj. y s. De Bolivia o relativo a este país hispanoamericano. || m. Unidad monetaria de Bolivia.

bollo. m. Panecillo esponjoso de diversas formas, hecho con masa de harina, agua, leche, huevos, etc. cocida al horno. || Masa de maíz tierno. || Adorno de las telas consistente en un plegado esférico. || Chichón, hinchazón. || *amer.* Pella de barro con que se forma una teja. || *amer.* Pedazo de barra de plata que se obtiene de las minas. || *col.* Alboroto, confusión. || *amer.* Puñetazo. || m. *col.* Abolladura.

bolo. m. Palo torneado con base plana. || Actuación de una compañía teatral o artista, gala. || Actor independiente de una compañía, contratado solo para hacer un determinado papel. || FARM. Píldora más grande de lo habitual. || Dosis de medicamento que se inyecta rápidamente en el aparato circulatorio. || ARQUIT. Nabo, cilindro vertical de un armazón. || pl. Juego que consiste en derribar con bolas diez bolos colocados en el suelo. || adj. y m. Hombre ignorante o necio. || *col.* De la provincia española de Toledo. || *amer.* Ebrio, borracho. || *amer.* Reculo, sin cola. || m. *amer.* Dádiva que los niños piden al padrino en un bautizo.

bolsa. f. Saco o talega de diversas materias destinado a guardar todo tipo de objetos. || Arruga que forma un vestido cuando no se ajusta bien. || Abultamiento del párpado inferior. || Taleguilla con una cinta usada para recoger el pelo. || Riqueza o dinero de una persona. || *amer.* Bolsillo de las prendas de vestir. || MED. Cavidad de pus, linfa, etc. || MIN. Zona redondeada abundante en mineral. || pl. Cavidades del escroto en que se alojan los testículos. || f. Institución oficial en que se realizan transacciones comerciales de valores públicos y privados. || Lugar en que se celebran las reuniones de bolsa. || Cotización de los valores negociados en bolsa.

bolsillo. m. Saquito de tela cosido a una abertura en las prendas, destinado a guardar pequeños objetos. || Bolsa en que se guarda el dinero. || Caudal de una persona.

bolso. m. Bolsa de mano de piel u otros materiales para llevar objetos de uso personal, generalmente usada por las mujeres. || Bolsillo del dinero y de la ropa. || MAR. Seno que forma el viento en las velas de los buques.

boludo, da. adj. y s. *amer. vulg.* Tonto, necio.

bomba. f. Máquina que eleva, comprime y transporta fluidos. || Artefacto o proyectil explosivo, que puede lanzarse o prepararse para que estalle en el momento conveniente. || Usado tras nombres, calidad de explosivo. || Sorpresa, información imprevista que causa estupor. || Globo de cristal que protege las bombillas de las lámparas. || En los instrumentos de metal, tubo que afina o baja su tono si se saca más o menos. || *amer.* Pompa, burbuja. || *amer.* Embriaguez. || *amer.* Chistera, sombrero de copa. || adv. Muy bien, estupendamente.

bombacha. f. *amer.* Calzón o pantalón bombacho usado en el campo. || *amer.* pl. Braguitas.

bombacho, a. adj. Se aplica a los pantalones anchos y ceñidos por abajo. || m. Tales pantalones.

bombardear. tr. Arrojar o disparar bombas. || Hacer fuego continuado de proyectiles pesados contra una población desde el exterior. || FÍS. Proyectar radiaciones o partículas a gran velocidad contra los átomos de un elemento. || col. Acosar a preguntas.

bombardero, ra. adj. y m. Avión equipado para transportar y lanzar bombas. || Artillero al servicio de las bombardas o del mortero. || m. Pequeño coleóptero que dispara un líquido ácido con sus glándulas anales.

bombasí. m. Tela gruesa de algodón con pelo.

bombazo. m. Impacto y estallido de una bomba o proyectil pesado. || Daño que causa. || col. Noticia inesperada.

bombear. tr. Extraer o elevar un líquido por medio de una bomba. || Lanzar por alto una pelota o balón con trayectoria parabólica. || argot Inyectar heroína y extraer sangre alternativamente. || Arrojar o disparar bombas de artillería. || tr. Dar bombo, alabar.

bombeo. m. Acción y resultado de bombear líquidos. || Comba, convexidad. || Curvatura de una carretera que evita la acumulación de líquidos.

bombero, ra. m. y f. Persona encargada de extinguir incendios y auxiliar en otro tipo de siniestros. || Persona que se dedica a trabajar con la bomba hidráulica de manera profesional. || En un buque, persona encargada del mantenimiento de las tuberías, bombas, con su carga y descarga. || Cañón que dispara bombas. || amer. Espía. || adj. y s. amer. Tonto, bobo.

bombilla. f. Globo de vidrio en cuyo interior hay un filamento que, al paso de una corriente eléctrica, se pone incandescente y alumbra. || MAR. Farol colgante y esférico usado a bordo. || amer. Caña delgada, usada para sorber el mate, que termina en forma de almendra agujereada y deja pasar la infusión pero no la hierba mate. || Bombillo, tubo para extraer líquidos.

bombo, ba. adj. Aturdido por un dolor o sorpresa. || m. Tambor muy grande que se emplea en las orquestas y en las bandas militares. || Persona que toca este instrumento. || Recipiente o jaula esférica giratoria en la que se introducen bolas o papeletas para un sorteo. || Vientre abultado de las embarazadas. || Elogio exagerado con que se ensalza a alguien o se anuncia algo.

bombón. m. Pequeño dulce de chocolate, que puede contener licor o crema. || col. Persona guapa y atractiva. || m. Vasija para líquidos filipina hecha de un trozo de caña espina cuyo nudo es el fondo.

bombonera. f. Cajita o recipiente de cristal, cerámica, etc. para guardar bombones.

bombonería. f. Confitería, establecimiento en que se hacen o venden bombones.

bonachón, ona. adj. y s. De carácter bondadoso y amable.

bonaerense. adj. y com. De Buenos Aires o relativo a esa ciudad argentina, capital del estado.

bonanza. f. Tiempo sereno en el mar. || Prosperidad, desarrollo favorable. || MIN. Zona de mineral muy rico.

bondad. f. Calidad de bueno. || Inclinación natural hacia el bien. || Amabilidad, suavidad de carácter. || Cortesía, favor.

bondadoso, sa. adj. De carácter sereno y apacible.

bonete. m. Gorra, que suele tener cuatro picos, usada por los eclesiásticos, los seminaristas, los colegiales y los graduados. || Clérigo secular que se llama a capilla. || Gorro flexible y sin visera. || Dulcera de vidrio con base estrecha y boca ancha. || Seta con el sombrero sinuoso de color pardo y el pie blancuzco. || ZOOL. Redecilla, compartimiento del estómago de los rumiantes. || amer. Capó o cubierta del motor del automóvil.

bongó. m. Instrumento de percusión de origen cubano formado por dos pequeños tambores yuxtapuestos, recubierto de piel solo en un extremo.

boniato. m. Planta convolvulácea variedad de la batata, de hojas lobuladas, flores en campanilla y raíces tuberculosas. || Cada uno de los tubérculos comestibles y de fécula azucarada esta planta.

bonificación. f. Acción y resultado de bonificar. || En algunas pruebas deportivas, descuento sobre el tiempo empleado en realizarlas.

bonificar. tr. COM. Hacer asiento de una partida en el haber. || Conceder un aumento en una cantidad que alguien ha de cobrar o un descuento en la que ha de pagar.

bonista. com. Persona que posee títulos de deuda pública o bonos.

bonitamente. adv. m. Con malas artes y disimulo.

bonito, ta. adj. Agraciado, de cierta belleza. || irón. Malo.

bonito. m. Pez marino teleósteo similar al atún, más pequeño, de carne más blanca y con bandas oscuras longitudinales.

bono. m. Vale que puede canjearse por dinero, o cualquier artículo de consumo. || Abono que permite disfrutar algún servicio durante un periodo determinado o un número determinado de veces. || ECON. Título de deuda emitido comúnmente por una tesorería pública o por una empresa.

bonsái. m. Técnica japonesa consistente en detener el crecimiento de los árboles mediante el corte de las raíces y la poda de ramas. || Árbol enano obtenido por dicha técnica.

bonus. m. ECON. Bonificación o sobresueldo.

bonzo. m. Sacerdote o monje del culto de Buda en Asia oriental.

boogie-woogie. (voz i.) m. Variedad del *blues* para piano, con ritmos rápidos y marcados.

book. (voz i.) m. Álbum de fotos que presenta la trayectoria profesional.

bookmark. (voz i.) m. INFORM. Archivo de Internet que conserva el acceso directo a una dirección.

boom. (voz i.) m. Eclosión o crecimiento repentino de cualquier actividad.

boomerang. (voz i.) m. Bumerán.

boqueada. f. Acción de abrir la boca repetidamente los moribundos.

boquear. intr. Abrir la boca. || Estar muriéndose. || *col.* Estar acabándose algo. || Hablar mucho y sin tiento. || tr. Pronunciar una palabra o expresión. || *amer.* Enseñar a un caballo a obedecer la rienda.

boquera. f. Boca o puerta de piedra que se hace en el cauce de los ríos para regar. || Ventana del pajar por donde se echa el heno. || Bocera, calentura que se forma en la boca de las personas o animales. || com. pl. Persona habladora y despreciable.

boquerón. m. Pequeño pez teleósteo, de cuerpo comprimido y hocico alargado, que vive formando bancos, similar a la sardina, muy apreciado por su sabor. || Abertura de gran tamaño.

boquete. m. Entrada estrecha de un lugar. || Agujero o abertura irregular.

boquiabierto, ta. adj. Que tiene la boca abierta. || Asombrado o sorprendido por algo.

boquilla. f. Piececita cónica y hueca de diversos materiales que se adapta al tubo de algunos instrumentos de viento para producir el sonido al soplar. || Parte del cigarrillo consistente en un cilindro de cartulina relleno de filtrante. || Extremo por el que se enciende un habano. || Cilindro pequeño en el que se introduce el cigarrillo para fumar y que actúa como filtro. || Parte de la pipa que se introduce en la boca. || Abertura que se hace en las acequias para extraer agua de riego. || Escopleadura que se hace en la madera para ensamblar las piezas. || *amer.* Hablilla, rumor. || *de boquilla.* loc. adv. Sin intención de cumplir el ofrecimiento o apuesta que se hace. || *amer.* Gratis, sin pagar.

bórax. m. Sal blanca compuesta de ácido bórico, sosa y agua, de sabor alcalino algo dulce.

borbollar o **borbollear.** intr. Borbotar, hacer borbollones el agua.

borbollón. m. Borbotón, erupción del agua hacia arriba.

borbónico, ca. adj. De los Borbones o relativo a ellos. || Partidario de esta dinastía francesa.

borbotar o **borbotear.** intr. Nacer o hervir el agua impetuosamente y haciendo ruido.

borbotón. m. Borbollón, burbuja y erupción del agua.

borceguí. m. Calzado que llega hasta más arriba del tobillo, abierto por delante y que se ajusta por medio de cordones.

borda. f. Canto superior del costado de un buque. || Vela mayor en las galeras.

bordada. f. MAR. Camino que hace entre dos viradas el barco que navega girando para avanzar hacia barlovento. || Paseo reiterado entre dos puntos.

bordado, da. adj. Perfecto, muy bien acabado. || m. Acción y resultado de bordar. || Labor de relieve ejecutada en tela o piel con aguja y diversas clases de hilo.

bordador, ra. m. y f. Persona cuyo oficio es bordar.

bordadura. f. Bordado, labor de relieve que se hace en un tejido con aguja y diversos hilos.

bordar. tr. Adornar una tela o piel con bordados. || Ejecutar algo con arte y perfección.

borde. m. Extremo u orilla de un objeto. || En las vasijas, orilla o labio que tienen alrededor de la boca. || Bordo o costado de la nave. || adj. y com. Tosco, torpe, desagradable de trato. || Se dice del hijo nacido fuera del matrimonio. || adj. BOT. Se aplica a las plantas que no han tenido injertos ni cultivo.

bordear. tr. Recorrer el borde o la zona cercana al borde de algo. || Hallarse una serie o fila de cosas en el borde u orilla de otra. || Frisar, acercarse mucho a algo. || Rozar lo moralmente reprobable. || MAR. Dar bordadas.

bordelés, esa. adj. y s. De Burdeos o relativo a esta ciudad francesa. || f. Barrica bordelesa, tonel de 225 litros.

borderline. (voz i.) f. PSICOL. Frontera entre la normalidad y la deficiencia mental o los comportamientos psicóticos.

bordo. m. Cada costado exterior de la nave. || Bordada. || *amer.* Resguardo de los campos hecho de céspedes y estacas para retener el agua. || *amer.* Elevación natural de un terreno no rocoso.

bordón. m. Bastón de longitud mayor a un hombre y punta de hierro. || Persona que guía y sostiene a otra. || Verso quebrado que se repite al fin de cada copla. || Muletilla, expresión que se repite con frecuencia en una conversación. || Cuerda gruesa que hace el bajo en los instrumentos musicales. || MED. Cuerda de tripa que se emplea en cirugía para dilatar conductos naturales o conservar los que se han abierto artificialmente. || *amer.* Benjamín de una familia.

bordona. f. *amer.* Sexta cuerda de la guitarra, y p. ext., las tres más bajas.

bordonear. intr. Tentar el suelo con el bordón o bastón. || Errar mendigando. || Hacer sonar el bordón de la guitarra. || Zumbar, producir un sonido como el de los moscardones.

boreal. adj. Septentrional. || Del bóreas o relativo a él.

bóreas. m. Viento norte.

borgoña. m. Vino de Borgoña.

borgoñés, esa o **borgoñón, ona.** adj. y s. De Borgoña o relativo a esta provincia francesa.

boricado, da. adj. Preparados que contienen ácido bórico.

borla. f. Conjunto de hebras o cordoncillos en forma de media bola sujeto por uno de sus cabos. || Conjunto de plumas unidas circularmente para empolvarse el cutis. || Insignia de los doctores y licenciados universitarios que consiste en una borla cuyo botón está fijo en el centro del bonete, y cuyos hilos se esparcen alrededor cayendo por los bordes. || pl. Amaranto, planta de hojas alternas y flores en espiga densa.

boro. m. Elemento químico de color pardo oscuro y muy duro, que se emplea como aislante eléctrico, moderador de neutrones en las pilas nucleares y como sustituto del diamante. Su símbolo es B y su número atómico, 5.

borra. f. Cordera de un año. || Parte más corta de la lana. || Pelo de cabra con que se rellenan diversos objetos. || Pelusa de la cápsula del algodón. || Pelusa que se forma, por acumulación de polvo, en los bolsillos, rincones, alfombras. || Sedimento que forman la tinta, el aceite, etc. || Cosa inútil y sin sustancia.

borrachera. f. Embriaguez, pérdida de las facultades por efecto del alcohol. || *col.* Exaltación o exageración en el modo de actuar, hacer o decir algo.

borrachín, ina. adj. y s. Se aplica a la persona que tiene el hábito de beber.

borracho, cha. adj. y s. Ebrio, embriagado por la bebida. || Bebedor habitual de alcohol. || adj. Se aplica a los bizcochos empapados en algún licor. || Se aplica a los frutos y las flores morados. || Vivamente dominado por alguna pasión.

borrador, ra. adj. y s. Que borra. || m. Redacción provisional de un escrito en el que se hacen correcciones. || Libro de apuntes provisionales de los comercios. || Goma de borrar. || Utensilio para borrar la pizarra.

borraja. f. Planta de huerta de tallos ásperos, hojas lanceoladas y flores azul vivo, que se come en ensalada o cocida.

borrajear. tr. Escribir sin asunto determinado. || Hacer rúbricas, rasgos o figuras por mero entretenimiento.

borrajo. m. Rescoldo, brasa todavía ardiente que queda bajo la ceniza. || Hojarasca de los pinos.

borrar. tr. y prnl. Hacer desaparecer lo trazado por cualquier medio. || Suprimir de un soporte magnético los datos grabados en él. || Desvanecer, eliminar, hacer que desaparezca totalmente una cosa. || Causar baja o dejar de asistir a alguna actividad.

borrasca. f. Alteración atmosférica caracterizada por viento y lluvia que se produce por bajas presiones. || Tempestad, temporal en el mar. || Riña, discusión violenta. || Periodo de contratiempos en algún negocio. || Orgía, fiesta llena de excesos. || *amer.* Falta de mineral útil en las minas.

borrascoso, sa. adj. Que causa o está relacionado con las borrascas. || Referido a una vida de desorden, libertina. || Violento, agitado.

borregada. f. Rebaño de borregos o corderos.

borrego, ga. m. y f. Cordero o cordera de uno a dos años. || *col.* Persona dócil que se somete a la voluntad ajena. || m. Nube redonda, pequeña y blanca. || *amer.* Bulo, infundio. || *amer.* Chaqueta forrada de piel de borrego.

borreguero, ra. adj. Se aplica al terreno o coto cuyos pastos son apropiados para los borregos. || Se dice del cielo con nubes blancas. || m. y f. Persona que cuida de los borregos.

borricada. f. Conjunto de borricos. || Carrera sobre borricos que se hace por diversión. || Dicho o hecho necio.

borrico, ca. m. y f. Asno. || adj. y s. Persona necia o terca. || m. borriquete.

borriquero, ra. adj. Relativo al borrico. || Se dice del cardo que puede llegar a medir hasta 3 m de altura, con las hojas rizadas y con espinas; el tallo con dos bordes membranosos y flores de color púrpura. || m. y f. Guarda o conductor de una borricada.

borriquete. m. Armazón compuesta de tres maderos que forman un trípode en el que los carpinteros apoyan la madera que trabajan. || Vela que se coloca sobre el trinquete para usarla en caso de que este se rompa.

borrón. m. Mancha de tinta sobre el papel. || Imperfección que afea. || Acción indigna que daña la reputación o fama. || Borrador, escrito inicial. || PINT. Boceto de un cuadro, hecho con colores o de claro y oscuro.

borroso, sa. adj. Que no se distingue con claridad, generalmente dicho de una imagen de trazos desvanecidos y confusos. || Se aplica al líquido turbio lleno de borra o heces.

borsalino. m. Tipo de sombrero de fieltro, blando y con el ala estrecha.

borsch. m. Sopa rusa hecha con un caldo al que se añade jugo de remolacha, carne de ave y berza.

B

boscaje. m. Bosque pequeño con árboles y matas espesas. || PINT. Lienzo o tapiz que representa un paisaje con árboles.

boscoso, sa. adj. Abundante en bosques.

bosnio, nia. adj. y s. De Bosnia o relativo a este país europeo.

bosque. m. Gran extensión que forma un ecosistema de árboles y matas. || Abundancia, confusión o asunto complicado. || col. Barba, pelo enmarañado.

bosquejar. tr. Apuntar, diseñar sin precisión los elementos fundamentales de una obra de creación. || Trabajar cualquier obra sin concluirla. || Exponer con vaguedad un concepto o plan.

bosquejo. m. Esbozo, elaboración inicial de una obra de arte. || Idea o concepto vago, impreciso.

bossa nova. (voz portuguesa) f. Denominación portuguesa de una variedad de samba brasileña con influencias del jazz.

hosta. f. Excremento del ganado vacuno o caballar.

bostezar. intr. Abrir la boca involuntariamente para tomar y expulsar aire lenta y profundamente.

bostezo. m. Apertura involuntaria de la boca tomando y expulsando aire lenta y profundamente.

bota. f. Odre pequeño de vino cosido por sus bordes, que termina en un cuello por donde se llena y bebe. || Cuba para guardar vino y otros líquidos. || Medida de capacidad equivalente a 516 litros. || f. Calzado que resguarda el pie y parte de la pierna. || Calzado deportivo de gran dureza.

botador, ra. adj. Que bota.

botadura. f. Lanzamiento de una embarcación de terreno seco al agua, en especial si es nueva.

botamanga. f. amer. Bocamanga.

botana. f. Remiendo del odre o taquito puesto en el barril para que no salga el líquido. || Parche que se pone a una llaga para que se cure. || Cicatriz de una llaga. || amer. Protección de cuero o algodón puesta en los espolones del gallo de pelea para que no hiera. || amer. Aperitivo.

botánico, ca. adj. Relativo a la botánica. || m. y f. Persona que se dedica al estudio de la botánica. || amer. Curandero que receta hierbas. || f. Rama de la biología que tiene por objeto el estudio de los vegetales. || amer. Herbolario, establecimiento donde se venden hierbas medicinales.

botar. intr. y tr. Cambiar de dirección un cuerpo elástico por chocar con otro cuerpo duro. || Saltar, dar botes. || Echar al agua un buque haciéndolo resbalar por la grada después de construido o carenado. || MAR. Mover el timón para encaminar la proa al rumbo deseado. || Manifestar alguien sus sentimientos ostensiblemente. || col. Echar fuera, despedir. || amer. Perder.

botarate. adj. y com. Persona atolondrada y poco sensata. || amer. Persona derrochadora, que gasta en exceso.

bote. m. Barco pequeño sin cubierta con tablones que sirven de asiento a los que reman. || amer. col. Prisión, cárcel. || bote salvavidas. El preparado para abandono de un buque o salvamento de náufragos.

bote. m. Salto. || Golpe que se da con las armas de asta. || Boche, hoyo que se hace en el suelo. || m. Recipiente cilíndrico que se puede tapar y sirve para guardar sustancias perecederas. || En locales públicos, caja que recoge las propinas. || Dinero que no se ha repartido en un sorteo por no haber aparecido acertantes y que se acumula para el siguiente.

botella. f. Vasija de cristal, vidrio o barro cocido, con el cuello estrecho, que sirve para contener líquidos. || El contenido de una botella. || Medida de líquidos equivalente a 756,3 ml. || amer. Cargo bien retribuido, prebenda.

botellazo. m. Golpe dado con una botella.

botellero, ra. m. y f. Persona que hace o vende botellas. || Persona que se dedica a embotellar de manera profesional. || m. Aparato o armario para llevar o colocar botellas.

botica. f. Farmacia, establecimiento donde se hacen y venden medicinas. || Asistencia de medicamentos durante un plazo. || Medicamento, droga, medicina.

boticario, ria. m. y f. Farmacéutico que prepara y expende las medicinas.

botija. f. Vasija de barro mediana, redonda y de cuello corto y estrecho. || Nombre común de varios árboles silvestres de Cuba, de madera blanca. || amer. Tesoro enterrado. || amer. Vasija de hojalata en que los campesinos llevan la leche a las poblaciones.

botijo. m. Vasija abultada de barro poroso, que lleva en la parte superior un asa y dos aberturas, una ancha para llenarla y otra en forma de pitorro para beber. || col. Persona gruesa. || argot Camión cisterna antidisturbios.

botín. m. Calzado antiguo de cuero, que cubría todo el pie y parte de la pierna. || Bota que solo cubre el tobillo. || m. Conjunto de posesiones que se concedía a los soldados del enemigo vencido. || Conjunto de las armas, provisiones y demás efectos del ejército vencido de los que se apodera el vencedor.

botiquín. m. Mueble portátil o pequeño armario para guardar medicinas. || Conjunto de las medicinas esenciales para una asistencia básica. || Lugar donde está y se aplican los primeros auxilios. || amer. Taberna.

botón. m. Pieza pequeña agujereada y cosida a la ropa para abrocharla al pasar por el ojal. || Pieza que al ser oprimida activa el circuito de algunos aparatos eléctricos. || Tirador de los muebles. || Yema de un vegetal. || Flor cerrada y cubierta de las hojas que unidas la defienden. || DEP. En esgrima, chapita protectora de hierro colocada en la punta del florete. || Pedazo de madera que tiene la red de caza para asegurarla en los ojales del lado opuesto. || Pieza metálica circular de algunos instrumentos musicales de pistones y arco. || *amer.* Reproche despreciativo. || *amer.* Viento frío del norte, que produce perturbaciones a la agricultura.

botonadura. f. Juego de botones para un traje.

botones. com. Joven encargado de los recados en un hotel o empresa, llamado así por las dos filas de botones que suele llevar su chaqueta.

botulismo. m. Intoxicación, que puede ser letal, producida por un bacilo específico de alimentos envasados en malas condiciones.

bouquet. (voz fr.) m. Buqué.

boutique. (voz fr.) f. Tienda pequeña de ropa de moda. || Tienda especializada en cualquier producto selecto.

bóveda. f. Construcción arquitectónica en forma de arco que cubre el espacio entre dos muros o varios pilares. || Habitación sin madera cuya cubierta es de bóveda. || Cripta, lugar subterráneo. || Sepultura, enterramiento. || *amer.* Panteón familiar. || bóveda celeste. Firmamento, esfera aparente que rodea la Tierra.

bóvido, da. adj. y m. De los bóvidos o relativo a esta familia de mamíferos. || m. pl. ZOOL. Familia de mamíferos rumiantes ungulados, que se caracterizan por presentar cuernos permanentes que crecen con el animal.

bovino, na. adj. Relativo al toro o a la vaca. || adj. y m. De los bovinos o relativo a esta subfamilia de bóvidos. || m. pl. ZOOL. Subfamilia de bóvidos de grandes dimensiones, cuernos lisos, hocico ancho y desnudo, y larga cola con un mechón en el extremo.

bowling. (voz i.) m. Juego de los bolos.

box. (voz i.) m. En las cuadras, compartimento individual para cada caballo. || En los circuitos automovilísticos, recinto donde se instalan los servicios de mantenimiento y reparación de las máquinas. || *amer.* Boxeo.

boxeador, ra. m. y f. Púgil, persona que se dedica al boxeo.

boxear. intr. Luchar con los puños siguiendo las reglas del boxeo.

boxeo. m. Deporte en que dos adversarios luchan con los puños enfundados en guantes especiales, para golpear al contrario por encima de la cintura.

bóxer. (voz i.) m. Perro de raza inglés de color marrón, pecho fuerte y mandíbulas prominentes. || Calzoncillo similar a un pantalón corto.

boy scout. (voz i.) m. Miembro de una asociación de origen inglés que pretende la formación de los jóvenes con actividades al aire libre.

boya. f. Baliza flotante sujeta al fondo del mar, de un lago, etc., usada como señal. || Corcho que se pone en la red de pesca para que no se hunda. || Flotador de la caña de pescar.

boyada. f. Manada de bueyes o vacas.

boyante. adj. Próspero, con fortuna favorable. || Se aplica al buque que flota en exceso por falta de carga. || adj. Toro que acomete francamente y da fácil juego.

boyar. intr. Volver a flotar la embarcación que ha estado en seco. || *amer.* Flotar o mantener a flote.

boyera o **boyeriza.** f. Corral o establo donde se recogen los bueyes.

boyero, ra. m. y f. Persona que guarda bueyes o los conduce. || m. *amer.* Especie de mirlo pequeño, banco y negro, con pico anaranjado, que se posa en los lomos de animales mientras pastan.

boza. f. MAR. Cabo fijo en la proa de una nave usado para amarrarla a otra nave o a los bolardos de puerto.

bozal. m. Aparato o pieza que estorba la boca de los animales para evitar que muerdan, mamen o pasten en los sembrados. || Adorno con cascabeles que se pone a los caballos en el bozo. || *amer.* Bozo, cabestro. || adj. Referido al ganado, cerril, sin domar.

bozo. m. Vello suave sobre el labio superior de un joven antes de que tenga barba. || Parte exterior de la boca. || Cuerda que se coloca a las caballerías sobre la boca, anudándola bajo ella para formar un cabezón de un solo cabo.

braceada. f. Movimiento enérgico e impetuoso de los brazos.

bracear. intr. Mover esforzada y repetidamente los brazos. || Nadar sacando los brazos fuera del agua y volteándolos hacia adelante. || Doblar el caballo los brazos al andar con soltura.

braceo. m. Acción de bracear.

bracero, ra. adj. Se aplica al arma que se arroja con el brazo. || m. y f. Peón, jornalero. || *amer.* Trabajador que emigra temporalmente a otro país.

bracilargo, ga. adj. De brazos largos.

bráctea. f. BOT. Hoja pequeña que nace del pedúnculo de las flores de ciertas plantas, situada entre las hojas normales y las hojas florales.

bradicardia. f. Lentitud anormal del pulso.

braga. f. Prenda interior femenina que cubre desde la cintura hasta las ingles, con dos aberturas para el paso de las piernas. || Calzón, pantalón que cubre la mitad de la pierna. || Pañal de los bebés. || Conjunto de plumas que cubren las patas de ciertas aves.

bragado, da. adj. Se aplica al buey, toro y otros animales que tienen la bragadura de diferente color que el resto del cuerpo. || Malintencionado, perverso. || Resuelto, enérgico y firme.

bragadura. f. Entrepierna, cara interior del muslo. || Parte de las bragas, calzones o pantalones que cubre la entrepierna.

bragueta. f. Abertura delantera de los pantalones o calzoncillos.

brahmán. m. Individuo de la casta sacerdotal, primera de las cuatro en que se divide el brahmanismo a la población de la India.

brahmanismo. m. Religión de la India, reconoce y adora a Brahma como al dios supremo. || Sistema social de la India basado en la separación de castas.

braille. m. Sistema de lectura y escritura para ciegos basado en puntos en relieve taladrados en el papel.

brama. f. Acto de bramar. || Época de celo y celo mismo de los ciervos y venados.

bramadera. f. Juguete formado por una tablilla agujereada atada al extremo de una cuerda, que se hace girar con fuerza produciendo una suerte de bramido. || Instrumento que usan los pastores para llamar al ganado.

bramante. adj. y m. Cordel muy delgado hecho de cáñamo.

bramar. intr. Dar bramidos. || Manifestar con gritos y con extraordinaria violencia. || Hacer ruido estrepitoso el viento, el mar.

bramido. m. Voz del toro y de otros animales salvajes. || Grito dado en estado colérico o furioso. || Estrépito producido por el aire o el mar agitados.

brandy. (voz fr.) m. Aguardiente de tipo coñac no fabricado en Francia. || p. ext., todo líquido destilado de frutas.

branquia. f. Órgano respiratorio de muchos animales acuáticos, formado por membranas delgadas por las que se desliza el agua favoreciendo el intercambio de oxígeno.

branquial. adj. Relativo a las branquias.

braquial. adj. Relativo al brazo.

braquicéfalo, la. adj. y s. Se dice del cráneo cuyo diámetro anteroposterior es casi tan corto como el transversal. || Se dice de la persona con este tipo de cráneo.

braquiópodo, da. adj. y m. De los braquiópodos o relativo a esta subclase de invertebrados. || m. pl. ZOOL. Subclase de invertebrados marinos similares a los bivalvos, de los

que se distinguen por poseer un pedúnculo con el que se fijan al sustrato marino.

braquiuro, ra. adj. y m. De los braquiuros o relativo a este suborden de crustáceos. || m. pl. ZOOL. Suborden de crustáceos decápodos cuyo abdomen corto no es apto para nadar.

brasa. f. Leña o carbón encendidos.

brasear. tr. Asar alimentos en la brasa.

brasero. m. Recipiente redondo de metal en que se echan brasas para calentarse. || Aparato similar dotado de una resistencia eléctrica como fuente de calor. || *amer.* Hogar de la cocina.

brasileño, ña. adj. y s. De Brasil o relativo a este país.

brasilero, ra. adj. y s. Brasileño.

brassier. (voz fr.) m. Sujetador, sostén. Se usa sobre todo en América.

braveza. f. Bravura. || Ímpetu y fuerza de los elementos naturales.

bravío, a. adj. Feroz, indómito, rebelde. || Se dice de los árboles y plantas silvestres. || Se dice de la persona de modales rudos por falta de educación o porque no ha tratado mucho con la gente. || m. Valor, arrojo.

bravo, va. adj. Valiente, esforzado. || Referido a animales, fiero o feroz. || Se dice del mar embravecido. || Se dice del terreno áspero, inculto. || Colérico, de mucho genio. || Bueno, excelente. También irónicamente. || Interj. Indica aprobación o entusiasmo.

bravucón, ona. adj. y s. El que simula valentía sin tenerla.

bravuconada. f. Simulación de valor, fanfarronada.

bravuconería. f. Calidad de bravucón.

bravura. f. Fiereza de ciertos animales, sobre todo la de los toros de lidia. || Esfuerzo o valentía de las personas.

braza. f. Medida de longitud equivalente a 2 varas o 1,6718 m. || Estilo de natación en que los hombros se mantienen a nivel del agua, los brazos se mueven de delante atrás mientras las piernas se encogen y estiran. || MAR. Cada cabo que parte de las vergas para orientarlas.

brazada. f. Movimiento que se hace con los brazos, extendiéndolos y recogiéndolos, sobre todo en el agua. || *amer.* Braza, medida de longitud.

brazado. m. Lo que se puede llevar y abarcar de una vez con los brazos.

brazal. m. Tira de tela colocada en el brazo izquierdo por encima del codo que se usa como distintivo. || Canal que se saca de un río o acequia grande para regar. || Pieza de la armadura antigua que cubría el brazo. || MAR. Cada uno de los maderos que sujetan el tajamar y el mascarón de proa.

brazalete. m. Aro ornamental de metal que rodea el brazo. || Pieza de la armadura que protege el brazo. || Brazal que se usa como distintivo.

brazo. m. Miembro superior del cuerpo humano que va desde el hombro a la mano. || Parte de este miembro desde el hombro hasta el codo. || Pata delantera de los cuadrúpedos. || Lo que tiene forma de brazo. || Cada uno de los soportes para los brazos que hay en un sillón. || Ramificación. || Sección dentro de una asociación. || pl. Braceros, jornaleros.

brazuelo. m. En los mamíferos cuadrúpedos, parte de las patas delanteras situada entre el codo y la rodilla. || Bracillo, pieza del freno de los caballos.

brea. f. Sustancia viscosa que se obtiene de varias coníferas, carbón mineral y otras materias orgánicas. || Especie de lienzo muy basto y embreado con que se suelen cubrir los fardos en los transportes. || Arbusto de Chile cuya resina se usaba en lugar de brea. || MAR. Mezcla de brea, pez, sebo y aceite, que se usa para calafatear e impermeabilizar los barcos. || *amer.* Dinero. || *amer.* Excremento.

break. (voz i.) m. DEP. En boxeo, voz usada para separar a los púgiles. || DEP. En tenis, pérdida del juego por parte del jugador que realiza el servicio. || MÚS. En jazz, improvisación de un solista que momentáneamente interrumpe la composición. || Carrocería de los utilitarios familiares.

breakdance. (voz i.) m. Estilo de música y baile inicialmente callejero caracterizado por las acrobacias y las contorsiones.

brebaje. m. Bebida de ingredientes desagradables y mal aspecto.

brecha. f. Cualquier abertura hecha en una pared o edificio. || Abertura que hace la artillería en una muralla o rotura de un frente de combate. || Herida, especialmente la hecha en la cabeza. || Impresión fuerte en el ánimo.

brécol. m. Variedad de col de color oscuro, de ramilletes pequeños y hojas recortadas.

brega. f. Acción y resultado de bregar. || Riña, discusión. || andar a la brega. loc. Trabajar con esfuerzo y afán.

bregar. intr. Trabajar afanosamente. || Luchar con trabajos o dificultades. || Pelear, reñir.

brescar. tr. Recoger los panales de las colmenas, castrarlas.

brete. m. Aprieto, situación apurada. || Cepo de hierro que se pone a los reos en los pies. || *amer.* Corral donde se marcan y matan las reses.

bretel. m. *amer.* Tirante de las prendas femeninas.

bretón, ona. adj. y s. De Bretaña o referido a esta región francesa. || m. Lengua céltica hablada en Bretaña.

bretón. m. Variedad de la col, cuyo tronco echa muchos tallos. || Renuevo o tallo de esta planta.

breva. f. Primer fruto anual de la higuera. || Bellota temprana. || Provecho logrado sin esfuerzo. || Cigarro puro grande y algo aplastado. || *amer.* Tabaco en rama para mascar.

breve. adj. De corta duración o extensión. || adj. y f. Sílaba o vocal de menor duración que las largas. || m. Documento pontificio relativo al gobierno y disciplina de la Iglesia. || pl. Noticias de corta extensión.

brevedad. f. Corta extensión o duración de tiempo.

breviario. m. Libro que contiene el rezo eclesiástico anual. || Resumen, compendio sobre algún asunto.

brezal. m. Lugar poblado de brezos.

bribón, ona. adj. y s. Estafador, bellaco. || Aplicado a los niños, travieso, pícaro.

bribonada. f. Picardía, bellaquería.

bricolaje. m. Realización artesanal de trabajos caseros de reparación o decoración.

brida. f. Freno completo del caballo, con las riendas y el correaje que lo sujetan a la cabeza. || Pieza metálica que sirve para ensamblar vigas o tubos metálicos fijándola con clavos o tornillos. || pl. MED. Adherencia o membrana que se forma alrededor de las heridas o tumores.

bridge. (voz i.) m. Juego de naipes para cuatro jugadores por parejas.

brigada. f. Unidad integrada por dos o más regimientos de un arma determinada. || Categoría superior dentro de la clase de suboficial. || Conjunto de personas reunidas para ciertos trabajos. || m. Suboficial de grado superior al sargento primero.

brigadier. (voz fr.) m. Antigua graduación militar equivalente a la actual de general de brigada y contraalmirante en marina.

brillante. adj. Que brilla. || Excepcional, sobresaliente. || m. Diamante completamente tallado por sus dos caras.

brillantina. f. Cosmético que dar brillo al cabello.

brillar. intr. Resplandecer, despedir o reflejar luz. || Sobresalir por alguna cualidad.

brillo. m. Luz o resplandor que refleja o emite un cuerpo. || Resplandecimiento. || Lucimiento que despierta admiración.

brincar. intr. Dar brincos o saltos. || Exteriorizar impetuosamente un sentimiento. || tr. Jugar con un niño haciéndole brincar.

brinco. m. Salto de poca altura que se da con ligereza.

B

brindar. intr. Manifestar buenos deseos antes beber vino u otro licor en compañía. || tr. Ofrecer voluntariamente alguna cosa a alguien. || Ofrecer una oportunidad propicia. || prnl. Ofrecerse a hacer alguna cosa.

brindis. m. Acción de brindar antes de beber. || Frase o discurso que se dice al brindar.

brío. m. Energía, resolución con que se hace algo. || Garbo, gallardía, gentileza.

brioche. (voz fr.) m. Bollo hecho con harina de flor, manteca, huevos y azúcar.

brioso, sa. adj. Que tiene brío.

brisa. f. Viento fresco y suave. || Viento del nordeste. || Aire suave que de día sopla desde el mar y de noche desde tierra. || amer. col. Hambre, apetito.

brisca. f. Juego de naipes en el que se reparten tres cartas a cada jugador, dejando una boca arriba como palo, y en el que gana quien suma el mayor número de puntos. || El as o el tres de los palos que no son triunfo en el juego de la brisca y en el del tute.

británico, ca. adj. y s. De Gran Bretaña o referido a este país. || De la antigua Britania o referido a esta región.

brizna. f. Filamento o hebra vegetal. || Porción insignificante de algo. || amer. Llovizna, lluvia suave.

broca. f. Barrena torneada sin manija de las taladradoras. || Clavo de cabeza cuadrada con que los zapateros sujetan la suela a la horma. || Carrete con hilo que hace la trama de ciertos tejidos en la lanzadera del telar. || amer. Insecto parásito del café.

brocado. m. Tela de seda o guadamecí entretejido con oro o plata. || Tejido fuerte de seda, con dibujo de distinto color que el del fondo.

brocal. m. Antepecho que rodea la boca de un pozo para impedir que alguien se caiga en él. || MIN. Boca de un pozo.

broccoli o **bróculi.** m. Brécol.

brocha. f. Escobilla de cerda unida a un mango plano. || Pincel para enjabonar la barba. || adj. amer. Entrometido, adulador. || de brocha gorda. loc. adj. Se apl. al pintor o a la pintura de puertas, ventanas, etc. || Mal pintor y, p. ext., mal artista.

brochazo. m. Cada una de las pasadas que se dan con la brocha al pintar. || Rastro de haber pasado al brocha que queda en la pintura.

broche. m. Conjunto de dos piezas de metal que se enganchan entre sí. || Adorno de joyería o alfiler que se prende en la ropa. || broche de oro. Brillante culminación de un acto público o trabajo.

brocheta. f. Aguja de metal o pincho de madera en que se ensartan alimentos para cocinarlos. || Alimentos preparados de este modo.

broker. (voz i.) com. Agente intermediario de operaciones financieras.

broma. f. Burla, dicho o hecho que se hace a alguien para reírse de él sin intención de molestarle. || Bulla, algazara. || Nadería de consecuencias inesperadas. || Molusco lamelibranquio marino, cuyas valvas perforan las maderas sumergidas. || f. Masa de cascote, piedra y cal usada en albañilería.

bromatología. f. MED. Ciencia que estudia los alimentos, su preparación adecuada y su asimilación por el organismo.

bromatólogo, ga. m. y f. MED. Profesional o estudioso de la bromatología.

bromear. intr. Hacer, decir o gastar bromas.

bromista. adj. y com. Aficionado a gastar bromas.

bromo. m. Elemento químico metaloide líquido, de color pardo rojizo y olor fuerte, que es corrosivo y tóxico. Su símbolo es Br y su número atómico, 35. || m. Hierba graminácea perenne, con las hojas inferiores enrolladas y las superiores planas, y con espigas de color rojizo o verdoso.

bromuro. m. Combinación del bromo con un radical simple o compuesto.

bronca. f. Disputa ruidosa. || Represión dura. || Manifestación ruidosa y colectiva de protesta. || amer. Enojo, enfado, rabia.

bronce. m. Aleación de cobre y estaño de color amarillo rojizo, muy tenaz y sonoro. || Escultura o estatua de bronce. || DEP. Medalla de bronce que se otorga como premio al tercer clasificado en una competición. || NUMISM. Moneda de cobre.

bronceado, da. adj. De color de bronce. || m. Acción y resultado de broncear o broncearse.

bronceador, ra. adj. Que broncea. || m. Cosmético que favorece el bronceado.

broncear. tr. Dar color de bronce. || prnl. Tomar color moreno a la piel por la acción del sol o un agente artificial.

broncíneo, a. adj. De bronce o similar a él.

bronco, ca. adj. Tosco, áspero y sin pulir. || Referido al sonido, desagradable y áspero. || Se dice de las personas de mal carácter. || Se aplica a los metales quebradizos y sin elasticidad.

broncodilatador, ra. adj. Que dilata los bronquios. || m. Medicamento destinado a la dilatación de los bronquios.

bronconeumonía. f. MED. Inflamación de la mucosa bronquial que se propaga a los alvéolos pulmonares, con disnea, tos y fiebre.

broncospasmo. m. Contracción espasmódica de las paredes bronquiales.

bronquedad. f. Calidad de bronco.

bronquial. adj. Relativo a los bronquios.

bronquio. m. Cada uno de los dos conductos cartilaginosos en que se bifurca la tráquea y que entran en los pulmones para proporcionarles aire.

bronquiolo o **bronquíolo.** m. Cada una de las últimas ramificaciones de los bronquios en pequeños conductos dentro de los pulmones.

bronquitis. f. Inflamación aguda o crónica de la mucosa de los bronquios.

brontosaurio. m. Reptil de la era secundaria de hasta 20 m, de cabeza pequeña y cuello muy largo, con cuatro patas de grandes dimensiones y cola larga y pesada.

broquel. m. Escudo pequeño de madera. || Defensa o amparo.

brotar. intr. Nacer la planta de la tierra. || Salir en la planta renuevos, flores, hojas, etc. || Manar el agua de los manantiales. || Salir a la superficie una enfermedad. || Manifestarse algo repentinamente.

brote. m. Renuevo de una planta. || Acción de brotar algo nocivo.

browser. (voz i.) m. INFORM. Programa que permite ver y acceder a la información de los servidores.

brucelosis. f. MED. Enfermedad infecciosa transmitida al hombre por productos frescos derivados del ganado ovino y bovino.

bruces (a, o **de).** loc. adv. Boca abajo. || De frente.

brujear. intr. Hacer brujerías.

brujería. f. Práctica y conocimiento mágico asociado a aquellos de los que se supone poseen poderes sobrenaturales. || *amer.* Pobreza, falta de recursos.

brujo, ja. m. y f. Persona que practica la brujería. || Hechicero o mago de ciertas culturas. || f. Mujer vieja y fea. || *col.* Mujer de malas intenciones. || adj. Embrujador, que hechiza. || *amer.* Pobre, sin dinero.

brújula. f. Instrumento para determinar cualquier dirección de la superficie terrestre por medio de una aguja imantada que siempre marca los polos magnéticos norte-sur. || Instrumento que indica el rumbo de la nave marcándolo en la rosa de los vientos. || p. ext., cualquier aparato de medida electromagnética cuyo órgano principal está constituido por un imán.

bruma. f. Niebla, en especial, la que se forma sobre el mar. || Confusión, ofuscación mental.

brumoso, sa. adj. Abundante en bruma. || Confuso, poco claro.

bruno, na. adj. De color oscuro o negro. || m. Ciruela negra propia del norte de España. || Ciruelo que las da.

bruñido. m. Bruñidura. || Tratamiento para proteger las superficies metálicas a la intemperie. || *amer.* Persona molesta.

bruñir. tr. Dar lustre a un metal, piedra o cerámica. || *col.* Maquillar el rostro. || *amer.* Fastidiar, importunar.

brusco, ca. adj. Áspero, desapacible. || Rápido, repentino. || m. Arbusto liliáceo de color verde oscuro, con cladodios ovales similares a hojas terminadas en una espina de cuyo centro salen las flores blanquecinas o verdosas. || Lo que se desperdicia en las cosechas por muy menudo.

brusquedad. f. Calidad de brusco. || Acción brusca y repentina.

brut. (voz fr.) m. Vino en su estado primero de fermentación, no adulterado ni manipulado excesivamente.

brutal. adj. Propio de los animales por su violencia o irracionalidad. || Extraordinario en su cualidades o tamaño.

brutalidad. f. Calidad de bruto. || Falta de razón, desequilibrio pasional. || Acción violenta y cruel. || *col.* Exceso o gran cantidad.

bruto, ta. adj. Necio, incapaz. También s. || Se aplica a la persona sin educación, grosera y sin moderación. || Aquel que emplea la fuerza física sin medida. || Se dice de las cosas toscas y sin pulimento. || Se aplica al peso total, sin descontar la tara. || ECON. Cantidad íntegra sin descuentos. || m. Animal irracional.

bruza. f. Cepillo espeso de fuertes cerdas con una abrazadera de cuero para la mano, que sirve para limpiar las caballerías, los moldes de imprenta, etc.

buba. f. Pequeño tumor de pus blando y doloroso situado en cuello, axilas e ingles, de origen infeccioso o venéreo. || *amer.* Pian, enfermedad contagiosa. Más en pl. || *amer.* Actinomicosis.

búbalo, la. m. y f. Búfalo asiático, similar a un antílope de gran tamaño.

bubónico, ca. adj. Relativo al bubón. || Buboso.

bucal. adj. Relativo a la boca.

bucanero. m. Pirata mercenario de los siglos XVII o XVIII que saqueaba las posesiones españolas.

bucear. intr. Nadar con el cuerpo bajo el agua. || Trabajar de buzo. || Explorar o investigar algún tema.

buceo. m. Acción de bucear o permanecer bajo el agua.

buche. m. Bolsa membranosa de las aves situada entre las clavículas y la parte anterior del cuello, que comunica con el esófago en la que acumulan alimento para digerirlo lentamente. || Porción de líquido que cabe en la boca de una vez. || p. ext., estómago de las personas. || *amer.* Bocio, papera. || *amer.* Sombrero de copa. || m. Borrico recién nacido que no ha dejado de mamar.

B

buchón, ona. adj. Se aplica al palomo doméstico que infla considerablemente el buche. || *amer.* Bonachón. || *amer.* Persona que posee una riqueza obtenida de manera ilícita.

bucle. m. Rizo del cabello en forma de hélice. || INFORM. Secuencia de instrucciones que se repite mientras se cumpla una condición prescrita.

bucodental. adj. De la boca y los dientes en conjunto o relativo a ellos.

bucofaríngeo, a. adj. De la boca y la faringe en conjunto o relativo a ellos.

bucólico, ca. adj. Se aplica a temas concernientes a los pastores o a la vida campestre. || Se dice del género literario en el que se tratan estos temas y del autor que lo cultiva. También s. || De este género o relativo a él. || f. Composición poética de este género.

búdico, ca. adj. Del budismo o relativo a él.

budín. m. Dulce de bizcocho, leche, azúcar y frutas secas.

budinera. f. Recipiente, generalmente de metal, en que se hace el budín.

budismo. m. Doctrina filosófico-religiosa fundada por Buda, que toma el sufrimiento humano como vía de consecución del nirvana, o ausencia de deseo y dolor.

budista. adj. Del budismo o relativo a él. || adj. y com. Seguidor de esta doctrina.

buen. adj. apóc. de Bueno. Se usa antepuesto a sustantivos masculinos o a infinitivos.

buenaventura. f. Buena suerte. || Adivinación del futuro y la suerte de alguien que se hace leyendo la mano.

buenazo, za. adj. y s. *col.* Persona pacífica y de buen carácter.

bueno, na. adj. Que posee bondad moral. || Que tiene buena aptitud o calidad respecto a sus iguales. || Apropiado para un fin. || Con cualidades gratas o gustosas. || Sano. || Bastante, suficiente. || En uso y no deteriorado. || Persona simple y bonachona. Más c. s. || adv. De acuerdo. || Basta.

buey. m. Toro castrado usado como animal de tiro. || *amer.* Cornudo, marido ultrajado. || *amer.* Gran cantidad de dinero. || buey de mar. Crustáceo decápodo marino, de caparazón ovalado y granulado, que tiene el primer par de patas unas fuertes pinzas.

bufa. f. Burla, bufonada. || Refuerzo de la armadura que se atornillaba en el guardabrazo izquierdo. || *amer.* Borrachera.

búfalo, la. m. y f. Nombre común a varios mamíferos bóvidos, corpulentos, de cuello corto y grueso, y cuernos curvados hacia atrás. || Bisonte americano, fuerte bóvido de pequeños cuernos separados y pelaje rojizo más abundante en el cuello.

bufanda. f. Prenda rectangular, generalmente de lana, con que se abriga el cuello y la boca. || Gratificación económica en el trabajo.

bufar. intr. Resoplar un animal irritado. || Manifestar abiertamente enfado o ira.

bufé. m. Comida compuesta de alimentos calientes y fríos, expuestos a la vez en una mesa para que los comensales se sirvan solos. || Local donde se sirve este tipo de comida.

bufete. m. Mesa escritorio con cajones. || Estudio o despacho de un abogado. || Clientela del abogado.

buffer. (voz i.) m. INFORM. Dispositivo de memoria que almacena temporalmente los datos enviados a los periféricos.

buffet. (voz fr.) m. Bufé.

bufido. m. Resoplido de un animal. || Demostración de enojo.

bufo, fa. adj. Cómico cercano a lo grotesco. || Bufón, chocarrero. || Se dice de un tipo de ópera cómica italiana del siglo XVIII. || m. y f. Persona que hace el papel de gracioso en esta ópera.

bufón, ona. m. y f. Persona vestida grotescamente que se dedicaba a hacer reír a la corte. || Payaso, persona que trata de divertir a toda costa.

bufonada. f. Actuación o dicho propio del bufón.

buggy. (voz i.) m. Todoterreno de carrocería baja y neumáticos muy anchos.

bugui-bugui. (voz i.) m. Boogie-woogie.

buhardilla. f. Piso último de un edificio con techos inclinados que aprovechan el hueco del tejado. || Ventana que sobresale verticalmente en el tejado como salida o iluminación.

búho. m. Ave rapaz nocturna de grandes ojos redondos, plumas sobre la cabeza que parecen orejas y vuelo silencioso. || *col.* Autobús urbano que circula durante toda la noche en sustitución del servicio normal.

buhonería. f. Objeto de poco valor con que comercian algunos vendedores ambulantes.

buhonero, ra. m. y f. Persona que vende buhonerías de forma ambulante.

buitre. m. Ave rapaz carroñera de aproximadamente dos metros, pico fuerte, cuello largo y desnudo con un collar de plumas más claras. || Persona que se aprovecha de los demás y, en especial, de su desgracia.

buje. m. Pieza metálica que se coloca en ciertas piezas de maquinarias y ruedas de carruajes para protegerlas del roce interior del eje. || *amer.* Cojinete.

bujía. f. Vela de cera blanca o parafina. || Candelero en que se pone. || En los motores de explosión, dispositivo que hace saltar la chispa eléctrica del encendido. || Unidad de intensidad luminosa equivalente a la vigésima parte de la luz emitida por un centímetro cuadrado de platino a la temperatura de fusión.

bula. f. Bola de plomo que acompañaba al sello de ciertos documentos. || El sello de estos documentos. || Decreto, ordenanza o privilegio acompañado de este sello. || Documento pontificio relativo a materia de fe o de interés general, concesión de privilegios, etc., expedido por la cancillería apostólica y autorizado con el sello de su nombre. || Sumario de la misma bula que se reparte impreso.

bulbo. m. BOT. Tallo o brote subterráneo y globoso de algunas plantas, en cuyas hojas se acumula la reserva nutritiva. || Tubérculo o rizoma bulboso. || bulbo raquídeo. ANAT. Mielencéfalo, protuberancia superior de la médula espinal.

buldog. (voz i.) adj. y m. Bulldog.

bulerías. f. pl. Cante y baile popular andaluz de ritmo vivo que se acompaña con palmas.

bulevar. m. Calle ancha con un paseo arbolado en el centro.

búlgaro, ra. adj. y s. De Bulgaria o relativo a este país europeo. || m. Lengua eslava de este país.

bulimia. f. Enfermedad psicológica cuyo principal síntoma es el hambre exagerada e insaciable.

bulímico, ca. adj. Relativo a la bulimia. || adj. y s. Que padece bulimia.

bulla. f. Griterío o ruido de gente. || Concurrencia de mucha gente. || amer. Pelea, discusión.

bullanga. f. Bullicio y jaleo producido por la gente.

bullanguero, ra. adj. y s. Alborotador, amigo de bullangas.

bulldog. (voz i.) adj. y com. Se dice del perro que pertenece a la raza caracterizada por tener gran cabeza, cuerpo fuerte y grueso, patas arqueadas y pelaje castaño corto.

bullicio. m. Ruido y rumor de mucha gente. || Alboroto, confusión.

bullicioso, sa. adj. Que causa o tiene bullicio. || Inquieto, alborotador.

bullir. intr. Hervir un líquido. || Agitarse una masa de personas, animales u objetos. || Moverse ocupándose de muchas cosas a la vez. || Surgir con frecuencia y abundancia.

bullterrier. (voz i.) adj. y com. Perro de la raza caracterizada por su pequeño tamaño y corto y duro pelaje.

bulo. m. Noticia falsa divulgada, sobre todo con fines negativos.

bulto. m. Volumen o elevación de algo. || Cuerpo que se percibe confusamente. || Hinchazón. || Cada uno de los fardos, bolsas o maletas de un equipaje. || amer. Cartera o cartapacio que usan los estudiantes.

bululú. m. Cómico que representaba una obra en solitario, interpretando a todos los personajes. || amer. Alboroto. || amer. Dólar, peso.

bumerán. m. Arma arrojadiza australiana, de madera curvada, que vuelve al punto de partida si falla el blanco.

bungaló o **bungalow.** (voz i.) m. Casa de campo o playa, con una sola planta y portal o galería en la parte frontal.

bunker o **búnker.** m. Fortificación subterránea para defensa de los ataques externos. || Grupo político o social reaccionario. || DEP. En golf, fosa artificial con arena que dificulta el recorrido.

buñuelo. m. Alimento dulce o salado envuelto en una masa de harina y agua y frito. || Cosa mal hecha.

buque. m. Barco grande con cubierta, adecuado para grandes travesías. || El casco del barco.

burbuja. f. Globo de aire que se forma en los líquidos y sale a la superficie. || Espacio aislado de su entorno.

burbujear. intr. Hacer burbujas.

burdel. m. Local de prostitución.

burdo, da. adj. Tosco, grosero, sin delicadeza.

bureta. f. QUÍM. Tubo graduado de vidrio de diámetro grande y uniforme, uno de cuyos extremos se puede cerrar con una goma o llave.

burger. (voz i.) m. Hamburguesería.

burgués, esa. adj. y s. Ciudadano perteneciente a la burguesía, en contraposición al proletario. || Que busca una vida de comodidad y relajo. || Natural o habitante de un burgo.

burguesía. f. Clase social urbana formada por individuos de capital activo.

buril. m. Instrumento puntiagudo de acero para grabar sobre metales.

burilar. f. Grabar con un buril.

burla. f. Acción o palabras con que se ridiculiza a personas o cosas. || Engaño, abuso de confianza. || Broma. || amer. Nombre común a varias enfermedades nerviosas de carácter convulsivo.

burladero. m. En la plaza de toros, trozo de valla situado delante de la barrera como refugio del torero.

burlador, ra. adj. y s. Que burla. || m. Libertino habitual que hace gala de seducir y en gañar a las mujeres. || f. Planta similar al estramonio, de flores rosadas de mayor tamaño.

burlar. tr. Esquivar algún peligro. || Engañar, mentir. || prnl. Hacer burla de personas o cosas.

burlesco, ca. adj. Festivo, jocoso, que implica burla.

burlete. m. Tira textil o de otro material flexible que se coloca en el canto de las hojas de puertas, balcones o ventanas para que cierren herméticamente.

burlón, ona. adj. Que implica o expresa burla. || adj. y s. Aficionado a las burlas.

buró. (voz fr.) m. Escritorio con compartimentos en su parte alta y un tablero para escribir que se abre levantándolo. || Órgano dirigente de algunas asociaciones, en especial, de partidos políticos. || *amer.* Mesilla.

burocracia. f. Conjunto de normas, papeles y trámites necesarios para gestionar una actividad administrativa. || Complicación y lentitud excesiva en la realización de estas gestiones, particularmente en las que dependen de la administración de un Estado. || Conjunto de funcionarios públicos.

burócrata. com. Funcionario público administrativo.

burocratizar. tr. Implantar una organización burocrática.

burrada. f. Manada de burros. || Dicho o acción torpe, brutal. || *col.* Enormidad, gran cantidad.

burrajo. m. Estiércol seco de las caballerizas.

burro, rra. m. y f. Asno, mamífero cuadrúpedo. || adj. y s. Hombre necio e ignorante. || Terco, cabezota. || Bruto, violento. || m. Borriquete. || Plinto, instrumento de gimnasia. || Juego de naipes en el que hay que descartarse en cada baza ya que pierde el último jugador que conserve cartas en la mano. || El que pierde en cada mano en el juego del burro. || *argot* Heroína, droga. || *amer.* Escalera de tijera. || *amer.* Tabla de planchar.

bursátil. adj. Relativo a la bolsa, y a sus operaciones y valores.

bursitis. f. MED. Inflamación aguda de las bolsas serosas que se sitúan bajo los músculos de las articulaciones.

bus. m. Forma abreviada de autobús. || ELECTR. e INFORM. Conjunto de hilos conductores que comunican las partes de un microprocesador.

busca. f. Acción de buscar. || Tropa de cazadores y perros que levanta la caza en una montería. || Recogida, entre los desperdicios, de objetos aprovechables. || m. Forma abreviada de buscapersonas.

buscador, ra. adj. y s. Que busca.

buscapiés. m. Cohete sin varilla que corre por la tierra al ser encendido.

buscapleitos. com. *amer.* Persona que propicia discusiones y peleas.

buscar. tr. Intentar localizar o encontrar. || Intentar conseguir algo. || Provocar, irritar. || buscársela. loc. Arriesgarse. || buscárselas. loc. Arreglarse para ir viviendo.

buscavidas. com. Persona ingeniosa para buscar un medio de vida.

buscón, ona. adj. y s. Que busca. || Ladrón, ratero, estafador. || f. Prostituta.

búsqueda. f. Acción de buscar. || Investigación, estudio de documentación.

busto. m. Parte superior del cuerpo humano, desde el cuello a la cintura. || Escultura o pintura de la cabeza y parte superior del tórax. || Pecho de la mujer.

bustrófedon o **bustrofedon.** m. Antigua escritura griega en la que la dirección de los signos se alterna en cada línea.

butaca. f. Silla mullida de brazos con el respaldo inclinado hacia atrás. || Asiento de buena visibilidad en la planta baja de los cines o teatros. || Entrada, tique que da derecho a una localidad de un espectáculo.

butano. m. QUÍM. Hidrocarburo gaseoso natural o derivado del petróleo que se emplea como combustible, generalmente envasado en bombonas a presión. || adj. y m. Color anaranjado vivo.

butaque. m. *amer.* Asiento pequeño, con el respaldo echado hacia atrás.

butifarra. f. Embutido de origen catalán hecho de carne y vísceras de cerdo, con tocino y pimienta. || *amer.* Bocadillo de jamón y ensalada. || *amer.* Farra, juerga.

buzo. m. Persona que se dedica profesionalmente a trabajar sumergido en el agua. || Mono de trabajo. || Traje de bebé que cubre todo el cuerpo y se cierra con una cremallera central.

buzón. m. Caja o receptáculo con una abertura por donde se echan las cartas al correo. || Boca enorme.

bypass. (voz i.) m. MED. Injerto de un conducto arterial entre dos puntos de una arteria situados antes y después de una alteración.

byte. (voz i.) m. INFORM. Conjunto formado por 4, 6 u 8 dígitos binarios o bits, que constituye la unidad de transmisión de información.

C

c. f. Tercera letra del alfabeto español y segunda de sus consonantes. Su nombre es ce.

cabal. adj. Se dice de la persona íntegra. || Ajustado, preciso. || Completo.

cábala. f. Conjetura, suposición. Más en pl. || Intriga. || Tradición mística y esotérica hebrea que intenta explicar doctrinas ocultas de Dios mediante la exégesis de la Biblia.

cabalgadura. f. Animal cuadrúpedo usado para cabalgar o como bestia de carga.

cabalgar. intr. Montar o pasear a caballo. También tr. || Ir una cosa sobre otra. || tr. Cubrir el caballo u otro animal a su hembra.

cabalgata. f. Desfile de personas, jinetes, carrozas, bandas de música, etc., con ocasión de una festividad.

caballa. f. Pez escómbrido marino, alargado, de color azul verdoso y rayas oscuras.

caballar. adj. Del caballo o similar a él.

caballeresco, ca. adj. Propio de caballeros, galante. || De la caballería medieval.

caballería. f. Animal cuadrúpedo que sirve para cabalgar. || Cuerpo del ejército formado por soldados a caballo.

caballerizo, za. m. y f. Persona encargada del mantenimiento de la caballeriza. || f. Lugar destinado a las caballerías.

caballero, ra. adj. Que cabalga o anda a caballo. || m. El que se comporta noble y cortésmente. || Hombre. || Persona notable.

caballete. m. Soporte de un tablero de mesa. || Bastidor trípode.

caballo. m. Mamífero équido ungulado. || Pieza del ajedrez.

cabaña. f. Casa rústica de campo.

cabecear. intr. Mover la cabeza. || Negar moviendo la cabeza.

cabecera. f. Parte de la cama donde se reposa la cabeza.

cabecilla. com. El que está al mando de un grupo de rebeldes. || Persona que está a la cabeza de un grupo.

cabellera. f. Conjunto del cabello de la cabeza.

cabello. m. Cada uno de los pelos que nacen en la cabeza de una persona.

caber. intr. Referido a un objeto, poder ser contenido en otro. || Tener espacio para entrar. || Tocarle a uno o pertenecerle alguna cosa. || Ser posible.

cabestro. m. Buey manso que sirve de guía a los toros.

cabeza. f. Parte superior del cuerpo del hombre separada del tronco, y superior o anterior del de muchos animales. || Cráneo. || m. Jefe de una familia, comunidad, corporación, etc.

cabezal. m. Almohada que se coloca en la cabecera. || Pieza móvil del extremo de ciertos aparatos. || Cabeza de un aparato reproductor que sirve para grabar, reproducir o borrar lo grabado en una cinta.

cabida. f. Espacio o capacidad de algo.

cabildo. m. Comunidad de eclesiásticos capitulares de una iglesia. || Ayuntamiento, corporación. || Junta celebrada por esta corporación. || Sala donde se celebra.

cabina. f. Cuarto pequeño, para usos muy diversos. || Locutorio telefónico de uso individual y, p. ext., teléfono público. || En diversos medios de transporte, espacio reservado al piloto, al conductor y al personal técnico.

cabizbajo, ja. adj. Con la cabeza inclinada.

cable. m. Cordón más o menos grueso formado por uno o varios hilos conductores protegido por una funda aislante. || Cablegrama. || Maroma gruesa.

cablegrafiar. tr. Transmitir noticias por cable submarino.

cablegrama. m. Telegrama transmitido por cable submarino.

cabo. m. Cualquiera de los extremos de las cosas. || Punta de tierra que penetra en el mar. || Fin, término de una cosa.

cabotaje. m. Navegación o tráfico comercial hecho a lo largo de la costa de un país. || Tráfico marítimo en las costas de un país determinado.

cabra. f. Mamífero rumiante doméstico. || Ariete.

cabrestante. m. Torno de eje vertical que se emplea para mover grandes cosas gracias a la soga o cadena que se enrolla en él.

cabriola. f. Voltereta o salto en el aire. || Salto de los bailarines. || Salto que da el caballo coceando.

cabritilla. f. Piel fina curtida de un animal pequeño.

cabrito, ta. m. y f. Cría de la cabra.

caca. f. col. Excremento humano.

cacahué o **cacahuete.** m. Planta papilionácea de tallos rastreros. || Fruto de esta planta.

cacao. m. Árbol tropical de fruto grande y alargado que contiene de veinte a cuarenta semillas. || Semilla de este árbol. || Polvo obtenido moliendo esta semilla que se usa en repostería.

cacaotal. m. Plantación de cacao.

cacarear. intr. Cantar el gallo o la gallina.

cacatúa. f. Ave trepadora de Oceanía, de pico corto y fuerte, plumaje de colores muy vistosos y un penacho de plumas.

cacería. f. Partida o expedición de caza.

cacerola. f. Recipiente metálico de cocina, ancho, bajo y provisto de asas.

cacha. f. Cada una de las dos piezas que forman el mango de las navajas y de algunos cuchillos. Más en pl.

cachada. f. *amer.* Cornada de un animal. || f. *amer.* Burla, broma.

cachalote. m. Mamífero cetáceo de unos 20 m de longitud, enorme cabeza y gran cantidad de grasa.

cacharro. m. Recipiente para usos culinarios. || Vajilla de una cocina. || *col.* Aparato viejo, deteriorado o que funciona mal. || *col.* Cosa sin valor.

cachetada. f. Bofetada.

cachimba. f. Pipa para fumar.

cachiporra. f. Palo que termina en una bola abultada. || adj. *amer.* Vanidoso.

cachivache. m. *desp.* Utensilio u objeto arrinconado por inútil. Más en pl. || Atracciones de feria.

cacho. m. Pedazo pequeño de algo.

cachorro, rra. m. y f. Perro de corta edad. || En general, cría de otros mamíferos.

cacique, ca. m. y f. Persona que en un pueblo o comarca ejerce excesiva influencia. || Déspota, autoritario. || m. Jefe de algunas tribus de indios.

caco. m. Ladrón.

cacofonía. f. FON. Secuencia de sonidos desagradables o de articulación difícil.

cacto o **cactus.** m. Nombre común de las plantas cactáceas.

cada. adj. Se refiere distributivamente a los elementos de un conjunto. || Se refiere individualmente a los elementos de una serie.

cadalso. m. Tablado que se levanta para ajusticiar a los condenados a muerte y, p. ext., pena de muerte.

cadáver. m. Cuerpo muerto.

cadena. f. Serie de eslabones enlazados entre sí. || Atadura, condicionamiento. || Sucesión de cosas, acontecimientos, etc. || Serie de montañas.

cadencia. f. Serie de sonidos, movimientos o acciones que se suceden de un modo regular o armónico. || Distribución armónica de los acentos y las pausas de un texto. || Ritmo, compás.

cadera. f. Cada una de las dos partes salientes formadas por los huesos superiores de la pelvis.

cadete. com. Alumno de una academia militar. || *amer.* Aprendiz.

cadmio. m. QUÍM. Metal dúctil y maleable de color blanco azulado.

caducar. intr. Desgastarse o estropearse algo por el paso del tiempo. || Prescribir, perder su validez una ley, testamento, etc. || Extinguirse un derecho, una facultad, una instancia o un recurso.

caduco, ca. adj. Que es muy anciano y empieza a mostrar decrepitud. || Perecedero, que dura poco. || Que está obsoleto, pasado de moda.

caer. intr. y prnl. Desplazarse un cuerpo de arriba abajo por la acción de su propio peso. || Perder un cuerpo el equilibrio. || Pender, colgar. || intr. Sentar bien o mal. || Decaer, extinguirse. || Desaparecer, dejar de ser. || Morir.

café. m. Cafeto. || Semilla del cafeto. || Bebida que se hace con esta semilla.

cafeína. f. Alcaloide blanco, estimulante del sistema nervioso.

cafetal. m. Terreno donde se cultivan cafetos.

cafetero, ra. adj. Del café o relativo a él.

cafeto. m. Árbol tropical de fruto en baya roja con dos semillas es el café.

cagar. intr. *vulg.* Defecar, expulsar excrementos. || prnl. *vulg.* Morirse de miedo, acobardarse.

caído, da. adj. Desfallecido, cansado. || adj. y s. Muerto en una guerra. || f. Acción y resultado de caer. || Bajada o declive.

caimán. m. Reptil saurio del orden de los cocodrilos, anfibio y carnívoro, similar al cocodrilo.

cairel. m. Adorno.

caja. f. Recipiente de varias formas y tamaños que sirve para albergar objetos. || Caja de seguridad. || Ventanilla o dependencia destinada a recibir o guardar dinero y para hacer pagos en los bancos y comercios. || Recaudación de un comercio. || Ataúd. || Tambor.

cajero, ra. m. y f. Persona que está encargada de la caja y sus movimientos.

cajón. m. Caja grande, normalmente de madera. || Compartimiento de un mueble.

cal. f. Óxido de calcio.

cala. f. Acción y resultado de cortar o taladrar diversos materiales.

calabaza. f. Calabacera. || Fruto globoso de la calabacera.

calabozo. m. Celda de una cárcel.

calada. f. Acción y resultado de calar.

calado, da. adj. Muy mojado, empapado. || m. Labor a modo de encaje que se hace en una tela.

calafatear. tr. Impermeabilizar las junturas de las maderas de las naves. || Sellar cualquier juntura.

calamar. m. Molusco cefalópodo marino comestible.

calambre. m. Contracción espasmódica, involuntaria y dolorosa de ciertos músculos.

calamidad. f. Desgracia o infortunio.

calandria. f. Pájaro de la familia de la alondra. || f. Máquina que sirve para prensar o satinar papel o tela. || Máquina que levanta grandes pesos.

calaña. f. Clase, tipo o naturaleza de una persona o cosa.

calar. adj. Calizo. || m. Lugar abundante en piedra caliza || tr. e intr. Penetrar un líquido en un cuerpo permeable. || Sumergir las redes en el agua. || Atravesar un cuerpo con un objeto punzante. || Hacer un corte en una fruta para ver su madurez.

calavera. f. Parte del esqueleto que forma la cabeza.

calcañar, calcañal o **calcaño.** m. Parte posterior de la planta del pie.

calcar. tr. Obtener una copia de un trazo o escritura por medio de un papel transparente, o de calco. || Imitar o reproducir con exactitud.

calcáreo, a. adj. Que tiene cal.

calce. m. Llanta de una rueda. || Calza que se pone para suplir la falta de altura. || Cuña para ensanchar un hueco.

calcetín. m. Media de punto que cubre el tobillo y parte de la pierna.

calcificar. tr. BIOL. Dar a un tejido orgánico carácter calcáreo por la adición de sales de calcio. || prnl. Modificarse o degenerarse los tejidos orgánicos por depositarse en ellos sales de calcio.

calcinar. tr. Carbonizar. También prnl.

calcio. m. QUÍM. Elemento químico metálico blanco.

calcomanía. f. Papel que tiene una imagen adhesiva del revés, preparada para estamparse en un objeto.

calculador, ra. adj. y s. Que calcula. || Interesado, previsor. || f. Máquina que obtiene el resultado de cálculos aritméticos.

calcular. tr. Seguir operaciones matemáticas. || Evaluar, considerar. || Suponer.

cálculo. m. Operaciones y procedimientos matemáticos que se realizan para resolver un problema. || Conjetura. || Concreción sólida que se forma en el interior de algún tejido o conducto.

caldear. tr. y prnl. Aumentar la temperatura de algo que estaba frío. || Animar o acalorar el ánimo. || Poner un hierro al rojo para labrarlo.

caldera. f. Recipiente de metal grande y redondo que sirve para calentar o cocer alguna cosa. || Cabida de una caldera. || Recipiente metálico generador de agua caliente.

caldero. m. Caldera pequeña con una sola asa sujeta a a boca.

calefacción. f. Acción y resultado de calentar.

calendario. m. Sistema de división del tiempo. || Almanaque. || Distribución de determinadas actividades humanas en un periodo de tiempo.

calentar. tr., intr. y prnl. Dar calor, elevar la temperatura. || Avivar, animar.

calero, ra. adj. De la cal o relativo a ella. || m. y f. Persona que trabaja en la fabricación de cal. || f. Cantera de piedra caliza. || Horno donde se calcina la piedra caliza.

calesita. f. amer. Tiovivo.

caleta. f. Cala, ensenada pequeña.

calibrar. tr. Medir el calibre de un objeto o de un arma. || Dar a un objeto el calibre que se desea. || Sopesar con detenimiento.

calibre. m. Diámetro interior de un cuerpo cilíndrico. || Diámetro interior del cañón de un arma de fuego. || Tamaño, importancia, clase.

calidad. f. Propiedad o conjunto de propiedades inherentes a una persona o cosa. || Superioridad o excelencia. || Clase, condición. || Nobleza de linaje. || Importancia.

calidez. f. Calor. || Afectividad, cariño, cordialidad.

cálido, da. adj. Que da calor. || Afectuoso, caluroso.

calidoscopio. m. Tubo que contiene varios espejos en ángulo y pedacitos de cristal irregulares.

caliente. adj. Que tiene o produce calor. || Acalorado.

califa. m. Título de los soberanos que ejercieron la suprema autoridad religiosa y civil entre los musulmanes.

calificar. tr. Apreciar, expresar o determinar las cualidades o circunstancias de una persona o cosa. || Juzgar el grado de suficiencia de una persona. || Manifestar, ilustrar, acreditar.

caligrafía. f. Conjunto de rasgos que caracterizan la escritura de una persona. || Arte de escribir con letra clara y bien formada.

calígrafo, fa. m. y f. Persona que escribe a mano con letra excelente.

cáliz. m. Vaso sagrado donde se consagra el vino en la misa. || Cubierta externa de las flores completas.

calizo, za. adj. Que tiene cal. || f. Roca compuesta sobre todo de calcita.

callado, da. adj. Silencioso, reservado. || f. Acción y resultado de callarse, silencio.

callar. intr., tr. y prnl. No hablar, guardar silencio. || Abstenerse de manifestar lo que se siente o se sabe.

calle. f. Vía pública en una población. || Todo lo que en una población está fuera de las viviendas.

calleja. f. Calle estrecha.

callejear. intr. Andar deambulando de calle en calle.

callo. m. Dureza que por roce o presión se forma en la piel.

calloso, sa. adj. Que tiene callos o callosidades.

calma. f. Estado de la atmósfera cuando no hay viento. || Suspensión, interrupción. || Paz, tranquilidad.

calmar. tr. y prnl. Sosegar, adormecer, aliviar, templar. || intr. Estar en calma o tender a ella.

calmoso, sa. adj. Que está en calma.

caló. m. Lenguaje de los gitanos.

calor. m. Energía producida por la vibración acelerada de las moléculas, que se manifiesta elevando la temperatura y dilatando los cuerpos y llega a fundir los sólidos y a evaporar los líquidos. A veces f. || Temperatura corporal o ambiental elevada, superior a la normal. || Ardor, actividad, entusiasmo. || Afecto, buena acogida.

caloría. f. FÍS. Unidad de energía térmica.

calumnia. f. Acusación falsa, hecha maliciosamente para causar daño.

calumniador, ra. adj. y s. Que calumnia.

calumniar. tr. Atribuir a alguien falsamente y con malicia palabras, actos o intenciones deshonrosas.

caluroso, sa. adj. Que siente o causa calor. También s. || Afectuoso, entusiasta.

calvario. m. Vía crucis. || Serie o sucesión de adversidades y padecimientos.

calvo, va. adj. Que ha perdido el cabello. También s. || Pelado, sin vegetación. || f. Parte de la cabeza de la que se ha caído el pelo.

calzada. f. Camino empedrado y ancho. || Parte de la calle comprendida entre dos aceras.

calzado, m. Cualquier prenda que sirve para cubrir y resguardar el pie y a veces también la pierna.

calzar. tr. y prnl. Cubrir el pie y algunas veces la pierna con el calzado.

calzón. m. Especie de pantalón que cubre desde la cintura hasta una altura variable de los muslos.

calzoncillo. m. Prenda interior masculina.

cama. f. Mueble para dormir o descansar.

camafeo. m. Figura tallada en relieve en una piedra preciosa.

camaleón. m. Reptil saurio cuya piel cambia de color para adaptarse al de los objetos que le rodean.

cámara. f. Máquina para hacer fotografías. || Aparato destinado a registrar imágenes animadas. || Habitación o recinto refrigerado. || Anillo tubular de goma que forma parte de los neumáticos. || Junta, asociación. || Cuerpo encargado de legislar.

camarada. com. Compañero de estudios, de profesión o de ideología.

camarero, ra. m. y f. Persona que sirve a los clientes en bares, restaurantes, hoteles o establecimientos similares.

camarón. m. Crustáceo decápodo marino de carne muy apreciada.

camarote. m. Habitación de un barco.

camastro. m. desp. Cama pobre o incómoda.

cambalache. m. Trueque de objetos de poco valor, a veces con intención de engañar.

cambiar. tr. Dar o recibir una cosa por otra que la sustituya. || Convertir en otra cosa, modificar. También prnl. || Sustituir, reemplazar. || Dar o tomar monedas o valores por sus equivalentes. || Intercambiar. || Devolver algo que se ha comprado. || intr. Mudar el viento su dirección. || Mudar o alterar una persona o cosa su condición o apariencia física o moral. También prnl.

cambio. m. Acción y resultado de cambiar. || Mudanza, modificación. || Sustitución. || Intercambio. || Dinero que se devuelve después de comprar algo.

camelia. f. Arbusto originario de Japón y China.|| Flor de este arbusto.

camello, lla. m. y f. Rumiante originario de Asia con dos gibas en el dorso, formadas por acumulación de tejido adiposo.

camilla. f. Cama estrecha y portátil para trasladar enfermos, heridos o cadáveres.

caminar. intr. Ir andando de un lugar a otro. || Seguir su curso los ríos, los planetas, etc. || tr. Recorrer a pie determinada distancia.

caminata. f. Paseo o recorrido largo y fatigoso.

camino. m. Vía de tierra por donde se transita habitualmente. || Jornada, viaje, recorrido, ruta. || Dirección que ha de seguirse para llegar a un lugar.

camión. m. Vehículo automóvil grande, de cuatro o más ruedas, destinado al transporte de mercancías pesadas.

camisa. f. Prenda de vestir con cuello, botones y puños, que cubre el torso

camiseta. f. Prenda interior de punto, ajustada y sin cuello, que se pone directamente sobre el cuerpo, bajo la ropa.

camisón. m. Prenda que usan las mujeres para dormir.

camorra. f. col. Riña violenta, pendencia. || Organización de tipo mafioso.

camote. m. amer. Batata.

campal. adj. Se dice de la batalla que tiene lugar entre dos ejércitos enemigos en campo abierto.

campamento. m. Lugar donde se establecen temporalmente fuerzas del ejército. || Lugar al aire libre, dispuesto para acampar.

campana. f. Instrumento de metal en forma de copa invertida que suena al golpearlo el badajo que tiene en su interior.

campanario. m. Torre, espadaña o armadura donde se colocan las campanas.

campanilla. f. Campana pequeña. || Parte media del velo del paladar.

campaña. f. Conjunto de actos que se dirigen a conseguir un fin determinado. || Expedición militar.

campeón, ona. m. y f. Vencedor de un campeonato o de una competición deportiva.

campeonato. m. Certamen o competición en que se disputa el premio en ciertos juegos o deportes. || Triunfo obtenido en el certamen.

campero, ra. adj. Del campo o relativo a él.

campesino, na. adj. Del campo o relativo a él. || m. y f. Labrador, persona que vive y trabaja en el campo.

campestre. adj. Del campo.

campiña. f. Campo llano y extenso dedicado al cultivo.

campo. m. Terreno extenso sin edificar fuera de las poblaciones. || Tierra cultivable. || Sembrados, árboles y demás cultivos. || Terreno contiguo a una población.

camposanto. m. Cementerio católico.

can. m. Perro.

canadiense. adj. y com. De Canadá.

canal. m. Estrecho marítimo, natural o artificial. || Cada una de las bandas de frecuencia en que puede emitir una estación de televisión o de radio. || amb. Cauce artificial por donde se conduce el agua.

canalizar. tr. Regularizar el cauce o la corriente de un río para hacer sus aguas navegables o aptas para el riego. || Abrir canales. || Encauzar, orientar opiniones o iniciativas.

canalla. com. Persona que merece desprecio, ruin y miserable.

canapé. m. Diván o sofá con el asiento y el respaldo acolchados.

canario, ria. adj. y s. De las islas Canarias o relativo a ellas. || m. Pájaro cantor, originario de las islas Canarias.

canasta. f. Cesto de mimbre, ancho de boca, que suele tener dos asas. || Juego de naipes.

canastilla. f. Cestilla de mimbre donde se guardan objetos pequeños de uso doméstico.

canasto. m. Canasta de boca estrecha.

cancán. m. Danza frívola y muy movida, de origen francés. || Prenda interior femenina.

cancel. m. Contrapuerta de tres hojas para evitar ruidos o impedir la entrada del aire. || Armazón vertical de madera, hierro u otra materia.

cancelar. tr. Anular, dejar sin validez. || Suspender. || Saldar, pagar una deuda.

cáncer. m. PAT. Tumor maligno. || Mal moral. || ASTRON. Uno de los signos del Zodiaco.

cancha. f. Local o espacio destinado a la práctica de determinados deportes o juegos.

canciller. com. Empleado auxiliar en las embajadas, legaciones, consulados y agencias diplomáticas y consulares.

canción. f. Composición, por lo general en verso, que se canta, o a la que se puede poner música. || Música con que se canta esta composición.

candado. m. Cerradura suelta contenida en una caja de metal de la que se enganchan anillas o armellas con las que asegurar puertas, verjas u objetos con tapa.

candela. f. Vela para alumbrar. || Lumbre, fuego.

candelabro. m. Candelero de dos o más brazos que se sostiene por su pie o sujeto en la pared y mantiene derechas las velas o candelas.

candelero. m. Utensilio que sirve para mantener derecha la vela o candela.

candente. adj. Se dice de un cuerpo, generalmente metálico, cuando se enrojece o blanquea por la acción del calor. || Vivo, de actualidad, apasionante.

candidato, ta. m. y f. Persona que aspira a alguna dignidad, honor o cargo.

candidez. f. Sencillez, ingenuidad, falta de malicia.

cándido, da. adj. Sencillo, ingenuo, sin malicia ni doblez. || Blanco, de color de nieve o leche.

candil. m. Lámpara para alumbrar.

candileja. f. Recipiente interior del candil que contiene el aceite. || pl. Línea de luces en el proscenio del teatro.

candombe. m. Baile de ritmo muy vivo de origen africano, muy popular en América del Sur.

candor. m. Candidez, ingenuidad, inocencia.

candoroso, sa. adj. Que tiene candor, sencillo, ingenuo.

canela. f. Segunda corteza del canelo, de olor muy aromático y sabor agradable. Se utiliza como condimento.

cangrejo. m. Crustáceo de río o de mar con las patas delanteras acabadas en pinzas.

canguro. m. Mamífero marsupial herbívoro de Australia, que anda a saltos, con las extremidades delanteras mucho más cortas que las posteriores. Las hembras tienen una bolsa en el vientre para llevar a sus crías.

C

caníbal. adj. y com. Antropófago, que come carne humana. || Salvaje, cruel, feroz.

canícula. f. Periodo del año en que el calor es más fuerte.

canilla. f. Cualquiera de los huesos largos de la pierna o del brazo, y especialmente la tibia. || Parte más delgada de la pierna, pantorrilla.

canino, na. adj. Del perro o relativo a él.

canje. m. Cambio, trueque o sustitución.

canjear. tr. Intercambiar algo o a alguien por otra cosa distinta.

cano, na. adj. Se dice del pelo, bigote o barba total o parcialmente blancos y de las personas que los tienen.

canoa. f. Embarcación de remo o con motor, estrecha, sin quilla y generalmente de una pieza.

canon. m. Regla o precepto.

canónico, ca. adj. Que se ajusta a las características de un canon de normalidad o perfección.

canoso, sa. adj. Que tiene canas.

cansancio. m. Falta de fuerzas que resulta de haberse fatigado. || Aburrimiento, tedio, hastío.

cansar. tr. y prnl. Causar cansancio, fatigar. || Aburrir, hartar. || Enfadar, molestar.

cansino, na. adj. Lento, pesado, perezoso.

cantante. adj. Que canta. || com. Persona que se dedica profesionalmente a la canción.

cantar. m. Composición poética con música a propósito para ser cantada, o adaptable a los aires populares. || intr. y tr. Formar con la voz sonidos melodiosos y variados. || Emitir algunos insectos sonidos estridentes. || Componer o recitar alguna poesía. || Celebrar, ensalzar.

cantárida. f. Insecto coleóptero de color verde oscuro brillante.

cántaro. m. Vasija grande de barro o metal, estrecha de boca y de base y ancha en el centro, con una o dos asas.

cantero, ra. m. y f. Persona que extrae piedra de las canteras o la labra para la construcción. || f. Lugar de donde se extrae piedra para la construcción.

cántico. m. Canto religioso.

cantidad. f. Propiedad de lo que es capaz de aumentar y disminuir y puede medirse y numerarse. || Cierto número de unidades. || Porción grande o abundante de algo. || Porción indeterminada de dinero.

cantimplora. f. Frasco de forma aplanada, de plástico o metal, para llevar la bebida en viajes o excursiones.

cantina. f. Local público donde se venden o se sirven bebidas y algunos alimentos.

canto. m. Emisión de sonidos melodiosos con la voz. || Sonido estridente que producen algunos insectos. || Arte de cantar. || Composición de música vocal. || m. Extremidad, lado, punta, esquina o remate de algo.

cantón. m. División administrativa de algunos países.

cantor, ra. adj. Que canta, principalmente por oficio. También s.

cánula. f. Tubo corto que se emplea en aparatos de laboratorio y de medicina.

canuto. m. Parte de una caña comprendida entre dos nudos. || Tubo de palo, metal u otra materia, corto y no muy grueso, generalmente abierto por sus dos extremos.

caña. f. Tallo de las plantas gramíneas. || Nombre de varias plantas gramíneas, generalmente de tallo hueco y nudoso. || Canilla del brazo o de la pierna. || Tuétano. || Parte de la bota o de la media que cubre la pierna.

cañada. f. Camino para el ganado trashumante. || Valle o paso estrecho entre dos montes de poca altura.

cáñamo. m. Planta anual cannabácea cuya semilla es el cañamón. || Fibra textil que se obtiene de esta planta.

cañaveral. m. Lugar poblado de cañas.

cañería. f. Conducto o tubería por donde circulan o se distribuyen las aguas o el gas.

caño. m. Tubo corto de metal, vidrio o barro, particularmente que da forma, junto con otros, las tuberías. || Tubo por el que mana el agua en una fuente.

cañón. m. Pieza hueca y larga, a modo de caña. || Tubo por donde sale el proyectil de un arma de fuego. || Pieza de artillería, larga, que puede estar fija o llevarse sobre ruedas, y se utiliza para lanzar balas, metralla o cierta clase de proyectiles huecos.

caoba. f. Árbol americano cuya madera, del mismo nombre, es muy estimada para muebles. || Madera de este árbol. || adj. y m. Color marrón rojizo.

caolín. m. Arcilla blanca para la fabricación de la porcelana y del papel.

caos. m. Estado de confusión y desorden.

capa. f. Prenda de vestir larga y suelta, sin mangas, abierta por delante, que se lleva sobre los hombros por encima de la ropa.

capacidad. f. Posibilidad que tiene algo de contener en su interior otras cosas. || Extensión o espacio de algún sitio o local. || Aptitud o suficiencia para algo. || Talento o inteligencia.

capacitar. tr. y prnl. Hacer apto, habilitar.

capar. tr. Extirpar o inutilizar los órganos genitales, castrar.

caparazón. m. Cubierta rígida que cubre el tórax y a veces todo el dorso de muchos crustáceos, insectos, tortugas, etc.

capataz, za. m. y f. Persona que gobierna y vigila a cierto número de trabajadores.

capaz. adj. Que tiene capacidad para contener algo. || Grande o espacioso. || Apto, con la preparación necesaria para hacer algo. || De buen talento, inteligente.

capcioso, sa. adj. Engañoso, artificioso.

capear. tr. Hacer suertes con la capa al toro. || Entretener a uno con evasivas. || Eludir hábilmente una dificultad, compromiso o problema.

capellán. m. Titular de una capellanía.

capelo. m. Sombrero rojo, insignia de los cardenales.

caperuza. f. Gorro que termina en punta inclinada hacia atrás.

capicúa. adj. y m. Cifra que se lee igual de izquierda a derecha que de derecha a izquierda.

capilar. adj. Del cabello o la capilaridad o relativo a ellos.

capilla. f. Iglesia pequeña.

capital. adj. Fundamental, principal, muy importante. || Se usa para designar la letra mayúscula. También f. || f. Población principal y cabeza de un Estado o provincia.

capitalismo. m. Régimen económico basado en el predominio del capital como elemento de producción y creador de riqueza sin apenas intervención del Estado.

capitalista. adj. Del capital o del capitalismo, o relativo a ellos.

capitalizar. tr. Fijar el capital que corresponde a determinado interés, según un tipo dado. || Aumentar el capital. || Rentabilizar.

capitán, ana. m. y f. Oficial del ejército que tiene a su cargo una compañía, escuadrón o batería. || Persona que capitanea o dirige un equipo deportivo.

capitanear. tr. Acaudillar una tropa armada. || Guiar o conducir a cualquier grupo de gente.

capitel. m. ARQUIT. Parte superior de la columna o la pilastra.

capitolio. m. Edificio majestuoso y elevado.

capitular. adj. Relacionado con un cabildo o el capítulo de una orden. || adj. y f. Se dice de la letra mayúscula o de la inicial de un capítulo, especialmente cuando es resaltada en tamaño o con algún adorno. || intr. Rendirse bajo determinadas condiciones.

capítulo. m. Cada división principal de un libro u otro escrito.

capón. adj. y m. Se dice del hombre y del animal que han sido castrados.

caporal. com. Persona que guía y manda un grupo de gente. || El que tiene a su cargo el ganado que se emplea en la labranza.

capota. f. Techo plegable de algunos vehículos.

capotar. intr. Volcar un vehículo automóvil hasta quedar en posición invertida.

capote. m. Capa de abrigo con mangas y menos vuelo que la capa común.

capricho. m. Idea o propósito que uno se forma sin razón aparente. || Antojo, deseo pasajero.

caprichoso, sa. adj. Que actúa por capricho.

capricornio. m. ASTRON. Uno de los signos del Zodiaco, al que pertenecen las personas que han nacido entre el 22 de diciembre y el 18 de enero.

cápsula. f. Envoltura soluble de ciertos medicamentos de mal sabor. || Conjunto formado por esta envoltura y el medicamento que va dentro. || Compartimiento de las naves espaciales.

captar. tr. Percibir por medio de los sentidos. || Recibir, recoger sonidos o imágenes. || Percatarse de algo. || Atraer a una persona, ganar su voluntad o su afecto.

captura. f. Detención o apresamiento de alguien o algo que opone resistencia.

capturar. tr. Apresar, aprehender.

capucha. f. Pieza puntiaguda que llevan algunas prendas de vestir en la parte superior de la espalda y que se emplea para cubrir la cabeza. || Caperuza.

capullo. m. Envoltura del gusano de seda o de las larvas de otros insectos. || Flor que no ha acabado de abrirse.

cara. f. Parte anterior de la cabeza, desde la frente a la barbilla. || Semblante, expresión del rostro. || Aspecto, apariencia. || Fachada o frente de alguna cosa. || Superficie de alguna cosa. || Anverso de las monedas.

carabela. f. Antigua embarcación muy ligera, larga y angosta, con tres palos y una sola cubierta.

carabina. f. Arma de fuego de menor longitud que el fusil

caracol. m. Molusco gasterópodo terrestre, de concha en espiral. || ANAT. Una de las cavidades del laberinto del oído interno de los vertebrados.

carácter. m. Conjunto de cualidades psíquicas y afectivas que condicionan la conducta de cada individuo o de un pueblo. || Condición, índole, naturaleza de algo o alguien que lo distingue de los demás. || Firmeza, energía, genio.

característico, ca. adj. Se dice de la cualidad que determina los rasgos de una persona o cosa y la distingue claramente de las demás. También f. || f. Cualidad peculiar de algo.

caracterizar. tr. y prnl. Acreditar a algo o alguien sus rasgos propios. || Determinar los rasgos distintivos de una persona o cosa. || Maquillar o vestir al actor.

caracú. m. amer. Tuétano de los animales, en particular de los vacunos.

carambola. f. Lance del juego de billar. || Casualidad, azar.

C

caramelo. m. Pasta de azúcar hecha de almíbar cocido que se endurece al enfriarse. || Azúcar derretido.

carancho. m. Ave rapaz carroñera.

carapacho. m. Caparazón que cubre el cuerpo de las tortugas, los cangrejos y otros animales.

carátula. f. Máscara para ocultar la cara. || Cubierta, portada o funda de un libro o de los estuches de discos, discos compactos, casetes y cintas de vídeo.

caravana. f. Grupo de personas que viajan juntas con vehículos o animales, especialmente por desiertos o lugares despoblados. || Conjunto de automóviles que marchan lentamente en la misma dirección y a poca distancia entre ellos.

carbón. m. Mineral sólido, negro y muy combustible. || Brasa apagada. || Carboncillo de dibujar.

carbonizar. tr. y prnl. Reducir a carbón un cuerpo orgánico. || Calcinar, quemar.

carbono. m. QUÍM. Elemento químico sólido y no metálico.

carbunco. m. Enfermedad contagiosa.

carburador. m. Aparato de los motores de explosión donde se mezcla el carburante con el aire.

carburante. m. Combustible, mezcla de hidrocarburos, que se emplea en los motores de explosión y de combustión interna.

carburar. tr. QUÍM. Mezclar los gases o el aire atmosférico con los carburantes gaseosos o con los vapores de los carburantes líquidos.

carburo. m. QUÍM. Combinación del carbono con un metaloide o metal.

carcaj. m. Caja o saco en forma de tubo.

carcajada. f. Risa impetuosa y ruidosa.

cárcel. f. Edificio destinado a la custodia y reclusión de los presos.

carcoma. f. Nombre de diversas especies de insectos coleópteros. || Polvo que produce este insecto. || Preocupación continua que mortifica y consume.

carcomer. tr. Roer la carcoma la madera. || Corroer, consumir poco a poco. También prnl.

cardar. tr. Peinar con la carda. || Peinar el pelo desde la punta a la raíz. También prnl.

cardenal. m. Cada uno de los prelados que forman parte del Sacro Colegio de consejeros del Papa. || Pájaro americano ceniciento, con una faja negra alrededor del pico. || m. Mancha amoratada, amarillenta o negruzca que sale en la piel.

cárdeno, na. adj. De color morado.

cardiaco, ca o **cardíaco, ca.** adj. Del corazón o relativo a este órgano.

cardinal. adj. Se dice de cada uno de los cuatro puntos del horizonte que sirven para orientarse: Norte, Sur, Este y Oeste. || Principal, fundamental. || Se dice del numeral que expresa el número, sin relación de orden.

cardiología. f. Especialidad de la medicina que estudia el corazón, sus enfermedades y sus funciones.

cardo. m. Planta compuesta, con hojas grandes y espinosas.

cardumen o **cardume.** m. Banco de peces.

carear. tr. Enfrentar a dos o más personas e interrogarlas a la vez para observar sus reacciones, confrontar sus opiniones y así averiguar la verdad de los hechos.

carecer. intr. No poseer algo, tener falta de algo.

carencia. f. Falta o privación de algo necesario.

carente. adj. Que tiene falta de algo.

careo. m. Acto que enfrenta a varias personas para interrogarlas a la vez y observar sus reacciones.

carero, ra. adj. y s. Que vende caro.

carestía. f. Precio alto de las cosas de uso común. || Penuria o escasez.

carey. m. Tortuga marina que habita en los mares tropicales. || Materia córnea obtenida del caparazón de esta tortuga.

carga. f. Acción y resultado de cargar. || Cosa que pesa sobre otra. || Cosa transportada. || Peso sostenido por una estructura. || Recambio de una materia que se consume con el uso. || Cantidad de pólvora u otra sustancia explosiva que se introduce en el cañón de un arma de fuego o en un dispositivo para realizar voladuras.

cargamento. m. Conjunto de mercancías que carga un vehículo.

cargar. tr. Echar peso sobre algo o sobre alguien. || Embarcar o poner en un vehículo mercancías para transportarlas. || Preparar un arma, poniéndole munición. || Proveer a algo de la carga que necesita para ser útil. || Acumular energía eléctrica en un aparato.

cargo. m. Empleo, oficio, dignidad. || Persona que lo desempeña. || Obligación, responsabilidad. || Carga o peso. || Delito o falta de la que se acusa a alguien.

cariátide. f. Estatua de mujer que sirve de columna.

caricatura. f. Retrato gráfico o literario en el que se deforman o exageran las características de algo o alguien con intención satírica.

caricia. f. Gesto cariñoso que consiste en pasar suavemente la mano sobre la piel de una persona o animal o sobre la superficie de un objeto.

caridad. f. Una de las tres virtudes teologales. || Sentimiento que impulsa a las personas a la solidaridad con sus semejantes. || Limosna o auxilio que se da a los necesitados.

caries. f. Lesión de la dentadura producida por una infección bacteriana.

carilla. f. Cada una de las caras de una hoja de papel.

carillón. m. Grupo de campanas en una torre que producen un sonido armónico. || Reloj con este sonido. || Instrumento de percusión.

cariño. m. Inclinación de amor o afecto que se siente hacia una persona, animal o cosa. || Expresión y señal de dicho sentimiento. Más en pl.

cariñoso, sa. adj. Que muestra cariño, amoroso, tierno.

carioca. adj. y com. De Río de Janeiro o relativo a esta ciudad.

carisma. m. Fascinación, encanto que ejercen algunas personas sobre las demás.

caritativo, va. adj. De la caridad o relativo a ella.

cariz. m. Aspecto que presenta una determinada cuestión.

carmesí. adj. De color granate muy vivo. También m.

carmín. m. Materia de color rojo muy intenso que se obtiene principalmente del insecto llamado cochinilla. || Este mismo color.

carnada. f. Cebo animal para pescar o cazar.

carnal. adj. De la carne o relativo a ella. || Sensual. || Se dice de los parientes de primer grado.

carnaval. m. Periodo de tres días que precede al miércoles de ceniza. || Fiesta popular que se celebra en esos días. Más en pl.

carne. f. Parte muscular del cuerpo humano o animal. || Alimento consistente en esta parte del cuerpo de animales terrestres y aéreos.

carné. m. Documento de carácter personal que indica la identidad, la afiliación a alguna asociación o partido, y faculta para el ejercicio de diversas actividades.

carnear. tr. *amer.* Matar y descuartizar las reses para aprovechar su carne.

carnero. m. Rumiante doméstico de lana espesa.

carnicería. f. Tienda donde se vende carne. || Matanza de gente provocada.

carnicero, ra. adj. y s. Se dice del animal que mata a otros para devorarlos. || Cruel, sanguinario. || m. y f. Persona que vende carne.

carnívoro, ra. adj. y s. Que se alimenta de carne.

caro, ra. adj. De precio elevado. || Amado, querido. || adv. m. A muy alto precio.

carótida. adj. y f. ANAT. Cada una de las dos grandes arterias del cuello.

carozo. m. Corazón de la mazorca de maíz, pieza que queda tras desgranarla. || *amer.* Hueso de algunas frutas.

carpa. f. Pez teleósteo comestible de agua dulce. || f. Cubierta de lona que se extiende sobre un espacio para darle techo. || *amer.* Tienda de campaña.

carpeta. f. Cartera grande formada por dos cartones unidos con gomas o cintas para guardar papeles.

carpincho. m. *amer.* Roedor anfibio de tierras americanas.

carpintería. f. Oficio y arte de trabajar la madera para hacer objetos con ella. || Taller donde se realizan estos trabajos.

carpintero, ra. m. y f. Persona que por oficio labra la madera y realiza objetos con ella.

carraspera. f. Aspereza o irritación de la garganta.

carrera. f. Marcha a pie a velocidad rápida y con impulsos. || Competición deportiva de velocidad. || Estudios universitarios repartidos en una serie de años con los que se obtiene un título profesional. || Profesión.

carreta. f. Carro bajo y alargado de madera, con dos ruedas, con una vara larga a la que se ata el yugo.

carrete. f. Cilindro taladrado por el eje en el que se enrolla algo.

carretera. f. Vía pública destinada a la circulación de vehículos.

carretilla. f. Carro pequeño con una rueda delante y dos mangos detrás para agarrarla.

carril. m. En carreteras y vías públicas, cada una de las divisiones por las que circulan los vehículos.

carro. m. Carruaje de dos o cuatro ruedas, con varas para enganchar el tiro y tablas para sostener la carga.

carrocería. f. Parte del vehículo que se asienta sobre las ruedas y en la que van los pasajeros o la carga.

carromato. m. Carro grande de dos ruedas cubierto con un toldo y tirado por uno o más animales.

carroña. f. Carne corrompida.

carroza. f. Coche grande tirado por caballos y lujosamente adornado.

carruaje. m. Vehículo formado por un armazón de madera o hierro montado sobre ruedas para transportar personas.

carrusel. m. Atracción de feria que consiste en unos aparatos fijados alrededor de un eje y movidos por un motor, tiovivo.

carta. f. Escrito que se envía a una persona para comunicarle algo. || Cada uno de los naipes de una baraja. || Lista que contiene los platos y bebidas disponibles en un restaurante u otro establecimiento hostelero.

cartaginés, esa. adj. y s. De Cartago o relativo a esta antigua ciudad africana.

cartapacio. m. Carpeta grande para guardar libros y papeles. || Cuaderno de notas.

cartel. m. Anuncio o aviso en lugar público con fines informativos o publicitarios.

cartelera. f. Sección de los periódicos o publicación independiente donde se anuncian espectáculos. || Armazón en que se fijan los carteles o anuncios publicitarios.

cartero, ra. m. y f. Persona que reparte el correo. || f. Estuche rectangular de bolsillo plegado por la mitad en el que se suelen llevar documentos, tarjetas y billetes. || Objeto de forma cuadrangular que se usa para llevar en su interior documentos, papeles, libros, etc. || *amer.* Bolso de mujer.

cartílago. m. Tejido elástico adherido a ciertas articulaciones óseas de los animales vertebrados.

cartilla. f. Cuaderno pequeño que contiene el alfabeto y las primeras enseñanzas de la lectura. || Libreta o cuaderno.

cartografía. f. Arte y técnica de trazar cartas geográficas. || Ciencia que se ocupa de los mapas y de su realización.

cartón. m. Material fabricado con pasta de papel o de trapos prensada y endurecida o con varias hojas de papel húmedas, fuertemente comprimidas.

cartujo, ja. adj. Persona que ha profesado en la orden de la Cartuja. También m. || adj. y s. Se dice de la persona que vive apartada del trato con la gente. || f. Orden religiosa de clausura.

cartulina. f. Cartón delgado y terso.

casa. f. Edificio o parte de él para vivir. || Conjunto de personas que viven juntas. || Descendencia o linaje. || Establecimiento industrial o mercantil. || Cada una de sus delegaciones.

casaca. f. Prenda ceñida, con manga larga y faldones hasta las corvas.

casal. m. Casa de campo. || Casa solariega.

casamiento. m. Acción y resultado de casarse. || Ceremonia en la que una pareja contrae matrimonio.

casar. m. Conjunto de casas que no llegan a formar pueblo. || intr. Contraer matrimonio. Más c. prnl. || Corresponder, ajustar, encajar, unir. || tr. Autorizar y llevar a cabo el matrimonio de dos personas aquel que tiene licencia para ello.

cascabel. m. Bola hueca de metal con una ranura con trocitos de metal en su interior que la hacen sonar al moverla.

cascada. f. Caída desde cierta altura del agua de un río u otra corriente por un desnivel brusco del cauce.

cascanueces. m. Instrumento para partir nueces.

cascar. tr. Quebrar. También prnl. || *col.* Golpear. || intr. *col.* Morir. || *col.* Charlar sin parar.

cáscara. f. Corteza exterior de los huevos y de varias frutas.

cascarrabias. com. *col.* Persona que se enfada fácilmente.

casco. m. Gorro de metal o plástico resistente que protege la cabeza.

caserío. m. Casa de campo aislada y sus dependencias. || Conjunto de casas más pequeño que un pueblo.

casero, ra. adj. Que se hace o se cría en casa. || Que se hace entre personas de confianza, sin formalidades. || *col.* Que está mucho en casa. || m. y f. Dueño de una casa de alquiler. || Persona que vive en una casa y cuida de ella, mientras está ausente su dueño.

caserón. m. Casa muy grande y destartalada.

caseta. f. Vestuario de las playas o de recintos deportivos para cambiarse de ropa. || Tenderete o barraca provisional desmontable que se usa en ferias y espectáculos. || Casita del perro guardián.

casi. adv. c. Poco menos de, cerca de, con corta diferencia, por poco. || adv. m. Indica indecisión.

casilla. f. Casa pequeña. || Apartados en que se dividen algunos muebles u objetos. || Compartimentos en que se divide el tablero de algunos juegos.

casillero. m. Mueble con divisiones para clasificar o guardar papeles u otros objetos.

casino. m. Local donde se practican juegos de azar.

caso. m. Suceso, cosa que ocurre. || Casualidad, oportunidad imprevista. || Asunto. || Problema, pregunta. || Cada enfermo en que se manifiesta una enfermedad.

caspa. f. Pequeñas escamas blancas que se forman en el cuero cabelludo o en la raíz del cabello.

casquete. m. Gorro ajustado para cubrir toda o parte de la cabeza.

casquivano, na. adj. Se dice de la persona insensata, alocada e informal.

casta. f. Generación, estirpe, linaje, ascendencia. || Parte de los habitantes de una sociedad que forma clase especial, sin mezclarse con los demás. || Condición o calidad.

castaña. f. Fruto del castaño del tamaño de una nuez. || Especie de moño pequeño y redondeado.

castaño, ña. adj. y s. Del color de la cáscara de castaña. || m. Árbol alto de fruto comestible. || Madera de este árbol.

castañuela. f. Instrumento de percusión compuesto de dos mitades cóncavas unidas por una cuerdecita por la que se sujetan a la mano para hacerlas repicar con los dedos, golpeando una contra otra.

castellano, na. adj. y s. De Castilla o relativo a este territorio. || m. Lengua española. || Señor que gobierna un castillo.

castidad. f. Carencia de sensualidad. || Renuncia total al placer sexual o solo al que queda fuera de los principios morales y religiosos.

castigar. tr. Ejecutar un castigo contra quien ha cometido una falta. || Causar dolor físico o moral a una persona, mortificar. || Corregir duramente, escarmentar mediante una sanción.

castigo. m. Sanción, pena impuesta.

castillo. m. Edificio fortificado y rodeado de murallas, fosos, baluartes y otras obras defensivas.

castizo, za. adj. y s. Que posee los caracteres peculiares y típicos de un lugar, una raza o una actividad. || Se dice del lenguaje puro, sin mezcla de rasgos o vocablos ajenos a él.

casto, ta. adj. Que practica la castidad o está de acuerdo con ella. || Honesto, puro, sin picardía ni sensualidad.

castor. m. Mamífero roedor de pelo castaño muy fino y apreciado en peletería.

castrar. tr. Extirpar o anular los órganos genitales, capar. || Debilitar, anular o inutilizar algo.

castrense. adj. Del ejército o la profesión militar o relativo a ellos.

casual. adj. Que sucede por casualidad.

casualidad. f. Combinación de circunstancias imprevisibles e inevitables.

casulla. f. Vestidura litúrgica que se pone el sacerdote encima de las demás cuando va a decir misa.

cataclismo. m. Catástrofe producida en la tierra por agentes de la naturaleza. || Gran desastre social, económico o político.

catacumba. f. Subterráneos que los primeros cristianos utilizaban como lugar de culto y cementerio. Más en pl.

catadura. f. Gesto, semblante, aspecto.

catafalco. m. Armazón revestido de vestiduras negras que se instala en las iglesias para celebrar los funerales de un difunto, túmulo.

catalán, ana. adj. y s. De Cataluña o relativo a esta comunidad. || m. Una de las lenguas oficiales de Cataluña.

catalejo. m. Instrumento óptico extensible que sirve para ver a larga distancia.

catalepsia. f. MED. Fenómeno nervioso repentino por el que los músculos se inmovilizan y se suspenden las sensaciones involuntariamente.

catalogar. tr. Apuntar, registrar o clasificar un objeto según unas normas de ordenación. || Encasillar, etiquetar a una persona.

catálogo. m. Lista ordenada o clasificada de personas u objetos. || Elenco de publicaciones y objetos clasificados y normalmente a la venta.

cataplasma. f. Medicamento calmante de aplicación externa, de consistencia blanda y húmeda. || col. Persona pesada y fastidiosa.

catapulta. f. Antigua máquina militar para arrojar piedras o saetas. || Mecanismo que impulsa el despegue de aviones en sitios reducidos.

catar. tr. Probar un alimento o una bebida para determinar su sabor. || Quitar a las colmenas los panales con miel, castrar. || Experimentar una sensación, generalmente por vez primera.

catarata. f. Cascada, caída grande del agua. || Opacidad del cristalino del ojo por exceso de albúmina en sus fibras.

catarro. m. Inflamación de la mucosa del aparato respiratorio, con aumento de la secreción habitual de mucosidad.

catastro. m. Censo estadístico de las fincas rústicas y urbanas. || Contribución que se paga por la posesión de un finca.

catástrofe. f. Desastre, suceso desgraciado e inesperado. || Lo que es de mala calidad o está defectuoso.

catear. tr. amer. Explorar terrenos en busca de alguna veta minera. || amer. Allanar una casa ajena.

catecismo. m. Libro que contiene la explicación de la doctrina cristiana en forma de diálogo.

cátedra. f. Empleo, plaza y departamento de un catedrático. || Asignatura que enseña y aula donde lo hace. || Asiento elevado o púlpito con asiento desde donde el maestro enseñaba a los alumnos.

catedral. f. Iglesia principal de una diócesis, sede del obispado.

catedrático, ca. m. y f. Profesor o profesora titular de la más alta plaza docente universitaria o de instituto.

categoría. f. Cada uno de los grupos básicos en los que puede incluirse o clasificarse todo conocimiento. || Cada una de las jerarquías establecidas en una profesión o carrera. || Clase, distinción, condición de algo o alguien.

categórico, ca. adj. Rotundo, terminante.

cateo. m. amer. Exploración de terrenos rastreando vetas mineras. || amer. Allanamiento de morada.

catequizar. tr. Instruir en la doctrina de la fe católica. || Persuadir, convencer a alguien para que lleve a cabo algo contrario a su voluntad.

caterva. f. Multitud desordenada o que se considera de poco valor.

catéter. m. Sonda que se introduce por cualquier conducto natural o artificial del organismo.

cateto, ta. m. y f. desp. Persona palurda, torpe, inculta. || m. GEOM. Cada uno de los lados que forman el ángulo recto en el triángulo rectángulo.

cátodo. m. Electrodo negativo del que parten los electrones.

catolicismo. m. Religión que profesan los cristianos que reconocen al Papa como representante de Dios en la tierra.

C

católico, ca. adj. Del catolicismo o relativo a esta religión. || Que profesa el catolicismo. También s.

catorce. adj. y pron. num. card. Diez más cuatro. || adj. num. ord. Que ocupa el lugar número catorce en una serie ordenada de elementos, decimocuarto. También m., aplicado a los días del mes.

catre. m. Cama estrecha y ligera para una sola persona.

caucásico, ca. adj. Del Cáucaso. || De la raza blanca o indoeuropea, o relativo a ella.

cauce. m. Lecho por donde corre un arroyo o río para regar o para otros fines. || Procedimiento, camino seguido.

caucho. m. Látex producido por varias plantas tropicales que tiene muchas aplicaciones en la industria.

caución. f. Prevención, cautela. || Garantía, seguridad personal de que se cumplirá lo pactado.

caudal. m. Cantidad de agua de una corriente. || Hacienda, bienes. || Abundancia de algo.

caudillo. m. Jefe de un ejército o de una comunidad.

causa. f. Motivo, fundamento u origen. || Razón para obrar. || Empresa o ideal. || Litigio, pleito judicial.

causar. tr. Motivar, originar o producir algo.

cáustico, ca. adj. Que quema o corroe los tejidos orgánicos. || Se dice del medicamento que cauteriza. También m. || Mordaz, agresivo.

cautela. f. Precaución, reserva con que se hace algo.

cauterizar. tr. Curar una herida quemándola con un instrumento específico o con una sustancia cáustica.

cautivador, ra. adj. Que cautiva.

cautivar. tr. Aprisionar, privar de libertad. || Atraer, ganarse a alguien. || Ejercer una fuerte influencia en el ánimo.

cauto, ta. adj. Que obra con cautela, precavido.

cavar. tr. Levantar y mover la tierra. También intr. || intr. Ahondar, profundizar en algo.

caverna. f. Cueva, oquedad profunda, subterránea o entre rocas.

caviar. m. Manjar a base de huevas frescas y aderezadas de diferentes peces, sobre todo del esturión.

cavidad. f. Hueco que se abre dentro de un cuerpo o en su superficie.

cavilar. tr. Pensar en algo o sobre algo con insistencia y preocupación.

cayo. m. Islote raso y arenoso.

caza. f. Persecución y acoso de un animal para capturarlo o matarlo.

cazador, ra. adj. y s. Persona que se dedica a la caza o es aficionada a ella.

cazar. tr. Buscar y perseguir a ciertos animales para apresarlos o para matarlos. || col. Atrapar, conseguir algo difícil con maña. || col. Conquistar, cautivar la voluntad de una persona. || col. Sorprender a una persona en un descuido.

cazuela. f. Recipiente de cocina redondo, más ancho que alto. || Guisado que se hace y se sirve en este recipiente.

ce. f. Tercera letra del abecedario. || Nombre de la letra c.

cebada. f. Planta herbácea gramínea anual que sirve de alimento a diversos animales.

cebar. tr. Engordar a un animal para el consumo. || p. ext., alimentar a una persona abundantemente. También prnl. || Alimentar, avivar un sentimiento. || Poner cebo en una trampa. || amer. Preparar mate.

cebo. m. Comida o cosas que simulan serlo que se ponen en las trampas utilizadas para atraer animales y atraparlos. || Comida para alimentar y engordar a los animales.

cebolla. f. Planta de huerta liliácea, con raíz fibrosa que nace de un bulbo comestible.

cebra. f. Mamífero cuadrúpedo africano parecido al asno.

cebú. m. Mamífero semejante al buey, pero con una o dos jorobas.

ceca. f. Casa donde se acuñaba la moneda.

cecear. intr. Pronunciar la s con sonido de z.

cedazo. m. Instrumento que se utiliza para separar las partes finas de las gruesas de algunas cosas, como la harina o el suero. || Red grande para pescar.

ceder. tr. Dar, transferir. || intr. Rendirse alguien, dejar de oponerse. || Cesar, disminuir la resistencia. || Mitigar la fuerza.

cedilla. f. Letra formada por una c con una virgulilla debajo. || Esta misma virgulilla.

cedro. m. Árbol conífero de tronco grueso muy alto, hoja perenne y madera duradera y muy aromática.

cédula. f. Papel o documento en que se hace constar una deuda, una obligación o cualquier información de este tipo.

céfiro. m. Viento de poniente. || Cualquier viento suave o apacible. || Tela de algodón muy fina.

cegar. tr. Privar de la vista. || Ofuscar el entendimiento. También intr. y prnl. || Cerrar, tapar algo que estaba hueco o abierto. || intr. Perder la vista.

ceguera. f. Privación total de la vista. || Incapacidad para razonar con claridad.

ceibo. m. Árbol americano de flores rojas.

ceja. f. Prominencia curva y cubierta de pelo, sobre la cuenca del ojo. || Pelo que cubre dicha parte.

cejar. intr. Aflojar o ceder en un empeño o una determinación.

celada. f. Pieza de la armadura para cubrir y proteger la cabeza. || f. Ardid o trampa tendida con sutileza y disimulo. || Emboscada.

celador, ra. adj. Que cela o vigila. || m. y f. Persona encargada de tareas de vigilancia y apoyo.

celar. tr. Procurar encarecidamente el cumplimiento de normas u obligaciones. || Vigilar o espiar a alguien de quien se desconfía.

celda. f. Cada una de las habitaciones donde se recluye a los presos de una cárcel. || Aposento o cuarto individual de un convento o de un internado.

celebrar. tr. y prnl. Realizar un acto social con solemnidad o formalidad. || tr. y prnl. Conmemorar, festejar. || Alabar, aplaudir algo o a alguien. || tr. e intr. Decir misa.

célebre. adj. Famoso, muy conocido. || Que se distingue por sus dichos y hechos.

celebridad. f. Fama, renombre. || Persona famosa.

celeridad. f. Prontitud, rapidez, velocidad.

celeste. adj. Del cielo. || De color azul claro.

celiaca. f. Enfermedad cuyo síntoma más evidente es la aparición de cierta diarrea blanquecina.

celiaco, ca o **celíaco, ca.** adj. Relativo al vientre o a los intestinos. || adj. y s. Enfermo de celiaquía.

celibato. m. Estado de quien no ha contraído matrimonio; soltería.

célibe. adj. y com. Se dice de la persona que no ha contraído matrimonio.

celo. m. Cuidado, esmero, interés que alguien pone al hacer algo. || Excitación sexual de ciertos animales.

celofán. m. Película de celulosa transparente y flexible que se utiliza especialmente para envolver.

celosía. f. Enrejado de pequeños listones, que se coloca en las ventanas y otros huecos para poder ver a través de él sin ser visto.

celoso, sa. adj. Que pone celo en el cumplimiento de una tarea. || adj. y s. Que siente o tiene celos.

celta. adj. y com. De los antiguos pueblos indoeuropeos o relativo a ellos. || m. Grupo de lenguas de estos pueblos.

célula. f. Unidad básica y con autonomía de acción dentro de algunas organizaciones. || BIOL. Unidad microscópica esencial de los seres vivos.

celular. adj. De las células o relativo a ellas.

celuloide. m. Sustancia sólida, casi transparente y muy elástica, que se emplea en la industria fotográfica y cinematográfica.

celulosa. f. Hidrato de carbono, componente básico de la membrana de las células vegetales, que se utiliza en la fabricación de papel, fibras textiles, plásticos, etc.

cementerio. m. Lugar, generalmente cercado, destinado a enterrar cadáveres.

cemento. m. Mezcla de arcilla molida y materiales calcáreos en polvo que, en contacto con el agua, se solidifica y endurece. || Material usado como aglutinante, adherente o relleno y que se endurece con rapidez.

cena. f. Última comida del día, que se hace al atardecer o por la noche.

cenáculo. m. Sala en que se celebró la última cena de Jesucristo. || Reunión de personas con las mismas aficiones e intereses.

cenagal. m. Barrizal, lugar lleno de cieno. || col. Negocio difícil o situación apurada.

cenagoso, sa. adj. Lleno de cieno.

cenar. intr. Tomar la cena. || tr. Comer en ella un determinado alimento.

cencerro. m. Campana pequeña y cilíndrica que se ata al cuello de las reses para localizarlas con facilidad.

cenicero. m. Recipiente donde se echan la ceniza y las colillas de los cigarros.

ceniciento, ta. adj. Del color de la ceniza. || f. Alguien o algo injustamente marginado o despreciado.

cenit. m. Punto del firmamento que corresponde verticalmente al lugar de la Tierra donde está situado el observador. || Momento culminante o de apogeo.

cenizo, za. adj. y s. Ceniciento. || m. col. Persona con mala suerte o que la trae a los demás. || f. Polvo gris que queda después de una combustión completa. || f. pl. Restos de un cadáver tras su incineración.

censo. m. Lista de la población o riqueza de un país o de una comunidad. || Contribución o tributo.

censor, ra. adj. y s. Que censura. || m. y f. Persona autorizada oficialmente para revisar publicaciones y demás creaciones destinadas al público y proponer su modificación o prohibición. || Persona encargada de velar por el cumplimiento de los estatutos, reglamentos y acuerdos. || Persona propensa a murmurar o criticar a los demás.

censura. f. Crítica o detracción. || Enmiendas, supresiones y demás actuaciones del censor sobre una obra o escrito.

censurar. tr. Reprobar, hacer una crítica negativa. || Exponer un juicio, positivo o negativo, sobre algo. || Ejercer su oficio el censor.

centauro. m. Ser mitológico, con aspecto de hombre hasta la cintura y de caballo el resto del cuerpo.

centavo, va. adj. y m. Centésimo. || m. Moneda americana.

centella. f. Rayo o chispa de poca intensidad. || Persona o cosa muy veloz.

C

centellear o **centellar.** intr. Despedir destellos de luz de intensidad y color variables. || Referido a los ojos, brillar intensamente.

centena o **centenada.** f. Conjunto de cien unidades.

centenar. m. Centena.

centenario, ria. adj. De la centena. || adj. y s. Que tiene cien o cerca de cien años de edad.

centeno. m. Planta gramínea de espiga larga. || Grano de esta planta.

centésimo, ma. adj. num. ord. Que ocupa el lugar número cien en una serie ordenada de elementos. || adj. num. frac. Se dice de cada una de las cien partes iguales en que se divide un todo. También m.

centígrado, da. adj. De la escala termométrica dividida en cien grados, en la cual el cero corresponde a la temperatura de fusión del hielo y el cien a la de la ebullición del agua.

centigramo. m. Unidad de masa equivalente a la centésima parte de un gramo.

centilitro. m. Unidad de volumen equivalente a la centésima parte de un litro.

centímetro. m. Unidad de longitud equivalente a la centésima parte de un metro.

céntimo, ma. adj. Centésimo. || m. Centésima parte de una unidad monetaria.

centinela. com. Soldado que vigila un puesto. || Persona que observa o vigila.

centolla. f. Centollo.

centollo. m. Crustáceo marino comestible.

central. adj. Relativo al centro o que se halla en él. || Esencial, importante. || Que ejerce su acción sobre la totalidad de un área. || f. Instalación que acoge varios servicios de una misma clase. || Oficina o establecimiento principal de una empresa. || Fábrica que obtiene energía eléctrica por distintos procedimientos.

centrar. tr. Colocar una cosa haciendo coincidir su centro con el de otra. || Orientar o focalizar en un punto u objetivo determinado. || Atraer o ser centro de atención. || tr. y prnl. Proporcionar o hallar un estado de serenidad o concentración.

centrífugo, ga. adj. Que aleja del centro.

centro. m. Lo que está en medio de algo o más alejado de sus límites. || Lugar de partida o de convergencia de acciones particulares coordinadas. || Punto donde se reúnen habitualmente los miembros de una asociación. || Tendencia o partido políticos cuya ideología es intermedia entre la derecha y la izquierda. || Lugar en que se desarrolla intensamente una actividad concreta. || Zona concurrida de una ciudad.

centroamericano, na. adj. y s. De Centroamérica o relativo a ella.

céntuplo, pla. adj. y m. Producto de multiplicar una cantidad por cien.

centuria. f. Periodo de cien años; siglo. || En la milicia romana, compañía de cien hombres.

centurión. m. Jefe de una centuria romana.

ceñir. tr. Rodear, ajustar la cintura o cualquier otra parte del cuerpo.

ceño. m. Gesto de enfado, concentración o preocupación que consiste en arrugar la frente y juntar las cejas. || Espacio entre ambas cejas; entrecejo.

cepa. f. En una planta, parte enterrada del tronco que está unida a las raíces. || Tronco o planta de la vid.

cepillar. tr. y prnl. Quitar el polvo o la suciedad de algo con un cepillo. || Alisar la madera o los metales con cepillo. || Peinar o desenredar el pelo con cepillo.

cepillo. m. Utensilio de limpieza hecho con cerdas o filamentos semejantes, sujetas a un soporte. || Herramienta de carpintería utilizada para pulir maderas.

cepo. m. Trampa para cazar animales.

cera. f. Sustancia sólida, amarillenta, fundible, que segregan algunos insectos, especialmente las abejas. || Producto que se emplea como abrillantador. || Sustancia que segregan ciertas glándulas del conducto auditivo externo; cerumen.

cerámico, ca. adj. De la cerámica o relativo a ella. || f. Arte de fabricar objetos de barro, loza y porcelana.

cerbatana. f. Canuto en el que se introducen flechas u otras cosas a modo de proyectiles, que salen disparadas cuando se sopla por un extremo.

cerca. f. Valla, tapia o muro que rodea algo para dividirlo o protegerlo. || adv. l. y t. Próximo en el espacio o en el tiempo.

cercanía. f. Calidad de cercano. || pl. Lugar cercano o circundante.

cercano, na. adj. Próximo, inmediato en el tiempo o en el espacio.

cercar. tr. Rodear con una cerca un terreno. || Asediar, poner cerco a una plaza o fortaleza. || Rodear mucha gente a una persona o cosa.

cercenar. tr. Cortar los extremos de algo. || Disminuir, acortar.

cerciorar. tr. y prnl. Asegurar la verdad de una cosa.

cerco. m. Lo que ciñe o rodea algo. || Asedio o sitio de un ejército a una plaza o fortaleza. || Marco o moldura que encuadra algo.

cerdo, da. adj. y s. Persona sucia o sin modales. || Persona malintencionada o sin escrúpulos. || m. y f. Mamífero doméstico que se cría y ceba para aprovechar su carne y grasa. || f. Pelo grueso de la cola y crin de las caballerías y del cuerpo de otros animales. || Pelo de un cepillo.

cereal. adj. y m. Se apl. a las plantas gramíneas de cuyos frutos se obtiene harina como el trigo, el centeno y la cebada. || m. Grano de estas plantas.

cerebelo. m. Centro nervioso del encéfalo.

cerebro. m. Parte principal del encéfalo que ocupa la zona anterior y superior del cráneo.

ceremonia. f. Acto solemne que se lleva a cabo según unas normas o ritos establecidos.

ceremonial. adj. De la ceremonia. || m. Conjunto de reglas para determinados actos solemnes.

cereza. f. Fruto comestible del cerezo, casi redondo, de piel roja y pulpa jugosa. || *amer.* Cáscara del grano del café.

cerezo. m. Árbol frutal de tronco liso, flores blancas, hojas lanceoladas, y cuyo fruto es la cereza. || Madera de este árbol empleada en ebanistería.

cerilla. f. Palillo, generalmente de madera o de papel impregnado en cera, con un cabo recubierto de fósforo que se prende por fricción con determinadas superficies. || Cerumen.

cerner. tr. Pasar por el cedazo cualquier materia en polvo para separar las partes más finas de las gruesas, especialmente separar la harina del salvado; cribar.

cero. adj. y pron. num. card. Cardinal que expresa una cantidad nula. || m. Signo con que se representa.

cerrado, da. adj. Se dice del acento o pronunciación que presentan rasgos nacionales o locales muy marcados y dificultan la comprensión, también de la persona que habla con ese acento. || Críptico, difícil de comprender. || Estricto, poco flexible en sus criterios.

cerradura. f. Mecanismo metálico con llave que sirve para cerrar algo.

cerrajero, ra. m. y f. Persona que hace cerraduras, llaves, cerrojos y otros objetos metálicos.

cerrar. tr. Asegurar algo con una cerradura para que no se abra. || Tapar una abertura. || Poner término a una cosa. || Terminar un plazo. || Juntar las partes de algo. || Dar por concertado un acuerdo o pacto. || Dar por finalizada la actividad de un negocio, definitivamente o a diario. También intr.

cerril. adj. Obstinado, obcecado. || Grosero, tosco. || Se dice del ganado no domado.

cerro. m. Colina, elevación aislada del terreno.

cerrojo. m. Barra cilíndrica de hierro que se desplaza entre dos anillas para cerrar puertas y ventanas.

certamen. m. Concurso para estimular con premios una actividad creativa.

certero, ra. adj. Se dice del diestro en disparar y del disparo atinado. || Acertado, de acuerdo con lo razonable o lo cierto.

certeza o **certidumbre.** f. Conocimiento seguro y evidente de que algo es cierto. || Calidad de cierto.

certificar. tr. Afirmar la verdad de algo.

cerveza. f. Bebida alcohólica, espumosa, obtenida por fermentación de la cebada.

cervical. adj. De la cerviz. || Del cuello de cualquier órgano. || f. Vértebras del cuello. Más en pl.

cerviz. f. Parte posterior del cuello, nuca.

cesante. adj. y com. Persona, particularmente del funcionariado público, que se queda sin empleo.

cesantía. f. Estado del cesante. || Paga que reciben algunos cesantes.

cesar. intr. Suspenderse, acabarse algo. || Dejar de desempeñar un cargo o empleo.

cesión. f. Renuncia de una posesión o un derecho, a favor de otra persona.

césped. m. Hierba menuda y tupida que cubre el suelo. || Campo de fútbol.

cesta. f. Recipiente trenzado de mimbre, caña o madera flexible.

cesto. m. Cesta grande más ancha que alta.

cetáceo, a. adj. y m. De los cetáceos o relativo a este orden de mamíferos. || m. pl. ZOOL. Orden de mamíferos pisciformes, marinos, que tienen las aberturas nasales en lo alto de la cabeza.

cetrería. f. Arte de criar, adiestrar y proteger halcones y demás aves de caza.

cetrino, na. adj. Color amarillo verdoso. || Melancólico y adusto.

cetro. m. Vara, bastón o insignia de mando, generalmente de materiales preciosos, que exhibían emperadores y reyes como signo de su dignidad. || Esta misma dignidad.

ch. f. Fonema que tradicionalmente era considerado la cuarta letra del alfabeto español, y la tercera de sus consonantes. En este diccionario, siguiendo el criterio de la Real Academia Española, se ha englobado en la c, según las normas de alfabetización universal. Su nombre es che.

chabacano, na. adj. y s. Ordinario, de mal gusto, grosero.

chacal. m. Mamífero cánido carnívoro, de tamaño medio entre el lobo y la zorra.

chacarero, ra. adj. *amer.* De la chacra o granja o relativo a ella. || m. y f. *amer.* Dueño de una chácara o granja. || *amer.* Persona que trabaja en ella. || f. *amer.* Baile popular argentino de parejas sueltas.

chacha. f. fam. Niñera. || Sirvienta.

chachachá. f. Baile de origen cubano, derivado de la rumba y el mambo. || Ritmo de este baile.

cháchara. f. *col.* Charla inútil y frívola. || pl. Baratijas.

chacota. f. Bulla, broma, burla.

chacra. f. *amer.* Alquería o granja.

chaflán. m. Cara estrecha y larga, que resulta de cortar la esquina que forman dos superficies planas, en ángulo.

chagual. m. *amer.* Planta de tronco escamoso y flores verdosas.

chaira. f. Cuchilla de zapatero.

chajá. m. *amer.* Ave zancuda de más de medio metro de longitud.

chajuán. m. *amer.* Bochorno, calor.

chal. m. Paño más largo que ancho que usan las mujeres como abrigo o adorno sobre los hombros.

chala. f. *amer.* Hoja que envuelve la mazorca de maíz que, una vez seca, se usa para liar cigarrillos.

chalé. m. Vivienda unifamiliar, de una o varias plantas, con jardín.

chaleco. m. Prenda de vestir, sin mangas, que cubre hasta la cintura y se pone encima de la camisa.

chalupa. f. Embarcación pequeña, generalmente con cubierta y dos palos para las velas.

chambelán. m. Noble que acompañaba y servía al rey en su cámara.

chambergo, ga. adj. y s. Se apl. a las prendas de vestir cuyo estilo responde al del uniforme de la guardia de Carlos II. || m. y f. Especie de casaca que llega hasta la mitad del muslo.

champán o **champaña.** m. Embarcación grande y de fondo plano. || m. Vino espumoso blanco o rosado, de origen francés.

champiñón. m. Hongo comestible de color blanco que se cultiva artificialmente.

champú. m. Jabón líquido para lavar la cabeza.

chamuscar. tr. y prnl. Quemar una cosa por la parte exterior.

chancear. intr. y prnl. Bromear, decir chanzas.

chancho, cha. m. y f. *amer.* Cerdo, animal. || adj. *amer.* Puerco, sucio, desaseado.

chanchullo. m. Negocio ilícito, tejemaneje para obtener alguna ganancia.

chancla o **chancleta.** f. Chinela sin talón, o con el talón doblado, que suele usarse dentro de casa.

chanclo. m. Zapato de madera o suela gruesa para preservar de la humedad.

chancro. m. Úlcera contagiosa de origen venéreo o sifilítico.

changa. f. *amer.* Insecto dañino para las plantas. || *amer.* Persona bribona. || *amer.* Colilla del cigarro de marihuana. || *amer.* Trabajo del changador.

changador, ra. m. y f. *amer.* Persona encargada de transportar los equipajes.

chantaje. m. Amenaza de pública difamación o cualquier otro daño para obtener algún provecho de alguien u obligarlo a actuar de una determinada manera.

chantajear. tr. Ejercer chantaje.

chantajista. com. Persona que ejerce el chantaje.

chantillí. m. Crema de nata o clara de huevo batidas.

chanza. f. Dicho gracioso y ocurrente. || Burla, broma.

chapa. f. Hoja o lámina de metal, madera u otra materia. || Placa, distintivo de los agentes de policía; placa.

chapar. tr. Cubrir con chapas.

chaparrón. m. Lluvia intensa que dura poco.

chapista. com. Persona que trabaja la chapa.

chapotear. intr. Sonar el agua batida por los pies o las manos.

chapucería. f. Tosquedad o imperfección de un trabajo. || Chapuza. || Embuste.

chapuzón. m. Acción y resultado de chapuzar o chapuzarse.

chaqué. m. Especie de levita.

chaqueta. f. Prenda exterior de vestir con mangas y abierta por delante, que se ajusta al cuerpo y llega hasta las caderas.

charada. f. Acertijo que consiste en adivinar una palabra a partir de algunas indicaciones sobre su significado.

charango. m. Especie de bandurria, de cinco cuerdas, cuya caja se construye con un caparazón de armadillo y que usan los indios andinos.

charca. f. Charco grande de agua estancada en el terreno de forma natural o artificial.

charco. m. Agua u otro líquido estancado en un hoyo del terreno o sobre el piso.

charla. f. Conversación amistosa e intrascendente. || Conferencia breve y poco solemne.

charlar. intr. Conversar, platicar por pasatiempo. || *col.* Hablar mucho y sin sustancia.

charlatán, ana. adj. y s. Que habla mucho y sin sentido. || Que habla sin discreción. || Embaucador. || Vendedor ambulante que anuncia su mercancía voceándola.

charol. m. Barniz brillante, fijo, que no se agrieta y se queda perfectamente adherido a la superficie sobre la que se apl. || Cuero con este barniz. || *amer.* Bandeja para servir, presentar o depositar cosas.

charretera. f. Divisa militar en forma de pala, que se sujeta al hombro con una presilla, y de la que pende un fleco. || Jarretera.

chasco. m. Decepción que provoca un suceso contrario a lo esperado. || Burla, engaño que se hacen a alguien. || adj. *amer.* Enmarañado. Se apl. al pelo y al plumaje.

chasis. m. Armazón que sujeta la carrocería de un vehículo. || Bastidor para placas fotográficas.

chasquear. tr. Dar chasquidos; chascar. || Burlarse de alguien. || intr. Decepcionar.

chasquido. m. Sonido que se hace con el látigo o la honda cuando se sacuden en el aire. || Ruido que se produce al romperse alguna cosa. || Ruido que se produce con la lengua al separarla de golpe del paladar o al frotar las yemas de los dedos corazón y pulgar de una mano.

chatarra. f. Escoria que deja el mineral de hierro. || Hierro o cualquier otro metal de desecho.

chato, ta. adj. y s. De nariz pequeña y aplastada. || Se dice de la nariz que tiene esta forma. || Romo, plano, corto

chaucha. f. *amer.* Moneda chica de plata o níquel. || *amer.* Moneda de plata de baja ley. || *amer.* Patata temprana o menuda que se deja para simiente. || *amer.* Judía verde.

¡che!. interj. Expresión que, en Valencia y América del Sur, se usa para llamar, hacer que se detenga o pedir atención a una persona. También expresa a veces asombro o sorpresa.

che. f. Nombre que tradicionalmente se daba al dígrafo formado por la unión de c y h: ch.

checo, ca. adj. y s. De la República Checa o relativo a ella.

checoeslovaco, ca. adj. y s. Checoslovaco.

chelín. m. Moneda fraccionaria inglesa.

cheque. m. Documento u orden de pago para que una persona retire la cantidad asignada de los fondos que el firmante del cheque tiene en una cuenta bancaria.

chequeo. m. Reconocimiento médico completo.

chequera. f. Talonario de cheques. || Cartera para guardar el talonario.

chicha. f. *col.* Carne comestible. || f. *amer.* Bebida alcohólica de uva o manzana.

chicharra. f. Cigarra. || Timbre eléctrico. || Persona muy habladora.

chicharro. m. Jurel. || Chicharrón.

chicharrón. m. Residuo de las pellas del cerdo, después de derretida la manteca. || Carne requemada. || pl. Fiambre formado por trozos de carne de distintas partes del cerdo, prensado en moldes.

chichón. m. Bulto en la cabeza producido por un golpe.

chicle. m. Goma de mascar de diferentes sabores.

chico, ca. adj. Pequeño, de poco tamaño. || adj. y s. Niño, muchacho.

chiflar. intr. Silbar con un silbato o con la boca.

chihuahua. adj. y com. Se dice de una raza de perros de tamaño muy pequeño, originaria de México.

chileno, na. adj. y s. De Chile o relativo a este país.

chillar. intr. Dar chillidos las personas o los animales. || Levantar mucho la voz por costumbre o por enfado.

chillido. m. Sonido inarticulado de la voz, agudo y desagradable.

chimenea. f. Conducto para dar salida al humo resultante de una combustión. || Hogar o fogón.

chimpancé. m. Mono antropomorfo africano.

chinche. f. Insecto hemíptero, de color rojo oscuro y cuerpo aplastado. || adj. y com. *col.* Persona fastidiosa y pesada.

chinchilla. f. Mamífero roedor propio de América meridional, parecido a la ardilla, de pelaje gris y muy suave. || Piel de este animal.

chinchulín. m. *amer.* Tripas del ganado ovino o vacuno, trenzadas y asadas. Más en pl.

chinela. f. Zapatilla sin talón, de suela ligera, que generalmente se calza dentro de casa.

chingolo. m. *amer.* Pájaro de canto melodioso, conirrostro, pardo rojizo, con copete.

chino, na. adj. y s. De China. || m. Idioma de los chinos.

chiquero. m. Pocilga, establo donde se guardan los cerdos.

chiquillo, lla. adj. y s. Niño, muchacho.

chirimbolo. m. Objeto de forma imprecisa, que no se sabe nombrar. || Objeto de forma redonda.

chiripá. m. *amer.* Paño rectangular que se pasa por entre los muslos y que se sujeta a la cintura con una faja o ceñidor.

chirriar. intr. Emitir un sonido agudo y estridente dos cuerpos al rozar uno con otro; rechinar.

chirrido. m. Sonido agudo, continuado y desagradable.

chisme. m. Murmuración, cuento sobre alguna noticia verdadera o falsa para dañar a alguien.

chismorreo. m. Cotilleo, murmuración.

chismoso, sa. adj. y s. Que chismorrea o es aficionado a contar chismes.

chispa. f. Partícula encendida que salta de la lumbre, del hierro herido por el pedernal, etc.

chispazo. m. Acción de saltar una chispa del fuego o eléctrica.

chisporrotear. intr. Despedir chispas reiteradamente el fuego o un cuerpo encendido.

chistar. intr. Hablar o hacer ademán de hacerlo. Más en negaciones. || Llamar la atención de alguien.

chiste. m. Dicho breve, agudo y gracioso. || Suceso gracioso. || Burla o chanza. || Dificultad, obstáculo.

chivo, va. m. y f. Cría de la cabra. || f. *amer.* Perilla, barba. || *amer.* Autobús pequeño.

chocar. intr. Dar violentamente una cosa con otra. || Pelear. || Indisponerse con alguien. || Causar extrañeza. || tr. Darse las manos en señal de saludo, conformidad, enhorabuena. También intr. || Juntar las copas los que brindan.

choclo. m. *amer.* Mazorca tierna de maíz.

chocolate. m. Pasta alimenticia hecha con cacao y azúcar molidos. || Bebida que se hace con esta pasta desleída en agua o leche. || *col.* Hachís.

chófer o **chofer.** m. y f. Persona que conduce automóviles de manera profesional.

chomba. f. *amer.* Prenda de vestir hecha de lana a modo de chaleco cerrado.

choque. m. Encuentro violento de una cosa con otra. || *col.* Contienda, riña.

chorizo. m. Embutido de carne de cerdo, picada y adobada con pimentón y otras especias y curada al humo. || *amer.* Haz hecho con barro, mezclado con paja, que se utiliza para hacer las paredes de los ranchos.

chorlito. m. Nombre común de diversas especies de aves zancudas.

chorrear. intr. Caer un líquido formando chorro. También tr. || Gotear, ir saliéndose un líquido lentamente de algún sitio. || Estar algo tan mojado que escurre parte del líquido. || tr. *vulg.* Reñir reprender.

choza. f. Cabaña de madera, cubierta de ramas o paja, utilizada normalmente por pastores o gente del campo. || Vivienda pobre de cualquier material.

chubasco. m. Chaparrón, aguacero acompañado de mucho viento. || Adversidad, contratiempo.

chúcaro, ra. adj. *amer.* Arisco, bravío, sobre todo dicho del ganado vacuno, del caballar y mular sin desbravar.

chucha. f. Apatía, galbana. || *col.* Peseta.

chuchería. f. Baratija, fruslería. || Alimento ligero, generalmente apetitoso; golosina.

chueco, ca. adj. *amer.* De piernas arqueadas. || *amer.* Torcido, ladeado. || *amer.* Zurdo. || *amer. col.* Tramposo.

chuleta. f. Costilla de ternera, carnero o cerdo.

chupar. tr. Extraer con los labios y la lengua el líquido o jugo de una cosa. También intr.

chupete. m. Pieza de goma en forma de pezón que se pone en el biberón o se da a los niños para que chupen.

chupetín. m. Especie de camiseta interior ajustada con faldillas pequeñas.

churrasco. m. Carne asada a la plancha o a la parrilla.

churro. m. Pasta de harina y azúcar frita, en forma cilíndrica estriada. || *col.* Chapuza,

cosa mal hecha. || *col.* Casualidad favorable. || *amer. col.* Persona guapa o atractiva.

chusma. f. *desp.* Gente soez o vulgar. || *amer.* Referido a los indios que viven en comunidad, todos aquellos que no son guerreros.

ciático, ca. adj. De la cadera. || f. Neuralgia del nervio ciático provocada por la inflamación o compresión del mismo.

cibernético, ca. adj. De la cibernética o relativo a ella. || f. MED. Ciencia que estudia las conexiones nerviosas en los seres vivos. || ELECTR. Ciencia que estudia la construcción de sistemas electrónicos y mecánicos a partir de su comparación con los sistemas de comunicación y regulación automática de los seres vivos.

cicatriz. f. Señal de una herida curada y cerrada que queda en los tejidos orgánicos. || Impresión que deja en el ánimo alguna experiencia o sentimiento negativo.

cicatrizar. tr., intr. y prnl. Curar por completo una herida física o psíquica.

ciclista. adj. y com. Que monta en bicicleta. || adj. Del ciclismo o relativo a él.

ciclo. m. Periodo de tiempo que se considera acabado. || Serie de fases por las que pasa un fenómeno periódico hasta que se reproduce una fase anterior. || Conjunto de una serie de fenómenos u operaciones que se repiten ordenadamente. || Serie de conferencias u otros actos de carácter cultural relacionados entre sí, generalmente por el tema.

ciclón. m. Viento fuerte producido por el giro del aire alrededor de una zona de bajas presiones; huracán. || Perturbación atmosférica que se caracteriza por un descenso de la presión, acompañado de fuertes vientos y lluvias abundantes; borrasca. || Persona que se comporta de manera impetuosa.

cidra. f. Fruto del cidro, algo mayor que el limón, que se usa en medicina.

cidro. m. Árbol de tronco liso.

ciego, ga. adj. y s. Privado de la vista; invidente. || adj. Obcecado, dominado por una pasión. || Ofuscado, incapaz de razonar con claridad. || *col.* Atiborrado de comida, bebida o drogas.

cielo. m. Espacio en el que se mueven los astros y que por efecto visual parece rodear la Tierra; firmamento. || Atmósfera que rodea la Tierra.

ciempiés. m. Animal invertebrado con un par de patas en cada uno de los veintiún anillos en que se divide su cuerpo.

cien. adj. y pron. num. card. apóc. de ciento. Diez veces diez. || adj. num. ord. Que ocupa el lugar número cien en una serie ordenada de elementos, centésimo.

ciénaga. f. Lugar pantanoso o lleno de cieno.

ciencia. f. Conocimiento ordenado y, generalmente experimentado, de las cosas. || Conjunto de conocimientos y doctrinas metódicamente ordenado, relativo a una materia determinada. || Saber, cultura. || Conjunto de conocimientos relativos a las matemáticas, física, química, biología y geología. || Habilidad o maestría para la realización de una tarea.

cieno. m. Lodo blando en el fondo del agua o en sitios bajos y húmedos.

científico, ca. adj. De la ciencia o relativo a ella. || adj. y s. Que se dedica al estudio o práctica de una ciencia.

ciento. adj. y pron. num. card. Diez veces diez. || adj. num. ord. Que ocupa el lugar número cien en una serie ordenada de elementos, centésimo. || m. Conjunto de signos con que se representa este número. || Centena.

cierre. m. Acción y resultado de cerrar. || Lo que sirve para ello. || Unión de las partes de algo, de forma que su interior quede oculto. || Unión o plegado de las partes de un todo. || Conclusión de un proceso o de una acción. || Clausura de un espacio. || Finalización de una actividad o de un plazo.

cierto, ta. adj. Verdadero. || Ante un sustantivo, indeterminación. || Seguro de la verdad. || adv. a. Ciertamente.

ciervo, va. m. Mamífero rumiante esbelto, de color pardo, de pelo áspero y corto, patas largas y cola muy corta.

cifra. f. Número dígito. || Signo con que se representa, guarismo. || Cantidad imprecisa, sobre todo de dinero. || Escritura secreta, clave. || Método de escribir música, que emplea números. || Suma y compendio, emblema.

cigarra. f. Insecto hemíptero, verde amarillento, de alas membranosas y abdomen cónico, cuyos machos producen un ruido estridente y monótono.

cigarrillo. m. Cigarro pequeño de picadura envuelta en un papel de fumar.

cigüeña. f. Ave zancuda migratoria.

cilantro. m. Planta herbácea muy aromática.

cilíndrico, ca. adj. Del cilindro. || Con forma de cilindro.

cilindro. m. GEOM. Cuerpo limitado por una superficie curva, cuyo desarrollo es un rectángulo, y dos planos circulares que la cortan. || MEC. Tubo en que se mueve el émbolo de una máquina. || Cualquier pieza mecánica con esta forma.

cima. f. Parte más alta de un terreno elevado. || Remate, culminación, máximo esplendor de algo. || BOT. Inflorescencia cuyo eje tiene una flor en su extremo.

cimarrón, ona. adj. y s. Se dice del animal doméstico que se hace salvaje. || amer. Se aplica al esclavo fugitivo que se refugiaba en los montes buscando la libertad.

címbalo. m. Campana pequeña.

cimbrar. tr. y prnl. Mover una vara u objeto flexible haciéndolo vibrar. || Doblar algo flexible. || Mover garbosamente el cuerpo o parte de él, especialmente al andar.

cimentar. tr. Poner los cimientos de un edificio. || Fundar, edificar. || Consolidar, asentar las bases o principios de algo intelectual o sentimental.

cimiento. m. Parte de un edificio que queda enterrada y que sostiene toda la construcción. Más en pl. || Fundamento, principio. Más en pl.

cimitarra. f. Especie de sable de hoja curva y con un solo filo.

cinc. m. QUÍM. Elemento químico, metal, blanco azulado y con brillo intenso.

cincel. m. Herramienta con boca acerada y recta de doble bisel para labrar, a golpe de martillo, piedras y metales.

cincelar. tr. Labrar o grabar con cincel sobre piedras o metales.

cincha. f. Faja que se ciñe por debajo de la barriga de las caballerías para asegurar la silla o la albarda. || amer. Machete empleado por la policía para golpear de plano.

cinco. adj. y pron. num. card. Cuatro más uno. || adj. num. ord. Que ocupa el lugar número cinco en una serie ordenada de elementos, quinto. También m., aplicado a los días del mes.

cincuenta. adj. y pron. num. card. Cinco veces diez. || adj. num. ord. Que ocupa el lugar número cincuenta en una serie ordenada de elementos, quincuagésimo.

cine. m. Cinematógrafo. || Arte, técnica e industria de la cinematografía. || Local donde se proyectan películas cinematográficas.

cineasta. com. Persona que se dedica al cine, especialmente como director.

cinematografía. f. Arte e industria de hacer películas por medio del cinematógrafo.

cinematógrafo. m. Aparato óptico en el cual, haciendo pasar rápidamente muchas imágenes fotográficas que representan otros tantos momentos consecutivos de una acción determinada, se consigue reproducir escenas en movimiento. || Local público en el que se exhiben películas cinematográficas.

cínico, ca. adj. Que muestra cinismo. || adj. y s. Se apl. a la escuela filosófica griega fundada por Antístenes, y a sus miembros, que rechazaban los convencionalismos sociales y defendían una vida austera.

cinismo. m. Desvergüenza o descaro en el mentir o en la defensa y práctica de actitudes reprochables.

C

cinta. f. Tira plana y estrecha de material flexible. || Película cinematográfica de celuloide. || Banda electromagnética sobre la que se graban sonidos reproducibles. || Banda metálica o plástica que, movida automáticamente, sirve para realizar traslados sin esfuerzo. || En una máquina de escribir o en una impresora, tira impregnada de tinta.

cinto. m. Faja para ceñir y ajustar la cintura con una sola vuelta y que se sujeta con una hebilla o broche; cinturón. || *amer.* Cinturón con monedero.

cintura. f. Parte donde se estrecha el tronco del cuerpo humano, entre las costillas y las caderas. || En una prenda de vestir, parte que rodea esta zona del cuerpo.

cinturón. m. Cinto o correa que ciñe la cintura, especialmente el que se usa para ajustar la ropa. || Cinto para llevar pendiente la espada o el sable. || Serie de elementos que rodean algo. || En las artes marciales, categoría a la que pertenece el luchador.

ciprés. m. Árbol cupresáceo con tronco derecho, ramas erguidas y cortas, y copa espesa y cónica.

circo. m. Grupo ambulante de artistas y animales, que ejecutan un espectáculo de habilidad y riesgo para entretenimiento del público. || El mismo espectáculo. || Instalación, normalmente en descampado y cubierta por una carpa, donde se desarrolla este espectáculo. || Construcción que los antiguos romanos destinaban a ciertos espectáculos, especialmente a las carreras de carros y a las de caballos.

circuito. m. Camino o recorrido que regresa al punto de partida. || Lugar comprendido dentro de un perímetro. || Contorno. || Trayecto curvo y cerrado, fijado para diversas carreras. || Conjunto de conductores que recorre una corriente eléctrica.

circulación. f. Tráfico, tránsito por las vías públicas. || Movimiento o tráfico de alguna cosa de unas personas a otras. || Paso de alguna cosa por una vía y vuelta por otra al punto de partida.

circular. adj. Del círculo o relativo a él. || Con forma de círculo. || f. Escrito dirigido a varias personas para notificar algo. || Orden que un superior dirige a sus subordinados.

circular. intr. Andar, moverse dentro de un circuito. || Ir y venir. || Pasar algo de unas personas a otras. || Salir alguna cosa por una vía y regresar al punto de partida por otra.

circulatorio, ria. adj. De la circulación o relativo a ella.

círculo. m. GEOM. Superficie limitada por la circunferencia. || Circunferencia. || Grupo de personas de un mismo sector o ambiente social. Más en pl. || Sociedad recreativa, política o artística; casino. || Edificio donde se reúnen sus miembros.

circuncidar. tr. Cortar circularmente una porción del prepucio.

circundar. tr. Cercar, rodear.

circunferencia. f. GEOM. Curva cerrada, cuyos puntos equidistan de otro interior llamado centro. || Contorno de una superficie o territorio.

circunloquio. m. Rodeo de palabras para expresar algo que podría haberse dicho de forma más breve.

circunnavegar. tr. Navegar alrededor de un lugar. || Dar un buque la vuelta al mundo.

circunscribir. tr. Concretar, limitar. || GEOM. Trazar una figura geométrica dentro de otra, con determinados puntos comunes. || prnl. Ceñirse, concretarse.

circunsolar. adj. Que rodea al Sol.

circunspección. f. Comportamiento prudente o serio y grave. || Seriedad y decoro en las palabras.

circunstancia. f. Elemento accidental que va unido a la sustancia de algo. || Calidad o requisito. || Situación o condición que rodea y afecta a alguien.

circunvalación. f. Vuelta o rodeo que se da a un lugar. || Vía de tráfico rodado que circunda una población a la que se puede acceder por diferentes entradas.

circunvolución. f. Vuelta o rodeo.

cirio. m. Vela de cera de un pabilo, larga y gruesa. || *col.* Situación comprometida y agitada, acompañada de alboroto; lío.

ciruela. f. Fruto comestible del ciruelo de carne jugosa, muy variable en forma, color y tamaño según la variedad del árbol que la produce, y una semilla amarga en su interior.

cirugía. f. Especialidad médica cuyo fin es curar las enfermedades o malformaciones mediante intervenciones quirúrgicas.

cirujano, na. m. y f. Médico especialista en cirugía.

cisma. m. Separación ideológica de los miembros de una comunidad con respecto al grupo al que pertenecían. || Escisión, ruptura motivada por la falta de acuerdo.

cisne. m. Ave palmípeda de plumaje blanco, cabeza pequeña, pico de igual ancho, anaranjado en toda su extensión y negro en los bordes y el tubérculo de la base; posee un cuello muy largo y flexible, patas cortas y alas grandes.

cisterna. f. Depósito donde se guarda el agua de lluvia o la necesaria para un retrete. || Depósito en el cual se contienen o transportan fluidos.

cita. f. Día, hora y lugar para encontrarse dos o más personas. || Mención de palabras dichas o escritas por alguien con las que se intenta dar autoridad o justificar lo que se está diciendo.

citar. tr. Señalar el día, la hora y el lugar de un encuentro. || Alegar, mencionar autores o textos para autorizar o justificar lo se dice o escribe. || DER. Notificar mediante llamamiento judicial. || Incitar al toro al movimiento.

cítara. f. Instrumento musical semejante a la lira, pero con caja de resonancia de madera. || Instrumento musical, típico del folclore centroeuropeo, de caja trapezoidal con entre 20 y 30 cuerdas, que se toca con púa.

cítrico, ca. adj. Del limón. || m. pl. Frutas agrias o agridulces, como el limón y la naranja, y plantas que las producen.

ciudad. f. Población grande cuyos habitantes se dedican principalmente a actividades no agrícolas. || Conjunto de habitantes de estas poblaciones, por oposición a los del campo. || Conjunto de edificios o instalaciones destinadas a una determinada actividad.

ciudadanía. f. Calidad y derecho de ciudadano. || Conjunto de los naturales de un pueblo o nación. || Civismo, interés en la comunidad.

ciudadano, na. adj. De la ciudad o relativo a ella. || adj. y s. Natural o vecino de una ciudad o lugar geográfico. || m. y f. Persona que habita en un Estado como sujeto de derechos civiles y políticos.

ciudadela. f. Recinto fortificado en el interior de una ciudad.

cívico, ca. adj. De la ciudad o de los ciudadanos o relativo a ellos. || Del civismo o relativo a él.

civil. adj. Cívico, de la ciudad o de los ciudadanos. || Que no es militar o eclesiástico. También com. || DER. De las relaciones o intereses privados con respecto a las personas, su estado o sus bienes. || com. Guardia civil.

civilización. f. Acción y resultado de civilizar o civilizarse. || Conjunto de costumbres, ideas, cultura o arte de un pueblo o comunidad.

cizaña. f. Planta gramínea dañina que crece espontáneamente en los sembrados. || Cualquier cosa que hace daño a otra, menoscabándola o echándola a perder. || Discordia o enemistad.

clamar. intr. Exigir, pedir vehementemente o a gritos. También tr. || Hablando de cosas inanimadas, manifestar necesitar algo.

clamor. m. Grito fuerte. || Griterío confuso de una multitud. || Grito lastimero de queja, dolor o protesta.

clandestino, na. adj. Secreto, oculto. || Que se efectúa sin los requisitos exigidos por una disposición legislativa.

clara. f. Sustancia blanquecina y líquida que rodea la yema del huevo. || Zona rala en el cabello o en un tejido. || Bebida compuesta por cerveza y gaseosa. || Espacio de tiempo en el que remite la lluvia y el sol vuelve a aparecer.

claraboya. f. Tragaluz, ventana hecha en el techo o en lo alto de las paredes.

clarear. tr. Dar claridad, aclarar. || intr. impers. Empezar a amanecer. || Irse disipando las nubes. || prnl. Transparentarse.

claridad. f. Cualidad de claro. || Efecto que causa la luz al iluminar el espacio, resplandor. || Facilidad para percibir, expresar o comprender.

clarín. m. Instrumento musical de viento, de sonidos más agudos que la trompeta y más pequeño que esta. || Registro muy agudo del órgano. || com. Persona que toca este instrumento.

clarinete. m. Instrumento musical de viento, usado sobre todo en orquestas y bandas militares, que posee un tubo de madera con agujeros que se tapan con los dedos o se cierran con llave. || com. Persona que toca este instrumento.

clarividencia. f. Facultad de comprender y distinguir con claridad las cosas. || Perspicacia, comprensión de una cosa difícil. || Facultad sobrenatural de percibir cosas lejanas o no perceptibles con los sentidos, o de adivinar hechos futuros o lejanos.

claro, ra. adj. Con mucha luz. || Evidente, patente. || Transparente, puro, diáfano. || Inteligible. || Sincero, franco. || Poco denso, ralo. || Aplicado a un color, que es más cercano al blanco. || m. Espacio del cielo sin nubes. || Espacio sin árboles en el interior de un bosque. || adv. m. Con claridad. || Interj. Expresión que se usa para afirmar o dar por cierto algo.

claroscuro. m. Efecto que se consigue con una determinada distribución y contraste de luces y sombras en un cuadro, fotografía, etc.

clase. f. Orden o grupo de personas, animales o cosas de las mismas características. || Categoría. || Cada división de estudiantes que asisten a un aula. || Lección impartida por el maestro o el profesor. || Aula, local en que se enseña. || BIOL. Grupo taxonómico que comprende varios órdenes. || Conjunto de personas que pertenecen al mismo nivel económico o social y que presentan cierta afinidad de costumbres o intereses.

clásico, ca. adj. y s. Se dice del autor o de la obra que se tiene por modelo digno de imitación en cualquier manifestación artística. || Relativo a la literatura o al arte de la antigüedad griega y romana, y a sus imitadores. || Partidario del clasicismo. || Que se adapta a lo marcado por la costumbre o la tradición. || Se aplica a la música de tradición culta, por oposición a la ligera o moderna. || Que, por su importancia o valor, ha entrado a formar parte de la historia.

clasificación. f. Ordenación o disposición por clases o grupos. || Resultado de una competición. || Logro de un puesto tal en una competición, que permite continuar en ella.

clasificar. tr. Ordenar o disponer por clases o grupos. || prnl. Lograr determinado puesto en una competición. || Conseguir un puesto que permite continuar en una competición o torneo deportivo.

claudicar. intr. Ceder, transigir, rendirse ante las presiones externas o ante los inconvenientes. || Dejar de seguir los propios principios o normas, por flaqueza.

claustro. m. Galería que rodea el patio principal de una iglesia o convento. || Junta de gobierno de una institución docente. || Reunión de esta junta.

cláusula. f. Cada una de las disposiciones o condiciones de un contrato, ley, tratado, etc. || Oración o proposición gramatical, conjunto de palabras con sentido completo.

clausura. f. Cierre, acción de clausurar. || Acto solemne con que se termina una reunión, un congreso, un tribunal, etc. || En los conventos religiosos, recinto interior donde no pueden entrar seglares, y vida retirada que se hace en él.

clausurar. tr. Cerrar, terminar de manera solemne la actividad de organismos, establecimientos, reuniones, etc. || Cerrar un local por mandato oficial. || Cerrar físicamente algo.

clavar. tr. Introducir en un sitio un clavo u otra cosa aguda, a fuerza de presión o de golpes. También prnl. || Asegurar con clavos una cosa en otra. || Poner, fijar. || *col.* Abusar cobrando a uno más de lo que corresponde. || *col.* Bordar, hacer una cosa a la perfección.

clave. f. Conjunto de los signos convenidos para escribir en cifra. || Explicación de estos signos. || Noticia o idea por la cual se hace comprensible algo. || Contraseña, combinación de signos que sirven para abrir o hacer funcionar ciertos aparatos. || MÚS. Signo que se pone al comienzo del pentagrama para determinar la entonación y el nombre de las notas que contiene. || ARQUIT. Piedra central y superior de un arco o bóveda. || Básico, fundamental, decisivo.

clavel. m. Planta herbácea perenne con tallos nudosos y delgados, hojas largas, estrechas, puntiagudas y verdosas, y flores terminales, con cinco pétalos dentados de diversos colores. || Flor de esta planta.

clavícula. f. ANAT. Cada uno de los dos huesos situados en la parte superior del pecho, articulados por dentro con el esternón y por fuera con el omóplato.

clavija. f. Trozo cilíndrico o ligeramente cónico de madera, metal u otro material que, introducido en un orificio, sirve para sujetar, ensamblar, asegurar, etc. || Cada una de las llaves de madera que se usa en los instrumentos para asegurar y tensar las cuerdas. || Pieza que se introduce en una toma eléctrica o telefónica para establecer una conexión.

clavo. m. Pieza metálica, larga y delgada, con cabeza y punta, que sirve para fijar o asegurar una cosa a otra. || Callo duro y piramidal, que se forma sobre los dedos de los pies produciendo un dolor similar al de un pinchazo. || Especia de olor muy aromático y agradable y sabor acre y picante que se obtiene de la flor del clavero.

clemencia. f. Moderación compasiva en la aplicación de la justicia.

cleptomanía. f. Tendencia enfermiza al hurto.

clerical. adj. Del clero o relativo a él o con alguno de sus miembros. || Se aplica a la persona que está muy influida por el clero y sus directrices.

clérigo. m. El que ha recibido las órdenes sagradas de alguna religión cristiana. || En la Edad Media, hombre letrado o docto.

clero. m. Conjunto de los clérigos. || Clase sacerdotal en la Iglesia católica.

cliente, ta. m. y f. Respecto de un profesional o una empresa, persona que utiliza sus servicios. || Persona que habitualmente compra en un establecimiento o requiere de sus servicios.

clima. m. Conjunto de condiciones atmosféricas propias de una zona geográfica. || Ambiente, conjunto de condiciones que caracterizan la situación o la circunstancia que rodea a una persona.

climático, ca. adj. Del clima o relativo a él.

clímax. m. Gradación retórica ascendente, y su término más alto. || Punto más alto o intenso de un proceso. || Momento culminante de una obra literaria, cinematográfica, etc.

clínico, ca. adj. y s. De la clínica o relativo a ella. || m. y f. Médico, persona dedicada al ejercicio de la medicina. || f. Hospital privado. || Enseñanza práctica de la medicina. || Departamento de los hospitales destinados a impartir esta enseñanza práctica. || p. ext., hospital universitario.

cloaca. f. Conducto para las aguas sucias y los residuos de las poblaciones. || Lugar inmundo o repugnante. || ZOOL. Sección final del intestino de las aves y otros animales en la cual desembocan los conductos genitales y urinarios.

cloro. m. QUÍM. Elemento químico metaloide gaseoso, verde, de olor fuerte y muy tóxico. Se emplea como blanqueador y como desinfectante. Su símbolo es Cl.

clorofila. f. BIOL. Pigmento verde de los vegetales y de algunas algas y bacterias, gracias al cual se produce la fotosíntesis.

cloroformo. m. QUÍM. Líquido incoloro, de olor agradable, que resulta de la combinación de cloro y ácido fórmico y se emplea en medicina como anestésico.

club o **clube.** m. Asociación creada para la consecución de fines deportivos, culturales, políticos, etc., y local donde se reúne. || Bar, generalmente nocturno, donde se bebe y se baila.

coacción. f. Violencia física, psíquica o moral para obligar a una persona a decir o hacer algo contra su voluntad. || DER. Poder legítimo del derecho para imponer el cumplimiento de sus principios y normas.

coadyuvar. intr. Contribuir o ayudar en la realización de algo o en el logro de alguna cosa.

coagular. tr. y prnl. Cuajar, hacer que un líquido se convierta en sólido o pastoso, como la leche, la sangre, etc.

coalición. f. Confederación, alianza, unión.

coartada. f. Argumento de defensa con el que un acusado prueba no haber estado presente en el lugar del delito en el momento en que se cometió. || Excusa, pretexto.

coartar. tr. Limitar, restringir, no conceder una cosa completamente, sobre todo un derecho o una voluntad. || Intimidar.

cobalto. m. Metal blanco rojizo, duro y tan difícil de fundir como el hierro; mezclado con el oxígeno, forma la base azul de muchas pinturas y esmaltes. Su símbolo es Co.

cobarde. adj. Falto de valor, pusilánime, miedoso. También m. || Hecho con cobardía.

cobardía. f. Carencia de valor o entereza de ánimo.

cobaya. amb. Mamífero roedor, parecido al conejo, pero más pequeño, con orejas y patas cortas, que se usa en experimentos de medicina y biología. Más c. f. || Cualquier persona o animal con el que se experimenta. Más c. f.

cobertor. m. Colcha o frazada para la cama, que sirve de adorno y de abrigo.

cobertura. f. Cubierta. || ECON. Dinero u otros valores que sirven de garantía en operaciones financieras o mercantiles. || Protección o ayuda. || Extensión geográfica que abarcan ciertos servicios, sobre todo los de telecomunicaciones. || Medios técnicos y humanos con que se cubre una información.

cobija. f. Teja que se pone con la parte cóncava hacia abajo. || *amer.* Manta para abrigarse.

cobra. f. Serpiente venenosa carnívora de las regiones cálidas de África, Asia y Oceanía, que puede llegar a alcanzar hasta 2 m de longitud.

cobrador, ra. m. y f. Persona cuyo oficio es cobrar, recaudar las cantidades que se deben.

cobranza. f. Percepción o recogida de bienes o dinero; se apl. sobre todo a las piezas de caza.

cobrar. tr. Percibir una cantidad adeudada. || Recuperar lo que se poseía. || Sentir ciertos estados de ánimo o afectos. || Adquirir, conseguir. || *col.* Recibir un castigo físico. || Causar víctimas. También prnl.

cobre. m. Metal rojizo, maleable y dúctil, buen conductor del calor y de la electricidad. Su símbolo es Cu. || pl. MÚS. Conjunto de los instrumentos metálicos de viento de una orquesta.

cobrizo, za. adj. Se dice del mineral que contiene cobre. || Rojizo, del color del cobre.

cocaína. f. Alcaloide de la coca que se usa como anestésico y del que se abusa como estupefaciente.

cocción. f. Acción y resultado de cocer.

cocear. intr. Dar coces o patadas, patear.

cocer. tr. Hacer que un alimento crudo llegue a estar en disposición de poderse comer, calentándolo en un líquido puesto al fuego. || Someter a la acción del calor del horno pan, cerámica, piedra caliza, etc., con el fin de que adquieran determinadas propiedades. || intr. Hervir un líquido. || prnl. Prepararse algo de manera callada u oculta. || Sentir mucho calor.

coche. m. Carruaje de cuatro ruedas, de tracción animal, para dos o más viajeros. || Vehículo con motor, de cuatro ruedas, usado específicamente para el transporte de personas. || Vagón de tren o de metro.

cochero, ra. m. y f. Persona que se dedica a conducir coches de caballos de manera profesional. || f. Lugar donde se guardan los coches, los autobuses u otros vehículos.

cochinilla. f. Crustáceo terrestre, propio de parajes húmedos, de uno a dos centímetros de largo, figura aovada y patas muy cortas. Cuando se la toca, se hace una bola. || f. Insecto hemíptero, originario de México, del tamaño de una chinche, con el cuerpo arrugado, cabeza cónica, antenas cortas y trompa filiforme. Se emplea para dar color rojo oscuro a la seda, la lana y otras cosas.

cochinillo. m. Cerdo de leche, que mama todavía.

cociente. m. Resultado que se obtiene dividiendo una cantidad por otra.

cocimiento. m. Cocción. || Líquido cocido con hierbas u otras sustancias medicinales, cuyo uso es generalmente terapéutico.

cocina. f. Pieza de la casa en donde se prepara la comida. || Aparato para guisar o calentar los alimentos, que funciona con gas, carbón, electricidad, etc. || Modo o arte especial de preparar los alimentos cada persona o cada región o país.

cocinar. tr. e intr. Preparar o guisar los alimentos para poderlos comer. || *col.* Tramar, urdir alguna cosa en secreto.

cocinero, ra. m. y f. Persona que se dedica profesionalmente a preparar los alimentos.

cocodrilo. m. Reptil de 4 a 5 m de largo, anfibio, cubierto de escamas muy duras en forma de escudo, que vive en los ríos de regiones intertropicales y es temible por su voracidad.

cocotero. m. Árbol americano de la familia de las palmas tropicales, de 20 a 25 m de altura, con hojas grandes en forma de penacho y flores en racimos; su fruto es el coco.

cóctel o **coctel.** m. Bebida compuesta por una mezcla de licores a los que se añaden otros ingredientes. || Reunión social, generalmente vespertina. || Mezcla de cosas de distinta naturaleza o especia, batiburrillo.

codear. intr. Mover los codos reiteradamente o dar golpes con ellos. || prnl. Tratarse de igual a igual una persona con otra.

códex. m. Códice.

códice. m. Manuscrito antiguo de importancia artística, literaria o histórica; se dice sobre todo de los libros anteriores a la invención de la imprenta, en 1455.

codicia. f. Deseo o apetito ansioso o excesivo de bienes o riquezas.

codiciar. tr. Ansiar, apetecer vehementemente una cosa.

codificar. tr. DER. Conformar un cuerpo de leyes metódico y ordenado. || Transformar un mensaje mediante las reglas de un código. || INFORM. Traducir la información al lenguaje del ordenador.

código. m. Recopilación de leyes de un país. || Conjunto de leyes o normas sobre una materia determinada. || Sistema de signos y de reglas que permite formular y comprender un mensaje. || Libro en que aparecen esos signos y reglas.

codo. m. Parte exterior de la articulación del brazo con el antebrazo. || Codillo de los cuadrúpedos. || Antigua medida de longitud, igual a 42 cm. || Trozo de tubo con forma de ángulo o de arco, usado en fontanería.

codorniz. f. Ave gallinácea de unos veinte cm de largo, con alas puntiagudas, y el lomo y las alas de color pardo con rayas más oscuras. Es común en España.

coeficiente. adj. Que causa junto con otra cosa un efecto. || m. Factor o número que multiplica. || MAT. Elemento constante en una multiplicación. || Expresión del grado o intensidad de una propiedad o característica.

coercer. tr. Reprimir, contener, sujetar.

coetáneo, a. adj. y s. Que coincide en edad, plazo o tiempo con otro.

coexistir. intr. Existir una persona o cosa a la vez que otra.

cofia. f. Especie de gorro femenino, que forma parte del uniforme propio de algunas profesiones. || BOT. Cubierta membranosa con forma de dedal que envuelve algunas semillas.

cofradía. f. Congregación o asociación autorizada de devotos con fines piadosos. || Gremio o asociación de personas con un determinado fin.

cofre. m. Caja resistente dotada de tapa y cerradura que se utiliza para guardar objetos de valor. || Baúl, caja de tapa convexa.

coger. tr. Agarrar, asir, tomar. También prnl. || Recibir, atraer una cosa. || Recolectar. || Ocupar cierto espacio. || Hallar, encontrar. || Descubrir una mentira, un secreto, una falta. || Comprender. || Captar una emisión de radio o de televisión. || Atrapar, apresar. || Sobrevenir, sorprender. || Alcanzar lo que está alejado. || Anotar lo que otro dice. || Atropellar, embestir. || Contraer una enfermedad. || Enganchar el toro a alguien. || *amer. vulg.* Follar, fornicar. || intr. Hallarse, estar situado. || *col.* Caber, entrar.

cogollo. m. Parte interior y más apiñada y tierna de algunas hortalizas. || Brote que nace de ciertos árboles y plantas. || Lo más selecto o importante de algo.

cogote. m. Parte superior y posterior del cuello.

cohabitar. tr. Habitar una persona con otra u otras. || Hacer vida conyugal. || Realizar el acto sexual.

cohecho. m. Delito que comete el juez o funcionario que dictamina de cierta manera a cambio de sobornos. || Delito que comete el que cohecha. || Acción de remover la tierra o el barbecho.

coherencia. f. Conexión, relación de unas cosas con otras. || FÍS. Cohesión.

cohesión. f. Adhesión de las cosas entre sí o entre las materias de que están formadas. || Unión de dos cosas. || Ligazón o unión recíproca entre las moléculas de una sustancia homogénea. || FÍS. Fuerza de atracción que mantiene las moléculas unidas.

cohete. m. Tubo resistente cargado de pólvora que se eleva por combustión de su mecha y estalla en el aire. || Aeronave se mueve en el espacio por propulsión a chorro, y que se emplea con fines militares o científicos.

cohibir. tr. Refrenar, coartar, contener. También prnl.

coima. f. Concubina, mujer que cohabita con un hombre sin estar casados. || f. *amer.* Gratificación con que se soborna a un funcionario público, cohecho.

coincidencia. f. Acción y resultado de coincidir. || Ocurrencia de dos o más cosas o personas a un tiempo. || Igualdad de formas, intereses, opiniones, etc.

coincidir. intr. Ajustarse una cosa con otra. || Estar de acuerdo. || Ocurrir dos o más cosas a un mismo tiempo. || Encontrarse simultánea y casualmente varias personas en el mismo lugar.

cojear. intr. Andar desigualmente por padecer alguna enfermedad o malformación en los miembros inferiores. || Moverse un mueble por no descansar bien sus patas en el suelo. || *col.* Padecer de algún vicio o defecto alguna cosa.

cojín. m. Almohadón que se usa para apoyar cómodamente alguna parte del cuerpo sobre él.

cojo, ja. adj. Persona o animal que cojea o al que le falta un pie o una pierna. También s. || Objeto o mueble que se mueve por no estar bien asentado en el suelo. || Se apl., p. ext., a lo que está incompleto o es imperfecto.

col. f. Hortaliza crucífera con hojas radicales y muy anchas y de pencas gruesas. Se cultivan muchas variedades, todas comestibles, que se distinguen por el color y la figura de sus hojas.

cola. f. BOT. Semilla de un árbol ecuatorial que se utiliza en medicina como excitante de las funciones digestivas y nerviosas. || Bebida que se hace del extracto de esta semilla. || f. Extremidad posterior de la columna vertebral de algunos animales. || Conjunto de plumas que las aves tienen en este extremo. || Extremo posterior y último de cualquier cosa. || Coleta, tipo de peinado. || Hilera o fila de personas que esperan su turno. || *col.* Miembro viril. || f. Pasta viscosa que sirve para pegar.

colaboración. f. Realización conjunta de un trabajo o tarea. || Contribución, ayuda pecuniaria o no al logro de algún fin. || Texto que escribe una persona ajena a la editorial para una publicación periódica.

colaborar. intr. Trabajar con otra u otras personas para lograr algún fin. || Contribuir al logro de algún fin. || Trabajar en una empresa sin pertenecer a su plantilla.

colación. f. Comida o alimento ligero, específicamente el que se toma en días de ayuno. || Conjunto de dulces, frutas y otros alimentos con que se agasaja a los invitados. || Acto de conferir un beneficio eclesiástico o un grado de universidad. || Cotejo o comparación que se hace entre dos o más cosas.

colador. m. Utensilio formado por una tela o de una plancha metálica con agujeros unida a un mango que se usa, sobre todo en cocina, para eliminar las partículas sólidas de un líquido o una sustancia viscosa. || Lo que tiene múltiples agujeros.

colapso. m. Decaimiento brusco y grave de la tensión arterial que causa una insuficiencia circulatoria. || Disminución brusca o paralización una actividad.

colar. tr. Pasar un líquido por cedazo o colador para aclararlo. || Blanquear la ropa después de lavada. || Pasar una cosa mediante engaño o artificio. || Introducir por un lugar estrecho, meter una cosa a través de otra. También prnl. || prnl. Entrar o ponerse a escondidas o con engaño en algún sitio. || Cometer equivocaciones. || Enamorarse completamente de alguien o algo. || intr. *col.* Referido a una mentira o engaño, ser creído.

colateral. adj. Se dice de las cosas que están a uno y otro lado de algo. || adj. y com. Se dice del pariente que no lo es por línea directa.

colchón. m. Especie de sobre de tela, rectangular, relleno de lana, pluma, goma espuma u otros materiales blandos, cosido por todos lados, y de tamaño proporcionado para dormir sobre él.

colchoneta. f. Colchón más estrecho que los ordinarios, generalmente de tela impermeable y relleno de aire. || Colchón delgado sobre el que se realizan ejercicios deportivos.

colear. intr. Mover un animal la cola. || *col.* No haberse terminado un asunto o sus consecuencias.

colección. f. Conjunto de cosas, generalmente de una misma clase y dispuestas ordenadamente.

coleccionar. tr. Formar una colección de elementos semejantes o del mismo tipo.

colecta. f. Recaudación de donativos, generalmente recogidos para un fin benéfico.

colectividad. f. Conjunto de individuos a los que une una relación o que persiguen un mismo fin.

colectivo, va. adj. De la colectividad o relativo a cualquier agrupación de individuos. || m. Grupo o conjunto de personas con intereses comunes. || *amer.* Autobús.

colector, ra. adj. y s. Que recoge o que recauda. || m. Canal o conducto en el que vierten sus aguas las alcantarillas.

colega. com. Persona que tiene la misma profesión o actividad que otra. || *col.* Amigo, compañero.

colegial, la. adj. Del colegio o relativo a él. || m. y f. Estudiante que asiste a un colegio.

colegio. m. Establecimiento de enseñanza. || Impartición de enseñanza, clase. || Agrupación formada por los individuos de una misma profesión.

colegir. tr. Juntar, unir. || Inferir, deducir.

coleóptero. adj. y m. De los coleópteros o relativo a este orden de insectos. || m. pl. ZOOL. Orden de insectos masticadores, que poseen un caparazón duro y dos alas, también duras, llamadas élitros que cubren a su vez dos alas membranosas, como el escarabajo o la mariquita.

cólera. f. Ira, enfado violento. || m. Enfermedad epidémica aguda caracterizada por vómitos repetidos y abundantes deposiciones, que se trasmite generalmente por la ingestión de aguas contaminadas por el virus que la produce.

coletazo. m. Golpe dado con la cola. || Última manifestación de una actividad cercana a su fin. Más en pl.

colgar. tr. Sujetar o poner una cosa de manera que no llegue a tocar el suelo. || Adornar con telas o cuadros las paredes. || *col.* Ahorcar. || *col.* Dejar de ejercer una profesión u oficio. || Atribuir, achacar. || Acabar, cerrar una comunicación telefónica. || intr. Estar una cosa en el aire pendiendo de otra. || prnl. *col.* Ser dependiente de alguna persona o cosa, especialmente de las drogas. Más en p. p. || INFORM. Quedarse un ordenador parado o bloqueado.

colibrí. m. Pájaro americano, insectívoro, muy pequeño y de pico largo y débil que se alimenta del néctar de las flores.

cólico, ca. adj. Del intestino colon o relativo a él. || m. Trastorno orgánico doloroso, localizado generalmente en los intestinos, caracterizado por violentos retortijones, sudores y vómitos.

coliflor. f. Variedad de col, que al crecer desarrolla una pella blanca carnosa y granujienta comestible.

colilla. f. Resto del cigarro que se queda sin fumar y se tira.

colina. f. Elevación natural de terreno, redondeada y menor que una montaña.

colindante. adj. Se aplica a los campos o edificios contiguos entre sí. || También se dice de los términos municipales y de los municipios que son limítrofes unos de otros. || DER. Se aplica también a los propietarios de dichos terrenos.

colisión. f. Choque violento entre dos cuerpos. || Oposición o desacuerdo.

colitis. f. Inflamación del colon del intestino.

collage. (voz fr.) m. Colage.

collar. m. Pieza valiosa que rodea el cuello como adorno o como símbolo de distinción. || Aro, por lo común de cuero, que se ciñe al cuello de los animales domésticos para adorno, sujeción o defensa.

colmar. tr. Llenar un recipiente de modo que el contenido levante más que los bordes. || Dispensar con generosidad. || Lograr, satisfacer deseos o aspiraciones. También prnl.

colmena. f. Lugar o recipiente donde viven las abejas y fabrican los panales de miel. || Conjunto de abejas alojadas en él. || Casa o edificio donde habitan demasiadas personas.

colmenar. m. Lugar donde hay muchas colmenas.

colmillo. m. Diente agudo y fuerte de los mamíferos, colocado entre el más lateral de los incisivos y la primera muela. || Cada uno de los dos dientes en forma de cuerno que tienen los elefantes.

colmo. m. Complemento o remate de alguna cosa. || Porción de materia que sobresale por encima de los bordes del recipiente que la contiene. || Extremo, grado más alto a que puede llegar una cosa.

colocación. f. Empleo o destino. || Situación de personas o de cosas.

colocar. tr. y prnl. Poner a una persona o cosa en su debido lugar u orden. || Poner a uno en un empleo. || prnl. *col.* Hacer que otro soporte una carga o molestia, endilgar. || *col.* Ponerse eufórico por efecto de las drogas o bebidas alcohólicas.

colofón. m. Anotación al final de los libros, que indica el nombre del impresor y el lugar y fecha de la impresión. || Parte final y a menudo más lucida de un asunto, obra, o situación.

colombiano, na. adj. y s. De Colombia o relativo a esta nación de América.

colon. m. ANAT. Parte central del intestino grueso, situada entre el ciego o el íleon y el recto.

colonia. f. Territorio dominado y administrado por una potencia extranjera. || Conjunto de personas de un país, región o provincia que emigran a otro para establecerse en él. || Territorio en el que se establecen. || Grupo de viviendas arquitectónicamente semejantes. || Espacio acondicionado para desarrollar actividades infantiles en época de vacaciones. || BIOL. Grupo de animales de una misma especie que conviven en un territorio limitado. || f. Perfume compuesto de agua, alcohol y esencias aromáticas.

colonial. adj. De la colonia o relativo a ella. || Que se produce u ocurre en las colonias y es característico de ellas.

colonización. f. Establecimiento de colonias. || Establecimiento de colonos en un territorio para controlarlos o civilizarlos.

colonizar. tr. Establecer colonias. || Convertir un territorio o país en colonia de otro. || Transmitir un país su cultura a la colonia.

colono, na. m. y f. Persona que habita en una colonia. || Labrador que cultiva las tierras de otro y recoge sus frutos a cambio de un alquiler.

coloquio. m. Conversación, diálogo entre dos o más personas. || Reunión organizada en que un número limitado de personas debaten y discuten sobre un tema elegido previamente. || Composición literaria en forma de diálogo.

color. m. Impresión que los rayos de luz reflejados por un cuerpo producen en la retina del ojo. También f. || Pintura, sustancia o instrumento con el que se pinta. || Disposición e intensidad de los colores, colorido. || Timbre o calidad de un sonido. || Carácter peculiar o distintivo de algunas cosas o estilos. || Matiz de opinión o ideología política. || pl. Símbolos y colores característicos de una asociación o entidad deportiva, que aparecen en su bandera o emblemas y, p. ext., la misma entidad.

coloración. f. Acción y resultado de colorear. || Disposición y tonalidad de los colores de una cosa.

colorado, da. adj. Que tiene color. || De color más o menos rojo.

colorante. adj. Que da color. || m. Sustancia natural o artificial que se emplea para teñir.

colorear. tr. Dar color o teñir. || Dar a alguna cosa carácter distinto del que tiene. || intr. y prnl. Aproximarse al color rojo. || Tomar algunos frutos el color rojizo propio de su madurez.

colorete. m. Cosmético, por lo general de color rojo o rosado, que se utiliza para dotar de color las mejillas.

colorido. m. Disposición e intensidad de los diversos colores de una cosa. || Carácter peculiar de algo. || Animación.

colosal. adj. De gran tamaño, gigantesco. || Extraordinario, magnífico. || adv. *col.* Estupendamente, fenomenal.

coloso. m. Estatua que excede mucho al tamaño natural. || Persona o cosa que por sus cualidades o relevancia destaca entre los de su clase.

columna. f. Apoyo cilíndrico y largo, compuesto generalmente de basa, fuste y capitel, que sirve para sostener techumbres o adornar edificios. || Lo que sirve de apoyo o sujeción.

columpio. m. Asiento suspendido con dos cuerdas o barras metálicas que se atan a un eje fijo que sirve para balancearse o mecerse.

coma. f. Signo ortográfico (,) que sirve para indicar la división de las frases o palabras y que en aritmética separa los enteros de los decimales. || m. Sopor profundo causado por ciertas enfermedades graves, con pérdida de la consciencia, sensibilidad y capacidad de movimiento, pero manteniendo las funciones circulatoria y respiratoria.

comadre. f. Madrina de bautizo de un niño respecto del padre, la madre o el padrino. || Madre de una criatura respecto de sus padrinos. || Vecina y amiga con quien se tiene más trato y confianza. || Partera. || Alcahueta, mujer que concierta o encubre relaciones amorosas.

comadreja. f. Mamífero carnívoro nocturno de cabeza pequeña, patas cortas y pelo de color pardo rojizo por el lomo y blanco por debajo; se alimenta de ratones, topos y huevos de aves.

comandante, ta. m. y f. Jefe militar de categoría comprendida entre las de capitán y teniente coronel. || Militar que ejerce el mando en ocasiones determinadas, aun sin tener el grado. || Persona que pilota un avión o lo dirige. || Cónyuge del que ostenta el cargo militar. || f. Nave en la que viajaba el comandante de una escuadra o flota.

comandar. tr. Mandar o ejercer mando militar sobre un ejército, un destacamento, una flota.

comando. m. Grupo de soldados especialmente adiestrados para llevar a cabo operaciones militares de gran riesgo o dificultad. || Grupo armado de terroristas. || Cada una de las personas que forman estos grupos. || INFORM. Elemento que sirve para dar una orden o instrucción al ordenador.

comarca. f. Conjunto de poblaciones que por compartir ciertas características forman un territorio separado cultural, económica o administrativamente.

combar. tr. y prnl. Torcer, encorvar una cosa.

combate. m. Pelea entre personas o animales, generalmente sometida a ciertas reglas. || Acción bélica en la que intervienen fuerzas militares. || Lucha interior del ánimo.

combatir. intr. Luchar, pelear con fuerza e intensidad. También prnl. || tr. Atacar u oponer resistencia a lo que se considera un mal o un daño. || Contradecir, impugnar.

combinación. f. Unión de dos elementos en una misma cosa o persona. || Coordinación o acuerdo para lograr un fin. || Prenda femenina que se coloca encima de la ropa interior y debajo del vestido. || Clave numérica o alfabética de conocimiento restringido que se emplea para dificultar la apertura de ciertos mecanismos o aparatos. || ALG. Cada uno de los grupos que se pueden formar con cierto número de elementos en todo o en parte diferentes, pero en igual número.

combinar. tr. Unir, mezclar cosas diversas de forma que compongan una sola. || Concertar, unificar criterios o ideas. || Concordar, armonizar una cosa con otra. || prnl. Ponerse de acuerdo dos o más personas para una acción conjunta.

combustible. adj. Que puede arder o tiene tendencia a ello. || m. Cuerpo o sustancia que puede arder, sobre todo si con ello produce energía.

combustión. f. Acción y resultado de arder o quemarse un cuerpo. || QUÍM. Reacción entre el oxígeno y un material combustible, que, por desprender energía, suele causar incandescencia o llama.

comedia. f. Obra dramática en cuya acción predominan los aspectos alegres o humorísticos y cuyo desenlace es feliz. || Género dramático al que pertenecen estas obras. || p. ext., cualquier obra dramática. || Suceso gracioso o cómico. || Farsa o fingimiento.

comedido, da. adj. Cortés, educado, moderado.

comedor, ra. adj. Que come mucho y sin ascos. || m. Sala destinada para comer. || Conjunto de muebles específicos que la decoran. || Lugar donde se sirven comidas.

comendador, ra. m. y f. Superior de ciertas órdenes religiosas, como la de la Merced. || m. Caballero que tiene encomienda en alguna de las órdenes militares. || En las órdenes militares, quien tiene dignidad superior a la de caballero e inferior a la de gran cruz.

comensal. com. Cada una de las personas que comen en una misma mesa. || BIOL. Ser que vive a expensas de otro, sin causarle ningún perjuicio.

comentar. tr. Explicar el contenido de un escrito, para que se entienda con más facilidad, criticarlo o valorarlo. || Expresar opiniones o valoraciones sobre algo.

comentario. m. Escrito que contiene explicaciones o glosas de un texto, para facilitar su comprensión. || Juicio, valoración o crítica, emitidos oralmente o por escrito.

comenzar. tr. e intr. Iniciar una cosa, empezar.

comer. intr. Masticar el alimento en la boca y pasarlo al estómago. También tr. || Alimentarse. || Tomar la comida principal. || tr. Tomar alimento. || Producir comezón física o moral. || Gastar, corroer, agostar. || En algunos juegos, ganar una pieza al contrario. || Avejentar, estropear una cosa, sobre todo referido al color o a su intensidad. || prnl. Cuando se habla o se escribe, omitir alguna cosa. || Llevar encogidas ciertas prendas de vestir.

comercial. adj. Del comercio, de los comerciantes o relativo a ellos. || Se dice de aquello que tiene fácil aceptación en el mercado que le es propio. || com. Persona que se dedica a vender productos, generalmente a comisión, en representación de la empresa para la que trabaja.

comerciar. intr. Negociar comprando y vendiendo o cambiando productos con el fin de obtener una ganancia.

comercio. m. Negocio que se hace al vender, comprar o intercambiar géneros o productos para obtener beneficios. || Establecimiento donde se efectúan dichos cambios, compras o ventas. || Acción y resultado de comerciar. || Conjunto de establecimientos comerciales o de personas dedicadas al comercio. || Negocio ilícito.

comestible. adj. Que se puede comer. || m. Cualquier alimento. Más en pl.

cometa. f. Armazón plana de cañas o palos sobre la cual se pega papel o tela y que se lanza al aire para que este la eleve sujeta por un hilo largo. || m. ASTRON. Cuerpo celeste de núcleo poco denso que suele ir rodeado de un rastro luminoso a modo de cabellera y de una prolongación denominada cola y que sigue órbitas elípticas muy excéntricas alrededor del Sol. || amer. Pago realizado con la intención de sobornar.

cometer. tr. Hablando de errores, faltas o delitos, incurrir en ellos. || Dicho de recursos retóricos o lingüísticos, utilizarlos.

cometido. m. Misión, encargo que se hace o se recibe. || Obligación que uno tiene.

comezón. f. Picor molesto en alguna parte del cuerpo. || Desazón o inquietud, especialmente la que causa el deseo de algo.

cómic. m. Secuencia de viñetas o representaciones gráficas que narran una historia mediante imágenes y texto que aparece encerrado en un globo o bocadillo. || Publicación o libro que contiene este tipo de escenas narrativas.

comicios. m. pl. Actos electorales, elecciones. || Reunión que tenían los romanos para tratar de los asuntos públicos.

cómico, ca. adj. Relacionado con la comedia. || Se aplica al actor que representa comedias o papeles hilarantes. También s. || Divertido, irrisorio. || m. y f. Persona que se dedica por vocación u oficio a hacer reír a la gente.

comida. f. Conjunto de cosas que se comen. || Alimento que se toma a mediodía o a primeras horas de la tarde. || Acción de comer a determinadas horas del día. || Reunión en la que se come, especialmente para celebrar algo.

comienzo. m. Principio, inicio u origen de una cosa.

comillas. f. pl. Signo ortográfico ("") que se pone al principio y al final de las frases escritas como citas o ejemplos o de aquellas que se quiere destacar.

comino. m. Hierba umbelífera de tallo ramoso y acanalado, flores pequeñas, blancas o rojizas, y semillas de figura aovada que se usan en medicina y como condimento. || Semilla de esta planta. || Cosa o persona pequeña e insignificante.

comisaría. f. Empleo del comisario. || Oficina o despacho del comisario. || Oficina pública y permanente de la policía.

comisario, ria. m. y f. Persona que recibe de otra o de una entidad o institución poder y facultad para llevar a cabo alguna labor o participar en alguna actividad con total responsabilidad. || Agente policial encargado de una comisaría de distrito o de una demarcación.

comisión. f. Orden y capacidad que una persona da por escrito a otra para que ejecute algún encargo o participe en alguna actividad. || Encargo. || Conjunto de personas encargadas de resolver algún asunto. || Porcentaje que, sobre lo que vende, cobra un vendedor de cosas ajenas.

comisionar. tr. Dar comisión a una o más personas para llevar a cabo un encargo o una misión.

comisura. f. Punto de unión de los bordes que forman ciertas partes similares del cuerpo como los labios y los párpados.

comité. m. Grupo de personas encargadas de un asunto, especialmente si lo hacen en representación de una colectividad.

comitiva. f. Acompañamiento, cortejo, gente que va acompañando a alguien.

como. adv. m. Encabeza oraciones sin antecedente que expresan el modo o la manera en que se lleva a cabo la acción del verbo del que dependen. || Encabeza frases que expresan comparación o relación de equivalencia, semejanza o igualdad entre dos entidades. || Encabeza frases relativas que expresan conformidad o correspondencia, o acuerdo. || Encabeza oraciones de relativo, con antecedente, con el significado de 'en que'. || Puede introducir oraciones que expresan inmediatez temporal. || Se adjunta a circunstanciales para expresar aproximación o semejanza. || conj. En frases condicionales y ante subjuntivo, expresa advertencia o amenaza. || Introduce oraciones subordinadas que expresan causa. || prep. Ante nombres que expresan adscripción a una clase o a una categoría, expresa la pertenencia a ella de la entidad a que refieren.

cómo. adv. m. interrog. Sirve para preguntar el modo o la manera en que se lleva a cabo una acción, se desarrolla un proceso o tiene lugar una situación o estado. || Interroga también sobre la causa, el origen o el motivo. || adv. m. excl. Sirve para mostrar ponderación, sorpresa o admiración sobre el modo o la manera en que se lleva a cabo una acción, se desarrolla un proceso o tiene lugar una situación o estado. || Entre admiraciones, sirve para expresar extrañeza o enfado. || m. Modo, manera, instrumento con que se efectúa algo.

cómoda. f. Mueble con cajones que ocupan todo el frente y sirven para guardar ropa.

comodidad. f. Calidad de cómodo. || Conjunto de cosas y bienes necesarios para vivir a gusto y descansadamente. Más en pl. || Interés, utilidad, beneficio. || Situación del que lleva una vida agradable y sin preocupaciones económicas. || Pereza, resistencia a esforzarse.

comodín. m. En algunos juegos, pieza o carta que puede tomar el valor que el jugador desee. || p. ext., lo que tiene muchas utilidades.

cómodo, da. adj. Fácil, que requiere poco esfuerzo. || Agradable, ameno, acogedor. || Que proporciona bienestar y descanso. || Se aplica a la persona que se encuentra a gusto.

comodoro. m. En algunos países anglosajones y nórdicos, capitán de navío cuando manda más de tres buques.

compacto, ta. adj. Se dice de los cuerpos o sustancias de estructura apretada y poco porosa. || Apretado, denso. || Se dice de la página que en poco espacio condensa mucho texto. || Se dice del equipo estereofónico que reúne en una sola pieza diversos aparatos para la reproducción del sonido. También m. || m. Disco compacto. || Aparato estereofónico que reproduce estos discos.

compadecer. tr. y prnl. Sentir lástima o pena por la desgracia o el sufrimiento ajenos o ser partícipe de ellos.

compadre. m. Padrino de bautizo de un niño respecto de sus padres o su madrina. || Padre de una criatura respecto de sus padrinos. || Amigo, compañero.

compadrito. m. *amer.* Hombre fanfarrón, pendenciero y afectado en sus maneras y en su vestir.

compaginar. tr. Ordenar u organizar elementos que tienen alguna conexión. También prnl. || Hacer compatibles unas cosas con otras. || IMPR. Distribuir las galeradas para formar páginas. || prnl. Adecuarse, corresponderse o conformarse bien las cosas entre sí.

compañerismo. m. Vínculo y relación amistosa que existe entre compañeros.

compañero, ra. m. y f. Persona que acompaña a otra. || Cada uno de los individuos que pertenecen a una colectividad. || Persona que comparte con otra alguna actividad, tarea, ideología, etc. || Persona con la que se vive maritalmente. || Lo que hace juego con otra cosa o forma pareja con ella.

compañía. f. Unión y cercanía entre personas o cosas o estado en el que se encuentran juntas. || Persona o personas que acompañan a otra u otras. || Sociedad o reunión de varias personas unidas para un mismo fin, generalmente industrial o comercial. || Grupo de personas que actúan o trabajan en un espectáculo teatral. || MIL. Unidad de infantería, menor que le división, mandada normalmente por un capitán.

comparación. f. Examen que se hace a las cosas o a las personas para establecer sus semejanzas y diferencias. || Parecido o relación que se establece entre dos elementos. || Figura retórica que consiste en identificar dos entidades por compartir una o varias características, símil.

comparar. tr. Examinar o analizar dos o más objetos para descubrir sus diferencias o semejanzas. || Establecer una relación entre dos o más cosas.

comparecer. intr. Presentarse uno en algún lugar, llamado o convocado por otra persona, o de acuerdo con ella.

comparsa. f. Conjunto de personas que, en algunas festividades, van disfrazadas con trajes de una misma clase. || Conjunto de personas que, en las representaciones teatrales, aparecen pero no hablan. || com. Cada una de estas personas. || irón. p. ext., Persona cuya opinión o presencia no se tiene en cuenta.

compartimento o **compartimiento.** m. Cada parte que resulta de dividir un territorio, edificio, caja, etc., con el fin de colocar personas o cosas separadas. || Departamento de un vagón de tren.

compartir. tr. Repartir, distribuir las cosas en partes para que otro u otros puedan beneficiarse de ello. || Participar uno en alguna cosa. || Usar algo en común.

compás. m. Instrumento formado por dos brazos articulados que sirve para trazar curvas regulares y tomar distancias. || Brújula de navegación. || Resorte de metal que abriéndose o cerrándose sirve para levantar o bajar la capota de los coches. || MÚS. Signo que determina el ritmo y el valor relativo de los sonidos. || MÚS. Cada uno de los períodos de tiempo iguales con que se marca el ritmo musical. || MÚS. Movimiento o seña con que se señalan estos períodos. || MÚS. Cada una de las divisiones del pentagrama en que se representan estos períodos en la partitura musical. || MÚS. Ritmo o cadencia de una pieza musical. || p. ext., Ritmo de otras actividades.

compasión. f. Sentimiento de conmiseración, pena o lástima hacia quienes sufren penas, calamidades o desgracias.

compatible. adj. Que tiene aptitud o capacidad para estar, ocurrir, o desarrollarse junto con otro u otros.

compatriota. com. Persona que tiene la misma patria que otra.

compeler o **compelir.** tr. Obligar a uno a que haga lo que no quiere mediante fuerza o intimidación.

compendiar. tr. Reducir o resumir un texto, obra, o discurso a lo esencial. || Expresar algo con brevedad.

compendio. m. Breve exposición, oral o escrita, de lo esencial o sustancial de una materia. || Persona o cosa que reúne en sí todo lo que se expresa.

compensación. f. Acción y resultado de compensar. || Indemnización, contraprestación o pago que se abona para reparar un daño o un perjuicio. || DER. Modo de extinguir deudas vencidas, entre personas que son recíprocamente acreedoras y deudoras, de manera que una se considera pagada por la condonación de la deuda que tiene con la otra. || Entre bancos o entidades mercantiles o financieras, intercambio periódico de documentos de crédito para la liquidación de créditos recíprocos.

compensar. tr. Igualar en opuesto sentido o neutralizar el efecto de una cosa con el de otra. || Dar alguna cosa o hacer un beneficio por el perjuicio o mal que se ha causado. || Tener algo utilidad o valor, merecer la pena.

competencia. f. Rivalidad, oposición entre quienes aspiran a conseguir lo mismo. || Grupo de personas o de entidades que ejercen la misma profesión o actividad que otra. || Misión u obligación de una persona o una entidad por ejercer un cargo o ser responsable de una labor. || Aptitud o capacidad para llevar a cabo una tarea. || LING. Conocimiento intuitivo que sobre su propia lengua tienen los hablantes. || *amer.* Competición deportiva.

competente. adj. Se dice de la persona u organismo a quien compete o incumbe alguna cosa. || Se dice de la persona que es experta o conoce bien una disciplina o una técnica o de quien tiene capacidad y aptitudes para ocuparse de ella.

competición. f. Lucha o rivalidad entre quienes se disputan una misma cosa o la pretenden. || Prueba en la que se lucha por conseguir un triunfo deportivo.

competir. intr. Luchar, rivalizar entre sí varias personas por el logro de algún fin. || Igualar una cosa a otra análoga en ciertas características.

compilación. f. Obra que reúne partes o extractos de otros libros o documentos. || INFORM. Conjunto de datos compilados.

compilar. tr. Reunir en un solo texto extractos o fragmentos de otras obras ya publicadas. || INFORM. Traducir un lenguaje de alto nivel a código absoluto o lenguaje binario.

compinche. com. Compañero de diversiones, especialmente si son dañinas.

complacencia. f. Satisfacción y alegría que produce alguna cosa. || Actitud tolerante de quien consiente excesivamente.

complacer. tr. Causar a otro satisfacción o placer, agradarle. || prnl. Deleitarse, sentir satisfacción.

complejo, ja. adj. Se dice de lo que se compone de múltiples elementos iguales o distintos.

|| Complicado, de difícil entendimiento o resolución. || m. Conjunto de establecimientos o instalaciones situados en un mismo lugar. || Conjunto o unión de varias cosas. || PSICOL. Combinación de ideas, tendencias y emociones, inconscientes y generalmente adquiridas durante la infancia, que influyen en la personalidad y conducta de un individuo.

complementario, ria. adj. Que sirve para completar o perfeccionar alguna cosa.

complemento. m. Cualidad, cosa o circunstancia que se adjunta a una cosa para completarla o mejorarla. || Ángulo que sumado a otro forma uno de 90°. || GRAM. Función gramatical que desempeña la palabra, sintagma o proposición que completa el significado de algún componente del enunciado, denominado núcleo, con el fin de aportar una mayor información. || amer. Segunda parte de un partido de fútbol. || pl. Accesorios en el vestuario.

completar. tr. Hacer que una cosa esté terminada, perfecta, llena o entera.

completo, ta. adj. Lleno. || Acabado, perfecto, con todas las peculiaridades que lo distinguen. || Entero, con todas las partes que lo componen. || Total, absoluto. || f. pl. En la religión católica, última de las horas canónicas.

complexión. f. Constitución fisiológica y anatómica de un individuo. || RET. Figura que consiste en repetir una palabra o una secuencia de palabras al principio y al final de la estrofa.

complicación. f. Asunto de difícil solución o entendimiento. || Dificultad imprevista procedente de la concurrencia de cosas diversas. || Cualidad de lo que es complicado o difícil. || Situación que agrava y alarga el curso de una enfermedad y que no es propio de ella.

complicado, da. adj. Enmarañado, de difícil comprensión. || Compuesto de múltiples piezas. || Se apl. a la persona cuyo carácter y conducta no son fáciles de entender.

complicar. tr. Hacer difícil o más difícil una cosa. También prnl. || Mezclar, unir cosas diversas. || Comprometer, hacer partícipe a alguien en un asunto.

cómplice. adj. Que muestra complicidad. || com. DER. Persona que sin ser autora de un delito coopera a su perpetración con actos anteriores o simultáneos, aunque no indispensables. || DER. Participante en un crimen o delito que se atribuye a dos o más personas.

complot. m. Conspiración o acuerdo secreto entre varias personas con el fin de deponer al poder establecido. || p. ext., Conspiración o conjuración de carácter secreto para obrar contra algo o alguien.

componente. adj. y com. Que forma parte de alguna cosa o de su composición. || Pieza o elemento de un aparato o electrodoméstico.

componer. tr. Formar una cosa juntando y ordenando varias. || Constituir un cuerpo de varias cosas o personas. También prnl. || Producir una obra literaria, musical o científica. || Adornar. También prnl. || Arreglar, acicalar con cuidado y atención. También prnl. || Restablecer. || Juntar los caracteres de imprenta para formar palabras, líneas, páginas. || Reparar o arreglar lo desordenado, desastrado o roto.

comportamiento. m. Conducta, manera de portarse o actuar.

composición. f. Acción y resultado de componer. || Plan, acuerdo tomado entre personas. || Obra científica, literaria o musical. || Ejercicio de redacción en el que el alumno desarrolla un tema. || Conjunto de los componentes de una sustancia o de una cosa. || ART. En escultura, pintura, fotografía, etc., arte de distribuir los elementos de una obra. || MÚS. Arte y técnica de crear obras musicales. || IMPR. Texto compuesto y preparado para la impresión. || LING. Procedimiento por el cual se forman nuevas palabras uniendo dos o más vocablos o partículas.

compositor, ra. m. y f. Persona que crea composiciones musicales.

compostura. f. Reparación de una cosa descompuesta o rota. || Aseo o adorno con que algo o alguien se presenta. || Modestia, mesura, comportamiento digno y adecuado.

compota. f. Puré de fruta cocida con azúcar que se sirve como dulce.

compra. f. Adquisición u obtención de algo a cambio de un precio. || Conjunto de comestibles y demás cosas que se adquieren para el consumo doméstico. || Cualquier objeto comprado.

comprador, ra. adj. Que compra. También s. || amer. Se dice de las personas que son simpáticas y de trato amable.

comprar. tr. Adquirir, hacerse dueño de algo por dinero. || Ofrecer dinero o bienes a alguien con la intención de modificar su conducta, sobre todo si se persigue un fin ilícito o amoral.

comprender. tr. Contener, incluir en sí alguna cosa. También prnl. || Entender, alcanzar, ser capaz de conocer una cosa. || Encontrar justificados o razonables los actos o sentimientos de otro.

comprensión. f. Acción de comprender. || Facultad, capacidad o inteligencia para entender y conocer las cosas. || Actitud de tolerancia y entendimiento ante los actos o sentimientos ajenos.

compresa. f. Tela fina o gasa esterilizada que, doblada varias veces para formar una tira, se emplea para contener hemorragias, cubrir heridas o aplicar algún medicamento. || Tira higiénica desechable de celulosa u otra materia que se utiliza para absorber el flujo menstrual.

compresión. f. Fuerza o presión que se ejerce sobre algo con el fin de reducir su volumen. || FÍS. Fuerza o acción que se realiza para disminuir el volumen de un cuerpo o una materia.

compresor, ra. adj. y s. Que comprime o sirve para comprimir. || m. Aparato o máquina que sirve para comprimir fluidos y algunos sólidos poco compactos.

comprimido, da. adj. Apretado, disminuido de volumen. || m. Píldora o pastilla pequeña obtenida por compresión de sus ingredientes previamente reducidos a polvo.

comprimir. tr. Oprimir, apretar o estrechar algo con el fin de reducirlo a menor volumen. || Reprimir, refrenar. También prnl. || prnl. Reducirse una cosa, disminuirse su volumen.

comprobación. f. Confirmación o prueba de la existencia, veracidad o exactitud de una cosa.

comprobar. tr. Revisar o analizar alguna cosa con el fin de confirmar o corroborar su veracidad, exactitud o exactitud.

comprometer. tr. Acordar, pactar una venta o un negocio. También prnl. || Involucrar o poner en peligro o en dificultades a alguna persona o cosa. También prnl. || Responsabilizar u obligar a alguien a hacer algo. Más c. prnl. || prnl. Contraer una obligación o compromiso, especialmente el de matrimonio.

compromiso. m. Obligación contraída por medio de acuerdo, promesa o contrato. || Documento en que esta obligación se firma. || Dificultad, apuro, situación incómoda o embarazosa. || Acto en el que los novios se prometen en matrimonio.

compuerta. f. Plancha fuerte que se desliza por un carril o corredor que se coloca en los canales, presas o diques para graduar o cortar el paso del agua. || Media puerta que cierra la mitad inferior de la entrada de algunas casas.

compuesto, ta. adj. Que consta de varios elementos o partes. || Acicalado, adornado. || GRAM. Se dice de los tiempos verbales que se forman con el participio pasado del verbo precedido de un auxiliar. || GRAM. Se dice de las oraciones que tienen más de un núcleo verbal. || GRAM. Se apl. a las palabras formadas mediante composición de dos o más palabras o partículas. || adj. y f. De las compuestas o relativo a esta familia de plantas. || f. pl. BOT. Familia de plantas angiospermas, dicotiledóneas, de hojas simples o sencillas y flores reunidas en un receptáculo común, como la dalia o el cardo. || m. QUÍM. Sustancia o materia formada por la unión mecánicamente inseparable de dos o más elementos. || Mezcla o unión de varias cosas.

compulsar. tr. Examinar dos o más documentos, cotejándolos o comparándolos entre sí. || DER. Legalizar la copia de un documento oficial certificando su coincidencia con el original copiado.

compulsión. f. Amenaza o intimidación. || Impulso irresistible u obsesivo a la repetición de una acción determinada. || DER. Obligación de hacer algo por haber sido compelido por una autoridad legal.

compunción. f. Arrepentimiento, contrición. || Sentimiento de tristeza o compasión ante las desgracias ajenas.

compungir. tr. Apenar, entristecer a alguien. || Pinchar, punzar. || prnl. Entristecerse o dolerse uno de alguna culpa propia, o de la aflicción ajena.

computación. f. Cuenta, operación matemática. || amer. Informática, ciencia que estudia el tratamiento automático de la información por medio de ordenadores.

computador, ra. adj. y s. Que computa o efectúa operaciones matemáticas. || m. y f. Calculador o calculadora, aparato o máquina electrónicos que sirven para calcular con rapidez. || f. Ordenador, máquina electrónica que trata automáticamente la información y que ejecuta procesos lógicos a gran velocidad.

computar. tr. Contar o calcular una cosa por números. || Tomar en cuenta, considerar en atención a cierta medida.

cómputo. m. Cálculo u operación matemática.

comulgar. intr. Recibir un cristiano la comunión. || Compartir ideas o sentimientos con otra persona.

común. adj. Se dice de lo que pertenece o se extiende a varios. || Corriente, frecuente, admitido como normal por la mayoría. || Ordinario, vulgar, que carece de cualquier peculiaridad especial o secreta. || m. Conjunto de todas las personas, todo el mundo.

comuna. f. Unidad de organización económica y política basada en la ausencia de la propiedad privada. || Conjunto de individuos que viven en una comunidad gestionada y administrada por ellos mismos al margen de las conveniencias sociales. || amer. Ayuntamiento.

comunicación. f. Acción y resultado de comunicar o comunicarse. || Escrito breve en que se informa o notifica alguna cosa. || Escrito que un autor presenta a un congreso o reunión de especialistas para su conocimiento y discusión. || Unión que se establece o conducto que existe entre ciertas cosas o lugares. || Trato entre las personas. || pl. Medios gracias a los cuales las personas se comunican o relacionan, como el correo, el teléfono o las carreteras.

comunicar. tr. Hacer saber alguna cosa a alguien, informar. || Conversar, tratar con alguien de palabra o por escrito. También prnl. || Contagiar, transmitir un sentimiento, una enfermedad. || intr. Dar un teléfono la señal de que la línea está ocupada. || Unir una cosa con otra por medio de un conducto o paso. || prnl. Tratándose de cosas inanimadas, tener correspondencia o paso unas con otras.

comunidad. f. Conjunto o asociación de personas o entidades con intereses, propiedades u objetivos comunes. || Conjunto de bienes o derechos que son propiedad de varias personas.

comunión. f. Unión o contacto entre personas o cosas.

concavidad. f. Calidad de cóncavo. || Sima, hueco, parte o lugar cóncavo.

cóncavo, va. adj. Se dice de las líneas o superficies que, siendo curvas, tienen su parte más hundida en el centro, respecto de quien las mira. || m. y f. Concavidad.

concebir. tr. Crear una idea, pensar o imaginar una cosa. || Comprender algo, creerlo posible. || Referido a sentimientos o emociones, empezar a sentirlos. || intr. Quedar fecundada una hembra. También tr.

conceder. tr. Dar, entregar, quien tiene el poder o la autoridad para hacerlo. || Asentir, entender como cierto o real lo que otro afirma. || Atribuir una cualidad o condición a una persona o cosa.

concejal, la. m. y f. Persona que ha sido elegida para formar parte del ayuntamiento o gobierno municipal.

concejo. m. Ayuntamiento, conjunto de concejales presididos por el alcalde, que administra y dirige un municipio. || Sesión o reunión que celebran. || Edificio donde tiene su sede el ayuntamiento. || Municipio.

concentración. f. Reunión en un lugar de lo que estaba en varios.

concentrar. tr. Reunir o juntar en un centro o punto lo que estaba separado. También prnl. || Referido a la atención o la mirada, ser su centro, atraerla. || Aumentar la proporción de la sustancia disuelta en un fluido disolvente. || prnl. Reflexionar profundamente, fijar la atención o el pensamiento en algo.

concéntrico, ca. adj. GEOM. Se dice de los objetos o figuras que tienen un mismo centro.

concepción. f. Acción de concebir o quedar fecundada una hembra. || Por antonomasia, la de la Virgen María. || Conjunto de ideas que se tienen sobre alguna cosa, opinión. || Formación en la imaginación o el pensamiento de una cosa o una idea.

concepto. m. Idea, representación mental de una realidad, un objeto o algo similar. || Pensamiento expresado con palabras. || Opinión, juicio, idea que se tiene sobre algo. || Aspecto, calidad, título.

concertar. tr. Acordar, pactar, decidir conjuntamente. También prnl. || Poner acordes entre sí voces o instrumentos musicales. || intr. Concordar o combinar una cosa con otra.

concesión. f. Acción y resultado de conceder. || Contrato por el cual el gobierno otorga a empresas o a particulares la gestión y la explotación de ciertos bienes públicos. || Contrato que una empresa hace a otra o a un particular, otorgándole el derecho de vender y administrar sus productos en unas determinadas condiciones. || Abandono o dejación de una posición ideológica, una opinión, una actitud, etc.

concesionario, ria. adj. y m. Persona o entidad que tiene la concesión de un servicio o la distribución de un producto determinado.

concha. f. Cubierta que protege el cuerpo de los moluscos y, p. ext., caparazón de las tortugas y pequeños crustáceos. || Especie de mueble cóncavo que se coloca en medio del escenario de los teatros para ocultar al apuntador. || Materia dura que se extrae de los caparazones de las tortugas carey, que se utiliza para hacer peines, joyas y otros objetos. || *amer.* Instrumento musical de cuerda que se fabrica con el caparazón de un armadillo. || *amer. vulg.* Órgano sexual femenino.

conciencia. f. Conocimiento que el ser humano posee sobre sí mismo, sobre su existencia y su relación con el mundo. || Conocimiento detallado, exacto y real de algo. || Capacidad de discernir entre el bien y el mal a partir del cual se puedan juzgar los comportamientos.

concierto. m. Función pública en la que se cantan o se tocan composiciones musicales. || Composición musical para diversos instrumentos en la que uno o varios de ellos llevan la parte principal. || Convenio, acuerdo sobre algo. || Buen orden y disposición de las cosas.

conciliar. adj. Del concilio o relativo a él. || m. Persona que asiste a un concilio.

conciliar. tr. y prnl. Poner de acuerdo a los que estaban en desacuerdo. || Conformar, hacer concordes o compatibles dos o más elementos que son o parecen contrarios.

concilio. m. Reunión o junta convocada para tratar de algún tema. || En la Iglesia católica, junta o congreso de sacerdotes y obispos para tratar temas relativos a la fe, la organización eclesiástica y otros asuntos.

concisión. f. Brevedad, exactitud y precisión en la forma de expresarse, ya por escrito, ya oralmente.

conciso, sa. adj. Se dice de los enunciados poco rebuscados y precisos.

concitar. tr. Provocar rencillas, instigar a una persona contra otra. || Reunir, congregar. || prnl. Atraer sentimientos negativos y adversos de los demás.

cónclave o **conclave.** m. En la Iglesia católica, reunión de los cardenales y lugar donde se juntan y encierran para elegir un nuevo Papa. || Reunión o congreso de personas que se reúnen para tratar algún asunto.

concluir. tr. Acabar o finalizar una cosa. También intr. || Extraer consecuencias, resolver algo tras el estudio y análisis de lo que se ha tratado o examinado. || DER. Poner fin a los alegatos, después de haber respondido a los de la parte contraria, por no tener más que decir ni alegar.

conclusión. f. Fin y terminación de una cosa. || Resolución que se ha tomado sobre una materia o deducción a que se ha llegado tras su estudio o análisis.

concordancia. f. Correspondencia y ajuste de una cosa con otra. || GRAM. Conformidad de accidentes morfológicos o sintácticos entre dos o más partes de la oración.

concordar. intr. Convenir, estar acorde y ajustada una cosa con otra. || GRAM. Haber o establecer concordancia entre palabras variables. || tr. Poner de acuerdo lo que no lo está.

concordia. f. Acuerdo, conformidad y armonía entre las cosas o las personas. || Pacto o convenio entre litigantes.

concretar. tr. Hacer concreta o precisa alguna cosa. || Reducir a lo más esencial. || prnl. Tratar de una sola cosa, que se considera principal, excluyendo las prescindibles o circunstanciales.

concreto. m. *amer.* Hormigón.

concreto, ta. adj. Se dice de cualquier objeto considerado en sí mismo, y no como elemento de su clase o especie. || LING. Nombre que designa este objeto. || Determinado, exacto, preciso.

concubina. f. Mujer que convive y mantiene relaciones sexuales con un hombre sin haberse casado con él.

concubinato. m. Relación conyugal entre un hombre y una mujer sin estar casados.

conculcar. tr. Quebrantar una ley, una obligación adquirida o un principio ético o moral. || Pisar algo con los pies y, p. ext., abusar, violar.

concupiscencia. f. Deseo ansioso de bienes materiales. || Apetito desordenado de placeres sensuales o sexuales.

concurrir. intr. Juntarse o coincidir en un mismo lugar o tiempo diferentes personas, sucesos o cosas. || Contribuir, participar en algo para el logro de algún fin. || Acudir varias personas a un lugar. || Participar en un concurso.

concursar. intr. Participar en un concurso, oposición o competición. || tr. DER. Declarar el estado de insolvencia de una persona que no puede hacer frente a sus deudas.

concurso. m. Prueba o competición entre los aspirantes a un premio. || Procedimiento para seleccionar a quien haya de cubrir un puesto de trabajo mediante la realización de ciertas pruebas o exámenes.

conde, sa. m. y f. Título nobiliario, situado en jerarquía después del marqués y antes que el vizconde. || Gobernador de una comarca o territorio en los primeros siglos de la Edad Media. || Cónyuge del que por derecho o herencia posee el título nobiliario.

condecorar. tr. Conceder honores o distinciones como agradecimiento y reconocimiento de una labor realizada. || Imponer condecoraciones o insignias.

condena. f. Castigo que se impone al que ha cometido una falta o un delito. || DER. Sentencia judicial que pronuncia una pena. || Extensión y grado de la pena. || Rechazo o repulsa de una acción o un comportamiento censurables.

condenar. tr. Pronunciar el juez sentencia, imponiendo al reo la pena correspondiente. || Reprobar o censurar una acción, un comportamiento o una opinión. || Tabicar o incomunicar una habitación. || Forzar a alguien a hacer algo penoso. También prnl. || prnl. Para los católicos, incurrir en la pena eterna.

condensador, ra. adj. Que condensa. || m. Aparato que sirve para condensar o reducir los gases por acción del agua o de aire fríos. || Sistema eléctrico formado por dos conductores de gran superficie separados por una lámina aislante que sirve para almacenar cargas eléctricas.

condensar. tr. Convertir un gas o vapor en líquido o en sólido. También prnl. || Reducir una cosa a menor volumen, hacerla más densa o compacta. También prnl. || Sintetizar, resumir, compendiar.

condescendencia. f. Adaptación y acomodo a los gustos, apetencias y costumbres ajenas por benevolencia o indolencia. || Cualidad de lo que es condescendiente.

condescender. intr. Acomodarse o adaptarse por bondad al gusto y voluntad ajenos.

condición. f. Índole, naturaleza o propiedad de las cosas o de las personas. || Posición social. || Circunstancia necesaria e indispensable para que otra pueda ocurrir. || Estipulación, cada uno de los puntos que se acuerdan en un contrato. || pl. Estado o circunstancia en que se encuentra una persona o una cosa.

condicionar. tr. Hacer depender una cosa de alguna condición. || Influir, afectar.

condimentar. tr. Sazonar, aderezar los alimentos con ciertas sustancias.

condimento. m. Sustancia que sirve para sazonar la comida y darle mejor sabor, como el aceite, la sal o las especias.

condiscípulo, la. m. y f. Persona que estudia o ha estudiado con el mismo profesor o en la misma institución que otra.

condolencia. f. Pésame, expresión con que se hace saber a otro que se comparte su dolor ante la muerte de un ser querido. || Participación en el pesar ajeno.

condonar. tr. Perdonar una deuda o una pena.

cóndor. m. Ave rapaz carroñera.

conducción. f. Transporte de una cosa. || Manejo de un vehículo y técnica de guiarlo. || Conjunto de conductos o tuberías dispuestos para el paso de algún fluido.

conducir. tr. Llevar, transportar alguna cosa de una parte a otra. || Guiar un vehículo automóvil. También intr. || Mandar, dirigir una empresa o una actuación. || Impulsar, conllevar. || prnl. Comportarse, actuar de una determinada manera.

conducta. f. Manera de conducirse o comportarse una persona o de reaccionar ante las situaciones externas un animal.

conducto. m. Canal, comúnmente cubierto, que sirve para dar paso y salida a las aguas y otras cosas. || Mediación o intervención de una persona para la solución de un negocio, obtención de noticias, etc. || Instrumento, vía o procedimiento que se utiliza para algo.

conductor, ra. adj. y s. Que conduce o guía. || Se apl. a la persona que conduce un vehículo. || m. FÍS. Se dice de los cuerpos que, en mayor o menor medida, conducen el calor y la electricidad.

conectar. tr. Unir o establecer contacto entre dos partes de un sistema mecánico o eléctrico. También intr. y prnl. || TECNOL. Enlazar entre sí aparatos o sistemas, de forma que entre ellos pueda fluir algo material o inmaterial, como agua, información, señales, etc. || Unir, enlazar, establecer relación, poner en comunicación. También intr.

conejo, ja. m. y f. Mamífero roedor lagomorfo.

conexión. f. Enlace, juntura o relación entre distintos elementos.

confabulación. f. Acuerdo o convenio secreto entre personas, normalmente para cometer alguna fechoría.

confección. f. Preparación y realización de ciertas cosas. || Cosa confeccionada. || Hechura de un traje o prenda de vestir. || Fabricación con máquinas y en serie de prendas de vestir, en oposición a las que se encargan a medida. || Preparado medicinal.

confeccionar. tr. Hacer determinadas cosas materiales, especialmente compuestas, como prendas de vestir. || Preparar manualmente medicamentos, atendiendo a proporciones y sustancias. || p. ext. Preparar, elaborar.

confederación. f. Alianza, unión o asociación entre personas, organizaciones o países para conseguir un determinado fin. || Organismo o entidad resultante de esta unión.

conferencia. f. Disertación o exposición pública sobre algún tema científico, técnico o cultural. || Reunión de representantes de gobiernos o Estados para tratar asuntos internacionales. || Comunicación telefónica interurbana o internacional. || conferencia de prensa. Reunión de los medios de comunicación convocados por una persona pública para escuchar sus declaraciones sobre un tema o asunto y realizar preguntas.

conferir. tr. Conceder o asignar a alguien una distinción, un honor o un derecho. || Atribuir o contagiar una cualidad a una persona o cosa que no la tenía. || Cotejar y comparar una cosa con otra.

confesar. tr. Manifestar la verdad sobre hechos, ideas o sentimientos que antes estaban ocultos. || Declarar el reo o el litigante ante el juez su culpabilidad o su falta. También prnl.

confesión. f. Declaración que uno hace de lo que sabe sobre algo, de manera voluntaria o forzada.

confesor. m. En la Iglesia católica, sacerdote que confiesa a los fieles y que les otorga la absolución de sus pecados.

confianza. f. Esperanza firme o seguridad que se tiene de que una persona va a actuar o una cosa va a funcionar como se desea. || Seguridad en uno mismo o en las propias cualidades. || Ánimo, decisión o valor para obrar. || Familiaridad en el trato. || pl. Excesiva y molesta familiaridad con alguien.

confiar. intr. Esperar con seguridad y credulidad que algo suceda o que alguien se comporte como se desea. || prnl. Sincerarse con alguien, contar confidencias. || Excederse en la valoración de las propias cualidades o méritos. || tr. Encargar algo a alguien o ponerlo bajo su cuidado.

confidencia. f. Secreto, declaración reservada.

C

confidencial. adj. Se apl. a lo que se hace o dice de manera reservada o secreta o con seguridad recíproca entre varias personas.

configurar. tr. y prnl. Dar determinada composición, forma o figura a una cosa. || prnl. Adquirir una cosa determinada forma o nivel. || INFORM. Organizar el sistema y la programación de un ordenador para lograr su funcionamiento adecuado.

confín. m. Último término a que alcanza la vista. || Frontera o límite que divide los territorios. Más en pl.

confinamiento. m. Encierro de una persona o animal en un sitio limitado o cerrado. || DER. Pena consistente en enviar al condenado a cierto lugar seguro para que viva desterrado allí en libertad, aunque vigilado por las autoridades.

confinar. tr. Enviar o desterrar obligatoriamente a alguien a un lugar del que se le impide salir. También prnl. || Encerrar en un lugar, recluir. || intr. Lindar, estar dos territorios contiguos.

confirmación. f. Corroboración o aseveración de lo que se creía o se pensaba como cierto o real. || Prueba de la verdad y certeza de un suceso. || REL. Sacramento católico en el cual el bautizado corrobora su fe y su voluntad de permanecer en la Iglesia.

confirmar. tr. Corroborar la verdad de algo. || Dar a una persona o cosa mayor firmeza o seguridad, asegurar. También prnl. || Dar validez definitiva a algo. || REL. Administrar el sacramento de la confirmación. También prnl.

confiscación. f. Requisamiento o apropiación que el Estado hace de los bienes privados en determinadas circunstancias.

confiscar. tr. Privar a alguien de sus bienes y aplicarlos a la Hacienda Pública o al Fisco. || Apropiarse las autoridades competentes de lo implicado en algún delito.

confite. m. Dulce de forma esférica hecho de azúcar y algún otro ingrediente, como anís o piñones. Más en pl.

confitería. f. Tienda en que se elaboran o venden pasteles, dulces y confituras. || amer. Cafetería, bar.

confitura. f. Fruta confitada, en mermelada, compota o escarchada.

conflicto. m. Lucha, enfrentamiento, oposición entre personas o cosas. || Apuro, situación agitada o difícil. || Cuestión que se debate, materia de discusión. || PSICOL. Existencia de tendencias contradictorias en el individuo, que generan angustia e incluso trastornos neuróticos.

confluencia. f. Unión o concurrencia de dos o más elementos. || Lugar donde confluyen o se juntan los caminos, los ríos, etc.

confluir. intr. Juntarse en un mismo punto o lugar varias líneas, cosas o personas. || Concurrir o participar diversos factores en un determinado hecho.

conformar. tr. Dar forma a algo, configurarlo. || Dar el visto bueno a un escrito. || intr. Concordar, convenir una cosa o persona con otra. También prnl. || prnl. Resignarse, aceptar algo sin protestar.

conforme. adj. Adecuado, que está de acuerdo con lo que se expresa. || Satisfecho, contento, resignado. || m. Aprobación o visto bueno que se pone al pie de un escrito. || adv. m. Con conformidad, igualdad o correspondencia, según.

conformidad. f. Semejanza o correspondencia entre dos personas o cosas. || Aprobación o consentimiento. || Tolerancia y resignación ante las circunstancias desgraciadas o difíciles.

confortable. adj. Cómodo, agradable. || Que conforta, anima o consuela.

confortar. tr. y prnl. Proporcionar vigor o fuerza. || Animar, alentar, consolar al que está triste o preocupado.

confraternidad o **confraternización.** f. Relación de parentesco o de amistad que se establece entre personas o entidades.

confrontar. tr. Carear o poner a una persona frente a frente con otra para que debatan o discutan sobre un asunto o para examinar sus aseveraciones. || Comparar una cosa con otra, y especialmente escritos. || Estar o ponerse una persona o cosa frente a otra. También prnl.

confundir. tr. Mezclar o fundir varias cosas de modo que no puedan distinguirse. || Equivocar, elegir o tomar una cosa en vez de otra. También prnl. || Turbar, desconcertar. También prnl.

confusión. f. Mezcla de cosas diversas. || Desorden, falta de concierto y de claridad. || Perplejidad, desconcierto, desasosiego. || Error, equivocación.

conga. f. Música popular cubana de origen africano. || Danza colectiva que se baila al compás de esta música. || pl. Tambores con los que se acompaña la conga y otros ritmos.

congelar. tr. Helar un líquido. También prnl. || Someter alimentos a muy bajas temperaturas para conservarlos helando su parte líquida. || Dañar el frío los tejidos orgánicos. || Declarar inmodificables sueldos, precios, créditos, etc. || Enfriarse, empezarse a pasar una emoción o un sentimiento.

congeniar. intr. Llevarse bien dos o más personas por tener semejante genio, carácter o costumbres.

congénito, ta. adj. Que se produce en la fase embrionaria o de gestación de un ser vivo. || Que se engendra junto con otra cosa.

congestión. f. Acumulación excesiva de sangre u otro líquido en alguna parte del cuerpo. || Obstrucción ocasionada por la aglomeración excesiva de personas, vehículos, etc.

congestionar. prnl. Acumularse la sangre u otro humor en una parte del cuerpo. También tr. || prnl. Obstruirse o detenerse el paso o la circulación por una aglomeración excesiva de personas, vehículos, etc.

conglomerar. tr. y prnl. Amontonar, acumular. || Unir o agrupar fragmentos o corpúsculos de una misma o de diversas sustancias con tal coherencia que resulte una masa compacta.

congoja. f. Angustia o tristeza muy intensas.

congratular. tr. y prnl. Manifestar alegría y satisfacción por un suceso feliz.

congregación. f. Asociación, reunión de personas o cosas con un objetivo o una finalidad comunes.

congregar. tr. y prnl. Juntar, reunir múltiples cosas o personas en un lugar.

congreso. m. Reunión, generalmente periódica, de varias personas para deliberar y tratar sobre alguna materia o algún asunto previamente establecido. || Edificio donde los diputados a Cortes celebran sus sesiones.

congrio. m. Pez teleósteo semejante a la anguila.

congruencia. f. Relación lógica y coherente que se establece entre dos o más cosas. || DER. Concordancia entre la sentencia o fallo judicial y lo pretendido por las partes durante el juicio.

cónico, ca. adj. GEOM. Del cono o relativo él. || Que tiene forma de cono.

conífero, ra. adj. y f. De las coníferas o relativo a esta familia de plantas. || f. pl. BOT. Familia de plantas gimnospermas, de hojas perennes, aciculares o en forma de escamas, y fruto en forma cónica, como los pinos, los cipreses y los abetos.

conjetura. f. Juicio u opinión que se deduce de indicios, sospechas o síntomas.

conjeturar. tr. Valorar o formar juicio de una cosa por indicios o datos inciertos.

conjugación. f. Unión, armonía. || GRAM. Serie ordenada de las distintas formas flexivas y no flexivas de un mismo verbo con las cuales se denotan sus diferentes modos, tiempos, números y personas. || BIOL. Fusión de los núcleos de las células reproductoras de los seres vivos.

conjugar. tr. Unir, acordar. || GRAM. Enunciar en serie ordenadamente las distintas formas de un mismo verbo que denotan sus diferentes modos, tiempos, números y personas.

conjunción. f. Junta, unión.

conjunto, ta. p. p. irreg. de conjuntar. || adj. Que está unido, concurre o tiene la misma finalidad que otra cosa. || m. Reunión o grupo de varias personas o cosas. || MAT. Colección o grupo de entidades que cumplen una determinada condición característica. || Traje, juego de vestir compuesto de la combinación de varias prendas. || Grupo musical o teatral formado por unos pocos intérpretes.

conjura o **conjuración.** f. Conspiración, compromiso de varias personas con el fin de deponer el poder establecido o de actuar en contra de alguien. || Evitación de un daño, una enfermedad, un peligro.

conjurar. intr. Conspirar uniéndose, con juramento o compromiso, varias personas o cosas por un fin ilícito, especialmente en contra de alguien. También prnl. || tr. Exorcizar, ahuyentar a los malos espíritus. || Impedir, evitar, alejar un daño o peligro. || Invocar, llamar a los espíritus para que acudan.

conjuro. m. Ruego o invocación de carácter mágico que se recita con el fin de lograr alguna cosa. || Exorcismo, imprecación a los espíritus malignos.

conmemoración. f. Memoria o recuerdo que se hace de una persona o acontecimiento, sobre todo si se celebra.

conmemorar. tr. Recordar públicamente un personaje o acontecimiento.

conmigo. pron. pers. Forma especial del pronombre personal mí, cuando va precedido de la preposición con.

conmiseración. f. Compasión que se siente ante el mal ajeno.

conmoción. f. Agitación o inquietud del ánimo. || Levantamiento, crispación, alteración de un pueblo.

conmover. tr. Enternecer, provocar alguna emoción. También prnl. || Sacudir o mover una cosa repetidamente. También prnl. || Perturbar, inquietar.

conmutador, ra. adj. Que conmuta o sirve para conmutar. || m. TECNOL. Dispositivo de los aparatos eléctricos que sirve para que una corriente cambie de dirección. || amer. Centralita que sirve para conectar líneas telefónicas.

conmutar. tr. Cambiar o sustituir una cosa por otra. || Sustituir castigos impuestos por otros menos graves.

connivencia. f. Confabulación, acuerdo entre varios para cometer un delito o una acción ilícita. || Asentimiento o tolerancia del superior para con las faltas que cometen sus subordinados contra las normas o costumbres establecidas.

connotación. f. LING. Sentido o valor secundario que una palabra, frase o discurso adopta por asociación con un significado estricto.

cono. m. GEOM. Cuerpo generado por un triángulo rectángulo al girar sobre uno de sus lados, limitado por una base circular. || GEOM. Superficie o figura con esta forma. || Objeto hecho de plástico flexible que tiene esta forma y se coloca en las carreteras para regular el tráfico señalando el camino que han de seguir los vehículos. || BOT. Fruto de las plantas coníferas. || ANAT. Célula de la retina del ojo de forma cónica que recibe los estímulos del color.

conocer. tr. Tener idea o captar por medio de las facultades intelectuales la naturaleza, cualidades y circunstancias de las personas o las cosas. || Reconocer, percibir una cosa o una persona como distinta de todo lo demás. || Saber, entender. || Tener trato y comunicación con alguien. También prnl. || Sentir o experimentar. || REL. Tener relaciones sexuales. || Juzgar adecuadamente a alguien. También prnl.

conocimiento. m. Acción y resultado de conocer. || Entendimiento, inteligencia. || Facultad de entender y juzgar las cosas. || Conciencia, sentido de la realidad. || col. Conocido, persona a quien se distingue pero con la cual no existe amistad. || pl. Ciencia, conjunto de nociones e ideas que se tiene sobre una materia.

conque. conj. ilat. que introduce una consecuencia de lo que acaba de enunciarse, y equivale a por consiguiente, por tanto. || Cuando se hace referencia a algo que se tiene sabido o antes se ha expresado, se usa para introducir, a modo de resumen, lo expresado en la frase o cláusula que inicia.

conquista. f. Logro de alguna cosa mediante gran esfuerzo, habilidad y empeño. || Ganar por medio de las armas un territorio, dominarlo. || Cosa conquistada. || Persona cuyo amor se logra.

conquistar. tr. Ganar mediante las armas un territorio, población, etc. || Ganar la voluntad, el cariño o la amistad de alguien. || Conseguir alguna cosa, con esfuerzo, habilidad o tenacidad. || Enamorar a una persona.

consagración. f. REL. Entrega o dedicación a Dios de alguna cosa o acción. || REL. En la Iglesia católica, conversión del pan y del vino en el cuerpo y la sangre de Cristo por un sacerdote mediante la ejecución del ritual adecuado. || REL. Momento de la Eucaristía en que dicho ritual se lleva a cabo. || Entrega y dedicación exclusiva a una tarea o un asunto. || Logro de fama y prestigio.

consagrar. tr. REL. Ofrecer a Dios por culto o sacrificio una persona o cosa. También prnl. || REL. Hacer sagrada a una persona o cosa. || REL. En la Iglesia católica, pronunciar el sacerdote en la Eucaristía las palabras para que el vino y el pan se transformen en la sangre y el cuerpo de Cristo. || Dedicarse con especial esmero y atención alguien o algo a un determinado fin. También prnl. || Conferir a alguien fama o éxito. También prnl.

consanguíneo, a. adj. Persona que tiene parentesco de consanguinidad con otra. También s. || Referido a hermanos, se dice de los que lo son de padre solamente.

consciente. adj. Que siente, piensa y obra con conocimiento de sus actos y de su repercusión. || Se dice de lo que se hace en estas condiciones. || Con pleno uso de los sentidos y facultades.

conscripción. f. amer. Leva, servicio militar obligatorio.

conscripto. m. amer. Soldado, recluta.

consecuencia. f. Hecho o acontecimiento que se deriva o resulta de otro. || Correspondencia lógica entre dos cosas.

consecuente. adj. Se dice de la persona cuya conducta guarda correspondencia lógica con los principios que profesa. || Que se deriva de una cosa.

consecutivo, va. adj. Que se siguen o suceden sin interrupción. || GRAM. Se dice de la oración gramatical que expresa consecuencia de lo indicado en otra u otras. También f. || GRAM. Se dice de la conjunción que expresa relación de consecuencia.

conseguir. tr. Alcanzar, obtener o lograr lo que se desea.

consejero, ra. m. y f. Persona que pertenece a algún consejo o consejería. || Persona que dirige una consejería. || Ejemplo, enseñanza o advertencia que guía la conducta. || Persona que aconseja o sirve para aconsejar.

consejo. m. Opinión o parecer que se da o toma para hacer o no hacer una cosa. || Cuerpo administrativo, consultivo o de gobierno. || Reunión de los miembros de uno de estos cuerpos. || Lugar donde se reúne este cuerpo.

consenso. m. Consentimiento o acuerdo, especialmente el de todas las personas que componen una corporación, dos o más partidos políticos, un grupo social, etc., en torno a un tema de interés general.

consentimiento. m. Autorización o permiso para que se haga algo.

conserje. com. Persona que cuida, vigila y realiza pequeñas tareas de información en un edificio o establecimiento público.

conserva. f. Alimento preparado de forma que se mantenga inalterable en sus propiedades hasta su consumo. || Operación de hacer conservas.

conservador, ra. adj. y s. Se dice de las personas, partidos, gobiernos, etc., favorables a la continuidad de las estructuras vigentes y defensores de los valores tradicionales. || m. y f. Persona encargada de conservar y cuidar los fondos de un museo o archivo o de una de sus secciones. || m. *amer.* Conservante.

conservar. tr. Mantener una cosa igual a lo largo del tiempo. También prnl. || Tener todavía una cosa. || Guardar con cuidado una cosa. || Hacer conservas.

conservatorio. m. Establecimiento en el que se enseña música y otras artes relacionadas con ella.

considerable. adj. Que es grande, cuantioso o importante.

consideración. f. Reflexión o examen detenido de una cosa. || Respeto hacia una persona o cosa. || Manifestación de respeto y cortesía. Más en pl. || Opinión o juicio que se tiene sobre algo. || de consideración. loc. adj. Importante, grande.

considerar. tr. Reflexionar o examinar con atención una cosa. || Tener en cuenta una cosa. || Juzgar, estimar. También prnl.

consigna. f. En las estaciones y aeropuertos, local en que los viajeros depositan temporalmente equipajes, paquetes, etc. || Orden o instrucción que se da a un subordinado o afiliado a un partido político, sindicato o cualquier otra asociación. || MIL. Orden que se da al que manda un puesto o a un centinela.

consignación. f. Cantidad consignada para atender a determinados gastos o servicios. || Constatación por escrito de una opinión, de un dato o un voto. || *amer.* Ingreso de una cantidad en una cuenta bancaria.

consignar. tr. Señalar y destinar una cantidad determinada para el pago de gastos o servicios. || Poner en depósito una cosa. || Hacer constar por escrito una opinión, un dato o un voto. || COM. Enviar mercancías o barcos a un corresponsal. || *amer.* Ingresar una cantidad en una cuenta bancaria.

consigo. pron. pers. Forma especial del pronombre personal *sí,* cuando va precedido de la preposición *con.*

consistencia. f. Propiedad de lo que es duradero, estable o sólido. || Cohesión entre las partículas de una masa.

consistir. intr. Estar compuesto o formado por una cosa. || Basarse, estar fundada una cosa en otra.

consola. f. Mesa hecha para estar arrimada a la pared y con fines decorativos. || Panel de control y mandos de máquinas, sistemas electrónicos o informáticos.

consolar. tr. Aliviar la pena o aflicción de una persona. También prnl.

consolidar. tr. Dar firmeza y solidez a una cosa. También prnl.

consonancia. f. Relación de igualdad o conformidad que tienen algunas cosas entre sí. || LIT. Identidad de sonido en la terminación de

dos palabras, especialmente si es final de verso, desde la vocal que lleva el acento.

consonante. adj. LING. Se dice de los sonidos de una lengua originados por un cierre de los órganos articulatorios y su posterior apertura. También f. || LIT. Se dice de la rima que se consigue con la igualdad de sonidos a partir de la última vocal acentuada. || Que tiene relación de igualdad o conformidad con otra cosa.

consorcio. m. Agrupación de entidades con intereses comunes. || Unión de personas que tienen intereses comunes.

consorte. com. El marido respecto a su mujer y la mujer respecto de su marido.

conspicuo, cua. adj. Que es ilustre, famoso o sobresaliente.

conspirar. intr. Aliarse contra alguien o algo, especialmente contra una autoridad. || Concurrir varias cosas a un mismo fin.

constancia. f. Firmeza y perseverancia en las resoluciones, en los propósitos o en las acciones. || f. Certeza o seguridad de que algo se ha hecho o dicho. || Certificación escrita en la que se registra algún dato o cualquiera otra cosa.

constante. adj. Se apl. a lo que es perdurable o que no cambia. || Que es firme o perseverante. || Que se repite. También f. || f. Variable matemática o de cualquier otra ciencia, que tiene un valor fijo en un determinado proceso, cálculo, etc.

constar. intr. Ser cierta y manifiesta alguna cosa. || Quedar registrado algo o alguien. || Estar formada una cosa por determinadas partes.

constatar. tr. Comprobar la veracidad y certeza de un hecho y dar constancia de él.

constelación. f. Conjunto de estrellas identificable a simple vista por su peculiar disposición. || Conjunto de personas o cosas con un rasgo en común.

consternar. tr. Causar una pena, abatir a alguien. También prnl.

constipado, da. adj. y m. Que padece una infección de las vías respiratorias superiores, que produce estornudos y a veces fiebre.

constitución. f. Ley fundamental de la organización de un Estado. || Grupo de personas que forman un organismo colegiado. || Manera en que está compuesta o formada una cosa. || Establecimiento y fundación.

constitucional. adj. De la Constitución de un Estado o que se atiene a ella. || Propio de la constitución de un individuo o perteneciente a ella.

constituir. tr. Formar, componer. || Ser una cosa lo que se expresa. || Establecer o fundar. También prnl. || prnl. Asumir una obligación, cargo o cuidado.

constreñir. tr. MED. Apretar u oprimir una parte del cuerpo. || Obligar a uno a que haga algo. || Cohibir, limitar. También prnl.

construcción. f. Edificación de una obra de ingeniería, arquitectura o albañilería. || Arte o técnica de construir. || Obra construida. || Realización de algo inmaterial utilizando ordenadamente y según un plan los elementos de que consta.

construir. tr. Edificar una obra de ingeniería, arquitectura o albañilería. || Realizar algo inmaterial utilizando ordenadamente y siguiendo un plan los elementos de que consta.

consuelo. m. Alivio que siente una persona de una pena, dolor o disgusto.

cónsul. com. Representante diplomático de un país en una nación extranjera. || m. Cada uno de los dos magistrados que tenían la máxima autoridad en la República de Roma.

consulado. m. Cargo de cónsul. || Tiempo que dura el cargo de cónsul. || Territorio sobre el que ejerce su autoridad un cónsul. || Oficina del cónsul.

consulta. f. Opinión o consejo que se pide acerca de una cosa. || Búsqueda de datos que se realiza en un libro, periódico, fichero, etc., para informarse sobre un asunto. || Examen o inspección que el médico hace a un enfermo. || Local en que el médico recibe a los pacientes. || Conferencia entre profesionales para resolver alguna cosa.

consultar. tr. Pedir una opinión o consejo sobre un asunto. || Buscar datos en libros, periódicos, ficheros, etc., para informarse sobre un asunto. || Deliberar una o varias personas sobre un asunto.

consultorio. m. Pequeño establecimiento de poca envergadura en el que uno o varios médicos atienden a sus pacientes. || Sección en los periódicos o emisoras de radio destinada a contestar las preguntas del público.

consumación. f. Realización de una acción o proceso de manera que queda completo o finalizado.

consumición. f. Destrucción, extinción o gasto de una materia. || Alimento o bebida que se consume en un café, bar o establecimiento público.

consumir. tr. Tomar alimentos o bebidas, especialmente en bares y establecimientos públicos. || Comprar y utilizar lo que ofrece el mercado. || Extinguir o destruir una materia. También prnl. || Utilizar, gastar. También prnl. || *col.* Agotar, debilitar. También prnl. || *col.* Sentir ansiedad o disgusto. También prnl.

consumo. m. Toma de alimentos o bebidas. || Utilización o gasto.

contabilidad. f. Sistema para llevar las cuentas de una empresa o entidad. || Conjunto de cuentas de una empresa o entidad.

contacto. m. Unión de dos cosas o personas de manera que lleguen a tocarse. || Relación o trato que se establece entre dos o más personas o entidades. || Persona que sirve de enlace. || Conexión entre dos partes de un circuito eléctrico. || Dispositivo que sirve para hacer la conexión entre las dos partes de un circuito eléctrico.

contado, da. adj. Que es raro o escaso. Más en pl.

contador, ra. adj. Que cuenta. También s.

contaduría. f. Oficio y cargo de contable. || Oficina del contable o establecimiento donde se llevan a cabo la contabilidad de una empresa, entidad administrativa, etc.

contagiar. tr. Transmitir a otro u otros una enfermedad. También prnl. || Comunicar o transmitir a otro gustos, vicios, costumbres, sentimientos, etc. También prnl.

contagio. m. Transmisión o adquisición de una enfermedad por contacto con el germen o virus que la produce. || Transmisión de sentimientos, actitudes, simpatías, etc.

contaminación. f. Degradación que sufre el medio ambiente por las sustancias perjudiciales que se vierten en él. || Alteración de una sustancia. || Contagio de una enfermedad.

contaminante. adj. y m. Que contamina.

contaminar. tr. y prnl. Degradar el medio ambiente con sustancias perjudiciales. || Alterar la pureza de algunas cosas. || Contagiar una enfermedad. || tr. Alterar la forma o el significado de un vocablo o texto por la influencia de otro. || INFORM. Transmitir un programa informático un virus a un ordenador.

contar. tr. Calcular el número de unidades que hay de una cosa. || Referir o relatar un suceso. || Incluir a una persona en el grupo, clase u opinión que le corresponde. || Tener una persona el número de años que se expresan. || intr. Decir los números ordenadamente. || Hacer cuentas según las reglas de aritmética. || Tener importancia una persona o una cosa. || Equivaler. || Formar parte del número de personas que se está calculando.

contemplación. f. Atención que se presta a una cosa. || REL. Meditación profunda de carácter místico. || pl. Trato cuidadoso y atento hacia una persona.

contemplar. tr. Mirar con atención e interés. || Considerar o tener en cuenta. || Complacer a alguien.

contemporáneo, a. adj. y s. Existente en la misma época. || Que es actual.

contemporizar. intr. Acomodarse una persona al gusto o deseo ajeno por respeto o interés.

contención. f. Acción y resultado de contener o frenar el movimiento de un cuerpo.

contender. intr. Luchar con armas. || Pelear o discutir por conseguir un propósito.

contener. tr. Encerrar dentro de sí una cosa a otra. || Sujetar el impulso de un cuerpo. || Reprimir un deseo, un sentimiento, etc. También prnl.

contentar. tr. Satisfacer el gusto de una persona. || prnl. Darse por satisfecho. || Reconciliarse los que estaban disgustados.

contento, ta. adj. Que se siente alegre y feliz. || Que está satisfecho. || Que está ligeramente afectado por los efectos del alcohol. || m. Alegría, satisfacción.

contestación. f. Respuesta a una pregunta.

contestar. tr. Responder a una pregunta o a un escrito. || intr. Adoptar una actitud violenta de réplica, de protesta, de oposición.

contexto. m. Conjunto de circunstancias que rodean o condicionan un hecho. || LING. Entorno lingüístico, pragmático y social del que depende el significado de una palabra o un enunciado.

contextura. f. Configuración corporal de una persona. || Modo en que se unen o disponen todos los componentes de una cosa, especialmente los hilos de una tela.

contienda. f. Guerra, batalla. || Discusión, debate.

contigo. pron. pers. Forma especial del pronombre personal ti, cuando va precedido de la preposición con.

contiguo, gua. adj. Que está muy cerca de otra cosa, y sin nada igual en medio.

continencia. f. Moderación en pasiones y deseos, especialmente el sexual.

continente. m. Objeto que contiene una cosa. || GEOG. Cada una de las grandes extensiones de tierra separadas por los océanos. || DER. Parte de una vivienda formada por cimientos, muros, paredes y techos.

contingencia. f. Posibilidad o riesgo de que suceda una cosa. || Hecho o problema que se plantea de forma imprevista.

continuación. f. Acción y resultado de continuar.

continuar. tr. Seguir haciendo lo que ya se había empezado. || intr. Permanecer en un lugar. || Seguir ocurriendo o existiendo una cosa. || Llegar hasta un lugar. También prnl.

continuo, nua. adj. Que ocurre sin interrupción. || Que se repite con frecuencia. || Se dice de las cosas que tienen unión entre sí. || m. Todo compuesto de partes unidas entre sí. || de continuo. loc. adv. Sin interrupción o con frecuencia.

contonearse. prnl. Mover afectadamente al andar los hombros y las caderas.

contorno. m. Conjunto de líneas que limitan una figura. || Territorio que rodea un lugar o una población. Más en pl.

contorsión. f. Movimiento convulsivo o torsión brusca de los músculos o los miembros. || Ademán cómico, gesticulación ridícula.

contra. prep. que denota oposición y contrariedad. || Apoyado en. || A cambio de. || m. Dificultad, inconveniente.

contra. f. Oposición a un proceso revolucionario.

contrabajo. m. MÚS. Instrumento musical de cuerda y arco, el más grave y mayor de los de su clase. || MÚS. Voz masculina más grave que la del bajo. || com. MÚS. Persona que toca este instrumento. || MÚS. Persona que tiene la voz más grave que el bajo.

contrabando. m. Tráfico ilegal de mercancías sin pagar derechos de aduana. || Producción y comercio de mercancías prohibidas. || Mercancía que se produce o introduce en el país ilegalmente. || Lo que es o tiene apariencia de ilícito.

contracción. f. Encogimiento de un nervio o un músculo. || LING. Reducción de dos palabras contiguas al fusionarse las respectivas vocales finales e iniciales en una sola. || Adquisición, especialmente de una enfermedad. || Asunción de un compromiso o una obligación.

contradicción. f. Afirmación de algo contrario a lo ya dicho o negación de lo que se da por cierto. || Oposición entre dos cosas.

contraer. tr. Reducir a menor tamaño o volumen. También prnl. || Adquirir. || Asumir compromisos, obligaciones. || Reducir el discurso a una idea, a un solo punto. También prnl. || prnl. Encogerse un nervio o un músculo. || LING. Reducirse dos o más sonidos, especialmente vocálicos, a uno solo.

contraluz. amb. Vista o aspecto de las cosas cuando se miran desde el lado opuesto a aquel por el que están iluminados. Más en m. || Fotografía tomada en estas condiciones. Más en m.

contrapeso. m. Peso que sirve para equilibrar otro. || Aquello que iguala, compensa o subsana una cosa. || Balancín de los equilibristas.

contraponer. tr. Comparar o cotejar una cosa con otra distinta.

contrariar. tr. Contradecir; oponerse a los deseos de alguien. || Disgustar. También prnl.

contrario, ria. adj. Opuesto. También s. || Que daña o perjudica. || m. y f. Persona que tiene enemistad o rivalidad con otra en una empresa o en una competición deportiva.

contrarrestar. tr. Hacer frente y oposición. || Neutralizar una cosa los efectos de otra. || DEP. En el tenis, devolver el resto.

contraseña. f. Seña secreta que se dan unas personas a otras para entenderse entre sí o reconocerse. || Segunda marca que se pone en animales o cosas para distinguirlas mejor.

C

contrastar. intr. Mostrar notable diferencia o condiciones opuestas dos cosas, cuando se comparan una con otra. || tr. Comparar. || Comprobar la autenticidad o validez de una cosa. || Comprobar la proporción de material noble en una aleación.

contraste. m. Contraposición o diferencia notable que existe entre personas o cosas. || Comparación. || Marca de autenticidad que se graba en objetos de metal noble. || Relación entre la iluminación máxima y mínima de una imagen en televisión. || MED. Sustancia radiológicamente opaca, que introducida en un organismo permite su visualización y exploración clínica.

contratar. tr. Llegar a un acuerdo con una persona para recibir un servicio a cambio de dinero u otra compensación. || Emplear una persona para un trabajo.

contratiempo. m. Suceso inoportuno que obstaculiza o impide el curso normal de algo.

contribución. f. Cuota o cantidad que se paga para algún fin, y principalmente la que se impone para las cargas del Estado. || Aportación voluntaria de una cantidad de dinero para un fin caritativo. || Participación en una labor en la que colaboran varias personas.

contribuir. intr. Pagar cada una la cuota que le corresponde por un impuesto. También tr. || Aportar voluntariamente una cantidad de dinero u otra ayuda para determinado fin. || Ayudar con otras personas o cosas al logro de algún fin.

contristar. tr. Afligir, entristecer. También prnl.

control. m. Comprobación o inspección de una cosa. || Dominio o autoridad sobre alguna cosa. || Limitación o verificación de una cosa. || Sitio donde se controla. || Conjunto de mandos o botones que regulan el funcionamiento de una máquina, aparato o sistema. Más en pl.

controlar. tr. Ejercer una persona el control sobre algo o alguien. || Dominar o ejercer autoridad sobre una o varias personas. || Verificar o comprobar el funcionamiento o evolución de una cosa. || prnl. Dominarse o contener los propios sentimientos o emociones.

controversia. f. Discusión larga y reiterada.

contusión. f. Daño producido por un golpe que no causa herida.

convalecer. intr. Recuperarse de una enfermedad. || Recuperarse una persona o una colectividad de una desgracia.

convalidar. tr. Dar validez académica en un país, institución o facultad a estudios aprobados en otro país, institución o facultad. || Confirmar, dar validez.

convencer. tr. Persuadir, conseguir que una persona crea algo o se decida a hacer algo. También prnl. || Gustar, satisfacer. || prnl. Llegar a estar una persona segura de una cosa.

convencimiento. m. Seguridad que tiene una persona de la validez de lo que piensa o siente.

convención. f. Norma o práctica admitida por responder a precedentes o a la costumbre. || Acuerdo, convenio. || Asamblea de los representantes de un país, partido político, actividad profesional, etc.

conveniencia. f. Propiedad de lo que es conveniente, útil o provechoso.

convenio. m. Pacto, acuerdo entre personas, organizaciones, instituciones, etc.

convenir. intr. Ser varias personas de un mismo parecer. También tr. || Ser útil, provechoso, adecuado.

convento. m. Casa de religiosos o religiosas. || Comunidad que habita en él.

converger. intr. Dirigirse varias cosas a un mismo punto y juntarse en él. || Confluir varias ideas o tendencias sociales, económicas o culturales en un mismo fin.

conversación. f. Hecho de conversar o de hablar familiarmente varias personas.

conversar. intr. Hablar entre sí dos o más personas.

conversión. f. Cambio de una cosa en otra. || Cambio de ideas, opiniones, creencias.

convertir. tr. y prnl. Cambiar una cosa en otra. || Hacer cambiar a alguien de opinión, idea, etc., y especialmente de creencia religiosa. || Hacer que una persona llegue a ser algo distinto de lo que era.

convexo, xa. adj. Se dice de la línea o superficie curvas cuya parte más prominente está del lado del que mira.

convidar. tr. Ofrecer una persona a otra que le acompañe a comer, a una función o a cualquier otra cosa que se haga a modo de obsequio. || Mover o incitar a hacer una cosa. || prnl. Invitarse voluntariamente.

convincente. adj. Que convence.

convite. m. Comida o banquete en el que se celebra algo y al que solo acuden invitados. || amer. Conjunto de danzantes que recorren las calles anunciando fiesta. || amer. Grupo de trabajadores que hacen su trabajo a cambio de comida y bebida.

convivencia. f. Vida en común con una o varias personas.

convivir. intr. Vivir en compañía de otro u otros, cohabitar.

convocar. tr. Citar, llamar para una reunión, un acto, un examen, etc. || Hacer públicas las condiciones de un examen o una competición.

convulsión. f. Contracción violenta e involuntaria de uno o más miembros o músculos del cuerpo. || Agitación violenta de la vida pública. || Sacudida de la tierra o del mar a causa de un terremoto.

conyugal. adj. De los cónyuges o del matrimonio o relativo a ambos.

cónyuge. com. Marido y mujer, respectivamente uno del otro.

coñá o **coñac.** m. Bebida alcohólica de graduación elevada, obtenida por destilación de vinos envejecidos en barriles de roble.

cooperación. f. Colaboración con otro u otros para un mismo fin.

cooperar. intr. Obrar, colaborar con otro u otros para un mismo fin.

coordinación. f. Reunión de medios, esfuerzos, etc., para una acción común. || Control ordenado de los movimientos del cuerpo. || GRAM. Relación que existe entre oraciones y palabras sintácticamente equivalentes.

coordinar. tr. Reunir medios, esfuerzos, etc., para una acción común. || Controlar de forma ordenada los movimientos del cuerpo. || GRAM. Relacionar sintácticamente dos elementos del mismo nivel o función. || intr. col. Controlar la mente.

copa. f. Vaso con pie para beber. || Líquido que contiene. || Cóctel o fiesta en la que sirven bebidas. || Conjunto de ramas y hojas de la parte superior del árbol.

copar. tr. Conseguir en una elección todos los puestos. || Ganar todos los premios en una competición. || Acaparar la atención o el interés. || Hacer en ciertos juegos una apuesta equivalente a la de la banca. || Apresar o acorralar a una persona, un ejército, etc.

copete. m. Pelo levantado sobre la frente. || Parte del helado o de bebida que sobresale del recipiente. || Adorno que tiene un mueble en su parte superior. || Penacho de algunas aves. || Mechón de crin que cae al caballo sobre la frente.

copetín. m. amer. Aperitivo, copa de licor.

copia. f. Reproducción de un original o de un modelo. || Imitación del estilo original de un artista. || Lo que resulta de reproducir algo.

copiar. tr. Escribir lo que dice otro en un discurso o dictado. || Imitar un modelo y reproducirlo exactamente. || Hacer un trabajo o un examen reproduciendo indebidamente un libro, el examen de otro compañero, apuntes, etc. También intr.

copla. f. MÉTR. Composición poética que por lo general consta de cuatro versos y que sirve de letra para las canciones populares. || MÉTR. Estrofa o combinación métrica. || Canción folclórica española de origen andaluz. || pl. col. Habladurías, impertinencias.

copo. m. Cada una de las porciones que caen cuando nieva. || Porción de cáñamo, lana, lino, algodón, etc., en disposición de hilarse. || pl. Pequeñas porciones de algunos productos que tienen forma de escamas.

cópula. f. Acto sexual entre un macho y una hembra. || GRAM. Término que une dos oraciones, dos sintagmas u otras dos proposiciones sintácticamente análogas.

copulativo, va. adj. GRAM. Que junta una frase o una palabra con otra. || De la cópula sexual.

coquetear. intr. Tratar de agradar a alguien, generalmente del sexo opuesto, valiéndose de ciertos medios y actitudes estudiados. || Tomar contacto con alguna actividad, idea, opinión, etc., sin entregarse a ella por completo.

coqueteo. m. Intento de agradar a alguien, generalmente del sexo opuesto, valiéndose de ciertos medios y actitudes estudiados. || Contacto superficial de una persona con alguna actividad, idea, opinión, etc.

coraje. m. Valor para hacer una cosa. || Irritación, ira, rabia.

coral. adj. Del coro o relativo a él. || f. Coro de cantantes. || m. Composición musical para ser cantada por cuatro voces, de ritmo lento y solemne, ajustada a un texto de carácter religioso.

coral. m. Nombre de varios cnidarios que viven en colonias y cuyas duras secreciones dan lugar a la formación de una serie de ramificaciones calcáreas de color rojo o rosado. || Sustancia dura secretada por estos animales y que, después de pulimentada, se emplea en joyería. || f. Serpiente venenosa, con anillos rojos, negros y amarillos, que habita mayormente en las regiones tropicales del continente americano.

coralino, na. adj. De coral o parecido a él.

coraza. f. Armadura compuesta de peto y espaldar. || Cubierta de un buque de guerra, vehículo de combate, etc. || Concha que cubre el cuerpo de las tortugas y otros reptiles quelonios. || Cosa inmaterial que protege o sirve de defensa.

corazón. m. Órgano muscular hueco, impulsor de la circulación de la sangre en los vertebrados y otros animales. || Lugar donde se suelen ubicar los sentimientos internos, los deseos, las pasiones. || Figura con que se suele dibujar este órgano. || Centro o interior de una cosa. || Palo de la baraja francesa. Más en pl. || Se dice del tercero de los cinco dedos y el más largo de ellos. || Apelativo afectuoso.

corazonada. f. Presentimiento de que algo va a ocurrir.

corbata. f. Tira de tela que, como adorno, se anuda al cuello, dejando caer las puntas hasta el pecho, o haciendo con ellas lazos de varias formas. || Banda que se ata en estandartes y banderas. || amer. col. Trabajo con buenas condiciones, que se consigue por enchufe.

corcel. m. poét. Caballo ligero de mucha alzada.

corchea. f. MÚS. Figura o nota musical cuyo valor es la cuarta parte de una negra o de dos semicorcheas.

corchete. m. Broche metálico formado por dos piezas, una en forma de asa en la que se encaja la otra con forma de gancho, y que sirve para mantener unidas dos partes de una prenda de ropa. || Signo escrito que tiene forma de paréntesis cuadrado ([ ]) y tiene las mismas funciones que este. || *amer.* Grapa.

corcho. m. Tejido vegetal de la zona periférica del tronco de ciertos árboles y arbustos, especialmente del alcornoque; es impermeable y se emplea en la fabricación de materias aislantes, tapones, pavimentos, etc. || Tapón que se hace de este tejido. || Se usa como interj. que expresa asombro o enfado.

cordel. m. Cuerda delgada.

cordero, ra. m. y f. Cría de la oveja que no pasa de un año. || Persona dócil.

cordial. adj. Que es muy amable o afectuoso. || m. Bebida reconfortante que se da a los enfermos.

cordialidad. f. Característica de lo que es amable o afectuoso. || Característica de lo que es franco o sincero.

cordillera. f. Serie de montañas enlazadas entre sí.

cordobés, esa. adj. y s. De Córdoba o relativo a esta ciudad.

cordón. m. Cuerda fina, blanca o de otros colores, hecha con materiales más finos que el esparto, que se usa especialmente para atarse los zapatos. || Cable conductor de electricidad. || Conjunto de personas o elementos dispuestos para proteger o vigilar. || *amer.* Bordillo de la acera. || *amer.* Serie de cerros o montañas.

cordura. f. Característica de la persona que es prudente y sensata.

coreano, na. adj. y s. De Corea.

corear. tr. Cantar o hablar varias personas al mismo tiempo. || Asentir varias personas al parecer ajeno. || Componer música para coro.

coreografía. f. Arte de componer bailes. || Conjunto de movimientos que compone una pieza de baile.

corista. f. Mujer que forma parte del coro de revistas musicales y otros espectáculos similares. || com. Persona que en óperas, zarzuelas u otras funciones musicales canta formando parte del coro.

cornada. f. Golpe dado con el cuerno. || Herida que produce dicho golpe.

cornalina. f. Ágata de color rojo oscuro.

cornamenta. f. Conjunto de los cuernos de algunos cuadrúpedos como la vaca, el toro, el venado y otros. || col. Cuernos imaginarios, símbolos de la infidelidad de uno de los

miembros de la pareja hacia el otro, y que lleva el que ha sido engañado.

córnea. f. ANAT. Membrana dura y transparente, situada en la parte anterior del globo del ojo.

córneo, a. adj. De cuerno o de consistencia parecida a él.

corneta. f. Instrumento músico de viento, semejante al clarín, aunque mayor y de sonidos más graves. || com. Persona que toca este instrumento.

cornisa. f. Conjunto de molduras que forman el remate superior de un edificio, habitación, pedestal, mueble, etc. || Faja horizontal estrecha que corre al borde de un precipicio o acantilado.

cornudo, da. adj. Que tiene cuernos. || Se apl. al cónyuge cuya pareja le es infiel. También s.

coro. m. Conjunto de personas reunidas para cantar, especialmente si lo hacen de una forma habitual o profesional. || Composición musical para varias voces. || En las tragedias griegas y romanas, conjunto de actores que comentaban la acción en los intervalos de la representación. || Conjunto de religiosos o religiosas que se reúnen para cantar o rezar los divinos oficios.

corola. f. BOT. Parte interna de la flor formada por el conjunto de los pétalos.

corolario. m. Proposición que no necesita comprobarse, sino que se deduce fácilmente de lo demostrado antes. || Consecuencia de algo.

corona. f. Aro de ramas, flores, metal generalmente precioso, etc., que se coloca en la cabeza como premio, adorno o símbolo de dignidad. || Conjunto de flores y hojas dispuestas en forma de aro. || Reino o monarquía. || Dignidad real.

coronación. f. Ceremonia en la que se reconoce la dignidad real de una persona y en la que se le coloca un corona sobre la cabeza como símbolo de este reconocimiento. || Punto más alto al que se puede llegar. || Culminación o remate perfecto.

coronar. tr. Poner la corona a alguien como signo de premio o distinción, y en especial a un rey o emperador como señal de que empiezan a reinar. También prnl. || Terminar una obra, rematarla, acabarla. || Alcanzar el punto más alto. || En el juego del ajedrez, llegar con un peón a la octava fila y así poder cambiarlo por cualquier otra pieza.

coronel. com. Jefe militar que dirige un regimiento, cuyo grado es inmediatamente inferior al de general de brigada.

corpiño. m. Prenda de vestir muy ajustada al cuerpo, sin mangas y que llega hasta la cintura. || *amer.* Sujetador, sostén.

corporación. f. Asociación u organismo oficial, generalmente público pero independiente de la administración estatal, con fines de utilidad pública. || Asociación que agrupa personas que desempeñan la misma actividad o profesión.

corporal. adj. Del cuerpo o relativo a él. || m. Lienzo cuadrado que se extiende en el altar para poner sobre él la hostia y el cáliz. Más en pl.

corpóreo, a. adj. Del cuerpo o relativo a él. || Que tiene cuerpo o consistencia.

corpulencia. f. Característica de lo que es corpulento.

corpúsculo. m. Antigua denominación de las partículas elementales de la materia. || Nombre genérico que reciben una serie de pequeñas estructuras.

corral. m. Sitio cerrado y descubierto donde generalmente se guarda el ganado o los animales domésticos. || Patio donde se representaban comedias.

correa. f. Tira muy resistente, generalmente de cuero, que sirve para atar o ceñir. || Cinturón. || MEC. En las máquinas, tira que, unida en sus extremos, sirve para transmitir el movimiento rotativo de una rueda o polea a otra. || col. Aguante, paciencia.

corrección. f. Rectificación o enmienda de los errores o defectos de alguien o algo. || Comportamiento de acuerdo a las normas de trato social. || Ausencia de errores o defectos. || Cambio que se hace en un texto al corregirlo o revisarlo. || Repaso y evaluación que un profesor hace de los ejercicios y exámenes de sus estudiantes.

correcto, ta. adj. Se dice de lo que está libre de errores o defectos, conforme a las reglas. || Se dice de la persona educada, atenta, cortés.

corrector, ra. adj. y s. Que corrige. || m. y f. Persona cuya profesión es corregir y revisar textos.

corredizo, za. adj. Que se desata o corre con facilidad.

corredor, ra. adj. Se dice de aves de gran tamaño, aptas para correr y no para el vuelo. También f. || m. y f. Persona que practica la carrera en competiciones deportivas. || Persona que por profesión interviene en compras y ventas de cualquier clase. || m. Pieza alargada de un edificio que sirve de paso a las habitaciones o salas, pasillo. || Galería corrida alrededor del patio de algunas casas.

corregir. tr. Rectificar, enmendar los errores o defectos de alguien o algo. También prnl. || Advertir, amonestar, reprender. || Repasar y evaluar un profesor los ejercicios y exámenes de sus estudiantes.

correo. m. Servicio público que transporta la correspondencia. Más en pl. || Esta misma correspondencia. || Edificio donde se recibe y se reparte la correspondencia. Más en pl. || Tren, coche o vehículo semejante que lleva correspondencia. || Buzón donde se deposita la correspondencia. || Persona encargada de llevar mensajes de un sitio a otro.

correr. intr. Andar rápidamente y con tanto impulso que, entre un paso y el siguiente, quedan por un momento ambos pies en el aire. || Hacer alguna cosa con rapidez. || Ir deprisa hacia algún lugar. || Fluir o moverse el agua, el viento. || Transcurrir el tiempo. || Estar una cosa en un lugar o dirección. || Estar a cargo de uno alguna cosa. || Difundir un rumor o una noticia.

correspondencia. f. Conjunto de cartas que se envían o reciben. || Trato recíproco entre personas que se mantiene por correo, fax u otro medio electrónico. || Proporción o relación de una cosa con otra. || En las estaciones del metro, acceso para transbordar de unas líneas a otras. || Compensación o devolución con igualdad de los afectos o beneficios recibidos.

corresponder. intr. Tener proporción o relación una cosa con otra. También prnl. || Compensar, devolver con igualdad los afectos o beneficios recibidos. También tr. || Pertenecer.

corresponsal. adj. y com. Se apl. al periodista que desde otra ciudad o desde el extranjero envía noticias a la redacción de un periódico, revista u otro medio informativo. || Se dice de la persona encargada de mantener en el extranjero las relaciones comerciales de una empresa.

corretear. intr. Correr un niño de un lado a otro. || Andar sin rumbo fijo. || tr. amer. Perseguir a una persona.

corrido, da. adj. Que continúa o está seguido. || Avergonzado, confundido. || Que está muy experimentado en cosas de la vida. || amer. Se apl. al periodo de tiempo que transcurre sin interrupción. || m. Romance cantado, propio de Andalucía. || Romance o composición octosílaba con variedad de asonancias, que se canta a dos voces, con acompañamiento musical y es propio de países hispanoamericanos.

corriente. adj. Que corre. || Que sucede con frecuencia. || Se dice del mes, año, etc., actual o que va transcurriendo. || Que es conocido o admitido por todos. || Hablando de recibos, números de publicaciones periódicas, etc., el último aparecido. || Que es común, normal u ordinario. || f. Movimiento de una masa de agua, aire, etc., en una dirección. || Paso de la electricidad por un conductor. || Tendencia, opinión.

corroborar. tr. Apoyar una opinión, teoría, etc., con nuevos datos o argumentos. También prnl.

corroer. tr. Desgastar o destruir lentamente una cosa. También prnl. || Provocar un sentimiento angustia o malestar. También prnl.

corromper. tr. Echar a perder, pudrir. También prnl. || Sobornar o cohechar. || Pervertir o viciar.

corrosión. f. Desgaste o destrucción lento y paulatino de una cosa.

corrosivo, va. adj. Se dice de lo que corroe o tiene virtud de corroer. || Que es incisivo o mordaz.

corrupción. f. Soborno o cohecho. || Perversión o vicio. || Alteración de la forma o estructura de algo.

corrupto, ta. adj. Que está podrido. || adj. y s. Que se deja o ha dejado sobornar o pervertir.

corruptor, ra. adj. y s. Que soborna o pervierte.

corsario, ria. adj. y s. Embarcación y navegante autorizados por su país para perseguir y saquear los barcos mercantes de un país enemigo. || com. Pirata.

corso. m. Campaña que hacían por el mar los barcos con patente de su gobierno para perseguir a los piratas o a las embarcaciones enemigas.

corta. f. Acción de cortar árboles y arbustos en bosques y cañaverales.

cortante. adj. Que corta. || Se dice del viento, aire o frío que es tan intenso que parece que corta. || Que sorprende o desconcierta.

cortaplumas. m. Navaja pequeña.

cortar. tr. Dividir una cosa o separar sus partes con algún instrumento cortante. También prnl. || Suspender o interrumpir el paso de una cosa o persona. También prnl. || Amputar un miembro. || Separar algo en dos partes. || Atravesar un líquido o un fluido. || Dividir la baraja en dos o más partes antes de repartir las cartas. || Recortar y darle forma a las piezas de una prenda de vestir. || Mezclar un líquido con otro para modificar su fuerza o su sabor. || Acortar, suprimir. || Abrir el aire o el frío intenso grietas en la piel. También prnl.

corte. m. Filo del instrumento cortante. || Herida producida por un instrumento cortante. || Arte y acción de cortar las diferentes piezas que habrán de componer una prenda de vestir. || Cantidad de material necesario para hacer una prenda de vestir. || Interrupción. || Estilo. || División de la baraja en dos partes antes de repartir. || Trozo de helado entre las galletas.

corte. f. Lugar donde habitualmente reside el soberano en las monarquías. || Familia y comitiva del rey. || Conjunto de personas que acompañan a una persona importante. ||

amer. Tribunal de justicia. || pl. Cámara legislativa o consultiva.

cortejar. tr. Galantear o enamorar a una persona. || Intentar el macho atraer a la hembra en celo para aparearse.

cortejo. m. Conjunto de personas que forman el acompañamiento en una ceremonia. || ZOOL. Fase inicial del apareamiento, en la que los animales hacen una serie de movimientos rituales antes de la cópula.

cortés. adj. Se dice de la persona atenta, educada, o que se sabe comportar de acuerdo a las normas sociales establecidas.

cortesano, na. adj. De la corte o relativo a ella. || m. y f. Persona que sirve al rey o vive en su corte. || f. Prostituta refinada.

cortesía. f. Demostración o acto con que se manifiesta atención, respeto o afecto. || Regalo, favor. || Periodo de tiempo que se concede de gracia. || IMPR. Hoja, página o parte de ella que se deja en blanco en un libro.

corteza. f. Parte externa del tronco y las ramas de árboles y plantas. || Parte exterior y dura de algunas frutas y otras cosas. || ANAT. Parte externa de algunos órganos del cuerpo. || Piel de cerdo frita que se toma como aperitivo. || Exterioridad de una cosa no material.

cortina. f. Paño grande con que se cubren y adornan las puertas, ventanas, escenarios, etc. || Lo que encubre y oculta algo.

corto, ta. adj. De poca longitud, tamaño o duración. || Que es escaso o defectuoso. || Que no alcanza al punto de su destino. || Que es muy tímido. || De escaso talento o poca instrucción. || Que no se explica con facilidad. || adj. y f. pl. Se dice de las luces de un coche que alumbran cerca y de manera que no molestan a los conductores que circulan en sentido contrario. || m. Cantidad de bebida más pequeña de lo normal. || CIN. Cortometraje.

corvina. f. Pez marino que vive en el Mediterráneo y el Atlántico.

corvo, va. adj. Arqueado o combado. || f. Parte de la pierna, opuesta a la rodilla, por donde se dobla y encorva.

cosa. f. Todo lo que existe, ya sea real o irreal, concreto o abstracto. || Ser inanimado, en contraposición con los seres animados. || Aquello que se piensa, se dice o se hace. || En oraciones negativas equivale a *nada*. || pl. Instrumentos. || Hechos o dichos propios de alguna persona. || Objetos que pertenecen a una persona. || Acontecimientos que afectan a una o varias personas.

cosecha. f. Conjunto de productos de la recolección. || Recolección de los productos agrícolas. || Temporada en que se recogen. || Producto que se obtiene después de transformar lo cosechado.

cosechar. tr. Recoger la cosecha. También intr. || Conseguir unos resultados después de haber trabajado por ellos.

coser. tr. Unir con hilo enhebrado en la aguja. || Hacer labores de aguja. || MED. Poner puntos de sutura en una herida. || Engrapar papeles. || col. Producir varias heridas en el cuerpo con algún arma.

cosmético, ca. adj. y m. Se dice de los productos hechos para el cuidado o embellecimiento del cuerpo humano. || f. Técnica de preparar y aplicar estos productos.

cósmico, ca. adj. Del cosmos o relativo a él.

cosmopolita. adj. Se dice de la persona que ha vivido en muchos países, y que conoce sus costumbres. También com. || Se dice de lo que es común a todos o a la mayoría de los países. || Se apl. a los lugares en los que convive gente de diferentes países.

cosmos. m. Universo. || Espacio exterior de la Tierra.

costa. f. pl. Gastos judiciales. || Cantidad que se paga por una cosa. || f. Orilla del mar y tierra que está cerca de ella.

costado. m. Cada una de las dos partes laterales del cuerpo humano, debajo de los brazos. || Flanco derecho o izquierdo de un ejército. || Lado.

costanera. f. amer. Paseo marítimo.

costar. intr. Tener que pagar determinado precio por una cosa. || Causar una cosa dificultad, daño, molestia. || Llevar un tiempo la realización de una cosa.

costear. tr. Pagar los gastos de alguna cosa. También prnl. || intr. Navegar sin perder de vista la costa. || tr. Bordear una cosa. || Esquivar o resolver una situación de peligro o dificultad.

costero, ra. adj. De la costa, relacionado con ella o cercano a ella. || f. Temporada en la que se puede pescar una especie que pasa cerca de la costa.

costilla. f. ANAT. Cada uno de los huesos largos y encorvados que nacen en las vértebras dorsales y van hacia el pecho. || Lo que tiene esta forma y forma la estructura o armazón de una cosa. || col. Esposa. || pl. col. Espaldas del cuerpo humano.

costillar. m. Conjunto de costillas. || Parte del cuerpo en la cual están.

costoso, sa. adj. Que cuesta mucho dinero. || Que supone mucho dolor o esfuerzo.

costra. f. Corteza endurecida sobre una cosa blanda. || Capa dura que se forma en el exterior de una cicatriz, postilla.

costumbre. f. Hábito adquirido por la práctica frecuente de un acto. || pl. Conjunto de inclinaciones y de usos que forman el carácter distintivo de una nación o de una persona.

costura. f. Acción y resultado de coser. || Toda labor que está cosiéndose y sin acabar. || Serie de puntadas que une dos piezas cosidas. || MED. Cicatriz de una intervención quirúrgica.

costurera. f. Mujer que se dedica a coser profesionalmente.

cotejar. tr. Confrontar una cosa con otra u otras.

cotejo. m. Comparación de una cosa con otra u otras.

cotidiano, na. adj. Diario. || Que ocurre con frecuencia, habitual.

cotillón. m. Fiesta con que se celebra algún día señalado. || Bolsa con adornos festivos y objetos de broma que se reparte en una fiesta.

cotización. f. Pago de una cuota. || En la bolsa, publicación del precio de un valor o una acción. || Valor o apreciación pública y general de una cosa.

cotizar. tr. Pagar una cuota. || Alcanzar un precio las acciones, valores, etc. del mercado bursátil. También prnl. || Gozar de mayor o menor estimación una persona o cosa en relación con un fin determinado. También prnl.

cotorra. f. Ave prensora americana, parecida al papagayo, con las mejillas cubiertas de pluma, alas y cola largas y puntiagudas, y colores variados, en que domina el verde. || col. Persona habladora.

covacha. f. Cueva pequeña. || Vivienda pequeña, pobre e incómoda.

coxis. m. ANAT. Hueso que constituye la última parte de la columna vertebral.

coyote. m. Especie de lobo, de menor tamaño que este y pelaje grisáceo, que habita en América del Norte y Central.

coyuntura. f. Conjunto de circunstancias que intervienen en la resolución de un asunto importante. || Oportunidad para hacer alguna cosa. || Articulación entre dos huesos.

coz. f. Patada violenta que dan las caballerías. || Patada de una persona. || Acción o palabra injuriosa o grosera.

craneal o **craneano, na.** adj. Del cráneo o relativo a él.

cráneo. m. Caja ósea en que está contenido el encéfalo.

crápula. m. Hombre que lleva una vida de vicio y libertinaje. || f. Este tipo de vida.

craso, sa. adj. Se apl. a un error o equivocación que es grande y no tiene disculpa.

cráter. m. Boca por donde los volcanes arrojan humo, ceniza, lava, etc. || Depresión que ocasiona un meteorito al chocar con un planeta o un astro.

crayón. m. amer. Lápiz de cera.

creación. f. Producción de algo a partir de la nada. || Cosa creada, y especialmente el Universo o conjunto de todas las cosas creadas. || Establecimiento o fundación de una cosa por primera vez. || Institución de nuevos cargos o empleos. || Producción de una obra de arte, o de algo que exige un gran ingenio o inventiva.

creador, ra. adj. y s. Que crea. || m. REL. Dios, entendido como origen de todas las cosas.

crear. tr. Producir algo de la nada. || Realizar algo partiendo de las propias capacidades. || Establecer, fundar. || Instituir un nuevo empleo, puesto de trabajo, cargo, etc. || Producir una obra literaria, artística, etc. || Idear, construir. || prnl. Imaginarse, formarse una imagen en la mente.

creatividad. f. Facultad de crear.

creativo, va. adj. Que posee o estimula la capacidad de creación. || m. y f. Persona que crea los anuncios y campañas de promoción para una empresa, agencia de publicidad, etc.

crecer. intr. Aumentar de tamaño, cantidad o importancia, desarrollarse. || tr. En una labor de punto o de ganchillo, añadir un punto. || prnl. Adquirir alguien mayor autoridad, importancia, atrevimiento o seguridad.

creces (con). loc. adv. Con más abundancia de lo esperado o de lo debido.

creciente. adj. Que crece.

crecimiento. m. Aumento de tamaño, cantidad o importancia. || Desarrollo de un organismo o de alguna de sus partes.

credencial. adj. Que acredita. || f. Documento que permite tomar posesión de su plaza a un empleado.

credibilidad. f. Característica de lo que es creíble o aceptable.

crédito. m. Préstamo que se pide a una entidad bancaria debiendo garantizar previamente su devolución. || Cantidad de dinero que se debe o que el acreedor tiene derecho a recibir de sus deudores. || Confianza que tiene una persona de que cumplirá los compromisos que contraiga. || Reputación, fama. || Aceptación de algo como verdadero.

credo. m. Conjunto de doctrinas comunes a una colectividad. || Oración que enuncia y simboliza la fe cristiana.

creencia. f. Certeza que se tiene de una cosa. || Aquello en lo que se cree. También pl.

creer. tr. Tener por cierto, aceptar como verdad. || Pensar, juzgar, suponer algo. También prnl. || intr. Tener fe en las verdades religiosas. || Tener confianza en una persona.

creíble. adj. Que puede o merece ser creído.

crema. f. Mezcla de leche, azúcar, huevos y otros ingredientes que se utiliza en la elaboración de pasteles. || Sopa espesa. || Confección cosmética para diversos usos. || Pasta para sacar brillo y conservar los artículos de piel, en especial el calzado. || Conjunto de las personas más distinguidas de un grupo social. || f. Diéresis.

cremar. tr. amer. Incinerar un cadáver.

crematorio, ria. adj. De la incineración de cadáveres o relativo a ella. || m. Lugar donde se incineran los cadáveres.

crepuscular. adj. Del crepúsculo o relativo a él.

crepúsculo. m. Claridad que hay al amanecer y al anochecer. || poét. Decadencia.

crespo, pa. adj. Ensortijado, rizado.

cresta. f. Carnosidad roja sobre la cabeza de algunas aves. || Moño de plumas de ciertas aves. || Picos de una montaña. || Cima de una ola. || col. Peinado de ciertas tribus urbanas, que mantiene el pelo tieso y normalmente pintado de colores llamativos.

cretino, na. adj. y s. Estúpido, necio.

creyente. adj. y com. Que profesa una determinada fe religiosa.

criadero. m. Lugar destinado para la cría de animales.

criado, da. m. y f. Persona asalariada que trabaja en las tareas domésticas, sirviente.

criador, ra. m. y f. Persona que se dedica a la crianza de animales.

criandera. f. amer. Nodriza.

crianza. f. Nutrición y cuidado que se presta a los descendientes. || Época de la lactancia. || Educación de los hijos. || Alimentación y cuidado de animales destinados al consumo o a la venta. || Envejecimiento y calidad del vino.

criar. tr. Nutrir y alimentar las hembras de los mamíferos con leche a sus crías. También prnl. || Alimentar una persona a su hijo. || Instruir, educar a los niños. También prnl. || Producir, engendrar. También prnl. || Dar a un vino cuidados especiales. || prnl. Desarrollarse.

criatura. f. TEOL. Toda cosa creada por Dios. || Niño recién nacido. || Ser fantástico e imaginario que causa terror.

cribar. tr. Separar las partes menudas de las gruesas de una materia. || Seleccionar o elegir lo que interesa.

crimen. m. Delito grave que consiste en matar, herir o hacer daño a una persona. || Acción o cosa que perjudica a alguien o algo.

criminal. adj. Del crimen o relativo a él. || Se apl. a una ley, un organismo o una acción destinados a perseguir y castigar el crimen. || adj. y com. Se apl. a la persona que ha cometido un crimen.

crin. f. Conjunto de pelos que tienen algunos animales en la parte superior del cuello. Más en pl. || Filamento flexible y elástico que se obtiene de la hoja de esparto cocido o humedecido.

criollo, lla. adj. Descendiente de padres europeos nacido en Hispanoamérica. También s. || De algún país hispanoamericano o relativo a él. || m. *amer.* Caballo.

cripta. f. Piso subterráneo en una iglesia. || Lugar subterráneo utilizado para enterrar a los muertos.

criptografía. f. Escritura en clave.

criptón. m. Elemento químico no metálico y gaseoso, inerte e incoloro, que se encuentra en el aire en muy bajas proporciones. Su símbolo es Kr.

crisálida. f. ZOOL. Fase intermedia y larvaria en el desarrollo de los insectos lepidópteros.

crisantemo. m. Planta procedente de China. || Flor de esta planta, formada por pétalos numerosos, alargados y apiñados, de colores brillantes.

crisis. f. Mutación considerable en una enfermedad tras la cual se produce un empeoramiento o una mejoría. || Cambio importante en el desarrollo de un proceso que da lugar a una inestabilidad. || Problema, conflicto, situación delicada.

crisol. m. Vaso fabricado con material refractario que se emplea para fundir metales. || Cavidad inferior de los hornos que sirve para recoger el metal fundido.

crispar. tr. y prnl. Irritar, exasperar. || Provocar la contracción repentina y pasajera de un músculo.

cristal. m. Vidrio incoloro y transparente. || Cuerpo sólido de forma poliédrica.

cristalería. f. Establecimiento donde se fabrican o venden objetos de cristal o vidrio. || Conjunto de piezas de cristal o vidrio que forma parte de una vajilla.

cristalino, na. adj. Del cristal o relativo a él. || Parecido al cristal. || m. ANAT. Cuerpo de forma esférica lenticular, situado detrás de la pupila del ojo.

cristalizar. intr. Adquirir forma cristalina. También prnl. || Tomar forma clara y precisa las ideas, sentimientos o deseos. || tr. Hacer tomar la forma cristalina a ciertas sustancias.

cristiandad. f. Conjunto de los fieles que profesan la religión cristiana. || Conjunto de países que profesan esta religión.

cristiano, na. adj. Del cristianismo o relativo a esta religión. || Que profesa la fe cristiana. También s. || m. *col.* Persona, ser viviente.

criterio. m. Norma, regla o pauta para conocer la verdad o la falsedad de una cosa. || Juicio para discernir, clasificar o relacionar una cosa. || Capacidad o facultad que se tiene para comprender algo o formar una opinión.

crítico, ca. adj. De la crítica o relativo a ella. || Que hace críticas sobre una cosa especialmente para que mejore. || De la crisis o relativo a ella. || Decisivo, oportuno. || m. y f. Persona que se dedica profesionalmente a la crítica. || f. Arte de juzgar y evaluar las cosas. || Juicio formado sobre una obra literaria o artística. || Censura. || Conjunto de críticos profesionales sobre cualquier asunto.

croar. intr. Cantar la rana.

croata. adj. y com. De Croacia.

crocante. m. Pasta hecha con almendra y caramelo.

cromado, da. adj. y m. Que está bañado con cromo.

cromar. tr. Dar un baño de cromo a los objetos metálicos.

cromático, ca. adj. De los colores o relativo a ellos. || MÚS. Se apl. a la escala musical que procede por semitonos.

cromo. m. QUÍM. Elemento químico de carácter metálico, duro, de color grisáceo, que se emplea en aleaciones, en la fabricación de pinturas e instrumentos inoxidables. Su símbolo es *Cr.* || Estampa o tarjeta con figuras de colores. || Dibujo o pintura de colores chillones y de escasa calidad.

cromosoma. m. BIOL. Cada uno de los corpúsculos, generalmente filamentosos, que existen en el núcleo de las células y en los que residen los factores hereditarios; su número es constante para cada especie animal o vegetal.

crónico, ca. adj. Se apl. a las enfermedades de larga duración o habituales. || Que viene de tiempo atrás. || f. Relato de acontecimientos históricos ordenados cronológicamente. || Artículo periodístico sobre temas de actualidad.

cronista. com. Autor de una crónica histórica o periodística.

cronograma. m. ESTAD. Gráfica cuyo eje de abscisas está dividido en fracciones cronológicas (días, semanas, etc.), de modo que registre las variaciones en el curso del tiempo del hecho estadístico estudiado, que se representa en el eje de ordenadas.

cronología. f. Ciencia que determina el orden y las fechas de los sucesos históricos. || Serie de hechos históricos, datos, sucesos, etc., por orden de fechas.

cronológico, ca. adj. De la cronología o relativo a ella.

cronometrar. tr. Medir el tiempo con un cronómetro.

cronómetro. m. Reloj de precisión que sirve para medir fracciones muy pequeñas de tiempo.

croquis. m. Diseño o dibujo rápido y esquemático.

cruce. m. Acción de cruzar o poner dos cosas en forma de cruz. || Punto donde se cortan mutuamente dos líneas, dos calles, dos vías, dos caminos, etc. || Paso destinado a los peatones. || Interferencia telefónica o de emisiones radiadas. || Acción de cruzar los animales o las plantas para producir una nueva variedad.

crucero. m. Viaje por mar recorriendo un itinerario turístico. || Espacio en que se cruzan la nave mayor de una iglesia y la que la atraviesa. || Cruz de piedra que se coloca en el cruce de caminos y en los atrios. || Buque de guerra de gran velocidad.

crucificar. tr. Fijar o clavar en una cruz a una persona. || *col.* Sacrificar, perjudicar.

crucifijo. m. Imagen de Cristo crucificado.

crudo, da. adj. Se dice de los alimentos que no están bien cocidos o maduros. || Se apl. a algunas cosas cuando no están preparadas o curadas, como la seda, el lienzo, el cuero, etc. || Se apl. al tiempo muy frío. || De color semejante a la arena, amarillento. || Que es cruel, despiadado o muestra con excesivo realismo lo que puede resultar extremadamente desagradable. || Se dice del petróleo sin refinar. Más c. m. || *col.* Difícil. || f. *amer.* Borrachera, resaca.

cruel. adj. Que se deleita en hacer mal o con el sufrimiento de otros. || Insufrible, duro, excesivo. || Sangriento, duro, violento.

crueldad. f. Falta de compasión hacia el sufrimiento ajeno. || Acción cruel e inhumana.

cruento, ta. adj. Sangriento, que causa mucho derramamiento de sangre.

crujido. m. Sonido que se produce al crujir la madera, la tela o cosa semejante.

crujiente. adj. Que cruje.

crujir. intr. Hacer cierto ruido algunos cuerpos cuando frotan o rozan unos con otros o se rompen.

crustáceo, a. adj. y m. De los crustáceos o relativo a esta clase de artrópodos. || m. pl. ZOOL. Clase de artrópodos de respiración branquial, cubiertos generalmente de un caparazón duro o flexible y con dos pares de antenas.

cruz. f. Figura formada por dos líneas que se atraviesan o cortan perpendicularmente. || Insignia y señal del cristiano, en memoria de haber padecido y muerto sobre una de madera Jesucristo. || Distintivo de muchas órdenes religiosas, militares y civiles.

cruzado, da. adj. Se dice de lo que está atravesado por algo. || Se dice de la prenda de vestir que se cierra sobreponiendo un delantero sobre otro. || Que se alistaba para participar en alguna cruzada. También s.

cruzar. tr. Poner una cosa sobre otra en forma de cruz. También prnl. || Atravesar un camino, campo, calle, etc. || Unir animales o plantas de la misma especie para que se reproduzcan. || Navegar en todas direcciones dentro de un espacio determinado de mar, para proteger el comercio. || Pintar dos rayas paralelas atravesando oblicuamente un cheque, para obligar al que lo cobra a ingresarlo en una cuenta del banco. || Intercambiar con otra persona palabras, miradas o cualquier otro gesto. || Aparecer o interponerse.

cuaderno. m. Conjunto o agregado de algunos pliegos de papel, doblados y cosidos en forma de libro. || Especie de libro formado por hojas de papel en el que se registra todo tipo de información relacionada con una determinada actividad.

cuadra. f. Lugar donde se guardan los animales. || Conjunto de caballos, generalmente de carreras, que pertenecen a una persona. || *amer.* Manzana de casas.

cuadrado, da. adj. Que tiene cuatro lados iguales y cuatro ángulos rectos o de sección semejante. || Se dice de la persona muy fuerte o corpulenta. || Se dice de las medidas de superficie. || m. GEOM. Figura plana cerrada por cuatro líneas rectas iguales que forman cuatro ángulos rectos. || MAT. Producto que resulta de multiplicar una cantidad por sí misma. || f. MÚS. Figura o nota musical que vale dos compases mayores, breve.

cuadrángulo, la. adj. y m. Que tiene cuatro ángulos.

cuadrante. m. GEOM. Cuarta parte de la circunferencia o del círculo comprendida entre dos radios perpendiculares. || Instrumento compuesto de un cuarto de círculo graduado y unos anteojos, para medir ángulos.

cuadrícula. f. Conjunto de los cuadrados que resultan de cortarse perpendicularmente dos series de rectas paralelas.

cuadrilátero, ra. adj. y m. Que tiene cuatro lados. || m. DEP. En boxeo, plataforma cuadrada donde tienen lugar los combates.

cuadrilla. f. Reunión de personas que realizan juntas una misma obra.

cuadro. m. Figura plana y cerrada por cuatro rectas iguales que forman cuatro ángulos rectos. || Lienzo, lámina, papel, etc., de una pintura, un grabado, un dibujo o similar. || Descripción detallada y precisa, por escrito o de palabra, de un espectáculo o suceso.

cuadrumano, na o **cuadrúmano, na.** adj. y s. Se dice de los animales en cuyas cuatro extremidades tienen manos, como los monos.

cuadrúpedo, da. adj. y s. Se apl. al animal de cuatro patas.

cuádruple. adj. num. mult. Que equivale a cuatro veces una cantidad. También m.

cuajada. f. Parte grasa y espesa de la leche, que se separa del suero por la acción del calor, del cuajo o de los ácidos, y se toma como alimento.

cuajar. tr. Unir y trabar las partes de un líquido, para convertirlo en sólido. También prnl. || Recargar de adornos una cosa. || intr. Lograrse, tener efecto una cosa. También prnl. || Crear la nieve una capa sobre el suelo u otra superficie. || prnl. Llenarse o poblarse.

cuál. pron. interrog. Equivale a qué, quién. También adj. sobre todo en América. || pron. indef. Establece una correlación entre personas o cosas.

cual. pron. relat. Introduce oraciones de relativo y designa a una persona, una cosa o un hecho ya mencionados. Cuando le precede el artículo, equivale a que. || adv. m. *poét.* Denota comparación o equivalencia; equivale a como. || En correlación con tal, equivale al mismo sentido.

cualidad. f. Cada una de las circunstancias o caracteres, naturales o adquiridos, que distinguen a las personas o cosas. || Atributo positivo de una persona.

cualquiera. adj. y pron. indef. Se dice de una persona, animal o cosa indeterminada. || com. Persona vulgar, poco importante.

cuándo. adv. interrog. En qué momento. || m. El momento en el que ocurre algo.

cuando. adv. relat. Introduce oraciones que expresan tiempo en las que equivale al momento en que se hace algo. || conj. Puesto que, si, ya que. || En caso de que, o si. || Acompañado de aun, equivale a *aunque*. || En frases sin verbo tiene función prepositiva.

cuantía. f. Cantidad. || Valor, importancia.

cuantioso, sa. adj. Grande en cantidad o número.

cuánto, ta. adj. y pron. interrog. Se usa para preguntar una cantidad o número. También adv. || adj. y pron. exclam. Indica el grado en que se produce algo. También adv. Cuando a este adv. le sigue un adj. o un adv., se apocopa en la forma cuán, pero solo se usa en poesía.

cuanto. m. FÍS. Salto que experimenta la energía de un corpúsculo cuando absorbe o emite radiación.

cuanto, ta. adj. y pron. relat. Todo lo que. En pl. y precedido de unos. || adv. relat. comp. Indica gradación o intensidad, y se emplea generalmente en correlación con tan, tanto o agrupado con más, mayor, menor, menos.

cuarenta. adj. y pron. num. card. Cuatro veces diez. || adj. num. ord. Que ocupa el lugar número cuarenta en una serie ordenada de elementos, cuadragésimo. || m. Conjunto de signos con que se representa este número.

cuarentena. f. Espacio de tiempo en que permanecen aislados las personas o animales susceptibles de portar alguna enfermedad contagiosa. || Periodo de tiempo de cuarenta días, meses o años. || Conjunto de 40 unidades.

cuaresma. f. En la Iglesia católica, tiempo que va desde el miércoles de ceniza hasta la Pascua de Resurrección.

cuartear. tr. Dividir en trozos o partes. || prnl. Agrietarse alguna cosa.

cuartel. m. Edificio destinado para alojamiento de la tropa. || Cada uno de los sitios en que se reparte y acuartela el ejército. || Tregua.

cuarteto. m. MÚS. Conjunto musical de cuatro voces o instrumentos. || MÚS. Composición musical para ser cantada o tocada por este conjunto. || MÉTR. Combinación métrica de cuatro versos endecasílabos de rima consonante.

cuarto, ta. adj. num. ord. Que ocupa el número cuatro en una serie ordenada de elementos. || adj. num. frac. Se dice de cada una de las cuatro partes iguales en que se divide un todo. También m. || m. Habitación.

cuarzo. m. Mineral formado por la sílice, y tan duro que raya el acero.

cuatrero, ra. m. y f. Se dice del ladrón de ganado.

cuatrillizo, za. adj. y s. Se dice de cada uno de los hermanos nacidos de un parto cuádruple.

cuatrimestre. m. Periodo de cuatro meses.

cuatro. adj. y pron. num. card. Tres más uno. Con ciertas voces se usa con valor indeterminado para indicar escasa cantidad.

cuatrocientos, tas. adj. y pron. num. card. Cuatro veces cien.

cubano, na. adj. y s. De Cuba o relativo a este país de América Central.

cubeta. f. Recipiente muy usado en laboratorios químicos y fotográficos. || Depósito de mercurio en la parte inferior del barómetro. || Recipiente para obtener el hielo en frigoríficos, neveras, etc. || *amer.* Cubo.

cúbico, ca. adj. Del cubo o relativo a este cuerpo regular. || Que tiene figura de cubo geométrico o parecido a él. || Se dice de las medidas de volumen de un cuerpo.

cubierto, ta. m. Juego compuesto de cuchara, tenedor y cuchillo. || Servicio de mesa que se pone a cada uno de los que han de comer. || Comida que en los restaurantes se da por un precio fijo. || f. Lo que tapa o cubre algo. || Parte exterior de la techumbre de un edificio.

cubilete. m. Vaso ensanchado hacia la boca, especialmente el que se emplea en los juegos de dados.

cúbito. m. ANAT. Hueso más grueso y largo del antebrazo.

cubito. m. Trozo de hielo pequeño que se pone en una bebida para enfriarla.

cubo. m. MAT. Tercera potencia de un monomio, polinomio o número. || GEOM. Sólido regular limitado por seis cuadrados iguales. || m. Recipiente más ancho en la boca que en el fondo, con asa en la circunferencia mayor.

cubrecama. m. Colcha.

cubrir. tr. Ocultar y tapar una cosa con otra. También prnl. || Extender una cosa sobre la superficie de otra. || Recorrer una distancia. || Poner el techo a un espacio o cerrarlo. || Proteger. || Rellenar una cavidad de manera que quede nivelada. || Completar. || Seguir de cerca un periodista las incidencias de un acontecimiento. || Ser suficiente, bastar. || Dar una cantidad grande de una cosa a una persona.

cucaracha. f. Insecto nocturno y corredor, de unos tres centímetros de largo, cuerpo aplanado, de color negro por encima y rojizo por debajo, alas y élitros rudimentarios en la hembra, antenas filiformes, las seis patas casi iguales y el abdomen terminado en dos puntas articuladas.

cuchara. f. Utensilio que se compone de una pieza cóncava y un mango, que se emplea generalmente para llevar a la boca alimentos líquidos o muy blandos. || amer. Llana de los albañiles.

cuchichear. intr. Hablar en voz baja o al oído a uno, para que otros no se enteren.

cuchilla. f. Instrumento compuesto de una hoja ancha de acero, de un solo corte, con su mango para manejarlo. || Hoja de afeitar.

cuchillo. m. Instrumento formado por una hoja de acero y de un corte solo, con mango. || Añadidura o remiendo, generalmente triangular, que se usa para aumentar el vuelo de una prenda o vestido. Más en pl.

cuclillas (en). loc. adv. Apoyando las nalgas en los talones.

cucurucho. m. Papel, cartón o barquillo enrollado en forma cónica, que se emplea para envasar caramelos, frutos secos, etc., o para servir helados. || Capirote que usan los penitentes en las procesiones de Semana Santa.

cuello. m. Parte del cuerpo que une la cabeza con el tronco. || Parte superior y más angosta de un recipiente u otra cosa. || Tira de una tela unida a la parte superior de algunas prendas de vestir, que rodea el cuello.

cuenca. f. Cavidad en que está cada uno de los ojos. || Territorio cuyas aguas afluyen todas a un mismo río, lago o mar. || Territorio hundido y rodeado de montañas. || Territorio en cuyo subsuelo abunda un determinado mineral que se extrae en las minas.

cuenco. m. Vaso de barro, hondo y ancho, y sin borde. || Concavidad, sitio cóncavo.

cuenta. f. Cálculo del número de unidades que hay de una cosa. || Operación aritmética. || Factura. || En contabilidad, registro de cantidades que se han de pagar o cobrar. || Depósito de dinero en un banco. || Cada una de las bolitas que componen un rosario, collar, etc. || Cuidado, obligación, deber.

cuentagotas. m. Utensilio, generalmente de cristal o plástico, para verter un líquido gota a gota.

cuentista. adj. y com. Se dice de la persona que cuenta mentiras, chismes, o que exagera la realidad. || com. Persona que se dedica a narrar o escribir cuentos.

cuento. m. Narración breve de sucesos ficticios o de carácter fantástico, hecha con fines didácticos o recreativos. || Mentira, pretexto, simulación. || Enredo, chisme.

cuerdo, da. adj. y s. Que está en su juicio. || Prudente, sensato. || f. Conjunto de hilos torcidos que forman un solo cuerpo más o menos grueso, largo y flexible. || Hilo especial que se emplea en algunos instrumentos musicales para producir los sonidos por su vibración. || Conjunto de instrumentos que se tocan haciendo vibrar estos hilos.

cuerno. m. Prolongación ósea que tienen algunos animales en la frente. || Antena de algunos insectos y de otros animales. || Instrumento músico de viento, de forma curva. || pl. Símbolo que alude a la infidelidad de uno de los miembros de una pareja.

cuero. m. Piel de los animales. || Esta misma piel ya curtida. || Recipiente hecho con piel de animal, que sirve para contener líquidos. || amer. Prostituta. || amer. Látigo.

cuerpo. m. Objeto material en que pueden apreciarse la longitud, la latitud y la profundidad. || En el ser humano y en los animales, conjunto de las partes materiales que componen su organismo. || Tronco humano y animal, a diferencia de la cabeza y las extremidades. || Figura o aspecto de una persona. || GEOM. Objeto de tres dimensiones.

cuervo. m. Ave carnívora, mayor que la paloma.

cuesta. f. Terreno en pendiente.

cuestión. f. Asunto o materia en general de la que se trata. || Riña, disputa, discusión. || Punto dudoso o discutible.

cuestionar. tr. Discutir o poner en duda un asunto dudoso.

cuestionario. m. Lista de cuestiones o preguntas. || Programa de temas de una oposición, una clase, etc.

cueva. f. Cavidad subterránea natural o artificial. || Sótano.

cuidado. m. Solicitud o especial atención. || Vigilancia por el bienestar de alguien o por el funcionamiento de una cosa. || Esmero y atención para hacer algo bien. || Recelo, temor, preocupación. || Lo que está a cargo de alguien.

cuidar. tr. Poner interés y esmero en la ejecución de algo. || Asistir a alguien que lo necesita. También intr. || Guardar, proteger, conservar. || prnl. Mirar uno por su salud o bienestar. || Dedicarse una persona a una cosa.

culata. f. Parte posterior de la caja de las armas de fuego que sirve para coger y afianzar estas armas antes de dispararlas. || MEC. En los vehículos, pieza metálica que se ajusta al bloque de los motores de explosión y cierra el cuerpo de los cilindros.

culebra. f. Nombre común de algunos reptiles ofidios escamosos, de cuerpo cilíndrico, no venenosos.

culebrón. m. *col. desp.* Telenovela de varios episodios y de acentuado carácter melodramático.

culinario, ria. adj. De la cocina o el arte de cocinar, o relativo a ellos.

culminante. adj. Que culmina.

culminar. intr. Llegar algo al grado más elevado, significativo o extremado que pueda tener. || tr. Dar fin a una actividad, tarea, etc.

culo. m. Nalgas de las personas y ancas de los animales. || Ano. || Extremidad inferior o posterior de algo. || Pequeña cantidad de líquido que queda en el fondo de una botella o vaso.

culpa. f. Falta que se comete voluntariamente. || Responsabilidad que recae sobre alguien por haber cometido un acto incorrecto.

culpabilidad. f. Responsabilidad del que tiene culpa o ha cometido un delito.

culpabilizar. tr. y prnl. Culpar.

culpar. tr. y prnl. Atribuir la culpa a algo o alguien.

culposo, sa. adj. Se apl. al acto que ha sido realizado con negligencia, imprudencia o que origina responsabilidades.

cultivar. tr. Dar a la tierra y las plantas las labores necesarias para que fructifiquen. || BIOL. Sembrar un microorganismo y hacer que se desarrolle en el medio adecuado. || Criar y explotar un animal con fines comerciales. || Hablando del conocimiento, del trato o de la amistad, poner todos los medios necesarios para mantenerlos y estrecharlos. || Desarrollar, ejercitar el talento, la memoria, el ingenio, etc. || Practicar o dedicarse a un arte, ciencia o lengua.

cultivo. m. Acción y resultado de cultivar.

culto, ta. adj. Dotado de cultura o formación. || LING. Se dice de las palabras o expresiones derivadas directamente del griego o el latín, sin evolución popular. || Cultivado. || m. Homenaje que se tributa a Dios, a la Virgen y a los santos. || Devoción hacia alguien o algo.

cultura. f. Resultado o efecto de cultivar los conocimientos humanos. || Conjunto de modos de vida y costumbres de una época o grupo social.

cultural. adj. De la cultura o relativo a ella.

cumbre. f. Cima o parte más alta de un monte. || La mayor elevación, intensidad, perfección de algo o alguien y último grado a que puede llegar. || Reunión del más alto nivel.

cumpleaños. m. Aniversario del nacimiento de una persona.

cumplimiento. m. Realización de un deber o de una obligación. || Finalización del plazo o de un periodo de tiempo para que se cumpla algo.

cumplir. tr. Ejecutar, llevar a efecto algo. También intr. y prnl. || Dicho de la edad, llegar a tener aquella que se indica o un número cabal de años o meses. También prnl. || intr. Quedar bien. || Acabar el tiempo señalado para algo. También prnl.

cúmulo. m. Montón de muchas cosas superpuestas. || Multitud de cosas aunque no sean materiales. || Nube de apariencia algodonosa con la base plana.

cuna. f. Camita para niños, con unas barandillas laterales. || Patria o lugar de nacimiento de alguien. || Estirpe, linaje. || Origen de algo.

cundir. intr. Extenderse hacia todas partes una cosa. || Dar mucho de sí una cosa.

cuneiforme. adj. De figura de cuña.

cuneta. f. Zanja en cada uno de los lados de un camino para recoger las aguas de lluvia.

cuña. f. Pieza de madera o metal terminada en ángulo diedro muy agudo que sirve para ajustar, romper o sujetar cosas. || Recipiente para recoger la orina y los excrementos del enfermo que no puede levantarse de la cama.

cuñado, da. m. y f. Hermano o hermana del marido respecto de la mujer, y hermano o hermana de la mujer respecto del marido.

cuño. m. Troquel con que se sellan la moneda, las medallas y otras cosas similares. || Impresión o señal que deja este sello.

cuota. f. Cantidad fija con que cada uno debe contribuir a un gasto colectivo.

cupé. m. Coche de dos puertas, comúnmente con dos asientos. || En las antiguas diligencias, compartimiento situado delante de la baca.

cupo. m. Cuota, parte asignada o repartida a un pueblo o un particular en cualquier impuesto, préstamo o servicio. || Número de reclutas asignado para hacer el servicio militar cada año.

C

cupón. m. Parte que se corta de un anuncio, invitación, bono, etc., y que da derecho a tomar parte en concursos, sorteos, o a obtener una rebaja en las compras.

cúpula. f. ARQUIT. Bóveda semiesférica con que se cubre un edificio o parte de él. || Grupo dirigente de un organismo, institución, entidad, etc.

cura. m. Sacerdote encargado de una parroquia. || f. Acción y efecto de curar o sanar, en especial el tratamiento y desinfección periódica de una herida para que cicatrice.

curación. f. Recuperación de la salud. || Aplicación de los remedios necesarios para que desaparezca una enfermedad o una lesión. || Preparación de una cosa, especialmente carnes, pescados, etc., para que se conserven más tiempo.

curandero, ra. m. y f. Persona que realiza prácticas curativas sin título oficial de médico.

curar. intr. y prnl. Sanar, recobrar la salud. || tr. Aplicar al enfermo los remedios correspondientes a su enfermedad para que sane. || Aplicar a una enfermedad o lesión los remedios necesarios para que se cure. || Preparar las carnes, pescados, embutidos u otro tipo de alimentos con sal, humo, frío seco, etc. para que se conserven. || Curtir pieles.

curativo, va. adj. Que sirve para curar.

curia. f. Grupo de abogados, procuradores y funcionarios que trabajan en la administración de justicia. || Organismos e instituciones que colaboran en el gobierno de la Iglesia. || Senado romano.

curiosidad. f. Deseo de conocer lo que no se sabe. || Deseo de saber lo que no nos concierne. || Aseo, limpieza, cuidado. || Cosa curiosa, interesante.

curioso, sa. adj. Que tiene curiosidad. También s. || Que despierta curiosidad por su rareza o interés. || Limpio, aseado, cuidadoso.

currículo. m. Plan de estudios. || Conjunto de estudios y prácticas destinadas a que el alumno desarrolle plenamente sus posibilidades.

currículum vitae. m. Conjunto de datos biográficos, académicos y laborales de una persona, que califican su aptitud profesional.

cursar. tr. Estudiar una materia en un centro educativo. || Dar curso, tramitar una gestión burocrática. || p. ext., Enviar algo a su destino. || intr. MED. Mostrar una enfermedad sus síntomas característicos.

cursivo, va. adj. y f. Se dice del carácter o letra de imprenta inclinada a la derecha.

curso. m. Dirección, continuación o evolución de algo. || Camino, recorrido que sigue algo. || En los centros docentes, intervalo lectivo anual. || Cada una de las etapas de un ciclo de enseñanzas. || Estudio, clases o conferencias sobre una materia determinada.

curtir. tr. Preparar y tratar las pieles para convertirlas en cuero. || *amer.* Añadir sal o magistral a los minerales para hacer amalgamas. || *amer.* Castigar con azotes. || tr. y prnl. Endurecer y tostar el sol o el aire el cutis. || Acostumbrar a la vida dura, endurecer. || prnl. *amer.* Ensuciarse.

curvar. tr. y prnl. Encorvar, doblar, torcer.

curvatura. m. Calidad de curvo, desviación continua respecto de la línea recta. || GEOM. Relación entre la variación de la inclinación de la tangencia a una curva plana, y la longitud del arco considerado.

curvo, va. adj. Que se aparta de manera continua de la línea recta sin formar ángulos. || f. Línea o trayectoria curva. || Representación gráfica de las fases sucesivas de un fenómeno mediante una línea de valores. || Tramo curvo de una carretera, camino, línea férrea.

cúspide. f. Parte más alta de una elevación. || Vértice o remate superior, generalmente en punta. || Apogeo, momento culminante. || Conjunto de órganos de dirección de una institución. || GEOM. Punto donde concurren los vértices de todos los triángulos que forman las caras de la pirámide o las generatrices del cono.

custodia. f. Protección, vigilancia. || Persona o escolta que custodia a un preso. || Pieza en que se expone la Eucaristía. || Sagrario, templete o trono donde se coloca. || En la orden franciscana, agregado a algunos conventos que no bastan para formar provincia. || *amer.* Consigna de una estación o aeropuerto.

custodiar. tr. Vigilar, guardar con cuidado.

custodio. adj. y m. Que custodia.

cutáneo, a. adj. Del cutis o la piel o relativo a ellos.

cutícula. f. Película de piel delgada y delicada, en especial la que se une a la base de las uñas. || ANAT. epidermis, capa más externa de la piel. || BOT. Capa de cutina delgada y elástica que protege el tallo y las hojas de los vegetales. || ZOOL. Cubierta orgánica endurecida por la quitina de algunos invertebrados.

cutis. m. Piel del cuerpo humano, en especial la del rostro. || ANAT. dermis.

cuyo, ya. pron. relat. y pos. De quien, del cual, de lo cual. Concierta en género y número, no con el nombre del poseedor o antecedente, sino con el de la persona o cosa poseída.

cuzcuz. m. Cuscús.

cuzqueño, ña. adj. y s. De Cuzco.

D

d. f. Cuarta letra del alfabeto español y tercera de sus consonantes. Fonéticamente representa un sonido dental, sonoro y oclusivo. En posición inicial absoluta o precedida de *n* o *l*, en los demás casos es, por lo general, fricativa. Su nombre es de. || En la numeración romana, quinientos.

dable. adj. Posible, realizable.

dactilar. adj. Digital.

dactilografía. f. Mecanografía.

dactiloscopia. f. Sistema de identificación basado en el estudio y comparación de las huellas dactilares.

dádiva. f. Donativo o regalo desinteresado.

dadivoso, sa. adj. y s. Generoso, inclinado a las dádivas.

dado. m. Pieza usada en los juegos de azar consistente en un cubo en cuyas caras hay señalados puntos de uno a seis. || Pieza cúbica de metal u otra materia dura que sirve en las máquinas para apoyar tornillos, ejes, etc.

dado, da. adj. Determinado, concreto.

daga. f. Arma blanca de mano de hoja corta y ancha. || *amer.* Cachete, puñal para rematar a las reses.

daguerrotipia. f. Procedimiento fotográfico químico que fija en una placa de plata la imagen obtenida en una cámara oscura.

dalia. f. Planta compuesta, de mediana altura, tallo ramoso, hojas opuestas y dentadas, y grandes inflorescencias en el botón central amarillo y corola de muchos pétalos y variados colores. || Flor de esta planta.

daltonismo. m. Alteración visual hereditaria que impide distinguir ciertos colores, en especial el rojo y el verde.

dama. f. Mujer distinguida o noble. || Mujer galanteada o pretendida por un hombre. || Señora que acompañaba y servía a la reina, a la princesa o a las infantas. || Actriz principal. || Reina del ajedrez. || En el juego de las damas, pieza que se corona con otra al llegar a la primera línea del contrario. || pl. Juego que se ejecuta en un tablero de 64 escaques con 12 piezas redondas por jugador.

damajuana. f. Vasija grande de vidrio o loza, barriguda y de boca estrecha, revestida por una funda de malla de mimbre o paja.

damasco. m. Tela de seda o lana de un único color con dibujos formados en el tejido. || Variedad del albaricoquero. || Fruto de este árbol.

damero. m. Tablero del juego de las damas con 64 escaques. || p. ext., Planta de zonas urbanas que presenta una distribución por cuadrados o rectángulos. || Damerograma.

damnificar. tr. Causar daño grave.

dandi o **dandy.** (voz i.) m. Hombre que destaca por su elegancia y refinamiento. || *amer.* Moquillo.

dantesco, ca. adj. Relativo a Dante Alighieri o característico de él. || Horroroso, espantable y sobrecogedor.

danza. f. Actividad o movimiento de algo o alguien que va de un lado a otro. || Enredo, lío, riña.

danzar. intr. Bailar al ritmo de la música. También tr. || intr. Moverse de un lado para otro con rapidez y agitación.

dañar. tr. y prnl. Causar dolor, daño o perjuicio. || Estropear, echar a perder.

dañino, na. adj. Nocivo, perjudicial.

daño. m. Dolor, sufrimiento. || Perjuicio, deterioro. || *amer.* Mal de ojo.

dañoso, sa. adj. Que daña.

dar. tr. Traspasar, donar. || Entregar. || Otorgar, conceder. || Permitir tener algo, conceder. || Nombrar, designar para un cargo. || Transmitir una cualidad o estado a algo o alguien. || Producir, dar fruto la tierra. || Procurar, ocasionar. || Exhibir una película o espectáculo. || Explicar una lección, pronunciar una conferencia. || Recibir una clase o explicación. || Golpear.

dardo. m. Arma punzante pequeña y arrojadiza. || Llama pequeña que se proyecta sobre algo. || Mújol. || Dicho de ironía agresiva y molesta. || m. pl. Juego de puntería consistente en lanzar dardos sobre una diana.

dársena. f. Parte más resguardada de un puerto usada para tareas de carga, reparación o desguace de los barcos. || Fondeadero artificial.

darwinismo. m. BIOL. Teoría del naturalista inglés Charles Darwin, que propone la evolución de las especies por una selección natural de los individuos mejor adaptados, que es debida a la lucha por la existencia y se trasmite por herencia.

data. f. En un documento, escrito o inscripción, indicación del lugar y tiempo en que se ha hecho. || Tiempo en que sucede algo. || ECON. Partida o conjunto de partidas que componen el descargo de lo recibido. || Orificio de un depósito de agua para dar salida a una determinada cantidad.

dátil. m. Fruto comestible de la palmera datilera, alargado, de carne blanquecina muy dulce y hueso muy duro. || *col.* Dedo.

dativo. m. Caso de la declinación de los nombres latinos que toma la palabra que realiza el complemento indirecto.

dato. m. Información amplia o concreta que permite una deducción o conocimiento exacto. || Documento, testimonio, prueba. || INFORM. Información de transferencia de un ordenador, y en un sentido más amplio, valor numérico. || MAT. Magnitud del enunciado de un problema que permite hallar el valor de las incógnitas.

de. f. Nombre de la letra d.

de. prep. Denota posesión o pertenencia. || Expresa origen o procedencia. || Expresa la materia de que está hecho algo. || Indica lo contenido en algo. || Indica naturaleza o cualidad. || Expresa el modo de hacer algo. || Indica el asunto de que trata algo. || Expresa el tiempo en que algo sucede o se ejecuta. || Denota sentido partitivo. || Indica la profesión o empleo de alguien. || Expresa la causa de algo. || Indica finalidad. || Desde. || Se usa para introducir el segundo término de la comparación. || Se usa como refuerzo expresivo de un apelativo. || Se usa como refuerzo de expresiones calificativas. || Seguida de infinitivo, forma frases de significado condicional o concesivo.

deambular. intr. Caminar sin dirección determinada, pasear.

deán. m. Cabeza del cabildo de una catedral, inferior en jerarquía al prelado u obispo.

debajo. adv. l. En lugar inferior física o figuradamente.

debate. m. Discusión, confrontación de opiniones diferentes. || Contienda, combate.

debatir. tr. Discutir, disputar sobre distintas ideas. || prnl. Luchar, forcejear para escapar de una situación apurada.

deber. m. Obligación ética o legal. || Deuda económica. || pl. Ejercicios o trabajos escolares que se realizan en casa como refuerzo.

deber. tr. Estar obligado a hacer algo. || Adeudar. || prnl. Sentirse obligado o en deuda con alguien. || Tener por causa, ser consecuencia. || intr. Con la preposición de seguida de infinitivo, denota probabilidad o duda.

débil. adj. y com. De poca fuerza o resistencia. || De carácter flojo, que cede con facilidad. ||

GRAM. Se dice de las sílabas no acentuadas y de las vocales cerradas.

debilidad. f. Falta de vigor físico. || Falta de energía y resolución en el carácter. || Acción cometida por falta de carácter. || Flaqueza, punto débil. || Cariño o inclinación especial.

debilitar. tr. y prnl. Disminuir la fuerza, vigor o poder.

débito. m. Deuda. || Debe.

debut. m. Primera presentación en público de una obra o artista. || p. ext., Primera actuación de alguien en cualquier actividad.

debutar. intr. Presentarse por primera vez ante el público en el mundo del espectáculo o cualquier otra actividad.

década. f. Periodo de diez días o años. || División compuesta de diez libros o capítulos en una obra histórica.

decadencia. f. Declive, deterioro, principio de debilidad y desintegración. || Periodo en que tiene lugar este deterioro.

decaer. intr. Debilitarse, perder cualidades o condiciones de fuerza, importancia o valor. || MAR. Separarse la embarcación de su rumbo, arrastrada por el viento, la marejada o la corriente.

decágono, na. adj. y m. GEOM. Se dice del polígono de diez lados.

decaimiento. m. Debilitamiento, flojedad. || Falta de ánimo, desaliento.

decalitro. m. Medida de capacidad equivalente a diez litros.

decámetro. m. Medida de longitud equivalente a diez metros en el Sistema Internacional.

decano, na. adj. y s. Miembro más antiguo de una comunidad. || Persona que preside una corporación o una facultad universitaria, aunque no sea el miembro más antiguo.

decantar. tr. Pasar un líquido de un recipiente a otro sin que se salga el poso. || prnl. Inclinarse claramente hacia una opinión, tomar partido.

decapitar. tr. Cortar la cabeza. || Dejar a una institución o grupo sin sus principales dirigentes.

decápodo, da. adj. y m. De los decápodos o relativo a este orden de artrópodos o de moluscos. || m. pl. ZOOL. Orden de artrópodos crustáceos que tienen diez patas. || m. pl. ZOOL. Orden de moluscos cefalópodos que tienen diez tentáculos con ventosas, dos de los cuales son más largos y prensiles.

decasílabo, ba. adj. y s. De diez sílabas.

decena. f. Conjunto de diez unidades. || MÚS. Octava de la tercera.

decencia. f. Recato, respeto a las convenciones sociales. || Respeto a la moral sexual. || Dignidad y honestidad en los actos y en las palabras.

decenio. m. Periodo de diez años.

decente. adj. Honesto, justo, digno. || Acorde con la moral sexual. || Suficiente, satisfactorio, de calidad. || Limpio, aseado.

decepción. f. Frustración que se da al desengañarse de lo que no satisface nuestras expectativas.

decepcionar. tr. Desengañar, no responder a las expectativas.

deceso. m. Muerte.

dechado. m. Ejemplo, modelo digno de ser imitado por sus cualidades, positivas o negativas. || Labor que se cose imitando la muestra.

decibel. m. FÍS. Denominación del decibelio en la nomenclatura internacional.

decidido, da. adj. Firme, sin duda. || adj. y s. Resuelto, que actúa con decisión y valor.

decidir. tr. Dar una solución o juicio definitivo sobre un asunto. || Inclinar a alguien a tomar una determinación. || tr. y prnl. Resolver, tomar una determinación.

decigramo. m. Medida de peso y masa equivalente a la décima parte de un gramo en el Sistema Internacional.

decilitro. m. Medida de capacidad equivalente a la décima parte de un litro.

decimal. adj. Se apl. a cada una de las diez partes iguales en que se divide una cantidad. || Del sistema métrico de pesas y medidas, cuyas unidades son múltiplos o divisores de diez. || ARIT. Del sistema de numeración cuya base es diez. || adj. y m. ARIT. Se apl. al dígito tras la coma de un número real o racional. || m. pl. *amer.* Centavos, dinero en general.

decímetro. m. Medida de longitud que corresponde a la décima parte de un metro en el Sistema Internacional.

décimo, ma. adj. num. ord. Que ocupa el lugar número diez en una serie ordenada de elementos. || adj. num. frac. Se dice de cada una de las diez partes iguales en que se divide un todo. También m. || m. Cada una de las diez participaciones oficiales en que se divide un billete de lotería. || f. Décima parte de cada grado del termómetro clínico. || MÉTR. Estrofa de diez versos octosílabos con rima consonante.

decir. m. Dicho, refrán, frase ingeniosa o sentenciosa.

decir. tr. Expresar verbalmente el pensamiento. || Asegurar, opinar. || Denotar, dar muestras de algo. || Nombrar. || prnl. Reflexionar con uno mismo. || intr. Convenir, armonizar o no una cosa con otra.

decisión. f. Resolución o determinación acerca de algo dudoso. || Firmeza de carácter.

decisivo, va. adj. Definitivo, que decide o resuelve. || Fundamental, de transcendentes consecuencias.

declamación. f. Arte o modo de declamar. || Discurso pronunciado en público, en especial, contra algo. || Recitación teatral de prosa o verso.

declamar. intr. y tr. Recitar en voz alta, con entonación y gestos apropiados. || intr. Hablar en público. || Expresarse con calor, en especial, para realizar una crítica o invectiva.

declaración. f. Manifestación o explicación pública. || Manifestación oficial de los bienes sujetos a contribución. || Manifestación concluyente de un hecho o decisión. || Manifestación de amor. || DER. Exposición bajo juramento que hace un testigo o perito en una causa, o el propio reo sin juramento.

declarar. tr. Exponer, dar a conocer o explicar. || Manifestar un hecho o decisión, sentenciar. || Exponer oficialmente los bienes e ingresos sujetos a impuestos. || intr. Testificar o responder a las preguntas de un tribunal. || prnl. Inclinarse en favor de una opción. || Manifestar amor solicitando relaciones.

declinación. f. Declive, descenso. || Decadencia. || ASTRON. Distancia angular de un astro al ecuador celeste. || TOPOG. Ángulo que forma un plano vertical respecto del meridiano del lugar. || GRAM. Serie ordenada de todas las formas que puede tomar una palabra en función del caso. || GRAM. Modelo de paradigma de flexión en que se inscribe la palabra que se declina.

declinar. intr. Inclinarse. || Decaer, menguar las facultades. || Aproximarse algo a su fin. || tr. Rehusar, rechazar. || GRAM. Realizar la flexión completa de los casos de una palabra.

declive. m. Pendiente, inclinación del terreno o de una superficie. || Decadencia.

decomisar. tr. Incautarse el Estado como pena de las mercancías procedentes de comercio ilegal o los instrumentos del delito.

decomiso. m. DER. Pena que consiste en la incautación por parte del Estado de mercancías o instrumentos causa de delito. || DER. Objeto del decomiso. || m. pl. Establecimiento que vende objetos procedentes de decomisos.

decoración. f. Proceso y resultado de adornar un lugar. || Conjunto de elementos que adornan una habitación o un ambiente. || Arte de combinar los elementos ornamentales.

decorado. m. Conjunto de objetos, telones y mobiliario que representa el lugar en que discurre una escena.

decorador, ra. m. y f. Persona que se dedica profesionalmente a la decoración. || Escenógrafo.

decorar. tr. Adornar, embellecer. || Servir de adorno. || Colocar en un lugar los objetos necesarios para adornarlo y crear un ambiente determinado.

D

decorativo, va. adj. De la decoración o relativo a ella. || Sin interés por su calidad sino por su presencia.

decoro. m. Honor y respeto que se debe a una persona. || Gravedad, seriedad en la forma de actuar y de hablar. || Pudor, decencia en lo relativo a la moral sexual. || ARQUIT. Parte de la arquitectura que ajusta el aspecto de los edificios con su destino. || RET. Adecuación del estilo de una obra literaria al género, al tema y a la condición social de los personajes.

decrecer. intr. Menguar, disminuir algo en cantidad, intensidad o importancia.

decrépito, ta. adj. y s. Persona de edad avanzada que tiene disminuidas las facultades físicas y psíquicas. || Que está en franca decadencia.

decrepitud. f. Vejez extrema con mengua de las facultades. || Suma decadencia.

decretar. tr. Resolver, decidir la persona que tiene autoridad o facultades para ello. || DER. Decidir el juez sobre las peticiones de las partes.

decreto. m. Decisión tomada por la autoridad competente en materia de su incumbencia, y que se hace pública en las formas prescritas. || Decisión que toma el Papa de acuerdo con los cardenales.

decúbito. m. Posición del cuerpo tumbado horizontalmente.

dedal. m. Pequeño utensilio de costura, de forma cónica y hueca, usado para cubrir y proteger la punta del dedo que empuja la aguja. || Dedil.

dédalo. m. Laberinto, lugar o asunto enredoso.

dedicación. f. Ocupación o trabajo. || Esfuerzo, empeño en un objetivo. || Destino, finalidad. || Homenaje, ofrecimiento de una obra o regalo.

dedicar. tr. Emplear, destinar, aplicar algo a un uso determinado. || Consagrar al culto. || Ofrecer una obra u obsequio a otra persona. || prnl. Ocuparse, tener por profesión.

dedicatorio, ria. adj. Que tiene o supone un ofrecimiento. || f. Escrito o nota que se dirige a la persona a quien se ofrece una obra o regalo.

dedo. m. Cada una de las extremidades alargadas y articuladas en que terminan las manos y los pies. || Porción o proporción de algo del ancho de un dedo. || Medida de longitud, equivalente a unos 18 mm.

deducción. f. Conclusión, inferencia. || FILOS. Método de razonamiento que parte de conceptos generales o principios universales para llegar a conclusiones particulares. || Descuento, rebaja.

deducir. tr. y prnl. Inferir, obtener consecuencias de un conocimiento previo. || Restar, descontar.

defecar. tr. Separar el sedimento o heces de un líquido. || intr. Expulsar excrementos por el ano.

defección. f. Deserción, abandono desleal de una causa o un partido.

defecto. m. Carencia o imperfección de las cualidades propias de algo. || Imperfección o tacha moral. || m. pl. IMPR. Pliegos que sobran o faltan en el número completo de la tirada.

defectuoso, sa. adj. Imperfecto, insuficiente, con taras.

defender. tr. Proteger de un daño, perjuicio o ataque. También prnl. || Sostener una idea o causa contra la opinión ajena. || Intervenir judicialmente en favor del acusado. || Impedir, estorbar. || intr. DEP. Oponerse a la acción de los adversarios. || prnl. Responder bien en una actividad o situación difícil.

defensa. f. Acción y resultado de defender. || Arma con que uno se defiende en un peligro. || Fortificación, instrumento para la defensa. || Amparo, protección. || BIOL. Conjunto de mecanismos con el que los organismos se protegen de determinados agentes físico-químicos y biológicos dañinos. Más en pl.

defensivo, va. adj. Útil para defender y resistir un ataque. || m. Defensa, resguardo. || Paño usado para emplastos y fomentos. || m. pl. amer. Parches para el pecho. || f. Actitud exclusiva de defensa, en renuncia del ataque.

defensor, ra. adj. y s. Que defiende o protege. || Se dice del abogado encargado de la defensa en un juicio. || m. y f. DEP. Jugador encargado de obstaculizar los ataques del contrario.

deferencia. f. Amabilidad que se tiene con alguien por respeto o cortesía. || Condescendencia, consideración.

deferente. adj. Amable, cortés. || Condescendiente.

deficiencia. f. Defecto, imperfección, carencia.

deficiente. adj. Imperfecto, mal hecho. || Insuficiente respecto al nivel que debería alcanzar. || adj. y com. Persona cuyo coeficiente intelectual está por debajo del nivel medio general. || m. Suspenso, calificación negativa de un examen.

déficit. m. COM. Cantidad negativa que resulta cuando los gastos o débito son mayores que los ingresos o crédito. || Carencia o escasez de algo que se juzga necesario.

definición. f. Proposición o fórmula por medio de la cual se define dando un conjunto de propiedades suficiente para designar de manera unívoca un objeto, individuo, grupo o idea. || Nitidez en la representación gráfica de una imagen. || ASTRON. Poder separativo de un telescopio que determina la nitidez de sus imágenes. || ÓPT. Menor distancia entre dos puntos que un instrumento óptico es capaz de separar.

definir. tr. y prnl. Fijar con claridad y exactitud la significación de una palabra, enunciando las propiedades que designan unívocamente un objeto, individuo, grupo o idea. || Decidir, resolver algo dudoso. || PINT. Concluir una obra con todo detalle.

definitivo, va. adj. Firme, que decide y es inamovible.

deflación. f. ECON. Reducción fiduciaria destinada a la bajada generalizada de los precios y aumento del valor del dinero.

deflagrar. intr. Arder una sustancia con llama y sin explosión.

deformar. tr. y prnl. Provocar la pérdida de la forma o de las características naturales.

deforme. adj. Desproporcionado, irregular o anómalo en su forma. || Que ha sufrido una deformación.

deformidad. f. Desproporción o anomalía en la forma. || Cosa deforme.

defraudación. f. Elusión fraudulenta del pago de impuestos. || Decepción de la confianza o esperanza en algo.

defraudar. tr. Quitar a alguien lo que le pertenece con abuso de confianza. || Eludir fraudulentamente el pago de impuestos. || tr. Frustrar y no responder a la confianza o esperanzas que se tenían puestas en ello.

defunción. f. Fallecimiento de una persona, óbito.

degeneración. f. Empeoramiento y pérdida progresiva de las cualidades o facultades. || PAT. Alteración de los tejidos o de una célula viva. || PAT. Degradación de las facultades psíquicas y nerviosas de un individuo a causa de una enfermedad.

degenerar. intr. y prnl. Decaer, perder la calidad, características y virtudes originales. || Pasar a un estado peor que el original.

deglución. f. Paso del alimento o bebida de la boca al estómago.

deglutir. tr. e intr. Tragar los alimentos o bebidas haciéndolos pasar al estómago.

degollar. tr. Cortar la garganta o el cuello de una persona o animal. || TAUROM. Matar el torero con estocadas mal dirigidas. || Arruinar, hacer fracasar, en especial, representar mal una obra. || En construcción, rehundir la juntas entre ladrillos pasando por ellas la punta de la paleta. || MAR. Rasgar intencionadamente una vela con un cuchillo si las circunstancias no permiten salvarla.

degradación. f. Privación o rebaja de los derechos, grado y privilegios que corresponden. || Humillación, bajeza. || Disminución gradual de cualidades o características.

degradar. tr. Privar o rebajar a alguien sus derechos, grado y dignidad. || Humillar, envilecer. También prnl. || Hacer disminuir progresi-

vamente las características o cualidades de algo. || PINT. Disminución del tamaño de las figuras de un cuadro, con arreglo a las leyes de la perspectiva. || QUÍM. Transformar una sustancia compleja en otras de constitución más sencilla.

degustación. f. Prueba o cata de alimentos o bebidas.

degustar. tr. Probar o catar alimentos o bebidas. || Saborear, deleitarse con otras sensaciones.

deidad. f. Ser divino, cada uno de los dioses de las diversas religiones. || Divinidad, esencia y características de un dios.

deificar. tr. Suponer divino a algo o a alguien. || Endiosar, ensalzar en exceso. || prnl. TEOL. En la teología mística, unirse el alma con Dios en el éxtasis.

dejadez. f. Pereza, negligencia, abandono de sí mismo o de sus cosas.

dejar. tr. Depositar algo en un lugar. || Olvidar algo en algún sitio. || Irse o ausentarse de un lugar. || Abandonar, no continuar lo empezado. || Abandonar a alguien. || Consentir, permitir. También prnl. || Encargar, encomendar. || Legar, dejar en herencia. || Producir ganancia o beneficios. || Prestar. || No molestar a alguien.

del. contr. de la prep. *de* y *el*, art.

delación. f. Acusación, denuncia, acción de delatar.

delantal. m. Prenda de diversas formas, atada a la cintura, que cubre la parte delantera del cuerpo. || Mandil de cuero o tela fuerte usado en diversos oficios.

delante. adv. l. En la parte anterior. || Enfrente.

delantero, ra. adj. Que está o va delante. || m. y f. DEP. Jugador de la línea de ataque de un equipo deportivo. || m. Pieza de tela que forma la parte de delante de una prenda de vestir. || f. Parte anterior de algo. || En locales de espectáculos, primera fila de asientos. || col. Pecho de la mujer. || Distancia con que uno se adelanta a otro. || DEP. Línea de ataque en un equipo deportivo.

delatable. adj. Digno de ser delatado.

delatar. tr. Revelar voluntariamente a la autoridad un delito, y su autor. || Descubrir, poner de manifiesto algo reprobable. || prnl. Mostrar involuntariamente una intención.

delator, ra. adj. y s. Denunciador, acusador.

delectación. f. Deleite.

delegación. f. Cesión de cargo o jurisdicción a otra persona para que lo represente. || Cargo y oficina de delegado. || Reunión, comisión de delegados. || Cada una de las sedes que una firma o empresa tiene en otros lugares.

delegar. tr. Dar una persona a otra facultad o poder para que la represente y los ejerza en su nombre.

D

deleitamiento. m. Deleite.

deleitar. tr. y prnl. Agradar, producir deleite.

deleite. m. Placer, satisfacción, gozo.

deletéreo, a. adj. Mortífero, venenoso.

deletreador, ra. adj. y s. Que deletrea.

deletrear. tr. e intr. Pronunciar por separado cada letra o sílaba de una palabra o más. || Adivinar, interpretar lo que es difícil de entender.

deleznable. adj. Despreciable, vil. || Que se rompe o deshace fácilmente. || Inconsistente, de poca duración o resistencia.

delfín. m. Mamífero cetáceo carnívoro de 2 a 3 m de largo, de lomo oscuro y vientre blanquecino, de cabeza voluminosa, ojos pequeños, boca muy grande con numerosos dientes cónicos, hocico delgado y agudo, y una sola abertura nasal.

delgado, da. adj. Flaco, de pocas carnes. || Estrecho, fino, tenue. || Aplicado a un terreno, de poca sustancia o de escasa profundidad laborable. || Se dice del agua que contiene pocas sales.

deliberar. intr. Meditar y considerar las opciones a favor y en contra antes de tomar una decisión. || tr. Resolver hacer algo habiéndolo meditado.

delicadeza. f. Finura, ternura, suavidad. || Elegancia, exquisitez de comportamiento. || Deferencia, obsequio o detalle delicado.

delicado, da. adj. Frágil, quebradizo, que se deteriora con facilidad. || Débil, enfermizo. || Tenue, suave, tierno. || Bello, bien parecido. || Fino, distinguido. || Difícil, que exige cuidado y habilidad. || Sutil, con gran finura de apreciación. || Ingenioso, agudo. || Atento, cortés, mirado en el trato.

delicia. f. Placer intenso que algo produce al ánimo o a los sentidos. || Aquello que lo produce. || Fritura de pescado rebozado. || Bizcocho relleno enrollado.

delicioso, sa. adj. Agradable, placentero, que causa delicia.

delimitar. tr. Determinar o fijar exactamente los límites de algo.

delincuencia. f. Acción de cometer delitos. || Conjunto de delitos de una determinada época o lugar.

delincuente. adj. y com. Que comete delitos.

delinear. tr. Trazar las líneas de una figura, en especial, un plano.

delinquir. intr. Cometer un delito.

delirar. intr. Desvariar, tener perturbada la razón por enfermedad o fuerte pasión. || Hacer, pensar o decir cosas disparatadas o insensatas.

delirio. m. Perturbación y excitación mental, causada por una enfermedad o fuerte pasión. || Estado de excitación que no obedece a razón ni a la propia voluntad. || Despropósito, disparate.

delito. m. Crimen, violación de la ley. || Acción u omisión voluntaria, castigada por la ley con pena grave.

delta. f. Cuarta letra del alfabeto griego, que se corresponde con nuestra d. || m. Acumulación triangular entre los brazos de la desembocadura de un río.

demacración. f. Enflaquecimiento y desmejoría severa.

demagogia. f. Uso político de halagos, ideologías radicales o falsas promesas para conseguir el favor del pueblo. || p. ext., Manipulación deliberada para ganarse a alguien. || En la antigua Grecia, gobierno dictatorial con el apoyo popular.

demagogo, ga. m. y f. Persona que es partidaria de la demagogia o la lleva a cabo. || p. ext., Agitador, cabecilla.

demanda. f. Petición, solicitud o reivindicación. || Búsqueda. || Pedido de mercancías o bienes sujeto al pago de una cantidad determinada. || DER. Petición o reclamación judicial que se emprende contra alguien. || DER. Documento en que se ejercitan en juicio una o varias acciones civiles o reclamaciones de un derecho.

demandar. tr. Pedir, solicitar o reivindicar. || DER. Presentar una demanda judicial contra alguien.

demarcación. f. Fijación de los límites de un terreno. || Terreno delimitado. || En las divisiones territoriales, parte comprendida en cada jurisdicción. || DEP. Zona que corresponde a la posición controlada por un jugador sobre el campo.

demarcar. tr. Fijar o señalar los límites de un terreno. || MAR. Determinar la marcación de la nave.

demás. adj. y pron. indef. Designa a los elementos no mencionados de una serie o conjunto.

demasía. f. Exceso. || Atrevimiento o insolencia.

demasiado, da. adj. y pron. Excesivo, que supera los límites o cifras esperadas. || adv. c. Excesivamente.

demasié. adj. col. Estupendo, fantástico.

demencia. f. Locura, trastorno de la razón. || col. Disparate, despropósito. || MED. Estado de degeneración progresivo e irreversible de las facultades mentales.

demente. adj. y com. Loco, orate. || MED. Persona que sufre una degeneración de sus facultades mentales.

democracia. f. Doctrina política en favor del sistema de gobierno en que el pueblo ejerce la soberanía mediante la elección libre de sus dirigentes. || Régimen que ejerce este sistema de gobierno. || País o comunidad gobernada de esta forma.

demócrata. com. Partidario o defensor de la democracia. || Miembro de uno de los dos grandes partidos de EE. UU.

democrático, ca. adj. De la democracia o relacionada con ella.

demoler. tr. Destruir, derribar algo material o inmaterial. || *amer.* Cambiar el objeto de un establecimiento.

demolición. f. Derribo o destrucción.

demoniaco, ca o **demoníaco, ca.** adj. Del demonio o relativo a él. || adj. y s. Endemoniado, poseído.

demonio. m. Diablo, ángel rebelde. || Espíritu sobrenatural que guía la vida de los hombres. || Persona traviesa o díscola. || Persona astuta e ingeniosa. || Persona increíblemente mala.

demora. f. Retraso, dilación. || DER. Tardanza en el cumplimiento de una obligación o pago. || MAR. Dirección o rumbo de un objeto, con relación a la de otro.

demorar. tr. y prnl. Retardar, dilatar. || intr. y prnl. Detenerse en un lugar. || *amer.* Tardar, retrasarse. || MAR. Corresponder un objeto a un rumbo determinado en relación al lugar desde donde se observa.

demostración. f. Razonamiento o aplicación que muestra la verdad de algo. || Manifestación exterior de intenciones o sentimientos. || Ostentación o manifestación pública. || Ejecución práctica de una prueba.

demostrar. tr. Probar algo o manifestar su verdad mediante pruebas teóricas o empíricas. || Manifestar, declarar, ser indicio de algo. || Enseñar algo prácticamente.

demudar. tr. Cambiar, alterar, desfigurar. || prnl. Cambiarse repentinamente el color o la expresión de la cara. || Alterarse, inmutarse.

denegar. tr. No conceder lo que se pide.

denigrante. adj. Ofensivo, que denigra.

denigrar. tr. Desacreditar, desprestigiar o insultar a alguien.

denodado, da. adj. Esforzado, decidido.

denominación. f. Nombre o expresión identificativos. || denominación de origen. Certificado y garantía oficial de la calidad y lugar de procedencia que acompaña a ciertos productos.

denominador, ra. adj. y s. Que denomina. || m. MAT. Número que en los quebrados o fracciones expresa las partes iguales en que se considera dividida la unidad.

denominar. tr. y prnl. Nombrar, dar un nombre o expresión que identifica.

denostar. tr. Insultar, ofender verbalmente.

denotar. tr. Indicar, significar. || LING. Presentar un significado primario y básico, común a los hablantes por estar ausente de subjetividad.

denotativo, va. adj. Que denota.

densidad. f. Espesor, concentración. || FÍS. Relación entre la masa y el volumen de una sustancia o cuerpo.

denso, sa. adj. Compacto, muy pesado en relación con su volumen. || Espeso, apiñado o engrosado. || Muy rico en contenido, en especial si es difícil u oscuro.

dentado, da. adj. Que presenta dientes o puntas similares.

dentadura. f. Conjunto de piezas dentales de una persona o un animal.

dental. m. Palo donde se encaja la reja del arado. || Piedra o hierro del trillo que sirven para cortar la paja.

dental. adj. De los dientes o relativo a ellos. || adj. y f. FON. Se dice de la consonante que se pronuncia con la punta de la lengua en los incisivos superiores. || Grafía que representa a este sonido.

dentellado, da. adj. Que tiene dientes. || Herido a dentelladas. || HERÁLD. Se dice de la pieza que tiene un contorno circular de dientes menudos. || f. Mordisco fuerte que se da sin mascar nada. || Herida o señal de un mordisco fuerte.

dentera. f. Sensación áspera y desagradable en los dientes o encías por alimentos ácidos, tacto áspero o ruido chirriante. || *col.* Envidia.

dentífrico, ca. adj. y m. Se apl. a las diversas sustancias usadas para la higiene de la dentadura.

dentina. f. Marfil que forma la mayor parte del diente y protege el nervio.

dentista. adj. y com. Especialista dedicado al cuidado y tratamiento de las enfermedades de los dientes; odontólogo.

dentro. adv. l. En el interior.

denuedo. m. Esfuerzo, valor, intrepidez.

denuesto. m. Injuria grave de palabra o por escrito.

denuncia. f. Notificación a la autoridad mediante documento de una violación a la ley. || Declaración pública de una situación ilegal o injusta. || Notificación de la rescisión de un contrato o la voluntad de no prorrogar un tratado.

denunciar. tr. Dar parte a la autoridad de un daño. || Declarar públicamente el estado ilegal o injusto de algo. || Notificar una de las partes la rescisión de un contrato, la terminación de un tratado. || Delatar. || Pronosticar.

deparar. tr. Proporcionar, conceder, presentar.

departamento. m. Parte en que se divide un todo para su organización. || Ministerio o ramo de la administración pública. || En las universidades, unidad de docencia e investigación, formada por una o varias cátedras de materias afines. || *amer.* División de un territorio sujeta a una autoridad administrativa.

departidor, ra. adj. y s. Que departe.

departir. intr. Charlar, conversar.

depauperar. tr. Empobrecer: la guerra civil encubierta está depauperando el país. || MED. tr. y prnl. Debilitar, extenuar.

dependencia. f. Subordinación. || Drogodependencia. || Oficina dependiente de otra de más entidad. || En un comercio, conjunto de dependientes. || Cada habitación y espacio dedicado al servicio de una casa.

depender. intr. Estar conexo o condicionado por algo para existir o tener lugar. || Estar subordinado a algo o alguien. || Necesitar de la ayuda y protección de otra persona o de otra cosa.

dependiente. adj. Que depende o está subordinado a algo.

dependiente, ta. m. y f. Persona empleada en un comercio para la atención del público.

depilación. f. Eliminación del vello corporal por arrancamiento o sistemas químicos o eléctricos.

depilar. tr. y prnl. Arrancar o provocar la caída del vello corporal por medios químicos o eléctricos.

deplorar. tr. Lamentar, sentir profundamente.

deponer. tr. Abandonar, dejar. || Destituir a alguien, privarle de sus honores o puesto. || Afirmar, atestiguar. || Bajar algo del lugar en que está. || intr. Evacuar el vientre. || amer. Devolver, vomitar.

deportar. tr. Desterrar a alguien por razones políticas o como pena confinándolo en un lugar lejano.

deporte. m. Actividad física, ejercida como juego o competición sujeta a normas, cuya práctica supone entrenamiento y buen estado físico. || Recreación, pasatiempo, generalmente al aire libre.

deportista. adj. y com. Persona que tiene afición o practica algún deporte. || Persona que practica un deporte profesionalmente.

deposición. f. Exposición o declaración de una cosa. || DER. Declaración hecha verbalmente ante un juez o tribunal. || Abandono de un comportamiento. || Privación o degradación de empleo o dignidad. || f. Evacuación de excrementos.

depositar. tr. Encomendar, confiar algo de valor bajo la custodia de alguien. || Colocar en un lugar determinado. || Poner a una persona en lugar donde libremente pueda manifestar su voluntad, habiéndola sacado el juez competente de la parte donde se teme que le hagan violencia. || Colocar temporalmente un cadáver en un lugar hasta que se le dé sepultura. || prnl. Caer o sedimentarse una partícula en suspensión.

depósito. m. Colocación de algo de valor bajo la custodia de una persona o entidad. || Lo que se deposita. || Lugar en que se deposita. || Sedimentación de una partícula. || Estanque o recipiente donde se almacena un fluido.

depravación. f. Corrupción, perversión de la conducta.

depravar. tr. y prnl. Corromper, pervertir, hacer adquirir costumbres viciosas.

depre. adj. col. Deprimido

deprecación. f. Ruego, súplica o petición.

deprecar. tr. Rogar, pedir con insistencia o urgencia.

depreciar. tr. y prnl. Disminuir o reducir el valor o precio de algo.

depredación. f. Caza de animales vivos destinada a la subsistencia. || Saqueo o robo con violencia y destrozos. || Malversación por abuso de autoridad o confianza.

depresión. f. Disminución o hundimiento de una parte de un cuerpo. || Baja, descenso en general. || Concavidad de alguna extensión en un terreno u otra superficie. || Síndrome caracterizado por una tristeza profunda, abatimiento y disminución de las funciones psíquicas. || Periodo de baja actividad económica, con aumento del desempleo, descenso de los salarios, uso decreciente de los recursos y bajo nivel de inversiones.

depresivo, va. adj. Que deprime o produce tristeza. || Se apl. a las personas con tendencia a la depresión.

deprimir. tr. y prnl. Disminuir el volumen de un cuerpo por la presión. || Hundir alguna parte de un cuerpo. || Producir desaliento y pesimismo. || Padecer un proceso depresivo. || prnl. Aparecer bajo una superficie o línea con referencia a la inmediata.

depurar. tr. Limpiar, purificar, perfeccionar. También prnl. || Rehabilitar en el ejercicio de su cargo al que por causas políticas estaba separado o en suspenso. || Someter a un funcionario a expediente para sancionar su conducta política. || Eliminar de un cuerpo, organización, partido político, etc., a los miembros considerados como disidentes.

depurativo, va. adj. y m. FARM. Se apl. al medicamento que limpia o purifica los humores corporales.

derecho, cha. adj. Recto, que no se tuerce a los lados. || Directo, que no da rodeos. || Erguido, vertical. || Justo, fundado, legítimo. || Que está o queda del lado opuesto al corazón. || adj. amer. Afortunado, feliz. || adv. m. Derecha y rectamente, sin rodeos. || m. Justicia, razón. || Facultad de hacer o exigir todo aquello que la ley o la autoridad establece en nuestro favor.

deriva. f. Desvío de una nave de su verdadero rumbo por causas no controlables. || Plano vertical de una aeronave provisto de timones de dirección.

derivación. f. Separación de una parte del todo. || Descendencia, deducción. || Pérdida de fluido de una línea eléctrica. || Conexión de un circuito eléctrico respecto a otro a la misma diferencia de potencial. || GRAM. Procedimiento de formación de vocablos mediante la alteración de los que son tomados como base. || MAT. Operación de hallar la derivada, diferenciación. || RET. Figura que consiste en emplear en una cláusula dos o más voces de un mismo radical.

derivar. intr. y prnl. Tener origen o proceder de algo. || MAR. Desviarse el buque de su rumbo. || tr. Encaminar, conducir algo que va por un cauce para hacerlo ir por otro camino. || GRAM. Formar una palabra a partir de otra cambiando su forma. || MAT. Obtener una derivada.

dermatoesqueleto. m. ZOOL. Tegumento endurecido y rígido por la acumulación de sustancias calcáreas o materias quitinosas o la calcificación de la dermis, que recubre como concha, caparazón o escamas el cuerpo de los invertebrados, y vertebrados como peces, reptiles, etc.

dermatología. f. Rama de la medicina que se ocupa de las enfermedades de la piel.

dermis. f. Capa intermedia de la piel de los vertebrados situada bajo la epidermis y sobre la hipodermis.

derogar. tr. Abolir, anular una norma o ley.

derramar. tr. y prnl. Verter, esparcir un líquido o cosas menudas de un recipiente. || Publicar, difundir una noticia. || tr. Establecer una derrama entre los miembros de una comunidad. || prnl. Esparcirse, desmandarse con desorden y confusión. || Desembocar una corriente de agua.

derrame. m. Derramamiento. || PAT. Acumulación anormal de líquido orgánico en una cavidad, o su salida al exterior. || Corte oblicuo en el muro de una puerta o ventana para que tenga más batiente o más luz. || Porción de un líquido o de un árido que se desperdicia al medirlo o que se sale y pierde del recipiente que lo contiene. || Declive de tierra por el cual corre o puede correr el agua. || Subdivisión de una cañada o valle en salidas más angostas. || m. pl. *amer.* Aguas sobrantes de un predio que vierten en otro inferior.

derredor (al o **en).** loc. adv. En torno, alrededor.

derrengar. tr. y prnl. Lastimar gravemente el espinazo o el lomo de una persona o de un animal. || Cansar mucho, extenuar. || Torcer, inclinar hacia un lado.

derretir. tr. y prnl. Licuar un sólido por efecto del calor. || Consumir, dilapidar los bienes. || prnl. Enamorarse o comportarse con excesivo cariño con alguien. || Esperar lleno de impaciencia.

derribar. tr. Demoler, echar abajo una construcción. || Tirar al suelo algo o a alguien. || Hacer dar en el suelo a un toro o vaca empujándolos un jinete con garrocha. || Hacer perder a una persona el cargo o poder adquirido. || EQUIT. Hacer que el caballo ponga los pies lo más cerca posible de las manos para que baje las ancas.

derrocar. tr. Despeñar, precipitar, desde una peña o una roca. || Derribar a alguien del cargo o estado favorable que tiene. || Derribar un edificio.

derrochar. tr. Despilfarrar, dilapidar. || Tener y emplear abundantemente algo bueno.

derroche. m. Gasto excesivo y superfluo.

derrota. f. Camino, vereda o senda de tierra. || Rumbo de una embarcación al navegar. || Permiso que se concede para que el ganado paste en una heredad una vez recogidos sus frutos.

derrota. f. Vencimiento, destrucción. || Vencimiento completo de un ejército seguido generalmente de fuga desordenada.

derrotar. tr. Vencer y hacer huir al enemigo. || Vencer a un rival en una competición, encuentro deportivo, etc. || Destrozar a alguien en la salud o en los bienes. || prnl. Derrumbarse ante las contrariedades. || MAR. Apartarse la embarcación del rumbo adecuado por cualquier causa. || TAUROM. Tendencia del toro a dar derrotes.

derruir. tr. Derribar, destruir un edificio.

derrumbar. tr. y prnl. Destruir, caerse una construcción. || Decaer el ánimo de alguien. || Precipitar, despeñar.

desabastecer. tr. y prnl. Desproveer de los productos esenciales o impedir que lleguen a su destino.

desabrido, da. adj. Se apl. a los alimentos que tienen mal sabor o son insípidos e insulsos. || Referido al tiempo, destemplado y desapacible. || Áspero y desapacible en el trato.

desabrochar. tr. y prnl. Soltar los broches, corchetes o botones para abrir una prenda u otro objeto.

desacatar. tr. y prnl. Faltar al respeto que se debe a alguien. || tr. No acatar una norma o ley.

desacato. m. Desobediencia a una autoridad. || Falta de respeto a los superiores. || DER. Delito que se comete calumniando, injuriando, insultando o amenazando a una autoridad o un funcionario público en el ejercicio de sus funciones.

desacreditar. tr. Disminuir o perder la estimación pública de que goza.

desacuerdo. m. Discordia, falta de acuerdo entre ideas, acciones, personas, etc.

desafiar. tr. Retar, incitar a la competición. || Enfrentarse a una persona contrariando sus opiniones o mandatos. || Afrontar o enfrentarse a un peligro o dificultad. || Contradecir, oponerse.

desafinar. intr. y prnl. Desentonar la voz o un instrumento apartándose de la debida entonación. || tr. Decir algo indiscreto, inoportuno en una conversación.

desafío. m. Incitación a la competencia. || Reto, empresa difícil a la que hay que enfrentarse. || Oposición, contradicción.

desaforado, da. adj. Excesivo, desmedido. || Que obra sin ley ni fuero, atropellando por todo. || Que es o se expide contra ley de fuero o privilegio.

desafortunado, da. adj. Sin fortuna o suerte. || Inoportuno, desacertado.

desafuero. m. Acto violento contrario a la ley, la justicia o las normas sociales. || DER. Hecho que priva de fuero al que lo tenía.

desagradable. adj. Que desagrada o disgusta.

desagradar. intr. Disgustar, causar rechazo.

desagrado. m. Disgusto, descontento. || Expresión o gesto de disgusto.

desagraviar. tr. y prnl. Reparar una ofensa o agravio. || Compensar un perjuicio causado a alguien.

desagravio. m. Reparación o compensación de una ofensa o perjuicio.

desaguadero. m. Conducto o canal que da salida a las aguas. || Motivo de gasto continuo y empobrecimiento.

desaguar. tr., intr. y prnl. Extraer o hacer salir el agua de un lugar. || Agotar, consumir. || intr. Entrar o desembocar los ríos en el mar, un lago u otro río. || col. Orinar. || prnl. Vomitar o evacuar el vientre, o ambas cosas.

desagüe. m. Acción y resultado de desaguar. || Conducto de salida de aguas.

desaguisado, da. adj. Hecho contra la ley o la razón. || m. Agravio, denuesto. || Destrozo o fechoría. || amer. Desorden, desconcierto.

desahogar. tr. Dar rienda suelta a un sentimiento, queja o confidencia para aliviarse de ellos. Más c. prnl. || Desembarazar, despejar un espacio. || prnl. Salir de una deuda o situación económica apurada. || Repararse, recobrarse del calor o la fatiga.

desahogo. m. Alivio de la pena, trabajo o aflicción. || Expansión, esparcimiento. || Desembarazo, libertad de espacio. || Desvergüenza, descaro.

desahuciar. tr. Quitar a uno toda esperanza de conseguir lo que desea. || Considerar el médico que un enfermo es incurable. || Despedir el dueño de un piso, local o finca a su inquilino mediante una acción legal.

desairado, da. adj. Que carece de garbo y donaire. || Se apl. a aquel que no queda airoso en lo que pretende. || Menospreciado, desatendido.

desairar. tr. Humillar, menospreciar o desatender a alguien.

desaire. m. Falta de garbo y donaire. || Desdén, desprecio, humillación.

desajuste. m. Descompensación, falta de ajuste.

desalar. tr. Quitar la sal a algo. || Referido al agua del mar, quitarle la sal para hacerla potable o para fines industriales.

desalentar. tr. y prnl. Quitar el ánimo de hacer algo. || Hacer el aliento dificultoso la fatiga o el cansancio.

desaliento. m. Decaimiento del ánimo, falta de fuerzas o ganas de hacer algo.

desaliño. m. Descuido, falta de aseo personal. || Negligencia, descuido.

desalmado, da. adj. y s. Cruel, inhumano, falto de conciencia.

desalojar. tr. Hacer salir algo o a alguien de un lugar. || intr. Abandonar un lugar voluntariamente. || tr. Desplazar un cuerpo sumergido su volumen correspondiente de fluido.

desalojo. m. Evacuación o vaciado de un lugar de las cosas o personas que lo ocupan.

desamor. m. Falta de amor o afecto a una persona o cosa. || Enemistad, aborrecimiento.

desamparar. tr. Dejar a alguien sin el amparo o protección que necesita. || Ausentarse, abandonar un lugar. || DER. Dejar o abandonar una cosa con renuncia de todo derecho a ella.

desamparo. m. Abandono, falta de amparo o protección.

desandar. tr. Retroceder, volver atrás en el camino ya andado.

desangrar. tr. Sacar gran cantidad de sangre a una persona o a un animal. || Empobrecer a una persona o un país, derrochando lo que tiene. || prnl. Perder toda o casi toda la sangre.

desanimar. tr. y prnl. Desalentar, quitar ánimos o ilusión a alguien de hacer algo.

desanudar. tr. Deshacer o desatar nudos. || Aclarar lo que está enredado y enmarañado.

desapacible. adj. Desagradable a los sentidos, que causa disgusto.

desaparecer. intr. Ocultar, quitar de la vista, dejar un lugar. || Dejar de existir. || tr. amer. Detener y retener ilegalmente la policía o militares a una persona sin informar de su paradero.

desaparición. f. Ausencia u ocultación de la vista. || Cese de la existencia. || Detención y retención ilegal de una persona por fuerzas policiales o militares.

desapego. m. Falta de cariño o interés, alejamiento, frialdad.

desapercibido, da. adj. Inadvertido, no percibido. || Desprevenido.

desaprensión. f. Falta de miramiento o delicadeza.

desaprensivo, va. adj. y s. Sin escrúpulos, que actúa sin miramientos hacia los demás.

desaprobar. tr. Reprobar, juzgar algo como malo o no conveniente.

desaprovechar. tr. No obtener el máximo provecho de algo. || Desperdiciar o dejar pasar una oportunidad.

desarmar. tr. Desmontar, separar las piezas de un objeto. || Quitar o hacer entregar las armas a una persona, cuerpo o plaza. || Reducir el armamento de un ejército o el de un país. || Templar, calmar las iras de alguien. || Dejar a alguien confundido y sin capacidad de respuesta. || Quitar a un buque la artillería y el aparejo, y amarrar el casco en la dársena.

desarraigar. tr. y prnl. Arrancar de raíz una planta o un árbol. || Echar, apartar a alguien de donde vive y tiene su círculo afectivo. || Suprimir una pasión o una costumbre.

desarreglar. tr. y prnl. Desordenar, trastornar el arreglo.

desarreglo. m. Falta de arreglo o de orden.

desarrollar. tr. Acrecentar, mejorar un aspecto físico, intelectual o moral. También prnl. || Explicar una teoría o idea, ampliándola y pasando por todos los pasos lógicos. || Llevar a cabo, realizar una idea, proyecto, etc. || *amer.* Revelar una película fotográfica. || MAT. Efectuar las operaciones necesarias para cambiar la forma de una expresión analítica. || QUÍM. Extender una fórmula empírica de modo que exprese la agrupación atómica. || Extender lo que estaba enrollado. || prnl. Suceder, ocurrir. || Progresar una comunidad humana.

desarrollo. m. Crecimiento o mejora de un aspecto físico, intelectual o moral. || Explicación y ampliación de una teoría o idea. || Realización de una idea, proyecto, etc. || Progreso de una comunidad humana. || Dibujo en el que se muestran simultáneamente las diversas partes de algo que en la realidad no puede ser abarcado en su totalidad desde una perspectiva fija o única.

desarticular. tr. y prnl. Separar las piezas de una máquina o artefacto. || Separar dos huesos articulados. || tr. Desorganizar, descomponer un plan o grupo organizado.

desaseo. m. Falta de aseo y arreglo.

desasir. tr. y prnl. Soltar lo asido o agarrado. || Desprenderse de algo.

desasosegar. tr. y prnl. Privar de calma y sosiego.

desasosiego. m. Inquietud, intranquilidad.

desastre. m. Gran desgracia, suceso infeliz y lamentable. || Cosa de mala calidad, mala organización, mal resultado, etc. || Persona con mala suerte, sin habilidad y llena de imperfecciones. || En la guerra, derrota, pérdida muy grave.

desastroso, sa. adj. Infeliz, desafortunado. || Pésimo.

desatar. tr. y prnl. Soltar, desenlazar lo atado. || Desencadenar, liberarse con furia. || prnl. Excederse y desenfrenarse en el hablar o el proceder. || Perder la timidez.

desatender. tr. No prestar la debida atención a algo o a alguien. || No hacer caso de los consejos o palabras de alguien. || Desamparar, desasistir.

desatino. m. Falta de tino. || Locura, disparate, barbaridad.

desautorizar. tr. y prnl. Quitar autoridad, desacreditar. || Prohibir algo.

desavenencia. f. Desacuerdo, discordia.

desayudar. tr. Entorpecer, dificultar lo que puede ser de ayuda.

desayunar. tr., intr. y prnl. Tomar el desayuno.

desayuno. m. Primera comida que se toma en el día al levantarse. || Alimentos que se toman en ella.

desazón. f. Insipidez, falta de sabor. || Falta de sazón en las tierras de cultivo. || Desasosiego, disgusto. || Molestia que causa un picor. || Molestia por una indisposición en la salud.

desbancar. tr. Hacer perder a alguien la amistad o el cariño de otra persona ganándola para sí. || Suplantar, quitar a alguien el puesto privilegiado que ocupa. || En ciertos juegos, ganar todo el dinero a la banca.

desbandada. f. Huida en desorden.

desbandarse. prnl. Desparramarse, huir en desorden. || Apartarse de la compañía de otros. || Desertar.

desbarajustar. tr. Desordenar, revolver.

desbarajuste. m. Desorden, confusión.

desbaratar. tr. Deshacer o arruinar algo. || Disipar, malgastar los bienes. || Impedir, estorbar. || MIL. Desordenar, poner en confusión a los contrarios. || intr. Disparatar. || prnl. Descomponerse, hablar u obrar fuera de razón.

desbastecido, da. adj. Sin bastimentos.

desbloquear. tr. Romper un bloqueo. || Suprimir los obstáculos que impiden el desarrollo o movimiento. También prnl. || COM. Levantar la inmovilidad que pesa sobre bienes o dinero. || MEC. Aflojar toda pieza bloqueada.

desbloqueo. m. Supresión de un bloqueo.

desbocado, da. adj. Se apl. a la pieza de artillería de boca más ancha que el resto del ánima. || Se dice de la prenda cuyas aberturas han cedido o son muy amplias. || Se apl. al instrumento que tiene gastada o mellada la boca. || Se dice de la caballería que corre precipitadamente y sin dirección, insensible a la acción del freno. || adj. y s. Acostumbrado a decir palabras indecentes y ofensivas.

desbocar. tr. y prnl. Quitar o romper la boca a una cosa. || Dar de sí, agrandarse excesivamente una abertura de una prenda. || intr. Desembocar. || prnl. Dejar de obedecer un caballo al freno y dispararse. || Desvergonzarse, prorrumpir en denuestos.

desbordar. intr. y prnl. Derramarse, salirse del cauce. || tr. Sobrepasar, abrumar, superar las previsiones o límites. || prnl. Exaltarse, demostrar los sentimientos fehacientemente.

desbrozar. tr. Quitar la broza, limpiar de obstáculos.

descabellado, da. adj. Absurdo, fuera de toda razón.

descabezar. tr. Quitar o cortar la cabeza. || Cortar la parte superior o las puntas a algunas cosas, como a los árboles, maderos, etc. || Empezar a vencer la dificultad de algo. || *amer.* Defenestrar. || MIL. Rebasar o vencer un obstáculo la cabeza de la columna. || intr. Terminar una tierra de labor en otra, ir a unirse con ella. || prnl. Desgranarse las espigas de las mieses. || *col.* Descalabazarse.

descafeinado, da. adj. Se dice del café al que se le ha quitado la cafeína. También m. || Se apl. a lo que ha perdido su fuerza original, o es suavizado en exceso.

descalabrar. tr. y prnl. Herir en la cabeza. || Causar daño o perjuicio.

descalabro. m. Contratiempo, infortunio, daño.

descalcificar. tr. y prnl. Perder o disminuir la sustancia cálcicas contenidas en los huesos u otros tejidos orgánicos.

descalificar. tr. DEP. Excluir a un deportista de una competición por infracción de las normas. || tr. y prnl. Desacreditar, desautorizar o quitar valor.

descalzar. tr. y prnl. Quitar el calzado. || Quitar los calzos de algo. || prnl. Perder las caballerías una o más herraduras.

descalzo, za. p. p. irreg. de Descalzar. || adj. Que lleva desnudos los pies. || Se dice del religioso que no lleva calzado y de las órdenes religiosas a las que pertenecen. También s.

descamar. tr. Escamar, quitar las escamas a los peces. || prnl. Caerse la piel en forma de escamillas.

descambiar. tr. Deshacer un cambio o compra. || *amer.* Cambiar billetes en monedas o a la inversa.

descaminado, da. adj. Desviado de su camino, equivocado o mal orientado.

descamisado, da. adj. *col.* Sin camisa. || adj. y s. Muy pobre, desharrapado.

descampado, da. adj. y m. Se dice del terreno llano, descubierto y sin habitar.

descansar. intr. Cesar en el trabajo para reparar fuerzas. || Reposar, dormir. || Tener algún alivio en dolores o preocupaciones. || Estar sin cultivo uno o más años la tierra de labor. || tr. e intr. Delegar, confiar algún trabajo a alguien. || Asentar o apoyar sobre algo. || Ayudar a disminuir el cansancio de algo o alguien.

descansillo. m. Rellano de cada tramo de una escalera.

descanso. m. Reposo, interrupción en el trabajo. || Alivio. || Intermedio de un espectáculo o competición deportiva. || Asiento sobre el que se apoya una cosa. || Descansillo.

descapitalizar. tr. y prnl. Perder o dejar sin capital. || Perder o dejar sin riquezas históricas o culturales acumuladas por un país o grupo social.

descapotable. adj. y m. Se dice del automóvil de capota plegable.

descarado, da. adj. y s. Que habla o actúa con descaro, sin vergüenza o recato.

descarga. f. Acción y resultado de descargar. || ARQUIT. Aligeramiento de un cuerpo de construcción, cuando tiene peso excesivo. || FÍS. Neutralización y concentración de las cargas opuestas en las armaduras de un condensador eléctrico.

descargar. tr. Quitar o aliviar la carga. || Disparar o extraer la carga de un arma de fuego. || Golpear con violencia. || Desahogar el mal humor, enfado, sobre personas o cosas. || Cortar el pelo especialmente en una zona. || Podar la vid. || tr. y prnl. Anular la carga o tensión eléctrica de un cuerpo. || Librar a alguien de un cargo, obligación o culpa. || intr. Desaguar, desembocar los ríos en el mar o en un lago. || Deshacerse una nube en lluvia o granizo.

descarnado, da. adj. Se apl. a los asuntos expuestos sin rodeos, en especial si son duros o desagradables. || Sin carne, demacrado.

descarnar. tr. y prnl. Quitar la carne adherida al hueso o la piel. || Quitar parte de una cosa o desmoronarla.

descaro. m. Desvergüenza, insolencia y atrevimiento.

descarozar. tr. *amer.* Quitar el hueso o carozo a las frutas.

descarriar. tr. y prnl. Apartar algo o a alguien del camino que debe seguir. || Apartarse del camino razonable, o separarse de la protección o las buenas compañías. || Apartar del rebaño una o varias reses.

descarrilar. intr. Salirse un vehículo del carril o vías por las que circula.

descartar. tr. y prnl. Desechar, rechazar, no contar con algo o alguien. || prnl. Dejar en el juego las cartas que se consideran inútiles, sustituyéndolas por otras.

descascarar. tr. Quitar la cáscara. || prnl. Levantarse y caer la capa superficial de algo.

descendencia. f. Sucesión, conjunto de hijos y demás generaciones sucesivas por línea recta descendente. || Casta, estirpe, linaje.

descendente. adj. Que desciende.

descender. intr. Bajar de lugar o categoría alta a otra baja. || Caer, fluir un líquido. || Proceder algo o alguien de un mismo origen o de una misma persona. || Derivarse, proceder de lo general a lo particular. || Disminuir el nivel de algo. || tr. Bajar, conducir abajo.

descendiente. adj. Que desciende. || com. Persona que desciende de otra.

descendimiento. m. Acción de descender o bajar a alguien. || Por antonomasia, el que se hizo del cuerpo de Cristo, bajándolo de la cruz. || ESC. y PINT. Representación o composición en que se representa.

descenso. m. Bajada, disminución. || Paso de un empleo o estado a otro inferior. || Recorrido descendente. || DEP. Competición deportiva que consiste en bajar un trazado en una pendiente o un torrente.

descentrar. tr. y prnl. Sacar algo o a alguien de su centro o acomodo. || Desequilibrar o desconcentrar.

desceñir. tr. y prnl. Desatar, quitar el ceñidor, faja u otra cosa que ciñe el cuerpo.

descerebrado, da. adj. Sin actividad cerebral. || adj. y s. *col.* Falto de sentido común, insensato.

descerebrar. tr. MED. Producir la inactividad funcional del cerebro. || FISIOL. Extirpar experimentalmente el cerebro de un animal.

descerrajar. tr. Forzar o arrancar una cerradura. || Disparar a quemarropa con un arma de fuego.

descifrar. tr. Leer o decodificar un código o un escrito cifrado o en caracteres desconocidos. || Comprender o explicar algo oscuro y de difícil comprensión.

descinchar. tr. Quitar o soltar las cinchas de una caballería.

desclasificar. tr. Hacer público lo que está clasificado como secreto o reservado.

desclavar. tr. y prnl. Arrancar o quitar los clavos de algo. || Desprender algo del clavo a que está sujeto. || Desengastar las piedras preciosas del metal.

descoagular. tr. y prnl. Licuar lo que estaba coagulado.

descocado, da. adj. y s. *col.* Que muestra demasiado descaro y atrevimiento. || m. *amer.* Descarozado. Más en pl.

descolgar. tr. y prnl. Bajar algo de donde está colgado. || Bajar o dejar caer poco a poco algo o a alguien pendiente de cuerda, cadena o cinta. || DEP. Dejar atrás un corredor a sus competidores. || tr. e intr. Levantar el auricular del teléfono para establecer una comunicación, o para no recibir llamadas. || prnl. Desfasarse, perder el contacto con un ambiente o ideas. || Decir o hacer algo inoportuna e inesperadamente. || Aparecer inesperadamente una persona.

descollar. intr. Sobresalir de su entorno por su altura. || Destacar alguien o algo por sus méritos o cualidades.

descolocar. tr. y prnl. Poner a alguien o algo fuera del lugar que ocupa o debe ocupar. || Desordenar. || argot Asombrar, sorprender.

descolorido, da. adj. De color pálido o bajo en su gama.

descomedido, da. adj. Excesivo, desproporcionado. || adj. y s. Descortés, irrespetuoso.

descomedirse. prnl. Faltar al respeto, ser insolente.

descomer. intr. *col.* Evacuar el vientre.

descompaginar. tr. Desordenar, romper la sincronización o armonía.

descomponer. tr. y prnl. Separar las partes de un compuesto o un todo. || Desordenar. || Irritar, alterar. || prnl. Enfermar. || Demudarse el rostro. || Entrar o hallarse un cuerpo en estado de putrefacción. || *amer.* Estropear, averiar un mecanismo.

descomposición. f. Separación de las partes de un compuesto o un todo. || Putrefacción. || *col.* Diarrea.

descompostura. f. Falta de compostura, desaliño. || Descaro, falta de cortesía. || *amer.* Diarrea. || *amer.* Dislocación. || *amer.* Avería de un mecanismo.

descomunal. adj. Extraordinario, enorme.

desconcertante. adj. Que desconcierta.

desconcertar. tr. y prnl. Sorprender. || Deshacer, turbar el orden de algo. || Dislocar un hueso. || prnl. Desavenirse las personas o cosas que estaban acordes. || Perder la serenidad, desorientarse.

desconcierto. m. Sorpresa. || Descomposición de las partes de una máquina o de un cuerpo. || Confusión, desorden, desavenencia. || Falta de control y medida en el modo de hablar o de actuar. || Diarrea.

D

desconectar. tr. y prnl. Interrumpir una conexión eléctrica. || Interrumpir la conexión de una pieza con las restantes partes de una máquina o aparato. || Dejar de tener contacto o relación, separarse.

desconfiado, da. adj. y s. Se dice de la persona que desconfía de los demás.

desconfianza. f. Falta de confianza.

desconfiar. intr. Sospechar, no tener confianza en algo o en alguien.

desconformidad. f. Disconformidad.

descongelar. tr. y prnl. Hacer que algo pierda el estado de congelación. || Quitar la escarcha que se acumula en un congelador. || tr. Desbloquear una cuenta, un sueldo, etc., que estaban inmovilizados provisionalmente.

descongestión. f. Reducción de la congestión o aglomeración.

descongestionar. tr. y prnl. Disminuir o quitar la congestión o aglomeración.

desconocer. tr. No conocer, ignorar algo. || Negar uno ser suya alguna cosa, rechazarla. || tr. y prnl. Reconocer un cambio notable que se ha apreciado en algo o alguien.

desconocido, da. adj. y s. Se dice de las personas que no son conocidas. || Muy cambiado, irreconocible.

desconocimiento. m. Falta de conocimiento, ignorancia.

desconsideración. f. Falta de la consideración y el respeto debidos.

desconsiderar. tr. No guardar la consideración debida a algo o a alguien.

desconsolar. tr. y prnl. Afligir, privar de consuelo, producir pena.

desconsuelo. m. Angustia, pena o dolor por falta de consuelo. || Desfallecimiento o debilidad del estómago.

descontado (por). loc. adv. afirm. Por supuesto, sin duda alguna.

descontaminación. f. Depuración o eliminación de las sustancias que contaminan algo.

descontaminar. tr. Depurar lo que está contaminado de sus sustancias nocivas.

descontar. tr. Restar una determinada cantidad de otra. || Excluir algo o a alguien de la afirmación que se hace. || Dar por cierto o por acaecido aquello de lo que se trata. || DEP. Tener el árbitro en cuenta el tiempo que el partido ha estado interrumpido, para añadirlo al final. || COM. Adquirir un banco o entidad financiera una letra u otro documento no vencido del que percibe un interés por anticipar la cantidad.

descontento, ta. adj. y s. Disgustado, insatisfecho. || m. Disgusto o desagrado.

descontextualizar. tr. Sacar de contexto.

descontrol. m. Falta de control, orden o disciplina.

descontrolarse. prnl. Perder el dominio sobre sí mismo. || Perder un aparato su ritmo normal.

descorazonar. tr. Arrancar o quitar el corazón. || tr. y prnl. Desanimar, desesperanzar.

descorchar. tr. Sacar el corcho que cierra una botella u otra vasija. || Quitar o arrancar el corcho al alcornoque. || Romper el corcho de una colmena para sacar la miel.

descorrer. tr. Volver uno a correr el espacio que antes había corrido. || Plegar o recoger lo que estaba estirado. || Abrir un cierre, deslizándolo.

descortés. adj. y com. Falto de cortesía y amabilidad, ineducado.

descortesía. f. Falta de cortesía, amabilidad o educación.

descortezar. tr. Quitar la corteza de algo. || tr. y prnl. Desbastar, pulir a alguien.

descoser. tr. y prnl. Soltar o desprender las puntadas de lo que estaba cosido.

descosido. m. Parte descosida en una prenda.

descoyuntar. tr. y prnl. Desencajar, dislocar un hueso de su articulación.

descrédito. m. Disminución o pérdida de la buena fama o reputación.

descreído, da. adj. y s. Se apl. a la persona escéptica y que ha perdido la fe, en especial la religiosa

descreimiento. m. Falta o abandono de las creencias o la fe.

descremado, da. adj. Se dice de la leche y derivados lácteos a los que se ha quitado la nata. || m. Procedimiento y resultado de descremar la leche.

descremar. tr. Quitar o reducir la nata o crema de la leche.

describir. tr. Explicar, definir o representar con detalle las cualidades, características o circunstancias de algo o de alguien. || Trazar un recorrido el cuerpo que se mueve en una figura imaginaria.

descripción. f. Representación o explicación detallada de las cualidades, características o circunstancias de algo o de alguien.

descuajeringado, da. adj. amer. Desvencijado, desarmado. || amer. Desaseado, descuidado.

descuartizar. tr. Despedazar, partir en trozos un cuerpo.

descubierto, ta. adj. Destocado, sin sombrero. || Despejado, espacioso. || Desprotegido, expuesto. || m. Exposición del Santísimo a la adoración de los fieles. || Estado en el que una cuenta bancaria presenta falta de fondos. || f. Especie de pastel sin cubierta de hojaldre. || MAR. Inspección matutina y vespertina del aparejo de una embarcación. || MAR. Reconocimiento del horizonte al salir y ponerse el sol.

|| MIL. Reconocimiento del terreno para observar si en las inmediaciones hay enemigos.

descubridor, ra. adj. y s. Que descubre o halla algo no conocido. || Se dice especialmente de quien ha descubierto tierras o rutas desconocidas. || MAR. Se dice de la embarcación usada para hacer la descubierta. || m. MIL. Explorador, batidor.

descubrimiento. m. Hallazgo, conocimiento de algo desconocido u oculto. || Invento, lo que se descubre.

descubrir. tr. Encontrar, hallar algo desconocido. || Inventar. || Venir a saber algo que se ignoraba. || Alcanzar a ver, registrar. || Manifestar, dar a conocer lo que no es público. || tr. y prnl. Destapar lo que está cubierto. || prnl. Quitarse el sombrero.

descuento. m. Rebaja o reducción de una cantidad. || Cantidad que se descuenta. || COM. Compra por un banco o entidad financiera de una letra u otro documento no vencido del que percibe un interés por anticipar la cantidad. || COM. Cantidad que se rebaja del importe de los valores para retribuir esta operación. || DEP. Tiempo que añade el árbitro al final de un partido en restitución de las interrupciones.

descuidado, da. adj. Desprevenido. || adj. y s. Negligente, irresponsable. || Desaliñado, con poca compostura.

descuidar. tr. y prnl. Abandonar o desatender a alguien o una obligación. || Distraer, perder cuidado. || tr., intr. y prnl. Liberar o descargar a alguien de un cuidado u obligación.

descuido. m. Falta de atención y de cuidado. || Olvido, inadvertencia. || Desliz, falta, tropiezo por lo general sexual.

desde. prep. Indica el punto, procedencia u origen en el tiempo y en el espacio.

desdecir. intr. Tener una cosa o persona peores cualidades que los esperados por su origen, educación o clase. || Desentonar, no convenir algo con su entorno. || prnl. Retractarse de lo dicho.

desdén. m. Menosprecio, indiferencia rayana en el desaire.

desdentado, da. adj. y s. Que ha perdido todos o parte de sus dientes. || De los desdentados o relativo a este orden de mamíferos. || m. pl. ZOOL. Orden de los mamíferos caracterizados por carecer de dientes incisivos, y a veces también de caninos y molares.

desdeñar. tr. Menospreciar, tratar con desdén. || Despreciar o desestimar.

desdibujar. tr. y prnl. Hacer borrosa o confusa una imagen, un recuerdo o idea, perder la definitud de sus contornos.

desdicha. f. Desgracia, infelicidad o suerte contraria.

desdichado, da. adj. y s. Desgraciado, que tiene mala suerte. || Infeliz, sin malicia, pusilánime.

desdoblamiento. m. Extensión de algo que estaba doblado. || Fraccionamiento o formación de dos o más cosas a partir de una. || desdoblamiento de personalidad. Trastorno psicológico caracterizado por la alternancia inconsciente de caracteres y comportamientos distintos en un mismo individuo.

desdoblar. tr. y prnl. Extender lo que estaba doblado. || Fraccionarse, formarse dos o más cosas al separarse los elementos que suelen estar juntos.

desdoro. m. Deshonra, desprestigio o mancha para la reputación.

desdramatizar. tr. Restar o mitigar la importancia o gravedad de un suceso.

deseable. adj. Susceptible o digno de ser deseado.

desear. tr. Querer o aspirar a algo con vehemencia y anhelo. || Sentir atracción sexual.

desecación. f. Extracción o eliminación de la humedad de un terreno o cuerpo.

desecar. tr. y prnl. Secar, extraer la humedad de un cuerpo o un terreno.

desechable. adj. Que se puede o debe desechar. || Se dice del objeto destinado a ser usado una sola vez.

desechar. tr. Rechazar algo que no gusta o que se considera innecesario o inútil. || Apartar de sí un pesar, temor, sospecha o mal pensamiento. || Dar el movimiento necesario a las llaves o cerrojos para abrir.

desecho. m. Lo que se desecha de una cosa, después de haber escogido lo mejor. || Residuo, desperdicio, recorte sobrante en una industria. || *amer.* Atajo, vereda. || *amer.* Primera clase del tabaco, que son las hojas del cogollo.

desembalar. tr. Quitar las envolturas o embalajes de las mercancías que vienen en paquetes, cajas, etc.

desembarazar. tr. y prnl. Quitar un obstáculo o impedimento de algo. || Evacuar, desocupar un espacio, habitación, etc. || prnl. Apartar de sí a la persona o cosa que molesta para un fin. || intr. *amer.* Dar a luz.

desembarcadero. m. Lugar destinado a desembarcar o apropiado para ello.

desembarcar. tr. Sacar de una embarcación todo lo embarcado. || intr. y prnl. Bajar los pasajeros de un medio de transporte. || intr. MAR. Dejar de pertenecer una persona a la dotación de un buque.

desembarco. m. Salida de los pasajeros de un medio de transporte. || MAR. Operación militar que realiza en tierra la dotación o las tropas de un buque. || Entrada de un individuo, grupo social o empresa en un sector de la vida pública o de la economía con intención de influir en él.

desembargo. m. DER. Levantamiento de un embargo.

desembarque. m. Salida de los pasajeros o carga de una embarcación.

desembocadura. f. Lugar por donde una corriente de agua desemboca en otra. || Abertura o estrecho por donde se sale de un punto a otro.

desembocar. intr. Desaguar una corriente de agua en otra mayor. || Tener una calle salida a otra o a otro sitio. || Acabar, terminar, tener su desenlace.

desembolsar. tr. Sacar lo que está en una bolsa. || Pagar o entregar una cantidad de dinero.

desembolso. m. Gasto, entrega de una cantidad de dinero en efectivo.

desembozar. tr. y prnl. Descubrir o quitar a alguien el embozo.

desembuchar. tr. Expulsar las aves por el pico lo que tenían en el buche. || col. Confesar, decir alguien lo que sabía y se tenía callado.

desempacar. tr. Sacar las mercancías de las pacas o fardos que las envuelven. || amer. Deshacer las maletas o cualquier paquete.

desempachar. tr. y prnl. Quitar el empacho o indigestión. || prnl. Perder el empacho o timidez, desenvolverse.

desempapelar. tr. Quitar el papel que cubría o envolvía algo.

desempaquetar. tr. Desenvolver lo que estaba empaquetado.

desemparejar. tr. Desigualar lo que estaba emparejado o igualado.

desempatar. tr. Deshacer el empate. || amer. Desamarrar. || amer. Separar dos objetos unidos.

desempeñar. tr. Liberar o recuperar lo que estaba empeñado. || Liberar a alguien de los empeños o deudas contraídas. También prnl. || Llevar a cabo, realizar un trabajo o una función determinada. || Representar un papel en las obras dramáticas. || prnl. amer. Ganarse la vida, trabajar.

desempeño. m. Liberación de un empeño o deuda. || Realización de las funciones propias de un cargo o trabajo.

desempleado, da. adj. y s. Parado, en busca de empleo.

desempleo. m. Paro forzoso, falta de empleo.

desempolvar. tr. Quitar el polvo. || Volver a usar o recordar algo que llevaba mucho tiempo olvidado o apartado.

desencadenar. tr. y prnl. Quitar las cadenas que atan algo o a alguien. || Originar o producir movimientos impetuosos de fuerzas naturales. || Originar, comenzar o ser causa

de sucesos, sentimientos o actitudes apasionados o violentos.

desencajar. tr. y prnl. Sacar algo de su sitio, desunir el encaje que tenía con otra. || prnl. Descomponerse el rostro por una enfermedad o una alteración del ánimo.

desencantar. tr. y prnl. Decepcionar, defraudar, desilusionar. || Deshacer un hechizo o encantamiento.

desencanto. m. Desilusión, decepción de la admiración o expectativas.

desenchufar. tr. Separar o desconectar de la red eléctrica lo que está enchufado.

desencuadernar. tr. y prnl. Quitar o deshacer la encuadernación de un cuaderno o un libro.

desencuentro. m. Encuentro fallido o que no ha respondido a las expectativas. || amer. Discrepancia, no coincidencia de opiniones.

desenfadado, da. adj. Desenvuelto, espontáneo. || Se dice del lugar abierto y despejado.

desenfadar. tr. y prnl. Quitar el enfado.

desenfado. m. Desenvoltura, naturalidad y falta de prejuicios.

desenfocar. tr. y prnl. Hacer perder el enfoque de una lente o imagen. || Alterar el significado o sentido de algo.

desenfoque. m. Falta de enfoque o enfoque defectuoso.

desenfrenado, da. adj. Sin freno, sin moderación.

desenfrenar. tr. Quitar el freno a las caballerías. || prnl. Desmandarse, comportarse sin contención y con desorden. || Desencadenarse alguna fuerza.

desenfreno. m. Falta de contención y moderación en las pasiones.

desenganchar. tr. y prnl. Soltar, desprender una cosa que está enganchada. || Quitar el tiro de un carruaje. || prnl. Perder un mal hábito, en especial la adicción a las drogas.

desengañar. tr. y prnl. Sacar a alguien del error o engaño en que se encuentra. || Perder las esperanzas o ilusiones, dejar de creer en algo.

desengaño. m. Conocimiento de la verdad que deshace un error o engaño. || Pérdida de las esperanzas o ilusiones que se tenían en algo.

desengrasar. tr. Quitar la grasa. También prnl. || intr. Ayudar con comida fresca a digerir la grasa que se ha comido. || col. Enflaquecer, adelgazar. || amer. Tomar el postre.

desenhebrar. tr. y prnl. Sacar la hebra de hilo de la aguja.

desenjaular. tr. Sacar de la jaula.

desenlace. m. Final o conclusión de un suceso, un relato, obra dramática, etc.

desenlazar. tr. y prnl. Desatar los lazos, soltar lo atado. || Dar desenlace a la trama de una obra dramática, narrativa o cinematográfica.

desenmarañar. tr. Desenredar, deshacer una maraña. || Aclarar o resolver un asunto o idea enredada.

desenmascarar. tr. y prnl. Quitar la máscara. || Descubrir los verdaderos propósitos, esencia o identidad de algo o de alguien.

desenredar. tr. Deshacer una cosa enredada. || Poner en orden, organizar lo que estaba confuso y desordenado. || prnl. Desenvolverse, vencer una dificultad.

desenredo. m. Eliminación del enredo o maraña. || Organización del desorden o confusión. || Desenlace.

desenrollar. tr. y prnl. Extender lo que está enrollado.

desenroscar. tr. y prnl. Extender lo que está enroscado. || Sacar o separar un objeto introducido a rosca.

desensillar. tr. Quitar la silla a una caballería.

desentenderse. prnl. Fingir o simular ignorancia sobre algo. || No tomar parte, no ocuparse o intervenir en algo.

desentendido, da. adj. y s. Desinformado, ignorante.

desenterrar. tr. Exhumar, sacar lo que está bajo tierra. || Recordar lo olvidado durante mucho tiempo.

desentonar. intr. MÚS. Subir o bajar la entonación de la voz o de un instrumento fuera de oportunidad. || No estar acorde con el entorno, contrastar. || prnl. Levantar la voz, descomedirse. || Perder el vigor, el buen estado o la salud.

desentono. m. Desproporción en el tono de la voz y desviación de la nota. || Descompostura y descomedimiento en el tono de la voz o en la conveniencia de lo que se dice.

desentrañar. tr. Quitar o sacar las entrañas. || Llegar a averiguar, descubrir lo más dificultoso y oculto de algo.

desentumecer. tr. y prnl. Hacer que un miembro o el cuerpo recuperen su agilidad y actividad.

desenvainar. tr. Sacar un arma blanca de su vaina o funda. || Sacar las uñas el animal que tiene garras.

desenvoltura. f. Agilidad, facilidad de movimientos. || Soltura, facilidad para comportarse con naturalidad. || Desfachatez, atrevimiento.

desenvolver. tr. y prnl. Quitar la envoltura de algo. || Desenrollar. || prnl. Desarrollarse algo. || Obrar con soltura y naturalidad, ser capaz de salir de una dificultad.

desenvuelto, ta. adj. Que tiene desenvoltura o soltura para actuar.

deseo. m. Fuerte inclinación de la voluntad hacia el conocimiento, consecución y disfrute de algo. || Lo que se desea. || Apetito sexual.

deseoso, sa. adj. Anhelante, que desea o espera algo.

desequilibrar. tr. y prnl. Hacer perder el equilibrio. || Hacer perder la cordura.

desequilibrio. f. Falta de equilibrio, desproporción. || Falta de cordura o trastorno mental.

deserción. f. Abandono de un militar de un puesto o frente. || Abandono de una causa, grupo o ideal. || DER. Abandono de la apelación que se tenía interpuesta.

desertar. intr. Abandonar un militar su puesto o frente. || Apartarse de una causa, grupo o idea. || DER. Abandonar una apelación que se había interpuesto.

desértico, ca. adj. Del desierto o relativo a él. || Desierto, no poblado. || Se dice del clima que tiene temperaturas extremas y escasez de lluvias.

desertor, ra. adj. y s. Persona que deserta.

desesperación. f. Pérdida total de la esperanza. || Alteración del ánimo causada por cólera, impotencia o enojo. || Persona o cosa que la causa.

desesperado, da. adj. y s. Sumido en la desesperación.

desesperanza. f. Falta de esperanza. || Estado de ánimo que produce.

desesperar. tr. y prnl. Perder toda esperanza. También intr. || prnl. Impacientarse.

desestabilizar. tr. Afectar o perturbar la estabilidad de algo.

desestima. f. Falta de aprecio por alguien o algo. || Denegación de una petición o una solicitud.

desestimar. tr. Denegar una petición. || Desdeñar, no valorar bastante a alguien o algo.

desfachatez. f. Descaro, desvergüenza.

desfalcar. tr. Apropiarse una persona de bienes o dinero que tenía bajo su custodia. || Quitar parte de una cosa y dejarla descabalada.

desfalco. m. Apropiación indebida de bienes o dinero ajenos por parte de la persona que ha de custodiarlos. || Delito que comete quien desfalca.

desfallecer. intr. Perder las fuerzas. || Abatirse, perder el ánimo. || Desmayarse.

desfavorable. adj. Perjudicial, dañino. || Adverso, contrario a lo esperado.

desfavorecer. tr. Dejar de favorecer a alguien, desairarle. || Contradecir, hacer oposición a una cosa, favoreciendo la contraria.

desfigurar. tr. y prnl. Deformar, alterar la forma de algo, afeándolo. || Contar, referir una cosa cambiando sus verdaderas circunstancias. || prnl. Alterarse por un accidente o por una emoción fuerte.

desfiguro. m. *amer.* Deformación, alteración de la forma.

desfiladero. m. Paso estrecho entre montañas.

desfilar. intr. Marchar en fila o formación. || Pasar la tropa formada delante de una autoridad, un monumento o una bandera. || Mostrar una colección de ropa en una pasarela. || Salir con orden de un lugar.

desfile. m. Marcha en fila, en formación o en orden, en especial para tributar honores o para exhibir algo que se desea mostrar.

desflecar. tr. Sacar flecos de las orillas de un tejido destejiendo sus bordes.

desflorar. tr. Desvirgar a una mujer. || Ajar, quitar a algo el lustre que tenía. || Tratar superficialmente un asunto.

desfogar. tr. y prnl. Desahogarse, dar salida violentamente a un sentimiento o un estado de ánimo.

desfondar. tr. Quitar o romper el fondo de un recipiente. También prnl. || DEP. En competiciones deportivas, perder fuerza o empuje, agotarse. También prnl. || Excavar la tierra profundamente para airearla y sanearla.

desgajar. tr. y prnl. Arrancar con violencia una rama del tronco. || Despedazar, separar una cosa de otra a la que está unida. || prnl. Desprenderse, separarse por completo.

desgana. f. Inapetencia. || Falta de entusiasmo.

desganar. tr. Perder o quitar las ganas de comer. || Perder o quitar el deseo o las ganas de hacer alguna cosa. También prnl.

desgano. m. *amer.* Desgana.

desgañitarse. prnl. *col.* Gritar con todas las fuerzas. || Quedarse ronco.

desgarbado, da. adj. Sin garbo, sin gracia.

desgarrado, da. adj. Rasgado. || Intenso, con mucho sentimiento.

desgarrador, ra. adj. Que provoca sufrimiento y horror.

desgarramiento. m. Rotura de un cuerpo o material poco consistente sin ayuda de instrumento alguno. || Dolor intenso que provoca compasión.

desgarrar. tr. y prnl. Rasgar, romper una materia poco consistente. || Apenar profundamente o provocar gran compasión.

desgarro. m. Rotura de una materia poco consistente sin ayuda de instrumentos. || Fuerte sentimiento de dolor.

desgastar. tr. y prnl. Gastar poco a poco algo por el roce o el uso. || Perder fuerza, vigor o poder.

desgaste. m. Deterioro progresivo de una materia como consecuencia del uso o del roce. || Pérdida de fuerza y entereza.

desglosar. tr. Separar algo de un todo, para considerarlo por separado. || Separar un documento de otros con los cuales está archivado.

desglose. m. Separación de las distintas partes de un todo, para considerarlas por separado.

desgracia. f. Percance, adversidad. || Acontecimiento funesto. || Pérdida de consideración, favor o cariño.

desgraciado, da. adj. Que padece desgracias o una desgracia. También s. || Que pro voca o va acompañado de desgracias. || Falto de gracia y atractivo. || Se dice de la persona que inspira compasión. También s. || Desacertado, inoportuno. || Se dice de la persona de malas intenciones que inspira menosprecio. También s.

desgravar. tr. Descontar gastos que pueden rebajarse de un impuesto. También intr.

desgreñar. tr. y prnl. Despeinar.

desguace. m. Separación en piezas de un vehículo para emplearlas como chatarra. || Lugar al que se llevan vehículos viejos o estropeados para hacer chatarra con ellos.

desguarnecer. tr. Quitar la protección y la defensa, especialmente a una fortaleza o a un castillo. || Suprimir los adornos de algo.

deshabillé. (voz fr.) m. Salto de cama.

deshabitar. tr. Abandonar una vivienda. || Despoblar un territorio o cualquier lugar.

deshacer. tr. Quitar la forma o figura a una cosa, descomponiéndola. También prnl. || Derretir, convertir en líquido un cuerpo sólido. También prnl. || Disolver algo en un líquido. También prnl. || Anular un pacto o un acuerdo. || prnl. Estar sumamente inquieto, consumirse. || Desaparecer de la vista, difuminarse.

desharrapado, da. adj. y s. Andrajoso, vestido con harapos. || Desheredado, pobre en extremo.

deshecho, cha. p. p. irreg. de Deshacer. || adj. Muy cansado, extenuado. || Muy afectado por una noticia o un acontecimiento. || m. *amer.* Atajo.

deshelar. tr. y prnl. Volverse líquido lo que está helado.

desheredar. tr. Excluir a un heredero forzoso de la herencia que le corresponde.

deshidratar. tr. y prnl. Quitar a un cuerpo o a un organismo el agua que contiene.

deshielo. m. Transformación en agua de la nieve y el hielo. || Época del año en que esto sucede, por aumento de las temperaturas. || Distensión en las relaciones personales.

deshilachar. tr. Perder hilachas una tela, o sacárselas. También prnl.

deshilado. m. Labor que se hace en las telas, sacando varios hilos y formando calados sobre los que después se borda. Más en pl.

deshilvanado, da. adj. Inconexo, falto de unión.

deshilvanar. tr. y prnl. Quitar los hilvanes.

deshinchar. tr. y prnl. Sacar el aire de algo que está inflado. || Quitar la hinchazón. || Verse obligado a abandonar alguien su presunción u orgullo. || Perder el ánimo o las fuerzas, desmoralizar, desilusionar.

deshipotecar. tr. Cancelar o suspender una hipoteca o cualquier otro gravamen.

deshojar. tr. y prnl. Quitar las hojas o los pétalos a las plantas. || p. ext., Quitar las hojas a cualquier cosa que las tenga.

deshollinador, ra. adj. y s. Que se dedica a deshollinar las chimeneas. || m. Utensilio para deshollinar chimeneas. || Escoba de palo muy largo, que suele cubrirse con un paño, para limpiar techos y paredes.

deshollinar. tr. Limpiar de hollín las chimeneas. || Deshollinar techos y paredes con el deshollinador.

deshonestidad. f. Falta de honestidad, de ética, de rectitud y de honradez. || Dicho o hecho deshonestos.

deshonesto, ta. adj. Falto de honestidad, de ética y de honradez. || Impúdico, obsceno.

deshonor. m. Pérdida del honor, la estimación o el respeto. || Deshonra, hecho que provoca esta pérdida y supone una humillación.

deshonra. f. Pérdida de la honra. || Acto o persona sin honra.

deshonrar. tr. Quitar la honra. También prnl. || Violar a una mujer.

deshonroso, sa. adj. Carente de decencia, indecoroso.

deshora. f. Tiempo inoportuno.

deshuesar. tr. Quitar los huesos a un animal o a la fruta.

deshumanizar. tr. y prnl. Privar de características humanas alguna cosa. || Endurecer, insensibilizar a alguien.

deshumedecer. tr. y prnl. Secar la humedad.

desiderata. f. Conjunto de objetos que se echan de menos. || Hoja que se emplea en las bibliotecas para sugerir la adquisición de nuevas obras.

desiderativo, va. adj. Que expresa o indica deseo.

desiderátum. m. Aspiración, deseo que aún no se ha cumplido. || *col.* El no va más.

desidia. f. Negligencia, falta de cuidado y de interés.

desierto, ta. adj. Despoblado, deshabitado. || Se dice de la subasta, concurso o certamen en que nadie participa o en que ningún participante obtiene el premio. || m. Territorio arenoso o pedregoso que, por la falta casi total de lluvias, carece de vegetación o la tiene muy escasa. || Lugar con poca población humana.

designación. f. Nombramiento de una persona o una cosa para un cargo o un objetivo determinado. || LING. Función denominativa con que la lengua se refiere a objetos, ideas y realidades exteriores a ella.

designar. tr. Destinar algo o a alguien para un fin. || Denominar, nombrar. || Representar algo con una palabra o un símbolo.

designio. m. Propósito o proyecto de llevar a cabo alguna cosa.

desigual. adj. Diferente, distinto: *las opciones son muy desiguales.* || Variable, inconstante. || Accidentado, con diferencias de nivel. || Arduo, dificultoso.

desigualdad. f. Diferencia, calidad de desigual. || Montículo, depresión, irregularidades del terreno. || MAT. Expresión de la falta de igualdad que existe o se supone entre dos cantidades. || Desproporción económica, política y social en que se encuentran unos individuos frente a otros.

desilusión. f. Desengaño, decepción, impresión que se experimenta cuando alguna cosa no responde a las expectativas que se habían creado. || Pérdida de la ilusión o falta de ella.

desilusionar. tr. Hacer perder la ilusión. || prnl. Perder uno mismo la ilusión por algo.

desincrustar. tr. Eliminar las incrustaciones que se forman en conductos, cañerías o algunos aparatos. || p. ext., Separar algo incrustado en algún lugar.

desinencia. f. GRAM. Terminación variable que se añade a la raíz de una palabra y que expresa información gramatical.

desinfección. f. Destrucción de los gérmenes que pueden causar infecciones.

desinfectante. adj. y m. Que desinfecta o sirve para desinfectar.

desinfectar. tr. y prnl. Destruir los gérmenes nocivos que causan infección o pueden causarla.

desinflamar. tr. y prnl. Quitar la inflamación de una herida o una contusión.

desinflar. tr. y prnl. Sacar el aire de un cuerpo inflado. || Desanimar, desilusionar rápidamente. || Quitar importancia a algo.

desinformación. f. Falta de información u ocultación de ella. || Manipulación intencionada de una información para conseguir un fin.

desinhibición. f. Pérdida de la inhibición, tanto psicológica como fisiológica.

desinhibir. tr. y prnl. Perder las inhibiciones, actuar con espontaneidad.

desinsectación. f. Limpieza de insectos nocivos, especialmente los parásitos del hombre.

desinsectar. tr. Eliminar los insectos nocivos, especialmente los parásitos y las plagas perjudiciales para la salud.

desintegrar. tr. y prnl. Separar, disgregar los diversos elementos que conforman un todo compacto, hasta que deja de existir como tal.

desinterés. m. Falta de interés y de ilusión. || Generosidad, desprendimiento, desapego de todo provecho personal.

D

desinteresado, da. adj. Que no muestra interés ni entusiasmo. || Generoso, altruista, que actúa sin perseguir el beneficio personal.

desintoxicante. adj. Que combate una intoxicación o sus efectos.

desintoxicar. tr. y prnl. Combatir la intoxicación o sus efectos con un tratamiento adecuado.

desistir. intr. Renunciar a una empresa, un intento o un derecho.

desleal. adj. y com. Que obra sin lealtad.

deslealtad. f. Falta de lealtad.

deslegalizar. tr. Quitar la legalidad a algo que la tenía antes.

desleír. tr. y prnl. Diluir, disolver en un líquido.

desligar. tr. y prnl. Desatar, soltar las ligaduras. || Dispensar, liberar de una obligación. || Separar cosas que están naturalmente unidas. || prnl. Independizarse.

deslindar. tr. Señalar los límites de un terreno. || Aclarar, detallar los límites de un asunto para no dar lugar a confusiones.

desliz. m. Desacierto, equivocación. || Fallo involuntario, especialmente con respecto a la relación sexual.

deslizar. tr. Pasar suavemente un cuerpo sobre otro. También prnl. || Incluir en un escrito o discurso, como al descuido, frases o palabras intencionadas. || intr. y prnl. Resbalar, escurrirse. || prnl. Escaparse, escabullirse de un lugar.

deslucir. tr. y prnl. Quitar a algo su gracia, su atractivo. || Desacreditar a alguien, hacerle perder prestigio.

deslumbrante. adj. Que deslumbra, que causa admiración.

deslumbrar. tr. y prnl. Perder momentáneamente la vista por un golpe de luz inesperado, cegarse. || Asombrar, encantar, fascinar.

deslustrar. tr. Quitar el lustre, ajar, estropear. || Deslucir, restar valor, desacreditar.

desmadejar. tr. y prnl. Causar flojera, producir cansancio.

desmadrar. tr. Separar una cría de su madre. || prnl. Actuar incontroladamente, sin medida, excediendo ciertos límites.

desmadre. m. Desbarajuste, caos, confusión. || Pérdida de la mesura, exceso incontrolado. || Jolgorio incontrolado.

desmagnetizar. tr. y prnl. Perder un objeto la magnetización.

desmán. m. Exceso, desorden, falta de control. || Atropello, abuso de autoridad. || m. Mamífero pequeño parecido al topo, de hocico prolongado y pies palmeados. Es insectívoro y vive a orillas de ríos y arroyos.

desmanchar. tr. *amer.* Quitar las manchas de una cosa. || *amer.* Separarse de un grupo.

desmandarse. prnl. Dejar de obedecer a alguien. || Propasarse, actuar sin control. || Echar a correr los animales desobedeciendo a su conductor.

desmano (a). loc. adv. A trasmano, apartado, fuera del camino habitual.

desmantelar. tr. Destruir las fortificaciones. || Quitar los muebles, los útiles y los complementos de un lugar. || Desmontar los aparejos de un barco. || Desbaratar una estructura o una organización, desarticularla totalmente.

desmaquillador, ra. adj. Que se utiliza para quitar el maquillaje.

desmaquillante. adj. y m. Que elimina el maquillaje.

desmaquillar. tr. y prnl. Quitar de la cara el maquillaje y demás cosméticos.

desmarcar. tr. Eliminar una marca. || prnl. DEP. Liberarse un jugador de la vigilancia de un contrario. || Distanciarse, alejarse de una posición, especialmente en un trabajo o una responsabilidad para librarse de ello o bien buscando destacar.

desmayar. intr. Perder el valor, desfallecer de ánimo. || prnl. Perder momentáneamente el conocimiento.

desmayo. m. Mareo, desvanecimiento, pérdida momentánea del conocimiento. || Desaliento, desánimo.

desmechar. tr. y prnl. *amer.* Mesar los cabellos, despeinarlos o arrancarlos.

desmedido, da. adj. Enorme, excesivo, desproporcionado.

desmedirse. prnl. Desmandarse, excederse, sobrepasar los límites de lo razonable o de la buena educación.

desmejoramiento. m. Pérdida gradual de la salud, deterioro físico. || Pérdida de las condiciones óptimas de alguna cosa.

desmejorar. tr. Hacer perder la perfección, las condiciones óptimas de alguna cosa. También prnl. || intr. Ir perdiendo la salud, deteriorarse físicamente. También prnl.

desmelenar. tr. y prnl. Despeinar. || prnl. Liberarse, salirse de lo normal, perder el pudor o la moderación.

desmembración. f. Separación de los miembros de un cuerpo o de las partes de un todo.

desmembrar. tr. Separar los miembros de un cuerpo. || Separar, dividir las partes de un todo. También prnl.

desmemoriado, da. adj. y s. Que tiene mala memoria y olvida las cosas fácilmente.

desmentida. f. *amer.* Desmentido.

desmentido. m. Negación de la veracidad de algo que ha sido afirmado antes. || Comunicado en que se desmiente algo públicamente.

desmentir. tr. Decir a alguien que miente. || Demostrar la falsedad de un dicho o hecho. || Ser alguien distinto a lo que se podía esperar de su nacimiento, educación y estado. || prnl. Contradecirse, afirmar lo contrario de lo que se ha dicho anteriormente.

desmenuzar. tr. Triturar, fragmentar, dividir en partes muy pequeñas. También prnl. || Examinar algo con detalle y minuciosidad.

desmerecer. tr. No ser digno de algo. || intr. Perder valor o mérito. || Ser una cosa o persona inferior a otra con la que se compara.

desmesura. f. Exceso, falta de mesura.

desmesurado, da. adj. y s. Desproporcionado, excesivo, sin medida.

desmesurar. tr. Dar proporciones exageradas a un asunto. También prnl. || prnl. Actuar sin moderación, exageradamente.

desmigajar. tr. y prnl. Hacer migajas una cosa, dividirla y desmenuzarla en partes pequeñas.

desmilitarizar. tr. Suprimir el carácter militar de un colectivo. || Reducir o retirar instalaciones o actividades militares de un territorio.

desmitificación. f. Disminución o pérdida del carácter mítico con que se idealizan algunos aspectos de la realidad.

desmitificar. tr. Disminuir o despojar del carácter mítico o idealizado a algunos aspectos de la realidad.

desmontar. tr. Desarmar, desunir, separar las piezas de una cosa. || Bajar una persona de una caballería o vehículo. También intr. y prnl. || Cortar en un monte o en parte de él los árboles y matas. || En algunas armas de fuego, separar la llave del disparador para que no funcione.

desmonte. m. Tala de los árboles y matas de un monte. || Fragmentos o despojos de lo desmontado. || Paraje de terreno desmontado. Más en pl. || *amer.* Mineral de desecho amontonado en la boca de una mina.

desmoralización. f. Caída del ánimo o el valor.

desmoralizar. tr. y prnl. Hacer perder a alguien el valor, el ánimo o las esperanzas.

desmoronamiento. m. Derrumbamiento o destrucción. || Caída en un estado de abatimiento y tristeza.

desmoronar. tr. y prnl. Deshacer poco a poco un cuerpo sólido formado por partículas unidas entre sí. || Destruir lentamente algo no material. || prnl. Sufrir una persona, física o moralmente, un estado de profundo abatimiento.

desmotivación. f. Pérdida de la motivación y el interés por alguna cosa.

desmotivar. tr. y prnl. Perder el interés y el ánimo por hacer alguna cosa.

desmovilizar. tr. Licenciar a las tropas o a los soldados movilizados. || Detener una movilización social, como una huelga o una manifestación.

desnacionalizar. tr. y prnl. Suprimir el carácter nacional de entidades y servicios pertenecientes a la Administración pública.

desnaturalizado, da. adj. y s. Que no siente cariño ni afecto por amigos y familiares cercanos, como padres, hijos o hermanos.

desnaturalizar. tr. y prnl. Privar a una persona del derecho a su nacionalidad. || Alterar la forma, propiedades o condiciones naturales de una sustancia de manera que deja de ser apta para el consumo humano.

desnivel. m. Diferencia de alturas entre dos o más puntos. || Diferencia entre los niveles de cualquier cualidad. || Depresión o elevación de un terreno.

desnivelar. tr. y prnl. Hacer que se produzca desnivel entre dos o más cosas.

desnucar. tr. y prnl. Sacar de su lugar los huesos de la nuca. || Causar la muerte por un golpe en la nuca.

desnudar. tr. Quitar toda la ropa o parte de ella. También prnl. || Quitar a una persona o cosa todo lo que tiene o la recubre. También prnl. || Desenvainar un arma. || prnl. Desprenderse y apartarse de algo no material.

desnudez. f. Cualidad de desnudo.

desnudo, da. adj. Sin nada de ropa, o bien con poca o con algún atuendo considerado indecente. || Sin adornos ni complementos, falto de lo que cubre o adorna. || Falto de recursos, sin bienes de fortuna. || Falto de algo no material. || Sin doblez, claro, patente. || m. ART. Figura del cuerpo humano desnudo.

desnutrición. f. Degeneración y debilitamiento del organismo por una nutrición insuficiente o inadecuada.

desobedecer. tr. No hacer caso de lo que se ordena.

desobediencia. f. Falta de obediencia, resistencia a cumplir con lo que se ordena.

desobstruir. tr. Eliminar las obstrucciones u obstáculos que taponan alguna cosa.

desocupación. f. Ociosidad, falta de ocupación. || Desalojo. || *amer.* Desempleo, paro.

desocupado, da. adj. y s. Sin ocupación, ocioso. || Vacío. || *amer.* Desempleado, parado.

desocupar. tr. Dejar libre un lugar, desembarazarlo. || Sacar lo que hay dentro de alguna cosa. || prnl. Quedar libre de un negocio u ocupación. || *amer.* Parir, dar a luz.

desodorante. adj. y m. Producto que destruye los olores, especialmente los corporales, molestos y desagradables.

desodorizar. tr. Suprimir los malos olores con algún producto específico.

desoír. tr. Desatender, no querer oír, no hacer caso de consejos ni advertencias.

D

desolación. f. Destrucción total. || Aflicción, angustia, desconsuelo. || Soledad absoluta, ausencia de vida en un lugar.

desolado, da. adj. Despoblado, sin vida. || Triste, afligido, desconsolado.

desolar. tr. Asolar, destruir, arrasar. || Afligir, angustiar profundamente. También prnl.

desoldar. tr. y prnl. Quitar la soldadura.

desolladero. m. Lugar donde son desolladas las reses.

desolladura. f. Herida superficial que queda donde se ha levantado la piel.

desollar. tr. Quitar la piel del cuerpo de una persona o un animal, o de alguno de sus miembros. También prnl. || Difamar, criticar a alguien cruelmente.

desorbitado, da. adj. Fuera de órbita o de los límites normales.

desorbitar. tr. y prnl. Sacar algo de su órbita o de sus límites normales. || Exagerar, sobrevalorar, dar a algo más importancia de la que tiene.

desorden. m. Ausencia de orden. || Revuelta, disturbio público, confusión. || Exceso, vicio, abuso. Más en pl. || Desarreglo, anomalía de alguna función física o psíquica. Más en pl.

desordenado, da. adj. Que no tiene orden. || Que actúa fuera de toda disciplina y no sabe mantener el orden. || Se dice particularmente de lo que sale del orden social o moral.

desordenar. tr. y prnl. Alterar el orden de una cosa. || prnl. Salirse de la regla, excederse.

desorejado, da. adj. col. Desvergonzado, ligero. Se usa como insulto.

desorejar. tr. Cortar las orejas.

desorganización. f. Desorden total, carencia de organización.

desorganizar. tr. y prnl. Desordenar totalmente, deshacer la organización de algo.

desorientación. f. Falta de orientación.

desorientar. tr. y prnl. Hacer que una persona pierda el sentido de la posición que ocupa geográficamente. || Confundir, ofuscar a alguien.

desosar. tr. Deshuesar.

desovar. intr. Poner las hembras de los peces y las de los anfibios sus huevos o huevas.

desovillar. tr. Deshacer los ovillos. || Deshacer un lío, un asunto confuso.

desoxidación. f. Quitar el óxido de un metal. || Desoxigenación.

desoxidar. tr. Desoxigenar. También prnl. || Limpiar un metal del óxido que lo mancha.

desoxigenar. tr. y prnl. Quitar el oxígeno a una sustancia con la cual estaba combinado.

despachar. tr. Resolver y concluir rápidamente un asunto: *despacha tus deberes antes de ver la tele.* || Tratar un asunto o negocio con clientes o empleados. También intr. || Enviar, hacer llegar. || Atender al público en un establecimiento comercial. || Vender en un comercio. || col. Despedir del trabajo o de una relación habitual. || col. Matar, quitar la vida. || intr. col. Darse prisa. || prnl. col. Decir uno lo que le viene en gana. || col. Librarse de algo, quitárselo de encima.

despacho. m. Habitación o local destinado para despachar los negocios, para trabajar o para estudiar. || Conjunto de muebles de esta habitación o local. || Tienda, establecimiento de venta. || Venta de un producto. || Comunicado oficial. || Comunicación telefónica o telegráfica de una noticia reciente. || Nombramiento oficial.

despachurrar. tr. y prnl. col. Aplastar una cosa apretándola con fuerza o estrujándola, espachurrar.

despacio. adv. m. Poco a poco, lentamente. || adv. t. Durante mucho tiempo.

despalomado, da. adj. y s. amer. col. Despistado, ensimismado, desmemoriado. || Decaído.

despampanante. adj. Que causa sensación, deslumbra o llama la atención.

despampanar. tr. Quitar los pámpanos de las vides para evitar una excesiva frondosidad, perjudicial para el rendimiento de la planta.

desparasitar. tr. Eliminar los parásitos.

desparejar. tr. y prnl. Deshacer una pareja.

desparejo, ja. adj. Diferente, desigual, disparejo: *no es posible la comparación histórica, son épocas muy disparejas.*

desparpajo. m. Suma facilidad, desenvoltura hablando o comportándose. || amer. Desorden, desbarajuste.

desparramar. tr. y prnl. Esparcir, extender por muchas partes lo que estaba junto. || Dispersar la atención en muchas cosas a la vez. || Derrochar, malgastar los bienes. || prnl. col. Distraerse, divertirse desordenadamente.

despatarrar. tr. col. Abrir excesivamente las piernas a alguien. Más c. prnl. || prnl. col. Caerse al suelo de cualquier manera, especialmente con las piernas muy abiertas.

despavorido, da. adj. Lleno de pavor, muerto de miedo.

despechado, da. adj. Lleno de despecho y resentimiento.

despechar. tr. Sentir despecho y resentimiento a causa de desengaños y ofensas. Más c. prnl. || tr. Dejar de dar el pecho a los niños.

despecho. m. Resentimiento por algún desengaño, menosprecio u ofensa.

despechugar. tr. Quitar la pechuga a un ave. || prnl. col. Mostrar el pecho, llevarlo descubierto o insinuarlo llevando mucho escote.

despectivo, va. adj. Despreciativo, que expresa desprecio. || GRAM. Se dice de la palabra o el sufijo que incluye menosprecio en su significado.

despedazar. tr. Hacer pedazos un cuerpo con violencia. También prnl. || Maltratar, destruir algo no material.

despedida. f. Acompañamiento que se hace a una persona que se marcha, hasta el momento de la separación. || Palabras de cariño o cortesía que se dicen en el momento de la separación. || Fiesta o reunión en honor de alguien que se marcha o que cambia de estado. || En ciertas canciones populares, estrofa que anuncia el final del canto.

despedir. tr. Acompañar a la persona que se marcha y decirle adiós. También prnl. || Echar a una persona de su trabajo. || Prescindir de los servicios de algo o alguien. || Deshacerse de una persona que resulta molesta o negativa. || Desprender, difundir, esparcir. || Soltar, arrojar una cosa, echar fuera de sí. || prnl. col. Perder la esperanza de conseguir algo.

despegar. tr. Desasir y desprender una cosa de otra a la que estaba unida. También prnl. || intr. Separarse de la superficie, iniciar el vuelo, especialmente un avión. || Afianzarse, iniciar un progreso. || prnl. Desprenderse del afecto que se siente hacia una persona o cosa, perder interés por ella.

despegue. m. Inicio del vuelo, momento en que el aparato se separa de la superficie. || Inicio de una fase de crecimiento, desarrollo o expansión.

despeinar. tr. y prnl. Deshacer el peinado.

despejado, da. adj. Libre de obstáculos, de muebles u otros objetos. || Referido al cielo, que no tiene nubes. || De entendimiento claro, que capta los conceptos con rapidez. || Espacioso, dilatado, ancho. || Sin sueño.

despejar. tr. Desembarazar, desocupar, dejar libre. || Aclarar, poner en claro, deshacer la confusión. También prnl. || MAT. Separar la incógnita de los demás miembros de una ecuación mediante las operaciones pertinentes. || tr. e intr. DEP. En algunos deportes, alejar la pelota de la meta propia. || intr. y prnl. Aclararse el día, mejorar el tiempo atmosférico. || prnl. Recobrar alguien la claridad mental, especialmente después de haber dormido o bebido alcohol.

despeje. m. DEP. Lanzamiento del balón para alejarlo del área de meta.

despejo. m. Soltura al actuar o en el trato social.

despellejar. tr. y prnl. Quitar el pellejo del cuerpo o de alguno de sus miembros, desollar. || col. Criticar cruel y duramente a alguien.

despelote. m. vulg. Acción y resultado de quitarse la ropa. || vulg. Risa incontrolable y desmedida. || amer. col. Desorden, confusión.

despenalización. f. Eliminación del carácter penal de una acción considerada delictiva.

despenalizar. tr. Eliminar el carácter penal de lo que constituía delito.

despensa. f. Lugar donde se guardan los comestibles. || Provisión de comestibles. || amer. Tienda de ultramarinos.

despeñadero. m. Precipicio, lugar escarpado. || Riesgo, peligro grande.

despeñar. tr. y prnl. Precipitar a una persona o cosa desde un lugar alto o precipicio.

desperdiciar. tr. Malgastar algo, no aprovecharlo adecuadamente.

desperdicio. m. Mal aprovechamiento de alguna cosa. || Residuo, desecho de algo, basura, restos que no se pueden aprovechar. Más en pl. || no tener desperdicio. loc. Ser de mucha utilidad, totalmente aprovechable. || Esta expresión se usa mucho irónicamente, para expresar que lo aludido no puede ser peor.

desperdigar. tr. y prnl. Separar, desunir, disgregar. || Dispersar la atención o el tiempo en diferentes actividades.

desperezarse. prnl. Extender y estirar los miembros, para librarse de la pereza o del entumecimiento.

desperfecto. m. Leve deterioro que sufre algo. || Falta, defecto que tiene algo.

despersonalizar. tr. y prnl. Quitar a una persona su carácter distintivo e individual. || Quitar carácter personal a una cuestión.

despertador, ra. adj. Que despierta. || m. Reloj que, a la hora previamente fijada, hace sonar una campana o timbre.

despertar. m. Momento en que algo o alguien despierta. || Inicio del desarrollo de una actividad. || tr. Interrumpir el sueño del que duerme. También prnl. e intr. || Traer a la memoria una cosa ya olvidada. También prnl. || Mover, excitar, experimentar una sensación o un deseo. || intr. Hacerse más espabilado, más listo, más avispado.

despiadado, da. adj. Brutal, inhumano, cruel, que no siente compasión.

despido. m. Expulsión o destitución de una persona de su empleo. || Indemnización que se paga a un trabajador cuando se le despide.

despiece. m. División en partes de un todo.

despierto, ta. adj. Que no está dormido. || Listo, espabilado, vivo.

despiezar. tr. Descomponer algo en sus distintas piezas.

despilfarrar. tr. Malgastar, derrochar el dinero y los bienes.

despilfarro. m. Derroche de dinero o bienes, gasto excesivo e innecesario.

despintar. tr. Quitar la pintura, borrar lo pintado. También prnl. || Desfigurar y desdibujar un asunto o cosa, para que resulte distinta. ||

D

intr. Desdecir. || Se usa en frases negativas. || no despintársele algo a alguien. loc. *col.* Recordar perfectamente, conservar claramente un recuerdo.

despiojar. tr. y prnl. Quitar los piojos a una persona o un animal.

despiole. m. *amer. col.* Jaleo, lío.

despiporre o **despiporren.** m. *col.* Diversión escandalosa y desordenada. || ser el despiporre o el despiporren. loc. *col.* Ser muy divertido. || *col.* Funcionar desordenadamente, sin concierto.

despistado, da. adj. y s. Desorientado, distraído, que no se entera de lo que pasa a su alrededor.

despistar. tr. Hacer perder la pista. También prnl. || Desorientar o desconcertar a alguien. También prnl. || prnl. Extraviarse, perder el rumbo.

despiste. m. Fallo, distracción.

desplantar. tr. y prnl. Arrancar de raíz un árbol o una planta. || Desviar una línea de la trayectoria que marca la plomada. || En la danza y en algunos deportes, perder la planta o postura recta.

desplante. m. Dicho o acto lleno de arrogancia, insolencia o descaro. || TAUROM. Gesto altivo que hace un torero al acabar una serie de pases o para rematar la faena de muleta.

desplayar. intr. Retirarse el mar de la playa, como ocurre con las mareas.

desplazamiento. m. Movimiento de un lugar a otro, traslado. || Sustitución, cambio de personas o circunstancias.

desplazar. tr. Mover a una persona o cosa del lugar en que está, trasladar. También prnl. || Quitar a alguien del puesto que ocupa para sustituirle. || FÍS. Desalojar un cuerpo al sumergirse un volumen de agua igual al de la parte sumergida y cuyo peso es igual al peso total del cuerpo. Esta medida, en toneladas, indica el tamaño de los barcos, por ejemplo.

desplegable. adj. Que puede desplegarse. || m. Pliego de grandes dimensiones, doblado, que permite ver todo su contenido cuando se abre.

desplegar. tr. Desdoblar, extender lo que está plegado o cerrado. También prnl. || Demostrar, manifestar una cualidad o una aptitud. || Hacer pasar las tropas de un orden cerrado a una formación abierta y extendida. También prnl.

despliegue. m. Desdoblamiento de lo que está plegado. || Demostración, exhibición, ostentación. || Demostración, ejercicio de una cualidad o una aptitud. || Formación en abierto de una tropa o un conjunto organizado de personas.

desplomar. tr. Hacer perder la posición vertical, caer. También prnl. || prnl. Caer pesadamente algo. || Caer sin vida o sin conocimiento una persona. || Arruinarse, perderse, sucumbir algo no material.

desplome. m. Caída de algo desde la posición vertical. || Pérdida, desaparición de algo.

desplumar. tr. Perder o quitar las plumas de un ave. También prnl. || *col.* Pelar, quitar a alguien todo el dinero y los bienes. || *amer.* Criticar a una persona ausente.

despoblación. f. Disminución o desaparición completa de la población de un lugar. || Desaparición de la vegetación de un terreno.

despoblado. m. Desierto, lugar no poblado por haber perdido sus habitantes.

despoblar. tr. Reducir a desierto o disminuir considerablemente la población de un lugar. También prnl. || Despojar un lugar de lo que hay en él, especialmente de vegetación.

despojar. tr. Privar a uno de lo que tiene, en general violentamente. || Quitar los adornos y accesorios de algo. || prnl. Desposeerse voluntariamente de una cosa. || Quitarse toda o parte de la ropa.

despojo. m. Pérdida de lo que se posee. || Lo que se ha destruido por el paso del tiempo o la muerte. || Vientre, asadura, cabeza y manos de las reses muertas. Más en pl. || Alones, molleja, patas, pescuezo y cabeza de las aves muertas. Más en pl. || pl. Sobras o residuos. || Restos mortales, cadáver.

despolarizar. tr. FÍS. Destruir o interrumpir la polarización.

despolitizar. tr. y prnl. Quitar el carácter político a una persona o un asunto.

desposado, da. adj. Recién casado. También s. || Esposado, aprisionado con esposas.

desposar. tr. Unir en matrimonio. || prnl. Contraer matrimonio.

desposeer. tr. Privar a uno de lo que posee. || prnl. Renunciar alguno a lo que posee.

desposorio. m. Promesa mutua de contraer matrimonio. Más en pl.

déspota. com. Soberano que gobierna sin respetar ley alguna. || Persona que abusa de su poder o autoridad.

despótico, ca. adj. Del déspota o relativo a él.

despotismo. m. Autoridad absoluta no limitada por las leyes ni por ningún control constitucional. || Abuso de poder o fuerza en el trato con las demás personas.

despotricar. intr. *col.* Criticar algo sin consideración ni reparo.

despreciable. adj. Que merece desprecio.

despreciar. tr. Tener poca estima por algo o alguien. También prnl. || Desdeñar, considerar indigno de aprecio.

desprecio. m. Desestimación, falta de aprecio. || Palabra o acción que indican desaire y desdén.

desprender. tr. Separar, desunir, desatar lo que estaba fijo o unido. También prnl. || Echar de sí alguna cosa, esparcir. También prnl. || prnl. Apartarse de una cosa, separarse, renunciar a ello. || Deducirse, inferirse.

desprendido, da. adj. Desinteresado, generoso.

desprendimiento. m. Desunión, separación de lo que estaba unido. || Desapego, desasimiento de las cosas, generosidad, desinterés.

despreocupación. f. Tranquilidad, estado de ánimo del que carece de preocupaciones. || Falta de cuidado o de atención.

despreocupado, da. adj. Desentendido, indiferente, descuidado con su aspecto o con su manera de ser.

desprestigiar. tr. Quitar el prestigio. También prnl.

desprestigio. m. Pérdida del prestigio.

desprevenido, da. adj. Que no está prevenido o preparado para algo.

desproporción. f. Falta de la proporción debida.

desproporcionado, da. adj. Que no tiene la proporción conveniente o necesaria.

despropósito. m. Dicho o hecho inoportuno o fuera de sentido.

desprotección. f. Falta de protección.

desproteger. tr. Dejar sin protección.

desproveer. tr. Despojar a alguien de lo necesario.

desprovisto, ta. adj. Falto de alguna cosa.

después. adv. t. Denota posterioridad de tiempo. || adv. l. Denota posterioridad de lugar, jerarquía o preferencia. || loc. conj. Seguido de que o de que, equivale a desde que, cuando. || Se usa con valor adversativo.

despuntar. tr. Quitar o gastar la punta. También prnl. || intr. Empezar a brotar las plantas. || Adelantarse, descollar, destacar. || Empezar a amanecer.

desquiciar. tr. Quitar a una persona la seguridad o la paciencia, alterar, exasperar, trastornar. También prnl. || Violentar una situación, malinterpretarla, sacarla de contexto. || Desencajar, sacar su quicio una puerta o una ventana.

desquicio. m. *amer.* Desorden, anarquía, trastorno.

desquitar. tr. Compensar una pérdida o un daño, intentar recuperar lo perdido. Más c. prnl. || Descontar. || prnl. Vengarse de un disgusto o perjuicio que se ha recibido de otro.

desquite. m. Compensación de un daño o una pérdida, revancha.

desratizar. tr. Exterminar las ratas y ratones de un lugar.

desregular. tr. Suprimir una regulación o normativa.

destacado, da. adj. Importante, relevante, notable.

destacamento. m. Tropa destacada para alguna misión.

destacar. tr. Poner de relieve un rasgo o una cualidad. También intr. y prnl. || Separar del cuerpo principal un grupo de soldados para que cumplan una determinada misión. También prnl. || intr. Sobresalir, ser más notable, resaltar. También prnl.

destajar. tr. Ajustar las condiciones con las que debe llevarse a cabo una tarea.

destajo. m. Trabajo que se valora por la labor realizada y no por un jornal.

destapador. m. *amer.* Abrebotellas, instrumento que se emplea para quitar las chapas de las botellas.

destapar. tr. Quitar la tapa. || Descubrir lo tapado o lo encubierto. También prnl. || prnl. Dar uno a conocer intenciones o sentimientos propios que no habían sido manifestados, hacer o decir algo sorprendente o inadecuado.

destape. m. Acción y resultado de quitarse la ropa para exhibir el cuerpo desnudo, especialmente en cine y otros espectáculos. || *amer.* Descorche.

destaponar. tr. Quitar un tapón o un taponamiento.

destartalado, da. adj. y s. Descompuesto, desproporcionado, desordenado.

destartalar. tr. Estropear, dañar. También prnl. || *amer.* Desproveer un lugar de los objetos de uso habitual.

destejer. tr. Deshacer lo tejido.

destellar. tr. Despedir o emitir destellos de luz.

destello. m. Resplandor, ráfaga de luz intensa, momentánea y oscilante. || Manifestación repentina o momentánea de alguna cualidad o una actitud.

destemplado, da. adj. Indispuesto, que tiene malestar físico. || Que no está afinada. || Que manifiesta irritación y enfado. || PINT. Se dice del cuadro o de la pintura en que los tonos no armonizan.

destemplanza. f. Malestar físico con sensación de frío. || Falta de moderación o de temple. || Tiempo desapacible.

destemplar. tr. Producir malestar físico. También prnl. || Alterar la armonía, el orden y concierto de una cosa. || Desafinar un instrumento. || Perder el temple el acero u otros metales. También prnl. || prnl. Descomponerse, alterarse.

desteñido, da. adj. Que ha perdido tinte o color. || *col.* Poco firme en las convicciones.

desteñir. tr. Quitar el tinte, borrar o apagar los colores. También prnl. || Manchar un tejido a otro. También intr.

desternillarse. prnl. *col.* Reírse mucho.

desterrar. tr. Echar a una persona de un territorio por mandato judicial o decisión gubernamental. || Apartar de sí. || Desechar una costumbre, abandonarla.

destetar. tr. Dejar de dar de mamar a un niño o a las crías de los animales. También prnl. || prnl. *col.* Dejar de depender de los padres, valerse por sí mismo.

destete. m. Momento en que se deja de dar de mamar a un niño o a otro mamífero.

destiempo (a). loc. adv. Fuera de tiempo o del momento oportuno.

destierro. m. Pena que consiste en expulsar a una persona de un territorio determinado. || Lugar en que vive el desterrado. || Tiempo que dura esta situación.

destilación. f. Separación por medio de calor de una sustancia volátil de otras más fijas.

destiladera. f. Instrumento para destilar.

destilar. tr. Separar por medio del calor una sustancia volátil de otras más fijas, enfriando luego su vapor para reducirla nuevamente a líquido. También intr. || Mostrar, dejar ver. || Correr un líquido gota a gota. También intr.

destilería. f. Fábrica o industria en que se destilan licores y bebidas alcohólicas.

destinar. tr. Señalar o determinar una cosa para algún fin o efecto. || Designar el puesto, la ocupación o el lugar en que una persona ha de servir. || Dirigir un envío a una persona o a un lugar.

destinatario, ria. m. y f. Persona a quien va dirigida o destinada alguna cosa.

destino. m. Fuerza desconocida de la que se cree que actúa de forma inevitable sobre las personas y los acontecimientos. || Desarrollo de los acontecimientos que se considera irremediable y no se puede cambiar. || Uso o aplicación de una cosa para determinado fin. || Punto de llegada al que se dirige una persona o una cosa. || Empleo, ocupación. || Lugar donde se ejerce un empleo.

destitución. f. Cese de una persona de su cargo.

destituir. tr. Cesar a una persona del cargo o empleo para el cual había sido elegida.

destornillador. m. Instrumento que se utiliza para destornillar y atornillar. || Bebida compuesta de vodka y naranja.

destornillar. tr. Sacar un tornillo dándole vueltas, desatornillar. || prnl. *vulg.* Desternillarse.

destreza. f. Habilidad, arte con que se hace una cosa.

destripador, ra. adj. y s. Que destripa o degüella.

destripar. tr. Quitar o sacar las tripas. || Sacar el interior de una cosa, desarmarla. || Despachurrar, estropear una cosa aplastándola. || Destruir el efecto de un relato anticipando el final. || intr. *amer.* Abandonar los estudios.

destronar. tr. Privar del trono a un monarca. || Quitarle a alguien su autoridad o cargo de importancia.

destroncar. tr. Cortar, tronchar un árbol por el tronco. || Cortar, interrumpir.

destrozar. tr. Despedazar, destruir. También prnl. || Estropear, maltratar, deteriorar. || Causar una gran pena o dolor. || En un enfrentamiento, derrotar al contrincante de forma contundente. || Cansar mucho, agotar.

destrozo. m. Desperfecto, rotura, daño muy grande.

destrozón, ona. adj. y s. Que destroza demasiado las cosas en el uso. || f. *col.* En el carnaval, disfraz de mujer con ropas sucias y haraposas.

destrucción. f. Inutilización total o desaparición de alguna cosa. || Ruina, asolamiento, daño o desperfecto grande.

destructivo, va. adj. Que destruye o puede destruir.

destructor, ra. adj. y s. Que destruye. || m. Barco de guerra de gran velocidad y de tonelaje medio, especializado en acciones de escolta y en enfrentamientos submarinos.

destruir. tr. Deshacer, arruinar una cosa. También prnl. || Inutilizar una cosa no material.

desubicar. tr. *amer.* Situar algo fuera de lugar. También prnl. || prnl. *amer.* Perder la orientación, desorientarse. || *amer. col.* Portarse de manera inconveniente.

desunión. f. Separación, enfrentamiento, enemistad, especialmente entre personas.

desunir. tr. y prnl. Apartar, separar una cosa de otra. || Provocar discordia entre los que estaban unidos.

desusado, da. adj. Que ha dejado de usarse. || Poco usual, fuera de lo normal.

desuso. m. Falta de uso de una cosa.

desvaído, da. adj. Pálido, descolorido, poco intenso. || Poco definido, impreciso.

desvalido, da. adj. y s. Abandonado, desamparado, que no se vale por sí mismo.

desvalijamiento. m. Robo.

desvalijar. tr. Despojar a una persona de sus cosas mediante el robo, el engaño o el juego. || Robar en algún lugar.

desvalorizar. tr. Disminuir el valor económico de algo. También prnl.

desván. m. Parte más alta de la casa, inmediatamente debajo del tejado, donde suelen guardarse objetos viejos o inservibles.

desvanecer. tr. y prnl. Disgregar o difundir las partículas de un cuerpo en otro. || Reducir gradualmente la intensidad de algo. || Quitar de la mente una idea. || prnl. Evaporarse, exhalarse. || Desaparecer una idea o un sentimiento de la mente de una persona. || Perder el sentido momentáneamente.

desvanecimiento. m. Desmayo, pérdida momentánea de conocimiento.

desvarío. m. Dicho o hecho disparatado o incoherente. || Delirio, pérdida pasajera de la razón por una enfermedad o por vejez.

desvedar. tr. Levantar la prohibición sobre alguna cosa vedada.

desvelar. tr. y prnl. Quitar, impedir el sueño, no dejar dormir. || prnl. Poner gran cuidado en hacer algo. || tr. Descubrir lo que estaba oculto.

desvelo. m. Vigilia, insomnio. || Afán, interés, preocupación y cuidado que se pone en algo. Más en pl.

desvencijar. tr. Aflojar, desunir las partes de una cosa que estaban unidas. También prnl.

desventaja. f. Perjuicio que se nota por comparación de dos cosas, personas o situaciones.

desventura. f. Desgracia, suerte adversa.

desventurado, da. adj. Desgraciado, desafortunado.

desvergonzado, da. adj. Atrevido, insolente, que habla u obra con desvergüenza.

desvergüenza. f. Falta de vergüenza, insolencia. || Dicho o hecho insolente o falto de educación.

desvestir. tr. y prnl. Desnudar, quitar toda la ropa o parte de ella.

desviación. f. Cambio de trayectoria o de intenciones. || Separación de un cuerpo respecto de su posición correcta. || Tramo de una carretera que se aparta de la general. || Camino provisional por el que han de circular los vehículos mientras está en reparación un trozo de carretera. || MED. Cambio de la posición natural de los órganos, y en especial de los huesos. || MAT. Diferencia entre un valor estadístico y el valor medio. || Tendencia o hábito que se considera anormal en el comportamiento de una persona.

desviar. tr. Apartar, alejar, separar a alguien o algo de su trayectoria. También prnl. || Disuadir o apartar a alguien de su intención o propósito.

desvinculación. f. Ruptura de un vínculo.

desvincular. tr. Anular la relación o vínculo que se tenía con alguien o algo. También prnl.

desvío. m. Desviación. || Cambio provisional de trazado en un trecho de carretera o camino.

desvirtuar. tr. Quitar la virtud, el valor o las características esenciales de algo. También prnl.

desvivirse. prnl. Mostrar gran interés o afecto por una persona o cosa.

detallar. tr. Tratar, referir una cosa con todos sus pormenores. || Vender al por menor.

detalle. m. Parte pequeña que forma parte de otra mayor, pormenor, fragmento. || Circunstancia que aclara o completa un relato. || Delicadeza, muestra de amabilidad.

detallista. adj. y com. Persona que se cuida mucho de los detalles. || com. Comerciante que vende al por menor.

detección. f. Localización de alguna cosa que no puede observarse directamente mediante aparatos o métodos físicos o químicos.

detectable. adj. Que puede ser detectado.

detectar. tr. Poner de manifiesto, mediante aparatos o por métodos físicos o químicos, lo que no puede ser observado directamente. || Captar, descubrir, percibir.

detective. com. Persona que se dedica profesionalmente a investigaciones privadas por encargo. || En algunos países, funcionario de policía que investiga los delitos.

detectivesco, ca. adj. Del detective o relativo a su profesión.

detector. m. FÍS. Aparato que sirve para detectar.

detención. f. Parada, suspensión de un movimiento o una acción. || Privación de la libertad, apresamiento.

detener. tr. Parar una cosa, impedir que siga en movimiento. También prnl. || Impedir el desarrollo de una acción, suspenderlo. || Arrestar, apresar. || prnl. Pararse a considerar una cosa.

detenido, da. adj. Minucioso, que se detiene en los mínimos detalles.

detenimiento. m. Detención.

detentar. tr. Retener y ejercer ilegítimamente algún poder o cargo público.

detergente. adj. Que sirve para limpiar o purificar. || m. Sustancia o producto que limpia químicamente.

deteriorar. tr. Estropear gradualmente, menoscabar. También prnl.

deterioro. m. Degeneración, empeoramiento gradual de algo.

determinación. f. Decisión, resolución. || Osadía, valor, atrevimiento. || Establecimiento de los límites de una cosa. || Establecimiento o definición de las características de alguna cosa.

determinado, da. adj. Exacto, preciso. || Decidido, valeroso. También s. || LING. Se dice del artículo que limita la extensión del sustantivo.

determinante. adj. Que determina. || m. LING. Parte del sintagma nominal que actualiza al nombre.

determinar. tr. Fijar los términos de una cosa. || Señalar, fijar una cosa con precisión para algún efecto. || Decidir o hacer tomar una decisión. También prnl. || Definir, sacar conclusiones a partir de datos conocidos. || Sentenciar. || Provocar, ser causa de algo. || LING. Limitar la extensión significativa de un nombre.

detestable. adj. Pésimo, execrable, aborrecible.

detestar. tr. Aborrecer, tener aversión por alguien o algo.

detonación. f. Explosión violenta y ruidosa. || Explosión rápida capaz de iniciar la de un explosivo relativamente estable.

detonante. adj. Que detona o explota. || Que llama mucho la atención porque desentona o contrasta mucho. || m. Agente capaz de producir detonación. || Lo que desencadena una situación, un proceso o un acontecimiento.

detonar. tr. Iniciar una explosión o un estallido. || intr. Estallar, dar un estampido fuerte y seco.

detractor, ra. adj. y s. Que critica y habla mal de alguien o algo, que no está de acuerdo.

detrás. adv. l. En la parte posterior de una persona o cosa, o en lugar más retrasado.

detrimento. m. Daño moral o material.

deuda. f. Obligación que una persona tiene de pagar o reintegrar el dinero que debe. || Cantidad que se debe. || Obligación moral contraída con alguien.

deudo, da. m. y f. Pariente, familiar.

deudor, ra. adj. Que debe o está obligado a satisfacer una deuda. También s.

devaluación. f. Disminución del valor.

devaluar. tr. y prnl. Rebajar el valor de una moneda o de otra cosa, depreciarla.

devanar. tr. Enrollar un hilo, un alambre, una cuerda u otro material alrededor de un eje o un carrete. || devanarse los sesos. loc. col. Pensar con intensidad en algo, dar vueltas insistentemente a una cuestión.

devaneo. m. Distracción o pasatiempo pasajero y superficial. || Amorío pasajero, flirteo.

devastación. f. Destrucción total de un territorio, de sus edificaciones y sus campos, generalmente por una catástrofe natural o por una guerra.

devastar. tr. Destruir o arrasar un lugar.

develar. tr. Quitar o descorrer el velo que cubre alguna cosa.

devengar. tr. Adquirir el derecho a percibir una retribución por razón de trabajo o servicio. || Producir intereses.

devenir. intr. Ocurrir, suceder, acaecer. || Llegar a ser, convertirse en algo.

devenir. m. Cambio, transformación, transcurso. || FILOS. Proceso mediante el cual algo se hace o llega a ser.

devoción. f. Veneración y fervor religiosos. || Práctica religiosa. || Inclinación, amor y fidelidad especiales hacia alguien o algo.

devocionario. m. Libro de oraciones.

devolución. f. Restitución, entrega de lo que se había dado o prestado. || Acción que se hace para corresponder a un favor o a un agravio. || Reembolso, entrega de la cantidad que se pagó por un objeto, de un vale o de otro objeto por parte de un comprador insatisfecho.

devolutivo, va. adj. Que devuelve.

devolver. tr. Restituir a una persona lo que poseía. || Volver una cosa al estado que tenía. || Corresponder a un favor o a un agravio. || Entregar de nuevo en un establecimiento comercial lo que antes había sido comprado, a cambio del importe, un vale u otro objeto. || Devolver a una persona la cantidad que le sobra de un pago. || col. Vomitar. || prnl. amer. Volverse, dar la vuelta, regresar.

devorador, ra. adj. y s. Que devora.

devorar. tr. Tragar con ansia y apresuradamente. || Comer un animal a otro. || Consumir, destruir. || Producir inquietud, trastornar. || Dedicar atención ávida a una cosa.

devoto, ta. adj. Dedicado con fervor a obras de piedad y religión. También s. || Que mueve a devoción. || Aficionado a una persona o cosa. También s.

deyección. f. Conjunto de materias arrojadas por un volcán o desprendidas de una montaña. || Defecación, evacuación de los excrementos. || Los excrementos mismos. Más en pl.

día. m. Tiempo que la Tierra emplea en dar una vuelta alrededor de su eje, aproximadamente veinticuatro horas. || Tiempo que dura la claridad del sol sobre el horizonte. || Fecha en que se conmemora un acontecimiento. || Momento, ocasión. || pl. Periodo de tiempo que dura la vida de una persona.

diabetes. f. Enfermedad causada por un desorden de nutrición y que se caracteriza por una concentración excesiva de azúcar en la sangre.

diabético, ca. adj. De la diabetes o relativo a esta enfermedad. || Que padece diabetes. También s.

diabla. f. En los teatros, batería de luces que está entre las bambalinas del escenario. || col. Diablo femenino.

¡diablo! o **¡diablos!.** interj. col. Expresión que denota extrañeza, sorpresa, admiración o disgusto.

diablo. m. Espíritu del mal. || Cada uno de los ángeles rebeldes que fueron expulsados del reino de Dios. || Persona traviesa, revoltosa y atrevida, especialmente un niño. || Persona astuta, sagaz. || Persona malvada o de muy mal genio.

diablura. f. Travesura de poca importancia, especialmente de niños.

diabólico, ca. adj. Del diablo o relativo a él. || col. Excesivamente malo. || Enrevesado, muy difícil.

diábolo. m. Juguete que consiste en un carrete formado por dos conos unidos por sus vértices que gira por medio de una cuerda atada a dos varillas.

diácono. m. Ministro eclesiástico inmediatamente inferior al sacerdote.

diacrítico, ca. adj. GRAM. Se dice de los signos ortográficos que sirven para dar a una letra un valor especial.

diacrónico, ca. adj. De la diacronía o relativo a ella. || Que se desarrolla a lo largo del tiempo.

diadema. f. Adorno femenino de cabeza, en forma de media corona abierta por detrás. || Faja o cinta blanca que antiguamente ceñía la cabeza de los reyes. || Corona sencilla que se usa como símbolo de autoridad.

diáfano, na. adj. Se dice del cuerpo a través del cual pasa la luz casi en su totalidad. || Claro, limpio.

diáfora. f. Repetición de una misma palabra en distintas acepciones.

diafragma. m. ANAT. Membrana musculosa que en el cuerpo de los mamíferos separa la cavidad torácica de la abdominal. || FOT. Disco que regula la cantidad de luz que se ha de dejar pasar en las cámaras fotográficas. || Disco de material flexible que se coloca en el cuello del útero como anticonceptivo. || Disco de algunos aparatos acústicos que transforma las vibraciones del sonido en impulsos eléctricos o viceversa. || Separación que interrumpe la comunicación entre dos partes de un aparato o de una máquina.

diagnosticar. tr. MED. Determinar el carácter de una enfermedad y su calificación mediante el examen de sus signos y síntomas característicos.

diagnóstico, ca. adj. MED. De la diagnosis o relativo a ella. || m. MED. Identificación de la naturaleza de una enfermedad mediante la observación de sus signos y síntomas característicos. || MED. Conclusión del médico después de estudiar la naturaleza de una enfermedad por sus síntomas.

diagonal. adj. y f. GEOM. Se dice de la línea recta que en un polígono va de un vértice a otro no consecutivo. || f. GEOM. Esta misma línea.

diagrama. m. Representación gráfica en la que se muestran las relaciones entre las diferentes partes de un conjunto o sistema o los cambios de un determinado fenómeno.

diagramar. tr. Distribuir proporcionalmente los espacios de un texto.

dial. m. Superficie graduada sobre la cual se mueve un indicador, generalmente una aguja, un punto luminoso o un disco que mide o señala una determinada magnitud, como peso, voltaje, longitud de onda o velocidad, y especialmente el número o emisora en teléfonos o radios.

dialectal. adj. LING. Del dialecto o relativo a él.

dialéctico, ca. adj. De la dialéctica o relativo a esta parte de la filosofía. || m. y f. Persona que se dedica profesionalmente a ella. || f. FILOS. Parte de la filosofía que trata del razonamiento y de sus leyes, formas y maneras de expresión. || FILOS. Sucesión ordenada de verdades o razonamientos que derivan unos de otros. || FILOS. Método de razonamiento que enfrenta posiciones diferentes para confrontarlas y extraer de ellas la verdad. || Arte del diálogo y el convencimiento a través de la palabra.

dialecto. m. LING. Variedad adoptada por una lengua en una zona geográfica concreta. || LING. Cualquier lengua derivada de un tronco o familia común. || LING. Estructuras lingüísticas, simultáneas a otras, que no alcanzan la categoría de lengua.

diálisis. f. FÍS. y QUÍM. Proceso de difusión selectiva a través de una membrana que permite el paso de ciertos cuerpos y evita el de otros. || MED. Método terapéutico que, mediante un riñón artificial, tiene por objeto eliminar sustancias nocivas de la sangre cuando el riñón no puede hacerlo.

dialogar. intr. Conversar dos o más personas intercambiándose el turno de palabra. || Discutir puntos de vista para lograr un acuerdo.

diálogo. m. Conversación entre dos o más personas que se intercambian el turno de palabra. || Discusión de distintos puntos de vista para intentar lograr un acuerdo o un acercamiento entre posturas. || LIT. Género literario en que se finge una conversación o discusión entre dos o más personajes en que se exponen ideas opuestas.

diamante. m. Piedra preciosa formada de carbono puro cristalizado que es el más brillante y duro de todos los minerales y por ello es muy apreciado para la fabricación de joyas. || Uno de los palos de la baraja francesa. Más en pl.

diamantino, na. adj. Del diamante o relativo a esta piedra preciosa. || f. amer. Purpurina.

diametralmente. adv. m. De un extremo al opuesto, en línea recta. || adv. c. Completamente, enteramente, del todo.

diámetro. m. GEOM. Línea recta que pasa por el centro y une dos puntos opuestos de una circunferencia, una superficie esférica o una curva cerrada.

diana. f. Toque militar para que la tropa se despierte. || Punto central de un blanco de tiro. || Blanco de tiro circular formado por varias circunferencias concéntricas.

diantre. m. col. Demonio, diablo. || Interj. col. Expresa enfado o sorpresa.

diapasón. m. MÚS. Intervalo de una octava que se utiliza para regular el resto de los sonidos de un sistema musical. || MÚS. Instrumento de acero en forma de horquilla que cuando se hace vibrar produce un tono determinado. || MÚS. Escala de notas que abarca una voz o un instrumento. || MÚS. Trozo de madera que cubre el mástil de los instrumentos de arco sobre el cual se pisan las cuerdas con los dedos.

diaporama. m. Técnica audiovisual que consiste en la proyección simultánea de diapositivas sobre una o varias pantallas.

diapositiva. f. Fotografía positiva obtenida en un material transparente para ser proyectada, filmina.

diarero, ra o **diariero, ra.** adj. y s. *amer.* Vendedor o repartidor de diarios.

diario, ria. adj. Correspondiente a todos los días o que se repite con mucha frecuencia. || m. Periódico que se publica todos los días. || Cuaderno o libro en que se recogen acontecimientos y pensamientos día a día. || Gasto fijo que se produce cada día en una casa. || diario hablado. Conjunto de noticias que se emite a una hora determinada. || a diario. loc. adv. Todos los días, cada día. || de diario. loc. adj. Que se usa todos los días, cotidiano.

diarrea. f. Anormalidad en la función del aparato digestivo que se caracteriza por las frecuentes evacuaciones y por la consistencia líquida de las mismas.

diáspora. f. Dispersión de un pueblo por varios lugares del mundo, en especial la comunidad judía. || p. ext., Dispersión de un conjunto de personas.

diástole. f. FISIOL. Movimiento de dilatación del corazón y de las arterias, cuando la sangre penetra en su cavidad.

diatermia. f. MED. Empleo de corrientes eléctricas de alta frecuencia para elevar la temperatura en algunas zonas del cuerpo humano, con fines terapéuticos.

diatriba. f. Discurso o escrito violento e injurioso contra personas o cosas.

dibujante. adj. y com. Que dibuja. || com. Persona que se dedica profesionalmente al dibujo.

dibujar. tr. Trazar sobre una superficie una figura empleando un instrumento adecuado. || Describir detalladamente con palabras. || prnl. Revelarse lo que estaba oculto, dejarse ver, manifestarse.

dibujo. m. Arte y técnica de dibujar. || Delineación, figura o imagen ejecutada en líneas claras y oscuras, que toma nombre del material con que se hace. || Motivo decorativo, combinación de líneas o figuras para adornar un objeto.

dicción. f. Manera de pronunciar. || Manera de hablar o escribir que se caracteriza por la corrección y la pulcritud.

diccionario. m. Libro en el que, por orden generalmente alfabético, se contienen y definen todas las palabras de uno o más idiomas o las de una materia o disciplina determinada.

dicharachero, ra. adj. y s. Se dice de la persona que conversa animadamente y es propensa a emplear dichos graciosos en las conversaciones.

dicho, cha. f. Felicidad, satisfacción. || Suerte favorable. || m. Palabra o conjunto de palabras con que se expresa oralmente una máxima, una observación o un consejo popular. || Ocurrencia chistosa y oportuna. || dicho y hecho. loc. Expresión con que se explica la prontitud en hacer una cosa.

dichoso, sa. adj. Feliz, que disfruta de dicha. || Que produce dicha. || *col.* Enfadoso, molesto.

diciembre. m. Duodécimo y último mes del año, entre noviembre y enero, que tiene treinta y un días.

dicotiledóneo, a. adj. y f. De las dicotiledóneas o relativo a esta familia de plantas. || f. pl. BOT. Familia de las plantas angiospermas cuya semilla tiene dos cotiledones, como la judía y la malva.

dicotomía. f. División en dos partes de una cosa.

dictado. m. Lectura de un texto en voz alta y a velocidad moderada para que pueda ser copiado. || Texto escrito tras esta lectura. || pl. Inspiraciones o preceptos de la razón o la conciencia.

dictador, ra. m. y f. Gobernante que asume todos los poderes del Estado y que no se somete a ningún control constitucional ni legislativo. || adj. y s. Persona que abusa de su autoridad o trata con dureza a los demás.

dictadura. f. Gobierno que prescinde del ordenamiento jurídico para ejercer la autoridad sin limitaciones en un país y cuyo poder se concentra en una sola persona. || Tiempo que dura este gobierno. || País con esta forma de gobierno. || Fuerza dominante, concentración de la autoridad en un individuo, un organismo, o una institución, generalmente.

dictamen. m. Opinión y juicio que se forma o emite sobre algo, especialmente el que hace un especialista.

dictaminar. intr. Emitir dictamen sobre un asunto.

dictar. tr. Leer un texto en voz alta y a velocidad moderada para que pueda ser copiado. || Expedir o pronunciar una ley, un fallo o una normativa. || Pronunciar una conferencia. || Inspirar, sugerir, influir.

dictatorial. adj. De la dictadura o del dictador o relativo a ellos.

didáctico, ca. adj. De la enseñanza, relacionado con ella o adecuado para ella. || f. Área de la pedagogía que se ocupa de las técnicas y métodos de enseñanza.

diente. m. Cada una de las piezas duras y blancas implantadas en los huesos maxilares del hombre y algunos animales destinadas a sujetar, partir y triturar los alimentos. || Cada una de las puntas o salientes que presentan algunas cosas y en especial los que tienen ciertos instrumentos o herramientas. || Cada una de las partes en que se divide la cabeza del ajo.

dientudo, da. adj. *amer.* De dientes grandes y desproporcionados.

diéresis. f. Signo ortográfico que se pone sobre la u de las sílabas gue, gui, para indicar que esta vocal debe pronunciarse. || MÉTR. Licencia poética que permite, en un verso, deshacer un diptongo para obtener dos sílabas métricas.

diesel. m. Motor de combustión interna por inyección y compresión de aire y combustible, que no necesita bujías. || Coche que funciona con este tipo de motor.

diestro, tra. adj. Lo que queda a la derecha. || Hábil, experto en una actividad. || Se dice de la persona que usa preferentemente las extremidades derechas. También s. || m. Matador de toros. || f. Mano derecha.

dieta. f. Alimentación habitual de una persona. || Régimen alimenticio que se ha de guardar por distintas razones. || Conjunto de comidas y bebidas que componen este régimen alimenticio. || f. Cantidad que suele abonarse a un empleado cuando realiza actividades fuera de su residencia habitual. Más en pl. || Asamblea política y legislativa de algunos estados.

dietético, ca. adj. De la dieta alimenticia o de la dietética, o relativo a ambas. || f. Ciencia que trata de la relación entre la alimentación y la buena salud.

diez. adj. y pron. num. card. Nueve más uno. || adj. num. ord. Que ocupa el lugar número diez en una serie ordenada de elementos, décimo. También m., aplicado a los días del mes. || m. Conjunto de signos con que se representa este número.

diezmar. tr. Causar gran mortandad en un territorio una epidemia o una catástrofe natural. || Disminuir, causar bajas. || Pagar el diezmo a la Iglesia.

diezmo. m. Parte de la cosecha, generalmente la décima, que se pagaba como tributo a la Iglesia o al rey.

difamación. f. Daño que se hace a la reputación de una persona publicando cosas que perjudiquen su buena fama.

difamar. tr. Desacreditar a una persona publicando cosas contra su buena fama.

difamatorio, ria. adj. Que difama.

diferencia. f. Cualidad o aspecto por el cual una persona o cosa se distingue de otra. || Desacuerdo, discordia. || MAT. Resultado de una resta.

diferenciación. f. Determinación de las diferencias entre personas o cosas. || Proceso por el cual dos personas o cosas se diferencian. || MAT. Operación por la cual se calcula la diferencial de una función.

diferencial. adj. De la diferencia o relativo a ella. || f. MAT. Cantidad infinitamente pequeña de una variable. || MAT. Derivada de una función. || m. Mecanismo del automóvil que permite que las ruedas exteriores giren a mayor velocidad que las interiores en las curvas.

diferenciar. tr. Hacer distinción entre personas o cosas. || prnl. Diferir, distinguirse una persona o cosa de otra.

diferente. adj. Diverso, distinto. || adv. m. De forma distinta, diferentemente.

diferido, da. adj. Aplazado, retardado.

diferir. tr. Dilatar, retardar o suspender la ejecución de una cosa. || intr. Distinguirse. || Discrepar con alguien o algo.

difícil. adj. Que no se logra, ejecuta o entiende sin mucho trabajo. || Que existe poca probabilidad de que ocurra. || Se dice de la persona poco tratable.

dificultad. f. Cualidad de difícil. || Inconveniente, contrariedad, obstáculo.

dificultar. tr. Hacer difícil una cosa, introduciendo obstáculos o inconvenientes que antes no tenía.

difteria. f. MED. Enfermedad infecciosa caracterizada por la formación de falsas membranas en las mucosas, comúnmente de la garganta, que impiden la respiración.

difuminar. tr. y prnl. Desdibujar los colores o los contornos con el dedo o con un difumino. || Hacer perder nitidez, claridad o intensidad.

difundir. tr. Extender, esparcir. También prnl. || Propagar o divulgar. También prnl.

difunto, ta. adj. y s. Que ha muerto, cadáver.

difusión. f. Propagación de algo, especialmente de un conocimiento o de una noticia. || Extensión, dilatación, aumento del espacio que algo ocupa.

difuso, sa. p. p. irreg. de Difundir. || adj. Ancho, dilatado, extenso y poco preciso. || Impreciso, borroso, poco claro.

difusor, ra. adj. y m. Que difunde o extiende.

digerir. tr. Convertir en el aparato digestivo los alimentos en sustancia propia para la nutrición. || Meditar cuidadosamente una cosa para entenderla o ejecutarla. || Asimilar o superar una desgracia o una ofensa.

digestión. f. Conjunto de procesos que transforman los alimentos en sustancias más simples, asimilables por el organismo.

digestivo, va. adj. Se dice de las operaciones y de las partes del organismo que participan en la digestión. || Que ayuda a la digestión. También m.

digitación. f. MÚS. Adiestramiento de los dedos para tocar un instrumento. || MÚS. Indicación en una partitura de los dedos que deben emplearse para dar una nota en un instrumento.

digital. adj. De los dedos o relativo a ellos. || Se dice del aparato o máquina que mide cantidades y las representa con números dígitos. || f. Planta herbácea de tallo sencillo o poco ramoso, hojas vellosas y flores en racimo, que se emplea en medicamentos que combaten la insuficiencia cardíaca. || Flor de esta planta.

digitalizar. tr. INFORM. Transformar una información a un sistema de dígitos, para su tratamiento informático.

dígito. m. Cada una de las cifras que expresan un número. || ASTRON. Cada una de las doce partes iguales en que se divide el diámetro aparente del Sol y el de la Luna en los cómputos de los eclipses.

dignarse. prnl. Tener a bien hacer algo.

dignatario, ria. m. y f. Persona investida de una dignidad o cargo elevado.

dignidad. f. Cualidad de digno, que se comporta con decoro y se hace respetar. || Excelencia, realce. || Seriedad de las personas en la manera de comportarse. || Cargo honorífico y de autoridad. || Persona que tiene autoridad.

dignificar. tr. Hacer digna o presentar como tal a una persona o cosa. También prnl.

digno, na. adj. Que merece algo, en sentido favorable o adverso. || Correspondiente, proporcionado al mérito y condición de una persona o cosa. || Que tiene un comportamiento serio, mesurado, digno de respeto. || Que permite mantenerse con dignidad.

digresión. f. Desviación en el hilo de un discurso oral o escrito para expresar algo que se aparta del tema que se está tratando.

dije. m. Joya, alhaja colgante que se lleva como adorno colgando de una cadena o de una pulsera. || *amer. col.* Lo que cautiva con su belleza, amabilidad o bondad.

dilacerar. tr. Desgarrar los tejidos de una persona o un animal. || Herir el amor propio de una persona.

dilación. f. Retraso o demora de algo por un tiempo.

dilapidación. f. Gasto imprudente y desmesurado.

dilapidador, ra. adj. y s. Que dilapida, que gasta imprudentemente y en exceso.

dilapidar. tr. Malgastar los bienes sin prudencia y sin mesura.

dilatable. adj. Que puede dilatarse.

dilatación. f. Alargamiento, aumento de tamaño. || Extender en el tiempo, hacer una cosa más larga de lo previsto. || FÍS. Variación del volumen de un cuerpo por la acción del calor, que separa las moléculas y disminuye la densidad. || MED. Ensanchamiento del cuello del útero para posibilitar la salida del feto.

dilatador, ra. adj. Que dilata.

dilatar. tr. Extender, alargar, hacer mayor una cosa en espacio o en tiempo. También prnl. || Diferir, retardar. || Propagar, extender. También prnl. || MED. Ensanchar el cuello del útero para posibilitar la salida del feto en un alumbramiento.

dilecto, ta. adj. Amado con sentimiento honesto y respetuoso.

dilema. m. Obligación de seleccionar entre dos opciones distintas. || FILOS. Argumento formado por dos proposiciones contrarias, de manera que negada o afirmada cualquiera de ellas, queda demostrado lo que se intenta probar.

diletante. adj. y com. Que practica una ciencia o un arte sin tener capacidad ni conocimientos suficientes.

diletantismo. m. Práctica de una ciencia o un arte sin tener capacidad ni conocimientos.

diligencia. f. Cuidado, prontitud, agilidad y eficiencia con que se lleva a cabo una gestión. || Trámite administrativo para lograr un fin. || Documento oficial que verifica ciertos trámites administrativos y deja constancia de ellos. || Coche grande arrastrado por caballerías que estaba destinado al transporte de viajeros.

diligenciar. tr. Poner los medios necesarios para el logro de una solicitud. || Tramitar un asunto administrativo.

diligente. adj. Cuidadoso, que obra con interés y atención. || Rápido, activo.

dilogía. f. LING. Uso de una palabra con dos significados distintos dentro del mismo enunciado.

dilucidar. tr. Aclarar y explicar un asunto, ponerlo en claro.

dilución. f. Disolución de un cuerpo sólido en un líquido.

diluir. tr. Disolver, desunir las partes de un cuerpo sólido dentro de un líquido. También prnl. || Hacer disminuir la concentración, aclarar una disolución. También prnl. || Difuminar, hacer menos nítido. También prnl.

diluviar. intr. impers. Llover abundantemente.

diluvio. m. Lluvia muy abundante y fuerte. || Abundancia excesiva de algo.

diluyente. adj. y m. Que diluye o disuelve.

dimanar. intr. Proceder una cosa de otra. || Proceder el agua de sus manantiales.

dimensión. f. Longitud, extensión o volumen de una línea, una superficie o un cuerpo respectivamente. || Cada una de estas magnitudes que definen un fenómeno físico. || Importancia, magnitud o alcance que puede adquirir un acontecimiento o suceso. Más en pl.

dimes y diretes. loc. Comentarios, réplicas y cotilleos entre dos o más personas dentro de una conversación intrascendente.

diminutivo, va. adj. GRAM. Se dice del sufijo que expresa menor tamaño o da valor afectivo al vocablo al que se une. || m. Palabra formada con este sufijo.

diminuto, ta. adj. Excesivamente pequeño.

dimisión. f. Renuncia al cargo que se desempeña.

dimitir. intr. Renunciar, dejar el cargo que se desempeña.

dina. f. Unidad de fuerza en el sistema cegesimal que equivale a la fuerza necesaria para comunicar a la masa de un gramo la aceleración de un centímetro por segundo.

dinamarqués, esa. adj. y s. Danés.

dinámico, ca. adj. De la dinámica o relativo a esta parte de la mecánica. || Relativo a la fuerza cuando produce movimiento. || Se dice de la persona activa, enérgica. || f. Parte de la mecánica que trata de las leyes del movimiento en relación con las fuerzas que lo producen. || Forma de suceder una cosa, conjunto de fuerzas que actúan en un sentido.

dinamismo. m. Energía activa, vitalidad que estimula los cambios o el desarrollo. || Capacidad para hacer o emprender actividades con energía y rapidez.

dinamita. f. Mezcla explosiva de nitroglicerina con un cuerpo muy poroso, que la absorbe y disminuye los riesgos de su manejo. || col. Lo que tiene capacidad para crear alboroto.

dinamitar. tr. Volar con dinamita alguna cosa. || Destruir, entorpecer el funcionamiento de alguna cosa.

dinamo o **dínamo.** f. Máquina destinada a transformar la energía mecánica en energía eléctrica o viceversa.

dinastía. f. Serie de monarcas que en un determinado país pertenecen a una misma familia. || Familia en cuyos individuos se perpetúa el poder, una actividad o la influencia en algún sector.

dineral. m. Cantidad grande de dinero.

dinero. m. Moneda corriente, que tiene valor legal. || Fortuna, riqueza, con junto de bienes.

dinosaurio. m. Reptil que vivió durante la era mesozoica, de cabeza pequeña, cuello largo, cola robusta y larga y las patas anteriores más cortas que las posteriores.

dintel. m. Parte superior de las puertas y ventanas que carga sobre las jambas.

diócesis. f. Territorio sujeto a la jurisdicción de un prelado.

diodo. m. Válvula electrónica que consta de un ánodo frío y un cátodo caldeado, que se emplea como rectificador de corriente y en aparatos electrónicos.

dioptría. f. Unidad de medida usada por los oculistas y que equivale al poder de una lente cuya distancia focal es de un metro. || Unidad que mide el grado de defecto visual de un ojo.

diorama. m. Lámina transparente pintada por las dos caras que permite ver imágenes distintas según sea iluminada por un lado o por otro.

dios, sa. m. y f. Cualquiera de las deidades de las religiones politeístas. || Persona destacada y muy admirada por alguna cua lidad. || m. Nombre del ser supremo, creador del universo, según las religiones monoteístas.

dióxido. m. QUÍM. Compuesto cuya molécula contiene dos átomos de oxígeno y uno de otro elemento.

diploide. adj. Se dice del organismo o de cualquiera de sus fases de crecimiento que tiene doble dotación de cromosomas.

diploma. m. Título o certificación que expiden ciertas entidades para acreditar generalmente un grado académico o un premio.

diplomacia. f. Ciencia dedicada al estudio y práctica de las relaciones internacionales entre Estados. || Conjunto de personas e instituciones que intervienen en esas relaciones. || col. Habilidad, sagacidad y disimulo.

diplomado, da. adj. y s. Persona que ha obtenido un diploma o una diplomatura.

diplomar. tr. Conceder a alguien un título que certifique haber completado ciertos estudios. || prnl. Obtenerlo, graduarse.

diplomático, ca. adj. De la diplomacia o relativo a ella. || Hábil, sagaz para el trato con las personas. || m. y f. Persona que se dedica profesionalmente a las relaciones internacionales y representa a su país en un Estado extranjero. || f. Ciencia que estudia los diplomas antiguos y otros documentos de solemnidad. || Diplomacia.

diplopía. f. MED. Patología que consiste en ver dobles los objetos.

díptero, ra. adj. y s. Se dice del edificio que tiene dos costados salientes y de la estatua que tiene dos alas. || De los dípteros o relativo a este orden de insectos. || m. pl. ZOOL. Orden de insectos que tienen un aparato bucal dispuesto para chupar y únicamente dos alas membranosas, como la mosca.

díptico. m. Cuadro o bajo relieve formado con dos tableros que se cierran por un costado, como las tapas de un libro.

diptongación. f. LING. Transformación de una vocal en un diptongo. || FON. En la pronunciación, unión de dos vocales en una sola sílaba.

diptongar. intr. LING. Transformar una vocal en un diptongo. || tr. FON. En la pronunciación, unir dos vocales en una sola sílaba.

diptongo. m. Unión de dos vocales, una fuerte y otra débil, o dos débiles, que se pronuncian en una sola sílaba.

diputación. f. Conjunto de los diputados. || Ejercicio y duración del cargo de diputado. || Lugar donde se reúnen los diputados.

diputado, da. m. y f. Persona nombrada por elección popular como representante en una cámara legislativa, nacional o provincial.

diputar. tr. Designar, elegir a una persona para una comisión. || Conceptuar, juzgar de una forma determinada.

dique. m. Muro artificial hecho para contener la fuerza de las aguas o del oleaje. || Recinto cerrado en la orilla de una dársena en donde se limpian y reparan los barcos cuando baja la marea. || Lo que sirve para contener.

dirección. f. Rumbo que un cuerpo sigue en su movimiento. || Destino. || Consejos, enseñanzas o normas que se dan para encaminar una actividad. || Persona o conjunto de personas encargadas de dirigir una empresa, establecimiento o sociedad. || Cargo de director. || Oficina o despacho del director. || Domicilio de una persona o una institución. || Técnica para la realización de una película, obra de teatro o programa de televisión. || Señas escritas en una carta, paquete postal o cualquier otro envío para indicar el destinatario. || Mecanismo que sirve para guiar los vehículos automóviles.

directivo, va. adj. y s. Que tiene facultad o virtud de dirigir. || m. y f. Miembro de una junta de dirección. || f. Junta de gobierno de una corporación o sociedad. || Ley, norma o recomendación.

directo, ta. adj. Derecho o en línea recta. || Se dice de lo que va de una parte a otra sin detenerse en los puntos intermedios. || Sin intermediario. || Sin rodeos. || Que se sigue de padres a hijos. || GRAM. Complemento directo. || f. Marcha que en los vehículos automóviles permite conseguir la máxima velocidad.

director, ra. m. y f. Persona que dirige una empresa, un negocio, una compañía teatral, etc. || adj. Que dirige.

directorio, ria. adj. Se dice de lo que sirve para dirigir. || m. Lista o guía de direcciones y nombres. || Normativa de un negocio o una disciplina. || Junta directiva de ciertas asociaciones, partidos u otras instituciones.

directriz. f. Conjunto de instrucciones o normas generales para la ejecución de alguna cosa. Más en pl. || GEOM. Referido a una línea, superficie o volumen, que determina las condiciones de generación de otra línea, superficie o volumen. También adj.

dirigente. adj. Que dirige. || com. Persona que ejerce función o cargo directivo en una asociación, organismo o empresa.

dirigible. adj. Que puede ser dirigido. || m. Globo aerostático autopropulsado dotado de un sistema de dirección.

dirigir. tr. Llevar una cosa hacia un término o lugar señalado. También prnl. || Decir algo a alguien de palabra o por escrito. También prnl. || Poner a una carta, paquete postal o cualquier otro envío las señas para indicar el destinatario. || Guiar, conducir. || Encaminar la atención a determinado fin. También prnl. || Gobernar, regir. || Orientar o poner las pautas para la realización de un trabajo. || Aconsejar. || Aplicar a determinada persona un dicho o un hecho. También prnl.

dirimir. tr. Resolver, poner fin a un desacuerdo.

discapacidad. f. Limitación para llevar a cabo ciertas actividades provocada por una deficiencia física o psíquica.

discapacitado, da. adj. y s. Limitado para algunas actividades a causa de una deficiencia física o psíquica.

discar. tr. amer. Marcar un número de teléfono.

discernimiento. m. Juicio por medio del cual percibimos y declaramos la diferencia que existe entre varias cosas.

discernir. tr. Distinguir una cosa de otra. || DER. Encargar el juez a alguien la tutela de un menor u otro cargo.

disciplina. f. Conjunto de normas que rigen una actividad o una organización. || Actitud de las personas que acatan estas normas. || Asignatura, materia académica. || DEP. Modalidad de un deporte. || Látigo para azotar. Más en pl.

disciplinado, da. adj. Que respeta la disciplina.

disciplinar. tr. Imponer, hacer guardar las normas o la disciplina. || Azotar, dar disciplinazos por mortificación o por castigo. También prnl.

disciplinario, ria. adj. De la disciplina o relativo a ella. || Que sirve para mantener la disciplina o para corregir las faltas contra ella. || Se dice del régimen que establece ciertas normas, así como a cualquiera de las penas que se imponen por vía de corrección.

discípulo, la. m. y f. Estudiante, alumno. || Persona que sigue la opinión de una escuela o maestro, aun cuando viva en tiempos muy posteriores a ellos.

disc-jockey. (voz i.) com. Persona encargada de seleccionar los discos que se ponen en una discoteca o la que, en algunos programas musicales, comenta y selecciona los discos emitidos.

discman. (voz i.) m. Reproductor portátil de discos compactos.

disco. m. Cuerpo circular cuya base es muy grande respecto de su altura. || Lámina circular de material termoplástico empleada en la grabación y reproducción fonográfica. || Cualquier objeto plano y circular. || Figura que presentan el Sol, la Luna y los planetas desde nuestra posición. || Semáforo. || Cada una de las señales luminosas de los semáforos. || DEP. Placa metálica circular que ha de lanzarse lo más lejos posible en una prueba atlética. || DEP. Esta misma prueba deportiva de lanzamiento. || INFORM. Soporte magnético utilizado como almacén de datos. || En algunos modelos de teléfono, pieza redonda giratoria que sirve para marcar el número para una llamada. || *col.* Tema repetido y pesado. || f. *col.* Discoteca.

discóbolo. m. En la antigua Grecia, atleta que lanzaba el disco en los juegos.

discografía. f. Técnica de la grabación de discos fonográficos. || Conjunto de discos de un tema, un autor o cualquier otra característica común.

díscolo, la. adj. y s. Rebelde, indócil, poco obediente.

disconforme. adj. Que no está conforme.

disconformidad. f. Oposición, desacuerdo, falta de conformidad.

discontinuar. tr. Interrumpir, romper la continuidad de un hecho.

discontinuidad. f. Falta de continuidad.

discontinuo, nua. adj. Interrumpido, intermitente o no continuo.

discopub o **disco-pub.** (voz i.) m. Establecimiento público con horario preferentemente nocturno donde se sirven bebidas, se escucha música y se puede bailar.

discordancia. f. Contrariedad, desacuerdo, disconformidad.

discordante. adj. Que discrepa o se muestra en desacuerdo o disconforme.

discordar. intr. Ser opuestas, desavenidas o diferentes entre sí dos o más cosas. || No convenir una persona en sus opiniones con otra. || MÚS. No sonar acorde un instrumento o la voz, desafinar.

discordia. f. Oposición, desavenencia de voluntades o diversidad de opiniones.

discoteca. f. Local público con horario preferentemente nocturno para escuchar música grabada, bailar y consumir bebidas. || Colec-

ción de discos fonográficos. || Mueble donde se guarda.

discreción. f. Sensatez y tacto para hablar u obrar. || Reserva, prudencia.

discrecional. adj. Que se hace libremente, que se deja al criterio de la persona o autoridad que puede regularlo.

discrepancia. f. Diferencia, desigualdad. || Desacuerdo en opiniones o en conducta.

discrepar. intr. Disentir una persona de otra. || Diferenciarse una cosa de otra, ser desigual.

discreto, ta. adj. Sensato, prudente, que manifiesta discreción. || Moderado, sin exceso, que no destaca.

discriminación. f. Ideología o comportamiento social que separa y considera inferiores a las personas por su raza, clase social, sexo, religión u otros motivos ideológicos.

discriminar. tr. Dar trato de inferioridad a una persona o colectividad por motivos raciales, religiosos, de sexo, de clase social o casta u otros motivos ideológicos. || Separar, diferenciar una cosa de otra.

discriminatorio, ria. adj. Que discrimina.

disculpa. f. Petición de perdón por haber cometido una falta. || Excusa que se alega para no cumplir con alguna obligación.

disculpar. tr. Perdonar las faltas que otro comete o justificarlas. || Dar razones que descarguen de una culpa o una obligación. También prnl.

discurrir. intr. Andar, correr por diversos lugares. || Fluir una corriente de agua por un terreno. || Transcurrir el tiempo. || Reflexionar, pensar. || Inventar, idear cosas nuevas.

discursivo, va. adj. Del discurso o del razonamiento, o relativo a ellos. || Que reflexiona o encierra reflexiones.

discurso. m. Exposición oral y pública de alguna extensión. || Serie de las palabras y frases empleadas para manifestar lo que se piensa o siente. || Facultad de discurrir; reflexión, conjunto de ideas. || Escrito o tratado en que se discurre sobre una materia. || Lapso de tiempo. || LING. Serie de palabras y frases que posee coherencia lógica y gramatical.

discusión. f. Escrito o conversación donde se enfrentan y se defienden opiniones contrarias. || Estudio de una cuestión determinada desde diferentes puntos de vista. || Objeción, oposición a lo que alguien hace o dice.

discutir. tr. Alegar razones contra el parecer de una persona, manifestar cierta oposición. También intr. || Examinar atenta y particularmente una materia desde diferentes puntos de vista. || Reñir, pelearse.

disecación. f. Preparación de animales muertos para que conserven la apariencia de cuando estaban vivos.

disecar. tr. Preparar los animales muertos para que conserven la apariencia de cuando estaban vivos. || Preparar una planta para que se conserve seca.

disección. f. División en partes de una planta, un animal o un cuerpo humano sin vida para examinarlos y estudiar sus órganos. || Análisis pormenorizado.

diseccionar. tr. Cortar en partes una planta, un animal o un cuerpo humano sin vida para estudiar sus órganos. || Hacer un análisis minucioso y pormenorizado.

diseminación. f. Esparcimiento, dispersión de algo por distintos lugares.

diseminar. tr. Esparcir, dispersar, separar cosas juntas por distintos lugares. También prnl.

disensión. f. Oposición, desacuerdo. || Contienda, riña, disputa entre personas.

disentimiento. m. Desacuerdo entre personas que manifiestan ideas, opiniones o sentimientos diferentes.

disentir. intr. No ajustarse al parecer de una persona, discrepar, estar en desacuerdo.

diseñador, ra. adj. y s. Persona que se dedica profesionalmente al diseño.

diseñar. tr. Dibujar el trazo de una figura o un edificio. || Crear un objeto que sea a la vez útil y estético.

diseño. m. Actividad creativa y técnica encaminada a idear objetos útiles y estéticos que puedan llegar a producirse en serie. || Forma de cada uno de estos objetos. || Trazo o conjunto de líneas de una figura o un edificio. || Explicación breve, descripción somera de alguna cosa.

disertación. f. Razonamiento detenido y metódico sobre alguna materia. || Escrito o discurso en el que se hace un razonamiento detenido y metódico sobre una materia.

disertar. intr. Razonar, discurrir detenida y metódicamente sobre alguna materia.

disfasia. f. PAT. Perturbación patológica en el uso del lenguaje.

disfonía. f. Trastorno en la emisión de la voz.

disfraz. m. Vestido que oculta o encubre la apariencia de una persona que se usa en carnavales y otras fiestas. || Artificio para cambiar el aspecto de una cosa con el fin de que no sea conocida.

disfrazar. tr. Cambiar el aspecto natural de las personas o de las cosas. || Poner un disfraz. También prnl. || Disimular, ocultar con palabras y expresiones lo que se siente.

disfrutar. intr. Deleitarse, gozar, sentir satisfacción. También m. || intr. Poseer algo bueno o agradable. || tr. Aprovechar.

disfrute. m. Aprovechamiento o uso de algo agradable, útil o ventajoso.

disfunción. f. FISIOL. Alteración de una función orgánica. || Desarreglo en el funcionamiento de alguna cosa.

disgregar. tr. Separar, desunir un todo que era compacto. También prnl.

disgustar. tr. Causar enfado, desagradar. También prnl. || Causar pena, tristeza. También prnl. || prnl. Enfadarse con alguien.

disgusto. m. Pesadumbre, tristeza, preocupación. || Fastidio, aburrimiento, enfado. || Disputa, riña provocada por un desacuerdo o una desavenencia.

disidencia. f. Desacuerdo de opiniones. || Apartamiento de las ideas de una doctrina, una creencia o una organización.

disidir. intr. Apartarse de una creencia, opinión, doctrina u organización, estar en desacuerdo.

disímil. adj. Diferente, distinto, que no se parece.

disimulación. f. Ocultación de algo para que no se note o no se vea. || Disimulo.

disimulado, da. adj. Oculto para que no se note o no se vea. || Que tiene tendencia a disimular o fingir.

disimular. tr. Encubrir un pensamiento, sentimiento, intención, etc. || Tolerar algo fingiendo ignorarlo. || Ocultar, disfrazar, desfigurar las cosas. También intr. y prnl. || intr. Fingir alguien que no conoce, siente o ve algo.

disimulo. m. Capacidad con que se oculta lo que se siente, se sabe o se planea, para que los demás no se den cuenta.

disipación. f. Desvanecimiento. || Derroche de bienes. || Conducta de una persona entregada por completo a las diversiones y los placeres.

disipado, da. adj. y s. Entregado a las diversiones, libertino, con gran relajamiento moral.

disipar. tr. Desaparecer, esparcir gradualmente, desvanecer. También prnl. || Desperdiciar, malgastar bienes. || prnl. Evaporarse.

diskette. (voz i.) m. Disquete.

dislate. m. Error, disparate, hecho o dicho sin sentido común.

dislexia. f. Incapacidad parcial en el aprendizaje de la lectura y la escritura.

dislocar. tr. Desplazar anormalmente un hueso o una articulación. Más c. prnl. || Sacar algo de su lugar, especialmente un argumento de su contexto para manipularlo.

disloque. m. col. Desbarajuste o situación que llega a ser el colmo o algo excelente.

disminución. f. Reducción de la extensión, la cantidad o la intensidad de alguna cosa.

disminuido, da. adj. y s. Se dice de la persona que tiene incompletas sus facultades físicas o psíquicas.

disminuir. tr. Hacer menor la extensión, la cantidad o la intensidad de alguna cosa. También intr. y prnl.

disnea. f. MED. Dificultad para respirar, sensación de ahogo.

disociar. tr. Separar los componentes, desunir. También prnl.

disoluble. adj. Que puede disolverse.

disolución. f. Desunión o separación de las partículas de un cuerpo sólido o espeso por medio de un líquido, hasta lograr una mezcla homogénea. || Mezcla que resulta de disolver cualquier sustancia en un líquido. || Rotura de los vínculos existentes entre varias personas. || Relajación de las costumbres.

disoluto, ta. adj. y s. Licencioso, entregado a vicios y placeres.

disolvente. adj. Que disuelve. || m. Líquido que se utiliza para disolver una sustancia.

disolver. tr. Desunir, separar las partículas o moléculas de un cuerpo sólido o espeso por medio de un líquido, hasta lograr una mezcla homogénea. También prnl. || Separar, desunir lo que estaba unido. || Romper vínculos existentes entre personas. || Deshacer, destruir, hacer desaparecer totalmente. También prnl.

disonancia. f. Sonido desagradable. || MÚS. Con junto de sonidos no acordes. || Falta de conformidad o proporción.

disonante. adj. Que disuena. || Falto de conformidad o proporción.

disonar. intr. Sonar desapaciblemente o de manera inarmónica. || Faltar la consonancia o la armonía.

dispar. adj. Desigual, diferente.

disparada. f. *amer.* Acción de echar a correr de repente o de partir con precipitación, fuga.

disparador, ra. m. y f. Persona que dispara. || m. Pieza de un arma de fuego que sirve para dispararla. || Pieza que sirve para hacer funcionar el obturador automático de una cámara fotográfica.

disparar. tr. Hacer que un arma lance un proyectil. También prnl. || Arrojar o despedir con violencia una cosa. También prnl. || Hacer funcionar un disparador. || Aumentar excesivamente y con rapidez. También prnl. || prnl. Correr de prisa o precipitadamente. || Hablar o actuar violentamente. || intr. y prnl. *amer. col.* Pagar la consumición de los amigos.

disparatado, da. adj. Contrario a la razón, falto de lógica. || Desmesurado, exagerado.

disparatar. intr. Hablar o actuar sin sentido y sin lógica.

disparate. m. Hecho o dicho erróneo, absurdo, ilógico. || Exceso, abuso, cantidad por encima de lo normal.

disparidad. f. Desemejanza, desigualdad, diferencia.

disparo. m. Lanzamiento fuerte y violento. || Operación por la que un arma de fuego lanza un proyectil. || Puesta en marcha de un disparador u otro mecanismo.

dispendio. m. Gasto innecesario y excesivo de tiempo o dinero.

dispendioso, sa. adj. Que produce un gasto excesivo e innecesario. || Que gasta mucho dinero sin necesidad.

dispensa. f. Privilegio, excepción de lo ordenado por las leyes generales que exime de una obligación o permite hacer algo prohibido.

dispensar. tr. Dar, conceder, otorgar. || Eximir de una obligación. También prnl. || Absolver, disculpar.

dispersar. tr. Separar, desunir, diseminar. También prnl. || Distraer la atención o la actividad en múltiples direcciones.

dispersión. f. Separación, diseminación en distintas direcciones. || Distracción de una actividad en múltiples direcciones.

disperso, sa. p. p. irreg. de Dispersar. || adj. Disgregado, diseminado. || Que tiene dificultad para concentrarse.

displacer. m. Pena, desazón, disgusto.

displacer. tr. Disgustar, desazonar, desagradar.

display. (voz i.) m. Pantalla o indicador numérico utilizado para visualizar una determinada información de un aparato electrónico. || Soporte publicitario para presentar un producto.

displicencia. f. Desagrado o indiferencia en el trato. || Desaliento en la realización de una cosa, por dudar de su bondad o de su éxito.

displicente. adj. Que disgusta y desagrada. || De mal humor, falto de interés o de afecto. También s.

disponer. tr. Colocar, poner las cosas en orden o en la situación necesaria para lograr un fin. También prnl. || Mandar lo que ha de hacerse. || Preparar, prevenir. También prnl. || intr. Valerse de una persona o cosa como si fuera propia. || prnl. Estar a punto de hacer algo.

disponibilidad. f. Calidad de disponible. || Situación de un funcionario público o militar que está a la espera de ser destinado a un servicio o lugar. || Conjunto de dinero o bienes de los que se dispone en un momento.

disponible. adj. Se dice de todo aquello de lo que se puede disponer.

disposición. f. Ordenación de algo de la forma conveniente para lograr un fin. || Estado de ánimo o de la salud. || Precepto, norma, ley. || Habilidad, soltura para hacer algo, aptitud. || Distribución de las piezas de una vivienda. || Medio que se utiliza para llevar algo a cabo o conseguir un fin.

dispositivo, va. adj. Que dispone. || m. Mecanismo dispuesto para obtener un resultado. || Conjunto organizado de personas encaminado al logro de un fin.

dispuesto, ta. adj. Preparado para ser utilizado. || Preparado, decidido para hacer algo. || Hábil, capaz, que hace las cosas con ganas y buena disposición.

disputa. f. Riña, discusión, pelea. || Competición para lograr algo.

disputar. tr. Debatir, discutir con violencia sobre algo. También intr. || Competir con alguien por la consecución de un objetivo.

disquete. m. INFORM. Disco flexible y portátil de material magnetizable, que sirve de soporte para almacenar información.

disquisición. f. Comentario que se aparta del tema fundamental que se trata. || Examen riguroso que se hace de alguna cosa.

distancia. f. Espacio o periodo de tiempo que media entre dos cosas o sucesos. || Diferencia entre unas cosas y otras. || Alejamiento afectivo. || GEOM. Longitud del segmento de recta comprendido entre dos puntos del espacio.

distanciamiento. f. Alejamiento en el tiempo o en el espacio. || Enfriamiento de una relación afectiva o intelectual y disminución de la frecuencia en el trato.

distanciar. tr. Separar, apartar, alejar. También prnl. || Desunir, desligar. También prnl.

distante. adj. Apartado, remoto, lejano en el tiempo o en el espacio. || Que dista, que está alejado. || Que evita la relación íntima, frío. || Altivo, orgulloso, soberbio.

distar. intr. Estar apartada una cosa de otra cierto espacio de lugar o de tiempo. || Diferenciarse.

distender. tr. Aflojar, destensar lo que está tirante. || Relajar, disminuir el nerviosismo o la tensión psicológica. || MED. Causar una tensión violenta en tejidos, membranas o tendones. También prnl.

distensión. f. Pérdida de la tensión, aflojamiento de lo que está tirante. || MED. Estiramiento violento de tejidos, membranas o tendones.

distinción. f. Conocimiento o manifestación de las diferencias entre unas cosas y otras. || Diferencia. || Honor concedido a una persona por trato especial. || Elegancia, buenas maneras, elevación sobre la vulgaridad.

distingo. m. Reparo, objeción sutil o malintencionada.

distinguido, da. adj. Que destaca entre los demás por alguna cualidad, ilustre. || Elegante.

distinguir. tr. Conocer la diferencia que hay de unas cosas a otras. También prnl. || Considerar separadamente, diferenciar por alguna particularidad. || Percibir con el oído o con la vista. También prnl. || Otorgar a una persona algún honor o privilegio, dispensarle un trato especial. También prnl. || Descollar,

sobresalir entre otros por alguna cualidad, positiva o negativa.

distintivo, va. adj. Que tiene facultad de distinguir o caracterizar algo. || m. Insignia, señal, marca que sirve para diferenciar. || Característica que sirve para diferenciar.

distinto, ta. adj. Que no es igual ni semejante. || Claro, sin confusión, que permite distinguir una cosa de otra.

distorsión. f. Deformación de la onda de imágenes, sonidos o señales durante su propagación. || Torcedura violenta de los ligamentos, esguince.

distorsionar. tr. Deformar un sonido o una imagen. También prnl. || Dar una interpretación equivocada a unas palabras o un hecho.

distracción. f. Entretenimiento, espectáculo o juego que sirve para el descanso. || Lo que atrae la atención y la aparta de algo. || Falta de atención.

distraer. tr. Divertir, entretener, recrear. También prnl. || Apartar la atención o alguien de una cosa, pensamiento o preocupación. También prnl. || Empujar a una persona a la vida desordenada. || Malversar fondos.

distraído, da. adj. y s. Persona que se distrae con facilidad y no se da cuenta de lo que sucede a su alrededor. || Entretenido.

distribución. f. Reparto de algo entre varios según un criterio. || Reparto de un producto a los locales en que debe comercializarse. || Disposición de las partes de un todo. || Conjunto de piezas que en una máquina transmiten la fuerza del motor a otros lugares.

distribuidor, ra. adj. y s. Empresa o persona dedicada a la distribución de productos comerciales. || m. Cable de corriente eléctrica que se emplea para conectar líneas individuales desde una central. || Pieza de una casa que da paso a varias habitaciones.

distribuir. tr. Repartir algo entre varios según un criterio. También prnl. || Disponer de forma adecuada. También prnl. || Repartir los productos a los locales donde deben comercializarse.

distributivo, va. adj. De la distribución o relativo a ella. || GRAM. Se dice de las palabras que expresan una idea de distribución o reparto. || GRAM. Se dice de las oraciones coordinadas en que se contraponen acciones distribuidas entre varios agentes, lugares o tiempos.

distrito. m. División de un territorio con carácter administrativo o jurídico.

disturbio. m. Alteración, desorden.

disuadir. tr. Inducir, mover a uno a desistir de una idea o propósito de hacer algo.

disuasión. f. Inducción a una persona para que desista de una idea o propósito.

disyunción. f. Separación, desunión. || GRAM. Relación entre dos o más elementos, uno de los cuales excluye a los demás.

disyuntivo, va. adj. Se dice de lo que implica una relación excluyente entre dos elementos o tiene la capacidad de desunir o separar. || GRAM. Se dice de las oraciones coordinadas que expresan una elección entre dos posibilidades que denotan diferencia, alternancia o separación. || GRAM. Conjunción disyuntiva. || f. Alternativa entre dos posibilidades por una de las cuales hay que optar.

ditirambo. m. Composición poética de la antigua Grecia en honor a Dionisos. || Composición poética laudatoria que expresa un gran entusiasmo por el objeto a que se dedica el elogio. || Alabanza exagerada.

diurético, ca. adj. y m. Se dice de lo que tiene virtud para aumentar la secreción y eliminación de orina.

diurno, na. adj. Relacionado con el día o que ocurre durante el día. || Se dice de los animales que buscan su alimento y realizan su actividad durante el día. || Se dice de las plantas que solo de día tienen abiertas sus flores.

divagación. f. Desviación del asunto del que se está hablando.

divagar. intr. Desviarse, al hablar o al escribir, del asunto del que se trata. || Andar sin rumbo fijo.

diván. m. Sofá generalmente sin respaldo, y con almohadones sueltos. || Antiguo consejo islámico que determinaba los negocios de Estado y de justicia. || Colección de poesías en alguna de las lenguas orientales, especialmente en árabe, persa o turco.

divergencia. f. Separación progresiva de dos o más líneas o superficies. || Diversidad de opiniones, desacuerdo.

divergente. adj. Que diverge o discrepa.

divergir. intr. Irse apartando progresivamente unas de otras, dos o más líneas o superficies. || Discordar, discrepar.

diversidad. f. Variedad, diferencia. || Abundancia de cosas distintas.

diversificar. tr. Hacer múltiple y diverso lo que era único y uniforme.

diversión. f. Entretenimiento proporcionado por un rato alegre. || Recreo, entretenimiento, pasatiempo. || MIL. Acción que pretende confundir y despistar al enemigo.

diverso, sa. adj. Diferente, distinto. || pl. Varios, muchos.

divertículo. m. MED. Bolsa normal o de carácter patológico que está presente en algún conducto u órgano hueco.

divertir. tr. Entretener, recrear, proporcionar diversión. También prnl.

dividendo. m. Cantidad que ha de dividirse

por otra. || Parte de los beneficios de una sociedad atribuida a cada accionista, según el número de acciones que se posea.

dividir. tr. Partir, separar en partes. También prnl. || Distribuir, repartir entre varios. También prnl. || Desunir, sembrar discordia. || MAT. Realizar una división, operación que consiste en averiguar cuántas veces el divisor está contenido en el dividendo.

divinidad. f. Esencia o naturaleza divina o conjunto de cualidades que la definen. || Dios o dioses en ciertas religiones y mitologías.

divinizar. tr. Hacer o suponer divina a una persona o cosa, o tributarle culto y honores divinos. || Hacer sagrada una cosa. || Halagar excesivamente.

divino, na. adj. Perteneciente a Dios o a los dioses. || Excelente, maravilloso.

divisa. f. ECON. Moneda extranjera. Más en pl. || Señal exterior para distinguir personas o cosas. || TAUROM. Lazo de cintas de colores con que se distinguen en la lidia los toros de cada ganadero.

divisar. tr. Ver, percibir confusamente o a distancia un objeto.

divisible. adj. Que puede dividirse. || MAT. Se dice del número entero que al dividirse por otro número entero da como resultado un número entero, sin decimales.

división. f. Separación o reparto de un todo en varias fracciones. || Discordia, desunión. || Diversidad. || MAT. Operación que consiste en averiguar cuántas veces el divisor está contenido en el dividendo. || MIL. Unidad militar formada por dos o más brigadas o regimientos. || DEP. Cada uno de los grupos en que compiten, según su categoría, los equipos o deportistas.

divismo. m. Calidad de divo. || Excesos propios del divo.

divisor, ra. adj. Que divide. || MAT. Submúltiplo, que divide exactamente a otro número. También m. || m. MAT. Cantidad entre la cual ha de dividirse otra.

divisorio, ria. adj. Que sirve para dividir o separar.

divo, va. adj. *poét.* Divino. || Soberbio, engreído, arrogante. || adj. y s. Artista de éxito, fama y categoría, generalmente cantante de ópera.

divorciar. tr. Disolver legalmente un matrimonio. También prnl. || Separar, apartar. También prnl.

divorcio. m. Disolución legal de un matrimonio. || Separación, desunión.

divulgación. f. Publicación, propagación de un conocimiento.

divulgar. tr. Publicar, propagar un conocimiento, poner al alcance del público una cosa. También prnl.

D

do. m. Primera nota de la escala musical.

doberman. m. Raza canina de origen alemán que se caracteriza por su cuerpo musculoso, cabeza larga y estrecha y sus dotes como guardián.

dobladillo. m. Pliegue o remate que se hace a la ropa en los bordes.

doblaje. m. Sustitución de la voz del actor que interpreta una película o un programa de televisión por la de otra persona, en la misma lengua o traduciendo los diálogos del idioma original.

doblar. tr. Aumentar una cosa, haciéndola el doble de lo que era. || Aplicar una sobre otra dos partes de una cosa flexible. || Pasar a otro lado o dirección. También intr. || Torcer algo, darle forma curva. También prnl. || En el cine y la televisión, sustituir la voz del actor que aparece en la pantalla, por la de otra persona, en la misma lengua o traduciendo los diálogos del idioma original. || Sustituir a un actor en cine o televisión en determinadas escenas.

doble. adj. num. mult. Que consta de dos elementos. || adj. Dos veces mayor. También m. || Se dice de lo que está formado por dos cosas iguales o semejantes. || BOT. Se dice de las flores que tienen más hojas que las sencillas de su misma especie. || Se dice del tejido grueso y fuerte, de mucha consistencia. || En el juego del dominó, se dice de la ficha que en los cuadrados de su anverso lleva igual número de puntos o no lleva ninguno. || Copia o repetición idéntica de un objeto. || m. pl. DEP. En tenis, partido que se disputa por parejas. || DEP. En baloncesto, falta que se comete al volver a botar la pelota después de haber estado parado o cuando un jugador salta con el balón y cae con él en las manos todavía. || adv. m. Con duplicación.

doblegar. tr. Doblar o torcer algo que ofrece resistencia. También prnl. || Hacer a una persona que desista de un propósito. También prnl. || Derrotar.

doblete. m. Interpretación de dos personajes distintos en una misma obra. || DEP. Conjunto de dos victorias consecutivas. || LING. Pareja de palabras del mismo origen etimológico, pero con una evolución diferente.

doblez. m. Parte que se dobla o pliega en una cosa. || Señal que queda en la parte por donde se dobló. || amb. Simulación, hipocresía.

doblón. m. Antigua moneda española de oro.

doce. adj. y pron. num. card. Diez más dos. || adj. num. ord. Que ocupa el lugar número doce en una serie ordenada de elementos, duodécimo. También m., aplicado a los días del mes. || m. Conjunto de signos con que se representa este número.

docena. f. Conjunto de doce cosas.

docencia. f. Práctica y ejercicio de las personas que se dedican a la enseñanza.

docente. adj. De la docencia o relativo a ella. || adj. y com. Que se dedica profesionalmente a la enseñanza.

dócil. adj. Fácil de educar, apacible, dulce. || Obediente. || Suave, flexible.

docilidad. f. Cualidad de dócil.

docto, ta. adj. y s. Erudito, sabio.

doctor, ra. m. y f. Persona que ha recibido el más alto grado académico que otorga la universidad. || Médico. || Título que la Iglesia otorga a ciertos santos que defendieron o enseñaron la religión con mayor intensidad.

doctorado. m. Grado de doctor que se obtiene después de haber cursado los estudios necesarios y de haber realizado una tesis. || Estudios necesarios para obtener este grado. || Conocimiento pleno en alguna materia. || TAUROM. Acto de tomar la alternativa un matador de todos.

doctoral. adj. Del doctor o del doctorado o relativo a ellos.

doctorar. tr. Graduar de doctor a uno en una universidad. También prnl. || TAUROM. Tomar la alternativa un matador.

doctrina. f. Enseñanza que se da a una persona sobre una materia determinada. || Ciencia, sabiduría || Conjunto de creencias defendidas por un grupo.

documentación. f. Conocimiento que se tiene de un asunto por la información que se ha recibido de él. || Documento o conjunto de documentos, generalmente de carácter oficial, que sirven para la identificación personal o para acreditar alguna condición.

documentado, da. adj. Que va acompañado de los documentos necesarios. || Que aparece mencionado en documentos. || Se dice de la persona que está bien informada acerca de un asunto.

documental. adj. Que está basado en documentos, o se refiere a ellos. || Se dice de las películas cinematográficas tomadas de la realidad con propósitos meramente informativos. También m.

documentar. tr. Probar una cosa con documentos. || Informar a uno acerca de un asunto. También prnl.

documento. m. Escrito que ilustra o informa acerca de un hecho. || Cualquier cosa que sirve para probar algo.

dodecaedro. m. GEOM. Poliedro de doce caras.

dodecafonía. f. MÚS. Sistema atonal en el que se emplean indistintamente los doce intervalos cromáticos que se divide la escala.

dodecágono, na. adj. y m. GEOM. Polígono de doce ángulos y doce lados.

dodecasílabo, ba. adj. y s. De doce sílabas. || Se dice del verso que tiene este mismo número de sílabas.

dogma. m. Principio básico e innegable de una ciencia. || En la religión católica, verdad revelada por Dios y declarada como cierta e indudable por la Iglesia. || Fundamentos capitales de cualquier ciencia o doctrina.

dogmático, ca. adj. Del dogma o relativo a él. || Inflexible, intransigente. También s. || f. Conjunto de principios o dogmas de una disciplina o ciencia.

dogmatismo. m. Conjunto de todo lo que se considera dogma en una religión. || Conjunto de las proposiciones o verdades que se tienen por principios innegables en una ciencia. || Presunción del que considera sus opiniones como ciertas y fuera de toda duda. || FILOS. Escuela filosófica, opuesta al escepticismo, que sostiene que a través de la razón humana, y siempre que se siga un método y orden en la investigación, se pueden afirmar principios evidentes y ciertos.

dogmatizar. tr. Enseñar los dogmas, especialmente los opuestos a la religión católica. También intr. || Afirmar como innegable algún principio discutible.

dogo, ga. adj. y m. Se dice de una raza europea de perros, de cabeza grande, cuello grueso, orejas pequeñas con la punta doblada, pelo corto y fino; por su gran fuerza y tamaño suele utilizarse para la caza y la defensa.

dólar. m. Unidad monetaria de varios países como Canadá, Estados Unidos y Nueva Zelanda.

dolby. (voz i.) m. Sistema que reduce automáticamente cualquier ruido introducido en los procesos de grabación y reproducción.

dolce vita. (loc. it.) f. Vida frívola.

dolencia. f. Indisposición, enfermedad o alteración de la salud.

doler. intr. Padecer dolor en una parte del cuerpo. También prnl. || Causar dolor. || Causar pesar o disgusto. || prnl. Arrepentirse, sentir pesar por haber hecho algo. || Compadecerse. || Quejarse y explicar el dolor. || Lamentarse.

doliente. adj. Que padece una enfermedad o dolor, o se queja de ella. || Apenado. || Que encierra dolor o aflicción. || com. En un duelo, pariente del difunto.

dolmen. m. Monumento megalítico compuesto de una o más piedras colocadas de plano sobre dos o más piedras verticales.

dolo. m. Engaño, fraude. || DER. Voluntad manifiesta de cometer un acto delictivo.

dolor. m. Sensación aflictiva de una parte del cuerpo. || Pesar, tristeza, pena, sufrimiento.

doloroso, sa. adj. Se dice de lo que causa dolor. || f. Imagen de la Virgen en la actitud de dolerse por la muerte de Jesucristo. || col. Factura que hay que pagar.

doloso, sa. adj. Engañoso, fraudulento.

doma. f. Operación de amansar un animal mediante el entrenamiento. || Control o represión de unas actitudes o un comportamiento.

domador, ra. m. y f. Persona que se dedica a domar animales o a exhibir animales domados.

domar. tr. Amansar y hacer dócil al animal mediante el entrenamiento. || Sujetar, reprimir. || Hacer tratable a una persona que no lo es. || Dar más flexibilidad y holgura a un objeto.

domeñar. tr. Dominar, someter.

domesticar. tr. Acostumbrar al animal salvaje a la compañía de las personas. || Hacer tratable a una persona que no lo es.

doméstico, ca. adj. De la casa o el hogar o relativo a ellos. || Se dice del animal que se cría y vive en compañía de las personas. || m. y f. Criado que sirve en una casa. || DEP. En ciclismo, corredor que tiene como misión ayudar a otro.

domiciliar. tr. Autorizar pagos o cobros con cargo o abono a una cuenta existente en una entidad bancaria. || prnl. Establecer su domicilio en algún lugar.

domicilio. m. Lugar en que uno habita o se hospeda de forma fija. || Lugar en que legalmente vive una persona. || Lugar donde se encuentra establecida una entidad.

dominación. f. Control que se tiene sobre un territorio. || Lugar alto que domina una plaza, y desde el cual es posible batirla o hacerle daño. || pl. Espíritus bienaventurados que componen el cuarto coro.

dominante. adj. Se dice de la persona que ejerce poder sobre alguien o algo. || Que sobresale o prevalece sobre el resto. || f. Quinta nota de la escala diatónica.

dominar. tr. Tener poder sobre personas o cosas. || Conocer a fondo una materia, ciencia o arte. || Saber utilizar. || Sobresalir, destacar. También intr. || Ser más frecuente. || Divisar una extensión considerable de terreno desde una altura. || Contener la extensión de algo. || prnl. Reprimirse, ejercer dominio sobre sí mismo.

domingo. m. Día de la semana, entre el sábado y el lunes, generalmente dedicado al descanso, y que los cristianos dedican al culto de Dios.

dominguero, ra. adj. Que se suele usar en domingo. || Se apl. a la persona que acostumbra a divertirse solamente los domingos o días de fiesta. También s. || Conductor inexperto que utiliza el coche normalmente los domingos y días de fiesta.

D

dominical. adj. Del domingo o relativo a él. || m. Publicación que se vende los domingos junto con el periódico.

dominicano, na. adj. De Santo Domingo o relativo a la República Dominicana.

dominico, ca. adj. De la Orden de Santo Domingo o relativo a ella.

dominio. m. Poder que se ejerce sobre personas o cosas. || Facultad que uno tiene de usar y disponer de lo suyo. || Territorio dependiente de otro o de un Estado situado fuera de sus fronteras. Más en pl. || Conocimiento profundo de alguna materia, ciencia, técnica o arte. || Esfera de influencia o alcance de una actividad intelectual, artística o de una disciplina académica.

dominó. m. Juego que se hace con 28 fichas rectangulares, divididas en dos cuadrados, cada uno de los cuales lleva marcados de uno a seis puntos, o no lleva ninguno. || Conjunto de estas fichas. || Disfraz en forma de larga túnica hasta los pies con capucha.

domo. m. ARQUIT. Bóveda en forma de una media esfera.

don. m. Regalo, presente. || Habilidad para hacer una cosa. || Rasgo característico de alguien. || m. Tratamiento de respeto que se antepone a los nombres de pila masculinos.

donación. f. Entrega voluntaria de algo que se posee.

donaire. m. Gracia en lo que se dice o hace. || Ocurrencia graciosa, chiste.

donairoso, sa. adj. Con donaire.

donante. adj. y com. Que dona algo. || Persona que voluntariamente cede un órgano o sangre con fines terapéuticos.

donar. tr. Traspasar uno a otro alguna cosa de forma gratuita.

donativo. m. Entrega voluntaria de algo, sobre todo con fines benéficos, limosna.

doncel. m. Antiguamente, joven noble que aún no había sido armado caballero. || Muchacho joven.

doncella. f. Muchacha joven, especialmente si es virgen. || Criada que sirve a una señora, o que se dedica a las labores de la casa exceptuando la cocina.

doncellez. f. Virginidad.

dónde. adv. interrog. Equivale a preguntar por el lugar en el que se lleva a cabo una acción, o en el que está algo o alguien.

donde. adv. rel. Indica el lugar donde se lleva a cabo una acción, o en el que está una persona o cosa.

dondequiera. adv. l. En cualquier parte.

donjuán. m. Seductor, hombre con una gran vida amorosa.

donoso, sa. adj. Que tiene donaire y gracia.

dónut. m. Bollo esponjoso, en forma de rosquilla, recubierto de azúcar o chocolate.

doña. f. Tratamiento de respeto que se aplica a las mujeres y precede a su nombre propio. || *amer.* Señora.

dopar. tr. DEP. Administrar fármacos o sustancias estimulantes para potenciar artificialmente el rendimiento de los deportistas. También prnl.

doping. (voz i.) m. DEP. Dopaje.

doppler. m. MED. Ecografía por ultrasonidos.

doquier, ra. adv. l. Dondequiera.

dorada. f. Pez teleósteo comestible de dorso negro azulado, plateados los costados, blanco el vientre y con una mancha dorada entre los ojos.

dorado, da. adj. De color de oro o semejante a él. || Esplendoroso, feliz, sobre todo cuando se habla de un periodo de tiempo. || m. Cubrimiento con oro o aplicación de un color dorado. || m. pl. Conjunto de adornos metálicos de color de oro.

dorar. tr. Cubrir con oro. || Dar el color del oro a una cosa. || Tostar ligeramente una cosa de comer. También prnl. || prnl. Tomar color dorado.

dórico, ca. adj. De los dorios o relativo a este pueblo del Peloponeso. || m. Estilo arquitectónico de la Grecia clásica que se caracterizaba por una columna estriada y el capitel sin molduras. || Dialecto del antiguo griego que hablaban los dorios.

dorio, ria. adj. y s. Del pueblo indoeuropeo que, junto con los eolios y los jonios, formó la antigua Grecia o relativo a él.

dormilón, ona. adj. y s. Que duerme mucho o se duerme con facilidad. || f. *amer.* Camisón de dormir.

dormir. intr. Estar en un estado de reposo en el que se suspende toda actividad consciente y todo movimiento voluntario. También prnl. y tr. || Pernoctar, pasar la noche fuera de casa. || Tener relaciones sexuales. || Estar una cosa olvidada en algún lugar. || tr. Hacer que una persona se duerma. || Provocar el aburrimiento. || Anestesiar. || prnl. Descuidarse. || Adormecerse, perder la sensibilidad un miembro. || Sosegarse lo que estaba inquieto.

dormitar. intr. Estar medio dormido o dormido superficialmente.

dormitorio. m. Habitación para dormir. || Conjunto de muebles de esta habitación.

dorondón. m. Niebla fría y espesa.

dorsal. adj. Del dorso, espaldas o lomo o relativo a ellos.

dorso. m. Revés o espalda de una cosa o persona. || *amer.* Natación a espalda.

dos. adj. y pron. num. card. Uno más uno. || adj. num. ord. Que ocupa el lugar·número dos en una serie ordenada de elementos, segundo. También m., aplicado a los días del mes. || m. Conjunto de signos con que se representa este número.

doscientos, tas. adj. y pron. num. card. Cien más cien. || adj. num. ord. Que ocupa el lugar número doce en una serie ordenada de elementos, ducentésimo. || m. Conjunto de signos con que se representa este número.

dosel. m. Colgadura o techo que cubre un sillón, altar, trono, cama o algo similar y que sirve de ornamento. || Antepuerta o tapiz.

dosificar. tr. Determinar o graduar las dosis de un medicamento. || Regular la cantidad o porción de otras cosas.

dosis. f. Cantidad de medicina que se toma cada vez. || Cantidad o porción de una cosa.

dossier. (voz fr.) m. Conjunto de documentos o informes sobre un asunto o persona.

dotación. f. Aquello con lo que se dota. || Asignación de personal y medios necesarios para el funcionamiento de un lugar o servicio. || Personal de un buque de guerra o de una unidad policial o militar. || Asignación de una cantidad como pago.

dotado, da. adj. Equipado o provisto. || Con unas determinadas cualidades o condiciones naturales para realizar una actividad.

dotador, ra. adj. y s. Que dota.

dotar. tr. Equipar, proveer a una persona o cosa de alguna característica o cualidad que la mejore. || Señalar bienes para una fundación o institución benéfica. || Otorgar la naturaleza a una persona ciertos dones o cualidades determinadas. || Asignar a un barco, oficina o establecimiento público, las personas y material que le son necesarios. || Asignar sueldo o haber a un empleo o cargo cualquiera. || Dar dote a una mujer que va a contraer matrimonio o va a ingresar en una orden religiosa.

dote. amb. Cantidad de bienes o dinero que la mujer aporta al matrimonio o que entrega al ingresar en un convento o institución religiosa. Más c. f. || f. pl. Cualidades o aptitudes sobresalientes de una persona.

dracma. f. Antigua moneda de plata usada por griegos y romanos. || Unidad monetaria de la Grecia actual.

draconiano, na. adj. Excesivamente severo o muy rígido.

draft. (voz i.) m. Boceto.

draga. f. Máquina que se emplea para limpiar el fondo de los ríos, puertos y zonas navegables de arena, piedras y otros materiales. || Barco que lleva esta máquina.

dragado. m. Extracción de arena, piedras y otros materiales del fondo de un río, puerto o cualquier zona navegable.

dragar. tr. Limpiar el fondo de los ríos, puertos y zonas navegables de arena, piedras y otros materiales. || Buscar y recoger las minas submarinas que se colocan en zonas navegables en periodo de guerra.

dragón. m. Animal fabuloso de figura de serpiente con pies y alas, y que echa fuego por la boca. || Reptil del orden de los saurios, parecido al lagarto, caracterizado por las expansiones de su piel, que forma a los lados del abdomen una especie de alas, que ayudan a los saltos del animal.

drama. m. Obra literaria de asunto triste, en verso o en prosa, que se caracteriza por el empleo exclusivo del diálogo entre los personajes y que está escrita para ser representada en un espacio escénico. || Género literario compuesto por el conjunto de este tipo de obras. || Obra teatral o cinematográfica en que suceden acciones tristes o desgraciadas, sin llegar a alcanzar el dolor o intensidad de la tragedia. || Suceso triste y conmovedor.

dramático, ca. adj. Del drama o relativo a él. || Se dice del autor o actor de obras dra máticas. También s. || Capaz de conmover vivamente. || Teatral, afectado. || f. Arte y técnica de escribir obras dramáticas. || Género literario al que pertenecen las obras destinadas a ser representadas en un espacio escénico, caracterizadas por el empleo exclusivo del diálogo entre los personajes. || Conjunto de obras teatrales.

dramatizar. tr. Dotar de carácter dramático a alguna cosa. || Exagerar con apariencias dramáticas o afectadas algo con el fin de conmover o aumentar el interés. También intr.

dramaturgo, ga. m. y f. Persona que escribe obras dramáticas o teatrales.

dramón. m. Obra dramática de escasa calidad teatral y literaria.

drapeado, da. adj. Con muchos pliegues.

drástico, ca. adj. Riguroso, enérgico, radical.

drenaje. m. Procedimiento empleado para desecar el terreno por medio de conductos subterráneos. || MED. Extracción de líquidos y otras sustancias que se segregan en el interior de una herida o en un órgano del cuerpo. || MED. Tubos, gasas y procedimientos utilizados en los drenajes.

drenar. tr. Desecar, desaguar un lugar. || MED. Facilitar la salida de líquidos acumulados en el interior de una herida u otra cavidad orgánica.

dribling. (voz i.) m. DEP. En algunos deportes, en especial el fútbol, jugada que consiste en esquivar al contrario al mismo tiempo que se avanza con el balón.

dril. m. Tela fuerte de hilo o algodón crudos.

driver. (voz i.) m. INFORM. Programa que se encarga de gestionar ciertos recursos de un ordenador. || DEP. En el golf, palo con el que se ejecuta la salida de un hoyo.

droga. f. Nombre genérico de ciertas sustancias usadas en industria, medicina o química. || Cualquier sustancia de efecto estimulante, deprimente, narcótico o alucinógeno y cuyo consumo reiterado puede provocar adicción o dependencia. || Cualquier cosa que crea hábito o dependencia. || *amer.* Deuda.

drogadicción. f. Adicción; hábito de quienes consumen drogas de forma reiterada y dependen de ellas.

drogadicto, ta. adj. y s. Persona que depende física o psíquicamente de una droga, debido al consumo reiterado de la misma.

drogado, da. adj. Que está bajo los efectos de una droga.

drogar. tr. Administrar o tomar drogas. También prnl.

droguería. f. Establecimiento donde se venden pinturas, productos de limpieza y de aseo. || *amer.* Farmacia.

dromedario. m. Rumiante propio de las zonas arábigas y norteafricanas, parecido al camello, pero con una sola joroba, y que se emplea como medio de transporte o animal de carga.

druida. m. Sacerdote de los antiguos galos y celtas, al que se consideraba depositario del saber sagrado y profano.

drupa. f. Fruto carnoso con una semilla rodeada de un envoltorio leñoso, como el melocotón y la ciruela.

drupáceo, a. adj. Que se parece a la drupa o tiene rasgos de su naturaleza.

dual. adj. Se apl. a lo formado por dos partes, que contiene dos aspectos distintos.

dualidad. f. Reunión de dos caracteres o características distintos, en una misma persona o cosa. || Cualidad de existir dos cosas de la misma clase.

dualismo. m. Doctrina filosófica que explica el origen y naturaleza del universo por la acción de dos esencias o principios diversos y contrarios. || Existencia de dos caracteres o aspectos distintos en una misma persona o cosa.

dubitación. f. Duda.

dubitativo, va. adj. Que implica o manifiesta duda.

ducado. m. Estado gobernado por un duque. || Título o dignidad de duque, el más alto entre los nobiliarios. || Territorio sobre el que ejercía su autoridad un duque. || Antigua moneda de oro que se empleó en España hasta el siglo XVI.

ducal. adj. Del duque o relativo a él.

ducha. f. Aplicación de agua que se hace caer sobre el cuerpo en forma de chorro o de lluvia para fines higiénicos o curativos. || Aparato o espacio que sirve para este fin. || Recipiente de loza u otro material donde se recoge al agua aplicado de esta manera. || Estancia o habitación donde están instalados estos aparatos.

duchar. tr. Dar una ducha. Más prnl.

ducho, cha. adj. Experto, diestro.

dúctil. adj. Se dice del material que puede deformarse, moldearse, malearse o extenderse con facilidad. || Se apl. a los metales que se pueden extender en alambres o hilos. || Se dice de la persona dócil.

ductilidad. f. Propiedad que presentan los metales de poder permitir deformarlos en frío sin romperlos. || Blandura de carácter, conformidad.

duda. f. Vacilación e indecisión ante varias posibilidades. || Sospecha. || Cuestión que se propone con ánimo de solucionarla o resolverla.

dudar. intr. Estar en duda, vacilar entre dos opciones contradictorias, no estar seguro. También tr. || Sospechar, desconfiar de una persona o cosa. || Dar poco crédito a una información que se oye. También tr.

dudoso, sa. adj. Que ofrece duda. || Indeciso, que tiene duda. || Poco probable.

duelo. m. Combate entre dos a consecuencia de un desafío. || Enfrentamiento entre dos, muy disputado, en el que cada uno busca la derrota del contrario. || m. Manifestación de dolor por la muerte de alguien. || Dolor, aflicción. || Reunión de parientes o amigos que asisten al entierro o al funeral de un difunto.

duende. m. Espíritu travieso que se cree que habita en algunas casas, causando en ellas alteraciones y desórdenes; se le suele representar en forma de viejo o niño. || Personaje fantástico de algunos cuentos infantiles. || Encanto misterioso, difícil de explicar con palabras.

dueño, ña. m. y f. Persona que tiene dominio o señorío sobre una persona o cosa. || Propietario. || Amo. || f. Mujer viuda que había en las casas principales para guardar a las demás criadas.

duermevela. amb. Sueño ligero del que está dormitando. || Sueño fatigoso y frecuentemente interrumpido.

dueto. m. Dúo musical.

dulce. adj. De sabor agradable y suave al paladar, como la miel o el azúcar. || Que no es agrio o salado, sobre todo si se lo compara con algo de la misma especie. || Grato, apacible. || Afable, complaciente, cariñoso. || m. Alimento hecho con azúcar o que tiene este sabor. || Caramelo, golosina. Más en pl || Bueno, afortunado.

dulcificar. tr. Volver dulce una cosa. También prnl. || Mitigar, atenuar, suavizar.

dulcinea. f. Mujer querida, amada.

dulcísono, na. adj. De sonido dulce.

dulzaino, na. adj. Demasiado dulce, o que está dulce cuando no debería estarlo.

dulzón, ona. adj. Dulzarrón.

dulzor. m, Dulzura.

dulzura. f. Sabor suave y agradable al paladar, como el del azúcar o la miel. || Carácter apacible y bondadoso, suavidad, deleite. || Afabilidad, bondad, docilidad.

duma. f. Asamblea legislativa en Rusia.

dumper. (voz i.) m. Volquete.

dumping. (voz i.) m. ECON. Práctica económica que consiste en vender por debajo del precio normal o de coste de producción, para hacerse con cuota de mercado.

duna. f. Colina de arena que se forma en los desiertos y playas por la acción del viento.

dúo. m. Composición para dos voces o instrumentos. || Conjunto musical que interpreta esta pieza. || Conjunto formado por dos personas.

duodécimo, ma. adj. num. ord. Que ocupa el lugar número doce en una serie ordenada de elementos. || adj. num. frac. Se dice de cada una de las doce partes iguales en que se divide un todo. También m.

duodeno. m. Parte inicial del intestino delgado que lo une con el estómago.

dúplex. adj. Se dice de un sistema de información capaz de transmitir mensajes en ambos sentidos de la comunicación al mismo tiempo. || m. En un edificio de varias plantas, vivienda de dos pisos comunicados entre sí por una escalera interior.

duplicación. f. Multiplicación por dos de algo. || Reproducción de algo en una copia.

duplicado. m. Copia o reproducción de un documento. || Ejemplar repetido de una obra.

duplicar. tr. Multiplicar por dos una cosa. También prnl. || Reproducir, sacar una copia de algo.

duplicidad. f. Calidad de doble. || Hipocresía, falsedad.

duplo, pla. adj. num. mult. Que contiene un número exactamente dos veces.

duque, esa. m. y f. Título de la nobleza, superior al marqués y conde e inferior al de príncipe. || Persona con este título. || Cónyuge de una persona con el título de duque.

durabilidad. f. Característica de lo que dura o posibilidad de durar mucho.

durable. adj. Que dura o que puede durar mucho.

duración. f. Tiempo que dura algo o que transcurre entre su principio y su fin.

duradero, ra. adj. Se dice de lo que dura mucho.

duramen. m. Parte central, más seca, dura y oscura del tronco y de las ramas más gruesas de un árbol.

durante. prep. Indica el periodo de tiempo a lo largo del cual está ocurriendo algo de manera continuada. || Indica el periodo de tiempo a lo largo del cual tiene lugar un hecho o acción.

durar. intr. Tener lugar durante un periodo de tiempo. || Subsistir, permanecer alguna característica o cualidad.

duraznero. m. *amer.* Durazno.

durazno. m. Árbol frutal, variedad de melocotonero, cuyo fruto es algo más pequeño. || Fruto de este árbol. || *amer.* Nombre genérico de varias especies de árboles parecidas al melocotonero. || *amer.* Fruto de estos árboles.

dureza. f. Resistencia que ofrece un cuerpo a ser rayado. || Falta de blandura. || Falta de sensibilidad, aspereza, severidad excesiva. || Ausencia de delicadeza o suavidad en una obra artística. || Violencia. || Callosidad, capa de piel dura que se forma en algunas partes del cuerpo.

durmiente. adj. y com. Que duerme. || m. Madero horizontal sobre el cual se apoyan otros en horizontal o vertical. || Traviesa del ferrocarril.

duro, ra. adj. Difícil de trabajar, cortar, rayar, comprimir o desfigurar. || Que no está todo lo blando que debe estar. || Fuerte, resistente al uso, que no se estropea con facilidad. || Que soporta o aguanta las penas, sufrimientos o dolores sin quejas, con fortaleza. || Áspero, falto de suavidad, excesivamente severo. || Riguroso, exigente. || Violento, cruel. || Ofensivo, difícil de tolerar. || Que necesita de mucho esfuerzo. || m. Moneda de cinco pesetas. || adv. Con fuerza o violencia. || *amer.* En voz alta.

dux. m. Antiguo príncipe o magistrado supremo en las repúblicas de Venecia y Génova.

E

e. f. Quinta letra del abecedario español y segunda de las vocales. Representa un sonido que se pronuncia elevando un poco el predorso de la lengua hacia la parte anterior del paladar y estirando levemente los labios hacia los lados.

e. conj. cop. Se usa en vez de la *y*, para evitar el hiato, antes de palabras que empiezan por *i* o *hi*.

ebanista. com. Persona que hace muebles o que trabaja con ébano y otras maderas finas.

ebanistería. f. Arte u oficio de hacer muebles o de trabajar en ébano y maderas finas. || Taller donde trabaja un ebanista. || Conjunto de muebles hecho de ébano o maderas finas, sobre todo si comparten alguna característica común.

ébano. m. Árbol de 10 a 12 m de altura, de hojas alternas y lanceoladas, flores verdosas y bayas redondas, de madera pesada y maciza, muy negra por el centro y blanquecina hacia la corteza. || Madera de este árbol, muy apreciada en la fabricación de muebles.

ebonita. f. Materia obtenida al tratar el caucho con azufre, y que se empleaba para fabricar aislantes eléctricos.

ebriedad. f. Trastorno temporal de las capacidades físicas o mentales causado por un consumo excesivo de bebidas alcohólicas o por intoxicación de otras sustancias. || Alteración o turbación del ánimo.

ebrio, bria. adj. Que tiene sus capacidades físicas o mentales mermadas por causa de un excesivo consumo de bebidas alcohólicas. || Cegado por la pasión.

ebullición. f. Movimiento agitado y con burbujas de un líquido, que tiene lugar al elevar su temperatura. || Estado de gran excitación.

ebúrneo, a. adj. De marfil, o parecido a él.

eccema. m. MED. Enfermedad inflamatoria de la piel de origen alérgico, caracterizada por la aparición de pequeñas vejigas rojizas pruriginosas, que forman placas.

echar. tr. Hacer que algo llegue a alguna parte dándole impulso. También prnl. || Hacer que una cosa caiga en un sitio determinado. || Dejar caer, verter. || Despedir de sí una cosa. || Hacer salir a uno de algún lugar. || Brotar en las plantas sus raíces, hojas o frutos. También intr. || Tratándose de personas o animales, salir o aumentar alguna parte natural de su organismo. || Deponer a uno de su empleo o cargo.

eclecticismo. m. Escuela filosófica que procura conciliar aquellas doctrinas que considera las mejores de diversos sistemas. || Modo de juzgar u obrar que adopta una posición intermedia, en lugar de optar por soluciones extremas o muy definidas.

eclesiástico, ca. adj. De la Iglesia o relativo a ella, en particular referido a los clérigos. || m. Hombre que ha recibido las órdenes religiosas; clérigo.

eclipsar. tr. Causar un astro el eclipse de otro. || Oscurecer, deslucir. También prnl. || prnl. Ocurrir el eclipse de un astro. || Evadirse, ausentarse, desaparecer.

eclipse. m. ASTRON. Ocultación transitoria, total o parcial, de un astro por interposición de otro. || Ausencia, desaparición transitoria de una persona o cosa.

eclíptica. f. Circunferencia máxima de la esfera celeste descrita por el movimiento aparente del Sol en el curso del año, que corta el Ecuador en ángulo de 23 grados y 27 minutos. || Órbita descrita por la Tierra en su movimiento alrededor del Sol.

eclosión. f. BIOL. Acto de abrirse un capullo de flor, una crisálida o un huevo. || BIOL. Acción de abrirse el ovario en el momento de la ovulación. || Aparición o manifestación súbita de un movimiento social, histórico, político, cultural, etc.

eco. m. Repetición de un sonido por la reflexión de las ondas sonoras. || Sonido que se percibe débil y confusamente. || FÍS. Onda electromagnética reflejada de modo tal que se percibe como distinta de la originalmente emitida. || LIT. Composición poética en que se repite parte de un vocablo o un vocablo entero, para formar una nueva palabra significativa que representa el eco de la anterior. || Persona que imita o repite aquello que otro dice o hace. || Chisme, rumor, noticia imprecisa. También pl.

ecografía. f. Técnica que se emplea en medicina para exploración del interior de un cuerpo mediante ondas electromagnéticas o acústicas. || Imagen que se obtiene por este método.

ecoico, ca. adj. Del eco o relativo a él. || Onomatopéyico.

ecología. f. Ciencia que estudia las relaciones de los seres vivos entre sí y con el medio en que viven. || Rama de la sociología que estudia las relaciones entre los grupos humanos y su entorno físico y social.

economía. f. Ciencia que estudia la producción y la administración de bienes y servicios. || Estructura o régimen económicos de un sistema u organización. || Riqueza pública o conjunto de los recursos de un país. || Ahorro de tiempo, trabajo, dinero, etc. || Buena distribución del tiempo y de otras cosas inmateriales. || pl. Ahorros.

económico, ca. adj. De la economía o relativo a ella. || Que gasta o consume poco. || Poco costoso.

economista. adj. y com. Profesional de la economía.

economizar. tr. Ahorrar o disminuir gastos. || Evitar algún trabajo, riesgo, peligro, etc.

ecosistema. m. BIOL. Comunidad integrada por un conjunto de seres vivos interrelacionados y por su medio ambiente.

ecuación. f. MAT. Igualdad que contiene una o más incógnitas. || ASTRON. Diferencia entre el lugar o movimiento medio y el verdadero o aparente de un astro. || FÍS. Relación de igualdad entre los resultados de efectuar determinadas operaciones matemáticas con las medidas de las magnitudes que intervienen en un fenómeno.

ecuador. m. GEOG. Círculo imaginario que equidista de los polos de la Tierra. || GEOG. Círculo máximo que se considera en la esfera celeste, perpendicular al eje de la Tierra. || GEOM. Paralelo de mayor radio en una superficie de revolución.

ecuánime. adj. Que tiene ecuanimidad o equidad.

ecuanimidad. f. Imparcialidad de juicio. || Actitud equilibrada y constante.

ecuatorial. adj. Del Ecuador o relativo a él.

ecuatoriano, na. adj. y s. De Ecuador o rel. a este país americano.

ecuestre. adj. Del caballo o relativo a él. || Del caballero, o de una orden de caballería. || PINT. y ESC. Se apl. a la figura puesta a caballo.

ecuménico, ca. adj. Universal o que abarca el mundo entero.

eczema. m. Eccema.

edad. f. Tiempo de existencia desde el nacimiento. || Cada uno de los periodos en que se considera dividida la vida humana. || Duración de algo desde que comenzó a existir. || Periodo histórico. || Época. || Vejez, ancianidad.

edecán. m. MIL. Ayudante de campo. || col. Auxiliar, colaborador, especialmente cuando se comporta de modo servil con sus superiores; pelota. || amer. Conserje, bedel.

edema. m. Hinchazón blanda de una parte del cuerpo producida por acumulación de líquido.

edén. m. Según la Biblia, paraíso terrenal que habitaron el primer hombre y la primera mujer hasta que comieron el fruto prohibido. || col. Lugar ameno y muy agradable.

edición. f. Impresión de una obra. || Conjunto de ejemplares de una obra impresos en una sola tirada. || Cada celebración de determinado certamen, exposición, festival, etc. || Texto de una obra preparado con criterios filológicos.

edicto. m. Mandato o decreto que se publican por la autoridad competente. || Aviso público sobre un asunto de interés común para la ciudadanía.

edificación. f. Construcción de un edificio. || Construcción, edificio. || Efecto de infundir en alguien buenos sentimientos e incitarlo a obrar con virtud.

edificar. tr. Construir o mandar construir un edificio. || Dar buen ejemplo, incitar a alguien a obrar con virtud. || Constituir o levantar una entidad u organización.

edificio. m. Construcción hecha con materiales resistentes para albergar a personas, animales, cosas o actividades.

edil, la. m. y f. Miembro electo de un ayuntamiento. || m. En la antigua Roma, magistrado que tenía a su cargo las obras públicas de la ciudad.

edilicio, cia. adj. Del edil o relativo a él. || amer. De las actividades municipales o relativo a ellas.

editar. tr. Publicar ciertas obras, especialmente las impresas.

editor, ra. adj. Que edita. || m. y f. Persona o entidad encargada de editar una obra, multiplicando los ejemplares. || Persona que se dedica a preparar la publicación de un texto siguiendo criterios filológicos. || m. INFORM. Programa que permite redactar, manipular e imprimir documentos.

editorial. adj. Del editor o la edición, o relativo a ellos. || m. Artículo de fondo que recoge el criterio de la dirección de una publicación sobre cualquier asunto. || f. Empresa que se dedica a la edición.

educación. f. Proceso de socialización y aprendizaje encaminado al desarrollo intelectual y ético de una persona. || Instrucción por medio de la acción docente. || Cortesía, urbanidad.

educador, ra. adj. y s. Que educa. || m. y f. Persona que se dedica a la docencia.

E

educando, da. adj. y s. Que recibe educación, especialmente referido a quien se educa en un colegio.

educar. tr. Desarrollar las facultades intelectuales y morales de una persona. También prnl. || Dirigir, encaminar, adoctrinar. || Enseñar los buenos usos de urbanidad y cortesía. || Adiestrar o perfeccionar los sentidos.

edulcorante. m. Sustancia que edulcora o endulza.

efe. f. Nombre de la letra *f*.

efebo. m. Adolescente, muchacho.

efectismo. m. Intención de provocar un fuerte efecto o impresión en el ánimo. || Efecto logrado por procedimientos encaminados a impresionar fuertemente el ánimo.

efectivo, va. adj. Que tiene efecto. || Real, verdadero, cierto. || m. Dinero en metálico. || m. pl. Fuerzas militares o policiales bajo un solo mando o con una misma misión.

efecto. m. Lo que se deriva de una causa. || Impresión, impacto en el ánimo. || Fin por el que se hace algo. || Documento o valor mercantil. || En determinados espectáculos, truco o artificio para provocar ciertas impresiones. Más en pl. || Movimiento giratorio que se imprime a un objeto al lanzarlo, con el fin de desviarlo de la trayectoria esperada. || pl. Bienes, pertenencias, enseres.

efectuar. tr. Ejecutar o llevar a cabo algo. || prnl. Cumplirse o hacerse realidad algo.

efeméride. f. Acontecimiento notable que se recuerda en su aniversario. || Conmemoración de dicho aniversario. || pl. Libro o comentario en que se refieren los hechos de cada día. || Sucesos notables ocurridos en el día de la fecha, pero en años anteriores.

efervescencia. f. Desprendimiento de burbujas gaseosas a través de un líquido. || Agitación, excitación.

eficacia. f. Capacidad para obrar o para conseguir un resultado determinado.

eficaz. adj. Que logra hacer efectivo un intento o propósito.

eficiencia. f. Capacidad para lograr un fin empleando los mejores medios posibles.

eficiente. adj. Que consigue un propósito empleando los medios idóneos.

efigie. f. Personificación, representación de algo real o ideal. || Imagen, representación de una persona.

efímero, ra. adj. Pasajero, que dura poco. || Que dura un solo día.

eflorescencia. f. Erupción cutánea, aguda o crónica, que se presenta en varias regiones del cuerpo y con particularidad en el rostro. || Conversión espontánea de ciertas sales en polvo al perder el agua de la cristalización.

efluvio. m. Emisión de pequeñas partículas. || Emanación, irradiación en lo inmaterial.

efusión. f. Expresión viva e intensa de sentimientos de afecto y alegría. || Derramamiento de un líquido, especialmente de la sangre.

efusivo, va. adj. Que se manifiesta con efusión.

égida o egida. f. Protección, defensa. || Escudo que se llevaba en la mano izquierda.

egipcio, cia. adj. y s. De Egipto o relativo a este país africano. || m. LING. Lengua de este país.

egiptología. f. Estudio de la civilización del antiguo Egipto.

égloga. f. Composición poética del género bucólico, en la que, por lo común, dos pastores dialogan acerca de sus amores o de la vida campestre.

egocéntrico, ca. adj. Que se considera el centro de la atención y de la actividad generales.

egoísmo. m. Excesivo aprecio que tiene una persona por sí misma, y que le hace atender desmedidamente a su propio interés, sin preocuparse del los demás.

egoísta. adj. Del egoísmo o relativo a él. || adj. y com. Que tiene o manifiesta egoísmo.

egolatría. f. Culto y veneración que una persona se profesa a sí misma.

egregio, gia. adj. Ilustre, insigne.

egresar. tr. Salir de alguna parte. || amer. Licenciarse o graduarse.

egreso. m. Salida, partida de descargo. || amer. Licenciatura o graduación.

¡eh!. interj. Expresión que se emplea para preguntar, llamar, despreciar, reprender o advertir.

eje. m. Barra que atraviesa un cuerpo giratorio y lo sostiene en su movimiento. || Línea que divide por la mitad el ancho de una superficie o de un cuerpo. || Barra horizontal que une unas ruedas opuestas de un vehículo. || Idea fundamental, asunto primordial, pilar básico de algo. || Persona o elemento que se considera el centro de algo, y alrededor del cual gira todo lo demás. || MEC. Pieza mecánica que transmite el movimiento de rotación en una máquina. || GEOM. Recta fija en torno a la cual se considera que gira una línea para engendrar una superficie, o una superficie para engendrar un sólido. || GEOM. Diámetro principal de una curva.

ejecución. f. Realización de algo. || Manera de interpretar una obra musical o de realizar una obra pictórica. || Acto de dar muerte a un reo condenado a esta pena. || DER. Procedimiento judicial con embargo y venta de bienes para liquidación de deudas.

ejecutante. com. Persona que exige el cumplimiento de lo dispuesto en una sentencia judicial. || Persona que ejecuta o interpreta una obra musical.

ejecutar. tr. Hacer, realizar una cosa. || Ajusticiar, dar muerte al reo condenado a ella. || Interpretar una pieza musical. || Hacer cumplir una orden o disposición judicial por procedimiento ejecutivo. También prnl.

ejecutivo, va. adj. Que no admite espera ni permite el aplazamiento de la ejecución. || Que ejecuta o lleva a cabo algo. || m. Gobierno de un país. || m. y f. Persona que desempeña un cargo directivo en una empresa. || f. Junta directiva de una entidad.

ejecutor, ra. adj. y s. Que ejecuta o lleva algo a cabo.

ejemplar. adj. Que da buen ejemplo y es digno de ser tomado como modelo. || Que sirve de escarmiento. || m. Cada una de las copias sacadas de un mismo original o modelo. || Cada uno de los individuos de una especie o de un género.

ejemplo. m. Aquello que sirve de modelo imitable o eludible, según se considere positivo o negativo. || Lo que induce a ser imitado. || Hecho o texto que se cita.

ejercer. tr. Practicar una profesión o un oficio. También intr. || Realizar una acción o influjo. || Hacer uso de una virtud, facultad o derecho.

ejercicio. m. Ocupación, dedicación. || Trabajo práctico para el aprendizaje de ciertas disciplinas. || Esfuerzo corporal que se hace para mantenerse saludable y en forma, o para entrenar en algún deporte. || Cada una de las pruebas de que consta un examen. || Tiempo durante el cual rige una ley de presupuestos. || pl. Movimientos y evoluciones militares con que los soldados se ejercitan y adiestran.

ejercitar. tr. Practicar un arte, oficio o profesión. También prnl. || Hacer que uno aprenda algo mediante la enseñanza y la práctica. prnl. Practicar reiteradamente una actividad para adiestrarse en ella.

ejército. m. Conjunto de fuerzas armadas de una nación. || Conjunto de fuerzas aéreas o terrestres de una nación. || Cuerpo militar que está bajo las órdenes de un general. || Colectividad organizada para la realización de un fin.

ejido. m. Campo común de los vecinos de un pueblo donde suelen reunirse los ganados o establecerse las eras.

él, ella, os, as. pron. Forma del pron. pers. m. y f. de tercera persona singular y plural, que en la oración desempeña la función de sujeto. o de complemento con preposición. Como sujeto, no es normal que aparezca expreso en la oración, salvo si se quiere resaltar. Como complemento, no es correcto su uso con valor reflexivo, en lugar de *sí*.

el, los. art. det. m. sing. y pl. Se antepone a un sustantivo masculino singular para indicar que el referente es conocido por el hablante y el oyente.

elaboración. f. Transformación de algo mediante el tratamiento preciso. || Diseño o planificación de algo complejo.

elaborar. tr. Preparar o transformar un producto mediante el tratamiento adecuado. || Idear o inventar algo complejo.

elasticidad. f. Propiedad de los cuerpos que recobran su extensión y figura primitivas, tan pronto como cesa la acción que las alteraba. || Capacidad de adaptación a cualquier circunstancia.

elástico, ca. adj. Se dice del cuerpo que puede recobrar su forma y extensión después que haya cesado la acción o fuerza que la había alterado. || Acomodaticio, que puede ajustarse a distintas circunstancias. || Que admite varias interpretaciones. || m. Tejido, cinta o cordón de goma, especialmente el que se coloca en algunas prendas de vestir para que se ajusten o den de sí. || f. Prenda interior de punto que abriga; camiseta. || *amer.* Somier.

ele. f. Nombre de la letra *l.*

elección. f. Opción que se toma entre varias. || Nombramiento de una persona para algún cargo o comisión. || pl. Votación que se hace para designar a uno entre varios candidatos.

elector, ra. adj. y s. Que elige o puede elegir.

electorado. m. Conjunto de electores.

electoral. adj. De los electores, de las elecciones o relativo a ellos.

electricidad. f. Corriente eléctrica. || FÍS. Conjunto de fenómenos físicos derivados del efecto producido por el movimiento y la interacción entre cargas eléctricas positivas y negativas. || Rama de la física que estudia los fenómenos eléctricos.

electricista. adj. Experto en aplicaciones técnicas y mecánicas de la electricidad. || com. Especialista en instalaciones eléctricas.

eléctrico, ca. adj. De la electricidad o relativo a ella. || Que tiene o comunica electricidad. || Que funciona con electricidad o que la produce.

electrificar. tr. Proveer de electricidad a un lugar. || Adaptar o equipar una instalación o una máquina para que puedan funcionar con energía eléctrica.

electrizar. tr. y prnl. Comunicar o producir la electricidad en un cuerpo. || Exaltar, avivar el ánimo, entusiasmar.

electrocutar. tr. Matar o morir por causa de una descarga eléctrica. También prnl.

electrodo o **eléctrodo.** m. Extremo de un cuerpo conductor en contacto con un medio del que recibe o al que transmite una corriente eléctrica.

electrodoméstico. m. Aparato eléctrico de uso doméstico. Más en pl. También adj.

electrógeno, na. adj. Que produce o genera electricidad. || m. Generador eléctrico.

electroimán. m. Barra de hierro dulce imantada artificialmente por la acción de una corriente eléctrica.

electromagnetismo. m. Parte de la física que estudia las acciones y reacciones de las corrientes eléctricas sobre los campos magnéticos.

electrón. m. FÍS. y QUÍM. Partícula elemental del átomo dotada de carga negativa.

electrónico, ca. adj. De los electrones, de la electrónica, o relativo a ellos. || f. Rama de la física que estudia los fenómenos basados en la influencia de campos electromagnéticos sobre el movimiento de los electrones libres en el vacío, en gases o en semiconductores. || Conjunto de aplicaciones técnicas derivadas de este estudio.

electroshock. (voz i.) m. Electrochoque.

eelectrotecnia. f. Estudio de las aplicaciones técnicas de la electricidad.

electroterapia. f. Tratamiento de ciertas enfermedades mediante la electricidad.

elefanta. f. Elefante hembra.

elefante. m. Mamífero del orden de los proboscidios, de gran tamaño, piel cenicienta, rugosa y gruesa, la cabeza y los ojos pequeños, las orejas grandes y colgantes, la nariz y el labio superior unidos y prolongados en una trompa que usa como mano; tiene dos dientes incisivos, llamados comúnmente colmillos, grandes y muy desarrollados. Habita en Asia y África, donde se emplean como animal de carga.

elegancia. f. Distinción, donaire. || Buen gusto, estilo, mesura. || Corrección, comedimiento, discreción.

elegante. adj. Que tiene distinción, gracia, donaire. También com. || Mesurado, de buen gusto, bien proporcionado. || Correcto, comedido, discreto.

elegantoso, sa. adj. amer. Elegante.

elegía. f. Composición poética en que se lamenta un acontecimiento negativo, especialmente la muerte de una persona.

elegir. tr. Escoger, seleccionar. || Nombrar por elección a alguien.

elemental. adj. Fundamental, primordial. || Obvio, evidente, o fácil de entender. || Referido a los principios o fundamentos de una ciencia o arte.

elemento. m. Fundamento, móvil o parte integrante de una cosa. || Principio físico o químico de los cuerpos. || QUÍM. Sustancia formada por átomos que tienen el mismo número de protones nucleares. || Medio ambiente en el que habita y se desarrolla un ser vivo. || Para la filosofía antigua: la tierra, el agua, el aire y el fuego, como principios constitutivos de los cuerpos. || Individuo valorado positiva o negativamente. || pl. Fundamentos y principios de las ciencias y de las artes.

elenco. m. Conjunto de personas que intervienen en un espectáculo, especialmente en el teatro. || Conjunto de personas que en un momento determinado constituyen un grupo representativo.

elevación. f. Levantamiento o alzamiento de algo. || Parte más alta de alguna cosa. || Encumbramiento material o moral. || Acción de alzar el sacerdote el cáliz o la hostia en la misa.

elevado, da. adj. Levantado sobre un nivel; alto. || Sublime, de gran categoría.

elevador, ra. adj. Que eleva. || m. y f. Aparato empleado en almacenes y construcciones para subir, bajar o desplazar mercancías. || m. amer. Ascensor.

elevar. tr. Levantar o alzar una cosa. También prnl. || Mejorar a una persona en su puesto, cargo, o condición. También prnl. || Vigorizar, fortalecer. || Dirigir un escrito o petición a una autoridad. || MAT. Efectuar o calcular la potencia de un número.

elidir. tr. GRAM. Suprimir la vocal con que acaba una palabra cuando la que sigue empieza con otra vocal. || Frustrar, debilitar una cosa.

eliminar. tr. Quitar, separar. || Prescindir de algo o alguien; excluir. También prnl. || MAT. Resolver una incógnita en una ecuación. || MED. Expeler el organismo una sustancia.

elipse. f. GEOM. Curva cerrada, simétrica respecto de dos ejes perpendiculares entre sí, que resulta de cortar un cono circular por un plano que encuentra a todas las generatrices del mismo lado del vértice.

elite. f. Minoría selecta y destacada en un ámbito social o en una actividad.

elixir o **elíxir.** m. Licor compuesto de diferentes sustancias curativas disueltas por lo regular en alcohol. || Medicamento o remedio maravilloso. || ALQ. Sustancia esencial de un cuerpo.

elle. f. Nombre de la doble ele.

ello. pron. Forma del pron. pers. neutro de tercera persona singular, que en la oración desempeña la función de sujeto o de complemento con preposición.

elocución. f. Modo de emplear las palabras para expresar los conceptos en el discurso. || Modo de elegir y distribuir las palabras y los pensamientos en el discurso.

elocuencia. f. Facultad de hablar o escribir de modo eficaz para deleitar y conmover, y especialmente para persuadir a oyentes o lectores. || Fuerza de expresión, eficacia para persuadir y conmover que tienen, p. ext., los gestos, ademanes o cualquier otra acción o recurso expresivo.

elocuente. adj. Que tiene o manifiesta elocuencia en su expresión.

elogiar. tr. Alabar o enaltecer con halagos.

elogio. m. Alabanza de las virtudes y méritos de una persona o cosa.

elucidar. tr. Poner en claro, explicar.

eludir. tr. Soslayar o esquivar una dificultad. || Evitar con astucia o habilidad.

e-mail. (voz i.) m. Correo electrónico.

emanación. f. Desprendimiento o emisión de sustancias volátiles de un cuerpo. || Efluvio, exhalación. || Procedencia o derivación de algo de cuya naturaleza se participa.

emanar. intr. Proceder, derivar de un origen de cuya naturaleza se participa. || Desprenderse de los cuerpos las sustancias volátiles. También tr. || tr. Emitir, desprender algo de sí.

emancipación. f. Liberación de la patria potestad, de la tutela o de la servidumbre.

emancipar. tr. Liberar de la patria potestad, de la tutela, de la servidumbre, o de cualquier sujeción en la que se estaba. También prnl.

embadurnar. tr. Untar, embarrar, manchar, o pintarrajear. También prnl.

embajada. f. Oficina y residencia del embajador o de la representación diplomática de un país en otro. || Cargo de embajador. || Conjunto de sus empleados. || Mensaje para tratar algún asunto de importancia, especialmente los que se envían recíprocamente los jefes de Estado por medio de sus embajadores. || col. Proposición o exigencia impertinentes.

embajador, ra. m. y f. Agente diplomático que representa oficialmente, en un país extranjero, al Estado, al jefe del mismo y al gobierno. || Emisario, mensajero.

embalaje. m. Empaquetado o envoltorio adecuados para proteger objetos que se van a transportar. || Caja o cubierta con que se resguardan los objetos que han de transportarse.

embalar. tr. Colocar convenientemente dentro de cajas, cubiertas, o cualquier otro envoltorio, los objetos que han de transportarse. || intr. Golpear el fondo de la barca o la superficie del mar para que los peces se enmallen. || tr. Aumentar en exceso la velocidad. También prnl. || prnl. Dejarse llevar por un deseo, sentimiento, etc.

embaldosar. tr. Pavimentar con baldosas.

embalsamar. tr. Preparar o tratar un cadáver con determinadas sustancias para evitar su descomposición. || Perfumar, aromatizar. También prnl.

embalsar. tr. Retener agua u otro líquido en un embalse o en una balsa. También prnl.

embalse. m. Depósito artificial en el que se almacenan las aguas de un río o de un arroyo, generalmente mediante una presa o un dique que cierra la boca de un valle. || Acumulación de agua en uno de estos depósitos.

embanderar. tr. Adornar con banderas. También prnl.

embarazar. tr. Impedir, estorbar. || Dejar encinta a una mujer. || prnl. Quedarse embarazada una mujer. || Hallarse entorpecido o confundido ante algo o alguien.

embarazo. m. Impedimento, dificultad. || Preñez de la mujer. || Periodo de tiempo que dura esta. || Falta de soltura, torpeza.

embarcación. f. Vehículo flotante que se emplea para transportarse por el agua. || Acción de embarcar personas o de embarcarse.

embarcadero. m. Lugar acondicionado para embarcar y desembarcar; muelle.

embarcar. tr. Introducir en una embarcación, en un avión, o en un tren. También prnl. || Hacer que uno intervenga en una empresa difícil o arriesgada. También prnl. || amer. Engañar.

embargar. tr. Retener una cosa por mandamiento administrativo o judicial, en espera de juicio. || Embelesar, arrobar los sentidos. || Dificultar, impedir.

embargo. m. Retención de bienes por mandamiento administrativo o judicial, en espera de juicio. || Prohibición del comercio y transporte de determinadas mercancías, especialmente de armas, decretada por un gobierno.

embarque. m. Acción y resultado de embarcar o embarcarse.

embarrancar. intr. Encallar una embarcación. También prnl. || prnl. Atascarse una cosa en un lugar estrecho. || prnl. Atascarse en una dificultad. También intr.

embarrar. tr. y prnl. Untar, cubrir o manchar con barro o con otra sustancia viscosa. || amer. Calumniar, desacreditar a alguien. || amer. Complicar a alguien en un asunto ilícito. || amer. Causar daño, fastidiar. || amer. Cometer un delito.

embarullar. tr. y prnl. col. Confundir, mezclar desordenadamente unas cosas con otras. || col. Hacer que alguien se confunda.

embate. m. Golpe violento de mar. || Acometida impetuosa. || Viento suave de verano a la orilla del mar. || pl. Vientos periódicos del Mediterráneo después de la canícula.

embaucador, ra. adj. y s. Que embauca o engaña.

embaucar. tr. Engañar a alguien, aprovechándose de su inexperiencia o ingenuidad.

E

embaular. tr. Meter o guardar en un baúl. || *col.* Dar cabida a demasiadas personas o cosas en un espacio reducido. || *col.* Comer ansiosamente, engullir.

embeber. tr. Absorber un cuerpo sólido otro en estado líquido. || Empapar. || Contener una cosa a otra; incorporar. || Encajar, meter una cosa dentro de otra. || intr. Encogerse, apretarse, como el tejido de lana cuando se moja. También prnl. || prnl. Quedarse absorto, embebecerse. || Entregarse con total interés a una actividad, sumergirse en ella.

embelesar. tr. Arrebatar, extasiar, cautivar los sentidos. También prnl.

embellecer. tr. y prnl. Hacer o poner bella a una persona o cosa.

embestida. f. Acometida, ataque violento, especialmente el llevado a cabo por animales que topan.

embestir. tr. Acometer o arremeter con ímpetu. También intr.

emblanquecer. tr. Blanquear, poner blanca una cosa. || prnl. Ponerse o volverse blanco lo que antes era de otro color.

emblema. m. Símbolo en que se representa alguna figura, al pie de la cual generalmente se escribe algún texto o lema explicativo. || Representación simbólica de algo.

embocadura. f. Introducción de algo por una parte estrecha. || Boquilla de un instrumento musical de viento. || Gusto o sabor de un vino. || Abertura del escenario de un teatro, cuando se levanta el telón. || Entrada de un río, de un puerto o de un canal, para el paso de los buques.

embocar. tr. Meter por la boca una cosa. || Entrar o hacer entrar algo por una parte estrecha. También prnl. || MÚS. Aplicar los labios a la boquilla de un instrumento de viento.

embolia. f. MED. Obstrucción de un vaso sanguíneo por un coágulo.

émbolo. m. MEC. Disco que se ajusta y mueve alternativamente en el interior de una bomba para comprimir un fluido o para recibir de él movimiento. || MED. Coágulo, burbuja de aire u otro cuerpo extraño que, introducido en la circulación, produce la embolia.

embolsar. tr. Cobrar o percibir una cantidad de dinero de quien la debe. || prnl. Ganar dinero, especialmente de un juego o negocio. || Guardar algo en una bolsa.

emboquillar. tr. Poner boquillas o filtros a los cigarrillos. || Preparar la entrada de una galería o de un túnel.

emborrachar. tr. Poner borracho. También prnl. || Empapar bizcochos o pasteles en vino, licor o almíbar. || Atontar, adormecer. También prnl. || Mojar excesivamente una mecha en combustible líquido.

emboscada. f. Ocultación de una o varias personas para atacar por sorpresa a otra u otras. || Maquinación o intriga para perjudicar a alguien.

emboscar. tr. Poner a un grupo de personas ocultas en un lugar para atacar a otra u otras por sorpresa. También prnl. || prnl. Ocultarse entre el ramaje. || *col.* Escudarse con una ocupación cómoda para mantenerse alejado del cumplimiento de alguna obligación.

embotar. tr. Debilitar, entorpecer. También prnl. || Quitar los filos o puntas a ciertas armas e instrumentos cortantes. Más c. prnl. || prnl. Aturdirse.

embotellar. tr. Meter un líquido en botellas. || Obstaculizar, obstruir. || prnl. Detenerse u obstaculizarse el tráfico por exceso de vehículos.

embozar. tr. Cubrir el rostro por la parte inferior hasta la nariz o hasta los ojos. Más c. prnl. || Encubrir con palabras o con acciones una cosa.

embrague. m. Acción de embragar. || MEC. Mecanismo dispuesto para que un eje participe o no en el mecanismo de otro. || Pedal con que se acciona dicho mecanismo.

embravecer. tr. Encrespar, enfurecer. También prnl.

embriagar. tr. Causar embriaguez, emborrachar. También prnl. || Atontar, perturbar. También prnl. || Enajenar, embelesar a alguien algo que le causa satisfacción o placer. También prnl.

embriague. m. *amer.* Embrague.

embriaguez. f. Turbación pasajera de los sentidos por el exceso de alcohol ingerido. || Enajenamiento causado por algo placentero.

embrión. m. BIOL. Organismo en desarrollo, desde su comienzo en el huevo hasta que se han diferenciado todos sus órganos. || BOT. Bosquejo de la futura planta que se encuentra dentro de la semilla. || Principio incipiente de una cosa.

embrionario, ria. adj. Del embrión o relativo a él.

embrollar. tr. Enredar, confundir las cosas. También prnl.

embrollo. m. Confusión, enredo. || Embuste, mentira. || Situación embarazosa o difícil de resolver.

embromar. tr. Gastar una broma. || Burlarse de alguien. || *amer.* Molestar, fastidiar. || *amer.* Causar daño a alguien. También prnl.

embrujar. tr. Hechizar, manipular mediante prácticas de magia. || Ejercer atracción o influencia sobre alguien.

embrutecer. tr. Volver torpe o mermar considerablemente la capacidad de raciocinio. También prnl.

embuchar. tr. Embutir carne picada en una tripa de animal. || Introducir comida en el buche de una ave. || Comer mucho y deprisa. || Encuadernar pliegos o cuadernillos dentro de otros.

embudo. m. Instrumento hueco en forma de cono y rematado en un tubo, que sirve para transvasar líquidos. || Depresión, excavación o agujero cuya forma se asemeja a este utensilio.

embuste. m. Mentira, enredo.

embutido. m. Tripa, principalmentre de cerdo, rellena con carne picada u otras sustancias. || Ajuste o encajamiento de una cosa dentro otra. || Obra con incrustaciones de madera, metal, marfil, etc., encajadas unas en otras. || *amer.* Entredós de bordado o de encaje.

embutir. tr. Hacer embutidos. || Encajar, meter una cosa dentro de otra. || Dar a una chapa metálica la forma de un molde o matriz prensándola o golpeándola sobre ellos. || Engullir, comer en exceso y con ansia. También prnl.

eme. f. Nombre de la letra *m.*

emergencia. f. Accidente o suceso que sobreviene de forma imprevista. || Brote o surgimiento.

emergente. adj. Que emerge.

emerger. intr. Surgir o salir del agua u otro líquido. || Brotar o surgir algo.

emigración. f. Desplazamiento desde el lugar de origen a otro lugar para establecerse en él. || Conjunto de habitantes de un país que trasladan su domicilio a otro.

emigrante. adj. y com. Que emigra. || Se dice de la persona que se traslada de su propio país a otro, generalmente con el fin de trabajar en él.

emigrar. intr. Abandonar el lugar de origen para establecerse en otro. || Cambiar periódicamente de clima algunas especies animales.

eminencia. f. Persona que destaca en su campo o actividad. || Título de honor que se da a los cardenales de la Iglesia Romana y al gran maestre de la orden de Malta. || Elevación del terreno.

eminente. adj. Que sobresale o se destaca entre los demás. || Alto, elevado.

emir. m. En las comunidades árabes, príncipe o caudillo.

emisario, ria. m. y f. Mensajero que se envía para averiguar, comunicar o tratar algo.

emisión. f. Exhalación o expulsión de algo hacia afuera. || Conjunto de valores, efectos públicos, comerciales o bancarios, que se crean de una vez para ponerlos en circulación. || Transmisión de una señal mediante ondas hertzianas.

emisor, ra. adj. y s. Que emite. || m. y f. Persona que enuncia un mensaje en un acto de comunicación. || m. Aparato productor de las ondas hertzianas en la estación de origen. || f. Esta misma estación.

emitir. tr. Exhalar o echar algo hacia fuera. || Poner en circulación papel moneda, valores, etc. || Manifestar juicios, opiniones, etc. || Transmitir señales mediante ondas hertzianas.

emoción. f. Conmoción afectiva de carácter intenso.

emocionar. tr. Conmover el ánimo, causar emoción. También prnl.

emolumento. m. Sueldo o remuneración de un cargo o empleo. Más en pl.

emotivo, va. adj. Relacionado con la emoción. || Que produce emoción. || Que se emociona fácilmente.

empacar. tr. Hacer pacas o fardos. || intr. *amer.* Hacer el equipaje o empaquetar cualquier cosa.

empachar. tr. Causar indigestión. También intr. y prnl. || Cansar, aburrir. También prnl. || Disfrazar, encubrir. || prnl. Avergonzarse.

empadronar. tr. Inscribir a una persona en un censo o padrón. Más c. prnl.

empalagar. tr. Causar hastío o hartura una comida, principalmente si es muy dulce. También prnl. o intr. || Fastidiar, molestar.

empalizada. f. Estacada; cerca o vallado hecha con estacas.

empalmar. tr. Juntar dos cosas entrelazándolas de modo que queden en comunicación o a continuación unas de otras. || Ligar o unir planes, ideas, etc. || intr. Enlazar adecuadamente los medios de transporte para poder combinar la hora de llegada de uno con la salida de otro. || Seguir o suceder una cosa a continuación de otra sin interrupción.

empalme. m. Unión o enlace de dos cosas. || Punto en que se empalma o enlaza. || Lo que empalma con algo. || Forma de hacer el empalme.

empanada. f. Especie de masa de pan rellena de pescado, carne, etc., y cocida en el horno o frita. || Ocultación o enredo fraudulento de un asunto.

empantanar. tr. Llenar de agua un terreno. También prnl. || Detener el curso de un negocio.

empañar. tr. y prnl. Restar brillo, diafanidad o transparencia. || Cubrirse un cristal con vapor de agua. || Oscurecer o dañar la fama, el mérito o las buenas relaciones de alguien.

empapar. tr. y prnl. Humedecer algo hasta quedar completamente penetrado de un líquido. || Absorber un líquido algo poroso. || prnl. Imbuirse de ideas, afectos o doctrinas.

empapelar. tr. Forrar o recubrir de papel una superficie. || Envolver en papel. || Formar causa criminal a uno.

empaque. m. Materiales que forman la envoltura y armazón de los paquetes, como papeles, cuerdas, cintas, u otros. || m. *col.* Señorío, distinción. || Comportamiento afectado. || *amer. col.* Descaro, desfachatez. || *amer.* Acción y resultado de empacarse un animal.

empaquetar. tr. Hacer paquetes. || Acumular un número excesivo de personas en un espacio reducido.

emparchar. tr. y prnl. Poner parches.

emparedado, da. adj. y s. Recluso por castigo, penitencia o propia voluntad. || m. Bocadillo pequeño preparado con rebanadas de pan de molde.

emparedar. tr. y prnl. Encerrar a una persona entre paredes, sin comunicación alguna con el exterior.

emparejar. tr. Formar una pareja. También prnl. || Poner una cosa a nivel con otra. || Tratándose de puertas o ventanas, juntarlas de modo que ajusten, pero sin cerrarlas. || intr. Dar alcance. También prnl.

emparentar. intr. Contraer parentesco por vía de casamiento. || Tener una cosa relación de afinidad o semejanza con otra. || tr. Señalar o descubrir relaciones de parentesco, origen común o afinidad.

empastar. tr. Cubrir de pasta una cosa. || Encuadernar en pasta los libros. || Dicho de un diente o muela, rellenar con pasta el hueco producido por la caries. || PINT. Poner el color en bastante cantidad para que no deje ver el primer dibujo. || tr. y prnl. *amer.* Empradizar un terreno. || *amer.* Llenarse de maleza un sembrado.

empatar. tr. Tratándose de una confrontación, obtener dos o más contrincantes un mismo número de puntos o votos. También prnl. Más c. intr. || *amer.* Empalmar, juntar una cosa a otra. || prnl. *amer.* Formar pareja sentimental dos personas.

empate. m. Obtención del mismo número de puntos o de votos por parte de dos contrincantes. || *amer.* Empalme o junta. || *amer.* Pareja sentimental.

empatía. f. Sentimiento de participación afectiva de una persona en la realidad que afecta a otra.

empavonar. tr. Pavonar. || *amer.* Untar, pringar.

empecinado, da. adj. Obstinado, terco, pertinaz.

empedernido, da. adj. Que tiene una costumbre o un vicio muy arraigado.

empedrado, da. adj. Se apl. al cielo cuando se cubre de nubes pequeñas. || m. Pavimento formado artificialmente de piedras.

empedrar. tr. Cubrir el suelo con piedras ajustadas unas con otras. || Llenar de desigualdades una superficie con objetos extraños a ella.

empeine. m. Parte superior del pie entre la caña de la pierna y el comienzo de los dedos. || Parte del calzado que la cubre.

empeñar. tr. Dejar una cosa en garantía de un préstamo. || Dar la palabra para conseguir algo. || Tratándose de disputas, discusiones, o luchas, empezarse, trabarse. También prnl. || Dedicar alguien su tiempo a la consecución de un objetivo. || prnl. Llenarse de deudas. || Obstinarse.

empeño. m. Acción y resultado de empeñar o empeñarse. || Deseo intenso de hacer o conseguir una cosa. || Objeto a que se dirige. || Tesón y constancia. || Intento, esfuerzo.

empeorar. tr. Poner o volver peor algo que ya estaba mal. || intr. Ponerse peor. También prnl.

empequeñecer. tr. Disminuir una cosa, hacerla más pequeña. También intr. y prnl. || Restar importancia o valor valor a algo.

emperador. m. Soberano de un imperio. || Pez espada.

emperatriz. f. Soberana de un imperio. || Mujer del emperador.

empero. conj. ad. Pero, sin embargo.

empezar. tr. Comenzar, dar principio a algo. || Iniciar el uso o consumo de algo. || intr. Tener principio una cosa. También prnl.

empinar. tr. Enderezar y levantar en alto. || Inclinar mucho una vasija para beber. || *col.* Tomar en exceso bebidas alcohólicas. || prnl. Ponerse uno sobre las puntas de los pies y erguirse. || Ponerse un cuadrúpedo sobre las dos patas de atrás. || Dicho de las plantas, torres, montañas, etc., alcanzar gran altura.

empíreo, a. adj. Celestial, divino. || m. Cielo, paraíso.

empírico, ca. adj. Del empirismo o relativo a él. || adj. y s. Que procede de la experiencia. || Partidario del empirismo filosófico.

emplazador, ra. m. y f. Persona que emplaza.

emplazamiento. m. Situación, colocación en un lugar. || Determinación de un plazo para la realización de algo. || DER. Citación para que una persona dé razón de algo o comparezca en un juicio.

emplazar. tr. Conceder un plazo para la realización de algo. || Citar a una persona en determinado tiempo y lugar. || DER. Citar al demandado. || tr. Poner una cosa en determinado lugar.

empleado, da. m. y f. Persona que desempeña un cargo o trabajo y que a cambio de ello recibe un sueldo.

emplear. tr. Dar trabajo a una persona. || tr. y prnl. Gastar, consumir. || Utilizar, usar.

empleo. m. Trabajo, ocupación, oficio. || Uso, manejo.

emplomar. tr. Cubrir, asegurar o soldar una cosa con plomo. || Poner sellos de plomo a los fardos o cajones cuando se precintan. || *amer.* Empastar un diente o muela.

emplumar. tr. Poner plumas a algo. || *col.* Arrestar o sancionar a alguien. || *amer.* Fugarse, huir. || intr. *amer.* Engañar.

empobrecer. tr. Hacer pobre o más pobre. || intr. y prnl. Llegar alguien a un estado de pobreza. || intr. y prnl. Decaer, venir a menos.

empollar. tr. Calentar el ave los huevos para sacar pollos. || *col.* Estudiar mucho. || intr. Generar una cría las abejas. || tr. ampollar, hacer ampolla.

empolvar. tr. Echar polvo || tr. y prnl. Poner polvos de tocador a una persona. || prnl. Cubrirse de polvo.

emponzoñar. tr. y prnl. Envenenar con ponzoña. || Echar a perder.

emporio. m. Ciudad o lugar notable por el florecimiento del comercio y, p. ext., de las ciencias, las artes, etc. || Lugar donde concurrían para el comercio gentes de diversas nacionalidades. || *amer.* Gran almacén comercial.

empotrar. tr. Meter una cosa en la pared o en el suelo, asegurándola con trabajo de albañilería. || prnl. Encajarse una cosa con otra, especialmente tras un choque.

emprender. tr. Comenzar una obra, negocio, etc., especialmente los que entrañan alguna dificultad o peligro.

empresa. f. Entidad integrada por el capital y el trabajo, como factores de la producción, y dedicada a actividades industriales, mercantiles o de prestación de servicios con fines lucrativos. || Conjunto de estas entidades. || Acción importante, y en especial la que resulta ardua y dificultosa.

empresario, ria. m. y f. Persona que posee o dirige una industria, negocio o empresa. || Persona que explota un espectáculo o diversión.

empréstito. m. Préstamo que toma el Estado o una corporación o empresa, especialmente cuando está representado por títulos negociables o al portador. || Cantidad así prestada.

empujador, ra. adj. y s. Que empuja.

empujar. tr. Hacer fuerza contra una cosa para moverla. || Hacer presión, influir. || Hacer que alguien salga del puesto, empleo u oficio en que se halla.

empuje. m. Acción y resultado de empujar. || Brío, arranque, resolución con que se acomete una empresa. || Fuerza ascendente que está sometido un cuerpo que se halla sumergido en un fluido.

empuñadura. f. Puño de algunas armas, como la espada, y de otros utensilios o herramientas.

empuñar. tr. Coger por el puño una cosa, como la espada o el bastón. || Coger una cosa con la mano cerrada.

emular. tr. y prnl. Imitar las acciones de otro procurando igualarlo o superarlo.

émulo, la. adj. y s. Se apl. a la persona que compite con otra o con una cosa procurando excederla o aventajarla.

emulsión. f. Líquido que tiene en suspensión pequeñísimas partículas de sustancias insolubles en agua. || FOT. Suspensión de bromuro de plata en gelatina que forma la capa fotosensible del material fotográfico.

en. prep. que indica en qué lugar, tiempo o modo se determinan las acciones de los verbos a que se refiere. || Introduce complementos verbales de materia. || Con verbos de percepción como *conocer*, *descubrir*, etc., y seguida de un sustantivo, equivale a 'por' causal. || Seguido de un gerundio, significa 'en cuanto, luego que, después que'. || Precediendo a ciertos sustantivos y adjetivos, crea locuciones adverbiales. || Seguida de un numeral y precedida por la prep. *de* y el mismo numeral, indica tramos o porciones tomados en ese número.

enagua. f. Prenda interior femenina que se usa debajo de la falda. Más en pl. || p. ext., Prenda semejante que cubre también el torso.

enajenación. f. Acción y resultado de enajenar. || Locura, privación del juicio. || Distracción, falta de atención.

enajenar. tr. Pasar a otro la propiedad u otro derecho sobre algo. || Sacar a uno fuera de sí, privarle del juicio. También prnl. || tr. y prnl. Extasiar, producir algo asombro o admiración. || Apartarse, retraerse del trato o comunicación. || prnl. Privarse de algo.

enaltecer. tr. Ensalzar. También prnl. || Dar mayor estimación y dignidad a alguien o algo.

enamorar. tr. Excitar en uno el amor a otra persona. || Cortejar, expresar el amor. || Gustar o disfrutar mucho de algo. También prnl. || prnl. Sentir amor hacia una persona. || Aficionarse a una cosa.

enano, na. adj. Diminuto en su especie. || m. y f. Persona de pequeña estatura, especialmente si padece enanismo. || *col.* Apelativo afectuoso dirigido a los niños. || Personaje fantástico de figura humana y diminuta estatura, dotado de poderes mágicos.

enarbolar. tr. Levantar en alto. || prnl. Encabritarse el caballo. || Enfadarse.

enardecer. tr. y prnl. Excitar o avivar una pasión, una disputa, etc.

encabezamiento. m. Acción de encabezar. || Fórmula con que se empiezan algunos escritos, y, en especial, las cartas.

encabezar. tr. Estar al comienzo de una lista. || Poner el encabezamiento en un escrito. || Presidir, poner o ponerse al frente de algo. || Mezclar un vino con otro más fuerte, con aguardiente o con alcohol.

encabritarse. prnl. Empinarse el caballo, afirmándose sobre los pies y levantando las manos. || Tratándose de embarcaciones, vehículos, etc., levantarse la parte anterior o delantera súbitamente hacia arriba. || Enojarse.

encadenamiento. m. Atadura o ligadura con cadenas. || Enlace de unas cosas con otras.

encadenar. tr. y prnl. Ligar o atar con cadena. || Unir unas cosas con otras, o relacionarlas. || tr. Dejar a uno sin libertad para actuar.

encajar. tr. Meter una cosa dentro de otra ajustadamente. También intr. y prnl. || Aceptar o sobrellevar algo molesto o doloroso. || Dar a alguien un golpe. || intr. Coincidir, concordar. || Adaptarse, no desentonar. || prnl. Ponerse una prenda de vestir. || prnl. *amer. col.* Abusar o aprovecharse.

encaje. m. Acción de encajar una cosa en otra. || Sitio o hueco en que se mete o encaja algo. || Ajuste de dos piezas que cierran o se adaptan entre sí. || Cierto tejido de mallas, lazadas o calados, con figuras u otras labores.

encajonar. tr. Meter y guardar algo en cajones. || Meter en un sitio angosto. Más c. prnl. || prnl. Correr el río, o el arroyo, por una parte angosta.

encalar. tr. Blanquear algo con cal, especialmente las paredes. || Meter en cal o espolvorear con ella alguna cosa.

encallar. intr. y prnl. Quedar inmovilizada una embarcación que ha dado en un banco de arena o piedras. || prnl. No poder salir adelante en un negocio o empresa.

encallecer. intr. y prnl. Criar callos o endurecerse la piel. || prnl. Endurecerse o insensibilizarse ante las emociones, sentimientos, etc. || Habituarse a un trabajo, vicio, etc.

encalmar. tr. prnl. Tranquilizar, serenar. || prnl. Quedar en calma el viento o el tiempo. || Tener poca actividad un negocio.

encaminar. tr. y prnl. Enseñar a alguien por dónde ha de ir, ponerlo en camino. || Dirigir u orientar una cosa hacia un punto determinado.

encanallar. tr. y prnl. Envilecer o corromper a alguien haciéndole comportarse como un canalla.

encandilar. tr. y prnl. Deslumbrar con apariencias o engaños. || Despertar o excitar el sentimiento o deseo amoroso. || Avivar la lumbre. || prnl. Encender o avivar los ojos la bebida o la pasión. || *amer.* Enfadarse.

encanecer. intr. Ponerse cano. || Envejecer una persona.

encantador, ra. adj. y s. Que encanta o hace encantamientos. || Que deja muy grata impresión.

encantamiento. m. Hechizo, sometimiento a poderes mágicos. || Seducción de alguien mediante atractivos naturales.

encantar. tr. Obrar por arte de magia; hechizar. || Cautivar la atención de alguien por medio de atractivos naturales. || Gustar mucho de algo o alguien.

encanto. m. Persona o cosa que agrada por sus cualidades. || pl. Atractivos de una persona, especialmente los físicos.

encañonar. tr. Dirigir un arma de fuego contra una persona o cosa. || Hacer correr las aguas de un río por un cauce o por una tubería. || Entre encuadernadores, encajar un pliego dentro de otro. || intr. Echar cañones las aves.

encapotar. prnl. Cubrirse el cielo de nubes oscuras. || Poner el rostro ceñudo. || tr. Cubrir con el capote.

encapricharse. prnl. Empeñarse en sostener o conseguir su capricho. || Tener capricho por una persona o cosa. || Enamorarse ligeramente de una persona.

encaramar. tr. y prnl. Subir a un lugar alto y difícil de alcanzar. || *col.* Colocar en puestos encumbrados.

encarar. tr. y prnl. Hacer frente, arrostrar. || Poner cara a cara o frente a frente. || prnl. Colocarse una persona o animal frente a otra en actitud violenta o agresiva.

encarcelar. tr. Recluir a alguien en la cárcel.

encarecer. tr. Aumentar el precio de algo. También intr. y prnl. || Ponderar, exagerar, alabar mucho una cosa. || Recomendar con empeño.

encargado, da. adj. Que ha recibido un encargo. || m. y f. Persona que tiene algo a su cargo en representación del dueño o interesado.

encargar. tr. Encomendar, poner algo al cuidado de alguien. También prnl. || Pedir que se traiga o envíe de otro lugar alguna cosa. || Imponer una obligación. || Recomendar, aconsejar, prevenir.

encargo. m. Acción y resultado de encargar. || Cosa encargada.

encargue. m. *amer.* Encargo.

encariñar. tr. Aficionar, despertar cariño. || prnl. Tomar cariño a alguien o algo.

encarnación. f. Acción de encarnar o encarnarse. || Personificación, representación o símbolo de una idea, doctrina, etc. || ESC. y PINT. Color de carne con que se pinta el desnudo de las figuras humanas.

encarnado, da. adj. y m. De color de carne. || Colorado, rojo.

encarnar. intr. y prnl. Tomar un ser espiritual, una idea, o algo inmaterial, forma corporal. || En el cristianismo, hacerse hombre el hijo de Dios. || intr. Repararse el tejido cuando se va sanando una herida. || tr. Personificar, representar alguna idea, doctrina, etc. || Representar alguien un personaje de una obra dramática o cinematográfica. || prnl. Introducirse una uña, al crecer, en las partes blandas que la rodean, produciendo alguna molestia.

encarnizado, da. adj. Cruento, reñido, violento.

encarnizar. tr. y prnl. Hacer más cruel, irritar, enfurecer. || Cebar un perro en la carne de otro animal para que se haga fiero. || prnl. Cebarse los animales cuando matan a otro. || Mostrarse cruel con una persona persiguiéndola y perjudicándola.

encarrilar. tr. Encaminar, dirigir y enderezar una cosa o un asunto. || Colocar sobre los carriles o rieles un vehículo descarrilado.

encasillar. tr. Poner en casillas. || Clasificar personas o cosas, generalmente con criterios poco flexibles y simplistas.

encausar. tr. DER. Proceder judicialmente contra uno.

encauzar. tr. Dar dirección por un cauce a una corriente. || Encaminar, dirigir por buen camino un asunto, una discusión, etc.

encéfalo. m. Conjunto de órganos que forman parte del sistema nervioso de los vertebrados y están contenidos en la cavidad del cráneo.

enceguecer. tr. Cegar, privar de la visión || tr. y prnl. Ofuscar el entendimiento.

encenagarse. prnl. Meterse en el cieno. || Ensuciarse, mancharse con cieno. || Entregarse a los vicios o a actividades ilícitas.

encendedor, ra. adj. y s. Que enciende. || m. Aparato que sirve para encender o prender; mechero.

encender. tr. y prnl. Prender fuego. || Conectar un circuito eléctrico. || Avivar un sentimiento o pasión. || Causar ardor. || prnl. Ponerse colorado, ruborizarse.

encerar. tr. Aplicar cera a alguna cosa.

encerrar. tr. Meter a una persona o cosa en un lugar y no dejarla salir. También prnl. || Incluir, contener. || prnl. Retirarse del mundo; incomunicarse. || En algunos juegos de tablero, inmovilizar con alguna jugada las piezas del contrario.

encestar. tr. e intr. Poner, recoger, guardar algo en una cesta. || En el juego del baloncesto, introducir el balón en la canasta.

encharcar. tr. y prnl. Cubrir de agua una parte de terreno, que queda como si fuera un charco. || prnl. Llenarse de sangre, agua, u otros líquidos algún órgano del cuerpo.

enchilada. f. *amer.* Tortilla de maíz rellena, enrollada o doblada, frita, y aderezada con salsa de chile y otros ingredientes.

enchufar. tr. Establecer una conexión eléctrica con un enchufe. || Ajustar la boca de un tubo en la de otro tubo o pieza semejante. También intr. || Combinar, enlazar, unir. || *col. desp.* Dar un cargo o beneficio a alguien, utilizando la influencia, especialmente si el recomendado carece de méritos propios. También prnl. || *col.* Dirigir o apuntar hacia un lugar determinado un chorro de agua o de luz.

enchufe. m. Acción y resultado de enchufar. || Aparato que consta de dos piezas esenciales que se encajan una en otra cuando se quiere establecer una conexión eléctrica. || Parte de un tubo que penetra en otro. || Sitio donde enchufan dos tubos. || *col. desp.* Cargo o beneficio que se obtiene por influencia. || *col. desp.* Recomendación.

encía. f. Carne que cubre interiormente los maxilares y la raíz de los dientes.

encíclica. f. En la Iglesia Romana, carta solemne que dirige el Papa a obispos y fieles.

enciclopedia. f. Obra de consulta en la que se recoge una gran cantidad de conocimientos sobre una ciencia en particular o sobre todas ellas. || Enciclopedismo. || Diccionario enciclopédico.

enciclopédico, ca. adj. De la enciclopedia o relativo a ella.

encierro. m. Acción y resultado de encerrar o encerrarse. || Lugar donde se encierra. || TAUROM. Acto de traer los toros al toril. || TAUROM. Toril.

encima. adv. l. En lugar o puesto superior respecto de otro inferior. || Sobre sí, sobre la propia persona. || Muy cerca. || adv. c. Además.

encina. f. Árbol de la familia de las fagáceas, de unos 10 a 12 m de altura, de tronco grueso y ramificado, hojas elípticas verdinegras por el haz y claras por el envés, que tiene por fruto la bellota y cuya madera es muy dura y compacta. || Madera de este árbol.

encinar. m. Terreno poblado de encinas.

encinta. adj. y f. Referido a la mujer, que está embarazada.

enclaustrar. tr. y prnl. Encerrar en un claustro o convento. || prnl. Apartarse de la vida social para llevar una vida retirada.

enclavado, da. adj. Referido a un lugar, que está situado dentro del área de otro. También m. || Encajado.

enclenque. adj. y com. Débil, enfermizo.

encofrado. m. ALBAÑ. Molde formado con tableros o chapas en el que se vacía el hormigón hasta que fragua. || MIN. Revestimiento de madera para contener las tierras en las galerías de las minas, que se sostiene por bastidores colocados de trecho en trecho en dichas galerías.

encoger. intr. y prnl. Disminuir de tamaño algunas cosas, especialmente los tejidos de la ropa, cuando se mojan. || tr. y prnl. Contraer el cuerpo o alguno de sus miembros. || prnl. Apocar el ánimo. || Acobardarse.

encolar. tr. Pegar con cola. || Recubrir con cola una superficie para pegar algo sobre ella o para pintarla al temple. || Clarificar vinos.

encolerizado, da. adj. Colérico.

encolerizar. tr. y prnl. Hacer que uno se ponga colérico.

encomendar. tr. Encargar a alguien que haga alguna cosa. || Poner bajo el cuidado de alguien. || Recomendar, alabar. || En la colonización de América, dar indios en encomienda a un colonizador. || prnl. Entregarse, confiarse al amparo o protección de alguien.

encomiar. tr. Alabar a una persona o cosa.

encomienda. f. Acción y resultado de encomendar o encomendarse. || Cosa encomendada; encargo. || Institución de la América colonial mediante la cual se concedía a un colonizador un grupo de indios para que trabajaran para él a cambio de su protección y evangelización. || Renta vitalicia sobre un territorio. || *amer.* Paquete postal.

encomio. m. Alabanza o elogio encarecido.

enconar. tr. y prnl. Empeorar una herida o una parte lastimada del cuerpo. || Irritar, exasperar el ánimo contra uno.

encono. m. Animadversión, rencor muy arraigado.

encontrado, da. adj. Opuesto, enfrentado, antagónico.

encontrar. tr. Dar con una persona o cosa que se busca. || Dar con una persona o cosa sin buscarla. También prnl. || prnl. Hallarse en cierto estado. || Estar en determinado lugar. || Reunirse dos o más personas en un lugar. || Oponerse, enfrentarse dos personas, posturas, opiniones, etc. || Considerar, interpretar.

encopetado, da. adj. Que presume demasiado de sí, presuntuoso. || De alto copete o alcurnia.

encordar. tr. Poner cuerdas a los instrumentos musicales. || Ceñir el cuerpo con cuerdas rodeándolo con ellas. || prnl. En deportes de montaña, atarse a la cuerda de seguridad.

encorsetar. tr. y prnl. Poner corsé, especialmente cuando se ciñe mucho. || Someter a unas normas de conducta demasiado rígidas.

encorvar. tr. y prnl. Doblar y torcer una cosa poniéndola curva.

encrespar. tr. y prnl. Levantar y alborotar las olas del mar. || Enfurecer, irritar. || Ensortijar, rizar algo, especialmente el pelo. || Erizar el pelo, plumaje, etc., por alguna impresión fuerte, como el miedo. Más c. prnl. || prnl. Complicarse un asunto.

encrucijada. f. Lugar donde se cruzan dos o más calles o caminos. || Panorama de varias opciones donde no se sabe cuál elegir. || Punto en el que confluyen varias cosas. || Trampa o celada que se prepara con intención de hacer daño.

encuadernación. f. Acción y resultado de encuadernar. || Cubierta exterior de un libro. || Taller donde se encuaderna.

encuadernar. tr. Juntar, unir o coser varias hojas o pliegos y ponerles cubiertas.

encuadramiento. m. Inclusión de algo dentro de unos límites.

encuadrar. tr. Poner algo en un marco o cuadro. || Encajar, ajustar una cosa dentro de otra. || Determinar los límites de algo, incluyéndolo en un esquema u organización. || Distribuir las personas conforme a un esquema de organización determinado. También prnl. || Servir algo de marco o trasfondo. || Hacer un encuadre con una cámara fotográfica o de cine.

encubierta. f. Fraude, ocultación dolosa.

encubridor, ra. adj. y s. Que encubre. || m. y f. Alcahuete.

encubrimiento. m. Acción y resultado de encubrir. || Ocultación, especialmente de un delito o de su autor.

encubrir. tr. Ocultar una cosa o no manifestarla. || Impedir que llegue a saberse una cosa. || Hacerse responsable de encubrimiento de un delito.

encuentro. m. Acto de coincidir en un punto dos o más personas o cosas. || Reunión o entrevista. || Oposición, contradicción. || Competición deportiva.

encuesta. f. Conjunto de datos obtenidos mediante consulta o interrogatorio a un número determinado de personas sobre un asunto. || Cuestionario que recoge los datos de esta consulta. || Averiguación, pesquisas.

encumbrar. tr. y prnl. Levantar en alto. || Ensalzar, engrandecer a alguien con honores y cargos elevados. || prnl. Envanecerse, ensoberbecerse.

encurtido. m. Fruto o legumbre conservados en vinagre.

ende (por). loc. adv. Por tanto.

endeble. adj. Débil, de poca resistencia.

endecasílabo, ba. adj. MÉTR. Compuesto por versos endecasílabos. || adj. y s. De once sílabas.

endecha. f. Canción triste o de lamento. Más en pl. || MÉTR. Composición métrica de cuatro versos de seis o siete sílabas, generalmente asonantados.

endemia. f. Cualquier enfermedad que afecta a una zona determinada en unas fechas determinadas.

endémico, ca. adj. De la enfermedad propia de una zona y de una época. || Del acto o suceso que se repite frecuentemente en un país. || BOT. De las especies animales o vegetales que son propias y exclusivas de una determinada zona.

endemoniar. tr. Introducir el demonio en el cuerpo de una persona. || *col.* Irritar, encolerizar a uno. También prnl.

endentecer. intr. Empezar los niños a echar los dientes.

enderezar. tr. y prnl. Poner derecho lo que está torcido o inclinado. || Poner en buen estado una cosa, arreglar. || Enmendar, corregir, castigar.

endeudarse. prnl. Contraer deudas.

endiablar. tr. Introducir en el cuerpo de alguien al diablo. || Dañar, pervertir. También prnl. || prnl. Enfurecerse, encolerizarse.

endibia. f. Variedad de escarola cultivada de modo especial, cuyas hojas, largas y lanceoladas, apretadas entre sí, se presentan en disposición fusiforme; es muy apreciada en la preparación de ensaladas.

endilgar. tr. *col.* Endosar a otro algo desagradable o molesto. || Encaminar, dirigir, acomodar, facilitar.

endiosar. tr. Divinizar; elevar a uno a la divinidad. || prnl. Ensoberbecerse, envanecerse.

endocrino, na. adj. FISIOL. Relativo a las glándulas también llamadas *de secreción interna,* que vierten sus secreciones directamente a la sangre. || FISIOL. Relativo a las hormonas o a las secreciones internas.

endosar. tr. Ceder a favor de otro una letra de cambio u otro documento de crédito expedido a la or den, haciéndolo así constar al respaldo o dorso. || Trasladar a uno una carga, trabajo o cosa no apetecible.

endoso. m. Cesión de un documento de crédito a favor de alguien. || Lo que se escribe al dorso de un documento de crédito para endosarlo.

endovenoso, sa. adj. Intravenoso.

endrino, na. adj. De color negro azulado. || m. Ciruelo silvestre con espinas en las ramas, y de fruto pequeño, negro azulado y áspero al gusto. || f. Fruto del endrino, de color negro azulado y forma redonda, con sabor áspero, utilizado en la fabricación de ciertos licores.

endulzar. tr. Poner dulce una cosa. También prnl. || Quitar las aceitunas el amargor, haciéndolas comestibles. || Suavizar; hacer llevadero un trabajo, disgusto o incomodidad. También prnl.

endurecer. tr. y prnl. Poner dura una cosa. || Hacer a una persona áspera, severa, insensible.

ene. f. Nombre de la letra *n.*

eneágono, na. adj. y m. GEOM. Se apl. al polígono de nueve ángulos y nueve lados.

enema. f. Medicamento líquido que se introduce en el recto por el ano, y que se utiliza generalmente para estimular la defecación de las heces. || Operación de introducir dicho líquido. || Utensilio con que se realiza.

enemigamente. adv. m. Con enemistad.

enemigo, ga. adj. y s. Contrario, opuesto a algo. || m. y f. Persona que tiene mala voluntad a otra y le desea o hace mal. || m. El contrario en la guerra.

enemistad. f. Aversión u odio entre dos o más personas.

enemistar. tr. y prnl. Hacer perder la amistad.

energético, ca. adj. De la energía o relativo a ella. || Que produce energía. || f. Ciencia que trata de la energía.

energía. f. Fuerza, poder. || Fuerza de voluntad o de carácter. || FÍS. Capacidad de los cuerpos para producir un trabajo.

enérgicamente. adv. m. Con energía.

enérgico, ca. adj. Que tiene energía, o relativo a ella.

energúmeno, na. m. y f. Persona furiosa, encolerizada. || Persona alborotada o muy exaltada.

enero. m. Primer mes del año, entre diciembre y febrero, que tiene treinta y un días.

enervación. f. Debilitamiento, agotamiento. || Nerviosismo, irritación.

enervar. tr. y prnl. Debilitar, quitar las fuerzas. || Poner nervioso, irritar.

enésimo, ma. adj. Número indeterminado de veces que se repite una cosa. || MAT. Que ocupa el lugar de orden *n,* indeterminado en una serie.

enfadar. tr. y prnl. Causar enfado, disgusto, ira. || *amer. col.* Aburrir o cansar.

enfado. m. Disgusto o enojo, generalmente contra otra persona. || *amer. col.* Aburrimiento o cansancio.

enfardar. tr. Hacer fardos. || Empaquetar mercancías.

enfardelar. tr. Hacer fardeles. || enfardar.

énfasis. m. Fuerza de expresión o de entonación con que se quiere realzar la importancia de lo que se dice o se lee. || Importancia que se da a algo. || Falta de naturalidad en la expresión.

enfático, ca. adj. Que se expresa con énfasis, o que lo denota o implica.

enfatizante. adj. Que enfatiza.

enfatizar. intr. Expresarse con énfasis. || tr. Poner énfasis en la expresión de alguna cosa.

enfermar. intr. y prnl. Contraer una enfermedad. || tr. Causar enfermedad. || Desagradar, disgustar.

enfermedad. f. Alteración de la salud. || Alteración que afecta al funcionamiento de una institución, colectividad, etc.

enfermería. f. Local o dependencia donde se cura a enfermos o heridos. || Conjunto de disciplinas relacionadas con el cuidado de enfermos y heridos y la asistencia a los médicos.

enfermero, ra. m. y f. Persona que cuida a los enfermos y asiste a los médicos.

enfermizo, za. adj. Que tiene poca salud o se enferma con facilidad. || Capaz de producir enfermedades. || Propio de una persona enferma.

enfermo, ma. adj. y s. Que padece alguna enfermedad.

enfilar. tr. Poner en fila varias cosas. || Orientar un asunto hacia determinada dirección. || Ensartar en un hilo, cuerda, alambre, etc., varias cosas. || Apuntar. || Tener manía, sentir antipatía o animadversión por alguien. || intr. Dirigirse o encaminarse hacia un lugar determinado.

enflaquecer. tr. Poner flaco. También intr. || Debilitar, enervar. También intr. y prnl.

enfocar. tr. Hacer que la imagen de un objeto producida en el foco de una lente se recoja con claridad sobre un plano u objeto determinado. || Centrar en el visor de una cámara fotográfica, de cine, de vídeo, etc., la imagen que se quiere obtener. || Proyectar un haz de luz o de partículas sobre un determinado punto. || Dirigir la atención o el interés hacia un determinado asunto o problema.

enfrentar. tr. Poner frente a frente. También intr. y prnl. || Afrontar, hacer frente. Más c. prnl.

enfrente. adv. l. A la parte opuesta, en punto que mira a otro, o que está delante de otro. || adv. m. En contra.

enfriar. tr. Poner o hacer que se ponga fría una cosa. También intr. y prnl. || Debilitar los afectos, la fuerza, las actividades. || prnl. Acatarrarse.

enfundar. tr. Poner una cosa dentro de su funda. || prnl. Vestir una prenda ajustada.

enfurecer. tr. y prnl. Irritar a alguien, ponerlo furioso. || prnl. Tratándose del mar, el viento, etc., agitarse, alborotarse.

engalanar. tr. y prnl. Adornar, embellecer.

enganchar. tr. Agarrar una cosa con un gancho o colgarla de él. También prnl. e intr. || Poner las caballerías en los carruajes de manera que puedan tirar de ellos. También intr. || Coger, atrapar. || *col.* Atraer a alguien, captar su afecto o su voluntad. || Conectar o proveer de un suministro eléctrico. También prnl.

engañar. tr. Dar a la mentira apariencia de verdad. || Inducir a otro a creer y tener por cierto lo que no lo es. También intr. || Estafar.

|| Producir ilusión. || Ser infiel a la pareja. || Entretener, distraer. || prnl. Negarse a aceptar la verdad. || Equivocarse.

engaño. m. Acción y resultado de engañar o engañarse. || Falta de verdad, falsedad. || Cualquier arte para pescar. || TAUROM. Muleta o capa de torear.

engañoso, sa. adj. Falaz, que engaña o da ocasión a engañarse.

engarce. m. Acción y resultado de engarzar. || Metal en el que se engarza alguna cosa.

engarzar. tr. Trabar una cosa con otra u otras, formando una cadena. || Engastar.

engastar. tr. Encajar una cosa en otra, como una piedra preciosa en un metal.

engatusar. tr. Ganar la voluntad de una persona con falsos halagos y mentiras para conseguir algo de ella.

engendrar. tr. Procrear, propagar la especie. || Causar, ocasionar, formar.

engendro. m. Criatura deforme o de gran fealdad. || Obra mal concebida o mal hecha.

englobar. tr. Incluir varias partidas o cosas en un conjunto. || Abarcar un conjunto una o más cosas. También prnl.

engolosinar. tr. Excitar el deseo de alguien con algún atractivo. || prnl. Aficionarse, tomar gusto a una cosa.

engomar. tr. Untar goma a una cosa para lograr su adherencia. || Dar goma desleída a las telas y otros géneros para lustrarlos.

engordar. tr. Cebar, dar mucho de comer para poner gordo. || Magnificar un asunto. También intr. || intr. y prnl. Ponerse gordo, ganar peso. || Hacerse rico.

engorroso, sa. adj. Dificultoso, molesto.

engranaje. m. Acción y resultado de engranar. || Conjunto de las piezas que engranan. || Conjunto de los dientes de una máquina. || Enlace, trabazón de ideas, circunstancias o hechos.

engranar. intr. Encajar los dientes de una rueda. || Enlazar, trabar.

engrandecer. tr. Aumentar, hacer grande o más grande una cosa. || Alabar, exagerar. || Exaltar, elevar a alguien a un grado o dignidad superior. También prnl.

engrasar. tr. Manchar o pringar con grasa. También prnl. || Untar ciertas partes de una máquina con aceites u otras sustancias lubricantes para disminuir el rozamiento.

engreír. tr. Envanecer, llenar de soberbia. También prnl. || *amer.* Encariñar. También prnl. || *amer.* Mimar, malcriar.

engriparse. prnl. *amer.* Contraer la gripe.

engrosar. tr. y prnl. Hacer gruesa, más corpulenta o espesa una cosa. || Aumentar en número. || intr. Hacerse más grueso y corpulento.

engrudo. m. Masa comúnmente hecha con harina o almidón que se cuece en agua, y sirve para pegar papeles y otras cosas ligeras.

engruesar. intr. Engrosar, hacer más grueso algo.

enguantar. tr. y prnl. Cubrir o enfundar la mano con un guante.

enguirnaldar. tr. Adornar con guirnalda.

engullir. tr. Tragar la comida atropelladamente y sin masticarla.

enharinar. tr. y prnl. Manchar de harina o cubrir con ella.

enhebrar. tr. Pasar la hebra por el ojo de la aguja o por el agujero de las cuentas, perlas, etc. || Decir seguidas muchas cosas sin orden ni concierto.

enhiesto, ta. adj. Levantado, derecho, erguido.

enhorabuena. f. Felicitación. || adv. m. En buena hora, para bien.

enigma. m. Dicho o conjunto de palabras de sentido encubierto para que sea difícil entenderlo o interpretarlo. || p. ext., Persona o cosa que no se alcanza a comprender.

enigmático, ca. adj. Que encierra un enigma o que es complicado de entender.

enjabonar. tr. Frotar algo con jabón, jabonar. || col. Adular. || Reprender, increpar.

enjambre. m. Conjunto de abejas que sale de una colmena con una abeja reina para fundar otra. || Conjunto numeroso de animales, cosas o personas.

enjardinar. tr. Disponer los árboles y arreglarlos como en un jardín. || Convertir en jardín un terreno. || Dejar un ave de rapiña en un prado o paraje verde.

enjaretar. tr. Hacer pasar por una jareta o dobladillo un cordón, cinta o cuerda. || col. Hacer o decir algo atropelladamente o de mala manera. || Hacer deprisa ciertas cosas. || col. Endilgar, intercalar algo molesto o inoportuno. || col. Propinar un golpe.

enjaular. tr. Encerrar en una jaula. || col. Meter en la cárcel.

enjoyar. tr. y prnl. Adornar con joyas.

enjuagar. tr. Limpiar la boca y dentadura con agua u otro líquido. Más c. prnl. || Aclarar y limpiar con agua lo que se ha enjabonado. || Fregar algo por encima, generalmente piezas de vajilla pequeñas y poco sucias.

enjuague. m. Acción de enjuagar o enjuagarse. || Agua u otro líquido que sirve para enjuagar o enjuagarse. || Negociación oculta o sucia para conseguir algo difícil de lograr por medios regulares.

enjugar. tr. Quitar la humedad superficial a una cosa absorbiéndola con un paño, esponja, etc. || Limpiar la humedad que echa de sí el cuerpo. || Cancelar una deuda o un déficit. También prnl.

enjuiciar. tr. Someter una cuestión a examen, discusión y juicio. || DER. Instruir un procedimiento judicial. || DER. Juzgar, sentenciar o determinar una causa.

enjundia. f. Gordura que las aves tienen en la overa, como la de la gallina, la pava, etc. || Gordura de algunos animales. || Lo más sustancioso e importante de algo. || Fuerza, vigor.

enjuto, ta. p. p. irreg. de Enjugar. || adj. Delgado, muy flaco.

enlace. m. Acción y resultado de enlazar o enlazarse. || Unión, conexión de una cosa con otra. || En los medios de transporte, empalme. || Casamiento. || Persona que sirve de intermediario, especialmente dentro de alguna organización. || QUÍM. Unión entre dos átomos de una molécula.

enladrillar. tr. Cubrir con ladrillos.

enlazar. tr. Coger o juntar con lazos. || Unir unas cosas con otras. También prnl. || Aprisionar un animal arrojándole el lazo. || intr. Empalmar o combinar medios de transporte. || prnl. Casarse.

enlodar. tr. y prnl. Manchar, ensuciar con lodo. || Manchar, envilecer.

enloquecer. tr. Hacer perder el juicio a alguien. || intr. Volverse loco, perder el juicio. || Gustar mucho de algo. También prnl.

enlosar. tr. Cubrir el suelo con losas unidas y ordenadas.

enlozar. tr. amer. Cubrir algo con un baño de loza o de esmalte vítreo.

enlucir. tr. Poner una capa de yeso, estuco, etc., a los edificios. || Limpiar y dar brillo a una superficie, especialmente si es metálica.

enlutar. tr. y prnl. Vestir o cubrir de luto. || Entristecer, afligir.

enmaderar. tr. Cubrir con madera.

enmarañar. tr. y prnl. Enredar, revolver una cosa. || Confundir, enredar un asunto haciéndolo más difícil.

enmascarar. tr. Cubrir el rostro con máscara. También prnl. || Encubrir, disfrazar.

enmendar. tr. y prnl. Corregir, quitar defectos, subsanar.

enmienda. f. Corrección de un error o defecto. || Propuesta de variante, adición o reemplazo de un proyecto, dictamen, informe o documento análogo.

enmohecer. tr. Cubrir de moho una cosa. También intr. y prnl. || prnl. Inutilizarse, caer en desuso. También prnl.

enmudecer. intr. Quedar mudo, perder el habla. || Guardar silencio. || tr. Hacer callar.

enmugrecer. tr. y prnl. Cubrir de mugre.

ennegrecer. tr. Teñir de negro, poner negro. También prnl. || Enturbiar, turbar, oscurecer. || intr. Ponerse negro o negruzco. También prnl. || Ponerse muy oscuro, nublarse.

ennoblecer. tr. Hacer noble a alguien. También prnl. || Adornar, enriquecer. || Realzar, dar esplendor.

enojar. tr. Causar enojo. Más c. prnl. || Disgustar, molestar. || prnl. Alborotarse, enfurecerse, especialmente hablando de los vientos, mares, etc.

enojo. m. Sentimiento de ira o enfado. || Molestia, disgusto, pesar. Más en pl.

enojoso, sa. adj. Que causa enojo.

enología. f. Ciencia que estudia la elaboración de los vinos.

enorgullecer. tr. y prnl. Llenar de orgullo.

enorme. adj. Muy grande. || Desmedido, excesivo. || Excelente, extraordinario.

enormidad. f. Exceso, cantidad o tamaño desmedido. || Disparate, desatino.

enquistarse. prnl. Formarse un quiste. || Incrustarse, encajarse. || Estancarse o paralizarse un proceso.

enramada. f. Conjunto de ramas de árboles espesas y entrelazadas. || Adorno formado de ramas de árboles. || Cobertizo hecho de ramas de árboles.

enrarecer. tr. Dilatar un cuerpo gaseoso haciéndolo menos denso. También prnl. || Volver el aire irrespirable. También prnl. || Hacer que algo escasee o sea raro. También intr. y más c. prnl. || prnl. Deteriorarse una relación, situación, etc.

enredadera. adj. y f. Se apl. a las plantas provistas de un tallo nudoso y trepador y flores acampanadas.

enredar. tr. Enlazar, entretejer, enmarañar una cosa con otra. También prnl. || Meter a uno en un negocio o asunto comprometido, ilegal o peligroso. También prnl. || Prender con una red. || Meter cizaña. También intr. || Entretener. También prnl. || intr. Hacer travesuras, revolver. || prnl. Empezar una discusión o pelea. || Aturdirse al ir a decir o hacer algo. || Mantener dos personas una relación amorosa.

enredo. m. Complicación y maraña que resulta de unirse o mezclarse desordenadamente hilos u otras cosas semejantes. || Confusión, lío. || Engaño, mentira, chisme. || En una obra literaria, conjunto de sucesos que preceden al desenlace. || Travesura. || Complicación. || Relación amorosa.

enrejado. m. Conjunto de rejas; verja. || Celosía hecha por lo común de cañas o varas entretejidas.

enrevesado, da. adj. Complicado o confuso. || Lleno de vueltas o rodeos.

enriquecedor, ra. adj. Que enriquece.

enriquecer. tr. Hacer rico. También intr. y prnl. || Adornar, engrandecer. || Mejorar, prosperar. Más c. prnl.

enrojecer. tr. y prnl. Poner de color rojo. || Ruborizar. También intr. || Poner algo al rojo con el calor o el fuego.

enrolamiento. m. Acción y resultado de enrolar.

enrolar. tr. y prnl. Inscribir un individuo en una lista o rol de tripulantes de un barco mercante. || prnl. Alistarse, inscribirse en el ejército o en alguna organización.

enrollar. tr. y prnl. Envolver una cosa en forma de rollo. || col. Liar, enredar. || tr. e intr. col. Agradar mucho una cosa. || prnl. col. Extenderse demasiado en alguna actividad, especialmente en una conversación o escrito. || col. Participar en algún asunto. || col. Tener relaciones sexuales o amorosas. || enrollarse mal o bien. loc. col. Tener o no facilidad de expresión, de trato, o para adaptarse a una situación.

enronquecer. tr. Poner ronco. También intr. y prnl.

enroscar. tr. Torcer en forma de rosca o espiral una cosa. También prnl. || Introducir una cosa a vuelta de rosca.

enrostrar. tr. amer. Echar en cara, reprochar.

enrudecer. tr. y prnl. Volver rudo o torpe.

enrular. tr. amer. Hacer ondas o rizos en el pelo.

ensalada. f. Plato preparado generalmente a base de hortalizas crudas, troceadas y aderezadas con sal, aceite y vinagre, a la que se pueden añadir otros ingredientes y condimentos. || Mezcla confusa de cosas. || amer. Refresco preparado con agua de limón, hierbabuena y piña.

ensalmo. m. Modo de curar con oraciones mágicas y aplicación empírica de medicamentos.

ensalzar. tr. Engrandecer, exaltar. || Alabar, elogiar. También prnl.

ensamblar. tr. Unir, acoplar dos o más piezas, especialmente de madera, haciendo encajar la parte saliente de una en la entrante de la otra.

ensanchar. tr. Aumentar la anchura de una cosa. También intr. y prnl. || Extender, dilatar. || prnl. Engreírse.

ensanche. m. Acción y resultado de ensanchar. || Terreno dedicado a la ampliación de una ciudad, y conjunto de edificaciones que se construyen en ese terreno. || Franja de tela que se remete en una costura para que, en caso necesario, se pueda ensanchar la prenda.

ensangrentar. tr. Manchar con sangre. También prnl. || Provocar derramamiento de sangre.

ensañamiento. m. Acción y resultado de ensañarse. || DER. Circunstancia agravante que consiste en aumentar deliberadamente el daño de un delito.

ensañar. tr. Irritar, enfurecer. || prnl. Deleitarse en causar daño o dolor a quien no puede defenderse.

ensartar. tr. Pasar por un hilo, cuerda, alambre, etc., varias cosas. || Enhebrar. || Atravesar, generalmente con un objeto puntiagudo; introducir. || Decir muchas cosas sin orden ni conexión. || amer. Hacer caer en una trampa o engaño. También prnl.

ensayar. tr. Preparar la ejecución y montaje de un espectáculo antes de ofrecerlo al público. También intr. || p. ext., Hacer la prueba de cualquier otro tipo de acto antes de realizarlo. || Poner algo a prueba. || prnl. Entrenarse, adiestrarse.

ensayista. com. Autor de ensayos.

ensayo. m. Acción y resultado de ensayar. || Obra en prosa, de extensión variable, en la que un autor reflexiona sobre determinado tema. || Representación completa de un espectáculo, que se hace antes de presentarla al público.

ensenada. f. Parte de mar que entra en la tierra. || amer. Lugar destinado a guardar animales; corral.

enseña. f. Insignia o estandarte.

enseñanza. f. Acción y resultado de enseñar. || Sistema y método empleados para enseñar. || Conjunto de medios, instituciones, personas, etc., relacionados con la educación. || Ejemplo que sirve de experiencia. || pl. Ideas, conocimientos, etc., que una persona transmite a otra.

enseñar. tr. Hacer que alguien aprenda algo. || Dar ejemplo o escarmiento. || Mostrar o exponer algo. || Dejar ver una cosa involuntariamente. || Indicar, dar señas de una cosa.

enseñorearse. prnl. Hacerse señor y dueño de una cosa; dominarla.

enseres. m. pl. Utensilios, muebles, instrumentos, necesarios en una casa o para una profesión.

ensillar. tr. Colocar la silla de montar a una caballería.

ensimismarse. prnl. Abstraerse. || Entregarse alguien a sus propios pensamientos, aislándose del mundo que lo rodea.

ensobrar. tr. Meter en un sobre.

ensombrecer. tr. Oscurecer, cubrir de sombras. También prnl. || prnl. Entristecerse.

ensoñación. f. Acción y resultado de ensoñar, ensueño.

ensoñar. intr. Tener ensueños. También tr.

ensordecedor, ra. adj. Que ensordece. || Referido a un sonido, que es muy intenso.

ensordecer. tr. Causar sordera a una persona. Más c. intr. || Aminorar la intensidad de un sonido o ruido. || Aturdir a alguien la inten-

sidad de un sonido o ruido. || Callar, no responder. || LING. Convertir una consonante sonora en sorda.

ensortijar. tr. Rizar, encrespar una cosa, especialmente el pelo. También prnl. || Poner un aro de metal atravesando la nariz de un animal. || prnl. Ponerse sortijas; enjoyarse.

ensuciar. tr. Poner sucia una cosa. También prnl. || Manchar la fama, el prestigio, el honor, etc. || prnl. Hacer las necesidades corporales en la cama, la ropa, etc. || Meterse una persona en asuntos o negocios sucios.

ensueño. m. Sueño, representación onírica de quien duerme. || Ilusión, fantasía. || de ensueño. Fantástico, maravilloso.

entablar. tr. Dar comienzo a una conversación, amistad, lucha, etc. || Cubrir con tablas una cosa. || En ajedrez y otros juegos de tablero, colocar las piezas en sus respectivos lugares para empezar el juego. || intr. amer. Igualar.

entablillar. tr. Asegurar con tablillas y vendaje un hueso roto.

entallar. tr. Esculpir, grabar. || Hacer cortes en una pieza de madera para ensamblarla con otra. || Cortar la corteza de algunos árboles para extraer la resina. || tr. Hacer que una cosa se ajuste al talle o a la cintura. También prnl.

entarimado. m. Suelo compuesto con tablas ensambladas; entablado.

entarimar. tr. Cubrir el suelo con tablas o tarima.

ente. m. Lo que es, existe o puede existir. || Asociación u organismo, particularmente el vinculado al Estado.

entechar. tr. col. Techar.

entelar. tr. Cubrir o forrar con tela, especialmente una pared.

entender. tr. Comprender, captar el sentido de algo. || Conocer, penetrar. || Conocer el ánimo o la intención de alguien. || Discurrir, inferir, deducir. || Tener intención o mostrar voluntad de hacer una cosa. || Creer, pensar, juzgar. || Seguido de la prep. en, ocuparse de algo. || prnl. Conocerse, comprenderse a sí mismo. || Mantener relaciones amorosas dos personas. || Llevarse bien dos o más personas. || Ponerse de acuerdo.

entendido, da. adj. y s. Conocedor de una materia o experto en ella.

entendimiento. m. Facultad humana de comprender, comparar, juzgar las cosas, o inducir y deducir otras de las que ya se conocen. || Raciocinio, razón. || Acuerdo, relación amistosa.

enterar. tr. Informar a uno de algo. También prnl. || prnl. Darse cuenta. || amer. Pagar, entregar dinero.

entereza. f. Integridad, perfección. || Fortaleza, firmeza de ánimo. || Rectitud, irreprochabilidad.

enterizo, za. adj. De una pieza. || m. *amer.* Mono, prenda de vestir de una sola pieza.

enternecedor, ra. adj. Que enternece.

enternecer. tr. Mover a ternura o a compasión. También prnl. || Poner blanda o tierna una cosa.

entero, ra. adj. Completo. || Referido a la leche, con toda su nata, sin desnatar. || Sano. || Se dice de la persona que tiene firmeza de carácter. || Constante. || Recto, justo, íntegro. || MAT. Referido al número que consta de una o más unidades completas, a diferencia de los decimales o los quebrados. || Se dice de la mujer que no ha perdido la virginidad. || m. En bolsa, variación en los valores de cotización, equivalente a la centésima parte del valor nominal de los mismos. || *amer.* Entrega de dinero.

enterrar. tr. Poner bajo de tierra. || Dar sepultura a un cadáver. || Arrinconar, relegar al olvido. || Hacer desaparecer una cosa debajo de otra, como si estuviese oculta bajo tierra. También prnl. || Sobrevivir alguien a una o más personas. || *amer.* Clavar o introducir un instrumento punzante. También prnl. || prnl. Retirarse del trato de los demás.

entibiar. tr. y prnl. Poner tibio un líquido. || Templar los afectos y pasiones.

entidad. f. Ente o ser. || FILOS. Lo que constituye la esencia o la forma de una cosa. || Valor o importancia de una cosa. || Colectividad considerada como unidad.

entierro. m. Acción y resultado de enterrar. || Acto en que se lleva a enterrar un cadáver. || entierro de la sardina. Fiesta carnavalesca que se celebra el miércoles de ceniza y que simboliza el paso a la cuaresma.

entintar. tr. Manchar o cubrir con tinta. || Teñir, dar a una cosa un color distinto del que tenía.

entoldar. tr. Cubrir con toldos. || prnl. Nublarse.

entomología. f. Parte de la zoología que se dedica al estudio de los insectos.

entonación. f. Acción y resultado de entonar. || Modulación de la voz que acompaña a la secuencia de sonidos del habla, y que puede reflejar diferencias de sentido, de intención, de emoción y de origen del hablante.

entonar. tr. Afinar la voz; cantar ajustado al tono. También intr. || Dar determinado tono a la voz. || Empezar uno a cantar una cosa para que los demás continúen en el mismo tono. || Reforталecer el organismo. También prnl. || prnl. Engreírse. || Ponerse alguien alegre con el alcohol. También tr.

entonces. adv. t. En aquel tiempo u ocasión. || adv. m. En tal caso, siendo así.

entorchado. m. Cuerda o hilo de seda, cubierto con otro hilo, de seda o de metal, retorcido alrededor para darle consistencia. Se emplea en las cuerdas de los instrumentos musicales y en los bordados. || Bordado de oro o plata, que como distintivo llevaban los militares y altos funcionarios en las vueltas de las mangas del uniforme o del traje.

entornar. tr. Entrecerrar una puerta o ventana. || Entrecerrar los ojos.

entorno. m. Ambiente, lo que rodea.

entorpecer. tr. y prnl. Poner torpe. || Retardar, dificultar, obstaculizar.

entrado, da. adj. Referido a un periodo de tiempo, que ya ha transcurrido una parte del mismo. || f. Espacio por donde se entra. || Billete para entrar a un espectáculo, lugar público, etc. || Acción de entrar en alguna parte. || Señal que en un acto público o representación teatral, indica a una persona el momento en que debe intervenir. || Conjunto de personas que asisten a un espectáculo. || Vestíbulo. || Plato que se sirve antes del plato principal, y generalmente después de la sopa. || Cada uno de los ángulos entrantes que forma el pelo a los lados de la parte superior de la frente. Más en pl. || Cantidad que entra en una caja o en poder de uno. || Cantidad inicial que se paga por algo que se compra a plazos, para ingresar en ciertas instituciones, etc. || Primeros días del año, del mes, de una estación, etc. || Cada una de las unidades léxicas o términos que aparecen definidos en un diccionario. || MÚS. Momento en que cada voz o instrumento ha de tomar parte en la ejecución de una pieza musical. || DEP. Acción que obstaculiza el juego de un contrario. || *amer.* Zurra.

entramado. m. Armazón de madera o hierro que sirve para hacer una pared, tabique o suelo. || Estructura, organización.

entrambos, bas. adj. pl. Ambos.

entrampar. tr. Contraer deudas. Más c. prnl. || Engañar. || Enredar, confundir. || Hacer que un animal caiga en la trampa.

entraña. f. Cada uno de los órganos contenidos en el interior del cuerpo humano y de los animales. Más en pl. || Lo más íntimo o esencial. || pl. Lo más oculto y escondido. || El centro, lo que está en medio. || Sentimientos de una persona.

entrañable. adj. Íntimo o muy afectuoso.

entrañar. tr. Introducir en lo más hondo. También prnl. || Contener, llevar dentro de sí.

entrar. intr. Pasar de fuera adentro, o por una parte para introducirse en otra. También prnl. || Encajar o meterse una cosa en otra, o dentro de otra. || Penetrar o introducirse. || Acometer, arremeter. || Empezar a formar parte de una empresa, institución, etc. || Tratándose de estaciones o de cualquier otra parte del año, empezar o tener principio. || Ser admitido o tener entrada en alguna parte. || Tratándose de afectos, estados de ánimo, enfermedades, etc., empezar a dejarse sentir o a ejercer su influencia. || Caber cierta porción o número de cosas en algo. || Hallarse, tener parte en la composición de ciertas cosas. || Abordar a una persona, o ejercer influencia sobre ella. || Referido a una comida o bebida, ser agradable de tomar. || Junto con la preposición *a* y el infinitivo de otros verbos, dar principio a la acción de ellos. || Seguido de la preposición *en* y de un nombre, empezar a sentir lo que este nombre signifique. || Seguido de la preposición *en* y de un nombre, intervenir o tomar parte en lo que este nombre signifique. || Seguido de la preposición *en* y de voces significativas de edad, empezar a estar en la que se mencione. || MÚS. Empezar a cantar o tocar en el momento preciso. || tr. Introducir o hacer entrar. || DEP. Obstaculizar el juego de un contrario saliendo a su encuentro.

entre. prep. Denota la situación o estado entre dos o más cosas o acciones. || Dentro de, en lo interior. || Expresa estado intermedio. || En una colectividad. || Indica colaboración o participación.

entreabrir. tr. y prnl. Abrir un poco o a medias.

entreacto. m. Intermedio en una representación teatral, o de otro espectáculo público.

entrecejo. m. Espacio que hay entre las cejas. || Ceño.

entrecortado, da. adj. Referido a la voz o al sonido, que se emite con interferencias.

entrecubierta. f. Espacio que hay entre las cubiertas de una embarcación. También pl.

entredicho. m. Duda que recae sobre algo o alguien, especialmente sobre su honradez o veracidad. || Prohibición, censura. || Censura eclesiástica que prohíbe el uso de los divinos oficios, la administración y recepción de algunos sacramentos y la sepultura eclesiástica. || poner en entredicho. loc. Juzgar una cosa como indigna o dudar de ella.

entrega. f. Puesta a disposición de alguien una cosa. || Ceremonia durante la cual se otorgan premios o condecoraciones. || Dedicación de tiempo y esfuerzo a una actividad o labor. || Cada uno de los cuadernos periódicos en que se divide y vende un libro publicado por partes, o cada libro o fascículo de una serie coleccionable. || Cantidad de cosas que se dan de una vez como parte de un todo mayor. || ARQUIT. Parte de un sillar o madero que se introduce en la pared.

entregador, ra. adj. y s. Que entrega.

entregar. tr. Poner alguna cosa o persona en poder de alguien, dar. También prnl. || ARQUIT. Introducir el extremo de una pieza de construcción en el asiento o hueco donde ha de fijarse. || prnl. Dedicarse enteramente a una cosa. || Declararse o reconocerse como vencido o sin fuerzas para continuar en un empeño o una lucha. || Dejarse vencer por vicios o pasiones.

entrelazar. tr. Enlazar, unir una cosa con otra cruzando sus partes.

entremés. m. Cualquiera de los platos ligeros que se ponen en la mesa para picar antes de servir la comida. Más en pl. || Plato frío compuesto de embutidos y fiambres. || LIT. Pieza dramática breve, burlesca o cómica y de un solo acto, que se representaba entre los actos de una comedia o de una obra teatral más extensa. || LIT. Subgénero literario dramático constituido por este tipo de obras.

entremeter. tr. Meter una cosa entre otras. También prnl. || prnl. Intentar uno participar en asuntos o temas que no le conciernen, entrometerse, inmiscuirse.

entremezclar. tr. Mezclar unas cosas o personas con otras.

entrenador, ra. m. y f. Persona cuyo oficio o afición consiste en preparar y adiestrar a personas o animales generalmente parar la práctica de un deporte.

entrenamiento. m. Adiestramiento y preparación física y técnica que se realiza para perfeccionar el ejercicio de una actividad deportiva o lúdica.

entrenar. tr. Preparar o adiestrar física, técnica y psíquicamente a personas o animales, especialmente para mejorar el dominio de un deporte. También prnl. e intr. || Adiestrar a alguien en el manejo de algo. También prnl.

entrerriano, na. adj. y s. De la provincia argentina de Entre Ríos o relativo a ella.

entresacar. tr. Sacar algunas cosas de entre el conjunto que forman. || Cortar algunos árboles de un monte o bosque o algunas plantas de un sembrado para aclararlo. || Aligerar la cabellera, cortar parte del cabello de una persona.

entretanto o **entre tanto.** adv. t. Mientras tanto, a la vez o en el mismo tiempo en que sucede o se hace alguna cosa. o de demostrativo.

entretejer. tr. Meter o mezclar en la tela que se teje hilos diferentes para formar un dibujo o motivo. || Entremezclar una cosa con otra. También prnl.

entretela. f. Tejido que se pone entre la tela y el forro de una prenda de vestir, para reforzarla o darle consistencia. || pl. *col.* Los sentimientos más íntimos y personales.

entretener. tr. Hacer que alguien se detenga o espere. También prnl. || Divertir, recrear, amenizar. También prnl. || Dar largas, demorar. || Hacer que una cosa sea más soportable o llevadera. || Mantener, conservar en condiciones adecuadas.

entretenimiento. m. Acción y resultado de entretener y entretenerse. || Cosa que sirve para entretener o divertir. || Mantenimiento, conservación de algo.

entretiempo. m. Tiempo de temperatura suave y pocas lluvias, que corresponde generalmente a la primavera y al otoño.

entrever. tr. Ver alguna cosa confusamente. || Sospechar algo.

entreverar. tr. Mezclar, introducir una cosa entre otras. También prnl. || prnl. *amer.* Mezclarse desordenadamente personas, animales o cosas. || *amer.* Enfrentarse dos grupos de caballería y luchar cuerpo a cuerpo los jinetes. || *amer.* P. ext., discutir, pelear.

entrevero. m. *amer.* Pelea, disputa. || *amer.* Confusión, desorden.

entrevista. f. Encuentro y conversación entre dos o más personas para tratar un asunto determinado. || Conversación o serie de preguntas y respuestas que entabla un periodista con un personaje de actualidad para difundir sus opiniones. || Charla a la que se somete el aspirante a un trabajo para que la empresa compruebe si reúne las condiciones necesarias para el puesto.

entrevistar. tr. Realizar una entrevista. || prnl. Reunirse varias personas para tratar o resolver algún asunto o cuestión.

entristecer. tr. Causar tristeza. || Dar a algo un aspecto triste. || prnl. Ponerse triste.

entrometer. tr. Meter una cosa entre otras, entremeter. También prnl. || prnl. Inmiscuirse alguno en asuntos que no le conciernen, meterse donde no le llaman.

entroncar. tr. Establecer o reconocer una relación o dependencia entre varias personas, ideas, acciones, etc. || intr. Existir esta relación o dependencia. || Tener o contraer parentesco con una familia o persona. También prnl. || *amer.* Empalmar dos líneas de transporte. También prnl.

entronizar. tr. Colocar a alguien en el trono, hacerlo rey. || Ensalzar a uno, colocarlo en una dignidad superior. || prnl. Engreírse, envanecerse.

entubar. tr. Poner tubos. || MED. intubar. || MIL. Castigar, arrestar a un recluta.

entuerto. m. Injusticia, daño o agravio que se causa a alguien. || pl. Dolores de vientre que se producen en las mujeres recién paridas por las contracciones del útero al volver a su posición original.

entumecer. tr. Hacer que un miembro o nervio se quede rígido o torpe de movimientos. Más c. prnl.

enturbiar. tr. y prnl. Hacer o poner turbia una cosa. || Turbar, alterar el orden. || Ensombrecer, oscurecer, apagar.

entusiasmar. tr. y prnl. Infundir entusiasmo, interés o admiración. || Gustarle muchísimo algo a alguien. || prnl. Sentir gran admiración o mucho interés por algo.

entusiasmo. m. Exaltación y excitación del ánimo por algo que causa interés, admiración o placer. || Sumo interés en algo, que lleva a poner en su logro mucho esfuerzo y empeño. || Inspiración divina de los profetas o adivinadores y, p. ext., de los artistas.

enumeración. f. Expresión sucesiva y ordenada de los elementos de que consta un todo. || Cuenta numeral o suma de las cosas. || RET. Figura que consiste en enumerar o referir varias ideas o distintas partes de un concepto o pensamiento general.

enumerar. tr. Enunciar o nombrar sucesiva y ordenadamente las partes de un todo o los elementos de un conjunto.

enunciación. f. Expresión lingüística de un concepto. || Planteamiento y exposición de los datos que permiten comprender un problema técnico o científico.

enunciado. m. Conjunto de palabras con las que se expone o plantea un problema matemático o cualquier cuestión. || LING. Secuencia de palabras delimitada por silencios muy marcados que puede estar constituida por una o varias oraciones.

enunciar. tr. Expresar breve y sencillamente una idea. || MAT. Exponer el conjunto de datos que facilitan la inteligencia y la resolución de un problema técnico o científico.

envainar. tr. Meter en la vaina o funda la espada u otra arma blanca. || p. ext., esconder las armas. || Envolver, enfundar una cosa en otra. || *amer.* Meter en problemas o dificultades a otro.

envalentonar. tr. Infundir valentía y arrogancia. || prnl. Cobrar valentía, mostrarse alguien atrevido, bravucón y desafiante.

envanecer. tr. Provocar o infundir soberbia o vanidad a alguno. También prnl.

envarar. tr. Entorpecer, entumecer o impedir el movimiento de un miembro del cuerpo. Más c. prnl. || prnl. *col.* Mostrar un comportamiento o una actitud arrogante y soberbia.

envasar. tr. Poner o echar en un envase o recipiente adecuado una sustancia o una materia. || *col.* Beber con exceso.

envase. m. Recipiente en que se conservan, transportan y venden productos y mercancías. || Envasado.

envejecer. tr. Hacer vieja a una persona o cosa. || intr. Hacerse vieja una persona o antigua una cosa. También prnl. || Lograr que una cosa o una persona parezca más vieja de lo que en realidad es. || Durar, permanecer algo o alguien por mucho tiempo en algún lugar o de alguna manera.

envejecimiento. m. Alteración de las propiedades de las cosas producida por el paso del tiempo. || BIOL. Conjunto de cambios fisiológicos y anatómicos de carácter natural provocados por el paso de los años en los seres vivos.

envenenamiento. m. Introducción o aplicación de un veneno en un organismo vivo. || Intoxicación producida por la ingestión de una sustancia venenosa. || Deterioro, corrupción de una relación o de una situación.

envenenar. tr. Intoxicar, lograr o intentar que un animal o una persona muera o enferme por la ingestión de un veneno o cualquier otra sustancia perjudicial para la salud. || Poner una sustancia venenosa en algo. || Hacer que algo se deteriore o degrade. || Causar amargura y resentimiento.

envergadura. f. Distancia entre las puntas de las alas completamente abiertas de las aves. || p. ext., Distancia entre los extremos de las alas de un avión o de los brazos humanos extendidos en cruz por completo. || Importancia, amplitud, alcance. || MAR. Ancho de una vela por la parte por la que se une a la verga del mástil.

envés. m. BOT. Cara opuesta al haz, parte inferior de la hoja. || Parte opuesta a la cara de una tela o de otras cosas, revés.

enviado, da. m. y f. Persona que lleva un mandato o comisión por mandato de otro. || f. Embarcación que lleva a puerto la pesca que va capturando otra mayor.

enviar. tr. Hacer que una persona vaya a alguna parte. || Mandar, remitir algo a una persona o lugar.

enviciar. tr. Corromper, hacer adquirir un vicio a alguien. || intr. BOT. Echar las plantas muchas hojas y escaso fruto. || Adquirir uno un vicio. || prnl. Aficionarse demasiado a una cosa o excederse en su uso. || Deformarse algo por haber sido mal usado o haber estado mucho tiempo en una mala posición.

envidar. tr. Hacer un envite o apuesta en el juego.

envidia. f. Tristeza airada o disgusto por el bien ajeno o por el cariño o estimación que otros disfrutan. || Deseo honesto de emular alguna cualidad o algún bien que otro posee.

envidiar. tr. Tener envidia, lamentar el bien ajeno. || Desear, apetecer para sí lo que otro tiene.

envilecer. tr. Convertir en abyecto, vil y despreciable alguien o algo. También prnl. || prnl. Rebajarse, perder uno la estimación que tenía.

envío. m. Acción y resultado de enviar algo o a alguien a algún sitio. || Remesa, cosa que se envía.

envite. m. Apuesta que se hace en algunos juegos de cartas y de azar. || Empujón, embestida. || Avance que se realiza de golpe en algo. || Ofrecimiento, invitación.

enviudar. intr. Quedar viudo o viuda.

envoltorio. m. Montón de cosas agrupadas desordenadamente, envoltijo. || Conjunto de las cosas que aparecen envueltas. || Papel, cartón o lámina con que se envuelve algo, envoltura.

envoltura. f. Capa exterior que cubre una cosa. || Aspecto exterior de algo.

envolvente. adj. Que envuelve o rodea algo. || f. Argumento demagógico con que se convence a alguno, dejándolo cortado y sin salida.

envolver. tr. Cubrir, rodear un objeto por todas sus partes. || Arrollar o devanar un hilo, cinta, etc., en alguna cosa. || Acorralar a alguien en una discusión con argumentos que le dejan sin respuesta. || Mezclar o complicar a uno en un asunto o negocio. || Rodear una cosa inmaterial a alguien o algo. || En un combate o batalla, rebasar la línea del enemigo para rodearlo por todos sus flancos. || amer. Convencer o confundir.

enyesar. tr. Tapar o cubrir una cosa con yeso. || MED. Escayolar, cubrir con yeso los vendajes para endurecerlos y conseguir la inmovilización de la zona lesionada. || Igualar y allanar con yeso pavimentos o paredes.

enzarzar. tr. Enredar a personas o animales entre sí para que peleen o discutan. || Poner zarzas en una cosa. || prnl. Reñir, pelearse. || Meterse en asuntos o negocios complicados de difícil salida o solución. || Enredarse en zarzas, matorrales, etc.

eñe. f. Nombre de la letra ñ.

eoceno, na. adj. y m. GEOL. De la segunda época del período terciario o cenozoico o relativo a esta era geológica, que sigue al paleoceno y precede al oligoceno.

¡epa!. interj. que se utiliza para animar. || Interj. amer. Se usa para saludar.

epicardio. m. ANAT. Membrana fibrosa del pericardio, que rodea el corazón por todos lados.

epicentro. m. GEOL. Punto de la superficie de la Tierra bajo el cual se origina un movimiento sísmico y en el cual, por tanto, es mayor su intensidad.

épico, ca. adj. Relativo a la epopeya o a la poesía heroica y a su autor. También s. || col. Grandioso, extraordinario. || f. LIT. Género poético que narra con tono grandilocuente y laudatorio acciones extraordinarias y heroicas de personajes históricos o míticos.

epicúreo, a. adj. De Epicuro, del epicureísmo, o relativo a ellos. || Partidario del epicureísmo. También s. || Sensual, voluptuoso, entregado a los placeres.

epidemia. f. Enfermedad infecciosa que durante un periodo de tiempo ataca, simultáneamente y en un mismo territorio, a gran número de personas. || p. ext., cualquier desgracia o mal que se extiende u ocurre sucesivamente.

epidérmico, ca adj. De la epidermis o relativo a ella.

epidermis. f. ANAT. Capa más externa de la piel formada por tejido epitelial que envuelve el cuerpo de los animales. || BOT. Membrana formada por una sola capa de células que cubre el tallo y las hojas de las algunas plantas.

epigastrio. m. ANAT. Región del abdomen o vientre, que va desde la punta del esternón hasta cerca del ombligo entre las costillas falsas.

epígrafe. m. Resumen que precede a cada uno de los capítulos o secciones de una obra. || Título, rótulo que encabeza un capítulo o cualquier subdivisión de un escrito. || Inscripción en piedra, metal, o cualquier otra superficie dura.

epigrafía. f. Ciencia cuyo objeto es conocer e interpretar las inscripciones.

epigrama. m. Epígrafe, inscripción en piedra, metal, etc. || LIT. Composición poética breve, que expresa de forma ingeniosa un pensamiento satírico o humorístico. || p. ext., Pensamiento satírico o burlesco expresado de manera breve e ingeniosa.

epilepsia. f. PAT. Enfermedad neurológica producida por una disfunción en la actividad eléctrica de la corteza cerebral y que se caracteriza por crisis convulsivas con pérdida brusca del conocimiento.

epiléptico, ca. adj. PAT. De la epilepsia o relativo a esta enfermedad. || m. y f. Persona que la padece.

epílogo. m. Recapitulación, resumen o conclusión de lo dicho en un discurso o en otra composición literaria. || Última parte de algunas obras, desligada en cierto modo de las anteriores, y en la cual se representa una acción o se refieren sucesos que son consecuencia de la acción principal o están relacionados con ella. || Consecuencia o prolongación de algo que ya se supone terminado.

episcopado. m. Dignidad y cargo del obispo. || Época y duración del gobierno de un obispo determinado. || Conjunto de obispos del orbe católico o de una nación.

episcopal. adj. Del obispo o relativo a él. || m. Libro en que se contienen las ceremonias y oficios de los obispos.

episodio. m. Hecho puntual y separado que forma parte de un todo. || Cada una de las acciones parciales o partes integrantes de la acción principal que se narran en un libro, en una película, etc. || Incidente, suceso pasajero y poco relevante.

epístola. f. LIT. Obra literaria, en forma de carta, en prosa o verso, con un objetivo moralizante, didáctico u humorístico. || Escrito que se dirige a determinadas personas, en especial los de los apóstoles a los fieles. || En la Iglesia católica, parte de la misa, anterior al evangelio, en la que se lee un fragmento de alguna epístola de los apóstoles.

epistolario. m. Libro o cuaderno en que se hallan recogidas varias cartas o epístolas de un autor o de varios, escritas a diferentes personas sobre diversas materias. || Libro en que se contienen las epístolas que se cantan en las misas.

epitafio. m. Inscripción dedicada al difunto, que se pone sobre su sepulcro.

epitalamio. m. LIT. Composición lírica en la que se celebra una boda.

epitelio. m. ANAT. Tejido formado por una o varias capas de células yuxtapuestas que constituyen la capa externa de la mucosa que recubre las cavidades externas, los conductos del cuerpo y la piel.

epitema. f. MED. Medicamento tópico que se aplica en forma de fomento, de cataplasma o de polvo.

epíteto. m. GRAM. Adjetivo calificativo que indica una cualidad natural del nombre al que acompaña, sin distinguirlo de los demás de su grupo. || p. ext., cualquier calificativo que se aplica a alguien.

epítome. m. Resumen o compendio de una obra extensa. || RET. Figura que consiste en, después de decir muchas palabras, repetir las primeras a modo de resumen o aclaración.

época. f. Periodo de tiempo que se señala por los hechos durante él acaecidos o las personas que en ellos participaron. || p. ext., cualquier espacio de tiempo caracterizado por algo concreto. || GEOL. Espacio de tiempo en que se dividen los periodos geológicos.

epopeya. f. LIT. Poema narrativo extenso de tono grandilocuente que relata hechos heroicos realizados por personajes históricos o legendarios. || Conjunto de estos poemas, que forman la tradición épica de un pueblo. || Conjunto de hazañas y hechos memorables de una persona o un pueblo. || Actividad que se realiza con mucho esfuerzo y tras vencer numerosas dificultades.

épsilon. f. Quinta letra del alfabeto griego, que se corresponde con nuestra e.

equidad. f. Cualidad que mueve a dar a cada uno lo que merece. || Justicia, imparcialidad en un trato o un reparto.

equidistar. intr. GEOM. Hallarse uno o más puntos, líneas, planos o sólidos a la misma distancia entre sí o con respecto a otra u otras.

equilátero, ra. adj. GEOM. Se apl. a las figuras geométricas que tienen todos sus lados iguales. También m.

equilibrar. tr. y prnl. Poner algo o a alguien equilibrio. || Hacer que una cosa no exceda ni supere a otra, manteniéndolas semejantes o proporcionalmente iguales.

equilibrio. m. Estado en que se encuentra un cuerpo cuando las fuerzas que actúan sobre él se compensan y anulan mutuamente. || Contrapeso, compensación, armonía entre cosas diversas. || Estabilidad, situación de una cosa que, pese a no tener una base sólida, se mantiene sin caerse. || Ecuanimidad, mesura, sensatez en los actos y juicios. || pl. Actos de prudencia o astucia, para sobrellevar una situación peligrosa, arriesgada o complicada.

equilibrista. adj. y com. Se dice del artista que realiza difíciles juegos o ejercicios de equilibrio.

equino, na. adj. Del caballo o relativo a él. || m. Caballo o yegua.

equinoccial. adj. ASTRON. Del equinoccio o relativo a esta época del año.

equinoccio. m. ASTRON. Época del año en que, por hallarse el Sol sobre el ecuador, los días son iguales a las noches en toda la Tierra; tiene lugar cada del 20 al 21 de marzo y del 22 al 23 de septiembre.

equipaje. m. Conjunto de maletas y cosas que se llevan en los viajes.

equipar. tr. Proveer a alguien de las cosas necesarias para un uso particular. También prnl. || Proveer del equipo necesario a industrias, urbanizaciones, sanatorios u otros establecimientos o entidades.

equiparación. f. Comparación, relación de proporción o similitud.

equiparar. tr. Comparar, relacionar una cosa con otra, considerándolas iguales o equivalentes.

equipo. m. Grupo de personas organizado para la realización de una tarea o el logro de un objetivo. || Cada uno de los grupos que compiten en ciertos deportes. || Conjunto de ropas y otras cosas que usa alguien para una actividad específica, equipación: *se compró un equipo completo del Real Madrid.*

equis. f. Nombre de la letra x y del signo que significa la incógnita en los cálculos. || adj. Se apl. a las cantidades que se desconocen o resultan indiferentes.

equitación. f. Arte, deporte y práctica de montar y manejar bien el caballo.

equitativo, va. adj. Que se caracteriza por su equidad, justicia o imparcialidad.

equivaler. intr. Ser una cosa igual a otra en estimación, potencia o eficacia. || Tener una cosa como consecuencia otra que se expresa.

equivocación. f. Error producido por confusión entre dos elementos semejantes. || Cosa hecha equivocadamente.

equivocar. tr. y prnl. Tener o tomar una cosa por otra, confundiéndolas, juzgando o actuando erróneamente. || Hacer que alguien se confunda o yerre.

equívoco, ca. adj. Que puede entenderse o interpretarse en varios sentidos, o dar ocasión a juicios diversos. || m. Error, confusión, equivocación. || RET. Figura que consiste en el empleo consciente de palabras polisémicas, de significación múltiple que pueden llevar a confusión.

era. f. Periodo de tiempo que se empieza a considerar a partir de un punto fijo o una fecha determinada. || Extenso periodo histórico marcado por unas características que lo distinguen de otros anteriores o posteriores. || Cada uno de los grandes períodos de la evolución de la tierra o del hombre. || f. Espacio de tierra limpia y firme donde se trillan las mieses. || Trozo pequeño de tierra destinado al cultivo de flores u hortalizas.

erario. m. Tesoro público de una nación, provincia o pueblo. || Lugar donde se guarda.

ere. f. Nombre de la letra *r* en su sonido suave.

erección. f. Construcción, levantamiento, endurecimiento de una cosa. || Endurecimiento y dilatación de un órgano por la afluencia de sangre a él.

eréctil. adj. Que tiene la facultad o propiedad de levantarse, enderezarse o ponerse rígido.

erecto, ta. adj. Enderezado, levantado, rígido.

erector, ra. adj. Que erige. También s.

eremita. m. Ermitaño, persona que vive solitario en una ermita y la cuida. || com. P. ext., persona solitaria, que rechaza la compañía de los demás.

ergio. m. FÍS. Unidad de medida de trabajo en el sistema cegesimal, equivalente al realizado por una dina de fuerza al recorrer un centímetro.

erguir. tr. Levantar y poner derecha una cosa. También prnl. || prnl. Engreírse, ensoberbecerse. || Alzarse, elevarse.

erial. adj. y m. Se apl. a la tierra o campo sin cultivar ni labrar.

erigir. tr. Fundar, instituir o levantar. || Constituir a una persona o cosa con un carácter que antes no tenía. También prnl.

erizado, da. adj. Cubierto de púas o espinas; como el espín. || Complicado, lleno de dificultades.

erizar. tr. Levantar, poner rígida y tiesa una cosa. Más c. prnl. || Llenar o rodear una cosa de obstáculos, asperezas, inconvenientes, etc. || prnl. Inquietarse, azorarse.

erizo. m. ZOOL. Mamífero insectívoro de unos 20 cm de largo, con el cuerpo blanco rojizo, la cabeza pequeña, el hocico afilado, orejas y ojos pequeños, patas y la cola muy cortas y cinco dedos en cada pie; se caracteriza por contraerse en una bola cubierta por completo de púas ante el peligro. || BOT. Cubierta espinosa de algunos frutos como la castaña. || *col.* Persona de trato arisco y frío.

ermita. f. Santuario o capilla pequeños, situados normalmente fuera de las poblaciones y que no suelen tener culto permanente.

ermitaño, ña. m. y f. Persona que vive en la ermita y cuida de ella. || Persona que gusta de vivir en soledad, sin relación con los demás. || m. Cangrejo que vive dentro de conchas abandonadas de caracoles marinos.

erogar. tr. Distribuir, repartir bienes o caudales. || *amer.* Gastar el dinero.

erosión. f. Desgaste de una superficie producido por fricción o roce. || GEOL. Desgaste de la superficie terrestre por agentes externos, como el agua o el viento. || Rozadura, lesión superficial de la epidermis. || Disminución de prestigio, fama o influencia que puede sufrir una persona, una institución, etc.

erótico, ca. adj. Del erotismo o relativo a el amor sexual. || Que trata o describe temas relacionados con el amor o el sexo. || Que excita sexualmente. || f. Atracción y excitación muy intensas que se sienten ante ciertas cosas como el poder, el dinero, la fama, etc.

erotismo. m. Amor sensual, sexualidad. || Cualidad de lo erótico, de lo que provoca excitación sexual. || Expresión o descripción artística del amor físico.

erradicar. tr. Arrancar de raíz, eliminar completamente algo, que se considera perjudicial o peligroso.

errante. adj. Que anda de una parte a otra sin tener domicilio ni asiento fijo.

errar. tr. e intr. No acertar, fallar, equivocarse. || intr. Andar vagando de una parte a otra, sin rumbo ni destino. || Dejar vagar el pensamiento, la imaginación o la atención.

errata. f. Equivocación material cometida en lo impreso o manuscrito.

erre. f. Nombre de la letra *r* en su sonido fuerte.

erróneo, a. adj. Que contiene error.

error. m. Concepto equivocado o juicio falso. || Dicho o acción desacertada o equivocada. || Diferencia entre el resultado real obtenido y la previsión que se había hecho o que se tiene como cierta.

eructar. intr. Echar ruidosamente por la boca los gases del estómago.

erudición. f. Conocimiento profundo y extenso sobre ciencias, artes y otras materias.

erudito, ta. adj. y s. El que tiene y demuestra poseer sólidos y profundos conocimientos en una o múltiples disciplinas.

erupción. f. Expulsión, emisión o aparición más o menos violenta y repentina hacia el exterior de algo contenido en un sitio, particularmente la de materias sólidas, líquidas o gaseosas de los volcanes. || MED. Aparición y desarrollo en la piel, o las mucosas, de granos, manchas o heridas producidas por una enfermedad o por la acción de agentes externos. || Estos mismos granos o manchas.

esbelto, ta. adj. Alto, bien formado, elegante y airoso.

esbirro. m. *desp.* Persona pagada por otra para que lleve a cabo acciones violentas en su lugar. || El que se dedica profesionalmente a ejecutar las órdenes violentas de una autoridad. || Antiguamente, oficial de justicia.

esbozar. tr. Bosquejar, hacer un esbozo, definir los contornos de una cosa. || Insinuar un gesto, normalmente del rostro.

esbozo. m. Dibujo inacabado y esquemático de un proyecto artístico. || p. ext., Proyecto, plan, cosa que puede alcanzar mayor desarrollo y extensión. || Insinuación de un gesto.

escabeche. m. Salsa o adobo que se hace con aceite frito, vino o vinagre, hojas de laurel y otros ingredientes, para conservar y hacer sabrosos los pescados y otros alimentos. || Alimento guisado en esta salsa, en especial el bonito o atún.

escabel o **escabelo.** m. Banqueta o taburete pequeño, generalmente blando, que se pone delante del asiento para apoyar los pies. || Banqueta pequeña sin respaldo.

escabroso, sa. adj. Desigual, lleno de tropiezos y accidentes. || Que roza lo inconveniente o lo inmoral. || Delicado, embarazoso, difícil de resolver.

escabullirse. prnl. Irse o escaparse de entre las manos una cosa. || Irse, ausentarse disimuladamente. || Evitar una dificultad o una obligación con sutileza.

escafandra. f. Traje compuesto de una vestidura impermeable y un casco perfectamente cerrado, con un cristal frente a la cara y orificios y tubos para renovar el aire; se emplea para permanecer sumergido en el agua. || Traje hermético que usan los astronautas para salir de la nave en el espacio.

escala. f. Escalera de mano hecha de cuerda o madera. || Sucesión ordenada de cosas distintas, pero de la misma especie. || Línea recta dividida en partes iguales que representan unidades de medida, que sirve para dibujar proporcionadamente las distancia y dimensiones en un mapa, plano, diseño, etc., y así luego calcular las medidas reales con respecto a lo dibujado.

escalada. f. Escalar una fortaleza valiéndose de escalas. || Subida, ascensión de una pendiente o hasta una gran altura. || Aumento rápido y alarmante de alguna cosa. || Ascenso, promoción laboral.

escalafón. m. Clasificación de los individuos de una corporación, una empresa o una institución, ordenados según su grado, antigüedad o méritos.

escalar. tr. Entrar en un lugar o subir a una gran altura por medio de escalas o trepando. || Ascender social o profesionalmente, no siempre por buenos medios. || Subir un deportista, trepando o en bicicleta, una pendiente más o menos pronunciada.

escalar. adj. y m. FÍS. Se dice de la magnitud que carece de dirección y se expresa, por tanto, solamente con un guarismo.

escaldar. tr. Bañar con agua hirviendo una cosa. || Abrasar con algo que está hirviendo. También prnl. || Sufrir una persona un daño físico o psíquico de manera que no desee repetir la experiencia que lo causó. También prnl. || prnl. Escocerse.

escaleno. adj. GEOM. Se dice del triángulo que tiene sus tres lados desiguales. También m. || GEOM. Se dice del cono o de la pirámide cuyo eje no es perpendicular a la base. || ANAT. Cada uno de los tres músculos que hay a ambos lados del cuello.

escalera. f. Serie de escalones que sirve para subir y bajar. || Reunión de naipes de valor correlativo. || Trasquilón o desnivel que la tijera deja en el pelo mal cortado. || Peldaño, escalón.

escalinata. f. Escalera, generalmente adornada y lujosa, que facilita la entrada a un edificio o se incorpora en su vestíbulo principal.

escalofrío. m. Sensación de frío que suele producirse por fiebre, miedo o cualquier emoción intensa. Más en pl. || Sensación incómoda, desazón producida por una emoción intensa.

escalón. m. Peldaño, parte de una escalera en que se apoya el pie al subir o bajar. || Nivel, rango al que se asciende social o profesionalmente, escalafón: en poco tiempo ha ascendido varios escalones en la empresa. || Cada una de las situaciones o estados intermedios que hay que alcanzar para el logro de un propósito final. || Cada uno de los elementos de una serie o sucesión.

escalpelo. m. CIR. Instrumento en forma de cuchillo, de hoja fina y puntiaguda, de uno o dos cortes, que se usa en las intervenciones quirúrgicas.

escama. f. ZOOL. Membrana córnea, delgada y transparente, que cubre total o parcialmente la piel de algunos animales y principalmente la de los peces y reptiles. || Cualquier cosa que tiene forma de escama. || Cada una de las pequeñas porciones de piel muerta que se desprenden de la epidermis. || Recelos que uno tiene por el daño o molestia que otro le ha causado, o por el que teme. || BOT. Membrana delgada y transparente semejante a una hoja.

escamotear. tr. Hacer desaparecer algo mediante un hábil juego de manos de manera que los presentes no se den cuenta. || Robar o quitar algo con agilidad y astucia. || Eludir, evitar, suprimir intencionadamente.

escampar. intr. impers. Aclararse el cielo nublado, dejar de llover. || tr. *col.* Despejar, desembarazar un sitio.

escanciar. tr. Echar o servir la bebida, particularmente echar la sidra en el vaso desde una altura considerable para que al caer se produzca espuma.

escandalizar. tr. Causar, provocar escándalo, revuelo o indignación. || prnl. Mostrar disgusto o indignación, real o fingida, por alguna cosa. || intr. Hacer mucho ruido, alborotar.

escándalo. m. Alboroto, tumulto, ruido. || Acción, situación o comentario que provoca rechazo e indignación pública, por su amoralidad o su inconveniencia. || Asombro, revuelo, admiración.

escandinavo, va. adj. y s. De Escandinavia o relativo a esta región del norte de Europa.

escaño. m. Banco duro con respaldo para tres o más personas. || Puesto, asiento de los representantes políticos en las cámaras parlamentarias. || Cargo y oficio de parlamentario.

escapada. f. Salida rápida y a escondidas de un lugar. || Espacio corto de tiempo que se tiene libre y se aprovecha para hacer algo. || DEP. En ciertos deportes, aceleración rápida y sorprendente que hace un competidor y adelantamiento que consigue con el fin alcanzar la meta en solitario, dejando atrás a sus rivales.

escapar. intr. y prnl. Conseguir salir de un lugar en que se está encerrado. || Salir uno deprisa y a escondidas de un sitio. || Librarse de algo penoso o perjudicial, eludirlo. || Quedar fuera del dominio o influencia de alguna persona o cosa. || prnl. Salirse un líquido o un gas de un depósito, una cañería, etc. || Marcharse una oportunidad o un transporte sin que uno pueda haberlo tomado. || Pasar una cosa inadvertida o quedarse olvidada. || Producirse una cosa de manera involuntaria. || DEP. Acelerar y adelantarse un competidor con el fin de continuar la carrera y llegar a la meta en solitario, venciendo.

E

escaparate. m. Hueco acristalado que hay en la fachada de las tiendas y que sirve para exhibir las mercancías o productos que se venden en ellas.

escapatoria. f. Forma o manera de evadirse o escaparse. || Excusa, modo de evadirse uno de un apuro en que se halla.

escape. m. Salida o solución para un problema o una situación complicada, escapatoria. || Fuga de un gas o de un líquido por un orificio o una abertura pequeña. || En los motores de explosión, salida de los gases quemados, y tubo metálico que los conduce al exterior. || INFORM. Primera tecla de la fila superior del teclado de los ordenadores, que permite salir de un programa o terminar una acción.

escapulario. m. REL. Pequeño trozo de tela de forma cuadrangular en que aparece representada una imagen religiosa que usan los devotos como colgante, a modo de amuleto.

escaque. m. Cada una de las casillas cuadradas e iguales, blancas y negras alternadamente, y a veces de otros colores, en que se divide el tablero de ajedrez y el del juego de damas. || pl. Juego de ajedrez.

escarabajo. m. ZOOL. Insecto coleóptero de élitros lisos que se alimenta de estiércol, con el que hace unas bolas, dentro de las cuales deposita sus huevos. || p. ext., se da este nombre a varios coleópteros de cuerpo ovalado y patas cortas que por lo general son coprófagos.

escaramujo. m. BOT. Especie de rosal silvestre, con las hojas algo agudas y sin vello y flores o rositas encarnadas. || Fruto de este arbusto, en forma de baya carnosa y roja, que se utiliza como astringente.

escaramuza. f. Refriega, combate de poca importancia entre las avanzadillas de dos ejércitos. || Riña, pelea de poca importancia.

escarapela. f. Adorno compuesto de cintas de varios colores, fruncidas o formando lazadas alrededor de un punto, componiendo un círculo o rosetón.

escarbadientes. m. mondadientes, palito pequeño y puntiagudo que sirve para sacar lo que se mete entre los dientes y limpiarlos.

escarbar. tr. Remover repetidamente la superficie de la tierra, como hacen los animales con las patas o el hocico. También intr. || Investigar en algún asunto encubierto. || Limpiar los orificios o los intersticios de alguna cosa.

escarceo. m. Prueba o intento que se hace antes de realizar una determinada acción o de dedicarse por entero a algo. || Divagación, rodeo, circunloquio. || Movimiento que hace el aire en la superficie del mar. || pl. Giros y vueltas que dan los caballos cuando están fogosos o cuando los obliga el jinete.

escarcha. f. Rocío de la noche congelado.

escardar. tr. Quitar o arrancar las hierbas nocivas de los sembrados. || Separar y apartar lo malo de lo bueno.

escarlata. f. Color rojo fuerte, pero menos que el de la grana. También adj.

escarlatina. f. PAT. Enfermedad infecciosa y contagiosa, que afecta sobre todo a niños, caracterizada por una erupción de color rojo subido en la piel y por fiebre alta y afecciones de garganta.

escarmentar. tr. Castigar o reprender con dureza al que ha obrado mal, para que se corrija. || intr. Aprender uno de los errores propios o ajenos para evitar caer en ellos.

escarnio. m. Burla muy ofensiva y humillante que se hace con la intención de herir y ofender.

escarola. f. Hortaliza cuyas hojas, de color verde claro, rizadas y de sabor amargo, se comen en ensalada.

escarpa. f. Pendiente o declive pronunciado de un terreno. || Plano inclinado que forma la muralla de algunas fortificaciones.

escarpado, da. adj. Que tiene escarpa o gran pendiente. || Se dice de los terrenos abruptos, accidentados y ásperos a los que es difícil acceder.

escarpín. m. Calzado de una sola suela y de una sola costura. || Zapato de mujer, de tacón alto y embocadura redondeada. || amer. Zapatito de lana u otro hilo, sin suela, que se teje para que cubra el pie y el tobillo de los niños que aún no andan.

escasear. intr. Faltar, no haber cantidad suficiente de algo.

escaso, sa. adj. Corto, insuficiente, limitado. || Con poca cantidad de algo. || Que no llega a ser completo algo que se expresa.

escatimar. tr. Dar, usar o hacer algo lo mínimo posible.

escena. f. Escenario de un teatro, entarimado donde tiene lugar un espectáculo. || Cada una de las partes de que consta una obra dramática o una película y que representa una determinada situación, con los mismos personajes. || Arte de la interpretación teatral. || Teatro, género dramático. || Suceso o manifestación de la vida real que se considera como espectáculo digno de atención. || Ambiente, conjunto de circunstancias espaciales y temporales en que tiene lugar una situación o un hecho. || Actitud, manifestación exagerada o aparatosa fingida para impresionar.

escenario. m. Sitio o parte de un teatro o de una sala en que se ejecutan espectáculos públicos sobre la cual tiene lugar la actuación. || Conjunto de circunstancias que se consideran el entorno de una persona o suceso. || Lugar donde se desarrolla una acción o un acontecimiento.

escénico, ca. adj. De la escena o relativo a ella.

escenografía. f. Arte de proyectar, planificar y realizar decoraciones escénicas. || Conjunto de decorados que se montan en el escenario. || Arte y técnica de acompasar a los bailarines y artistas, elegir sus movimientos y adecuarlos a la decoración escénica.

escepticismo. m. FILOS. Doctrina que afirma que la verdad no existe, o que, si existe, el hombre es incapaz de conocerla. || Incredulidad o duda acerca de la verdad o eficacia de cualquier cosa.

escéptico, ca. adj. Del escepticismo o relativo a esta doctrina. || adj. y s. Que duda o no cree en ciertas cosas. || Partidario de la doctrina del escepticismo.

escindir. tr. y prnl. Cortar, dividir, separar. || FÍS. Romper un núcleo atómico, generalmente mediante el bombardeo con neutrones, en dos porciones aproximadamente iguales, con el fin de liberar energía.

escisión. f. Separación, ruptura, división. || Tipo de reproducción asexuada que se produce por escisión del organismo en dos o más partes. || CIR. Extirpación de un tejido o un órgano.

esclarecer. tr. Resolver, poner en claro un asunto, explicar. || Iluminar, poner clara una cosa. || Ennoblecer, acreditar. || intr. Empezar a amanecer.

esclavina. f. Capa corta, de cuero o tela, que suelen llevar los peregrinos. || Pieza que suele llevar la capa, sobrepuesta y unida al cuello y que cubre los hombros. || Pieza del vestido que se superpone a otra prenda de abrigo, a modo de refuerzo o adorno en la zona del cuello y los hombros.

esclavista. adj. Del esclavismo o relativo a él. || adj. y com. Partidario de esta doctrina discriminatoria.

esclavitud. f. Estado del esclavo, del que pertenece a un dueño. || Situación social en la que se acepta con naturalidad la existencia de esclavos. || Exagerada dependencia de algo o alguien.

esclavizar. tr. Hacer esclavo a alguien. || Someter, dirigir con fuerza y duramente el comportamiento de alguien.

esclavo, va. adj. y s. Se dice de la persona que, por estar bajo el dominio jurídico de otro, carece de libertad. || Completamente sometido a un deber, pasión, afecto, vicio, etc. del que es incapaz de independizarse. || Obediente, enamorado. || f. Pulsera sin adornos y que no se abre.

esclerosis. f. PAT. Enfermedad que consiste en la atrofia o endurecimiento de cualquier tejido u órgano, por el excesivo desarrollo del tejido conjuntivo. || p. ext., embotamiento, anquilosamiento o rigidez de una facultad.

esclerótico, ca. adj. De la esclerosis o relativo a esta enfermedad. || f. ANAT. La más externa de las tres membranas que recubren el globo del ojo, dura, opaca y de color blanquecino.

esclusa. f. Compartimento cerrado dentro de un canal para aumentar o disminuir el nivel del agua para que los barcos puedan pasar por tramos con diferentes alturas.

escoba. f. Utensilio para barrer el suelo, compuesto por un manojo o penacho de ramas, hilos, o fibras flexibles sujetas a un mango. || Cierto juego de naipes que consiste en sumar quince puntos con una de las cartas propias y las que se necesiten de la mesa. || Mata papilonácea, que crece hasta 2 m de altura, con muchas ramas angulosas que se utilizaban para fabricar escobas.

escobilla. f. Escoba pequeña para limpiar, particularmente la que se emplea para limpiar el inodoro. || Planta pequeña, especie de brezo, con la que se hacen escobas. || Goma del limpiaparabrisas. || ELECTR. Haz de hilos de cobre destinado a mantener el contacto, por rozamiento, entre dos partes de una máquina eléctrica.

escobillón. m. Escoba, cepillo que se usa para barrer. || Utensilio formado por un palo fino y largo que termina en un cilindro con cerdas que se utiliza para limpiar el cañón de las armas de fuego.

escocer. intr. Producirse una sensación muy desagradable, de picor doloroso, parecida a la quemadura, en alguna parte del cuerpo. || Causar algo este dolor. || Sentirse uno molesto u ofendido por algo. También prnl. || prnl. Irritarse una parte del cuerpo por el roce con algo.

escocés, sa. adj. y s. De Escocia o relativo a ese país británico. || Aplicado a una tela o a una prenda, que es de cuadros de distintos colores. || m. LING. Lengua céltica que se habla en esta región.

escoda. f. Herramienta semejante al martillo con corte en ambos lados y un mango, que se utiliza para labrar piedras y picar paredes.

escofina. f. Especie de lima, muy usada para desbastar.

escoger. tr. Tomar o elegir una o más cosas o personas entre otras.

escolar. adj. Del estudiante, de la escuela, o relativo a ellos. || com. Alumno que cursa la enseñanza obligatoria.

escolástico, ca. adj. De la escolástica o relativo a esta doctrina o esta tendencia filosófica. || adj. y com. Partidario de esta filosofía medieval. || f. FILOS. Doctrina de la Edad Media, iniciada por santo Tomás de Aquino, que organiza filosóficamente los dogmas de la Iglesia tomando como base los libros de Aristóteles. || Tendencia a pensar que las opiniones o las ideologías clásicas y tradicionales son las únicas válidas y ciertas.

escolio. m. Anotación o aclaración que se escribe junto a un texto para explicar su contenido.

escollera. f. Obra hecha con piedras o bloques de cemento u hormigón, echados al fondo del agua para formar un dique de defensa contra el oleaje del mar.

escollo. m. Peñasco o roca que está a flor de agua o que no se ve bien. || Riesgo, situación de peligro. || Dificultad, obstáculo.

escolta. com. Persona que acompaña a alguien o a algo para protegerlo. || f. Conjunto de las personas que acompañan, honran o protegen a alguien. || Conjunto de las personas y los medios utilizados para escoltar a alguien o algo.

escoltar. tr. Acompañar a una persona o cosa para protegerla u honrarla.

escombro. m. Conjunto de desechos de una obra, de un edificio derribado, o de una mina. Más en pl.

esconder. tr. y prnl. Ocultar a una persona o cosa, ponerla donde sea difícil encontrarla. || Encerrar, incluir y contener en su interior algo que no es evidente o manifiesto.

escondite. m. Lugar donde esconderse u ocultar algo, escondrijo: *han descubierto el escondite de los atracadores.* || Juego que consiste en encontrar al que se ha escondido.

escondrijo. m. Rincón o lugar oculto y retirado apropiado para esconderse o esconder algo.

escopeta. f. Arma de fuego portátil, con uno o dos cañones de 70 a 80 cm de largo montados en una pieza de madera, que suele usarse para cazar. || escopeta recortada. La que tiene los cañones recortados para dispersar más su fuego.

escora. f. MAR. Inclinación que toma un buque. || MAR. Cada uno de los puntales que sostienen los costados del buque que está en construcción.

escorbuto. m. PAT. Enfermedad producida por la carencia de vitamina C en la alimentación, que causa anemia, debilidad, manchas en la piel y hemorragias.

escoria. f. Sustancia vítrea que flota en el crisol de los hornos de fundir metales, que procede de las impurezas. || Trozos de hierro candente que saltan al golpearlo con un martillo. || Lava esponjosa de los volcanes. || Residuo esponjoso que queda tras la combustión del carbón. || *desp.* Persona o cosa vil y despreciable.

escorpión. m. Arácnido con cuatro pares de patas y la parte posterior en forma de cola que acaba en un aguijón venenoso. || ASTRON. Uno de los signos del Zodíaco, al que pertenecen las personas que han nacido entre el 24 de octubre y el 22 el noviembre. || Constelación zodiacal que actualmente se encuentra delante y un poco hacia el Oriente de este mismo signo. || adj. y com. Se dice de la persona que ha nacido bajo este signo.

escotadura. f. Escote de una prenda de vestir. || En los teatros, abertura grande que se hace en el tablado del escenario para las tramoyas. || Entrante que queda en una cosa cuando a esta le falta un trozo.

escote. m. Abertura en una prenda de vestir por la que asoma el cuello y parte del pecho o de la espalda. || Parte del busto que deja descubierta una prenda de vestir. || m. Parte que corresponde pagar a cada uno en un gasto común.

escotilla. f. MAR. Cada una de las aberturas que hay en la cubierta de un buque, carro de combate, avión, etc., que se utiliza para entrar o salir de él, o airearlo.

escozor. m. Sensación molesta o dolorosa de picor y quemazón, semejante a la que produce una quemadura. || Sentimiento causado por una pena o una ofensa.

escribanía. f. Conjunto de objetos que sirven para escribir, generalmente compuesto de tintero, una pluma y otras piezas, colocado en un pie o platillo. || Mueble donde se ordenan los objetos y papeles que sirven para escribir, sobre todo correspondencia. || Oficio, cargo y despacho u oficina del escribano.

escribano, na. m. y f. Escribiente, escriba. || *amer.* Notario. || m. Funcionario público autorizado para dar fe de las escrituras y demás actos que pasaban ante él.

escribiente. com. Persona que se dedica profesionalmente a copiar escritos ajenos, o escribir al dictado.

escribir. tr. e intr. Representar conceptos o ideas mediante letras o signos convencionales. || Componer música y trazar en el pentagrama sus notas y demás signos. || Componer libros, discursos, etc. || Comunicar a uno por escrito alguna cosa. || Manchar de tinta una hoja un rotulador, una pluma, etc.

escrito, ta. m. Carta, documento o cualquier papel manuscrito, mecanografiado o impreso. || Obra o composición científica o literaria.

escritor, ra. m. y f. Persona que escribe. || Autor de obras escritas o impresas.

escritorio. m. Mueble para guardar papeles que, generalmente, tiene una tapa para que, abierta, se escriba sobre ella. || Oficina, despacho.

escritura. f. Representación por medio de letras o signos de una idea o concepto. || Forma con que cada uno escribe. || Sistema utilizado para escribir. || DER. Documento público que especifica un acuerdo y que firman los interesados ante el notario que da fe de ello. || Obra escrita. || Escrito, carta o documento. || pl. Conjunto de los libros que conforman la Biblia o el Antiguo Testamento.

escriturar. tr. Hacer constar con escritura pública y en forma legal un otorgamiento o un hecho.

escrúpulo. m. Duda, temor o recelo sobre si una cosa es o no cierta, moral, justa, etc. || Aprensión, asco hacia alguna cosa, especialmente alimentos. || Escrupulosidad, exactitud, esmero.

escrutar. tr. Indagar, escudriñar, examinar detalladamente. || Computar los votos para elecciones y otros actos análogos.

escrutinio. m. Examen o análisis exacto y minucioso que se hace de algo. || Recuento, cómputo que se hace de los votos de una elección o de los boletos o billetes premiados en un juego.

escuadra. f. Instrumento de figura de triángulo rectángulo, o compuesto solamente de dos reglas que forman ángulo recto que se usa para dibujar. || Pieza de hierro u otro metal, compuesto por dos ramas acodadas o en ángulo recto que sirve para asegurar las uniones en ángulo de cualquier estructura. || DEP. Cada uno de los ángulos superiores de una portería. || MIL. Unidad formada por un pequeño grupo de soldados a las órdenes de un cabo. || MIL. Conjunto de buques de guerra que se destinan a un determinado servicio y están bajo las órdenes de un almirante.

escuadrilla. f. MIL. Escuadra o grupo de buques pequeños. || MIL. Conjunto de aviones que vuelan juntos dirigidos por un jefe.

escuadrón. m. MIL. Unidad de caballería mandada normalmente por un capitán. || MIL. Unidad del cuerpo de aviación equiparable en importancia al batallón terrestre. || MIL. Unidad formada por un grupo numeroso de aeronaves que lleva a cabo una misma función.

escuálido, da. adj. Sucio, asqueroso. || Flaco, maciento, esquelético. || adj. y m. De los escuálidos o relativo a este suborden de peces. || m. pl. ZOOL. Suborden de peces selacios que tienen el cuerpo fusiforme, hendiduras branquiales laterales detrás de la cabeza y cola robusta como el cazón y la lija.

escualo. m. ZOOL. Nombre común que reciben diversas especies de peces escuálidos, algunos de ellos muy voraces, como el tiburón.

escuchar. intr. Aplicar el oído para oír. || tr. Prestar atención a lo que se oye. || Atender a un aviso, consejo o sugerencia. || *amer.* Oír, percibir sonidos. || prnl. Hablar o recitar con pausas afectadas demostrando gusto por lo que se dice y por cómo se dice.

escudar. tr. Resguardar con el escudo, oponiéndolo al golpe del contrario. También prnl. || tr. Resguardar y defender a una persona del peligro que le está amenazando. || prnl. Valerse uno de algún medio como justificación para salir de un riesgo o compromiso.

escudo. m. Arma defensiva de metal, madera o cuero para cubrirse y resguardar el cuerpo, que se llevaba en el brazo izquierdo. || Persona o cosa que sirve de protección o parapeto. || Superficie o espacio con el emblema o las armas de una nación, de una ciudad, de una familia, de una corporación o asociación, etc. || Antigua moneda española de oro y, después, de plata. || Moneda chilena vigente desde 1959 hasta 1974. || Unidad monetaria de Portugal y Cabo Verde. || Plancha metálica que rodea la cerradura y que sirve para proteger la puerta de los arañazos de la llave.

escudriñar. tr. Examinar, indagar y averiguar algo con cuidado y atención.

escuela. f. Establecimiento donde se imparte enseñanza, especialmente la obligatoria, colegio. || Establecimiento donde se imparte cualquier tipo de enseñanza. || La enseñanza que se imparte enseñanza. || Conjunto de profesores y alumnos de una misma enseñanza. || Método o estilo peculiar de cada maestro. || Conjunto de discípulos e imitadores de una persona o de su doctrina, arte, etc. || Conjunto de caracteres comunes que en arte distinguen ciertas obras de las demás de una época, región. || Cualquier cosa que enseña o sirve de ejemplo o de experiencia.

escueto, ta. adj. Sin adornos, sencillo, estricto; especialmente referido al lenguaje y al arte.

esculpir. tr. Labrar a mano una obra de escultura, sobre todo en piedra, metal o madera. || Grabar, labrar en hueco o en relieve sobre una superficie dura.

escultor, ra. m. y f. Artista que se dedica a la escultura.

escultura. f. Arte de modelar, tallar y esculpir figuras a partir de un material cualquiera. || Obra esculpida.

escupidera. f. Pequeño recipiente de loza, metal, madera, etc., que sirve para escupir en él. || *amer.* Orinal. || pedir la escupidera. loc. *amer.* Acobardarse, tener miedo. || loc. *amer.* Sentirse derrotado, considerarse vencido.

E

escupir. intr. Arrojar saliva por la boca. || tr. Arrojar con la boca algo como escupiendo. || Despedir o arrojar con violencia una cosa. || Echar de sí con desprecio una cosa, teniéndola por mala o sucia. || Rechazar, no aceptar un cuerpo una sustancia. || *vulg.* Confesar, decir lo que uno sabe.

escurridizo, za. adj. Que se escurre fácilmente. || Que hace escurrir o resbalar.

escurrir. tr. Apurar las últimas gotas de un líquido que han quedado en recipiente. || Hacer que una cosa que tiene líquido lo suelte. También prnl. || intr. Destilar y caer gota a gota el líquido de algo. || Resbalar, deslizar. También prnl. || prnl. Escabullirse, huir de algún lugar. || Esquivar algún riesgo, dificultad, etc.

esdrújulo, la. adj. y f. Se dice de la palabra o vocablo que lleva su acento prosódico en la antepenúltima sílaba.

ese. f. Nombre de la letra *s*. || Cualquier cosa que tiene forma curvilínea como la letra *s*.

ese, a, o, os, os. Formas del pron. dem. en los tres géneros: m., f. y n., y en ambos números: sing. y pl., que designan lo que, física o mentalmente, está cerca de la persona con quien se habla o representan lo que acaba de mencionar.

esencia. f. Conjunto de características necesarias e imprescindibles para que algo o alguien sea lo que es. || Lo más importante de algo. || Extracto o concentrado que se obtiene de una sustancia. || Perfume líquido con gran concentración de sustancias aromáticas.

esencial. adj. De la esencia o relativo a ella. || Sustancial, imprescindible.

esfera. f. GEOM. Sólido terminado por una superficie curva cuyos puntos equidistan todos de otro interior llamado centro. || Círculo en que giran las manecillas del reloj. || Cristal o plástico transparente que recubre y protege la esfera en que giran las manecillas de ciertos relojes. || Clase o condición de una persona. || Ámbito, espacio al que alcanza la influencia, la acción de algo o alguien, competencia.

esférico, ca. adj. De la esfera o relativo a ella. || Que tiene forma de esfera. || m. DEP. Balón, pelota de reglamento.

esfinge. f. Monstruo fabuloso con cabeza, cuello y pecho de mujer y cuerpo y pies de león. || Mariposa nocturna de alas largas con dibujos de color oscuro. || Persona silenciosa, que no participa en las actividades comunes.

esforzado, da. adj. Valiente, decidido, luchador.

esforzar. prnl. Hacer esfuerzos con algún fin. || tr. Animar, dar o comunicar fuerza o vigor a otro.

esfuerzo. m. Acción enérgica del cuerpo o del espíritu para conseguir algo. || Empleo de elementos costosos en la consecución de algún fin. || Ánimo, valor, fuerza.

esfumar. tr. PINT. Esfuminar. || prnl. Disiparse, desvanecerse. || *col.* Escabullirse, marcharse disimulada y rápidamente de un lugar.

esgrima. f. Arte y técnica de manejar la espada, el sable y otras armas blancas y deporte en el que se practica con las modalidades de espada, sable y florete.

esgrimir. tr. Manejar la espada, el sable y otras armas blancas defendiéndose de los golpes del contrario y atacándolo. || Usar algo material o inmaterial para el logro de algún objetivo.

esguince. m. MED. Torcedura de las fibras musculares de una articulación. || Ademán que se hace con el cuerpo para evitar un golpe o una caída.

eslabón. m. Pieza con forma de aro o anillo que, enlazada con otras semejantes, forma una cadena. || Elemento necesario para el enlace y la sucesión de acciones, hechos, etc. || Hierro acerado que se golpea con un pedernal para provocar chispas.

eslabonar. tr. Unir unos eslabones con otros para formar una cadena. || Unir, enlazar, relacionar unas cosas con otras. También prnl.

eslavo, va. adj. Se apl. a un pueblo antiguo que se extendió principalmente por el nordeste de Europa y a los que proceden de él. También s. || De este pueblo, de los que proceden de él, o relativo a ellos. || m. LING. Lengua de origen indoeuropeo de los antiguos eslavos y las derivadas de ella, como la rusa, la búlgara o la polaca.

eslora. f. Longitud de la nave desde la proa a la popa por dentro de la cubierta.

esmaltar. tr. Cubrir con esmalte alguna cosa. || Adornar, engalanar.

esmalte. m. Barniz vítreo que se aplica a la porcelana, loza, metales, etc., para decorar. || Objeto que ha sido esmaltado. || Color azul que se hace fundiendo vidrio con óxido de cobalto y moliendo la pasta que resulta. || Laca, cosmético para colorear las uñas. || ANAT. Materia muy dura que cubre y protege el marfil de los dientes.

esmerado, da. adj. Que hace las cosas con esmero, cuidado y atención. || Que está hecho con esmero o cuidado.

esmeralda. f. Piedra preciosa compuesta de silicato de alúmina y glucina, más dura que el cuarzo y teñida de verde por el óxido de cromo. || adj. y s. Que tiene el color de esta variedad del berilo.

esmeril. m. Roca negruzca formada por corindón granoso, mica y hierro oxidado, que, por su extrema dureza, se utiliza para pulimentar metales, labrar piedras preciosas, etc.

esmero. m. Sumo cuidado y atención que se pone en hacer las cosas.

esmoquin. m. Prenda masculina de etiqueta parecida al frac pero con la chaqueta sin faldones.

esnob. adj. y com. *desp.* Se dice del que adopta o imita las costumbres, los gustos y las tendencias que considera distinguidos o de moda.

esnobismo. m. Exagerada admiración por todo lo que está de moda o se considera distinguido y elegante.

esófago. m. ANAT. Conducto del sistema digestivo que va desde la faringe hasta el estómago y por el que pasan los alimentos.

esotérico, ca. adj. Oculto, secreto, reservado a unos pocos. || Se dice de lo que es impenetrable o de difícil comprensión. || Se dice de la doctrina que los filósofos de la Antigüedad no comunicaban más que a algunos de sus discípulos y, p. ext., de cualquier doctrina que se enseña solo a los iniciados.

espaciar. tr. Separar, poner espacio entre dos cosas o dos personas en el lugar o en el tiempo. También prnl. || Separar las dicciones, las letras o los renglones con espacios o con regletas.

espacio. m. Extensión del universo donde están contenidos todos los objetos sensibles que coexisten. || Lugar de esa extensión que ocupa cada objeto sensible. || Distancia o separación entre dos cosas o personas. || Sitio o lugar. || Distancia recorrida o tiempo transcurrido. || Programa de televisión o radio. || Cada una de las separaciones que hay entre las líneas de un texto no manuscrito. || Cada una de las separaciones que hay entre las rayas de un pentagrama.

espacioso, sa. adj. Amplio, dilatado, vasto. || Lento, pausado.

espada. f. Arma blanca, larga, recta, aguda y cortante, con empuñadura y guarnición. || Carta que pertenece a este palo. || pl. Palo de la baraja española. || m. Torero, diestro. || m. y f. Persona diestra en su manejo, espadachín: *es un magnífico espada.*

espadachín, ina. m. y f. Persona que sabe manejar bien la espada.

espadaña. f. Campanario de una sola pared en la que están abiertos los huecos para colocar las campanas. || Planta herbácea de la familia de las tifáceas, de metro y medio a dos metros de altura, con las hojas en forma casi de espada, el tallo largo, a manera de junco, con una mazorca cilíndrica al extremo.

espalda. f. ANAT. Parte posterior del cuerpo humano, desde los hombros hasta la cintura. || Parte del vestido que corresponde y cubre a la espalda. || Lomo de un animal. || DEP. Estilo de natación que consiste en desplazarse por el agua boca arriba. || pl. Parte posterior de una cosa.

espaldarazo. m. Golpe dado en la espalda. || Ayuda, apoyo o empuje que se obtiene para el logro de un fin. || Reconocimiento de la competencia o habilidad a que ha llegado alguno en una profesión o actividad.

espantadizo, za. adj. Asustadizo, temeroso, que huye en cuanto atisba el menor peligro.

espantajo. m. Cualquiera de las cosas que se ponen para espantar y especialmente el muñeco que se coloca en los sembrados para espantar los pájaros. || Cualquier cosa que causa infundado temor. || col. Persona que se comporta o viste de manera estrafalaria o despreciable.

espantapájaros. m. Especie de muñeco que simula la figura humana que se pone en sembrados y árboles para ahuyentar a los pájaros y evitar que coman las semillas y los frutos. || Persona de aspecto grotesco o estrafalario.

espantar. tr. Causar espanto, asustar. También intr. || Ahuyentar, hacer que alguien se asuste y huya. || Admirarse, maravillarse. También prnl. || prnl. Sentir espanto, asustarse.

espanto. m. Terror, susto, consternación. || Amenaza o demostración con que se infunde miedo. || Persona o cosa extremadamente fea. || Fantasma, aparecido, espectro. Más en pl.

espantoso, sa. adj. Que causa espanto o asusta. || Muy grande, enorme. || Feo, monstruoso.

español, la. adj. y s. De España o relativo a este país europeo. || m. LING. Castellano, lengua oficial de España, Hispanoamérica y algunos otros lugares.

esparcimiento. m. Separación, extensión de lo que está junto o apiñado. || Propagación, divulgación de una noticia. || Franqueza y naturalidad en el trato. || Diversión, recreo, entretenimiento.

esparcir. tr. y prnl. Separar, extender lo que está junto o amontonado. || Divulgar, extender una noticia. || Divertir, desahogar, recrear.

espárrago. m. Yema o brote de tallo recto y cabezuela comestible alargada, de color verde o blanco morado, que produce la raíz de la esparraguera. || Esparraguera, planta que produce espárragos. || Palo largo para asegurar un entoldado. || Cilindro metálico roscado, que está fijo por un extremo, y que, pasando al través de una pieza, sirve para sujetar esta por medio de una tuerca.

espartano, na. adj. y s. De Esparta o relativo a esta antigua ciudad de Grecia. || adj. Austero, disciplinado, sobrio.

espasmo. m. PAT. Contracción involuntaria de los músculos, causada generalmente por un mecanismo reflejo.

espasmódico, ca. adj. MED. Relacionado con el espasmo o acompañado de este síntoma.

espátula. f. Paleta pequeña, con bordes afilados y mango largo, que usan los farmacéuticos, pintores, albañiles, etc. para mezclar componentes y aplicarlos. || ZOOL. Ave zancuda de color blanco, de pico largo en forma de espátula que se alimenta de los peces de los pantanos y las costas en cuyos árboles vive.

especia. f. Sustancia aromática vegetal con que se sazonan los manjares y guisos.

especial. adj. Singular o particular, que no es común o general. || Muy adecuado o propio para algo.

especialidad. f. Cualidad de lo que es especial, singular, único en su clase. || Actividad, producto o cualidad en la que algo o alguien destaca o sobresale. || Rama de una ciencia, arte o actividad, que se ocupa de una parte limitada de las mismas. || Medicamento preparado en un laboratorio, y vendido con un nombre comercial registrado.

especialista. adj. Que cultiva o se dedica a un ramo de determinada arte o ciencia de la que tiene especiales conocimientos o habilidades, sobre todo en medicina. También com. || Que hace algo con especial habilidad o destreza. || com. Persona que rueda sustituyendo al actor las escenas cinematográficas de más riesgo o las que requieren una especial habilidad.

especie. f. Conjunto de cosas semejantes entre sí por tener uno o varios caracteres comunes. || BOT. y ZOOL. Cada uno de los grupos en que se dividen los géneros y que se componen de individuos que, además de los caracteres genéricos, tienen en común otros caracteres por los cuales se asemejan entre sí y se distinguen de los de las demás especies. || Clase, tipo.

especificar. tr. Determinar, explicar algo con todos los detalles precisos para su identificación o entendimiento.

específico, ca. adj. Que distingue una especie o una clase de elementos de otra. || Que es característico de una enfermedad determinada. || m. Medicamento especialmente indicado para tratar una enfermedad determinada. || Medicamento fabricado industrialmente y con envase especial.

espécimen. m. Muestra, modelo, ejemplar, normalmente con las características de su especie muy bien definidas.

espectacular. adj. Que tiene caracteres de espectáculo público. || Aparatoso, ostentoso, que llama la atención. || m. *amer.* Programa de televisión de gran duración o elevado coste.

espectáculo. m. Función o actuación de cualquier tipo que se realiza por divertimiento del público. || Todo lo que es capaz de atraer la atención o impresionar. || Acción que causa escándalo o extrañeza.

espectador, ra. adj. y s. Que asiste a un espectáculo público. || Que mira con atención algo.

espectral. adj. Del espectro o relativo a él.

espectro. m. Figura fantasmal y horrible que uno cree ver. || FÍS. Resultado de la dispersión de un conjunto de radiaciones, de sonidos y, en general, de fenómenos ondulatorios, de tal manera que resulten separados de los de distinta frecuencia. || FÍS. Imagen gráfica de un sonido. || FARM. Serie de los diversos microbios sobre los que es terapéuticamente activo un medicamento.

especulación. f. Suposición o teoría, más o menos meditada o fundamentada, que se hace sobre una cosa. || ECON. Operación comercial que se practica con mercancías, valores o bienes, de manera que se compran a bajo precio y se mantienen sin producir esperando a que este suba para venderlos.

especular. adj. Del espejo o semejante a él. || Que se refleja en un espejo.

especular. intr. Meditar, reflexionar, pensar. || Hacer suposiciones sin fundamento. || Comprar bienes que se cree van a subir de precio para venderlos y obtener una ganancia sin trabajo ni esfuerzo. || Buscar provecho o ganancia fuera del tráfico mercantil.

espejismo. m. Ilusión óptica debida a la reflexión total de la luz cuando atraviesa capas de aire de densidad distinta, con lo cual los objetos lejanos dan una imagen invertida, como si se reflejaran sobre el agua, tal y como ocurre en las llanuras de los desiertos. || Ilusión, apariencia engañosa de algo.

espejo. m. Superficie lisa y brillante hecha de una placa de vidrio recubierta en su parte posterior de mercurio, acero u otro metal que refleja los objetos. || Cualquier cosa que refleja o da la imagen de algo. || Modelo digno de estudio e imitación.

espeluznante. adj. Terrorífico, que causa miedo. || Que eriza el pelo.

espera. f. Acción y resultado de esperar. || DER. Plazo señalado por el juez para ejecutar una cosa. || Posición donde el cazador aguarda a que se presente la pieza. || Calma, paciencia.

esperanto. m. Idioma creado en 1887 por el médico polaco Zamenhof, con idea de que pudiese servir como lengua universal.

esperanza. f. Confianza en que ocurrirá o se logrará lo que se desea. || Objeto o persona en la cual se confía para obtener lo que se desea. || Virtud teologal por la que se espera con firmeza que Dios dé los bienes que ha prometido.

esperanzar. tr. Animar, dar esperanza a alguien. || Tener esperanzas, confianza en obtener lo que se desea.

esperar. tr. Tener esperanza de conseguir lo que se desea. || Creer que ha de suceder alguna cosa. || Desear que algo ocurra. || Permanecer en un sitio donde se cree que ha de ir alguna persona o ha de ocurrir algo. || Parar en una actividad hasta que suceda algo.

esperma. amb. Semen, secreción de las glándulas genitales masculinas que contiene las células reproductoras. || Sustancia grasa que se extrae de las cavidades del cráneo del cachalote y se emplea para hacer velas y en algunos medicamentos.

esperpento. m. Persona o cosa notable por su fealdad o ridiculez. || Obra de estilo esperpéntico.

espesar. tr. y prnl. Condensar lo líquido. || Unir, apretar los elementos de una cosa, haciéndola más tupida o cerrada.

espeso, sa. adj. Se dice de la sustancia fluida o gaseosa que tiene mucha densidad o condensación. || Se dice de las cosas cuyos elementos están muy juntos y apretados. || Grueso, corpulento, macizo. || Sucio, desaseado y grasiento. || *amer.* Pesado, impertinente, molesto.

espesor. m. Grueso o anchura de un sólido. || Densidad o condensación de un fluido o una masa.

espesura. f. Calidad o característica de lo espeso. || Paraje muy poblado de árboles y matorrales.

espetar. tr. Atravesar con el asador, u otro instrumento puntiagudo, carne, aves, pescados, etc., para asarlos. || Atravesar, clavar, meter por un cuerpo un instrumento puntiagudo. || Decir a uno bruscamente algo que le sorprende o molesta. || prnl. Ponerse tieso fingiendo gravedad y majestad. || Asegurarse, afianzarse en un sitio.

espía. com. Persona que con disimulo y secreto observa o escucha lo que pasa, para comunicarlo al que tiene interés en saberlo. || Agente al servicio de una potencia extranjera encargado de averiguar informaciones secretas, generalmente de carácter militar.

espiar. tr. Observar o escuchar a escondidas lo que alguien dice o hace. || Intentar conseguir información secreta de un Estado extranjero o de una empresa de la competencia, etc.

espiche. m. Arma o instrumento largo

espiga. f. Conjunto de flores hermafroditas que aparecen dispuestas a lo largo de un tallo común. || Grano de los cereales. || Parte de una herramienta adelgazada para introducirla en el mango. || Clavo de madera que se utiliza para asegurar unas piezas a otras. || Clavo de hierro pequeño y sin cabeza. || Parte superior de la espada que se introduce en la empuñadura. || Extremo de un madero cuyo espesor se ha disminuido para que encaje en un hueco.

espigado, da. adj. En forma de espiga. || Alto y delgado. || Se apl. a algunas plantas anuales cuando se las deja crecer hasta la completa madurez de la semilla.

espigón. m. Punta del palo con que se aguija o pincha a las bestias. || Punta de un instrumento puntiagudo. || Macizo saliente que se construye a la orilla de un río o mar para proteger la orilla o desviar la corriente.

espina. f. Astilla pequeña y puntiaguda. || Púa que nace del tejido de algunas plantas. || Parte dura y puntiaguda que en los peces hace el oficio de hueso. || Recelo, sospecha. || Pesar, frustración.

espinaca. f. Hortaliza anual comestible, de tallos gruesos y hojas radicales, grandes y verdes.

espinal. adj. De la espina vertebral o relativo a ella.

espinar. m. Sitio poblado de espinos.

espinazo. m. Columna vertebral de los mamíferos y aves. || Clave de una bóveda o de un arco.

espino. m. Arbolillo rosáceo, de 4 a 6 m de altura, con ramas espinosas, hojas aserradas, flores blancas, olorosas y fruto cubierto de piel tierna y rojiza; su madera es dura, y la corteza se emplea en tintorería y como curtiente. || Cualquier planta que tenga espinas o ramas espinosas.

espinoso, sa o **espinudo, da.** adj. Que tiene espinas. || Arduo, difícil.

espionaje. m. Actividad encaminada a obtener información reservada o secreta. || Organización e infraestructura que se utilizan para la obtención de información secreta.

espiración. f. BIOL. Expulsión del aire de los pulmones.

espiral. adj. De la espira o que tiene este tipo de línea o forma. || f. Línea curva que gira alrededor de un punto y se aleja cada vez más de él. || Objeto que tiene esta forma. || Muelle que ayuda a oscilar el volante de un reloj. || Proceso que aumenta de manera incontrolada y progresiva. || *amer.* Insecticida con esta forma que espanta a los mosquitos con el humo que desprende cuando está encendido.

E

espirar. intr. Expeler el aire aspirado. || tr. Exhalar o despedir algo bueno o mal olor. || Infundir espíritu, animar.

espiritismo. m. Doctrina que supone que los espíritus de los muertos pueden invocarse para comunicarse con ellos. || Conjunto de prácticas que pretenden la comunicación con los muertos.

espiritista. adj. Del espiritismo o relativo a él o a su práctica. || adj. y com. Partidario de esta doctrina o que la practica.

espiritoso, sa. adj. Animoso, vivo, que tiene mucho vigor. || Se dice de las bebidas que contienen bastante alcohol.

espíritu. m. Ser inmaterial dotado de inteligencia. || Parte inmaterial del hombre por la que piensa, siente, etc. || Ser sobrenatural de las leyendas o la mitología. || Alma de una persona muerta que se manifiesta en la realidad. || Demonio infernal. Más en pl. || Ánimo, valor, fuerza moral. || Vivacidad, ingenio. || Vapor sutilísimo que exhalan el vino y los licores.

espiritual. adj. Del espíritu o relativo a él. || Se apl. a las personas o cosas que prefieren la sensibilidad y los sentimientos con abandono de lo material. || m. Canto religioso originario de la población negra esclava de Estados Unidos.

espiritualidad. f. Naturaleza y condición de lo que es espiritual. || Inclinación de alguien hacia lo espiritual e inmaterial. || Conjunto de creencias y actitudes que caracterizan la vida espiritual de una persona o de un grupo de ellas.

esplendidez. f. Magnificencia, liberalidad, generosidad. || Ostentación, lujo.

espléndido, da. adj. Magnífico, admirable, muy bueno. || Desprendido, generoso. || *poét.* Resplandeciente.

esplendor. m. Apogeo, cualidad de la persona o cosa que ha alcanzado su máximo desarrollo o su máxima perfección. || Resplandor, brillo. || Lustre, nobleza.

espliego. m. Mata labiada con hojas elípticas, enteras y algo vellosas, semilla elipsoidal de color gris y flores azules en espiga que, por ser muy aromáticas son muy usadas en perfumería. || Semilla de esta planta que, encendida, se emplea para aromatizar.

esplín. m. *poét.* Melancolía, hastío, hartazgo de la vida.

espolear. tr. Picar con la espuela a la cabalgadura. || Avivar, incitar, estimular a alguien.

espoleta. f. Mecanismo que se coloca en la boquilla o en el culote de las bombas, granadas, etc., para hacerlas estallar.

espolón. m. Concreción ósea que tienen en el tarso varias aves. || Cualquier apéndice duro o córneo que tienen los animales o las plan-

tas. || Muro o malecón que suele hacerse a orillas de los ríos o del mar para contener las aguas, y al borde de los barrancos y precipicios para seguridad del terreno y de los transeúntes. || ARQUIT. Contrafuerte de un muro. || Punta de hierro en que remata la proa de la nave, que se usaba para embestir a las naves enemigas y hundirlas.

espolvorear. tr. Esparcir sobre una cosa otra hecha polvo.

esponja. f. ZOOL. Animal del grupo de los espongiarios. || Esqueleto de ciertos espongiarios cuyo conjunto constituye una masa elástica llena de huecos y agujeros que, por capilaridad, absorbe fácilmente los líquidos y se utiliza para la higiene personal. || Todo objeto que se asemeja, por su elasticidad y porosidad, al esqueleto de las esponjas y sirve como utensilio de limpieza. || Persona que aprovecha las cosas o la sabiduría de otra.

esponjoso, sa. adj. Que se parece a la esponja, por ser muy poroso, mullido y suave.

esponsales. m. pl. Promesa de matrimonio que se hacen y aceptan los novios. || Fiesta con que se celebra este compromiso matrimonial.

espontaneidad. f. Cualidad de lo que es voluntario, natural o sincero.

espontáneo, a. adj. Que se hace de forma voluntaria. || Que se produce por sí solo, sin agentes externos que lo provoquen || Se dice del que actúa con naturalidad, sinceramente. || m. y f. Persona que interviene en un espectáculo público sin tener autorización para ello, especialmente en las corridas de toros.

espora. f. BOT. Cualquiera de las células de los vegetales criptógamos que, sin tener estructura de célula sexual y sin necesidad de ningún acto de fecundación, se separan de la planta y se dividen reiteradamente hasta constituir un nuevo individuo. || BIOL. Corpúsculo que se produce en una bacteria, cuando las condiciones del medio le son desfavorables.

esporádico, ca. adj. Ocasional, que se produce con poca precuencia y de forma separada. || Se dice de las enfermedades que no constituyen una epidemia.

esposar. tr. Sujetar a uno con esposas.

esposas. f. pl. Manillas de hierro a modo de pulseras o aros con que se sujeta a los presos por las muñecas.

esposo, sa. m. y f. Persona que ha contraído esponsales. || Persona casada con respecto a su cónyuge.

espuela. f. Arco metálico en forma de una estrella con puntas que se ajusta al talón del calzado del jinete para picar a la cabalgadura. || Estímulo, acicate. || *col.* Última bebida que se toma en una fiesta.

espuma. f. Conjunto de burbujas que se forman en la superficie de los líquidos. || Especie de líquido jabonoso, ligero, con forma de espuma que se utiliza como cosmético. || Parte del jugo y de impurezas que sobrenadan al cocer ciertas sustancias. || Tejido de caucho natural o sintético, elástico y esponjoso.

espumadera. f. Paleta llena de agujeros con que se saca la espuma de los líquidos o los fritos de la sartén.

espumar. tr. Quitar la espuma de un líquido con la espumadera. || intr. Hacer espuma. || Crecer, aumentar rápidamente una cosa.

espumoso, sa. adj. Que tiene o hace mucha espuma. || adj. y m. Se dice del vino al que se ha sometido a una segunda fermentación para que tenga burbujas.

espurio, ria. adj. Bastardo, nacido fuera del matrimonio. || Falso, no auténtico.

esputar. tr. Arrancar flemas y arrojarlas por la boca.

esputo. m. Sustancia secretada por las vías respiratorias que se arroja por la boca de una vez, flema.

esquela. f. Nota impresa en papel en que se comunica la muerte de alguien. || La misma nota cuando se publica en los periódicos. || Carta breve.

esquelético, ca. adj. Muy delgado o flaco. || Relativo al esqueleto.

esqueleto. m. ANAT. Conjunto de piezas óseas duras y resistentes, o cartilaginosas, trabadas o articuladas entre sí, que da consistencia al cuerpo de los animales, sosteniendo o protegiendo sus partes blandas.

esquema. m. Representación gráfica y simbólica de algo. || Resumen de una cosa atendiendo a sus características más generales o importantes. || Estructura o principio que constituye la base o la condición de algo.

esquemático, ca. adj. Del esquema o relativo a él. || Que está hecho de manera sencilla y general, sin adorno ni detalle. || Que tiene facilidad de síntesis o tiende a examinar las cosas de forma resumida y práctica.

esquí. m. DEP. Tabla larga y estrecha que acaba por delante en una punta elevada hacia arriba, con un dispositivo para sujetarlo a cada pie, que se usa para deslizarse sobre la nieve o el agua, o por pistas apropiadas. || Deporte que consiste en deslizarse por la nieve con velocidad y destreza apoyado en estas tablas.

esquiar. intr. Deslizarse con esquís sobre una superficie adecuada.

esquife. m. Barco pequeño que se lleva en el navío para saltar a tierra y para otros usos. || Especie de piragua para una sola persona, empleada en regatas deportivas.

esquilar. tr. Cortar el pelo o la lana del ganado y otros animales.

esquilmar. tr. Recolectar, coger el fruto de la tierra o el ganado. || Menoscabar, agotar una fuente de riqueza por explotarla excesivamente. || Chupar con exceso las plantas el jugo de la tierra. || Arruinar o empobrecer a alguien sacándole abusivamente dinero y bienes.

esquimal. adj. y com. De un pueblo de raza mongólica que se extiende desde las costas árticas de Norteamérica hasta el extremo nororiental de Siberia, o relativo a él. || m. LING. Lengua hablada por este pueblo.

esquina. f. Arista, ángulo que resulta del encuentro de dos superficies, principalmente la de las paredes de un edificio. || Lugar donde se unen dos lados o caras de una cosa.

esquirla. f. Astilla desprendida de un hueso, piedra, cristal, etc. cuando se fracturan o rompen.

esquite. m. Granos de maíz tostados.

esquivar. tr. Moverse para evitar algo o a alguien. || Evitar una persona hacer algo o encontrarse con alguien.

esquivez. f. Frialdad y lejanía en el trato.

esquivo, va. adj. Desdeñoso, huraño, frío.

esquizofrenia. f. PSIQUIAT. Grupo de enfermedades mentales que se declaran hacia la pubertad y se caracterizan por una disociación específica de las funciones psíquicas; un desdoblamiento de la personalidad, y las alucinaciones.

esquizofrénico, ca. adj. PSIQUIAT. De la esquizofrenia o relativo a esta enfermedad mental. || adj. y s. Que padece esquizofrenia.

estabilidad. f. Permanencia o duración en el tiempo. || Seguridad, firmeza. || Constancia, permanencia en un estado. || Propiedad de un cuerpo de recuperar su equilibrio inicial.

estabilizar. tr. y prnl. Dar estabilidad a una persona o cosa. || Fijar y garantizar oficialmente el valor de una moneda en relación al patrón oro para evitar las oscilaciones del cambio.

estable. adj. Constante, firme, permanente, que no está en peligro de sufrir cambios. || QUÍM. Se dice de los elementos o compuestos que no reaccionan o no modifican sus características por la acción de agentes externos térmicos o químicos.

establecer. tr. Fundar, instituir, crear. || Ordenar, mandar lo que se debe hacer. || Sentar un principio o demostrar una teoría de valor general. || prnl. Fijar uno su residencia en alguna parte. || Empezar un negocio o profesión.

establecimiento. m. Lugar donde se ejerce una actividad comercial, industrial, profesional, etc. || Fundación o institución de una entidad o negocio. || Colocación, forma de vida de vida y fortuna de una persona.

establo. m. Lugar cubierto en el que se encierra el ganado para su descanso y protección. || Lugar sucio y desordenado.

estaca. f. Palo con punta en un extremo para clavarlo en la tierra, una pared o en otra parte. || Rama que se planta para que se haga árbol. || Palo grueso. || ZOOL. Cuerna de los ciervos de un año de edad. || *amer.* Pertenencia de una mina que se concede a los peticionarios mediante ciertos trámites. || Pulla, comentario irónico e hiriente.

estacar. tr. Fijar en la tierra una estaca y atar a ella una bestia. || Señalar en el terreno con estacas. || *amer.* Sujetar, clavar algo con estacas. || prnl. Quedarse inmóvil y tieso como una estaca. || *amer.* Punzarse, clavarse una astilla.

estación. f. Cada una de las cuatro partes en que se divide el año. || Tiempo, temporada. || Sitio donde habitualmente paran los vehículos de los ferrocarriles y líneas de autobuses o del metropolitano. || Local y conjunto de instalaciones en que están ubicadas las dependencias de las estaciones de transporte. || Local y conjunto de instalaciones en los que se realiza una actividad determinada.

estacional. adj. De las estaciones del año o relativo a ellas.

estacionar. tr. y prnl. Situar, colocar en un lugar. || Aparcar, dejar un coche en un hueco apropiado. || prnl. Quedarse estacionario o parado, estancarse.

estacionario, ria. adj. Que permanece en el mismo estado o situación, sin cambiar. || ASTRON. Se apl. al planeta que está como parado o detenido en su órbita aparente durante cierto tiempo.

estada. f. Permanencia, demora en algún lugar.

estadía. f. Detención, estancia, permanencia en algún sitio. || Tiempo que permanece el modelo ante el pintor o escultor. || COM. Cada uno de los días que transcurren después del plazo estipulado para la carga o descarga de un buque mercante, por los cuales se ha de pagar un tanto como indemnización. Más en pl.

estadio. m. Recinto o conjunto de instalaciones con graderías para los espectadores, destinado a competiciones deportivas. || Etapa o fase de un proceso, desarrollo o transformación.

estadista. com. Jefe de un Estado. || com. Especialista en asuntos políticos y de Estado. || Técnico o especialista en estadística; estadístico.

estadístico, ca. adj. De la estadística o relativo a esta ciencia. || m. y f. Especialista en estadística; estadista. || f. Censo o recuento de la población, de los recursos naturales e industriales o de cualquier otra manifestación o actividad de un Estado, provincia, pueblo, clase, etc. || Estudio de los hechos morales o físicos que se prestan a numeración o recuento y a comparación de las cifras a ellos referentes. || MAT. Ciencia que utiliza conjuntos de datos numéricos para obtener inferencias basadas en el cálculo de probabilidades. || Conjunto de datos obtenidos tras un estudio estadístico. Más en pl.

estado. m. Situación en que está una persona o cosa, en relación con los cambios que influyen en su condición. || Clase o condición social de la vida de cada uno.

estadounidense. adj. y com. De los Estados Unidos de América o relativo a este país federal norteamericano.

estafa. f. Timo, engaño con fin de lucro. || DER. Delito que comete el que, mediante engaño, abuso de confianza o uso de su cargo, se lucra indebidamente.

estafador, ra. m. y f. Persona que ha cometido estafa.

estafar. tr. Pedir o sacar dinero o cosas de valor con engaño. || Dar a alguien menos o cobrarle más de lo justo. || Defraudar, no ofrecer lo que se espera de algo. || DER. Cometer alguno de los delitos que se caracterizan por el lucro como fin, y el engaño o abuso de confianza como medio.

estafeta. f. Oficina de correos. || Conjunto de cartas y paquetes postales, correo.

estalactita. f. Concreción calcárea larga y puntiaguda que cuelga del techo de las cavernas por la filtración de aguas calizas carbonatadas.

estalagmita. f. Estalactita invertida que nace en el suelo de las cavernas, con la punta hacia arriba.

estallar. intr. Reventar de golpe una cosa produciendo un ruido fuerte o estruendo. || Ocurrir repentina y violentamente una cosa. || Abrirse o romperse una cosa por efecto de la presión o el calor. || Sentir y manifestar de repente e intensamente un sentimiento o estado de ánimo. || Restallar, chasquear una cosa manejada con violencia.

estallido. m. Explosión o rotura de algo con gran ruido y estruendo. || Ruido producido al estallar una cosa. || Muestra o manifestación violenta o excesiva de un sentimiento. || Acaecimiento de algo de manera brusca e intensa.

estambre. amb. Parte del vellón de lana que se compone de hebras largas. || Hilo formado de estas hebras y tejido que se hace con él. || BOT. Órgano sexual masculino de las plantas fanerógamas, que consta de antera y filamento.

236

estampa. f. Efigie o imagen impresa. || Papel o tarjeta con una imagen religiosa. || Escena, imagen típica o representativa de algo. || Apariencia, porte, compostura. || Imprenta o impresión.

estampar. tr. Imprimir algo en un papel por medio de la presión con un molde. También intr. || Dar forma a una plancha metálica por percusión entre dos matrices, de forma que queden altibajos en su superficie. || col. Poner la firma o la rúbrica al pie de un documento. || Señalar o imprimir una cosa en otra. || Imprimir o marcar algo en el ánimo de una persona. || col. Arrojar o tirar a una persona o cosa o hacerla chocar contra algo. También prnl.

estampida. f. Huida impetuosa que emprende una persona, animal o conjunto de ellos. || Resonancia, divulgación rápida y estruendosa de algún hecho. || Ruido fuerte, estampido.

estampido. m. Ruido fuerte y seco como el producido por el disparo de un cañón.

estampilla. f. Sello o plancha sujeta a un mango que contiene en facsímil la firma y rúbrica de una persona o un letrero, etc., que se utiliza para estamparlas sobre un papel o un documento. || amer. Sello de correos o fiscal.

estampillar. tr. Marcar alguna cosa con una estampilla.

estancar. tr. Detener y parar el curso y corriente de un fluido. También prnl. || Suspender, detener la marcha de un asunto, negocio, etc. También prnl. || Prohibir el curso libre de determinada mercancía, dando el monopolio a una entidad o a una persona.

estancia. f. Habitación o sala de una casa o posada. || Aposento o cuarto donde se habita ordinariamente. || Tiempo que permanece alguien en un lugar.

estanciero, ra. m. y f. amer. Persona que es dueña de una estancia, casa de campo, o que cuida de ella.

estándar. adj. Se dice de lo que sirve como tipo, modelo, norma, patrón o referencia por ser corriente, de serie. || m. Modelo o patrón.

estandarte. m. Insignia, distintivo o bandera que usan algunas corporaciones. || com. Representante o símbolo de su clase, grupo o ideología.

estanque. m. Depósito construido para remansar o recoger el agua para criar peces, realizar deportes náuticos o para mera ornamentación.

estante. m. Balda, entrepaño, tabla horizontal que se coloca dentro de un mueble o directamente en la pared para colocar cosas encima. || Mueble con anaqueles o entrepaños, y generalmente sin puertas, que sirve para colocar libros, papeles u otras cosas.

estantería. f. Mueble compuesto de entrepaños o de anaqueles, estante.

estaño. m. QUÍM. Elemento químico metálico blanco, de brillo plateado, dúctil y maleable, poco conductor de la electricidad y poco alterable en contacto con el aire. Su símbolo es Sn.

estaquear. tr. amer. Estirar un cuero fijándolo con estacas. || amer. P. ext., tortura que consistía en estirar a un hombre y atarlo entre cuatro estacas.

estar. cop. e intr. Existir, hallarse una persona o cosa en un lugar, situación, condición, etc. || Permanecer cierto tiempo en un lugar, en una situación, etc. También prnl. || Quedar o sentar una prenda de vestir de determinada manera. || Encontrarse, sentirse, hallarse de una determinada manera. || Ser tal día o tal fecha, o tal mes. || Tener algo cierto precio. || Distar. || Vivir, trabajar o relacionarse con alguien. || Padecer un mal o una enfermedad. || Estar de acuerdo con alguien o con alguna doctrina. || Ocuparse, dedicarse a algo, desempeñar una función u oficio de manera esporádica o no permanente. || Realizar una actividad o hallarse en disposición de ejecutarla. || Radicar, consistir estribar. || Hallarse dispuesto o preparado para alguna cosa. || Tener una decisión casi tomada, o tener una cosa casi hecha. || Ir a suceder algo. || Tener una postura favorable. || col. Hallarse o comportarse con cierta actitud. || Hallarse desarrollando cierta acción o suceder cierto acontecimiento.

estatal. adj. Del Estado o relativo a él, o sus instituciones.

estático, ca. adj. De la estática, ciencia mecánica, o relativo a ella. || Que permanece en un mismo estado, sin mudanza en él. || Paralizado de asombro o de emoción. || f. FÍS. Parte de la mecánica que estudia el equilibrio de los cuerpos. || Conjunto de las leyes que rigen el equilibrio de los cuerpos.

estatismo. m. Inmovilidad, permanencia, cualidad de lo que es estático. || m. desp. Tendencia política partidaria de la supremacía e intervención del Estado en todas las actividades del país.

estatua. f. Figura esculpida que imita una figura humana o animal. || Persona fría, callada, sin iniciativa.

estatuir. tr. Establecer, ordenar, determinar. || Demostrar, sostener como verdad una doctrina o un hecho.

estatura. f. Altura, medida de una persona desde los pies a la cabeza. || Mérito, valor, calidad de una persona.

estatus. m. Posición, escala social y económica a que pertenece una persona.

estatuto. m. Norma, regla que tiene valor legal para un cuerpo, asociación, etc. || Ley especial básica para el régimen autónomo de una región, dictada por el Estado de que forma parte.

este. m. Punto cardinal por donde sale el Sol. || Viento que viene de la parte de Oriente. || Parte de un territorio situada hacia ese lado.

este, ta, to, tos, tas. Formas del pron. dem. en los tres géneros: m., f. y n., y en ambos números: sing. y pl., que designan lo que física o mentalmente está cerca de la persona que habla o representan lo que se acaba de mencionar. || En oposición a *aquel,* designa el término del discurso que se nombró en último lugar.

estela. f. Rastro de espuma y agua removida que deja tras sí en la superficie del agua una embarcación u otro cuerpo en movimiento. || Rastro que deja en el aire un cuerpo luminoso en movimiento. || Huella o recuerdo que deja cualquier cosa que pasa. || f. Monumento conmemorativo que se erige sobre el suelo en forma de pedestal o lápida.

estelar. adj. De las estrellas o relativo a ellas. || De gran importancia o categoría.

estenografía. f. Arte de escribir tan deprisa como se habla, por medio de ciertos signos y abreviaturas, taquigrafía.

estentóreo, a. adj. Muy fuerte, ruidoso o retumbante, sobre todo referido a la voz o a los sonidos.

estepa. f. Erial llano y muy extenso, sin apenas vegetación. || f. Mata resinosa con ramas leñosas y erguidas, hojas de color verde oscuro por la parte superior y blanquecinas por el envés, y flores de corola grande y blanca que se usa como combustible.

estera. f. Tejido grueso de esparto, juncos o palma, que sobre todo sirve para cubrir partes del suelo.

estereofonía. f. Técnica de captación, amplificación, transmisión, reproducción y registro acústico del sonido, por medio de varios canales simultáneamente con diferente selección de tonos, dando al oyente una sensación de distribución espacial, de relieve del sonido.

estereotipar. tr. IMPR. Fundir en una plancha, vaciando, la composición de un molde formado por caracteres movibles. || IMPR. Imprimir con esas planchas. || Fijar mediante su repetición frecuente un gesto, una frase, una fórmula artística, etc.

estereotipo. m. Idea o imagen aceptada por la mayoría como patrón o modelo de cualidades o de conducta. || Tópico, lugar común. || IMPR. Plancha de plomo fundido utilizada en estereotipia.

estéril. adj. Que no da fruto, que no produce nada. || Que no puede reproducirse. || Se dice del año en que la cosecha es muy escasa, y de los tiempos y épocas de miseria. || Aséptico, sin gérmenes patógenos.

esterilidad. f. Falta de cosecha, carencia de frutos. || PAT. Enfermedad caracterizada por la falta de aptitud de fecundar, en el macho, y de concebir, en la hembra. || Asepsia, inexistencia de gérmenes nocivos.

esterilizar. tr. Hacer improductivo y estéril lo que antes no lo era. También prnl. || Destruir los gérmenes patógenos que hay o puede haber en cualquier lugar u objeto.

esternón. m. Hueso plano, situado en la parte anterior del pecho, con el que se articulan las costillas.

estero. m. Terreno pantanoso que suele llenarse de agua por la lluvia o por la filtración de un río o laguna cercana y en el que abundan las plantas acuáticas. || m. Desembocadura de un río caudaloso en el mar, estuario. || *amer.* Arroyo, riachuelo.

estertor. m. Respiración anhelosa que produce un sonido involuntario, ronco o como un silbido que suele presentarse en los moribundos. Más en pl. || Ruido que al respirar se produce en ciertas enfermedades del aparato respiratorio. Más en pl.

estético, ca. adj. De la estética o relativo a ella. || Artístico, de bello aspecto. || f. Rama de la filosofía que trata de la belleza y de la teoría fundamental y filosófica del arte. || Aspecto exterior de una persona o cosa.

estetoscopio. m. MED. Instrumento parecido a una trompetilla acústica que sirve para auscultar.

esteva. f. Pieza curva y trasera del arado, sobre la cual lleva la mano el que ara, para dirigir la reja y apretarla contra la tierra.

estevado, da. adj. Que tiene las piernas arqueadas de tal modo que, con los pies juntos, quedan separadas las rodillas. También s.

estiba. f. Atacador, cilindro con que se limpian los cañones de artillería. || MAR. Distribución conveniente de los pesos de un buque y en especial de su carga. || MAR. Carga de cada bodega u otro espacio de un buque.

estibar. tr. Apretar, amontonar las cosas que están sueltas para que ocupen poco espacio. || Cargar, descargar y distribuir ordenadamente las mercancías en los barcos.

estiércol. m. Excremento de cualquier animal. || Materias orgánicas, comúnmente vegetales, que se destinan al abono de las tierras.

estigma. m. Marca o señal en el cuerpo. || Huella impresa sobrenaturalmente en el cuerpo de algunos santos en éxtasis, como símbolo de la participación que sus almas toman en la pasión de Cristo. || Marca hecha con hierro candente, como signo de deshonra o esclavitud. || Deshonra, mala fama. || Señal o síntoma de algunas enfermedades.

estigmatizar. tr. Marcar a uno con hierro candente. || REL. Imprimir milagrosamente a una persona las llagas de Cristo || Afrentar, deshonrar, infamar.

estilar. intr. y prnl. Acostumbrar, practicar, ser costumbre algo.

estilete. m. Puñal de hoja muy estrecha y aguda. || Púa o punzón con el que se escribía en los encerados. || Indicador de las horas en los relojes solares.

estilístico, ca. adj. Del estilo del que habla o escribe, o relativo a él. || f. LIT. Estudio del estilo o de la expresión lingüística en general.

estilo. m. Manera de escribir o de hablar. || Carácter propio que da a sus obras el artista. || Modo o forma característica de actuar o de ser. || Uso, moda, costumbre. || Elegancia, clase, personalidad. || Punzón con el cual escribían los antiguos en tablas enceradas.

estilográfico, ca. adj. y f. Se apl. a la pluma de una punta metálica que escribe con la tinta contenida en su mango hueco.

estima. f. Consideración, cariño o aprecio que se siente por algo o alguien.

estimable. adj. Que merece aprecio o reconocimiento. || Digno de estimación o valoración.

estimación. f. Aprecio, consideración, afecto. || Valoración, evaluación.

estimar. tr. Sentir aprecio o afecto por algo o alguien. || Evaluar, calcular, dar valor. || Considerar, creer.

estimulante. adj. Que estimula. || Se dice de las sustancias que aumentan la actividad de un órgano. También m.

estimular. tr. Incitar, animar a alguien para que efectúe una cosa. También prnl. || Impulsar la actividad de algo para mejorar su rendimiento o su calidad. || Activar el funcionamiento de un órgano. || prnl. Administrarse una droga estimulante para aumentar el grado de actividad.

estímulo. m. Cualquier elemento externo a un cuerpo o a un órgano que estimula, activa o mejora su actividad o su respuesta o reacción.

estío. m. Verano, estación del año.

estipendio. m. Remuneración, salario.

estipulación. f. Convenio o trato verbal. || DER. Cada una de las disposiciones de un documento público o particular.

estipular. tr. Convenir, concertar o acordar las condiciones de un trato. || DER. Hacer un contrato verbal.

estirar. tr. Alargar, dilatar una cosa tirando de sus extremos. También prnl. || Desplegar una cosa doblada o alisar la arrugada. || Alargar la duración de algo, especialmente del dinero que se tiene. || intr. Crecer una persona. También prnl. || Tirar de algo. || prnl. Desperezarse, desplegar brazos y piernas para desentumecerse. || col. Ser generoso, invitar o regalar a alguien.

estirpe. f. Conjunto de ascendientes de una persona, linaje. || DER. En una sucesión hereditaria, conjunto formado por la descendencia de un sujeto a quien ella representa y cuyo lugar toma. || BIOL. Grupo de organismos de un mismo origen.

estival. adj. Del estío o relativo a él.

estocada. f. Golpe que se da con la punta del estoque o de la espada. || Herida que resulta de él. || Clavada, precio excesivo de algo.

estofado. m. Guiso que consiste en cocer un manjar condimentado con un manjar con aceite, vino o vinagre, ajo, cebolla y varias especias. || m. Acción de estofar. || Adorno que resulta de estofar un dorado.

estoicismo. m. Doctrina filosófica fundada en el siglo III por el griego Zenón de Citio, que defiende el autodominio, la serenidad y la felicidad de la virtud. || Fortaleza de carácter ante la adversidad y el dolor.

estola. f. Banda de tela que forma parte de la vestimenta litúrgica que los sacerdotes llevan colgada del cuello cuando ejercen su ministerio. || Banda larga de piel que usan las mujeres para abrigarse el cuello. || Túnica amplia y larga que los griegos y romanos llevaban sobre la camisa y que se ceñía a la cintura.

estolidez. f. Falta total de razón y discurso, imbecilidad.

estomacal. adj. Del estómago o relativo a este órgano. || Que tonifica el estómago y facilita la función gástrica.

estómago. m. ANAT. Órgano del aparato, con forma de bolsa, situada entre el esófago y el intestino, en la que se transforman los alimentos por medio de los fermentos gástricos contenidos en el jugo gástrico. || Tripa, barriga, región exterior del cuerpo correspondiente al abdomen, especialmente si es abultado. || Aguante ante las cosas desagradables.

estopa. f. Parte basta o gruesa del lino o del cáñamo que queda en el peine cuando se cardan. || Tela dura que se hace con ella. || Rebaba, pelo o filamento que aparece en algunas maderas al trabajarlas.

estorbar. tr. Poner un obstáculo a la ejecución de algo. || Molestar, incomodar. También intr.

R

r. f. Decimonovena letra del abecedario español, y decimoquinta de sus consonantes. Fonéticamente representa dos sonidos: uno simple, de una sola vibración apicoalveolar sonora, como en *para*, y otro múltiple, o con dos o más vibraciones, como en *parra*.

rabadilla. f. Extremidad del espinazo.

rábano. m. Planta herbácea de raíz muy utilizada en alimentación. || Raíz de esta planta.

rabia. f. PAT. Enfermedad vírica de algunos animales, especialmente en el perro, que se transmite por mordedura a otros animales o al hombre y que ataca al sistema nervioso. || Ira, enfado grande. || Odio o antipatía que se tiene a alguien.

rabiar. intr. Padecer la enfermedad de la rabia. || Sufrir un dolor muy fuerte. || Desear mucho una cosa. || Impacientarse o enfadarse.

rabino. m. Doctor de la ley judía, encargado de interpretar las Sagradas Escrituras. || Jefe espiritual de una comunidad judía.

rabioso, sa. adj. Intenso, enorme, violento. || Enojado, airado, que está furioso por algo.

rabo. m. Cola.

racha. f. Ráfaga, golpe de viento fuerte y de poca duración.

racial. adj. De la raza o relativo a ella.

racimo. m. Conjunto de frutos que cuelgan de un mismo tallo, especialmente en la vid.

raciocinio. m. Facultad de pensar. || Ideas o razonamiento pensados por una persona.

ración. f. Porción de alimento.

racional. adj. De la razón o relativo a ella. || Conforme a la razón.

racionalismo. m. Doctrina filosófica que sostiene que la realidad es racional y, por tanto, comprensible a través de la razón.

racionalizar. tr. Reducir a normas o conceptos racionales. || Organizar la producción o el trabajo de manera que aumenten los rendimientos o se reduzcan los costos con el mínimo esfuerzo.

racionar. tr. Repartir raciones de algo, generalmente cuando es escaso. || Someter los artículos de primera necesidad a una distribución establecida por la autoridad. || Controlar el consumo de algo con un determinado fin.

racismo. m. Doctrina que exalta la superioridad de la propia raza frente a las demás, basándose en caracteres biológicos. || Sentimiento de rechazo hacia las razas distintas a la propia.

rada. f. Bahía, ensenada.

radar. m. Sistema que permite descubrir la presencia y posición en el espacio de un cuerpo que no se ve.

radiación. f. FÍS. Emisión de luz, calor o cualquier otro tipo de energía por parte de un cuerpo.

radiactividad. f. FÍS. Propiedad de diversos núcleos atómicos de emitir radiaciones cuando se desintegran espontáneamente.

radiante. adj. Resplandeciente, brillante. || Muy contento o satisfecho por algo.

radical. adj. De la raíz o relativo a ella. || Fundamental, que se produce de forma total. || Partidario o defensor del radicalismo. También com. || Tajante, que no admite términos medios.

radicar. intr. Estar en determinado lugar. || Hallarse algo en un determinado aspecto, ser ese su origen.

radio. m. GEOM. Línea recta desde el centro del círculo a la circunferencia. || Extensión circular de terreno que viene determinada por la longitud de un determinado radio. || Varilla que une el centro de una rueda con la llanta. || ANAT. Hueso contiguo al cúbito con el cual forma el antebrazo. || ZOOL. Pieza larga, delgada y puntiaguda que sostiene la parte membranosa de las aletas de los peces.

radio. m. QUÍM. Elemento químico metálico de color blanco brillante parecido al bario y de elevada radiactividad. Su símbolo es Ra.

radio. f. Empleo de las ondas hertzianas para transmitir información. || Emisión destinada al público que se realiza por medio de ondas hertzianas. || Conjunto de instrumentos e instalaciones utilizados para realizar este tipo de emisiones. || Medio de comunicación que utiliza este tipo de emisiones. || Aparato capaz de recibir este tipo de emisiones y transformarlas en señales o sonidos.

radiodifusión. f. Emisión a través de ondas hertzianas. || Conjunto de los procedimientos o instalaciones destinados a esta emisión.

radiofonía. f. Sistema de comunicación telefónica a través de las ondas hertzianas, radiotelefonía.

quincena. f. Periodo de quince días seguidos. || Paga que se recibe cada quince días.

quincenal. adj. Que sucede o se repite cada quince días. || Que dura una quincena.

quincha. f. *amer.* Entramado de juncos con que se refuerza un techo o una pared de paja, cañas u otro material semejante. || Pared que se hace de cañas u otro material semejante que se recubre de barro.

quincho. m. *amer.* Construcción utilizada como resguardo para las comidas al aire libre.

quincuagena. f. Conjunto de cincuenta elementos de una misma clase.

quinesiología. f. MED. Conjunto de los procesos terapéuticos que tienen como objetivo restablecer la normalidad de los movimientos del cuerpo actuando sobre el sistema óseo y muscular, y el conocimiento científico de aquellos.

quiniela. f. Sistema de apuestas mutuas en la que los apostantes pronostican el resultado de los partidos de fútbol, carreras de caballos y otras competiciones. || Boleto en que se escribe la apuesta. || Pronóstico que se hace sobre algo.

quinientos, tas. adj. y pron. num. card. Cinco veces cien.

quinina. f. Alcaloide que se extrae de la quina, amargo y de color blanco, y que se usa en el tratamiento de enfermedades infecciosas.

quino. m. Árbol americano perteneciente a la familia de las rubiáceas, con hojas opuestas, ovales y apuntadas, y fruto seco.

quinqué. m. Lámpara portátil de petróleo o aceite con un tubo de cristal para resguardar la llama.

quinquenio. m. Periodo de cinco años. || Incremento salarial al cumplirse cinco años de antigüedad en un puesto de trabajo.

quintal. m. Unidad de peso castellana equivalente a 46 kg o 100 libras.

quintero, ra. m. y f. Arrendatario de una finca, que vive en ella, y que se ocupa de cultivar sus terrenos.

quinteto. m. MÉTR. Estrofa de cinco versos de arte mayor que riman en consonante de forma que no haya tres versos seguidos con la misma rima, los dos últimos no formen un pareado y no quede ninguno libre. || MÚS. Composición musical para cinco voces o instrumentos.

quintillizo, za. adj. y s. Se dice de cada uno de los hermanos nacidos de un parto quíntuple.

quinto, ta. adj. num. ord. Que ocupa el lugar número cinco en una serie ordenada de elementos. || adj. num. frac. Se dice de cada una de las cinco partes iguales en que se divide un todo. También m.

quíntuple. adj. Quíntuplo.

quintuplicar. tr. Hacer cinco veces mayor una cantidad, multiplicar por cinco. También prnl.

quíntuplo, pla. adj. num. mult. Que contiene un número cinco veces exactamente. También m.

quiosco. m. Construcción pequeña que se instala en la calle o lugares públicos para vender en ella periódicos, flores u otras mercancías. || Caseta de estilo oriental, generalmente abierta por todos los lados, que se construye en parques o jardines.

quipo o **quipu.** m. Cada uno de los nudos de colores que constituía el sistema de escritura y contabilidad de los incas. Más en pl.

quirófano. m. Sala acondicionada para hacer operaciones quirúrgicas.

quiromancia o **quiromancía.** f. Forma de adivinar el futuro mediante la interpretación de las rayas de la mano.

quiróptero, ra. adj. y m. De los quirópteros o relativo a este orden de mamíferos. || m. pl. ZOOL. Orden de mamíferos que vuelan, con alas formadas por una extensa y delgada membrana o repliegue cutáneo, que, partiendo de los lados del cuerpo, se extiende sobre cuatro de los dedos de las extremidades anteriores, y que se orientan en la oscuridad por medio de unas ondas que emiten, como el murciélago.

quirquincho. m. *amer.* Mamífero, especie de armadillo, de cuyo caparacho se sirven los indios para hacer charangos.

quirúrgico, ca. adj. De la cirugía o relativo a ella.

quisquilloso, sa. adj. y s. Susceptible, que se ofende con facilidad por cosas sin importancia. || Que da importancia a pequeñeces.

quiste. m. PAT. Tumor formado por una cavidad rellena de diversas sustancias que se desarrolla en organismos vivos por alteración de los tejidos.

quitar. tr. Tomar una cosa apartándola de otras, o del lugar en que estaba. || Hurtar, dejar a una persona sin algo que tenía. || Impedir, prohibir. || Librar, privar, hacer desaparecer. || Suprimir un empleo u oficio.

quitasol. m. Especie de sombrilla usada para resguardarse del sol.

quite. m. Movimiento defensivo con que se esquiva un golpe o ataque. || TAUROM. Movimiento que hace un torero para librar a otro de la acometida del toro.

quiteño, ña. adj. y s. De Quito o relativo a esta ciudad, capital de Ecuador.

quizá o **quizás.** adv. Indica la posibilidad de algo.

quórum. m. Número mínimo de miembros que tienen que estar presentes en ciertas asambleas o reuniones para que estas tengan validez. || Proporción de votos favorables para que haya acuerdo.

estorbo. m. Obstáculo, impedimento, persona o cosa que molesta o estorba.

estornino. m. Pájaro de unos 22 cm, de pico amarillo y plumaje irisado y negro, con cola corta, domesticable y capaz de emitir ciertos sonidos articulados.

estornudar. intr. Arrojar con estrépito por la nariz y la boca el aire inspirado de manera involuntaria, provocada por un estímulo en la mucosa nasal.

estornudo. m. Espiración involuntaria y ruidosa.

estrabismo. m. MED. Defecto de los ojos por el que los dos ejes visuales no se dirigen a la vez al mismo objeto.

estrada. f. Camino o sendero que resulta de tanto pisar la tierra o que se desbroza o construye para andar por ella.

estrado. m. Sitio de honor, algo elevado sobre el suelo, donde en un salón de actos se sitúa la presidencia, el conferenciante, etc. || Sala o asiento de los tribunales donde suben los testigos o los acusados para declarar. || pl. Salas de los tribunales donde los jueces oyen y sentencian los pleitos.

estrafalario, ria. adj. y s. De aspecto sucio o desastrado. || Extravagante, raro o ridículo.

estrago. m. Ruina, daño físico o moral. Más en pl.

estrambótico, ca. adj. Extravagante, extraño.

estrangular. tr. y prnl. Ahogar a una persona o a un animal oprimiéndole el cuello hasta impedirle la respiración. || Dificultar o impedir el paso por una vía o conducto. || Impedir con fuerza la realización de un proyecto, intento, etc. || CIR. Cerrar la comunicación de los vasos de una parte del cuerpo por medio de presión o ligadura. También prnl.

estratagema. f. Acción astuta y engañosa para conseguir algo, especialmente en el arte de la guerra.

estratega. com. Persona versada en estrategia.

estrategia. f. Arte de planear y dirigir las operaciones bélicas o militares. || Técnica y conjunto de actividades destinadas a conseguir un objetivo.

estratégico, ca. adj. De la estrategia, que la tiene o la demuestra. || Esencial, de importancia decisiva para el desarrollo de algo.

estratego. m. Persona versada en estrategia.

estrato. m. GEOL. Masa mineral en forma de capa que constituye los terrenos sedimentarios. || Clase social. || Nube en forma de faja. || Cada una de las capas que se superponen unas a otras conformando la estructura de ciertas cosas.

estratosfera. f. METEOR. Región de la atmósfera, que va desde los 10 o 20 km a los 50 km de altura, compuesta por capas de diferente tem-

peratura, una de las cuales es la de ozono, que protege la tierra de los rayos ultravioleta del Sol.

estrechar. tr. Reducir la anchura de una cosa. También prnl. || Apretar algo o a alguien con las manos o los brazos. También prnl. || Hacer más fuertes los lazos de unión de cualquier relación. También prnl. || prnl. Ceñirse, recogerse. || Reducir gastos.

estrechez. f. Escasez de anchura, falta de holgura. || Aprieto, apuro, sobre todo por causa de falta de recursos económicos. || Limitación ideológica, intelectual y moral.

estrecho, cha. adj. Que tiene poca anchura. || Ajustado, apretado. || Cercano e íntimo. || Rígido, austero. || *col.* Reprimido en el terreno sexual y moral. || m. GEOG. Paso comprendido entre dos tierras y por el cual se comunica un mar con otro.

estregar. tr. y prnl. Frotar, pasar con fuerza una cosa sobre otra, para limpiarla o calentarla.

estregón. m. Roce fuerte, restregón.

estrella. f. Cuerpo celeste que brilla en el cielo con luz propia. || Cualquier objeto que tiene la forma con la que habitualmente se representan las estrellas, es decir, un círculo rodeado de puntas. || Signo de esta forma que indica la graduación de jefes y oficiales de las fuerzas armadas.

estrellar. tr. Llenar de estrellas una cosa. || Arrojar con violencia una cosa contra otra, rompiéndola. También prnl. || prnl. Sufrir un choque violento contra una superficie dura; se emplea sobre todo al hablar de accidentes de tráfico terrestre o aéreo. || Fracasar por culpa de obstáculos insuperables.

estremecer. tr. y prnl. Conmover, hacer temblar algo o a alguien. || Causar sobresalto o temor algo extraordinario o imprevisto; impresionar.

estrenar. tr. Hacer uso por primera vez de una cosa. || Referido a ciertos espectáculos públicos, representarlos, proyectarlos por primera vez. || prnl. Empezar uno a desempeñar un empleo, oficio, encargo, etc., o darse a conocer por vez primera en el ejercicio de un arte, facultad o profesión. || Hacer alguien el primer negocio del día.

estreno. m. Uso de algo por vez primera. || Primera representación o proyección que se hace de un espectáculo o de una película.

estreñimiento. m. Escasez de deposiciones y dificultad en la expulsión de los excrementos.

estrépito. m. Ruido enorme, estruendo. || Ostentación, aparatosidad en los actos.

estreptococia. f. PAT. Infección producida por los estreptococos.

estrés. m. PAT. Alteración física o psíquica de un individuo por exigir a su cuerpo un rendimiento superior al normal.

estría. f. Raya, surco o hendidura que suelen tener algunos cuerpos. || Cada una de las marcas, como cicatrices, que aparecen en la piel tras un proceso de excesivo estiramiento, como en el embarazo. Más en pl.

estriado, da. adj. Que tiene estrías.

estriar. tr. Marcar una superficie formando en ella estrías. También prnl.

estribación. f. Conjunto de montañas laterales que se derivan de una cordillera y son generalmente más bajas que ella.

estribar. intr. Descansar el peso de una cosa en otra sólida y firme. || Fundarse, apoyarse en una cosa, consistir.

estribillo. m. Verso o conjunto de versos, que se repiten después de cada estrofa de un poema o de una canción. || Latiguillo, frase hecha que por costumbre se repite con frecuencia.

estribo. m. Pieza que cuelga a cada lado de la silla de montar en la que el jinete apoya el pie. || Especie de escalón que sirve para subir o bajar de un vehículo.

estribor. m. MAR. Banda derecha de un barco mirando de popa a proa.

estrictez. f. Rigidez, cualidad de lo estricto o riguroso.

estricto, ta. adj. Riguroso, ajustado exactamente a la norma o a la ley, sin admitir excepciones, ni concesiones.

estridencia. f. Sonido estridente. || Violencia de la expresión o de la acción.

estridente. adj. Se dice del sonido agudo, desapacible y chirriante. || Que produce ruido y estruendo. || Que molesta por su violencia, su extravagancia, o su exceso.

estridular. intr. Rechinar, chirriar.

estrofa. f. Cada una de las partes en que está dividida una composición poética o musical, formada por una serie de versos de forma y número adecuados a un modelo.

estropajo. m. Porción de esparto machacado, que sirve principalmente para limpiar. || p. ext., Porción de cualquier otra materia como plástico, alambre, nailon, etc., que sirve para fregar. || Planta cucurbitácea, cuyo fruto desecado se usa como esponja de baño. || Persona o cosa inútil o estropeada.

estropear. tr. y prnl. Maltratar, deteriorar, desmejorar una cosa. || Malograr cualquier asunto o proyecto.

estructura. f. Distribución y orden de las partes importantes que componen un todo. || Sistema de elementos relacionados e interdependientes entre sí. || ARQUIT. Armazón de hierro, madera u hormigón que soporta una edificación.

estructurar. tr. Distribuir, relacionar y organizar las partes de una obra o de un conjunto.

estruendo. m. Ruido grande, estrépito. || Confusión, bullicio. || Aparatosidad, ostentación.

estrujar. tr. Apretar una cosa para sacarle el zumo o lo que contenga. || Apretar algo blando con fuerza para deformarlo o arrugarlo. || col. Agotar una cosa o a una persona, sacar de ella todo el provecho posible. También prnl.

estuario. m. Desembocadura de un río que se caracteriza por tener una forma semejante al corte longitudinal de un embudo, por la influencia de las mareas en la unión de las aguas fluviales con las marítimas.

estucar. tr. Dar a una cosa con estuco o blanquearla con él. || Colocar sobre el muro, columna, etc., las piezas de estuco previamente moldeadas y secadas.

estuco. m. Masa de yeso blanco y agua de cola, con la cual se hacen y preparan muchos objetos que después se doran o pintan. || Pasta de cal apagada y mármol pulverizado, con que se cubren las paredes o los muros, que se barnizan después con aguarrás y cera.

estudiante. com. Persona que cursa estudios, generalmente medios o superiores, en un centro docente.

estudiantina. f. Tuna, cuadrilla de estudiantes, generalmente universitarios, que salen tocando varios instrumentos por las calles o de lugar en lugar, para divertirse y para recoger dinero.

estudiar. tr. e intr. Ejercitar el entendimiento para comprender o aprender una cosa. || Cursar estudios en las universidades u otros centros docentes. || tr. Examinar atentamente, analizar.

estudio. m. Esfuerzo mental que se aplica a conocer, memorizar o aprender alguna cosa. || Obra en que un autor estudia y dilucida una cuestión. || Habitación o lugar donde trabaja un profesional liberal. || Apartamento pequeño, en el cual la cocina no está en distinta habitación que el salón.

estufa. f. Aparato que sirve para calentar espacios cerrados mediante la combustión de carbón, de leña, de gas o gracias a la energía eléctrica.

estulticia. f. Necedad, ignorancia, tontería.

estulto, ta. adj. Necio, tonto.

estupefacción. f. Sorpresa o asombro tan grandes que dejan al que lo padece atónito e incapaz de reaccionar.

estupefaciente. m. Sustancia que tranquiliza, o deteriora la sensibilidad, o produce alucinaciones, y cuyo consumo, no controlado médicamente, generalmente crea hábito, como la morfina o la cocaína.

estupefacto, ta. adj. Atónito, pasmado, incapaz de reacción.

estupendo, da. adj. Admirable, asombroso, pasmoso. || *col.* Muy bueno, muy bonito.

estupidez. f. Torpeza y lentitud notable en comprender las cosas. || Dicho o hecho propio de un estúpido.

estúpido, da. adj. y s. Necio, torpe, falto de inteligencia. || Se dice de las palabras o hechos que demuestran la estupidez de su autor.

estupor. m. MED. Disminución de la actividad de las funciones intelectuales, acompañada de cierto aire o aspecto de asombro o de indiferencia. || Asombro, estupefacción.

esturión. m. Pez marino ganoideo de hasta cinco metros de longitud, de color gris con pintas negras por el lomo y blanco por el vientre.

etapa. f. Cada uno de los trayectos recorridos entre dos paradas de un viaje, trecho. || Época o avance en el desarrollo de una acción u obra.

etcétera. m. Voz que se emplea para interrumpir el discurso indicando que en él se omite lo que quedaba por decir y se puede sobrentender.

éter. m. Fluido sutil e invisible que se suponía llenaba todo el espacio y era el soporte de las ondas físicas.

etéreo, a. adj. QUÍM. Del éter o relativo a él. || No concreto, poco determinado, vago. || *poét.* Del cielo o perteneciente a él.

eternidad. f. Perpetuidad, espacio que no tiene principio ni tendrá fin. || REL. Vida perdurable del alma de la persona después de la muerte. || *col.* Cualquier espacio de tiempo muy largo.

eternizar. tr. Hacer durar o prolongar una cosa demasiado. También prnl. || Perpetuar la duración de una cosa.

eterno, na. adj. Que no tuvo principio ni tendrá fin. || Que dura mucho tiempo. || Repetitivo, insistente.

etico, ca. adj. De la ética o relativo a esta parte de la filosofía. || *col.* Que es conforme a la moral o a las costumbres establecidas. || m. y f. Persona que estudia o enseña esta disciplina.

etimología. f. Origen de las palabras, de su forma y de su significado. || Parte de la gramática que estudia el origen de las palabras.

etiología. f. FILOS. Estudio sobre las causas de las cosas. || MED. Parte de la medicina que tiene por objeto el estudio de las causas de las enfermedades. || MED. Causa de una enfermedad.

etíope. adj. y com. De Etiopía o relativo a este país africano. || m. Combinación artificial de azufre y azogue, que sirve para fabricar bermellón.

etiqueta. f. Conjunto de los estilos, normas, usos y costumbres que se debe guardar en los actos públicos o solemnes. || Adorno, señal o rótulo que se adhiere a los equipajes para identificar su dueño.

étnico, ca. adj. Relacionado o perteneciente a una etnia o a una raza.

etnografía. f. ANTROP. Rama de la antropología que tiene por objeto el estudio y descripción de las razas o de los pueblos.

etnología. f. ANTROP. Rama de la antropología que estudia sistemática y comparativamente las etnias y las culturas de los pueblos.

etrusco, ca. adj. y s. De Etruria o relativo a esta antigua región de Italia. || m. LING. Lengua hablada en esta región.

eucalipto. m. Árbol mirtáceo originario de Australia con tronco derecho y copa cónica, fruto capsular, flores amarillas y hojas olorosas, lanceoladas y colgantes, y fruto capsular, cuyo cocimiento tiene propiedades balsámicas.

eucaristía. f. REL. Sacramento de la Iglesia católica, según el cual, mediante las palabras pronunciadas por el sacerdote, el pan y el vino se convierten en el cuerpo y la sangre de Cristo. || Ceremonia en la cual se celebra, misa. Se escribe con mayúscula.

eucarístico, ca. adj. De la Eucaristía o relativo a este sacramento.

eufemismo. m. Palabra o expresión con que se sustituye a otra más grosera, impertinente, violenta o que se considera tabú.

eufonía. f. RET. Sonoridad agradable que resulta de la combinación adecuada de los sonidos de las palabras o de las frases.

euforia. f. Sensación de bienestar y alegría como resultado de una perfecta salud o de la administración de medicamentos o drogas. || Estado de ánimo tendente al optimismo.

eugenesia. f. Aplicación de las leyes biológicas de la herencia al perfeccionamiento de las especies vegetales y animales.

eunuco. m. Hombre castrado, específicamente el que en los harenes cuidaba de las mujeres. || *desp.* Varón afeminado.

euritmia. f. ART. Buena disposición y armonía entre las diversas partes de una obra de arte. || MED. Regularidad del pulso.

europeo, a. adj. De Europa o relativo a este continente. También s. || De la Unión Europea o relativo a esta asociación de países europeos.

eutanasia. f. Acción de provocar la muerte a un enfermo incurable para evitarle mayores sufrimientos físicos y psíquicos.

evacuación. f. Desalojo de un lugar. || Expulsión de residuos orgánicos o excrementos del cuerpo.

evacuar. tr. Desocupar, dejar vacío de personas un lugar. || Expeler un ser orgánico humores o excrementos. || Desempeñar un encargo, informe, etc.

evadir. tr. Evitar con habilidad una dificultad, un daño o un peligro. También prnl. || Sacar ilegalmente dinero de un país. || prnl. Fugarse, escaparse. || Distraerse, olvidarse de las preocupaciones.

evaluar. tr. Determinar, estimar el valor, el precio o la importancia de algo.

evangelio. m. Historia de la vida, doctrina y milagros de Jesucristo. || Cada uno de los cuatro libros escritos por los evangelistas. Más en pl. || Sección de estos libros que en la misa católica se lee y comenta. || Mensaje de Jesucristo. || *col.* Verdad absoluta, indudable.

evangelizar. tr. Predicar el Evangelio y el mensaje cristiano.

evaporación. f. FÍS. Transformación de un líquido en vapor o gas. || Desaparición, desvanecimiento de algo.

evaporar. tr. y prnl. FÍS. Convertir en vapor un líquido. || Disipar, desvanecer. || prnl. Desaparecer algo o alguien.

evasión. f. Recurso para eludir o evitar una dificultad. || Huida, escapada.

evasivo, va. adj. Que permite eludir una dificultad o un peligro. || f. Rodeo, recurso para evadir una dificultad.

evento. m. Acontecimiento, suceso. || Eventualidad, hecho imprevisto.

eventual. adj. Que no es fijo ni regular sino sujeto a las circunstancias. || Se dice del trabajo, el trabajador y el contrato temporales. También com.

eventualidad. f. Cualidad de eventual. || Suceso posible aunque no previsible, imprevisto.

evidenciar. tr. Hacer evidente, clara y manifiesta alguna cosa. || Poner o dejar en evidencia.

evidente. adj. Cierto, claro, patente, indudable. || adv. afirm. Por supuesto, sí.

evitar. tr. Apartar algún peligro; precaver, impedir que suceda. || Intentar evadirse o escaparse de alguna situación.

evocación. f. Recuerdo, memoria que se tiene de algo. || Llamada o convocatoria a un espíritu para que se haga perceptible.

evocar. tr. Traer alguna cosa a la memoria o a la imaginación. || Recordar una cosa a otra por su semejanza. || Llamar a los espíritus y a los muertos, para que se muestren.

evolución. f. Desarrollo gradual, crecimiento o avance de las cosas o de los organismos. || Cambio de conducta, de propósito o de actitud. || Desarrollo o transformación de las ideas o de las teorías. || pl. Conjunto de movimientos, giros, ejercicios de alguien o algo.

evolucionar. intr. Experimentar algo o alguien un cambio de forma, de ideas, de actitud. || Avanzar, crecer, desarrollarse los organismos o las cosas, pasando de un estado a otro. || Hacer evoluciones.

ex. prep. que, antepuesta a nombres de persona, de sus cargos o cualidades, denota que los tuvo y ya no los tiene la persona de quien se habla.

exabrupto. m. Salida de tono, respuesta descortés e insolente.

exacerbar. tr. y prnl. Irritar, causar un gran enfado o enojo. || Agravar o avivar una enfermedad, una molestia, etc.

exactitud. f. Precisión, ajuste de una cosa con otra, veracidad.

exacto, ta. adj. Preciso, fiel y cabal. || Cierto, verdad. || f. pl. Ciencias exactas, matemáticas.

exageración. f. Dicho, hecho o cosa que traspasa los límites de lo verdadero o lo razonable.

exagerar. tr. e intr. Dar proporciones excesivas a lo que se dice o hace, encarecer, aumentar mucho una cosa sin someterse a la realidad ni a la verdad.

exaltación. f. Excitación, nerviosismo.

exaltado, da. adj. Que se exalta o excita con facilidad, extremo en su actos y opiniones. También s.

exaltar. tr. Elevar a una persona o cosa a una mayor dignidad o categoría. || Realzar, alabar el mérito de alguien. || tr. y prnl. Excitar, avivar los sentimientos.

examen. m. Prueba que se hace de la idoneidad de un sujeto para una profesión o para demostrar su aprovechamiento en los estudios. || Indagación, análisis y estudio de algo.

examinar. tr. Probar las aptitudes y conocimientos de alguien mediante un examen. También prnl. || Investigar con diligencia y cuidado una cosa.

exánime. adj. Sin señal de vida. || Desmayado, muy débil.

exasperación. f. Irritación, molestia. || Ira o enfado.

exasperar. tr. y prnl. Lastimar, irritar una parte dolorida o delicada. || Enfurecer a alguien, haciendo que pierda la paciencia.

excarcelar. tr. y prnl. Poner en libertad al preso, siguiendo las indicaciones de una autoridad judicial.

excavación. f. Perforación, agujero u hoyo en un terreno.

excavador, ra. adj. y s. Que excava. || f. Máquina automóvil que sirve para excavar, gracias a una gran pala con la que va provista.

excavar. tr. Hacer en el terreno hoyos, zanjas, pozos o galerías subterráneas. || AGRIC. Quitar la tierra de alrededor de las plantas para beneficiarlas.

excedentario, ria. adj. Sobrante, excedente.

excedente. adj. Sobrante, que excede de lo previsto. || com. Empleado que está temporalmente sin ejercer su cargo. || m. Mercancías que sobran una vez satisfecha la demanda.

exceder. tr. Aventajar o superar en tamaño, calidad, etc. || intr. y prnl. Propasarse, pasarse de los límites.

excelencia. f. Cualidad de excelente. || Tratamiento de respeto y cortesía. || por excelencia. loc. adv. Expresión que indica que a algo o alguien le corresponde un apelativo más que a ningún otro, por antonomasia.

excelente. adj. Magnífico, sobresaliente en bondad, calidad o estimación.

excelentísimo, ma. adj. sup. de Excelente. || Tratamiento y cortesía con que se habla a la persona a quien corresponde el de excelencia.

excelso, sa. adj. Muy elevado en importancia, dignidad o categoría. || Alto, elevado.

excentricidad. f. Rareza o extravagancia de carácter. || Dicho o hecho raro, anormal o extravagante. || GEOM. Distancia que media entre el centro de la elipse y uno de sus focos.

excéntrico, ca. adj. Raro, extravagante, fuera de lo normal. También s. || Que está fuera del centro o que tiene un centro diferente.

excepción. f. Exclusión de lo que se sale de lo común o normal. || Cosa que se aparta de la regla general. || DER. Motivo jurídico que se alega o para defenderse de la acción del demandante.

excepcional. adj. Que se aparta de lo ordinario, o que ocurre rara vez. || Muy bueno, excelente.

exceptuar. tr. y prnl. Excluir a una persona o cosa de la generalidad o del grupo a que pertenece.

excesivo, va. adj. Que se excede o se sale de los límites razonables o previstos.

exceso. m. Lo que se sale de los límites de lo normal o de lo lícito. || Abuso.

excitación. f. Estimulación o activación de algún sentimiento, pasión o movimiento.

excitar. tr. y prnl. Estimular, provocar o activar algún sentimiento, pasión o movimiento.

exclamación. f. Voz, grito o frase en que se refleja una emoción o un sentimiento. || LING. Signo ortográfico que se coloca delante y detrás (¡!) de la voz o expresión que lo indica; admiración.

exclamar. tr. e intr. Emitir palabras con fuerza o vehemencia para dar intensidad o eficacia a lo que se dice.

excluir. tr. Echar a una persona o cosa fuera del lugar que ocupaba. || Descartar, rechazar. || prnl. Ser incompatibles en una misma situación dos o más cosas.

exclusión. f. Rechazo de una persona o cosa, que queda fuera del lugar que ocupaba.

exclusividad. f. Inexistencia de algo igual.

exclusivo, va. adj. Que excluye. || Único, solo. || f. Privilegio o derecho adquirido para hacer algo prohibido a los demás.

excluyente. adj. Que excluye.

excomulgar. tr. REL. En la Iglesia católica, expulsar a alguien de la comunidad de los fieles y del uso de los sacramentos la autoridad eclesiástica. || col. Declarar a una persona fuera de un grupo cualquiera.

excomunión. f. REL. En la Iglesia católica, expulsión de alguien de la comunidad de los fieles y del uso de los sacramentos por parte de la autoridad eclesiástica. || Carta o edicto con que se excomulga a alguien.

excreción. f. Expulsión de excrementos.

excremento. m. Materias residuales que se arrojan del cuerpo por las vías naturales, especialmente las fecales.

excursión. f. Viaje corto a algún sitio como actividad de recreo, estudio o ejercicio físico.

excusa. f. Motivo o pretexto para eludir una obligación o disculpar alguna omisión.

excusado, da. adj. Que tiene disculpa. || Que por privilegio está libre de pagar tributos. || Lo que no hay necesidad de hacer o decir. || m. Retrete.

excusar. tr. y prnl. Disculpar algo o a alguien. || Liberar a alguien de un trabajo o molestia.

execrable. adj. Digno de condena.

execrar. tr. Condenar con dureza, maldecir. || Aborrecer.

exégesis o exegesis. f. Explicación, interpretación de un texto, especialmente de los libros de la Biblia.

exención. f. Liberación de una carga, culpa, obligación, etc. || Privilegio que uno tiene para eximirse de algún cargo u obligación.

exento, ta. adj. Libre, desembarazado de cargas, obligaciones, culpas, etc. || Se apl. al sitio o edificio que no está adosado a otro.

exequias. f. pl. Honras fúnebres; funeral.

exhalación. f. Lanzamiento de gases, vapores u olores. || Emisión de suspiros, quejas, etc. || Estrella fugaz. || como una exhalación. loc. col. Muy rápido.

exhalar. tr. Despedir gases, vapores u olores. || Dicho de suspiros, quejas, etc., lanzarlos, despedirlos.

exhaustivo, va. adj. Que se hace con profundidad.

exhausto, ta. adj. Que se ha terminado completamente. || Muy cansado y débil.

exhibición. f. Muestra en público de algo. || Demostración pública de una actividad sin carácter competitivo.

exhibir. tr. y prnl. Mostrar en público. || prnl. Intentar llamar la atención.

exhortar. tr. Inducir a uno con palabras, razones y ruegos a que haga o deje de hacer alguna cosa.

exhumar. tr. Desenterrar, sacar de la sepultura un cadáver o restos humanos.

exigencia. f. Petición de algo con energía. || Pretensión caprichosa o desmedida. || Necesidad.

exigente. adj. y com. Se dice del que exige caprichosa o despóticamente.

exigir. tr. Pedir alguien algo por derecho. || Demandar enérgicamente. || Necesitar. || intr. Mostrarse exigente.

exigüidad. f. Escasez.

exiguo, gua. adj. Insuficiente, escaso.

exilio. m. Abandono de alguien de su patria, generalmente por motivos políticos. || Lugar en que vive el exiliado y tiempo que pasa en él.

eximio, mia. adj. Excelente, sobresaliente.

eximir. tr. y prnl. Librar, desembarazar a alguien de cargas, obligaciones, culpas, etc.

existencia. f. Acto de existir. || Vida del hombre. || FILOS. Por oposición a esencia, la realidad concreta de un ente cualquiera. || pl. Mercancías que aún no se han vendido.

existencialismo. m. FILOS. Doctrina filosófica que trata de fundar el conocimiento de toda realidad sobre la experiencia inmediata de la existencia propia.

existir. intr. Tener una cosa ser real y verdadero. || Haber, estar, hallarse. || Tener vida.

éxito. m. Resultado feliz de un negocio, actuación, etc. || Buena acogida que tiene algo o alguien.

éxodo. m. REL. Segundo libro del Pentateuco, que cuenta en primer lugar la salida de los israelitas de Egipto. || p. ext., emigración de un pueblo o de una muchedumbre de personas con cualquier motivo.

exonerar. tr. y prnl. Aliviar, descargar de peso, carga u obligación. || Separar, privar o destituir a alguien de un empleo.

exorbitante. adj. Excesivo, fuera de la medida normal.

exorbitar. tr. Exagerar.

exorcismo. m. Conjuro para expulsar al demonio de la persona que se cree poseída por él o de otro lugar.

exordio. m. Principio o introducción de una obra literaria. || Preámbulo de un razonamiento o de una conversación.

exótico, ca. adj. Extranjero, procedente de un país lejano. || Extraño, chocante, extravagante.

expandir. tr. y prnl. Extender, dilatar, difundir.

expansible. adj. Que se puede expandir.

expansión. f. Extensión, difusión, dilatación de algo. || Desahogo de cualquier sentimiento o pensamiento. || Recreo u ocio. || MEC. Una de las fases del motor de explosión en la que se mezclan el aire y el combustible. || ECON. Periodo de desarrollo económico.

expansivo, va. adj. Que puede o que tiende a extenderse o dilatarse, ocupando mayor espacio. || Franco, comunicativo.

expatriar. tr. y prnl. Hacer marcharse a alguien de su patria o abandonarla.

expectación. f. Espera, generalmente curiosa o tensa, de un acontecimiento que interesa o importa.

expectante. adj. Que espera con curiosidad y tensión un acontecimiento.

expectativa. f. Esperanza o posibilidad de conseguir una cosa. || a la expectativa. loc. A la espera de algo sin actuar.

expectoración. f. MED. Desprendimiento y expulsión a través de la tos de las flemas y secreciones que se depositan en las vías respiratorias. || Lo que se expectora.

expectorar. tr. MED. Arrancar y expulsar tosiendo las flemas y secreciones que se depositan en las vías respiratorias.

expedición. f. Acción y resultado de expedir. || Excursión colectiva a una ciudad o paraje con un fin científico o deportivo. || Conjunto de personas que la realizan.

expedicionario, ria. adj. y s. Que forma parte de una expedición.

expedidor, ra. adj. y s. Que expide.

expediente. m. Conjunto de todos los documentos y gestiones correspondientes a un asunto o negocio. || Historial de incidencias de un estudiante, de un profesional, etc. || Procedimiento administrativo en que se enjuicia a un funcionario por supuestas faltas en el cumplimiento de sus funciones.

expedir. tr. Extender por escrito un documento. || Remitir, enviar. || Dar curso a las causas y negocios; despacharlos.

expedito, ta. adj. Libre de estorbos u obstáculos. || Que obra con rapidez.

expeler. tr. Arrojar, lanzar, despedir.

expender. tr. Vender billetes de ferrocarril, de metro, etc. o entradas para espectáculos. || Vender al por menor.

expendio. m. amer. Venta al por menor.

expensas. f. pl. Gastos, costas.

experimental. adj. Que sirve de experimento. || Fundado en la experiencia.

experimentar. tr. Probar y examinar prácticamente la eficacia y propiedades de una cosa. También intr. || Sentir, sufrir algo o alguien algo, como un cambio, un sentimiento. || Conocer algo por la propia práctica.

experimento. m. Prueba o examen práctico que se realiza para probar la eficacia de una cosa o examinar sus propiedades.

experto, ta. adj. y s. Hábil o con mucha experiencia en algo. || m. y f. Especialista en una materia.

expiación. f. Pago o reparación de las culpas mediante la realización de algún sacrificio.

expiar. tr. Borrar las culpas por medio de algún sacrificio. || Sufrir el delincuente la pena impuesta por los tribunales.

expirar. intr. Fallecer, morir. || Terminar un periodo de tiempo.

explanada. f. Espacio de terreno llano o allanado.

explayar. tr. y prnl. Ensanchar, extender un sentimiento o un sentido. || prnl. Extenderse mucho al explicar algo. || Divertirse, distraerse. || Confiar los sentimientos íntimos a una persona para desahogarse.

explicable. adj. Que se puede explicar.

explicación. f. Exposición de una materia o doctrina con palabras que la hagan más comprensible. || Lo que aclara o resuelve algo. || Justificación.

explicar. tr. Exponer cualquier materia o doctrina con palabras que la hagan más comprensible. || Enseñar una materia. || Justificar, disculpar algo. También prnl. || prnl. Entender algo. || Darse a entender.

explícito, ta. adj. Que expresa con claridad una cosa.

exploración. f. Reconocimiento minucioso de algo.

explorador, ra. adj. y s. Que explora.

explorar. tr. Reconocer minuciosamente un lugar, una persona o una cosa para descubrir algo.

explosión. f. Rotura violenta de algo por un aumento rápido de la presión interior. || Ruido que hace esta rotura. || Liberación brusca de una gran cantidad de energía encerrada en un volumen relativamente pequeño, produciendo un incremento violento y rápido de la presión, con desprendimiento de calor, luz y gases. || Manifestación repentina y violenta de ciertos sentimientos o estados de ánimo. || Desarrollo rápido de algo.

explosivo, va. adj. Que hace o puede provocar explosión. || Impresionante. || adj. y m. QUÍM. Que se incendia con explosión. || adj. y f. FON. Se dice de la consonante que se pronuncia con una salida repentina del aire.

explotación. f. Obtención de un beneficio de algo. || Abuso de alguien para obtener un beneficio. || Lugar donde se explota alguna riqueza.

explotador, ra. adj. y s. Que abusa de los demás en su propio beneficio.

explotar. tr. Sacar utilidad y beneficio de algo. || Aprovecharse o abusar de algo o alguien en beneficio propio. || Extraer la riqueza de una mina. || intr. Hacer explosión; explosionar. || Manifestar de forma repentina y violenta ciertos sentimientos o estados de ánimo.

expoliación. f. Apropiación de algo que pertenece a otra persona de forma violenta o injusta; expolio.

expoliar. tr. Quitar a alguien lo que le pertenece violenta o injustamente.

exponer. tr. Presentar o exhibir una cosa en público para que sea vista. || Declarar, explicar. || tr. y prnl. Colocar una cosa para que reciba la acción de un agente. || Arriesgar, aventurar.

exportación. f. COM. Envío o venta de productos del propio país a otro. || COM. Conjunto de mercancías que se exportan.

exportador, ra. adj. y s. COM. Que exporta.

exportar. tr. COM. Enviar o vender productos del propio país a otro.

exposición. f. Presentación o exhibición de una cosa en público para que sea vista. || Declaración, explicación. || Colocación de una cosa para que reciba la acción de un agente.

expositor, ra. adj. y s. Que concurre a una exposición pública con objetos de su propiedad o industria. || m. Mueble para colocar lo que se quiere enseñar.

expresar. tr. y prnl. Decir, manifestar con palabras o con otros signos exteriores lo que uno siente o piensa. || Manifestar algo o hacerse entender por medio de la palabra.

expresión. f. Manifestación con palabras o con otros signos exteriores de lo que uno siente o piensa. || Palabra o locución. || Aspecto físico o semblante de alguien que indica una determinada forma de ser. || ÁLG. Conjunto de términos que representa una cantidad.

expresionismo. m. ART. Escuela y tendencia estética de principios del siglo XX que, reaccionando contra el impresionismo, propugna la intensidad de la expresión sincera del artista, aun a costa del equilibrio formal.

expresividad. f. Capacidad para manifestar con viveza sentimientos o pensamientos.

expresivo, va. adj. Que manifiesta con gran viveza lo que siente o piensa.

expreso, sa. adj. Claro, explícito. || adj. y m. Se dice del tren que es muy rápido porque para en pocas estaciones. || Correo extraordinario. || adv. m. Ex profeso, a propósito.

exprimidor. m. Instrumento para exprimir el zumo.

exprimir. tr. Extraer el zumo o líquido de una cosa. || Estrujar, agotar una cosa. || Abusar de una persona o explotarla en beneficio propio.

expropiación. f. Apropiación de una cosa que pertenece a otra persona por motivos de utilidad pública y a cambio generalmente de una indemnización. || Cosa expropiada. Más en pl.

expropiar. tr. Quitar una cosa a su propietario por motivos de utilidad pública y a cambio ofrecerle generalmente una indemnización.

expulsar. tr. Obligar a algo o alguien a salir de un lugar.

expulsión. f. Obligación de salir de un lugar. || Lanzamiento.

expulsor, ra. adj. Que expulsa. || m. Mecanismo que llevan algunas armas de fuego para echar fuera los cartuchos vacíos.

expurgar. tr. Limpiar o purificar una cosa. || Censurar la autoridad competente ciertas partes de un libro o un escrito, sin prohibir su lectura.

exquisitez. f. Calidad, primor o gusto extraordinarios. || Lo que resulta exquisito.

exquisito, ta. adj. De singular y extraordinaria calidad, primor o gusto.

extasiar. tr. y prnl. Producir o sentir un asombro o placer tan grandes que hace quedarse fuera de sí.

éxtasis. m. Estado del alma enteramente embargada por un intenso sentimiento de admiración, alegría, etc.

extemporáneo, a. adj. Impropio del tiempo en que sucede o se hace. || Inoportuno, inconveniente.

extender. tr. y prnl. Aumentar la superficie de una cosa. || Esparcir, desparramar. || Desenvolver, desplegar. || Propagar, difundir. || tr. Poner por escrito un documento. || prnl. Ocupar algo cierta porción de espacio. || Durar algo cierta cantidad de tiempo. || Explicar por escrito o de palabra las cosas, dilatada y ampliamente. || Propagarse, irse difundiendo una raza, una especie animal o vegetal, una profesión, uso, opinión o costumbre donde antes no la había. || Tumbarse.

extensible. adj. Que se puede extender.

extensión. f. Aumento de la superficie de algo. || Despliegue de algo. || Propagación, difusión. || Medida del espacio ocupada por un cuerpo. || Cada una de las líneas telefónicas que se sacan de una central y que dependen de una misma centralita. || Ampliación del significado de las palabras a otro concepto relativo a el originario.

extenso, sa. adj. Que tiene mucha extensión.

extenuar. tr. y prnl. Agotar, debilitar.

exterior. adj. Que está por la parte de afuera. || Se dice de la habitación de una casa que da a la calle. || Relativo a otros países, por contra-

posición a nacional e interior. || m. Superficie externa de los cuerpos.

exteriorizar. tr. y prnl. Revelar o mostrar algo al exterior, sobre todo hablando de pensamientos o sentimientos.

exterminar. tr. Acabar del todo con algo o alguien. || Destruir, devastar con las armas.

exterminio. m. Desaparición del todo de algo o alguien.

extinguir. tr. y prnl. Apagar. || Hacer que cesen o se acaben del todo ciertas cosas que desaparecen gradualmente. || prnl. Prescribir un plazo, un derecho, etc.

extinto, ta. p. p. irreg. de Extinguir. || adj. Que se ha extinguido. || adj. y s. Muerto, fallecido.

extintor. m. Aparato para apagar el fuego.

extirpar. tr. Arrancar de cuajo o de raíz. || Acabar del todo con algo malo que está muy arraigado.

extorsión. f. Cualquier daño o perjuicio. || Obtención por la fuerza o con intimidación de una cosa de alguien.

extorsionar. tr. Obtener una cosa de alguien por la fuerza o con intimidación. || Causar daño o perjuicio.

extra. prep. insep. que significa 'fuera de'. || adj. Extraordinario, óptimo. || adj. y m. Añadido, plus. || adj. y f. Se apl. al dinero que se cobra además del sueldo. || com. CIN. Persona que interviene como comparsa, o que actúa ante la cámara sin papel destacado.

extracción. f. Acto de sacar algo que está hundido, inmerso o sepultado en algo. || MAT. Averiguación de la raíz de una cantidad dada. || Obtención de una sustancia que estaba contenida en un cuerpo. || Origen, linaje.

extracelular. adj. HISTOL. Que está situado fuera de la célula.

extractar. tr. Resumir un escrito, un libro, etc.

extracto. m. Resumen de un escrito. || Sustancia que, en forma concentrada, se extrae de otra, de la cual conserva sus propiedades.

extradición. f. Entrega del refugiado o detenido en un país a las autoridades de otro que lo reclaman.

extraer. tr. Sacar algo que está hundido, inmerso o sepultado en un lugar. || MAT. Averiguar la raíz de una cantidad dada. || Deducir. || Obtener una sustancia que estaba contenida en un cuerpo.

extrajudicial. adj. Que se trata al margen de la vía judicial.

extralimitarse. prnl. Ir más allá de lo permitido o conveniente.

extramuros. adv. l. Fuera del recinto de una población.

E

extranjerismo. m. LING. Voz, frase o giro de una lengua empleada en otra.

extranjero, ra. adj. y s. Que es o viene de otro país. || m. Toda nación que no es la propia.

extrañar. tr. Producir admiración o extrañeza una cosa. También prnl. || Echar de menos a alguna persona o cosa. || Notar la novedad de algo por no estar acostumbrado a ello. || Desterrar a país extranjero.

extrañeza. f. Admiración, asombro, sorpresa. || Anormalidad, rareza.

extraño, ña. adj. Raro, singular. || Ajeno a la naturaleza o condición de una cosa de la que forma parte. || adj. y s. De nación, familia o profesión distintas. || m. Movimiento inesperado y repentino.

extraoficial. adj. Que no es oficial.

extraordinario, ria. adj. Fuera de lo habitual o común. || Mejor que lo normal. || Que se añade a lo usual. || m. Número de un periódico que se publica por algún motivo especial. || f. Paga que se añade al sueldo normal.

extraterrestre. adj. Que pertenece al espacio exterior de la Tierra o procede de él. || adj. y com. Que habitan el espacio exterior de la Tierra.

extravagancia. f. Rareza que resulta por ser excesivamente original. || Cosa o acción extravagante.

extravagante. adj. y com. Fuera de lo común o rareza por ser excesivamente original.

extraviar. tr. y prnl. Perder el camino. || Perder una cosa. || tr. No fijar la mirada en un objeto determinado. || prnl. Dejar la forma de vida que se había empezado y tomar otra distinta, generalmente peor.

extravío. m. Pérdida de algo. || Desorden en las costumbres.

extremar. tr. Llevar algo al extremo. || prnl. Emplear todo el esmero en la ejecución de una cosa.

extremaunción. f. REL. Sacramento de la Iglesia católica que consiste en la unción con óleo sagrado hecha por el sacerdote a los fieles que se hallan en inminente peligro de muerte.

extremidad. f. Parte extrema de una cosa. || pl. Cabeza, pies, manos y cola de los animales. || Piernas, brazos, pies y manos del hombre.

extremismo. m. Tendencia a adoptar actitudes o ideas extremas o exageradas, sobre todo en política.

extremista. adj. Del extremismo o relativo a él. || adj. y com. Partidario o seguidor del extremismo.

extremo, ma. adj. Se apl. a lo que está en el grado máximo de cualquier cosa. || Excesivo, sumo, mucho. || Distante, con respecto al punto en que se sitúa el que habla. || m. Parte primera o última de una cosa. || Asunto, punto o materia que se discute o estudia. || DEP. En el fútbol y otros deportes, cada uno de los delanteros más próximos a las bandas del campo.

extrínseco, ca. adj. Externo, no esencial.

extrusión. f. Acción y resultado de extrudir.

exuberancia. f. Abundancia extraordinaria.

exuberante. adj. Extraordinariamente abundante.

exudar. intr. y tr. Rezumar, salir un líquido fuera de sus vasos o continentes propios.

exultar. intr. Mostrar un gran alegría, no caber en sí de gozo.

exvoto. m. Ofrenda que se hace a los dioses en recuerdo y agradecimiento por un bien recibido.

eyaculación. f. Lanzamiento con fuerza del contenido de un órgano, cavidad o depósito, especialmente del semen.

eyacular. tr. Lanzar con fuerza el contenido de un órgano, cavidad o depósito, especialmente el semen.

eyectar. tr. Hacer que alguien o algo salga hacia fuera con fuerza.

F

f. f. Sexta letra del abecedario español y cuarta de sus consonantes. Fonéticamente representa un sonido con articulación labiodental fricativa sorda. Su nombre es *efe*.

fa. m. Cuarta nota de la escala musical.

fábrica. f. Establecimiento industrial donde se transforman los productos semielaborados o materias primas para la obtención de objetos destinados al consumo. || Construcción o parte de ella hecha de piedra o ladrillo y argamasa.

fabricación. f. Producción de objetos por medios mecánicos. || Construcción, elaboración de algo.

fabricar. tr. Producir objetos por medios mecánicos. || Construir, elaborar. || Inventar algo no material.

fábula. f. Composición literaria, generalmente en verso, de la que se suele extraer una enseñanza útil o moral. || Rumor, habladuría. || Relato falso, inventado.

fabulista. com. Autor de fábulas literarias.

fabuloso, sa. adj. Imaginario. || Extraordinario, increíble, excesivo. || adv. *col.* Muy bien.

facción. f. Cada uno de los rasgos del rostro humano. Más en pl. || Cada grupo que toma parte en una guerra o enfrentamiento. || Bando, pandilla que disiente y se separa de un grupo.

faceta. f. Cada uno de los aspectos que se pueden considerar en un asunto. || Cada una de las caras o lados de un poliedro.

facha. f. *col.* Aspecto exterior, traza. || *col.* Mamarracho, adefesio. También m. || *amer.* Vanidad, jactancia. || adj. y com. *desp.* Fascista, de ideología muy conservadora.

fachada. f. Parte exterior de un edificio. || *col.* Apariencia, aspecto externo.

facial. adj. Del rostro o relativo a él.

fácil. adj. Que cuesta poco trabajo. || Que puede suceder con mucha probabilidad. || Dócil. || *desp.* Se dice de la persona que en seguida se deja seducir, sin oponer resistencia. || adv. m. Con facilidad, sin esfuerzo.

facilidad. f. Cualidad de fácil. || Disposición para hacer una cosa sin gran esfuerzo. || pl. Condiciones que facilitan alguna actividad.

facilitar. tr. Hacer fácil o posible alguna cosa. || Proporcionar o entregar.

facineroso, sa. adj. y s. Delincuente habitual.

facón. m. *amer.* Cuchillo grande y puntiagudo usado por el gaucho.

facsímil. adj. y m. Copia exacta de un manuscrito, impreso, etc.

factible. adj. Que se puede hacer.

factor. m. Elemento, condicionante que contribuye a lograr un resultado. || MAT. Cada uno de los términos de una multiplicación. || Empleado de ferrocarril encargado de facturar el equipaje.

factoría. f. Fábrica o complejo industrial. || Establecimiento de comercio, especialmente el situado en un país colonial.

factótum. com. Persona que desempeña todas las labores en una casa o dependencia. || Persona de plena confianza de otra y que, en nombre de esta, atiende sus asuntos y negocios.

factura. f. Recibo donde se detallan los géneros vendidos o los servicios prestados y su precio, que se ofrece al cliente como justificante del pago realizado. || Ejecución, manera en la que se hace algo.

facturación. f. Elaboración de una factura. || Ingresos obtenidos en un negocio. || Entrega y registro de equipajes y mercancías en una estación de transportes para que sean remitidos a su destino.

facturar. tr. Elaborar una factura. || Ingresar determinada cantidad de dinero un negocio. || Entregar y registrar equipajes o mercancías en una estación de transportes para que sean remitidos a su destino.

facultad. f. Capacidad o aptitud física o moral que posee alguien. || Poder, derecho para hacer alguna cosa. || Cada una de las secciones en que se dividen los estudios universitarios y centro donde se cursan estos estudios.

facultar. tr. Dar autoridad, poder o derecho a alguien para hacer algo.

facundia. f. Facilidad de palabra.

facundo, da. adj. Que tiene facilidad de palabra.

fado. m. Cierta canción popular portuguesa.

faena. f. Trabajo que requiere un esfuerzo mental o físico.

faenar. intr. Pescar en el mar. || Trabajar en el campo.

fagocito. m. FISIOL. Célula capaz de destruir las bacterias o agentes nocivos para el organismo.

fagot. m. Instrumento musical de viento formado por un tubo de madera con agujeros y llaves y con una boquilla de caña. || com. Persona que lo toca.

faisán. m. Ave gallinácea de alas cortas y cola larga, con un penacho de plumas en la cabeza y el plumaje verde y rojizo con reflejos metálicos. Su carne es muy apreciada.

faja. f. Tira de tela o de tejido elástico con que se rodea el cuerpo por la cintura o las caderas. || Prenda interior de tejido elástico que ciñe la cintura y las caderas. || Tira de papel que se pone rodeando algo, como la cubierta de un libro, o un periódico que se envía sin sobre, etc. || Insignia propia de algunos cargos militares, civiles o eclesiásticos. || Trozo más largo que ancho.

fajar. tr. Rodear, ceñir o envolver con una faja o venda una parte del cuerpo. También prnl. || amer. Pegar a uno, golpearlo. También prnl.

fajina. f. AGRIC. Conjunto de haces de mies que se pone en las eras. || Leña ligera para encender. || MIL. En el ejército, toque militar para ir a comer.

fajo. m. Haz o atado de cosas ligeras y largas.

falacia. f. Engaño, mentira. || Argumento falso pero aparentemente verdadero para inducir a error o engaño.

falange. f. MIL. Cuerpo de infantería armada que formaba la principal fuerza de los ejércitos de Grecia. || MIL. Cualquier cuerpo de tropas numeroso. || ANAT. Cada uno de los huesos de los dedos.

falaz. adj. Engañoso, mentiroso. || Se dice de todo lo que halaga y atrae con falsas apariencias.

falda. f. Prenda de vestir suelta que cae desde la cintura hacia abajo. || Parte de la prenda de vestir que cae desde la cintura hacia abajo. || Cobertura con que se reviste una mesa camilla y que suele llegar hasta el suelo. Más en pl. || Regazo de la mujer. || Parte baja de los montes o sierras. || Parte de carne de bovino que cuelga de las costillas. || pl. col. Mujeres.

faldeo. m. amer. Faldas de un monte.

faldero, ra. adj. De la falda o relativo a ella. || col. Aficionado a estar entre mujeres. También m.

falencia. f. amer. Quiebra de un comerciante. || amer. Carencia, defecto.

falible. adj. Que puede equivocarse. || Que puede fallar.

falla. f. GEOL. Quiebra que los movimientos geológicos han producido en un terreno. || Defecto, falta.

fallar. tr. Pronunciar sentencia un jurado o tribunal. || Decidir un jurado la adjudicación de los premios de un concurso. || intr. Frustrarse,

faltar o salir mal algo. También tr. || Perder una cosa su resistencia. || En algunos juegos de naipes, poner un triunfo por no tener el palo que se juega.

falleba. f. Varilla de hierro sujeta en varios anillos y que puede girar por medio de una manilla, para cerrar las ventanas o puertas de dos hojas, asegurando una con otra, o con el marco.

fallecer. intr. Morir.

fallido, da. adj. Frustrado, que no se consigue realizar. || adj. y s. Se dice de la cantidad, crédito, etc., que se considera incobrable.

fallo. m. Sentencia de un juez, árbitro o jurado. || m. Pérdida de la resistencia de algo; mal funcionamiento. || Error, equivocación.

falluto, ta. adj. y s. col. Hipócrita.

falsario, ria. adj. y s. Que falsea o falsifica una cosa. || Mentiroso, embustero.

falsear. tr. Alterar o distorsionar algo, haciendo que deje de ser verdadero o auténtico. || intr. Flaquear o perder una cosa su resistencia y firmeza. || Desafinar una cuerda de un instrumento con respecto a las demás.

falsedad. f. Falta de verdad o autenticidad. || Dicho o hecho que no es verdadero o auténtico.

falsía. f. Falsedad, deslealtad.

falsificación. f. Imitación o copia que se quiere hacer pasar por auténtica.

falsificador, ra. adj. y s. Que falsifica.

falsificar. tr. Imitar o copiar algo haciéndolo pasar por auténtico.

falso, sa. adj. Engañoso, fingido. || Contrario a la verdad. || Que no es real, auténtico o verdadero.

falta. f. Carencia o escasez de algo. || Ausencia de una persona de algún sitio. || Nota o registro en que se hace constar esa ausencia. || Defecto. || Error. || Quebrantamiento de la obligación. || Transgresión de las reglas de un juego o deporte. || DER. Infracción de la ley. || Supresión de la regla en la mujer, principalmente durante el embarazo.

faltar. intr. No existir una cosa, no haber, carecer de ella. || No estar alguien o algo donde debería. || No acudir a una cita u obligación. || Ausentarse o estar ausente. || Quedar tiempo para que algo ocurra o se realice. || No cumplir con algo que se expresa. || No tratar a alguien con la consideración o respeto debidos.

falto, ta. adj. Que necesita o carece de algo.

falucho. m. Embarcación que lleva una vela latina triangular.

fama. f. Opinión pública sobre alguien o algo. || Reputación, prestigio, popularidad.

famélico, ca. adj. Hambriento. || Muy delgado.

familia. f. Grupo de personas emparentadas entre sí que viven juntas o en lugares diferentes, y especialmente el formado por el matrimonio y los hijos. || Descendencia, prole. || Grupo numeroso de personas o cosas con alguna condición común. || BIOL. Grupo taxonómico constituido por varios géneros naturales con caracteres comunes.

familiar. adj. De la familia o relativo a ella. || Muy sabido o conocido. || De trato llano y sin ceremonias. || Natural, sencillo, corriente. || De tamaño grande. || m. Pariente, allegado.

familiaridad. f. Llaneza o confianza en el trato.

familiarizar. tr. Hacer familiar o sencillo algo, acostumbrar. || prnl. Introducirse en el trato familiar de alguien. || Acostumbrarse a algo.

familiarmente. adv. m. Con confianza.

famoso, sa. adj. Que tiene fama. || *col.* Célebre por ser gracioso y chocante a la vez.

fanal. m. Farol grande que se coloca en las torres de los puertos para que su luz sirva de señal nocturna. || Campana de cristal para resguardar algo.

fanático, ca. adj. y s. Que defiende apasionadamente creencias, opiniones, ideologías, etc. || Entusiasmado ciegamente por algo.

fanatismo. m. Defensa apasionada de creencias, opiniones, ideologías, etc.

fanatizar. tr. Producir fanatismo.

fandango. m. Canción y baile popular español, típico de Andalucía, con acompañamiento de palmas, guitarra y castañuelas. || *col.* Bullicio.

faneca. f. Pez marino, especie de abadejo de carne comestible.

fanega. f. Medida de capacidad para áridos que varía según la región.

fanerógamo, ma. adj. y f. De las fanerógamas o relativo a esta familia de plantas. || f. pl. BOT. Familia de plantas cuyos órganos reproductores tienen forma de flor.

fanfarrón, ona. adj. y s. *col.* Que presume de lo que no es, en particular de valiente.

fangal o **fangar.** m. Lugar lleno de fango.

fango. m. Lodo, barro que se forma por la mezcla de agua y tierra. || Deshonor, degradación.

fantasear. intr. Dejar correr la fantasía o la imaginación. También tr. || Presumir, alardear de lo que no se tiene.

fantasía. f. Facultad de la mente para reproducir en imágenes cosas inexistentes o de idealizar las reales. || Cosa imaginada. || MÚS. Composición instrumental de estructura libre.

fantasma. m. Ser irreal que se imagina o se sueña. || Espectro de un muerto. || Obsesión, imagen impresa en la fantasía. || adj. y com. *col. desp.* Persona que presume de lo que no es cierto. || adj. Inexistente.

fantástico, ca. adj. Irreal, imaginario. || Increíble. || *col.* Sensacional, magnífico.

fantoche. m. Títere, muñeco. || *col. desp.* Mamarracho, persona ridícula. || *col. desp.* Persona muy presumida.

faquir. m. Asceta de la India y otros países de Oriente que vive de limosna y practica actos de singular austeridad. || com. Artista de circo que realiza ejercicios con cuchillos, fuego y otros objetos dañinos o peligrosos sin hacerse daño aparentemente.

farad o **faradio.** m. FÍS. Unidad de capacidad eléctrica en el sistema internacional; su símbolo es *F*.

farallón. m. Roca alta y picuda que sobresale en el mar o en la costa.

farándula. f. Profesión, arte y ambiente de los comediantes. || Compañía antigua de cómicos ambulantes.

faraón. m. Soberano del antiguo Egipto.

faraónico, ca. adj. De los faraones o relativo a ellos. || *col.* Grandioso.

fardo. m. Paquete o bulto grande muy apretado.

farfullar. tr. e intr. *col.* Hablar deprisa y de forma confusa.

farináceo, a. adj. Harinoso.

faringe. f. ANAT. Conducto musculoso situado entre la boca, la parte posterior de las fosas nasales y el esófago.

faríngeo, a. adj. ANAT. De la faringe o relativo a ella.

faringitis. f. PAT. Inflamación de la faringe.

fariseo, a. m. y f. Miembro de una antigua secta judía que aparentaba austeridad pero que en realidad no seguía el espíritu religioso. || adj. y s. Hipócrita.

farmaceuta. com. *amer.* Farmacéutico.

farmacéutico, ca. adj. De la farmacia o relativo a ella. || m. y f. Persona que tiene un título que le permite ejercer la farmacia.

farmacia. f. Ciencia que enseña a preparar medicamentos y a conocer las sustancias con que se preparan. || Laboratorio donde se preparan medicinas y tienda donde se venden.

faro. m. Torre alta en las costas, con un foco muy potente en la parte superior para guiar a los navegantes durante la noche. || Cada uno de los focos que llevan los vehículos en la parte delantera para iluminar la carretera.

farol. m. Caja de material transparente dentro de la cual se pone una luz. || Hecho o dicho exagerado, sin fundamento. || En el juego, jugada o envite falso que se hace para sorprender y apabullar. || TAUROM. Lance en que el torero pasa la capa en redondo sobre su cabeza y la coloca en sus hombros.

farra. f. Juerga, jarana, parranda.

fárrago. m. Conjunto de cosas superfluas o mal ordenadas.

farsa. f. Obra de teatro burlesca que tiene como fin hacer reír. || Enredo que tiene como fin engañar o aparentar.

farsante, ta. adj. y s. *col. desp.* Que finge o aparenta lo que no siente o se hace pasar por lo que no es. || m. y f. Persona que representaba farsas.

fascículo. m. Entrega, cada uno de los cuadernos que forman parte de un libro, y que se van publicando sucesivamente. || ANAT. Haz de fibras musculares o nerviosas.

fascinación. f. Gran atracción.

fascinar. tr. Atraer o impresionar mucho una persona o cosa a alguien.

fase. f. Cada uno de los estados sucesivos de una cosa que cambia o se desarrolla.

fastidiar. tr. Molestar o disgustar. || *col.* Ocasionar daño. || prnl. Aguantarse, sufrir algo con resignación.

fastidio. m. Disgusto, desazón por algo de poca importancia. || Cansancio o aburrimiento.

fastidioso, sa. adj. Que causa fastidio.

fasto, ta. adj. Se dice del día, año, etc., feliz o venturoso. || m. Esplendor, lujo, fausto.

fastuoso, sa. adj. Ostentoso, con derroche de lujo y riqueza.

fatal. adj. Muy desgraciado. || Muy malo. || Inevitable, predestinado. || adv. m. Muy mal.

fatalidad. f. Desgracia. || Acontecimiento inevitable, destino, suerte.

fatalismo. m. Doctrina que propugna que todo lo que sucede está motivado por las determinaciones ineludibles de un destino que hace inútil cualquier oposición. || Actitud de la persona que acepta todo lo que sucede sin resistirse porque lo cree determinado por el destino.

fatídico, ca. adj. Que pronostica el porvenir y, sobre todo, las desgracias. || Muy desgraciado, nefasto.

fatiga. f. Cansancio. || Respiración frecuente o difícil. || Molestia, sufrimiento. Más en pl. || *col.* Apuro o vergüenza.

fatigar. tr. y prnl. Causar fatiga.

fatigoso, sa. adj. Que causa fatiga. || Se dice de la respiración difícil.

fatuidad. f. Necedad, falta de inteligencia. || Vanidad o presunción ridícula. || Dicho o hecho necio o presuntuoso.

fatum. (voz lat.) m. *poét.* Destino.

fatuo, tua. adj. y s. Necio, poco inteligente. || Engreído, vanidoso.

fauces. f. pl. Parte posterior de la boca de los mamíferos, que va desde el velo del paladar hasta el comienzo del esófago.

fauna. f. Conjunto de animales de un determinado periodo, país o zona. || *col. desp.* Conjunto de personas.

fauno. m. MIT. Semidiós romano de los campos y selvas, equivalente al sátiro griego.

fausto. m. Lujo, ostentación y pompa.

fausto, ta. adj. Feliz, venturoso.

favor. m. Ayuda, asistencia que se presta de forma gratuita. || Privilegio, concesión que se recibe de una autoridad. || Confianza, apoyo. || Gesto amable que las mujeres dedicaban a los hombres y, p. ext., consentimiento de la mujer a la relación amorosa que le insinúa el hombre. Más en pl.

favorable. adj. Que favorece algo, propicio. || Benévolo, positivo.

favorecer. tr. Ayudar, apoyar. || Mejorar algo el aspecto o apariencia de una persona o cosa. También intr.

faz. f. Rostro, cara. || Lado principal de algo.

fe. f. REL. Creencia en algo sin necesidad de que haya sido confirmado por la experiencia o la razón, o demostrado por la ciencia. || REL. Conjunto de creencias de una religión. || Confianza en el éxito de algo o alguien. || Promesa. || Testimonio, aseveración de que una cosa es cierta. || Documento que certifica la verdad de algo.

fealdad. f. Carencia de belleza y hermosura.

feble. adj. Débil, delgado.

febrero. m. Segundo mes del año, entre enero y marzo, que tiene veintiocho días, y en los años bisiestos, veintinueve.

febril. adj. De la fiebre o relativo a ella. || Se dice del que tiene fiebre. || Vivo, desasosegado, violento.

fecal. adj. Del excremento intestinal o relativo a él.

fecha. f. Tiempo, momento en que se hace o sucede algo. || Día. || Tiempo o momento actual.

fechar. tr. Poner fecha a un escrito o documento. || Determinar la fecha de un documento, suceso, etc.

fechoría. f. Mala acción.

fécula. f. Hidrato de carbono que se encuentra en las semillas, tubérculos y raíces de muchas plantas.

fecundación. f. BIOL. Unión de los elementos reproductores masculino y femenino para dar origen a un nuevo ser.

fecundante. adj. Que fecunda.

fecundar. tr. Unirse los elementos reproductores masculino y femenino para dar origen a un nuevo ser. || Hacer fecundo o productivo.

fecundidad. f. Fertilidad. || Capacidad de creación o producción.

fecundizar. tr. Hacer fecundo algo.

fecundo, da. adj. Que puede fecundar o ser fecundado. || Fértil, abundante, que produce mucho.

federación. f. Asociación de Estados, partidos o agrupaciones que reconocen una misma autoridad y comparten algunas funciones, pero que mantienen un gobierno interior autónomo.

federal. adj. Federativo. || adj. y com. Federalista. || HIST. Se dice del partidario de los estados del Norte en la guerra de Secesión norteamericana.

fehaciente. adj. Fidedigno, que da testimonio de la certeza de algo.

felicidad. f. Estado de ánimo del que disfruta de lo que desea. || Satisfacción, alegría, contento.

felicitar. tr. Manifestar a una persona la satisfacción que se experimenta con motivo de algún suceso favorable para ella. También prnl. || Expresar el deseo de que una persona sea feliz.

feligrés, esa. m. y f. Persona que pertenece a una parroquia determinada.

felino, na. adj. Del gato o relativo a él. || Que parece de gato. || adj. y m. Se dice del animal perteneciente a la familia de los félidos.

feliz. adj. Que disfruta de felicidad o la ocasiona. || Oportuno, acertado. || Que sucede sin contratiempos.

felonía. f. Deslealtad, traición.

felpa. f. Tejido de seda, algodón, etc., que tiene pelo por uno de sus lados.

femenino, na. adj. De la mujer o característico de ella. || Se dice del ser dotado de órganos para ser fecundado. || De este ser o relativo a él. || GRAM. Se dice del género gramatical al que pertenecen las hembras y otros seres inanimados. También m. || GRAM. De este género o relativo a él.

femineidad o **feminidad.** f. Cualidad de femenino.

feminismo. m. Movimiento y doctrina social que propugna la igualdad de derechos entre la mujer y el hombre.

femoral. adj. ANAT. Del fémur o relativo a él. || ANAT. Se dice de la arteria y la vena que recorren el muslo. También f.

fémur. m. ANAT. Hueso del muslo, el más largo del cuerpo, que se extiende desde la ingle hasta la rodilla.

fenecer. intr. Morir, fallecer. || Acabarse algo.

fénix. m. Ave mitológica que renacía de sus cenizas cada vez que moría. || Lo que es exquisito o único en su especie.

fenomenal. adj. *col.* Muy grande. || Extraordinario, magnífico. || adv. m. Muy bien.

fenómeno. m. Toda apariencia o manifestación material o espiritual. || Suceso, hecho. || Cosa extraordinaria y sorprendente. || *col.* Persona o animal monstruoso. || *col.* Persona sobresaliente en su línea. || adj. *col.* Fenomenal. También adv. m.

feo, a. adj. De aspecto malo o desfavorable. || Que ocasiona disgusto o desagrado. || adj. y s. Que carece de belleza y hermosura. || m. *col.* Desaire, desprecio manifiesto.

feraz. adj. Se dice de la tierra muy fértil.

féretro. m. Ataúd.

feria. f. Mercado extraordinario que tiene lugar en un sitio y unas fechas señaladas. || Fiestas que se celebran en una determinada fecha. || Conjunto de instalaciones recreativas, como carruseles, circos, casetas de tiro al blanco, etc., y de puestos de venta de dulces y de chucherías, que se monta por alguna fiesta. || Instalación donde se exponen los productos de un solo ramo industrial o comercial, como libros, muebles, juguetes, etc., para su promoción y venta. || *amer.* Dinero menudo, cambio, calderilla.

feriado. m. *amer.* Día festivo.

feriante. adj. y com. Expositor, comprador o vendedor en una feria.

fermentación. f. Proceso químico por el que se forman los alcoholes y ácidos orgánicos a partir de los azúcares por medio de los fermentos.

fermentar. intr. Producirse la fermentación. También tr.

fermento. m. BIOL. Sustancia orgánica que produce la fermentación, como las enzimas.

ferocidad. f. Fiereza o crueldad.

feroz. adj. Fiero, aplicado a animales carnívoros que atacan y devoran a sus presas. || Que causa daño, terror o destrozo. || Cruel. || Enorme, tremendo.

férreo, a. adj. De hierro o que tiene sus propiedades. || Duro, fuerte. || Tenaz, persistente.

ferretería. f. Tienda donde se venden objetos de metal o de otros materiales, como cacharros de cocina, herramientas, tuercas, etc.

ferrocarril. m. Tren. || Camino con dos filas de barras de hierro paralelas sobre las cuales ruedan los trenes. || Conjunto formado por vías férreas, trenes e instalaciones propias de este medio de transporte.

ferroviario, ria. adj. Del ferrocarril o relativo a él. || m. y f. Empleado del ferrocarril.

fértil. adj. Que produce en abundancia. || Se dice del organismo vivo capaz de reproducirse.

fertilidad. f. Capacidad de producir en abundancia. || Capacidad de reproducirse.

fertilizar. tr. Abonar, preparar la tierra añadiendo las sustancias apropiadas para que sea más fértil.

férula. f. CIR. Tablilla empleada en el tratamiento de fracturas. || Autoridad o poder despótico.

ferviente. adj. Que muestra entusiasmo o admiración.

fervientemente. adv. m. Con fervor.

fervor. m. Devoción, intensidad en el sentimiento religioso. || Entusiasmo, ardor, eficacia con que se hace algo. || Admiración, adoración hacia alguien o algo.

festejar. tr. Hacer fiestas para celebrar algo. || Agasajar, hacer fiestas en honor de alguien. || Galantear, cortejar a una mujer.

festejo. m. Fiesta que se hace para celebrar algo. || Cada uno de los actos públicos que se realizan para celebrar algo. Más en pl.

festín. m. Banquete espléndido.

festival. m. Concurso o exhibición de manifestaciones artísticas o deportivas.

festividad. f. Fiesta o solemnidad con que se celebra algo o a alguien.

festivo, va. adj. De fiesta. || Chistoso, alegre. || adj. y m. Se apl. al día no laborable.

festón. m. Cualquier bordado, dibujo o recorte en forma de ondas o puntas que adorna la orilla o borde de una cosa.

festonear. tr. Adornar con festones. || Bordar con festones.

feta. f. *amer.* Loncha de fiambre.

fetal. adj. Del feto o relativo a él. || Se dice de la postura con las piernas y los brazos encogidos sobre el pecho y la cabeza entre las manos.

fetiche. m. Objeto material, de culto supersticioso en algunos pueblos, que es venerado como un ídolo. || Cualquier objeto que se cree que trae suerte.

fetichismo. m. Culto de los fetiches. || Idolatría, veneración excesiva. || PSICOL. Desviación sexual que consiste en fijar alguna parte del cuerpo humano o alguna prenda relacionada con él como objeto de la excitación y el deseo.

fetidez. f. Mal olor.

fétido, da. adj. Que desprende un olor muy desagradable.

feto. m. En algunos mamíferos, producto de la concepción desde que pasa el periodo embrionario hasta el momento del parto. || *col. desp.* Persona muy fea o deforme.

feudal. adj. Del feudo o del feudalismo o relativo a ellos.

feudalismo. m. Sistema económico, político y social imperante en la Edad Media, que tenía como base la constitución de feudos.

feudo. m. En la Edad Media, contrato por el cual los soberanos y los grandes señores concedían tierras u otros bienes a sus vasallos a cambio de que ellos y sus descendientes les prestaran servicios y les jurasen fidelidad. || Tierra o dominio que se concede en feudo. || Territorio en el cual alguien ejerce su influencia.

fiador, ra. m. y f. Persona que fía o vende a crédito. || Persona que responde por otra.

fiambre. adj. y m. Se dice de los alimentos que, una vez cocinados o curados, se comen fríos, como los embutidos o ciertas carnes. || m. *col.* Cadáver.

fiambrería. f. Tienda donde se venden fiambres.

fianza. f. Compromiso que una persona contrae de responder por otra. || Cantidad de dinero que se paga por la libertad de un individuo pendiente de juicio o sentencia firme. || Cualquier cosa, generalmente dinero, que se deja como garantía de algo.

fiar. tr. Asegurar uno que cumplirá lo que otro promete, obligándose, en caso de que no lo haga, a satisfacer por él. || Vender sin cobrar al contado, aplazando el pago para más adelante. || prnl. Confiar en algo o alguien.

fiasco. m. Fracaso, decepción.

fibra. f. Cada uno de los filamentos que entran en la composición de los tejidos orgánicos vegetales o animales, de ciertos minerales y de algunos productos químicos. || Filamento obtenido por procedimientos químicos que se usa principalmente en la industria textil. || Vigor, energía. || *amer.* Rotulador.

fibroma. m. PAT. Tumor benigno formado solo por tejido fibroso.

fibroso, sa. adj. Que tiene muchas fibras.

ficción. f. Acción y resultado de fingir. || Invención. || Cosa imaginada.

ficha. f. Pieza pequeña, generalmente plana y delgada, a la que se puede dar usos diversos (contraseña en guardarropas, aparcamientos de automóviles, etc.). || Tarjeta de cartón o papel fuerte en que se consignan ciertos datos y suele clasificarse. || Cada una de las piezas de los juegos de mesa. || Tarjeta para controlar las entradas y las salidas del trabajo de los empleados. || DEP. Contrato de un jugador o técnico deportivo.

fichar. tr. Hacer la ficha de una persona o cosa, anotando todos los datos necesarios para su identificación. || *col.* Vigilar o mirar con recelo a alguien de quien se sospecha.

fichero. m. Conjunto de fichas ordenadas y mueble o caja donde se guardan.

ficticio, cia. adj. Fingido, falso. || Convencional.

fidedigno, na. adj. Digno de fe y confianza.

fidelidad. f. Lealtad. || Exactitud, veracidad.

fideo. m. Pasta de harina en hilos cortados que ordinariamente se toma en sopa. Más en pl. || *col.* Persona muy delgada.

fiebre. f. Elevación de la temperatura normal del cuerpo por una enfermedad o un trastorno. || Entusiasmo y excitación con que se realiza una actividad.

fiel. adj. Que cumple sus compromisos. ||
Exacto, conforme a la verdad. || com. Creyente, miembro de una iglesia. || m. Aguja de
una balanza. || Clavillo que asegura las hojas
de las tijeras.

fieltro. m. Especie de paño no tejido que resulta de prensar borra, lana o pelo.

fiereza. f. Violencia o agresividad.

fiero, ra. adj. De las fieras o relativo a ellas. ||
Feroz, duro, agreste o intratable. || Muy grande, excesivo.

fierro. m. *amer.* Hierro. || *amer.* Arma blanca.

fiesta. f. Reunión de personas como diversión.
|| Solemnidad civil o religiosa en conmemoración de algún acontecimiento o fecha especial, y día en que se celebra. || Día en que no
se trabaja. || Actividades culturales y diversiones que se celebran en una localidad en unos
días determinados. Más en pl. || pl. Periodo
de vacaciones por alguna fiesta, sobre todo
religiosa. || Agasajo, caricia u obsequio.

figura. f. Forma exterior de un cuerpo. || Estatua o pintura que representa el cuerpo de un
hombre o animal. || Serie de variaciones en la
danza, patinaje artístico, etc. || Persona de renombre o que destaca en alguna actividad. ||
Signo que representa una nota o un silencio.
|| Personaje de una obra dramática y actor
que lo representa. || GEOM. Espacio cerrado
por líneas o superficies. || Cualquiera de las
tres naipes de cada palo que representan personas. || Cosa que representa o significa otra.

figurado, da. adj. Se dice del sentido en que
se toman las palabras desviado del literal por
una asociación de ideas.

figurar. tr. Disponer, delinear y formar la figura
de una cosa. || Aparentar, suponer, fingir. ||
intr. Formar parte de algo, estar en un lugar o
circunstancia. || Destacar. || prnl. Imaginarse
o suponer uno algo que no conoce.

figurín. m. Dibujo o figura que sirve de modelo para hacer vestidos. || *col.* Persona que,
para resultar elegante, se arregla de forma
exagerada.

fijación. f. Acción y resultado de fijar o fijarse.
|| *col.* Obsesión.

fijador. m. Líquido para que el cabello quede
bien sujeto y no se despeine. || Líquido para
fijar un dibujo, una fotografía, etc.

fijar. tr. Hincar, clavar, asegurar un cuerpo en
otro. || Hacer algo fijo o estable. || Determinar algo de forma precisa. || Dirigir o centrar
intensamente la mirada o la atención en algo
o alguien. || Hacer que la imagen fotográfica
impresionada en una placa o en un papel sensible quede inalterable a la acción de la luz. ||
prnl. Darse cuenta, notar.

fijo, ja. adj. Firme, sujeto a algo. || Permanente, estable. || Invariable, que no cambia. ||

Inmóvil. || Se aplica al contrato de trabajo indefinido y a la persona contratada así. || adv.
m. Con seguridad. || Fijamente. || de fijo. loc.
adv. Con seguridad, sin duda alguna.

fila. f. Serie de personas o cosas colocadas en
línea. || *col.* Antipatía, tirria. || f. pl. Agrupación, partido. || Milicia, fuerzas militares. **filamento.** m. Cuerpo en forma de hilo, flexible
o rígido, especialmente el hilo conductor de
las lámparas eléctricas.

filantropía. f. Amor al género humano.

filántropo, pa. m. y f. Persona que ama a los
demás y los ayuda de forma desinteresada.

filarmonía. f. Afición o amor a la música.

filarmónico, ca. adj. y s. Aficionado a la música. || adj. Se apl. a algunas orquestas de
música clásica o a ciertas organizaciones de
amantes de la música. También f.

filatelia. f. Afición por el estudio y la colección
de sellos de correos.

filete. m. Loncha delgada de carne magra o de
pescado limpio de espinas. || Moldura larga y
angosta. || IMPR. Pieza que sirve para marcar
las líneas de separación, como por ejemplo,
entre el cuerpo del texto y las notas.

filiación. f. Datos personales identificativos
de un individuo. || Lazo de parentesco entre
padres e hijos. || Dependencia de unas cosas
con respecto a otras. || Hecho de ser seguidor
de un partido o una doctrina determinada.

filial. adj. Del hijo o relativo a él. || adj. y f. Se
aplica al establecimiento que depende de otro.

filiar. tr. Tomar la filiación a alguien. || prnl.
Afiliarse.

filicida. adj. y com. Persona que mata a un
hijo.

filicidio. m. Muerte dada por uno de los padres
a un hijo.

filiforme. adj. Que tiene forma o apariencia
de hilo.

filigrana. f. Cosa delicada y pulida, trabajada
con mucho cuidado y habilidad. || Obra de
hilos de oro o plata unidos forman do una
especie de encaje. || Marca transparente de
fábrica del papel y los billetes de banco.

filípica. f. Reprensión, censura dura que se dirige a alguien.

filipino, na. adj. y s. De Filipinas o relativo a
este país del sureste asiático.

film. (voz i.) m. Filme.

filmación. f. Acción y resultado de filmar.

filmar. tr. Tomar o fotografiar escenas, paisajes,
personas o cosas en movimiento. También
intr.

filo. m. Borde agudo o arista de un instrumento
cortante. || Cima de una montaña.

filología. f. Ciencia que estudia la lengua y la
literatura de un pueblo a través de los textos
escritos.

filólogo, ga. m. y f. Persona que se dedica a la filología.

filosofar. intr. Meditar sobre alguna cuestión con razonamientos filosóficos. || *col.* Reflexionar, exponer ideas sin valor sobre cosas trascendentales.

filosofía. f. Ciencia que trata de la esencia, propiedades, causas y efectos de las cosas naturales. || Cada una de las teorías desarrolladas en este campo.

filosófico, ca. adj. De la filosofía o relativo a ella.

filósofo, fa. m. y f. Persona que se dedica a la filosofía profesionalmente. || Persona aficionada a la filosofía.

filtración. f. Paso de algo a través de un filtro. || Revelación de algo que debía mantenerse en secreto. || Paso de algo, especialmente de un líquido, a través de las pequeñas aberturas o poros de un cuerpo sólido. || Desaparición de dinero o de bienes furtivamente.

filtrar. tr. Hacer pasar algo por un filtro. || Revelar algo que debía mantenerse en secreto. También prnl. || Dejar pasar un cuerpo sólido algo, especialmente un líquido, a través de sus aberturas o poros. También intr. y prnl. || Hablando de dinero o de bienes, desaparecer furtivamente.

filtro. m. Material poroso o dispositivo a través del cual se hace pasar un fluido para limpiarlo de impurezas o separar ciertas sustancias. || Boquilla de los cigarrillos para retener la nicotina.

fin. m. Término, remate, extremo o consumación de una cosa. || Objeto, motivo, finalidad.

finado, da. m. y f. Persona muerta.

final. adj. Que remata o cierra. || GRAM. Se dice de la proposición subordinada adverbial que expresa la finalidad del verbo principal. || GRAM. Véase conjunción final. || m. Fin, término. || f. Última y decisiva competición en un campeonato o concurso.

finalidad. f. Objetivo o fin con que se hace una cosa.

finalizar. tr. Concluir, dar fin a algo. También intr.

financiar. tr. Aportar el dinero necesario para una empresa, proyecto u otra actividad.

financiero, ra. adj. De las finanzas o relativo a ellas. || adj. y f. Se dice de la entidad que se dedica a financiar algo con el dinero que ahorradores particulares han depositado en ella. || m. y f. Persona experta en finanzas.

financista. com. *amer.* Financiero.

finanzas. f. pl. Conjunto de actividades relacionadas con cuestiones bancarias y bursátiles o con grandes negocios mercantiles. || Caudales, bienes. || Hacienda pública.

finar. intr. poét. Fallecer, morir.

finca. f. Propiedad inmueble en el campo o en la ciudad.

fincar. intr. y prnl. *amer.* Construir una casa.

finés, esa. adj. y s. Se dice del individuo de un pueblo antiguo que se extendió por varios países del norte de Europa, y que dio nombre a Finlandia. || De Finlandia o relativo a este país europeo. || m. LING. Lengua hablada en Finlandia.

fingido, da. adj. Se dice de lo que es presentado como verdadero, pero que no lo es.

fingimiento. m. Simulación.

fingir. tr. Presentar como real algo que no lo es. También prnl. || Simular, aparentar.

finiquitar. tr. Pagar lo que se debe. || *col.* Acabar.

finisecular. adj. De un fin de siglo determinado o relativo a él.

finito, ta. adj. Que tiene fin o límites.

finitud. f. Existencia de un fin o de límites.

finlandés, esa. adj. y s. De Finlandia o relativo a este país europeo. || m. LING. Lengua hablada en Finlandia.

fino, na. adj. Delicado y de buena calidad. || Delgado, sutil. || Suave, sin asperezas ni irregularidades. || De exquisita educación. || Astuto, sagaz, agudo. || Se dice del metal sin defectos ni impurezas. || adj. y m. Se dice del jerez muy seco, de color pálido.

finura. f. Delicadeza y buena calidad. || Delgadez. || Suavidad. || Educación exquisita. || Astucia, sagacidad, agudeza. || Aplicado a un metal, ausencia de defectos o impurezas.

fiordo. m. Valle formado por glaciares que se hundió en el mar quedando en forma de golfo estrecho y profundo.

firma. f. Nombre y apellido de una persona que esta pone con rúbrica al pie de un escrito. || Acto de firmar. || Nombre comercial, empresa o razón social. || Sello, estilo característico de algo o alguien.

firmamento. m. Cielo, bóveda celeste en la que se encuentran los astros.

firmante. com. El que firma.

firmar. tr. Poner la firma en un escrito. También intr.

firme. adj. Estable, bien sujeto. || Que no cambia, constante. || Definitivo. || m. Capa sólida de terreno sobre la que se pueden poner los cimientos de una construcción. || Pavimento de una carretera.

firmeza. f. Estabilidad, fortaleza. || Entereza, constancia.

firulete. m. *amer.* Adorno innecesario y de mal gusto.

fiscal. adj. Del fisco o hacienda pública o relativo a él. || com. Funcionario judicial que representa al Estado y se encarga de la acusación pública en los tribunales.

fiscalizador, ra. adj. y s. Que fiscaliza.

fiscalizar. tr. Inspeccionar las cuentas y actividades de los contribuyentes para ver si pagan correctamente los impuestos al Estado. || Controlar, supervisar las acciones ajenas.

fisco. m. Administración encargada de recaudar los impuestos del Estado. || Erario, tesoro público.

fisgar. tr. Husmear, curiosear en los asuntos ajenos.

fisgón, ona. adj. y s. Aficionado a husmear en los asuntos ajenos.

física. f. Ciencia que estudia la materia y la energía, y las leyes que tienden a modificar su estado y su movimiento sin alterar su naturaleza.

físico, ca. adj. De la física o relativo a ella. || Relacionado con la constitución y la naturaleza del cuerpo. || Material. || m. y f. Especialista en física. || m. Aspecto exterior de alguien.

fisiología. f. Ciencia que estudia las funciones de los seres orgánicos.

fisión. f. FÍS. Reacción en la que el núcleo de un átomo pesado se divide en dos o más núcleos de elementos más ligeros con gran liberación de energía.

fisioterapia. f. Tratamiento terapéutico de incapacidades o alteraciones físicas por medio de métodos de energía natural (frío, calor, movilización mecánica, etc.), sin emplear medicamentos o remedios químicos.

fisonomía. f. Aspecto particular del rostro de una persona. || Aspecto exterior de las cosas.

fisura. f. Hendidura longitudinal poco profunda, grieta. || CIR. Fractura longitudinal de un hueso. || Lo que produce falta de unión en algo.

fitografía. f. Parte de la botánica que estudia la descripción de las plantas.

fitología. f. Estudio de las enfermedades de las plantas.

flaccidez. f. Flacidez.

fláccido, da. adj. Flácido.

flaco, ca. adj. De pocas carnes, muy delgado. || Flojo, endeble, sin fuerzas. || m. Defecto, punto débil.

flagelar. tr. Azotar con un flagelo. También prnl. || Censurar con dureza.

flagelo. m. Instrumento en forma de palo con cuerdas en un extremo que se utiliza para azotar. || Calamidad. || BIOL. Cada una de las prolongaciones de los seres unicelulares con las que se mueven.

flagrante. adj. Que se está ejecutando en el momento en que se habla. || Evidente, que no necesita demostración.

flama. f. Reflejo o reverberación de la llama.

flamante. adj. Resplandeciente, con muy buen aspecto. || Nuevo o recién entrado en un estado, actividad o clase. || Que se acaba de estrenar.

flamear. intr. Despedir llamas. || Ondear al viento una bandera, vela, etc. || MED. Desinfectar algo quemando en su superficie alcohol u otro líquido inflamable.

flamenco, ca. adj. y s. De Flandes, región histórica de Europa, o relativo a ella.

flan. m. Dulce que se prepara batiendo yemas de huevo, leche y azúcar, y se cuaja al baño María en un molde en forma de cono truncado bañado con azúcar tostada.

flanco. m. Cada una de las dos partes laterales de un cuerpo considerado o visto de frente. || Lado de una embarcación o de una tropa.

flanquear. tr. Estar colocado o colocarse a los lados de algo o alguien.

flaquear. intr. Debilitarse, perder la fuerza y la firmeza moral o física. || Fallar, flojear en algo.

flaquencia. f. *amer.* Flaqueza.

flaqueza. f. Falta de carnes, delgadez. || Debilidad de carácter. || Fragilidad o acción defectuosa que se comete por esta debilidad.

flas o **flash.** (voz i.) m. FOT. Lámpara que despide un destello al mismo tiempo que se abre el obturador de una máquina fotográfica. || Información concisa de última hora. || *col.* Sorpresa o impresión fuerte.

flato. m. Acumulación molesta de gases en el tubo digestivo.

flauta. f. Instrumento musical de viento en forma de tubo con varios agujeros circulares que se tapan con los dedos y con llaves. || com. Persona que toca este instrumento.

flautista. com. Persona que toca la flauta.

flebitis. f. Inflamación de las venas.

flecha. f. Arma arrojadiza acabada en una punta de material duro por delante y una varilla por detrás, que se dispara con arco, saeta. || Signo con esta forma que indica una dirección. || Remate en punta de algunas torres y campanarios.

flechar. tr. Estirar la cuerda del arco, colocando la flecha para dispararla. También intr. || *col.* Inspirar amor repentinamente.

fleco. m. Adorno compuesto de una serie de hilos o cordoncillos colgantes de una tira de tela. Más en pl. || Borde deshilachado por el uso en una tela vieja. Más en pl. || Detalles pendientes de solución en un asunto. Más en pl.

fleje. m. Tira de chapa de acero que se utiliza para hacer los aros de los barriles, los muelles y también para embalar.

flema. f. Mucosidad de las vías respiratorias que se arroja por la boca. || Calma, lentitud, cachaza.

flemático, ca. adj. Que actúa con calma y lentitud.

flemón. m. MED. Inflamación aguda del tejido celular en cualquier parte del cuerpo, sobre todo en las encías.

flequillo. m. Mechón de cabello recortado que se deja caer sobre la frente.

fletar. tr. Alquilar un barco o parte de él para el transporte. P. ext., se aplica a cualquier medio de transporte. || Embarcar mercancías o personas para su transporte.

flete. m. Precio que ha de pagarse por el alquiler de un barco, avión o camión, o por la carga transportada. || Carga que se transporta. || *amer.* Carga que se transporta por mar o por tierra. || *amer.* Caballo ligero. || *amer.* Vehículo que se alquila para el transporte de bultos o mercancías.

flexibilidad. f. Capacidad para doblarse sin partirse. || Facilidad para acomodarse a distintas situaciones o a las propuestas de otros.

flexible. adj. Que puede doblarse fácilmente sin partirse. || Que se acomoda con facilidad a distintas situaciones o a las propuestas de otros. || Que no es rígido. || m. Cable formado de hilos finos de cobre recubiertos de una capa aisladora.

flexión. f. Movimiento del cuerpo que consiste en doblarse o doblar uno de sus miembros. || GRAM. Alteración morfológica que experimentan las voces conjugables y declinables con el cambio de desinencias, de la vocal de la raíz o de otros elementos.

flirtear. intr. Mantener una relación amorosa superficial, sin que suponga compromiso alguno.

flojedad. f. Debilidad, falta de fuerza. || Pereza y descuido al hacer algo, sobre todo en el trabajo.

flojera. f. *col.* Debilidad, falta de fuerza.

flojo, ja. adj. Poco apretado, ajustado o tirante. || Que no tiene mucha fortaleza o vigor. || De poca calidad, pobre. || Vago. También s.

flor. f. Conjunto de los órganos de reproducción de las plantas. || Lo mejor de una cosa. || Piropo, requiebro. Más en pl.

flora. f. Conjunto de plantas de una zona. || Conjunto de bacterias que habitan en un órgano determinado, y cuya presencia es indispensable para el buen funcionamiento del organismo.

florecer. intr. Echar o cubrirse de flores las plantas. || Funcionar bien, prosperar. || Desarrollarse un movimiento, artista, creencia, etc., en una determinada época o región. || prnl. Ponerse mohosa una cosa.

florería. f. Floristería.

florero. m. Vaso o vasija para poner flores.

floresta. f. Terreno frondoso poblado de árboles.

florete. m. Espada fina sin filo cortante que se utiliza en esgrima.

floricultura. f. Cultivo de las flores, y arte que lo enseña.

florido, da. adj. Que tiene flores. || Se dice del lenguaje o estilo muy adornado. || Se dice de lo que es escogido y selecto.

florilegio. m. Colección de trozos selectos de obras literarias.

flota. f. Conjunto de barcos mercantes o de guerra de un país, compañía de navegación, línea marítima, etc. || Conjunto de vehículos de una empresa, país, etc.

flotación. f. Sostenimiento de un cuerpo en la superficie de un líquido.

flotar. intr. Sostenerse un cuerpo en la superficie de un líquido. || Mantenerse en suspensión un cuerpo en un medio gaseoso. || Percibirse algo inmaterial en el ambiente.

flote. m. Flotación.

flotilla. f. Flota de barcos o aviones pequeños.

fluctuación. f. Cambio alternativo, oscilación.

fluctuar. intr. Oscilar, cambiar alternativamente. || Dudar en la resolución de una cosa.

fluidez. f. Propiedad de los cuerpos cuyas moléculas tienen entre sí poca coherencia, y toman siempre la forma del recipiente donde están contenidos. || Facilidad, soltura para hacer algo. || Facilidad de movimiento en la circulación de automóviles.

fluido, da. adj. y m. Se dice de cualquier cuerpo cuyas moléculas tienen entre sí poca coherencia, y toma siempre la forma del recipiente donde está contenido. || adj. Corriente, fácil, suelto. || Se dice de la circulación automovilística normal y sin embotellamientos. || m. Corriente eléctrica.

fluir. intr. Correr un líquido o un gas. || Surgir algo con facilidad. || Moverse los automóviles con normalidad, sin embotellamientos.

flujo. m. Acción y resultado de fluir los líquidos y los gases. || Abundancia excesiva. || Movimiento de ascenso de la marea. || FISIOL. Salida de un líquido al exterior del cuerpo. || Movimiento de personas o cosas de un lugar a otro.

fluminense. adj. y com. De Río de Janeiro o relativo a esta ciudad brasileña.

flúor. m. QUÍM. Elemento químico gaseoso de olor desagradable y color amarillo verdoso que se emplea como reactivo químico. Su símbolo es F.

fluorescencia. f. FÍS. Propiedad de algunos cuerpos de emitir luz al recibir una radiación.

fluvial. adj. De los ríos o relativo a ellos.

fobia. f. Miedo irracional, obsesivo y angustioso hacia determinadas situaciones, cosas, personas, etc.

foca. f. Mamífero del orden de los pinnípedos, de aproximadamente 1 m de largo, con el cuerpo dotado de aletas y cubierto de pelo, que habita generalmente en los mares fríos. || *col. desp.* Persona muy gruesa.

focal. adj. Del foco o relativo a él.

foco. m. Lámpara que emite una luz potente. || FÍS. Punto de donde parte un haz de rayos luminosos o caloríferos. || Lugar en que está concentrada alguna cosa, y desde el cual se propaga o ejerce influencia. || *amer.* Bombilla eléctrica.

fofo, fa. adj. Blando, de poca consistencia.

fogata. f. Fuego que levanta llama.

fogón. m. Antiguamente, sitio en las cocinas donde se hacía el fuego para guisar. || En las calderas de las máquinas de vapor, lugar destinado al combustible. || *amer.* Fuego que se hace en el suelo.

fogonazo. m. Llamarada instantánea. || Luz muy intensa que dura un momento.

fogonero, ra. m. y f. Persona que cuida del fogón en las calderas de las máquinas de vapor.

fogosidad. f. Apasionamiento, viveza.

fogoso, sa. adj. Ardiente, demasiado vivo, impetuoso.

foguear. tr. Acostumbrar a una persona o animal al fuego de la pólvora. También prnl. || Acostumbrar a alguien a las penalidades y trabajos de un estado u ocupación. También prnl.

fogueo. m. Acción y resultado de foguear.

folclore o **folclor.** m. Conjunto de las tradiciones, costumbres, canciones, etc., de un pueblo, país o región. || *col.* Juerga.

foliar. tr. Numerar los folios de un libro, cuaderno, etc.

foliar. adj. De las hojas de las plantas o relativo a ellas.

folio. m. Hoja de un libro, cuaderno, etc. || Hoja de papel cuyo tamaño corresponde a dos cuartillas. || Este tamaño de papel. || Número de página que aparece en los libros comerciales, periódicos, etc.

folklore. m. Folclore.

folklórico, ca. adj. Folclórico.

follaje. m. Conjunto de hojas de los árboles y otras plantas. || Adorno superfluo o palabrería excesiva al hablar.

folletín. m. Relato u otro tipo de escrito que se publica por partes en un periódico, revista, etc. || Novela de tono melodramático y argumento emocionante y generalmente inverosímil. || p. ext., cualquier otra obra o situación que tenga estas características.

folleto. m. Obra impresa de más de cuatro páginas y menos de cincuenta.

fomentar. tr. Impulsar, promover, favorecer.

fomento. m. Estímulo, impulso. || MED. Paño caliente empapado en algún líquido o medicamento que se aplica sobre la piel. Más en pl.

fonación. f. Emisión de la voz o de la palabra.

fonda. f. Establecimiento público donde se da alojamiento y se sirven comidas.

fondear. intr. MAR. Asegurar una embarcación por medio de anclas. También tr. || prnl. *amer.* Acumular fondos, enriquecerse.

fondo. m. Parte inferior de una cosa. || Hablando del mar, de los ríos o estanques, superficie sólida sobre la cual está el agua. || Profundidad. || Parte más alejada de la entrada de una casa, edificio, etc. || Extremo de alguna cosa.

fonema. m. FON. Cada una de las unidades fonológicas mínimas que en el sistema de una lengua pueden oponerse a otras en contraste significativo. || Cada uno de los sonidos simples del lenguaje hablado.

fonético, ca. adj. Perteneciente al sonido. || Se apl. a todo alfabeto o escritura cuyos elementos o letras representan sonidos, y no conceptos. || f. Rama de la lingüística que estudia los sonidos de una o varias lenguas. || Conjunto de los sonidos de una lengua.

fónico, ca. adj. De la voz o del sonido.

fonógrafo. m. FÍS. Aparato que registra y reproduce las vibraciones de los sonidos.

fonología. f. Rama de la lingüística que estudia los fonemas.

fontana. f. poét. Fuente.

forajido, da. adj. y s. Malhechor que anda huyendo de la justicia.

foráneo, a. adj. Forastero, extranjero.

forastero, ra. adj. y s. Que es o viene de fuera del lugar; extranjero.

forcejear. intr. Hacer fuerza o esfuerzos para vencer alguna resistencia. || Oponerse, llevar la contraria.

forcejeo. m. Esfuerzo que se hace para vencer alguna resistencia. || Acción de oponerse o llevar la contraria.

forense. adj. Del derecho o del foro, o relativo a ellos. || adj. y com. Se dice del médico adscrito a un juzgado de instrucción y que se dedica a cuestiones legales, como determinar las causas de una muerte.

forestal. adj. De los bosques o relativo a ellos.

forja. f. Acción y resultado de forjar. || Taller donde se trabaja el metal.

forjar. tr. Dar forma a un metal. || Fabricar, formar. También prnl. || Inventar, fingir, imaginar. También prnl.

forma. f. Figura exterior de un cuerpo. || Disposición de las cosas. || Modo, manera de hacer una cosa. || Modo de expresar el contenido de un escrito, especialmente el literario, a diferencia de lo que constituye el fondo. || Hostia pequeña. || Molde. || Condición física.

formación. f. Acción y resultado de formar o formarse. || Educación, instrucción. || GEOL. Conjunto de rocas o materiales geológicos que presentan características semejantes. || MIL. Disposición ordenada de tropas.

formal. adj. De la forma o relativo a ella. || Que tiene formalidad, serio, responsable. || Preciso, determinado.

formalidad. f. Exactitud en las acciones, responsabilidad. || Seriedad, buen comportamiento. || Requisito necesario para realizar algo. Más en pl.

formalizar. tr. Hacer formal o serio. También prnl. || Revestir alguna cosa de los requisitos legales. || Concretar, precisar. || prnl. Hacerse serio y responsable alguien que no lo era.

formar. tr. Dar forma a algo. || Constituir, crear. También prnl. || Integrar. || MIL. Disponer las tropas de forma ordenada. || Desarrollar, adiestrar, educar. También intr. y prnl.

formato. m. Forma y tamaño de un impreso, libro, etc.

formica. f. Material recubierto por una de sus caras con una resina artificial, brillante y muy resistente.

formidable. adj. Magnífico, estupendo. || Enorme. || Admirable.

formol. m. QUÍM. Solución acuosa de formaldehído, de olor fuerte, que se emplea como antiséptico y especialmente como desinfectante y en la conservación de preparaciones anatómicas.

fórmula. f. Modelo establecido para expresar, realizar o resolver algo. || Receta del médico en la que se indican los componentes de un medicamento. || Representación de una ley física o matemática o de una combinación química.

formular. tr. Expresar, manifestar algo de forma clara y precisa. || Expresar algo por medio de una fórmula.

formulario, ria. adj. Que se hace por fórmula, cortesía o compromiso. || m. Escrito donde figura una serie de requisitos, preguntas, etc., que se han de cumplimentar. || Libro que contiene varias fórmulas.

fornicar. intr. Tener relaciones sexuales fuera del matrimonio.

fornido, da. adj. Robusto, fuerte.

foro. m. Plaza de las ciudades de la antigua Roma donde se trataban los negocios públicos y se celebraban los juicios. || Coloquio, debate sobre asuntos de interés ante un auditorio. || En un teatro, fondo del escenario.

forraje. m. Hierba o pasto seco que se da al ganado.

forrar. tr. Poner un forro a alguna cosa, cubrirla con una capa, funda, etc. || prnl. *col.* Enriquecerse.

forro. m. Cubierta, resguardo o revestimiento de algo; se dice especialmente del que llevan los vestidos en la parte interior. || Cubierta del libro.

fortalecer. tr. y prnl. Dar fuerza.

fortalecimiento. m. Aumento de la fuerza.

fortaleza. f. Fuerza y vigor. || Capacidad para soportar problemas y adversidades; firmeza de ánimo. || Recinto fortificado, fortificación.

fortificación. f. Aumento de la fuerza, fortalecimiento. || Obra o conjunto de obras de defensa.

fortificar. tr. Dar fuerza. || Construir fortificaciones en un lugar para protegerlo. También prnl.

fortín. m. Fortaleza pequeña.

fortuito, ta. adj. Casual, no programado.

fortuna. f. Suerte favorable o desfavorable; destino. || Buena suerte. || Hacienda, bienes, riqueza. || Aceptación de una cosa.

forzado, da. adj. Obligado por fuerza. || No espontáneo, falso.

forzar. tr. Hacer fuerza o violencia física para conseguir un fin. || Tomar u ocupar por la fuerza. || Abusar sexualmente de una persona. || Hacer que algo o alguien trabaje o funcione al máximo. || Obligar a que alguien o algo actúe de una determinada manera. También prnl.

forzoso, sa. adj. Obligatorio, inevitable.

forzudo, da. adj. Que tiene mucha fuerza. También s.

fosa. f. Hoyo que se hace en la tierra para enterrar uno o más cadáveres. || Excavación alrededor de una fortaleza.

fosfato. m. QUÍM. Sal del ácido fosfórico, que se emplea como abono y como reconstituyente.

fosforecer. intr. Fosforescer.

fosforescencia. f. Propiedad de algunos cuerpos de absorber radiaciones lumínicas y luego emitirlas.

fósforo. m. QUÍM. Elemento químico sólido, amarillento, inflamable y luminoso en la oscuridad, y constituyente de los organismos vegetales y animales. Su símbolo es P. || Cerilla.

fósil. adj. Se dice de los restos de seres orgánicos muertos que se encuentran petrificados en ciertas capas terrestres. También m. || *col.* Viejo, anticuado. También com.

foso. m. Hoyo. || En un teatro, espacio que está debajo del escenario. || En los garajes y talleres mecánicos, excavación que permite arreglar desde abajo la máquina colocada encima. || Excavación profunda que rodea una fortaleza.

foto. f. *col.* apóc. de Fotografía, imagen obtenida mediante la técnica fotográfica.

fotocomposición. f. IMPR. Técnica de composición de textos mediante un proceso fotográfico.

fotocopia. f. Fotografía instantánea de un documento obtenida directamente sobre papel.

fotofobia. f. MED. Aversión u horror a la luz.

fotogénico, ca. adj. Que tiene buenas condiciones para ser reproducido por la fotografía.

fotograbado. m. Procedimiento fotográfico, químico o electrónico para grabar sobre planchas metálicas un cliché. || Grabado obtenido por este procedimiento.

fotografía. f. Técnica de fijar y reproducir en un material sensible a la luz las imágenes recogidas en el fondo de una cámara oscura. || Imagen así obtenida. || Representación o descripción exacta y precisa de algo o alguien.

fotografiar. intr. Hacer fotografías. || Describir en términos precisos y claros.

fotógrafo, fa. m. y f. Persona que se dedica a hacer fotografías.

fotosíntesis. f. Proceso metabólico por el que algunas células vegetales transforman sustancias inorgánicas en orgánicas, gracias a la transformación de la energía luminosa en la química producida por la clorofila.

fracasar. intr. No tener éxito. || Frustrarse, tener resultado adverso, no llegar a buen fin.

fracaso. m. Falta de éxito o resultado adverso.

fracción. f. División de una cosa en partes. || Parte o porción de un todo. || MAT. Quebrado, número que expresa una o varias partes de la unidad dividida en partes iguales.

fraccionar. tr. Dividir en partes. También prnl.

fractura. f. Rotura de un hueso. || Acción y resultado de fracturar o fracturarse. || Lugar por donde se rompe una cosa y señal que deja. || Aspecto de una roca o mineral cuando se rompe.

fracturar. tr. Romper o quebrar. También prnl.

fragancia. f. Olor agradable y suave.

fragante. adj. De olor agradable y suave.

fragata. f. Embarcación velera de tres palos, con velas cuadradas. || Buque de guerra menor que el destructor. || Ave palmípeda de alas grandes y pico largo y encorvado, propia de zonas tropicales.

frágil. adj. Que se rompe o quiebra con facilidad. || Débil, que tiene poca fuerza o resistencia. || Perecedero, que se estropea con facilidad.

fragilidad. f. Cualidad de frágil o fácil de romper. || Debilidad.

fragmentar. tr. Fraccionar, dividir en partes. También prnl. || Reducir a fragmentos.

fragmento. m. Cada una de las partes de algo roto o partido. || Parte de una obra literaria, musical, escultórica, etc.

fragor. m. Ruido, estruendo.

fragoso, sa. adj. Se dice del terreno escabroso, áspero y lleno de maleza. || Ruidoso, fragoroso.

fragua. f. Fogón en que se calientan los metales para forjarlos. || Taller donde se forjan los metales.

fraguar. tr. Forjar metales. || Idear, discurrir cuidadosamente la ejecución de una cosa. || intr. ALBAÑ. Endurecerse consistentemente la cal, el yeso, etc.

fraile. m. Nombre que se da a los religiosos de ciertas órdenes.

frambuesa. f. Fruto del frambueso, de color rojo y sabor agridulce.

frambueso. m. Planta rosácea, parecida a la zarzamora, con tallos delgados, hojas compuestas y flores blancas; su fruto es la frambuesa.

francés, esa. adj. y s. De Francia o relativo a este país europeo. || m. LING. Lengua francesa.

franciscano, na. adj. De san Francisco de Asís, de la orden que fundó o relativo a ellos. || adj. y s. Religioso de la orden de san Francisco de Asís.

franco, ca. adj. Sincero. || Abierto, comunicativo. || Sin impedimento, libre de obstáculos. || Claro, evidente, que no deja lugar a dudas. || Libre o exento de impuestos. || Se dice de un pueblo germánico que conquistó la Galia Transalpina, actualmente Francia. Más en pl. || Francés. También s. || m. LING. Se dice de la lengua hablada por este pueblo.

francotirador, ra. m. y f. Tirador que actúa de forma aislada y que dispara desde lejos con armas de fuego.

franela. f. Tejido fino de lana o algodón, ligeramente cardado por una o ambas caras.

franelero, ra. adj. y s. amer. Adulador.

franja. f. Lista, tira. || Banda de adorno. || Parte alargada de una cosa.

franquear. tr. Quitar los impedimentos, abrir camino. || Pagar en sellos el porte del correo. || prnl. Descubrir uno su interior ante una persona; sincerarse.

franqueo. m. Acción y resultado de franquear o franquearse. || Cantidad que se paga en sellos.

franqueza. f. Sinceridad.

franquicia. f. Exención del pago de ciertos derechos, impuestos, etc. || Contrato a través del que una empresa autoriza a alguien a usar su marca y vender sus productos, bajo determinadas condiciones. || Establecimiento sujeto a las condiciones de dicho contrato.

frasco. m. Recipiente, generalmente de vidrio, de cuello recogido, que sirve para contener líquidos, sustancias en polvo, comprimidos, etc.

frase. f. Conjunto de palabras que tienen un sentido. || Locución, expresión. || MÚS. Unidad melódica o armónica que termina en pausa.

fraseología. f. Conjunto de modos de expresión peculiares de una lengua, grupo, época, actividad o individuo. || Conjunto de palabras o expresiones pretenciosas o inútiles. || Conjunto de frases hechas, locuciones, modismos, refranes, etc., de una lengua.

fraternal. adj. Propio de hermanos.

fraternidad. f. Unión y buena correspondencia entre hermanos o entre un grupo de personas.

fraternizar. intr. Tratarse afectuosamente, como hermanos.

fraterno, na. adj. Fraternal, propio de hermanos.

fratricida. adj. y com. Que mata a un hermano.

fraude. m. Engaño que se realiza eludiendo obligaciones legales o usurpando derechos con el fin de obtener un beneficio.

fraudulento, ta. adj. Que contiene fraude, engañoso.

fray. m. apóc. de Fraile.

frazada. f. Manta de cama.

frecuencia. f. Repetición mayor o menor de un acto o suceso. || Número de veces que se repite un proceso periódico en un intervalo de tiempo determinado. || Número de oscilaciones, vibraciones u ondas por unidad de tiempo en cualquier fenómeno periódico.

frecuentar. tr. Acudir con frecuencia a un lugar. || Tratarse con alguien de forma habitual.

frecuente. adj. Que se repite a menudo. || Usual, común.

freezer. (voz i.) m. amer. Congelador.

fregar. tr. Limpiar alguna cosa restregándola con un estropajo, cepillo, etc., empapado en agua y jabón u otro líquido adecuado. || Restregar con fuerza. También prnl. || amer. col. Fastidiar, molestar. También prnl.

freír. tr. Cocinar un alimento en aceite o grasa hirviendo. También prnl. || Molestar, importunar. || prnl. Pasar mucho calor.

fréjol. m. Judía, alubia.

frenar. tr. Moderar o detener la marcha de una máquina, un vehículo, etc. || Contener, retener. Más c. intr. || Moderar los ímpetus.

frenesí. m. Exaltación violenta de una pasión o sentimiento. || Locura, delirio.

frenético, ca. adj. Furioso, rabioso. || Que siente o muestra frenesí.

frenillo. m. Membrana que sujeta y limita el movimiento de algunos órganos, como la lengua y el prepucio.

freno. m. Dispositivo para moderar o detener el movimiento de algunas máquinas, vehículos, etc. || Instrumento de hierro que, introducido en la boca de las caballerías, sirve para

sujetarlas y dirigirlas. || Sujeción, moderación. || Aquello que impide o disminuye una actividad o un proceso.

frente. f. Parte superior de la cara, comprendida entre las sienes, y desde las cejas hasta la vuelta superior del cráneo. || m. Parte delantera, fachada. || MIL. Extensión o línea de territorio continuo en que combaten los ejércitos. || METEOR. Contacto de una masa fría y otra cálida.

fresa. f. Planta rosácea con tallos rastreros, flores blancas o amarillentas y fruto casi redondo, de color rojo y de 1 cm de largo. || Fruto de esta planta. || f. Instrumento de movimiento circular con una serie de cuchillas cortantes para abrir agujeros o labrar metales.

fresco, ca. adj. Que tiene una temperatura moderadamente fría. || Reciente, acabado de hacer, de coger, de suceder, etc. || Descansado, que no da muestras de fatiga. || Sano, que no está estropeado. || col. Desvergonzado. También s.

frescor. m. Fresco, frío moderado.

frescura. f. Calidad de fresco. || Desvergüenza, descaro.

fresno. m. Árbol de la familia de las oleáceas, con tronco grueso, de 25 a 30 m de altura, corteza grisácea y muy ramoso, hojas compuestas, flores pequeñas y blanquecinas y fruto seco con ala membranosa y semilla elipsoidal. || Madera de este árbol, de color blanco, y muy apreciada por su elasticidad.

frialdad. f. Sensación que proviene de la falta de calor. || Indiferencia, poco interés. || Dominio de los nervios.

fricción. f. Roce de dos cuerpos en contacto. || Frotación que se aplica a una parte del cuerpo. || Desavenencia, desacuerdo.

friccionar. tr. Frotar, dar friegas. También prnl.

frigidez. f. Falta de deseo sexual. || Frialdad.

frígido, da. adj. y s. Se dice de la persona incapaz de sentir placer o deseo sexual. || adj. poét. Frío.

frigio, gia. adj. y s. De Frigia o relativo a este antiguo país de Asia.

frigorífico, ca. adj. Que produce frío. || m. Cámara o mueble que se enfría artificialmente para conservar alimentos u otros productos.

frijol o fríjol. m. Fréjol.

frío, a. adj. Que tiene una temperatura muy inferior a la normal. || Falto de afecto, de pasión o sensibilidad, indiferente. || Tranquilo, que no pierde el dominio de los nervios. || Sin gracia, sin interés. || Poco acogedor. || m. Baja temperatura. || Sensación que se experimenta por la pérdida de calor.

frisa. f. amer. Manta de cama, frazada.

frisar. intr. Acercarse, estar próximo, especialmente tratándose de edad. También tr.

friso. m. ARQ. Parte que media entre el arqui-trabe y la cornisa. || Banda en la parte inferior o superior de las paredes, generalmente de color distinto a estas.

frito, ta. adj. *col.* Muy dormido. || *col.* Muerto. || *col.* Harto, cansado o molesto. || m. Cualquier alimento frito.

fritura. f. Conjunto de alimentos fritos.

frivolidad. f. Calidad de frívolo, superficialidad, falta de seriedad.

frívolo, la. adj. Superficial, ligero. || De poca importancia. || Se apl. a los espectáculos, publicaciones, etc., que tratan temas ligeros, con predominio de lo sensual.

fronda. f. Conjunto de hojas o ramas, follaje. || Hoja del helecho.

frondoso, sa. adj. Abundante en hojas o ramas.

frontal. adj. De la frente o relativo a ella. || De la parte delantera de algo o relativo a ella.

frontera. f. Línea divisoria entre dos Estados. || Límite, línea que separa dos cosas o que marca una extensión.

fronterizo, za. adj. Que está o sirve de frontera. || Que está situado entre dos cosas, hechos, circunstancias.

frontispicio. m. Fachada o parte delantera de un mueble, edificio, etc. || ARQ. Frontón, remate triangular de una fachada. || Página de un libro anterior a la portada, que suele contener el título y algún grabado o viñeta.

frontón. m. Pared principal del juego de pelota. || Edificio o lugar preparado para este juego. || ARQ. Remate triangular de una fachada o de un pórtico.

frotación. f. Frotamiento.

frotamiento. m. Acción de frotar o frotarse.

frotar. tr. Pasar una cosa sobre otra con fuerza muchas veces. También prnl.

frote. m. Frotamiento.

fructífero, ra. adj. Que produce fruto, beneficio o utilidad.

fructificar. intr. Dar fruto. || Producir utilidad.

fructuoso, sa. adj. Fructífero.

frugal. adj. Se dice de las comidas sencillas y poco abundantes. || Moderado en comer y beber.

frugalidad. f. Moderación en la comida y en la bebida.

frugívoro, ra. adj. Se dice del animal que se alimenta de frutos.

fruición. f. Gozo, placer intenso.

fruncir. tr. Arrugar la frente y las cejas en señal de preocupación, mal humor, etc. || Plegar un papel, tela, etc., en arrugas pequeñas y paralelas.

fruslería. f. Cosa de poco valor o importancia.

frustración. f. Fracaso en una esperanza o deseo.

frustrar. tr. Dejar sin efecto, malograr un intento. También prnl. || Privar a uno de lo que esperaba. También prnl.

fruta. f. Fruto comestible de ciertas plantas.

frutal. adj. Se dice del árbol que da fruta. También m. || De la fruta o relativo a ella.

frutería. f. Tienda o puesto donde se vende fruta.

fruticultura. f. Cultivo de las plantas que producen frutas. || Técnica empleada para ese cultivo.

frutilla. f. *amer.* Especie de fresón americano.

fruto. m. BOT. Órgano de la planta que nace del ovario de la flor y que contiene las semillas. || Resultado, provecho, utilidad. || Producto del ingenio o del trabajo. || pl. Productos de la tierra.

fucsia. f. Arbusto de origen americano, con hojas ovales y dentadas y flores colgantes de color rojo oscuro con diversos matices. || m. Color rosa fuerte que tiene la flor de esta planta. También adj.

fuego. m. Calor y luz producidos por la combustión. || Materia en combustión. || Incendio. || Disparo de las armas de fuego. || Fogón o punto donde se cocina. || Hogar. || Ardor, pasión.

fuelle. m. Instrumento para recoger aire y lanzarlo con dirección determinada. || Bolsa de cuero de algunos instrumentos musicales, que se llena y se vacía de aire para hacer sonar el instrumento. || Arruga del vestido. || En trenes, autobuses, etc., pasillo flexible que comunica o une dos compartimentos. || *col.* Capacidad respiratoria.

fuelóleo. m. Fuel.

fuente. f. Manantial de agua que brota de la tierra. || Construcción en los sitios públicos, como plazas, parques, etc., con caños y surtidores de agua, y que se destina a diferentes usos. || Plato grande para servir la comida. || Cantidad que cabe en este plato. || Origen de algo, causa, principio. || Aquello de que fluye con abundancia un líquido. || Documento, obra o materiales que sirven de información o de inspiración a un autor. || IMPR. Tipo de letra.

fuera. adv. l. En o hacia la parte exterior. || adv. t. Antes o después de tiempo.

fuero. m. Privilegio, derecho, exención, etc., que se conceden a una persona, ciudad o territorio. Más en pl. || En la Edad Media, ley o estatuto concedido por un soberano a un territorio. || Compilación de leyes. || Competencia jurisdiccional.

fuerte. adj. Que tiene fuerza y resistencia. || Robusto, corpulento. || Duro. || Se dice del terreno áspero. || Intenso. || Terrible, grave, excesivo. || Que tiene fuerza para persuadir, convincente. || Se dice de la persona difícil de dominar, o de mal carácter. || Experto en una ciencia o arte. || *col.* Se dice de lo que sorprende o admira. || GRAM. Se dice de la forma gramatical que tiene el acento en la raíz. || m. Recinto fortificado. || Aquello en lo que uno sobresale.

fuerza. f. Capacidad para mover una cosa que tenga peso o haga resistencia. || Toda causa capaz de modificar el estado de reposo o de movimiento de un cuerpo. || Vigor, robustez. || Vitalidad, intensidad. || Poder, autoridad. || Acto de obligar. || Violencia física o moral. || Corriente eléctrica. || Eficacia. || pl. Tropas.

fuga. f. Escapada, huida, acción y resultado de fugarse. || Escape, salida accidental de un gas o líquido. || MÚS. Composición que gira sobre la repetición de un tema y su contrapunto.

fugacidad. f. Duración breve.

fugarse. prnl. Escaparse, huir.

fugaz. adj. De corta duración. || Que desaparece rápidamente.

fugitivo, va. adj. Que huye. También s. || Que pasa muy aprisa.

fulano, na. m. y f. Persona indeterminada o imaginaria. || *desp.* Persona digna de desprecio. || f. Prostituta.

fulgente o **fúlgido, da.** adj. Brillante, resplandeciente.

fulgor. m. Resplandor y brillantez.

fulgurar. intr. Fulgir.

fullero, ra. adj. y s. Que intenta engañar o hacer trampa.

fulminante. adj. Que fulmina. || Muy rápido y repentino. || Súbito, de efecto inmediato. || adj. y m. Sustancia que explosiona con relativa facilidad y sirve normalmente para disparar armas de fuego.

fulminar. tr. Lanzar rayos. || Dañar o dar muerte un rayo, proyectil o arma. || Causar muerte repentina. || Dejar muy impresionada a una persona.

fumador, ra. adj. y s. Que fuma o que tiene hábito de fumar. || fumador pasivo. El que, sin fumar, está sometido a los efectos del tabaco por estar en compañía de personas que fuman.

fumar. intr. Aspirar y despedir el humo del tabaco, opio, etc. También tr. || prnl. *col.* Consumir, gastar. || *col.* Dejar de acudir, faltar a una obligación.

fumarola. f. Emanación de gases o vapores que salen por pequeñas grietas en las zonas de actividad volcánica.

fumigación. f. Desinfección hecha mediante humo o gas.

fumigar. tr. Desinfectar por medio de humo, gas, etc.

funámbulo, la. m. y f. Acróbata que hace ejercicios en la cuerda o el alambre.

función. f. Actividad propia de alguien o algo. || Actividad propia de un cargo, oficio, etc. Más en pl. || Espectáculo público. || LING. Papel que un elemento fónico, morfológico, léxico o sintáctico desempeña en la estructura gramatical de la oración. || MAT. Relación entre dos magnitudes, de modo que a cada valor de una de ellas corresponde determinado valor de la otra.

funcional. adj. De la función o relativo a ella. || Práctico, utilitario.

funcionar. intr. Desempeñar algo su función. || Marchar bien alguien o algo.

funcionario, ria. m. y f. Persona que desempeña un empleo público.

funda. f. Cubierta con que se envuelve o cubre algo.

fundación. f. Creación, origen de una cosa. || Institución con fines benéficos, culturales, etc.

fundador, ra. adj. y s. Que funda.

fundamental. adj. Esencial. || Que sirve de fundamento o es lo principal en una cosa.

fundamentar. tr. Echar los cimientos, sentar las bases. || Establecer, asegurar y hacer firme una cosa.

fundamento. m. Principio, base. || Raíz, origen. || Hablando de personas, seriedad, formalidad. || pl. Principios básicos de una ciencia, arte, teoría, etc.

fundar. tr. Establecer, crear. || Apoyar con razones, pruebas, etc. También prnl. || Apoyar, armar alguna cosa material sobre otra. También prnl.

fundición. f. Acción y resultado de fundir o fundirse. || Fábrica en que se funden los metales. || Aleación de hierro y carbono.

fundir. tr. Derretir, convertir un sólido en líquido. También intr. y prnl. || Dar forma en moldes al metal en fusión. También prnl. || prnl. Unirse, fusionarse. También tr. || Dejar de funcionar un aparato eléctrico al producirse un cortocircuito, un exceso de tensión, o quemarse un hilo de la resistencia. || *amer.* Arruinarse, hundirse.

fundo, da. adj. Profundo. || m. Finca rústica.

fúnebre. adj. De los difuntos. || Sombrío, triste.

funeral. adj. Perteneciente al entierro de un difunto y a la ceremonia que le acompaña. || m. Misa que se celebra por un difunto. También en pl.

funerario, ria. adj. Perteneciente al entierro y a las ceremonias celebradas por un difunto. || f. Empresa que se encarga de proveer las cajas, coches fúnebres y demás objetos pertenecientes a los entierros.

funesto, ta. adj. Que produce tristeza o desgracia, o que va acompañado de ellas.

fungicida. adj. y m. Agente que destruye los hongos.

funicular. adj. y m. Vehículo o cabina cuya tracción se realiza por medio de un cable, cuerda o cadena, teleférico.

furgón. m. Vehículo cerrado que se utiliza para transportes. || Vagón de tren para el transporte de equipajes y mercancías.

furia. f. Ira exaltada contra algo o alguien. || Actividad y violenta agitación. || Coraje, ímpetu. || Velocidad. || Persona muy irritada. || Furor. || MIT. Cada una de las tres divinidades infernales que personificaban la venganza o los remordimientos.

furibundo, da. adj. Airado, colérico. || Que manifiesta furor. || Muy entusiasta.

furioso, sa. adj. Lleno de furia. || Violento, terrible.

furor. m. Cólera, ira exaltada. || Prisa, vehemencia. || Violencia. || Momento de mayor intensidad de una moda o costumbre.

furtivo, va. adj. Que se hace a escondidas. || Se dice de la persona que caza sin permiso. También s.

fusa. f. MÚS. Nota cuyo valor es la mitad de la semicorchea.

fuselaje. m. Cuerpo central del avión.

fusible. adj. Que puede fundirse. || m. Hilo o chapa metálica que se intercala en las instalaciones eléctricas para cortar la corriente cuando esta es excesiva.

fusil. m. Arma de fuego portátil con un cañón largo, destinada al uso de los soldados de infantería.

fusilamiento. m. Ejecución de una persona con una descarga de fusiles.

fusilar. tr. Ejecutar a una persona con una descarga de fusiles. || *col.* Plagiar, copiar trozos o ideas de un original sin citar el nombre del autor.

fusión. f. Conversión de un sólido en líquido. || Unión de intereses, ideas, partidos, etc.

fusionar. tr. Producir una fusión o unión. También prnl.

fusta. f. Látigo largo y delgado que se usa para espolear a las caballerías.

fuste. m. ARQUIT. Parte de la columna que media entre el capitel y la basa. || Armazón de la silla de montar. || poét. Silla del caballo. || Fundamento de un discurso, oración, escrito, etc. || Importancia.

fustigar. tr. Azotar. || Censurar con dureza.

fútbol. m. Deporte practicado entre dos equipos de once jugadores cada uno, que se disputan un balón con los pies y tratan de introducirlo en la portería contraria siguiendo determinadas reglas.

futbolista. com. Persona que juega al fútbol.

futbolístico, ca. adj. Del fútbol o relativo a él.

fútil. adj. De poca importancia, insignificante.

futilidad. f. Poca o ninguna importancia de una cosa.

futurismo. m. Movimiento ideológico y artístico cuyas orientaciones fueron formuladas por el poeta italiano Felipe Tomás Marinetti en 1909; pretendía revolucionar las ideas, las costumbres, el arte, la literatura y el lenguaje.

futurista. adj. Del futurismo o relativo a él. || adj. y com. Partidario o seguidor del futurismo.

futuro, ra. adj. Que está por venir. || m. Tiempo que está por llegar. || LING. Tiempo del verbo que expresa una acción que sucederá con posterioridad a la enunciación. || m. y f. *col.* Novia o novio.

G

g. f. Séptima letra del abecedario español y quinta de sus consonantes. Fonéticamente, cuando va seguida inmediatamente de e o i, representa un sonido de articulación velar fricativa sorda, como el de la j. En cualquier otro caso representa un sonido de articulación velar sonora, oclusiva en posición inicial absoluta o precedido de nasal, y fricativa por lo general en las demás posiciones.

gabán. m. Abrigo.

gabardina. f. Prenda ligera de abrigo hecha de tela impermeable. || Tela de tejido diagonal muy tupido con la que se hacen gabardinas y otras prendas de vestir. || Capa de masa con la que se rebozan algunos alimentos.

gabela. f. Tributo, impuesto o contribución que se paga al Estado. || Carga, gravamen.

gabinete. m. Sala pequeña para recibir o estudiar. || Muebles que contiene. || Consejo de ministros de un país. || Habitación con los muebles y aparatos necesarios para realizar determinadas actividades profesionales.

gacela. f. Mamífero bóvido algo menor que el corzo, con la cola corta, las piernas muy finas, el lomo marrón claro, el vientre blanco y astas encorvadas, menores en la hembra que en el macho.

gaceta. f. Periódico con noticias de carácter literario o científico.

gacetilla. f. Sección de un periódico con noticias breves. || Cada una de estas noticias.

gacha. f. Cualquier masa muy blanda y líquida. || pl. Comida compuesta de harina cocida con agua y sal, que se puede aderezar con leche, miel, etc.

gacho, cha. adj. Encorvado, inclinado hacia la tierra. || Se dice del buey o vaca que tiene uno de los cuernos o ambos inclinados hacia abajo. || Se dice del cuerno retorcido hacia abajo.

gaditano, na. adj. y s. De Cádiz o relativo a esta ciudad española.

gafas. f. pl. Objeto compuesto por dos lentes sujetos en una armadura, que se apoya en la nariz, y dos patillas que se enganchan en las orejas. Se utiliza como corrector de la vista o protector de los ojos.

gaita. f. Instrumento musical de viento con varios tubos unidos a un fuelle. || Instrumento musical de viento en forma de tubo con agujeros, propio de las fiestas populares. || col. Cosa molesta o engorrosa. || col. Cuello o barbilla.

gaje. m. Retribución complementaria del sueldo. Más en pl.

gajo. m. Cada división interior de algunas frutas. || Cada uno de los grupos de uvas en que se divide el racimo. || amer. Mechón de pelo.

gala. f. Adorno o vestido lujoso. Más en pl. || Fiesta o ceremonia solemne en que se exige este atuendo. || Espectáculo artístico de carácter excepcional.

galán. m. Hombre apuesto y bien parecido. || Actor principal que interpreta papeles de tipo amoroso. || Mueble perchero en forma de maniquí para colgar el traje.

galano, na. adj. Bien adornado. || Dispuesto con buen gusto e intención de agradar. || Que viste bien, aseado, arreglado. || Estilo elegante e ingenioso de hablar o escribir. || amer. Se dice de la res de pelo de varios colores.

galante. adj. Atento, educado con las mujeres. || Se dice de un tipo de literatura erótica que trata con picardía algún tema amoroso.

galanteador. adj. y m. Que galantea.

galantear. tr. Tratar de forma educada y solícita a una mujer para ganarse su amor.

galantería. f. Hecho o dicho educado y cortés que tiene como objetivo agradar o conquistar a una mujer.

galanura. f. Gracia o elegancia en el comportamiento.

galápago. m. Reptil del orden de los quelonios, parecido a la tortuga, pero que tiene los dedos reunidos por membranas interdigitales, por ser de vida acuática; la cabeza y extremidades son enteramente retráctiles dentro del caparazón.

galardón. m. Premio o recompensa.

galardonar. tr. Conceder un premio o una recompensa.

galaxia. f. Cada una de las agrupaciones de estrellas, nebulosas, polvo y gas que se encuentran esparcidas por el universo.

galena. f. Mineral de azufre y plomo de color gris y mucho brillo. Es la mejor mena del plomo.

galeno. m. col. Médico.

galeón. m. Galera grande que se usó entre los s. XV y XVII para el transporte entre España y América.

galeote. m. El que estaba condenado a remar en las galeras.

galera. f. Embarcación de vela y remo. || IMPR. Tabla rodeada por listones en la que el cajista va poniendo las líneas de letras para componer la galerada. || *amer.* Cobertizo. || *amer.* Sombrero de copa con alas abarquilladas. || pl. Antigua pena que consistía en remar en las galeras reales.

galería. f. Habitación larga y espaciosa, con muchas ventanas, sostenida por columnas o pilares. || Corredor con arcos o vidrieras para iluminar las habitaciones interiores de una casa. || Local destinado a exposiciones artísticas. || Paso subterráneo de las minas u otras construcciones. || Localidades de la parte alta de un teatro.

galés, esa. adj. y s. De Gales o relativo a este país del Reino Unido.

galgo, ga. adj. y s. Se dice de una raza de perros de hocico y rabo largos, muy veloz, que se utiliza para cazar y en carreras. || Goloso.

galicismo. m. Palabra o expresión de origen francés empleada en otro idioma.

galimatías. m. *col.* Lenguaje confuso. || *col.* Lío, embrollo.

gallardete. m. Bandera pequeña de forma triangular.

gallardía. f. Aspecto agradable y elegancia en el movimiento. || Valor y esfuerzo en el obrar.

gallego, ga. adj. y s. De Galicia o relativo a esta comunidad autónoma española.

galleta. f. Pasta de harina, azúcar y huevo que se divide en trozos de diversas formas y se cuece al horno. || Pan sin levadura, cocido dos veces para que se conserve durante más tiempo.

gallina. f. Hembra del gallo, de menor tamaño que este, con cresta pequeña, cola sin plumas largas y patas sin espolones. || com. *col.* Persona cobarde y tímida.

gallináceo, a. adj. De la gallina o relativo a ella. || f. pl. ZOOL. galliforme.

gallinero, ra. m. y f. Persona que cría o vende de gallinas. || m. Lugar donde se crían las gallinas. || Parte más alta y barata de un cine o un teatro. || Lugar donde hay mucho griterío.

gallineta. f. Ave nadadora de hasta 30 cm de largo, plumaje negro con reflejos grises, pico y frente blancos, alas anchas, cola corta y redondeada y pies de color verdoso amarillento. || Ave galliforme, poco mayor que la gallina común, de cabeza pelada, cresta ósea, carúnculas rojizas en las mejillas y plumaje negro azulado, con manchas blancas, pequeñas y redondas.

gallo. m. Ave galliforme de cresta roja y alta, pico corto, grueso y arqueado, y unas formaciones carnosas rojas colgantes bajo el pico. Tiene abundante y vistoso plumaje y un espolón en cada tarso.

galo, la. adj. y s. De un antiguo grupo de pueblos celtas que habitó la Galia (Francia), el norte de Italia y el valle del Danubio, o relativo a él. || p. ext., francés.

galocha. f. Calzado de madera con refuerzos de hierro, que se usa en algunas zonas para andar por la nieve, por el barro o por suelo muy mojado.

galón. m. Cinta estrecha y fuerte de seda o de hilo plateado o dorado que se usa como adorno o para hacer ribetes. || Cinta parecida con la que se indica la graduación en los uniformes militares. || m. Medida de capacidad usada en Gran Bretaña, donde equivale a algo más de 4,5 litros, y en América del Norte, donde equivale a algo menos de 3,8 litros.

galopar. intr. Ir a galope. || Cabalgar en un caballo que va a galope.

galope. m. La marcha más rápida del caballo, en la cual este se encuentra en algún momento sin ningún apoyo en el suelo.

galpón. m. Casa grande de una planta. || Departamento que se destinaba a los esclavos en las haciendas de América. || *amer.* Cobertizo grande con paredes o sin ellas.

galvanismo. m. FÍS. Electricidad desarrollada por el contacto de dos metales diferentes, generalmente el cobre y el cinc, con un líquido interpuesto.

galvanizar. tr. Aplicar una capa de metal sobre otro, empleando al efecto el galvanismo. || Dar un baño de cinc fundido a un metal para que no se oxide.

gama. f. Escala musical. || Escala de colores. || p. ext., cualquier serie de cosas que varía gradualmente.

gambeta. f. Movimiento de danza que consiste en cruzar las piernas en el aire. || Levantamiento de las patas delanteras del caballo.

gameto. m. BIOL. Célula masculina o femenina especializada en la reproducción.

gamma. f. Tercera letra del alfabeto griego, que se corresponde con nuestra *g*.

gamuza. f. Mamífero rumiante parecido al antílope, de pelaje pardo, astas negras lisas, dobladas hacia atrás en forma de gancho, y patas fuertes con las que realiza enormes saltos. || Tejido de cualidades semejantes a esta piel que se utiliza para limpiar superficies delicadas. || Piel de este animal que después de curtida es muy fina y flexible.

gana. f. Deseo, voluntad de hacer o de que ocurra algo. Más en pl. y seguido de la prep. *de.* || Apetito, hambre. Más en pl.

ganadería. f. Cría de ganado. || Conjunto de ganados de un país, región, etc. || Raza especial de ganado que suele llevar el nombre del ganadero.

ganadero, ra. adj. Del ganado o relativo a él. || m. y f. Persona que se dedica a la cría, explotación y comercio del ganado.

ganado. m. Conjunto de animales de pasto que son criados para su explotación. || *desp.* Conjunto de personas.

ganador, ra. adj. y s. Que gana.

ganancia. f. Beneficio, provecho que se saca de algo. Más en pl.

ganancial. adj. De la ganancia o relativo a ella. || Se dice de los bienes adquiridos por el marido o la mujer o por ambos y que pertenecen a los dos por igual. También m. pl.

ganar. tr. Obtener un beneficio. || Recibir un jornal o sueldo por un trabajo habitual. || Vencer en un pleito, batalla, concurso, etc. || Llegar a donde se pretende. || Lograr algo. || Captar la voluntad de alguien. También prnl.

gancho. m. Instrumento puntiagudo y curvo para diversos usos. || Persona que, compinchada con el vendedor, se mezcla entre el público para atraer clientes. || Puñetazo con el brazo y antebrazo arqueados.

ganchudo, da. adj. Que tiene forma de gancho.

gandul, la. adj. y s. Vago, holgazán.

ganga. f. Ventaja o cosa que se consigue sin esfuerzo o por poco dinero. || Ave galliforme de forma y tamaño semejantes a los de la perdiz; tiene la gorja negra, un lunar rojo en la pechuga y el resto del cuerpo negro, pardo y blanco. || f. MIN. Materia inútil que acompaña a los minerales.

ganglio. m. ANAT. Abultamiento pequeño en un nervio o en un vaso linfático.

ganglionar. adj. ANAT. De los ganglios o relativo a ellos.

gangrena. f. Destrucción de un tejido vivo por la falta de circulación sanguínea. || Enfermedad de los árboles.

gansada. f. *col.* Hecho o dicho necios o poco serios. || *col.* Cosa que se hace o dice con intención cómica.

ganso. m. y f. Ave palmípeda, resultante de la domesticación del ánsar, de plumaje gris pardo, pico anaranjado grueso y pies rojizos.

ganzúa. f. Gancho de alambre fuerte para abrir las cerraduras sin llaves.

garabato. m. Letra o rasgo mal hecho. || Trazos irregulares que se hacen sobre un papel en cualquier dirección, como los que hacen los niños cuando todavía no saben escribir.

garaje. m. Local para guardar vehículos.

garante. adj. Que da garantía. También m.

garantía. f. Acción y resultado de afianzar lo estipulado. || Fianza, prenda. || Cosa que asegura y protege contra algún riesgo o necesidad. || Seguridad que un establecimiento o una marca comercial da al cliente del buen funcionamiento de algo durante un periodo de tiempo. || Documento sellado en que se hace constar.

garantir. tr. Dar garantías.

garantizar. tr. Dar garantías.

garbanzo. m. Planta herbácea papilionácea, con tallo de 4 o 5 dm de altura, hojas compuestas aserradas por el margen, flores blancas, y fruto en vaina inflada, pelosa, con una o dos semillas amarillentas, de aproximadamente 1 cm de diámetro. || Semilla de esta planta, legumbre de mucho uso en España.

garbo. m. Elegancia, desenvoltura al andar y moverse. || Gracia.

garboso, sa. adj. Que tiene garbo.

garceta. f. Ave zancuda de unos 40 cm de altura, con el plumaje blanco, la cabeza con un penacho corto del que salen dos plumas largas, el pico recto, el cuello muy delgado y los tarsos negros. Vive en las orillas de ríos y lagos.

gardenia. f. Arbusto rubiáceo originario de Asia oriental, con tallos espinosos de unos 2 m de altura, hojas lisas de color verde brillante, flores blancas y olorosas y fruto en baya de pulpa amarillenta. || Flor de esta planta, muy apreciada en jardinería.

garduño, ña. m. y f. *col.* Ratero que hurta con maña y disimulo.

garfio. m. Gancho de hierro para coger o sujetar algo.

gargajo. m. Flema que se expulsa por la boca.

garganta. f. Parte delantera del cuello. || Conducto interno entre el paladar y la entrada del esófago. || Paso estrecho entre montañas.

gargantilla. f. Collar corto. || Cinta de adorno que rodea el cuello.

gárgara. f. Acción de mantener un líquido en la garganta, con la boca hacia arriba, sin tragarlo y expulsando aire, lo que produce un ruido semejante al del agua en ebullición. Más en pl.

gárgola. f. Caño o canal adornado para el desagüe de tejados o fuentes.

garguero. m. Parte superior de la tráquea.

garita. f. Caseta donde se resguarda el vigilante o el centinela. || Pequeño cuarto del portal que ocupa el portero.

garito. m. Casa de juego ilegal. || Establecimiento público de diversión, generalmente pequeño y no lujoso. || Casa de mala reputación.

garlopa. f. CARP. Cepillo largo y con puño que sirve para igualar las superficies de la madera ya cepillada.

garnacha. f. Especie de uva roja tirando a morada, muy delicada, de muy buen gusto y muy dulce. || Vino especial que se hace con esta uva.

garra. f. Pata de un animal cuando tiene uñas curvas y fuertes. || Mano de una persona. || *col.* Atractivo, gancho. || *amer.* Pedazo de cuero endurecido y arrugado. || pl. Parte de la piel del animal menos apreciada en peletería, que corresponde a la de las patas. || *amer.* Desgarrones, harapos.

garrafa. f. Recipiente de cristal ancho y redondo de cuello largo que a veces va protegido dentro de una funda de mimbre o plástico.

garrafal. adj. Enorme, monumental, aplicado a faltas o errores.

garrapata. f. Ácaro parásito de ciertos animales a los que chupa la sangre.

garrapiñar. tr. Bañar frutos secos con almíbar solidificado. || tr. *col.* Robar una cosa agarrándola o dando un tirón.

garrocha. f. Vara con un pequeño arpón en la punta, como la que usan los picadores de toros bravos en las corridas. || *amer.* Pértiga del deportista.

garrón. m. *amer.* Corvejón. || Espolón de ave.

garrote. m. Palo grueso y fuerte que se usa como apoyo al caminar. || Compresión fuerte que se hace de las ligaduras retorciendo la cuerda con un palo. || Tortura consistente en oprimir de esta forma los miembros de los prisioneros. || Aro de hierro sujeto a un palo fijo para estrangular a los condenados a muerte.

garúa. f. *amer.* Llovizna. || *amer.* Niebla espesa.

garuar. intr. impers. *amer.* Lloviznar.

garza. f. Ave zancuda de largo pico, cabeza pequeña con moño gris y plumaje gris claro o blanco. Vive a orillas de los ríos y pantanos, y se alimenta de peces.

gas. m. Fluido que, por la casi nula fuerza de atracción entre sus moléculas, tiende a ocupar por completo el espacio en el que se encuentra. || Mezcla gaseosa que se utiliza como combustible para la calefacción o el alumbrado. || Mezcla de carburante y de aire que alimenta el motor de un vehículo automóvil. || pl. Los que se acumulan en el intestino producidos por la digestión.

gasa. f. Tela ligera y transparente. || Tejido muy poco tupido de algodón esterilizado que se usa para vendas y compresas o como pañal para los niños pequeños.

gaseoso, sa. adj. Con las propiedades del gas. || f. Bebida refrescante, efervescente, de sabor dulce y sin alcohol.

gasificar. tr. QUÍM. Hacer que un líquido o un sólido pase al estado gaseoso. || Disolver gas carbónico en un líquido.

gasoducto. m. Tubería de gran calibre para la conducción de gas a larga distancia, aunque su uso es menos correcto.

gasógeno. m. Aparato para obtener gases. || Aparato que se instala en algunos automóviles, destinado a producir carburo de hidrógeno empleado como carburante. || Mezcla de bencina y alcohol que se usa para el alumbrado y para quitar manchas.

gasolina. f. Mezcla de hidrocarburos líquidos, volátiles e inflamables obtenidos de la destilación del petróleo crudo. Se emplea como combustible en los motores de explosión y como disolvente.

gasómetro. m. Instrumento para medir el volumen de los gases. || Tanque en el que se almacena el gas a presión para su suministro por una red de distribución.

gastar. tr. Emplear el dinero para comprar algo. También intr. y prnl. || Consumir con el uso. También prnl. || Estropear, desgastar algo por el uso. || Usar algo habitualmente. || Tener habitualmente un estado determinado.

gasto. m. Acción de gastar. || Lo que se gasta o se ha gastado. || Cantidad de líquido o de gas que, en determinadas circunstancias, pasa por un orificio o por una tubería en cada unidad de tiempo.

gastralgia. f. PAT. Dolor de estómago.

gástrico, ca. adj. MED. Del estómago o relativo a él.

gastritis. f. PAT. Inflamación de las mucosas del estómago debida a la producción excesiva de ácido.

gastronomía. f. Conjunto de conocimientos y actividades relacionados con la comida, concebida casi como un arte. || Afición a comer bien.

gatear. intr. Andar a gatas. || Trepar como los gatos.

gatillo. m. Palanca de las armas de fuego que se aprieta para disparar.

gato, ta. m. y f. Mamífero carnívoro doméstico de cabeza redonda, lengua muy áspera, patas cortas armadas de uñas fuertes, agudas y retráctiles, pelaje espeso y suave, de diversos colores, y ojos cuya pupila se dilata para ver en la oscuridad. || *amer.* Sirviente.

gatopardo. m. Mamífero carnicero semejante a la pantera, de unos 60 cm de altura y cerca de 1 m de largo, sin contar la cola, de la misma longitud; su pelaje es como el del leopardo, y su aspecto el de un perro.

gatuno, na. adj. Del gato o relativo a él.

gauchada. f. *amer.* Acción propia de gauchos. || *amer.* Favor o servicio prestado.

gauchesco, ca. adj. De los gauchos o relativo a ellos.

gaucho, cha. adj. Se dice de los habitantes de las pampas de Argentina y Uruguay, ganaderos y nómadas. También m. || De los gauchos o relativo a ellos. || *amer.* Buen jinete, o poseedor de otras habilidades propias del gaucho. || *amer.* Grosero, zafio.

gaveta. f. Cajón corredizo que hay en los escritorios. || Mueble que tiene uno o varios de estos cajones.

gavia. f. Vela que se coloca en el mastelero mayor de las naves. || p. ext., cada una de las velas correspondientes en los otros dos masteleros. || Zanja que se abre en la tierra para desagüe o linde de propiedades.

gavilán. m. Ave rapaz parecida al halcón, de plumaje gris azulado en la parte superior del cuerpo y con bandas más oscuras en el cuello, pecho, vientre y cola. La hembra es un tercio mayor y de plumaje más claro. || Cualquiera de los dos lados del pico de la pluma de escribir. || Cada uno de los dos hierros que forman la cruz de la espada y sirven para defender la mano de los golpes del contrario.

gavilla. f. Haz de sarmientos, mieses. || Grupo de muchas personas, generalmente mal consideradas.

gaviota. f. Ave palmípeda de plumaje muy tupido, blanco y ceniciento, y pico anaranjado y ganchudo. Vive en las costas, vuela mucho, es muy voraz y se alimenta principalmente de los peces que caza en el mar.

gay. (voz i.) adj. Homosexual. También s.

gayo, ya. adj. Alegre, vistoso.

gayola. f. Jaula. || *col.* Cárcel, prisión.

gazapo. m. Conejo joven. || m. *col.* Error al hablar o escribir. || *col.* Mentira.

gazmoño, ña. adj. y s. Que finge mucha devoción o escrúpulos, mojigato.

gaznate. m. Parte superior de la garganta.

ge. f. Nombre de la letra g.

géiser. m. Surtidor intermitente de agua caliente y vapor en zonas volcánicas.

gel. m. Jabón líquido que se usa en el baño o la ducha. || Sustancia gelatinosa en que se transforma una mezcla coloidal al enfriarse.

gelatina. f. Sustancia sólida y transparente obtenida a partir de la cocción del tejido conjuntivo, los huesos y cartílagos de animales. || Alimento hecho con una sustancia transparente y densa y con zumo de frutas.

gélido, da. adj. Helado, muy frío.

gema. f. Piedra preciosa, mineral que se usa en joyería. || BOT. Yema o botón en los vegetales.

gemelo, la. adj. Se dice de cada hermano nacido de un mismo parto. También s. || Se dice de cada uno de los músculos de la pantorrilla. También m.

gemido. m. Sonido o voz que expresa dolor u otros sentimientos o sensaciones.

géminis. m. Uno de los signos del Zodiaco, al que pertenecen las personas que han nacido entre el 22 de mayo y el 21 de junio.

gemir. intr. Expresar pena y dolor con sonido y voz lastimera. || Aullar algunos animales, o sonar algunas cosas inanimadas, con semejanza al gemido del hombre.

gen. m. BIOL. Cada una de las partículas dispuestas en un orden fijo en los cromosomas, que determinan la aparición de los caracteres hereditarios en los seres vivos.

gendarme. com. Agente de policía, en Francia y otros países.

gendarmería. f. Cuerpo de tropa de los gendarmes. || Cuartel o puesto de gendarmes, comisaría.

genealogía. f. Conjunto de antepasados de una persona. || Estudio que lo contiene. || Documento en que se hace constar la ascendencia de un animal de raza.

generación. f. Procreación. || Sucesión de descendientes en línea recta. || Conjunto de personas que viven en la misma época. || Conjunto de personas que, por haber nacido en fechas próximas y recibido educación e influjos culturales y sociales semejantes, se comportan de manera parecida.

generacional. adj. De la generación de coetáneos o relativo a ella.

generador, ra. adj. y s. Que genera. || GEOM. Se dice de la línea o de la figura que al moverse generan respectivamente una figura o un sólido geométrico. || m. Se dice del aparato o máquina que convierte la energía mecánica en eléctrica.

general. adj. Común a todos o a la mayoría. || Frecuente, usual. || Extenso y superficial. || com. Jefe superior en el ejército. || m. Superior de una orden religiosa.

generalidad. f. Mayoría. || Vaguedad o falta de precisión. || f. pl. Principios de una ciencia o materia.

generalizar. tr. Hacer común o corriente algo. También prnl. || intr. y tr. Sacar una conclusión general de algo particular. || Tratar los aspectos generales de algo, sin detenerse en ningún aspecto particular.

generar. tr. Producir. || Procrear.

genérico, ca. adj. General, común. || GRAM. Del género gramatical o relativo a él.

género. m. Conjunto, grupo con características comunes. || Clase a que pertenecen personas o cosas. || Cualquier mercancía de un comercio. || Cualquier clase de tela. || GRAM. Accidente gramatical que indicaba el sexo y que hoy clasifica los sustantivos, adjetivos, pronombres y artículos en masculino, femenino y neutro. || Cada uno de los grandes grupos en que se pueden dividir las manifestaciones literarias según su objetivo, el asunto que tratan y cómo lo hacen, etc.

generosidad. f. Tendencia a ayudar a los demás y a dar las cosas propias sin esperar nada a cambio. || Nobleza o grandeza de carácter.

generoso, sa. adj. Desinteresado, desprendido. || Noble de ánimo, magnánimo. || Abundante, espléndido. || Se dice del vino seco más fuerte y añejo que el común.

génesis. f. Origen, principio. || Serie de hechos y factores que intervienen en la formación de algo. || m. Primer libro del Antiguo Testamento, en el que se explica el origen del mundo.

genético, ca. adj. De la genética o relativo a ella. || f. Parte de la biología que estudia las leyes de la herencia y de todo lo relativo a ella.

genetista. com. Experto en genética.

genial. adj. Del genio o que tiene relación con él. || Sobresaliente, excelente. || Ocurrente, gracioso.

genio. m. Carácter, modo de ser de alguien. || Humor, es tado de ánimo. || Carácter fuerte. || Gran ingenio o facultad extraordinaria para crear o inventar cosas nuevas y admirables. || Persona dotada de esta facultad. || Inteligencia o aptitud extraordinaria. || Persona que posee esta inteligencia extraordinaria. || Ser imaginario al que se cree dotado de poderes sobrenaturales.

genital. adj. De los órganos reproductores o relativo a ellos. || m. pl. Órganos sexuales externos masculinos o femeninos.

genocidio. m. Exterminio sistemático de un grupo humano por motivos de raza, religión o política.

genovés, esa. adj. y s. De Génova o relativo a esta ciudad italiana.

gente. f. Conjunto de personas. || Nombre colectivo que se da a cada una de las clases que pueden distinguirse en la sociedad. || *col.* Familia.

gentil. adj. Amable. || Elegante, apuesto. || Antiguamente, pagano. También com.

gentileza. f. Cortesía. || Elegancia, garbo, desenvoltura.

gentilhombre. m. Señor que acompañaba al rey o a los grandes señores.

gentilicio. adj. Se dice del adjetivo o sustantivo que indica el origen o la nacionalidad de las personas. También m. || Del linaje o la familia o relativo a ellos.

gentío. m. Muchedumbre.

gentuza. f. *desp.* Gente de mala calaña.

genuflexión. f. Acción de doblar la rodilla como reverencia.

genuino, na. adj. Puro, sin mezcla. || Propio, natural, legítimo.

geocéntrico, ca. adj. Del centro de la Tierra o relativo a él. || Se apl. a la latitud y longitud de un planeta visto desde la Tierra. || Se dice del sistema de Tolomeo y de los demás que suponían que la Tierra era el centro del universo.

geodesia. f. Ciencia matemática que estudia y determina la figura y magnitud de todo el globo terrestre o de una gran parte de él, y construye los mapas correspondientes.

geografía. f. Ciencia que describe la Tierra y señala la distribución en el espacio de los elementos y fe nómenos que se desarrollan sobre su superficie.

geología. f. Ciencia que estudia la constitución y origen de la Tierra y de los materiales que la componen interior y exteriormente.

geometría. f. Parte de las matemáticas que estudia el espacio y las figuras que se pueden formar en él a partir de puntos, líneas, planos y volúmenes.

geométrico, ca. adj. De la geometría o relativo a ella.

geranio. m. Planta herbácea de jardín con hojas grandes y flores de vivos colores en forma de parasol.

gerente. com. Persona que dirige y administra una sociedad mercantil.

geriatra. com. Médico especializado en geriatría.

germano, na. adj. y s. De Germania o relativo a esta antigua región de Europa Central. || De Alemania o relativo a este país europeo.

germen. m. Embrión, semilla, célula. || Principio, origen de algo. || MED. Microorganismo que puede causar o propagar enfermedades.

germinar. intr. Brotar y comenzar a crecer las plantas. || Comenzar a desarrollarse algo inmaterial.

gerundio. m. GRAM. Forma verbal no personal que expresa simultaneidad de la acción con el tiempo en que se habla. Sus terminaciones son *-ando*, para los verbos de la primera conjugación, o *-iendo*, para los de la segunda y tercera. En la oración equivale funcionalmente al adverbio.

gesta. f. Conjunto de hazañas de un personaje o un pueblo.

gestación. f. Embarazo, y tiempo que dura. || Periodo de preparación y elaboración de algo.

gestante. adj. y f. Embarazada.

gestar. tr. Llevar y sustentar la madre en su vientre al feto hasta el momento del parto. || prnl. Prepararse, desarrollarse o crecer sentimientos, ideas o tendencias individuales o colectivas.

gesticular. adj. Del gesto o relativo a él.

gesticular. intr. Hacer gestos.

gestión. f. Conjunto de trámites que se llevan a cabo para resolver un asunto. || Dirección, administración de una empresa, negocio, etc.

gestionar. tr. Hacer los trámites o diligencias necesarios para resolver un asunto. || Dirigir o administrar una empresa o negocio.

gesto. m. Movimiento del rostro o de las manos con que se expresa algo. || Semblante, cara, rostro. || Acto o hecho que se realiza por un impulso del ánimo.

giba. f. Joroba.

giboso, sa. adj. y s. Jorobado, que tiene giba.

gigante, ta. m. y f. Personaje imaginario de gran tamaño. || Persona mucho más alta de lo normal. || m. Personaje de cartón o de madera que interviene en algunos festejos populares. || Persona que sobresale en algo. || adj. Enorme, excesivo o muy sobresaliente en su especie.

gigantesco, ca. adj. Que es mucho más grande de lo normal.

gimnasia. f. Técnica de desarrollo, fortalecimiento y flexibilización del cuerpo por medio del ejercicio físico. || Práctica o ejercicio que adiestra en cualquier actividad o función.

gimnasio. m. Lugar con todo lo necesario para realizar ejercicios gimnásticos o deportivos.

gimnasta. com. Persona que practica ejercicios gimnásticos.

ginebra. f. Aguardiente de semillas aromatizado con bayas de enebro.

ginecología. f. Parte de la medicina que estudia el funcionamiento y las enfermedades del aparato genital de la mujer, así como de algunos aspectos del embarazo y el parto.

gingival. adj. De las encías o relativo a ellas.

gira. f. Excursión por diferentes lugares con vuelta al punto de partida. || Serie de actuaciones de una compañía o de un artista en diferentes localidades.

girándula. f. Rueda llena de cohetes que gira despidiéndolos. || Artificio que se pone en las fuentes para arrojar el agua de forma estética y variada.

girar. intr. Dar vueltas alrededor de sí o de algo. || Desviarse, cambiar de dirección. || Desarrollarse una conversación o un asunto sobre un tema. || tr. Hacer que algo gire. || Expedir órdenes de pago. También intr. || Enviar un giro postal o telegráfico. También intr.

girasol. m. Planta herbácea compuesta de tallo largo, hojas alternas acorazonadas, flores terminales amarillas que se doblan en la madurez y fruto con muchas semillas negruzcas comestibles, de las que se extrae aceite. || Flor de esta planta.

giratorio, ria. adj. Que gira.

giro. m. Vuelta, rotación. || Desvío, cambio de dirección. || Orientación que se da a una conversación, a un negocio, etc. || Estilo, estructura especial de la frase para expresar un concepto. || Dinero que se manda por correo.

gitano, na. adj. y s. Se dice de un pueblo nómada originario de Egipto o India que ha conservado rasgos físicos y culturales propios. || adj. De este pueblo o relativo a él. || Zalamero, que tiene gracia para captar la voluntad de las personas.

glacial. adj. Helado. || Indiferente, sin sentimientos. || GEOG. Se dice de las tierras y mares que están en las zonas polares.

glaciar. m. Masa de hielo acumulada en las zonas altas de las cordilleras por encima del límite de las nieves perpetuas que se desliza muy lentamente, como un río de hielo. || adj. De estas masas de hielo o relativo a ellas.

gladiador. m. Luchador en los juegos públicos romanos.

gladiolo o **gládiolo.** m. Planta con flores de corola partida, rojas, en espiga terminal; se da espontáneamente en terrenos húmedos y se cultiva en jardines.

glándula. f. Cualquiera de los órganos vegetales o animales que segregan las sustancias necesarias para el organismo y expulsan las innecesarias.

glandular. adj. De la glándula o relativo a ella.

glasé. m. Tela fuerte de seda con mucho brillo.

gleba. f. Terrón que se levanta con el arado. || Tierra, especialmente la cultivada.

glicerina. f. QUÍM. Alcohol incoloro de tres átomos de carbono, viscoso y dulce, que se encuentra en todos los cuerpos grasos como base de su composición. Se usa mucho en farmacia y perfumería, y para preparar la nitroglicerina, base de la dinamita.

glicina. f. BIOQUÍM. El más simple de los aminoácidos que intervienen en la composición de las proteínas.

global. adj. Tomado en conjunto, sin separar las partes.

globo. m. Cuerpo esférico. || Bolsa de goma o de otro material flexible que se llena de gas o de aire. || Cubierta esférica de cristal con que se cubren las bombillas de las lámparas como adorno o para mitigar la luz. || Bolsa de tafetán u otro material impermeable y de poco peso, de forma esférica o cilíndrica que, llena de un gas de menor densidad que el aire atmosférico, eleva una barquilla sujeta a su parte inferior en la que pueden viajar tripulantes. || La Tierra. || Pompa que sale de la boca de los personajes en las viñetas. || Trayectoria semicircular que recorre un objeto lanzado hacia arriba.

globular. adj. Que tiene forma de glóbulo. || Compuesto de glóbulos.

glóbulo. m. ANAT. Nombre de las células de la sangre y la linfa. En el ser humano son de dos tipos, rojos o hematíes y blancos o leucocitos. || Pequeño cuerpo esférico.

gloria. f. En algunas religiones, paraíso, lugar a donde van los bienaventurados después de la muerte y en el que pueden disfrutar de la visión de Dios. || Fama, reputación. || Gusto, placer. || Majestad, esplendor. || Doble suelo en cuyo interior se quema combustible para calentar la habitación. || Representación pictórica de ángeles, resplandores, etc. || m. Cántico o rezo de la misa.

gloriar. tr. Glorificar. || prnl. Vanagloriarse o alabarse de una cosa. || Complacerse, alegrarse mucho.

glorieta. f. Plaza redonda en la que desembocan varias calles. || Plazoleta, por lo común en un jardín, donde suele haber un cenador.

glorificar. tr. Dar la gloria divina a alguien. || Alabar, ensalzar.

glorioso, sa. adj. Digno de honor y alabanza. || Que goza de la gloria divina. || De la gloria o relativo a ella.

glosa. f. Explicación, comentario de un texto. || Nota explicativa en un libro de cuentas. || Composición poética en la que se reelabora otro texto lírico previo.

glosador, ra. adj. Que glosa. También s.

glosar. tr. Hacer, poner o escribir glosas. || Comentar palabras y dichos propios o ajenos, ampliándolos.

glosario. m. Repertorio de palabras difíciles o dudosas con su explicación. || Vocabulario de términos de una misma disciplina, de un mismo campo de estudio, de un dialecto o de un autor, definidos o comentados. || Conjunto de glosas.

glotis. f. ANAT. Abertura superior de la laringe que controla la entrada de aire en la tráquea.

glotón, ona. adj. y s. Que come con ansia y en exceso. || m. Mamífero carnívoro ártico, del tamaño de un zorro grande.

glotonería. f. Ansia y falta de medida en el comer.

glucemia. f. FISIOL. Presencia de azúcar en la sangre, especialmente cuando es excesiva.

glucosa. f. Azúcar de seis átomos de carbono presente en todos los seres vivos, ya que se trata de la reserva energética del metabolismo celular.

gluten. m. BOT. Sustancia albuminoidea, de color amarillento, que se encuentra en las semillas de las gramíneas, junto con el almidón, y tiene un alto va lor nutritivo.

glúteo, a. adj. De la nalga o relativo a ella. || Se dice de cada uno de los tres músculos que forman la nalga. También m.

glutinoso, sa. adj. Pegajoso, que sirve para pegar y trabar una cosa con otra.

gnomo. m. Ser fantástico al que se imaginaba trabajando en las minas y guardando tesoros subterráneos.

gnoseología. f. FILOS. Teoría del conocimiento. A veces, sinónimo de epistemología.

gobernación. f. Ejercicio del gobierno, mandato o dirección. || Territorio que depende del gobierno de la nación.

gobernador, ra. adj. Que gobierna. También s. || m. y f. Persona que desempeña el mando de una provincia, ciudad o territorio. || Representante del gobierno en algún establecimiento público. || En México y Estados Unidos, persona que está al frente de cada uno de los estados federados.

gobernanta. f. Mujer que tiene a su cargo el servicio, la limpieza y conservación de los grandes hoteles. || col. Mujer muy mandona.

gobernante. adj. y com. Que gobierna. || Que dirige un país o forma parte de su gobierno.

gobernar. tr. Mandar con autoridad o regir una cosa. También intr. || Guiar y dirigir. También prnl. || Manejar o dominar a alguien. || intr. Obedecer el buque al timón. || prnl. Guiarse según una norma, regla o idea.

gobierno. m. Acción y resultado de gobernar o gobernarse. || Conjunto de los organismos y personas que dirigen una nación y las funciones que desempeñan. || Edificio y oficinas donde tienen su sede. || Territorio sobre el que tiene jurisdicción el gobernador. || Tiempo que dura el mandato de una persona o de un grupo.

goce. m. Acción y resultado de gozar o disfrutar, sentimiento de placer.

godo, da. adj. y s. Se dice de un antiguo pueblo germánico que, escindido en dos grupos, visigodos y ostrogodos, invadió territorios del Imperio romano y fundó reinos en España e Italia.

gol. m. Acción de entrar el balón en la portería en fútbol y otros deportes. || Tanto que se consigue con ello.

gola. f. Garganta de una persona y región situada junto al velo del paladar. || Adorno del cuello hecho de tul y encajes. || Pieza de la armadura antigua, que se ponía sobre el peto para cubrir y defender la garganta. || ARQUIT. Moldura cuyo perfil tiene la figura de una s. || GEOG. Canal por donde entran los buques en ciertos puertos o rías.

goleta. f. Embarcación fina, de bordas poco elevadas, con dos o tres palos.

golf. (voz i.) m. Deporte que consiste en meter una pelota, mediante palos especiales, en hoyos espaciados y abiertos en un terreno accidentado y cubierto de césped.

golfante. com. Golfo, sinvergüenza.

golfista. com. Persona que juega al golf.

golfístico, ca. adj. Del golf o relativo a él.

golfo. m. Porción de mar que se interna en tierra entre dos cabos.

gollete. m. Parte superior de la garganta, por donde se une a la cabeza. || Cuello estrecho que tienen algunas vasijas, como garrafas, botellas, etc.

golondrina. f. Pequeño pájaro muy común en España, de pico negro y corto, cuerpo negro azulado por encima y blanco por debajo, alas puntiagudas y cola larga y muy ahorquillada.

golosina. f. Dulce o manjar que se come por placer. || Cosa más agradable que útil.

goloso, sa. adj. Aficionado a los dulces. También s. || Apetitoso.

golpe. m. Choque de cuerpos, y su efecto. || Desgracia. || Ocurrencia, dicho gracioso y oportuno. || Atraco.

golpear. tr., intr. y prnl. Dar uno o varios golpes a algo o alguien.

golpiza. f. amer. Paliza, zurra.

goma. f. Sustancia viscosa de ciertos vegetales que, disuelta en agua, sirve para pegar o adherir cosas. || Cualquier pegamento líquido. || Tira o cinta elástica.

gomero, ra. adj. De la goma o relativo a ella. || amer. Se dice del que explota la industria de la goma. || adj. y s. De La Gomera o relativo a esta isla española .

gomina. f. Fijador del cabello.

gomorresina. f. Jugo lechoso que fluye de varias plantas y se solidifica al aire; se compone generalmente de una resina mezclada con una materia gomosa y un aceite volátil.

góndola. f. Embarcación veneciana de un remo, con la popa y la proa en punta algo elevada y sin cubierta.

gondolero, ra. m. y f. Persona que se dedica a llevar una góndola.

gong o **gongo.** m. Disco metálico suspendido que resuena al golpearlo con un mazo.

gordo, da. adj. De mucha carne o grasa. También s. || Voluminoso, grueso. || Más grande o más importante de lo normal. || Se dice del dedo pulgar. También m. || Se dice del primer premio de la lotería. También m. || m. Sebo o manteca de la carne del animal.

gordura. f. Obesidad.

gorgojo. m. Insecto coleóptero que ataca las semillas de cereales y legumbres.

gorgorito. m. col. Quiebro de la voz al cantar. Más en pl.

gorguera. f. Adorno del cuello, hecho de lienzo plegado y almidonado.

gorila. m. Mono antropomorfo, de color pardo oscuro y de estatura igual a la del hombre; tres dedos de sus pies están unidos por la piel hasta la última falange; es membrudo y muy fiero, y habita en África, a orillas del río Gabón. || col. Guardaespaldas.

gorjear. intr. Hacer quiebros con la voz en la garganta. Se usa hablando de la voz humana y de los pájaros. || Emitir sonidos el niño cuando aún no sabe hablar o cuando se ríe.

gorjeo. m. Vibración de la voz en la garganta.

gorra. f. Prenda para cubrir la cabeza, sin copa ni alas, que suele llevar visera.

gorrión. m. Pájaro pequeño de plumaje pardo que se alimenta de granos e insectos.

gorro. m. Prenda de tela o lana para cubrir y abrigar la cabeza.

gota. f. Partícula redondeada que se desprende de un líquido. || Pequeña cantidad de cualquier cosa, pizca. || PAT. Enfermedad muy dolorosa de las articulaciones producida por una gran concentración de ácido úrico en la sangre. || pl. Medicina u otra sustancia tomada o medida con cuentagotas.

gotear. intr. Caer un líquido gota a gota. || Dar o recibir poco a poco. || Intr. impers. Comenzar a llover con gotas espaciadas.

gotera. f. Filtración de agua en el interior de un edificio. || Grieta del techo por donde se produce y señal que deja. || Cenefa que cuelga alrededor del dosel o del cielo de la cama. || Griseta, enfermedad de los árboles. || Achaques propios de la vejez. Más en pl. || amer. Afueras, contornos, alrededores.

gótico, ca. adj. De los godos o relativo a ellos. || adj. Se aplica al género de narraciones de terror. || adj. y f. Se aplica a un tipo de letra rectilínea y angulosa y a lo escrito en ella. || adj. y m. Se aplica al estilo arquitectónico que resulta de la evolución del románico, caracterizado por el arco ojival y la bóveda de aristas. || m. LING. Lengua germánica que hablaron los godos.

gozar. tr. Poseer algo material o inmaterial. También como intr. con la prep. de. || intr. Sentir placer, disfrutar con algo. También prnl.

gozne. m. Herraje articulado que fija las hojas de una puerta o ventana y permite que se abatan. || Bisagra metálica.

gozo. m. Placer, alegría, emoción por lo que es favorable o apetecible. || pl. Composición poética en honor de la Virgen o de los santos, que se divide en coplas que terminan en el mismo estribillo.

grabación. f. Recogida o registro de imágenes, sonidos o datos en un soporte para su posterior reproducción. || Disco, película o cinta magnética que la recogen.

grabado. m. Arte y procedimiento de grabar una imagen sobre una superficie. || Estampa obtenida por este procedimiento.

grabador, ra. adj. Que graba. || m. y f. Persona que se dedica al arte del grabado. || Persona que se dedica profesionalmente al grabado de datos informáticos. || f. Magnetófono.

grabar. tr. Hacer una incisión para labrar una figura, dibujo o inscripción sobre una superficie dura. || Registrar imágenes, sonidos o datos en el soporte adecuado para su almacenamiento y reproducción. || Fijar profundamente en el ánimo un concepto, un sentimiento o un recuerdo. También prnl.

gracejo. m. Gracia y desenvoltura al hablar o al escribir.

gracia. f. Cualidad de alguien de divertir o de hacer reír. || Cosa que hace reír. || irón. Cosa molesta e irritante. || Garbo, salero al actuar o al hablar. || Atractivo, encanto, naturalidad. || Beneficio, concesión gratuita. || Perdón o indulto de pena que concede la autoridad competente. || REL. Ayuda sobrenatural y don otorgado por Dios al hombre para el logro de la bienaventuranza. || Benevolencia, amistad, buen trato. || pl. Fórmula de agradecimiento. || MIT. Divinidades, hijas de Venus que personificaban la belleza seductora.

grácil. adj. Sutil, delicado o menudo.

gracioso, sa. adj. y s. Chistoso, agudo, que tiene gracia. || irón. Pesado, sin gracia. || adj. Con cierto atractivo personal, simpático. || Que se da de gracia. || Título honorífico que reciben los reyes de Inglaterra. || m. Personaje típico del teatro clásico español, generalmente un criado, que se caracteriza por su ingenio y socarronería. || m. y f. Actor dramático que ejecuta siempre el papel de carácter festivo y chistoso.

grada. f. Peldaño. || Asiento colectivo a manera de escalón corrido. || Graderío, conjunto de estos asientos. Más en pl. || Tarima o escalón al pie de los altares.

gradación. f. Serie ordenada gradualmente. || MÚS. Progresión ascendente o descendente de periodos armónicos. || RET. Figura retórica que dispone varias palabras en significado ascendente o descendente.

gradería. f. Conjunto o serie de gradas dispuestas escalonadamente.

grado. m. Cada uno de los diversos estados, valores o calidades que, en relación de menor a mayor, puede tener una cosa. || Valor, calidad de estas cosas. || Gradación de parentesco entre personas.

graduable. adj. Que puede graduarse.

graduación. f. Control del grado o calidad que corresponde a la intensidad o cantidad de algo. || División, orden y medición. || Aumento o disminución gradual. || Concesión u obtención de un grado académico. || Proporción de alcohol en los vinos y licores. || MIL. Categoría y grado de un militar.

gradual. adj. Progresivo, de grado en grado.

graduar. tr. Dar el grado o calidad que corresponde a la intensidad o cantidad de algo. || Dividir, ordenar y medir en grados. || Aumentar o disminuir gradualmente algo. || tr. y prnl. Conceder u obtener un grado académico. || MIL. Conceder o recibir un grado militar.

graffiti. (voz it.) m. Grafito.

grafía. f. Signo o conjunto de signos con que se representa por escrito un sonido o la palabra hablada.

gráfico, ca. adj. De la escritura o la imprenta o relativo a ellas. || Que se representa por figuras o signos. || Se aplica a lo que expresa las cosas con la misma claridad que un dibujo. || m. Representación por medio del dibujo. || f. Representación de datos numéricos por medio de coordenadas o dibujos que hacen visible la relación o gradación que esos datos guardan entre sí.

grafito. m. Variedad del carbono natural negra y metálica, untuosa al tacto, que se emplea para hacer lápices, crisoles refractarios, ánodos electrolíticos, etc. || m. Pintada, inscripción o dibujo de carácter popular realizado en paredes de edificios.

grafología. f. Estudio del carácter y psicología de una persona a través de los rasgos de su escritura.

gragea. f. Confite pequeño, redondeado y de color. || FARM. Píldora medicinal redondeada, recubierta de una sustancia azucarada.

gramatical. adj. De la gramática o relativo a ella. || Que se ajusta a las reglas de la gramática.

gramático, ca. adj. Gramatical. || m. y f. Persona que se dedica el estudio de la gramática. || f. Ciencia que estudia los elementos de una lengua y sus relaciones. || Conjunto de normas y leyes que rigen la creación de las estructuras lingüísticas. || Normas que se establecen para el correcto uso de una lengua. || Libro donde se recogen.

gramilla. f. amer. Planta gramínea que se utiliza para pasto. || amer. Césped, hierba menuda y tupida que cubre el suelo.

gramíneo, a. adj. y f. De las gramíneas o relativo a esta familia de plantas. || f. pl. BOT. Familia de plantas angiospermas monocotiledóneas de tallo cilíndrico, nudoso y generalmente hueco, hojas sentadas, largas y estrechas e insertas al nivel de los nudos, flores dispuestas en espiguillas reunidas en espigas, racimos o panículas, y semillas ricas en albumen.

gramo. m. Unidad de masa en el sistema métrico decimal, equivalente a la milésima parte de un kilogramo. || Unidad de fuerza o peso equivalente a la fuerza con la que una masa de un gramo es atraída por la Tierra. || Cantidad de materia cuyo peso es un gramo.

gramófono. m. Aparato fonográfico que reproduce las vibraciones de sonido registradas en un disco.

grampa. f. Grapa.

gran. adj. apóc. de Grande. Solo se usa en singular, delante del sustantivo. || Principal o primero en una clase.

grana. f. Formación y crecimiento del grano de los frutos. || Tiempo en que ocurre. || Semilla menuda de varios vegetales. || f. Cochinilla. || Quermes, insecto. || Excrecencia que el quermes forma en la coscoja y que, exprimida, produce color rojo. || Color rojo obtenido de ella. || Paño fino usado para trajes de fiesta.

granada. f. Fruto del granado, de corteza amarillenta rojiza y forma de globo, que contiene numerosas semillas encarnadas en la pulpa. || Bomba de mano del tamaño de una granada natural, cargada de explosivos o gases tóxicos. || Proyectil hueco de metal que contiene un explosivo y se dispara con obús u otra pieza de artillería.

granadero, ra. m. y f. Soldado de infantería armado con granadas de mano. || Miembro de una compañía de soldados de elevada estatura. || *col.* Persona muy alta. || *amer.* Miembro de los cuerpos especiales de policía.

granadino, na. adj. Del granado o la granada o relativo a ellos. || m. Flor del granado. || f. Refresco hecho con zumo de granada. || adj. y s. De Granada o relativo a esta ciudad española o a la provincia, y a la ciudad del mismo nombre, de la que es capital y que se encuentra en la comunidad autónoma de Andalucía. || f. Tejido calado, que se hace con seda retorcida. || Variedad del cante andaluz de Granada.

granado. m. Árbol frutal de la familia de las punicáceas, de tronco liso y tortuoso, corteza gris, ramas delgadas, hojas ovaladas, flores de color grana y fruto similar a una baya de gran tamaño.

granado, da. adj. Notable, señalado. || Maduro, experto.

granate. m. Color rojo oscuro. También adj. || Nombre genérico de un grupo de silicatos dobles de albúmina y de hierro u otros óxidos metálicos.

grande. adj. Que supera en tamaño, importancia e intensidad a lo normal. || Adulto, respecto a los niños. || com. Persona de gran importancia o elevada jerarquía.

grandeza. f. Tamaño mayor de una cosa respecto de otra de su mismo género. || Importancia, magnitud. || Generosidad, bondad, excelencia moral. || Majestad y poder. || Dignidad de grande de España y conjunto de ellos.

grandilocuencia. f. Elocuencia abundante y altisonante. || Estilo sublime y elevado.

grandiosidad. f. Magnificencia, grandeza admirable por su dimensión o cualidad.

grandioso, sa. adj. Sobresaliente, magnífico.

grandor. m. Tamaño de las cosas.

graneado, da. adj. Reducido a grano. || Salpicado de pintas. || m. Operación de granear, hacer rugosa la superficie lisa de una piedra litográfica.

granear. tr. Esparcir el grano o la semilla en un terreno. || Convertir en grano la masa de pólvora. || Preparar la plancha con el graneador para grabar al humo. || Sacar grano a la superficie lisa de una piedra litográfica para poder dibujar en ella.

granel (a). loc. adj. y adv. Sin medida. || Sin envase. || En abundancia.

granero. m. Sitio donde se guarda y protege el grano. || Lugar donde abundan los cereales.

granito. m. Roca magmática granular, cristalina, de gran dureza, compuesta esencialmente de feldespato, cuarzo y mica.

granizado, da. adj. y m. Se dice del refresco hecho con hielo picado y alguna esencia, zumo de fruta, etc. || f. Precipitación de granizo. || Multitud de cosas que caen o se manifiestan continuada y abundantemente.

granizar. intr. impers. Caer granizo. || tr. Preparar una bebida granizada.

granizo. m. Agua congelada que cae de las nubes en forma de granos de hielo. || Especie de nube de materia gruesa que se forma en los ojos entre la túnica úvea y la córnea. || Granizada, multitud de cosas que caen o se manifiestan continuada y abundantemente.

granja. f. Hacienda de campo que consta de establos, huerta y casa habitable. || Finca para la cría de animales domésticos. || Establecimiento donde se venden productos lácteos.

granjear. tr. Enriquecerse traficando con ganado u otros productos. || Conseguir, captar el favor, la voluntad de alguien. Más c. prnl. || intr. MAR. Avanzar en relación al barlovento.

granjero, ra. m. y f. Persona que posee una granja o trabaja en ella.

grano. m. Semilla y fruto de los cereales y de otras plantas. || Partícula o trozo pequeño de cualquier sustancia. || Cada una de las bayas de la uva o de otros frutos separables de un agregado. || Partecilla como de arena que se percibe en la masa o en la superficie de algunos cuerpos. || Especie de tumorcillo que nace en la piel, a veces lleno de pus. || FOT. Conjunto de partículas de sales de plata que forman la imagen fotográfica.

granuja. com. Joven vagabundo, pillo. || Canalla, bribón, persona que engaña.

granular. adj. Se aplica a las sustancias cuya masa forma granos o porciones menudas. || tr. Reducir a gránulos una masa. || Desmenuzar en granos muy pequeños. || prnl. Cubrirse de granos pequeños alguna parte del cuerpo.

gránulo. m. Bolita de azúcar y goma arábiga con una dosis muy pequeña de algún medicamento. || Pequeño cuerpo o masa que existe en los tejidos y el protoplasma celular tanto en circunstancias normales como en determinados procesos patológicos.

granza. f. Carbón mineral lavado y clasificado cuyos trozos son de un tamaño comprendido entre 15 y 25 milímetros. || pl. Residuos que quedan de las semillas después de aventarse y cribarse. || Desechos que salen del yeso al cernirlo. || Residuos de cualquier metal.

grapa. f. Pieza pequeña de metal con los extremos doblados para unir o sujetar tablones, papeles, etc. || Pieza similar usada en cirugía para practicar suturas. || Escobajo o racimo de uva. || VETER. Llaga o úlcera que se forma en el corvejón o la rodilla de las caballerías. || *amer.* Especie de licor anisado o aguardiente.

grasiento, ta. adj. Abundante en grasa o untado con ella.

graso, sa. adj. Que tiene grasa o está formado por ella. || f. Sustancia untuosa de origen vegetal o animal, que constituye la reserva de energía y la protección de la materia viva. || Manteca, unto o sebo de un animal. || Aceite o sustancia utilizada como lubricante. || Mugre o suciedad de la ropa. || f. pl. Escorias, desechos de metal.

gratificación. f. Recompensa monetaria que se recibe por un servicio eventual o un hecho excepcional. || Entre funcionarios, remuneración distinta del sueldo habitual.

gratificar. tr. Pagar, remunerar a alguien por un servicio. || Complacer, gustar.

gratín. m. Gratén.

gratinar. tr. Tostar por encima en el horno un alimento, en especial el cubierto con gratén.

gratis. adv. m. De balde, sin pagar. || adj. Gratuito.

gratitud. f. Agradecimiento, reconocimiento de un favor o beneficio que se nos ha hecho.

grato, ta. adj. Gustoso, agradable.

gratuito, ta. adj. Que no cuesta dinero, que se consigue sin pagar. || Arbitrario, sin fundamento.

grava. f. Conjunto de guijarros y cantos rodados. || Piedra machacada para la pavimentación de caminos. || Conjunto de materiales procedentes de erosiones meteorológicas que se encuentra en yacimientos.

gravamen. m. Carga fiscal sobre la riqueza, renta o gasto de una persona física o un bien mueble o inmueble.

gravar. tr. Imponer un gravamen o establecer un tributo.

grave. adj. Se aplica a lo que pesa. || De mucha importancia. || Se aplica a las enfermedades que ponen en peligro la vida del paciente. || Serio, circunspecto, noble. || Difícil, arduo. || Se dice del sonido con una frecuencia de vibraciones baja. || GRAM. Se aplica a la palabra cuyo acento cae en la penúltima sílaba. También f.

gravedad. f. Calidad de grave. || Seriedad, circunspección. || FÍS. Fuerza que hace los cuerpos se dirijan hacia el centro terrestre, por mutua atracción de la masa del cuerpo y de la Tierra.

grávido, da. adj. Cargado, repleto. || Se aplica a la mujer embarazada.

gravitación. f. Propiedad de atracción mutua entre dos masas separadas por una distancia. || Movimiento o descanso de un cuerpo por atracción de otro.

gravitar. intr. Moverse un cuerpo por la atracción de otro. || Descansar un cuerpo sobre otro, por efecto de la gravedad. || Pesar sobre alguien una obligación.

gravoso, sa. adj. Costoso, oneroso. || Molesto, pesado.

graznar. intr. Dar graznidos.

graznido. m. Voz propia de algunas aves. || Canto o grito disonante y molesto al oído.

grecolatino, na. adj. De la cultura griega y latina, especialmente en lo que se refiere a los autores clásicos, o relativo a ella.

grecorromano, na. adj. Común a griegos y romanos.

greda. f. Arcilla arenosa que se usa para limpiar y desengrasar.

gregario, ria. adj. Que vive formando grupos o asociaciones. || Que sigue ciegamente las ideas e iniciativas ajenas. || m. y f. DEP. Ciclista que tiene la misión de ayudar al jefe de equipo.

greguería. f. Vocerío o griterío confuso de la gente.

gremial. adj. Del gremio, oficio o profesión, o relativo a ellos.

gremio. m. Corporación de personas del mismo oficio o profesión, regida por estatutos especiales. || Conjunto de personas que tienen un mismo ejercicio, profesión o estado social.

gresca. f. Alboroto, bulla. || Pelea, riña.

grey. f. rebaño. || Conjunto de individuos con algún carácter común. || Congregación de fieles cristianos bajo su sacerdote.

griego, ga. adj. y s. De Grecia o relativo a este país europeo. || m. LING. Lengua griega. || col. Lenguaje ininteligible, incomprensible.

grieta. f. Abertura o quiebra que surge de forma natural en alguna superficie. || Hendidura alargada y poco profunda en la superficie de la dermis o en las membranas mucosas.

grifo, fa. adj. Se dice del cabello crespo o enmarañado. || Se dice de la persona cuyo pelo ensortijado indica mezcla de raza blanca con negra. También s.

grillo. m. Insecto ortóptero de unos 3 cm de largo, color negro rojizo con una mancha amarilla en las alas, cabeza redonda y ojos prominentes.

grima. f. Disgusto, desagrado. || Desagrado físico, dentera.

gringo, ga. adj. y s. amer. Persona nacida en Estados Unidos, en especial la de habla inglesa. || amer. Persona rubia.

grlpe. f. PAT. Enfermedad contagiosa estacional de origen vírico, que produce fiebre y síntomas catarrales.

gris. adj. Se dice del color que resulta de la mezcla de blanco y negro. También m. || Triste, apagado. || Mediocre, que no destaca. || m. col. Viento frío.

grisáceo, a. adj. Que tira a gris o de tonos grises.

grisú. m. Mezcla gaseosa de gas metano o formeno y aire, muy inflamable y explosiva que se desprende de las minas de carbón.

gritadera. f. amer. Griterío.

gritar. intr. Levantar la voz más de lo normal para expresar enfado o desaprobación. || Dar gritos, chillar.

gritería. f. Griterío.

griterío. m. Conjunto de voces altas, desentonadas y confusas, algarabía.

grito. m. Sonido vocal que se emite con mucha fuerza. || Voz o expresión que se emite de este modo. || Chirrido de los hielos de los mares glaciares antes de quebrarse.

groenlandés, esa. adj. y s. De Groenlandia o relativo a esta isla del Atlántico Norte.

grosería. f. Tosquedad, falta de finura. || Descortesía, falta grave de atención o respeto.

grosero, ra. adj. Tosco, basto, ordinario. || adj. y s. Descortés, desatento y sin educación.

grosor. m. Espesor, grueso de un objeto.

grotesco, ca. adj. Ridículo, extravagante o de mal gusto. || Grutesco.

grúa. f. Máquina elevadora compuesta por un eje vertical giratorio, con una o varias poleas que se accionan mecánicamente, que sirve para levantar y transportar pesos. || Vehículo automóvil provisto de dicha máquina para remolcar otro. || TV. y CIN. Soporte de la plataforma en que se coloca el asiento del operador y la cámara.

grueso, sa. adj. Gordo, corpulento, voluminoso. || Que excede lo normal. || ANAT. Se aplica a la porción de intestino que va del íleon al recto. || m. Espesor, grosor. || Parte principal de algo. || f. Doce docenas. || amer. Eufemismo para la mujer embarazada.

grulla. f. Ave zancuda migratoria de gran tamaño, similar a la cigüeña, de pico gris cónico y alargado, cuello largo negro por delante y blanco por detrás, alas grandes y redondas, cola pequeña con penachos largos y cerdosos, y plumaje de color gris.

grumete. com. Joven aprendiz de marinero que ayuda a la tripulación en sus faenas.

grumo. m. Porción de un líquido que se solidifica o se coagula. || Conjunto de cosas apiñadas y apretadas entre sí. || Yema o brote de los árboles. || Extremidad del alón del ave.

gruñido. m. Voz propia del cerdo. || Voz amenazadora del perro y otros animales. || Sonido ronco inarticulado o palabra ininteligible que pronuncia una persona irritada.

gruñir. intr. Emitir su voz el cerdo. || Emitir su voz algunos animales en señal de amenaza. || Murmurar entre dientes o quejarse para mostrar disgusto.

gruñón, ona. adj. y s. col. Que gruñe habitualmente.

grupa. f. Anca, parte trasera y elevada de las caballerías.

grupal. adj. Del grupo o relativo a él.

grupo. m. Conjunto de seres o cosas que forman un conjunto.

gruta. f. Cavidad natural o artificial abierta en riscos o peñas. || Estancia subterránea artificial que imita la anterior.

guaca. f. Sepulcro de los antiguos indios, principalmente de Bolivia y Perú, en que se encuentran a menudo objetos de valor. || Vasija en que se encuentran estos objetos de valor. || amer. Tesoro escondido o enterrado. || amer. Hucha o alcancía. || amer. Guacamayo.

guacamayo. m. Especie de papagayo americano de cola muy larga y plumaje de color azul, amarillo, verde y rojo.

guacho, cha. adj. y s. amer. Huérfano.

guadaña. f. Instrumento para segar a ras de tierra, formado por una hoja afilada curva y larga, sujeta por su lado más ancho a un mango largo que forma ángulo con el plano de la hoja.

guadua. f. *amer.* Planta gramínea de gran altura, similar al bambú pero de tallos con púas y más gruesos, que están llenos de agua en su interior.

guaira. f. Hornillo de barro en que los indios del Perú funden los minerales de plata. || MAR. Vela triangular. || *amer.* Especie de flauta de varios tubos que usan los indios.

guajira, ra. m. y f. Campesino cubano. || f. Canción y baile popular cubanos, inspirados en las tareas del campo.

guajiro, ra. adj. y s. De La Guajira o relativo a ese departamento del norte de Colombia.

gualdo, da. adj. Del color amarillo de la flor de la gualda. || f. Planta herbácea con tallos ramosos, hojas lanceoladas, flores amarillas en espigas y fruto en forma de cápsula que contiene pequeñas semillas.

gualicho. m. *amer.* Demonio. || *amer.* Daño, maleficio. || *amer.* Objeto que se usa como amuleto o talismán.

guanaco. m. Mamífero rumiante andino de la familia de los camélidos, similar y algo mayor que a la llama, de pelo largo y negruzco y patas delgadas aptas para la carrera. || *amer.* Rústico, aldeano. || *amer.* Tonto, simple.

guano. m. Abono procedente de la descomposición de los excrementos de aves marinas acumulados en ciertas costas e islas de Suramérica. || Abono artificial que lo imita. || *amer.* Estiércol. || m. *amer.* Nombre genérico de varias palmeras como el yarey, la manaca, la jata, etc. || *amer.* Dinero, plata.

guante. m. Prenda de tela, punto o piel que cubre la mano y suele tener una funda para cada dedo. || Protección en forma de guante de látex o caucho.

guapear. intr. *col.* Ofrecer ánimo y valor a las adversidades. || Alardear de gusto exquisito. || *amer.* Fanfarronear.

guapo, pa. adj. Se dice de la persona de aspecto armonioso y agradable, bien parecido. || Bien vestido, bien presentado. || Atrevido, osado. También s. || *col.* Bueno, bonito. || m. Pendenciero, perdonavidas.

guaracha. f. *amer.* Danza cubana de ritmo binario y movimiento rápido, semejante al zapateado. || *amer.* Asiento lateral de una balsa u otra embarcación similar. || *amer.* Fiesta, diversión, parranda. || *amer.* Orquesta pobre, compuesta de acordeón o guitarra y güiro, maracas, etc. || f. pl. *amer.* Zapatos viejos.

guarangada. f. Dicho o hecho grosero.

guarango. m. *amer.* Nombre común a varios aromos silvestres de la familia de las acacias.

guarango, ga. adj. *amer.* Sucio, zarrapastroso. || *amer.* Mal educado, descarado.

guaraní. adj. y com. De un grupo de pueblos amerindios que habitó entre el Amazonas y el Río de la Plata o relativo a él.

guarda. com. Persona que tiene a su cargo el cuidado de algo. || *amer.* Cobrador de tranvía. || f. Acción de guardar o defender. || Cada una de las dos varillas exteriores del abanico. || Guarnición de la espada. || Hoja de papel que ponen los encuadernadores al principio y al fin de los libros. || Laminilla de acero que, en el dispositivo de una cerradura, particulariza su sistema de cierre.

guardabarrera. com. Persona que en las líneas de los ferrocarriles vigila un paso a nivel y abre o cierra las barreras al paso del tren.

guardabarros. m. Pieza curva que se coloca sobre las ruedas del coche o bicicleta para protegerlo de las salpicaduras de barro.

guardabosque o **guardabosques.** m. Guarda que cuida de un bosque.

guardacostas. m. Barco pequeño de vigilancia del litoral, en especial para la persecución del contra bando.

guardaespaldas. com. Persona destinada a proteger a otra acompañándola continuamente.

guardameta. com. DEP. Portero, arquero.

guardamuebles. m. Almacén destinado a guardar muebles. || Empleado de palacio encargado de los muebles.

guardapolvo. m. Prenda de vestir a modo de bata o blusón de tela ligera que se usa para preservar la ropa de polvo y manchas. || Protección o funda que se coloca sobre algo para protegerlo del polvo.

guardar. tr. Cuidar, vigilar, custodiar. || Colocar algo en el lugar apropiado. || Conservar, no gastar. || Cumplir, observar una regla. || Mantener, observar. || prnl. Seguido de la prep. *de*, precaverse, recelar de un riesgo. || Con la misma preposición, evitar.

guardarropa. m. Local en los establecimientos públicos donde los asistentes guardan sus abrigos y otros objetos. || Conjunto de vestidos de una persona. || Armario donde se guarda la ropa. || com. Persona encargada de cuidar el local destinado a guardar la ropa. || En los teatros, persona encargada de guardar y suministrar los efectos de guardarropía.

guardavalla. com. *amer.* DEP. Portero, arquero, guardameta.

guardia. f. Grupo de soldados o de personas armadas que se encargan de la protección de alguien, o de velar por el cumplimiento de ciertas normas. || Servicio especial con este fin. || Servicio especial fuera de horario en otras profesiones. || Actitud de defensa. || com. Miembro de ciertos cuerpos armados.

guardián, ana. m. y f. Persona que guarda o vigila algo. || m. En la orden de los franciscanos, superior de un convento. || MAR. Cable más firme que los comunes con que se aseguran los buques cuando hay temporal.

guarecer. tr. Acoger, proteger, guardar. || prnl. Refugiarse, resguardarse.

guarida. f. Cueva o lugar donde se recogen y guarecen los animales. || Refugio, lugar oculto al que se acude para huir de peligro. || Lugar donde se acude con frecuencia. Suele tener sentido desp.

guarismo. m. Cada uno de los signos o cifras arábigas que expresan una cantidad. || Cantidad expresada por medio de dos o más cifras.

guarnecer. tr. Poner guarnición. || Adornar, vestir. || Equipar, dotar. || ALBAÑ. Revestir las paredes de un edificio.

guarnición. f. Adorno que se pone en los vestidos, ropas o colgaduras. || Alimentos, generalmente hortalizas o legumbres, que acompañan al alimento principal. || Engaste de metal en que se sientan y aseguran las piedras preciosas. || Tropa que protege una plaza o ciudad. || Parte de la espada que protege la mano. || pl. Correajes de una caballería.

guasa. f. col. Broma, burla. || irón. Falta de gracia, sosería. || amer. Árbol silvestre de madera blanca y floja, pero resistente. || amer. Pez marino grande, de cuerpo redondo, boca rasgada como el mero y carne muy apreciada.

guasca. f. amer. Tira de cuero, cuerda o soga, que sirve de rienda o de látigo.

guaso, sa. m. y f. amer. Campesino, rústico. || col. amer. Hombre o mujer. || adj. amer. Tosco, grosero.

guatemalteco, ca. adj. y s. De Guatemala o relativo a este país centroamericano.

guau. Onomatopeya con que se representa la voz del perro. || Expresión de asombro o admiración.

guayaba. f. Fruto del guayabo, de figura aovada, carne llena de pequeñas semillas y sabor dulce. || Conserva y jalea que se hace con esta fruta. || amer. col. Exageración o mentira.

guayabera. f. Chaquetilla o camisa masculina de tela ligera, que se lleva por fuera del pantalón.

guayabo. m. Árbol mirtáceo de la América tropical, de hasta 6 m de altura, con tronco torcido y ramoso, hojas puntiagudas, ásperas y gruesas, flores blancas y olorosas, que tiene por fruto la guayaba.

guayacán. m. Árbol cigofiláceo de América tropical, de hasta 12 m de altura, con el tronco grande y ramoso, la corteza dura y parduzca, hojas elípticas y flores de color blanco azulado. || Madera de este árbol, de color cetrino oscuro y gran dureza.

gubernamental. adj. Del gobierno o relativo a él. || Partidario del gobierno. || com. Leal al gobierno vigente en caso de contienda.

gubernativo, va. adj. Del gobierno o relativo a él.

gubia. f. Instrumento de carpintería similar al formón, con corte curvado de media caña, delgado, para labrar superficies curvas. || CIR. Instrumento empleado para la ablación de partes óseas.

guedeja. f. Mechón de pelo. || Cabellera larga. || Melena del león.

guepardo. m. Mamífero félido carnívoro y domesticable, de pelaje manchado similar al del leopardo y cuerpo estilizado apto para la carrera, que habita en las regiones meridionales de Asia y África.

guerra. f. Lucha armada entre dos o más países, o entre grupos contrarios de un mismo país. || Pugna entre dos o más personas. || Lucha, combate.

guerrear. intr. Hacer la guerra. También tr. || Resistir, rebatir.

guerrero, ra. adj. De la guerra o relativo a ella. || Travieso, que incomoda y molesta a los demás. || Belicoso, dispuesto a discutir o pelear. || adj. y s. Soldado, que combate en alguna guerra. || f. Chaqueta militar ajustada y abrochada desde el cuello.

guerrilla. f. Grupo de civiles armados no pertenecientes al ejército regular, que lucha atacando al enemigo por sorpresa y en escaramuzas, gracias a su conocimiento del terreno. || Este modo de lucha.

guerrillero, ra. m. y f. Miembro combatiente de una guerrilla. || f. amer. Especie de guayabera.

gueto. m. Situación de marginación y aislamiento de una comunidad por motivos religiosos, raciales, políticos o culturales. || Barrio en que habita esta comunidad. || Barrio en que eran obligados a vivir los judíos en algunas ciudades de Italia y de otros países.

guía. com. Persona que conduce, dirige, aconseja u orienta a otras. || Persona que enseña a los visitantes lo más destacado de una ciudad, monumento, museo, etc. || Soldado que sirve para alinear la tropa. || f. Lo que dirige o encamina. || Libro de indicaciones. || Lista de datos o información referentes a determinada materia. || Documento que llevan los transportistas de ciertas mercancías. || Mecha de pólvora que enciende los barrenos. || Vara que se deja sin podar en las cepas y en los árboles. || Principal de las coníferas y otros árboles. || Pieza o cuerda que en las máquinas y otros aparatos sirve para dirigir el movimiento. || Manillar de la bicicleta. || Cada uno de los extremos del bigote cuando están retorcidos.

guiar. tr. Ir mostrando el camino. || Aconsejar, orientar. || Conducir o manejar una máquina, en especial un automóvil. || Colocar guías en las plantas para dirigir su crecimiento. || prnl. Dejarse llevar o dirigir.

guijarro. m. Piedra pequeña, redondeada y lisa formada por erosión del agua.

guijo. m. Conjunto de guijarros o piedras pequeñas usadas para consolidar y rellenar los caminos.

guillotina. f. Máquina formada por un armazón de madera por el que cae una cuchilla muy afilada que decapita al reo que está arrodillado o tumbado ante ella. || IMPR. Instrumento formado de una cuchilla vertical que sirve para cortar papel.

guinda. f. Fruto del guindo, similar a la cereza, pero de sabor más ácido. || *col.* Remate, culminación.

guindado, da. adj. Compuesto o preparado con guindas. || m. *amer.* Bebida hecha de aguardiente y guindas. También f.

guindo. m. Árbol frutal de la familia de las rosáceas, parecido al cerezo, de hojas más pequeñas y fruto pequeño, redondo y ácido. || caerse del guindo. loc. *col.* Madurar o salir de la ignorancia en que se estaba.

guiña. f. *amer.* Mala suerte.

guiñapo. m. Trapo o prenda andrajoso, deslucido o roto. || Persona que viste con harapos. || Persona enfermiza, débil.

guiñar. tr. Aproximar rápidamente los párpados de uno o los dos ojos, voluntaria o involuntariamente. || prnl. Hacerse señales con los ojos.

guiño. m. Movimiento rápido de aproximación de los párpados, voluntario o involuntario. || Señal, mensaje disimulado.

guión. m. Esquema escrito de un tema que se quiere exponer o desarrollar. || Texto en que se expone, con los detalles necesarios para su realización, el contenido de un filme o de un programa de radio o televisión. || Signo ortográfico (-) que se utiliza para diversos fines, como separar dos mitades de una misma palabra al final de un renglón, unir dos elementos de una palabra compuesta, indicar en los diálogos cuándo habla cada interlocutor, etc. || Ave delantera de las bandadas migratorias. || Estandarte o cruz que precede una procesión. || MAR. Parte más delgada del remo. || MÚS. Signo usado antiguamente al final del pentagrama para indicar la primera nota de la línea siguiente.

guirlache. m. Dulce o turrón hecho con almendras tostadas y caramelo.

guirnalda. f. Corona o tira de flores, hierbas, ramos y otros materiales entretejidos.

guisa. f. Modo, manera.

guisado. m. Alimento preparado en salsa después de rehogado. || guiso.

guisante. m. Planta hortense leguminosa de tallos trepadores, hojas pecioladas, flores blancas, rojas o azuladas dispuestas en racimos colgantes y fruto en vaina casi cilíndrica, con diversas semillas verdes. || Semilla de esta planta, verde, globosa y comestible.

guisar. tr. Preparar los alimentos al fuego, en especial haciéndolos cocer en salsa después de rehogados.

guiso. m. Alimento rehogado y cocido en salsa junto con verduras o patatas.

guita. f. Cuerda delgada de cáñamo. || f. col. Dinero contante. || Caudal o hacienda.

guitarra. f. Instrumento musical de cuerda compuesto por una caja de resonancia con forma de óvalo estrechado, con un agujero central, un mástil y seis cuerdas que se pulsan con los dedos de una mano, mientras que los de la otra las pisan en el mástil. || Instrumento usado para quebrantar y moler el yeso. || amer. Traje de fiesta.

guitarrista. com. Músico que toca la guitarra. || adj. amer. Amigo de juergas.

gula. f. Desorden o exceso en la comida o bebida.

gulag. m. Campo de concentración so

gurí, isa. m. y f. amer. Muchachito indio o mestizo. || amer. Niño, muchacho.

gurú o **guru.** m. En el hinduismo, guía espiritual, maestro. || Persona respetada y seguida en una comunidad.

gusano. m. Animal invertebrado de cuerpo blando, cilíndrico y alargado, que se contrae al moverse. || Término general para los parásitos intestinales. || Larva de algunos insectos. || Persona insignificante. || Persona vil y despreciable.

gustar. intr. Agradar, parecer bien algo a alguien. || Desear, sentir afición. || tr. Degustar, sentir el sabor en el paladar. || Probar, experimentar.

gustativo, va. adj. Del sentido del gusto o relativo a él.

gusto. m. Sentido corporal con que se percibe el sabor de una sustancia soluble. || Sabor que tienen esas sustancias. || Placer, deleite. || Voluntad propia. || Facultad y manera personal de apreciar lo bello o lo feo. || Capricho, antojo.

gutural. adj. De la garganta o relativo a ella. || FON. Se dice de los sonidos que se articulan al tocar el dorso de la lengua el velo del paladar o acercarse a él estrechando el conducto. || adj. y f. Cada grafía que representa estos sonidos.

guzla. f. Instrumento musical de una sola cuerda similar al rabel.

H

h. f. Octava letra del abecedario español y sexta de sus consonantes. Aunque solo tiene valor ortográfico, se pronuncia aspirada en las variedades extremeña, andaluza y en las de algunas zonas americanas Su nombre es *hache*.

haba. f. Planta herbácea leguminosa de hojas compuestas con hojuelas crasas, flores blancas o rosáceas y fruto en vaina de hasta 12 cm, con cinco o seis de semillas forma de riñón. || Fruto y semilla comestible de esta planta.

habano, na. adj. De La Habana y, p. ext., de la isla de Cuba o relativo a ella. || Del color del tabaco claro. || m. Cigarro puro elaborado en Cuba.

hábeas corpus. (fr. lat.) m DER. Derecho del ciudadano que ha sido detenido a comparecer inmediata y públicamente ante un juez o tribunal para que decida sobre su ingreso en prisión.

haber. aux. Se usa en la conjugación de las formas verbales de tiempos compuestos. || Seguido de la prep. *de* e infinitivo, tiene significado obligativo. || Seguido de la conj. *que* e infinitivo, significa 'ser necesario o conveniente'. || intr. impers. Existir, estar. || Suceder, ocurrir algo. || Verificarse, efectuarse algo.

haber. m. Conjunto de bienes y riquezas de una persona, hacienda. || Sueldo, retribución periódica por un servicio prestado. Más en pl. || COM. Una de las dos partes en que se dividen las cuentas corrientes, en la que se anotan los ingresos al titular. || Conjunto de méritos y cualidades positivas que se cuentan en una persona.

hábil. adj. Capaz, inteligente y dispuesto para hacer algo manual o intelectual. || DER. Apto o capaz para algo.

habilidad. f. Capacidad, inteligencia y disposición para realizar algo. || Lo que se realiza con gracia y destreza.

habilitar. tr. Hacer a una persona o cosa hábil o apta para algo. || Dar a alguien el capital necesario para que pueda negociar por sí.

habitación. f. Ocupación de un lugar o casa. || Cualquiera de los cuartos de una casa. || Dormitorio. || BOT. y ZOOL. Región natural de una especie animal o vegetal.

habitante. adj. Que vive u ocupa habitualmente un lugar o casa. || com. Cada una de las personas que constituyen la población de un barrio, ciudad, provincia o nación.

habitar. tr. e intr. Vivir, ocupar habitualmente un lugar o casa.

hábito. m. Costumbre o práctica adquirida por frecuencia de repetición de un acto. || Destreza que se adquiere por el ejercicio repetido. || Vestido o traje de los miembros de una corporación, sea orden religiosa o militar. || El que se lleva en cumplimiento de un voto o promesa. || PAT. Dependencia respecto a determinadas drogas, en especial estupefacientes.

habitual. adj. Que se hace por hábito, uso o costumbre. || Asiduo, usual.

habituar. tr. y prnl. Acostumbrar a algo o hacer que alguien adquiera un hábito o costumbre.

habla. f. Facultad de hablar. || Acción de hablar. || Modo peculiar o personal de hablar. || LING. Realización individual de la lengua por parte de los hablantes. || LING. Sistema lingüístico de una comarca, localidad o colectividad, con rasgos propios dentro de otro sistema más extenso.

habladuría. f. Dicho impertinente que injuria. || Rumor que se extiende sin fundamento. Más en pl.

hablar. intr. Pronunciar palabras para darse a entender. || Comunicarse, conversar. || Pronunciar un discurso. || Dirigir la palabra a una persona. || Con los advs. *bien* o *mal*, expresarse de uno u otro modo y manifestar opiniones favorables o adversas sobre alguien o algo.

hacendado, da. adj. y s. Que tiene hacienda y caudal en bienes raíces. || m. y f. *amer.* Dueño de una hacienda de cría de ganado.

hacendoso, sa. adj. Solícito y diligente en las tareas domésticas.

hacer. tr. Producir, causar. || Fabricar, componer. || Ejecutar. También prnl. || Con el pron. neutro *lo*, realizar la acción de un verbo ya enunciado. || Disponer, llevar a cabo. || Transformar, convertir. || Caber, contener o equivaler a una cantidad. || Unido a ciertos nombres, expresa la acción del nombre o raíz. || Suponer, creer. || Representar una obra teatral, cinematográfica, etc. || Ejercitar los miembros, músculos, etc., para fomentar su desarrollo. || Reducir una cosa a lo que significan los nombres a que va unido. || intr. Obrar, actuar, proceder. || Importar, convenir. || Con algunos nombres de oficios, profesiones, etc., ejercerlos. || Procurar que sucedan las acciones que significan los infinitivos que le siguen. || Aparentar.

hacha. f. Vela de cera grande y gruesa, con cuatro pabilos. || Mecha de esparto y alquitrán para que resista al viento sin apagarse. || Haz de paja atado que se usa como cubierta de chozas. || f. Herramienta cortante compuesta por una hoja ancha con filo en uno de sus lados y un mango de madera insertado en el lado opuesto. || TAUROM. Cuerno del toro.

hachazo. m. Golpe dado con el hacha.

hacia. prep. Indica la dirección del movimiento con respecto a su punto de destino. || Alrededor de, cerca de.

hacienda. f. Conjunto de bienes y riquezas que se poseen. || Finca agrícola o ganadera. || Ganado, conjunto de animales que se posee. || Conjunto de organismos que se ocupan de administrar los bienes del Estado y regular las obligaciones fiscales.

hacinamiento. m. Amontonamiento, acumulación. || Aglomeración en un mismo lugar de un número de personas o animales que se considera excesivo.

hacinar. tr. Amontonar, acumular, juntar sin orden personas o cosas. También prnl. || Colocar los haces unos sobre otros para formar una hacina.

hada. f. Ser fantástico que se representa con forma de mujer y dotado de poderes mágicos.

hado. m. Divinidad o fuerza desconocida que se creía que gobernaba el destino de los hombres. || Destino, encadenamiento fatal de los sucesos, sean favorables o desfavorables.

hagiografía. f. Historia de la vida de los santos.

haitiano, na. adj. y s. De Haití o relativo a este país de Centroamérica.

halagar. tr. Dar muestras de admiración y afecto que sean gratas a alguien. || Dar motivo de satisfacción al orgullo de alguien. || Adular a alguien.

halago. m. Demostración de afecto o alabanza. || Adulación o muestra de admiración interesada.

halagüeño, ña. adj. Que promete cosas favorables. || Que adula o lisonjea.

halar. tr. MAR. Tirar de un cabo, de una lona o de un remo al bogar. || amer. Tirar hacia sí de una cosa. || amer. Emborracharse.

halcón. m. Ave rapaz diurna de hasta 50 cm de longitud y 90 de envergadura, carnívora, de color gris ceniciento con el pecho y vientre más claros, de cabeza pequeña, pico fuerte muy ganchudo y patas fuertes de garras curvas y robustas. || Partidario la línea dura e in-

transigente de un grupo, o del empleo de la fuerza en la solución de un conflicto.

hálito. m. Aliento. || Vapor que sale de algo. || poét. Soplo suave y apacible del aire.

halitosis. f. Aliento fétido.

hall. (voz i.) m. Vestíbulo.

hallar. tr. Encontrar a una persona o cosa. || Descubrir o inventar lo que hasta entonces es desconocido. || Descubrir la verdad o el resultado de algo. || Ver, observar, notar. || prnl. Estar presente, encontrarse.

hallazgo. m. Descubrimiento, invento o encuentro. || Lo que se halla, en especial si es de importancia.

halo. m. Fenómeno luminoso que consiste en un círcu[chlo blanco o irisado que aparece a veces alrededor del Sol o de la Luna. || Cerco de luz difusa que rodea un cuerpo luminoso. || Cerco de luz que rodea la cabeza o figura de los santos en la imaginería religiosa. || Cualidad que la opinión cree que rodea a una persona.

hamaca. f. Red o tela gruesa que, colgada por los extremos, se usa de cama y columpio. || Asiento consistente en una lona que sirve de asiento y respaldo sujeta en una armadura de tijera. || amer. Mecedora. || amer. Columpio.

hamacar o **hamaquear.** tr. y prnl. amer. Mecer la hamaca. || prnl. amer. Entretener un asunto, marear a alguien. || amer. Poner empeño en salir de una situación comprometida o difícil.

hambre. f. Sensación que indica la necesidad de alimentos. || Escasez de alimentos básicos. || Deseo ardiente de algo.

hambriento, ta. adj. y s. Que tiene mucha hambre o necesidad de comer. || Deseoso o necesitado de algo.

hamburgués, esa. adj. y s. De Hamburgo o relativo a esta ciudad alemana.

hamburguesa. f. Bistec de carne picada, huevo y perejil que se sirve con guarnición o en bocadillo. || El mismo bocadillo que suele hacerse con pan especial redondo, lechuga y tomate.

hampa. f. Conjunto de delincuentes, pícaros y maleantes que viven al margen de la ley. || Modo de vida que llevan.

hampón. adj. Valentón, bravucón. || adj. y m. Que es miembro del hampa.

hámster. m. Mamífero roedor de la familia de los múridos, de 20 a 30 cm de longitud, con el cuerpo macizo y rechoncho, hocico chato, orejas pequeñas y cola y patas cortas.

hangar. m. Cobertizo grande y abierto, de techo sólido, destinado a guardar o reparar aparatos de aviación.

haragán, ana. adj. y s. Holgazán, que rehúye el trabajo.

harakiri. (voz japonesa) m. Haraquiri.

haraquiri. (voz japonesa) m. Forma de suicidio ritual de la nobleza japonesa, consistente en abrirse el vientre en canal.

hardware. (voz i.) m. INFORM. Conjunto de elementos materiales que constituyen el soporte físico de un ordenador.

harekrisna o **kare krishna.** com. Seguidor de la secta, derivada del hinduismo, que venera al dios Krishna y sigue una vida ascética.

harén o **harem.** m. Departamento de las casas de los musulmanes en que solo viven las mujeres. || Conjunto de las mujeres que viven bajo un jefe de familia. || ZOOL. P. ext., grupo de hembras que conviven con un único macho en la época de la procreación.

harina. f. Polvo que resulta de moler el trigo u otras semillas gramíneas. || Este mismo polvo despojado del salvado o la cascarilla. || Polvo procedente de algunos tubérculos y legumbres. || amer. col. Dinero, caudal.

harnero. m. Criba que se usa para limpiar de salvado e impurezas las semillas.

harpillera. f. Arpillera.

hartar. tr. y prnl. Saciar el apetito de comer y beber. || Satisfacer el deseo de algo. || Cansar, fastidiar. || Dar o recibir o en abundancia. || amer. Calumniar. || amer. Insultar.

harto, ta. adj. Satisfecho, lleno. || Cansado, fastidiado. || adv. c. Bastante o demasiado.

hasta. prep. Indica el término de tiempo, lugar, acciones, cantidades, etc. || adv. Incluso. || conj. Seguida de cuando o gerundio, indica inclusión. || Seguida de que o infinitivo, indica el término de la acción principal.

hastiar. tr. y prnl. Causar hastío o disgusto.

hastío. m. Disgusto, tedio. || Repugnancia a la comida.

hato. m. Ropa y pequeño ajuar que uno tiene para el uso preciso y ordinario. || Conjunto de cabezas de ganado, como bueyes, vacas, ovejas, etc. || Sitio donde paran los pastores con el ganado. || amer. Hacienda de campo destinada a la cría de toda clase de ganado. || Grupo de gente malvada o despreciable. || Conjunto o abundancia.

hawaiano, na. adj. y s. De Hawai o relativo a este archipiélago del Pacífico.

haya. f. Árbol fagáceo de hasta 30 m de altura, tronco grueso y liso de corteza gris y ramas de gran altura con hojas ovales. || Madera de este árbol, ligera y resistente.

hayal o **hayedo.** m. Terreno poblado de hayas.

haz. m. Porción atada de mieses, lino, hierbas, leña, etc. || Conjunto de rayos luminosos de un mismo origen.

haz. f. Cara anterior de un cuerpo plano. || BOT. Cara superior de la hoja, normalmente

más brillante y lisa, y de nervadura menos patente que el envés.

hazaña. f. Proeza, acción importante o heroica.

hazmerreír. m. col. Persona risible por su ridiculez o extravagancia.

hebilla. f. Pieza de diversas formas, generalmente metálica, que sujeta la correa o cinta que pasa a través de ella gracias a un clavillo.

hebra. f. Trozo de hilo o fibra textil que se usa para coser. || Filamento de las materias textiles. || Fibra de la carne. || Filamentos de tabaco picado. || Estigma de la flor del azafrán. || Hilo que forman las materias viscosas que tienen cierto grado de concentración. || En la madera, dirección de la fibra. || Parte de la madera que tiene consistencia y flexibilidad para ser labrada o torcida sin saltar ni quebrarse.

hebreo, a. adj. Del hebraísmo o relativo a él. || adj. y s. Se dice del antiguo pueblo semítico que conquistó y habitó Palestina. || Que profesa el hebraísmo. || m. LING. Lengua semítica de este pueblo.

hecatombe. f. Catástrofe o desastre con numerosas víctimas y grandes pérdidas. || Gran mortandad. || Sacrificio de animales que hacían los antiguos a sus dioses.

hechicería. f. Conjunto de ritos, conocimientos y poderes sobrenaturales con los que se pretende ayudar o hacer daño. || Hechizo.

hechicero, ra. adj. Que atrae y cautiva por su belleza o cualidades. || adj. y s. Que practica la hechicería.

hechizar. tr. Ejercer una influencia maléfica con poderes y prácticas mágicas. || Embelesar, cautivar, despertar admiración.

hechizo, za. adj. Artificioso, fingido. || amer. Manufacturado en el propio país. || m. Práctica mágica de influencia maléfica y control sobre el hechizado, y objetos que se emplean en ella. || Atractivo, seducción.

hecho, cha. adj. Perfecto, maduro. || Semejante a. || Aplicado a los cuerpos de personas o animales, con los advs. bien o mal, proporcionado o desproporcionado. || adj. m. Aceptado, concedido. || m. Acción u obra. || Suceso, acontecimiento. || Asunto o materia de los que se trata.

hechura. f. Confección de una prenda de vestir. || Configuración del cuerpo, aspecto exterior. || amer. Invitación a beber.

hectárea. f. Unidad de superficie equivalente a 100 áreas.

hectolitro. m. Unidad de capacidad equivalente a 100 litros.

hectómetro. m. Unidad de longitud equivalente a 100 metros.

hediondo, da. adj. Que despide hedor. ||
Que resulta moralmente ofensivo u obsceno. || Molesto, enfadoso. || m. Arbusto
leguminoso que despide mal olor, de flores
amarillas en racimo y frutos en vainillas negras. || f. Estramonio.

hedonismo. m. Doctrina ética que propone la
consecución del placer como fin supremo al
identificarlo con el bien.

hedor. m. Olor fuertemente desagradable y penetrante, que proviene de la descomposición
de sustancias orgánicas.

hegemonía. f. Supremacía que un estado o
pueblo ejerce sobre otro. || p. ext., superioridad o supremacía de cualquier tipo.

heladería. f. Establecimiento donde se elaboran y venden helados.

heladero, ra. adj. y s. Lugar muy frío o abundante en heladas. || adj. De los helados o
relativo a ellos. || m. y f. Persona que fabrica
o vende helados o tiene una heladería. || f.
amer. Nevera.

helado, da. adj. Muy frío. || Sorprendido,
atónito. || Esquivo, desdeñoso. || m. Bebida,
dulce o postre que se hace con leche, huevos, azúcar, frutas y alguna esencia y que
se somete a congelación. || f. Fenómeno
atmosférico que se produce al congelarse
el agua por un descenso persistente de las
temperaturas.

helar. tr. Congelar, solidificar un líquido por
la acción del frío. También prnl. || Dejar a
alguien suspenso y pasmado. || Desalentar,
acobardar. || intr. impers. Caer heladas por
darse una temperatura inferior a 0 ºC. || prnl.
Ponerse una persona o cosa muy fría. || Coagularse algo que se había licuado, por falta
del calor necesario. || Secarse los árboles,
plantas o frutas, por la congelación de su savia y jugos, producida por el frío.

helechal. m. Lugar poblado de helechos.

helecho. m. Planta criptógama sin flor ni semilla, de grandes hojas perennes lanceoladas y
ramificadas en segmentos, en cuyo envés se
forman la esporas para su reproducción.

helénico, ca. adj. y s. De Grecia o relativo a
este país europeo. || De la antigua Hélade,
de sus habitantes y cultura o relativo a ellos.

helenismo. m. Giro o modo de hablar propio
de la lengua griega usado en otro idioma. ||
Periodo de la cultura griega, posterior al reinado de Alejandro Magno y que llega hasta
el emperador Augusto. || Influencia cultural
de los antiguos griegos en la civilización
moderna.

heleno, na. adj. Griego. || adj. y s. Se dice de
cualquiera de los pueblos que dieron inicio
a la gran civilización de la Hélade o Grecia
antigua.

helero. m. Masa de hielo de pequeñas dimensiones situada bajo la zona de nieves perpetuas. || Mancha de nieve en general.

hélice. f. Conjunto de aletas helicoidales
que, al girar alrededor de un eje, producen
una fuerza de reacción que se utiliza principalmente para la propulsión de barcos y
aeronaves.

helicoidal. adj. Que tiene forma de hélice.

helicóptero. m. Aeronave caracterizada por
tener una hélice de eje vertical en su parte
superior que le permite mantenerse inmóvil,
ascender y descender verticalmente.

helio. m. QUÍM. Elemento químico inerte,
gaseoso, incoloro, inodoro, insípido y el más
ligero de todos los cuerpos, después del hidrógeno. Su símbolo es *He*.

heliograbado. m. Procedimiento para obtener
grabados en relieve mediante la acción de la
luz solar sobre planchas adecuadas. || Estampa obtenida por este procedimiento.

heliografía. f. Sistema de transmisión de señales por medio del heliógrafo. || Descripción o
fotografía del Sol.

heliógrafo. m. Instrumento para hacer señales
telegráficas por medio de los destellos producidos por la reflexión de un rayo de sol en
un espejo plano movible. || METEOR. Instrumento para medir la intensidad de calor
radiado por el Sol y registrar la duración de
la insolación.

helioterapia. f. Método de curación que expone la totalidad del cuerpo o la parte enferma
a los rayos solares.

heliotropo. m. Planta borraginácea originaria
de Perú, de tallo leñoso, muchas ramas con
hojas perennes de color verde oscuro y espigas de flores pequeñas blancas o azuladas de
olor avainillado. || Ágata de color verde oscuro y manchas rojizas. || Helióstato en que el
espejo es movido a mano mediante tornillos.

helipuerto. m. Pista destinada al aterrizaje y
despegue de helicópteros.

helminto. m. ZOOL. Gusano parásito, en especial del tracto digestivo del hombre y de
otros vertebrados.

helvecio, cia o **helvético, ca.** adj. y s. De
Helvecia o relativo a este país de la Europa
antigua. || De Suiza o relativo a este país
europeo.

hematíe. m. BIOL. Glóbulo rojo, eritrocito o
célula de la sangre que contiene la hemoglobina y transporta el oxígeno desde los pulmones a los tejidos. Más en pl.

hematología. f. Parte de la biología o de la
medicina que realiza el estudio histológico,
funcional y patológico de la sangre.

hematoma. m. PAT. Acumulación de sangre
debida a un derrame.

hembra. f. Animal del sexo femenino. || *col.* Mujer. || En las plantas que presentan distintos sexos, el ejemplar que da frutos. || En los objetos formados de dos piezas que encajan, aquella que recibe y en que se introduce la contraria.

hemeroteca. f. Biblioteca que dispone de una colección de diarios y publicaciones periódicas.

hemiciclo. m. Semicírculo. || Graderío semicircular, en especial en el salón de sesiones del Congreso de los Diputados.

hemiplejia o **hemiplejía.** f. PAT. Parálisis de todo un lado del cuerpo por diversas lesiones en los centros motores.

hemíptero, ra. adj. y m. De los hemípteros o relativo a este orden de insectos. || m. pl. ZOOL. Orden de insectos de metamorfosis sencilla, chupadores o picadores, con pico articulado y cuatro alas que pueden ser coriáceas o membranosas.

hemisférico, ca. adj. Que tiene forma de hemisferio.

hemisferio. m. GEOG. Mitad de la superficie de la esfera terrestre, dividida por el Ecuador o un meridiano. || GEOM. Cada una de las dos mitades de una esfera dividida por un plano que pasa por su centro. || ANAT. Cada una de las dos mitades del cerebro, separadas por el cuerpo calloso.

hemoglobina. f. BIOQUÍM. Pigmento proteínico colorante de los glóbulos rojos y plasma sanguíneo que permite el transporte de oxígeno.

hemorragia. f. PAT. Salida más o menos abundante de sangre de los vasos sanguíneos por rotura de estos.

hemorroide. f. MED. Almorrana, pequeño tumor sanguíneo que se forma por dilatación varicosa de las venas del final del recto y el ano. Más en pl.

henchir. tr. Llenar, ocupar con algo un espacio vacío. || prnl. Hartarse de comida.

hendedura. f. Hendidura.

hender. tr. y prnl. Hacer una hendidura en un cuerpo. || Atravesar un fluido, cortar su superficie.

hendidura. f. Abertura o corte profundo en un cuerpo sólido que no llega a dividirlo del todo. || Grieta más o menos profunda en una superficie.

hendija. f. Hendidura pequeña, rendija.

henequén. m. *amer.* Nombre genérico de varias especies de agave o pita.

henil. m. Lugar donde se guarda el heno.

heno. m. Planta gramínea, con cañitas delgadas de unos 20 cm de largo, hojas estrechas y agudas y flores en panoja abierta. || Hierba segada y seca, para alimento del ganado.

hepática. adj. y f. De las hepáticas o relativo a esta clase de plantas. || f. Hierba ranunculácea vivaz, de hojas gruesas, pecioladas y partidas en tres lóbulos acorazonados, de flores azuladas, rojizas o blancas.

hepático, ca. adj. Del hígado o relativo a él. || adj. y s. Que padece de hígado.

hepatitis. f. PAT. Inflamación del hígado.

heráldico, ca. adj. De la heráldica o relativo a ella. || f. Estudio y explicación de los blasones y escudos de armas.

herbario, ria. adj. De las hierbas y plantas o relativo a ellas. || m. Colección clasificada de plantas secas para el estudio botánico. || ZOOL. Primera cavidad del estómago de los rumiantes.

herbívoro, ra. adj. y m. Se apl. a los animales que se alimentan de hierbas o plantas.

herciano, na. adj. Hertziano.

hercio. m. FÍS. Unidad de frecuencia de un movimiento vibratorio que es equivalente a un ciclo de oscilación por segundo.

hercúleo, a. adj. De Hércules, con sus características o relativo a él.

hércules. m. Hombre de mucha fuerza y corpulencia.

heredar. tr. Recibir por ley o testamento la propiedad de los bienes que una persona deja cuando muere para que sus bienes y derechos no se extingan con ella. || BIOL. Poseer los seres vivos los caracteres psíquicos y biológicos de sus progenitores. || Recibir algo de una persona o circunstancia anterior. || *col.* Usar las pertenencias de otra persona.

heredero, ra. adj. y s. Persona que por testamento o por ley recibe toda o parte de una herencia. || Dueño de una heredad. || Que presenta las características o cualidades de sus progenitores o antepasados. || Lo que recibe una situación del pasado.

hereje. com. Persona que sostiene dogmas u opiniones diferentes a la ortodoxia de su religión. || Desvergonzado, procaz.

herejía. f. Creencia o doctrina contraria a los dogmas de fe establecidos por una religión. || Postura contraria a los principios aceptados de una ciencia o arte. || Palabra gravemente injuriosa. || Disparate, error. || Daño o tormento grande, infligido injustamente a una persona o animal.

herencia. f. Derecho de heredar. || Patrimonio o conjunto de bienes de un difunto que se trasmite legalmente a sus sucesores. || BIOL. Transmisión a los descendientes de los caracteres biológicos de los progenitores. || BIOL. Conjunto de los rasgos transmitidos por los progenitores. || Conjunto de rasgos, ideas, circunstancias sociales, etc., que se transmiten a los herederos o continuadores.

herido, da. adj. y s. Que tiene una o varias heridas. || m. *amer.* Zanja. || f. Lesión o rotura de los tejidos de los seres vivos por incisión o contusión. || Ofensa, agravio. || Aflicción, sufrimiento moral. || Lugar donde se abate la caza de volatería, perseguida por una ave de rapiña.

herir. tr. Golpear, romper o abrir con violencia los tejidos de un ser vivo. También prnl. || Golpear, dar un cuerpo contra otro. || Ofender, agraviar. || Tocar las cuerdas o las teclas de un instrumento musical. || Impresionar desagradablemente alguno de los sentidos. || Hacer fuerza un sonido sobre otro para formar sílaba o sinalefa. || Zumbar suavemente un proyectil en el aire.

hermafrodismo. m. Hermafroditismo.

hermafrodita. adj. ZOOL. Se apl. a los animales que reúnen los dos sexos en un individuo. || BOT. Se apl. a las plantas en cuyas flores se reúnen estambre y pistilo. || adj. y com. Ser humano que reúne rasgos de los dos sexos, en especial si posee ambos órganos reproductores total o parcialmente.

hermanar. tr. y prnl. Unir, armonizar, compatibilizar dos o más cosas. || Unir, hacer a uno hermano de otro en sentido místico o espiritual. || Establecer vínculos institucionales entre dos países o ciudades.

hermanastro, tra. m. y f. Hijo de uno de los dos cónyuges respecto al hijo del otro.

hermandad. f. Relación de parentesco entre hermanos. || Fraternidad, amistad solidaria y desinteresada. || Correspondencia que guardan varias cosas entre sí. || Cofradía o congregación de devotos. || Agrupación de personas para un fin desinteresado o de beneficio colectivo.

hermano, na. m. y f. Persona nacida de los mismos padres respecto a otra, o solamente el mismo padre o la misma madre. || Persona unida a otra por vínculos espirituales, morales o ideológicos. || Persona que vive en una comunidad religiosa o pertenece a ella. || Miembro de una hermandad o cofradía. || Una cosa respecto a otra semejante o que tiene vínculos comunes.

hermético, ca. adj. Se dice de lo que se cierra de modo que no permite pasar el aire ni los fluidos. || Impenetrable, incomprensible o cerrado. || Del filósofo egipcio del siglo XX a. C. Hermes o relativo a él.

hermosear. tr. y prnl. Hacer o poner hermoso, adornar.

hermoso, sa. adj. Que resulta proporcionado y bello a los sentidos. || Noble o bello moralmente. || *col.* Grande, amplio. || *col.* Robusto, saludable.

hermosura. f. Conjunto de cualidades que dotan de belleza a las cosas que se perciben sensorialmente. || Lo que es hermoso.

hernia. f. PAT. Tumor producido por el desplazamiento o la salida total o parcial de una víscera u otra parte blanda fuera de su cavidad natural.

héroe, heroína. m. y f. Persona admirada por sus hazañas y virtudes. || Persona que lleva a cabo una acción heroica. || Personaje principal de un texto literario o una trama cinematográfica. || MIT. Hijo de un dios y de un ser humano.

heroico, ca. adj. Admirable y extraordinario por su valor o méritos. || LIT. Se apl. en especial a la poesía o composición poética en que se narran o cantan hazañas gloriosas.

heroína. f. Droga obtenida de la morfina, en forma de polvo blanco y amargo, con propiedades sedantes y narcóticas.

heroísmo. m. Valor, virtudes y conjunto de cualidades propias de un héroe. || Acción heroica.

herpe o **herpes.** amb. Erupción cutánea de carácter vírico que se caracteriza por la aparición de pequeñas vesículas o vejigas rodeadas de una aureola rojiza. Más c. m.

herradura. f. Hierro en forma de uve que se clava en los cascos de las caballerías para que no se dañen las pezuñas al andar. || Protección de esparto o cáñamo que se pone a las caballerías cuando se deshierran. || Murciélago que tiene los orificios nasales rodeados por una membrana en forma de herradura.

herraje. m. Conjunto de piezas de hierro o acero con las que se adorna o refuerza un objeto. || Conjunto de las herraduras de una caballería.

herramienta. f. Objeto que se utiliza para trabajar en diversos oficios o realizar un trabajo manual. || Conjunto de estos instrumentos. || *col.* Cornamenta de un animal. || *col.* Dentadura. || *col.* Pistola, navaja o cualquier otro tipo arma.

herrar. tr. Ajustar y clavar las herraduras a las caballerías, o los callos a los bueyes. || Marcar con hierro candente a un animal u objeto. || Adornar o reforzar con hierro un objeto.

herrería. f. Taller o tienda del herrero. || Oficio de herrero. || Fábrica en que se funde y labra el hierro en grueso.

herrero, ra. m. y f. Artesano que trabaja el hierro. || *amer.* Herrador.

herrumbre. f. Óxido de hierro, en especial en la superficie de objetos de hierro en contacto con la humedad. || Gusto o sabor que algunas cosas toman del hierro. || Roya, hongo de las plantas.

hertziano, na. adj. De las ondas electromagnéticas o relativo a ellas.

hervir. intr. Moverse agitadamente un líquido por elevación de su temperatura o fermentación. || Con las prep. *en* y *de*, abundar. || Excitarse los afectos y pasiones. || tr. Hacer hervir un líquido.

hervor. m. Ebullición, movimiento y agitación de un líquido al hervir. || Fogosidad, inquietud.

heterodoxia. f. Disconformidad con los dogmas y creencias de una religión. || Disconformidad con las ideas o prácticas de cualquier doctrina.

heterodoxo, xa. adj. y s. Disconforme o distinto de los dogmas y creencias de una religión. || Disconforme o diferente de las ideas o prácticas de cualquier doctrina.

heterogéneo, a. adj. Compuesto de componentes o partes de distinta naturaleza.

hexaedro. m. GEOM. Cuerpo geométrico de seis caras planas. || hexaedro regular.

hexágono, na. adj. y m. GEOM. Polígono de seis lados.

hez. f. Poso o sedimento de algunas preparaciones líquidas. Más en pl. || Lo más vil y despreciable. || pl. Excrementos.

hiato. m. Encuentro de dos vocales que se pronuncian en sílabas distintas. || Cacofonía que resulta del encuentro de vocales. || MÉTR. Ruptura de una sinalefa para alargar la métrica de un verso. || ANAT. Nombre genérico de algunos anillos y orificios.

hibernar. intr. Pasar el invierno en estado de hibernación. || tr. MED. Aplicar a un organismo el procedimiento de hibernación.

híbrido, da. adj. y m. Se dice del animal o vegetal obtenido del cruce de dos individuos de distinta especie. || BIOL. Heterocigótico. || Se apl. en general a lo que está formado por elementos de distinta naturaleza.

hidalgo, ga. m. y f. Miembro del escalafón más bajo de la aristocracia castellana. || adj. Del hidalgo o relativo a este miembro de la nobleza. || Generoso y noble.

hidalguía. f. Condición social del hidalgo. || Nobleza y generosidad.

hidra. f. Pólipo tubular de agua dulce, cerrado por una extremidad y con un orificio usado como boca y ano, con varios tentáculos urticantes en la otra. || Culebra marina venenosa, de color negro y vientre blanco amarillento, cubierta de escamas y de cola comprimida. || MIT. Monstruo de siete cabezas que renacían a medida que se cortaban. || ASTRON. Constelación austral situada al sur de Virgo.

hidratación. f. Combinación de un cuerpo o compuesto químico con el agua. || Conservación del grado normal de humedad de la piel y el organismo.

hidratar. tr. Restablecer el grado de humedad normal de la piel. || Restablecer la proporción

adecuada de agua en el organismo. || QUÍM. Combinar un cuerpo o sustancia con agua.

hidrato. m. QUÍM. Compuesto que contiene moléculas de agua en su estructura.

hidráulico, ca. adj. De la hidráulica o relativo a ella. || Que se mueve por medio del agua.

hidroavión. m. Aeroplano que puede posarse sobre el agua o despegar desde ella gracias a unos flotadores.

hidrocarburo. m. QUÍM. Cada uno de los compuestos químicos resultantes de la combinación del carbono con el hidrógeno.

hidrodinámica. f. Hidrodinámico.

hidroeléctrico, ca. adj. De la energía eléctrica obtenida por fuerza hidráulica o relativo a ella.

hidrofobia. f. Horror al agua. || rabia, enfermedad infecciosa que se transmite al hombre por la mordedura de algunos animales.

hidrófobo, ba. adj. y s. Que padece hidrofobia.

hidrógeno. m. QUÍM. Elemento químico no metálico, gas incoloro e insípido, catorce veces más ligero que el aire, que entra en la composición de muchas sustancias orgánicas y que forma el agua al combinar se con oxígeno. Su símbolo es *H*.

hidrografía. f. Parte de la geografía física que trata de la descripción de los mares y las corrientes de agua. || Conjunto de mares, lagos y aguas corrientes de una zona geográfica.

hidrología. f. Ciencia que estudia las aguas continentales y subterráneas, sus propiedades, distribución y utilización.

hidromel o **hidromiel.** m. Agua mezclada con miel.

hidropesía. f. PAT. Derrame o acumulación anormal del líquido seroso en una cavidad del organismo o en el tejido celular.

hidroplano. m. Hidroavión. || Embarcación que alcanza gran velocidad y tiende a elevarse por medio de unas aletas que ejercen reacción al tocar el agua.

hidroterapia. f. Empleo terapéutico del agua, en especial en forma de baños y duchas.

hiedra. f. Planta araliácea trepadora, de ramas sarmentosas con hojas perennes de color verde oscuro partidas en cinco lóbulos, flores de color amarillo verdoso y fruto en bayas negruzcas del tamaño de un guisante.

hiel. f. Bilis. || Amargura, resentimiento.

hielera. f. *amer.* Cubitera.

hiena. f. Mamífero carnívoro y carroñero, propio de Asia y África, del tamaño de un lobo, con el pelaje áspero gris amarillento con listas o manchas en el lomo, patas delanteras más largas que las traseras y olor desagradable debido al desarrollo de sus glándulas anales. || Persona cruel y despiadada.

hierático, ca. adj. Se apl. a cierta escritura egipcia, abreviación de la jeroglífica. || Se apl. a un estilo de arte de rasgos rígidos y solemnes. || Referido a una persona, aquella cuya expresión no deja adivinar sentimiento alguno. || De las cosas sagradas o de los sacerdotes o relativo a ellas.

hierba. f. Cualquier planta con tallos delgados y tiernos que no desarrolla tejido leñoso y solo vive hasta florecer. || Conjunto de muchas hierbas que nacen en un terreno. || pl. Infusión. || Veneno a base de hierbas. || Pastos que hay en las dehesas para los ganados. || Años de los animales que se crían en estos pastos.

hierro. m. QUÍM. Elemento químico metálico dúctil, maleable y muy tenaz, de color gris azulado, magnético y oxidable, muy usado en la industria y en las artes. Su símbolo es *Fe*. || Marca e instrumento para marcar a los ganados y a otras cosas como garantía y contraste. || Varilla de acero que es armadura de las obras de hormigón armado. || Arma, instrumento o pieza de hierro o acero. || *amer.* Surco que hace el arado en la tierra. || pl. Instrumentos de hierro, como cadenas, grillos, etc., para aprisionar partes del cuerpo.

hígado. m. ANAT. Órgano glandular del aparato digestivo del hombre y demás mamíferos, de color rojo oscuro, y que realiza importantes funciones metabólicas como segregar la bilis y desintoxicar la sangre.

higiene. f. Rama de la medicina que tiene por objeto la conservación de la salud y la prevención de enfermedades. || Aplicación pública o privada de estos principios y reglas. || Limpieza y aseo.

higiénico, ca. adj. De la higiene o que cumple los mínimos requisitos de limpieza y aseo.

higo. m. Segundo fruto que da la higuera tras la breva, de piel verde y carne rojiza y dulce llena de pequeñas pepitas negras.

higrómetro. m. Instrumento usado para determinar la humedad atmosférica.

higuera. f. Árbol moráceo, de media altura, de savia de látex amargo, madera blanca y hojas grandes y lobuladas, cuyo fruto es el higo.

higueral. m. Terreno poblado de higueras.

hijastro, tra. m. y f. Hijo o hija que uno de los cónyuges aporta al matrimonio de una unión anterior.

hijo, ja. m. y f. Persona o animal, respecto de su padre o de su madre. || Cualquier persona, respecto del país o población de que es natural. || Religioso, con relación al fundador de su orden y a la casa donde tomó hábito. || Nombre que se suele dar al yerno y a la nuera, respecto de los suegros. || Expresión de cariño. || Lo que es resultado de algo. || m. Lo que procede o sale de otra cosa por procreación, como los retoños que echa el árbol. || m. pl. Descendientes.

hijodalgo, hijadalga. m. y f. Hidalgo.

hilacha. f. Pedazo de hilo que se desprende de la tela. || Porción insignificante de alguna cosa. || *amer.* Guiñapo, harapo.

hilada. f. Hilera, serie de elementos en línea. || ARQ. Serie horizontal de ladrillos o piedras que se van poniendo en un edificio. || MAR. Serie horizontal de objetos puestos a tope, uno a continuación de otro.

hilado. m. Conversión de una fibra textil en hilo. || Porción de lino, cáñamo, seda, lana, algodón, etc., reducida a hilo.

hilandería. f. Arte o técnica de hilar. || Fábrica de hilados.

hilar. tr. Transformar una fibra textil en un hilo continuo cohesionado y manejable. || Segregar un insecto o arácnido una hebra de seda para formar el capullo o su tela. || Discurrir, inferir unas cosas de otras.

hilaridad. f. Risa ruidosa y algazara causada por lo que se oye o lo que se ve.

hilera. f. Formación en línea de un número de personas o cosas. || Instrumento para reducir a hilo los metales. || Hilo o hilaza fina. || pl. ZOOL. En los animales hiladores, apéndices que contienen las glándulas productoras del líquido con que forman los hilos.

hilo. m. Hebra larga y delgada que se forma retorciendo el lino, lana, u otra materia textil. || Tejido de lino o cáñamo. || Hebra que forman las arañas, gusanos de seda, etc. || Alambre o filamento metálico muy delgado. || Cable transmisor. || Chorro muy delgado de un líquido. || Desarrollo de un pensamiento, un discurso, etc.

hilván. m. Costura de puntadas largas con que se preparan las piezas de tela para su costura definitiva. || Cada una de estas puntadas. || Hilo empleado para hilvanar.

hilvanar. tr. Apuntar o unir con hilvanes. || Enlazar, coordinar ideas, frases o palabras. || *col.* Hacer algo con precipitación.

himeneo. m. *poét.* Boda o casamiento. || Composición poética en que se celebra un casamiento.

himenóptero. adj. y m. De los himenópteros o relativo a este orden de insectos. || m. pl. ZOOL. Orden de insectos pterigotas, de boca masticadora, meta morfosis complicada y dos pares de alas transparentes y membranosas de nerviación pobre, unidas como si fueran un solo par.

himnario. m. Colección de himnos.

himno. m. Composición poética o musical de alabanza religiosa. || Composición poética o musical de alabanza de un hecho memorable o representación de un colectivo o país.

hincapié en (hacer). loc. Insistir, mantenerse firme algo.

hincar. tr. Introducir o clavar una cosa en otra. || Apoyar una cosa en otra con fuerza. || prnl. Arrodillarse.

hincha. f. col. Odio, enemistad. || com. Partidario entusiasta de alguien, en especial de un equipo deportivo.

hinchar. tr. Hacer que aumente de volumen algún objeto o dilatarlo con un fluido. También prnl. || Aumentar el agua de un río, arroyo, etc. También prnl. || Exagerar una noticia o un suceso. || prnl. Aumentar de volumen una parte del cuerpo a causa de una herida, golpe, etc. || Llevar a cabo una actividad con exceso. || Envanecerse, engreírse.

hinchazón. f. Aumento de volumen de una parte del cuerpo a causa de una herida, golpe, etc. || Engreimiento, presunción.

hindú. adj. y com. De la India o relativo a este país asiático. || Seguidor del hinduismo.

hinojo. m. Planta herbácea umbelífera, aromática, de tallos erguidos y ramosos, hojas muy divididas lacinias filiformes y flores pequeñas y amarillas, usada en medicina y como condimento. || m. Rodilla, parte de unión del muslo y de la pierna. Más en pl.

hipérbaton. m. GRAM. Alteración del orden natural o gramatical de las palabras en el discurso.

hipérbole. f. RET. Figura que consiste en aumentar o disminuir exageradamente la verdad de aquello sobre lo que se habla.

hiperbóreo, a. adj. Se aplica a las regiones muy septentrionales, a sus habitantes, fauna y flora.

hipertensión. f. FISIOL. Aumento excesivo de la tensión vascular o sanguínea.

hipertrofia. f. FISIOL. Aumento excesivo del volumen de un órgano. || Desarrollo desmesurado de cualquier cosa.

hípico, ca. adj. Del caballo o relativo a él. || f. Deporte que se practica a caballo y consta de carreras, saltos de obstáculos, doma, etc.

hipnosis. f. Estado semejante al sueño inducido por otra persona mediante sugestión, en el que cual se somete la voluntad a quien lo provoca.

hipnotismo. m. Conjunto de procedimientos, teorías y fenómenos relacionados con la hipnosis.

hipnotizar. tr. Producir hipnosis. || Fascinar, seducir, atraer mucho a alguien.

hipo. m. Espasmo súbito y convulsivo del diafragma y la glotis que produce una respiración interrumpida y violenta y sonido inspiratorio. || Deseo vehemente, ansia. || Odio, encono.

hipocampo. m. Caballito de mar, pez teleósteo

de cuerpo comprimido y cabeza semejante a la de un caballo, que nada en posición vertical. || ANAT. Eminencia alargada situada en el lateral de cada ventrículo lateral del cerebro.

hipocondría. f. PAT. Síndrome caracterizado por una preocupación exagerada por el estado de salud, creencia de que se padece una enfermedad y sugestión de sus síntomas.

hipocrático, ca. adj. De Hipócrates, de sus doctrinas médicas o relativo a ellas.

hipocresía. f. Fingimiento de sentimientos, ideas y cualidades, generalmente positivos, contrarios a los que se experimentan.

hipócrita. adj. y com. Que actúa con hipocresía.

hipódromo. m. Recinto destinado a carreras de caballos.

hipopótamo. m. Mamífero paquidermo acuático, de piel gruesa y negruzca, cuerpo voluminoso que puede llegar a alcanzar hasta 5 m de longitud, patas cortas, cabeza grande, con las orejas, los ojos y los orificios nasales situados en la parte de arriba, lo que le permite respirar cuando está dentro del agua.

hipoteca. f. Contrato o derecho real por el que se gravan bienes inmuebles, sujetándolos a responder del cumplimiento de la obligación o el pago de la deuda del crédito obtenido.

hipotecar. tr. Gravar bienes inmuebles sujetándolos al cumplimiento de una obligación o pago de una deuda. || Poner en peligro, condicionar.

hipotenusa. f. GEOM. Lado opuesto al ángulo recto en un triángulo rectángulo.

hipótesis. f. Suposición sin pruebas que se toma como base de un razonamiento.

hirsuto, ta. adj. Se apl. al pelo áspero, duro y disperso. || Se dice de lo que está cubierto de este tipo de pelo o de púas o espinas. || De carácter áspero.

hisopo. m. Planta olorosa de la familia de las labiadas, con tallos leñosos, poblados de hojas lanceoladas y espigas de flores o blanquecinas, y fruto en forma de nuez. || Manojo de ramas de hisopo usadas para asperjar con agua bendita. || Utensilio consistente en una bola agujereada con mango que sirve de aspersorio para el agua bendita. || amer. Brocha de afeitar.

hispánico, ca. adj. De España o relativo a este país europeo. || De la antigua Hispania, de sus habitantes o relativo a ellos.

hispanidad. f. Conjunto y comunidad de los pueblos de lengua y cultura hispanas. || Características comunes a todos estos pueblos.

hispanismo. m. Estudio de la lengua, literatura o cultura hispánicas. || Giro o vocablo propio de la lengua española y que se emplea en otra.

hispano, na. adj. y s. De España o relativo a este país europeo. || De los países americanos de habla hispana, en especial los habitantes estadounidenses de este origen, o relacionado a ellos. || De la Hispania romana o relativo a ella.

hispanoamericano, na. adj. De España y América en conjunto o relativo a ellas. || adj. y s. De los países de América de habla hispana o relativo a ellos.

histeria. f. PAT. Enfermedad nerviosa caracterizada por fuerte ansiedad y reacciones agudas, que puede provocar ataques convulsivos, parálisis y otros trastornos. || Estado pasajero de excitación nerviosa.

histología. f. Parte de la biología que estudia los tejidos orgánicos, animales y vegetales.

historia. f. Ciencia que estudia el pasado de las sociedades humanas. || Desarrollo sistemático de acontecimientos pasados relacionados con cualquier actividad humana. || Biografía. || Conjunto de los sucesos referidos por los historiadores. || Obra histórica. || Relación de cualquier género. || Fábula, cuento, o narración inventada. || Chisme, enredo. Más en pl.

historiador, ra. m. y f. Persona que que se dedica profesionalmente a estudiar y escribir sobre historia.

histórico, ca. adj. De la historia o relativo a ella. || Comprobado, cierto, que ha sucedido realmente. || Digno de figurar en la historia. || Se dice de la obra literaria o cinematográfica cuyo argumento alude a sucesos y personajes de la historia y reconstruye su época y ambiente.

historieta. f. Cuento o relación breve y entretenida. || Relato narrado mediante viñetas o dibujos, cómic.

histrión. m. Actor teatral que participaba disfrazado en las comedias y tragedias de la antigua Grecia. || Actor teatral que actúa de forma desmedida y afectada. || Persona que se expresa con la afectación propia de un actor teatral.

hito. m. Mojón o poste de piedra que indica una dirección en los caminos o señala los límites de un territorio. || Suceso o acontecimiento que sirve de punto de referencia.

hocicar. tr. Levantar la tierra con el hocico, hozar. || col. Besar. También prnl. || intr. Caer de bruces. || Tropezar con un obstáculo o dificultad insuperable.

hocico. m. Parte más o menos prolongada de la cabeza de algunos animales, en que están la boca y la nariz. || col. Boca de una persona. Más en pl.

hogar. m. Casa o domicilio. || Vida de familia. || Lugar donde se hace fuego en las cocinas o en las casas, lar.

hogaza. f. Pan grande de forma redondeada. || Pan que contiene algo de salvado.

hoguera. f. Fuego que se hace con una porción de materias combustibles que, encendidas, levantan mucha llama.

hoja. f. Cada una de las partes, generalmente verdes, planas y delgadas, que nacen en la extremidad de las ramas o en los tallos de las plantas. || Conjunto de estas hojas. || Cada uno de los pétalos de una flor que forman la corola. || Lámina delgada de cualquier materia. || En los libros, revistas u otros objetos encuadernados, cada una de las partes iguales que resultan al doblar el papel para formar el pliego. || En las puertas o ventanas, cada una de las partes que se abren o cierran. || Cuchilla de las armas blancas y herramientas. || Espada, arma blanca. || Cada una de las capas delgadas en que se suele dividir la masa.

hojalata. f. Lámina de acero o hierro estañada.

hojaldre. m. Masa que, al cocerse en el horno, se separa en muchas hojas muy delgadas y superpuestas unas a otras. || Dulce hecho con esta masa.

hojarasca. f. Conjunto de las hojas que han caído de los árboles. || Frondosidad de algunos árboles o plantas. || Cosa inútil y de poca sustancia.

hojear. tr. Pasar con rapidez las hojas de un libro o revista. || Leer superficialmente. || intr. Moverse las hojas de los árboles.

¡hola!. interj. Se emplea como saludo familiar.

holandés, esa. adj. y s. De Holanda o relativo a esta región de los Países Bajos. || m. LING. Idioma hablado en Holanda. || f. Hoja de papel para escribir de 28 cm de largo por 22 de ancho, aproximadamente.

holgado, da. adj. Ancho, amplio. || Con desahogo, con recursos suficientes para vivir bien.

holgar. intr. Sobrar, ser inútil algo. || Descansar de un trabajo o estar ocioso.

holgazán, ana. adj. y s. Perezoso, ocioso.

holgorio. m. col. Jolgorio.

holgura. f. Anchura, amplitud. || Espacio que queda entre dos piezas que han de encajar una en otra. || Regocijo, diversión entre muchos. || Bienestar, desahogo, posesión de condiciones suficientes para vivir bien.

hollar. tr. Pisar, dejar huella. || Comprimir algo con los pies. || Humillar, despreciar.

hollejo. m. Piel delgada de algunas frutas y legumbres.

hollín. m. Polvo craso y negro que el humo deposita en la superficie de los cuerpos a que alcanza.

holocausto. m. Entre los judíos, sacrificio religioso que consistía en la cremación total de un animal. || Sacrificio que hace una persona en beneficio de otras. || Gran matanza de seres humanos.

hombre. m. Ser racional perteneciente al género humano, caracterizado por su inteligencia y lenguaje articulado. || Persona de sexo masculino. || Adulto de sexo masculino. || *col.* Pareja sentimental de sexo masculino. || Junto con algunos sustantivos por medio de la prep. *de*, el que posee las cualidades o cosas significadas por los sustantivos.

hombrera. f. Especie de almohadilla que se pone en los hombros, para marcarlos o como protección. || Tira de tela que pasa por los hombros para sujetar algunas prendas de vestir. || Pieza de la armadura antigua que defendía los hombros. || Cordón o pieza de paño que, sobrepuesta a los hombros en el uniforme militar, sirve de defensa y para la sujeción de correas y cordones del vestuario o para mostrar la jerarquía.

hombría. f. Conjunto de cualidades positivas que se consideran propias del hombre, especialmente el valor y la entereza.

hombro. m. Parte superior lateral del tronco de los hombres y los primates, de donde nace el brazo. || Parte de las prendas de vestir que cubre esta zona.

homenaje. m. Acto o serie de actos en honor de una persona. || Veneración, respeto hacia una persona. || Juramento solemne de fidelidad hecho a un rey o señor.

homenajear. tr. Rendir homenaje a alguien o a su memoria.

homeopatía. f. Sistema curativo que trata de curar las enfermedades aplicando, en dosis mínimas, las mismas sustancias que producirían síntomas iguales o parecidos a los que se trata de combatir.

homicida. adj. y com. Se dice de la persona o cosa que ocasiona la muerte de una persona.

homicidio. m. Muerte causada a una persona por otra.

homilía. f. En la misa católica, comentario que hace el sacerdote tras la lectura de los textos sagrados.

homogeneidad. f. Igualdad o semejanza en la naturaleza o el género de varios elementos. || Uniformidad en la composición o la estructura de una sustancia o una mezcla.

homogéneo, a. adj. Que posee el mismo género o naturaleza. || Se dice de la sustancia o mezcla cuyas composición y estructura son uniformes.

homologar. tr. Equiparar, poner en relación de igualdad o semejanza dos cosas. || DEP. Registrar y confirmar un organismo autorizado el resultado de una prueba deportiva. || Contrastar una autoridad oficial el cumplimiento de determinadas especificaciones o características de un objeto o de una acción.

homólogo, ga. adj. Se dice de los términos sinónimos o que significan una misma cosa. || Se dice de las personas que desempeñan actividades, funciones o cargos semejantes. También s. || Se dice de lo que presenta la misma forma o comportamiento. || BOT. y ZOOL. Se dice de los órganos o partes del cuerpo que son semejantes por su origen en el embrión, por sus relaciones con otros órganos y por su posición en el cuerpo, aunque su aspecto y función puedan ser diferentes.

homónimo, ma. adj. y m. LING. Se dice de las palabras que, siendo iguales por su forma, tienen distinta significación. || Se dice de las personas o cosas que comparten un mismo nombre.

homosexual. adj. Se dice de la relación sexual entre personas del mismo sexo. || Se dice de la persona que se siente atraída por personas de su mismo sexo o que mantiene relaciones sexuales con ellas. También com.

honda. f. Tira de cuero u otra materia semejante, con dos correas, que sirve para tirar piedras.

hondo, da. adj. Que tiene profundidad. || Se dice de la parte del terreno que está más baja que todo lo circundante. || Profundo, recóndito. || Intenso, extremado.

hondonada. f. Espacio de terreno hondo.

hondura. f. Profundidad. || Intensidad de un sentimiento.

hondureño, ña. adj. y s. De Honduras o relativo a este país de Centroamérica.

honestidad. f. Compostura, moderación, respeto a la conducta moral y social que se considera apropiada. || Recato, decencia, rectitud de comportamiento.

honesto, ta. adj. Honrado, recto. || Razonable, justo. || Decente, decoroso, recatado.

hongo. m. Planta talofita sin clorofila, de reproducción preferentemente asexual, por esporas, que suele ser parásita o vive sobre materias orgánicas en descomposición. || *amer.* Seta. || Sombrero de copa baja, rígida y aproximadamente semiesférica cuya forma recuerda la de estas plantas. || pl. BOT. Clase de las plantas de este nombre.

honor. m. Cualidad que lleva a una persona a comportarse de acuerdo con las normas sociales y morales que se consideran apropiadas. || Buena reputación. || Según la moral tradicional, honestidad y recato en las mujeres. || Aquello por lo que alguien se siente enaltecido o satisfecho. || Dignidad, cargo o empleo. Más en pl. || Homenaje con que se honra a alguien. Más en pl.

honorable. adj. Digno de ser honrado. || Tratamiento honorífico que se otorga a algunos cargos oficiales.

honorario, ria. adj. Se dice de la persona que posee los honores inherentes a un cargo o empleo, pero no recibe beneficios económicos porque no lo tiene en propiedad. || m. pl. Retribución convenida por un trabajo en algunas profesiones liberales.

honorífico, ca. adj. Que aporta honor.

honra. f. Estima y respeto de la dignidad propia. || Buena opinión y fama. || Demostración de aprecio que se hace a una persona reconociendo su virtud y su mérito. || Según la moral tradicional, pudor, recato de la mujer, especialmente en materia sexual. || pl. Oficio solemne por los difuntos.

honradez. f. Rectitud de ánimo, integridad en el obrar, respeto por las normas que se consideran adecuadas.

honrado, da. adj. Que actúa con honradez y procede con justicia en sus obligaciones. || Que se lleva a cabo honrosamente.

honrar. tr. Respetar a una persona o cosa. || Enaltecer o premiar los méritos de alguien. || Aportar honor o celebridad. || En fórmulas de cortesía, honor que se recibe por la asistencia o adhesión de una persona. || prnl. Tener como motivo de orgullo ser o hacer alguna cosa.

honroso, sa. adj. Que aporta honra y decoro.

hora. f. Cada una de las 24 partes en que se divide el día solar. || Tiempo oportuno para una cosa. || Momento del día referido a una hora o fracción de hora. También pl. || Espacio de tiempo o momento indeterminado. || pl. Libro de rezos.

horadar. tr. Agujerear una cosa atravesándola de parte a parte.

horario, ria. adj. De las horas o relativo a ellas. || m. Tiempo concertado para determinadas actividades. || Manecilla del reloj que señala las horas. || Cuadro indicador de horas de salida y llegada.

horca. f. Instrumento utilizado para ejecutar a los condenados a muerte suspendiéndolos del cuello con una cuerda. || Palo rematado por dos puntas que sirve para sostener las ramas de los árboles. || Palo que termina en dos o más puntas con el cual los labradores hacinan las mieses, levantan la paja y revuelven la parva.

horcajadas (a). loc. adv. Se dice de la postura de montar a caballo, con una pierna a cada lado del animal, o de sentarse en cualquier otro lugar en una postura similar.

horda. f. Comunidad nómada sin domicilio estable, de vida primitiva. || Grupo de gente armada que actúa sin disciplina ni moderación. || p. ext., grupo armado al margen del ejército.

horero. m. *amer. col.* Horario de reloj.

horizontal. adj. Que está en el horizonte o paralelo a él. || En material gráfico, se dice de la línea, disposición o dirección que va de derecha a izquierda o viceversa. También f. || GEOM. Se dice de lo que es perpendicular a la vertical. También f.

horizonte. m. Línea aparente que separa el cielo y la tierra. || Espacio circular de la superficie del globo encerrado en dicha línea. || Conjunto de posibilidades o perspectivas que se ofrecen en un asunto o materia.

horma. f. Molde con que se fabrica o se da forma a una cosa. || Instrumento que se utiliza para evitar que el calzado se deforme o para ensancharlo.

hormiga. f. Insecto himenóptero, mayormente de color negro, cuyo cuerpo tiene dos estrechamientos, uno en la unión de la cabeza con el tórax y en la de este con el abdomen, antenas acodadas y patas largas; vive en hormigueros. || *col.* Persona muy trabajadora y ahorrativa. Se usa más en diminutivo.

hormigón. m. Mezcla compuesta de piedras menudas, cemento y arena que se emplea en la construcción por su gran dureza y resistencia. || m. Enfermedad del ganado vacuno. || Enfermedad parasitaria de algunas plantas, provocada por un insecto que roe las raíces y los tallos.

hormiguero, ra. adj. De la hormiga o relativo a este animal. || m. Colonia de hormigas. || Lugar donde viven las hormigas en comunidad. || Lugar en que hay mucha gente en movimiento.

hormona. f. BIOL. Producto de la secreción de ciertas glándulas del cuerpo de animales y plantas que, transportado por la sangre o por la savia, regula la actividad de otros órganos.

hornacina. f. Hueco horadado en la masa de un muro, recubierto por un casquete de un cuarto de esfera, donde generalmente se coloca una imagen religiosa o un objeto decorativo.

hornada. f. Porción de cosas que se cuece de una vez en el horno. || *col.* Conjunto de personas que acaban a la vez una carrera o reciben simultáneamente el nombramiento para un cargo.

hornear. tr. Meter una cosa en el horno para asarla o cocerla.

hornero, ra. m. y f. Persona encargada del servicio de un horno.

hornilla. f. Hueco hecho en los hogares, con una rejilla horizontal a media altura para sostener la lumbre y un respiradero lateral. || *amer.* Cada uno de los quemadores de la cocina.

hornillo. m. Horno manual, de pequeño tamaño y generalmente portátil, que se emplea para cocinar o para calentar.

horno. m. Espacio cerrado de obra, en general abovedado, con una o varias bocas por donde se introduce lo que se quiere someter a la acción del calor. || Electrodoméstico que sirve para asar los alimentos. || Tahona en que se cuece y vende pan. || *col.* Lugar muy caluroso.

horóscopo. m. Predicción del futuro deducida de la posición de los astros del sistema solar y de los signos del Zodiaco. || Sección de un periódico o revista en que se publican estas predicciones. || Colocación de los astros en la figura o división de los signos del Zodiaco. || Signo del Zodiaco.

horqueta. f. Horca para sostener las ramas de los árboles. || Parte del árbol donde se juntan formando ángulo agudo el tronco y una rama medianamente gruesa. || *amer.* Lugar donde se bifurca un camino.

horquilla. f. Pieza de alambre doblada por en medio, con dos puntas iguales, que se utiliza para sujetar el pelo. || Horqueta. || Pieza que va desde el manillar a la rueda delantera en bicicletas y motocicletas.

horrendo, da. adj. Que causa horror. || *col.* Muy feo o muy malo. || *col.* Enorme, intenso.

horrible. adj. Que causa horror. || *col.* Intenso o muy grande. || *col.* Muy feo, malo, desagradable.

horripilante. adj. Que produce horror. || Feo o desagradable.

horror. m. Espanto o miedo muy intenso. || Aversión, odio, repulsión. || Enormidad. Más en pl.

horrorizar. tr. Causar horror. || prnl. Tener horror ante algo.

hortaliza. f. Verduras y demás plantas comestibles que se cultivan en las huertas.

hortelano, na. adj. De la huerta o relativo a ella. || m. y f. Persona que cuida y cultiva una huerta.

hortensia. f. Arbusto de origen japonés, con tallos ramosos y flores olorosas de color rosado o azulado que crecen agrupadas en torno a un eje principal.

horticultura. f. Cultivo de los huertos y huertas. || Arte que enseña este tipo de cultivo.

hosanna. m. Exclamación de júbilo usada en la liturgia católica. || Himno de alabanza que se canta el Domingo de Ramos.

hosco, ca. adj. Huraño, áspero. || Desagradable, poco acogedor. || De color moreno muy oscuro.

hospedaje. m. Alojamiento que se da a una persona. || Cantidad que se paga por este alojamiento.

hospedar. tr. Dar alojamiento a una persona. || prnl. Estar alojado en un lugar.

hospicio. m. Asilo en que se da alojamiento

y educación a niños pobres, abandonados o huérfanos. || Casa destinada a albergar peregrinos y pobres.

hospital. m. Establecimiento en que se atienden y curan enfermos. || hospital de primera sangre. o de sangre. MIL. Lugar en campaña destinado a la primera cura de los heridos.

hospitalidad. f. Acogida y asistencia a los necesitados. || Recibimiento afectuoso que se hace a las visitantes.

hospitalizar. tr. Internar a una persona en un hospital.

hostería. f. Casa donde se proporciona alojamiento y comida mediante pago.

hostia. f. Hoja redonda y delgada de pan ázimo que el sacerdote consagra en la misa para el sacramento de la comunión. || *vulg.* Golpe fuerte.

hostigar. tr. Azotar con un látigo o una vara, especialmente a las caballerías para que anden. || Acosar, molestar a una persona para obtener de ella algún fin.

hostil. adj. Contrario, enemigo.

hostilidad. f. Oposición, enemistad, antipatía. || pl. Conflicto armado entre pueblos o ejércitos. || romper las hostilidades. loc. MIL. Iniciar un conflicto bélico atacando al enemigo.

hostilizar. tr. Causar daño al enemigo. || Agredir, molestar a alguien levemente, pero con insistencia.

hotel. m. Establecimiento de hostelería en el que se proporciona alojamiento y comida a los clientes mediante pago, con mayor categoría que otros establecimientos similares. || Casa generalmente aislada, habitada normalmente por una sola familia y frecuentemente rodeada de jardín.

hotelería. f. Hostelería.

hotelero, ra. adj. Del hotel o relativo a él. || m. y f. Persona que posee un hotel o lo regenta.

hoy. m. Momento actual. || adv. t. En el día presente. || En el tiempo pre sente.

hoya. f. Concavidad u hondura grande formada en la tierra. || Hoyo para enterrar un cadáver y lugar en que se entierra. || Llano extenso rodeado de montañas.

hoyo. m. Concavidad u hondura formada naturalmente en la tierra o hecha por alguien. || Concavidad de algunas superficies. || Sepultura. || hacer un hoyo. loc. DEP. En el golf, hacer el recorrido preciso hasta introducir la pelota en el agujero correspondiente.

hoz. f. Instrumento curvo y muy afilado en su parte cóncava, con mango de madera, que se utiliza para segar. || f. Paso estrecho en un valle profundo o en el paso de un río entre dos sierras.

hucha. f. Pequeño recipiente con una hendedura para guardar dinero y ahorrar.

hueco, ca. adj. Vacío, cóncavo. || Presumido, vanidoso. || Se dice de lo que tiene sonido retumbante y profundo. || Se dice del lenguaje o estilo con que se expresan conceptos vanos o triviales con pedantería. || Mullido y esponjoso. || m. Cavidad. || Abertura en un muro. || Intervalo de tiempo o lugar. || Empleo o puesto vacante.

huecograbado. m. Procedimiento para imprimir mediante planchas o cilindros grabados en hueco. || Estampa conseguida por este procedimiento.

huelga. f. Paro voluntario en el trabajo por parte de los trabajadores con el fin de obtener ciertas mejoras laborales.

huelguista. com. Persona que toma parte en una huelga.

huella. f. Señal o rastro que deja en la tierra un cuerpo que pisa o se apoya. || Impresión profunda o duradera. || Indicio, señal de un hecho pasado. || Parte horizontal del escalón.

huemul. m. Mamífero rumiante parecido al ciervo que vive en las estepas y los bosques de los Andes.

huérfano, na. adj. Persona que a perdido a uno de sus padres o a ambos. También s. || Falto de alguna cosa, en especial de afecto y protección.

huero, ra. adj. Vano, vacío, sin sustancia.

huerta. f. Terreno destinado al cultivo de legumbres, verduras y árboles frutales. || Tierra de regadío.

huerto. m. Pequeña extensión de terreno, generalmente cercado, en que se plantan verduras, legumbres y árboles frutales. || llevar. a alguien al huerto. loc. *col.* Convencer a una persona, incluso engañándola. || loc. *col.* Conseguir una relación sexual con una persona.

hueso. m. Cada una de las piezas duras que forman el neuroesqueleto de los vertebrados. || Parte dura y compacta que está en el interior de algunas frutas. || Persona de carácter desagradable o de trato difícil. || *col.* Profesor que suspende mucho. || *col.* Aquello que causa molestias o dificultades. || Color amarillento muy claro, como el de los huesos. || pl. *col.* Cuerpo de una persona. || BIOL. Organismo vivo en cuyo cuerpo se aloja un parásito.

hueste. f. Ejército o tropa armada en campaña. Más en pl. || pl. Conjunto de los seguidores o partidarios de una persona o de una causa.

huevo. m. Cuerpo ovalado que producen las hembras de algunas especies animales y que contiene el embrión y las sustancias destinadas a su nutrición durante la incubación. || Por antonomasia, el de la gallina, especialmente destinado a la alimentación humana. || Célula sexual femenina, óvulo. || Cualquiera de los óvulos de ciertos animales, como los peces y batracios, que contienen las materias nutritivas necesarias para la formación del embrión. || pl. *vulg.* Valor.

huido, da. adj. y s. Se dice de la persona que ha escapado de un lugar. || f. Alejamiento rápido para evitar un peligro o una molestia. || Paso rápido del tiempo.

huir. intr. Apartarse de alguien o de algo deprisa para alejarse de un peligro o una molestia. También tr. || Esquivar a una persona. También tr.

hule. m. Tela resistente y flexible, barnizada al óleo por uno de sus lados o plastificada para impermea bilizarla. || p. ext., mantel fabricado con este material. || Caucho o goma elástica. || *amer.* Árbol de hojas ásperas y alargadas del que se extrae este tipo de caucho.

hulla. f. Mineral fósil negro y brillante, muy rico en carbono, que se usa como combustible.

humanidad. f. Conjunto formado por todos los seres humanos. || Sensibilidad, compasión, bondad hacia los semejantes. || Corpulencia, gordura. || pl. Rama del conocimiento que incluye la historia, la literatura, las lenguas clásicas y modernas y el arte, entre otras disciplinas caracterizadas por no tener una aplicación práctica inmediata.

humanismo. m. Movimiento intelectual desarrollado en Europa durante los siglos XIV al XVI, inspirado en la lengua, literatura y cultura grecolatinas y centrado en el hombre como modelo. || Estudio de las humanidades. || Conjunto de corrientes filosóficas centradas en el estudio del ser humano.

humanista. adj. Del humanismo o relativo a este movimiento cultural. || com. Persona instruida en las humanidades. || Partidario del humanismo europeo que se llevó a cabo durante el Renacimiento.

humanitario, ria. adj. Que se preocupa por el bienestar del género humano. || Humano, caritativo.

humanizar. tr. Hacer a alguien o algo más humano, familiar y afable. || prnl. Ablandarse, hacerse más agradable y caritativo.

humano, na. adj. De la humanidad o el ser humano, o con sus características. || Se dice de la persona caritativa, solidaria y bondadosa. || m. Persona, hombre.

humareda. f. Abundancia de humo.

humear. intr. Exhalar, arrojar o echar de sí humo. También prnl. || *amer.* Fumigar.

humectar. tr. Producir humedad o dar humedad a algo, humidificar.

humedad. f. Presencia de agua u otro líquido en un cuerpo o en el ambiente. || Agua de que está impregnado un cuerpo o que, vaporizada, se mezcla con el aire. || METEOR. Cantidad de vapor de agua que hay en la atmósfera.

humedecer. tr. Mojar ligeramente una cosa. También prnl.

húmedo, da. adj. Se dice de lo que está ligeramente impregnado de agua o de otro líquido. || Se dice de lo que está cargado de vapor de agua. || Se dice del lugar o el clima de muchas lluvias.

húmero. m. Hueso del brazo que va desde el codo hasta el hombro.

humildad. f. Actitud de la persona que no presume de sus logros, reconoce sus fracasos y debilidades y actúa sin orgullo. || Baja condición social.

humilde. adj. Que tiene humildad. || Se dice de la persona que tiene una condición social baja.

humillación. f. Motivo que lastima la dignidad o el orgullo.

humillante. adj. Degradante, que humilla.

humillar. tr. Postrar, inclinar una parte del cuerpo en señal de sumisión y acatamiento. || Abatir el orgullo y altivez de alguien, hacerle sentir inferior. || TAUROM. Bajar el toro la cabeza. || prnl. Hacer actos de humildad.

humo. m. Producto que en forma gaseosa se desprende de una combustión incompleta. || Vapor que exhala cualquier cosa que fermenta o que hierve. || pl. Vanidad, presunción, altivez.

humor. m. Estado de ánimo. || Jovialidad, gracia, agudeza. || Disposición en que uno se halla para hacer una cosa. || Facultad de descubrir y expresar lo que es cómico o gracioso. || Antiguamente, cualquiera de los líquidos del cuerpo.

humorismo. m. Manifestación del lado divertido de las cosas. || Actividad profesional enfocada a divertir y hacer reír al público.

humorista. com. Persona que se dedica profesionalmente al humorismo.

humorístico, ca. adj. Del humor o relativo a él. || Que tiene humor o lo expresa.

hundimiento. m. Inmersión en un líquido u otra materia de alguna cosa hasta cubrirla completamente o o llevarla hasta el fondo. || Ruina, fracaso. || Abatimiento, caída del ánimo o de las fuerzas físicas. || Destrucción, derrumbamiento. || Parte más hundida de una superficie.

hundir. tr. Sumergir, introducir algo en un líquido u otra materia hasta cubrirlo por completo o llevarlo al fondo. También prnl. || Hacer bajar el nivel de una superficie, deformarla hacia dentro. || Destruir, consumir, arruinar. También prnl. || Abrumar, oprimir, abatir. También prnl. || Confundir a uno, vencerle con razones. También prnl.

húngaro, ra. adj. y s. De Hungría o relativo a este país de Europa centrooriental. || m. LING. Lengua de la familia urálica que se habla en este país.

huracán. m. Viento de enorme fuerza, originado generalmente en zonas tropicales, que gira en grandes círculos. || Viento muy fuerte. || col. Persona muy impetuosa.

huraño, ña. adj. Que rehúye el trato y la conversación con la gente, poco sociable.

hurgar. tr. Menear o remover una cosa. También intr. || Fisgar, curiosear.

hurón. m. Mamífero carnívoro de pequeño tamaño y cuerpo alargado, patas cortas y pelaje gris rojizo, que se emplea en la caza de conejos. || col. Persona huraña. También adj.

huronear. intr. Cazar con hurones. || col. Fisgar, husmear, indagar en asuntos ajenos.

huronero, ra. m. y f. Persona que se dedica a la cría de hurones. || f. Madriguera del hurón.

¡hurra!. interj. Expresa alegría, satisfacción y entusiasmo.

hurraca. f. Urraca.

hurtadillas (a). loc. adv. A escondidas.

hurtar. tr. Tomar o retener bienes ajenos contra la voluntad de su dueño, pero sin hacer uso de la violencia. || tr. y prnl. Ocultar, desviar, hurtar.

hurto. m. Robo sin violencia. || Cosa hurtada.

húsar. m. Militar de caballería ligera que lleva un uniforme similar al de la caballería húngara.

husmear. tr. Rastrear con el olfato una cosa. También intr. || col. Indagar algo con disimulo. Más como intr.

huso. m. Instrumento manual de forma cilíndrica, más ancha por el centro, que sirve para hilar y devanar. || huso horario. Cada una de las partes en que queda dividida la superficie terrestre por veinticuatro meridianos y en que rige una misma hora.

¡huy!. interj. Expresa asombro, dolor físico o admiración.

I

i. f. Novena letra del abecedario español y tercera de sus vocales. Fonéticamente representa un sonido vocálico palatal. || En la numeración romana, uno. || i griega. Nombre de la letra y.

ibérico, ca. adj. De la península Ibérica o relativo a este territorio formado por España y Portugal. || De la antigua Iberia o relativo a ella. || m. LING. Lengua de los iberos.

ibero, ra o **íbero, ra.** adj. De la antigua Iberia o relativo a este territorio, aproximadamente la actual extensión de España y Portugal. || adj. y s. Se dice del pueblo que habitó este territorio. || m. Lengua hablada por este pueblo.

iberoamericano, na. adj. y s. De Iberoamérica o relativo a este conjunto de países sudamericanos de habla española y portuguesa. || De Iberoamérica, España y Portugal conjuntamente o relativo a ellos.

ibis. m. Ave zancuda de pico largo y curvado hacia abajo y plumaje blanco y negro, que fue venerada por los antiguos egipcios.

iceberg. (voz i.) m. Gran masa de hielo flotante que se ha desprendido de un glaciar y sobresale de la superficie del mar, donde flota arrastrado por las corrientes.

icono o **ícono.** m. Representación religiosa pintada o en relieve característica del arte bizantino. || Símbolo que mantiene una relación de semejanza con el objeto que representa.

iconoclasta. adj. y com. Contrario al culto a las imágenes sagradas. || p. ext., se llama así a quien rechaza la reconocida autoridad de maestros, normas y modelos.

iconografía. f. Estudio descriptivo de imágenes, cuadros o monumentos. || Colección de imágenes o retratos de una época o un tema concretos.

icosaedro. m. GEOM. Sólido limitado por veinte caras planas.

ictericia. f. MED. Coloración amarilla, característica de las afecciones hepáticas, producida por acumulación de pigmentos biliares en la sangre.

ictiología. f. ZOOL. Parte de la zoología que trata de los peces.

idea. f. Cualquier representación mental que se relaciona con algo real. || Noción o conocimiento que se tiene sobre algo o alguien. || Conocimiento puro racional. || Intención de hacer una cosa. || Ocurrencia, ingenio.

ideal. adj. De la idea o relativo a ella. || Que no es real, sino que está solo en la mente. || Excelente, perfecto. || m. Prototipo, modelo de perfección. || Conjunto de convicciones o creencias. Más en pl.

idealismo. m. Sistema filosófico que propone la idea como principio del ser y del conocer, por encima de cualquier consideración práctica. || Tendencia a idealizar o a mejorar la realidad. || Tendencia a seguir los propios ideales, en perjuicio de las consideraciones prácticas.

idealista. adj. y com. Que vive por los ideales, aun en perjuicio de consideraciones prácticas. || Partidario del idealismo filosófico.

idealizar. tr. Creer o representarse la realidad como mejor y más bella de lo que es en realidad.

idear. tr. Tener ideas, pensar, discurrir. || Pensar, inventar, crear.

ideario. m. Ideología.

ídem. pron. lat. El mismo o lo mismo.

idéntico, ca. adj. Igual o muy parecido.

identidad. f. Conjunto de rasgos o informaciones que individualizan o distinguen algo y confirman que es realmente lo que se dice que es. || Igualdad o alto grado de parecido.

identificación. f. Reconocimiento de la identidad de alguien. || Consideración de dos cosas distintas que por aparecen como una misma. || Dar a conocer la identidad propia, especialmente con algún documento. || Documento de identidad.

identificar. tr. Reconocer la identidad de alguien. || Hacer que dos cosas que son distintas aparezcan como una misma. Más c. prnl. || prnl. Llegar a sentir algo ajeno como propio, estar totalmente de acuerdo con las creencias o propósitos de alguien. || Dar a conocer la propia identidad, especialmente mediante documentos que la acrediten.

ideología. f. Conjunto de ideas fundamentales que caracterizan el pensamiento de una persona, una colectividad, una doctrina o una época.

idilio. m. Relación amorosa romántica e intensa. || Poema de carácter bucólico y tema amoroso.

idioma. m. Lengua de una comunidad de hablantes.

idiosincrasia. f. Rasgos y carácter propios y distintivos de un individuo o de una colectividad.

idiota. adj. y com. Tonto, poco inteligente. || Que padece idiotez. || Que molesta por su inoportunidad o indiscreción.

idiotez. f. MED. Trastorno mental caracterizado por una deficiencia profunda de las facultades mentales, congénita o adquirida en los primeros años de la vida. || Hecho o dicho propio del idiota.

ido, da. adj. Se dice de la persona que está falta de juicio. || Distraído. || f. Desplazamiento de un lugar a otro.

idolatrar. tr. Adorar ídolos o falsas deidades. || Amar excesivamente a una persona o cosa.

ídolo. m. Figura de un dios al que se adora. || Persona o cosa excesivamente amada o admirada.

idóneo, a. adj. Que tiene buena disposición o aptitud para algo. || Adecuado, conveniente.

iglesia. f. Conjunto de fieles que siguen la religión establecida por Jesucristo. || Conjunto formado por el clero y los fieles de una religión cristiana en una época o una zona geográfica determinada. || Cada una de las confesiones cristianas. || Gobierno eclesiástico formado por el Papa y la jerarquía católica. || Templo cristiano.

iglú. m. Vivienda esquimal de forma semiesférica construida con bloques de hielo.

ígneo, a. adj. De fuego o que tiene alguna de sus calidades. || GEOL. Se dice de las rocas volcánicas procedentes de la masa en fusión existente en el interior de la Tierra.

ignición. f. Acción y resultado de estar un cuerpo encendido o incandescente.

ignominia. f. Deshonor, descrédito de quien ha perdido el respeto de los demás a causa de una acción indigna o vergonzosa.

ignorancia. f. Falta general de ciencia y cultura. || Falta de conocimiento acerca de una materia o un asunto determinado.

ignorante. adj. y com. Que no posee formación cultural. || Que desconoce algún asunto.

ignorar. tr. No saber algo, desconocer. || Hacer caso omiso de algo.

ignoto, ta. adj. No conocido o no descubierto.

igual. adj. De la misma naturaleza, cantidad o calidad de otra persona o cosa. || Muy parecido o semejante. || Que no cambia o no tiene variaciones. || Liso, sin desniveles ni asperezas. || Del mismo valor y aprecio. ||

igualar. tr. Hacer a una persona o cosa igual a otra u otras, equiparar. Más c. prnl. || Allanar una superficie. || Alcanzar a alguien en un puesto o cualidad. || Contratar una iguala.

También prnl. || Tratar como iguales a personas de clases sociales inferiores a la propia. || intr. Ser una cosa igual a otra. También prnl.

igualdad. f. Conformidad de una cosa con otra en naturaleza, forma, calidad o cantidad. || Expresión de la equivalencia de dos cantidades. || Trato idéntico entre todas las personas, al margen de razas, sexo, clase social y otras circunstancias diferenciadoras.

iguana. f. Nombre genérico de unos reptiles americanos sáuridos de gran tamaño, con la lengua no protráctil y los dientes sobre la superficie interna de las mandíbulas; generalmente tienen una gran papada, patas largas y una cresta espinosa a lo largo del dorso. Su carne y sus huevos son comestibles.

ilación. f. Enlace razonable y ordenado de las partes de un discurso o de una deducción lógica. || Deducción que se hace a partir de una premisa.

ilegal. adj. Que es contrario a la ley.

ilegible. adj. Que no puede o no debe leerse.

ilegítimo, ma. adj. Ilegal. || Falso, no auténtico. || Se dice de los hijos tenidos fuera del matrimonio.

íleon. m. ANAT. Tercera porción del intestino delgado, que termina en el ciego.

íleon. m. ANAT. Ilion.

ileso, sa. adj. Que no ha recibido lesión o daño.

ilícito, ta. adj. No permitido legal ni moralmente. || *amer.* m. Delito.

ilimitado, da. adj. Que no tiene o no presenta límites.

ilógico, ca. adj. Que carece de lógica.

iluminación. f. Conjunto de luces que adornan un lugar. || Cantidad de luz que entra o hay en un lugar.

iluminar. tr. Alumbrar algo. || Adornar un edificio o lugar con muchas luces. || Ilustrar, aclarar alguna cuestión. || Dar color a las letras y dibujos de un texto. || TEOL. Ilustrar Dios a los hombres, haciéndoles conocer la verdad.

ilusión. f. Imagen sugerida por los sentidos que carece de verdadera realidad. || Esperanza que carece de fundamento en la realidad. || Entusiasmo, alegría.

ilusionar. tr. Hacer que uno se forje determinadas ilusiones. También prnl. || Causar algo entusiasmo o alegría.

ilusionista. com. Persona que se dedica a la práctica del ilusionismo.

iluso, sa. adj. y s. Se dice de la persona a la que se engaña o seduce fácilmente. || Soñador.

ilusorio, ria. adj. Engañoso, irreal, ficticio.

ilustración. f. Decoración de un libro o texto con láminas o grabados. || Estampa, grabado o dibujo que adorna un libro. || Aclaración de un tema.

ilustrar. tr. Aclarar algo de difícil comprensión con ejemplos o imágenes. También prnl. || Adornar un libro con láminas o grabados. || Instruir a una persona. También prnl.

imagen. f. Figura, representación de una persona o cosa. || Representación mental de algo.

imaginación. f. Facultad de la mente de representar las imágenes de las cosas reales o ideales. || Imagen creada por la fantasía. || Sospecha sin fundamento. || Facilidad para idear o proyectar cosas nuevas.

imaginar. tr. y prnl. Representar idealmente una cosa; crearla en la imaginación. || Presumir, sospechar.

imaginario, ria. adj. Que solo tiene existencia en la imaginación.

imaginería. f. Arte de tallar o pintar imágenes sagradas. || Conjunto de estas imágenes. || Conjunto de imágenes literarias.

imán. m. Mineral de hierro magnético que tiene la propiedad de atraer el hierro, el acero y, en grado menor, otros cuerpos.

imán. m. Entre los musulmanes, líder religioso o persona que dirige la oración pública.

imanar. tr. y prnl. Imantar.

imantar. tr. y prnl. Comunicar a un cuerpo la propiedad magnética.

imbécil. adj. y com. *desp.* Alelado, poco inteligente. || Se dice como insulto de la persona que molesta haciendo o diciendo tonterías.

imberbe. adj. y m. Joven que todavía no tiene barba o tiene muy poca. || p. ext., joven inexperto.

imborrable. adj. Que no se puede borrar.

imbuir. tr. Infundir, inculcar a alguien ideas o sentimientos. || prnl. Empaparse, adquirir ideas o sentimientos.

imitación. f. Realización de alguna cosa copiando fielmente otra. || Copia exacta de algo original a lo que pretende sustituir.

imitar. tr. Hacer una cosa copiando fielmente otra. || Parecerse una cosa a otra.

impaciencia. f. Falta de paciencia. || Ansiedad, anhelo, intranquilidad por algo que se espera o se desea.

impacientar. tr. y prnl. Hacer perder o perder uno la paciencia.

impacto. m. Choque de un objeto que se lanza con fuerza contra algo. || Huella o señal que deja este choque. || Golpe emocional producido por una noticia desconcertante o dramática.

impalpable. adj. Que no produce sensación al tacto por ser muy ligero, fino y sutil. || Imperceptible, difícil de notar.

impar. adj. Se dice del número que no es divisible por dos. También com. || Que no tiene par o igual.

imparcial. adj. Que juzga o procede con imparcialidad. También com. || Se dice de los juicios o actos objetivos.

imparcialidad. f. Objetividad, carencia de prejuicios.

impartir. tr. Repartir, comunicar, dar algo no material.

impasible. adj. Indiferente, imperturbable. || Incapaz de padecer o sufrir.

impávido, da. adj. Que no siente miedo y se mantiene sereno ante las situaciones adversas. || *amer.* Descarado, insolente.

impecable. adj. Sin falta, imperfección o defecto.

impedimento. m. Obstáculo. || Cualquiera de las circunstancias que ilegalizan o anulan el matrimonio en la Iglesia católica.

impedir. tr. Dificultar, imposibilitar la ejecución de una cosa.

impeler. tr. Dar empuje, impulsar, dar fuerza a algo para moverlo. || Incitar, estimular.

impenetrable. adj. Que no se puede penetrar. || Imposible o difícil de comprender. || Se dice de la persona hermética e inescrutable, y de sus acciones.

imperar. intr. Mandar, dominar, preponderar. || Ejercer la dignidad imperial.

imperativo, va. adj. Que impera o manda. || GRAM. Se dice del modo verbal con el que se manda o ruega. También m. || m. Exigencia, obligación.

imperceptible. adj. Que no se puede percibir o que casi no se nota.

imperdible. adj. Que no puede perderse. || m. Alfiler que se abrocha metiendo su punta dentro de un gancho o caperuza.

imperdonable. adj. Que no se debe o puede perdonar.

imperecedero, ra. adj. Que no perece. || Se dice hiperbólicamente de aquello que se considera inmortal o eterno.

imperfección. f. Falta de perfección. || Falta o defecto pequeño.

imperfecto, ta. adj. No perfecto, con defectos. || LING. Se dice del tiempo verbal simple que expresa la acción en su transcurso, sin terminar. También m.

imperial. adj. Del emperador o el imperio, o relativo a ambos. || m. *amer.* Vaso de mayor tamaño que el liso que se emplea para servir cerveza.

imperialismo. m. Tendencia de una potencia económica a extender su dominio sobre otros países o estados por medio de la fuerza o por influjos económicos y políticos abusivos.

imperialista. adj. Del imperialismo o relativo a él. || adj. y com. Partidario del imperialismo.

imperio. m. Organización política en la que un Estado extiende su poder sobre otros países. || Conjunto de los Estados sometidos a un emperador. || p. ext., potencia de alguna importancia. || Dignidad de emperador. || Mando con autoridad. || Predominio o importancia superior de una persona o cosa. || Espacio de tiempo que dura el gobierno de un emperador.

impermeabilizar. tr. Hacer impermeable un cuerpo.

impermeable. adj. Impenetrable al agua. || m. Prenda amplia de tejido plástico, parecida a una gabardina, que no deja pasar el agua.

impersonal. adj. Que no tiene personalidad. || Que no se aplica a nadie personalmente. || Se dice del tratamiento en que nos referimos al sujeto en tercera persona. || LING. Se dice de las oraciones o los verbos en los que no se expresa el sujeto agente de la acción o porque se omite o porque no existe.

impertérrito, ta. adj. Que no se asusta ni se altera por nada.

impertinencia. f. Dicho o hecho impertinente, fuera de propósito.

impertinente. adj. y com. Que molesta con sus exigencias y su exceso de susceptibilidad. || Que se comporta con insolencia y descaro, de manera irrespetuosa. || Inoportuno, indiscreto. || m. pl. Anteojos con mango para sujetarlos a la altura de los ojos.

imperturbable. adj. Que no se perturba ni se altera, que no demuestra emociones.

ímpetu. m. Movimiento fuerte, acelerado y violento. || Energía y eficacia con que se desempeña algo.

impetuoso, sa. adj. Violento, fuerte, con ímpetu. || Impulsivo, precipitado, irreflexivo.

impío, a. adj. Falto de piedad religiosa. || Incrédulo, ateo, que no respeta lo sagrado.

implacable. adj. Que no se puede aplacar o templar. || Severo, inflexible.

implantar. tr. Encajar, poner, injertar. || Establecer y poner en ejecución doctrinas nuevas, instituciones, prácticas o costumbres.

implicar. tr. Envolver, enredar a alguien en algo. También prnl. || Contener, llevar en sí, significar.

implícito, ta. adj. Se dice de lo que se entiende incluido en otra cosa sin expresarlo.

implorar. tr. Pedir con ruegos o lágrimas una cosa.

impoluto, ta. adj. Limpio, sin mancha.

imponderable. adj. Que no puede pesarse o medirse. || De mucho valor, extraordinario, superior a toda ponderación. || m. Circunstancia imprevisible o cuyas consecuencias no pueden estimarse.

imponente. adj. Que impone. || Admirable, asombroso. || Magnífico, estupendo. || com. Persona que ingresa dinero en una cuenta bancaria.

imponer. tr. Poner a alguien una carga u obligación. || Infundir temor o respeto. También prnl. || Meter dinero en una cuenta bancaria. || Instruir a uno en una cosa. También prnl. || Poner nombre a alguien. || Colocar, designar. || prnl. Dejar alguien clara su autoridad o superioridad. || Destacar, predominar algo sobre lo demás. || Hacerse necesario algo.

impopular. adj. Que no es grato a la mayoría.

importación. f. Introducción de productos extranjeros en un país. || Conjunto de cosas importadas.

importancia. f. Trascendencia, valor de alguien o algo. || Prestigio, categoría social de una persona.

importante. adj. Que es de importancia.

importar. intr. Interesar, tener valor una persona o cosa para algo o alguien. || Atañer, incumbir. || tr. Valer, costar, tener un precio. || Introducir en un país productos o costumbres extranjeros.

importe. m. Valor, precio en dinero de algo.

importunar. tr. Incomodar o molestar con peticiones intempestivas o inconvenientes.

imposibilidad. f. Falta de posibilidad para existir una cosa o para hacerla. || Enfermedad o defecto físico que estorba o excusa para el ejercicio de una función pública.

imposibilitar. tr. Quitar la posibilidad de ejecutar o conseguir una cosa.

imposible. adj. No posible, que no puede ocurrir. || Sumamente difícil. También m. || col. Que es difícil de aguantar o soportar.

imposición. f. Establecimiento de algo que debe cumplirse obligatoriamente. || Exigencia desmedida que se obliga a hacer. || Carga, tributo u obligación. || Ingreso de una cantidad en una cuenta bancaria. || Colocación de una cosa sobre otra.

impostergable. adj. Que no se puede postergar ni aplazar.

impostor. m. Que finge o engaña. || Suplantador, persona que se hace pasar por quien no es.

impotencia. f. Falta de fuerza para hacer algo. || Incapacidad en el hombre para realizar el coito.

imprecar. tr. Manifestar con palabras deseo vivo de que alguien reciba mal o daño.

impreciso, sa. adj. No preciso, vago, indefinido.

impregnar. tr. y prnl. FÍS. Introducir entre las moléculas de un cuerpo las de otro. || Empapar una materia porosa. || prnl. Imbuirse de los conocimientos o ideas de alguien a través del contacto con él.

imprenta. f. Arte de imprimir textos e ilustraciones. || Taller o lugar donde se imprime.

imprescindible. adj. Se dice de aquello de lo que no se puede prescindir.

impresión. f. Reproducción de un texto o una ilustración en una imprenta. || Forma en que está impreso un texto o una ilustración. || Marca o señal que una cosa deja en otra apretándola. || Efecto, huella que las cosas causan en el ánimo. || Opinión sobre algo o alguien.

impresionar. tr. Conmover el ánimo hondamente. También prnl. || Fijar vibraciones acústicas o luminosas en una superficie de modo que puedan ser reproducidas por procedimientos fonográficos o fotográficos.

impresionismo. m. Corriente artística surgida en Francia a finales del siglo XIX que consiste en intentar reproducir las impresiones que produce en el autor la naturaleza o cualquier otro estímulo externo.

impresor, ra. adj. Que imprime. || m. y f. Persona propietaria de una imprenta. || Persona que se dedica de forma profesional a la impresión de textos o de ilustraciones. || f. INFORM. Dispositivo periférico de un ordenador que imprime caracteres en papel continuo.

imprevisto, ta. adj. y s. No previsto. || m. pl. Gastos que no se han calculado en un presupuesto.

imprimir. tr. Marcar letras u otros caracteres en papel u otra materia apretándolas en la prensa. || Elaborar una obra impresa. || Fijar la huella en algo mediante presión. || Fijar en el ánimo algún efecto o sentimiento. || Dar a una persona o cosa determinada característica u orientación.

improbable. adj. Nada o poco probable.

ímprobo, ba. adj. Se apl. al trabajo excesivo y continuado.

improcedente. adj. Inadecuado, inoportuno. || Que no se ajusta a la ley o a los reglamentos.

improductivo, va. adj. Se dice de lo que no produce fruto o resultado.

improperio. m. Injuria grave de palabra, especialmente la que se utiliza para echar en cara algo a alguien.

impropio, pia. adj. Inconveniente, inadecuado. || Ajeno, extraño a algo o alguien.

improvisación. f. Acción repentina que se hace sin preparación, con los medios de los que se disponga en ese momento.

improvisar. tr. Hacer una cosa de pronto, sin preparación alguna y con los medios de los que se dispone en ese momento.

imprudencia. f. Falta de prudencia. || Acto o dicho imprudente.

impúber. adj. y com. Que no ha llegado aún a la pubertad.

impúdico, ca. adj. y s. Descarado, falto de pudor.

impuesto, ta. p. p. irreg. de Imponer. || m. Tributo, carga que ha de pagarse al Estado para hacer frente a las necesidades públicas.

impugnar. tr. Combatir, contradecir, refutar con un recurso algo que se cree erróneo o ilegal.

impulsar. tr. Empujar para producir movimiento. También prnl. || Promover una acción. || Incitar, estimular.

impulsivo, va. adj. y s. Que habla o actúa sin reflexión ni cautela, dejándose llevar de sus impresiones o impulsos.

impulso. m. Empuje con que se produce un movimiento. || Fuerza que mueve o desarrolla algo. || Instigación, estímulo. || tomar impulso. loc. Dar una carrera antes de saltar o de hacer un lanzamiento para conseguir más fuerza.

impune. adj. Que queda sin castigo.

impuntual. adj. Que no es puntual.

impureza. f. Cualquier sustancia extraña a un cuerpo o materia. || Falta de pureza o de limpieza moral.

imputar. tr. Atribuir a una persona un delito o acción.

inacabable. adj. Que no se acaba nunca o que tarda mucho en hacerlo.

inaceptable. adj. Que no se puede aceptar o admitir.

inactivo, va. adj. Sin actividad o movimiento, ocioso.

inadaptado, da. adj. y s. Que no se adapta a ciertas condiciones o circunstancias o a la sociedad.

inadmisible. adj. Intolerable, que no se puede aceptar.

inagotable. adj. Abundante, que no se agota.

inaguantable. adj. Pesado, insoportable.

inalámbrico, ca. adj. Se dice de todo sistema de comunicación eléctrica sin alambres conductores.

inalcanzable. adj. Que no se puede alcanzar o conseguir.

inalterable. adj. Que no puede ser alterado o no manifiesta alteración.

inane. adj. Vano, fútil, inútil.

inanición. f. Estado de extrema debilidad y desnutrición por falta de alimento.

inanimado, da. adj. Que no tiene vida.

inapelable. adj. Se dice de la sentencia que no se puede apelar. || Indudable, claro.

inapetencia. f. Falta de apetito.

inapreciable. adj. De tanto valor que no se puede calibrar su importancia. || Excesivamente pequeño, que no se puede apreciar o distinguir.

inasequible. adj. Que no es asequible, muy difícil de conseguir.

inaudito, ta. adj. Nunca oído, sorprendente, asombroso. || Insoportable, intolerable.

inauguración. f. Acto solemne con el que se inicia una actividad. || Comienzo de la actividad de un establecimiento o una institución.

inaugurar. tr. Dar principio a una actividad con un acto solemne. || Abrir solemnemente un establecimiento con alguna celebración.

inca. adj. y com. Se dice de un pueblo amerindio que habitaba al oeste de América del Sur a la llegada de los españoles. || m. Soberano que los gobernaba. || Moneda de oro de la república del Perú, equivalente a 20 soles.

incalculable. adj. Tan grande que no se puede calcular.

incalificable. adj. Vituperable, censurable. || Que no se puede calificar.

incandescente. adj. Se dice del cuerpo, generalmente metálico, que se enrojece o blanquea por la acción del calor.

incansable. adj. Que no se cansa, resistente a la fatiga.

incapacidad. f. Falta de capacidad para hacer, recibir o aprender una cosa. || DER. Carencia de capacidad legal para disfrutar de un derecho o ejercer un cargo.

incapaz. adj. Que no tiene capacidad o aptitud para una cosa. || Falto de talento. También com. || DER. Sin capacidad legal para algo.

incautarse. prnl. Tomar posesión un tribunal, u otra autoridad competente, de dinero o bienes de otra clase. || Apoderarse alguien de algo indebidamente.

incauto, ta. adj. y s. Que no tiene cautela. || Crédulo, ingenuo.

incendiar. tr. y prnl. Ocasionar un incendio.

incendio. m. Fuego grande que abrasa lo que no está destinado a arder. || poét. Sentimiento apasionado, como el amor o la ira.

incentivar. tr. Estimular con algún tipo de gratificación para que se desee o haga una cosa.

incentivo, va. adj. y m. Que mueve o estimula a desear o hacer una cosa.

incertidumbre. f. Inseguridad. || Duda, perplejidad.

incesante. adj. Que no cesa, constante. || Repetido, frecuente.

incidencia. f. Lo que sucede en el curso de un asunto o negocio y tiene relación con ello. || Influencia de un número de casos en algo, normalmente en las estadísticas. || GEOM. Encuentro de dos líneas, planos o cuerpos.

incidente. adj. Que incide.

incidir. intr. Cometer una falta o error. || Recalcar, poner de manifiesto con especial énfasis. || Causar un efecto una cosa en otra, repercutir. || Chocar contra algo o alguien.

incidir. tr. Hacer una incisión o cortadura. || Inscribir, grabar.

incienso. m. Gomorresina de olor aromático que se quema en algunas ceremonias religiosas. || col. Adulación, lisonja.

incierto, ta. adj. Falso. || Dudoso, inseguro. || Impreciso, borroso, indefinido.

incinerar. tr. Quemar algo hasta reducirlo a cenizas. || prnl. amer. col. Ponerse en ridículo.

incipiente. adj. Que se está iniciando.

incisión. f. Hendidura poco profunda que se hace en algunos cuerpos con un instrumento cortante.

incisivo, va. adj. Apto para abrir o cortar. || Punzante, mordaz.

inciso, sa. adj. Se dice del estilo literario cortado, caracterizado por organizar los conceptos separadamente, en cláusulas breves y sueltas. || m. Oración intercalada en otra. || Comentario o digresión distinta del tema principal que se intercala en un discurso.

incitar. tr. Estimular a uno para que haga algo.

inclemencia. f. Falta de clemencia. || Dureza y rigor en el tiempo climatológico de las estaciones, especialmente en el invierno. Más en pl.

inclinación. f. Desviación de una cosa de su posición vertical u horizontal. || Reverencia que se hace con la cabeza o el cuerpo. || Afecto, amor, propensión a una cosa. || Dirección que una línea o una superficie tiene con relación a otra.

inclinar. tr. Apartar una cosa de su posición perpendicular a otra. También prnl. || Persuadir. || prnl. Tender a hacer, pensar o sentir una cosa. || Poner el cuerpo hacia abajo. || Estar una persona próxima a algo.

ínclito, ta. adj. Ilustre, afamado.

incluir. tr. Poner una cosa dentro de otra. || Contener una cosa a otra o llevarla implícita.

inclusión. f. Introducción de una cosa dentro de otra o dentro de sus límites.

incoar. tr. DER. Comenzar los primeros trámites de un proceso, un pleito o un expediente.

incógnito, ta. adj. No conocido. || m. Anonimato. || f. Cantidad desconocida que es preciso determinar en una ecuación o en un problema. || Misterio, causa oculta de algo.

incoherencia. f. Falta de conexión en las cosas que se dicen o hacen. || Absurdo, hecho o dicho sin sentido.

incoloro, ra. adj. Sin color.

incólume. adj. Sano, sin lesión ni daño.

incombustible. adj. Que no se puede quemar. || Se dice de la persona que no se agota y muestra perseverancia en su tarea a pesar de los inconvenientes.

incomodar. tr. y prnl. Causar incomodidad, molestia o enfado.

incomodidad. f. Falta de comodidad. || Molestia. || Disgusto, enojo.

incómodo, da. adj. Molesto, desagradable. || Poco confortable. || A disgusto.

incomodo. m. Molestia, fastidio.

incomparable. adj. Tan extraordinario que no tiene igual.

incompatibilidad. f. Incapacidad para unirse o existir conjuntamente. || Impedimento legal para ejercer dos o más cargos a la vez.

incompatible. adj. Que no puede existir con otra persona o cosa.

incompetencia. f. DER. Falta de competencia o de jurisdicción. || Incapacidad para resolver con eficacia algo.

incomprendido, da. adj. No comprendido correctamente. || Se dice de la persona cuyo mérito no ha sido generalmente apreciado. También s.

incomprensible. adj. Que no se puede comprender o es muy difícil hacerlo.

incomprensión. f. Falta de comprensión.

incomunicación. f. Falta de comunicación o diálogo. || Acción y efecto de incomunicar o incomunicarse. || Aislamiento de un procesado decretado por el juez.

incomunicar. tr. Privar de comunicación a algo o alguien. || prnl. Negarse al trato con otras personas.

inconcebible. adj. Que no puede concebirse o comprenderse. || Imperdonable, censurable.

inconcluso, sa. adj. No acabado.

incondicional. adj. Absoluto, sin restricción ni condiciones. || com. Adepto a una persona o idea, sin limitación ni condición ninguna.

inconexo, xa. adj. Que no tiene conexión con una cosa.

inconformismo. m. Actitud hostil ante el orden establecido. || Actitud consistente en la falta de acuerdo o conformidad.

inconfundible. adj. Que, por sus peculiaridades y características, no puede confundirse con otro.

incongruencia. f. Falta de acuerdo, relación o correspondencia de una cosa con otra. || Hecho o dicho ilógico, contradictorio.

inconsciente. adj. No consciente, involuntario. || Se dice del que está desmayado, sin conocimiento. || Irreflexivo, insensato. También com. || m. Subconsciente.

inconsecuencia. f. Falta de consecuencia en lo que se dice o hace.

inconsistencia. f. Falta de consistencia.

inconsolable. adj. Apenado, triste, afligido, que no puede consolarse.

inconstancia. f. Falta de estabilidad y permanencia de una cosa.

inconstante. adj. No estable ni permanente. || Que cambia con demasiada facilidad de pensamientos, aficiones, opiniones o conducta.

inconstitucional. adj. No conforme con la Constitución del Estado.

incontable. adj. Que no puede contarse. || Numerosísimo. || GRAM. Se dice de los sustantivos que no tienen sentido en plural porque no constan de unidades discretas.

incontestable. adj. Irrefutable, cierto.

incontinencia. f. Falta de continencia, circunstancia de la persona que no puede reprimir sus deseos y pasiones. || Enfermedad que consiste en no poder retener la orina o las heces.

incontrolable. adj. Que no se puede controlar.

incontrolado, da. adj. y s. Que actúa o funciona sin control, sin orden, sin disciplina, sin sujeción.

inconveniencia. f. Incomodidad. || Dicho o hecho inoportuno, imprudente.

inconveniente. adj. No conveniente. || m. Impedimento para hacer una cosa. || Aspecto desfavorable de algo o alguien.

incorporar. tr. Agregar, unir dos o más cosas para que formen un todo entre sí. || Reclinar el cuerpo que estaba echado. También prnl. || Destinar a un funcionario al puesto que debe desempeñar. También prnl. || prnl. Agregarse una o más personas a otras para formar un cuerpo.

incorrección. f. Falta de corrección. || Dicho o hecho incorrecto.

incorrecto, ta. adj. Erróneo, equivocado. || Descortés, grosero.

incorregible. adj. Que no puede corregirse. || Se dice del que por su terquedad no se quiere corregir sus faltas o errores.

incorrupto, ta. adj. Que está sin corromperse. || No pervertido moralmente.

incrédulo, la. adj. Que no cree fácilmente. || Ateo, descreído.

increíble. adj. Que no puede creerse o es muy difícil de creer. || Impresionante, extraordinario.

incrementar. tr. Aumentar, acrecentar. También prnl.

increpar. tr. Reprender con severidad. || Insultar.

incriminar. tr. Atribuir a alguien un delito, culpa o defecto.

incruento, ta. adj. No sangriento.

incrustar. tr. Embutir en una superficie lisa y dura piedras, metales u otros materiales para adornarla. || Introducirse un cuerpo violentamente en otro sin mezclarse con él. También prnl. || Cubrir una superficie con una costra dura. || Fijar algo de forma muy fuerte en la mente.

incubadora. f. Aparato o local que sirve para incubar artificialmente los huevos de las aves. || Urna de cristal acondicionada para mantener a los niños nacidos antes de tiempo o con algún problema de salud.

incubar. tr. Ponerse el ave sobre los huevos para calentarlos de forma que se desarrolle el embrión. || Desarrollar el organismo una enfermedad. También prnl. || prnl. Iniciarse el desarrollo de una tendencia o movimiento social antes de su plena manifestación.

inculcar. tr. Imbuir, infundir con firmeza en el ánimo de alguien una idea o sentimiento.

inculpar. tr. Culpar, acusar a alguien de una falta o delito.

inculto, ta. adj. Que no tiene cultura o instrucción. También s. || Se dice del terreno que no está cultivado.

incultura. f. Falta de cultura, ignorancia.

incumbir. intr. Corresponder a alguien estar a cargo de algo.

incumplir. tr. No llevar a efecto, dejar de cumplir algo.

incurable. adj. y s. Que no se puede curar.

incuria. f. Poco cuidado, negligencia.

incurrir. intr. Caer en falta o error. || Tener merecido alguien lo que se expresa.

incursión. f. Penetración momentánea en un sitio nuevo o poco habitual. || Penetración de soldados de un ejército en el territorio enemigo.

indagar. tr. Investigar, averiguar algo. También intr.

indecente. adj. Indecoroso, deshonesto. || Sucio, desaseado.

indecisión. f. Irresolución o dificultad de alguno en decidirse.

indeciso, sa. adj. Se dice del que tiene dificultad para decidirse. También s. || Dudoso, todavía sin determinar.

indecoroso, sa. adj. Que carece de decoro o dignidad, o que las ofende.

indefenso, sa. adj. Que carece de medios de defensa, o está sin ella. También s.

indefinido, da. adj. No definido. || Que no tiene límite señalado o conocido.

indeleble. adj. Que no se puede borrar o quitar.

indemne. adj. Libre o exento de daño o perjuicio.

indemnizar. tr. y prnl. Resarcir a alguien de un daño o perjuicio.

independencia. f. Falta de dependencia. || Libertad, autonomía, y especialmente la de un Estado que no es tributario ni depende de otro. || Libertad en ciertos aspectos.

independiente. adj. Que no depende de otro, autónomo. || Se dice del que mantiene sus propias opiniones sin hacer caso de los demás. || adj. y com. Se dice del que no pertenece a ningún partido o doctrina. || adv. m. Con independencia.

independizar. tr. y prnl. Hacer independiente a una persona o cosa.

indeseable. adj. y com. De trato y presencia no deseados o adecuados, generalmente por sus condiciones morales. || Se dice del extranjero cuya presencia en un país no es aceptada por la autoridad.

indestructible. adj. Que no se puede o es muy difícil de destruir.

indeterminado, da. adj. Indefinido, no determinado. || Impreciso, vago. || GRAM. Se dice del artículo que se antepone al sustantivo para indicar que este se refiere a un objeto no consabido en el discurso.

indiano, na. adj. De las Indias Occidentales o relativo a este territorio. || adj. y s. Se dice del que volvía rico de América.

indicación. f. Comunicación o explicación mediante indicios y señales. || Cosa con la que se indica algo. || Corrección, observación. || Recomendación hecha por un médico sobre la forma de seguir un tratamiento.

indicar. tr. Comunicar, explicar, dar a entender una cosa con indicios y señales. || Significar una cosa algo. || Prescribir el médico una medicina o tratamiento.

índice. adj. Se dice del segundo dedo de la mano, entre el pulgar y el corazón. También m. || m. Indicio o señal de una cosa. || Lista ordenada de capítulos, materias o autores de un libro. || Catálogo clasificado de los ejemplares de una biblioteca o de las obras de o sobre un autor, tema o época.

indicio. m. Aquello que permite conocer o inferir la existencia de algo que no se percibe. || Primera manifestación o pequeña cantidad de algo.

indiferencia. f. Estado del ánimo en el que no se siente inclinación ni rechazo hacia algo o alguien. || Frialdad, displicencia.

indígena. adj. y com. Originario del país o lugar del que se trata.

indigente. adj. y com. Pobre, mísero, sin los suficientes medios para subsistir.

indigestarse. prnl. Padecer una indigestión, sentarle mal a uno una comida. || No agradarle a uno algo o alguien.

indigestión. f. Trastorno que padece el organismo por no haber digerido bien los alimentos.

indignación. f. Gran enfado que produce algo o alguien.

indignar. tr. y prnl. Provocar indignación, irritar a alguien. || Enfadarse mucho una persona.

indigno, na. adj. Que no es merecedor de aquello que se expresa. || Que no corresponde a las circunstancias, calidad o mérito de algo o alguien. || Vil, ruin.

índigo. m. Añil.

indio, dia. adj. m. y f. Natural de la India o relativo a este país asiático. || Se apl. al indígena de América y al que hoy se considera como descendiente de aquel, sin mezcla de otra raza.

indio, dia. adj. De color azul. || m. QUÍM. Metal parecido al estaño, pero más fusible y volátil, que en el espectroscopio presenta una raya azul característica, a la que debe su nombre. Su símbolo es *In*.

indirecto, ta. adj. Que no va derecho a un fin, sino a través de rodeos o intermediarios. || GRAM. Complemento indirecto. || f. Cosa que se da a entender sin decirla claramente.

indisciplinarse. prnl. Quebrantar la disciplina establecida.

indiscreción. f. Falta de discreción y de prudencia. || Dicho o hecho indiscreto.

indiscreto, ta. adj. Que habla o actúa imprudente e inoportunamente. También s. || Se dice de lo que se hace o dice de este modo.

indiscutible. adj. Evidente, irrefutable, que no admite discusión.

indisoluble. adj. Que no puede disolverse. || Que no puede desatarse.

indispensable. adj. Que es imprescindible. || Que no se puede dispensar ni excusar.

indisposición. f. Malestar, enfermedad pasajera. || Acción y efecto de indisponer o indisponerse.

indistinto, ta. adj. Que no se distingue de otra cosa. || Que no se percibe claramente. || Indiferente.

individual. adj. Del individuo o relativo a él. || Que es de o para un individuo.

individualismo. m. Tendencia a actuar según el propio criterio y no de acuerdo con el de la colectividad. || Aislamiento, egoísmo. || Doctrina ética, política, filosófica o social que considera al individuo como fundamento y fin de todas las leyes y relaciones morales y políticas.

individuo, dua. adj. Que no puede ser dividido. || Individual. || m. Cada uno de los seres organizados que, con respecto a la especie a la que pertenece. || La propia persona u otra con abstracción de las demás. || m. y f. Persona cuya identidad no se conoce o no se quiere descubrir.

indiviso, sa. adj. y s. No dividido en partes.

indoeuropeo, a. adj. y s. De un conjunto de pueblos asiáticos que se extendieron desde la India hasta el occidente europeo.

índole. f. Carácter propio de cada uno. || Naturaleza, calidad y condición de las cosas.

indolente. adj. y com. Insensible. || Perezoso, vago.

indómito, ta. adj. No domado. || Indomable. || Difícil de dominar o someter.

inducción. f. Incitación o instigación a hacer algo. || Método de raciocinio que consiste en alcanzar un principio que se deriva lógicamente de unos datos o hechos particulares. || FÍS. Producción de una carga eléctrica inducida.

inducir. tr. Instigar, incitar. || Llegar a conclusiones generales a partir de hechos particulares. || FÍS. Producirse una carga eléctrica en un cuerpo por efecto de otro cuerpo electrizado situado a cierta distancia.

indudable. adj. Que no puede ponerse en duda. || Evidente, claro, patente.

indulgencia. f. Benevolencia, tolerancia con las faltas o facilidad para conceder gracias. || Remisión que hace la Iglesia católica de las penas debidas por los pecados.

indultar. tr. Perdonar a uno toda o parte de la pena que tiene impuesta. || Eximir del cumplimiento de una norma u obligación.

indulto. m. Perdón total o parcial de una pena o conmutación de la misma. || Exención de una obligación.

indumentaria. f. Conjunto de vestiduras o ropas que se tienen o se llevan puestas. || Estudio histórico del traje.

industria. f. Conjunto de operaciones destinadas a la obtención, transformación y transporte de materias primas. || Instalación destinada a estas operaciones. || Conjunto de este tipo de instalaciones que comparten alguna característica, especialmente cuando pertenecen al mismo ramo. || Maña y destreza para hacer una cosa.

industrial. adj. De la industria o relativo a ella. || com. Persona que vive del ejercicio de una industria o es propietario de ella.

industrializar. tr. y prnl. Aplicar métodos o procesos industriales. || Crear industrias nuevas o desarrollar las existentes en una zona.

inédito, ta. adj. y m. Escrito y no publicado. || Referido al escritor que aún no ha publicado nada. || Desconocido, nuevo.

inefable. adj. Que no se puede explicar con palabras, inenarrable.

ineficaz. adj. Que no es eficaz, nulo.

ineluctable. adj. Se dice de aquello contra lo cual no puede lucharse, inevitable.

inepto, ta. adj. No apto para algo. || Necio o incapaz. También s.

inequívoco, ca. adj. Que no admite duda o equivocación.

inercia. f. Falta de energía, desidia. || MEC. Resistencia de los cuerpos para cambiar su estado de reposo o de movimiento sin la intervención de alguna fuerza.

inerme. adj. Sin armas ni defensas físicas o morales. || BIOL. Desprovisto de espinas, pinchos o aguijones.

inerte. adj. Falto de vida o movilidad, inútil. || QUÍM. Cuerpo que permanece inactivo al combinarse con otro.

inescrutable. adj. Que no puede saberse ni averiguarse.

inesperado, da. adj. Que sucede sin esperarse.

inestimable. adj. Que no puede estimarse o valorarse en todo lo que vale.

inevitable. adj. Que no puede evitarse.

inexacto, ta. adj. Que carece de exactitud.

inexcusable. adj. Que no puede dejar de hacerse, ineludible. || Que no puede ser disculpado.

inexistente. adj. Que carece de existencia. || Se apl. a lo que, aunque existe, se considera totalmente nulo.

inexorable. adj. Que no se deja vencer con ruegos, inconmovible. || Inevitable.

inexperto, ta. adj. y s. Sin experiencia.

inexplicable. adj. Que no se puede explicar o justificar.

inexpresivo, va. adj. Que carece de expresión. || Incapaz de expresarse.

inexpugnable. adj. Que no se puede tomar o conquistar por las armas. || Que no se deja vencer ni persuadir.

inextricable. adj. Muy intrincado y confuso.

infalible. adj. Que no puede fallar o equivocarse. || Seguro, cierto.

infamar. tr. Quitar la buena fama y estimación.

infame. adj. Que carece de honra, crédito y estimación. También com. || Muy malo en su especie.

infamia. f. Descrédito, deshonra. || Vileza, maldad.

infancia. f. Periodo de la vida de una persona desde que nace hasta la pubertad. || Conjunto de los niños de tal edad.

infante, ta. m. y f. Niño menor de siete años. || En España y Portugal, hijo legítimo del rey con excepción del heredero al trono. || m. Título honorífico que recibe un pariente del rey como gracia real. || Soldado de infantería.

infantería. f. Tropa que sirve a pie en la milicia.

infanticidio. m. Muerte dada a un niño, especialmente al recién nacido.

infantil. adj. De la infancia o relativo a ella. || Inocente, cándido. || adj. y com. Categoría posterior a la de alevín y anterior a la de cadete en algunos ámbitos, especialmente en el deportivo.

infarto. m. MED. Lesión producida en un órgano privado de su riego sanguíneo, por obstrucción de la arteria correspondiente. || MED. Aumento de tamaño de un órgano enfermo.

infatigable. adj. Que no se cansa o que resiste bien la fatiga, incansable.

infausto, ta. adj. Desgraciado, infeliz.

infección. f. Penetración y desarrollo de gérmenes patógenos en el organismo. || Enfermedad producida por estos gérmenes.

infeccioso, sa. adj. Que causa infección. || Provocado por infección.

infectar. tr. y prnl. Transmitir un organismo a otro los gérmenes de una enfermedad. || INFORM. Contagiar un programa con un virus informático.

infeliz. adj. y com. De suerte adversa, no feliz. || Apocado. || Ingenuo, que no tiene malicia. || *amer.* Malvado, mala persona.

inferior. adj. comp. de superioridad de bajo. || Que está debajo de otra cosa o más bajo que ella. || Que es menor que otra cosa en cantidad o calidad. || Referido a una persona, sujeta o subordinada a otra. También s. || BIOL. Se dice del organismo menos complejo y más primitivo que otro.

inferioridad. f. Cualidad de inferior. || Situación de una cosa que está más baja que otra o debajo de ella.

inferir. tr. Deducir una cosa de otra o extraer una conclusión. || Conducir a un resultado, implicar. || Causar un daño físico o moral.

infernal. adj. Del infierno o relativo a él. || Muy malo, perjudicial. || Muy desagradable o molesto.

infértil. adj. Que no es fértil, estéril.

infestar. tr. Invadir un lugar una plaga de animales u otra cosa similar. También prnl.

infidelidad. f. Falta de fidelidad.

infiel. adj. Falto de fidelidad, desleal. || Falto de exactitud. || adj. y com. Que no profesa la fe considerada verdadera.

infierno. m. REL. Lugar destinado al eterno castigo de los condenados. || Tormento y castigo de los condenados.

infiltrar. tr. y prnl. Introducir suavemente un líquido entre los poros de un sólido. || Infundir ideas o doctrinas en la mente de alguien, especialmente si se hace con objetivos poco claros. || prnl. Introducirse furtivamente en un lugar o en una organización, especialmente con propósitos encubiertos.

ínfimo, ma. adj. sup. de bajo. || En el orden y graduación de las cosas, referido a la que es última y menor que las demás. || Muy pequeño, escaso. || Que en su situación está muy bajo.

infinidad. f. Cualidad de infinito. || Gran número, muchedumbre.

infinitivo. m. Forma no personal del verbo, que no expresa número ni persona ni tiempo determinados.

infinito, ta. adj. Que no tiene ni puede tener fin ni término. || Muy numeroso, grande y excesivo. || m. Espacio indeterminado. || MAT. Signo en forma de ocho tendido que sirve para expresar un valor mayor que cualquier cantidad asignable. || adv. m. Excesivamente, muchísimo.

inflación. f. Acción y resultado de inflar. || Aumento general de precios que trae aparejada la depreciación monetaria.

inflamable. adj. Que arde con facilidad y desprende llamas inmediatamente.

inflamación. f. Combustión repentina y acompañada de llamas de una sustancia inflamable. || Alteración patológica en una parte cualquiera del organismo, caracterizada por enrojecimiento, hinchazón, dolor y aumento de la temperatura.

inflamar. tr. y prnl. Prender una cosa que despide llamas de forma inmediata. || Acalorar, enardecer los ánimos. || prnl. Producirse inflamación.

inflar. tr. y prnl. Hinchar una cosa con aire u otra sustancia aeriforme. || *col.* Exagerar, abultar. || *col.* Ensoberbecer, engreír. || *col.* Excederse en el ejercicio de una actividad.

inflexible. adj. Incapaz de doblarse o torcerse, rígido. || Que no se conmueve ni se doblega, ni desiste de su propósito. || Firme, constante, rígido.

infligir. tr. Imponer castigos, causar daños.

influencia. f. Efecto, repercusión. || Poder, autoridad de una persona sobre otra u otras.

influir. tr. Producir una persona o cosa ciertos efectos sobre otras.

información. f. Acción y resultado de informar o informarse. || Oficina donde se informa sobre algo. || Conjunto de datos sobre una materia determinada. || Investigación jurídica y legal de un hecho o delito.

informal. adj. Que no tiene seriedad o protocolo. || adj. y com. Se dice de la persona que no respeta las normas ni cumple sus compromisos.

informar. tr. Dar noticia de algo, enterar. También prnl. || Completar un documento con los informes oportunos. || FILOS. Dar forma sustancial a algo. || intr. Dictaminar una persona en un asunto de su competencia. || DER. Hablar en estrados los fiscales y los abogados.

informático, ca. adj. De la informática o relativo a ella. || adj. y s. Que se dedica profesionalmente a la informática. || f. Conjunto de conocimientos científicos y técnicos que hacen posible el tratamien to automático de la información por medio de ordenadores.

informativo, va. adj. Que informa o sirve para dar noticia de algo.

informe. m. Conjunto de datos o instrucciones sobre algo o alguien. También pl. || DER. Exposición total que hace el letrado o el fiscal ante el tribunal que ha de fallar el proceso.

informe. adj. Que no tiene una forma determinada.

infortunio. m. Fortuna adversa. || Estado o situación desafortunada. || Desgracia.

infracción. f. Transgresión, quebrantamiento de una norma o de un pacto.

infranqueable. adj. Que imposibilita o dificulta el paso.

infrarrojo, ja. adj. Radiación del espectro luminoso que se encuentra por debajo del rojo visible y es de mayor longitud de onda. Se caracteriza por sus efectos caloríficos.

infringir. tr. Quebrantar leyes, órdenes, o norma.

infructuoso, sa. adj. Ineficaz, inútil.

ínfula. f. Adorno de lana blanca ceñido a la cabeza y con dos tiras colgantes a los lados, que vestían antiguamente algunos sacerdotes gentiles y algunos reyes. Más en pl. || Cada una de las dos cintas anchas que cuelgan por la parte posterior de la mitra episcopal. || pl. Presunción, vanidad.

infundado, da. adj. Que carece de fundamento.

infundio. m. Mentira o noticia falsa, generalmente tendenciosa.

infundir. tr. Despertar un sentimiento en alguien. || TEOL. Comunicar Dios al alma un don o gracia.

infusión. f. Acción de introducir en agua caliente ciertas sustancias orgánicas para extraer de ellas las partes solubles. || Líquido así obtenido. || p. ext., bebida que se obtiene de diversos frutos o hierbas aromáticas, introduciéndolos en agua hirviendo. || Hablando del bautismo, acción de echar el agua sobre el que se bautiza.

ingeniar. tr. Idear o inventar ingeniosamente.

ingeniería. f. Conjunto de técnicas que permiten aplicar el saber científico a la utilización de la materia y de las fuentes de energía, mediante invenciones o construcciones útiles para el hombre.

ingeniero, ra. m. y f. Persona que ejerce la ingeniería.

ingenio. m. Facultad para discurrir o inventar. || Sujeto dotado de esta facultad. || Intuición, entendimiento. || Máquina o artefacto mecánico.

ingenioso, sa. adj. Que tiene ingenio.

ingente. adj. Muy grande, enorme.

ingenuidad. f. Inocencia, ausencia de malicia, sinceridad.

ingenuo, nua. adj. y s. Sin malicia, inocente. || Simple.

ingerir. tr. Introducir alimentos, bebida o medicamentos en el estómago, a través de la boca.

ingesta. f. Acción y resultado de ingerir.

ingle. f. Parte del cuerpo en que el muslo se une con el vientre.

inglés, esa. adj. y s. De Inglaterra o relativo a esta parte de Gran Bretaña. || m. Lengua de la rama germánica, hablada en el Reino Unido y otros países.

ingratitud. f. Desagradecimiento, falta de reconocimiento de los favores recibidos.

ingrato, ta. adj. Desagradecido. También s. || Desapacible, desagradable. || Que satisface o gratifica poco con relación al esfuerzo y a la atención que se le dedican, especialmente referido a una actividad.

ingrávido, da. adj. Que no se halla sometido a un campo de gravedad. || Liviano, ligero.

ingrediente. m. Cualquiera de los elementos que forman parte de un compuesto, componente.

ingresar. intr. Entrar en algún lugar. || Entrar a formar parte de una organización. || Entrar en un centro sanitario para recibir tratamiento médico. También tr. || tr. Depositar dinero o valores en una entidad, especialmente si es bancaria. || Percibir regularmente una cantidad de dinero por algún concepto.

ingreso. m. Acción de ingresar. || Espacio por donde se entra. || Acto de ser admitido en una organización. || Depósito realizado en una entidad, especialmente si es bancaria. || pl. Ganancias económicas percibidas regularmente por algún concepto.

inhábil. adj. Falto de habilidad, talento o instrucción. || Referido a un periodo de tiempo festivo o no laborable.

inhabilitar. tr. Declarar a alguien incapaz de obtener o desempeñar un cargo público o de ejercitar derechos civiles o políticos. || Imposibilitar para algo. También prnl.

inhabitable. adj. Que no se puede habitar.

inhalar. tr. Aspirar ciertos gases o líquidos pulverizados, especialmente con fines terapéuticos.

inherente. adj. Que por naturaleza está inseparablemente unido a algo.

inhibir. tr. y prnl. Prohibir, estorbar o impedir. || DER. Decidir que un juez no prosiga en el conocimiento de una causa por no considerarla de su competencia. || MED. Suspender transitoriamente una función orgánica. || prnl. Abstenerse, dejar de actuar.

inhumano, na. adj. Falto de humanidad, cruel.

inhumar. tr. Enterrar un cadáver.

iniciación. f. Comienzo, inicio. || Adhesión e instrucción en algo secreto. || Aprendizaje de materias abstractas.

inicial. adj. Del origen o principio de algo. || adj. y f. Se dice de la letra con la que comienza una palabra.

iniciar. tr. y prnl. Comenzar, empezar o promover algo. || Introducir y adiestrar a alguien en una actividad secreta. || Instruir, formar, especialmente en materias abstractas. || prnl. REL. Recibir las órdenes menores.

iniciativo, va. adj. Que da comienzo a algo. || f. Acción de adelantarse a los demás en hablar u obrar. || Capacidad personal que inclina a esta acción. || Procedimiento constitucional mediante el cual el pueblo interviene en la actividad legislativa.

inicio. m. Comienzo, principio.

inicuo, cua. adj. Injusto, no equitativo. || Malvado, cruel.

ininteligible. adj. No inteligible.

iniquidad. f. Maldad, injusticia grande.

injerencia. f. Entrometimiento, intromisión.

injerirse. prnl. Entremeterse.

injertar. tr. Introducir en una planta parte de otra con alguna yema para que pueda brotar.

injerto. m. Acción y resultado de injertar. || Planta injertada. || MED. Parte de tejido orgánico destinada a la implantación.

injuria. f. Agravio, ultraje de palabra u obra. || Daño o incomodidad.

injuriar. tr. Ultrajar, ofender gravemente de palabra u obra. || Dañar, menoscabar.

injusticia. f. Acción contraria a la justicia. || Falta de justicia.

injusto, ta. adj. y s. Que no es justo.

inmaculado, da. adj. Que no tiene mancha ni defecto.

inmadurez. f. Falta de madurez.

inmediato, ta. adj. Contiguo o muy cercano a otra cosa. || Que sucede enseguida, sin dilación.

inmejorable. adj. Que no se puede mejorar, perfecto.

inmemorial. adj. Remoto, tan antiguo que se desconoce cuándo empezó.

inmenso, sa. adj. Enorme o muy difícil de medir. || Que no tiene medida, infinito, ilimitado.

inmersión. f. Introducción de algo en un líquido.

inmigración. f. Movimiento de población que alude a la llegada a un país de personas de otra nacionalidad para establecerse en él.

inmigrar. intr. Llegar a un país para establecerse en él personas naturales de otro. || p. ext., instalarse en un territorio animales procedentes de otro.

inminente. adj. Que está próximo a suceder, especialmente un riesgo.

inmiscuirse. prnl. Entremeterse.

inmobiliario, ria. adj. De los bienes inmuebles o relativo a ellos. || f. Empresa o sociedad que se dedica a construir, alquilar, vender y administrar viviendas.

inmolar. tr. Sacrificar una víctima en honor de la divinidad. || Sacrificar algo por una causa o por alguien. Más c. prnl.

inmoral. adj. y com. Contrario a la moral y a las buenas costumbres.

inmortal. adj. y com. Que no puede morir. || Que dura un tiempo indefinido.

inmortalizar. tr. y prnl. Perpetuar algo en la memoria del hombre a través del tiempo.

inmóvil. adj. Que no se mueve. || Firme, invariable.

inmovilizar. tr. Hacer que una cosa quede inmóvil. También prnl. || Invertir dinero en bienes de lenta o difícil realización. || DER. Coartar la libre enajenación de bienes.

inmueble. adj. Se dice de los bienes que no se pueden transportar. || m. Casa, edificio.

inmundicia. f. Suciedad, porquería, basura.

inmundo, da. adj. Muy sucio, asqueroso, repugnante. || Impuro, deshonesto.

inmune. adj. Protegido contra ciertas enfermedades. || Libre de ciertos cargos, exento. || BIOL. De la inmunidad o relativo a ella. || Invulnerable.

inmunidad. f. Cualidad de inmune. || Privilegio de una persona que la exime de ciertos cargos y penas en determinadas circunstancias. || BIOL. Estado de resistencia, natural o adquirida, que poseen ciertos individuos frente a determinados agentes patógenos.

inmutable. adj. Que no cambia. || De ánimo inalterable.

inmutar. tr. Alterar, mudar. || Manifestar físicamente un estado de conmoción emocional, especialmente a través del gesto o de la voz.

innato, ta. adj. Que ha nacido con el sujeto, no adquirido por educación ni experiencia.

innegable. adj. Que no se puede negar.

innovar. tr. Alterar las cosas introduciendo novedades.

innumerable. adj. Que no se puede contar. || Muy abundante.

inocencia. f. Falta de culpa. || Exención de toda culpa en un delito o en una mala acción. || Ingenuidad, falta de malicia.

inocente. adj. Que no daña ni ofende. || adj. y com. Libre de culpa. || Sin malicia, ingenuo. || Referido al niño que aún no ha alcanzado la edad de discreción.

inocular. tr. y prnl. Introducir una sustancia en un organismo. || Transmitir por medios artificiales una enfermedad contagiosa. || Pervertir, contaminar.

inocuo, cua. adj. Que no hace daño.

inodoro, ra. adj. Que no tiene olor. || m. Váter, retrete.

inofensivo, va. adj. Incapaz de causar daño. || Que no puede ofender.

inolvidable. adj. Que no puede olvidarse.

inoperante. adj. Ineficaz.

inopia. f. Pobreza, escasez.

inopinado, da. adj. Que sucede de forma inesperada.

inoportuno, na. adj. y s. Fuera de tiempo o de propósito.

inorgánico, ca. adj. Sin vida orgánica. || QUÍM. Referido al compuesto mineral en el que no interviene el carbono como elemento fundamental. || Mal organizado o mal estructurado.

inoxidable. adj. Que no se oxida.

inquietar. tr. y prnl. Quitar el sosiego o la tranquilidad, poner nervioso.

inquieto, ta. adj. Que no está quieto. || Desasosegado, agitado, nervioso. || Curioso, interesado por aprender.

inquietud. f. Falta de quietud, desasosiego. || Curiosidad o interés intelectual. Más en pl.

inquilino, na. m. y f. Persona que ha tomado una casa o parte de ella en alquiler para habitarla. || Arrendatario.

inquina. f. Aversión, mala voluntad.

inquirir. tr. Indagar, examinar cuidadosamente una cosa.

inquisición. f. Tribunal eclesiástico establecido antiguamente para perseguir los delitos contra la fe. || Indagación, averiguación.

insaciable. adj. y s. Imposible o difícil de saciar o satisfacer.

insalubre. adj. Perjudicial para la salud, malsano.

insatisfecho, cha. adj. No satisfecho.

inscribir. tr. Incluir el nombre de una persona en una lista con un fin determinado. También prnl. || Grabar una inscripción en una superficie. || Registrar legalmente datos o documentos.

inscripción. f. Acción y resultado de inscribir o inscribirse. || Escrito grabado en piedra, metal u otra materia.

insecticida. adj. y m. Referido al producto que sirve para matar insectos.

insectívoro, ra. adj. y m. Referido al ser vivo que se alimenta de insectos. || De los insectívoros o relativo a este orden de mamíferos.

insecto. adj. y m. De los insectos o relativo a esta clase de animales. || m. pl. ZOOL. Clase de animales artrópodos antenados, con el cuerpo dividido en cabeza, tórax y abdomen, de respiración traqueal y provistos de tres pares de patas; a veces, también poseen uno o dos pares de alas.

inseguro, ra. adj. Que tiene riesgo, que no ofrece seguridad. || Dubitativo, sin confianza.

inseminación. f. Entrada del semen en el óvulo para fecundarlo. || inseminación artificial. Procedimiento artificial para hacer llegar el semen al óvulo; fecundación artificial.

insensato, ta. adj. y s. Falto de sensatez.

insensibilidad. f. Falta de sensibilidad.

insensible. adj. Que carece de sensibilidad. || Que no se puede percibir.

inseparable. adj. Que no se puede separar. || Referido a las personas, que se encuentran estrechamente unidas.

insertar. tr. Incluir, introducir una cosa en otra, intercalar, especialmente un texto en otro. || prnl. BIOL. Introducirse un órgano entre las partes de otro o adherirse a su superficie.

inservible. adj. Que no está en condiciones de servir, muy estropeado.

insidia. f. Asechanza para hacer daño a otro. Más en pl. || Dicho o acto con mala intención.

insigne. adj. Célebre, famoso.

insignia. f. Señal, distintivo, emblema. || Pendón, estandarte o medalla de una hermandad o cofradía. || MAR. Bandera que, puesta al tope de uno de los palos del buque, denota la graduación del jefe que lo manda o de otro que va en él.

insignificante. adj. Pequeño, sin importancia, despreciable.

insinuar. tr. Dar a entender algo expresándolo de modo sutil. || prnl. Dar a entender indirectamente el deseo de mantener relaciones sexuales o amorosas con otra persona.

insípido, da. adj. Falto de sabor. || Falto de viveza, gracia o interés.

insistir. intr. Instar reiteradamente. || Persistir o mantenerse firme en una cosa. || Repetir o hacer hincapié en algo.

insociable. adj. y com. Que no disfruta del trato social o lo evita, huraño.

insolación. f. Conjunto de trastornos producidos por una exposición excesiva a los rayos solares.

insolencia. f. Descaro, atrevimiento, falta de respeto. || Dicho o hecho ofensivo e insultante.

insolente. adj. y com. Descarado, irrespetuoso.

insólito, ta. adj. No común ni ordinario, desacostumbrado.

insoluble. adj. Que no puede disolverse ni diluirse. || Que no se puede solucionar o resolver.

insolvencia. f. Incapacidad de pagar una deuda.

insomnio. m. Dificultad para conciliar el sueño cuando se debería dormir.

insondable. adj. Que no se puede averiguar. || Que no se puede sondear o llegar al fondo.

insoportable. adj. Intolerable, que no se puede soportar. || Molesto, fastidioso.

insostenible. adj. Que no se puede sostener. || Indefendible con razones o argumentos.

inspeccionar. tr. Examinar, reconocer atentamente una cosa.

inspector, ra. adj. y s. Que inspecciona. || m. y f. Funcionario público o particular que tiene a su cargo la investigación y vigilancia en el ramo a que pertenece.

inspiración. f. Acción y resultado de inspirar. || Impulso, estímulo creador, especialmente en las artes. || Lo inspirado. || Ilustración sobrenatural que Dios comunica al ser humano.

inspirar. tr. Atraer el aire exterior a los pulmones, aspirar. || Sugerir ideas creadoras. También prnl. || Suscitar algo o alguien un sentimiento.

instalación. f. Acción y resultado de instalar o instalarse. || Conjunto de cosas instaladas.

instalar. tr. Poner o colocar algo en su lugar debido. También prnl. || Colocar en un lugar o edificio los enseres y servicios que en él se hayan de utilizar. || prnl. Establecerse, asentarse.

instancia. f. Solicitud cursada por escrito según unas fórmulas determinadas, especialmente la dirigida a una autoridad o institución. || Documento que recoge dicha solicitud. || DER. Cada uno de los grados jurisdiccionales que la ley establece para examinar y sentenciar causas.

instantáneo, a. adj. Que solo dura un instante. || Que se produce o se prepara al instante. || f. Fotografía que se obtiene al momento.

instante. m. Porción brevísima de tiempo.

instar. tr. Insistir en una petición, rogar. || intr. Urgir la pronta ejecución de una cosa.

instigar. tr. Incitar, inducir a alguien a hacer algo.

instintivo, va. adj. Que es obra, efecto, resultado del instinto.

instinto. m. Conjunto de pautas de conducta que se transmiten genéticamente, y que contribuyen a la conservación de la vida del individuo y de la especie. || Impulso indeliberado que mueve la voluntad de una persona. || Facultad innata para captar ciertas impresiones o para desenvolverse en ámbitos determinados.

institución. f. Fundación o establecimiento de algo. || Lo que se ha instituido o fundado. || Organismo que desempeña una función de interés público, especialmente educativa o benéfica. || Cada una de las organizaciones fundamentales de un Estado.

instituir. tr. Fundar, establecer.

instituto. m. Centro estatal en el que se cursan los estudios correspondientes a la enseñanza media. || Corporación científica, benéfica, cultural, etc. || Organismo perteneciente a la administración de un Estado o nación.

institutriz. f. Mujer encargada de la educación o instrucción de uno o varios niños en la residencia familiar de estos.

instrucción. f. Acción y resultado de instruir o instruirse. || Conjunto de conocimientos adquiridos por una persona. || Indicaciones o reglas para algún fin. Más en pl. || Curso que sigue un proceso o expediente.

instructivo, va. adj. Educativo, informativo.

instruir. tr. Enseñar. || Comunicar sistemáticamente ideas o conocimientos. || Informar sobre algo. También prnl. || Formalizar un proceso o expediente conforme a determinadas reglas.

instrumental. adj. Del instrumento o relativo a él, especialmente el musical. || Que sirve de instrumento o tiene función de tal. || m. Conjunto de instrumentos que se emplean en una actividad.

instrumento. m. Aparato diseñado para ser empleado en una actividad concreta. || Aquello de que nos servimos para conseguir un objetivo determinado. || Conjunto de piezas dispuestas para producir sonidos musicales.

insubordinar. tr. Inducir a la insubordinación. || prnl. Sublevarse, desobedecer a un superior.

insuficiencia. f. Falta de suficiencia. || Escasez de una cosa. || MED. Incapacidad de un órgano para llevar a cabo sus funciones adecuadamente.

insuficiente. adj. No suficiente, escaso. || Calificación académica inferior al aprobado.

insuflar. tr. Introducir a soplos un gas, un líquido o una sustancia pulverizada en un órgano o en una cavidad. || Inyectar un gas en una cavidad, generalmente con fines curativos.

insufrible. adj. Que no se puede sufrir o tolerar.

ínsula. f. LIT. Isla. || Cualquier lugar pequeño o de poca importancia.

insular. adj. y com. De una isla o relativo a ella.

insulina. f. Hormona segregada por el páncreas, que regula la cantidad de glucosa existente en la sangre. || Medicamento elaborado a partir de esta hormona e indicado contra la diabetes.

insulso, sa. adj. Falto de sabor, insípido. || Falto de viveza, gracia o interés.

insultar. tr. y prnl. Ofender con palabras o acciones.

insulto. m. Ofensa, especialmente con palabras hirientes, injuria.

insurgente. adj. y com. Sublevado, insurrecto.

insurrección. f. Sublevación, rebelión.

insurrecto, ta. adj. y s. Sublevado contra la autoridad, rebelde.

insustancial. adj. Que carece de sustancia o de interés.

intacto, ta. adj. No tocado. || Que no ha padecido alteración, menoscabo o deterioro.

intangible. adj. Que no debe o no puede tocarse.

integral. adj. Global, total. || Referido a algunos alimentos, que está elaborado con harina rica en salvado. || MAT. Cálculo de una cifra a partir de su expresión diferencial. || MAT. Signo con que se indica la integración. || MAT. Resultado de integrar una expresión diferencial.

integrar. tr. Formar las partes un todo. || Completar un todo con las partes que le faltan. || prnl. Incorporarse o unirse a un todo para formar parte de él.

íntegro, gra. adj. Que no carece de ninguna de sus partes, entero. || Recto, intachable.

intelecto. m. Capacidad humana para comprender y razonar, entendimiento, inteligencia.

intelectual. adj. Del intelecto o relativo a él. || adj. y com. Referido a quien realiza actividades que requieren preferentemente el empleo de las facultades del intelecto.

inteligencia. f. Facultad de conocer, analizar y comprender. || Habilidad, destreza y experiencia. || inteligencia artificial. INFORM. Conjunto de técnicas que, mediante el empleo de la informática, permite la realización automática de operaciones hasta ahora exclusivas de la inteligencia humana.

inteligente. adj. Dotado de inteligencia natural o artificial. || adj. y com. Que posee o denota gran capacidad intelectual.

inteligible. adj. Que puede ser entendido.

intemperancia. f. Falta de templanza o moderación.

intemperie. f. Destemplanza o desigualdad del tiempo atmosférico.

intempestivo, va. adj. Fuera de tiempo, inoportuno.

intención. f. Propósito o voluntad de hacer algo. || Sobrentendido, dicho o hecho que va más allá de lo evidente.

intencional. adj. De la intención o relativo a ella. || Deliberado, hecho adrede.

intendencia. f. Cuerpo de oficiales y tropa destinado al abastecimiento de las fuerzas militares y al servicio de caudales y pagos. || Dirección o administración de algo. || Cargo de intendente. || Oficina del intendente.

intendente, ta. m. y f. En la Administración pública, jefe superior económico o de alguna empresa estatal. || Jefe superior de los servicios de la Administración militar. || *amer.* Gobernador o alcalde.

intensidad. f. Grado de energía o fuerza de un agente natural o mecánico. || Vehemencia, apasionamiento. || FÍS. Cantidad de energía eléctrica que se transmite a través de un conductor en un segundo. || Propiedad del sonido que depende de la amplitud de las ondas sonoras.

intensificar. tr. y prnl. Incrementar la intensidad.

intenso, sa. adj. Muy apasionado. || Muy fuerte, de gran intensidad.

intentar. tr. Tener el propósito de hacer algo. || Preparar o iniciar la ejecución de algo. || Procurar, pretender, tratar de hacer algo.

intento. m. Propósito, intención. || Lo que es intentado.

intercalar. adj. Interpuesto, injerido.

intercalar. tr. Interponer, poner una cosa entre otras.

intercambio. m. Acción y resultado de intercambiar. || Reciprocidad e igualdad de consideraciones y servicios.

interceder. intr. Mediar por otro.

interceptar. tr. Apoderarse de una cosa antes de que llegue a su destino. || Interrumpir, obstruir.

intercomunicación. f. Comunicación recíproca. || Comunicación telefónica entre las distintas dependencias de un edificio o recinto.

interdental. adj. FON. Se apl. a la consonante que se pronuncia colocando la punta de la lengua entre los bordes de los dientes incisivos. || FON. Se apl. a la letra que representa este sonido. También f.

interés. m. Provecho, utilidad o valor que en sí tiene una persona o cosa. || Inclinación hacia alguien o algo. || Ganancia producida por el capital. También pl. || Curiosidad que una persona o una cosa provoca en alguien. || Cantidad que se paga sobre un préstamo. || Atención que se pone en algo. || pl. Bienes que posee alguien. || Necesidad o conveniencia de carácter colectivo.

interesante. adj. Importante, atractivo. || Que interesa.

interesar. intr. Tener interés en una persona o cosa. || Importar. || tr. Inspirar interés o afecto a una persona. || Producir una cosa alteración o daño en un órgano del cuerpo. || prnl. Demostrar interés.

interferencia. f. Acción recíproca de las ondas de la que resulta aumento o disminución del movimiento ondulatorio.

interferir. tr. Cruzar, interponer algo en el camino de una cosa, o en una acción. También prnl. || Causar interferencia. También intr.

ínterin. m. Intervalo de tiempo.

interino, na. adj. y s. Que sirve por algún tiempo supliendo la falta de otra persona o cosa. || Persona que ocupa un puesto de funcionario público sin serlo, en general por necesidad urgente de la Administración.

interior. adj. Que está en la parte de dentro. || Referido a la vivienda o habitación que no tiene vistas a la calle. También m. || Del espíritu o de lo más íntimo de la persona. || Perteneciente al país del que se habla, en contraposición a lo extranjero. || m. La parte de dentro de algo. || Parte central de un país, en oposición a las zonas costeras o fronterizas.

interjección. f. Expresión exclamativa que sintácticamente funciona como una oración completa y que se emplea para manifestar estados de ánimo o para atraer la atención.

interlocutor, ra. m. y f. Cada una de las personas que toman parte en un diálogo.

interludio. m. MÚS. Composición breve que se ejecuta a modo de intermedio entre dos piezas musicales de mayor duración o entre dos actos de una ópera u otra representación teatral.

intermediario, ria. adj. y s. Que media entre dos o más personas. || Referido a la persona que en la comercialización de mercancías media entre el productor y el consumidor.

intermedio, dia. adj. Que está en medio de dos o más cosas o equidistante de dos extremos. || m. Espacio de tiempo durante el cual queda interrumpida la ejecución de un espectáculo o programación.

interminable. adj. Que no tiene término o fin. || Muy largo.

intermitente. adj. Que se interrumpe y se reactiva, generalmente en intervalos regulares. || m. Dispositivo del automóvil que enciende y apaga periódicamente una luz lateral para señalar, por lo general, un cambio de dirección en la marcha.

internacional. adj. Relativo a dos o más naciones. || adj. y com. Deportista que participa, representando a su país, en competiciones entre diversas naciones. || f. Himno de los socialistas y comunistas.

internado. m. Centro donde residen personas internas, especialmente estudiantes. || Estado y régimen de las personas internas. || Conjunto de personas internas.

internar. tr. Ingresar en un centro o institución. También prnl. || Penetrar en el interior de un espacio. También prnl. || prnl. Profundizar en algún asunto.

internet. f. INFORM. Red informática de comunicación internacional que permite el intercambio de todo tipo de información entre sus usuarios. El nombre proviene del acrónimo de las palabras inglesas *Inter*national *Ne*twork (red internacional).

interno, na. adj. Referido a lo que está u ocurre en el interior. || Del espíritu o muy íntimo. || adj. y s. Referido a la persona que reside en un internado o está interna en alguna institución. || Referido al médico que hace sus prácticas o se especializa en un hospital.

interpelar. tr. Requerir a alguien que dé explicaciones. || En la práctica parlamentaria, plantear un parlamentario alguna cuestión ajena a los proposiciones de ley y a las proposiciones. || Implorar o solicitar auxilio o protección.

interpersonal. adj. Entre personas.

interpolar. tr. Poner una cosa entre otras. || Intercalar palabras o frases en el texto de escritos ajenos.

interponer. tr. Poner algo entre dos o más personas o cosas. También prnl. || Formalizar algún recurso legal, presentándolo ante un juez.

interpretación. f. Explicación del significado de algo. || Traducción de una lengua a otra, en especial cuando se hace de forma oral. || Concepción o visión personal. || Representación de un personaje, actuación. || Ejecución de una pieza musical o de baile.

interpretar. tr. Explicar el sentido o significado de una cosa. || Concebir, ordenar o expresar de un modo personal la realidad. || Traducir de una lengua a otra, sobre todo cuando se hace oralmente. || Representar un personaje, actuar. || Ejecutar una pieza musical o de baile.

intérprete. com. Persona que interpreta. || Persona que se dedica a traducir de una lengua a otra.

interrogación. f. Pregunta. || Cada uno de los signos ortográficos (¿?) que se pone al principio y al final de una palabra o cláusula interrogativa.

interrogar. tr. Preguntar, inquirir. || Realizar una serie de preguntas encaminadas a esclarecer un asunto.

interrogativo, va. adj. Que implica o denota interrogación.

interrogatorio. m. Serie de preguntas, especialmente si con ellas se pretende esclarecer un asunto. || Acto de dirigirlas a quien las ha de contestar.

interrumpir. tr. Detener la continuidad de una acción. || Hacer que quien está hablando se vea obligado a callar al tomar la palabra otra persona.

interruptor, ra. adj. Que interrumpe. || m. Mecanismo destinado a abrir o cerrar un circuito eléctrico.

intersección. f. GEOM. Punto común a dos líneas que se cortan. || GEOM. Encuentro de dos líneas, dos planos o dos sólidos que se cortan recíprocamente.

intersticio. m. Hendidura o espacio que media entre dos cuerpos o entre dos partes de un mismo cuerpo.

intervalo. m. Espacio o distancia que media entre dos momentos o entre dos puntos.

intervención. f. Acción y resultado de intervenir. || Oficina del interventor. || Operación quirúrgica.

intervencionismo. m. POL. En política internacional, participación reiterada en los asuntos internos de otro país. || Sistema que confía al Estado la tarea de dirigir los asuntos económicos.

intervenir. intr. Tomar parte en un asunto. || Interceder o mediar. || Interponer alguien su autoridad. || tr. Dirigir, limitar o suspender una autoridad el libre ejercicio de actividades o funciones. || Controlar la comunicación privada. || Practicar una operación quirúrgica, operar. || Requisar la autoridad una mercancía ilegal.

interventor, ra. adj. y s. Que interviene. || m. y f. Empleado que autoriza y fiscaliza ciertas operaciones o actividades para que se realicen con legalidad.

interviú. f. Entrevista periodística.

intestino, na. adj. Interior, interno. || m. Conducto membranoso situado a continuación del estómago, en el que se completa la digestión y se absorben las sustancias digeridas.

intimar. intr. Estrechar las relaciones con una persona. || tr. Requerir el cumplimiento de algo, especialmente las autoridades. || prnl. Introducirse un cuerpo entre los poros o huecos de otro.

intimidad. f. Amistad íntima. || Cualidad de íntimo. || Privacidad, vida privada. || pl. Pensamientos y sentimientos más profundos de una persona. || Órganos sexuales externos de una persona.

intimidar. tr. Infundir miedo, asustar. || prnl. Asustarse, entrarle a alguien miedo.

íntimo, ma. adj. De la intimidad o relativo a ella. || Interior o reservado. || Referido a la amistad muy estrecha y a la persona con la que se mantiene esta amistad.

intolerante. adj. y com. Referido a quien no tiene tolerancia.

intoxicar. tr. Infectar con una sustancia tóxica, envenenar. También prnl. || Manipular la información con el fin de crear un estado de opinión propicio a ciertos fines. || Infundir ideas o sentimientos moralmente nocivos. También prnl.

intranquilidad. f. Inquietud, zozobra.

intransferible. adj. Que no puede ser transferido.

intransigente. adj. y com. Que no transige o no cede.

intransitivo, va. adj. y m. GRAM. Referido al verbo que se construye sin complemento directo.

intrascendente. adj. Que no es trascendente.

intratable. adj. No tratable ni manejable, especialmente referido a la persona insociable o de carácter áspero.

intrépido, da. adj. Que no teme los peligros, valiente. || Temerario, osado.

intriga. f. Acción y resultado de intrigar. || Acción que se ejecuta con astucia y ocultamente para conseguir un fin. || En un argumento, serie de acontecimientos que constituyen el nudo, especialmente si suscitan el interés. || Enredo, embrollo.

intrigar. intr. Actuar con astucia y ocultamente para lograr algún fin. || tr. Despertar curiosidad o interés en una cosa.

intrincado, da. adj. Enredado, complicado.

intrínseco, ca. adj. Característico, esencial.

introducción. f. Acción y resultado de introducir o introducirse. || Aquello que sirve de explicación a un asunto, estudio, etc. || MÚS. Parte inicial, generalmente breve, de una obra instrumental o de cualquiera de sus tiempos.

introducir. tr. Meter o hacer entrar una cosa en otra. || Hacer que alguien sea recibido o admitido en un lugar o grupo. También prnl. || Dar entrada a una persona en un lugar. También prnl. || Hacer adoptar, poner en uso. || Ocasionar. || prnl. Meterse en un sitio.

intromisión. f. Acción y resultado de entrometer o entrometerse.

intrusión. f. Acción de introducirse sin derecho en una jurisdicción, cargo, propiedad, etc.

intruso, sa. adj. Que se ha introducido sin derecho. También s. || Que alterna en un ambiente que no le es propio. || Que ocupa un puesto sin tener derecho a él.

intuición. f. Percepción clara e inmediata de una idea o situación, sin necesidad de razonamiento lógico.

intuir. tr. Percibir clara e instantáneamente una idea o situación, sin necesidad de razonamiento lógico.

inundación. f. Acción y resultado de inundar o inundarse. || Abundancia excesiva de una cosa, especialmente de agua u otro líquido.

inundar. tr. y prnl. Cubrir el agua un lugar. || Saturar, llenar con personas o cosas un lugar.

inusitado, da. adj. No habitual, raro.

inusual. adj. Que no es usual.

inútil. adj. Inservible, que no es útil para aquello que se expresa. || adj. y com. Referido a quien no puede moverse o trabajar a causa de un impedimento físico. || adj. y m. Referido a quien no es apto para realizar el servicio militar.

inutilizar. tr. Hacer inútil o nula una cosa.

invadir. tr. Entrar por la fuerza en un lugar. || Entrar injustificadamente en funciones ajenas. || Ser dominado por el estado de ánimo que se expresa. || Saturar, colapsar.

invalidar. tr. Hacer inválida o nula una cosa.

inválido, da. adj. Referido a la persona que tiene alguna deficiencia física o mental. También s. || Nulo por no cumplir las condiciones que exigen las leyes, normativas, etc. || Que carece de solidez en el razonamiento.

invariable. adj. Que no cambia o no puede cambiar.

invasión. f. Acción o resultado de invadir. || Ocupación de un país por fuerzas militares extranjeras. || PAT. Penetración de microorganismos causantes de enfermedades en un organismo.

invectiva. f. Discurso o escrito agresivo contra personas o cosas.

invencible. adj. Que no puede ser vencido.

invención. f. Acción y resultado de inventar. || Engaño, ficción. || Lo inventado.

inventar. tr. Hallar o descubrir una cosa nueva o no conocida. || Imaginar, crear.

inventariar. tr. Hacer inventario.

inventario. m. Relación detallada de bienes o pertenencias.

inventiva. f. Facultad y disposición para inventar.

invento. m. Acción y resultado de inventar. || Lo inventado.

inventor, ra. adj. y s. Que inventa.

invernar. intr. Pasar el invierno en algún lugar, en especial los animales que lo hacen periódicamente.

inverosímil. adj. Que no tiene apariencia de verdad.

inversión. f. Acción y resultado de invertir. || Acción de destinar los bienes de capital a obtener algún beneficio.

invertebrado, da. adj. ZOOL. Referido a los animales que carecen de columna vertebral. También s. || Carente de vertebración, desestructurado. || m. pl. ZOOL. En la antigua clasificación zoológica, grupo de animales que carecen de columna vertebral.

invertir. tr. Alterar el orden, la dirección o el sentido de algo. También prnl. || Hablando de bienes de capital, emplearlos, gastarlos, o colocarlos en aplicaciones productivas. También intr. y prnl. || Referido a un periodo de tiempo, ocuparlo en algo. También prnl.

investidura. f. Carácter que se adquiere con la toma de posesión de ciertos cargos. || Acción y resultado de investir.

investigación. f. Estudio profundo de alguna materia. || Indagación, búsqueda.

investigar. tr. e intr. Estudiar a fondo una determinada materia. || Hacer indagaciones para descubrir algo que se desconoce.

investir. tr. Conferir una dignidad o cargo importante.

invicto, ta. adj. Que nunca ha sido vencido.

invierno. m. Una de las cuatro estaciones del año que transcurre entre el otoño y la primavera; en el hemisferio norte comienza el 21 de diciembre y termina el 21 de marzo, y en el hemisferio sur comienza el 21 de junio y termina el 21 de septiembre.

invisible. adj. Que no puede ser visto.

invitación. f. Acción y resultado de invitar. || Escrito o tarjeta con que se invita.

invitar. tr. Comunicar a alguien el deseo de que asista o participe en una celebración o acontecimiento. || Incitar, estimular a alguien a algo. || Convidar, pagar la consumición de alguien.

invocar. tr. Llamar o dirigirse a un ser sobrenatural. || Acogerse a una ley o costumbre, exponerla, alegarla. || Mencionar algo o a alguien que favorezca.

involucrar. tr. Complicar a alguien en un asunto, comprometiéndolo en él. También prnl. || Incluir, abarcar. || Insertar en un discurso o escrito cuestiones ajenas al asunto principal.

involuntario, ria. adj. Que sucede sin ser causado por la voluntad de alguien. || Reflejo.

invulnerable. adj. Que no puede ser herido.

inyección. f. Acción y resultado de inyectar. || Sustancia inyectada. || Aportación.

inyectar. tr. Introducir a presión un gas o un líquido en el interior de un cuerpo.

ion. m. Átomo o grupo de átomos que, por pérdida o ganancia de uno o más electrones, ha adquirido una carga eléctrica. || QUÍM. Radical simple o compuesto que se disocia de las sustancias al disolverse estas, dotándolas de conductividad eléctrica.

ionizar. tr. y prnl. Convertir en ion un átomo o una molécula. || Disociar una molécula en iones.

ipso facto. loc. adv. lat. Inmediatamente, en el acto, por el hecho mismo.

ir. intr. Moverse de un lugar hacia otro. También prnl. || Dirigirse hacia, llevar a, conducir. || Asistir, concurrir. || *col.* Funcionar o marchar. || Con los gerundios de algunos verbos, denota la acción de ellos y da a entender la actual ejecución de lo que dichos verbos significan. o que la acción empieza a verificarse. || Acomodarse o no una cosa con otra. || Extenderse, ocupar. || Obrar, proceder. || Estar, ser. || prnl. Marcharse. || Morirse o estarse muriendo. || Desleírse, desaparecer. || Salirse

un líquido o gas del recipiente que lo contiene. También referido al mismo recipiente. || Deslizarse, perder el equilibrio. || Gastarse, consumirse o perderse algo. || Escaparse.

ira. f. Enfado muy violento. || Deseo de venganza. || LIT. Furia o violencia de los elementos. || pl. Repetición de actos de enfado o venganza.

iracundo, da. adj. y s. Propenso a la ira, colérico.

irascible. adj. Propenso a irritarse o enfadarse.

irídeo, a. adj. y f. Iridáceo.

iris. m. Disco membranoso del ojo entre la córnea y el cristalino, que puede adoptar distintas coloraciones y en cuyo centro se halla la pupila.

irlandés, esa. adj. y s. De Irlanda o relativo a este país europeo. || m. Lengua hablada en Irlanda.

ironía. f. Burla sutil y disimulada. || Tono burlón con que se dice. || LIT. Figura retórica que consiste en dar a entender lo contrario de lo que se expresa. || Lo que sucede de forma inesperada y parece una burla del destino.

irónico, ca. adj. De la ironía o relativo a ella.

irracional. adj. Que carece de la facultad de razonar. || Opuesto a la razón o fuera de ella. || MAT. Referido a las raíces o cantidades radicales que no pueden expresarse exactamente con números enteros ni fraccionarios.

irradiar. tr. Despedir un cuerpo rayos de luz, calor u otra energía. || Someter un cuerpo a la acción de ciertos rayos. || Difundir, transmitir.

irreal. adj. Que no es real, fantástico, imaginado.

irrealizable. adj. Que no puede realizarse.

irreconocible. adj. Que no puede reconocerse.

irrecuperable. adj. Que no se puede recuperar.

irreflexión. f. Falta de reflexión.

irreflexivo, va. adj. Que no reflexiona. También s. || Dicho o hecho sin reflexionar.

irrefrenable. adj. Que no se puede refrenar.

irregular. adj. Que está fuera de regla o norma, contrario a ellas. || Que no sucede común ni ordinariamente. || Que no es simétrico, que tiene defectos. || GEOM. Referido al polígono y al poliedro que no son regulares.

irrelevante. adj. Que carece de relevancia o importancia.

irremediable. adj. Que no se puede remediar o evitar.

irremplazable. adj. No remplazable, insustituible.

irrenunciable. adj. Sin posibilidad de renuncia.

irreparable. adj. Que no se puede reparar.

irrepetible. adj. Que no puede repetirse.

irresistible. adj. Que no se puede resistir o tolerar, insoportable. || De gran atractivo.

irresoluble. adj. Que no puede resolverse o determinarse.

irrespetuoso, sa. adj. y s. No respetuoso, grosero.

irrespirable. adj. Que no puede respirarse. || Que difícilmente puede respirarse. || Referido a un ambiente social, que resulta intolerable.

irresponsable. adj. y com. Referido a quien actúa sin medir las consecuencias de sus actos. || Se dice del acto o situación resultante de una falta de previsión. || Persona a quien no se puede exigir responsabilidad.

irreverente. adj. y com. Contrario a la reverencia o al respeto debido.

irreversible. adj. Que no es reversible.

irrigar. tr. Regar una superficie. || MED. Aportar sangre a los tejidos orgánicos. || MED. Introducir un líquido en una cavidad, especialmente en el intestino por el ano.

irrisorio, ria. adj. Ridículo, que provoca risa. || Insignificante.

irritación. f. Acción y resultado de irritar o irritarse. || Afección en una parte del cuerpo que se caracteriza por enrojecimiento, escozor o dolor.

irritar. tr. y prnl. Provocar ira, enfadar. || Causar irritación o molestia en alguna parte del cuerpo.

irrompible. adj. Que no se puede romper.

irrumpir. intr. Entrar violentamente en un lugar. || Surgir con ímpetu o repentinamente.

isla. f. Porción de tierra rodeada de agua por todas partes.

islam. m. Conjunto de dogmas y preceptos de la religión musulmana. || Conjunto de países de religión musulmana. || Comunidad de musulmanes.

islamismo. m. Conjunto de dogmas y preceptos morales que constituyen la religión musulmana, predicados por Mahoma y recogidos en el Corán; islam.

islandés, esa. adj. y s. De Islandia o relativo a este país europeo. || m. Lengua hablada en este país.

isleño, ña. adj. y s. De una isla o relativo a ella.

islote. m. Isla pequeña y deshabitada. || Peñasco grande, rodeado de mar.

ismo. m. Tendencia innovadora, especialmente en el pensamiento y en el arte.

isósceles. m. Triángulo con dos lados iguales.

isotermo, ma. adj. De igual temperatura, o de temperatura constante. || adj. y f. METEOR. Curva para la representación cartográfica de los puntos de la Tierra con la misma temperatura media anual.

isótopo. m. Átomo con el mismo número atómico que otro, pero con distinta masa atómica.

israelí. adj. y com. De Israel o relativo a este país asiático.

israelita. adj. y com. Hebreo, judío. || Del antiguo reino de Israel o relativo a él.

italiano, na. adj. y s. De Italia o relativo a este país europeo. || m. Lengua hablada en este país.

itálico, ca. adj. Italiano, referido en particular a la antigua Italia. || Natural de Itálica, antigua ciudad romana enclavada en la actual Sevilla. || adj. y f. Se dice del tipo de letra que se inclina a la derecha y pretende imitar la manuscrita.

ítem. adv. lat. Se usa para hacer distinción de artículos o capítulos en un escrito. || m. Cada uno de dichos artículos o capítulos. || Cada uno de los apartados que componen un cuestionario o un test. || Añadidura. || INFORM. Cada uno de los elementos que forman parte de un dato.

iterativo, va. adj. Que se repite. || LING. Término que indica una acción repetitiva.

itinerario. m. Descripción de una ruta, camino o recorrido. || Ruta o trayecto que se sigue para llegar a un lugar.

izar. tr. Hacer subir algo tirando de la cuerda de que está colgado.

izquierdo, da. adj. Referido a lo que está en la mitad longitudinal del cuerpo humano donde se sitúa el corazón. || Referido a todo aquello que está de ese lado. || f. Mano o pierna del lado izquierdo. || Lo que está de ese lado. || Tendencia ideológica partidaria del cambio en las estructuras sociales y económicas, y opuesta a las fuerzas conservadoras.

J

j. f. Décima letra del abecedario español y séptima de sus consonantes. Fonéticamente representa un sonido de articulación velar, sorda y fricativa. Su nombre es *jota*.

jabalí. m. Mamífero artiodáctilo, variedad salvaje del cerdo, que tiene la cabeza aguda, el morro prolongado, el pelaje muy tupido, fuerte, de color gris uniforme, y los colmillos grandes y salientes de la boca.

jabalina. f. Especie de vara que se emplea en competiciones atléticas. || Arma arrojadiza que se usaba en la caza mayor. || Hembra del jabalí.

jabato, ta. m. y f. Cachorro del jabalí. || adj. y s. Valiente, atrevido.

jabón. m. Producto que resulta de la combinación de un álcali con ciertos aceites y sirve para lavar con agua. || Pastilla hecha de esta manera.

jabonar. tr. Enjabonar.

jabonoso, sa. adj. Con jabón o con sus características.

jaca. f. Caballo de poca alzada. || Yegua.

jacarandá. f. Árbol tropical americano, frondoso y con flores azules y moradas.

jacinto. m. Planta anual, de origen asiático, de la familia de las liliáceas, con hojas acanaladas, flores olorosas de varios colores, en espigas, y fruto capsular con tres divisiones. || Flor de esta planta.

jactancia. f. Arrogancia, presunción, orgullo excesivo.

jactarse. prnl. Alabarse excesiva y presuntuosamente.

jaculatoria. f. Oración muy breve y fervorosa.

jade. m. Silicato de magnesia y cal, que suele hallarse formando nódulos entre las rocas cristalinas; de color verdoso con manchas rojizas, se emplea en joyería como piedra semipreciosa.

jadear. intr. Respirar con dificultad, generalmente por efecto del cansancio.

jadeo. m. Respiración dificultosa, generalmente por efecto del cansancio.

jaez. m. Cualquier adorno que se pone a las caballerías. Más en pl. || Cualidad o condición.

jaguar. m. Mamífero carnívoro americano, de la familia de los félidos, con cabeza redondeada y hocico corto, de piel, por lo general, amarillenta con anillos negros. Habita en al-

gunas zonas de América del Norte, y en toda América del Sur.

jaguareté. m. *amer.* Yaguareté.

jalapa. f. Raíz de una planta americana, de la familia de las convolvuláceas, del tamaño de una zanahoria, negruzca por fuera, blanca en su interior y con jugo resinoso, que se usa como purgante.

jalar. tr. *col.* Tirar de una cuerda. || *col.* Comer con mucho apetito. También prnl. || intr. *amer.* Correr o andar muy deprisa.

jalea. f. Conserva de frutas, de aspecto transparente y consistencia gelatinosa. || Medicamento azucarado, de consistencia gelatinosa, que tiene por base una materia vegetal o animal.

jalear. tr. Animar con palmadas, ademanes y voces. También prnl. || Animar a los perros a voces para que sigan a la caza.

jaleo. m. Alboroto, tumulto. || Cierto baile popular andaluz. || Desorden, barullo. || Acción y resultado de jalear.

jalón. m. Vara que se clava en la tierra para determinar puntos fijos. || Hito, hecho importante o punto de referencia. || *amer.* Tirón.

jalonar. tr. Señalar o marcar con jalones. || Marcar etapas o situaciones en un determinado proceso o evolución.

jamaicano, na. adj. y s. De Jamaica o relativo a este país centroamericano.

jamás. adv. t. Nunca, en ningún momento.

jamba. f. ARQUIT. Cualquiera de las dos piezas verticales que, puestas en los dos lados de las puertas o ventanas, sostienen el dintel o el arco de ellas.

jamelgo. m. Caballo flaco y de mal aspecto.

jamón. m. Pierna del cerdo salada y curada, y su carne. || Parte superior de los brazos o piernas de una persona, especialmente cuando es gruesa.

jamón, ona. adj. Apetecible, deseable. || Robusto, macizo, especialmente cuando se aplica a la mujer adulta, si es gruesa.

japonés, esa. adj. y s. De Japón o relativo a este país asiático. || m. Lengua hablada en Japón.

jaque. m. Jugada del ajedrez en que se amenaza directamente al rey o a la reina del contrario. || Preocupación, incordio, acción que perturba o inquieta a otro o le impide realizar sus propósitos.

jaqueca. f. PAT. Intenso dolor de cabeza que ataca solamente en una parte de ella o en uno de sus lados.

jara. f. Arbusto cistáceo mediterráneo, de ramas de color pardo rojizo, hojas viscosas, opuestas y estrechas, flores pedunculadas y de corola blanca y con fruto capsular, muy abundante en España.

jarabe. m. Preparado natural o químico, líquido y de sabor agradable, que se toma como medicina. || Bebida que se hace cociendo azúcar y otras sustancias en agua hasta que se espese. || Cualquier bebida excesivamente dulce. || amer. Baile nacional mexicano.

jaramago. m. Planta herbácea crucífera, de hojas ásperas y partidas en lóbulos, flores amarillas en espigas terminales y fruto en vainas delgadas, casi cilíndricas, que brota generalmente entre los escombros.

jarana. f. Diversión, juerga, fiesta. || Riña, pelea bulliciosa. || Trampa, engaño. || amer. Baile en el que participan familiares o personas de confianza.

jaranero, ra. adj. Juerguista, aficionado a las jaranas.

jarcia. f. Conjunto de los aparejos y los cabos de una embarcación. Más en pl. || Conjunto de instrumentos y redes para pescar.

jardín. m. Terreno en donde se cultivan plantas, predominantemente ornamentales.

jardinería. f. Arte y técnica de cultivar los jardines.

jardinero, ra. m. y f. Persona que cuida y cultiva un jardín. || f. Recipiente o soporte en el que se cultivan plantas directamente en la tierra o en el que se colocan las macetas que las contienen. || Coche de caballos descubierto y ligero. || amer. Carro donde llevan los vendedores ambulantes sus mercancías.

jarra. f. Vasija con una o dos asas, cuello ancho y boca con un pico que se usa para contener y servir las bebidas. || Líquido que contiene esta vasija.

jarrete. m. ANAT. Corva, parte posterior de la rodilla humana. || Corvejón de los cuadrúpedos. || Parte alta y carnosa de la pantorrilla.

jarretera. f. Liga con su hebilla, con que se ata la media o el pantalón a la altura del jarrete. || Orden militar inglesa, instituida por Eduardo III en el siglo XIV, llamada así por su insignia, que fue una liga.

jarro. m. Vasija semejante a una jarra, pero con una sola asa. || Líquido que cabe en ella.

jarrón. m. Vasija grande, sin asas y generalmente de porcelana o cristal y que se utiliza como adorno.

jaspe. m. Piedra silícea de grano fino, textura homogénea, opaca y de colores variados,

generalmente veteado, que se emplea en ornamentación.

jaspear. tr. Pintar imitando las vetas y salpicaduras del jaspe.

jauja. f. col. Nombre con el que se designa un lugar o una situación ideal o paradisíaco.

jaula. f. Especie de caja hecha con listones de madera, alambres, barrotes de hierro, etc., colocados a cierta distancia unos de otros, dispuesta para encerrar animales. || col. Celda, cárcel. || amer. Camión para transportar ganado.

jauría. f. Conjunto de perros que participan en una cacería o que realizan juntos alguna actividad.

javanés, esa o **javo, va.** adj. y s. De Java o relativo a esta isla indonesia. || m. Lengua indonesia hablada en Java y Sumatra.

jazmín. m. Arbusto oleáceo originario de Irán, con tallos delgados y flexibles, hojas alternas y compuestas, flores pedunculadas blancas, y frutos en baya negra y esférica, que se utiliza en perfumería por ser muy olorosa. || Flor de este arbusto.

jefatura. f. Cargo o dignidad de jefe. || Oficina, edificio o lugar en donde están instaladas algunas instituciones oficiales.

jefe, fa. m. y f. Persona que manda o dirige a otras, superior jerárquico. || Cabeza o presidente de un partido, corporación, organismo, etc. || MIL. Categoría superior a la de capitán e inferior a la de general. || col. Tratamiento informal que se da a una persona a la que no se conoce.

jején. m. Insecto díptero, más pequeño que el mosquito y de picadura más irritante, que abunda en las playas de algunas regiones de América.

jengibre. m. Planta de origen asiático, con hojas radicales y lanceoladas, flores en espiga, fruto capsular bastante pulposo y rizoma aromático. || Rizoma de esta planta, del grueso de un dedo, algo aplastado, de olor aromático y de sabor acre y picante que se usa en medicina y como especia.

jenízaro, ra. adj. Se dice del hijo de padres de diversa nacionalidad. También s. || m. Soldado de la guardia imperial turca entre los siglos XIV a XIX. || amer. Individuo del cuerpo de policía.

jeque. m. Jefe de un territorio, comunidad, etc., de musulmanes.

jerarca. com. Superior en la jerarquía eclesiástica y, p. ext., en algunas profesiones, organizaciones, empresas, etc.

jerarquía. f. Organización por categorías o grados de importancia entre diversas personas o cosas. || Jerarca, persona que ocupa un alto cargo. || Cada uno de los niveles o grados dentro de una organización.

jerez. m. Vino blanco fino y seco, de alta graduación, que se elabora en el municipio jerezano y sus alrededores. || Cantidad de vino de jerez que cabe en un vaso o copa.

jerga. f. Conjunto de expresiones especiales y particulares de una profesión o clase social. || Lenguaje difícil de entender. || *amer.* Bayeta, paño para limpiar o secar.

jergón. m. Colchón de paja, esparto o hierba.

jerigonza. f. Lenguaje complicado y difícil de entender.

jeringa. f. Instrumento que sirve para aspirar o impeler ciertos líquidos o materias blandas, mediante el vacío que crea un émbolo introducido a presión en un tubo. || *amer.* Molestia, fastidio.

jeroglífico, ca. adj. Se dice de la escritura en que las palabras se representan con figuras o con símbolos. || m. Cada una de estas figuras. || Conjunto de signos y figuras con que se expresa una frase, ordinariamente por pasatiempo o juego de ingenio. || p. ext., escritura o texto difíciles de entender o de interpretar.

jersey. m. Prenda de vestir, de lana o de punto, que cubre desde los hombros hasta la cintura.

jesuita. adj. y m. De la Compañía de Jesús, orden religiosa católica fundada por san Ignacio de Loyola en el siglo XVI, que se caracteriza por tener obediencia directa al Papa o que pertenece a ella.

jeta. f. Boca saliente por su configuración o por tener los labios muy abultados. || Hocico del cerdo. || *desp.* Cara humana. || Desfachatez, descaro. || adj. Desvergonzado, cínico. También com.

jíbaro, ra. adj. y s. De una tribu indígena del Alto Amazonas o relativo a ella. || m. Lengua hablada por estos indígenas amazónicos. || *amer.* Campesino.

jibia. f. Molusco cefalópodo dibranquial, decápodo, de cuerpo oval de unos 30 cm de largo, y concha calcárea; abunda en los mares templados y es comestible. || Concha caliza interior que sirve de esqueleto a este molusco.

jícara. f. Taza pequeña que generalmente se emplea para tomar chocolate. || *amer.* Vasija pequeña de madera que se utiliza para beber.

jilguero, ra. m. y f. Pájaro de plumaje pardo con manchas rojas, negras y blancas muy apreciado por su canto.

jineta. f. Mamífero carnívoro, de cuerpo delgado y cabeza pequeña, hocico prolongado, cuello largo, patas cortas y pelaje blanco en la garganta, pardo amarillento con manchas en fajas negras por el cuerpo y con anillos blancos y negros en la cola, que es casi tan grande como el cuerpo.

jineta. f. Arte de montar a caballo que consiste en llevar los estribos cortos y las piernas dobladas, pero en posición vertical desde la rodilla.

jinete, ta. m. y f. Persona que monta a caballo con destreza. || m. Soldado que va a caballo.

jinetear. intr. Cabalgar por sitios públicos, alardeando de elegancia y destreza. También tr. || tr. *amer.* Domar un caballo. || Dominar a una persona.

jipijapa. f. Tira fina y muy flexible, que se emplea para tejer sombreros y otros objetos. || m. Sombrero de ala ancha tejido con esta tira.

jira. f. Pedazo grande y largo que se corta o rasga de una tela.

jira. f. Merienda alegre y bullanguera, especialmente campestre, que se hace entre amigos.

jirafa. f. Mamífero rumiante, de unos 5 m de altura, cuello largo y esbelto, cabeza pequeña con dos cuernos poco desarrollados y pelaje amarillo con manchas oscuras. || *col.* y *desp.* Persona muy alta. También adj. || CIN. y TV. Mecanismo a modo de brazo articulado que permite mover el micrófono y ampliar su alcance.

jirón. m. Pedazo desgarrado de una tela, jira. || Parte o porción pequeña de un todo. || Insignia, pendón o estandarte que remata en punta.

jitanjáfora. f. RET. Texto sin significado, pero con gran valor estético por su eufonía y el poder evocador de sus palabras, sean reales o inventadas.

jiu-jitsu. (voz japonesa) m. DEP. Arte marcial originario de Japón basado en técnicas de lucha sin armas.

jockey. (voz i.) m. DEP. Jinete que participa en competiciones y concursos hípicos.

jocoso, sa. adj. Gracioso, chistoso, festivo, divertido.

jofaina. f. Palangana, vasija de gran diámetro y poca profundidad que sirve principalmente para lavarse la cara y las manos.

jónico, ca. adj. y s. Jonio. || ARQUIT. Se dice de uno de los órdenes o estilos de la arquitectura griega, que tiene columna esbelta de unos nueve módulos o diámetros de altura, el capitel adornado con grandes volutas, dentículos en la cornisa y friso sin decorar. || ARQUIT. Se dice de cualquiera de estos elementos. || m. MÉTR. Pie de la poesía griega y latina, compuesto de cuatro sílabas. || Uno de los cuatro principales dialectos de la lengua griega.

jopo. m. Cola de mucho pelo, hopo. || *col.* Culo, ano.

jornada. f. Día, espacio de tiempo de veinticuatro horas. || Duración del trabajo diario de los obreros y empleados. || Camino que se recorre en un día. || Expedición militar. || Cada uno de los actos de una obra teatral clásica.

jornal. m. Sueldo que cobra el trabajador por cada día de trabajo. || El trabajo que realiza un operario por día.

jornalero, ra. m. y f. Persona que trabaja a cambio de jornal o pago diario; p. ext., se aplica a los trabajadores agrícolas.

joroba. f. Corvadura o arqueamiento anormal de la columna vertebral, o del pecho, o de ambos a la vez debido a una malformación de la columna vertebral, giba. || ZOOL. Especie de bulto que tienen algunos animales en su lomo, en el que almacenan grasa. || p. ext., abultamiento, convexidad en una cosa. || Impertinencia, engorro, molestia.

jorobar. tr. y prnl. *col.* Fastidiar, molestar, importunar.

joropo. m. *amer.* Música y danza popular de zapateo originarias de Venezuela. || *amer.* Fiesta hogareña.

jota. f. Nombre de la letra *j*. || Cosa mínima, apenas nada.

jota. f. Baile popular propio de Aragón, y de otras muchas regiones españolas. || Música y coplas que acompañan este baile.

joven. adj. De poca edad. || ZOOL. Se dice del animal que aún no es adulto o no ha alcanzado la madurez sexual. || De la juventud o relacionado o propio de ella. || com. Persona que está en la juventud.

jovial. adj. Alegre, festivo, desenfadado.

jovialidad. f. Alegría y apacibilidad de carácter, buen humor.

joya. f. Objeto pequeño de piedras o metales preciosos que sirve como adorno. || Cosa o persona de mucha valía.

joyería. f. Tienda donde se venden joyas. || Taller donde se construyen. || Trato y comercio de joyas.

joyero, ra. m. y f. Persona que hace o vende joyas. || m. Estuche para guardar joyas.

juanete. m. Abultamiento o deformación de la base del hueso del dedo gordo del pie. || Pómulo muy abultado.

jubilación. f. Retiro del mundo laboral por haber cumplido la edad exigida por la ley o por estar incapacitado. || Renta o pensión que cobra la persona jubilada.

jubilar. adj. Del jubileo o relativo a él.

jubilar. tr. Retirar a alguien del trabajo por vejez o incapacidad laboral, teniendo derecho a una pensión. También prnl. || Desechar por inútil una cosa y no utilizarla más.

jubileo. m. REL. Indulgencia plenaria, solemne y universal, concedida por el Papa en algunas ocasiones. || Entrada y salida constante de muchas personas de un lugar.

júbilo. m. Alegría extrema que se manifiesta con signos externos.

jubón. m. Especie de camisa que cubría desde los hombros hasta la cintura, ceñida y ajustada al cuerpo.

judaico, ca. adj. De los judíos o relativo a ellos o a su religión.

judaísmo. m. Religión de los judíos, basada en los mandamientos de Moisés.

judas. com. *col.* Persona embaucadora, alevosa o traidora.

judicial. adj. Relativo al juicio, a la administración de justicia o a la judicatura.

judío, a. adj. y s. Del judaísmo o relativo a esta religión. || Que practica o profesa el judaísmo. || De Judea o relativo a esta región de la antigua Palestina. || De Israel o relativo a este país asiático de Oriente Próximo.

judo. m. DEP. Yudo.

juego. m. Acción y resultado de jugar, divertimento. || Actividad recreativa sometida a reglas en el que unos ganan y otros pierden. || Modo de jugar. || P. ant., juego de azar, sobre todo si se apuesta dinero. || Articulación móvil que sujeta dos cosas entre sí, que les permite moverse pero no separarse. || Su movimiento. || Conjunto de las piezas o elementos que sirven para jugar. || Conjunto de cosas relacionadas, que sirven a un mismo fin. || DEP. Cada división de un set en el tenis o voleibol. || Reflejos, ondas cambiantes que resultan de la mezcla o disposición particular de algunas cosas. || pl. Espectáculos públicos en que artistas o deportistas compiten por la victoria.

juerga. f. Jolgorio, diversión animada, parranda.

juerguista. adj. y com. Aficionado a las juergas y a la diversión.

jueves. m. Día de la semana, entre el miércoles y el viernes.

juez. com. Persona que tiene autoridad y potestad para juzgar y sentenciar. || DEP. Árbitro. || Persona que se encarga de hacer que se respeten las reglas y de repartir los premios en concursos o certámenes.

jugada. f. Acción o intervención de un jugador en un partido. || Lance de juego. || Acción mala e inesperada, jugarreta.

jugador, ra. adj. y s. Que juega o participa en un juego o deporte. || Que tiene el vicio de jugar o es aficionado al juego. || Que juega de manera hábil y diestra.

jugar. intr. Hacer algo para divertirse y entretenerse. || Retozar, trastear. || Tomar parte en algún juego o competición deportiva. || Intervenir cada jugador en su turno. || Apostar o gastar dinero en algún juego. || Tratar algo o a alguien sin la consideración o el respeto que merece. || tr. Llevar a cabo partidas de algún juego. || Hacer uso de las cartas, fichas o piezas que se emplean en ciertos juegos. || Arriesgar, poner en peligro alguna cosa. Más c. prnl. || *col.* Desempeñar.

jugarreta. f. Mala pasada, engaño.

juglar, resa. m. y f. Persona que, por dinero y ante el pueblo, cantaba, bailaba, recitaba o hacía juegos y malabares.

jugo. m. Zumo de las sustancias vegetales o animales que se extrae por presión, cocción o destilación. || Salsa de un guiso. || BIOL. Líquido que segregan algunas glándulas de los animales. || Lo provechoso, útil y sustancial de algo material o inmaterial.

juguete. m. Objeto con el que se entretienen y juegan los niños. || Persona o cosa dominada por la acción de una fuerza física o moral. || LIT. Composición musical o pieza teatral breve y ligera.

juguetear. intr. Entretenerse jugando y retozando con alguna cosa sin finalidad determinada.

juicio. m. Facultad del entendimiento que permite discernir y valorar. || Opinión, valoración. || Salud mental, estado de la razón opuesto a la locura. || Cordura, sensatez. || DER. Conocimiento de una causa en la cual el juez ha de pronunciar la sentencia. || LÓG. Operación del entendimiento que consiste en comparar dos ideas para conocer y determinar sus relaciones.

jujeño, ña. adj. y s. De Jujuy o relativo a esta provincia argentina o a su capital, San Salvador de Jujuy.

julio. m. Séptimo mes del año, entre junio y agosto, que tiene treinta y un días.

jumento, ta. m. y f. Asno, burro.

juncal. adj. Del junco o relativo a esta planta. || Estilizado, gallardo, esbelto. || m. Sitio poblado de juncos, junquera.

junco. m. Planta juncácea de tallos verdes lisos, cilíndricos, flexibles, puntiagudos y duros, que se cría en parajes húmedos. || Cada uno de estos tallos. || Bastón delgado que se usa para apoyarse al andar.

junco. m. Especie de embarcación asiática pequeña con velas reforzadas con cañas de bambú.

jungla. f. Terreno cubierto de vegetación muy espesa, propio de zonas tropicales, cálidas y húmedas, selva. || Lugar muy poblado, donde predomina la ley del más fuerte.

junio. m. Sexto mes del año, entre mayo y julio, que tiene treinta días.

junquillo. m. Planta herbácea de jardinería, especie de narciso de flores amarillas muy olorosas, cuyo tallo es liso y parecido al junco, que se utiliza en perfumería. || ARQUIT. Moldura redonda y delgada.

juntar. tr. Unir unas cosas con otras o acercarlas. || Reunir, congregar. También prnl. || Acumular, amontonar. || Referido a puertas o ventanas, entornarlas, cerrarlas sin echar la llave. || prnl. Arrimarse, acercarse uno a otro. || Frecuentar la compañía de alguno. || Convivir o mantener relaciones sexuales dos personas que no son matrimonio.

junto, ta. adj. Unido, acercado, reunido. || Que actúa o existe juntamente con otro, a su lado, o al mismo tiempo que él. Más en pl. || f. Reunión de varias personas para tratar de un asunto. || Grupo de personas elegidas para decidir sobre los asuntos que atañen a un colectivo. || Cada una de las sesiones que celebran. || Unión de dos o más cosas. || Parte en que se unen dos o más cosas, juntura. || Pieza de cartón, caucho u otra materia compresible, que se coloca en la unión de dos tubos u otras partes de un aparato o máquina para impedir el escape del fluido que contienen.

juntura. f. Parte o lugar en que se juntan y unen dos o más cosas. || Pieza que se coloca entre otras dos para unirlas o asegurarlas.

jura. f. Acción de jurar solemnemente fidelidad o la sumisión a ciertos preceptos u obligaciones. || Juramento, afirmación o negación de una cosa, poniendo por testigo a Dios. || Ceremonia solemne en que se jura.

jurado, da. adj. Que ha prestado juramento al encargarse del ejercicio de ciertas profesiones. || m. Tribunal no profesional no permanente que tras el juicio debe declarar si considera culpable o inocente al acusado, para que el juez dicte sentencia. || Tribunal que examina y califica en concursos o certámenes. || Cada uno de los miembros de estos tribunales.

juramento. m. Afirmación o negación de una cosa, poniendo por testigo a Dios, o en sí mismo o en sus criaturas. || Maldición, blasfemia.

jurar. tr. Afirmar o negar una cosa, o prometerla, rotundamente poniendo por testigo a Dios, a algo o a alguien querido. || Reconocer solemnemente la soberanía de quien la ejerce. || Someterse solemnemente a los preceptos constitucionales de un país, a estatutos, cargos, etc. || intr. Blasfemar, maldecir.

jurásico, ca. adj. GEOL. Se dice del segundo periodo de la era secundaria o mesozoica, situado entre el triásico y el cretácico. También m. || GEOL. De los terrenos y formas de vida de este periodo, en el que se empiezan a delimitar las masas continentales, aparecen diversos grupos de mamíferos y aves y predominan los dinosaurios, o relativo a ellos.

jurídico, ca. adj. Del Derecho o las leyes o que a ellos atañe o se ajusta.

jurisconsulto. m. y f. Persona que profesa con el debido título la ciencia del derecho, dedicándose más particularmente a escribir sobre él y a resolver las consultas legales que se le proponen. || Conocedor de la ciencia del derecho, jurisperito.

jurisdicción. f. Poder o autoridad para gobernar y poner en ejecución las leyes o para aplicarlas en juicio. || Territorio sobre el que se ejerce este poder. || Término de un lugar.

jurista. com. Persona que estudia o profesa la ciencia del derecho.

justicia. f. Virtud que inclina a dar a cada uno lo que le pertenece o lo que le corresponde. || Derecho, razón, equidad. || Lo que debe hacerse según el derecho o la razón. || Pena o castigo y su aplicación. || Poder judicial. || com. Persona o tribunal que administra justicia.

justiciero, ra. adj. Que observa y hace observar estrictamente la justicia, sobre todo en lo que atañe al castigo de los delitos.

justificación. f. Causa, razón, argumento que justifica. || Prueba de la calidad o la veracidad de algo o de la bondad o la inocencia de alguien. || IMPR. Ajuste de la alineación y de la longitud de las líneas de un texto.

justificar. tr. Ser algo la causa de que otra no resulte extraña o censurable. || Probar una cosa con razones convincentes, testigos y documentos. También prnl. || IMPR. Igualar el largo de las líneas según la medida exacta que les corresponde.

justillo. m. Prenda interior sin mangas, que se ajusta al cuerpo y no baja de la cintura.

justipreciar. tr. DER. Tasar, determinar el valor de algo.

justo, ta. adj. Se dice del que obra según la justicia, la moral o la razón. También s. || Acción que se efectúa conforme a la razón y a la equidad. || Merecido, que no puede ser censurado. || Exacto, ajustado en número o medida. || Preciso, adecuado. || Apretado o que ajusta bien con otra cosa. || f. Pelea o combate singular medieval, que se hacía a caballo y con lanza. || Torneo en el que se acreditaba la destreza en el manejo de las armas. || Competición o certamen en un ramo del saber. || adv. m. Justamente, debidamente. || Apretadamente, con estrechez.

juvenil. adj. De la juventud, relacionado con ella o propio de esta etapa de la vida. || DEP. Se dice de la categoría de los deportistas que está entre la de cadete y la de júnior. También com.

juventud. f. Etapa de la vida que empieza en la pubertad y se extiende a los comienzos de la edad adulta. || Conjunto de las características propias de la persona joven. || Conjunto de personas jóvenes. || Primeras etapas del desarrollo de algo. || Energía, vigor, tersura. || pl. Organización política cuyos miembros son jóvenes.

juzgado. m. Sitio donde se juzga. || Tribunal, junta de jueces que concurren a dar sentencia. || Órgano judicial formado por un solo juez. || Término o territorio de su jurisdicción. || Cargo de juez.

juzgamundos. com. col. Cotilla, persona murmuradora.

juzgar. tr. Deliberar, quien tiene autoridad para ello, acerca de la culpabilidad de alguno, o de la razón que le asiste en un asunto, y sentenciar lo procedente. || Valorar, formar juicio u opinión sobre algo o alguien.

K

k. f. Undécima letra del abecedario español, y octava de sus consonantes. Fonéticamente representa un sonido de articulación velar, oclusiva y sorda. Su nombre es *ka*. || QUÍM. Símbolo del potasio. || FÍS. Abreviatura de kelvin.

ka. f. Nombre de la letra *k*.

káiser. m. Título de algunos emperadores de Alemania.

kan. m. Príncipe o jefe, entre los tártaros.

kantismo. m. FILOS. Sistema filosófico ideado por Kant a fines del siglo XVIII, fundado en la crítica del entendimiento y de la sensibilidad.

kárate. m. DEP. Arte marcial japonés de autodefensa, basado en golpes secos realizados con el borde de la mano, los codos o los pies. || Modo de practicar este deporte.

kayak o **kayac.** m. Canoa individual de los esquimales, hecha con piel de foca y madera. || DEP. Embarcación ligera de más de cuatro metros, de remos, hecha de tela alquitranada sobre un armazón de madera, para uno o varios regatistas.

kermes. m. ZOOL. Insecto semejante a la cochinilla, que vive en árboles fagáceos como la coscoja y la encina.

kerosén o **keroseno.** m. *amer.* Queroseno, combustible derivado del petróleo.

kibutz o **kibbutz.** (voz hebrea) m. Organización agraria de economía comunitaria propia de Israel.

kilo. m. Abrev. de kilogramo. || *col.* Un millón de pesetas. || *col.* Mucha cantidad de algo.

kilogramo. m. FÍS. Unidad métrica fundamental de masa y peso que equivale a mil gramos. || Pesa de un kilogramo. || Cantidad de alguna materia que pese un kilogramo. || FÍS. Unidad de fuerza igual al peso de un kilogramo de masa sometida a la gravedad normal.

kilolitro. m. FÍS. Medida de capacidad que tiene 1.000 litros.

kilométrico, ca. adj. Del kilómetro o relativo a esta medida de longitud. || *col.* De larga duración. || m. Se dice de un tipo de billete de ferrocarril que autoriza a recorrer un número determinado de kilómetros en un periodo de tiempo establecido.

kilómetro. m. Medida de longitud que tiene 1.000 metros.

kilovatio. m. ELECTR. Unidad de potencia eléctrica equivalente a 1.000 vatios.

kimono. m. Quimono.

kindergarten. (voz al.) m. Jardín de infancia, guardería.

kinesiterapia o **kinesioterapia.** f. MED. Método terapéutico por medio de movimientos activos o pasivos del cuerpo, en su conjunto o en alguna de sus partes.

kiosco. m. Quiosco.

kiwi o **kivi.** m. ZOOL. Ave corredora, incapaz de volar, de patas cortas y robustas y pico corvo y largo, originaria de Oceanía. || BOT. Planta arbustiva de origen chino con flores blancas y amarillas. || BOT. Fruto de esta planta, de piel marrón, rugosa y peluda de carne verde comestible.

koala. m. Mamífero marsupial trepador de origen australiano, pequeño, semejante a un osezno, de pelo grisáceo, orejas grandes y hocico pequeño, que se alimenta de hojas de eucalipto.

kril o **krill.** m. ZOOL. Conjunto de una gran variedad de especies de pequeños moluscos y crustáceos, de alto poder nutritivo, que forma parte del plancton de los mares polares.

kung fu. m. DEP. Sistema o conjunto de técnicas de lucha budista.

L

l. f. Duodécima letra del abecedario español y novena de sus consonantes. Fonéticamente representa un sonido de articulación ápico-alveolar, lateral, fricativa y sonora. Su nombre es *ele*. || En la numeración romana, cincuenta.

la. art. det. f. sing. Se antepone a un sustantivo femenino singular para indicar que el referente es conocido por el hablante y el oyente. || pron. Forma átona del pron. pers. f. sing. de tercera persona, de los denominados clíticos, que en la oración desempeña la función de complemento directo.

la. m. MÚS. Sexta nota de la escala musical.

laberinto. m. Lugar formado por calles, caminos, encrucijadas, etc., del que es muy difícil encontrar la salida. || Cosa confusa y enredada. || ANAT. Parte interna del oído.

labial. adj. De los labios o relativo a ellos. || FON. Se dice del sonido y fonema cuya articulación se forma mediante el contacto de los labios, como el de la p.

labio. m. Cada uno de los rebordes exteriores, carnosos y móviles, de la boca. || Borde de ciertas cosas. || Órgano del habla. Más en pl.

labor. f. Trabajo, faena. || Adorno tejido o hecho a mano en la tela. Más en pl. || Obra de coser o bordar. || Labranza, en especial la de las tierras que se siembran. Más en pl.

laborable. adj. Se dice del día en el que se trabaja, frente al festivo. También m. y más en pl.

laboral. adj. Del trabajo o relativo a él, sobre todo en lo que concierne a sus aspectos jurídicos y económicos.

laborar. tr. Labrar. || intr. Esforzarse, emplearse en algo.

laboratorio. m. Lugar dotado de todo lo necesario para hacer experimentos médicos o químicos, o realizar investigaciones técnicas o científicas.

laboreo. m. Cultivo de la tierra o del campo. || MAR. Orden y disposición de los cabos de labor de las embarcaciones. || MIN. Técnica de explotar las minas.

labrador, ra. adj. y s. Que labra la tierra. || m. y f. Persona que cultiva por su cuenta sus propias tierras.

labranza. f. Cultivo de los campos. || Hacienda de campo o tierras de labor.

labrar. tr. Cultivar la tierra. || Arar antes de sembrar. || Trabajar una materia dándole forma o formando relieves en ella. || Coser, bordar, o hacer otras labores de costura. || Hacer, preparar o causar algo gradualmente.

labriego, ga. m. y f. Labrador que vive en el medio rural.

laca. f. Sustancia resinosa que se forma en las ramas de varios árboles de la India. || Barniz duro y brillante hecho con esta sustancia. || p. ext., objeto barnizado con él.

lacayo, ya. adj. Servil, bajo, rastrero. || m. Criado de librea que acompañaba a su amo a pie, a caballo o en coche. || *desp.* Servil, rastrero.

lacerar. tr. Lastimar, herir, golpear. También prnl. || Dañar, vulnerar. || intr. Padecer, sufrir penas y trabajos.

lacio, cia. adj. Marchito, ajado. || Se dice del cabello sin ondas ni rizos. || Flojo, sin fuerza.

lacónico, ca. adj. Breve, exacto, conciso. || Que habla o escribe de esta manera. || Laconio.

lacra. f. Señal de una enfermedad o achaque. || Defecto físico o moral que marca a quien o a lo que lo padece.

lacrar. tr. Dañar la salud de uno, contagiarle. También prnl. || Dañar o perjudicar a uno en sus intereses. || tr. Cerrar con lacre.

lacre. m. Pasta sólida elaborada con laca y trementina coloreadas, que se emplea derretida para cerrar y sellar cartas y paquetes. || adj. y m. *amer.* Rojo o de este color.

lacrimal. adj. De las lágrimas o relativo a ellas.

lacrimógeno, na. adj. Que produce lágrimas, sobre todo dicho de gases u otros irritantes de los ojos. || Que mueve a llanto, excesivamente sentimental.

lacrimoso, sa. adj. Lacrimógeno, que provoca el llanto. || Llorón, que se lamenta muy a menudo.

lactancia. f. Periodo de la vida de los mamíferos en el que se alimentan solo de leche materna. || Acción de mamar.

lactar. tr. Dar de mamar, amamantar. || Criar con leche. || Mamar, sacar con los labios leche de las tetas.

lácteo, a. adj. Relativo o parecido a la leche. || Hecho de leche o derivado de ella. También m. pl.

lacustre. adj. De los lagos o relativo a ellos. || Que habita, está o se desarrolla en un lago o en sus cercanías.

ladear. tr., intr. y prnl. Inclinar, torcer una cosa hacia un lado. || intr. Andar o caminar por las laderas. || prnl. Inclinarse a una cosa, preferirla. || *amer.* Quedarse prendado, enamorarse de alguien.

ladero, ra. adj. Del lado o relativo a él, lateral. || *amer.* Se apl. al caballo que tira de un carro por el lado derecho.

ladino, na. adj. Astuto, sagaz, taimado. También s. || *amer.* Mestizo, especialmente el que solo habla español.

lado. m. Costado de la persona o del animal, comprendida entre el brazo y el hueso de la cadera. || Parte de una cosa situada cerca de sus extremos. || Cada una de las dos caras de una superficie, anverso y reverso, como una tela, una moneda, etc. || Cualquiera de las partes que limitan un todo. || Cada uno de los aspectos que se pueden considerar de algo o alguien.

ladrar. intr. Dar ladridos el perro. || Amenazar sin llegar a hacer nada.

ladrido. m. Voz que emite el perro. || Grito, insulto.

ladrillo. m. Masa de arcilla cocida con forma de prisma rectangular empleada en la construcción. || *col.* Latazo, pesadez, cosa aburrida.

ladrón, ona. adj. y s. Que hurta o roba. || m. Enchufe que permite tomar corriente eléctrica para más de un aparato.

lagar. m. Sitio donde se pisa la uva, se prensa la aceituna o se machaca la manzana para obtener su jugo. || Edificio donde hay un lagar para uva, aceituna o manzana.

lagartija. f. Especie de lagarto pequeño, ligero y espantadizo, que se alimenta de insectos y vive en los huecos de las paredes.

lagarto, ta. m. y f. Reptil saurio de cuerpo y cola largos cubiertos de escamas pardas o verdosas, con cuatro patas cortas y delgadas; es sumamente ágil, inofensivo y muy útil para la agricultura, puesto que se alimenta de insectos. || *col.* Lagartón. También adj.

lago. m. Gran masa de agua, normalmente dulce, acumulada en depresiones del terreno.

lágrima. f. Cada una de las gotas del líquido que segrega la glándula lagrimal. Más en pl. || Gota que destilan algunos árboles después de la poda. || Porción pequeña de cualquier licor.

lagrimal. adj. ANAT. Se dice de los órganos de secreción y excreción de las lágrimas. También m. || m. Extremidad del ojo próxima a la nariz.

laguna. f. Depósito natural de agua menor que el lago. || Omisión u olvido en un escrito. || Cualquier cosa olvidada o desconocida. || Vacío o defecto en un conjunto o serie.

laicismo. m. Doctrina que defiende la independencia del hombre, de la sociedad y del Estado de toda influencia eclesiástica o religiosa.

laico, ca. adj. No eclesiástico ni religioso, civil. También s. || Se dice de la escuela o enseñanza que prescinde de la instrucción religiosa.

laja. f. Piedra grande, lisa y plana; lancha.

lama. f. Lámina de metal, madera u otros materiales que se emplea para diferentes usos, como la construcción de persianas graduables o somieres. || Tela de oro o plata en que los hilos de estos metales forman el tejido y brillan por su haz sin pasar al envés.

lamentable. adj. Que merece lamentarse o llorarse. || Que produce una mala impresión por estar estropeado, roto o maltrecho. || Que infunde tristeza y horror.

lamentar. tr. Sentir pena, contrariedad, arrepentimiento, etc., por algo. || Sentir una cosa con llanto, sollozos u otras demostraciones de dolor. También prnl. || prnl. Quejarse.

lamento. m. Queja triste, acompañada de llanto u otras muestras de aflicción, lamentación.

lamer. tr. Pasar repetidas veces la lengua por una cosa. También prnl. || Rozar algo blanda y suavemente.

lámina. f. Plancha delgada de metal u otro material. || Plancha de cobre o de otro metal en la que está grabado un dibujo para estamparlo. || Representación en papel u otra materia de una figura u objeto, estampa. || Porción de cualquier materia extendida en superficie y de poco grosor.

laminar. adj. Que tiene forma de lámina. || Se apl. a la estructura de un cuerpo cuando está formado por varias capas superpuestas.

laminar. tr. Hacer láminas, planchas, etc. || Recubrir con láminas.

lámpara. f. Utensilio para dar luz. || Utensilio o aparato para sostener una o varias luces artificiales. || Elemento de los aparatos de radio y televisión, parecido en su forma a una lámpara eléctrica, que en su forma más simple consta de tres electrodos metálicos. || *col.* Lamparón.

lamparón. m. Mancha que cae en la ropa y especialmente la de grasa. || VETER. Enfermedad de las caballerías, acompañada de erupción de tumores linfáticos en varios sitios.

lampiño, ña. adj. Se dice del varón que no tiene barba o vello. || Que tiene poco pelo o vello.

lana. f. Pelo de las ovejas y los carneros, que sirve para hacer paño y otros tejidos. || Pelo de otros animales semejante a la lana. || Hilo de lana, y tejido que se hace con él.

lanar. adj. De la lana o relativo a ella. || Se dice del animal que tiene lana.

lance. m. Trance u ocasión crítica. || Encuentro, riña. || Suceso u ocasión de importancia que tiene lugar en la vida, en una obra literaria, etc. || Cada una de las jugadas decisivas de cualquier juego.

lancear. tr. Herir con una lanza. || TAUROM. Ejecutar con la capa cualquiera de los lances de la lidia.

lanceolado, da. adj. BOT. Se dice sobre todo de las hojas y de sus lóbulos que tienen la forma del hierro o punta de la lanza.

lancero, ra. m. y f. Se apl. al que usa o lleva lanza, como los vaqueros y toreros. || m. Soldado que pelea con lanza. || pl. Baile de figuras, muy parecido al rigodón. || Música de este baile.

lancha. f. Piedra lisa, plana y de poco grueso.

lancha. f. Bote grande de vela y remo, de vapor o de motor. || La mayor de las embarcaciones menores que llevan a bordo los grandes buques para su servicio. || Cualquier barca o bote pequeño descubierto.

langosta. f. Nombre de varios insectos ortópteros parecidos al saltamontes, de color gris amarillento, antenas finas y alas membranosas, con el tercer par de patas muy fuerte, preparado para saltar, que se multiplica con suma rapidez y, por ser fitófago, a veces forman plagas de efectos devastadores para la agricultura. || Crustáceo marino decápodo de hasta 50 cm de longitud, con cinco pares de patas, dos antenas laterales muy largas y fuertes, ojos prominentes, cuerpo casi cilíndrico, y cola larga y gruesa, cuya carne es muy apreciada.

langostino o **langostín.** m. Crustáceo marino, decápodo, que puede alcanzar los 25 cm de largo, de cola muy prolongada y caparazón poco consistente, cuya carne es comestible muy apreciado.

languidecer. intr. Perder algo o alguien la fuerza, la intensidad o el vigor.

languidez. f. Cobardía, falta de energía, ánimo o valor. || Flaqueza, debilidad.

lanolina. f. Sustancia grasa que se extrae de la lana del cordero y se utiliza para la preparación de pomadas y cosméticos.

lanza. f. Arma ofensiva compuesta de un asta en cuya extremidad está fijo un hierro puntiagudo y cortante. || Soldado que luchaba con esta arma. || Tubo de metal en que acaban las mangas de las bombas para dirigir el chorro de agua. || amer. Persona hábil y astuta.

lanzado, da. adj. Se dice de lo muy veloz o de lo emprendido con mucho ánimo. || col. Impetuoso, fogoso, decidido. También s. || f. Golpe dado con una lanza y herida que se causa, lanzazo. || amer. Vómito, devuelve.

lanzallamas. m. Arma portátil que lanza a una distancia de unos 30 metros un chorro de líquido inflamado.

lanzamiento. m. Acción de lanzar o arrojar una cosa.

lanzar. tr. Arrojar, impulsar una cosa de modo que salga despedida. || Dar a conocer, hacer propaganda. || Dar, proferir, exhalar. || Hacer partir un vehículo espacial. || prnl. Emprender algo con muchos ánimos y precipitación.

lapicera. f. amer. Portaplumas. || amer. Estilográfica. || amer. Lapicero.

lápida. f. Piedra llana en que ordinariamente se pone una inscripción.

lapidar. tr. Apedrear, matar a pedradas. || amer. Tallar piedras preciosas.

lapidario, ria. adj. De las piedras preciosas o relativo a ellas. || De las lápidas o relativo a ellas. || irón. Se dice del enunciado que, por su concisión y solemnidad, resulta digno de ser recordado.

lapislázuli. m. MINER. Silicato de alúmina mezclado con sulfato de cal, de color azul intenso y gran dureza, que se usa para hacer objetos de adorno.

lápiz. m. Nombre genérico de varias sustancias minerales que sirven para dibujar. || Barra de grafito encerrada en un cilindro o prisma de madera o metal que sirve para escribir o dibujar. || Barra de diferentes sustancias y colores que se utiliza en cosmética.

lapón, ona. adj. y s. De Laponia o relativo a esta región del norte de Europa. || m. LING. Lengua hablada por los lapones.

lapso. m. Paso o transcurso. || Tiempo entre dos límites. || Lapsus, error.

largar. tr. Soltar, dejar libre, sobre todo algo molesto o desagradable. || col. Dejar a alguien un trabajo pesado o un encargo oneroso.

largo, ga. adj. Que tiene más longitud de lo normal. || Copioso, excesivo, que vale, suma o pesa más de lo señalado. || Dilatado, extenso, continuado. || Generoso, dadivoso. || Adjunto a nombres que expresan división del tiempo, en pl., muchos. || m. Longitud, o la mayor de las tres dimensiones.

largometraje. m. Película cuya duración sobrepasa los sesenta minutos.

larguero. m. Cada uno de los dos palos o barrotes que se ponen a lo largo de una obra de carpintería.

largueza. f. Longitud, largura. || Dadivosidad, generosidad.

laringe. f. ANAT. Órgano tubular, constituido por varios cartílagos, de la mayoría de los vertebrados de respiración pulmonar, que por un lado comunica con la faringe y por otro con la tráquea y que en los mamíferos sirve también como órgano de la voz por contener las cuerdas vocales.

larva. f. ZOOL. Animal en estado de desarro-llo, cuando ha abandonado las cubiertas del huevo y es capaz de nutrirse por sí mismo, pero aún no ha adquirido la forma y la orga-nización propia de los adultos de su especie.

lascivia. f. Propensión excesiva a los place-res sexuales. || Deseo excesivo, apetito de una cosa.

láser. m. Dispositivo electrónico que, basado en la emisión estimulada de radiación de las moléculas de gas que contiene, genera o am-plifica un haz de luz monocromática y cohe-rente de extraordinaria intensidad.

lasitud. f. Desfallecimiento, cansancio.

lástima. f. Compasión, sentimiento de tristeza o dolor. || Lo que provoca la compasión. || Cualquier cosa que cause disgusto, aunque sea ligero. || Interj. Expresa pena o disgusto.

lastimar. tr. Herir o hacer daño. También prnl. || Agraviar, ofender a alguien.

lastrar. tr. Poner lastre a la embarcación. || Afirmar una cosa cargándola de peso. Tam-bién prnl.

lastre. m. Peso que se pone en el fondo de la embarcación, a fin de que esta entre en el agua hasta donde convenga. || Peso que lle-vaban los globos aerostáticos para aumentar o disminuir la altitud. || Impedimento para llevar algo a buen término con la adecuada celeridad.

latente. adj. Se dice de lo que existe, pero oculto y escondido. || Aplicado a un dolor o sensación, constante, aunque no agudo o fuerte.

lateral. adj. Que está a un lado. || Lo que no viene por línea recta. || Que no es esencial o troncal, secundario.

látex. m. Líquido lechoso que se extrae del tronco de ciertos árboles, del que se obtienen sustancias muy diversas, como el caucho, la gutapercha, etc.

latido. m. Cada uno de los golpes producidos por el movimiento alternativo de dilatación y contracción del corazón contra la pared del pecho, o de las arterias contra los tejidos que las cubren. || Sensación dolorosa intermitente motivada en la infección.

latifundio. m. Finca rústica de gran extensión que pertenece a un solo dueño.

latigazo. m. Golpe dado con el látigo. || Golpe semejante al latigazo. || Chasquido del látigo. || Trago de bebida alcohólica.

látigo. m. Azote que consiste en una vara de la que sale una correa con la que se aviva o castiga a las bestias, especialmente a las caballerías.

latín. m. Lengua que se hablaba en la antigua comarca italiana llamada Lacio, que dio lugar a las llamadas lenguas románicas. || Voz o frase latina empleada al hablar o escribir en español. Más en pl.

latino, na. adj. Del Lacio o relativo a esta an-tigua región italiana. También s. || Relativo al latín o propio de esta lengua o su cultura.

latinoamericano, na. adj. y s. De Latinoamé-rica o relativo a la región de América en que se habla una lengua romance por haber sido colonizada por naciones latinas como Espa-ña, Portugal o Francia.

latir. intr. Dar latidos el corazón, las arterias, etc. || Existir algo ocultamente, sin manifes-tarse con claridad. || Producir una herida un dolor molesto y punzante.

latitud. f. La menor de las dos dimensiones principales que tienen las cosas o figuras pla-nas, en contraposición a la mayor o longitud. || Toda la extensión de un país.

lato, ta. adj. Dilatado, extendido. || Se apl. al sentido extenso, no literal, que se da a las pa-labras. || f. Hojalata, lámina de acero o hierro. || Envase hecho de hojalata. || Contenido de este envase.

latón. m. Aleación de cobre y cinc, de color se-mejante al del oro, maleable y muy resistente a la corrosión.

latrocinio. m. Hurto, robo o fraude de los inte-reses de los demás.

laúd. m. Instrumento musical de cuerda con la caja de resonancia oval, cóncava y promi-nente, que se toca punteando o hiriendo las cuerdas.

láudano. m. Preparación compuesta de vino blanco, opio, azafrán y otras sustancias, que se empleaba como analgésico.

laudatorio, ria. adj. Que alaba o contiene al-guna alabanza o elogio. || f. Poema o compo-sición escrita para la alabanza.

laurear. tr. Poner a alguien una corona de lau-rel, en señal de victoria o gloria. || Premiar, recompensar, honrar.

laurel. m. Árbol siempre verde, con tronco liso, flores blancas pequeñas, fruto en baya negruzca cuyas hojas, coriáceas, son muy usadas como condimento e incluso en medi-cina. || Corona, triunfo, premio.

lava. f. Conjunto de las materias que, fundidas e incandescentes, arrojan los volcanes.

lavabo. m. Pila con grifos y desagüe donde uno se lava sobre todo la cara, las manos y los dientes. || Cuarto donde se instala. || p. ext., cualquier cuarto de baño o servicio públicos.

lavadero. m. Lugar público o doméstico, pila o recipiente utilizados habitualmente para lavar, sobre todo la ropa.

lavado, da. m. y f. Acción y resultado de lavar o lavarse. || m. Pintura a la aguada hecha con un solo color. || *amer.* Lavativa, enema. || f. Lavado rápido y superficial.

lavanda. f. Arbusto de hojas leñosas, hojas estrechas y flores en espiga moradas que, por ser muy aromática, se usa en perfumería. || Esencia o perfume que se obtiene de esta planta.

lavandina. f. *amer.* Lejía, blanqueador de la ropa.

lavar. tr. Limpiar algo o a alguien con agua u otro líquido. También prnl. || *col.* Blanquear o legalizar el dinero obtenido de forma ilegal. || Dar color con aguadas a un dibujo. || Purificar, quitar un defecto, un descrédito o un deshonor.

lavarropas. f. *amer.* Máquina lavadora. || com. *amer.* Persona que se dedica profesionalmente a lavar la ropa.

lavatorio. m. Acción de lavar o lavarse. || REL. En la Iglesia católica, ceremonia de lavar los pies a algunos pobres que se hace el Jueves Santo. || REL. En la Iglesia católica, ceremonia que hace el sacerdote en la misa lavándose los dedos después de haber preparado el cáliz.

laxante. m. Medicamento que sirve para facilitar la evacuación del vientre.

laxar. tr. Forzar a alguien mediante medicamentos o mediante ciertos alimentos a la expulsión de los excrementos. || Aflojar, relajar, disminuir la tensión de una cosa. También prnl.

laxo, xa. adj. Flojo, falto de fuerza. || Se dice de la moral relajada o de la persona de conducta poco estricta.

lazada. f. Atadura o nudo que se deshace con solo tirar de uno de sus extremos. || Lazo de cuerda o cinta para adorno.

lazarillo. adj. y m. Se apl. a las personas o a los animales que guían o acompañan a un necesitado, especialmente si es ciego.

lazo. m. Atadura o nudo de cinta o cosa semejante que adorna o sujeta algo. || Adorno o cualquier otra cosa que imita la forma del lazo.

le. pron. Forma átona del pron. pers. m. y f. de tercera persona, de los denominados clíticos, que en la oración desempeña la función de complemento indirecto. Está aceptado el empleo de este pron. como complemento directo masculino de persona, es decir, que se permite *no le llamé*, en lugar de *no lo llamé.*

leal. adj. Que guarda fidelidad y actúa con sinceridad. También com. || Se apl. a la actitud o a la acción fieles y sinceras, que no engañan a personas o cosas. || Fidedigno, verídico y legal.

lealtad. f. Cumplimiento de lo que exigen las leyes de la fidelidad y las del honor. || Sentimiento de fidelidad o gratitud que muestran al hombre algunos animales.

lebrel, la. adj. y s. Se dice de cierto perro de labio superior y orejas caídas, hocico recio,

lomo recto y piernas retiradas hacia atrás, que resulta muy útil para cazar liebres.

lección. f. Comprensión de un texto, según parecer de quien lo lee o interpreta, o según cada una de las distintas maneras en que se halla escrito. || Conjunto de conocimientos que alguien expone para enseñarlos a otros.

leche. f. Líquido blanco que segregan las mamas de las hembras de los mamíferos y que sirve de alimento para sus crías. || Jugo blanco que se extrae de algunas plantas o de sus semillas. || Crema líquida que tiene diferentes usos en cosmética. || BOT. Látex.

lechero, ra. adj. De la leche o que la contiene o que comparte alguna de sus propiedades. || Se dice de las hembras de animales que se tienen para que den leche.

lecho. m. Cama. || Cauce, madre del río. || Fondo del mar o de un lago. || Capa o porción de algunas cosas que están o se ponen extendidas horizontalmente sobre otras. || GEOL. Capa de los terrenos sedimentarios.

lechón, ona. m. y f. Cochinillo de leche. || p. ext., cerdo, puerco.

lechoso, sa. adj. Que tiene cualidades o apariencia de leche.

lechuga. f. Hortaliza herbácea compuesta de flores amarillentas, fruto seco, con una sola semilla y con hojas grandes, radicales, blandas, de distintas formas, que se comen en ensalada o guisadas.

lechuguino, na. m. y f. *col.* Persona joven demasiado arreglada y presumida. También adj. || m. Lechuga pequeña antes de ser trasplantada.

lechuzo, za. adj. y s. *col.* Que lechucea, lechucero. || *amer.* Se dice del murciélago albino. || m. y f. *col.* Persona poco lista. || f. Ave rapaz nocturna, con plumaje muy suave, pardo amarillento, cabeza redonda, pico corto y encorvado en la punta y ojos grandes, brillantes y de iris amarillo, que se alimenta ordinariamente de insectos y de pequeños mamíferos roedores. || *amer.* Prostituta.

lector, ra. adj. y s. Que lee. || m. y f. Persona que enseña su propia lengua en una universidad extranjera como profesor auxiliar.

lectura. f. Acción de leer. || Obra o cosa leída. || Interpretación del sentido de un texto. || Exposición de un tema sorteado en oposiciones que previamente se ha elaborado. || Cultura o conocimientos de una persona. Más en pl.

leer. tr. Pasar la vista por lo escrito o impreso entendiendo los signos. || Interpretar un texto. || Comprender e interpretar un signo o una percepción. || Exponer en público un opositor el tema que previamente ha elaborado. || Descifrar música y convertirla en sonidos.

legación. f. Empleo o cargo de legado. || Mensaje o negocio que se encarga a un legado. || Territorio o periodo al que alcanza la competencia o jurisdicción del legado.

legado. m. Representante de un gobierno ante otro extranjero. || Enviado del Papa para que le represente en un determinado asunto.

legado. m. DER. Disposición o estipulación que en su testamento hace un testador a favor de una o varias personas naturales o jurídicas. || DER. Lo que deja en su testamento un testador. || Lo que se deja o transmite a cualquier sucesor.

legajo. m. Conjunto de papeles que se guardan u ordenan juntos por tratar de una misma materia.

legal. adj. Relacionado con la ley, con el derecho o con la justicia. || Conforme a la ley o prescrito por ella. || Fiel, verídico y recto en el cumplimiento de las funciones de su cargo. || *col.* Confiable, digno de crédito.

legalidad. f. Cualidad de lo que es conforme a la ley o está contenido en ella. || Régimen político estatuido por la leyes fundamentales del Estado.

legalizar. tr. Dar estado legal a una cosa. || Comprobar y certificar la autenticidad de un documento o de una firma.

legaña. f. Secreción del lagrimal que se seca en el borde de los párpados o en la comisura de los ojos.

legar. tr. Dejar a una persona algo en el testamento. || Transmitir ideas, artes, etc. || Enviar a uno de legado.

legendario, ria. adj. De las leyendas o relativo a ellas. || Vivo solo en las leyendas. || p. ext., se dice de las personas o cosas fabulosas, fantásticas, o que se han de hacer famosas.

legible. adj. Que se puede leer.

legión. f. Cuerpo de tropa romana compuesto de infantería y caballería. || Nombre de ciertos cuerpos de tropas, compuestos por soldados profesionales. || Número indeterminado y copioso de personas o de cosas.

legionario, ria. adj. De la legión o relativo a ella. || m. y f. Soldado o militar que pertenece a alguna legión.

legislación. f. Conjunto de las leyes de un Estado, o que versan sobre una materia determinada. || Elaboración y redacción de las leyes.

legislar. tr. Dar, establecer o redactar leyes.

legislativo, va. adj. Se apl. al derecho o la facultad de hacer leyes. || De la legislación o los legisladores o relativo a ellos. || Se dice del cuerpo o código de leyes. || Autorizado por una ley.

legitimidad. f. Conformidad y adecuación a la ley. || Capacidad y derecho para ejercer una labor o una función. || Cualidad y características de lo que es legítimo.

legítimo, ma. adj. Conforme a las leyes y a la justicia. || Justo, lícito, conforme a la moral. || Genuino, verdadero. || Se dice de las criaturas nacidas dentro del matrimonio.

lego, ga. adj. y s. Seglar, que no tiene órdenes clericales. || Falto de instrucción en una materia deter minada. || Se dice de la persona de una comunidad religiosa que aun siendo profeso no tiene opción a las órdenes sagradas.

legua. f. Medida de longitud que equivale a 5. 572,7 m.

leguleyo, ya. m. y f. *desp.* Persona que trata de leyes sin conocerlas bien.

legumbre. f. Todo género de fruto o semilla que se cría en vainas. || p. ext., cualquier planta que se cultiva en las huertas. || BOT. Fruto de las leguminosas.

leguminoso, sa. adj. y f. De las leguminosas o relativo a esta familia de plantas. || f. pl. BOT. Familia de las hierbas, matas, arbustos y árboles angiospermos dicotiledóneos, con fruto en legumbre con varias semillas sin albumen.

lejanía. f. Lugar remoto o distante.

lejano, na. adj. Que está lejos en el espacio, en el tiempo o en la relación personal.

lejía. f. Solución de hidróxido sódico o potásico de gran poder desinfectante y blanqueador.

lejos. adv. l. y t. A gran distancia, en lugar o tiempo distante o remoto. lelo, la. adj. y s. Pasmado, simple, bobo.

lema. m. Frase que expresa un pensamiento que sirve de guía para la conducta de alguien o para un asunto determinado. || Tema de un discurso. || Letra o mote que se pone en los emblemas. || Contraseña que precede a las composiciones literarias presentadas a un concurso, para descubrir quién es su autor una vez decidido el resultado.

lempira. f. Unidad monetaria de Honduras.

lémur. m. Género de mamíferos primates cuadrúmanos, con cara parecida a la del perro y cola muy larga, frugívoros y propios de Madagascar.

lencería. f. Ropa interior femenina y tienda en donde se vende. || Ropa blanca de la casa.

lengua. f. ANAT. Órgano muscular situado en la cavidad de la boca de los vertebrados y que sirve para gustar, para deglutir y para articular los sonidos. || p. ext., cualquier cosa larga y estrecha de forma parecida a la de este órgano. || Sistema de comunicación y expresión verbal propio de un pueblo o nación, o común a varios.

lenguado. m. Pez teleósteo de cuerpo casi plano, con los dos ojos en el lado más oscuro, muy comprimido y de carne comestible muy fina.

lenguaje. m. Conjunto de sonidos articulados con que las personas manifiestan lo que piensan o sienten. || Idioma hablado por un pueblo o nación, o por parte de ella.

lengüeta. f. Epiglotis. || Laminilla movible de metal u otra materia que tienen algunos instrumentos músicos de viento y ciertas máquinas hidráulicas o de aire.

lente. amb. Cristal con caras cóncavas o convexas, que se emplea en varios instrumentos ópticos. Más como f. || Cristal de aumento, lupa. Más como f. || m. pl. Gafas.

lenteja. f. Planta papilonácea herbácea anual, de tallos ramosos, hojas lanceoladas, flores blancas con venas moradas y fruto en vaina pequeña, con dos o tres semillas pardas en forma de disco, que sirven como alimento. || Fruto de esta planta.

lentejuela. f. Planchita redonda de metal u otro material brillante que se usa, como adorno, en los bordados de ciertos vestidos.

lentilla. f. Lente de contacto.

lentitud. f. Tardanza, calma. || Desarrollo tardo o pausado de la ejecución o del ocurrir de algo.

lento, ta. adj. Tardo y pausado. || Poco vigoroso, poco intenso. || adv. m. Con lentitud, despacio.

leña. f. Conjunto de troncos, ramas y trozos de madera seca que se emplea para hacer fuego. || col. Castigo, paliza.

leñador, ra. m. y f. Persona cuyo oficio consiste en cortar leña o venderla.

leño. m. Trozo de árbol después de cortado y limpio de ramas. || Parte sólida de los árboles bajo la corteza.

leñoso, sa. adj. De leña o relativo a ella. || Referido a arbustos, plantas, frutos, etc., que tienen la dureza y la consistencia como de la madera.

león, ona. m. y f. Mamífero carnívoro félido, de pelaje entre amarillo y rojo, cabeza grande, dientes y uñas muy fuertes y cola larga. La hembra carece de la abundante melena característica de la cabeza del macho. || Persona audaz y valiente.

leonino, na. adj. Del león o relativo a él. || DER. Se dice del contrato en el que todas las ventajas se atribuyen a una de las partes, debiendo la otra satisfacer unas condiciones durísimas. || p. ext., se dice de los acuerdos o las condiciones despóticas o injustas para una de las partes.

leopardo. m. Mamífero felino carnicero de 1,5 m de longitud, pelo amarillo rojizo con manchas negras y redondas, cuerpo estilizado y muy ágil que vive en los bosques de Asia y África.

lepidóptero. adj. y m. De los lepidópteros

o relativo a este orden de insectos. || m. pl. ZOOL. Orden de insectos con antenas largas, ojos compuestos, boca chupadora y cuatro alas cubiertas de membranitas imbricadas; tienen metamorfosis completas; en el estado de larva reciben el nombre de oruga y son masticadores; sus ninfas son las crisálidas, como el gusano de la seda.

lepra. f. PAT. Infección crónica producida por el bacilo de Hansen, caracterizada por lesiones de la piel, nervios y vísceras, sobre todo tubérculos, manchas y úlceras.

leproso, sa. adj. y s. Que padece lepra.

lerdo, da. adj. Lento y torpe para comprender y hacer algo. || Pesado y torpe de movimientos.

lesión. f. Daño corporal causado por un golpe, una herida, una enfermedad, etc. || Cualquier daño o perjuicio.

lesionar. tr. Causar lesión o daño. También prnl.

lesivo, va. adj. Que causa lesión.

leso, sa. adj. Agraviado, lastimado, ofendido. Se apl. principalmente a lo que ha sido dañado u ofendido.

leso, sa. adj. amer. Tonto, necio, de pocos alcances.

letal. adj. Mortífero, capaz de ocasionar la muerte.

letanía. f. REL. Oración colectiva y pública hecha a Dios, a la Virgen y a los santos formada por una serie de invocaciones ordenadas.

letargo. m. Inactividad y estado de reposo absoluto en que algunos animales permanecen durante ciertos periodos de tiempo.

letón, ona. adj. y s. De Letonia o relativo a este país báltico. || m. LING. Lengua hablada por los letones.

letra. f. Signo o figura con que se representan gráficamente los sonidos o fonemas de una lengua. || Esos mismos sonidos o articulaciones. || Forma de la letra o modo particular de escribir según la persona, el tiempo, el lugar, etc.

letrado, da. adj. Sabio, instruido. || m. y f. Especialista en derecho, abogado.

letrero. m. Palabra o conjunto de palabras escritas para notificar o dar a conocer algo.

letrina. f. Lugar, generalmente colectivo, destinado para verter las inmundicias y expeler los excrementos. || Lugar sucio y repugnante.

leu. m. Unidad monetaria de Rumania.

leucemia. f. PAT. Enfermedad grave que se caracteriza por el aumento permanente de leucocitos en la sangre y la hipertrofia y proliferación de uno o varios tejidos linfoides en la médula, el bazo o los ganglios linfáticos.

leucocito. m. BIOL. Cada una de las células esferoidales o glóbulos, incoloras o blanquecinas, con citoplasma viscoso, que se encuentran en la sangre y en la linfa y forman parte del sistema inmunológico corporal. Más en pl.

levadizo, za. adj. Que se levanta o puede levantarse con la ayuda de algún mecanismo.

levantamiento. m. Acción y efecto de levantar o levantarse. || Sedición, alboroto popular.

levantar. tr. y prnl. Mover de abajo hacia arriba. También prnl. || Poner una cosa en lugar más alto. || Poner derecha o en posición vertical una persona o cosa. || Separar una cosa de otra sobre la cual descansa o está adherida. || Dirigir hacia arriba. || Rebelar, sublevar. || Animar, alegrar. || Recoger o quitar una cosa de donde está.

levante. m. Oriente, este, punto por donde sale el sol. || Viento que sopla de la parte oriental. || Países de la parte oriental del Mediterráneo.

levante. m. *amer.* Edad de un bovino comprendida entre el destete y la ceba. || *amer.* Calumnia. || *amer.* Motín, revuelta.

levar. tr. Recoger el ancla. || intr. Salir del puerto un barco de vela para navegar.

leve. adj. Ligero, de poco peso o poca intensidad. || Fino, delicado, de calidad entre los de su especie. || De poca importancia.

levita. f. Vestidura masculina de etiqueta, más larga y amplia que el frac, y cuyos faldones se cruzan por delante.

léxico, ca. adj. De los lexemas o relativo al vocabulario de una lengua, región, comunidad, etc.

lexicografía. f. Arte y técnica de componer léxicos o diccionarios. || Parte de la lingüística que se ocupa de los principios teóricos en que se basa la composición y redacción de los diccionarios.

lexicología. f. Estudio de las unidades léxicas de una lengua y de las relaciones sistemáticas que se establecen entre ellas.

ley. f. Cada una de las relaciones constantes y universales que intervienen o participan en un fenómeno. || Cada una de las normas o preceptos de obligado cumplimiento que una autoridad establece para regular, obligar o prohibir una cosa, generalmente en consonancia con la justicia y la ética. || En un régimen constitucional, disposición votada por un órgano legislativo. || Estatuto, estipulación o condición establecida para un acto particular.

leyenda. f. Relación de sucesos imaginarios o maravillosos. || Composición literaria en que se narran estos sucesos.

lezna. f. Instrumento compuesto de un hierrecillo con punta muy fina y un mango de madera que usan los zapateros y otros artesanos para agujerear y coser.

liado, da. adj. Atareado, muy ocupado.

liana. f. Nombre que se aplica a diversas plantas trepadoras de las selvas tropicales. || p. ext., enredadera o planta trepadora de otras zonas.

liar. tr. Atar y asegurar un paquete con cuerdas o lías. || Envolver una cosa con papeles, cuerdas, cintas, etc. || Confundir, enredar. También prnl. || *col.* Engañar o persuadir a alguien. || Hablando de cigarrillos, formarlos envolviendo la picadura en el papel de fumar. || prnl. Ponerse a ejecutar algo con intensidad. || Hablando de golpes, darlos.

libar. tr. Chupar suavemente el jugo de una cosa. || Hacer sacrificios u ofrendas a los dioses o a Dios. || Degustar o catar un licor u otra bebida.

libelo. m. Escrito en que se denigra o insulta a personas o cosas.

libélula. m. Insecto con cuatro alas iguales y transparentes y abdomen alargado, cuyas larvas viven en las aguas estancadas.

liberación. f. Acción de poner en libertad. || Cancelación de una hipoteca y gravamen de un inmueble.

liberal. adj. Tolerante, indulgente. || Que actúa con liberalidad, generoso. || Que ha sido hecho con liberalidad. || Se dice de las profesiones intelectuales o artísticas que se ejercen por cuenta propia.

libertad. f. Facultad que tiene el ser humano de obrar o no obrar según su inteligencia y antojo. || Estado o condición del que no está prisionero o sujeto a otro. || Falta de coacción y subordinación. || Facultad que se disfruta en las naciones bien gobernadas, de hacer y decir cuanto no se oponga a las leyes ni a las buenas costumbres.

libertador, ra. adj. y s. Que liberta, liberador.

libertar. tr. y prnl. Liberar, poner en libertad al que está atado o preso o al que se ve sujeto por una obligación moral.

libertinaje. m. Actitud irrespetuosa de la ley, la ética o la moral de quien abusa de su propia libertad con menoscabo de la de los demás. || Desenfreno en el modo de obrar o de hablar.

libertino, na. adj. Que actúa con libertinaje. También s.

libidinoso, sa. adj. Lujurioso, lascivo, propenso a los placeres sexuales.

libra. f. Peso antiguo usado en España, que en Castilla equivalía a 460 gr. || Unidad monetaria de algunos países. || Unidad de peso anglosajona que equivale a unos 453,5 gramos.

librar. tr. Sacar o preservar a alguien de un peligro, una molestia, etc. También prnl. || Emitir decretos, sentencias, órdenes, etc., por escrito. || Expedir letras de cambio, órdenes de pago, cheques, etc. || Eximir de una obligación. También prnl.

libre. adj. Que tiene facultad para obrar o no obrar. || Que no está preso, ni encerrado. || Que no está sujeto ni sometido. || Exento, dispensado de cargas y obligaciones. || Inocente, sin culpa. || Se dice del tiempo de descanso o de ocio. || Aplicado a un espacio o lugar, no ocupado, vacío. || Se dice de la persona que no está comprometida con nadie, soltera..

librepensador, ra. adj. y s. Partidario del librepensamiento.

librería. f. Establecimiento donde se venden libros. || Biblioteca, conjunto de los libros que se poseen. || Mueble con estantes para colocar los libros. || Ejercicio o profesión de librero.

librero, ra. m. y f. Persona que se dedica al comercio de libros. || m. *amer.* Librería, estantería para poner libros.

libreta. f. Cuaderno pequeño para escribir anotaciones. || Cartilla o documento donde se reflejan todas las operaciones de una cuenta bancaria.

libreto. m. Obra dramática escrita para una obra de teatro musical, como la ópera o la zarzuela.

libro. m. Conjunto de hojas de papel manuscritas o impresas que, cosidas o encuadernadas, forman un volumen. || Obra científica o literaria de bastante extensión para formar un volumen. || Cada una de las partes en que suelen dividirse las obras científicas o literarias y los códigos o leyes de gran extensión. || Libreto.

licencia. f. Permiso para hacer una cosa. || Documento en que consta este permiso. || Autorización concedida a alguien para ausentarse de un empleo o de un cuartel militar. || Libertad abusiva o extremada. || Grado de licenciado.

licenciado, da. adj. Que ha sido declarado libre. También s. || m. y f. Persona que ha obtenido el grado que le habilita para ejercer su profesión.

licenciar. tr. Conferir el grado de licenciado. || Dar la autoridad competente por terminado el servicio militar de alguno. También prnl. || Despedir a uno de su empleo. || prnl. Recibir el grado de licenciado en una facultad universitaria.

licenciatura. f. Grado de licenciado. || Estudios necesarios para obtener este grado universitario. || Tiempo durante el cual se estudian.

licencioso, sa. adj. Atrevido, disoluto, inmoral.

liceo. m. Escuela aristotélica. || Centro cultural o de recreo. || Nombre que reciben algunos centros de enseñanza. || *amer.* Instituto de enseñanza media.

licitación. f. DER. Oferta que se hace en una subasta o en un concurso público, sobre todo si se trata de un contrato o servicio.

licitar. tr. Ofrecer precio por una cosa en subasta.

lícito, ta. adj. Justo, permitido. || Legal, conforme a derecho.

licor. m. Bebida alcohólica obtenida por destilación, maceración o mezcla de diversas sustancias, compuesta de alcohol, agua y azúcar a los que se añaden esencias aromáticas o frutas. || Cualquier líquido.

licuadora. f. Electrodoméstico de cocina que sirve para licuar los alimentos.

licuar. tr. Hacer líquida una cosa sólida o gaseosa. También prnl. || Fundir un metal sin descomponerlo.

lid. f. Combate, pelea. || Discusión.

líder. com. Director, jefe o conductor de un partido político, de un grupo social o de otra colectividad. || DEP. Persona o equipo que va a la cabeza de una competición deportiva.

lidia. f. Lucha, pelea. || Corrida de toros.

lidiar. intr. Batallar, pelear. || Hacer frente a uno, oponérsele. || tr. Torear, incitar al toro y esquivar sus acometidas hasta darle muerte.

liebre. f. Mamífero roedor lagomorfo, con pelaje suave y espeso de color variado, hocico estrecho, orejas muy largas y extremidades posteriores más largas que las anteriores, cuyas piel y carne son muy apreciadas.

liendre. f. Huevo del piojo.

lienzo. m. Tela que se fabrica de lino, cáñamo o algodón. || Tela preparada para pintar sobre ella. || Obra pictórica pintada sobre esta tela. || Fachada de un edificio o pared de una sala.

liga. f. Cinta o banda de tejido elástico con que se sujetan las medias al muslo o los calcetines a la pantorrilla. || Faja, venda. || Agrupación de individuos, entidades, Estados, etc. con un fin común.

ligadura. f. Atadura que ciñe o sujeta. También pl. || Sujeción que une una cosa con otra. || Impedimento moral u obligación que dificulta la ejecución de una cosa.

ligamento. m. Acción y resultado de ligar. || ANAT. Cordón fibroso muy resistente que une los huesos de las articulaciones. || Pliegue membranoso que enlaza o sostiene los órganos.

ligar. tr. Atar, sujetar. || Unir, enlazar. || Fundir o mezclar distintos elementos para que formen uno solo. También intr. || Mezclar cierta porción de otro metal con el oro o con la plata cuando se fabrican monedas o joyas.

ligazón. f. Unión, trabazón, enlace de una cosa con otra.

ligereza. f. Agilidad, prontitud. || Levedad o poco peso de una cosa. || Inconstancia, inestabilidad, falta de seriedad. || Hecho o dicho irreflexivo o poco meditado.

ligero, ra. adj. Que pesa poco. || Ágil, veloz. || Se apl. al sueño que se interrumpe fácilmente. || Leve, de poca importancia o profundidad. || Se dice del alimento fácil de digerir.

ligustro. m. Alheña, arbusto oleáceo.

lija. f. Pez selacio, sin escamas, pero cubierto de una especie de granillos córneos muy duros; es carnicero muy voraz y de él se utiliza, además de la carne, la piel y el aceite que se saca de su hígado. || Piel seca de este pez o de otros selacios, que por su dureza se emplea para limpiar y pulir metales, maderas, etc. || Papel con polvos o arenillas de vidrio o esmeril adheridos, que sirve para pulir maderas, metales, etc. || dar lija. loc. *col.* Adular, dorar la píldora a alguien.

lijar. tr. Alisar, abrillantar o pulir una cosa con lija, papel de lija u otro material abrasivo.

lila. f. Arbusto oleáceo de 3 a 4 m de altura, con hojas acorazonadas y flores olorosas de color morado claro o blanco, muy cultivado en los jardines por la belleza de sus flores. || Flor de este arbusto. || m. Color morado claro. También adj.

lila. adj. *col.* Tonto, presumido, vanidoso. También com.

liliáceo, a. adj. y f. De las liliáceas o relativo a esta familia de plantas.

liliputiense. adj. *col.* Extremadamente pequeño o endeble. También com.

lima. f. Fruto del limero, de forma esferoidal aplanada, corteza lisa y amarilla, y pulpa de sabor algo dulce dividida en gajos. || Limero, árbol de la lima.

lima. f. Instrumento de acero, con la superficie finamente estriada, para desgastar y alisar los metales y otras materias duras. || Cualquier instrumento semejante para pulir. || Limado, acción de limar.

limar. tr. Cortar, pulir o alisar con la lima. También prnl. || Pulir, revisar, perfeccionar una obra. || Debilitar, suavizar.

limbo. m. Lugar donde, según la doctrina cristiana, van las almas de los que, antes del uso de la razón, mueren sin el bautismo.

limero, ra. m. y f. Persona que vende limas. || m. Árbol de la familia de las rutáceas, de cuatro o cinco metros de altura, con tronco

liso y ramoso, copa abierta, hojas alternas y aovadas y flores blancas y olorosas, cuyo fruto es la lima.

limitar. tr. Poner límites o fronteras. || Acortar, reducir. También prnl. || Fijar la mayor extensión que pueden tener la jurisdicción, la autoridad o los derechos y facultades de uno. || intr. Lindar, estar contiguos dos o más territorios o países. || prnl. Atenerse, ajustarse alguien a algo en sus acciones, ceñirse.

límite. m. Línea real o imaginaria, frontera que separa dos cosas. || Fin, grado máximo, tope.

limítrofe. adj. Colindante, fronterizo, contiguo.

limo. m. Lodo, cieno.

limón. m. Fruto del limonero, de color amarillo, forma ovoide, y pulpa en gajos de sabor ácido. || Árbol que da este fruto. || Bebida refrescante realizada con zumo de limón.

limonado, da. adj. De color de limón. || f. Bebida compuesta de agua, azúcar y zumo de limón. || Bebida compuesta por agua de limón y vino tinto.

limonar. m. Sitio plantado de limoneros.

limonero, ra. adj. Del limón o relativo a esta fruta. || m. y f. Persona que vende limones. || m. Árbol rutáceo, de unos cuatro metros de altura, de hojas alternas elípticas y flores olorosas, cuyo fruto es el limón.

limosna. f. Lo que se da como donativo para socorrer una necesidad.

limpiar. tr. Quitar la suciedad. También prnl. || Corregir, quitar imperfecciones o defectos. || Quitar la parte que sobra, que está mala o que no sirve. || Purificar. || Hacer que un lugar quede libre de lo que es perjudicial en él.

limpidez. f. poét. Pureza, transparencia, limpieza extrema.

límpido, da. adj. poét. Limpio, puro, sin mancha.

limpieza. f. Ausencia de suciedad o de manchas, pulcritud. || Acción y resultado de limpiar. || Integridad, nobleza, honestidad. || Precisión o destreza con que se ejecutan ciertas cosas. || En los juegos, respeto a las reglas de cada uno.

limpio, pia. adj. Que no tiene mancha o suciedad. || Aseado, pulcro. || Despojado de lo superfluo o inútil. || Que no tiene mezcla de otra cosa, puro. || Claro, no confuso, bien delimitado. || Honrado, que está dentro de la legalidad y no tiene culpa.

llinaje. m. Conjunto de los antepasados o descendientes de una persona o de una familia. || Clase o condición de una cosa.

linaza. f. Semilla del lino, de la que se extrae una harina de uso medicinal y un aceite empleado en la fabricación de pinturas y barnices.

lince. m. Mamífero carnívoro, muy parecido al gato, pero de mayor tamaño y de orejas puntiagudas que habita en los bosques europeos; se le atribuye una vista muy penetrante. || com. Persona sagaz, astuta o perspicaz. También adj.

linchar. tr. Castigar o matar una muchedumbre incontrolada y enfurecida a un acusado, sin haber sido procesado previamente.

lindante. adj. Contiguo, colindante.

lindar. intr. Estar contiguos dos o más territorios, terrenos, etc. || Estar algo muy próximo a lo que se expresa.

linde. amb. límite, término o fin de algo. Más f.

lindo, da. adj. Bello, bonito. || Bueno, agradable. || Exquisito, perfecto. || adv. m. *amer.* Muy bien, bellamente.

línea. f. GEOM. Extensión considerada solo en su longitud. || Serie de puntos continuos y unidos entre sí. || Raya, traza fina y delgada. || Raya real o imaginaria que delimita una cosa. || Renglón. || Silueta, contorno. || Hilera de personas o cosas.

lineal. adj. De la línea, con su forma o relativo a ella.

linfa. f. FISIOL. Líquido incoloro compuesto básicamente de glóbulos blancos que forma parte del plasma sanguíneo; entra en los vasos linfáticos, por los cuales circula hasta incorporarse a la sangre venosa.

lingote. m. Trozo o barra de metal en bruto fundido.

lingüístico, ca. adj. De la lingüística o relativo a esta ciencia. || Relativo a la lengua o al lenguaje. || f. Ciencia que estudia el lenguaje y las lenguas.

linimento o **linimiento.** m. Medicamento en forma de líquido viscoso o pomada compuesto de aceites y bálsamos que se aplica exteriormente en fricciones sobre la piel como analgésico.

lino. m. Planta herbácea de la familia de las lináceas, de raíz fibrosa, hojas lanceoladas, flores de cinco pétalos de varios colores y fruto en cápsula. || Materia textil que se saca del tallo de esta planta. || Tela hecha de esta fibra.

linotipia. f. IMPR. Máquina de componer textos, provista de matrices, de la cual sale la línea formando una sola pieza. || IMPR. Técnica de componer con esta máquina.

linterna. f. Utensilio manual y portátil que funciona con pilas eléctricas y una bombilla y sirve para proyectar luz. || Farol portátil.

linyera. m. *amer.* Atado en que se guardan ropa y otros efectos personales, hatillo. || *amer.* Vagabundo, ocioso que anda de un lugar a otro, sin tener oficio ni domicilio determinado.

lío. m. Complicación, problema. || Conjunto de ropa o de otras cosas atadas. || Confusión, desorden, jaleo. || Chisme, cotillería. || *col.* Relación amorosa o sexual que se mantiene fuera de una pareja reconocida.

liquen. m. BOT. Planta resultante de la asociación simbiótica de hongos con algas unicelulares. Crece en sitios húmedos, extendiéndose sobre las rocas o las cortezas de los árboles en forma de hojuelas grises, pardas, amarillas o rojizas.

liquidación. f. Acción y resultado de liquidar. || Venta al por menor, con gran rebaja de precios, que hace una casa de comercio por cesación, quiebra, reforma o traslado del establecimiento, etc.

liquidar. tr. Saldar, pagar enteramente una cuenta. || Poner término a una cosa o a un estado de cosas. || Hacer el ajuste final de un establecimiento comercial. || Hacer líquida una cosa sólida o gaseosa. También prnl.

liquidez. f. Calidad de líquido. || Cualidad del activo o capital financiero para transformarse fácilmente en dinero efectivo. || Relación entre el conjunto de dinero en caja y de bienes fácilmente convertibles en dinero, y el total del activo, de un banco u otra entidad.

líquido, da. adj. Se dice de todo cuerpo cuyas moléculas tienen menor cohesión que la de los sólidos y mayor que la de los gases, como el agua, el vino, etc. También m.

lira. f. Antiguo instrumento musical compuesto de varias cuerdas tensadas en un marco, que se pulsaban con ambas manos.

lira. f. Unidad monetaria de Italia y de Turquía.

lírico, ca. adj. De la lírica o de la poesía propia para el canto en la que predominan los sentimientos y emociones del autor, o relativo a ellas. || Se apl. a uno de los tres principales géneros en que se divide la poesía y, p. ext., a la poesía en general. También f.

lirio. m. Planta herbácea, de la familia de las iridáceas, con hojas radicales y erguidas, tallo central ramoso, flores terminales grandes de varios colores, fruto capsular, y rizoma rastrero y nudoso.

lirón. m. Mamífero roedor muy parecido al ratón, de cola larga, pelaje gris oscuro en las partes superiores del cuerpo, y blanco en las inferiores. Habita en los montes, y pasa todo el invierno adormecido. || Persona dormilona.

lis. amb. lirio. || flor de lis. Forma heráldica de esta flor.

lisiado, da. adj. Se dice de la persona que tiene alguna lesión física permanente, especialmente en una extremidad. También s.

liso, sa. adj. Se dice de la superficie que no presenta asperezas, realces, arrugas o desigualdades. || Que tiene un solo color. || Se dice del pelo que no es rizado. || Sin obstáculos.

lisonja. f. Adulación interesada que se hace a una persona para ganar su voluntad u otra cosa.

lisonjear. tr. Adular a alguien interesadamente. También prnl.

lista. f. Tira de cualquier cosa delgada. || Raya de color, especialmente en una tela o tejido. || Enumeración de personas, cosas, cantidades, etc., que se hace con determinado propósito.

listado, da. adj. Que forma o tiene listas. || m. Lista, relación.

listar. tr. Inscribir en una lista. || INFORM. Obtener una relación de datos a través de un dispositivo de salida del ordenador.

listo, ta. adj. Inteligente. || Sagaz, astuto, hábil. || Preparado.

listón. m. Pedazo de tabla angosto que sirve para hacer marcos y para otros usos. || DEP. Barra que se coloca horizontalmente sobre dos soportes para marcar la altura que se ha de saltar en ciertas pruebas.

litera. f. Mueble compuesto por dos camas, una encima de la otra. || Cada una de estas camas.

literal. adj. Fiel a las palabras de un texto o al sentido exacto y propio.

literario, ria. adj. De la literatura o relativo a ella.

literato, ta. m. y f. Escritor, autor literario.

literatura. f. Arte que emplea como instrumento la palabra. || Teoría de las composiciones literarias. || Conjunto de las producciones literarias de una nación, una época, un género, etc. || p. ext., conjunto de obras que tratan de una determinada materia.

litigar. tr. Pleitear, disputar en juicio sobre una cosa. También intr. || intr. Discutir.

litigio. m. Pleito. || Disputa, discusión.

litio. m. QUÍM. Elemento químico metálico de color blanco, ligero, y muy poco pesado. Su símbolo es *Li*.

litografía. f. Técnica de reproducir, mediante impresión, lo dibujado o grabado previamente en una piedra caliza. || Cada una de las reproducciones así obtenidas. || Taller en que se ejerce esta técnica.

litoral. adj. De la orilla del mar o relativo a ella. || m. Costa de un mar.

litro. m. Unidad de capacidad que equivale al contenido de un decímetro cúbico. || Cantidad de líquido que cabe en esta medida.

lituano, na. adj. De Lituania o relativo a este país de Europa. || m. LING. Lengua de la familia báltica, hablada en Lituania.

liturgia. f. Conjunto de reglas para celebrar los actos religiosos, especialmente las establecidas por la religión católica.

liviano, na. adj. De poco peso, ligero. || Leve, de poca importancia. || Fácil.

lívido, da. adj. Amoratado. || Pálido.

living. (voz i.) m. *amer.* Cuarto de estar.

lizo. m. Hilo fuerte que sirve de urdimbre para ciertos tejidos. Más en pl.

ll. f. Fonema que tradicionalmente era considerado la decimocuarta letra del alfabeto español, y la undécima de sus consonantes. En este diccionario, siguiendo el criterio de la Real Academia Española, se ha englobado en la *l*, según las normas de alfabetización universal. Su nombre es *elle*.

llaga. f. Úlcera. || Daño, dolor, pesadumbre.

llagar. tr. Producir o causar llagas.

llama. f. Masa gaseosa que producen los cuerpos al arder. || Pasión intensa.

llama. f. Mamífero rumiante doméstico de la región andina de América del Sur, que se emplea como animal de carga.

llamada. f. Acción y resultado de llamar. || Signo que en un texto remite a otro lugar.

llamado. m. Llamamiento.

llamar. tr. Dar voces o hacer señales para atraer la atención de una persona o animal. || Invocar. || Citar, convocar. || Nombrar, denominar. También prnl. || Atraer. || intr. Hacer sonar. || prnl. Tener alguien un determinado nombre.

llamarada. f. Llama repentina que se levanta del fuego y se apaga pronto. || Enrojecimiento momentáneo del rostro.

llamativo, va. adj. Que llama la atención.

llanero, ra. m. y f. Habitante de las llanuras.

llaneza. f. Sencillez. || Familiaridad, igualdad en el trato de unos con otros.

llano, na. adj. Igual, sin altos ni bajos. || Sencillo, natural. || Claro, evidente. || Plebeyo.

llanta. f. Círculo de metal de una rueda sobre el que se monta el neumático. || Cerco metálico exterior que cubre las ruedas de los vehículos.

llantera o **llantina.** f. Llanto.

llanto. m. Efusión de lágrimas acompañada frecuentemente de lamentos y sollozos.

llanura. f. Planicie, extensión de terreno llano.

llave. f. Instrumento metálico para abrir o cerrar una cerradura. || Herramienta para apretar o aflojar tuercas, tornillos o las cuerdas de un instrumento musical de viento. || Instrumento para regular el paso de una corriente eléctrica. || Instrumento que sirve para facilitar o impedir el paso de un fluido por un conducto. || Instrumento que sirve para dar cuerda a los relojes.

llavero, ra. m. Utensilio en que se llevan o guardan las llaves.

llavín. m. Llave pequeña.

llegada. f. Acción y resultado de llegar. || Meta de una carrera.

llegar. intr. Alcanzar el fin o término de un desplazamiento. || Durar hasta un tiempo determinado. || Conseguir el fin a que se aspira. || Seguido de un infinitivo, alcanzar o producir la acción expresada por este. || Alcanzar cierta altura o extenderse hasta cierto punto.

llenar. tr. Ocupar por completo un espacio. También prnl. || Satisfacer. || Colmar. || prnl. Hartarse de comida o bebida.

lleno, na. adj. Ocupado por completo. || Saciado de comida. || Ligeramente obeso. Más en dim.

llevar. tr. Transportar de una parte a otra. || Dirigir, conducir, manejar. || Tolerar, soportar. || Convencer, persuadir. || Vestir una prenda. || Haber pasado un tiempo en una misma situación o lugar. || Con el participio de ciertos verbos, haber realizado o haber experimentado lo que este denota. || Seguir o marcar el paso, el ritmo, el compás, etc.

llorar. intr. Derramar lágrimas. También tr. || tr. Sentir profundamente.

lloriquear. intr. Gimotear, llorar sin fuerza.

lloro. m. Llanto, acción de llorar.

llover. intr. impers. Caer agua de las nubes. || intr. Venir, caer sobre uno con abundancia una cosa, como trabajos, desgracias, etc.

llovizna. f. Lluvia ligera.

lluvia. f. Precipitación de agua de la atmósfera que cae de las nubes en forma de gotas. || Gran cantidad, abundancia.

lluvioso, sa. adj. Se dice del tiempo o del lugar en que son frecuentes las lluvias.

lo. art. det. neutro utilizado para sustantivar adjetivos, oraciones de relativo o frases preposicionales. || pron. Forma átona del pron. pers. m. o n. de tercera persona, de los denominados clíticos, que en la oración desempeña la función de complemento directo.

loa. f. Acción y resultado de loar.

loar. tr. Alabar.

lobato. m. Cría del lobo, lobezno.

lobezno. m. Cría del lobo.

lobo, ba. m. y f. Mamífero carnívoro, de pelaje gris oscuro o pardo, cabeza aguzada, orejas tiesas, mandíbula fuerte y cola larga con mucho pelo.

lóbrego, ga. adj. Oscuro, tenebroso. || Triste, melancólico.

lóbulo. m. Cada una de las partes, a manera de ondas, que sobresalen en el borde de una cosa. || Parte blanda que está en el extremo inferior de la oreja. || Parte redondeada y saliente de un órgano cualquiera.

locación. f. Arrendamiento.

local. adj. Relativo a un lugar. || Municipal o provincial, por oposición a general o nacional. || Que solo afecta a una parte de un todo. || m. Sitio cerrado y cubierto.

localidad. f. Lugar o pueblo. || Cada una de las plazas o asientos en los locales destinados a espectáculos públicos. || Entrada o billete que da derecho a ocupar alguna de estas plazas o asientos.

localizar. tr. Determinar el lugar en que se halla una persona o cosa. || Fijar algo en un lugar o unos límites determinados. También prnl.

locatario, ria. m. y f. Arrendatario.

loción. f. Producto líquido preparado para la limpieza o el cuidado de la piel o del cabello.

loco, ca. adj. Que tiene trastornadas las facultades mentales. También s. || Insensato, imprudente. También s. || Que excede en mucho a lo ordinario o presumible.

locomoción. f. Traslado de un lugar a otro.

locomotor, ra. adj. De la locomoción o relativo a ella. || f. Máquina que montada sobre ruedas, arrastra los vagones de un tren.

locro. m. *amer.* Plato de carne, patatas, maíz y otros ingredientes, típico de varios países de América del Sur.

locuaz. adj. Que habla mucho o demasiado.

locución. f. Combinación estable de dos o más palabras, que funciona como oración o como elemento oracional, y cuyo sentido unitario no siempre es la suma del significado normal de los componentes.

locura. f. Pérdida o trastorno de las facultades mentales. || Imprudencia, insensatez. || Entusiasmo, interés, sentimiento, etc., exagerado o muy intenso.

locutor, ra. m. y f. Persona que habla ante el micrófono en las estaciones de radio y televisión, para dar avisos, noticias, programas, etc.

lodo. m. Mezcla de tierra y agua, especialmente la que resulta de las lluvias en el suelo.

logaritmo. m. MAT. Exponente a que es necesario elevar una cantidad positiva para que resulte un número determinado.

lógico, ca. adj. De la lógica o relativo a ella. || Conforme a las reglas de la lógica y de la razón. || Que se dedica al estudio de la lógica. También s. || Se dice comúnmente de toda consecuencia normal o natural. || f. Ciencia que expone las leyes, modos y formas del razonamiento humano. || Sentido común. || Cualidad y método de lo razonable.

logotipo. m. Distintivo o emblema formado por letras, abreviaturas, etc., peculiar de una empresa, marca, producto.

lograr. tr. Conseguir lo que se intenta. || prnl. Llegar a su perfección una cosa.

logro. m. Consecución de lo que se intenta. || Ganancia, lucro. || Éxito.

loma. f. Altura pequeña y prolongada, colina.

lombardo, da. adj. y s. De Lombardía o relativo a esta región de Italia.

lombriz. f. Gusano de la clase de los anélidos, de color blanco o rojizo, de cuerpo blando, cilíndrico y muy alargado; vive en terrenos húmedos.

lomo. m. En los cuadrúpedos, todo el espinazo desde el cuello hasta las ancas. || Carne del animal, especialmente la del cerdo, que corresponde a esta parte.

lona. f. Tela fuerte con la que se hacen velas, toldos, tiendas de campaña, etc. || DEP. Suelo sobre el que se realizan competiciones de boxeo y lucha libre.

loncha. f. Trozo plano y delgado que se corta de alguna materia.

longaniza. f. Embutido largo relleno de carne de cerdo picada y adobada.

longevo, va. adj. Muy viejo, anciano. || Que vive muchos años.

longitud. f. La mayor de las dos dimensiones principales que tienen las cosas o figuras planas. || Distancia de un lugar respecto al primer meridiano, contada por grados en el Ecuador.

longitudinal. adj. De la longitud o relativo a ella. || Hecho o colocado en el sentido o dirección de la longitud.

lonja. f. Cosa larga, ancha y poco gruesa, que se corta o separa de otra.

lonja. f. Edificio público donde se juntan comerciantes para vender sus mercancías, especialmente al por mayor.

lontananza. f. En una pintura, punto más distante del plano principal.

loro. m. Papagayo. || *col.* Persona muy habladora. || *col.* Persona muy fea. || *col.* Radiocasete.

losa. f. Piedra llana, de poco espesor y generalmente labrada. || Cosa penosa y difícil de sobrellevar.

loseta. f. Losa pequeña, generalmente de cerámica, que se pone en las paredes o en el suelo. || Baldosa.

lote. m. Cada una de las partes en que se divide un todo que se ha de distribuir entre varias personas. || Conjunto de cosas con características comunes.

lotería. f. Juego público en que se premian con diversas cantidades varios números sacados al azar. || Lugar en que se despachan los billetes para este juego. || Cualquier sorteo, rifa, juego, etc., cuyos premios se obtienen al azar.

loto. m. Planta acuática, de hojas grandes, flores terminales blancas azuladas y olorosas, y fruto globoso. || Flor y fruto de esta planta. || f. Lotería primitiva.

loza. f. Barro fino, cocido y barnizado, de que están hechos los platos, tazas, etc. || Conjunto de estos objetos.

lozanía. f. Robustez o frescura en personas y animales. || Verdor y frondosidad en las plantas.

lubricante. adj. Se dice de toda sustancia útil para lubricar. También m.

lubricar. tr. Hacer resbaladiza una cosa. || Suministrar una sustancia a un mecanismo para mejorar las condiciones de deslizamiento de las piezas.

lucero. m. Cualquier astro luminoso, y en especial el planeta Venus. || Lunar que tienen en la frente algunos cuadrúpedos.

lucha. f. Pelea, combate, batalla, lid. || Combate deportivo entre dos personas. || Contienda, disputa. || Debate o confrontación interna.

luchador, ra. m. y f. Persona que lucha. || Profesional de algún deporte de lucha.

luchar. intr. Pelear, combatir, batallar. || Atacar y tratar de erradicar algo. || Esforzarse, bregar, abrirse paso en la vida.

lucidez. f. Claridad mental y rapidez intelectual. || Cordura, estado mental normal.

lúcido, da. adj. Claro en el pensamiento, en las expresiones, en el estilo, etc. || Cuerdo, capaz de razonar con normalidad.

lucido, da. adj. Destacado, brillante. || Que tiene gracia, elegancia o esplendor.

luciérnaga. f. Insecto coleóptero, cuya hembra, un poco mayor que el macho, carece de alas y élitros, y emite una luz fosforescente de color verdoso.

lucimiento. m. Muestra de habilidad o capacidad. || Exhibición. || Esplendor o magnificencia.

lucir. intr. Brillar, resplandecer. || Sobresalir, destacar mostrando una habilidad o capacidad. También prnl. || Producir un trabajo cierta utilidad o provecho.

lucrar. tr. Conseguir uno lo que deseaba. || prnl. Sacar provecho de algo, especialmente de un negocio.

lucrativo, va. adj. Que produce ganancia o provecho.

lucro. m. Ganancia o provecho que se saca de algo.

luctuoso, sa. adj. Triste, penoso.

lucubración. f. Meditación, reflexión, trabajo intelectual. || Obra o producto de la meditación y la reflexión. || Producto de la imaginación o de la meditación que no tiene fundamento práctico.

lucubrar. intr. y tr. Meditar, reflexionar, trabajar en obras de ingenio. || Imaginar o meditar sin mucho fundamento.

luego. adv. t. Después de este tiempo o momento. || Pronto, enseguida. || *amer.* Algunas veces. || conj. Denota deducción o consecuencia; por consiguiente.

lugar. m. Espacio ocupado o que puede ser ocupado por un cuerpo cualquiera. || Sitio, paraje. || Población pequeña. || Tiempo, ocasión, oportunidad. || Puesto, empleo. || Sitio que ocupa alguien o algo en una lista, jerarquía, orden, etc.

lugareño, ña. adj. De un lugar o población pequeña. También s.

lúgubre. adj. Triste, funesto, melancólico, tétrico.

lujo. m. Riqueza, suntuosidad. || Abundancia de cosas no necesarias. || Todo aquello que supera los medios normales de alguien para conseguirlo. || Cosa muy buena o extraordinaria.

lujoso, sa. adj. Que tiene o muestra lujo.

lujuria. f. Apetito sexual excesivo. || Exceso o demasía en algunas cosas.

lumbago. m. Dolor en la zona lumbar.

lumbar. adj. Relativo a la zona situada entre la última costilla y los riñones.

lumbre. f. Materia combustible encendida. || Fuego que se hace para cocinar, calentarse, etc. || Cosa con la que se enciende otra. || Esplendor, claridad.

lumbrera. f. Persona muy destacada por su inteligencia. || Cuerpo que despide luz. || Abertura en el techo que proporciona luz y ventilación.

luminiscencia. f. Emisión de rayos luminosos sin elevar la temperatura, visible casi solo en la oscuridad.

luminosidad. f. Calidad de luminoso.

luminoso, sa. adj. Que despide luz. || De la luz o relativo a ella. || Que tiene mucha luz o que está muy iluminado. || Aplicado a ideas, ocurrencias, explicaciones, etc., brillante, muy claro.

luminotecnia. f. Técnica de la iluminación con luz artificial.

luna. f. Satélite natural de la Tierra. || Luz nocturna que refleja este satélite. || Tiempo de cada conjunción de la Luna con el Sol, lunación. || Satélite natural de cualquier planeta. || Cristal que se emplea en vidrieras, escaparates, etc. || Espejo.

lunar. adj. De la Luna o relativo a ella. || m. Pequeña mancha que aparece en la piel, producida por una acumulación de pigmento. || Cada uno de los dibujos de forma redondeada en telas, papel u otra superficie.

lunático, ca. adj. Que padece locura.

lunes. m. Día de la semana, entre el domingo y el martes.

luneta. f. Lente de las gafas. || Cristal trasero de los automóviles. || ARQUIT. Luneto, bovedilla para iluminar.

lunfardo. m. Jerga empleada en los barrios bajos de la ciudad de Buenos Aires.

lupa. f. Lente de aumento, con montura adecuada para el uso a que se destina.

lustrar. tr. Dar brillo a algo, como a los metales y piedras.

lustre. m. Brillo. || Esplendor, gloria.

lustro. m. Espacio de cinco años.

luteranismo. m. Conjunto de creencias y doctrinas propugnadas por Martín Lutero, y basadas en la libre interpretación de la Biblia.

luto. m. Signo exterior de dolor en ropa, especialmente la de color negro, y otras cosas, por la muerte de alguien. || Dolor, pena por la muerte de alguien. || pl. Colgaduras negras que se ponen en los funerales o en la casa del difunto.

luxación. f. Dislocación de un hueso.

luxar. tr. Dislocar un hueso.

luz. f. Energía que hace visible todo lo que nos rodea. || Claridad que irradian los cuerpos en combustión, ignición o incandescencia. || Utensilio que sirve para alumbrar. || Corriente eléctrica. || Cada una de las aberturas por donde se da luz a un edificio. Más en pl. || Modelo, persona o cosa, capaz de ilustrar o guiar. || pl. Inteligencia.

M

m. f. Decimotercera letra del abecedario español y décima de sus consonantes. Fonéticamente representa un sonido bilabial, nasal, oclusivo y sonoro. Su nombre es *eme*. || En la numeración romana, mil.

maca. f. Señal que queda en la fruta cuando ha recibido un golpe. || Defecto pequeño que tienen algunas cosas, como las telas, recipientes de porcelana o cristal, etc.

macabro, bra. adj. Relacionado con la muerte y con las sensaciones de horror y rechazo que esta suele provocar.

macaco, ca. m. y f. Mamífero primate de entre 40 y 80 cm, robusto, de pelaje poco vistoso y con callosidades en las nalgas que habita en las zonas cálidas de Asia, África y América. || adj. *amer. desp.* Feo, deforme.

macadam o **macadán.** m. Pavimento de piedra machacada que se comprime con el rodillo.

macana. f. *amer.* Especie de chal, casi siempre de algodón, que usan las mujeres mestizas para abrigarse.

macana. f. Arma parecida al machete que usaban los indios americanos. || *amer.* Palo con que los indios americanos labraban la tierra. || *amer.* Porra, madero corto y grueso. || *amer.* Disparate, tontería, mentira. || Situación que ocasiona o puede ocasionar problemas o peligros.

macanear. tr. *amer.* Golpear con la macana. || *amer.* Cortar la maleza con la macana antes de sembrar. || *amer.* Decir tonterías, mentiras o embustes. || *amer.* Trabajar con constancia y ahínco.

macarrón. m. Pasta de harina de trigo en forma de canutos largos. Más en pl. || Tubo delgado y hueco, de plástico, que recubre cables eléctricos o alambres o sirve como conducto de fluidos.

macerar. tr. Ablandar una cosa estrujándola, golpeándola o sumergiéndola en un líquido. || Mantener sumergida alguna sustancia sólida en un líquido a la temperatura ambiente para extraer de ella las partes solubles. || Mortificar o castigar el cuerpo como penitencia. También prnl.

maceta. f. Empuñadura o mango de algunas herramientas. || Martillo con cabeza de dos bocas iguales y mango corto, que usan los canteros para golpear el cincel o puntero.

maceta. f. Recipiente de barro u otro material

que se utiliza para cultivar plantas o flores de adorno. || Este recipiente, lleno de tierra y con su planta. || Macetero, soporte para colocar las macetas.

machacar. tr. Deshacer, aplastar, reducir a polvo algo golpeándolo. || Destruir algo, destrozarlo o deshacerlo. || Vencer plenamente, apabullar a alguien. || Producir daño, sufrimiento o cansancio.

machete. m. Especie de cuchillo ancho, pesado y de un solo filo. || *amer.* Cuchillo grande y fuerte que se utiliza para eliminar la maleza, cortar pequeños troncos, etc.

machihembrar. tr. CARP. Ensamblar dos piezas de madera.

macho. m. Persona o animal del sexo masculino. || Planta fecundadora. || En ciertos artefactos o instrumentos, pieza que entra dentro de otra.

macho. m. Mazo grande que hay en las herrerías para forjar el hierro. || Banco en que los herreros tienen el yunque pequeño. || Yunque cuadrado.

machucar. tr. Machacar, aplastar.

macilento, ta. adj. Demacrado, pálido, descolorido.

macizo, za. adj. Compacto, lleno, sólido. || Bien fundado, con una base sólida. || Se apl. a las carnes prietas, no fofas. || *col.* De gran atractivo físico. || m. Montaña o grupo de montañas no alineadas con características comunes muy definidas. || Masa sólida y compacta de una cosa.

macrobiótico, ca. adj. Relativo a la técnica de alargar la vida mediante normas dietéticas e higiénicas. || adj. y s. Que practica o mantiene una alimentación macrobiótica. || f. Sistema de alimentación que propugna el exclusivo consumo de vegetales y productos de ellos derivados como medio para lograr una vida sana y duradera.

macrocosmo o **macrocosmos.** m. El universo en su totalidad, especialmente cuando se le considera en comparación con el hombre, que se concibe como un microcosmos o pequeño universo.

macroeconomía. f. Parte de la economía que se dedica al análisis de las magnitudes económicas colectivas o globales, como la renta nacional, el empleo, la inflación, el producto interior, etc.

mácula. f. *poét.* Mancha. || Engaño, embuste. || Cada una de las partes oscuras que se observan en el disco del Sol o de la Luna.

madeja. f. Hilo recogido en vueltas iguales para que luego se pueda devanar fácilmente, ovillo. || *poét.* Melena, cabellera.

madera. f. Parte sólida y fibrosa de los árboles que aparece bajo su corteza. || Pieza de este material preparada para cualquier obra de carpintería. || Disposición natural para determinada actividad. || MÚS. Conjunto de instrumentos musicales de viento realizados en madera, como el formado por las flautas, los oboes y los fagotes. || *col.* El cuerpo de policía español.

madrastra. f. Para los hijos, la nueva esposa del padre. || *desp.* Mala madre.

madre. f. Hembra que ha parido. || Hembra con respecto a sus hijos. || Título de algunas religiosas. || Mujer que se porta muy bien con los demás. || Causa, raíz, origen. || Aquello en que concurren algunas circunstancias propias de la maternidad. || Heces del vino o vinagre. || Cauce de un río o de un arroyo.

madreperla. f. Molusco bivalvo con concha casi circular, que se cría en el fondo de los mares intertropicales, donde se pesca para recoger las perlas que suele contener y aprovechar el nácar de la concha.

madrépora. f. Cnidario antozoo de los mares intertropicales que se agrupa formando arrecifes y masas calcáreas y arborescentes.

madreselva. f. Planta arbustiva muy olorosa, con tallos largos trepadores y flores blancas o rosadas, muy común en España. || Flor de esta planta.

madrigal. m. LIT. Composición poética de tema amoroso y extensión breve, en versos endecasílabos y heptasílabos sin disposición ni rimas fijas.

madriguera. f. Cuevecilla donde habitan ciertos animales. || Refugio de malhechores.

madrileño, ña. adj. y s. De Madrid o relativo a esta ciudad, capital de la provincia, de la comunidad autónoma del mismo nombre y de España.

madrina. f. Mujer que presenta o asiste a otra persona que va a recibir algún sacramento, honor, grado, etc.

madrugada. f. Alba, amanecer. || Espacio de tiempo que abarca desde la media noche hasta el alba. || Acción de madrugar, madrugón. || de madrugada. loc. adv. Al amanecer.

madrugar. intr. Levantarse al amanecer o muy temprano. || Ganar tiempo, anticiparse.

madurar. tr. Poner maduros los frutos. También intr. || Meditar detenidamente una idea, un proyecto, etc. || intr. Adquirir pleno desarrollo físico e intelectual. || Crecer en edad y sensatez.

madurez. f. Sazón de los frutos. || Buen juicio o prudencia, sensatez. || Cualidad y estado de lo que está maduro, crecido o perfeccionado. || Edad de la persona que ha alcanzado su plenitud vital y aún no ha llegado a la vejez.

maduro, ra. adj. Que ha llegado a su completo desarrollo o está en su punto o en su mejor momento. || Prudente, juicioso. || Se dice de la persona que está en la edad adulta. También s.

maestría. f. Arte y destreza para enseñar o efectuar alguna cosa. || Título de maestro en un oficio.

maestro, tra. adj. Se dice de la obra que, por su perfección, destaca entre las de su clase. || Se apl. a ciertos objetos para destacar su importancia funcional entre los de su clase. || m. y f. Persona que enseña un arte, una ciencia, o un oficio, especialmente la que imparte el primer ciclo de enseñanza, o tiene título para hacerlo. || Persona muy diestra o con profundos conocimientos en alguna materia.

mafia. f. Organización secreta de criminales originaria de Sicilia, que se caracteriza por emplear la violencia, la intimidación y el chantaje. || p. ext., cualquier organización clandestina de criminales.

magia. f. Arte, técnica o ciencia oculta con que se pretende producir, valiéndose de ciertos actos o palabras, o con la intervención de espíritus o genios, fenómenos extraordinarios, contrarios a las leyes naturales.

magiar. adj. De un pueblo euroasiático nómada que penetró en Europa a finales del siglo IX y se instaló en Transilvania y Hungría o relativo a él. || adj. y com. Se apl. al individuo descendiente de este pueblo, que actualmente constituye la población mayoritaria de Hungría, húngaro.

mágico, ca. adj. De la magia o relativo a ella. || Maravilloso, estupendo.

magisterio. m. Profesión de maestro o práctica de la enseñanza en general. || Conjunto de los estudios que se requieren para obtener el título de maestro.

magistrado, da. m. y f. Persona que tiene el oficio o el cargo de juez. || Miembro de una sala de audiencia o del Tribunal Supremo de Justicia.

magistral. adj. Del magisterio o el maestro. || Se dice de lo que se hace con maestría o habilidad.

magma. m. GEOL. Material ígneo fundido, formado en el interior de la Tierra a gran presión y altas temperaturas, que se solidifica por enfriamiento. || Sustancia espesa y gelatinosa.

magnanimidad. f. Generosidad y nobleza de espíritu, misericordia.

magnate. com. Persona poderosa e influyente en el mundo de los negocios, la industria o las finanzas.

magnesio. m. QUÍM. Elemento químico metálico, bivalente, de color y brillo argentinos, maleable, inflamable, poco tenaz y algo más pesado que el agua. Su símbolo es *Mg.*

magnetismo. m. Fuerza de atracción del imán. || FÍS. Conjunto de fenómenos físicos por los cuales los imanes y las corrientes eléctricas inducidas producen movimientos de atracción y repulsión. || Parte de la física que estudia estos fenómenos. || *col.* Poder de atracción de una persona sobre otra.

magnetizar. tr. Comunicar a un cuerpo propiedades magnéticas. || Hipnotizar a alguien. || Atraer poderosamente a alguien, fascinar.

magnificar. tr. y prnl. Alabar, ensalzar. || Exagerar, elogiar excesivamente.

magnificencia. f. Generosidad, liberalidad. || Ostentación, esplendor, grandeza.

magnífico, ca. adj. Espléndido, suntuoso. || Excelente, admirable. || Título de honor que se concedía a personas ilustres, y hoy se apl. en España a los rectores universitarios.

magnitud. f. Tamaño de un cuerpo. || Grandeza, importancia de una cosa.

magno, na. adj. Grande, importante, ilustre.

magnolia. f. Árbol originario de Asia y América, de 15 a 30 m de altura, de hoja perenne y flores aromáticas blancas. || Flor o fruto de este árbol.

mago, ga. adj. Que conoce o practica la magia o las ciencias ocultas. También s.

magro, gra. adj. Flaco, enjuto, sin grasa. || m. Carne de cerdo junto al lomo.

maguey. m. *amer.* Pita, planta.

magullar. tr. y prnl. Causar contusiones en un cuerpo al golpearlo violentamente, sin que lleguen a producirse heridas.

mahometano, na. adj. Musulmán, que sigue la religión de Mahoma. También s. || De la religión islámica o relativo a ella.

maíz. m. Planta herbácea gramínea, de uno a tres metros de altura, de hojas largas, planas y puntiagudas, tallos rectos, indígena de la América tropical, aunque se cultiva en Europa también, que produce mazorcas con granos gruesos y amarillos muy nutritivos. || Grano de esta planta.

maizal. m. Tierra sembrada de maíz.

majada. f. Redil, albergue del ganado y de los pastores. || Excremento de los animales. || *amer.* Rebaño de ganado lanar.

majadería. f. Hecho o dicho impertinente, molesto o grosero.

majadero, ra. adj. y s. Torpe, molesto, grosero. || m. Mazo del almirez o del mortero. || Maza o pértiga para majar.

majar. tr. Machacar, romper o aplastar una cosa a golpes.

majestad. f. Aspecto o condición de las personas que despierta admiración y respeto. || En mayúscula, título o tratamiento que se da a Dios y a emperadores y reyes.

majestuoso, sa. adj. Que tiene majestad o grandeza.

majo, ja. adj. Se apl. a los que por su aspecto, comportamiento o simpatía se hacen agradables a los demás. También s. || *col.* Bonito y vistoso, sin ser caro ni lujoso. || Bien arreglado y vestido.

mal. adj. apóc. de Malo. || m. Lo contrario al bien, lo malo. || Daño material o moral. || Desgracia, calamidad. || Enfermedad, dolencia. || *amer.* PAT. Epilepsia.

mal. adv. m. Al contrario de lo que debe ser o de lo que sería deseable. || Insuficientemente o poco.

malabarismo. m. Técnica y actividad del que realiza juegos malabares. || Acción ingeniosa y complicada que se efectúa con el fin de salir airoso de una situación difícil o comprometida. || pl. Juegos malabares.

malacopterigio, gia. adj. y m. ZOOL. Se dice de los peces teleósteos que tienen todas sus aletas provistas de radios blandos, flexibles y articulados, como el salmón, el barbo o el rodaballo.

malagueño, ña. adj. y s. De Málaga o relativo a esta ciudad española y a la provincia, del mismo nombre, de la que es capital y que se encuentra en la comunidad autónoma de Andalucía. || f. Aire popular parecido al fandango con que se cantan coplas de cuatro versos octosílabos, característico de la provincia de Málaga.

malambo. m. *amer.* Danza popular de zapateo, sin otros movimientos que los de las piernas y pies, ejecutada exclusivamente por hombres, con acompañamiento de guitarra.

malaquita. f. Carbonato hidratado natural de cobre, de color verde, tan duro como el mármol, susceptible de pulimento, que suele emplearse en joyería.

malaria. f. PAT. Fiebre palúdica, paludismo. || *amer.* Pobreza extrema, miseria.

malayo, ya. adj. y s. De un grupo étnico y lingüístico de Indonesia, la península de Malasia y Filipinas, o relativo a este grupo caracterizado por tener sus miembros la piel morena, los cabellos lisos, la nariz aplastada y los ojos grandes. || Malasio. || m. LING. Lengua malaya.

malbaratar. tr. Malvender, vender por menor precio del de mercado. || Malgastar, disipar.

malcriar. tr. Educar mal a los hijos, condescendiendo demasiado con sus gustos y caprichos.

M

maldad. f. Calidad de lo que es malo o esta hecho con intenciones aviesas. || Tendencia o inclinación natural a hacer el mal. || Acción mala y perjudicial.

maldecir. tr. Echar maldiciones contra una persona o cosa. || intr. Hablar de alguien con mordacidad, denigrándolo.

maldición. f. Imprecación, expresión injuriosa o grosera. || Expresión del deseo de que ocurra un daño a alguien.

maldito, ta. adj. Perverso, de mala intención. También s. || Condenado y castigado por una maldición. También s.

maleable. adj. Se apl. a los metales que pueden batirse y extenderse en planchas muy delgadas, como el cobre. || Se dice de los materiales que se pueden trabajar con facilidad, como la arcilla. || Fácil de influir, dócil.

maleante. adj. y com. Ladrón, delincuente.

malecón. m. Muro construido como protección contra las aguas. || Rompeolas, muelle. || *amer.* Paseo marítimo.

maledicencia. f. Acción de maldecir, murmurar.

maleficio. m. Daño causado por hechicería. || Hechizo empleado para causar un mal o un daño.

malentendido. m. Equívoco, mala interpretación o desacuerdo en la forma de entender una cosa.

malestar. m. Sensación de incomodidad o molestia, física o anímica.

maleta. f. Especie de caja de algún material resistente y provista de un asa que sirve para guardar y transportar ropa y objetos personales cuando se viaja.

malevo, va. adj. y s. *amer.* Delincuente, malhechor, matón.

malevolencia. f. Mala intención, maldad, mala voluntad.

maleza. f. Abundancia de malas hierbas en los sembrados. || Vegetación espesa y apretada formada por arbustos. || *amer.* Mala hierba.

malhechor, ra. adj. y s. Delincuente, especialmente el que comete delitos de forma habitual.

malherir. tr. Herir gravemente o de muerte.

malhumorar. tr. Poner a uno de mal humor. También prnl.

malicia. f. Mala intención, maldad. || Tendencia a pensar mal de los demás. || Picardía. || Sutileza, sagacidad. || pl. Sospecha o recelo.

maligno, na. adj. Propenso a pensar u obrar mal. También s. || Nocivo, perjudicial, dañino. || Se dice de la lesión o enfermedad que evoluciona de modo desfavorable y especialmente de los tumores cancerosos. || m. Con mayúscula, el demonio.

malintencionado, da. adj. y s. Que tiene mala fe o mala intención.

malla. f. Tejido de pequeños anillos o eslabones de hierro o de otro metal, enlazados entre sí. || Cada uno de los cuadriláteros que constituyen el tejido de la red. || p. ext., tejido semejante al de la malla de la red. || Vestido de punto muy fino que, ajustado al cuerpo, usan los artistas de circo, bailarines y gimnastas. || *amer.* Bañador, traje de baño.

mallorquín, ina. adj. y s. De Mallorca o relativo a esta isla española de la comunidad autónoma de Baleares. || m. LING. Lengua hablada en Baleares.

malmeter. tr. Enemistar a dos o más personas entre sí. || Inducir a uno a hacer algo malo.

malo, la. adj. Que carece de bondad y de otras cualidades positivas. También s. || Que se opone a la razón o a la moralidad. || Que lleva mala vida o tiene malas costumbres. También s. || Travieso, enredador. || Nocivo, perjudicial para la salud. || Enfermo, indispuesto.

malograr. tr. Perder o no aprovechar algo.

maloliente. adj. Que huele mal.

malón. m. *amer.* Irrupción o ataque inesperado de indios.

malparado, da. adj. Perjudicado, dañado en cualquier aspecto.

malsano, na. adj. Perjudicial, nocivo para la salud. || Enfermo, malo, física o mentalmente.

malsonante. adj. Que suena mal. || Se dice de la palabra o expresión grosera.

malta. f. Grano de cereal, generalmente cebada, germinado artificialmente y después tostado, que se emplea en la fabricación de bebidas alcohólicas, como la cerveza o el güisqui, o como sucedáneo del café. || *amer.* Bebida refrescante de malta.

maltratar. tr. y prnl. Dar un mal trato, dañar o estropear con las palabras o con los hechos.

maltrecho, cha. adj. Que está en mal estado por haber recibido daño o maltrato.

malva. adj. y m. De color morado tirando a rosa. || f. Planta dicotiledónea cuyas hojas, de color verde intenso, y flores, de color violeta, tienen usos medicinales. || Flor de esta planta.

malvado, da. adj. y s. Persona maligna y perversa.

malvender. tr. Vender a bajo precio, con poca o ninguna ganancia.

malversar. tr. Invertir o gastar indebidamente fondos ajenos.

malvón. m. *amer.* Variedad de geranio, muy ramificada, con hojas afelpadas y flores blancas, rosadas o rojas.

mamá. f. *col.* Madre, mama.

mama. f. ANAT. Teta de las hembras de los mamíferos. || *col.* En lenguaje infantil, madre.

mamadera. f. *amer.* Utensilio para la lactancia artificial, biberón. || *amer.* Tetilla del biberón.

mamar. tr. Atraer, chupar con los labios y la lengua la leche de los pechos.

mamarracho. m. *col.* Figura defectuosa y ridícula, o adorno mal hecho o mal pintado.

mameluco, ca. adj. y s. De una milicia privilegiada de Egipto que, de 1250 a 1517, llegó a constituir una dinastía. || *col.* Se dice de la persona necia y boba. || *amer.* Pijama infantil de una sola pieza que cubre hasta los pies. || Mono de trabajo.

mamífero, ra. adj. y m. De los mamíferos o relativo a esta clase de vertebrados. || m. pl. ZOOL. Clase de animales vertebrados de temperatura constante, cuyo embrión, provisto de amnios y alantoides, se desarrolla casi siempre dentro del cuerpo materno; las hembras alimentan a sus crías con la leche de sus mamas o tetas.

mamotreto. m. *col.* Libro o legajo muy voluminoso. || Armatoste u objeto grande y difícil de manejar.

mampara. f. Bastidor de madera, cristal, etc., para dividir una habitación o para aislar parte de la misma.

mamporro. m. *col.* Golpe, puñetazo.

mampostería. f. Obra hecha con piedras desiguales ajustadas y unidas con argamasa sin un orden establecido.

mamut. m. Mamífero fósil semejante al elefante, de gran tamaño, con colmillos de hasta tres metros y cubierto de pelo áspero y largo que vivió en las regiones de clima frío durante el pleistoceno.

maná. m. Alimento que, según la Biblia, envió Dios a los israelitas en el desierto. || Bienes que se reciben gratuitamente y de modo inesperado.

manada. f. Grupo de animales, domésticos o salvajes, de una misma especie. || Grupo de gente.

manantial. adj. Se dice del agua que mana. || m. Nacimiento de las aguas. || Origen y fundamento de una cosa.

manar. intr. Brotar de una parte un líquido. También tr. || Abundar algo.

mancebo, ba. m. y f. Persona joven. || Dependiente de poca categoría, sobre todo el de una farmacia. || f. Concubina, prostituta.

mancha. f. Marca o señal que hace una cosa en un cuerpo, ensuciándolo o estropeándolo. || Parte de alguna cosa con distinto color del general o dominante en ella. || Deshonra, desdoro.

manchar. tr. y prnl. Poner sucia una cosa con manchas. || Dañar la buena fama de una persona, familia o linaje. || Referido a un líquido, añadirle un poco de otro de manera que cambie su color.

manchego, ga. adj. y s. De la Mancha o relativo a esta comarca de España.

manchú. adj. y com. De Manchuria.

mancillar. tr. y prnl. Deshonrar, dañar la reputación de algo o alguien. || Deslucir, afear, estropear.

manco, ca. adj. Se dice de la persona o del animal sin brazo o mano, o que no puede usarlos. También s. || Defectuoso, falto de algo necesario.

mancomunar. tr. Unir personas, fuerzas o caudales para un fin. También prnl.

mandala. f. Representación gráfica polícroma del universo, característica del budismo.

mandamiento. m. Precepto u orden de un superior a un inferior.

mandar. tr. Ordenar el que tiene autoridad la ejecución de algo. || Enviar, hacer ir o hacer llegar. || Encargar, encomendar. || intr. y tr. Gobernar, tener el mando.

mandarín. m. Alto funcionario de la China imperial.

mandarín, ina. adj. Se dice del dialecto chino del grupo chino-tibetano que constituye la lengua oficial de la República Popular China. También m. || f. Fruto del mandarino, especie de naranja pequeña y dulce, cuya piel se quita fácilmente con las manos. También adj.

mandatario, ria. m. y f. DER. Persona que acepta del mandante su representación personal o la gestión de algún negocio. || Jefe, gobernante.

mandato. m. Orden, indicación que da el superior al subordinado.

mandíbula. f. ANAT. Cada una de las dos piezas, óseas o cartilaginosas, en las que están implantados los dientes.

mandil. m. Prenda atada a la cintura para cubrir la falda, delantal.

mandioca. f. Arbusto americano de cuya raíz se extrae la tapioca, una fécula muy usada en alimentación. || Harina que se extrae de la raíz de este árbol.

mando. m. Autoridad y poder que tiene el superior sobre sus súbditos.

mandolina. f. Instrumento de cuatro pares de cuerdas, de cuerpo curvado como el laúd pero más pequeño, que se toca con púa.

mandrágora. f. Planta herbácea de raíz gruesa y bifurcada, sin tallo y con hojas grandes que se ha usado en medicina como narcótico.

mandril. m. Mono africano omnívoro, de hocico alargado y perruno, nariz y nalgas rojizas, que vive formando grupos muy numerosos.

manecilla. f. Agujita que señala los números o divisiones de diversos instrumentos de medición. || Broche con que se cierran algunas cosas.

manejar. tr. Usar o traer entre las manos una cosa. || Servirse de cualquier cosa, utilizarla. || Gobernar, dirigir. || *amer.* Conducir un vehículo. También intr. || prnl. Moverse, adquirir agilidad y desenvoltura.

manejo. m. Uso o utilización manual de algo. || *amer.* Conducción de un vehículo. || Dirección y gobierno de un asunto o negocio. || Enredo, intriga.

manera. f. Modo, forma de hacer algo. || Modo forma de ser algo o alguien. || pl. Modales, forma de comportarse. || Amaneramiento, afectación.

manga. f. Parte del vestido que cubre el brazo. || Manguera, tubo largo para dirigir o para aspirar el agua. || Tela dispuesta en forma cónica que sirve para colar líquidos. || Utensilio de tela, de forma cónica, provista de una boquilla que se usa en repostería. || DEP. Prueba clasificatoria o parte de una competición. || Anchura mayor de un buque. || *amer. desp.* Grupo de personas.

manganeso. m. QUÍM. Elemento químico metálico, de brillo acerado, duro y quebradizo, oxidable, que se obtiene de la manganesa y se emplea en la fabricación del acero. Su símbolo es *Mn.*

mangle. m. Árbol característico de los manglares, de 3 a 4 m de altura, de ramas largas y extendidas que llegan al suelo, cuyos hojas, frutos y corteza se emplean para curtir pieles.

mango. m. Parte alargada por donde se cogen algunos utensilios.

mango. m. Árbol originario de la India y muy propagado en los países intertropicales, de hojas perennes, flores pequeñas, amarillentas y fruto oval, amarillo, aromático y de sabor agradable. || Fruto de este árbol.

manguera. f. Tubo largo y flexible que toma líquido por un extremo y lo expulsa por el otro.

maní. m. Cacahuete, planta. || Fruto de esta planta.

manía. f. Preocupación fija y obsesiva por algo determinado. || Costumbre extraña, caprichosa o poco adecuada.

maniaco, ca o **maníaco, ca.** adj. y s. Que padece manía, que está mentalmente desequilibrado.

maniatar. tr. Atar las manos.

maniático, ca. adj. y s. Que tiene una manía.

manicomio. m. Hospital para enfermos mentales.

manicuro, ra. m. y f. Persona que arregla y cuida las manos. || f. Arreglo y cuidado de las manos.

manido, da. adj. Vulgar, común, nada original. || Muy usado, gastado o manoseado.

manifestación. f. Declaración, comunicación. || Reunión pública de gente que desfila para dar su opinión o reivindicar algo.

manifestar. tr. y prnl. Declarar o expresar una opinión, idea o sentimiento. || Poner al descubierto. || prnl. Tomar parte en una manifestación o reunión de gente.

manifiesto, ta. adj. Claro, evidente. || m. Escrito en que se hace pública declaración de doctrinas o propósitos de interés general. || poner de manifiesto. una cosa loc. Manifestarla, exponerla al público.

manigua. f. *amer.* Terreno pantanoso cubierto de maleza tropical. || *amer.* Bosque tropical; selva.

manija. f. Mango, puño o manubrio de ciertos utensilios y herramientas.

maniobra. f. Cualquier operación material que se ejecuta con las manos. || Manejo, intriga. || Conjunto de operaciones para dirigir un vehículo. || pl. Simulacro de operaciones militares.

maniobrar. intr. Hacer maniobras.

manipular. tr. Manejar cosas, especialmente objetos delicados o de precisión. También intr. || Controlar sutilmente a un grupo de personas, o a la sociedad, impidiendo que sus opiniones y actuaciones se desarrollen natural y libremente.

maniquí. m. Armazón en figura de cuerpo humano, que se usa para probar, arreglar o exhibir prendas de ropa. || com. Persona que exhibe en público las nuevas modas de vestir. || Persona de voluntad débil.

manirroto, ta. adj. y s. Derrochador, que gasta demasiado.

manivela. f. Palanca doblada en ángulo recto que, unida a un eje, sirve para accionar un mecanismo.

manjar. m. Alimento o comida, y especialmente el exquisito.

mano. f. Extremidad del cuerpo humano que va desde la muñeca hasta la punta de los dedos. || Pie delantero de los cuadrúpedos. || Extremidad de algunos animales, cuyo dedo pulgar puede oponerse a los otros. || Cualquiera de los cuatro pies o extremos de las reses de carnicería, después de cortados. || Habilidad. || Cada uno de los lados en que se sitúa una cosa con respecto a otra. || Capa de pintura o de barniz. || En algunos juegos, partida completa. || Persona que comienza el juego, especialmente en algunos juegos de cartas.

manojo. m. Haz que se puede coger con la mano.

manómetro. m. Instrumento para medir la presión de los líquidos y gases.

manopla. f. Guante sin separaciones para los dedos, solo para el pulgar.

manosear. tr. Tocar repetidamente una cosa con las manos.

mansalva (a). loc. adv. En gran cantidad. || Sin ningún peligro; sobre seguro.

mansedumbre. f. Cualidad de manso.

mansión. f. Residencia, casa grande y señorial.

manso, sa. adj. De naturaleza apacible y tranquila. || Se apl. a los animales que no son bravos.

manta. f. Pieza rectangular de tejido grueso para abrigarse en la cama.

mantear. tr. Hacer saltar a uno en una manta, de cuyos extremos tiran varias personas.

manteca. f. Sustancia grasa de la leche.

mantel. m. Pieza de tela que cubre la mesa para comer.

mantelería. f. Juego de mantel y servilletas.

mantener. tr. Proveer a uno del alimento o de los bienes necesarios. También prnl. || Conservar una cosa en su ser o estado. || Sostener una cosa para que no caiga o se tuerza. || prnl. Perseverar, no variar de estado o resolución.

mantilla. f. Prenda de seda o de encaje con la que las mujeres se cubren la cabeza y los hombros. || Pieza de tejido con que se abriga y envuelve a los niños por encima de la ropa.

mantillo. m. Capa superior del suelo, formada por la descomposición de materias orgánicas. || Abono que resulta de la fermentación y putrefacción del estiércol.

manto. m. Capa que cubre desde la cabeza o los hombros hasta los pies. || Lo que encubre y oculta una cosa. || Capa del globo terrestre situada entre la corteza y el núcleo. || Capa poco espesa de mineral que yace casi horizontalmente. || Repliegue cutáneo del cuerpo de los moluscos y de algunos crustáceos.

mantón. m. Pañuelo grande con flecos que se echa sobre los hombros de las mujeres.

manual. adj. Que se hace con las manos. || Se dice de quien trabaja con las manos. || m. Libro que recoge lo esencial o básico de una materia.

manualidad. f. Trabajo llevado a cabo con las manos, sin ayuda de máquinas. Más en pl. || pl. Trabajos manuales de los escolares.

manubrio. m. Manivela. || Parte del cuerpo de la medusa en la que está la boca. || amer. Manillar de la bicicleta.

manufactura. f. Producto industrial. || Establecimiento o fábrica donde se llevan a cabo procesos industriales.

manumitir. tr. Dar libertad al esclavo.

manuscrito, ta. adj. Escrito a mano. || m. Papel o libro escrito a mano, particularmente el antiguo. || Ejemplar original de un libro.

manutención. f. Acción y resultado de mantener o mantenerse.

manzana. f. Fruto redondo, de piel fina, de carne blanca y con unas semillas pequeñas en el centro, que produce el manzano. || amer. Espacio cuadrado de terreno, con casas o sin ellas, pero circunscrito por calles por sus cuatro lados. || amer. Nuez de la garganta.

manzanilla. f. Planta herbácea compuesta con flores de pétalos blancos y centro amarillo con la que se prepara una infusión estomacal. || Esa infusión.

manzano. m. Árbol rosáceo de hasta 10 m de altura, con el tronco agrietado, flores blancas o rosadas y cuyo fruto es la manzana.

maña. f. Destreza, habilidad. || Astucia. || Vicio o mala costumbre.

mañana. f. Tiempo entre el amanecer y el mediodía. || Espacio de tiempo desde la medianoche hasta el mediodía. || m. Tiempo futuro próximo. || adv. t. En el día siguiente al de hoy. || En un tiempo futuro.

maño, ña. adj. y s. Aragonés.

mañoso, sa. adj. Que tiene habilidad.

mapa. m. Representación geográfica de la Tierra o de parte de ella en una superficie plana.

mapache. m. Mamífero carnívoro de América del Norte de hasta 1 m de longitud.

mapamundi. m. Mapa de la Tierra dividida en dos hemisferios.

mapuche. adj. y com. Araucano, de una provincia de Chile.

maqueta. f. Modelo en tamaño reducido de algo.

maquiavelismo. m. Doctrina política de Maquiavelo basada en la preeminencia de la razón de Estado sobre cualquier otra de carácter moral. || Modo de proceder con perfidia y falta de escrúpulos.

maquillar. tr. Aplicar cosméticos en el rostro para embellecerlo o caracterizarlo. También prnl.

máquina. f. Conjunto de mecanismos dispuestos para producir, aprovechar o regular una energía motriz. || Locomotora. || Aparato electrónico o eléctrico que funciona introduciendo dinero y que ofrece un servicio o un producto. || Tramoya del teatro para las transformaciones de la escena.

maquinación. f. Plan urdido para conseguir algún propósito, generalmente sirviéndose de medios poco honestos.

maquinista. com. Persona que maneja una máquina, especialmente el conductor de una locomotora. || Persona que inventa o fabrica máquinas. || Ayudante del operador de cámara de cine.

mar. amb. Masa de agua salada que cubre gran parte de la superficie terrestre. || Denominación de algunas porciones de esa masa, de menor extensión que los océanos. || Algunos lagos grandes. || Abundancia de algo.

M

marabú. m. Ave zancuda semejante a la cigüeña.

maraña. f. Enredo de hilos o del cabello. || Situación o asunto intrincado o de difícil solución. || Lugar cubierto de maleza.

maratón. m. Carrera pedestre olímpica de 42,195 km. || p. ext., designa cualquier otra competición de resistencia. || Actividad dura y prolongada.

maravedí. m. Antigua moneda española.

maravilla. f. Suceso o cosa que causa admiración. || Sentimiento de admiración o de asombro.

marbete. m. Orilla, perfil.

marca. f. Señal que se hace en una persona, animal o cosa, para distinguirla de otra.

marcapaso o **marcapasos.** m. Aparato electrónico mediante el cual se regulan los latidos del corazón.

marcar. tr. Señalar con signos distintivos. || Dejar algo una señal en algo o alguien. || Fijar, determinar.

marcha. f. Acción de andar, movimiento, traslado. || Funcionamiento, actividad. || Velocidad, celeridad. || Movimiento ordenado de personas que caminan juntas. || MÚS. Composición musical que acompaña a los desfiles militares.

marchante, ta. m. y f. Persona que comercia con cuadros u obras de arte.

marchar. intr. Trasladarse, caminar, abandonar un lugar, partir. También prnl. || Funcionar. || Progresar, desarrollar. || Andar en formación.

marchitar. tr. y prnl. Ajar, deslucir, secar. || Enflaquecer, quitar el vigor.

marcial. adj. Militar. || Enérgico, rítmico.

marciano, na. adj. y s. De Marte. || m. y f. Habitante imaginario de este planeta o de cualquier otro; extraterrestre.

marco. m. Cerco, armadura que rodea algo. || Conjunto de circunstancias, ámbito. || Unidad monetaria de diversos países.

marea. f. Movimiento periódico de ascenso y descenso de las aguas del mar en las costas por influjo de las atracciones combinadas del Sol y la Luna.

marear. tr. Causar mareo. También prnl. || Enfadar, molestar. También intr.

marejada. f. Movimiento agitado de la mar con olas de hasta 1,25 m.

maremagno o **maremágnum.** m. Confusión, revoltijo. || Multitud.

mareo. m. Malestar que se manifiesta con náuseas, pérdida del equilibrio y, en algunos casos, pérdida momentánea de la consciencia. || Ajetreo, aturdimiento.

marfil. m. Materia dura y blanca recubierta de esmalte que forma los dientes de los mamíferos y los colmillos de los elefantes. || Color de esta materia. También adj.

margarina. f. Variedad de la mantequilla fabricada con grasas vegetales y animales.

margarita. f. Planta con flores de centro amarillo y pétalos blancos. || Flor de esta planta.

margen. amb. Extremidad y orilla de una cosa. || m. Espacio en blanco que queda a cada uno de los cuatro lados de una página manuscrita o impresa. || Tiempo con el que se cuenta para algo. || Ocasión, oportunidad. || Cuantía del beneficio que se puede obtener en un negocio.

marginal. adj. Del margen de un escrito o relativo a él. || Que está al margen.

marginar. tr. Dejar de lado algo o a alguien, apartarlo o hacer caso omiso de él. || Poner o dejar a una persona o grupo en condiciones sociales de aislamiento e inferioridad.

mariano, na. adj. De la Virgen María o relativo a ella o a su culto.

maridaje. m. Enlace y armonía de los casados. || Unión, analogía o armonía con que varias cosas se enlazan o se corresponden entre sí.

marido. m. Esposo, hombre casado con respecto a su mujer.

marinar. tr. Adobar el pescado para conservarlo. || Tripular de nuevo un buque.

marinero, ra. adj. De la marina, de los marineros, o relativo a ella o con ellos. || m. y f. Persona que ejerce su profesión en el mar o que presta servicio en una embarcación.

marino, na. adj. Del mar o relativo a él. || m. y f. Persona que se ejercita en la náutica.

marioneta. f. Títere que se mueve por medio de hilos o metiendo la mano en su interior.

mariposa. f. Insecto lepidóptero volador con dos pares de alas membranosas, a menudo de colores vistosos. || Candelilla que se pone en un recipiente con aceite para conservar luz de noche.

mariposear. intr. Variar con frecuencia de aficiones y caprichos. || Rondar a una persona para conseguir un favor o una atención especial.

mariquita. f. Insecto coleóptero.

mariscal. com. Miembro del ejército que ostenta la máxima graduación en algunos países.

marisco. m. Nombre que se aplica a ciertos animales marinos invertebrados, en especial los crustáceos y los moluscos comestibles.

marisma. f. Llanura húmeda próxima al mar.

marlo. m. *amer.* Espiga de maíz desgranada. || *amer.* Tronco de la cola de los caballos.

marmita. f. Olla de metal con tapadera.

mármol. m. Roca metamórfica caliza o dolomítica, cristalina, de textura granulosa.

marmota. f. Mamífero roedor.

maroma. f. Cuerda gruesa.

marqués, esa. m. y f. Persona que ostenta el título nobiliario inmediatamente inferior al de duque y superior al de conde.

marquesina. f. Especie de cubierta o tejadillo en una entrada, andén, parada de autobús, etc., que los resguarda de la lluvia.

marquetería. f. Trabajo con maderas finas. || Obra de incrustaciones sobre madera.

marrano, na. m. y f. Cerdo, animal. || adj. y s. *col.* Que es sucio y desaseado. || *desp.* Judío converso.

marrar. intr. Faltar, errar. También tr. || Desviarse de lo recto.

marrón. adj. y m. De color castaño. || m. *col.* Cosa desagradable o molesta.

marroquí. adj. y com. De Marruecos o relativo a este país africano.

marsopa o **marsopla.** f. Cetáceo parecido al delfín.

marsupial. adj. y m. De los marsupiales o relacionado con este orden de animales. || m. pl. ZOOL. Orden de mamíferos cuyas hembras están provistas de una bolsa abdominal denominada *marsupio* que contiene las mamas, donde guardan a las crías en la primera etapa del desarrollo.

marta. f. Mamífero carnívoro, muy apreciado por su piel, de unos 50 cm de longitud, con cabeza pequeña, cuerpo esbelto y larga cola.

martes. m. Segundo día de la semana, entre el lunes y el miércoles.

martillo. m. Herramienta para golpear, compuesta de una cabeza, por lo común de hierro, y un mango.

martineta. f. *amer.* Ave de unos cuarenta centímetros de largo, color pajizo manchado de pardo, y caracterizada por un copete de plumas, por lo que se le llama también copetona.

mártir. com. Persona que padece martirio en defensa de su religión o de sus opiniones. || Persona que sufre grandes penalidades.

martirio. m. Muerte o sufrimiento que se padecen por defender una religión o una creencia. || Cualquier cosa o situación que produzca dolor o sufrimiento.

martirizar. tr. Torturar, hacer sufrir el martirio. || Afligir, atormentar. También prnl.

marxismo. m. Concepción histórica, económica, política y social de Karl Marx.

marzo. m. Tercer mes del año, entre febrero y abril, que tiene treinta y un días.

más. adv. comp. Indica aumento. preferencia. o superioridad. || Precedido del artículo determinado, forma el superlativo relativo. || Sobre todo, especialmente. || En frases negativas, otro. || m. Signo de la suma o adición (pl).

mas. conj. advers. Pero.

masa. f. Mezcla de un líquido con una materia pulverizada o disuelta en él. || Mezcla que resulta de la harina con agua y levadura, utilizada en alimentación. || Volumen, conjunto, reunión. || Agrupación numerosa e indiferenciada de personas o cosas. || La gente en general, el pueblo. Más en pl. || FÍS. Cantidad de materia que contiene un cuerpo. || ELECTR. Conjunto de las piezas eléctricas que se comunican con el suelo.

masacre. f. Matanza de personas, por lo general indefensas.

masaje. m. Frotamiento del cuerpo con fines terapéuticos o estéticos.

mascar. tr. Partir y desmenuzar algo con los dientes. || prnl. Considerarse como inminente un hecho importante.

máscara. f. Pieza de cartón, tela, etc., para taparse la cara y no ser conocido o para protegerse de algo. || Disfraz.

mascarilla. f. Máscara que cubre la parte inferior de la cara.

mascota. f. Animal doméstico de compañía. || Persona o cosa que trae suerte.

masculino, na. adj. Se dice del ser que está dotado de órganos para fecundar. || De este ser o relativo a él.

mascullar. tr. Hablar entre dientes o pronunciar mal las palabras.

masilla. f. Pasta hecha de tiza y aceite de linaza para sujetar cristales, rellenar grietas, etc.

masón, ona. adj. De la masonería o relativo a esa sociedad. || adj. y s. Miembro de la masonería.

mástil. m. Palo de embarcación. || Palo menor de una vela. || Palo derecho para mantener algo.

mastín, ina. adj. y s. Se dice del perro grande, fornido, de cabeza redonda, orejas caídas y pelo corto. Se utiliza como guardián del ganado.

mastodonte. m. PALEONT. Mamífero fósil parecido al elefante con grandes colmillos en la mandíbula superior. Vivieron en la Tierra a finales del periodo terciario y en el cuaternario. || Persona o cosa muy voluminosa.

mastuerzo, za. adj. y s. Torpe, necio. || m. Berro, planta cuyas hojas se comen en ensalada.

mata. f. Planta perenne de tallo bajo, ramificado y leñoso. || p. ext., cualquier planta de poca altura. || Ramito o pie de una hierba. || Terreno poblado de árboles de una misma especie.

matacaballo (a). loc. adv. A toda prisa.

matadero. m. Lugar donde se sacrifica el ganado para el consumo de su carne.

matambre. m. *amer.* Tira de carne y grasa que se saca de entre el cuero y el costillar de los animales vacunos. || *amer.* Fiambre hecho por lo común con esa tira de carne, rellena y adobada.

matanza. f. Mortandad grande y numerosa.

matar. tr. Quitar la vida. También prnl.

matarife. com. Persona que mata las reses en el matadero, jifero.

matasellos. m. Estampilla para inutilizar los sellos en correos.

match. (voz i.) m. Encuentro deportivo, partido.

mate. adj. Sin brillo. || Amortiguado.

mate. m. En ajedrez, jugada final con que se vence al contrario.

mate. m. *amer.* Infusión que se obtiene de las hojas secas de una planta medicinal americana parecida al acebo. || *amer.* Estas hojas y la misma planta. || *amer.* Calabaza que, seca, vaciada y convenientemente abierta o cortada, sirve para tomar esta infusión.

matear. intr. *amer.* Tomar mate.

matemático, ca. adj. De las matemáticas o relativo a ellas. || Exacto, preciso. || Infalible. || m. y f. Especialista en matemáticas. || f. Ciencia lógico-deductiva en la que, de conceptos primarios no definidos (unidad, conjunto, correspondencia; punto, recta, plano) y de proposiciones que se aceptan sin demostración (axiomas), se extrae toda una teoría por razonamientos libre de contradicción. Más en pl.

materia. f. Sustancia que compone los cuerpos físicos; consta de partículas elementales y tiene las propiedades de extensión, inercia y gravitación. || Tema, asunto. || Asignatura.

material. adj. De la materia o relativo a ella. || Físico, corpóreo. || m. Ingrediente, componente. || Conjunto de lo necesario para una profesión, obra. También pl.

materialismo. m. Doctrina filosófica que consiste en admitir como única sustancia la material, negando la espiritualidad y la inmortalidad del alma humana. || Tendencia a dar importancia primordial a los intereses materiales.

materializar. tr. Hacer realidad una idea, proyecto. También prnl. || Convertir en material algo abstracto para poder percibirlo con los sentidos. || Hacer que alguien se vuelva materialista. También prnl.

maternal. adj. Materno.

maternidad. f. Condición o calidad de madre. || Centro hospitalario donde se atiende a las mujeres que van a dar a luz.

matiz. m. Cada uno de los grados de un mismo color. || Aspecto. || Rasgo que da un carácter especial a algo.

matizar. tr. Precisar, señalando las diferencias de algo. || Dar a algo un determinado matiz. || Armonizar diversos colores. || Suavizar.

matojo. m. Mata de tallo muy bajo, ramificado y leñoso. || *amer.* Cada uno de los brotes que echa un árbol podado.

matón. m. Fanfarrón que busca pelea. || Escolta, guardaespaldas de un personaje importante.

matraca. f. Rueda de tablas fijas en forma de aspa, entre las que cuelgan mazos que al girar ella producen ruidos desagradables.

matraz. m. Vasija esférica de cuello estrecho, que se emplea mucho en los laboratorios.

matriarcado. m. Organización social basada en la preponderancia de la autoridad materna. || Predominio o fuerte ascendiente femenino en una sociedad o grupo.

matricidio. m. Delito de matar una persona a su madre.

matrícula. f. Acción y resultado de matricular o matricularse. || Lista o catálogo oficial de nombres, bienes, entidades, etc., que se anotan para un fin determinado.

matricular. tr. y prnl. Inscribir, registrar en una matrícula.

matrimonio. m. Unión legal de hombre y mujer. || Marido y mujer. || En la religión católica, sacramento que hace sagrada y perpetua esta unión.

matriz. f. Órgano genital femenino donde se desarrolla el feto. || Molde en que se funden objetos de metal.

matutino, na. adj. De las horas de la mañana o relativo a ellas. || Que ocurre o se hace por la mañana.

maullar. intr. Dar maullidos el gato.

maullido o **maúllo.** m. Sonido que emite el gato, que se suele representar con la palabra *miau*.

máuser. m. Fusil de repetición inventado por los armeros alemanes Wilhelm y Paul Mauser.

mausoleo. m. Sepulcro magnífico y suntuoso.

maxilar. adj. De la mandíbula o relativo a ella. || adj. y m. ANAT. Hueso maxilar.

máximo, ma. adj. y m. Límite superior que alcanza algo. || f. La temperatura más alta que se registra en un tiempo y un lugar determinados. || Sentencia, apotegma o doctrina de contenido moral o educativo. || Regla, principio o proposición generalmente admitida por todos los que profesan una facultad o ciencia. || Norma de conducta.

maya. adj. Se dice del individuo de cualquiera de las tribus indias que hoy habitan principalmente el Yucatán, Guatemala y otras regiones adyacentes. También com.

mayo. m. Quinto mes del año, entre abril y junio, que tiene treinta y un días.

mayonesa. f. Salsa que se hace batiendo aceite crudo y yemas de huevo.

mayor. adj. comp. de Grande. Que supera a una persona o cosa en cantidad, calidad, edad, intensidad, importancia. || Se dice de la persona entrada en años, de edad avanzada. || m. Superior o jefe de una comunidad o cuerpo. || Oficial primero de una secretaría u oficina. || pl. Abuelos, progenitores y demás antepasados de una persona.

mayoral, la. m. y f. Pastor principal que cuida de un rebaño, especialmente de ganadería brava. || Capataz de las cuadrillas de trabajadores del campo. || Cochero de diligencias y otros carruajes.

mayordomo. m. Criado principal de una casa o hacienda. || Oficial administrador de una congregación o cofradía.

mayoría. f. La mayor parte de algo. || Mayor número de votos conformes en una votación.

mayorista. com. Comerciante que vende al por mayor. || adj. Se dice del comercio en que se vende o compra al por mayor.

mayúsculo, la. adj. Muy grande.

maza. f. Instrumento pesado y con mango para machacar. || Arma antigua de cabeza gruesa, hecha de palo forrado de hierro, o toda de hierro.

mazacote. m. Comida seca, pegada o apelmazada que debería haber resultado más jugosa, ligera o esponjosa. || Hormigón.

mazamorra. f. *amer.* Comida compuesta de harina de maíz con azúcar o miel. || *amer.* Comida criolla hecha con maíz blanco partido y hervido.

mazapán. m. Dulce de almendras y azúcar cocido al horno.

mazmorra. f. Prisión subterránea.

mazo. m. Martillo de madera. || Porción de cosas unidas formando grupo.

mazorca. f. Espiga densa y apretada, como la del maíz. || Porción ya hilada del huso. || Baya del cacao.

me. pron. Forma átona del pron. pers. com. de primera persona sing., de los denominados clíticos, que en la oración desempeña la función de complemento directo o indirecto. Se utiliza también como reflexivo.

meandro. m. Cada una de las curvas que describe el curso de un río. || p. ext., cada curva de un camino.

mear. intr., tr. y prnl. Orinar.

mecánico, ca. adj. De la mecánica, de las máquinas, o relativo a ellas. || Que se acciona por un mecanismo o se hace con una máquina. || Se dice de los oficios u obras que exigen más habilidad manual que intelectual. || Rutinario, que se hace sin reflexionar. || m. y f. Persona que se dedica a la mecánica. || Persona dedicada al manejo y arreglo de las máquinas. || f. Parte de la física que trata del movimiento de los cuerpos (cinemática) y de las fuerzas que pueden producirlo (dinámica), así como del efecto que producen en las máquinas y el equilibrio (estática).

mecanismo. m. Estructura interna que hace funcionar algo. || Modo de funcionamiento, desarrollo.

mecanizar. tr. Implantar el uso de las máquinas en cualquier actividad. También prnl. || Someter a elaboración mecánica. También prnl. || Dar la regularidad de una máquina a las acciones humanas.

mecanografía. f. Técnica de escribir a máquina.

mecedor, ra. adj. Que mece o sirve para mecer. || m. Instrumento de madera que sirve para mecer o mezclar el vino en las cubas.

mecenas. com. Persona o institución que patrocina a los literatos o artistas.

mecer. tr. Mover rítmica y lentamente algo que vuelve siempre al punto de partida. También prnl. || Mover un líquido para que se mezcle.

mecha. f. Cuerda retorcida o cinta de filamentos combustibles con que se prenden mecheros, velas o bujías. || Tubo relleno de pólvora para dar fuego a minas y barrenos. || Lonjita de tocino gordo para mechar aves, carne y otras cosas. || Mechón de cabellos de decolorados o teñidos.

mechero, ra. m. y f. Ladrón de tiendas que esconde lo que roba bajo sus ropas. || m. Aparato que, mediante chispa o algún combustible, sirve para prender algo, encendedor.

mechón. m. Porción de pelos, hebras o hilos.

medalla. f. Pieza de metal acuñada con alguna figura, emblema. || Distinción honorífica o premio que suele concederse en exposiciones, certámenes o competiciones deportivas. || Bajorrelieve redondo o elíptico.

médano. m. Duna. || Montón de arena casi a flor de agua, en zonas poco profundas.

mediación. f. Intervención en una discusión o enfrentamiento para encontrar una solución.

medialuna. f. Cualquier cosa en forma de media luna. || Pan o bollo en forma de media luna.

medianero, ra. adj. Que está en medio de dos cosas. || adj. y s. Se dice de la persona que media e intercede para que otra consiga una cosa o para un arreglo o trato.

mediano, na. adj. De calidad o tamaño intermedios.

medianoche. f. Las doce de la noche. || Horas que transcurren durante la noche. || Bollo pequeño que generalmente se parte en dos mitades entre las cuales se coloca un fiambre u otro alimento.

mediante. adv. m. Por medio de.

mediar. intr. Llegar a la mitad de una cosa. || Interceder o pedir un favor por alguien. || Interponerse en una discusión o en un enfrentamiento para encontrar una solución. || Existir o estar una cosa en medio de otras. || Dicho del tiempo, pasar, transcurrir.

medicación. f. Administración metódica de medicamentos con fin terapéutico. || Conjunto de medicamentos.

medicamento. m. Sustancia que se administra con fines curativos o preventivos de una enfermedad.

medicina. f. Ciencia que estudia el cuerpo humano, sus enfermedades y curación. || Medicamento.

médico, ca. adj. De la medicina o relativo a ella. || m. y f. Persona que la ejerce legalmente.

médico, ca. adj. Medo, de Media, de los medos, o relativo a esta región histórica de Persia o a sus habitantes.

medida. f. Acción y resultado de medir. || Cualquiera de las unidades que se emplean para medir longitudes, áreas o volúmenes de líquidos o áridos. || Proporción o correspondencia que ha de tener una cosa con otra. || Disposición, prevención. Más en pl.

medieval. adj. De la Edad Media o relativo a ella.

medievo. m. Edad Media.

medio, dia. adj. La mitad de algo. || Que está entre dos extremos, en el centro de algo. || Que está en un lugar o tiempo intermedio. || Que corresponde a los caracteres o condiciones más generales de un grupo social, pueblo, época, etc. || m. Parte que está equidistante de los extremos de algo. || Ambiente en que vive o se mueve una persona, animal o cosa.

mediocre. adj. De calidad media. || De mala calidad. || adj. y com. Se dice de la persona que no tiene capacidad para la actividad que realiza.

mediodía. m. Momento del día en que el Sol se encuentra en su punto más alto sobre el horizonte. || Horas centrales del día. || Sur.

medir. tr. Comparar una cantidad con su respectiva unidad, con el fin de averiguar cuántas veces la primera contiene la segunda. || Igualar y comparar una cosa no material con otra.

meditar. tr. e intr. Pensar detenidamente, con atención y cuidado, reflexionar.

mediterráneo, a. adj. y s. Del mar Mediterráneo y de los países y regiones que están en sus costas, o relativo a estos lugares. || Se dice del clima y la vegetación de estas zonas.

médium. com. Persona a la que se considera dotada de facultades paranormales que le permiten actuar de mediadora en fenómenos parapsicológicos o comunicaciones con los espíritus.

medrar. intr. Mejorar de fortuna, prosperar. || Crecer.

médula o **medula.** f. Sustancia blanda y grasa del interior de algunos huesos. || BOT. Sustancia esponjosa del interior de los troncos y tallos de diversas plantas. || Sustancia principal de una cosa no material.

medusa. f. Celentéreo de cuerpo gelatinoso con forma de campana, llamada umbrela, de la que pende el manubrio tubular, con la boca en el extremo inferior, prolongado o no por largos tentáculos.

megáfono. m. Aparato usado para reforzar la voz cuando hay que hablar a gran distancia.

megalomanía. f. Delirio de grandeza.

mejicano, na. adj. y s. Mexicano.

mejilla. f. Prominencia del rostro debajo de los ojos.

mejillón. m. Molusco bivalvo, de color negro azulado en la superficie externa, cara interior nacarada, y charnela con dientes muy pequeños.

mejor. adj. comp. de Bueno. Superior a otra cosa en bondad y que la excede en una cualidad natural o moral. || Antes o más, denotando idea de preferencia.

mejora. f. Progreso o aumento de algo. || Cambio o modificación hecha en algo para mejorarla. || Recuperación de la salud, mejoría. || Porción que de sus bienes deja el testador a alguno o algunos de sus beneficiarios, además de la parte legítima que les correspondía.

mejorar. tr. Perfeccionar algo, haciéndolo pasar de un estado bueno a otro mejor. || Poner mejor, hacer recobrar la salud perdida. También intr. y prnl.

mejoría. f. Mejora. || Alivio en una enfermedad.

melancolía. f. Tendencia a la tristeza permanente.

melaza. f. Residuo líquido espeso, dulce y oscuro, que resulta de la cristalización del azúcar.

melena. f. Cabello largo y suelto. || Crin del león.

melena. f. MED. Hemorragia anal.

melenudo, da. adj. Que tiene el cabello abundante y largo.

melifluo, flua. adj. Excesivamente dulce, suave o delicado.

melindre. m. Delicadeza afectada en palabras, acciones y ademanes. || Dulce de masa frita, elaborada con miel y harina.

mella. f. Rotura en el filo de un arma o herramienta, o en el borde o en cualquier ángulo saliente de otro objeto. || Daño o disminución en algo.

mellizo, za. adj. y s. Cada uno de los nacidos del mismo parto. || Idéntico a otra cosa.

melocotón. m. Melocotonero. || Fruto del melocotonero, redondeado, carnoso y muy jugoso.

M

melocotonero. m. Árbol rosáceo, de hojas lanceoladas y flores rosadas, cuyo fruto es el melocotón.

melodía. f. Composición en que se desarrolla una idea musical, simple o compuesta, con independencia de su acompañamiento.

melodioso, sa. adj. Dotado de melodía, agradable al oído.

melodrama. m. Obra que exagera los aspectos sentimentales y patéticos de las situaciones con la intención de conmover al público. || Ópera. || Letra de la ópera. || Narración o suceso en el que abundan las emociones lacrimosas.

melodramático, ca. adj. Del melodrama, relacionado con él o que tiene características propias de él.

melómano, na. adj. y s. Apasionado por la música.

melón. m. Planta herbácea cucurbitácea, de hojas grandes y flores amarillas, originaria de Asia meridional y África tropical. || Fruto de esta planta, grande, redondo o elipsoidal, de corteza amarilla o verde, con la parte interior hueca con muchas pepitas de corteza amarilla y pulpa jugosa, azucarada y aromática.

melopea. f. col. Embriaguez. || Canto monótono con el que se recita algo. || Melopeya.

meloso, sa. adj. Empalagoso, muy dulce. || Excesivamente suave o delicado.

membrana. f. BIOL. Tejido animal o vegetal de forma laminar y consistencia blanda y elástica. || Lámina delgada y flexible de piel o de otro material.

membrete. m. Nombre o título de una persona, oficina o corporación, estampado en la parte superior del papel de escribir.

membrillo. m. Árbol rosáceo, muy ramoso, de flores blancas o rosadas, cuyo fruto, amarillo y comestible, se emplea para hacer jalea. || Fruto de esta planta.

memo, ma. adj. y s. Tonto, simple.

memorable. adj. Digno de recordarse.

memorando o **memorándum.** m. Resumen escrito de los puntos más importantes de una cuestión. || Cuaderno de apuntes. || Nota diplomática entre dos países. || amer. Resguardo bancario.

memoria. f. Facultad de recordar. || Recuerdo. || Relación escrita de actividades. || Exposición escrita de un asunto. || INFORM. Elemento esencial de almacenamiento de información. || pl. Narración autobiográfica.

memorizar. tr. Fijar en la memoria.

menaje. m. Muebles y utensilios, especialmente de una casa.

mención. f. Recuerdo que se hace de una persona o cosa, nombrándola, contándola o refiriéndola.

mencionar. tr. Hacer mención de una persona. || Referir, recordar o contar una cosa para que se tenga noticia de ella.

mendaz. adj. Mentiroso. También com.

mendicante. adj. Que mendiga o pide limosna. También com.

mendicidad. f. Estado de mendigo. || Acción de mendigar.

mendigar. tr. Pedir limosna. || Solicitar el favor de uno con humillación.

mendigo, ga. m. y f. Persona que habitualmente pide limosna.

mendocino, na. adj. y s. De Mendoza o relativo a esta ciudad y provincia argentinas.

mendrugo. m. Pedazo de pan duro. || col. Tonto, necio, zoquete. También adj.

menear. tr. Agitar o mover de un lado a otro. También prnl. || prnl. Hacer algo con prontitud.

meneo. m. Acción y resultado de menear o menearse. || col. Agitación, pelea.

menester. m. Necesidad de algo. || Ocupación, empleo. || pl. Materiales o instrumentos necesarios para ciertos trabajos.

menguante. adj. Que mengua o disminuye.

menguar. intr. Disminuir o irse consumiendo física o moralmente algo. También tr. || Hablando de la Luna, disminuir la parte iluminada del astro.

meninge. f. ANAT. Cada una de las membranas que envuelven el encéfalo y la medula espinal.

meningitis. f. PAT. Inflamación de las meninges debida generalmente a una infección.

menisco. m. Cartílago que forma parte de la articulación de la rodilla. || Superficie libre, cóncava o convexa, del líquido contenido en un tubo estrecho.

menor. adj. comp. de Pequeño. Que tiene menos cantidad, tamaño, extensión, etc. que otra cosa de la misma especie. || Se dice de la persona que aún no ha alcanzado la mayoría de edad. También com.

menos. adv. comp. Denota idea de falta, disminución, restricción o inferioridad en comparación expresa o sobreentendida. Se construye también con el artículo determinado.

menoscabar. tr. Disminuir algo en valor, importancia o prestigio. También prnl.

menospreciar. tr. Tener a una cosa o a una persona en menos de lo que es o de lo que merece. || Desdeñar, despreciar.

mensaje. m. Recado de palabra o por escrito que una persona envía a otra. || Conjunto de señales, signos o símbolos que son objeto de una comunicación. || Noticia o información que se comunica.

mensajero, ra. m. y f. Persona que lleva un mensaje, paquete, etc., de un lugar a otro.

mensual. adj. Que sucede o se repite cada mes. || Que dura un mes.

mensualidad. f. Cantidad que se paga mensualmente.

menta. f. Planta herbácea, de la familia de las labiadas, que se utiliza en la preparación de caramelos, licores, dentífricos, medicamentos, etc. || Esencia o sustancia extraída de esta planta.

mental. adj. De la mente o relativo a ella.

mentalidad. f. Capacidad, actividad mental.

mentar. tr. Nombrar, mencionar, citar.

mente. f. Capacidad intelectual humana. || Pensamiento. || Actitud. || Propósito, voluntad.

mentecato, ta. adj. Necio, tonto, falto de juicio o entendimiento. También s.

mentir. intr. Decir o manifestar lo contrario de lo que se sabe, cree o piensa. || Inducir a error.

mentira. f. Expresión o manifestación contraria a lo que se sabe, se cree o se piensa.

mentón. m. Prominencia de la mandíbula inferior.

mentor, ra. m. y f. Persona que aconseja o guía a otro.

menú. m. Conjunto de platos que constituyen una comida. || Carta del día donde se relacionan las comidas, postres y bebidas.

menudear. tr. Hacer algo muchas veces. || intr. Caer o suceder alguna cosa con frecuencia.

menudencia. f. Pequeñez de una cosa. || Cosa de poco valor o importancia.

menudo, da. adj. Pequeño, chico o delgado. || Despreciable, de poca o ninguna importancia. También s. || Se dice del dinero en monedas pequeñas. || En frases exclam. toma a veces un sentido ponderativo. || m. pl. Vientre, manos y sangre de las reses que se matan. || En las aves, pescuezo, alones, pies, intestinos, higadillo, molleja, madrecilla, etc.

meñique. adj. Se dice del dedo más pequeño de la mano. También m.

meollo. m. Masa nerviosa contenida en el cráneo, seso. || Sustancia interior de los huesos, medula. || Lo más importante de algo. || Juicio o entendimiento.

mequetrefe. com. *col.* Persona entremetida, petulante e inútil.

mercachifle. com. Comerciante de poca monta.

mercader, ra. m. y f. Persona que trata o comercia con géneros vendibles.

mercadería. f. Producto con el que se comercia.

mercado. m. Lugar público destinado permanentemente o en días determinados, para vender o comprar mercancías.

mercancía. f. Todo lo que se puede vender o comprar.

mercante. adj. Que comercia, mercantil. || Del comercio marítimo o relativo a él.

mercantil. adj. Del comercio, comerciantes o mercancías o relativo a ellos. || Con afán de lucro.

merced. f. Recompensa, regalo o favor.

mercenario, ria. adj. Se apl. a la tropa o soldado extranjero que combate por dinero. || Que trabaja exclusivamente por dinero. || Mercedario.

mercería. f. Establecimiento que vende artículos de costura. || Conjunto de estos artículos y comercio de ellos. || *amer.* Tienda de paños y tejidos. || *amer.* Quincallería.

mercurio. m. QUÍM. Elemento químico metálico, líquido a temperatura ambiente, de color plateado brillante y más pesado que el plomo, usado en la fabricación de termómetros y barómetros por su sensibilidad al calor. Su símbolo es Hg.

merecer. tr. Hacerse digno de lo que corresponde, sea recompensa o castigo.

merendar. intr. Tomar la merienda. || tr. Tomar un alimento como merienda. || prnl. *col.* Derrotar, dominar a un competidor. || *col.* Consumir rápidamente.

merengue. m. Crema elaborada de claras de huevo batidas con azúcar glas.

meridiano, na. adj. Relativo a las horas del mediodía. || Diáfano y luminoso. || m. ASTRON. Cada círculo máximo de la esfera celeste que pasa por los polos. || GEOG. En la esfera terrestre, círculo máximo que pasa por los polos, o semicírculo que va de polo a polo. || GEOM. Línea de intersección de una superficie de revolución con un plano que pasa por su eje.

meridional. adj. Del sur o mediodía geográfico.

merienda. f. Comida ligera que se hace por la tarde. || Alimento que se toma en ella.

merino, na. adj. y s. De la raza de ganado ovino caracterizado por tener lana fina, rizada y muy suave.

mérito. m. Acción digna de premio o castigo.

merluza. f. Pez teleósteo marino, de color gris claro, boca prominente, barbilla huidiza, cuerpo simétrico que pasa del metro de largo y 5 kg de peso, y muy apreciado por su carne. || *col.* Borrachera, embriaguez.

mermar. intr. Disminuir algo o consumirse parte de lo que antes tenía. También prnl.

mermelada. f. Conserva de fruta cocida con azúcar o miel.

merodear. intr. Vagar curioseando y observando, en especial con malas intenciones.

mes. m. Cada una de las 12 partes en que se divide el año. || Periodo de tiempo comprendido entre dos fechas iguales de dos meses consecutivos. || Sueldo correspondiente al trabajo de un mes. || *col.* Menstruación.

mesa. f. Mueble, generalmente de madera, que se compone de una tabla horizontal sostenida por una o varias patas. || Comida o alimentos. || Conjunto de personas que se sientan alrededor de una mesa. || Conjunto de personas que presiden una asamblea.

meseta. f. Llanura o planicie extensa y elevada a cierta altitud sobre el nivel del mar. || Descansillo de una escalera.

mesías. m. Sujeto en quien se confía ciegamente y a quien se espera como libertador o redentor. || En el hebraísmo, descendiente de David, libertador del pueblo judío. || En el cristianismo, Cristo, el Hijo de Dios.

mesocracia. f. Forma de gobierno en que la clase media ostenta el poder. || Burguesía, clase acomodada.

mesón. m. Establecimiento de decoración típica donde se sirven comidas y bebidas.

mesón. m. FÍS. Partícula elemental efímera de masa intermedia entre el electrón y el nucleón.

mestizo, za. adj. Se apl. al animal o vegetal que resulta del cruce de dos razas o tipos distintos. || Se dice del resultado de la mezcla de culturas diferentes. || adj. y s. Referido a personas, descendiente de padres de etnias diferentes, en especial blanca e india.

mesura. f. Gravedad, compostura. || Moderación, corrección y cortesía.

meta. f. Lugar y señal que marcan el final de una prueba deportiva. || DEP. Portería de algunos deportes. || Finalidad, objetivo que alguien se traza.

metabolismo. m. FISIOL. Conjunto de reacciones bioquímicas que efectúan las células de los seres vivos para descomponer y asimilar los alimentos y sustancias que reciben del exterior.

metafísico, ca. adj. De la metafísica o relativo a ella. || *col.* Abstracto, elevado y difícil de comprender. || m. y f. Especialista en el estudio de la metafísica. || f. Parte de la filosofía que trata de la esencia del ser y la realidad, de sus manifestaciones, propiedades, principios y causas primeras. || Razonamiento profundo sobre cualquier materia.

metáfora. f. RET. Figura consistente en usar una palabra o frase por otra, estableciendo entre ellas un símil no expresado.

metal. m. QUÍM. Cada uno de los elementos químicos que componen un grupo, caracterizados por ser buenos conductores del calor y de la electricidad, tener un brillo característico y ser sólidos a temperatura ambiente, salvo el mercurio. || Aleación industrial.

metálico, ca. adj. De metal, con sus propiedades o relativo a él. || m. Dinero en efectivo.

metaloide. m. QUÍM. Antigua denominación para los elementos químicos de características opuestas a los metales, actualmente conocidos como no metales o antimetales.

metalurgia. f. Técnica que se ocupa de la obtención y elaboración de los metales a partir de los minerales que los contienen. || Ciencia que estudia las propiedades de los metales. || Conjunto de las industrias que se dedican a la elaboración de metales.

metamorfosis. f. Transformación o cambio profundo. || ZOOL. Conjunto de cambios biológicos que experimentan ciertos animales durante su desarrollo para manifestar su forma, funciones y género de vida definitivos.

metano. m. QUÍM. Hidrocarburo gaseoso, incoloro, inodoro, poco soluble e inflamable, producido por la descomposición de sustancias orgánicas, siendo uno de los componentes del gas natural.

metatarso. m. ANAT. Conjunto de los huesos alargados que constituyen el esqueleto de la extremidad posterior de ciertos animales y el pie del hombre, articulados con los del tarso y las falanges de los dedos.

meteorito. m. Roca o fragmento sólido procedente del espacio que se vuelve incandescente al contacto con la atmósfera y puede llegar a caer sobre la superficie de la Tierra.

meteoro o **metéoro.** m. Cualquier fenómeno atmosférico que se produce sobre la superficie terrestre a excepción de las nubes. || Cuerpo sólido de pequeñas dimensiones procedente del espacio que cae a la Tierra atraído por la gravedad.

meteorología. f. Ciencia que estudia los fenómenos atmosféricos, las propiedades de la atmósfera, y en especial su relación con el tiempo atmosférico y la superficie de la tierra y mares.

meter. tr. Introducir o hacer penetrar una cosa dentro de otra o en algún lugar. También prnl.

meticuloso, sa. adj. Minucioso, concienzudo.

metódico, ca. adj. Hecho con método, ordenado. || Que sigue un método.

metodismo. m. Doctrina protestante nacida en el siglo XVIII que se aparta del calvinismo al rechazar el énfasis en la predestinación y defender la salvación mediante la oración y la fe personal.

método. m. Modo de obrar o proceder. || Modo ordenado de actuar. || Modo estructurado y ordenado de obtener un resultado, descubrir la verdad y sistematizar los conocimientos. || Obra o compendio de reglas y ejercicios prácticos.

metralla. f. Fragmentos menudos de clavos, tornillos, metal, etc., con que se cargan algunos proyectiles, bombas y otros explosivos. || Fragmento en que se divide un proyectil al estallar.

métrico, ca. adj. Del metro, de su sistema de medida, o relativo a ellos. || Del metro, de la métrica, o relativo a ellos. || f. Arte que trata del ritmo, estructura, medida y combinación de los versos.

metro. m. Unidad básica de medida de longitud del sistema métrico decimal. || Instrumento de medida que tiene marcada la longitud de esta unidad y sus divisores. || Medida peculiar de cada clase de verso.

metro. m. Apócope de metropolitano, ferrocarril subterráneo.

metrópoli. f. Ciudad principal por su importancia o extensión. || Estado, respecto de sus colonias. || Iglesia arzobispal de la que dependen ciertas diócesis.

metrópolis. f. Metrópoli.

metropolitano, na. adj. Relativo a la metrópoli. || Arzobispal. || m. Ferrocarril subterráneo o aéreo que circula por las grandes ciudades y las enlaza con los barrios extremos. || Arzobispo que preside a los obispos de su provincia eclesiástica.

mexicano, na. adj. y s. De México o relativo a este país americano y a su capital. || m. Idioma náhuatl o azteca.

mezcla. f. Unión, enlace o agrupación de cosas heterogéneas. || Combinación de varias sustancias sin interacción química. || En los medios de comunicación, ajuste y coordinación de imagen, sonido y efectos sonoros. || Tejido hecho de hilos de diferentes clases y colores. || ALBAÑ. Argamasa de cal, arena y agua.

mezclar. tr. Juntar, unir, incorporar cosas heterogéneas. También prnl. || Desordenar, revolver.

mezcolanza. f. col. Mezcla confusa o extraña.

mezquino, na. adj. Avaro, tacaño, miserable. || Ruin, falto de nobleza y moralmente despreciable. || Pequeño, diminuto. || m. amer. Verruga.

mezquita. f. Templo del rito musulmán.

mi, mis. adj. pos. com. sing. y pl. apóc. de Mío, a, míos, as, que siempre antecede a sustantivos.

mi. m. MÚS. Tercera nota de la escala musical.

mí. pron. Forma tónica del pron. pers. m. y f.

de primera persona sing., que en la oración desempeña la función de complemento con preposición.

miasma. m. Emanación maloliente que se desprende de cuerpos enfermos, materias corruptas o aguas estancadas y que se consideraba causante de epidemias e infecciones. Más en pl.

mica. f. Mineral del grupo de los silicatos hidratados, compuesto de aluminio, potasio, sodio, magnesio e incluso litio, que cristaliza en láminas brillantes y elásticas, de mínima dureza.

micción. f. Expulsión de la orina.

mico, ca. m. y f. Mono de cola larga. || m. Persona muy fea o ridícula. || Apelativo cariñoso dado a los niños pequeños. || f. amer. Mujer coqueta.

micro. m. col. apóc. de Micrófono.

microbio. m. Nombre genérico de los microorganismos unicelulares animales o vegetales, en especial los patógenos. || col. Lo que es muy pequeño.

microfilm. m. Película que se usa principalmente para reproducir en ella, en tamaño muy reducido, impresos, manuscritos, dibujos, etc., de modo que permita ampliarlas después en proyección o fotografía.

micrófono. m. Aparato que transforma las ondas sonoras en corrientes eléctricas para aumentar su intensidad, transmitirlas y registrarlas.

microorganismo. m. BIOL. Organismo unicelular de tamaño microscópico.

microscopio. m. Instrumento óptico formado por un sistema de lentes que permiten la ampliación de la imagen para la observación de objetos muy pequeños.

miedo. m. Sensación de alerta y angustia por la presencia de un peligro o mal, sea real o imaginario.

miedoso, sa. adj. y s. Que siente miedo o se asusta con facilidad.

miel. f. Sustancia densa, ambarina y muy dulce, que elaboran las abejas en su esófago con el néctar libado de las flores. || En la fabricación del azúcar, jarabe saturado que se obtiene tras dos cocciones sucesivas. || pl. Satisfacción, éxito.

mielitis. f. MED. Inflamación de la médula espinal.

miembro. m. Cualquiera de las extremidades del cuerpo humano o animal, articuladas con el tronco. || Órgano de la reproducción del hombre y algunos animales. || Individuo que forma parte de un conjunto o comunidad. || Parte de un todo.

mientras. adv. t. Entre tanto. || conj. t. Durante el tiempo en que.

miércoles. m. Tercer día de la semana, entre el martes y el jueves.

mierda. f. Excremento.

mies. f. Cereal maduro. También pl. || Tiempo de la siega y cosecha de granos. || pl. Campos sembrados.

miga. f. Porción pequeña de pan o de cualquier cosa. || Parte interior y más blanda del pan.

migaja. f. Parte pequeña y menuda del pan, que suele saltar o desmenuzarse al partirlo. Más en pl. || Porción pequeña o menuda de cualquier cosa. || Nada o casi nada. || pl. Desperdicios o sobras.

migración. f. Desplazamiento o movimientos de población de un país a otro por causas económicas, sociales o políticas.

mijo. m. Planta graminéa de origen asiático.

mil. adj. y pron. num. card. Diez veces ciento. || Se dice del número o cantidad grande o indeterminado. || adj. num. ord. Milésimo.

milagro. m. Suceso inexplicable, extraordinario o maravilloso que se atribuye a intervención divina. || Suceso raro o extraordinario.

milagroso, sa. adj. Que supera o no puede ser explicado por las fuerzas de la naturaleza. || Maravilloso, asombroso. || Que hace milagros.

milanesa. f. *amer.* Escalope de ternera, filete empanado.

milano. m. Nombre común de varias rapaces diurnas, de gran dnvergadura y cola profundamente bifurcada, con cuerpo de plumaje rojizo, gris claro en la cabeza, leonado en la cola y casi negro en las plumas de las alas.

milenario, ria. adj. Del número mil, del millar, o relativo a ellos. || adj. y s. Muy antiguo, que ha durado uno o varios milenios. || adj. y s. Milenarista. || m. Espacio de mil años. || Milésimo aniversario de un acontecimiento destacado.

milenio. m. Periodo de mil años.

milésimo, ma. adj. num. ord. Que ocupa el número mil en una serie ordenada de elementos. También s. || adj. num. frac. Se dice de cada una de las mil partes iguales en que se divide un todo. También f.

milicia. f. Profesión y arte dedicada a la actividad militar y a la preparación de soldados para ella.

miligramo. m. Unidad de masa que equivale a la milésima parte de un gramo.

mililitro. m. Medida de capacidad que equivale a la milésima parte de un litro.

milímetro. m. Unidad de longitud que equivale a la milésima parte de un metro.

militar. adj. De la milicia, la guerra o relativo a ellas. || com. Persona que sirve en el ejército.

militar. intr. Servir en la guerra o en el ejército. || Pertenecer a un partido político, grupo o movimiento.

militarismo. m. Predominio del elemento militar en los asuntos de un Estado. || Modo de pensar que lo defiende.

milla. f. Medida de longitud marina equivalente a 1.852 m.

millar. m. Conjunto de mil unidades.

millón. m. Mil millares.

millonario, ria. adj. Se apl. a la cantidad que se mide en millones. || De gran cuantía económica. || adj. y s. Se apl. a las personas muy ricas o acaudaladas.

millonésimo, ma. adj. num. ord. Que ocupa el lugar número un millón en una serie ordenada de elementos. || adj. num. frac. Se dice de cada una del millón de partes iguales en que se divide un todo. También s.

milonga. f. Canción y baile popular del Río de la Plata, de ritmo lento acompañado de guitarra. || *amer.* Fiesta familiar con baile. || *col.* Mentira, embuste.

mimar. tr. Tratar con afecto, cuidado o delicadeza. || Consentir, tratar con excesiva condescendencia o regalo a alguien, y en especial a los niños.

mimbre. amb. Cada una de las ramas finas y flexibles de la mimbrera usadas en cestería. || Mimbrera.

mimbrera. f. Arbusto de la familia de las salicáceas, de 2 a 3 m de altura, de ramas largas, delgadas y flexibles con hojas lanceoladas, flores de anteras amarillas y fruto en forma de cono con múltiples semillas. || Nombre común de varias especies de sauces.

mimetismo. m. Propiedad de algunos animales y plantas de tomar el aspecto de seres u objetos inanimados de su entorno para protegerse o disimular su presencia.

mímico, ca. adj. Del mimo o relativo a este arte. || De la mímica o relativo a ella. || f. Expresión por medio de gestos, movimientos o actitudes corporales. || Mimetismo, adopción de opiniones y actitudes del entorno.

mimo. m. Cariño, halago, demostración de ternura. || Necesidad o deseo de este trato. || Cuidado o delicadeza con que se trata algo. || Condescendencia o consentimiento excesivo con que se trata a alguien, en especial a los niños.

mimo. m. Actor teatral que se vale exclusivamente de gestos y de movimientos corporales para actuar ante el público. || Pantomima, género teatral basado en este tipo de actuación.

mimoso, sa. adj. Que disfruta recibiendo o dando mimos. || f. Nombre genérico de varios árboles y arbustos mimosáceos del grupo de las acacias, de tallo largo trepador y flores pequeñas reunidas en espiga, cuyas hojas se contraen cuando se las toca o agita.

mina. f. Unidad de peso y antigua moneda griega equivalente a cien dracmas.

mina. f. Yacimiento de minerales. || Excavación que se hace por pozos o galerías subterráneas, o a cielo abierto, para extraer estos minerales. || Paso subterráneo, abierto artificialmente, para alumbrar o conducir aguas o establecer otra comunicación.

minar. tr. Abrir galerías subterráneas. || Colocar minas o explosivos ya sea en tierra o en mar. || Consumir, destruir.

mineral. adj. Del grupo de los minerales o formado por estas sustancias. || m. Sustancia inorgánica, sólida y homogénea, de composición química y estructura generalmente cristalina. || Parte útil de un yacimiento minero. || Origen de las fuentes. || *amer*. Mina.

mineralogía. f. Rama de la geología que estudia las características y evolución de los minerales.

minería. f. Técnica, industria y actividad de explotación de las minas. || Conjunto de trabajadores dedicados a ello. || Conjunto de las minas y explotaciones mineras de una región.

minero, ra. adj. De la mina o relativo a ella. || m. y f. Persona que trabaja en las minas. || *amer*. Laucha, ratón pequeño.

miniatura. f. Pintura de pequeño tamaño, hecha con mucho detalle sobre una superficie delicada, en especial la que ilustraban manuscritos antiguos. || Objeto de arte de pequeñas dimensiones y delicadamente trabajado. || Reproducción de un objeto en dimensiones reducidas.

minifundio. m. Terreno de cultivo de reducida extensión, y poca rentabilidad, que permite exclusivamente una economía de subsistencia. || Minifundismo.

mínimo, ma. adj. sup. irreg. de Pequeño. || Se dice de lo más pequeño dentro de su especie. || adj. y s. Se dice del religioso o religiosa de la Orden de san Francisco de Paula. || *amer*. Pusilánime, cobarde. || m. Límite inferior o extremo a que se puede reducir una cosa.

minio. m. Monóxido de plomo, de color rojizo anaranjado, que diluido en aceite o ácido se usa como pintura o preparación antioxidante.

ministerio. m. Cada uno de los departamentos en que se divide el gobierno de un Estado. || Edificio en el que se encuentra la oficina de un ministro. || Cargo de ministro. || Tiempo que dura este cargo. || Cuerpo de ministros del Estado y funcionarios dependientes de ellos. || Empleo, cargo, ocupación.

ministro, tra. m. y f. Jefe de cada uno de los departamentos en que se divide el gobierno de un Estado. || Representante o agente diplomático. || En algunas órdenes religiosas, superior de un convento.

minoría. f. Parte menor de los componentes de una colectividad. || Parte de la población que se diferencia de la mayoritaria en su raza, lengua o religión. || Conjunto de votos opuestos a los de la mayoría de los votantes. || Periodo de tiempo durante el cual un soberano no puede reinar a causa de su corta edad.

minorista. adj. Del comercio al por menor o relativo a él. || com. Comerciante que vende al por menor.

minucia. f. Menudencia, nadería, cosa de poco valor. || Detalle o rasgo irrelevante.

minucioso, sa. adj. Detallista, cuidadoso hasta en los menores detalles.

minué. m. Música y baile francés para dos personas, de ritmo ternario, que estuvo de moda en el siglo XVII. || Minueto.

minuendo. m. MAT. En una resta, cantidad de la que debe restarse otra.

minúsculo, la. adj. De muy pequeñas dimensiones, valor o importancia.

minusválido, da. adj. y s. Discapacitado, persona con una deficiencia física o psíquica que limita su capacidad de actuación.

minusvalorar. tr. Subestimar, valorar en menos de lo debido.

minuta. f. Borrador de un documento legal, en especial un contrato, hecho antes de formalizarlo.

minutero. f. Manecilla del reloj que señala los minutos.

minuto. m. Unidad de tiempo que equivale a una sexagésima parte de una hora. || Cada una de las 60 partes iguales en que se divide un grado de círculo.

mío, a, os, as. adj. y pron. pos. Indica la relación de pertenencia entre lo poseído y un poseedor de primera persona del singular.

miocardio. m. ANAT. Tejido muscular del corazón, situado entre el pericardio y el endocardio.

miope. adj. y com. Que padece miopía. || *col*. Corto de alcances o de miras, poco perspicaz.

miopía. f. MED. Defecto de la visión causado por la incapacidad del cristalino de enfocar objetos lejanos. || Falta de perspicacia, cortedad de alcance.

mira. f. Pieza que en ciertos instrumentos sirve para dirigir la vista hacia un objeto o tirar visuales. || Pieza de las armas de fuego que sirve para asegurar la puntería.

mirado, da. adj. Cauto, reflexivo y cuidadoso. || Que merece buena o mala opinión. || f. Acción de mirar. || Vistazo, ojeada. || Modo de mirar.

mirador, ra. adj. Que mira. || m. Corredor, galería o terrado de un edificio desde donde se contempla el exterior. || Balcón cubierto y cerrado con cristales. || Lugar generalmente elevado desde donde se contempla un paisaje. || *amer.* Caseta que se hace en la azotea de una casa.

miraguano. m. Palmera de poca altura, propia de América y Oceanía.

miramiento. m. Atención o consideración de un asunto. || Respeto, atención y consideración a una persona, o que se guardan en la actuación.

mirar. tr. Fijar la vista en un objeto. También prnl. || Tener por fin u objetivo. || Observar las acciones de uno. || Pensar, sopesar. || Apreciar, estimar, tener en cuenta. || Estar enfrente. || Cuidar, atender. || Buscar. También prnl.

mirasol. m. Girasol, planta.

miriámetro. m. Unidad de medida de longitud que equivale a diez mil metros.

miriápodo. adj. y m. De los miriápodos o relativo a esta clase de artrópodos. || m. pl. ZOOL. Clase de artrópodos terrestres formada por animales antenados de respiración traqueal y cuerpo dividido en anillos con numerosos pares de patas.

mirilla. f. Abertura que se realiza en la pared o en la puerta de la casa que dan al exterior para ver quién llama. || Ventanillo de la puerta exterior de las casas. || Pequeña abertura circular que tienen algunos instrumentos topográficos para dirigir visuales.

miriñaque. m. Prenda interior femenina de tela rígida o muy almidonada armada con aros, que daba vuelo a las faldas. || *amer.* Armadura que se colocaba delante de la locomotora para apartar cualquier obstáculo que estorbara el paso.

mirlo. m. Pájaro de unos 25 cm de largo, de color enteramente negro con pico amarillo el macho y de color pardo la hembra, fácilmente domesticable y de canto aflautado y variado.

mirra. f. Resina gomosa roja y aromática, usada en perfumería y medicina.

misa. f. Ceremonia de la Iglesia católica en que se celebra el sacrificio de Cristo, ofreciendo su cuerpo y sangre bajo las especies del pan y el vino. || Composición musical escrita para acompañar las diversas partes de este rito.

misántropo, pa. m. y f. Persona que tiene aversión al trato con los demás.

misceláneo, a. adj. Heterogéneo, compuesto de cosas diferentes y variadas. || f. Mezcla de cosas de distinto origen o tipo.

miserable. adj. Desdichado, infeliz. || De escasa cuantía o valor. || adj. y com. Avariento, mezquino. || Malvado, perverso.

miserere. (voz lat.) m. Salmo bíblico número cincuenta, que comienza con esta palabra. || Ceremonia y canto solemne que se hace del mismo en Semana Santa.

miseria. f. Desgracia, infortunio. || Estrechez, pobreza extrema. || Avaricia, mezquindad. || *col.* Cosa de poco valor o insignificante.

misericordia. f. Inclinación a la compasión hacia los sufrimientos o errores ajenos.

mísero, ra. adj. Desdichado, infeliz.

misil o **mísil.** m. Proyectil autopropulsado y guiado electrónicamente, equipado con una o varias cabezas explosivas, nucleares o convencionales.

misión. f. Cometido o deber moral que una persona o colectividad consideran necesario llevar a cabo. || Orden o encargo. || Poder que se da a una persona para desempeñar esa orden. || Expedición encargada de un cometido político o científico.

misionero, ra. adj. De la misión evangélica o relativo a ella. || m. y f. Eclesiástico o seglar que predican la doctrina cristiana en las misiones.

misivo, va. adj. Se apl. a los escritos que son enviados como mensajes. || f. Carta, mensaje.

mismo, ma. adj. Idéntico, no otro ni diferente. || Semejante o igual. || Con sustantivos y pronombres personales, refuerza la identificación. || *amer.* Pospuesto a un sustantivo, significa completo, cabal. || adv. Exacta e idénticamente. || Por ejemplo, indistintamente.

misoginia. f. Aversión o rechazo hacia las mujeres.

misógino, na. adj. y s. Que odia o siente rechazo hacia las mujeres.

misterio. m. Hecho oscuro o arcano cuya explicación se desconoce. || Asunto secreto y muy reservado.

místico, ca. adj. De la mística o relativo a ella. || adj. y s. Que se dedica a la vida contemplativa y espiritual. || Que escribe obras místicas. || *amer.* Remilgado. || f. Parte de la teología que trata de la unión del hombre con la divinidad, de los grados de esta unión y de la vida contemplativa y espiritual en Dios.

mistificar. tr. Falsear, falsificar o engañar.

mitad. f. Cada una de las dos partes iguales en que se divide un todo. || Punto central que equidista de los extremos.

mítico, ca. adj. Del mito o relativo a él. || Muy famoso, excepcional y de referencia obligada.

mitigar. tr. y prnl. Moderar, aplacar o suavizar la dureza de algo.

mitin. m. Acto o reunión pública en la que se discuten asuntos políticos o sociales.

mito. m. Narración fabulosa e imaginaria que intenta dar una explicación no racional a la realidad.

mitología. f. Conjunto de leyendas y mitos acerca de los dioses, personajes fabulosos y héroes de un pueblo.

mitomanía. f. Tendencia a desfigurar la realidad engrandeciéndola.

mitra. f. Toca, alta y puntiaguda que lleva el papa, los obispos, arzobispos y otros eclesiásticos en las celebraciones solemnes.

mixto, ta. adj. Compuesto de elementos heterogéneos. || Aplicado a animales o vegetales, mestizo. || m. Cerilla, fósforo. || Sándwich de jamón y queso. || f. *amer.* Plato de arroz, judías y carne.

mixtura. f. Mezcla de varias cosas diferentes.

mnemotecnia. f. Método usado para aumentar las facultades de la memoria. ||

mnemotécnico, ca. adj. De la mnemotecnia o relativo a ella.

mobiliario, ria. adj. Mueble. || Del mueble o relativo a él. || m. Conjunto de muebles de una casa o edificio.

moca. m. Café de muy buena calidad originario de Moca, en Arabia. || Crema de repostería elaborada con café, azúcar, mantequilla y vainilla.

mocasín. m. Calzado artesanal hecho de una sola pieza de piel sin curtir, propio de los indios norteamericanos. || Calzado moderno sin tacón, cordones o hebillas, hecho a imitación del anterior.

mocedad. f. Juventud, época de la vida humana que va de la pubertad a la edad adulta.

mochila. f. Saco o bolsa que se sujeta a la espalda por medio de correas y sirve para transportar diversos artículos personales.

mocho, cha. adj. Falto de la punta o la debida terminación.

mochuelo. m. Ave rapaz nocturna.

moción. f. Proposición que se hace en una asamblea, congreso o junta deliberativa. || Acción y resultado de moverse o ser movido.

moco. m. Secreción viscosa de las membranas mucosas, en especial la que fluye por la nariz. Más en pl.

moda. f. Uso, modo o costumbre que está vigente y se sigue de manera pasajera. || Tendencias de las prendas de vestir o complementos. || Estas prendas o complementos.

modal. adj. GRAM. De los modos del verbo o relativo a ellos. || m. pl. Comportamiento habitual y ademanes externos que reflejan la educación de una persona.

modalidad. f. Modo de ser o de manifestarse una cosa.

modelar. tr. Obtener y formar una figura de una materia blanda.

modelo. m. Arquetipo digno de ser imitado que se toma como pauta a seguir.

moderado, da. adj. Que tiene moderación. ||

Que se sitúa en el medio de dos extremos. || adj. y s. Partidario o seguidor del moderantismo.

moderador, ra. adj. y s. Que modera. || m. y f. Persona que preside o dirige un debate, asamblea o mesa redonda. || m. Presidente de una reunión o asamblea en las iglesias protestantes.

moderar. tr. Templar o ajustar lo que se considera excesivo. También prnl. || Presidir o dirigir un debate, asamblea o mesa redonda, controlando el turno de palabra.

modernismo. m. Afición excesiva a lo moderno.

modernizar. tr. Dar cualidades o aspecto moderno.

moderno, na. adj. Reciente, nuevo, que existe desde hace poco.

modestia. f. Humildad, falta de vanidad y no ostentación de los propios méritos. || Sencillez, falta de lujo. || Pobreza, escasez de medios o recursos.

modesto, ta. adj. Humilde, sin vanidad. || Sencillo, sin lujos. || Escaso, pobre.

módico, ca. adj. Moderado, escaso, limitado.

modificación. f. Transformación de algunas características sin modificar la esencia.

modificar. tr. Transformar respecto de un estado inicial, alterando algunas características pero sin modificar la esencia. También prnl. || GRAM. Limitar o determinar el sentido de una palabra.

modismo. m. Frase hecha, expresión fijada en una lengua que se aparta del significado recto o las reglas de la gramática.

modisto, ta. m. y f. Persona que se dedica al diseño de prendas de vestir. || Persona que confecciona prendas de vestir.

modo. m. Forma o manera de ser, acaecer o hacerse una cosa. || GRAM. Accidente gramatical del verbo que expresa la actitud del hablante en el momento de la enunciación.

modorro, rra. adj. Que padece modorra. || adj. y s. Que se ha azogado en las minas. || Ignorante, torpe. || f. Somnolencia, sopor profundos. || Sueño muy pesado, a veces patológico.

modular. tr. Variar interrumpida y armoniosamente el tono y calidades del habla en el discurso o del canto en el curso de una composición musical.

modular. adj. Del módulo o relativo a él.

módulo. m. Dimensión que convencionalmente se toma como unidad de medida, y más en general, todo lo que sirve de norma o regla. || Pieza o conjunto unitario de piezas que se repiten o encajan en una construcción de cualquier tipo.

mofa. f. Burla que se hace a costa de algo o de alguien.

mofarse. prnl. Burlarse de modo hiriente o despectivo.

mofeta. f. Mamífero carnívoro americano, similar a la comadreja.

mogol, la. adj. y s. Mongol.

mohín. m. Mueca o gesto de disgusto.

mohíno, na. adj. Triste, melancólico, disgustado.

moho. m. Capa que se forma por alteración química en la superficie de un cuerpo metálico, como la herrumbre o el cardenillo.

mohoso, sa. adj. Cubierto de moho.

moisés. m. Cuna portátil para bebés, en forma de cesto con dos asas y sin patas.

mojar. tr. Humedecer con agua, líquido o una materia semilíquida. También prnl.

mojigato, ta. adj. y s. Que finge timidez y humildad. || Que tiene o finge un recato exagerado y se escandaliza fácilmente.

mojón. m. Señal permanente que se pone para fijar los límites de propiedades o territorios.

molde. m. Objeto hueco que da forma a la materia que en él se solidifica. || Esquema, norma. || IMPR. Conjunto de letras o forma ya dispuesta para imprimir.

moldear. tr. Dar forma a una materia en un molde. || Modelar. || Sacar el molde de una figura.

moldura. f. Parte saliente de perfil uniforme, que sirve para adornar o reforzar obras de arquitectura, carpintería, etc.

mole. f. Cosa maciza y voluminosa. || Corpulencia en una persona o animal.

molécula. f. FÍS. y QUÍM. Conjunto de átomos iguales o diferentes, unidos por enlaces químicos.

moler. tr. Reducir un cuerpo sólido a polvo o pequeñas partículas por presión o fricción.

molestar. tr. Causar molestia, incomodidad o fastidio. || tr. y prnl. Enfadar, ofender. || prnl. Tomarse interés.

molestia. f. Perturbación, fatiga. || Enfado, fastidio, disgusto. || Desazón por daño leve o falta de salud. || Falta de comodidad o impedimento.

molicie. f. Comodidad o regalo excesivos.

molienda. f. Reducción de un cuerpo a pequeñas partículas o polvo. || Cantidad de caña de azúcar o grano que se muele de una vez. || Temporada que dura la operación de moler la aceituna o la caña de azúcar. || Acción de molestar a uno. || Cosa que causa molestia.

molinero, ra. adj. Del molino o relativo a él. || m. y f. Persona que tiene a su cargo un molino o trabaja en él.

molinete. m. Ruedecilla giratoria con aspas que se pone en las vidrieras de una habitación para renovar el aire. || Aparato provis-

to de un eje con aspas que permite el paso de las personas de una en una. || Molinillo, juguete que consiste en una varilla en cuya punta hay una rueda o estrella que gira movida por el viento.

molino. m. Máquina usada para moler, triturar o pulverizar. || Edificio donde está instalada.

molleja. f. Estómago muscular de las aves granívoras, donde se trituran los alimentos mezclados con los jugos gástricos. || Apéndice carnoso.

mollera. f. Parte superior del cráneo y, p. ext., cabeza. || Inteligencia, seso.

molusco. adj. y m. De los moluscos o relativo a este tipo de invertebrados. || m. pl. ZOOL. Tipo de animales invertebrados, de cuerpo blando no segmentado, bolsa que contiene las vísceras y pie, que puede estar desnudo como el pulpo o revestido de una concha como las ostras.

momentáneo, a. adj. Que dura muy poco tiempo. || Que sucede o se ejecuta rápidamente, en el momento.

momento. m. Espacio de tiempo muy breve en relación con otro. || Instante, porción brevísima de tiempo.

momia. f. Cadáver desecado.

momificar. tr. y prnl. Convertir en momia un cadáver.

momo. m. Gesto exagerado o ridículo que se hace para divertir.

monacal. adj. De los monjes, de las monjas, o relativo a ellos.

monaguillo. m. Niño que ayuda al sacerdote en la misa y en otros servicios litúrgicos.

monarca. com. Soberano de una monarquía.

monarquía. f. Forma de gobierno en que la soberanía es ejercida por una persona, que la recibe con carácter vitalicio y hereditario. || Estado o territorio regido de este modo.

monárquico, ca. adj. Del monarca, de la monarquía o relativo a ellos. || adj. y s. Partidario de la monarquía.

monasterio. m. Casa o convento donde vive una comunidad de religiosos.

mondadientes. m. Palillo utilizado para limpiar los restos de comida que quedan entre los dientes, usado también con otros fines.

mondar. tr. Quitar la piel, cáscara o corteza de un fruto. || Limpiar algo quitando lo superfluo o extraño.

mondongo. m. Intestino y panza de los animales, especialmente de las reses.

moneda. f. Pieza de metal acuñada, generalmente redonda, que sirve de medida común de cambio por su valor efectivo o atribuido. || Unidad monetaria de un Estado.

monetario, ria. adj. De la moneda, del dinero, o relativo a ellos.

mongol, la. adj. y s. De Mongolia o relativo a esta nación asiática.

mongolismo. m. Enfermedad congénita producida por la triplicación del cromosoma 21, caracterizada por cierto retraso en el desarrollo mental y alteraciones físicas como labios gruesos, ojos oblicuos y nariz achatada.

monitor. m. Dispositivo electrónico que facilita datos para poder vigilar el funcionamiento de un sistema o actividad. || INFORM. Pantalla del ordenador.

monja. f. Religiosa que pertenece a la comunidad de una orden o congregación, a la que se liga por votos solemnes. || f. pl. Partículas de papel que quedan encendidas y se van apagando poco a poco.

monje. m. Religioso que pertenece a una orden monacal, cuyos integrantes viven en comunidad en monasterios. || Anacoreta, individuo que vive retirado, dedicado a la oración y la penitencia.

mono, na. adj. Bonito, lindo, gracioso. || adj. y s. *amer.* Rubio. || m. y f. Nombre genérico con que se designa a cualquiera de los animales del orden de los primates no humanos o simios. || *col.* Persona muy fea. || m. Figura humana o de animal, hecha de cualquier materia, o pintada, o dibujada. || Traje de pantalón y cuerpo en una sola pieza, de tela fuerte, que usan los motoristas, mecánicos, obreros, etc. || Prenda de vestir parecida a este traje. || p. ext., deseo vehemente de algo. || f. Borrachera. || TAUROM. Refuerzo que se ponen los picadores en la pierna derecha.

monocotiledóneo, a. adj. y f. De las monocotiledóneas o relativo a este grupo de plantas. || f. pl. BOT. Grupo de las plantas angiospermas cuyo embrión tiene un solo cotiledón.

monóculo, la. adj. y s. Que tiene un solo ojo. || m. Lente para un solo ojo. || MED. Vendaje para un solo ojo.

monocultivo. m. Sistema agrícola que cultiva toda la tierra disponible con una sola especie vegetal.

monogamia. f. Régimen familiar que prohíbe tener más de un cónyuge al mismo tiempo. || Estado del hombre o de la mujer que solo se ha casado una vez.

monografía. f. Estudio o investigación sobre un tema particular.

monograma. m. Dibujo o figura formado con dos o más letras tomadas de un nombre, que se emplea como distintivo de este.

monolito. m. Monumento de piedra de una sola pieza.

monologar. intr. Decir o recitar monólogos.

monólogo. m. Reflexión en voz alta de una persona para sí misma, o ante otras personas que no intervienen. || Parte de una obra dra-

mática o pieza dramática completa en la que habla un solo personaje.

monomanía. f. PSIQUIAT. Preocupación o afición desmedida y obsesiva por algo.

monopatín. m. Patín formado por una tabla provista de ruedas en su parte inferior para desplazarse.

monopolio. m. Concesión legal a una empresa que le permite la fabricación o control comercial de un producto o servicio en exclusiva. || Acaparamiento, privilegio exclusivo. || Ejercicio exclusivo de una actividad. || Convenio entre comerciantes para vender un género a un determinado precio.

monopolizar. tr. Adquirir o poseer en exclusiva el derecho al aprovechamiento de un producto o servicio. || Acaparar el trato de una persona o el uso de una cosa.

monosílabo, ba. adj. y m. LING. Se dice de la palabra de una sílaba.

monoteísmo. m. Doctrina religiosa que sostiene la existencia de un único Dios.

monotipia. f. Máquina de componer que funde los caracteres uno a uno. || Técnica de composición de textos mediante esta máquina.

monotonía. f. Igualdad de tono en la voz o en la música. || Falta de variedad.

monótono, na. adj. Uniforme, que no cambia. || Pesado, aburrido.

monseñor. m. Título honorífico, concedido por el Papa, que se apl. a ciertos prelados eclesiásticos. || En Francia, título que se apl. a algunos nobles.

monstruo. m. Ser contrario a la naturaleza por diferir de forma notable de los de su especie. || Persona, animal o cosa desmesurada en tamaño o fealdad, y que por ello causa extrañeza y rechazo. || Persona muy cruel o malvada.

monta. f. Arte de montar a caballo. || Valor, calidad o estimación de una cosa. || Unión sexual de un macho con una hembra para fecundarla. || Monto.

montacargas. m. Ascensor para elevar peso.

montaje. m. Colocación o ajuste de las piezas de un aparato, máquina o instalación en lugar que les corresponden. || Selección y ordenación del material ya filmado para constituir la versión definitiva de una película.

montante. m. Importe, suma. || Listón o poste que sirve de soporte a una estructura. || Ventana situada sobre la puerta de una habitación.

montaña. f. Gran elevación natural de terreno. || Territorio cubierto y erizado de montes.

montañés, esa. adj. y s. De la montaña. || De la provincia española de Cantabria.

montañismo. m. Deporte que consiste en hacer excursiones por las montañas o en escalarlas.

montar. intr. Ponerse encima de algo o subirse a algo. También prnl. || Subir en una cabalgadura. También intr. y prnl. || Cabalgar. También tr. || Conducir un vehículo de dos ruedas. || Tener algo mucha importancia.

montaraz. adj. Que anda o se ha criado en los montes. || Rudo, insociable, grosero.

monte. m. Gran elevación natural de terreno. || Tierra sin cultivar cubierta de árboles, arbustos o matas. || En algunos juegos de naipes, mazo de cartas que sobran al repartir.

montés, esa. adj. Que anda, está o se cría en el monte.

montevideano, na. adj. y s. De Montevideo o relativo a esta ciudad, capital de Uruguay.

montículo. m. Monte pequeño, por lo común aislado.

montón. m. Conjunto de cosas puestas sin orden unas encima de otras. || *col.* Cantidad grande pero imprecisa de algo.

montonero, ra. adj. y s. *amer.* Guerrillero. || f. *col.* Montón grande de algo.

montura. f. Animal sobre el que se puede cabalgar. || Conjunto de los arreos de una caballería de silla.

monumental. adj. De los monumentos o relativo a ellos. || Muy grande. || Excelente.

monumento. m. Obra pública de carácter conmemotativo. || Construcción destacada por su valor histórico o artístico. || Cualquier producción humana de gran valor histórico, artístico o científico.

monzón. m. Viento que sopla en el sureste de Asia.

moño. m. Rodete o atado que se hace con el pelo para tenerlo recogido o por adorno. || Lazo de cintas. || Penacho que llevan algunas aves.

moquillo. m. Enfermedad catarral de origen vírico que padecen algunos animales.

mora. f. Fruto del moral, de figura ovalada formada por globulillos carnosos, blandos, agridulces y de color morado. || Fruto de la morera, parecido al anterior, pero dulce y de color blanco amarillento. || Fruto de la zarzamora.

morada. f. Estancia o residencia en un lugar durante algún tiempo.

morado, da. adj. y m. De color entre carmín y azul, violeta oscuro. || m. Cardenal, moratón.

moral. adj. De las acciones o conductas de las personas con respecto al bien y al mal, o relativo a ellas. || Que no pertenece al orden jurídico, sino a la conciencia o el respeto humano. || f. Ciencia que trata del bien y de las acciones o conductas de las personas con respecto al bien y al mal.

moral. m. Árbol moráceo cuyo fruto es la mora.

moraleja. f. Enseñanza moral que se deduce de un relato didáctico o una experiencia.

moralidad. f. Conformidad con los preceptos de la moral establecida. || Cualidad de las acciones que las hace buenas y moralmente adecuadas.

moralizar. tr. Adecuar la conducta o las costumbres de las personas a los valores morales establecidos. También prnl.

morar. intr. Residir, vivir habitualmente en un lugar.

mórbido, da. adj. Que padece enfermedad o la ocasiona. || Blando, delicado, suave.

morbo. m. Tendencia obsesiva hacia lo desagradable, lo cruel, lo prohibido. || Enfermedad.

morboso, sa. adj. Que se siente atraído obsesivamente por lo desagradable, lo cruel, lo prohibido. También s. || Que padece enfermedad o la propicia. || De la enfermedad o relativo a ella.

morcilla. f. Embutido hecho de sangre cocida, condimentada con cebolla y especias y a la que suelen añadírsele otros ingredientes como arroz, miga de pan o piñones.

mordaz. adj. Que murmura o critica de forma ácida o cruel, pero ingeniosa.

mordaza. f. Cualquier cosa que se pone en la boca de alguien para impedirle hablar.

mordedura. f. Aprisionamiento que se hace de algo clavándole los dientes. || Daño ocasionado con ella.

morder. tr. Coger y apretar con los dientes una cosa clavándolos en ella. También prnl.

mordisco. m. Mordedura, especialmente si consigue arrancar una pequeña porción. || Herida hecha con los dientes.

morena. f. Pez teleósteo marino, parecido a la anguila.

moreno, na. adj. Se dice del color oscuro que tira a negro.

morera. f. Árbol moráceo cuya hoja sirve de alimento al gusano de seda.

moretón. m. Moradura de la piel, moratón.

morfina. f. Principal alcaloide del opio, que actúa como narcótico sobre el sistema nervioso central y se utiliza en medicina como sedante y anestésico.

morfología. f. BIOL. Parte de la biología, que estudia la forma de los seres orgánicos y de las modificaciones o transformaciones que experimenta. || LING. Parte de la lingüística que estudia la flexión, derivación y composición de las palabras.

morganático, ca. adj. Se dice del matrimonio contraído entre una persona de estirpe real y otra de rango inferior. || Se dice del que contrae este matrimonio.

morgue. (voz fr.) f. MED. En medicina legal, depósito de cadáveres.

moribundo, da. adj. Que está extinguiéndose o muy cercano a morir. Aplicado a personas, también s.

morigerar. tr. Templar o moderar los excesos en los sentimientos y en las acciones. También prnl.

morir. intr. Dejar de vivir. También prnl. || Finalizar o extinguirse algo completamente. También prnl. || Sentir algo con mucha fuerza. También prnl. || Cesar algo en su curso o movimiento.

morisco, ca. adj. y s. HIST. Se dice de los musulmanes que permanecieron en España una vez finalizada la Reconquista.

mormonismo. m. Movimiento religioso fundado en los Estados Unidos en el siglo XIX, basado en la Biblia y el Libro de Mormón.

moro, ra. adj. y s. Del norte de África. || Se dice de la población musulmana que habitaba en Al-Andalus. || col. Árabe, musulmán. || adj. y m. col. Hombre machista y muy celoso.

morosidad. f. Lentitud, demora. || Retraso en el cumplimiento de un pago.

moroso, sa. adj. Que se retrasa en el pago de una deuda. También s. || Que se desarrolla, transcurre o actúa con gran lentitud.

morral. m. Saco o mochila que usan los cazadores, soldados o pastores para echar la caza, llevar provisiones o transportar alguna ropa. || Bolsa que contiene el pienso y se cuelga de la cabeza de las caballerías para que coman.

morralla. f. Conjunto de cosas de poco valor. || Pescado menudo. || Calderilla, monedas de poco valor.

morrión. m. Casco de la armadura que en lo alto suele tener un plumaje o adorno. || Antiguo gorro militar, con forma de sombrero de copa sin alas y con visera.

morro. m. Hocico de los animales. || vulg. Labio. || Parte delantera que sobresale en algunas cosas. || vulg. Cara dura, descaro. || Monte pequeño y redondeado. || Peñasco escarpado en la costa que sirve como referencia en la navegación.

morsa. f. Mamífero carnívoro acuático parecido a la foca, pero de mayor tamaño, que se caracteriza por dos grandes colmillos que se prolongan fuera de la mandíbula en el macho.

morse. m. Sistema telegráfico que utiliza un alfabeto convencional a base de puntos y rayas. || Este mismo alfabeto.

mortadela. f. Embutido grueso que se prepara a base de carne picada de cerdo o vaca, fécula y algo de grasa.

mortaja. f. Vestidura con que se envuelve el cadáver para enterrarlo. || amer. Hoja de papel con que se envuelve la picadura de tabaco.

mortaja. f. Hueco que se hace en una cosa para encajar otra.

mortal. adj. Que ha de morir. || Que ocasiona o puede ocasionar la muerte.

mortalidad. f. Calidad de lo que ha de morir. || Número proporcional de defunciones en población o tiempo determinados.

mortandad. f. Multitud de muertes causadas por fenómenos naturales o artificiales, como epidemias, cataclismos o guerras.

mortecino, na. adj. Apagado, sin vigor.

mortero. m. Utensilio de forma cóncava que sirve para machacar en él especias, semillas, drogas u otras sustancias. || Pieza de artillería más corta que un cañón del mismo calibre y destinada a lanzar proyectiles explosivos.

mortífero, ra. adj. Que ocasiona o puede ocasionar la muerte.

mortificar. tr. Castigar físicamente el cuerpo como penitencia o castigo. También prnl. || Experimentar angustia, dolor o molestia por algo.

mortuorio, ria. adj. Del difunto, de los funerales, o relativo a ellos.

morueco. m. Carnero padre.

mosaico. m. Técnica artística de decoración que se forma pegando sobre un fondo de cemento pequeñas piezas de piedra, vidrio o cerámica de diversos colores para formar dibujos. || Obra obtenida mediante esta técnica. || Aquello que está formado por elementos diversos.

mosca. f. ZOOL. Nombre que reciben varias especies de insectos dípteros de cuerpo negro, cabeza elíptica, alas transparentes cruzadas de nervios, patas largas con uñas y ventosas y boca en forma de trompa para chupar y alimentarse.

moscardón. m. Especie de mosca de 12 a 13 mm de largo.

moscatel. adj. Variedad de uva muy dulce y de grano redondo. También f.

moscón. m. Mosca grande y zumbadora. || col. Persona impertinente y molesta, especialmente el hombre que intenta relacionarse con una mujer y resulta pesado.

moscovita. adj. y com. De Moscú o relativo a esta ciudad, capital rusa.

mosquete. m. Antigua arma de fuego parecida al fusil, pero más larga y de mayor calibre.

mosquetero. m. Soldado armado con mosquete.

mosquitero. m. Especie de cortina de gasa o tela fina que se coloca colgada sobre la cama y cubriéndola para impedir que piquen o molesten los mosquitos.

mosquito. m. Insecto díptero, pequeño y delgado, con dos alas transparentes y patas largas, cuya hembra chupa la sangre de las personas y de los animales de piel fina y produce una picadura molesta.

mostacho. m. Bigote, en especial el muy poblado.

mostaza. f. Planta herbácea de la familia de las crucíferas, de tallo velloso y hojas amarillas, cuyas hojas y semillas se emplean frecuentemente en alimentación y en medicina.

mosto. m. Zumo exprimido de uva sin fermentar.

mostrador. m. Mesa larga o mueble para presentar la mercancía en las tiendas y para servir las consumiciones en los bares, cafeterías y establecimientos similares.

mostrar. tr. Exponer algo a la vista, señalarlo para que se vea. || Explicar, dar a conocer mediante una explicación. || Indicar, presentar. || Manifestar una cualidad o un estado de ánimo. || prnl. Darse a conocer de alguna manera, comportarse, manifestarse.

mota. f. Partícula pequeña de alguna cosa, que se pega a la ropa o a otras partes. || Defecto muy ligero o de poca importancia. || Elevación de poca altura, natural o artificial, que se levanta en un llano.

mote. m. Sobrenombre que se da a una persona por alguna característica peculiar suya.

motín. m. Levantamiento violento contra la autoridad constituida.

motivar. tr. Dar razón o motivo para una cosa. || Animar a alguien para que se interese por alguna cosa. También prnl.

motivo, va. adj. Que mueve o puede mover. || m. Causa o razón de algo. || Tema musical que se repite a lo largo de una pieza. || Elemento decorativo básico que se repite.

moto. f. Abreviatura de motocicleta.

motocicleta. f. Vehículo de dos ruedas provisto de motor de explosión.

motociclismo. m. Deporte que se practica con motocicleta, en diferentes modalidades.

motor, ra. adj. Que produce movimiento. || Que consigue que algo funcione bien. || Se dice de lo que impulsa o consigue el funcionamiento de algo. También m.

motricidad. f. Capacidad para moverse. || Acción del sistema nervioso central o de algunos centros nerviosos que determina la contracción muscular ante ciertos estímulos.

movedizo, za. adj. Fácil de moverse o ser movido. || Inseguro, que no está firme. || Inconstante, que cambia fácilmente de ideas o intenciones.

mover. tr. Hacer que un cuerpo ocupe lugar distinto del que ocupa. También prnl. || Menear o agitar una cosa o parte de algún cuerpo. También prnl. || Hacer que algo funcione.

movible. adj. Que puede moverse o ser movido.

móvil. adj. Que puede moverse o ser movido, movible. || m. Motivo, causa de una cosa. || Objeto decorativo compuesto por diversas figuras ligeras que cuelgan de un soporte y se mueven con el viento o mediante un mecanismo. || FÍS. Cuerpo en movimiento. || col. Teléfono portátil.

movilizar. tr. Poner en actividad o movimiento. También prnl. || Poner en pie de guerra tropas u otros elementos militares.

movimiento. m. Cambio de posición o de lugar de algo. || Estado de los cuerpos mientras cambian de lugar o de posición. || Sacudida o agitación de un cuerpo. || Tráfico, circulación, animación. || Alteración, inquietud.

mozárabe. adj. Se dice de los cristianos que conservaron su religión en los territorios que estaban bajo la dominación musulmana en la península Ibérica. También com.

mozo, za. adj. De la juventud o relativo a ella. || Joven, que se encuentra en la etapa intermedia entre la niñez y la edad adulta. También s. || Soltero. || *amer.* Camarero.

mucamo, ma. m. y f. *amer.* Sirviente, criado. || *amer.* Persona encargada del arreglo de las habitaciones en un hotel.

muchacho, cha. m. y f. Niño o joven adolescente. || Persona joven que trabaja como aprendiz o recadero. || f. Mujer empleada en el servicio doméstico.

muchedumbre. f. Multitud, abundancia de personas o cosas.

mucho, cha. adj. Abundante, numeroso, intenso, que sobrepasa lo normal. || adv. c. En alto grado, en cantidad elevada. || Largo periodo de tiempo.

mucosidad. f. Secreción viscosa segregada por alguna glándulas mucosas.

mucoso, sa. adj. Semejante al moco. || Que tiene mucosidad o la produce. || f. Membrana que reviste cavidades y conductos de los organismos animales que tienen comunicación con el exterior y producen mucosa. También adj.

muda. f. Conjunto de ropa que se muda de una vez. || Proceso por el cual ciertos animales cambian la piel o las plumas, o las plantas el follaje. || Periodo de tiempo que dura este proceso.

mudanza. f. Cambio, transformación. || Cambio de casa o habitación, generalmente con muebles y pertenencias.

mudar. tr. Adoptar o adquirir otra naturaleza, estado, figura, lugar u otra cosa. || Dejar una cosa y tomar otra. || Cambiar de sitio o empleo. || Efectuar las aves la muda de la pluma. || Cambiar periódicamente de epidermis algunos animales. || Cambiar, variar. || prnl. Cambiarse de ropa, refiriéndose sobre todo a la ropa interior. || Dejar la casa que se habita y pasar a vivir a otra.

mudéjar. adj. Se dice de la población musulmana de la península Ibérica que, tras la reconquista de un lugar, quedaba viviendo en territorio cristiano. También com. || De los mudéjares o relativo a ellos. || Se dice del estilo arquitectónico, con influencias árabes, que se desarrolló en España durante los s. XIV, XV y XVI.

mudo, da. adj. Privado físicamente de la facultad de hablar. También s. || Muy silencioso y callado. || Sin palabras, voz o sonido.

mueble. adj. Se dice de aquellos bienes que se pueden trasladar. También m. || m. Cada uno de los enseres u objetos que sirven para adornar las casas o para hacerlas más confortables.

mueca. f. Contorsión del rostro, para expresar alguna emoción o para hacer burla.

muela. f. Piedra de molino que gira sobre otra fija para moler lo que hay entre ambas. || Piedra de material abrasivo que se utiliza para afilar herramientas. || Cada uno de los dientes posteriores a los caninos, que sirven para moler y triturar los alimentos. || Cerro escarpado en lo alto y con cima plana.

muelle. adj. Blando, suave. || m. Pieza elástica, generalmente de metal, helicoidal o en espiral, que recupera su forma después de una deformación.

muelle. m. Obra construida en la orilla del mar, de un lago o río navegable para facilitar el embarque y desembarque y, a veces, para abrigo de las embarcaciones. || Andén alto que en las estaciones de ferrocarril se destina a la carga y descarga de mercancías.

muérdago. m. Arbusto parasitario, de hojas lanceoladas, verdes y gruesas, flores amarillas, y frutos en forma de bayas blancas; vive sobre los troncos y ramas de los árboles.

muermo. m. VET. Enfermedad contagiosa de las caballerías, caracterizada por alteración y flujo de la mucosa nasal, transmisible a los seres humanos.

muerte. f. Extinción de la vida. || Acto de matar.

muerto, ta. adj. Sin vida. También s. || Apagado, desvaído. || Inactivo. || Falto de animación.

muesca. f. Hueco que se hace en una cosa para encajar otra. || Corte que se hace como señal.

muestra. f. Parte o porción extraída de un conjunto, por métodos que permiten considerarla como representativa del mismo. || Pequeña cantidad de un producto que se regala gratuitamente para promocionarlo. || Demostración, señal, especialmente de algo no visible. || Ejemplar o modelo que se ha de copiar o imitar. || Exposición o feria. || En la caza, parada que hace el perro para indicar la situación de la presa antes de levantarla.

muestrario. m. Colección de muestras de un producto comercial.

mugido. m. Voz del ganado vacuno.

mugir. intr. Emitir su voz característica la res vacuna. || Producir gran ruido el viento o el mar. || Manifestar uno su ira con gritos.

mugre. f. Suciedad, especialmente la de carácter grasiento.

mugriento, ta. adj. Lleno de mugre.

mujer. f. Persona del sexo femenino. || La que ha llegado a la edad de la pubertad. || La casada, con relación al marido.

mujeriego, ga. adj. De la mujer o relativo a ella. || Se dice del hombre muy aficionado a las mujeres. También m.

mujeril. adj. De la mujer o relativo a ella.

mújol. m. Pez teleósteo, de unos 60 cm de longitud; tiene la cabeza aplastada, labios gruesos y el cuerpo azul oscuro en el dorso y plateado en los costados; es muy apreciado por su carne y por sus huevas.

muladar. m. Sitio donde se echa el estiércol o basura.

mulato, ta. adj. Hijo de negra y blanco, o viceversa. También s. || Moreno.

muleta. f. Especie de bastón, adaptado para poder apoyar el antebrazo o la axila, que utiliza para ayudarse a andar el que tiene dificultades para ello. || TAUROM. Bastón o palo que lleva pendiente a lo largo un paño o capa, que utiliza el torero para torear al toro.

muletilla. f. Palabra o frase innecesaria que se repite mucho en la conversación, por costumbre o como apoyo al hablar.

mulita. f. amer. Armadillo. || amer. col. Insecto que corre por la superficie del agua.

mullido, da. adj. Blando, esponjoso. || m. Material ligero utilizado para rellenar colchones o asientos.

mullir. tr. Ahuecar y esponjar una cosa. || Cavar la tierra alrededor de las cepas para ahuecarla.

multa. f. Sanción económica que se impone por no cumplir la norma. || Papel donde se indica que alguien no ha cumplido una norma, especialmente de circulación.

multar. tr. Imponer una multa.

multicolor. adj. De muchos colores.

multimillonario, ria. adj. De muchos millones de pesetas o de otro tipo de dinero. || Se dice de la persona cuya fortuna asciende a muchos millones. También s.

multinacional. adj. De varias naciones o relativo a ellas. || Se dice de la sociedad o empresa que desarrolla su actividad en varios países. También f.

múltiple. adj. Complejo, variado, de muchas maneras.

multiplicación. f. MAT. Operación matemática que consiste en hallar el resultado de repetir un número tantas veces como indique otro. || Aumento de algo en un grado considerable.

multiplicar. tr. Aumentar considerablemente una cantidad o un número. También intr. y prnl. || MAT. Hallar el producto de dos factores sumando uno de ellos, que se llama multiplicando, tantas veces como indica el otro número, llamado multiplicador. || prnl. Reproducirse los seres vivos.

multiplicidad. f. Cualidad de lo que tiene múchos elementos y características. || Variedad, diversidad, abundancia excesiva.

múltiplo, pla. adj. MAT. Se dice del número que contiene a otro varias veces exactamente. También m.

multitud. f. Número grande de personas o cosas. || Muchedumbre de personas.

multitudinario, ria. adj. De la multitud o formado por ella.

mundano, na. adj. Del mundo o relativo a él. || Se dice de lo material y terrenal, por oposición a lo espiritual. || Se dice de la persona aficionada a los placeres y al lujo, y en especial la que frecuenta ciertos ambientes socialmente elevados.

mundial. adj. Del mundo entero o relativo a él. || m. DEP. Competición deportiva en la que participan deportistas de todo el mundo.

mundo. m. Conjunto de todas las cosas creadas. || El planeta Tierra. || El género humano. || La sociedad humana. || Cada una de las partes, reales o imaginarias, en que puede clasificarse todo lo que existe.

munición. f. Conjunto de provisiones y material bélico de los ejércitos. || Pedazos de plomo de forma esférica con que se cargan las escopetas de caza menor. || Carga que se pone en las armas de fuego.

municipal. adj. Del municipio o relativo a él. || Se dice del cuerpo de guardias que depende de un ayuntamiento. También com.

municipalidad. f. Ayuntamiento de un municipio.

municipio. m. División administrativa menor de un estado. || Conjunto de habitantes de un mismo término jurisdiccional regido por un ayuntamiento.

munificencia. f. Generosidad extremada.

muñeco, ca. m. y f. Figurilla de forma humana que sirve de juguete a los niños. || Figura humana de tamaño natural que se utiliza para exponer ropa. || Niño o niña pequeños y graciosos. || Persona de carácter débil que se deja manejar por los demás. Más como m.

|| f. Parte del brazo en donde se articula la mano con el antebrazo. || Atadillo de trapo que empapado en algún líquido se utiliza para limpiar, barnizar, brillar y otros usos. || *col.* Muchacha frívola y presumida. || *amer.* Habilidad para conseguir algo.

muñequera. f. Tira de cuero con que se aprieta la muñeca para protegerla.

muñón. m. Parte de un miembro cortado que permanece adherido al cuerpo. || Parte del cuerpo que nace atrofiada y no se desarrolla.

mural. adj. Del muro o relativo a él. || Se dice de las cosas que, extendidas, ocupan buena parte de una pared o muro. || m. Pintura o decoración que se coloca o se hace sobre una pared.

muralla. f. Muro u obra defensiva que rodea una plaza fuerte o protege un territorio. || Lo que impide la comunicación y es difícil de rebasar.

murciélago. m. Mamífero quiróptero volador, de alas membranosas y costumbres nocturnas.

murga. f. Compañía de músicos callejeros. || Molestia, incordio.

murmullo. m. Ruido que se hace hablando, especialmente cuando no se percibe lo que se dice. || Ruido continuado y confuso.

murmurar. intr. Producir un sonido suave y apacible. || Hablar entre dientes manifestando queja o disgusto por alguna cosa. También tr. || Hablar mal de alguien a sus espaldas. También tr. || prnl. Extenderse un rumor.

muro. m. Pared o tapia. || Muralla. También pl. || Lo que impide la comunicación.

murria. f. *col.* Tristeza, melancolía.

mus. m. Juego de naipes y de envite que se juega por parejas. || Palabra con la que, en este juego, señala un jugador que quiere descartarse.

musa. f. Cada una de las deidades que protegen las ciencias y las artes liberales, especialmente la poesía, en la mitología grecolatina. || Inspiración poética. || Poesía.

musaraña. f. Nombre común de diversos mamíferos insectívoros de pequeño tamaño, parecidos al ratón. || Animal pequeño.

muscular. tr., intr. y prnl. Adquirir o desarrollar fuerza muscular.

muscular. adj. De los músculos o relativo a ellos.

musculatura. f. Conjunto de los músculos del cuerpo. || Grado de desarrollo y fortaleza de los músculos.

músculo. m. ANAT. Cada uno de los órganos fibrosos que al contraerse produce los movimientos de los humanos y animales.

muselina. f. Tela fina y poco tupida.

museo. m. Institución dedicada a la adquisición, conservación, estudio y exposición de objetos artísticos o científicos para que puedan ser examinados. || Edificio o lugar en que se guardan y exponen colecciones de objetos artísticos o científicos con alguna característica común.

musgo. m. Cada una de las plantas briofitas, con hojas provistas de pelos absorbentes, que crecen abundantemente sobre las piedras, cortezas de árboles, el suelo y otras superficies sombrías.

música. f. Arte de combinar los sonidos de la voz humana o de los instrumentos, o de unos y otros a la vez, para crear un determinado efecto. || Teoría de este arte. || Composición musical. || Conjunto de estas composiciones con una característica común. || Sucesión de sonidos modulados según las leyes de la melodía, el ritmo y la armonía.

musical. adj. De la música, relacionado con ella o que la produce.

músico, ca. adj. De la música o relativo a ella. || m. y f. Persona que se dedica a la música, como compositor o como intérprete.

musitar. intr. Susurrar o hablar entre dientes y apenas sin vocalizar.

muslo. m. Parte de la pierna desde la juntura de las caderas hasta la rodilla. || Parte de la pata de algunos animales situada en la misma zona.

mustio, tia. adj. Melancólico, triste. || Lánguido, marchito.

musulmán, ana. adj. Se dice de la persona que profesa el islamismo. También s. || Del islamismo o relativo a él.

mutación. f. Acción y resultado de mudar o mudarse. || BIOL. Alteración producida en la estructura o en el número de los genes o de los cromosomas de un organismo vivo, que se transmite a los descendientes por herencia.

mutilación. f. Separación traumática de una parte del cuerpo. || Separación de una parte del todo al que pertenece.

mutilar. tr. Cortar una parte del cuerpo. También prnl. || Quitar una parte de otra cosa.

mutis. m. Voz que se usa en el teatro para hacer que un actor se retire de la escena. || Acto de retirarse de la escena, o de otros lugares.

mutismo. m. Silencio voluntario o impuesto.

mutualidad. f. Régimen de prestaciones mutuas financiado mediante la colaboración de todos los socios. || Denominación de algunas sociedades que tienen este régimen.

mutuo, tua. adj. Recíproco. || f. Mutualidad, sociedad de socorros mutuos.

muy. adv. Se antepone a nombres adjetivados, participios, adverbios y modos adverbiales, para denotar en ellos grado superlativo de significación.

N

n. f. Decimocuarta letra del abecedario español y undécima de sus consonantes. Su nombre es *ene*.

N. m. Abreviatura de Norte.

nabiza. f. Hoja tierna del nabo.

nabo. m. Planta herbácea anual, de raíz carnosa comestible. || Raíz de esta planta.

nácar. m. Sustancia dura, blanca, brillante y con reflejos irisados, que forma el interior de varias conchas de moluscos.

nacarado, da. adj. Que tiene el color o el brillo del nácar.

nacer. intr. Salir del vientre materno. || Salir del huevo un animal ovíparo. || Empezar a dejarse ver un astro en el horizonte. || Empezar una cosa desde otra, como saliendo de ella.

nacimiento. m. Lugar o sitio donde algo tiene su origen o principio. || Comienzo, principio de algo.

nación. f. Entidad jurídica y política formada por el conjunto de los habitantes de un país regido por el mismo gobierno. || Territorio de ese mismo país.

nacional. adj. De una nación o relativo a ella.

nacionalidad. f. Condición y carácter peculiar de los pueblos o individuos de una nación.

nacionalismo. m. Doctrina que exalta en todos los órdenes la personalidad nacional.

nacionalista. adj. y com. Partidario del nacionalismo.

nacionalizar. tr. Adquirir la nacionalidad de un país que no es el propio. También prnl. || Hacer que pasen al gobierno de una nación medios de producción y servicios explotados por particulares.

nacionalsocialismo. m. Doctrina fundada por Hitler.

nada. f. Inexistencia, la ausencia absoluta de cualquier ser o cosa. || pron. indef. Ninguna cosa. || adv. c. De ninguna manera, en absoluto. || Poca o muy poca cantidad de cualquier cosa.

nadador, ra. adj. Que nada. || m. y f. Persona que practica la natación.

nadar. intr. Mantenerse y avanzar sobre el agua moviendo algunas partes del cuerpo. || Flotar en un líquido cualquiera.

nadie. pron. indet. Ninguna persona.

nafta. f. QUÍM. Líquido incoloro, volátil, más ligero que el agua y muy combustible, que se utiliza como disolvente industrial. || *amer.* Gasolina.

naftalina. f. QUÍM. Hidrocarburo sólido procedente del alquitrán de la hulla muy usado, en forma de bolas, para preservar la ropa de la polilla.

nahua. adj. Se dice del individuo de un antiguo pueblo indio que habitó la altiplanicie mexicana y la parte de América Central antes de la conquista de estos territorios por los españoles, y que alcanzó alto grado de civilización. También com.

náhuatl. m. Lengua hablada por los pueblos nahuas, impropiamente llamada también azteca o mexicana. También adj.

nailon. m. Fibra textil sintética que se emplea en la fabricación de géneros de punto y tejidos diversos.

naipe. m. Cartulina rectangular que lleva figuras pintadas en una cara y sirve para jugar a las cartas. || pl. Baraja.

nalga. f. Cada una de las dos porciones carnosas y redondeadas que constituyen el trasero. Más en pl.

nao. f. Nave.

napa. f. Piel de algunos animales (cordero, cabra), curtida y trabajada, que se destina especialmente a la confección de prendas de vestir.

naranja. f. Fruto comestible del naranjo, de forma globosa y de pulpa dividida en gajos. || m. Color semejante al de la naranja, mezcla de azul y amarillo. También adj.

naranjada. f. Bebida hecha con zumo de naranja, agua y azúcar. || Cualquier refresco de sabor a naranja.

naranjo. m. Árbol de hoja perenne siempre verde, de flores blancas y aromáticas y cuyo fruto es la naranja.

narcisismo. m. Admiración excesiva que alguien siente por sí mismo.

narciso. m. Planta de flores blancas o amarillas con corona central acampanada. || Flor de esta planta.

narciso. m. Persona que siente una admiración exagerada por sí mismo, especialmente por su aspecto físico.

narcotismo. m. MED. Estado más o menos profundo de adormecimiento, que procede del uso de los narcóticos. || MED. Conjunto

de efectos producidos por el narcótico. ||
MED. Adicción a los narcóticos.

narcotizar. tr. Adormecer mediante narcóticos.

nardo. m. Planta liliácea, de tallo sencillo, ho-
jas radicales y flores blancas muy olorosas. ||
Flor de esta planta.

narguile. m. Pipa para fumar, muy usada en
los países árabes.

nariz. f. Parte saliente del rostro humano, entre la frente y la boca, con dos orificios que
comunican con la membrana pituitaria y el
aparato de la respiración. Más en pl. || Senti-
do del olfato. || pl. Coraje, valor.

narración. f. Exposición de una serie de sucesos reales o imaginarios que se desarrollan
en un espacio y durante un tiempo determi-
nados. || Obra literaria en la que hace una
exposición de este tipo.

narrar. tr. Contar una historia o suceso, real o
imaginario, oralmente, por escrito o de cualquier otra manera.

narrativo, va. adj. De la narración o relativo
a ella.

nasal. adj. Relativo a la nariz.

nata. f. Sustancia espesa que forma una capa
sobre la leche que se deja en reposo y que si
se bate forma la mantequilla. || Materia grasa
de la leche batida con azúcar. || Sustancia es-
pesa de algunos líquidos que flota en ellos. ||
Lo mejor y más valioso en su especie.

natación. f. Arte y técnica de nadar como deporte o como ejercicio.

natal. adj. Del nacimiento o del lugar donde se
ha nacido o relativo a ellos.

natalicio, cia. adj. y m. Del día del nacimiento
o relativo a él. || m. Día del nacimiento de
alguien y fiesta con que se celebra.

natalidad. f. Número proporcional de naci-
mientos en un lugar y tiempo determinados.

natatorio, ria. adj. De la natación o relativo a
ella. || Que sirve para nadar.

natividad. f. Nacimiento, especialmente el de
Jesucristo.

nativo, va. adj. Relativo al país o lugar en que
uno ha nacido. || Natural de un país o lugar.
También s. || Innato.

natura. f. poét. Naturaleza.

natural. adj. De la naturaleza, relacionado con
ella, o producido por ella. || Poco trabajado o
elaborado, no forzado o fingido. || Sencillo,
espontáneo. || Conforme a la naturaleza pe-
culiar de un ser determinado. || Que se pro-
duce por las fuerzas de la naturaleza.

naturaleza. f. Conjunto de todo lo que forma el
universo en cuya creación no ha intervenido
el hombre. || Principio o fuerza cósmica que
se supone rige y ordena todas las cosas crea-
das. || Esencia y propiedad característica de
cada ser. || Carácter, temperamento. || Cons-

titución física de una persona o animal. || Es-
pecie, género, clase. || Origen que uno tiene
según la ciudad o país en que ha nacido.

naturalismo. m. Doctrina filosófica que considera a la naturaleza y a todos sus elementos
como la única realidad existente. || Movi-
miento literario que surge en Francia en la
segunda mitad del siglo XIX y que, partiendo
del realismo, trataba de reproducir la realidad
objetivamente, especialmente los aspectos
más desagradables.

naturalizar. tr. y prnl. Conceder o adquirir un
extranjero los derechos de los naturales de
un país. || Introducir y asimilar un país usos y
costumbres originarios de otros países.

naufragar. intr. Irse a pique o perderse la em-
barcación. || Salir mal un intento o negocio.

naufragio. m. Pérdida de una embarcación en
el mar, en un lago o en un río. || Desastre,
desgracia grande.

náufrago, ga. adj. y s. Persona que ha sufrido
un naufragio.

náusea. f. Malestar físico que se manifiesta con
deseos de vomitar. Más en pl. || Desagrado,
repugnancia o rechazo motivado por algo no
físico. Más en pl.

nauseabundo, da. adj. Que produce náuseas.

náutico, ca. adj. De la navegación o relativo
a ella. || m. Especie de mocasín, ligero, con
suela de goma y muy cómodo que suele tener
un cordón que se ata en la parte delantera.
Más en pl. || f. Técnica y arte de navegar.

nautilo. m. Molusco cefalópodo.

navaja. f. Cuchillo cuya hoja puede doblarse
sobre el mango para que el filo quede guar-
dado entre las dos cachas.

naval. adj. De las naves, de la navegación, o
relativo a ellas.

nave. f. Barco. || Embarcación de cubierta, con
velas y sin remos. || Espacio interior amplio
en los templos y otros edificios situado entre
dos filas de arcadas. || Construcción grande
de una sola planta utilizada como fábrica o
almacén.

navegable. adj. Se dice del río, lago o canal
por donde se puede navegar.

navegación. f. Viaje que se hace con cualquier
embarcación, y tiempo que dura.

navegante. adj. y com. Se dice de la persona
que navega por oficio o por placer.

navegar. intr. Viajar por el agua con una em-
barcación. También tr. || Desplazarse la em-
barcación. || Por analogía, viajar por el aire
en globo, avión u otro vehículo.

navidad. f. Nacimiento de Jesucristo. || Día en
que se celebra.

naviero, ra. adj. Relativo a las naves o a la na-
vegación. || m. y f. Persona o sociedad pro-
pietaria de un barco.

navío. m. Barco grande, de cubierta, con velas y muy fortificado.

nazareno, na. adj. y s. De Nazaret.

nazi. adj. Del nacionalsocialismo o relativo a él. || adj. y com. Partidario del nacionalsocialismo.

nazismo. m. Nombre abreviado del nacional-socialismo.

neblina. f. Niebla espesa y baja. || Atmósfera con muchos gases y humos.

nebulizar. tr. Pulverizar un líquido.

nebuloso, sa. adj. Que tiene niebla o está cubierto por ella. || Sombrío, tétrico. || Falto de claridad o difícil de comprender. || f. Materia cósmica celeste, difusa y luminosa, en general de contorno impreciso.

necedad. f. Hecho o dicho propio de un necio. || Tontería, terquedad.

necesario, ria. adj. Que debe suceder inevitablemente. || Que se realiza obligado o forzado por algo. || Imprescindible para alguien o algo. || Conveniente, muy útil.

necesidad. f. Lo que hace que las cosas sucedan infaliblemente de cierta manera. || Obligación. || Carencia o escasez de lo imprescindible para vivir. || Falta continuada de alimento que produce debilidad.

necesitar. intr. y tr. Tener necesidad de una persona o cosa.

necio, cia. adj. Ignorante. También s. || Imprudente; terco y obstinado. También s.

necrología. f. Biografía de una persona notable, muerta hace poco tiempo. || Lista o noticia de personas muertas.

necrópolis. f. Cementerio.

necrosis. f. PAT. Mortificación o gangrena de los tejidos del organismo.

néctar. m. Jugo azucarado producido por las flores de ciertas plantas. || Cualquier licor suave y delicioso. || MIT. Bebida que proporcionaba la inmortalidad a los dioses.

neerlandés, esa. adj. y s. Holandés.

nefando, da. adj. Indigno, repugnante.

nefasto, ta. adj. Triste, funesto.

negación. f. Respuesta negativa a una solicitud o pretensión. || Rechazo de la veracidad de una cosa. || Impedimento o prohibición para la realización de algo. || Carencia total de una cosa. || GRAM. Partícula o voz que sirve para negar.

negar. tr. Decir que no es verdad una cosa. || No admitir la existencia de algo. || Decir que no a lo que se pide. || Prohibir, impedir. || prnl. No querer hacer una cosa.

negativo, va. adj. Que incluye o expresa negación. || De la negación o relativo a ella. || Pesimista. || Se dice del resultado de un análisis o estudio que no muestra indicios de lo que se busca. || MAT. Se dice del número inferior a cero. || m. Imagen fotográfica que ofrece invertidos los claros y oscuros. || f. Negación.

negligencia. f. Descuido, omisión.

negociación. f. Comercio con mercancías o valores para obtener unas ganancias. || Gestión o resolución de un asunto, especialmente por la vía diplomática.

negociado. m. Negocio. || *amer.* Negocio ilegal.

negociar. intr. Comerciar con mercancías o valores. || Realizar una operación bancaria o bursátil. || tr. Gestionar asuntos públicos o privados.

negocio. m. Ocupación encaminada a obtener un beneficio. || Beneficio obtenido. || Local en que se negocia o comercia.

negrero, ra. adj. y s. Dedicado al comercio de esclavos negros. || m. y f. Persona muy exigente y déspota con sus subordinados.

negro, gra. adj. De color totalmente oscuro. || Se dice del individuo cuya piel es de color negro. También s.

negrura. f. Propiedad de ser negro o parecerlo.

negruzco, ca. adj. Que tiende al color negro.

nemotecnia. f. Mnemotecnia.

nene. com. *amer.* Niño pequeño.

nenúfar. m. Planta acuática con hojas enteras, casi redondas, que flotan en la superficie del agua, y flores amarillas o blancas. || Flor de esta planta.

neófito, ta. m. y f. Persona recién convertida a una religión. || Persona adherida recientemente a una causa o a una colectividad.

neolatino, na. adj. Que procede o deriva de los latinos o de la lengua latina.

neolítico, ca. adj. Del neolítico o relativo a él. || adj. y m. Referido al periodo prehistórico, conocido también como el de la piedra pulimentada.

neologismo. m. Vocablo, acepción o giro nuevo en una lengua. || Uso que se hace de ellos.

neón. m. QUÍM. Elemento químico, gaseoso y no metálico que se encuentra en pequeñas cantidades en la atmósfera terrestre y se utiliza en lámparas luminiscentes.

neoyorquino, na. adj. y s. De Nueva York.

nepotismo. m. Tendencia a favorecer a familiares y a personas afines con cargos y premios.

nereida. f. MIT. Cada una de las 50 hijas de Nereo y Doris, que habitaban en el mar y que, de medio cuerpo para abajo, presentaban forma de pez.

nervio. m. ANAT. Cordón compuesto de muchos filamentos o fibras nerviosas que, partiendo del cerebro, la médula espinal u otros centros, se distribuyen por todas las partes del cuerpo, conduciendo los impulsos nerviosos. || Cualquier tendón o tejido blanco, duro y resistente. || BOT. Haz fibroso de las hojas de las plantas. || Fuerza, vigor. || Tensión, excitación. Más en pl.

nervioso, sa. adj. De los nervios o relativo a ellos. || Referido a la persona cuyos nervios se excitan fácilmente. || Inquieto, incapaz de permanecer en reposo.

neto, ta. adj. Limpio, claro y bien definido. || Referido a la cantidad de dinero restante tras las deducciones correspondientes; líquido. || Referido a un peso una vez que se ha descontado la tara.

neumático, ca. adj. Referido a los aparatos que funcionan con aire. || m. Tubo de goma que, lleno de aire comprimido y cubierto de caucho, sirve de superficie de rodamiento.

neumonía. f. PAT. Inflamación del pulmón o de parte de él; pulmonía.

neuralgia. f. Dolor agudo y continuo a lo largo de un nervio y de sus ramificaciones.

neurastenia. f. PSIQUIAT. Estado psicológico cuyas características son tristeza, cansancio, temor y emotividad.

neurología. f. Rama de la medicina que estudia las enfermedades del sistema nervioso.

neurona. f. ANAT. Célula diferenciada perteneciente al sistema nervioso, capaz de propagar el impulso nervioso a otra neurona.

neuropatía. f. Enfermedad que afecta al sistema nervioso.

neurosis. f. PAT. Trastorno parcial de los aspectos funcionales de la individualidad que afecta sobre todo a las emociones y deja intacta la capacidad de razonamiento.

neurótico, ca. adj. De la neurosis o relativo a ella. || adj. y s. Que padece neurosis.

neutral. adj. y com. Que no se inclina por ninguna de las partes o alternativas que se oponen en una confrontación. || Referido a la nación o al Estado que no toma parte en un conflicto internacional, especialmente si este es bélico.

neutralizar. tr. Hacer neutral. También prnl. || Debilitar el efecto de algo al intervenir otra cosa diferente u opuesta.

neutro, tra. adj. Poco definido o difícil de definir. || FÍS. Referido al cuerpo que posee la misma cantidad de carga positiva que de negativa. || QUÍM. Referido al compuesto que no tiene carácter ácido ni básico. || GRAM. Referido a una categoría de género distinta de las de masculino y femenino. || Indiferente en política o que se abstiene de intervenir en ella.

neutrón. m. FÍS. Partícula elemental pesada, de carga eléctrica neutra y masa aproximadamente igual a la del protón, que forma parte de los núcleos atómicos.

nevado, da. adj. Cubierto de nieve. || Blanco como la nieve. || f. Acción y resultado de nevar. || Cantidad de nieve que cae de una sola vez y sin interrupción.

nevar. intr. Caer nieve. || tr. y prnl. Poner blanca una cosa.

nevera. f. Electrodoméstico para conservar o enfriar alimentos y bebidas; frigorífico. || Recipiente que mantiene la temperatura interior y se utiliza para conservar fríos alimentos y bebidas. || col. Lugar donde hace mucho frío.

nexo. m. Unión y vínculo de una cosa con otra. || GRAM. Enlace sintáctico que sirve para relacionar dos términos o dos oraciones.

ni. conj. cop. Enlace coordinante con valor negativo, generalmente precedido de otra negación.

nicaragüense. adj. y com. De Nicaragua.

nicho. m. Concavidad en el espesor de un muro. || Concavidad realizada para acoger un ataúd o una urna funeraria.

nicotina. f. Alcaloide líquido e incoloro que se oscurece en contacto con el aire, es venenoso y se encuentra en el tabaco.

nido. m. Lecho o cobijo que hacen las aves para poner sus huevos y criar sus polluelos. || col. Hogar, casa.

niebla. f. Concentración nubosa en contacto con la superficie terrestre. || Lo que no deja percibir ni comprender debidamente la realidad.

nieto, ta. m. y f. Hijo o hija del hijo o de la hija de una persona.

nieve. f. Agua helada que cae de las nubes cristalizada en forma de copos blancos. || Conjunto de copos caídos. || Temporada en que nieva mucho. Más en pl.

nigeriano, na. adj. y s. De Nigeria o Níger.

nigromancia o **nigromancía.** f. Conjunto de ritos y conjuros con los que se pretende desvelar el futuro invocando a los muertos. || Magia negra o diabólica.

nihilismo. m. FILOS. Doctrina filosófica que sostiene la imposibilidad de cualquier conocimiento. || Negación de toda creencia y de todo principio religioso, político o social.

nimbo. m. Disco luminoso que rodea la cabeza de las imágenes religiosas; aureola. || METEOR. Capa de nubes bajas y oscuras que suelen traer lluvia o granizo.

nimiedad. f. Pequeñez, insignificancia. || Prolijidad, minuciosidad.

ninfa. f. MIT. Cualquiera de las divinidades femeninas menores de la mitología grecolatina || LIT. Joven hermosa.

ningún. adj. indef. Apócope de Ninguno. || Siempre va delante de nombres masculinos en singular.

ninguno, na. adj. y pron. indef. Ni uno solo.

niñero, ra. m. y f. Persona empleada al cuidado de los niños. || Persona a la que le gustan mucho los niños. También com.

niñez. f. Periodo de la vida humana que se extiende desde el nacimiento hasta la pubertad; infancia.

niño, ña. adj. y s. Que se halla en la niñez. || p. ext., que tiene pocos años. || Que tiene poca experiencia o madurez. || Hijo. || f. Pupila del ojo. || m. y f. *amer.* Tratamiento que se da a las personas de mayor categoría social.

níquel. m. QUÍM. Elemento químico metálico de color y brillo semejantes a los de la plata, muy duro y magnético. Se utiliza en aleaciones. Su símbolo es Ni.

nirvana. m. En el budismo, bienaventuranza o felicidad plena obtenida por la pérdida de la individualidad y la incorporación a la esencia divina. || *col.* Estado de suma relajación y serenidad.

níspero. m. Árbol de la familia de las rosáceas, de ramas espinosas, hojas ovales, flores blancas y fruto comestible.

nitidez. f. Claridad, limpieza. || Precisión, exactitud.

nítido, da. adj. Limpio, claro, puro. || Preciso, exacto.

nitrato. m. QUÍM. Sal que se obtiene por reacción del ácido nítrico con una base.

nitrógeno. m. QUÍM. Elemento químico no metálico, gaseoso, incoloro, transparente e inodoro, que se encuentra en un alto porcentaje en el aire. Su símbolo químico es N.

nitroglicerina. f. Líquido aceitoso, inodoro, más pesado que el agua, explosivo potente e inestable, que, mezclado con un cuerpo absorbente, constituye la dinamita.

nivel. m. Instrumento para averiguar la diferencia de altura entre dos puntos. || Altura a que llega la superficie de un líquido. || Altura que alcanza algo o grado en que se sitúa respecto a una escala. || Piso o planta. || Situación alcanzada por algo o alguien después de un proceso.

nivelar. tr. Poner un plano en posición horizontal. || Poner dos o más cosas a la misma altura, categoría o grado. También prnl. || Hallar la diferencia de altura entre dos puntos de un terreno. || Utilizar el nivel para saber si una superficie es horizontal.

níveo, a. adj. De nieve o semejante a ella.

no. adv. neg. Se utiliza como respuesta negativa a una pregunta, como expresión de rechazo o no conformidad, para indicar la no realización de una acción, etc.

nobiliario, ria. adj. De la nobleza o relativo a ella.

noble. adj. De ilustre linaje. || Se apl. a quien por herencia familiar o por concesión real posee un título. También com. || Honrado, generoso, sincero, leal. || Des-

tacado o sobresaliente por su valor o por su calidad. || Estimable por su categoría moral.

nobleza. f. Calidad de noble. || Conjunto de los nobles de un Estado.

noche. f. Periodo de tiempo comprendido entre la puesta y la salida del Sol. || Oscuridad que caracteriza a este intervalo de tiempo. || Tiempo que se dedica a dormir y que coincide aproximadamente con este intervalo de tiempo.

nochebuena. f. Noche del 24 de diciembre, que precede al día de Navidad.

noción. f. Conocimiento o concepto que se tiene de algo. || Conocimiento elemental. Más en pl.

nocivo, va. adj. Dañino, pernicioso.

noctámbulo, la. adj. Trasnochador, que hace vida nocturna. || Que anda vagando durante la noche.

nocturno, na. adj. De la noche, o que sucede durante la misma. || m. MÚS. Pieza de música vocal o instrumental, de melodía dulce, y estructura libre.

nodriza. f. Mujer que amamanta o cría niños que no son suyos.

nogal. m. Árbol de tronco corto y robusto, corteza resinosa, copa frondosa y redondeada, y hojas dentadas, cuyo fruto es la nuez. || Madera de este árbol.

nómada. adj. y com. Que se desplaza de un sitio a otro, sin residencia permanente.

nombradía. f. Fama, reputación, notoriedad, renombre.

nombramiento. m. Acción y resultado de nombrar. || Escrito en que se designa a alguien para un cargo u oficio.

nombrar. tr. Decir el nombre de alguien o de algo. || Hacer mención honorífica de alguien o de algo. || Elegir o designar a alguien, generalmente para un cargo o empleo.

nombre. m. Palabra que designa cualquier realidad, concreta o abstracta, y que sirve para referirse a ella, reconocerla y distinguirla de otra. || Título de una cosa por el cual es conocida. || Reputación, fama. || GRAM. Categoría que comprende el sustantivo y el adjetivo.

nomenclatura. f. Conjunto de las voces técnicas de una especialidad. || Listado de nombres; nómina.

nómina. f. Lista o catálogo de nombres.

nominal. adj. Del nombre o relativo a él. || Que solo es o existe de nombre y carece de una existencia efectiva.

nominar. tr. Designar a alguien para un determinado cargo, puesto, etc. || Dar nombre a una persona o cosa.

nominativo, va. adj. Referido a ciertos documentos bancarios o comerciales en los que consta el nombre de la persona a favor de quien se extienden, en oposición a los que son al portador. || m. GRAM. Caso de la declinación que corresponde a las funciones de sujeto y atributo.

nonagenario, ria. adj. y s. Que ha cumplido noventa años y aún no ha llegado a los cien.

nonato, ta. adj. No nacido en parto normal, sino por medio de una cesárea.

nono, na. adj. num. ord. Noveno.

nopal. m. Planta cactácea con tallos aplastados, carnosos, cuyo fruto es el higo chumbo.

noquear. tr. DEP. En boxeo, dejar fuera de combate.

norabuena. f. Enhorabuena. || adv. m. En hora buena.

nordeste. m. Punto del horizonte entre el Norte y el Este. Su abreviatura es *NE.* || Viento que sopla de esta parte.

nórdico, ca. adj. Del Norte o relativo a él. || adj. y s. De los pueblos del norte de Europa o relativo a ellos. || m. Grupo de las lenguas germánicas del Norte europeo, como el noruego, el sueco, el danés y el islandés.

noria. f. Máquina para sacar agua de un pozo.

norma. f. Regla de obligado cumplimiento. || Conjunto de reglas que determinan el uso correcto del lenguaje. || Precepto jurídico.

normal. adj. Referido a aquello que es general o mayoritario y a lo que ocurre siempre o habitualmente, por lo que no produce extrañeza. || Lógico. || Que sirve de norma o regla. || Referido a lo que por su naturaleza, forma o magnitud se ajusta a ciertas normas fijadas de antemano.

normalizar. tr. Regularizar, ordenar. || Convertir algo en normal.

normando, da. adj. y s. De Normandía.

normativo, va. adj. Que sirve de norma. || f. Conjunto de normas aplicables a una determinada materia o actividad.

noroeste. m. Punto del horizonte entre el Norte y el Oeste. Su abreviatura es *NO.* || Viento que sopla de esta parte.

norte. m. Punto cardinal que cae del lado del polo ártico y de frente a un observador a cuya derecha esté el Oriente. Su abreviatura es N. || Viento que sopla de esta parte. || Dirección, guía.

norteamericano, na. adj. y s. De América del Norte o relativo a ella, especialmente de Estados Unidos.

norteño, ña. adj. Del Norte o relativo a él. También s. || Que está situado en la parte norte de un país.

noruego, ga. adj. y s. De Noruega. || m. Lengua de este país.

nosocomio. m. Hospital, clínica.

nosotros, tras. pron. Forma del pron. pers. m. y f. de primera persona plural, que en la oración desempeña la función de sujeto o de complemento con preposición.

nostalgia. f. Sentimiento de pena o tristeza que produce la ausencia de la patria o de las personas queridas. || Tristeza melancólica por el recuerdo de un bien perdido.

nota. f. Escrito breve que recuerda o avisa de algo. || Advertencia, explicación o comentario a un texto. || Escrito que resume una exposición oral; apunte. Más en pl. || Calificación. || Signos utilizados en música para representar los sonidos. || Marca, característica.

notabilidad. f. Notoriedad.

notable. adj. Digno de atención, destacable. || Referido a lo que es grande y excesivo en su género. || m. Calificación académica superior al aprobado e inferior al sobresaliente. || m. pl. Personas principales en una localidad o en una colectividad.

notación. f. Sistema de signos convencionales que se adopta para expresar ciertos conceptos de una disciplina concreta. || Acción y resultado de notar.

notar. tr. Darse cuenta de algo. También prnl. || Poner notas a los escritos o libros. || Apuntar brevemente una cosa para que no se olvide. || Calificar, juzgar.

notaría. f. Oficio de notario. || Oficina donde despacha.

notario, a. m. y f. Funcionario público autorizado para dar fe de los contratos, testamentos y otros actos extrajudiciales. || Cronista o narrador de ciertos acontecimientos.

noticia. f. Divulgación o publicación de un hecho. || El hecho divulgado. || Noción, conocimiento. || f. pl. Noticiario o boletín informativo de radio o televisión.

noticiario. m. Espacio de televisión, radio o prensa en el que se difunden noticias.

noticiero, ra. adj. Que da noticias. || m. *amer.* Noticiario.

notificación. f. Comunicación oficial y formal de la resolución de una autoridad. || Documento en el que se notifica tal resolución. || p. ext., noticia cierta de algo.

notificar. tr. Comunicar oficialmente y con las formalidades preceptivas una resolución. || p. ext., dar noticia veraz de algo.

notoriedad. f. Evidencia, claridad. || Fama, prestigio.

notorio, ria. adj. Público y sabido de todos. || Evidente, claro.

nova. f. ASTRON. Estrella que adquiere temporalmente un brillo superior al habitual en ella.

novato, ta. adj. y s. Principiante o inexperto en algo.

novecientos, tas. adj. y pron. num. card. Nueve veces cien. || adj. num. ord. Que ocupa el lugar novecientos en una serie ordenada de elementos.

novedad. f. Calidad de nuevo. || Cambio. || Noticia. || Lo que sorprende por su carácter diferente y generalmente estimulante o inspirador.

novedoso, sa. adj. Que implica novedad.

novel. adj. y com. Principiante en alguna actividad, inexperto.

novela. f. Obra literaria en prosa, que narra sucesos total o parcialmente ficticios. || Género literario formado por estas obras. || Ficción o mentira en cualquier materia.

novelesco, ca. adj. Propio de las novelas.

novelista. com. Persona que escribe novelas.

noveno, na. adj. num. ord. Que ocupa el lugar número nueve en una serie ordenada de elementos. || adj. num. frac. Se dice de cada una de las nueve partes iguales en que se divide un todo. También m.

noventa. adj. y pron. num. card. Nueve veces diez. || adj. num. ord. Que ocupa el lugar número noventa en una serie ordenada de elementos.

noviazgo. m. Condición o estado de novio o novia. || Tiempo que dura.

novicio, cia. m. y f. Persona que, en la religión donde tomó el hábito, no ha profesado todavía. || Principiante.

noviembre. m. Undécimo mes del año, entre octubre y diciembre, que tiene treinta días.

novillo, lla. m. y f. Res vacuna de dos o tres años.

novilunio. m. Fase de la luna nueva en la que, por la conjunción del Sol con la Luna, la cara iluminada de esta no se ve.

novio, via. m. y f. Persona que mantiene con otra una relación amorosa con fines matrimoniales.

nubarrón. m. Nube grande y densa.

nube. f. Masa de vapor de agua suspendida en la atmósfera. || Acumulación de cosas en el aire con forma semejante a una masa de vapor de agua. || Abundancia de algo. || Cualquier cosa que oscurece o encubre otra.

núbil. adj. Que ha alcanzado la madurez sexual y puede tener hijos. || Edad en que se alcanza la madurez sexual.

nublado, da. adj. Cubierto de nubes.

nublar. tr. y prnl. Ocultar las nubes el cielo, el Sol o la Luna.

nuca. f. Parte posterior del cuello, donde se une la cabeza con la columna vertebral.

núcleo. m. Parte central o más importante de algo. || ASTRON. Parte más densa y luminosa de un astro. || BIOL. Corpúsculo contenido en el citoplasma de las células y constituido esencialmente por cromatina. || LING. Elemento fundamental de un sintagma.

nudo. m. Lazo que se estrecha y cierra de modo que con dificultad se pueda soltar. || En los árboles y plantas, parte del tronco por la cual brotan las ramas. || En una obra literaria o cinematográfica, parte donde se complica la acción y que precede al desenlace.

nuera. f. Respecto de una persona, esposa de un hijo.

nuestro, tra, tros, tras. adj. y pron. pos. Indica la relación de pertenencia entre lo poseído y dos o más poseedores, entre los que se incluye el hablante.

nueve. adj. y pron. num. card. Ocho más uno. || Que ocupa el lugar número nueve en una serie ordenada de elementos, noveno.

nuevo, va. adj. Recién creado o fabricado. || Que se ve o se oye por la primera vez. || Recién llegado a un lugar o a un grupo. || Renovado, fortalecido. || f. Noticia.

nuez. f. Fruto del nogal. || Prominencia que forma el cartílago tiroides en la parte anterior del cuello del varón adulto.

nulidad. f. Cualidad de nulo.

nulo, la. adj. Falto de valor legal. || Incapaz, inepto.

numen. m. Inspiración del artista o escritor.

numeración. f. Acción y resultado de numerar. || Sistema de signos verbales o escritos para expresar todos los números.

numerador. m. Guarismo que señala el número de partes iguales de la unidad, que contiene una fracción. || Aparato con que se marca la numeración correlativa.

numeral. adj. Del número o relativo a él. || GRAM. Se apl. a los adjetivos y pronombres que designan números.

numerar. tr. Marcar con números una serie, para ordenarla. || Contar los elementos de un conjunto siguiendo el orden numérico. También prnl.

numérico, ca. adj. De los números o relativo a ellos. || Compuesto o llevado a cabo con números.

número. m. Concepto matemático que expresa cantidad. || Signo o conjunto de signos con que se representa este concepto. || Cantidad indeterminada de personas, animales o cosas. || Puesto que ocupa algo o alguien en una serie ordenada. || Categoría gramatical nominal y verbal, que expresa referencia a una o más personas o cosas. || Talla o medida de ciertos objetos.

numeroso, sa. adj. Que incluye gran número de constituyentes.

numismático, ca. adj. De la numismática o relativo a ella. || m. y f. Persona que se dedica al estudio de las monedas y medallas. || f. Ciencia que trata del conocimiento de las monedas y medallas.

nunca. adv. t. En ningún momento, jamás. || Ninguna vez.

nunciatura. f. Dignidad o cargo de nuncio. || Vivienda y tribunal de un nuncio.

nuncio. m. Representante diplomático del Papa.

nupcial. adj. De las nupcias o relativo a esta ceremonia.

nupcias. f. pl. Ceremonia de casamiento.

nutria. f. Mamífero carnívoro que vive a la orilla de los ríos.

nutrición. f. Acción y resultado de nutrir o nutrirse.

nutrir. tr. y prnl. Proporcionar a un organismo vivo las sustancias que necesita para realizar sus funciones. || Fortalecer, vigorizar, alentar. || Llenar, colmar.

nutritivo, va. adj. Que nutre.

Ñ

ñ. f. Decimoquinta letra del abecedario español y duodécima de sus consonantes. Fonéticamente representa un sonido nasal, palatal y sonoro. Su nombre es *eñe*.

ñacanina o **ñacaniná.** f. Serpiente grande, muy venenosa, de América del Sur.

ñacurutú. m. Ave nocturna, semejante a la lechuza.

ñame. m. Planta herbácea, originaria de los países tropicales, cuyo tubérculo, parecido a la batata, es comestible. || Tubérculo de esta planta.

ñandú. m. Ave *ame*ricana de gran tamaño, algo más pequeña que el avestruz, con tres dedos en cada pie y plumaje gris.

ñandubay. m. Árbol de América, de tronco muy grueso y rugoso y madera rojiza.

ñandutí. m. *amer.* Tejido muy fino, que imita el de cierta telaraña.

ñapindá. m. *amer.* Planta de la familia de las mimosáceas; especie de acacia muy espinosa, con flores amarillas y grato aroma.

ñato, ta. adj. *amer.* De nariz corta y aplastada.

ñipe. m. *amer.* Arbusto de la familia de las mirtáceas cuyas ramas se emplean para teñir.

ñire. m. *amer.* Árbol de la familia de las fagáceas, de unos 20 metros de altura, con flores solitarias, hojas elípticas, obtusas y profundamente aserradas.

ñocha. f. *amer.* Hierba bromeliácea, cuyas hojas se emplean para hacer sogas, canastos, sombreros y esteras.

ñoña. f. *amer. col.* Excremento.

ñoñería. f. Acción o dicho propio de una persona ñoña.

ñoño, ña. adj. Melindroso, ridículo. || Puritano, mojigato. || Quejica.

ñoqui. m. Masa hecha con papas, mezcladas con harina de trigo, manteca, leche, huevo y queso rallado, dividida en trocitos, que se cuecen en agua hirviente con sal.

ñu. m. Mamífero rumiante de África, especie de antílope de cabeza grande y cuernos curvos.

ñudo. m. Nudo.

O

o. f. Decimosexta letra del abecedario español, y cuarta de sus vocales. Representa un sonido de articulación velar, semiabierta y oral. || conj. Denota diferencia, separación o alternativa entre dos o más personas, cosas o ideas. || Suele preceder a cada uno de dos o más términos contrapuestos. || Expresa equivalencia.

oasis. m. Zona con vegetación y agua, que se encuentra aislada en los desiertos arenales de África y Asia. || Tregua, descanso.

obcecar. tr. y prnl. Cegar, ofuscar.

obedecer. tr. Cumplir lo que se manda. || intr. Tener origen una cosa, proceder.

obediencia. f. Cumplimiento de lo que se manda o es preceptivo.

obelisco. m. Monumento conmemorativo en forma de pilar muy alto, de cuatro caras iguales, y terminado por una punta piramidal.

obertura. f. Composición instrumental que inicia una obra musical, especialmente una ópera o un oratorio.

obesidad. f. Exceso de peso por acumulación de grasa; adiposis.

obeso, sa. adj. y s. Se dice de la persona excesivamente gruesa.

óbice. m. Obstáculo, impedimento.

obispo. m. Prelado superior que, generalmente, gobierna una diócesis.

óbito. m. Fallecimiento de una persona.

objeción. f. Razonamiento o argumento contrario a alguien o a algo.

objetar. tr. Oponer reparo a una opinión o intención; impugnar. || intr. Acogerse a la objeción de conciencia para eludir determinados servicios.

objetivo, va. adj. Relativo al objeto. || Se dice de quienes no se dejan influir por consideraciones personales en sus juicios o en su comportamiento. || FILOS. Lo que existe realmente, fuera del sujeto que lo conoce. || m. Finalidad de una acción. || ÓPT. Lente o conjunto de lentes a través del cual llega la luz a un aparato óptico. || MIL. Blanco hacia el que se dirige un arma de fuego.

objeto. m. Lo que posee carácter material e inanimado; cosa. || Fin o intento a que se dirige una acción u operación. || Materia y sujeto de una ciencia. || LING. Complemento directo o indirecto, por oposición al sujeto.

oblación. f. Ofrenda que se hace a la divinidad.

oblea. f. Hoja delgada de pan ázimo de la que se sacan las hostias y las formas. || Hoja delgada de harina, agua y azúcar cocido, que llevan algunos dulces.

oblicuidad. f. Dirección inclinada.

oblicuo, cua. adj. Sesgado, inclinado al través o desviado de la horizontal. || GEOM. Ángulo oblicuo.

obligación. f. Aquello que hay que hacer o se está obligado a hacer. || Circunstancia que obliga a hacer o a no hacer una cosa. || Documento notarial o privado mediante el que se reconoce una deuda y se ponen las condiciones para saldarla.

obligar. tr. Hacer que alguien haga algo utilizando la fuerza o la autoridad. || Hacer que alguien haga lo que otro desea, atrayéndolo mediante favores o regalos. || Hacer fuerza sobre una cosa para conseguir un efecto determinado. || prnl. Comprometerse a cumplir algo.

obligatorio, ria. adj. De obligado cumplimiento y ejecución.

oblongo, ga. adj. Más largo que ancho.

obnubilar. tr. y prnl. Ofuscar. || Fascinar, deslumbrar.

oboe. m. Instrumento músico de viento.

óbolo. m. Pequeña suma de dinero con la que se contribuye a un fin determinado.

obra. f. Producto, creación. || Creación del entendimiento en ciencias, letras, o artes, especialmente la que tiene importancia. || Tratándose de libros, volumen o volúmenes. || Edificio o terreno en construcción.

obrar. tr. Llevar a cabo una acción, hacerla de determinada manera. || Construir, edificar, hacer una obra. || Causar, producir o hacer efecto una cosa.

obrero, ra. adj. Que trabaja. También s. || m. y f. Trabajador manual asalariado; operario.

obsceno, na. adj. Que ofende al pudor, especialmente en lo relativo al sexo.

obscurantismo. m. Oscurantismo.

obscurecer. tr. Oscurecer.

obscuro, ra. adj. Oscuro.

obsequiar. tr. Tener atenciones con alguien, agasajar.

obsequio. m. Acción de obsequiar. || Regalo.

observación. f. Acción y resultado de observar.

observador, ra. adj. Que observa. También s.

observar. tr. Examinar atentamente. || Cumplir rigurosamente una orden o una norma. || Mirar con atención y cautela; atisbar. || Darse cuenta de algo; percatarse.

observatorio. m. Lugar o posición que sirve para hacer observaciones.

obsesión. f. Idea, deseo, preocupación, que no se puede apartar de la mente.

obsesionar. tr. y prnl. Causar obsesión.

obsesivo, va. adj. Que produce obsesión. || Que se obsesiona con facilidad.

obsidiana. f. Mineral volcánico vítreo, de color negro o verde muy oscuro.

obsoleto, ta. adj. Poco usado. || Anticuado.

obstaculizar. tr. Poner obstáculos.

obstáculo. m. Impedimento, estorbo.

obstar. intr. Impedir, estorbar, oponerse.

obstetricia. f. Parte de la medicina, que trata de la gestación, el parto y el tiempo inmediatamente posterior a este.

obstinación. f. Terquedad. || Acción y resultado de obstinarse.

obstinado, da. adj. Perseverante, tenaz, terco.

obstinarse. prnl. Mantener una opinión o una decisión por encima de los argumentos razonables de otras personas o de las dificultades que se presenten.

obstrucción. f. Acción y resultado de obstruir u obstruirse.

obstruir. tr. Estorbar el paso, cerrar un conducto o camino. También prnl.

obtención. f. Logro, consecución de un objetivo.

obtener. tr. Conseguir lo que se merece, solicita o pretende.

obturación. f. Cierre o taponamiento de una abertura o de un conducto.

obturar. tr. Tapar o cerrar una abertura o conducto. También prnl.

obtuso, sa. adj. Sin punta, romo. || Aplicado a personas, lento en discurrir. También s. || Ángulo mayor a 90 grados.

obús. m. Pieza de artillería de menor longitud que el cañón en relación a su calibre. || Proyectil que se dispara con esta pieza.

obviar. tr. Evitar, rehuir, apartar y quitar de en medio obstáculos o inconvenientes.

obvio, via. adj. Evidente, muy claro.

oca. f. Ganso, ave; ánsar. || Juego de mesa.

ocarina. f. Instrumento musical de viento.

ocasión. f. Momento o circunstancias en las que se sitúa un hecho. || Oportunidad o momento propicio para ejecutar o conseguir algo. || Motivo.

ocasional. adj. Que se produce de forma casual o accidental.

ocasionar. tr. Causar o motivar algo.

ocaso. m. Puesta del Sol o de otro astro. || Occidente, punto cardinal. || Decadencia, pérdida de fuerza o importancia.

occidental. adj. Del Occidente o relativo a este punto cardinal.

occidente. m. Punto cardinal del horizonte por donde se oculta el Sol. || Conjunto de naciones de la parte occidental de Europa.

occiso, sa. adj. y s. Muerto violentamente.

oceánico, ca. adj. Del océano o relativo a él.

océano. m. Extensión de agua salada que cubre las tres cuartas partes de la superficie terrestre. || Cada una de las cinco grandes subdivisiones de esta extensión.

oceanografía. f. Ciencia que estudia los océanos y mares, sus fenómenos, así como la fauna y la flora marinas.

ocelote. m. Felino carnívoro de las selvas americanas de 1,5 m de longitud.

ochava. f. Octava parte de un todo. || Chaflán de un edificio.

ochenta. adj. y pron. num. card. Ocho veces diez. || adj. num. ord. Que ocupa el lugar número ochenta en una serie ordenada de elementos.

ocho. adj. y pron. num. card. Siete más uno. || adj. num. ord. Que ocupa el lugar número ocho en una serie ordenada de elementos, octavo. También m., aplicado a los días del mes.

ochocientos, tas. adj. y pron. num. card. Ocho veces cien.

ocio. m. Falta total de actividad. || Tiempo libre, sin actividad laboral, que se dedica al descanso o a realizar otro tipo de actividades.

ocioso, sa. adj. Que no trabaja. También s. || Desocupado o exento de obligaciones. También s. || Inútil, sin fruto ni provecho.

ocluir. tr. y prnl. Cerrar un conducto u orificio.

oclusión. f. Acción y resultado de cerrar u obstruir algo.

ocre. adj. Se dice del color, entre amarillo y marrón. || m. Mineral terroso, de color amarillento, que se emplea en la fabricación de pinturas.

octaedro. m. Poliedro regular de ocho caras.

octágono, na. adj. y m. Polígono de ocho ángulos y ocho lados.

octano. m. Hidrocarburo saturado del petróleo, que se toma como unidad para expresar el valor antidetonante de la gasolina o de otros carburantes.

octava. f. Composición poética de ocho versos. || MÚS. Serie diatónica formada por ocho notas, que son los siete sonidos constitutivos de una escala y la repetición del primero de ellos.

octavilla. f. Octava parte de un pliego de papel.

octavo, va. adj. num. ord. Que ocupa el lugar número ocho en una serie ordenada de elementos.

octogenario, ria. adj. y s. Que ha cumplido ochenta años y aún no ha llegado a los noventa.

octogonal. adj. Octagonal.

octógono, na. adj. y m. Octágono.

octosílabo, ba. adj. Que tiene ocho sílabas.

octubre. m. Décimo mes del año, entre septiembre y noviembre.

ocular. adj. De los ojos o relativo a ellos. || m. ÓPT. En los instrumentos ópticos compuestos, lente o sistema de lentes colocado en la parte por donde mira el observador, y que amplía la imagen dada por el objetivo.

oculista. com. Médico especialista en las enfermedades de los ojos.

ocultar. tr. Impedir que alguien o algo se vea, se sepa o se note. También prnl. || Callar lo que se sabe o disfrazar la verdad.

ocultismo. m. Conjunto de conocimientos y prácticas rituales, con las que se pretende penetrar y dominar fuerzas poco conocidas de la naturaleza.

oculto, ta. adj. Escondido, desconocido, que no se da a conocer ni se deja ver ni sentir.

ocupación. f. Acción y resultado de ocupar u ocuparse. || Responsabilidad o preocupación. Más en pl. || Empleo, oficio.

ocupar. tr. Llenar un espacio o tiempo. || Tomar posesión, apoderarse de algo; especialmente si se hace de forma violenta. || Obtener o desempeñar un empleo o cargo. || Habitar.

ocurrencia. f. Idea inesperada y repentina. || Dicho o hecho ingenioso y original.

ocurrir. intr. Suceder, acontecer. || prnl. Pensar o idear algo, por lo general de forma repentina.

oda. f. Composición poética del género lírico.

odalisca. f. Esclava al servicio del harén.

odeón. m. Teatro o lugar destinado en la antigua Grecia a los espectáculos musicales.

odiar. tr. Sentir odio o aversión por alguien o por algo.

odio. m. Sentimiento de aversión y rechazo, muy intenso e incontrolable, hacia algo o alguien.

odioso, sa. adj. Detestable, repugnante. || Se apl. a algo o a alguien digno de odio.

odisea. f. Viaje lleno de incidentes y dificultades.

odontología. f. Parte de la medicina que se ocupa del estudio y tratamiento de las enfermedades de los dientes.

odorífero, ra. adj. Que huele bien.

odre. m. Cuero, generalmente de cabra, que sirve para contener líquidos, como vino o aceite.

oeste. m. Occidente, punto cardinal.

ofender. tr. Injuriar de palabra, agraviar. || Fastidiar, molestar. || prnl. Molestarse, enfadarse.

ofensa. f. Acción y resultado de ofender. || Agravio, injuria.

ofensivo, va. adj. Que ofende o puede ofender. || Que sirve para atacar.

oferente. adj. y com. Que ofrece.

oferta. f. Propuesta que se hace de dar, cumplir o ejecutar algo. || Propuesta para contratar. || Cantidad de bienes o servicios que se ofrecen al mercado a un precio dado. || Puesta en venta de un producto a precio rebajado.

ofertar. tr. Ofrecer en venta un producto.

oficial, la. adj. Que procede del Estado o de un organismo público. || Reconocido y autorizado por quien tiene facultad para ello. || m. y f. Persona que en un oficio manual ha terminado el aprendizaje y no es maestro todavía. || Persona que se ocupa en un oficio o empleo. || m. (usado como com.) Militar que posee un grado o empleo, desde alférez o segundo teniente en adelante, hasta capitán, inclusive.

oficializar. tr. Dar carácter o validez oficial a lo que antes no lo tenía.

oficiar. tr. Celebrar o ayudar a la celebración de una misa.

oficina. f. Lugar de trabajo, generalmente de carácter administrativo o burocrático, tanto estatal como privado.

oficio. m. Ocupación habitual. || Trabajo físico o manual para el que no se requieren estudios teóricos. || Función propia de alguna cosa. || Comunicación escrita, referente a los asuntos del servicio público en las dependencias del Estado.

ofidio. adj. y m. De los ofidios o relativo a este orden de reptiles. || m. pl. ZOOL. Orden de reptiles que carecen de extremidades, con boca dilatable y cuerpo largo y estrecho revestido de epidermis escamosa que mudan todos los años.

ofrecer. tr. Prometer, obligarse uno a dar, hacer o decir algo. || Presentar y dar voluntariamente algo a alguien para que disponga de ello. || Presentar, manifestar algo o alguien un aspecto determinado. También prnl. || Dedicar algo a alguien. || Dedicar o consagrar algo a un santo o a una divinidad. || Exponer la cantidad de dinero que se está dispuesto a pagar por algo. || prnl. Presentarse alguien voluntariamente a otra persona para realizar algún servicio. || Ocurrir, suceder.

ofrenda. f. Dádiva o presente que se ofrece con respeto, gratitud o amor; especialmente las que poseen un carácter religioso.

ofrendar. tr. Ofrecer algo por respeto, gratitud o amor.

oftalmología. f. Parte de la medicina que estudia los ojos y trata sus enfermedades y los defectos de visión.

oftalmólogo, ga. m. y f. Médico especialista en oftalmología; oculista.

ofuscar. tr. y prnl. Impedir algo pensar con claridad. || Deslumbrar la luz, impidiendo la visión. También prnl.

ogro, esa. m. y f. Ser mitológico y fantástico de tamaño gigante que se alimentaba de carne humana. || m. *col.* Persona cruel, o de mal carácter.

ohmio. m. Unidad de resistencia eléctrica en el Sistema Internacional de Medidas.

oído. m. Sentido que permite percibir los sonidos. || Órgano de la audición. || Aptitud para percibir y reproducir los sonidos musicales.

oír. tr. Percibir los sonidos a través del oído; escuchar. || Atender los ruegos, súplicas o consejos de alguien. || Entender lo que otro dice.

ojal. m. Pequeña abertura reforzada en sus bordes que tienen algunas prendas y que sirve para abrochar un botón.

¡ojalá!. interj. Expresa fuerte deseo de que suceda algo.

ojeada. f. Mirada rápida y superficial.

ojear. tr. Dirigir la mirada con atención hacia algún sitio. || *amer.* Echar mal de ojo.

ojear. tr. Espantar la caza, acosándola hasta que llega adonde esperan los cazadores.

ojera. f. Coloración amoratada alrededor del párpado inferior. Más en pl.

ojeriza. f. Aversión o antipatía hacia uno.

ojiva. f. ARQUIT. Figura formada por dos arcos de círculo iguales que se cortan en ángulo.

ojo. m. Órgano de la vista. || Parte visible de este órgano en la cara. || Abertura o agujero que atraviesa de parte a parte alguna cosa. || Cada uno de los huecos o cavidades que tienen el pan, el queso y otras cosas esponjosas. || Núcleo o parte central de algo.

ojota. f. *amer.* Calzado semejante a las sandalias, hecho de cuero o de filamento vegetal.

ola. f. Onda formada por el viento en la superficie del mar o de un lago.

oleada. f. Ola grande. || Movimiento impetuoso de gente.

oleaginoso, sa. adj. Aceitoso.

oleaje. m. Sucesión continuada de olas.

óleo. m. Pintura que se obtiene disolviendo ciertos pigmentos en una solución aceitosa. || Técnica pictórica que utiliza este tipo de pintura. || Aceite consagrado que utiliza la Iglesia para ciertos sacramentos y ceremonias. Más en pl.

oleoducto. m. Tubería destinada a conducir el petróleo.

oler. tr. Percibir los olores.

olfatear. tr. Oler con atención, aplicando el olfato repetidas veces.

olfato. m. Sentido con el que se perciben los olores. || Perspicacia para descubrir algo.

oligarquía. f. Forma de gobierno según la cual el poder es ejercido por un reducido grupo de personas.

olimpiada u olimpíada. f. Juegos que se hacían cada cuatro años en la ciudad griega de Olimpia. || Competición deportiva internacional que se celebra cada cuatro años. Más en pl.

olímpico, ca. adj. De las olimpiadas o relativo a ellas. || Altanero, soberbio.

oliva. f. Fruto del olivo, de forma redondeada y color verde o negro, del que se extrae aceite; aceituna.

olivar. m. Terreno plantado de olivos.

olivo. m. Árbol oleáceo cuyo fruto es la aceituna. || Madera de este árbol.

olla. f. Recipiente redondeado de barro o metal que sirve para cocinar alimentos, calentar agua, etc.

olmo. m. Árbol que crece hasta la altura de 20 m, de tronco robusto, flores de color blanco rojizo, y frutos secos, con una semilla ovalada.

olor. m. Impresión que producen en el olfato las emanaciones que despiden los cuerpos.

oloroso, sa. adj. Que despide cierto olor, especialmente si es agradable.

olvidadizo, za. adj. Que olvida con facilidad.

olvidar. tr. Dejar de retener algo en la memoria. También prnl. || Dejarse algo en algún sitio. || Dejar de hacer una cosa por descuido.

olvido. m. Pérdida de memoria.

ombligo. m. Cicatriz redonda y arrugada que queda en medio del vientre después de desprenderse el cordón umbilical.

ombú. m. Árbol de América meridional, con la corteza gruesa y blanda y flores en racimos.

omega. f. Última letra del alfabeto griego.

ómicron. f. Decimoquinta letra del alfabeto griego.

ominoso, sa. adj. Abominable, despreciable.

omisión. f. Abstención de hacer o decir algo. || Falta en que se incurre por haber dejado de hacer algo necesario o conveniente.

omitir. tr. Dejar de hacer una cosa. || Callar algo voluntariamente. También prnl.

ómnibus. m. Vehículo de gran capacidad para el transporte público.

omnímodo, da. adj. Que lo abarca y comprende todo.

omnipotencia. f. Poder absoluto o muy grande.

omnisciencia. f. Conocimiento de todas las cosas reales y posibles.

omóplato u **omoplato.** m. ANAT. Cada uno de los dos huesos anchos, casi planos y de forma triangular, situados a uno y otro lado de la espalda y articulados a los brazos.

once. adj. y pron. num. card. Diez más uno. || adj. num. ord. Que ocupa el lugar número once en una serie ordenada de elementos; undécimo.

onceavo, va. adj. num. frac. Se dice de cada una de las once partes en que se divide un todo. También m.

oncología. f. MED. Parte de la medicina que trata de los tumores.

onda. f. Cada una de las elevaciones que se forman en la superficie de un líquido. || Cada una de las ondulaciones que se forman en el pelo, las telas, etc. || Oscilación periódica que produce un medio físico como la luz, el sonido.

ondear. intr. Hacer ondas el agua.

oneroso, sa. adj. Pesado, molesto. || Que no es gratuito, que exige una contraprestación, económica o personal.

ónice. f. MINER. Ágata listada que se emplea en joyería, ónix.

onírico, ca. adj. De los sueños o relativo a ellos.

ónix. m. MINER. Ónice.

onomástico, ca. adj. Relativo a los nombres y especialmente a los propios. || f. Día en que una persona celebra su santo.

onomatopeya. f. LING. Imitación de sonidos reales por medio del lenguaje. || LING. Palabra resultante de la imitación de sonidos y que ha terminado utilizándose para designarlos.

ontología. f. FILOS. Parte de la metafísica que trata del ser en general y de sus propiedades trascendentales.

onza. f. Medida de peso empleada por el sistema inglés, equivalente a 28,7 gr o a la decimosexta parte del peso de la libra. || Guepardo, mamífero carnívoro.

opacar. tr. y prnl. *amer.* Oscurecer.

opaco, ca. adj. Se dice del cuerpo a través del cual no pasa la luz. || Que no tiene brillo. || Que no destaca, mediocre.

opalino, na. adj. Del ópalo o relativo a él. || De color blanco azulado con reflejos irisados.

ópalo. m. MINER. Mineral silíceo, duro y de colores diversos.

opción. f. Elección, posibilidad de elegir entre varias cosas.

ópera. f. MÚS. Obra musical con acción dramática escrita para ser cantada y representada con acompañamiento de música. || MÚS. Género musical formado por este tipo de obras.

operación. f. Realización de algo. || CIR. Intervención quirúrgica. || Intercambio comercial de cualquier tipo. || MAT. Conjunto de reglas que permiten obtener otras cantidades o expresiones.

operar. tr. Hacer, producir, llevar a cabo. También prnl. || CIR. Aplicar las técnicas de la cirugía sobre el cuerpo vivo de una persona o animal con propósitos curativos. También prnl. || intr. Producir las cosas el efecto para el que se destinan. || Obrar, trabajar. || MAT. Realizar operaciones matemáticas.

operario, ria. m. y f. Obrero.

opereta. f. MÚS. Obra de teatro musical, de asunto ligero y carácter alegre.

opimo, ma. adj. Rico, fértil.

opinar. intr. Formar o tener una idea, juicio o concepto sobre alguien o algo. || Expresarlo de palabra o por escrito.

opinión. f. Idea, juicio o concepto que se tiene sobre alguien o algo.

opio. m. Sustancia desecada que se extrae de la adormidera verde, y que se emplea como narcótico.

opíparo, ra. adj. Se dice de las comidas muy abundantes, sabrosas y de calidad.

oponer. tr. Utilizar algo para que impida o dificulte la acción de una persona o el efecto de una cosa. También prnl. || Proponer una razón o argumento contra lo que otro dice. || prnl. Ser una cosa contraria a otra.

oportunidad. f. Momento propicio para algo.

oportuno, na. adj. Que se hace en el momento apropiado. || Ocurrente, gracioso, ingenioso.

oposición. f. Acción y resultado de oponer u oponerse. || Resistencia a lo que otros hacen o dicen. || Grupo que representa una postura contraria a la de los que detentan el poder o dirigen un gobierno, partido, empresa, etc.

opresión. f. Sensación molesta producida por algo que oprime. || Privación de las libertades a una persona o a una colectividad.

oprimir. tr. Hacer presión. || Someter a una persona o a una colectividad privándola de sus libertades o por medio de la fuerza y la violencia. || Producir algo una sensación de angustia.

oprobio. m. Ignominia, afrenta, deshonra pública.

oprobioso, sa. adj. Que causa deshonra pública.

optar. tr. Escoger una cosa entre varias. También intr.

optativo, va. adj. Que puede ser escogido entre varias cosas.

óptico, ca. adj. ÓPT. De la óptica o relativo a ella. || f. ÓPT. Parte de la física que estudia las leyes y los fenómenos de la luz. || Modo de considerar un asunto, punto de vista. || ÓPT. Establecimiento donde se comercia con instrumentos de óptica.

optimismo. m. Tendencia a ver y juzgar las cosas considerando su aspecto más favorable.

optimista. adj. y com. Que tiende a ver y juzgar las cosas considerando su aspecto más favorable.

óptimo, ma. adj. sup. de Bueno. Muy bueno, que no puede ser mejor.

opuesto, ta. adj. Se dice de la persona o cosa que es muy diferente de otra. || Situado enfrente.

opulencia. f. Abundancia o riqueza excesiva de bienes. || Exceso de cualquier cosa.

opulento, ta. adj. Que tiene abundancia o riqueza excesiva de bienes.

opúsculo. m. Obra científica o literaria de poca extensión.

oración. f. GRAM. Palabra o conjunto de palabras con sentido gramatical completo. || REL. Súplica, ruego que se hace a una divinidad, a un santo, etc.

oráculo. m. En la antigüedad, respuesta que daban los dioses a las cuestiones que se les planteaban. || Divinidad que daba esas respuestas. || Persona a quien todos escuchan con respeto y veneración por su gran autoridad y sabiduría.

orador, ra. m. y f. Persona que habla en público.

oral. adj. Relativo a la boca. || Expresado con la palabra, a diferencia de escrito.

orangután. m. ZOOL. Mamífero antropoide, que llega a alcanzar 2 m de altura, de piel negra y pelaje espeso y rojizo; vive en las selvas de Sumatra y Borneo.

orar. intr. Hacer oración. || Hablar en público para persuadir y convencer a los oyentes.

oratoria. f. Arte de servirse de la palabra para deleitar, persuadir y conmover.

oratorio. m. Sala de una casa particular o de un edificio donde se reza y puede decirse misa. || Composición dramática musical de tema religioso para coro y orquesta.

oratorio, ria. adj. De la oratoria o del orador, o relativo a ellos.

orbe. m. Esfera celeste o terrestre. || Conjunto de todas las cosas creadas.

órbita. f. ASTRON. Trayectoria que, en el espacio, recorre un cuerpo alrededor de otro de masa mayor sometido a la acción de la gravedad. || ANAT. Cada uno de los orificios situados debajo de la frente en que se sitúan los ojos. || Área que abarca la actividad o influencia de alguien o algo.

orca. f. ZOOL. Mamífero cetáceo de cabeza pequeña y redonda, dientes grandes y cónicos, la aleta dorsal muy alta, la caudal muy ancha y las pectorales anchas y cortas.

órdago. m. En el juego del mus, envite de los tantos restantes.

orden. m. Colocación de las cosas en el lugar que les corresponde. || Método que se sigue para hacer algo. || BOT. y ZOOL. Categoría entre la clase y la familia. || REL. En la religión católica, sacramento por el cual son instituidos los sacerdotes. || f. Mandato que se debe obedecer. || Cada una de las instituciones de carácter religioso y militar formadas por caballeros y sometidas a regla.

ordenador, ra. adj. Que ordena. || m. INFORM. Máquina o sistema de tratamiento de la información que realiza operaciones automáticas, para las cuales ha sido previamente programada.

ordenanza. f. Conjunto de preceptos referentes a una materia. Más en pl. || Conjunto de preceptos que rigen una institución. || m. Soldado que asiste a un superior. || com. Persona que realiza tareas subalternas en ciertas oficinas.

ordenar. tr. Poner en orden una cosa. || Mandar. || Encaminar y dirigir a un fin. || REL. Conferir las órdenes sagradas a uno.

ordeñar. tr. Extraer la leche a las hembras de los mamíferos exprimiendo sus ubres.

ordinal. adj. y m. Se dice del numeral que expresa la idea de orden o sucesión.

ordinario, ria. adj. Común, habitual, frecuente. || De mal gusto, poco refinado. || Realizado sin cuidado o con materiales de baja calidad. || adj. y s. Que demuestra mala educación.

orear. tr. Secar o quitar la humedad o el olor que ha contraído algo haciendo que le dé el aire. También prnl. || prnl. Salir uno a tomar el aire.

orégano. m. BOT. Planta herbácea aromática, cuyas hojas y flores se usan en perfumería y como condimento.

oreja. f. Órgano de la audición. || Sentido de la audición. || Ternilla que en el hombre y en muchos animales forma la parte externa del órgano del oído.

orfanato. m. Institución y edificio que recoge a niños cuyos padres han muerto o que no pueden hacerse cargo de ellos.

orfandad. f. Estado del niño que ha perdido a uno o ambos padres. || Falta de afecto o ayuda.

orfebre. com. Persona que labra objetos artísticos de oro, plata y otros metales preciosos.

orfebrería. f. Arte de labrar objetos artísticos de oro, plata y otros metales, preciosos.

orfeón. m. MÚS. Grupo de personas que cantan en un coro.

organdí. m. Tela blanca de algodón, muy fina y transparente.

orgánico, ca. adj. BIOL. Se apl. al organismo vivo, y p. ext., a sus órganos y a los cuerpos organizados. || Que tiene armonía y orden.

organigrama. m. Sinopsis o esquema de la organización de una entidad, de una empresa o de una tarea.

organillo. m. Pequeño piano portátil con manubrio.

organismo. m. BIOL. Ser vivo. || BIOL. Conjunto de órganos del cuerpo animal o vegetal. || Entidad pública o privada que se ocupa de funciones de interés general.

organización. f. Acción y resultado de organizar u organizarse. || Formación social o grupo institucionalmente independiente.

organizar. tr. Planificar o estructurar la realización de algo, distribuyendo convenientemente los medios materiales y personales con los que se cuenta y asignándoles funciones determinadas. También prnl. || Poner orden. || Hacer o producir algo.

órgano. m. BIOL. Cualquiera de las partes del cuerpo de un ser vivo que desempeñan una función diferenciada. || MÚS. Instrumento musical de viento.

orgía. f. Fiesta en la que se busca experimentar todo tipo placeres sensuales, especialmente en lo relativo a la comida, la bebida y el sexo.

orgullo. m. Autoestima. || Exceso de estimación propia, arrogancia.

orgulloso, sa. adj. y s. Que tiene orgullo.

orientación. f. Colocación de una cosa en una posición determinada respecto a los puntos cardinales. || Información que se da a alguien que ignora algo acerca de un asunto o negocio, o consejo sobre la forma más acertada de llevarlo a cabo. || Tendencia.

oriental. adj. Del Este u Oriente. || amer. De Uruguay.

orientar. tr. Colocar una cosa en una posición determinada respecto a los puntos cardinales. || Determinar la posición o dirección de una cosa respecto a un punto cardinal.

oriente. m. Punto del horizonte por donde sale el Sol.

orificio. m. Agujero, especialmente el de pequeño tamaño.

oriflama. f. Estandarte, pendón o bandera de colores.

origen. m. Principio, nacimiento o causa de algo.

original. adj. Del origen o relativo a él. || Se apl. al artista, escritor, pensador, etc., que aporta con sus creaciones algo novedoso, y también a dichas creaciones. || Se dice en general de lo que sorprende por su carácter poco habitual. || adj. y m. Se dice de la obra científica, artística o literaria producida directamente por su autor sin ser copia, imitación o traducción de otra.

originalidad. f. Calidad de original.

originar. tr. Ser instrumento, motivo, principio u origen de algo. || prnl. Iniciarse una cosa.

originario, ria. adj. Que da origen a una persona o cosa.

orilla. f. Faja de tierra más inmediata al agua del mar, de un lago, río, etc. || Término, límite o extremo de la extensión de algunas cosas.

orillo. m. Extremo de una pieza de tela, que suele tener distinto aspecto que el resto.

orín. m. Óxido rojizo que se forma en la superficie del hierro por la acción del aire húmedo. || Orina. Más en pl.

orina. f. Líquido de desecho secretado por los riñones.

orinar. intr. Expeler la orina. También prnl.

oriundo, da. adj. Que tiene su origen en algún lugar.

orla. f. Motivo decorativo que se pone en el borde de algo.

orlar. tr. Adornar el borde de una cosa con algún motivo decorativo.

ornamentar. tr. Embellecer algo con adornos, adornar.

ornamento. m. Adorno. || Conjunto de cualidades morales de una persona.

ornato. m. Adorno.

ornitología. f. ZOOL. Parte de la zoología que se ocupa del estudio de las aves.

ornitorrinco. m. ZOOL. Mamífero australiano de cabeza pequeña y hocico largo, plano y ancho, en forma de pico de pato, y pelaje gris en el dorso y amarillento en el vientre; es de costumbres nocturnas y anfibias.

oro. m. Elemento químico metálico de color amarillo, muy dúctil y maleable y uno de los más pesados; es uno de los metales preciosos. || Caudal, riquezas. || Color amarillo como el de este metal.

orografía. f. GEOG. Parte de la geografía física que describe el relieve. || Conjunto de montes de una región, país, etc.

orondo, da. adj. col. Gordo. || col. Que se muestra muy satisfecho de sí mismo.

oropel. m. Lámina de latón muy fina que imita al oro. || Cosa de poco valor y mucha apariencia.

oropéndola. f. ZOOL. Ave del orden de las paseriformes de plumaje amarillo, con las alas, las patas y la cola negras.

orquesta. f. MÚS. Conjunto de instrumentistas e instrumentos que ejecutan una obra musical.

orquestar. tr. MÚS. Arreglar una pieza musical para tocarla con varios instrumentos.

orquidáceo, a. adj. y f. De las orquidáceas o relativo a esta familia de plantas. || f. pl. BOT. Familia de plantas monocotiledóneas que se caracterizan por sus flores de forma y coloración raras.

orquídea. f. BOT. Nombre común de varias plantas de la familia de las orquidáceas. || Flor de estas plantas.

ortiga. f. BOT. Planta herbácea urticante a la que se le atribuyen propiedades diuréticas y hemostáticas.

orto. m. ASTRON. Salida o aparición del Sol o de otro astro por el horizonte.

ortodoncia. f. MED. Rama de la odontología.

ortodoxia. f. Conformidad con la doctrina tradicional en cualquier rama del saber.

ortodoxo, xa. adj. y s. Conforme con los dogmas de una religión o los principios de una ideología que considera verdaderos.

ortografía. f. GRAM. Parte de la gramática que se ocupa de dictar normas para la adecuada escritura de una lengua.

ortopedia. f. MED. Parte de la medicina que estudia las deformaciones del cuerpo humano y su corrección por medios fisioterapéuticos, quirúrgicos o protésicos.

oruga. f. ZOOL. Larva de la mariposa. || MEC. Llanta articulada de forma continua que se aplica a las ruedas del vehículo y le permite avanzar por terreno escabroso.

orujo. m. Hollejo de la uva.

orza. f. Vasija de barro, alta y sin asas. || MAR. Pieza metálica de forma triangular, que se coloca en la quilla de los balandros de regata para aumentar su estabilidad.

orzuelo. m. Inflamación molesta y dolorosa de alguna glándula aislada de los párpados.

os. pron. Forma átona del pron. pers. com. de segunda persona plural.

osadía. f. Atrevimiento, audacia, imprudencia. || Descaro falta de respeto.

osamenta. f. Esqueleto del hombre y de los animales vertebrados.

osar. intr. Atreverse. También tr.

osario. m. Lugar destinado para reunir los huesos que se sacan de las sepulturas.

oscilación. f. Movimiento alternativo de un lado para otro de un cuerpo que está colgado o apoyado en un solo punto.

oscilar. intr. Moverse alternativamente de un lado para otro un cuerpo que está colgado o apoyado en un solo punto. || Titubear, vacilar.

ósculo. m. Beso.

oscurecer. tr. Reducir la cantidad de luz o claridad de algo. || prnl. Aplicado al día, a la mañana, al cielo, etc., nublarse.

oscuridad. f. Falta de luz o claridad que dificulta la percepción de las cosas. || Falta de claridad mental, por escasez de inteligencia o por confusión de las ideas.

oscuro, ra. adj. Que carece de luz o claridad. || Se dice del color que casi llega a ser negro, y del que se contrapone a otro más claro

de su misma gama. || Desconocido o poco conocido, y por ello generalmente dudoso. || Confuso, falto de claridad, poco comprensible. || Incierto.

óseo, a. adj. De hueso.

osezno. m. Cachorro del oso.

ósmosis u osmosis. f. FÍS. Fenómeno que consiste en el paso recíproco de líquidos de distinta densidad a través de una membrana semipermeable que los separa. || Influencia mutua.

oso. m. ZOOL. Mamífero carnicero de gran tamaño.

ostensible. adj. Que puede manifestarse o mostrarse.

ostentación. f. Exhibición o alarde de riqueza y poder. || Presunción.

ostentar. tr. Mostrar algo que se posee de forma que se haga visible a los demás, por orgullo, vanidad o complacencia. || Poseer algo que se hace visible por sí mismo.

osteología. f. ANAT. Parte de la anatomía que trata de los huesos.

ostra. f. ZOOL. Molusco marino que se adhiere a las rocas; es comestible.

ostracismo. m. En la antigua Grecia, destierro político al que se condenaba a algunos ciudadanos. || p. ext., aislamiento al que se somete a una persona.

otear. tr. Mirar a lo lejos desde un sitio elevado. || Mirar con atención para descubrir algo.

otero. m. Cerro aislado que domina un llano.

otomano, na. adj. y s. De Turquía. || Especie de sofá.

otoñal. adj. Del otoño o relativo a él.

otoño. m. Una de las cuatro estaciones del año, que transcurre entre el verano y el invierno.

otorgar. tr. Consentir o conceder. || Ofrecer algo.

otro, tra. indef. Distinto a la persona que habla o a lo mencionado anteriormente.

otrora. adv. m. En otro tiempo.

ovación. f. Aplauso entusiasta que se ofrece colectivamente.

ovacionar. tr. Aclamar, aplaudir.

oval. adj. Ovalado.

ovalado, da. adj. En forma de óvalo; ovado, oval.

óvalo. m. Curva cerrada, con la convexidad vuelta hacia la parte de afuera y simétrica respecto de uno o dos ejes.

ovario. m. ANAT. Órgano esencial femenino de la reproducción.

oveja. f. ZOOL. Hembra del carnero.

overo, ra. adj. y s. Se aplica a los animales, especialmente al caballo, de pelo de color parecido al del durazno.

overol. m. *amer.* Mameluco, traje de trabajo de una sola pieza.

ovillo. m. Bola que se forma al devanar una fibra textil. || Cosa enredada y de figura redonda.

ovino, na. adj. y m. Se dice del ganado lanar.

ovíparo, ra. adj. y s. ZOOL. Se dice de las especies animales cuyas hembras ponen huevos.

ovni. m. Acrónimo de Objeto Volador No Identificado.

ovoide. adj. y com. Que tiene forma de huevo.

ovoideo, a. adj. y s. Ovoide.

ovulación. f. BIOL. Desprendimiento natural de un óvulo del ovario.

ovular. adj. BIOL. Del óvulo o la ovulación, o relativo a ellos.

ovular. intr. BIOL. Realizar la ovulación.

óvulo. m. BIOL. Gameto o célula reproductora femenina en los animales.

oxidación. f. QUÍM. Transformación de un cuerpo por la acción del oxígeno o de un oxidante.

oxidar. tr. QUÍM. Transformar un cuerpo por la acción del oxígeno o de un oxidante. También prnl.

óxido. m. QUÍM. Compuesto que resulta de la combinación de un elemento metal o un metaloide con el oxígeno.

oxigenación. f. QUÍM. Combinación del oxígeno con algún elemento.

oxigenar. tr. QUÍM. Combinar el oxígeno con algún elemento. También prnl.

oxígeno. m. QUÍM. Elemento químico gaseoso, esencial en la respiración.

oyente. adj. y com. Que oye. || com. Persona que asiste a un curso sin estar matriculado como alumno.

ozono. m. QUÍM. Gas de color azul, muy oxidante, cuya molécula está formada por tres átomos de oxígeno.

P

p. f. Decimoséptima letra del abecedario español. Su nombre es *pe*.

pabellón. m. Edificio, generalmente aislado, pero que forma parte de otro o está contiguo a él. || Cada una de las construcciones que forman parte de un conjunto. || Tienda de campaña en forma de cono. || Colgadura de una cama, un trono, un altar, etc.

pábulo. m. Comida, alimento necesario para vivir. || Cualquier cosa que sirve para alimentar o fomentar a otra.

paca. f. Mamífero roedor sudamericano. de pelaje espeso y lacio, herbívoro y hocico agudo; su carne es muy estimada. || f. Fardo.

pacato, ta. adj. Pacífico, tranquilo. || Timorato, mojigato.

pacay. m. *amer.* Árbol americano que se planta junto al café, para darle sombra.

paceño, ña. adj. y s. De La Paz.

pacer. intr. Comer el ganado la hierba del campo.

pachá. m. Bajá.

pachón, ona. adj. Se dice de un perro parecido al perdiguero, de patas más cortas y torcidas. A veces s.

pachulí o **pachuli.** m. Planta labiada procedente de Asia y de Oceanía de la que por destilación de sus tallos y hojas se obtiene un perfume de aroma intenso. || Ese mismo perfume.

paciencia. f. Capacidad para soportar con resignación desgracias, trabajos, ofensas, etc. || Tranquilidad para esperar. || Calma para hacer trabajos minuciosos o entretenidos.

paciente. adj. Que tiene paciencia. || com. Enfermo que sigue un tratamiento respecto al médico.

pacificación. f. Conjunto de actividades, diplomáticas, humanitarias o militares, que se llevan a cabo con el fin de lograr el final de un conflicto bélico o social. || Calma, tranquilidad, carencia de conflictos.

pacificar. tr. Establecer la paz o la calma donde no la había. || Reconciliar a quien estaba enemistado.

pacífico, ca. adj. Partidario de la paz y enemigo de enfrentamientos y discordias. || Tranquilo, no alterado por luchas o disturbios.

pacifismo. m. Doctrina que se opone a la guerra y a cualquier tipo de violencia y defiende el uso de la serenidad y el raciocinio para el logro de la paz.

paco, ca. adj. y m. Rojizo, bermejo. || m. Roedor. || Llama, rumiante andino.

pacotilla. f. Conjunto de mercancías que la tripulación de un buque puede embarcar libre de flete.

pactar. tr. Llegar a un acuerdo personas o entidades para concluir un negocio o cualquier otra cosa, obligándose a cumplirlo.

pacto. m. Tratado o acuerdo entre personas o entidades.

padecer. tr. Sentir un daño, dolor, enfermedad o pena. También intr. || Soportar, sufrir algo nocivo o dañino. También intr. || Recibir daño las cosas.

padecimiento. m. Sufrimiento físico, psíquico o sentimental.

padrastro. m. Marido de la madre, respecto de los hijos habidos antes por ella.

padre. m. Hombre respecto de sus hijos o animal macho respecto de sus crías. || Cabeza de una descendencia, familia o pueblo. || Tratamiento que se da a ciertos religiosos o sacerdotes. || Persona que ha creado una ciencia o idea o ha influido notablemente en ella. || pl. El padre y la madre.

padrenuestro. m. REL. Oración religiosa enseñada por Jesucristo.

padrillo. m. *amer.* Caballo semental, padre.

padrinazgo. m. Función que hace una persona que actúa como padrino de otra. || Protección que se da a una persona. || Título o cargo de padrino.

padrino. m. Persona que presenta o asiste a otra en algunos sacramentos o en otros actos y ceremonias. || Persona que protege a otra o la ayuda a triunfar.

padrón. m. Lista de los habitantes de una población hecha por las autoridades.

paella. f. Plato de arroz seco, con carne, pescado, mariscos, legumbres y azafrán, típico del levante español.

paga. f. Cantidad de dinero que se da como pago, sueldo. || Dinero que los padres dan a sus hijos para sus gastos personales.

pagador, ra. adj. Que paga. También s. || m. y f. Persona encargada de pagar.

pagano, na. adj. Calificativo dado por los cristianos a los creyentes en religiones anteriores y distintas de la suya.

pagar. tr. Dar a alguien el dinero que se le debe o le corresponde. || Cumplir el castigo por un delito o falta. || prnl. Enorgullecerse, ufanarse de una cosa.

pagaré. m. Documento por el que alguien se obliga a pagar cierta cantidad de dinero.

página. f. Cada una de las dos caras de una hoja de un libro o cuaderno.

pago, ga. adj. Se dice de aquel o aquello que está pagado.

pago. m. Entrega de un dinero que se debe. || Premio o recompensa.

pago. m. Pueblecito o aldea. || Lugar en que ha nacido o está arraigada una persona. Más en pl.

pagoda. f. Templo, propio del budismo.

paila. f. Vasija grande de metal.

país. m. Territorio que forma una unidad geográfica, política y cultural. || Estado independiente.

paisaje. m. Extensión de terreno que se ve desde un sitio. || Porción de terreno considerada en su aspecto artístico. || Pintura, fotografía.

paisajista. adj. y com. Se dice del pintor de paisajes. || Se dice del especialista en la creación de parques y jardines.

paisanaje. m. Conjunto de paisanos.

paisano, na. adj. Del mismo país, provincia o lugar que otra persona. También s. || m. y f. Campesino.

paja. f. Caña de los cereales, seca y separada del grano.

pajar. m. Sitio cubierto donde se guarda la paja.

pajarero, ra. adj. De los pájaros o relativo a ellos. || m. y f. Persona que se dedica a la caza, cría o venta de pájaros.

pájaro, ra. m. y f. Cualquiera de las aves terrestres, voladoras, con pico recto no muy fuerte y tamaño generalmente pequeño. || ZOOL. Ave paseriforme.

paje. m. Criado joven que acompañaba a sus amos o servía como criado en la casa.

pajizo, za. adj. De color beige o amarillo parecido a la paja. || Hecho y cubierto de paja.

pajonal. m. Terreno cubierto de pajón. || amer. P. ext., sitio poblado de hierbas, herbazal.

pala. f. Utensilio formado por una tabla o plancha rectangular o redondeada y un mango, que sirve para diversos usos, p. ej., para cavar la tierra.

palabra. f. Sonido o conjunto de sonidos articulados que expresan una idea. || Representación gráfica de estos sonidos. || Facultad de hablar.

palabrería. f. Abundancia o exceso de palabras inútiles.

palacete. m. Casa de recreo construida y decorada como un palacio, pero más pequeña.

palaciego, ga. adj. Relativo a palacio.

palacio. m. Casa grande y ricamente decorada destinada para residencia de los reyes. || Cualquier casa suntuosa.

palada. f. Porción que la pala puede coger de una vez.

paladar. m. ANAT. Parte interior y superior de la boca. || Gusto con que se percibe el sabor de los alimentos.

paladear. tr. Mantener un alimento en la boca para apreciar su sabor. || Disfrutar, recrearse con algo.

paladín. m. Caballero que se distinguía en la guerra por sus hazañas. || Defensor a ultranza de una persona o cosa.

paladio. m. QUÍM. Elemento químico metálico perteneciente al grupo del platino, de color blanco y brillo fuerte.

palafito. m. Vivienda primitiva, construida sobre una superficie acuática, sobre un armazón de estacas.

palafrén. m. Caballo manso en que solían montar las damas.

palanca. f. Máquina simple, generalmente una barra, que, apoyada sobre un punto, sirve para levantar pesos. || Influencia para obtener un fin.

palangana. f. Recipiente bajo y de boca muy ancha que se emplea para lavar o lavarse.

palanquear. tr. Mover una cosa por medio de una palanca. || amer. Emplear alguien su influencia para conseguir algo.

palanquín. m. Especie de silla o litera usada en Oriente para llevar en ellas a las personas importantes.

palatal. adj. Relativo al paladar.

palatalización. f. FON. Proceso por el cual un fonema se convierte en palatal.

palatino, na. adj. Perteneciente al paladar. || Del palacio o propio de los palacios.

palco. m. Habitación independiente a modo de balcón, con varios asientos, que hay en teatros y en otros espectáculos.

palenque. m. Valla de madera o estacada que se hace para delimitar, cerrar o defender un terreno. || amer. Poste liso y fuerte clavado en tierra, que sirve para atar animales.

paleografía. f. Disciplina de la historia que estudia la escritura y signos de los libros y documentos antiguos.

paleolítico, ca. adj. GEOL. Se dice del periodo más antiguo de la prehistoria, conocido también como el periodo de la piedra tallada. También m.

paleología. f. LING. Estudio de las lenguas antiguas.

paleólogo, ga. m. y f. Persona que conoce las lenguas antiguas.

paleontología. f. Ciencia que estudia los fósiles de especies animales y vegetales desaparecidas.

palestino, na. adj. y s. De Palestina.

palestra. f. Lugar donde se celebraban luchas y combates.

paletilla. f. Omóplato.

paleto, ta. adj. desp. Se dice de la persona ordinaria e ignorante que vive en el campo o procede de un pueblo pequeño. También s. || desp. Poco refinado o de mal gusto. || f. Tabla pequeña, ovalada o rectangular, donde el pintor ordena sus colores. || Pala pequeña utilizada para muy distintos usos. || Utensilio de forma triangular, con un mango de madera, que usan los albañiles para coger y extender la mezcla o mortero. || Pieza de los ventiladores, hélices, etc., que recibe y utiliza el choque o la resistencia del aire.

paliar. tr. Disminuir la intensidad de un dolor o los efectos dañinos de algo. || Mitigar, suavizar, atenuar, quitarle importancia a algo.

paliativo, va. adj. Se dice de lo que mitiga, suaviza o atenúa el dolor o los efectos negativos de algo. También m.

palidecer. intr. Ponerse pálido. || fig. Disminuir la importancia o el esplendor de algo.

pálido, da. adj. Que no tiene o ha perdido el color rosado de la cara. || Descolorido, desvaído, poco vivo o apagado.

palio. m. Dosel rectangular de tela colocado sobre cuatro o más varas largas.

palisandro. m. Madera de ciertos árboles tropicales, compacta y de color rojo oscuro.

paliza. f. Tunda o zurra de golpes que se dan a una persona o animal.

palma. f. BOT. Nombre común de las plantas de la familia de las palmáceas. || Árbol de la palmera. || Hoja de la palmera. || Parte interior y algo cóncava de la mano. || fig. Gloria, triunfo, victoria.

palmado, da. adj. De figura o forma de palma. || f. Golpe que se da con la palma de la mano.

palmar. adj. Se dice de los objetos hechos de palma. || Relativo a la palma de la mano. || m. Sitio o lugar donde se crían palmas o palmeras.

palmario, ria. adj. Claro, patente y manifiesto.

palmatoria. f. Utensilio con forma de platillo y un asa que sirve para sostener una vela. || Palmeta, vara.

palmear. intr. Dar palmadas.

palmera. f. Árbol palmáceo, de hasta 30 m de altura, con tallo erguido rematado por un penacho de hojas pecioladas, flores blancas y olorosas, y fruto carnoso.

palmeta. f. Vara que usaban los maestros de escuela para golpear la palma de la mano a sus alumnos como castigo.

palmípedo, da. adj. y f. De los palmípedos o relativo a este orden de aves. || f. pl. ZOOL. Orden de las aves acuáticas que tienen las pa-

tas palmeadas por una membrana interdigital.

palmito. m. Planta de la familia de las palmas. || Tallo blanco y comestible de esta planta.

palmo. m. Medida de longitud equivalente a unos 21 cm.

palmotear. intr. Golpear repetidamente una con otra las palmas de las manos.

palo. m. Trozo de madera mucho más largo que grueso y generalmente cilíndrico. || Golpe dado con este trozo de madera. || Madera.

paloma. f. Ave domesticada que provino de la paloma silvestre. || ZOOL. Cualquiera de las aves que tienen la mandíbula superior abovedada en la punta y los dedos libres.

palomar. m. Lugar donde se recogen y crían palomas.

palomo. m. Macho de la paloma.

palote. m. Trazo que los niños hacen en el papel pautado para aprender a escribir.

palpable. adj. Que puede tocarse con las manos. || fig. Claro, evidente.

palpar. tr. Tocar con las manos una cosa para examinarla, reconocerla o para orientarse.

palpitación. f. Acción y resultado de palpitar.

palpitar. intr. Contraerse y dilatarse alternativamente el corazón.

palta. f. *amer.* Aguacate, fruto.

palto. m. *amer.* Aguacate, árbol.

palúdico, ca. adj. Relativo al paludismo o al pantano. || Que padece paludismo. También s.

paludismo. m. Enfermedad de regiones pantanosas y cálidas, que se transmite al hombre por la picadura del mosquito anofeles.

palustre. adj. Relativo a la laguna o al pantano.

pampa. f. Llanura extensa de América meridional sin vegetación arbórea.

pampeano, na. adj. y s. De las pampas. || De La Pampa.

pampero, ra. adj. Pampeano. || Se dice del viento impetuoso procedente de dicha región.

pan. m. Alimento hecho con harina, mezclada con agua y sal, que, después de amasada y fermentada por la acción de la levadura, se cuece al horno.

pana. f. Tela gruesa, generalmente de algodón, semejante en el tejido al terciopelo.

panacea. f. Medicamento al que se atribuye eficacia para curar diversas enfermedades. || Remedio para cualquier problema.

panadería. f. Oficio de panadero. || Establecimiento o lugar donde se hace o vende el pan.

panal. m. Conjunto de celdillas de cera que las abejas forman dentro de la colmena para depositar la miel.

panamá. m. Sombrero de hombre, flexible y con el ala recogida, hecho de pita.

panameño, ña. adj. y s. De Panamá.

panamericanismo. m. Tendencia a fomentar las relaciones de todo orden entre los países del hemisferio occidental.

panamericano, na. adj. De todas las naciones americanas.

pancarta. f. Cartel informativo o propagandístico, letrero.

panceta. f. Tocino de cerdo.

páncreas. m. ANAT. Glándula asociada al aparato digestivo de los vertebrados que segrega el jugo pancreático y la insulina.

pandemia. f. PAT. Enfermedad epidémica que se extiende a muchos países.

pandémico, ca. adj. De la pandemia o relativo a este tipo de enfermedad.

pandereta. f. Pandero con sonajas o cascabeles.

pandero. m. Instrumento de percusión formado por uno o dos aros provistos de sonajas.

pandilla. f. Grupo de amigos. || Liga o unión que forman algunos para engañar a otros o hacerles daño.

panegírico, ca. adj. Que alaba. || m. Discurso en alabanza de una persona y, p. ext., elogio.

panel. m. Cada una de las piezas o separaciones en que se divide una pared, la hoja de una puerta u otra superficie. || Grupo de personas que discuten un asunto en público.

panera. f. Cestillo para colocar el pan en la mesa.

panfleto. m. Folleto de propaganda política. || p. ext., libro o escrito que encierra una propaganda política.

pangermanismo. m. Doctrina que proclama la unión de todos los pueblos germánicos.

pangolín. m. Mamífero desdentado parecido al lagarto; es de costumbres nocturnas y habita en África y Asia.

pánico, ca. adj. MIT. Referente al dios Pan. || m. Miedo grande o temor muy intenso. También adj.

panificación. f. Transformación de la harina en pan.

panificar. tr. Hacer pan.

panislamismo. m. Tendencia de los pueblos musulmanes a lograr, mediante su unión, la independencia política, religiosa y cultural.

panizo. m. Planta gramínea anual. || Grano, redondo y anaranjado de esta planta. || Maíz.

panoja. f. Mazorca del maíz, del panizo y del mijo. || Racimo de uvas o de otra fruta.

panoplia. f. Tabla donde se colocan floretes, sables y otras armas de esgrima. || Armadura completa. || Colección de armas.

panorama. m. Vista que se contempla desde un lugar. || Aspecto general de algo. || Pintura realizada dentro de un gran cilindro hueco que se contempla desde su centro.

panorámico, ca. adj. Del panorama o relativo a él. || Se dice de lo hecho o lo visto a una distancia que permite contemplar el conjunto de lo que se quiere abarcar.

panqué o **panqueque.** m. *amer.* Torta de harina, leche y azúcar que se come rellena con alimentos dulces o salados.

pantagruélico, ca. adj. Se dice de las comidas muy abundantes.

pantalla. f. Lámina que se coloca delante o alrededor de la luz artificial. || Superficie sobre la que se proyectan las imágenes cinematográficas. || Parte de un televisor, del monitor de un ordenador o de otros aparatos electrónicos que permite visualizar imágenes o caracteres. || p. ext., mundo que rodea a la televisión o al cine.

pantalón. m. Prenda de vestir con dos perneras que, generalmente, cubre desde la cintura hasta los tobillos. También pl.

pantanal. f. Tierra pantanosa.

pantano. m. Hondonada donde se detienen las aguas. || fig. Dificultad grande.

pantanoso, sa. adj. Se dice del terreno donde hay pantanos, charcos y cenagales. || *col.* Lleno de inconvenientes, dificultades u obstáculos.

panteísmo. m. Doctrina filosófico-religiosa que afirma la identidad sustancial de Dios y el mundo.

panteón. m. Monumento funerario. || *amer.* Cementerio.

pantera. f. Leopardo negro o de pelaje oscuro.

pantomimo, ma. m. y f. Actor, bufón que en los teatros remeda o imita diversos personajes. || f. Género teatral basado en gestos y movimientos, sin utilizar la palabra. || Comedia que se hace para simular algo.

pantorrilla. f. Parte carnosa y abultada de la pierna, por debajo de la corva.

pantufla. f. Zapatilla sin orejas ni talón, para andar por casa. Más en pl.

panza. f. Barriga, vientre de las personas, sobre todo cuando es prominente. || Parte más saliente de algunos recipientes u objetos.

pañal. m. Trozo de tela o de un material absorbente que se pone a los bebés como si fuera una braga para empapar la orina.

paño. m. Tela de lana fuerte y tupida. || Cualquier pedazo de tela. || Trapo que se utiliza en la cocina y para otras tareas domésticas.

pañuelo. m. Trozo de tela o papel, cuadrado, utilizado para diferentes usos.

papá. m. Familiarmente, padre.

papa. m. Máxima autoridad de la Iglesia católica.

papa. f. Patata, tubérculo comestible.

papada. f. Abultamiento carnoso anormal que se forma debajo de la barbilla.

papado. m. Dignidad de papa y tiempo que dura su mandato.

papagayo, ya. m. y f. Nombre común que se da a distintas especies de ave trepadora, de colores brillantes, propia de los países tropicales.

papal. adj. Del Papa o relativo a este cargo.

papal. m. *amer.* Terreno sembrado de papas.

papaveráceo, a. adj. y f. De las papaveráceas o relativo a esta familia de plantas. || f. pl. BOT. Familia de plantas angiospermas dicotiledóneas, con fruto capsular con muchas semillas, oleaginosas y de albumen carnoso, como la amapola.

papaya. f. Fruto del papayo, semejante al melón.

papayo. m. Árbol caricáceo, de unos 8 m de altura, propio de los países cálidos, cuyo fruto comestible es la papaya.

papel. m. Material hecho con pasta vegetal molida y blanqueada que se dispone en finas láminas y se usa para escribir, dibujar, etc. || Hoja o trozo de este material. || Impreso que no llega a formar libro. || Documento, título o manuscrito de cualquier clase. || En teatro, cine, etc., parte de la obra y personaje que le corresponde representar a un actor. || Función que desempeña una persona o cosa. || Documento que contiene la obligación del pago de una cantidad.

papelería. f. Establecimiento donde se venden objetos de escritorio.

papeleta. f. Papel que contiene algunos datos o acredita alguna cosa.

papelón, ona. adj. *col.* Se dice de la persona presumida y ostentosa. También s. || m. *col.* Papel ridículo o desafortunado que desempeña una persona.

papera. f. PAT. Inflamación del tiroides. || pl. Enfermedad infecciosa que produce una inflamación de la glándula parótida.

papila. f. ANAT. y BOT. Cada una de las pequeñas prominencias cónicas de la piel, las mucosas y ciertos órganos de algunos vegetales y, en especial, las que existen en la lengua.

papilar. adj. ANAT. y BOT. De las papilas o relativo a ellas.

papiro. m. Planta de África de tallo alto y hojas largas. || Lámina sacada del tallo de esta planta que se empleaba para escribir o dibujar sobre ella.

papista. adj. Nombre que los protestantes dan a los católicos. También s.

papo. m. Papada. || Buche de las aves. || Nombre vulgar del bocio.

paquebote o **paquebot.** m. Embarcación que lleva el correo y pasajeros.

paquete. m. Lío o envoltorio.

paquete, ta. adj. *amer.* Que va muy arreglado o elegante. También s.

paquidermo, ma. adj. y m. De los paquidermos o relativo a este suborden animal. || m. pl. ZOOL. Suborden de los animales mamíferos artiodáctilos, omnívoros o herbívoros y de piel muy gruesa y dura, como el jabalí, el elefante o el hipopótamo.

par. adj. Se dice del órgano que corresponde simétricamente a otro igual. || MAT. Se dice del número que es exactamente divisible por dos. También s. || m. Conjunto de dos personas o dos cosas de una misma especie. || Igualdad o semejanza con alguna cosa.

para. prep. Indica finalidad o uso. || Expresa destino o destinatario. || Indica dirección. || Desde el punto de vista o según la opinión de alguien. || Expresa el motivo o causa de una cosa.

parabién. m. Felicitación, enhorabuena. Más en pl.

parábola. f. Narración de un suceso inventado, del que se saca una enseñanza moral. || GEOM. Curva abierta, simétrica respecto de un eje.

parabrisas. m. Cristal que lleva un automóvil en su parte delantera.

paracaídas. m. Utensilio hecho con tela resistente que, al extenderse en el aire, toma la forma de una sombrilla grande, y que se usa para moderar la velocidad de caída de los cuerpos.

paracaidismo. m. Actividad deportiva o militar que consiste en lanzarse en paracaídas.

paradero. m. Lugar o sitio donde se para o se va a parar.

paradigma. m. Ejemplo o ejemplar. || LING. Cada uno de los esquemas formales a que se ajustan las palabras, según sus respectivas flexiones.

paradisiaco, ca o **paradisíaco, ca.** adj. Relativo al paraíso.

parado, da. adj. Tímido, poco atrevido. || *amer.* Derecho o en pie. || f. Acción de parar o pararse. || Lugar o sitio donde se para.

paradoja. f. Idea extraña o irracional que se opone al sentido común y a la opinión general. || Contradicción, al menos aparente, entre dos cosas o ideas. || Aserción inverosímil o absurda, que se presenta con apariencias de verdadera.

paradójico, ca. adj. Que incluye paradoja o que usa de ella.

parador, ra. adj. Que para o se para. || m. Mesón, restaurante.

parafina. f. QUÍM. Sustancia sólida, opalina, inodora, menos densa que el agua y fácilmente fusible, que se obtiene normalmente como subproducto de la fabricación de aceites lubrificantes derivados del petróleo.

parafrasear. tr. Hacer la paráfrasis de un texto.

paráfrasis. f. Explicación o interpretación de un texto.

paragolpes. m. Parachoques. También se escribe paragolpe.

paraguas. m. Utensilio portátil para resguardarse de la lluvia.

paraguayo, ya. adj. y s. Del Paraguay.

paraíso. m. Lugar donde, según la Biblia, vivieron Adán y Eva. || Lugar donde se goza de la presencia de Dios, y, por tanto, al que aspiran a llegar los cristianos tras la muerte. || Lugar muy hermoso y agradable. || Conjunto de asientos del piso más alto de algunos teatros.

paraje. m. Lugar, sitio, sobre todo si está alejado o aislado.

paralelepípedo. m. GEOM. Prisma de seis caras, cuyas bases son paralelogramos, iguales y paralelos dos a dos.

paralelo, la. adj. Se apl. a las líneas o planos equidistantes entre sí, que por más que se prolonguen no pueden cortarse. || Correspondiente, semejante o desarrollado a un mismo tiempo. || m. Cotejo o comparación de una cosa con otra. || Cada uno de los círculos imaginarios horizontales que rodean la Tierra.

paralelogramo. m. GEOM. Polígono de cuatro lados paralelos entre sí dos a dos.

parálisis. f. PAT. Privación o disminución del movimiento. || Estancamiento, inactividad.

paralítico, ca. adj. Enfermo de parálisis. También s.

paralización. f. Pérdida de la capacidad de movimiento de un miembro del cuerpo. || Detención que experimenta una cosa dotada de movimiento.

paralizar. tr. Causar parálisis. || Detener, impedir la acción y movimiento de una persona o cosa. También prnl.

paralogismo. m. Razonamiento falso.

parámetro. m. MAT. Variable que, incluida en una ecuación, modifica el resultado de esta. || ESTAD. Valor numérico o dato fijo que se considera en el estudio o análisis de una cuestión.

páramo. m. Terreno yermo, sin vegetación. || Superficie de terreno llano, de altitud elevada, de suelo rocoso y pobre en vegetación.

parangón. m. Comparación, relación de igualdad o semejanza.

parangonar. tr. Comparar.

paraninfo. m. Salón de actos académicos de algunas facultades o universidades.

paranoia. f. PSICOPAT. Conjunto de perturbaciones mentales que provocan un estado de delirio, y que se caracterizan por ideas o ilusiones fijas, sistematizadas y lógicas.

paranoico, ca. adj. Relativo a la paranoia.

parapetar. tr. y prnl. Resguardarse con parapetos.

parapeto. m. Barrera hecha con piedras, sacos de arena, etc., para protegerse detrás de ella en un combate. || Pared o barandilla que se pone para evitar caídas.

parar. intr. Cesar o interrumpirse un movimiento o acción. También prnl. || Llegar a cierto estado, condición, etc., después de haber pasado por distintos sucesos. || Estar en un lugar o frecuentarlo. || Recaer, venir a estar en dominio o propiedad. || tr. Detener o impedir un movimiento o acción. || amer. Estar de pie o levantarse.

pararrayos. m. Dispositivo que se coloca sobre edificios, barcos, etc., para preservarlos de los efectos de las descargas eléctricas producidas en la atmósfera.

parásito, ta o **parasito, ta.** adj. BIOL. Se dice del organismo vegetal o animal que vive a costa de otro de distinta especie, alimentándose de las sustancias que este elabora. || m. y f. Persona que vive a costa de otra.

parasol. m. Sombrilla, quitasol.

parcela. f. Pequeña porción o partición de terreno.

parcelar. tr. Dividir una finca grande en porciones más pequeñas.

parche. m. Trozo de tela u otra cosa que se pone sobre algo para tapar un agujero, un roto o una falta. || Arreglo o solución provisional.

parcial. adj. Solo de una parte. || No total o completo. || Que no es justo o equitativo. || m. Examen que el alumno hace de una parte de la asignatura. || DEP. Resultado a que ha llegado en un momento intermedio de una competición o un partido.

parcialidad. f. Amistad, estrechez, familiaridad en el trato. || Designio anticipado, prejuicio o prevención en favor o en contra de personas o cosas, que conlleva la falta de neutralidad o la injusticia en el modo de juzgar o de proceder. || Bando, partido.

parco, ca. adj. Sobrio y moderado en cualquier aspecto. || f. fig. La muerte.

pardo, da. adj. De color marrón rojizo. También s. || Oscuro. || amer. Se decía del mulato, mestizo de negra y blanco o al contrario.

pardusco, ca. adj. De color cercano al pardo.

parear. tr. Juntar, igualar dos cosas comparándolas entre sí. || Formar parejas.

parecer. m. Opinión, juicio, dictamen.

parecer. copul. Tener determinada apariencia o aspecto o causar cierta impresión. || intr. Opinar, creer. || intr. impers. Existir indicios de lo que se dice. || prnl. Tener semejanza, asemejarse.

parecido, da. adj. Que se parece a otra persona o cosa. || m. Semejanza, similitud.

pared. f. Obra de albañilería levantada en posición vertical, para cerrar un espacio o sostener el techo. || Tabique. || Placa o lámina con que está cerrado o limitado un espacio.

parejo, ja. adj. Igual o semejante. || f. Conjunto de dos personas o cosas que tienen alguna correlación o semejanza.

paremia. f. Refrán, proverbio, dicho popular que contiene una moraleja.

paremiología. f. Ciencia que estudia los refranes. || Tratado que los contiene.

parénquima. m. BOT. Tejido vegetal esponjoso con grandes vacuolas y fuerte pared celular, que realiza funciones de fotosíntesis y de almacenamiento. || ZOOL. Tejido de los órganos glandulares.

parentela. f. Conjunto de parientes.

parentesco. m. Unión o vínculo que existe entre los parientes. || Relación o semejanza que existe entre las cosas.

paréntesis. m. Signo ortográfico ( ) en que suele encerrarse una palabra, expresión o frase que se intercala en el discurso. || Esta palabra, expresión o frase intercalada en el discurso. || Parada o interrupción. || Signo igual al anterior utilizado en matemáticas.

paria. com. Persona de la casta ínfima de los hindúes. || Persona insignificante.

paridad. f. Igualdad de las cosas entre sí. || Relación de una moneda con el patrón monetario internacional vigente.

pariente, ta. adj. Se dice de la persona que pertenece a la misma familia que otra. Más c. s. || Semejante o parecido.

parietal. adj. y m. ANAT. Dícese del hueso par situado en las partes media y laterales del cráneo.

parir. intr. Expulsar la hembra el feto que tenía en su vientre. También tr.

parisién o **parisiense.** adj. y com. De París.

parlamentar. intr. Hablar o conversar para llegar a un acuerdo o solución.

parlamentario, ria. adj. Del parlamento, del parlamentarismo, o relativo a ellos.

parlamento. m. Cámara o asamblea legislativa, nacional o provincial. || Acción de parlamentar.

parlante. adj. Que habla o parla. || m. Altavoz.

parlar. intr. Hablar, conversar mucho y sin sustancia.

parlotear. intr. Hablar mucho y sin sustancia, por diversión o pasatiempo.

parmesano, na. adj. y s. De Parma.

parnaso. m. Conjunto de los poetas de un lugar o época determinados.

paro. m. Cesación de un movimiento o una acción. || Interrupción en el trabajo. || Huelga, cesación voluntaria en el trabajo por común acuerdo de obreros o empleados.

parodia. f. Imitación que se hace de alguien o algo como burla.

parodiar. tr. Hacer una parodia. || Remedar, imitar.

paronimia. f. LING. Circunstancia de ser parónimos dos o más vocablos.

parónimo, ma. adj. Se dice de la palabra que se parece a otra en su forma o pronunciación. También m. || Se apl. a cada uno de los dos o más vocablos que tienen entre sí relación o semejanza, o por su etimología o solamente por su forma o sonido.

parótida. f. ANAT. Cada una de las dos glándulas salivales mayores, situadas en la parte posterior de la boca.

paroxismo. m. PAT. Empeoramiento o acceso violento de una enfermedad. || Exaltación extrema de los sentimientos y pasiones.

parpadear. intr. Abrir y cerrar repetidamente los párpados. || Titilar una luz.

párpado. m. ANAT. Cada una de las membranas movibles que sirven para resguardar el ojo.

parque. m. Terreno o sitio cercado y con plantas, para caza o para recreo.

parquedad. f. Moderación económica o prudencia en el uso de las cosas. || Moderación, sobriedad.

parquímetro. m. Aparato destinado a regular el tiempo de estacionamiento de los vehículos en un determinado lugar.

parra. f. Vid de tronco leñoso, sobre todo si está levantada sobre un armazón artificial por la que extender sus.ramas.

párrafo. m. Cada una de las divisiones de un escrito señaladas por letra mayúscula al principio del renglón y punto y aparte al final del tramo de escritura.

parricida. com. Persona que comete parricidio. También adj.

parricidio. m. Delito cometido por el que mata a su ascendiente o descendiente, directos o colaterales, o a su cónyuge.

parrilla. f. Rejilla de hierro, provista de mango y pies, que se pone sobre la lumbre para asar o tostar alimentos.

párroco. m. Cura que tiene a su cargo una parroquia. También adj.

parroquia. f. Iglesia en que se administran los sacramentos a los fieles de un determinado territorio o distrito.

parroquial. adj. De la parroquia, del párroco, o relativo a ellos.

parroquiano, na. adj. De una determinada parroquia o que pertenece a ella. También s. || m. y f. Persona que acostumbra a ir siempre a un mismo establecimiento público, cliente.

parsimonia. f. Calma, templanza o lentitud excesivas. || Moderación en los gastos.

parte. f. Porción indeterminada de un todo. || Sitio o lugar. || Lado de una cosa. || Cada una de las personas o grupos de ellas enfrentadas en una disputa, pleito, etc. || m. Escrito, ordinariamente breve, que por el correo o por otro medio cualquiera se envía a una persona para darle aviso o noticia urgente.

partero, ra. m. y f. Persona que asiste a una mujer en un parto.

partición. f. División o reparto que se hace entre varios.

participación. f. Intervención en algún asunto. || Proporción o cantidad de dinero con la que se participa en un negocio o asunto. || Aviso, parte o noticia que se da a uno.

participante. adj. Que participa en alguna cosa.

participar. intr. Entrar junto con otros en un asunto o negocio. || Compartir la opinión, sentimientos o cualidades de otra persona o cosa. || tr. Dar parte, comunicar.

partícipe. adj. Que participa o interviene en una cosa. También com.

participio. m. Forma no conjugable del verbo que desempeña generalmente la función de adjetivoverbal.

partícula. f. Cuerpo muy pequeño o parte pequeña de algo.

particular. adj. Propio y privativo de una persona o cosa. || Singular o individual en oposición a universal o general. || Privado, que no es público. || Se dice del acto que no es oficial y se realiza al margen del cargo que desempeñe una persona. || Se dice de la persona que no tiene un cargo oficial y no trabaja en la oficina o centro del que se trate. También com. || m. Punto o materia de los que se trata.

partida. f. Ida o marcha de un lugar. || Cantidad que se anota en una cuenta. || Mercancía que se envía o entrega de una vez. || Anotación que se hace en un registro sobre ciertos datos de una persona. || Copia certificada de alguno de estos registros o anotaciones. || Cada una de las jugadas o manos de que consta un juego. || Conjunto de personas reunidas con un determinado fin.

partidario, ria. adj. Que defiende o apoya una idea o a una parte o un bando o forma parte de él. También s.

partido, da. adj. Dividido, roto. || m. Organización o asociación política estable que, apoyada en una ideología afín entre sus afiliados, aspira a ejercer el poder para desarrollar su programa. || Provecho, ventaja. || Territorio de una jurisdicción o administración que tiene por cabeza un pueblo principal. || DEP. Competición deportiva.

partir. tr. Dividir algo en dos o más partes. || Hender, rajar, romper. También prnl. || Re-

partir un todo entre varios. || Sacar o separar una parte de un todo. || MAT. dividir, hallar cuántas veces una cantidad está contenida en otra. || intr. Tomar un hecho, una fecha o cualquier otro antecedente como base para un razonamiento o cómputo. || Irse, ponerse en camino. || Perjudicar, molestar mucho. || Proceder, nacer, tener una cosa su origen o su causa en algo.

partitura. f. Texto completo de una obra musical para varias voces o instrumentos.

parto. m. Salida del feto del cuerpo materno dando por finalizado el embarazo.

parturienta. adj. Se dice de la mujer que está de parto o acaba de parir. También f.

parvedad. f. Escasez, pequeñez, o cortedad.

parvo, va. adj. Pequeño, escaso. || fig. Montón. || f. Mies tendida en la era.

párvulo, la. adj. De corta edad. || adj. y s. Se dice del niño que recibe educación preescolar.

pasa. f. Uva desecada.

pasacalle. m. MÚS. Marcha popular de compás muy vivo. || Cartel que cruza una calle.

pasadizo. m. Paso estrecho.

pasado, da. adj. Se dice de lo ocurrido en un tiempo anterior al presente. || Se dice de lo que está estropeado, gastado o muy cocido. || m. Tiempo anterior al presente.

pasador. m. Broche u horquilla para sujetar algo. || Pestillo de puertas y ventanas.

pasaje. m. Derecho que se paga por pasar por un lugar. || Billete de barco o avión. || Conjunto de pasajeros de un barco o avión. || Calle estrecha y corta o pasadizo. || Paso público entre dos calles, algunas veces cubierto. || Fragmento de una obra con sentido completo.

pasajero, ra. adj. Que pasa pronto o dura poco. || m. y f. Persona que viaja en un vehículo, especialmente de un avión, barco o tren, sin conducirlo.

pasamano. m. Listón que se coloca sobre las barandillas. || Trabajo hecho con cordones trenzados, borlas, galones, etc., que se usa para adornar ropas y otras cosas.

pasamanos. m. pl. Pasamano, listón.

pasaporte. m. Documento en que consta la identidad de una persona, necesario para viajar por algunos países.

pasar. tr. Llevar, trasladar, conducir de un lugar o situación a otro. También intr. y prnl. || Cruzar de una parte a otra. || Introducir o extraer mercancías, especialmente de manera ilegal. || Ir más allá de un punto, traspasarlo. || Enviar, transmitir. || Dar, transferir o entregar algo a alguien. || Superar, exceder. || Sufrir, padecer. || Tolerar o permitir. || Tragar comida o bebida. || Introducir, meter una cosa por el hueco de otra. || Colar, cribar, tamizar.

|| Proyectar una película cinematográfica. || intr. Transitar por un lugar, entrar en él o atravesarlo. || Cesar, acabarse algo. También prnl. || Con referencia al tiempo, ocuparlo. || Experimentar una situación. || intr. impers. Ocurrir, suceder. || Olvidarse de algo. || Excederse en algo.

pasarela. f. Puente pequeño o provisional. || Pasillo estrecho y algo elevado por donde desfilan los modelos.

pascua. f. Fiesta que celebran los hebreos en marzo, en memoria de la libertad del cautiverio de Egipto. || En la Iglesia católica, fiesta de la resurrección de Cristo.

pase. m. Acción y resultado de pasar. || Cambio de lugar o de situación. || Movimiento que hace con las manos el mago o el magnetizador sobre el objeto o la persona que quiere someter a su influencia. || DEP. Hacer llegar o entregar la pelota a un compañero de juego. || Permiso que da un tribunal o superior para que use de un privilegio, licencia o gracia.

pasear. intr. Ir andando por un lugar como distracción, ejercicio, etc. También tr. y prnl. || Hacerlo igualmente en un vehículo, sobre un caballo, etc. También prnl. || tr. Llevar de paseo. || Llevar una cosa de una parte a otra, o hacerla ver acá y allá.

paseo. m. Acción de pasear. || Lugar o sitio público para pasearse.

pasillo. m. Pieza, larga y estrecha, a través de la cual se accede a las distintas salas de cualquier piso.

pasión. f. Inclinación, preferencia o deseo muy ávidos por alguna persona. || Inclinación o preferencia muy viva por cosa. || Padecimiento, sufrimiento.

pasional. adj. De la pasión, nacido de ella o con ella relacionado.

pasionaria. f. BOT. Planta herbácea trepadora, de unos 20 m de longitud, originaria de América del Sur y extendida por todo el mundo, con flores blancas y moradas con forma de estrella. || BOT. Flor de esta planta.

pasividad. f. Apatía, indiferencia, actitud y cualidad del que deja que los demás hagan las cosas que a él le corresponden o afectan.

pasivo, va. adj. Se dice del sujeto que recibe una acción, en la que no interviene. || Se apl. al que deja actuar a otros sin hacer por sí ninguna cosa. || Se dice del haber o pensión que disfrutan algunas personas por los servicios que prestaron o del derecho ganado con ellos y que les fue transmitido. || GRAM. Se dice de las construcciones o elementos gramaticales que indican que el sujeto es el que recibe la acción y no el que la efectúa. || m. ECON. Importe total de las deudas y cargas que tiene

una persona o entidad, lo cual se considera como disminución de su activo.

pasmar. tr. Dejar a una persona totalmente sorprendida. También prnl. || Helar de frío. Más c. prnl.

pasmo. m. Admiración y asombro extremos, que dejan como paralizado. || Efecto de un enfriamiento que se manifiesta por catarro, dolor de huesos y otras molestias.

pasmoso, sa. adj. Que causa pasmo, admiración o asombro.

paso. m. Movimiento de cada uno de los pies con que se avanza al andar. || Modo de andar. || Pisada, huella que queda impresa al andar. || Cada uno de los cambios que se hacen en los bailes. || Permiso o concesión. || Acción de pasar. || Sitio por donde se pasa de una parte a otra. || GEOG. Estrecho de mar.

paspar. tr. y prnl. amer. Agrietar o excoriar la piel, generalmente a causa del frío.

pasquín. m. Escrito que contiene una crítica contra el gobierno, una institución o persona y se coloca en un lugar público. || Escrito con fines de propaganda política.

pasta. f. Masa moldeable hecha con cualquier material. || Masa de harina con manteca o aceite que sirve para preparar tartas, empanadas, etc.

pastar o **pastear.** tr. Conducir el ganado a los prados para que coma.

pastel. m. Dulce hecho con masa de harina, huevos y otros ingredientes, cocido al horno, que suele rellenarse con crema, nata, etc. || Nombre que se da a algunos platos de carne, pescado o verduras, picados y envueltos en una capa fina de masa, o preparados en un molde. || amer. Tarta. || PINT. Lápiz para pintar, compuesto de una materia colorante y agua de goma. || Técnica de pintura que utiliza estos lápices. || Obra pictórica realizada con esta técnica. || Se dice de un color o de un tono, pálido, claro, tenue.

pastelería. f. Establecimiento donde se hacen o se venden pasteles y pastas. || Arte y técnica de hacer pasteles, pastas, tartas, etc. || Conjunto de pasteles o pastas.

pastelero, ra. adj. De la pastelería, los pasteleros o los pasteles. || m. y f. Persona que hace o vende pasteles y otros dulces.

pasteurización. f. Esterilización de la leche y de otros alimentos líquidos mediante la elevación su temperatura a un nivel inferior al de su punto de ebullición durante un corto tiempo, enfriándolo después rápidamente, con el fin de destruir los microorganismos sin alterar la composición y cualidades del líquido.

pasteurizar. tr. Esterilizar por medio de la pasteurización.

pastiche. m. Plagio que consiste en tomar determinados elementos característicos de la obra de un artista o de las de varios y combinarlos de forma que parezcan una creación original. || Mezcla desordenada, mezcolanza.

pastilla. f. Porción muy pequeña de pasta compuesta de azúcar y alguna sustancia agradable. || Porción de pasta, de diferentes formas y tamaños, ordinariamente pequeña y cuadrangular o redonda. || Porción pequeña de medicamento, de forma redondeada, para poderla tragar con facilidad.

pastizal. m. Extensión de terreno de pasto abundante.

pasto. m. Acción de pastar. || Hierba que come el ganado. || Cualquier otro alimento que se da al ganado. || Lugar donde pasta el ganado. Más en pl. || *amer.* Césped, hierba.

pastor, ra. m. y f. Persona que guarda, guía y apacienta el ganado. || m. REL. Prelado o cualquier otro eclesiástico que tiene a su cargo un grupo de fieles, sobre todo en las Iglesias reformadas. || Nombre dado a diferentes razas de perros que, en origen, se utilizaban para el pastoreo.

pastoral. adj. Relativo al pastor de ganado. || Relativo a los pastores eclesiásticos. || Se dice de la carta que un prelado dirige a sus feligreses. También f. || f. Obra literaria o musical.

pastorear. tr. Llevar los ganados al campo y cuidar de ellos mientras pacen.

pastoreo. m. Guía y cuidado del ganado en el campo.

pastoril. adj. De los pastores de ganado o relativo a ellos. || Se dice de las obras literarias o musicales que describen la vida idílica o amorosa de los pastores.

pastoso, sa. adj. Suave, viscoso, maleable o blando como la masa. || Se dice de la voz agradable, sin resonancias metálicas.

pata. f. Extremidad anterior y posterior de los animales. || Pie de un mueble. || *col.* Pierna de una persona. || f. Hembra del pato.

patada. f. Golpe dado con el pie.

patagón, ona. adj. y s. De Patagonia o relativo a esta región de América meridional. || Tehuelche.

patán. m. Hombre zafio y ordinario. También adj. || Aldeano, hombre rústico.

patata. f. Papa, planta y tubérculo.

patear. tr. Dar patadas.

patena. f. Platillo de metal, generalmente de oro o plata.

patentar. tr. Obtener o conceder una patente.

patente. adj. Claro, evidente. || f. Documento en que una autoridad concede un derecho o permiso. || Documento expedido por la hacienda pública, que acredita haber satisfecho determinada persona la cantidad que la ley exige para el ejercicio de algunas profesiones o industrias. || *amer.* Matrícula de un vehículo.

paternal. adj. Se dice de la actitud y sentimientos propios del padre.

paternidad. f. Estado y cualidad del hombre por el hecho de ser padre. || Tratamiento que dan algunos religiosos a sus superiores.

paterno, na. adj. Del padre o relativo a él.

patético, ca. adj. Que produce o manifiesta de una manera muy viva los sentimientos, sobre todo de dolor, tristeza o melancolía. || Grotesco, que produce vergüenza ajena o pena.

patí. m. *amer.* Pez de río sin escamas.

patibulario, ria. adj. Del patíbulo o relativo a él.

patíbulo. m. Tablado o lugar para ejecutar la pena de muerte.

patilla. f. Mechón de pelo que crece por delante de las orejas, junto a las mejillas. || Parte de la barba que se deja crecer en cada uno de los carrillos. || Varilla de las gafas.

patín. m. Plancha que se adapta a la suela del calzado, o que va incorporada a una bota, provista de una especie de cuchilla o de ruedas, para patinar.

pátina. f. Capa de óxido de color verdoso que, por la acción de la humedad, se forma en los objetos de metal, y especialmente en los de bronce y cobre. || Tono menos vivo que da el tiempo a las pinturas al óleo.

patinaje. m. Acción de patinar.

patinar. intr. Deslizarse con patines sobre el hielo o sobre el pavimento. || Resbalar. || Equivocarse, meter la pata. || tr. Dar pátina a un objeto.

patineta. f. *amer.* Monopatín.

patio. m. Espacio limitado por paredes o galerías, que en las casas y otros edificios se deja al descubierto.

patizambo, ba. adj. y s. Que tiene las piernas torcidas hacia afuera.

pato, ta. m. y f. Ave palmípeda acuática, de pico aplanado, cuello corto y patas cortas y palmeadas. || m. Persona sosa y torpe. También adj. || Juego entre dos grupos de jinetes, que se arrojan una pelota con asas.

patogenia. f. MED. Parte de la medicina que estudia el origen y el desarrollo de las enfermedades.

patógeno, na. adj. Se dice de los elementos y medios que originan y desarrollan las enfermedades.

patología. f. MED. Parte de la medicina que estudia las enfermedades. || Enfermedad, dolencia.

patológico, ca. adj. De la patología o relativo a esta ciencia.

patota. f. *amer.* Pandilla callejera, de jóvenes groseros y violentos.

patotear. tr. *amer.* Intimidar, amenazar, hacer alarde de fuerza.

patotero, ra. adj. *amer.* Que manifiesta o posee los caracteres propios de una patota. || m. y f. *amer.* Integrante de una patota.

patraña. f. Mentira, noticia inventada, farsa.

patriarca. m. Nombre que se da a algunos personajes bíblicos. || Título de algunos obispos de iglesias orientales. || Cualquiera de los fundadores de las órdenes religiosas. || Persona que por su edad y sabiduría ejerce autoridad moral en una familia o colectividad.

patriarcal. adj. Del patriarca o relativo a su autoridad y gobierno.

patricio, cia. adj. Perteneciente a un orden social de la antigua Roma. También s. || Relativo a este poderoso grupo social. || m. y f. Individuo que por su nacimiento, riqueza o virtudes descuella entre sus congéneres.

patrimonial. adj. Del patrimonio o relativo a él.

patrimonio. m. Conjunto de bienes que una persona ha heredado de sus ascendientes. || Bienes propios de una persona o institución.

patrio, tria. adj. De la patria o relativo a ella. || Perteneciente al padre o que proviene de él. || f. Tierra natal o adoptiva ordenada por nación o país a la que se pertenece por vínculos afectivos, históricos o jurídicos. || Lugar, ciudad o país en que se ha nacido.

patriota. com. Persona que ama a su patria y se esfuerza por lograr su bien.

patriótico, ca. adj. Del patriota, de la patria, o relativo a ellos.

patriotismo. m. Amor a la patria.

patrocinar. tr. Proteger, amparar, favorecer. || Sufragar una empresa, con fines publicitarios, los gastos de un programa de radio o televisión, de una competición deportiva, etc.

patrocinio. m. Amparo, protección. || Ayuda económica o de otro tipo que se otorga a una persona o a una entidad.

patrón, ona. m. y f. Protector, defensor. || Miembro de un patronato. || REL. Santo, Virgen o Cristo titular de una iglesia, de un pueblo o de una congregación. || Dueño de la casa o pensión donde uno se hospeda. || Amo o señor de una finca o una heredad. || Persona que emplea obreros, patrono. || Modelo que sirve de muestra para sacar otra cosa igual.

patronal. adj. Del patrono, del patronato, o relativo a ellos.

patronato o **patronazgo.** m. Derecho, poder o facultad que tiene el patrón o los patronos. || Fundación de una obra benéfica.

patronímico, ca. Adj. Se dice del apellido derivado del nombre de los padres. También s.

patrono, na. m. y f. Defensor, protector. || REL. Santo, Virgen o Cristo titular de una iglesia, de un pueblo o de una congregación religiosa o laica. || Amo, señor.

patrulla. f. Grupo de soldados o gente armada.

patrullar. tr. e intr. Recorrer un lugar una patrulla.

paulatino, na. adj. Que procede o actúa despacio y de forma gradual.

paupérrimo, ma. adj. sup. Muy pobre.

pausa. f. Breve interrupción de un movimiento, proceso, acción, etc. || Tardanza, lentitud.

pausado, da. adj. Que obra con pausa, sin precipitación. || adv. m. Con lentitud, tardanza o pausa.

pausar. intr. Interrumpir o retardar un movimiento, un ejercicio o una acción. También tr.

pauta. f. Regla para hacer rayas paralelas en un papel y evitar torcerse al escribir. || Norma de conducta. || Modelo, patrón.

pautar. tr. Rayar el papel con la pauta. || Dar reglas o determinar el modo de ejecutar una acción.

pava. f. Hembra del pavo. || Vasija de metal con tapa y pico, para calentar agua.

pavada. f. Conjunto o manada de pavos. || *col.* Sosería, hecho o dicho tonto y sin gracia.

pavimentación. f. Acción y resultado de recubrir el suelo con el pavimento.

pavimentar. tr. Poner el pavimento.

pavimento. m. Superficie artificial que se hace para que el piso esté sólido y llano, suelo.

pavo, va. m. y f. ZOOL. Ave gallinácea, con cabeza y cuello desprovistos de plumas y cubiertos de carúnculas rojas, con una membrana eréctil en la parte superior del pico.

pavón. m. ZOOL. Pavo real.

pavonear. intr. Alardear, presumir de una cualidad o una posesión. También prnl. || *col.* Hacer desear a alguno una cosa.

pavoneo. m. Presunción exagerada y de mal gusto, ostentación.

pavor. m. Temor, miedo extremo, con susto o sobresalto.

pavorido, da. adj. Lleno de pavor, asustado.

pavoroso, sa. adj. Que infunde miedo o provoca un susto o sobresalto.

payada. f. *amer.* Canción improvisada y a menudo dialogada, propia de la zona rioplantense, que canta el payador. || *amer.* Competencia o contrapunto de dos o más payadores.

payador, ra. m. y f. *amer.* Cantor popular que, acompañándose con una guitarra, y generalmente en contrapunto con otro, improvisa sobre temas variados.

payar. intr. Cantar payadas.

payaso, sa. m. y f. Artista de circo que hace de gracioso. || adj. Se dice de la persona de poca seriedad, propensa a hacer reír. También s.

paz. f. Situación y relación mutua de quienes no están en guerra, no están enfrentados, ni tienen riñas pendientes. || Pública tranquilidad y quietud de los Estados. || Tranquilidad, calma, sosiego del espíritu.

pe. m. Nombre de la letra p.

peaje. m. Derecho que debe pagarse para transitar por un lugar.

peana. f. Basa o apoyo para colocar encima una figura u otra cosa.

peatón, ona. m. y f. Persona que camina o anda a pie, en contraposición a quien va en vehículo.

peatonal. adj. Del peatón o para su servicio.

pebete. m. Pasta hecha con polvos aromáticos, regularmente en figura de varilla, que encendida exhala un humo muy fragante.

pebete, ta. m. y f. *amer. col.* Niño, chiquillo. || m. *amer.* Pan de forma ovalada.

peca. f. Mancha pequeña, parda o rojiza, que aparece en el cutis.

pecado. m. Acción, conducta, pensamiento, etc., condenado por la ley divina o eclesiástica. || p. ext. Cualquier falta, exceso o defecto.

pecador, ra. adj. y s. Que ha faltado o cometido algún pecado.

pecaminoso, sa. adj. Del pecado, del pecador, o relativo a ellos.

pecar. intr. Cometer un pecado.

pecarí. m. ZOOL. Mamífero de América del Sur y Central, con pelaje de color pardo, especie de cerdo salvaje.

pecera. f. Recipiente de cristal con agua para uno o varios peces vivos.

pechero, ra. m. y f. Prenda de vestir que se pone sobre el pecho para abrigarlo. || m. Babero o babador. || f. Parte de la camisa y otras prendas de vestir que cubre el pecho. || Chorrera o adorno que la camisa lleva en la parte del pecho.

pecho. m. Parte del cuerpo humano que se extiende desde el cuello hasta el vientre y en cuya cavidad se contienen el corazón y los pulmones. || Exterior de esta misma parte. || Cada una de las mamas de la mujer, o su conjunto.

pechuga. f. Pecho de ave. Más en pl. || Cada una de las dos partes del pecho del ave.

peciolo o **pecíolo.** m. BOT. Pedúnculo o especie de rabito de la hoja.

pecoso, sa. adj. Que tiene pecas.

pectoral. adj. Del pecho o relativo a él.

pecuario, ria. adj. Del ganado o relativo a él.

peculiar. adj. Propio o característico de cada persona o cosa. || Especial, poco frecuente.

pecuniario, ria. adj. Del dinero efectivo o relativo a él.

pedagogía. f. Ciencia que se ocupa de la educación y la enseñanza.

pedal. m. Palanca que al ser oprimida o pisada por el pie pone en movimiento un mecanismo.

pedaleo. m. Movimiento de los pies o las piernas sobre los pedales.

pedante. adj. y com. Se dice de la persona engreída que hace inoportuno alarde de sus conocimientos.

pedantería. f. Actitud del que presume de su sabiduría.

pedazo. m. Parte o porción de un todo.

pedernal. m. Variedad de cuarzo que produce chispas al ser golpeado.

pedestal. m. Base que sostiene una columna, estatua, etc., peana. || Fundamento, base.

pedestre. adj. Que anda a pie. || fig. Vulgar, zafio, poco cuidado.

pediatra. com. Médico especialista en pediatría.

pediatría. f. Rama de la medicina que estudia las enfermedades propias de los niños y su tratamiento.

pedículo. m. BOT. Pedúnculo de la hoja, flor o fruto.

pedicuro, ra. m. y f. Persona que se dedica profesionalmente a cuidar de los pies, extirpando o curando callos, uñeros, etc.

pedido, da. m. Acción y resultado de pedir. || Encargo hecho a un fabricante o vendedor.

pedigrí. m. Genealogía de un animal de raza. || Documento en que consta.

pedigüeño, ña. adj. Que pide con frecuencia, insistencia e importunidad. También s.

pediluvio. m. Baño de pies tomado con fines terapéuticos. Ú. m. en pl.

pedir. tr. Rogar a alguien que dé o haga una cosa. || Requerir una cosa, exigirla. || Querer, desear o apetecer.

pedo. m. Ventosidad que se expulsa del intestino por el ano.

pedrada. f. Acción de arrojar con impulso una piedra. || Golpe que se da con la piedra tirada.

pedrea. f. Acción de apedrear. || Combate a pedradas.

pedregal. m. Terreno cubierto de piedras.

pedregoso, sa. adj. Se dice del terreno abundante en piedras.

pedregullo. m. *amer.* Grava, conjunto de pedrezuelas para hacer rellenos.

pedrería. f. Conjunto de piedras preciosas o de bisutería.

pedrusco. m. Pedazo de piedra sin labrar.

pedúnculo. m. BOT. Rabillo de la hoja, flor o fruto con que se une al tallo.

pega. f. Pegamento. || Obstáculo, impedimento.

pegadizo, za. adj. Pegajoso.

pegajoso, sa. adj. Que se pega o adhiere con facilidad. || fig. Suave, meloso.

pegamento. m. Sustancia que se utiliza para pegar.

pegar. tr. Unir una cosa a otra con una sustancia adherente. || Transmitir, contagiar una enfermedad, un vicio, etc. También prnl. || Maltratar con golpes o darlos. || Arrimar o juntar una cosa a otra, de forma que no quede espacio entre ellas. || intr. Ir bien, armonizar una cosa con otra o ser adecuada. || Estar una cosa próxima o contigua a otra. || prnl. Reñir o pelearse dos o más personas.

pegote. m. Pasta de pez u otra cosa pegajosa. || *col.* Cualquier sustancia espesa que se pega. || Cosa que se pone sobre otra o se añade a ella y resulta antiestética o inadecuada. || Persona pesada e impertinente que no se aparta de otra.

pegujal. m. Pequeña porción de terreno que el dueño de una finca agrícola cede al guarda o al encargado para que la cultive por su cuenta como parte de su remuneración anual.

pehuenche. adj. y com. De un pueblo indígena de la parte occidental de la cordillera andina o relativo a él.

peinado, da. adj. Se dice del estilo excesivamente cuidado. || m. Cada una de las diversas formas de arreglarse el cabello. || f. Acción de peinar o peinarse.

peinador, ra. adj. Que peina. También s.

peinar. tr. Desenredar y arreglar el cabello. También prnl. || Desenredar y limpiar el pelo o la lana de algunos animales.

peine. m. Utensilio formado por una barra con púas o dientes, que se usa para peinar el cabello.

peineta. f. Especie de peine, curvado y más corto, que usan las mujeres como adorno.

peladilla. f. Almendra recubierta de una gruesa capa de azúcar. || Canto rodado pequeño.

pelado, da. adj. Se dice de las cosas que carecen de lo que las reviste o adorna. || *col.* Acción y resultado de pelar o cortar el cabello al máximo.

pelaje. m. Naturaleza o calidad del pelo o de la lana de un animal, y este mismo pelo o lana.

pelambre. amb. Conjunto de las pieles que se han pelado. || Conjunto de pelo abundante en todo el cuerpo.

pelar. tr. Cortar, raer o quitar el pelo. También prnl. || Quitar las plumas a las aves. || Quitar la monda, corteza o cáscara. || prnl. Perder el pelo. || Desprenderse la piel por tomar con exceso el sol, por rozadura, etc.

peldaño. m. Parte de una escalera o de uno de sus tramos en que se apoya el pie al subir o bajar por ella.

pelea. f. Combate, batalla, riña. || Esfuerzo o afán para hacer algo.

pelear. intr. Combatir, contender, batallar. Tam-

bién prnl. || Luchar para conseguir una cosa. || prnl. Enemistarse, desavenirse.

pelechar. intr. Echar o cambiar el pelo o la pluma los animales.

pelele. m. Muñeco de paja o trapo con figura humana. || Persona que se deja manejar por otras.

peletería. f. Oficio y técnica de preparar las pieles finas de los animales y confeccionar con ellas prendas de abrigo y otras cosas. || Tienda donde se venden.

peletero, ra. m. y f. Persona que se dedica a trabajar o a vender pieles finas de animales.

peliagudo, da. adj. Se dice del animal de pelo largo. || Difícil, enrevesado.

pelícano o **pelicano.** m. Ave palmípeda.

pelicano, na. adj. Que tiene el pelo lleno de canas. También s.

película. f. Piel o capa delgada que cubre y protege alguna cosa. || Cinta de celuloide que contiene una serie continua de imágenes fotográficas para reproducirlas proyectándolas en la pantalla del cinematógrafo o en otra superficie adecuada. || Obra cinematográfica.

peligrar. intr. Estar en peligro.

peligro. m. Circunstancia en la que es posible que suceda algún mal. || Lugar, paso, obstáculo, persona o situación que aumenta la inminencia del daño.

peligroso, sa. adj. Que ofrece peligro o puede ocasionar daño.

pelirrojo, ja. adj. Que tiene el pelo de color rojizo. También s.

pella. f. Porción redondeada de cualquier masa o sustancia blanda. || Conjunto apretado de alguna cosa.

pellejo, ja. adj. Se dice de la persona astuta o malintencionada. También s. || m. y f. Persona borracha. || Piel quitada del cuerpo del animal. || m. Piel de los animales. || Odre que se usa para contener líquidos. || Piel de algunas frutas y hortalizas.

pellizcar. tr. Tomar entre los dedos una pequeña porción de piel y carne y apretarla o retorcerla de forma que cause dolor. También prnl. || Tomar una pequeña cantidad de algo.

pellizco. m. Acción y resultado de pellizcar.

pelo. m. Filamento cilíndrico, delgado, de naturaleza córnea, que nace y crece entre los poros de la piel de casi todos los mamíferos. || Cabello; Vello.

pelota. f. Bola, generalmente de material flexible, hueca o maciza, que se utiliza en distintos juegos.

pelotazo. m. Golpe dado con una pelota.

pelotón. m. Conjunto de personas sin orden y como en tropel. || m. MIL. Pequeña unidad de infantería que suele estar a las órdenes de un sargento o un cabo.

peltre. m. Aleación de cinc, plomo y estaño.

peluca. f. Cabellera o melena postiza.

peludo, da. adj. Que tiene mucho pelo. || m. *amer.* Armadillo, animal mamífero desdentado.

peluquería. f. Establecimiento donde se corta y arregla el cabello. || Técnica y arte del oficio del peluquero.

peluquero, ra. m. y f. Persona que se dedica profesionalmente a peinar, cortar el pelo o hacer y vender pelucas, postizos, etc.

pelusa. f. Pelillo de algunas frutas. || Pelo menudo que con el uso se desprende de las telas. || Polvo y suciedad que se van acumulando en los lugares que se limpian con menor frecuencia.

pelvis. f. ANAT. Cavidad del esqueleto de los vertebrados superiores, en la parte inferior del tronco, compuesta por los huesos coxales, sacro y cóccix, que contiene la terminación del tubo digestivo, la vejiga urinaria y la parte interna de los órganos genitales.

pena. f. Castigo impuesto por la autoridad a quien ha cometido un delito. || Aflicción, tristeza.

penacho. m. Grupo de plumas que tienen algunas aves en la parte superior de la cabeza. || Adorno de plumas que se pone en ciertos sombreros, tocados o cascos.

penado, da. m. y f. Delincuente condenado a una pena.

penal. adj. De la pena o relativo a las leyes. También m. || m. Cárcel.

penalizar. tr. Imponer una sanción o castigo.

penar. tr. Imponer una pena o una sanción. || Padecer.

penca. f. Hoja carnosa.

pendencia. f. Contienda, riña.

pendenciero, ra. adj. Aficionado o propenso a participar o provocar riñas o peleas. También s.

pender. intr. Estar colgada o suspendida una cosa. || Estar algo en espera de solución.

pendiente. adj. Que pende. || Inclinado, en declive. || Que está por hacerse o resolverse. || f. Cuesta o declive de un terreno.

péndola. f. Varilla o varillas metálicas que, con sus oscilaciones, regulan el movimiento de algunos relojes. || Pluma de escribir.

pendón. m. Bandera militar más larga que ancha.

pendular. adj. Del péndulo o relativo a él.

péndulo, la. adj. Que pende, pendiente.

pene. m. Órgano sexual masculino.

penetrar. tr. Introducir un cuerpo en otro. || intr. Introducirse, acceder al interior de un espacio, aunque haya dificultad.

penicilina. f. FARM. Sustancia.

península. f. Porción de tierra rodeada de agua por todas partes excepto por una, que se denomina istmo y la une a otra tierra de extensión mayor.

peninsular. adj. De una península o relativo a ella. También com.

penitencia. f. REL. Sacramento por el cual, gracias a la absolución del sacerdote, los pecados son perdonados. || Pena que impone el confesor al penitente. || Castigo.

penitenciaría. f. Cárcel, penal.

penoso, sa. adj. Trabajoso, cansado. || Que padece pena. || Que causa pena o desagrado.

pensador, ra. adj. Que piensa. || m. y f. Persona que se dedica a estudios muy elevados y profundiza mucho en ellos.

pensamiento. m. Facultad o capacidad de pensar. || Acción de pensar y lo que se piensa. || Conjunto de ideas propias de una persona o colectividad. || BOT. Planta herbácea anual. || Flor de esta planta.

pensar. tr. Formarse y relacionar ideas en la mente. || Examinar algo en la mente antes de tomar una decisión o darle una solución. || Concebir un plan, procedimiento o medio para algo. || Tener intención de lo que se expresa. || Tener alguien una opinión sobre algo o manifestarla.

pensativo, va. adj. Que piensa intensamente y está absorto.

pensión. f. Asignación que recibe periódicamente una persona. || Casa o establecimiento de poca categoría donde se reciben huéspedes a cambio de un precio convenido.

pensionista. com. Persona que tiene derecho a percibir y cobrar una pensión. || Persona que paga pensión por sus alimentos y alojamiento.

pentágono, na. adj. GEOM. Se dice del polígono de cinco ángulos y cinco lados. También m.

pentagrama o **pentágrama.** m. MÚS. Conjunto de cinco líneas rectas paralelas y equidistantes, sobre el que se escriben las notas y signos musicales.

pentatlón o **pentathlon.** m. DEP. Conjunto de cinco pruebas atléticas.

penúltimo, ma. adj. Inmediatamente anterior al último. También s.

penumbra. f. Sombra débil entre la luz y la oscuridad.

penuria. f. Escasez, carencia de algo, sobre todo de lo necesario.

peña. f. Piedra grande sin labrar. || *col.* Grupo de amigos.

peñasco. m. Peña grande y elevada.

peón. m. Obrero que realiza trabajos no especializados o trabaja como ayudante en algunos oficios. || El que va a pie. || Pieza del ajedrez.

peonza. f. Juguete de madera al que se hace girar.

peor. adj. comp. De inferior calidad, más malo. || adv. comp. Más mal, de más mala manera.

pepino. m. Planta herbácea de fruto carnoso y comestible. || Fruto de esta planta, que se suele comer crudo.

pepita. f. Semilla de algunas frutas. || Trozo redondeado y pequeño de oro y otros metales.

pepsina. f. BIOQUÍM. Fermento presente en el jugo gástrico, segregado por las glándulas gástricas.

pequeñez. f. Cualidad de pequeño. || Cosa de poca importancia.

pequeño, ña. adj. De poco tamaño o estatura. De muy poca edad. || De poca importancia, intensidad, duración, etc. || Bajo, de poca categoría o poder. || m. y f. Niño, chiquillo.

pera. f. Fruto del peral. || Pelo que se deja crecer en la barbilla, perilla.

peral. m. Árbol frutal de las rosáceas, de flores blancas y fruto cónico comestible, cuya madera se emplea en ebanistería.

perca. f. Pez fluvial de carne comestible y delicada.

percal. m. Tela de algodón de poca calidad.

percance. m. Contratiempo, daño o perjuicio imprevistos.

percatar. prnl. Darse cuenta clara de algo, tomar conciencia de ello.

percepción. f. Recepción, cobro, apropiación. || Sensación interior que resulta de una impresión material, captación realizada a través de los sentidos. || Conocimiento, aprehensión de conceptos e ideas.

percha. f. Soporte de forma triangular y con un gancho en su parte superior que se utiliza para colgar ropa. || Mueble con colgaderos para dejar la ropa, y cada uno de estos colgaderos.

percibir. tr. Recibir una cosa. || Recibir sensaciones a través de los sentidos. || Comprender o conocer una cosa.

percudir. tr. Maltratar la tez o el lustre.

percusión. f. Golpe o choque repetido. || MÚS. Familia de instrumentos musicales que se tocan al golpearlos con mazas, baquetas, etc., o al hacerlos chocar entre sí, como el tambor, los platillos, etc.

percutir. tr. Golpear.

perder. tr. Dejar de tener o no encontrar alguna cosa que se poseía. También prnl. || Malgastar, desperdiciar una cosa. || No lograr lo que se esperaba o se necesitaba. || Referido a juegos, batallas, oposiciones, pleitos, etc., resultar vencido o no obtener lo que en ellos se disputa. También intr. || prnl. Errar uno el camino o rumbo que llevaba. || No encontrar

el fin o la salida. || Entregarse a un vicio o a una pasión.

perdición. f. Ruina o daño graves. || Pasión desenfrenada, especialmente de amor. || Condenación eterna. || Lo que ocasiona un grave daño.

pérdida. f. Carencia, privación de lo que se poseía. || Cantidad, cosa o persona que se ha perdido.

perdido, da. adj. Que no tiene dueño conocido o destino determinado

perdigón. m. Pollo de la perdiz. || Cada uno de los granos de plomo que forman la munición de ciertas armas de aire comprimido. Más en pl.

perdiz. f. Ave gallinácea de cuerpo grueso que, por ser comestible, es muy estimada como pieza de caza.

perdón. m. Acción y resultado de perdonar una pena, ofensa, deuda, etc. || Indulgencia, remisión de los pecados.

perdonar. tr. No tener en cuenta la ofensa o falta que otro ha cometido. || Librar a alguien de una obligación o castigo.

perdurar. intr. Durar mucho.

perecedero. adj. Poco durable, que ha de perecer.

perecer. intr. Morir, dejar de existir. || Acabarse una cosa.

peregrinar. intr. Andar por tierras extrañas. || Ir en romería a un santuario. || Deambular de un lado a otro.

peregrino, na. adj. Que peregrina. || Referido a las aves que migran de un lugar a otro. || Extraño, extranjero, raro.

perejil. m. Planta umbelífera cuyas hojas se utilizan como condimento.

perenne. adj. Permanente, que no muere. || BOT. Se apl. a las plantas que viven más de dos años.

perentorio, ria. adj. Se dice del último plazo que se concede en cualquier asunto. || Urgente, apremiante.

pereza. f. Negligencia, falta de ganas. || Descuido o tardanza.

perezoso, sa. adj. Descuidado, flojo. También s. || Que por demasiada afición a dormir se levanta de la cama tarde, con lentitud o con mal humor. || m. ZOOL. Mamífero desdentado de América tropical.

perfección. f. Acción de perfeccionar, terminación completa. || Calidad de perfecto.

perfeccionar. tr. Acabar enteramente una obra, dándole el mayor grado posible de calidad y detalle. También prnl.

perfecto, ta. adj. Que tiene el mayor grado posible de excelencia o calidad en su línea. || Que está en buenas condiciones, sin mella ni defecto.

perfidia. f. Deslealtad, traición. || Maldad.

pérfido, da. adj. y s. Desleal, traidor, que falta a la fe debida.

perfil. m. Postura en que solo se deja ver una de las dos mitades laterales del cuerpo. || Línea que dibuja el contorno o la silueta de una cosa.

perfilar. tr. Sacar los perfiles a una cosa. || Afinar, rematar una cosa. || prnl. Empezar a tomar forma.

perforación. f. Acción y efecto de perforar.

perforar. tr. Hacer un agujero en algo, horadar.

perfumar. tr. Dar o esparcir un olor agradable. También prnl. || Sahumar, aromatizar.

perfume. m. Sustancia líquida o sólida elaborada para que desprenda un olor agradable. || Cualquier olor bueno o muy agradable.

perfumería. f. Tienda donde se venden perfumes y productos cosméticos y de aseo. || Arte de fabricar perfumes y fragancias.

pergamino. m. Piel de la res, limpia y estirada, que se utilizaba sobre todo para escribir sobre ella. || Título o documento escrito en pergamino.

pergeñar. tr. Idear, disponer o ejecutar una cosa con más o menos habilidad y rapidez. || Esbozar, bosquejar.

pérgola. f. Emparrado, armazón. || Jardín sobre la techumbre de una casa.

peri. prep. insep. que significa alrededor.

pericardio. m. ANAT. Cubierta fibrosa del corazón.

pericarpio o **pericarpo.** m. BOT. Parte exterior del fruto que envuelve las semillas.

pericia. f. Sabiduría, experiencia y habilidad.

perico. m. Ave trepadora americana.

pericón, ona. adj. Se dice del que suple a otros, especialmente hablando del caballo o mula que sirve para cualquier puesto de tiro. También s. || m. Abanico muy grande. || *amer.* Baile popular que ejecutan varias parejas.

periferia. f. Circunferencia. || Contorno.

perífrasis. f. RET. Figura que consiste en expresar por medio de un rodeo de palabras algo que hubiera podido decirse con menos o con una sola.

perilla. f. Adorno en figura de pera. || Pelo que se deja crecer en la punta de la barbilla, pera. || Extremo por donde se fuma el cigarro puro.

perímetro. m. Ámbito. || GEOM. Contorno de una figura.

perinola. f. Peonza pequeña.

periódico, ca. adj. Que ocurre o tiene lugar a intervalos determinados. || m. Diario, publicación de carácter informativo que se edita diariamente.

periodismo. m. Profesión de periodista.

periodista. com. Persona que compone, escribe o edita un periódico. || Persona que, profesionalmente, prepara o presenta las noticias en un periódico o en otro medio de difusión.

periodo o **período.** m. Tiempo que una cosa tarda en volver al estado o posición que tenía al principio. || Ciclo de tiempo. || Menstruación de las mujeres y de las hembras. || Conjunto de oraciones que, enlazadas unas con otras gramaticalmente, forman una unidad de sentido.

peripecia. f. En el argumento de una obra literaria, suceso o circunstancia repentina que cambia el estado de las cosas. || Suceso o circunstancia semejante en la vida real.

periplo. m. Navegación que se efectúa alrededor de algún lugar.

periscopio. m. Tubo provisto de una lente que sirve para observar desde un lugar oculto o sumergido.

perito, ta. adj. Hábil y experto en una ciencia o arte. También s. || Persona experta en alguna cosa y que informa al juez sobre determinados hechos.

perjudicar. tr. Ocasionar daño material o moral. También prnl.

peritoneo. m. Membrana que recubre la superficie interior del vientre.

peritonitis. f. Inflamación del peritoneo.

perjudicar. tr. y pr. Producir daño o menoscabo.

perjuicio. m. Daño material, físico o moral.

perjurar. intr. Jurar en falso. También prnl.

perla. f. Concreción nacarada que se forma en el interior de diversos moluscos.

perlado, da. adj. Que tiene el brillo o la forma de la perla.

permanecer. intr. Mantenerse sin cambios en un mismo lugar, estado o condición.

permanente. adj. Que permanece o dura.

permeable. adj. Que puede ser penetrado por el agua u otro fluido.

permisivo, va. adj. Que permite o consiente.

permiso. m. Licencia o consentimiento para hacer o decir una cosa.

permitir. tr. Consentir que otros hagan o dejen de hacer una cosa. También prnl.

permuta. f. Cambio de una cosa por otra. || DER. Contrato por el que se entrega una cosa a cambio de otra.

permutar. tr. Cambiar una cosa por otra. || Variar la disposición u orden en que estaban dos o más cosas.

pernicioso, sa. adj. Muy dañino o perjudicial.

pernil. m. Anca y muslo del animal y, p. ant., los del cerdo.

perno. m. Pieza de hierro con cabeza redonda por un extremo y asegurada con una tuerca por el otro.

pernoctar. intr. Pasar la noche en determinado lugar, especialmente si es fuera del propio domicilio.

pero. conj. advers. Enlace que une dos oraciones o sintagmas cuyos significados se contraponen, se restringen o se limitan. || Al comienzo de una frase, tiene valor de intensificador. || m. Defecto, dificultad u objeción.

perogrullada. f. Afirmación de veracidad y certeza tan evidente que resulta boba.

peroné. m. ANAT. Hueso largo y delgado de la pierna, detrás de la tibia.

perorata. f. Discurso o charla muy largos y aburridos.

perpendicular. adj. GEOM. Se dice de la línea o del plano que forma ángulo recto con otra línea o con otro plano.

perpetrar. tr. Cometer o consumar un acto delictivo.

perpetuar. tr. Hacer perpetua o duradera una cosa.

perpetuo, tua. adj. Que dura y permanece para siempre. || Se dice de ciertos cargos vitalicios.

perplejo, ja. adj. Dudoso, incierto, confuso.

perrero, ra. m. y f. Empleado municipal encargado de recoger los perros abandonados o callejeros. || f. Lugar donde se tiene a los perros. || Lugar donde se recoge a los perros callejeros.

perro, rra. m. y f. Mamífero carnívoro doméstico de la familia de los cánidos, de tamaño, forma y pelaje muy diversos, producto de las distintas razas.

persa. adj. y com. De Persia.

persecución. f. Seguimiento constante y molesto a alguien.

perseguir. tr. Seguir al que huye con ánimo de alcanzarle. || Molestar, fatigar, hostigar. || Tratar de conseguir o de alcanzar algo.

perseverar. intr. Continuar con constancia lo que se ha empezado. || Durar permanentemente o por largo tiempo.

persiana. f. Especie de celosía.

persignar. tr. y prnl. Hacer la señal de la cruz, santiguar.

persistir. intr. Mantenerse firme o constante en una cosa. || Durar por largo tiempo.

persona. f. Individuo de la especie humana. || GRAM. Accidente gramatical del verbo y del pronombre.

personaje. m. Persona ilustre, sobresaliente en cualquier actividad. || Cada uno de los seres que toman parte en la acción de una obra literaria, teatral, cinematográfica, etc.

personal. adj. De la persona o relativo, propio o particular de ella. || m. Conjunto de personas que trabajan en un mismo lugar.

personalidad. f. Conjunto de las características y diferencias individuales que distingue a una persona de otra.

personería. f. Aptitud legal para intervenir en un negocio o comparecer en un juicio.

personificar. tr. Atribuir acciones o cualidades propias del hombre a los animales o a las cosas inanimadas o abstractas. || Representar en una persona, o representar ella misma, una cualidad, opinión, sistema, etc.

perspectiva. f. Técnica de representar en una superficie plana, como un papel o un lienzo, la tercera dimensión de los objetos, dando sensación de profundidad y volumen. || Obra o representación ejecutada con esta técnica. || Punto de vista.

perspicacia. f. Penetración, ingenio.

perspicaz. adj. Se dice de la vista, la mirada, etc., muy aguda y que alcanza mucho. || Se apl. al ingenio agudo.

persuadir. tr. Convencer a alguien para que haga o deje de hacer algo. También prnl.

persuasivo, va. adj. Que tiene fuerza y eficacia para persuadir.

pertenecer. intr. Ser propia de uno una cosa, ser de su propiedad. || Ser parte integrante de algo. || Ser una cosa competencia u obligación de alguien.

pertenencia. f. Derecho a la posesión de una cosa. || Cosa accesoria a otra o que es parte de ella.

pértiga o **pertigal.** f. Vara larga y fuerte.

pertinaz. adj. Obstinado, terco. || fig. Duradero, que se mantiene sin cambios.

pertinente. adj. Perteneciente. || Que viene a propósito.

pertrechar. tr. Abastecer de pertrechos.

pertrechos. m. Municiones, armas, etc., para el ejército o la armada.

perturbado, da. adj. Se dice de la persona que tiene alteradas sus facultades mentales. También s.

perturbar. tr. Trastornar, turbar. También prnl.

peruano, na. adj. y s. De Perú.

perverso, sa. adj. Sumamente malo, depravado, que causa daño intencionadamente. También s.

pervertir. tr. Hacer malo a alguien o algo, o provocar que falte a la moral o a la legalidad. También prnl.

pesa. f. Pieza que sirve de medida para pesar objetos. || Pieza de diferentes pesos que se utiliza para ejercitar los músculos. Más en pl.

pesadez. f. Cualidad de lo que es pesado, lento o aburrido.

pesadilla. f. Sueño que produce angustia y temor. || Preocupación grave y continua.

pesado, da. adj. Que pesa mucho. || Referido al sueño, profundo. || fig. Obeso. || f. Cantidad que se pesa de una vez.

pesadumbre. f. Calidad de lo que es pesado, cargante o aburrido. || Sentimiento de tristeza, disgusto o desazón.

pésame. m. Expresión con que se manifiesta a alguien el sentimiento que se tiene de su pena o aflicción.

pesar. m. Sentimiento de pena o dolor interior.

pesar. intr. Tener gravedad o peso. || Tener mucho peso. || Causar algo arrepentimiento o tristeza. || Hacer fuerza en el ánimo la razón o el motivo de una cosa. || tr. Determinar el peso de algo. || fig. Examinar con atención o considerar con prudencia.

pesca. f. Acción que consiste en coger o sacar de su medio natural animales acuáticos. || Oficio de pescar. || Lo que se pesca.

pescado. m. Pez sacado del agua.

pescador, ra. adj. Que pesca. Más c. s.

pescar. tr. Sacar del agua peces o animales útiles al hombre. || Sorprender a alguien haciendo algo malo o que no quería que se supiera.

pescuezo. m. Parte del cuerpo animal o humano desde la nuca hasta el tronco.

pesebre. m. Especie de cajón donde se echa la comida a los animales para que coman.

peseta. f. Unidad monetaria de España.

pesimismo. m. Tendencia a ver las cosas en su aspecto más desfavorable y negativo.

pésimo, ma. adj. sup. irreg. de Malo. Muy malo, que no puede ser peor.

peso. m. FÍS. Fuerza con que atrae la Tierra o cualquier otro cuerpo celeste a un cuerpo. || Unidad monetaria de varios países hispanoamericanos. || Importancia o influencia de una cosa. || Carga, preocupación o disgusto.

pespunte. m. Costura que se efectúa mediante puntadas unidas.

pesquero, ra. adj. De la pesca o relativo a esta actividad. || m. Barco de pesca.

pesquisa. f. Investigación o indagación para descubrir alguna cosa. Más en pl.

pestaña. f. Cada uno de los pelos que hay en los bordes de los párpados.

pestañear. intr. Mover los párpados. || Tener vida.

peste. f. Enfermedad contagiosa y grave, que produce mucha mortandad. || Cualquier enfermedad mortal. || Cosa mala, perjudicial o enojosa.

pestillo. m. Pasador con que se asegura una puerta o una ventana.

petaca. f. Estuche para llevar cigarros o tabaco picado. || Especie de botella pequeña ancha y plana que se usa para llevar algún licor.

pétalo. m. Cada una de las piezas planas que forman la corola de la flor.

petardo, da. m. y f. Persona o cosa pesada y aburrida. || m. Tubo de cualquier materia no muy resistente que se rellena de pólvora u otro explosivo y se liga y ataca convenientemente para que, al darle fuego, se produzca una gran detonación.

petición. f. Ruego o solicitud, especialmente si se efectúa por escrito. || Cosa que se pide.

petiso, sa. adj. amer. Pequeño, de poca estatura o alzada.

peto. m. Parte superior de algunas prendas de vestir que cubren el pecho. || Armadura del pecho.

pétreo, a. adj. De piedra o de características semejantes a ella.

petrificar. tr. Convertir en piedra. También prnl. || Dejar inmóvil de asombro o de miedo.

petróleo. m. Líquido natural oleaginoso e inflamable.

petrolero, ra. adj. Relativo al petróleo. || m. Barco de grandes dimensiones para el transporte de petróleo.

petrolífero, ra. adj. Que contiene o produce petróleo.

petroquímico, ca. f. De la industria de los derivados del petróleo. || adj. Relativo a la petroquímica.

petulancia. f. Insolencia, atrevimiento.

petunia. f. Planta ornamental.

peyorativo, va. adj. Despectivo.

pez. m. Animal vertebrado acuático de respiración branquial y temperatura variable, ovíparo, con extremidades en forma de aletas aptas para la natación y piel cubierta por lo común de escamas.

pezón. m. Botoncillo eréctil que sobresale en los pechos de las hembras de los mamíferos.

pezuña. f. Conjunto de los dedos de una misma pata en los animales cuadrúpedos de pata hendida.

pi. f. Letra del alfabeto griego que se corresponde con nuestra p. || MAT. Nombre del número que resulta de dividir longitud de una circunferencia por su diámetro.

piadoso, sa. adj. Que actúa con piedad, bondadoso y compasivo. || Religioso, devoto.

piano. m. Instrumento musical de cuerda percutida.

piar. intr. Emitir algunas aves su sonido característico.

piara. f. Manada de cerdos y, p. ext., la de yeguas, mulas, etc.

pibe, ba. m. y f. amer. Muchacho, niño.

pica. f. Especie de lanza larga.

picador, ra. m. y f. Persona que doma y adiestra caballos. || m. En la fiesta de los toros, torero que montado a caballo pica con garrocha a los toros.

picadura. f. Acción y resultado de picar. || Mordedura de un ave, un insecto o ciertos reptiles.

picaflor. m. Colibrí. Pájaro de tamaño muy pequeño, de plumaje brillante de colores verdes con reflejos dorados y rojizos, que se alimenta del néctar de las flores.

picante. adj. Que pica en el paladar. También m.

picapedrero, ra. m. y f. Cantero.

picaporte. m. Manilla de puertas y ventanas. || Instrumento para cerrar de golpe las puertas y las ventanas.

picar. tr. Pinchar superficialmente. También prnl. || Punzar o morder las aves, los insectos y ciertos reptiles. || Dividir en trozos muy menudos. || Morder el pez el cebo. También intr. || Espolear una cabalgadura. || Corroer, horadar un metal por efecto de la oxidación. También prnl. || Enojar o provocar. También prnl. || intr. Sentir picor o escozor en alguna parte del cuerpo. || Excitar el paladar ciertas cosas. || Tomar pequeñas cantidades de diferentes alimentos o comer entre horas. || prnl. Dañarse una cosa por diversas causas. También tr. || Cariarse un diente. También tr. || Agitarse la superficie del mar.

picardía. f. Astucia o habilidad en la que hay cierta malicia. || Gracia maliciosa. || Travesura de niños.

picaresco, ca. adj. De los pícaros o relativo a ellos.

pícaro, ra. adj. Que tiene picardía. También s. || m. y f. Tipo de persona astuta, procedente de los bajos fondos y que vive de engaños y acciones semejantes.

picazón. f. Desazón y molestia que causa una cosa que pica.

pichón. m. Pollo de paloma.

picnic. (voz i.) m. Comida campestre, al aire libre.

pico. m. Boca de las aves.|| Parte puntiaguda. || Herramienta puntiaguda. || Cúspide aguda de una montaña.

picor. m. Picazón.

picotear. tr. Golpear las aves con el pico.

pictórico, ca. adj. De la pintura o relativo a ella.

pie. m. Extremidad de los miembros inferiores del hombre y de muchos animales. || Base o parte inferior de algunas cosas. || Verso. || Medida de longitud.

piedad. f. Fervor y fe religiosos. || Compasión hacia los demás.

piedra. f. Sustancia mineral, más o menos dura y compacta, que no es terrosa ni de aspecto metálico.

piel. f. ANAT. Tegumento externo que cubre y protege el cuerpo del hombre y de los animales.

piélago. m. Parte del mar muy alejada de la tierra, y p. ext., mar, océano.

pienso. m. Alimento seco que se da al ganado.

pierna. f. En las personas, parte del miembro inferior comprendida entre la rodilla y el pie. || Muslo de los cuadrúpedos y las aves.

pífano. m. Flautín de tono muy agudo.

pifia. f. Golpe en falso. || fig. Error.

pigmento. m. Sustancia colorante natural o artificial.

pigmeo, a. adj. Se dice de un conjunto de pueblos negros de África y Asia, de baja estatura y cabello crespo.

pignorar. tr. Dejar en prenda una cosa, empeñarla.

pijama. m. Prenda ligera para dormir.

pila. f. Pieza grande de piedra u otra materia, cóncava y profunda, donde cae o se echa el agua para varios usos. || Generador de corriente eléctrica que transforma energía química en eléctrica. || Montón o cúmulo que se hace poniendo una sobre otra las piezas o porciones de que consta algo.

pilar. m. Elemento arquitectónico de soporte, por lo común exento, de sección poligonal, generalmente cuadrangular. || Persona o cosa que sirve de base o fundamento para algo.

pilastra. f. ARQUIT. Columna cuadrada.

píldora. f. Pastilla medicinal.

pileta. f. *amer.* Pila de cocina o de lavar. || *amer.* Piscina, natatorio.

pillaje. m. Hurto, rapiña, robo, despojo.

pillar. tr. Robar, hurtar.

pillo, lla. adj. Astuto, pícaro. También s.

píloro. m. Abertura inferior del estómago, válvula que comunica este con los intestinos.

piloso, sa. adj. De mucho pelo, peludo.

pilotar. tr. Dirigir un buque, un automóvil, un avión u otro vehículo.

piloto. m. Persona que dirige un buque, un avión u otro vehículo. || Avisador o indicador, generalmente luminoso. || Que sirve de modelo.

piltrafa. f. Parte de carne flaca. || Persona o cosa en muy mal estado.

pimentero. m. Planta arbustiva trepadora cuyo fruto es la pimienta. || Recipiente donde se guarda la pimienta molida.

pimentón. m. Polvo que se obtiene moliendo pimientos encarnados secos.

pimienta. f. Fruto del pimentero, cuya semilla se usa como condimento.

pimiento. m. Planta herbácea con flores blancas y cuyo fruto es en baya hueca, comestible. || Fruto de esta planta.

pimpollo. m. Vástago o tallo nuevo de las plantas. || Rosa por abrir.

pinacoteca. f. Galería de pinturas.

pináculo. m. Parte más alta de un edificio monumental o templo. || fig. Parte más sublime o elevada.

pinar. m. Bosque de pinos.

pincel. m. Instrumento para pintar que consiste en un conjunto de pelos sujetos a un mango.

pincelada. f. Trazo que el pintor da con el pincel.

pinchar. tr. Clavar en algo una cosa punzante. También prnl.

pinchazo. m. Herida, agujero, etc., que se produce al pinchar o pincharse alguien o algo.

pinche. com. Persona que presta servicios auxiliares en la cocina.

pincho. m. Aguijón o punta aguda de cualquier materia.

pingo. m. Caballo.

pingüe. adj. Gordo, craso. || fig. Grande, abundante.

pingüino. m. Ave palmípeda de los mares árticos. || Pájaro bobo.

pinnípedo, da. adj. y m. De los pinnípedos o relativo a este orden de mamíferos. || m. pl. ZOOL. Orden de mamíferos anfibios con extremidades transformadas en aletas.

pino, na. adj. Muy pendiente o muy derecho.

pino. m. Árbol conífero de madera resinosa.

pinta. f. Mancha o lunar en la piel o plumaje de un animal, en un tejido, etc. || fig. Aspecto exterior de una persona o cosa.

pintar. tr. Representar algo en una superficie, con las líneas y colores convenientes. || Cubrir con una capa de color una superficie. || fig. Describir con gran exactitud personas o cosas por medio de la palabra.

pintor, ra. m. y f. Persona que se dedica a la pintura.

pintoresco, ca. adj. Se dice del paisaje, escena, tipo, etc., que resulta característico y típico de un lugar. || Que presenta una imagen digna de ser pintada.

pintura. f. Arte de pintar. || La misma obra pintada. || Color preparado para pintar.

pinza. f. Instrumento de diversas formas y materias cuyos extremos se aproximan para sujetar algo y apretarlo. || Apéndice prensil de ciertos artrópodos, como el cangrejo, el alacrán, etc. || Pliegue de una tela terminada en punta, que sirve para estrecharla o como adorno. || pl. Instrumento, generalmente de metal, parecido a unas tenacillas, que sirve para coger, sujetar o arrancar cosas menudas.

piña. f. Fruto de las coníferas compuesto por numerosas piezas leñosas colocadas en forma de escama. || Ananás.

piñata. f. Recipiente o figura de papel, llenos de dulces y regalos, que han de romperse con un palo llevando los ojos vendados.

piñón. m. Simiente del pino, y demás coníferas. || En las armas de fuego, pieza en que estriba la patilla de la llave cuando está preparada para disparar. || Rueda pequeña y dentada que engrana con otra mayor en un mecanismo.

pío, a. adj. Devoto, inclinado a la piedad. || Misericordioso, compasivo.

piojo. m. Insecto hemíptero, parásito de diversos animales y del hombre.

pionero, ra. m. y f. Persona que inicia la exploración de nuevas tierras. || Persona que da los primeros pasos en alguna actividad humana.

piorrea. f. Flujo de pus.

pipa. f. Utensilio para fumar tabaco picado. || Tonel para transportar o guardar vino u otros licores. || f. Semilla de algunos frutos.

pipeta. f. Tubo de cristal que sirve para trasladar pequeñas porciones de líquido de un vaso a otro.

pique. m. Bote de la pelota. || Impulso con que se inicia un movimiento.

piqué. m. Tela de algodón con diversos tipos de labor, que se emplea en prendas de vestir y en otras cosas.

piqueta. f. Zapapico, herramienta de cantero.

piquete. m. Grupo de personas que, pacífica o violentamente, intenta imponer o mantener una consigna de huelga. || Grupo poco numeroso de soldados.

pira. f. Hoguera.

piragua. f. Embarcación larga y estrecha.

pirámide. f. GEOM. Sólido que tiene por base un polígono y cuyas caras son triángulos. || Monumento que tiene esta forma.

piraña. f. Pez fluvial sudamericano, muy voraz.

pirata. adj. Se dice de los navegantes que se dedicaban a asaltar otros barcos o a hacer incursiones en la costa, así como de sus naves y actividad. También com. || fig. Ilegal, sujeto despiadado.

piratear. intr. Ejercer la piratería.

piratería. f. Asalto de barcos o de lugares costeros realizado por los piratas. || Delito contra la propiedad física o intelectual, robo, contrabando, etc.

pirita. f. Mineral de color de oro.

pirómano, na. adj. Se dice del que tiene una tendencia patológica a provocar incendios. También s.

piropo. m. Cumplido, sobre todo el que dirige un hombre a una mujer.

pirotecnia. f. Arte de los explosivos, tanto para fines militares como artístico.

pirueta. f. Salto o movimiento ágil y difícil. || Voltereta, giro dado en el aire o sobre una superficie.

pis. m. col. Orina.

pisada. f. Acción y resultado de pisar. || Huella o señal que deja estampada el pie al pisar.

pisar. tr. Poner el pie sobre alguien o algo. || fig. No respetar los derechos de los demás. Humillar.

piscicultura. f. Arte de repoblar de peces y mariscos los ríos y los estanques.

piscina. f. Estanque para peces. || Pileta para natación.

piso. m. Cada una de las plantas de un edificio o de otra cosa. || Pavimento natural o artificial de habitaciones, calles, caminos, etc.

pisotear. tr. Pisar repetidamente algo. || fig. Humillar o despreciar.

pista. f. Rastro que dejan los animales o personas en la tierra por donde han pasado. || Conjunto de señales que pueden conducir a la averiguación de algo. || Sitio acondicionado para deportes u otras actividades. || Terreno especialmente acondicionado para el despegue y aterrizaje de aviones. || Sitio acondicionado para bailar. || Camino de tierra por el que pueden transitar vehículos.

pistilo. m. Órgano femenino de la flor.

pistola. f. Arma corta de fuego.

pistón. m. Émbolo. || Llave de ciertos instrumentos de viento.

pita. f. Planta vivaz, oriunda de México, de gran tamaño, con hojas o pencas radicales, carnosas y muy grandes. || Fibra que se obtiene de la hoja de esta planta.

pitanza. f. fam. Alimento diario.

pitar. intr. Tocar el pito. || intr. y tr. Arbitrar una competición deportiva. || amer. Fumar cigarrillos.

pito. m. Instrumento pequeño que, al soplar por él, produce un sonido muy agudo.

pitón. m. Cuerno incipiente en los animales. || Reptil ofidio de gran tamaño.

pitonisa. f. Mujer que adivina el futuro a través de las cartas, bolas de cristal, etc.

pituitario, ria. adj. y f. Se dice de la membrana de la nariz que segrega el moco. || f. Glándula situada en la base del encéfalo, también llamada hipófisis.

pizarra. f. Roca de color negro azulado. || Trozo de pizarra oscura y pulimentada en que se escribe o dibuja con tiza o yeso, encerado. || p. ext., superficie sobre la que se escribe o dibuja.

pizarrón. m. amer. Pizarra, superficie para escribir o dibujar.

pizca. f. Porción mínima o muy pequeña de una cosa.

pizza. (voz it.) f. Torta elaborada con masa de pan, sobre la que se pone tomate, queso y otros ingredientes.

placa. f. Plancha, lámina, película. || Matrícula de los vehículos.

placenta. f. Órgano intermediario entre la madre y el feto durante la gestación de los mamíferos placentarios.

placentero, ra. adj. Agradable, apacible.

placer. m. Gusto, satisfacción, sensación agradable. || Diversión, entretenimiento. || Banco de arena o piedra en el fondo del mar. || Arenal donde las aguas depositan partículas de oro. || Lugar donde se pescan perlas.

placer. intr. Producir gusto o satisfacción, gustar, apetecer.

plácet. m. Aprobación por un gobierno de un representante extranjero.

plácido, da. adj. Quieto, tranquilo. || Grato, apacible.

plaga. f. Calamidad grande. || Abundancia de algo perjudicial. || Azote de la agricultura.

plagar. tr. Llenar o cubrir a alguna persona o cosa de algo nocivo o no conveniente. También prnl.

plagiar. tr. Copiar obras ajenas, dándolas como propias.

plagio. m. Copia de una obra ajena que se presenta como propia.

plan. m. Proyecto, programa de las cosas que se van a hacer y de cómo hacerlas. || Intención, estructura. || Altitud o nivel.

plana. f. Cada una de las dos caras de una hoja de papel.

plancha. f. Lámina de metal plana y delgado. || Utensilio para planchar. || Placa de metal sobre la que se asan o cocinan alimentos.

planchar. tr. Pasar la plancha caliente sobre la ropa, para quitarle las arrugas y dejarla lisa.

plancton. m. BIOL. Conjunto de seres microscópicos de origen animal o vegetal que viven en suspensión en aguas saladas o dulces.

planeador. m. Aeronave sin motor.

planear. tr. Trazar o formar el plan de una obra. || Hacer planes o proyectos. || intr. Moverse o descender sin motor un avión, valiéndose de las corrientes de aire.

planeta. m. Cuerpo sólido celeste que gira alrededor del sol.

planicie. f. Terreno llano.

planificar. tr. Trazar los planos para la ejecución de una obra. || Hacer plan de una acción.

planisferio. m. Mapa en que la esfera celeste o la terrestre está representada en un plano.

plano, na. adj. Llano, liso. || m. Representación gráfica en una superficie de un terreno, de la planta de un edificio, etc. || Punto de vista.

planta. f. Vegetal, ser orgánico que se caracteriza por crecer y vivir fijo en un lugar determinado, realizar la fotosíntesis y tener células complejas agrupadas en tejidos, órganos, aparatos y sistemas. || Cara inferior del pie. || Cada una de las diferentes alturas que se distinguen en un edificio.

plantación. f. Acción de plantar.

plantar. tr. Introducir en tierra una planta para que arraigue. || Poblar de plantas un terreno. || fig. Dejar o abandonar a alguien. || prnl. Ponerse de pie firme ocupando un lugar o sitio.

plantear. tr. Exponer un tema, problema, duda, dificultad, etc. || Dar un enfoque o un punto de vista. || prnl. Pararse a considerar algo.

plantel. m. Criadero de plantas. || fig. Conjunto de personas que forman un grupo, especialmente cuando se caracteriza por alguna habilidad especial.

plantígrado, da. adj. y m. ZOOL. Se dice de los cuadrúpedos que al andar apoyan en el suelo toda la planta de los pies y las manos.

plantilla. f. Pieza de tela, gomaespuma, etc., que interiormente cubre la planta del calzado o que se coloca sobre ella. || Lista ordenada por categorías de las dependencias y empleados de una oficina, servicios públicos o privados, etc.

plañidero, ra. adj. Lloroso y lastimero.

plañir. intr. Llorar sollozando o clamando.

plasma. m. Medio líquido de la sangre y la linfa.

plasmar. tr. Dar forma a algo. || Reflejar o representar una idea o un sentimiento en un medio físico. También prnl.

plasticidad. f. Calidad de plástico.

plástico, ca. adj. Relacionado con el arte y la técnica de modelar. || Se dice del material que puede cambiar de forma y conservar esta de modo permanente, a diferencia de los cuerpos elásticos. || Se dice de ciertos materiales sintéticos, polímeros del carbono, que pueden modelarse fácilmente. También m. || f. Arte y técnica de modelar.

plata. f. QUÍM. Elemento químico metálico blanco, brillante, dúctil y maleable. || Dinero en general; riqueza.

plataforma. f. Tablero horizontal elevado sobre el suelo. || Andén de estación ferroviaria. || Programa de un partido político. || Estación de perforación petrolífera en el mar.

plátano. m. Árbol de tronco recto y hojas grandes. || Banano. || Fruto de este.

platea. f. Patio o parte baja de los teatros.

plateado, da. adj. Bañado en plata. || De color semejante al de la plata.

platear. tr. Cubrir de plata una cosa.

plateresco, ca. adj. y m. Se dice del estilo arquitectónico y ornamental, derivado del clásico y ojival.

plática. f. Conversación.

platillo. m. Cada una de las dos piezas en forma de plato o disco que tiene la balanza. || pl. Instrumento de percusión.

platinar. tr. Cubrir un objeto con una capa de platino. || Dar a una cosa el aspecto de platino.

platino. m. QUÍM. Metal precioso, semejante a la plata, pero más duro.

plato. m. Recipiente bajo y generalmente redondo, con una concavidad en medio, que se emplea en las mesas para servir los alimentos y comer en él. || Alimento ya cocinado.

platónico, ca. adj. Que sigue la escuela y filosofía de Platón. También s. || Ideal y desinteresado.

plausible. adj. Digno o merecedor de aplauso. || Admisible, recomendable.

playa. f. Ribera arenosa del mar o de un río grande.

playero, ra. adj. Relacionado con la playa o apropiado para ella. || f. Zapatilla de lona con suela de goma.

playo, ya. adj. Que tiene poco fondo.

plaza. f. Lugar ancho y espacioso dentro de una población. || Mercado, lugar con pequeños puestos de venta, especialmente de comestibles. || Lugar fortificado con muros, baluartes, etc. || Espacio, sitio o lugar. || Puesto o empleo.

plazo. m. Término o tiempo señalado para una cosa. || Vencimiento de ese espacio de tiempo.

plazoleta. f. Espacio abierto en una población, más pequeño que una plaza.

pleamar. f. Marea alta. || Tiempo que esta dura.

plebe. f. La gente común.

plebeyo, ya. adj. Perteneciente a la plebe. || Dícese de quien no es noble o hidalgo.

plebiscito. m. Consulta en la que se somete una propuesta a votación para que los ciudadanos se manifiesten en contra o a favor.

plegable. adj. Que se puede plegar o doblar.

plegar. tr. Hacer pliegues en una cosa. También prnl. || Doblar e igualar los pliegos de un libro. || prnl. Ceder, someterse.

plegaria. f. Súplica ferviente.

pleitesía. f. Rendimiento, muestra reverente de cortesía, sumisión.

pleito. m. Litigio judicial entre partes. || Riña doméstica o privada.

plenario, ria. adj. Se dice de la junta o reunión a la que acuden todos los miembros de una corporación. || m. Pleno, reunión o junta general de una corporación.

plenilunio. m. Luna llena.

pleno, na. adj. Completo, lleno.

plétora. f. Exceso de sangre. || fig. Abundancia excesiva.

pleura. f. Cada una de las membranas serosas de tejido conjuntivo que cubren las paredes de la cavidad torácica y la superficie de los pulmones.

pleuresía. f. PAT. Inflamación de la pleura.

pléyade. f. Grupo de personas contemporáneas reconocidas y destacadas.

pliego. m. Porción o pieza de papel de forma cuadrangular, doblada por la mitad.

pliegue. m. Doblez en la ropa o en cualquier cosa flexible.

plomada. f. Pesa de plomo o de otro metal, cilíndrica o cónica, colgada de una cuerda, que sirve para señalar la línea vertical.

plomero, ra. m. El que trabaja o hace cosas de plomo. || m. y f. Persona especializada en la instalación o reparación de cañerías, grifos, etc.

plomizo, za. adj. Que tiene plomo. || Parecido al plomo.

plomo. m. QUÍM. Metal pesado, dúctil, fusible, de color gris azulado. || fig. Persona pesada y molesta.

pluma. f. Cada una de las piezas de que está cubierto el cuerpo de las aves. || Instrumento para escribir realizado en distintos materiales.

plumaje. m. Conjunto de plumas del ave.

plumero. m. Utensilio formado por un conjunto de plumas atadas a un mango que sirve para quitar el polvo.

plural. adj. Se dice del número gramatical que se refiere a dos o más personas o cosas. También m.

plus. m. Gratificación o sobresueldo.

plus ultra. loc. lat. Más allá.

plutocracia. f. Régimen político en el que hay preponderancia de los ricos en el gobierno del Estado. || Predominio de la clase más rica de un país.

pluviómetro. m. Aparato que sirve para medir la lluvia que cae.

población. f. Acción y resultado de poblar. || Conjunto de personas que habitan la Tierra o cualquier división geográfica de ella. || Ciudad, villa o lugar.

poblado. m. Población.

poblar. tr. e intr. Ocupar con personas un lugar: muchas familias europeas acudieron a poblar las tierras americanas. || p. ext., hacerlo con animales y cosas.

pobre. adj. Que no tiene lo que necesita para vivir o desarrollarse o tiene muy poco. También com. || Escaso de algo. || De poco valor o entidad. || Infeliz, desdichado y triste; se usa sobre todo para compadecer a alguien. || com. Mendigo.

pobreza. f. Necesidad, estrechez, carencia de lo necesario para vivir

pocilga. f. Establo para ganado de cerda. || Cualquier lugar muy sucio.

pocillo. m. Vasija o recipiente empotrado en el suelo para recoger o contener un líquido, como el aceite o el vino en los lagares. || *amer.* Taza pequeña.

pócima. f. Cocimiento medicinal de materias vegetales.

poco, ca. adj. Escaso en cantidad o calidad. || m. Cantidad corta o escasa.

poda. f. Acción y resultado de podar.

podar. tr. Cortar o quitar las ramas superfluas de los árboles, vides y otras plantas.

poder. m. Dominio, facultad y jurisdicción que uno tiene para mandar o ejecutar una cosa. || Fuerza, vigor, capacidad. || Posesión actual o tenencia de una cosa. || Suprema potestad rectora y coactiva del Estado. || Facultad que alguien da a otra persona para que, en lugar suyo y representándole, pueda ejecutar una cosa. Más en pl. || pl. Facultades, autorización para hacer una cosa. || poder absoluto. Despotismo.

poder. tr. Tener capacidad para hacer algo. || Tener facilidad, tiempo o lugar de hacer una cosa. || intr. impers. Ser contingente o posible que suceda una cosa.

poderío. m. Poder, dominio, señorío. || Gran fuerza y vigor.

poderoso, sa. adj. Que tiene poder. También s.

podio. m. Pedestal largo en que estriban varias columnas. || Plataforma o tarima.

podredumbre. f. Putrefacción.

podrir. tr. Pudrir.

poema. m. Obra en verso.

poesía. f. Expresión artística por medio del verso y en ocasiones a través de la prosa. || Composición perteneciente a cualquiera de estos géneros.

poeta. com. Persona que compone obras poéticas.

poético, ca. adj. De la poesía o relativo a ella. || Que manifiesta cualidades propias de la poesía. || f. Poesía, arte de componer obras poéticas.

poetisa. f. Mujer que compone obras poéticas.

polaco, ca. adj. y s. De Polonia.

polaina. f. Especie de media calza que cubre la pierna hasta la rodilla.

polar. adj. De los polos de la Tierra o relativo a ellos.

polca. f. Danza de origen polaco y su danza.

pólder. (voz hol.) m. En los Países Bajos, terreno pantanoso ganado al mar y que una vez desecado se dedica al cultivo.

polea. m. Rueda móvil, acanalada, que sirve para levantar pesos.

polémico, ca. adj. Que provoca controversia o discusión. || f. Controversia, discusión.

polemizar. intr. Mantener o entablar una polémica.

polen. m. Polvillo fecundante de las flores.

polenta. f. Gachas de harina de maíz.

polichinela. m. Personaje burlesco de las farsas.

policía. f. Cuerpo encargado de velar por el mantenimiento del orden público. || com. Agente que pertenece a este cuerpo.

P

policromo, ma o **polícromo, ma.** adj. De varios colores.

poliedro. m. GEOM. Sólido limitado por diversos polígonos.

polifacético, ca. adj. Que ofrece varias facetas o aspectos.

polifonía. f. MÚS. Conjunto de sonidos ejecutados simultáneamente.

poligamia. f. Estado o condición del casado con varias mujeres.

polígloto, ta o **poligloto, ta.** adj. y s. Persona que habla varios idiomas. || Que está escrito en varios idiomas.

polígono. m. GEOM. Figura geométrica plana limitada por segmentos rectos consecutivos no alineados, llamados lados.

polilla. f. Insecto lepidóptero nocturno de pequeño tamaño cuya larva destruye la lana, tejidos, pieles, papel, etc.

polinización. f. BOT. Paso del polen desde el estambre en que se ha producido hasta el pistilo.

poliomielitis. f. Enfermedad infecciosa.

pólipo. m. PAT. Tumor que se forma en algunas mucosas y que se sujeta a ellas por medio de un pedúnculo. || Pulpo.

politécnico, ca. adj. Que abarca muchas ciencias o técnicas.

politeísmo. m. Religión o doctrina religiosa que admite la existencia de diversos dioses.

político, ca. adj. De la doctrina o actividad política o relativo a ellas. || Se dice de la persona que interviene en la política de un Estado, comunidad, región, etc. También s. || Hábil para tratar a la gente o dirigir un asunto. || f. Arte, doctrina u opinión referente al gobierno de los Estados, comunidades, regiones, etc. || Actividad de las personas que gobiernan o aspiran a regir los asuntos públicos.

póliza. f. Documento justificativo del contrato de seguros, operaciones de bolsa, etc.

polizón. m. Persona que se embarca clandestinamente.

pollera. f. *amer.* Falda, prenda femenina.

pollino, na. m. y f. Asno joven que aún está sin domar. || p. ext., asno.

pollo. m. Cría de las aves y particularmente de las gallinas.

polo. m. Cualquiera de los dos extremos del eje de rotación de una esfera o cuerpo redondeado, especialmente los de la Tierra. || m. Juego entre dos equipos de cuatro jinetes que, con mazas de astiles largos, lanzan una bola sobre el césped del terreno

poltrón, ona. adj. Perezoso, haragán.

polución. f. Contaminación intensa.

polvareda. f. Cantidad de polvo que se levanta de la tierra.

polvo. m. Parte muy menuda y deshecha de

la tierra que fácilmente se levanta en el aire. || Partículas de sólidos que flotan en el aire y se posan sobre los objetos. || Sustancia sólida molida en partículas muy pequeñas.

pólvora. f. Compuesto explosivo.

polvoriento, ta. adj. Que tiene mucho polvo.

polvorín. m. Lugar o edificio para guardar la pólvora y otros explosivos.

pomelo. m. Árbol de unos 10 m de altura, con flores blancas y fruto en hesperidio apreciado como alimento. || Fruto de este árbol, cítrico redondeado de color amarillento y sabor agrio.

pomo. m. Frasco de perfumes.

pompa. f. Lujo, grandeza, esplendor. || Burbuja que forma el agua u otro líquido por el aire que se le introduce, especialmente cuando es una mezcla de agua y jabón.

pomposo, sa. adj. Que tiene gran pompa, lujo o esplendor. || Excesivamente adornado, aparatoso.

pómulo. m. Hueso y prominencia de cada una de las mejillas.

ponche. m. Bebida caliente consistente en una mezcla de ron u otro licor con agua, limón y azúcar.

poncho. m. Prenda de abrigo que consiste en una manta, cuadrada o rectangular, con una abertura en el centro para pasar la cabeza.

ponderar. tr. Determinar el peso o el valor de algo. || Examinar y sopesar con cuidado algún asunto. || Alabar exageradamente, encarecer.

poner. tr. Colocar en un sitio o lugar. También prnl. || Disponer para un fin. || Añadir, echar. || Encender, hacer que funcione un aparato. || Instalar o montar. || Admitir un supuesto o hipótesis. || Dejar una cosa a la resolución o disposición de otro. || Soltar el huevo las aves. || Representar una obra de teatro, proyectar una película, etc. || Escribir en papel. || Decir, expresar un escrito. || Mandar o imponer. || Exponer a una persona o cosa a cierta acción o circunstancia. También prnl. || prnl. Vestirse o ataviarse. || Ocultarse los astros tras el horizonte, especialmente el Sol. || Llegar a un lugar determinado. || Mancharse.

pontífice. m. Obispo o arzobispo de una diócesis. || Prelado supremo de la Iglesia católica romana

pontón. m. Puente formado por maderos o por una sola tabla.

ponzoña. f. Sustancia venenosa o nociva para la salud.

popa. f. Parte posterior de una embarcación.

pope. m. Sacerdote de la iglesia ortodoxa griega. || Persona de gran poder e influencia.

populacho. m. desp. Clase popular más baja.

popular. adj. Del pueblo o relativo a él.

popularidad. f. Fama y aceptación que se tiene del pueblo en general.

por. prep. Introduce el complemento agente en las oraciones en pasiva. || Con nombres de lugar, denota tránsito por ellos. || Expresa tiempo aproximado. || Expresa lugar aproximado. || Indica la fase o etapa en que se encuentra alguien o algo. || Denota la causa o el motivo. || Denota el medio. || Indica el modo. || Indica el precio, intercambio o sustitución. || A favor o en defensa de alguien. || En lugar de. || En calidad de, en juicio de. || Denota multiplicación de números. || Indica proporción o distribución. || Sin.

porcelana. f. Loza fina, transparente, clara y brillante que se obtiene por cocimiento de caolín, cuarzo y feldespato. || Vasija o figura hechas de porcelana.

porcentaje. m. Tanto por ciento.

porche. m. Entrada a un edificio o zona lateral del mismo cubierta por una techumbre adosada a él. || Soportal, cobertizo.

porcino, na. adj. Del cerdo o relativo a este animal.

porción. f. Cantidad que se separa de otra mayor. || Parte o cantidad que corresponde a cada uno en un reparto.

pordiosero, ra. adj. y s. Que pide limosna.

porfía. f. Disputa o discusión que se mantiene obstinadamente y con tenacidad. || Insistencia excesiva en pedir o intentar lograr algo. || Empeño e insistencia en una acción para cuyo logro se halla resistencia.

porfiar. intr. Disputar obstinadamente y con tenacidad.

pormenor. m. Detalle secundario o circunstancia particular de un asunto.

pornografía. f. Género artístico que muestra con detalle escenas de carácter sexual para excitación de quien las contempla.

poro. m. Orificio, imperceptible a simple vista, de la piel de los animales y de los vegetales. || Intersticio, pequeña cavidad entre las partículas o moléculas que constituyen un cuerpo sólido. || Pequeña mancha oscura situada en la superficie solar.

porque. conj. causal. Por causa o razón de que. || conj. final. Para que.

porqué. m. Causa, razón o motivo.

porquería. f. *col.* Suciedad, basura. || Cosa vieja, inútil o de poco valor. || Grosería, desatención.

porra. f. Cachiporra. || Maza.

porrazo. m. Golpe.

porrón. m. Botijo.

portaaviones. m. Buque de guerra acondicionado para el transporte, aterrizaje y despegue de aviones o helicópteros.

portada. f. Primera página de los libros impresos, en la que figura el título, el nombre del autor y el lugar y año de la impresión. || Adorno arquitectónico situado en las fachadas principales de los edificios suntuosos.

portador, ra. adj. y s. Que lleva o trae una cosa. También s. || m. y f. Persona que porta el germen de una enfermedad y es transmisora de ella.

portaequipaje o **portaequipajes.** m. Maletero, espacio de los automóviles destinado a guardar el equipaje y otros utensilios.

portafolio o **portafolios.** m. Carpeta o maletín de mano usado para llevar documentos, libros, etc.

portal. m. Zaguán. || Soportal, atrio cubierto.

portalámpara o **portalámparas.** m. Pieza metálica en que se introduce el casquillo de la lámpara para asegurar su conexión con el circuito eléctrico.

portar. tr. Llevar o traer.

portátil. adj. Que se puede mover o transportar con facilidad.

portazo. m. Golpe fuerte que da una puerta al cerrarse.

porte. m. Transporte de una mercancía. || Cantidad que se paga por ello. || Aspecto físico y forma de moverse o desenvolverse una persona.

portento. m. Suceso o cosa admirable o extraña. || Persona admirable por sus cualidades.

porteño, ña. adj. y s. De Buenos Aires o relativo a esta ciudad de Argentina.

portería. f. Garita, pieza del portal o habitación de un edificio destinada al portero. || Vivienda del portero. || Empleo de portero.

portero, ra. m. y f. Persona que vigila el portal o la entrada de un edificio.

pórtico. m. Espacio cubierto y con columnas que se construye delante de los templos u otros edificios.

portuario, ria. adj. Del puerto de mar o relativo a él.

portugués, esa. adj. y s. De Portugal. || m. Lengua portuguesa.

porvenir. m. Suceso o tiempo futuro. || Desarrollo o situación futura en la vida de algo o alguien.

pos. (en) loc. adv. Detrás o después de.

posada. f. Lugar destinado a hospedar o albergar viajeros. || Hospedaje, alojamiento que se da a alguien.

posar. intr. Alojarse en una posada o casa particular. || Descansar, asentarse, reposar. || tr. Colocar algo con suavidad sobre una superficie. || Soltar la carga para descansar. || prnl. Detenerse en un lugar con suavidad después de haber volado. || Permanecer inmóvil en determinada postura para una fotografía o para servir de modelo a un artista.

posdata. f. Texto que se añade al final de una carta ya concluida y firmada.

pose. f. Posición o postura inmóvil o poco natural. || Comportamiento o actitud.

poseer. tr. Tener uno algo en propiedad. || Contar con algo, disponer de ello.

posesión. f. Tenencia o propiedad de algo. || Lo que se posee.

posesivo, va. adj. De la posesión o relativo a ella.

posguerra. f. Periodo inmediatamente posterior a una guerra.

posibilidad. f. Aptitud, potencia u ocasión para que algo exista o suceda. || Aptitud o facultad para hacer o no hacer una cosa.

posible. adj. Que puede suceder o existir. || Factible, que se puede realizar.

posición. f. Manera de estar colocada una persona o cosa. || Lugar en que está situada, especialmente dentro de una serie u orden. || Situación económica o social de una persona. || Punto fortificado o ventajoso en una batalla.

positivismo. m. FILOS. Sistema filosófico que considera que el conocimiento humano se basa en la experiencia, y la ciencia solo puede basarse en los sentidos.

positivo, va. adj. Cierto, que no ofrece duda. || Que se atiene únicamente a los hechos, a los resultados de la experiencia, sujeto a comprobación científica. || Bueno o favorable. || Pragmático, que busca el aspecto práctico de la realidad. || Optimista.

positrón o **positón.** m. FÍS. Partícula elemental de antimateria de masa igual a la del electrón, pero de carga positiva.

poso. m. Sedimento. || Resto, huella que una experiencia deja en la memoria o el carácter.

posología. f. MED. Parte de la terapéutica y farmacología que trata de las dosis en que deben administrarse los medicamentos.

posponer. tr. Colocar a una persona o cosa después de otra. || Dejar para más tarde.

posta. f. Conjunto de caballerías que estaban preparadas o apostadas en los caminos a determinadas distancias para que pudiesen cambiarlas los correos, las diligencias, etc. || Casa o lugar donde estaban estas caballerías. || Distancia que hay de una a otra. || Relevo.

postal. adj. Del servicio de correos o relativo a él. || f. Tarjeta rectangular con una cara ilustrada y un espacio destinado a la escritura en el revés.

poste. m. Madero, piedra o columna colocada verticalmente para servir de apoyo o de señal.

postergar. tr. Dejar atrasado en el espacio o en el tiempo. || Menospreciar, tener una cosa en menos que a otra.

posteridad. f. Generaciones, descendencia o futuro que tendrán lugar después de un momento o per sona concreta. || Fama que se obtiene después de la muerte. || El futuro mismo.

posterior. adj. Que sucede o va después de otra cosa. || Que está detrás o en la parte de atrás.

postigo. m. Puerta pequeña abierta en otra mayor.

postizo, za. adj. Que no es natural sino agregado o fingido para reemplazarlo. || m. Añadido de pelo que suple la falta de este o permite realizar ciertos peinados.

postor. m. El que ofrece precio en una subasta, licitador.

postrar. tr. Rendir, derribar. || Debilitar, restar vigor y fuerza. || prnl. Arrodillarse o humillarse a los pies de otro en señal de respeto o de ruego.

postre. m. Fruta o dulce que se sirve al final de una comida. || Postrero.

postrero, ra. adj. Último de una serie de elementos.

postrimería. f. Periodo último de la duración de algo. Más en pl.

postular. tr. Pedir o solicitar donativos con fines benéficos. || Defender, afirmar una idea o principio, pretender.

póstumo, ma. adj. Que nace o se da a conocer después de la muerte del padre o autor.

postura. f. Situación o modo en que está puesta una persona, animal o cosa. || Actitud, inclinación o pacto que mantiene una persona.

potable. adj. Que se puede beber. || col. Aceptable, bueno.

potasa. f. QUÍM. Hidróxido de potasio.

potasio. m. QUÍM. Elemento químico metálico, blando, plateado, cuyos compuestos son muy importantes para uso industrial.

pote. m. Vaso alto de barro.

potencia. f. Capacidad para ejecutar algo o producir un efecto. || Fuerza, poder, energía. || Capacidad de crear o generar. || Estado o nación de gran fuerza y poder. || Persona o entidad poderosa o influyente. || MAT. Producto que resulta de multiplicar una cantidad por sí misma tantas veces como indique su exponente.

potencial. adj. De la potencia o relativo a ella. || Que puede suceder o existir, en contraposición de lo que ya existe.

potentado, da. m. y f. Persona que goza de gran poder, influencia y riqueza.

potente. adj. Que tiene fuerza o capacidad para realizar algo. || Se dice del que tiene poder o grandes riquezas.

potestad. f. Dominio, poder o facultad que se tiene sobre una cosa.

potrero. m. Encargado del cuidado de los potros en la dehesa. || Lugar destinado a la cría y pasto de ganado caballar.

potro, tra. m. y f. Caballo desde que nace hasta que muda los dientes de leche. || m. Aparato de madera en que se inmovilizaba al reo para torturarle y obligarle a declarar. || Máquina de madera para sujetar a los caballos cuando se resisten a dejarse curar o herrar. || DEP. Aparato de gimnasia formado por cuatro patas y un cuerpo paralelepípedo forrado en cuero, que se usa para efectuar diferentes saltos.

poyo. m. Banco de piedra u otro material que se construye pegado a una pared.

pozo. m. Excavación que se hace en la tierra ahondándolo hasta encontrar una vena de agua aprovechable. || Excavación profunda.

practicante. adj. y com. Que practica. || Se dice de la persona que cumple los ritos y prácticas de una religión.

practicar. tr. Poner en práctica algo que se ha aprendido o se conoce. || Ensayar, entrenar una actividad o conocimiento que se quiere perfeccionar. || Ejecutar, realizar.

práctico, ca. adj. De la práctica o relativo a ella. || Que es útil o produce provecho inmediato. || Se dice de la persona muy realista. || f. Destreza adquirida con este ejercicio. || Ejercicio realizado con el fin de adquirir la habilitación en una profesión. || Aplicación real y experimental de una ciencia o teoría. || Costumbre, método de comportamiento o actuación.

pradera. f. Pradería. || Prado de gran extensión.

prado. m. Tierra húmeda o de regadío, en la que se deja crecer o se siembra hierba como pasto para el ganado.

pragmatismo. m. Actitud y pensamiento que valora sobre todo la utilidad y el valor práctico de las cosas. || Movimiento filosófico de carácter empirista, que considera los efectos prácticos de una teoría como el único criterio válido para juzgar su verdad.

praxis. f. Práctica, en oposición a teoría.

pre. prep. insep. Que denota antelación, prioridad o encarecimiento.

preámbulo. m. Exordio, prefacio.

prebenda. f. Ventaja o beneficio que recibe arbitrariamente una persona. || Trabajo o cargo lucrativo y poco trabajoso. || Renta aneja a algunas dignidades y oficios eclesiásticos.

precario, ria. adj. Con escasa estabilidad, seguridad o duración. || Que carece de los recursos y medios económicos suficientes.

precaución. f. Acción de precaver. || Reserva, cautela con que se actúa para evitar posibles daños o dificultades.

precaver. tr. y prnl. Prevenir, evitar un riesgo o peligro.

preceder. tr. Anteceder, ir delante en tiempo, orden o lugar. También intr. || Tener preferencia, primacía o superioridad.

precepto. m. Disposición o mandato superior que se debe cumplir. || Cada una de las instrucciones o reglas que se dan o establecen para el conocimiento de un arte o facultad.

preceptor, ra. m. y f. Persona que educa a uno o varios niños de modo privado.

preceptuar. tr. Dar o dictar preceptos.

preces. f. pl. Oraciones que se dirigen a la divinidad como ruego o súplica.

preciado. adj. Precioso, excelente, de mucha estimación.

preciar. tr. Apreciar. || prnl. Gloriarse, jactarse.

precintar. tr. Colocar un precinto en un objeto o lugar.

precinto. m. Señal sellada que se coloca en un paquete, producto o lugar para mantenerlos cerrados hasta llegar la persona o el momento adecuados.

precio. m. Valor monetario en que se estima algo. || Estimación, importancia o crédito. || Esfuerzo, pérdida o sufrimiento que se concede para conseguir algo.

precioso, sa. adj. Excelente, de gran calidad, valor y elevado coste. || Muy hermoso, que resulta bello o agradable.

precipicio. m. Despeñadero, barranco con un corte profundo con peligro de caída, abismo.

precipitación. f. Acción y efecto de precipitar. || Descenso, caída. || Rapidez, anticipación, premura.

precipitar. tr. y prnl. Arrojar o derribar de un lugar alto. || Acelerar una cosa. || Lanzarse hacia un lugar.

precisar. tr. Fijar o determinar con precisión. || Necesitar o ser necesario o imprescindible.

precisión. f. Exactitud, puntualidad. || Determinación.

preciso, sa. adj. Necesario, imprescindible. || Puntual, fijo y exacto.

preclaro, ra. adj. Ilustre, digno de admiración y respeto, insigne.

precocidad. f. Calidad de precoz.

precognición. f. Conocimiento anterior.

precolombino, na. adj. Anterior a los viajes y descubrimientos de Cristóbal Colón.

preconcebir. tr. Establecer previamente y con todo detalle una idea o proyecto que ha de ejecutarse.

precoz. adj. Temprano, prematuro. || Se apl. generalmente al niño que muestra cualidades y actitudes propias de una edad más madura y, p. ext., a estas cualidades.

precursor, ra. adj. y s. Que precede o va delante.

predecesor, ra. m. y f. Persona que precedió a otra en una dignidad o cargo. || Antecesor.

predecir. tr. Anunciar de antemano algo que va a suceder.

predestinar. tr. Destinar anticipadamente una cosa para un fin.

predeterminar. tr. Determinar con anticipación una cosa.

prédica. f. Sermón o plática.

predicación. f. Acción de predicar.

predicado. m. GRAM. Parte de la oración cuyo núcleo es el verbo. || LÓG. Lo que se afirma o niega del sujeto en una proposición.

predicador. adj. y s. Que predica.

predicamento. m. Buena opinión, prestigio o estimación que se tiene entre la gente.

predicar. tr. Pronunciar un sermón. || fig. Reprender, amonestar.

predicción. f. Anuncio o aviso previo de un hecho que va a suceder. || Acción y efecto de predecir.

predilección. f. Preferencia o estimación especial.

predilecto. adj. Preferido.

predisponer. tr. Preparar o disponer con anticipación. || tr. y prnl. Prevenir o preparar el ánimo de las personas para que muestren determinada inclinación, en especial, negativa.

predisposición. f. Acción y efecto de predisponer.

predominar. tr. e intr. Prevalecer, preponderar o sobresalir.

predominio. m. Superioridad, poder que se tiene sobre algo o alguien.

preeminencia. f. Privilegio, ventaja.

preestablecer. tr. Establecer de antemano.

preexistir. intr. Existir antes.

prefacio. m. Prólogo o introducción de un libro, proemio.

prefecto, ta. m. y f. *amer.* Bedel de un centro. || m. En la Antigua Roma, título de diversos jefes militares o magistrados civiles. || Ministro que preside y manda en un tribunal, junta o comunidad eclesiástica.

prefectura. f. Jurisdicción, cargo u oficina del prefecto.

preferencia. f. Primacía o ventaja sobre una persona o cosa. || Inclinación, predilección o elección de una cosa o persona entre varias.

preferible. adj. Que se prefiere o es digno de preferirse.

preferir. tr. Conceder o mostrar preferencia por una persona o cosa.

prefijar. tr. Determinar, señalar o fijar anticipadamente.

prefijo, ja. adj. y m. Se dice del afijo que va antepuesto.

pregón. m. Promulgación o publicación que se hace en voz alta.

pregonar. tr. Publicar en voz alta.

pregunta. f. Petición o demanda de informa-

ción, interrogación. || Cada uno de los puntos de un examen o cuestionario.

preguntar. tr. Hacer preguntas. || Demandar e interrogar por cierta información.

prehistoria. f. Periodo de las sociedades humanas que comprende desde la aparición del hombre hasta la de los primeros documentos escritos. || Ciencia y estudio de este periodo.

prejuicio. m. Acción y efecto de prejuzgar. || Juicio u opinión, generalmente negativo, que se forma inmotivadamente de antemano y sin el conocimiento necesario.

prejuzgar. tr. Juzgar antes de tiempo o con desconocimiento.

prelado. m. Superior eclesiástico.

preliminar. adj. y m. Que sirve de preámbulo o introducción para entrar en materia. || Que antecede a una acción.

preludio. m. Lo que precede y sirve de entrada, preparación o principio de algo. || MÚS. Composición instrumental de gran libertad formal, ejecutada antes de una obra, una representación o una ceremonia.

prematuro, ra. adj. Que ocurre o se desarrolla antes de tiempo. || adj. y s. Referido a un niño, que nace antes de los nueve meses de gestación.

premeditar. tr. Reflexionar y sopesar un asunto antes de llevarlo a cabo.

premiar. tr. Remunerar, retribuir o galardonar con un premio los méritos o servicios.

premio. m. Recompensa o galardón que se da por algún mérito o servicio.

premisa. f. fig. Señal o indicio por el que se deduce o conoce algo.

premura. f. Apuro, urgencia, prisa.

prenatal. adj. Que existe o se produce antes del nacimiento.

prenda. f. Ropa, cada una de las vestimentas de una persona. || Cosa que garantiza la seguridad o el cumplimiento de una obligación. || Lo que se da o hace en señal de algo.

prendar. tr. Gustar o agradar muchísimo. || prnl. Entusiasmarse o enamorarse. || Sacar una prenda como garantía de una obligación.

prender. tr. Asir, agarrar o sujetar una cosa. || Detener o capturar a alguien. || intr. Arraigar la planta en la tierra.

prensa. f. Máquina que sirve para comprimir. ||fig. Imprenta. || Conjunto de las publicaciones periódicas.

prensar. tr. Apretar en la prensa una cosa.

prensil. adj. Que sirve para asir o agarrar.

preocupar. tr. Causar intranquilidad, inquietud o angustia. || Ocupar antes o anticipadamente una cosa. || tr. y prnl. Interesarse, prestar especial atención a algo.

preparar. tr. Disponer algo para una finalidad. || Prevenir o disponer a una persona para un hecho futuro. || tr. y prnl. Enseñar, educar, entrenar.

preponderancia. f. Influjo, dominio o superioridad de una cosa sobre otra. || Superioridad de crédito, autoridad, fuerza, etc.

preponderar. intr. Tener preponderancia

preposición. f. GRAM. Parte invariable de la oración cuyo oficio es denotar el régimen o relación que entre sí tienen dos palabras o términos a los que sirve de nexo.

prepotencia. f. Poder superior al de otros o gran poder.

prepotente. adj. y com. Que tiene más poder que otros. || Que abusa de su poder.

prerrogativa. f. Privilegio, gracia o exención que se concede a alguien por su situación o cargo.

presa. f. Acción de prender o tomar una cosa. || Acequia. || Muro a través de un río o canal para detener el agua o desviarla.

presagiar. tr. Anunciar o anticipar algo que va a suceder a través de señales o presagios.

presagio. m. Indicio, señal que anuncia un suceso futuro. || Adivinación de sucesos futuros por intuición o interpretación de señales.

presbicia. f. MED. Defecto visual.

présbite, ta. adj. y s. Que padece presbicia.

presbiteriano, na. adj. Del presbiterianismo o relativo a esta doctrina. || adj. y s. Seguidor del presbiterianismo.

presbítero. m. Sacerdote o clérigo ordenado para decir misa.

prescindir. intr. Omitir, no contar con algo o con alguien. || Privarse, abstenerse de lo que se considera necesario.

prescribir. tr. Ordenar, determinar. || Recetar el uso de un medicamento o remedio. || intr. Extinguirse un derecho, deuda, acción o responsabilidad por el transcurso del tiempo especificado para ello.

presencia. f. Estado o hecho de encontrarse una persona en el mismo lugar que otras. || Apariencia, aspecto físico.

presenciar. tr. Hallarse presente.

presentar. tr. Mostrar, poner en presencia de alguien. También prnl. || Con determinados sustantivos, dar, ofrecer. || Proponer a una persona para una dignidad o cargo. Más c. prnl. || Dirigir y comentar un espectáculo o un programa de radio o televisión. || Dar a conocer una persona a otra, ofreciéndole los datos necesarios. También prnl. || prnl. Aparecer, mostrarse inesperadamente. || Comparecer ante alguien o asistir a algún acto o lugar.

presente. adj. y com. Que está delante o en presencia de alguien o de algo, o que coincide en el mismo sitio. || adj. y m. Se apl. al tiempo en que se sitúa actualmente el hablante o la acción. || Obsequio, regalo que una persona da a otra.

presentimiento. m. Intuición, sensación de saber que algo que va a suceder.

presentir. tr. Intuir o tener la sensación de que algo va a suceder. || Tener presentimientos.

preservar. tr. Conservar, resguardar o proteger de un daño o peligro.

presidencia. f. Dignidad o cargo de presidente. || Acción de presidir. || Persona o personas que la tienen. || Tiempo que dura este cargo. || Edificio u oficina que ocupa el presidente.

presidente, ta. m. y f. Persona que preside. || Persona que ocupa el puesto más importante de una colectividad u organismo.

presidiario. m. Penado que cumple en presidio su condena.

presidio. m. Establecimiento penitenciario en el que cumplen condena los reos penados con privación de libertad.

presidir. tr. Ocupar el primer lugar o puesto más importante en una colectividad u organismo.

presión. f. Opresión o compresión que se ejerce sobre un objeto. || Coacción.

presionar. tr. Oprimir, ejercer presión sobre un objeto. || fig. Ejercer presión o coacción sobre alguien.

preso, sa. adj. y s. Que está en prisión o privado de libertad.

prestamista. com. Persona que presta.

préstamo. m. Cesión o entrega de un bien que se hace a condición de devolución. || Crédito, dinero que se toma prestado de una entidad con garantía de devolución y pago de intereses.

prestancia. f. Aspecto de distinción, elegancia y finura. || Excelencia o calidad superior entre los de su clase.

prestar. tr. Entregar algo a alguien, a condición de que lo devuelva, para que lo disfrute por un tiempo. || prnl. Ofrecerse a algo, acceder a alguna cosa.

presteza. f. Rapidez, prontitud en la realización de algo.

prestidigitación. f. Arte de hacer juegos de manos.

prestidigitador, ra. m. y f. Persona que se dedica a la prestidigitación.

prestigio. m. Renombre, buen crédito e influencia, ascendiente, autoridad. || Estimación, renombre.

presto, ta. adj. Rápido, ligero en la ejecución de algo. || Preparado, dispuesto.

presumido, da. adj. y s. Orgulloso, vanidoso, que presume de sí mismo.

presumir. tr. Sospechar, juzgar o conjeturar. || intr. Vanagloriarse, tenerse en alto concepto

presunción. f. Vanagloria, jactancia. || Sospecha, conjetura. || Acción de presumir.

presuntuoso, sa. adj. y s. Orgulloso, vanidoso, lleno de presunción.

presuponer. tr. Dar por cierto o sabido sin tener fundamento ni motivos suficientes para ello.

presupuesto, ta. m. Cálculo o cómputo anticipado de los ingresos y gastos de un negocio o actividad pública. || Hipótesis o suposición, causa, motivo o pretexto.

pretencioso, sa. adj. Presuntuoso.

pretender. tr. Querer conseguir algo o aspirar a ello.

pretendiente. adj. y com. Que pretende o solicita algo. || m. Hombre que pretende o corteja a una mujer.

pretensión. f. Aspiración, deseo o propósito. || Derecho que alguien juzga tener sobre algo.

pretérito, ta. adj. Se dice de lo que ya ha pasado o sucedido.

pretextar. tr. Valerse de un pretexto.

pretexto. m. Motivo que se alega como excusa para hacer o no haber hecho algo.

pretil. m. Muro pequeño o barandilla.

pretor. m. Magistrado romano.

prevalecer. intr. Sobresalir, tener superioridad o ventaja.

prevaricador, ra. adj. y s. Que prevarica.

prevaricar. intr. Delinquir un funcionario público por faltar a sabiendas o por ignorancia inexcusable a las obligaciones y deberes de su cargo.

prevención. f. Preparación y disposición para evitar un riesgo o ejecutar una cosa. || Concepto desfavorable.

prevenido, da. adj. Preparado.

prevenir. tr. Prever, conocer de antemano un daño o perjuicio y tomar las medidas necesarias. || Advertir de alguna cosa. || Prever, conocer de antemano un daño.

prever. tr. Conocer o saber algo con anticipación por medio de ciertas señales o indicios; conjeturar lo que ha de suceder.

previo, via. adj. Que acontece o se realiza antes que otra cosa como preparación a ella, anticipado.

previsión. f. Acción y efecto de prever. || Suposición o conocimiento anticipado de algo a través de ciertas señales o indicios.

previsor, ra. adj. y s. Que prevee o previene.

prez. amb. Honor, estima.

prima. f. En instrumentos de cuerda, la primera y más delgada. || Cantidad que se paga además del precio de una cosa.

primacía. f. Superioridad.

primado. m. Primero y más preeminente de todos los obispos de un país.

primar. intr. Sobresalir, prevalecer, predominar.

primario, ria. adj. Principal o primero en orden o grado.

primate. adj. y m. Mamífero del orden de los primates. || m. pl. Orden de los mamíferos placentarios con extremidades terminadas en cinco dedos provistos de uñas y pulgar oponible a los demás.

primavera. f. Estación del año.

primerizo, za. adj. y s. Principiante.

primero, ra. adj. Que precede a los demás de su especie.

primicia. f. Primer fruto de cualquier cosa. || Noticia que se hace pública por primera vez.

primitivo, va. adj. Relativo a los orígenes y primeros tiempos de alguna cosa. || Rudimentario, elemental, tosco.

primo, ma. adj. Primero, básico. || Primoroso, excelente. || m. y f. En relación con una persona, el hijo de su tío o tía. || f. Cantidad que se paga como gratificación o indemnización en ciertos casos. || Precio que el asegurado paga al asegurador.

primogénito, ta. adj. y s. Se apl. al hijo que nace en primer lugar.

primor. m. Destreza, habilidad, esmero y cuidado que se pone al realizar algo.

primordial. adj. Muy importante o necesario, fundamental. || Primitivo, primero o esencial.

princesa. f. Esposa del príncipe. || Hija del rey.

principado. m. Título o dignidad de príncipe. || Territorio o lugar sujeto a la potestad del príncipe.

principal. adj. Que tiene el primer lugar en estimación o importancia. || Esencial o fundamental.

príncipe. m. Hijo primogénito del rey y heredero de la corona. || adj. Se apl. a la primera edición de una obra.

principiar. tr. y prnl. Comenzar.

principio. m. Primer momento de la existencia de una cosa. || Punto inicial o primera etapa de algo extenso. || Causa primitiva o primera de algo. || Rudimento de una ciencia o un arte. También en pl. || Componente de un cuerpo. || Fundamento, aseveración fundamental que permite el desarrollo de un razonamiento o estudio científico. || Máxima, idea o norma personal que rige el pensamiento o la conducta. También en pl.

prior, ra. m. y f. Superior o prelado ordinario del convento.

prioridad. f. Anterioridad en orden o en el tiempo de una cosa respecto de otra.

prisa. f. Prontitud, rapidez con que se ejecuta algo.

prisión. f. Cárcel o dependencia donde se encierra a los presos.

prisionero, ra. m. y f. Militar u otra persona que en guerra cae en poder del enemigo. || Persona privada de libertad por causas que no son delitos.

prisma. m. GEOM. Poliedro formado por dos polígonos planos e iguales, llamados bases, y por tantos paralelogramos como lados tenga cada base.

prismático, ca. adj. Que tiene forma de prisma. || m. pl. Instrumento óptico formado por dos cilindros en cuyo interior se sitúan las lentes que permiten ver ampliados objetos lejanos.

prístino, na. adj. Antiguo, primitivo, original.

privación. f. Acción de despojar, impedir o privar. || Pérdida de lo que se poseía o gozaba.

privado, da. adj. Que pertenece al ámbito personal o familiar. || Que se realiza para un pequeño grupo, sin formalidad ni ceremonia. || De propiedad o actividad no estatal. || m. Persona que goza de la confianza y trato de favor del rey.

privar. tr. Despojar a alguien de lo que poseía o gozaba. || prnl. Renunciar voluntariamente a algo que resulta agradable.

privativo, va. adj. Que causa o supone privación. || Propio y exclusivo de una cosa o persona.

privatizar. tr. Transferir al dominio privado bienes o empresas estatales.

privilegio. m. Ventaja, gracia o prerrogativa especial de que goza una persona.

pro. prep. insep. que significa en vez de, delante, publicación, continuidad, impulso, negación. || amb. Provecho, ventaja o aspecto favorable de un asunto. || prep. A favor de.

proa. f. Parte delantera de una embarcación.

probabilidad. f. Verosimilitud.

probable. adj. Que es bastante posible que suceda. || Que se puede probar.

probar. tr. Experimentar las cualidades de personas, animales o cosas. || Poner a prueba el funcionamiento de un mecanismo. || Catar, tomar una pequeña porción de una comida. || Ponerse una prenda para ver cómo sienta o si está arreglada a la medida. También prnl. || Manifestar o hacer patente la certeza de un hecho o la verdad de una cosa. || intr. Experimentar e intentar una cosa.

probeta. f. Tubo de cristal alargado y graduado, cerrado por un extremo, usado como recipiente de líquidos o gases.

probidad. f. Bondad, rectitud y honradez.

problema. m. Cuestión o punto discutible que se intenta resolver. || Situación de difícil solución.

problemático, ca. adj. Dudoso, incierto. || Que causa o implica problemas.

probo, ba. adj. Honesto, honrado, íntegro. || Que tiene probidad.

proboscídeo, a. adj. y m. De los proboscídeos o relativo a este orden de mamíferos. || m. pl. ZOOL. Orden de mamíferos de gran tamaño, con un apéndice nasal en forma de trompa prensil.

procaz. adj. Desvergonzado.

proceder. m. Comportamiento, modo o forma de actuar. || intr. Originarse una cosa de otra. || Empezar a poner en ejecución una cosa.

procedimiento. m. Acción de proceder. || Método o sistema estructurado para ejecutar algunas cosas.

proceloso, sa. adj. Tormentoso.

prócer. com. Persona respetable, elevada y de la más alta distinción social.

procesar. tr. DER. Someter a proceso penal dictando auto contra un reo. || Someter una sustancia a un proceso de elaboración o transformación.

procesión. f. Acto de carácter religioso y solemne en que un conjunto de personas siguen un recorrido trazado. || Conjunto de estas personas. || col. Conjunto de personas o animales que van en hilera de un lugar a otro.

proceso. m. Progreso. || Conjunto de las fases sucesivas de un fenómeno natural o de una operación artificial. || Transcurso de tiempo. || Causa criminal.

proclama. f. Notificación pública.

proclamación. f. Acción y efecto de proclamar.

proclamar. tr. Hacer público, publicar en voz alta. || Declarar solemnemente el comienzo de un reinado o forma de gobierno.

proclive. adj. Propenso o inclinado hacia lo que se considera negativo.

procrear. tr. Reproducir, engendrar y multiplicar la propia especie.

procurador, ra. adj. y s. Que procura. || m. y f. Persona que tiene facultad legal para ejecutar gestiones económicas y diligencias legales en nombre de otra.

procurar. tr. Esforzarse en tratar de conseguir algo. || tr. y prnl. Proporcionar, conseguir.

prodigar. tr. Dar algo en abundancia. || Disipar, gastar sin moderación. || prnl. Frecuentar un lugar, dejarse ver.

prodigio. m. Suceso extraordinario o sobrenatural que no tiene explicación razonable.

pródigo, ga. adj. Productivo, abundante. || Divoso, generoso. || Disipador, gastador, que desperdicia su hacienda en gastos inútiles.

producción. f. Acción y efecto de producir. || Obtención de frutos o bienes de la naturaleza. || Fabricación o elaboración de un producto. ||

producir. tr. Dar fruto o bienes la naturaleza. || Fabricar, elaborar. || Originar, ocasionar. || Engendrar.

productivo, va. adj. Que tiene capacidad de producir. || Que es útil o provechoso.

producto, ta. m. Lo que se produce o elabora. || Consecuencia, resultado. || Beneficio o ganancia.

proemio. m. Prólogo de un libro.

proeza. f. Hazaña, acción valerosa.

profanar. tr. Tratar algo sagrado sin el debido respeto o con usos profanos.

profano, na. adj. Que no es sagrado. || adj. y s. Que carece de conocimientos y autoridad en una materia.

profecía. f. Don sobrenatural de origen divino que permite el conocimiento de hechos futuros. || Predicción.

proferir. tr. Pronunciar, articular palabras o sonidos.

profesar. tr. Manifestar o aceptar una creencia religiosa. || Ejercer una profesión o actividad. || Demostrar un afecto o sentimiento. || intr. Ingresar en una orden religiosa.

profesión. f. Acción de profesar. || Empleo, oficio o actividad que se realiza habitualmente a cambio de un salario.

profesional. adj. Relativo a la profesión. || adj. y com. Que ejerce una profesión o actividad como medio de vida. || com. Persona que ejerce su profesión eficientemente y con destacada capacidad.

profesor, ra. m. y f. Persona que se dedica a la enseñanza.

profeta. com. Persona que posee el don de profecía.

profético, ca. adj. Relativo a la profecía.

profetizar. tr. Anunciar o predecir hechos futuros en virtud del don de profecía.

profilaxis. f. MED. Prevención o conjunto de medidas para evitar una enfermedad.

prófugo, ga. adj. y s. Fugitivo.

profundidad. f. Calidad de profundo. || Hondura. || Parte más honda de algo.

profundizar. tr. Hacer más profundo algo que lo era.

profundo, da. adj. Que tiene el fondo muy distante de la superficie. || Extendido a lo largo. || Intenso, penetrante.

profusión. f. Gran abundancia o cantidad de algo. || Prodigalidad, abundancia excesiva. || Copia.

progenitor, ra. m. y f. Antepasado directo de una persona y, en especial, el padre y la madre.

programa. m. Plan, proyecto o declaración de lo que se piensa realizar. || Sistema de distribución de las materias de un curso o asignatura. || Anuncio de las partes, reparto y cuadro técnico de ciertos actos o espectáculos. || Impreso con ese anuncio.

programar. tr. Elaborar o preparar un programa. || INFORM. Elaborar un programa infor-

mático codificando las órdenes y datos que permiten su funcionamiento.

progresar. intr. Avanzar, realizar mejoras o adelantos, hacer progresos.

progresión. f. Avance o evolución ininterrumpida.

progresivo, va. adj. Que avanza o favorece el avance.

progreso. m. Avance hacia adelante. || Mejora, adelanto, en especial referido al adelanto cultural y técnico de una sociedad.

prohibir. tr. Vedar o impedir el uso o ejecución de una cosa.

prohijar. tr. Adoptar por hijo. || fig. Adoptar las opiniones ajenas.

prójimo, ma. m. y f. Persona desconocida o de reputación dudosa. || Cualquier persona respecto de otra en la colectividad humana.

prole. f. Hijos o descendencia.

prolegómeno. m. Tratado que antecede a una obra para explicar sus fundamentos.

proletariado. m. Clase social constituida por aquellas personas que, al no poseer los medios de producción, ofrecen su trabajo a cambio de un salario.

proletario, ria. adj. y s. Dícese del que no tiene bienes.

proliferar. intr. Multiplicarse abundantemente.

prolijo, ja. adj. Largo, dilatado con exceso. || Cuidadoso, esmerado.

prólogo. m. Introducción a ciertas obras para explicarlas al lector o comentar algún aspecto de las mismas. || Lo que sirve para introducir alguna cosa, a modo de presentación o preparación.

prolongar. tr. Alargar, dilatar en cuanto al espacio. También prnl. || Hacer que dure una cosa más tiempo de lo normal.

promediar. tr. Calcular el promedio de alguna cosa. || Repartir en dos partes iguales. || intr. Hacer de intermediario entre dos o más personas. || Llegar a su mitad un espacio de tiempo determinado.

promedio. m. Cantidad o valor medio que resulta de dividir la suma de todos los valores entre el número de estos.

promesa. f. Expresión de la voluntad que alguien se impone de cumplir algo.

prometer. tr. Obligarse a realizar una determinada acción. || Asegurar la certeza de lo que se dice. || Ofrecer solemnemente el cumplimiento de las obligaciones de un cargo. || intr. Dar muestras de capacidad en alguna materia o actividad. || prnl. Mostrar esperanzas de lograr una cosa positiva. || Darse mutuamente palabra de casamiento.

prominente. adj. Que sobresale con respecto a lo que está a su alrededor. || Que destaca por sus cualidades.

promiscuo, cua. adj. Se dice de la persona que mantiene relaciones sexuales con varias personas. || Mezclado confusamente y sin orden.

promoción. f. Preparación de las condiciones óptimas para dar un artículo a conocer o para incrementar las ventas. || Conjunto de individuos que al mismo tiempo han obtenido un título, grado o empleo.

promontorio. m. Elevación rocosa de altura considerable que avanza hacia el mar. || Parte elevada en un terreno.

promover. tr. Iniciar o activar una cosa procurando su realización. || Elevar a una persona a una dignidad o empleo superior al que tenía. || *col.* Provocar, producir, causar.

promulgar. tr. Publicar oficialmente una ley u otra disposición. || Publicar solemnemente alguna cosa.

pronombre. m. GRAM. Clase de palabra que ejerce las mismas funciones gramaticales que el sustantivo.

pronominal. adj. GRAM. Del pronombre o relativo a esta clase de palabra, o que desempeña su función. || GRAM. Se dice de los verbos que se conjugan en todas sus formas con los pronombres personales.

pronosticar. tr. Aventurar lo que sucederá en un futuro a partir de ciertos indicios.

pronóstico. m. Conocimiento anticipado de lo que sucederá en un futuro a través de ciertos indicios. || Señal a través de la cual se adivina una cosa futura.

prontitud. f. Rapidez, velocidad con que se realiza algo.

pronto, ta. adj. Veloz, ligero. || Dispuesto para la ejecución de una cosa. || m. Forma de reaccionar ante algo, muy rápida y a veces violenta. || adv. t. En seguida, en un corto espacio de tiempo. || Con anticipación al momento fijado.

prontuario. m. Compendio de una ciencia o arte. || Ficha policial.

pronunciar. tr. Emitir y articular un sonido para hablar. || Exponer algo en público y en voz alta. || DER. Dictar una sentencia u otra resolución judicial. || Destacar, hacer más perceptible. También prnl. || prnl. Sublevarse, rebelarse contra el gobierno. || Manifestarse alguien en favor o en contra de algo.

propaganda. f. Actividad que da a conocer alguna cosa intentando convencer al público de las cualidades y ventajas que reporta. || Material o trabajo empleado para este fin.

propagar. tr. Extender o difundir algo a muchos lugares o a muchas personas. También prnl. || Multiplicar por vía de reproducción.

propalar. tr. Divulgar, difundir algo oculto.

propasar. tr. Pasar más adelante de lo debido,

hacer alguna cosa más allá de lo tolerable. || prnl. Excederse en atrevimiento con una persona hasta llegar a la falta de respeto.

propensión. f. Tendencia o atracción hacia algo.

propiciar. tr. Favorecer o facilitar la ejecución de algo. || Atraer la benevolencia de alguien.

propicio, cia. adj. Favorable o apropiado para alguna cosa.

propiedad. f. Derecho o facultad de poseer alguna cosa y disponer de ella dentro de los límites de la legalidad. || Lo que se posee, especialmente si se trata de un bien inmueble. || Atributo, cualidad esencial. || Precisión y exactitud al utilizar las palabras y el lenguaje.

propietario, ria. adj. y s. Que tiene derecho de propiedad sobre alguna cosa, especialmente sobre bienes inmuebles. || Que tiene titularidad permanente sobre un cargo o empleo.

propina. f. Dinero que se da voluntariamente aparte del precio convenido por algún servicio. || *col.* Pieza musical que se ofrece en un concierto fuera de programa como cortesía hacia el público. || de propina. loc. adv. Por añadidura, además de otra cosa.

propinar. tr. Dar o infligir un golpe, una paliza o algo que causa dolor.

propio, pia. adj. Perteneciente a una persona, de su propiedad. || Característico, peculiar de cada persona o cosa. || Conveniente, adecuado. || Natural, auténtico, en contraposición a postizo o accidental. || Relativo a la persona que habla o de la que se habla. || Se dice de la imagen o reproducción de alguna cosa hecha con exactitud y precisión.

proponer. tr. Manifestar o exponer una idea o un plan para que se conozca y se acepte. || Presentar a una persona para un empleo o cargo. || Enunciar un ejercicio, un problema o una actividad para que sean resueltos. || prnl. Determinar o hacer propósito de cumplir un objetivo.

proporción. f. Disposición o correspondencia de las partes con el todo o entre cosas relacionadas entre sí. || Dimensión de algo, tamaño. || Importancia o trascendencia de algo. Más en pl.

proporcionar. tr. Poner a disposición de uno lo que necesita o le conviene. || Causar, producir. || Disponer y ordenar una cosa con la debida correspondencia entre sus partes.

proposición. f. Acción y efecto de proponer. || Exposición de una idea o un plan para que se conozca y se acepte. || Recomendación de una persona para un puesto.

propósito. m. Intención o voluntad de hacer algo. || Objetivo, fin o aspiración que se desea lograr.

propuesto, ta. f. Exposición de una idea o proyecto con un propósito determinado. || Recomendación de una persona para un empleo o cargo.

propugnar. tr. Defender o apoyar una postura o idea por juzgarse conveniente.

propulsar. tr. Dar impulso hacia adelante.

propulsión. f. Acto de propulsar.

prorratear. tr. Repartir una cantidad proporcionalmente entre varios.

prorrogar. tr. Ampliar, alargar la duración de alguna cosa por tiempo determinado. || Aplazar, suspender.

prorrumpir. intr. Proferir repentinamente y con intensidad un sonido o un gesto que manifiesta un sentimiento.

prosa. f. Estructura o forma natural de la expresión lingüística no sujeta a las exigencias de rima y medida de los versos. || *col.* Verborrea excesiva para expresar ideas banales y sin importancia. || Aspecto de la realidad más vulgar o más lejano del ideal.

prosaico, ca. adj. De la prosa o relativo a ella, o escrito en prosa. || Insulso, vulgar, anodino, muy apegado a lo convencional.

prosapia. f. Ascendencia, linaje.

proscribir. tr. Expulsar a una persona del territorio de su patria, especialmente por motivos políticos. || Excluir, prohibir.

proseguir. tr. Seguir, continuar alguna cosa ya iniciada.

prosélito. m. Persona ganada para una causa, sea una religión, un partido, una doctrina o incluso una opinión.

prosodia. f. GRAM. Parte de la gramática que enseña la correcta pronunciación y acentuación. || MÉTR. Estudio de los rasgos fónicos que afectan a la métrica, especialmente de los acentos y de la cantidad. || LING. Parte de la fonología dedicada al estudio de los rasgos fónicos que afectan a unidades inferiores o superiores al fonema.

prosopopeya. f. RET. Figura retórica que consiste en atribuir a las cosas inanimadas o abstractas acciones y cualidades propias de los seres animados o bien cualidades propias del ser humano a los seres irracionales. || Afectación excesiva, solemnidad artificiosa al expresarse o al actuar.

prospección. f. Exploración del subsuelo encaminada a descubrir yacimientos minerales, petrolíferos, arqueológicos o la existencia de aguas subterráneas. || Exploración de posibilidades futuras basada en indicios presentes.

prospecto. m. Folleto explicativo que llevan algunos productos, especialmente los medicamentos, donde se informa sobre su modo de uso, su composición, sus funciones y otros datos útiles.

prosperar. intr. Mejorar, avanzar. || Tener aceptación o éxito.

prosperidad. f. Bienestar, mejora de la situación económica o social. || Éxito o desarrollo favorable de alguna cosa.

próstata. f. Glándula masculina.

prosternarse. prnl. Postrarse.

prostituir. tr. y prnl. Hacer que una persona se dedique a mantener contactos sexuales a cambio de dinero. || Corromper, pervertir o degradar por interés o adulación.

protagonista. com. Personaje principal de la acción en una obra literaria o cinematográfica.

protección. f. Amparo, ayuda, apoyo. || Defensa que se hace de alguna cosa para evitarle un daño o perjuicio. || protección civil. Servicio público de ayuda.

proteccionismo. m. Política económica que protege la producción y el comercio nacionales gravando la entrada en el país de productos extranjeros.

protectorado. m. Soberanía parcial que un Estado ejerce sobre un territorio que conserva autoridades propias. || Territorio en que se ejerce esta soberanía compartida.

proteger. tr. Resguardar a alguien o algo de peligro o daño. || Apoyar, favorecer, defender.

proteína. f. Cualquiera de las numerosas sustancias químicas que forman parte de la materia fundamental de las células y de las sustancias vegetales y animales.

prótesis. f. Procedimiento para sustituir un órgano o parte de él por una pieza o un aparato artificial. || Esta misma pieza o aparato artificial que sustituye un órgano o una parte del cuerpo humano. || GRAM. Procedimiento que consiste en añadir algún sonido al principio de un vocablo.

protesta. f. Muestra de disconformidad o descontento. || Documento, acto o palabra con que se protesta.

protestante. adj. Del protestantismo o relativo a esta doctrina religiosa. || com. Partidario del protestantismo.

protestantismo. m. Conjunto de comunidades religiosas cristianas surgidas de la Reforma protestante.

protestar. intr. Mostrar disconformidad, descontento u oposición.

protesto. m. ECON. Diligencia notarial en que consta la negativa de aceptar o pagar una letra de cambio o un cheque para que no se perjudiquen o disminuyan los derechos y acciones de las personas que han intervenido.

proto. Prefijo que significa prioridad, preeminencia o superioridad.

protocolo. m. Conjunto de reglas y ceremoniales que deben seguirse en ciertos actos o con ciertas personalidades. || Serie ordenada de escrituras y otros documentos que un notario o escribano autoriza y custodia con ciertas formalidades. || Acta o cuaderno de actas relativas a un acuerdo, conferencia o congreso diplomático.

protohistoria. f. Periodo de la historia de la humanidad posterior a la prehistoria, del que no se poseen documentos, pero sí testimonios de tradiciones originariamente orales. || Estudio de ese periodo.

protón. m. Partícula elemental presente en el núcleo de los átomos, de carga igual a la del electrón, pero de signo positivo e indivisible.

protoplasma. m. BIOL. Sustancia de compleja composición química y abundante contenido de agua que constituye la parte esencial y viva de la célula.

prototipo. m. Primer ejemplar de alguna cosa que se toma como modelo para crear otros de la misma clase. || Persona o cosa en la que destacan ciertas cualidades, por las que se toma como modelo.

protóxido. m. En una serie de óxidos, el que tiene menos oxígeno.

protozoo. adj. y m. Se dice de las protistas eucariotas unicelulares que viven en aguas dulces y saladas o en líquidos internos de los organismos superiores, muchos de ellos como parásitos.

protuberancia. f. Parte saliente o abultamiento, de forma más o menos redondeada

provecho. m. Beneficio, utilidad. || Aprovechamiento, buen rendimiento en alguna materia: estudia con provecho. || Efecto alimenticio que produce en el organismo una comida o bebida.

proveer. tr. Suministrar o facilitar lo necesario o conveniente para un fin. También prnl. || Prevenir, reunir y preparar las cosas necesarias para un fin. También prnl. || Conferir una dignidad, empleo o cargo.

provenir. intr. Proceder, nacer, tener origen en algo.

provenzal. adj. y com. De Provenza o relativo a esta antigua región francesa. || m. LING. Lengua románica de esta región.

proverbial. adj. Del proverbio o relativo a él, o que lo incluye. || Muy notorio, conocido de siempre.

proverbio. m. Sentencia o refrán de origen popular que contiene un consejo o una enseñanza moral.

providencia. f. Disposición anticipada, prevención que se toma para lograr un fin o remediar un daño.

provincia. f. División administrativa del territorio de un Estado, sujeta por lo común a una autoridad administrativa.

provinciano, na. adj. De la provincia o relativo a ella.

provisión. f. Abastecimiento y suministro de las cosas necesarias. || Conjunto de alimentos y otros artículos que se almacenan y reservan para cubrir necesidades. Más en pl.

provisional. adj. Que no es definitivo, sino solo por un tiempo.

provisorio, ria. adj. Provisional.

provocar. tr. Producir, causar. || Irritar a alguien, incitarle para que discuta o pelee.

provocativo, va. adj. Que provoca o incita a alguna cosa.

proximidad. f. Cercanía en el espacio o en el tiempo. || Lugar cercano. Más en pl.

próximo, ma. adj. Cercano, que dista poco en el espacio o en el tiempo. || Inmediatamente posterior, siguiente.

proyección. f. Lanzamiento, impulso hacia delante o a distancia. || Formación de un plan para lograr un objetivo. || Imagen proyectada por medio de un foco luminoso sobre una superficie. || Repercusión, trascendencia.

proyectar. tr. Lanzar, dirigir hacia adelante o a distancia. Idear, proponer, disponer. || Hacer visible sobre un cuerpo o una superficie la figura o la sombra de otro. También prnl. || Formar sobre una pantalla la imagen óptica amplificada de diapositivas, películas u objetos opacos. || Hacer un proyecto de arquitectura o ingeniería.

proyectil. m. Cualquier cuerpo arrojadizo, especialmente los lanzados con armas de fuego.

proyecto, ta. adj. GEOM. Representado en perspectiva. || m. Plan y disposición detallados que se forman para la ejecución de una cosa. || Propósito o pensamiento de hacer una cosa. || Conjunto de instrucciones, cálculos y dibujos necesarios para ejecutar una obra de arquitectura o de ingeniería.

proyector. m. Aparato que proyecta imágenes ópticas sobre una superficie. || Aparato óptico en el que se obtiene un haz luminoso de gran intensidad.

prudencia. f. Cualidad que consiste en actuar con reflexión y precaución para evitar posibles daños. || Moderación al hablar o actuar.

prudente. adj. Que muestra prudencia y cautela: es una conductora muy prudente. || Moderado, razonable.

prueba. f. Acción y efecto de probar. || Examen o experimentación para comprobar el buen funcionamiento de alguna cosa o su adecuación a un determinado fin.

prurito. m. PAT. Comezón, picazón que se produce en el cuerpo. || Deseo de perfección, generalmente excesivo.

pseudo o **seudo.** adj. Supuesto, falso. Empléase solo en palabras compuestas.

pseudónimo, ma o **seudónimo, ma.** adj. Dícese del autor que oculta su nombre con uno falso y también de su obra.

psicoanálisis. m. Método terapéutico de determinadas enfermedades mentales, desarrollado por Sigmund Freud. || Doctrina que sirve de base a este tratamiento.

psicología. f. Ciencia que estudia la actividad psíquica y la conducta humana. || Manera de sentir de una persona o grupo.

psicólogo, ga. m. y f. Persona que se dedica profesionalmente a la psicología. || Persona con gran capacidad para conocer el temperamento y las reacciones del resto.

psicopatía. f. Enfermedad mental.

psicosis. f. PAT. Nombre genérico de las enfermedades mentales. || Obsesión muy persistente.

psicoterapia. f. Tratamiento de las enfermedades, especialmente de las nerviosas, por medio de la sugestión o persuasión o por otros procedimientos psíquicos.

psique. f. Conjunto de actos y funciones de la mente.

psiquiatra. com. Médico especializado en psiquiatría.

psiquiatría. f. Frenopatía.

psíquico, ca. adj. De la psique o mente humana.

psitacosis. f. Enfermedad infecciosa que transmiten los loros y papagayos.

psoriasis. f. PAT. Enfermedad de la piel.

púa. f. Cuerpo delgado y rígido que acaba en punta aguda. || Pincho o espina que cubre el cuerpo de algunos animales.

púber. adj. Que ha llegado a la pubertd.

pubertad. f. Época de la vida en que comienzan a manifestarse los caracteres de la madurez sexual.

publicación. f. Obra literaria o artística publicada. || Difusión o comunicación de cualquier información para que sea conocida. || Difusión de algo por medio de la imprenta o cualquier otro procedimiento técnico.

publicar. tr. Hacer patente y manifiesta al público una cosa.

publicidad. f. Conjunto de medios que se emplean para divulgar o extender noticias o hechos. || Divulgación de noticias o anuncios de carácter comercial para vender un servicio, un producto o una idea. || Divulgación de algo que pasa a ser de conocimiento público.

publicista. com. Persona que se dedica profesionalmente a la publicidad.

público, ca. adj. Sabido o conocido por todos. || Para todos los ciudadanos o para la gente en general, se opone a privado. || Del Estado o de sus instituciones o que está controlado por ellos.

puchero. m. Recipiente para guisar, de barro u otro material, más alto que ancho y algo abombado. || Nombre dado a diferentes guisos, parecidos al cocido. || Alimento diario y regular.

púdico, ca. adj. Que tiene pudor o lo demuestra.

pudiente. adj. y com. Poderoso, rico.

pudor. m. Honestidad, recato. || Sentimiento de vergüenza hacia lo relativo al sexo o la desnudez. || Timidez, modestia.

pudrir. tr. Corromper, descomponer la materia orgánica. También prnl. || Provocar la degradación de algo o alguien. || prnl. Consumirse de tristeza o abandono en un determinado lugar o circunstancia.

pueblo. m. Población pequeña. || Conjunto de personas de un lugar, región o país. || Conjunto de personas que tienen un mismo origen o comparten una misma cultura. || Gente común y humilde de una población. || País con gobierno independiente.

puente. m. Construcción sobre un río, foso o cualquier depresión del terreno que permite pasar de una orilla a otra de los mismos. || Pieza que usan los dentistas para sujetar en los dientes naturales los artificiales.

puerco, ca. m. y f. Cerdo, animal. || adj. Sucio o grosero. También s.

puericultura. f. Disciplina médica y actividad que se ocupa de prestar cuidados a los niños para su mejor desarrollo durante los primeros años de vida.

puerperio. m. Tiempo que inmediatamente sigue al parto.

puerro. m. Planta herbácea de la familia de las liliáceas, que mide unos 120 cm de altura, tiene flores en umbela de color rosa y un bulbo comestible. || Bulbo de esta planta.

puerta. f. Vano de forma regular abierto en pared, cerca o verja, desde el suelo hasta la altura conveniente, para entrar y salir. || Plancha de madera, hierro u otro material que se coloca en dicho vano de forma que pueda abrirse y cerrarse.

puerto. m. Lugar en la costa, defendido de los vientos y dispuesto para la seguridad de las naves y para las operaciones de tráfico y armamento. || Localidad o barrio en que está situado. || Depresión, garganta que da paso entre montañas.

pues. conj. Tiene valor causal y denota causa, motivo o razón. || Se usa a veces como conjunción condicional. || Se usa también como continuativa. || Se emplea igualmente como ilativa o consecutiva. || Se emplea a principio de cláusula, como apoyo o para reforzar lo que se dice en ella.

puesto, ta. adj. *col.* Bien vestido o arreglado. || m. Sitio o espacio que ocupa una persona o cosa. || Tiendecilla en que se vende al por menor. || Empleo, oficio, dignidad, ministerio.

púgil. m. Boxeador. || En la antigua Roma, gladiador que luchaba con los puños.

pugna. f. Pelea, contienda. || Oposición, rivalidad entre personas o instituciones.

puja. f. Lucha por la consecución de algo, superando todos los obstáculos que se oponen a ello. || f. Ofrecimiento de una cantidad de dinero por algo, especialmente en una subasta.

pujar. tr. Luchar, hacer fuerza para conseguir algo, superando todos los obstáculos que se oponen a ello También intr. || tr. Ofrecer dinero por algo en una subasta.

pulcritud. f. Limpieza muy grande.

pulcro, cra. adj. Limpio y aseado. || Delicado, esmerado.

pulga. f. Insecto parasitario de cuerpo negro rojizo; se alimenta chupando la sangre de sus huéspedes.

pulgada. f. Medida inglesa de longitud equivalente a 25,4 mm.

pulgar. m. Dedo primero y más grueso de la mano y del pie. También adj. || Parte del sarmiento que se deja en las vides para que broten los vástagos.

pulimentar. tr. Alisar o dar brillo y tersura a una superficie.

pulir. tr. Alisar o dar tersura y lustre a una cosa. || Adornar, aderezar. Más c. prnl. || *col.* Robar, quitarle a alguien algo. || *col.* Derrochar, dilapidar. || Hacer más refinado o educado. También prnl. || Revisar, corregir algo, perfeccionándolo.

pulla. f. Palabra o dicho con que se intenta indirectamente molestar o herir a alguien.

pulmón. m. ANAT. Cada uno de los órganos de respiración aérea del hombre y de la mayor parte de los vertebrados, en los que se verifica el intercambio gaseoso de la sangre. || Órgano respiratorio de algunos arácnidos y de los moluscos terrestres.

pulmonía. f. PAT. Inflamación del pulmón o de una parte de él.

pulpa. f. Masa carnosa y tierna de las frutas o legumbres, parte interior comestible de estas. || Carne de los animales, limpia de huesos y ternillas, molla. || Parte esponjosa que se encuentra en los troncos o tallos de las plantas leñosas. || Cualquier materia vegetal reducida al estado de pasta.

púlpito. m. Tribuna elevada que suele haber en las iglesias, desde donde se predica, se canta o se realizan otros oficios religiosos.

pulpo. m. Molusco cefalópodo octópodo, que tiene el cuerpo en forma de saco, con ocho brazos de gran longitud.

pulsación. f. Cada uno de los golpes o toques que se dan en el teclado de una máquina de escribir u ordenador con la yema de los dedos. || Cada uno de los latidos de la arteria. || Movimiento periódico de un fluido.

pulsar. tr. Dar un toque o golpe a teclas o cuerdas de instrumentos o a los mandos de alguna máquina: pulse este botón para llamar a la enfermera. || Reconocer el estado del pulso o latido de las arterias. || Tantear un asunto o la opinión de alguien.

pulsear. intr. Probar dos personas, para ver quién de ellas tiene más fuerza en el pulso.

pulsera. f. Joya u otra cosa que se lleva alrededor de la muñeca, generalmente como adorno. || Correa o cadena que sujeta el reloj a la muñeca.

pulso. m. FISIOL. Latido intermitente de las arterias, que se siente en varias partes del cuerpo y se observa especialmente en la muñeca. || Parte de la muñeca donde se siente el pulso. || Seguridad o firmeza en la mano para hacer algo con precisión. || Prudencia, cuidado en el tratamiento de un asunto.

pulular. intr. Moverse de un lado para otro, bullir en algún lugar personas, animales o cosas.

pulverizar. tr. Reducir a polvo una cosa. También prnl. || Esparcir un líquido en gotas muy pequeñas por algún sitio. También prnl. || *col.* Vencer de forma total.

puma. m. ZOOL. Mamífero carnívoro felino que mide unos 220 cm de longitud, incluida la larga cola, tiene pelaje pardo rojizo y habita en América.

puna. f. Tierra alta, próxima a la cordillera de los Andes. || *amer.* Extensión grande de terreno raso y yermo.

punción. f. CIR. Operación quirúrgica que consiste en abrir los tejidos con un instrumento punzante y cortante con el fin de diagnosticar una enfermedad o administrar un medicamento. || Dolor intenso y breve.

pundonor. m. Amor propio, sentimiento que lleva a una persona a quedar bien ante los demás y ante sí mismo.

punta. f. Extremo agudo o afilado de algo, generalmente alargado. || Lengua de tierra generalmente baja y de poca extensión que se mete en el mar.

puntada. f. Cada una de las pasadas que se dan en una tela u otro material al coser. || Espacio que queda entre cada una de estas pasadas. || Porción de hilo que ocupa este espacio. || Dolor penetrante y breve, especialmente el producido por un asta de toro.

puntal. m. Madero hincado en firme, para sostener la pared que está desplomada. || Apoyo, fundamento.

puntapié. m. Golpe que se da con la punta del pie.

puntear. tr. Marcar puntos en una superficie. || Dibujar o pintar con puntos. || Tocar la guitarra u otro instrumento semejante pulsando las cuerdas cada una con un dedo. || Comprobar una por una las partes o nombres de una cuenta o lista.

puntería. f. Acción de apuntar un arma arrojadiza o de fuego, de forma que al dispararla alcance el objetivo deseado. || Dirección del arma apuntada. || Destreza del tirador para dar en el blanco.

puntero, ra. adj. Destacado, sobresaliente. También s. || m. Punzón, palito o vara con que se señala una cosa. || Cincel con el cual labran los canteros las piedras muy duras.

puntilla. f. Encaje o adorno estrecho que se pone en los bordes de las prendas finas de lencería o en la ropa de casa. || Especie de puñal corto y agudo que se utiliza para rematar las reses.

punto. m. Señal de dimensiones pequeñas que, por contraste de color o de relieve, es perceptible en una superficie. || Signo ortográfico (.) con que se indica el fin del sentido gramatical y lógico de un periodo o de una sola oración. || Signo que se pone después de las abreviaturas. || Signo ortográfico que se pone sobre la i y la j, y con el que se forma la diéresis (ü). || Cada una de las puntadas que en las obras de costura se van dando para hacer una labor sobre la tela. || Tipo de tejido que se hace al enlazar con un tipo especial de agujas o por otros sistemas, hilos de lana o algodón. || Rotura que se produce en un tejido al soltarse los nudos o lazadas que lo forman. || Puntada con que se unen los bordes de un corte o herida. || MAT. Signo que se utiliza para indicar la multiplicación. || Unidad con que se computan los tantos obtenidos en un juego o competición, o con que se mide el valor de algo. || Valor que tiene una carta de la baraja o cada una de las caras de un dado. || Parte por la que sale la tinta en una pluma de escribir. || Dolor agudo y de corta duración. || Grado de intensidad en una escala. || Sitio, lugar. || Cosa muy corta, parte mínima de una cosa. || Instante, porción pequeña de tiempo.

puntuación. f. Colocación en la escritura de los signos ortográficos necesarios para la correcta lectura e interpretación de un texto. || Calificación con puntos de un ejercicio o prueba. || GRAM. Conjunto de signos ortográficos que sirven para puntuar. || GRAM. Conjunto de reglas para puntuar ortográficamente.

puntual. adj. Que llega a tiempo y hace las cosas a tiempo. || Exacto, preciso. || Que solo atañe a un determinado punto o aspecto.

puntualidad. f. Característica de lo que se produce en el momento adecuado o acordado.

puntualizar. tr. Precisar, matizar una opinión o algo que se ha dicho.

puntuar. tr. Poner en la escritura los signos ortográficos necesarios para la correcta lectura e interpretación de un texto.

punzar. tr. Herir con un objeto afilado. || Pinchar, provocar o molestar. || intr. Manifestarse un dolor agudo cada cierto tiempo. || Producir algo un sentimiento de dolor. || Producir un pinchazo.

punzón. m. Instrumento de hierro que remata en punta. || Buril, instrumento para grabar metales. || Instrumento de acero durísimo, que sirve para hacer troqueles, cuños o piezas semejantes.

puñado. m. Porción de una cosa que cabe en el puño. || Poca cantidad de algo.

puñal. m. Arma ofensiva de acero, de corto tamaño, que solo hiere de punta.

puñalada. f. Golpe que se da de punta con el puñal u otra arma semejante, y herida resultante. || Pena, disgusto o traición.

puñetazo. m. Golpe dado con la mano cerrada.

puño. m. Mano cerrada. || Lo que cabe en la mano cerrada. || Parte de la manga de las prendas de vestir, que rodea la muñeca. || Mango de algunos utensilios o herramientas, como algunas armas blancas, el bastón o el paraguas.

pupila. f. Abertura circular o en forma de rendija, que el iris del ojo tiene en su parte media y que da paso a la luz.

pupilo, la. m. y f. Huérfano o huérfana menor de edad, respecto de su tutor. || Alumno o alumna, con respecto al profesor.

pupitre. m. Mueble con tapa en forma de plano inclinado, para escribir sobre él.

puré. m. Crema espesa hecha con legumbres, patatas u otros alimentos una vez cocidas y trituradas.

pureza. f. Ausencia de mezcla con otra cosa. || Ausencia de imperfecciones. || Virginidad.

purga. f. Medicina que se usa como laxante. || Expulsión o eliminación por motivos políticos o ideológicos de funcionarios o miembros de una organización.

purgar. tr. Limpiar o purificar una cosa, eliminar lo que se considera malo o perjudicial. || Dar a alguien un medicamento o infusión para que evacue el vientre. También prnl. || Satisfacer con una pena en todo o en parte lo que uno merece por su culpa o delito.

purgatorio, ria. adj. Purgativo. || m. Para los católicos, lugar donde los justos deben purificar sus imperfecciones antes de poder gozar de la gloria eterna. || Cualquier lugar donde se pasan penalidades. || Esta misma penalidad.

purificar. tr. Eliminar lo que es extraño a alguna cosa, devolviéndola a su estado original. || Limpiar de toda imperfección algo no material. También prnl.

puro, ra. adj. Que no está mezclado con otra cosa. || Limpio de suciedad o impurezas. || Casto, honesto en el terreno sexual. || Honrado. || Se dice del lenguaje o del estilo correcto, que respeta todas las reglas gramaticales. || Único. || m. Cigarro hecho con una hoja de tabaco enrollada. || Castigo, sanción.

púrpura. adj. Se dice del color rojo subido que tira a violeta. También m. || f. Molusco gasterópodo marino que segrega una tinta que se usa para teñir los tejidos de rojo vivo. || Tinte que antiguamente se preparaba con la tinta de este molusco.

purulento, ta. adj. Que tiene o segrega pus.

pus. m. Líquido denso de color amarillento que segregan accidentalmente los tejidos inflamados.

pusilánime. adj. Falto de ánimo y valor para soportar las desgracias o hacer frente a grandes empresas. También com.

pústula. f. Vejiga inflamatoria de la piel, que está llena de pus. || Cualquier herida que presenta pus o costra.

puto, ta. m. y f. vulg. Persona que ejerce la prostitución. Más c. f.

putrefacción. f. Acción y efecto de pudrir.

pútrido, da. adj. Podrido.

Q

q. f. Decimoctava letra del abecedario español, y decimocuarta de sus consonantes. Fonéticamente representa un sonido oclusivo, velar sordo. Su nombre es *cu*. En español se usa solamente ante la *e* o la *i*, mediante interposición gráfica de una *u*, que no suena.

que. pron. relat. Pronombre invariable que sustituye a un nombre o a otro pronombre que constituyen su antecedente dentro de la oración principal.

qué. pron., adj. y adv. interrog. y excl. Introduce oraciones interrogativas y exclamativas, preguntando o ponderando la naturaleza, la cantidad o la intensidad de alguna cosa.

quebracho. m. *amer.* Conjunto de árboles de mucha altura, ramosos y de madera rojiza de gran dureza, que se emplean para la construcción.

quebrado, da. adj. Que ha hecho quiebra. También s. || Debilitado. || Se dice del terreno accidentado, desigual. || Se dice de la línea formada por segmentos con distinta dirección. || f. Hendidura de una montaña. || Paso estrecho entre montañas.

quebrantar. tr. Romper, deteriorar algo. || Violar una ley, no cumplir una obligación. || Debilitar la salud o la fortaleza de alguien. También prnl. || Profanar un lugar sagrado o entrar en él sin permiso.

quebranto. m. Quebrantamiento. || Desaliento, decaimiento físico o moral de alguien. || Gran pérdida o daño. || Aflicción, pena grande.

quebrar. tr. Romper algo duro o rígido en varios trozos. También prnl. || Doblar, torcer. También prnl. || Interrumpir la continuación de algo no material. || Disminuir la fuerza de algo. || intr. Arruinarse una empresa o un negocio. || prnl. Formársele una hernia a alguien. || Hablando de un terreno o cordillera, interrumpirse su continuidad.

quechua. adj. y com. Del pueblo amerindio que abarca las zonas andinas de Ecuador, Perú, Bolivia y norte de Argentina, o relativo a él o a su lengua. || m. LING. Lengua hablada por los miembros de este pueblo, extendida por los incas a todo el territorio de su imperio.

quedar. intr. Estar, permanecer en un sitio. También prnl. || Subsistir, permanecer o restar parte de una cosa. || Permanecer una persona o cosa en su estado, o pasar a otro más o menos estable. También prnl. || Encontrarse en una situación como consecuencia de algo. || Resultar, terminar, acabar. || Manifestar una decisión, ponerse de acuerdo, convenir en algo. || Concertar una cita. || Faltar para llegar a una situación o lugar. || Estar situado. || prnl. Morirse. || Retener alguien en su poder una cosa, o adquirirla. || Retener en la memoria. || Burlarse de alguien engañándole.

quehacer. m. Ocupación, tarea que hay que realizar.

queja. f. Expresión de dolor, pena o sentimiento. || Expresión de disgusto, disconformidad o enfado.

quejido. m. Voz que expresa dolor o pena.

quelonio. adj. y m. De los quelonios o relativo a este orden de reptiles. || m. pl. ZOOL. Orden de los reptiles que tienen cuatro extremidades cortas, mandíbulas córneas, sin dientes, y el cuerpo protegido por un caparazón duro que cubre la espalda y el pecho, con aberturas para sacar la cabeza, las patas y la cola.

quemadura. f. Herida producida por el fuego o algo que quema.

quemar. tr. Abrasar o consumir con fuego. || Calentar mucho una cosa. || Estropear un alimento por cocinarlo demasiado. || Secar una planta el excesivo calor o frío. || Causar una sensación de ardor, especialmente en la boca, una cosa caliente, picante o urticante. También intr. || Hacer señal, llaga o ampolla una cosa cáustica o muy caliente. || Gastar o usar una cosa sin sacar provecho de ella. || Producir el sol heridas en la piel. || Destilar los vinos en alambiques. || Impacientar o desazonar a uno. También prnl.

quemarropa (a). loc. adv. Modo de disparar con arma de fuego, desde muy cerca del objetivo. || loc. adv. De forma brusca, sin rodeos.

quena. f. Flauta o caramillo que usan los indios de algunas comarcas de América para acompañar sus cantos y bailes.

quepis. m. Gorra militar cilíndrica, ligeramente cónica y con la visera horizontal.

querella. f. Discordia, pelea. || DER. Acusación ante la justicia en la que una persona le imputa a alguien la comisión de un delito, constituyéndose como parte en el procedimiento.

querencia. f. Tendencia o inclinación de una persona o un animal hacia un lugar conocido.

querer. m. Amor, cariño.

querer. tr. Desear, apetecer. || Amar, tener cariño, voluntad o inclinación a una persona o cosa. || Tener voluntad o determinación de ejecutar una acción. || Pedir una cantidad por algo. || Aceptar una apuesta. || Dar motivo una persona con sus acciones o palabras a que suceda algo que puede perjudicarla. || Ser algo conveniente. || Pretender, intentar, procurar. || Conformarse o avenirse uno al intento o deseo de otro. || intr. impers. Estar próxima a ser o verificarse una cosa.

querido, da. m. y f. Amante.

quermés. f. Kermés.

quermes. m. Insecto hemíptero parecido a la cochinilla, que vive en la coscoja y cuya hembra forma las agallitas que dan el color de grana.

querosén. m. *amer.* Queroseno.

queroseno. m. Una de las fracciones del petróleo natural, que se obtiene por refinación y destilación.

querube. m. POÉT. Querubín.

queso. m. Producto que se obtiene de la leche cuajada.

quetzal. m. Ave trepadora, propia de la América tropical, de plumaje suave, de color verde tornasolado y muy brillante en las partes superiores del cuerpo y rojo en el pecho y abdomen; cabeza gruesa, con un moño sedoso y verde; su cola puede alcanzar hasta 1 m de longitud. || Moneda guatemalteca.

quichua. adj. y com. Aplícase a los individuos de unas tribus indígenas del Perú y a su lengua.

quicio. m. Parte de la puerta o ventana en que se asegura la hoja, donde están los goznes o bisagras.

quid pro quo. loc. lat. Una cosa por otra.

quid. m. Esencia, causa, razón.

quiebra. f. Interrupción de la actividad comercial por no poder hacer frente a las deudas u obligaciones contraídas, bancarrota. || Grieta, abertura de una cosa por alguna parte. || Hendidura de la tierra. || Pérdida, menoscabo, disminución de una cosa.

quién. pron. interrog. y excl. Introduce oraciones interrogativas y exclamativas, preguntando o ponderando la identidad de una persona.

quien. pron. relat. Hace referencia siempre a una persona ya mencionada o sobreentendida.

quienesquiera. pron. indef. pl. de Quienquiera.

quienquiera. pron. indef. Alguno, cualquiera; se emplea seguido de que.

quieto, ta. adj. Inmóvil. || Tranquilo, sosegado.

quietud. f. Carencia de movimientos. || Sosiego, reposo, descanso.

quijada. f. Cada una de las dos grandes mandíbulas de los vertebrados.

quijote. m. Hombre idealista y defensor de causas ajenas en nombre de la justicia. || Hombre muy puntilloso.

quilate. m. Unidad de peso de las piedras preciosas equivalente a 0,2 gramos. || Cada una de las veinticuatroavas partes en peso de oro puro que contiene cualquier aleación de este metal. || Grado de perfección de cualquier cosa no material. Más en pl.

quilla. f. Pieza de madera o hierro, que va de popa a proa por la parte inferior de una embarcación, y en la que se asienta todo su armazón.

quillango. m. *amer.* Manta compuesta de pieles cosidas que usaban los indígenas.

quillay. m. Árbol de la familia de las rosáceas, de gran tamaño, cuya madera hervida se usa como jabón para lavar las telas y la cabeza de las personas.

quilo. m. FISIOL. Líquido de aspecto lechoso con gran contenido en grasas que resulta de la digestión de los alimentos en el intestino delgado.

quilogramo. m. Kilogramo.

quilolitro. m. Kilolitro.

quilómetro. m. Kilómetro.

quimera. f. Monstruo imaginario con cabeza de león, cuerpo de cabra y cola de dragón. || Ilusión, fantasía que se cree posible, pero que no lo es.

químico, ca. adj. De la química o relativo a ella. || m. y f. Especialista en química. || f. Ciencia que estudia la composición de los cuerpos simples y sus reacciones, y la creación de productos artificiales a partir de ellos. || Alimento que contiene compuestos o aditamentos artificiales en abundancia.

quimioterapia. f. MED. Método curativo de las enfermedades, especialmente de las infecciosas, por medio de productos químicos.

quimono. m. Túnica japonesa, de mangas largas y anchas, abierta por delante y ceñida con un cinturón. || Prenda deportiva formada por una chaqueta y un pantalón amplios, utilizada para practicar artes marciales.

quina. f. Corteza del quino. || Licor preparado con esta y otras sustancias que se usa como aperitivo.

quince. adj. y pron. num. card. Diez más cinco.

R

radiología. f. Parte de la medicina que estudia las aplicaciones médicas de las radiaciones, especialmente de los rayos X.

radiorreceptor. m. Aparato empleado en radiotelegrafía y radiotelefonía para recoger y transformar en señales o sonidos las ondas emitidas por el radiotransmisor.

radiotaxi. m. Aparato de radio que mantiene al taxista en comunicación con una centralita que le informa de la localización de los clientes.

radiotelefonía. f. Transmisión telefónica por medio de ondas hertzianas, radiofonía.

radioterapia. f. Aplicación de los rayos X al tratamiento de enfermedades. || p. ext., tratamiento de enfermedades con cualquier clase de radiaciones.

radiotransmisor. m. Aparato que se emplea en radiotelegrafía y radiotelefonía para producir y enviar ondas portadoras de señales o de sonidos.

radioyente. com. Persona que oye transmisiones de radio.

raer. tr. Raspar una superficie con un instrumento cortante. || Desgastar una superficie, especialmente por el uso. || Igualar la medida de los áridos, como el trigo o la cebada.

ráfaga. f. Golpe de viento fuerte, repentino y de corta duración. || Destello de luz. || MIL. Sucesión rápida de proyectiles que dispara un arma automática.

raid. (voz i.) m. Incursión militar rápida en terreno enemigo, especialmente la llevada a cabo por la aviación.

raído, da. adj. Referido a una tela, que está muy gastada por el uso.

raigambre. f. Conjunto de antecedentes o tradiciones que hacen algo firme y estable, arraigo. || Origen o raíz que ligan a alguien a un lugar. || Conjunto de raíces de los vegetales unidas entre sí.

raíl o **rail.** m. Carril de las vías férreas. || Guía o carril por el que corre o se desliza algo.

raíz. f. BOT. Órgano de las plantas que crece hacia el interior de la tierra, por el que se fijan al suelo y absorben las sustancias necesarias para su crecimiento. || Parte oculta de algo, de la que procede la parte visible. || Origen o causa de algo.

raja. f. Hendidura, corte, grieta. || Rebanada, rodaja, porción de alimento.

rajá. m. Soberano de la India.

rajar. tr. Partir en rajas. || Partir, abrir, hender. También prnl. || col. Herir con arma blanca. || prnl. col. Echarse atrás, dejar de hacer algo en el último momento. || intr. col. Hablar mucho o sin discreción.

rajatabla. (a) loc. adv. col. Sin contemplaciones, cueste lo que cueste.

ralea. f. desp. Condición, linaje de las personas; estofa.

rallador. m. Utensilio de cocina que consiste en una chapa metálica curvada y con agujeros de borde en relieve, que sirve para desmenuzar ciertos alimentos por frotación.

rallar. tr. Desmenuzar algo frotándolo con el rallador, especialmente alimentos.

rally. (voz i.) m. Prueba automovilística por etapas que se realiza en carreteras y caminos irregulares y dificultosos.

ralo, la. adj. Se apl. a aquello cuyos componentes, partes o elementos están más separados de lo normal.

rama. f. Cada una de las partes de una planta que nacen del tronco o tallo principal y en las que, generalmente, brotan las hojas, flores y frutos.

ramadán. m. Noveno mes del año lunar de los musulmanes, durante el cual deben observar riguroso ayuno desde el amanecer hasta el ocaso.

ramaje. m. Conjunto de ramas o ramos.

ramal. m. Cada uno de los cabos de los que se componen las cuerdas, sogas, etc. || Ronzal que se sujeta a la cabeza de las caballerías. || Cada uno de los tramos que concurren en el mismo rellano de escalera. || Bifurcación de una vía principal.

rambla. f. Calle ancha y arbolada, generalmente con un paseo central. || Lecho natural de las aguas pluviales cuando caen copiosamente.

ramera. f. Prostituta.

ramificarse. prnl. Dividirse algo en ramas. || Extenderse las consecuencias de algo.

ramillete. m. Ramo pequeño de flores o hierbas. || Colección de cosas selectas o útiles.

ramo. m. Manojo de flores, hierbas y ramas. || Rama de segundo orden. || Rama cortada del árbol. || Cada una de las partes en que se divide una actividad o una ciencia. || Ristra de ajos o cebollas.

rampa. f. Plano o terreno inclinado para subir o bajar.

rana. f. Anfibio anuro de cuerpo rechoncho, ojos prominentes, lengua incisa y extremidades fuertes adaptadas al salto, con el dorso generalmente de color verdoso y el abdomen claro.

rancho. m. Comida, normalmente de un solo guiso, que se hace para muchos en común. || col. Comida mal guisada o de mala calidad. || Lugar fuera de una población, donde se albergan diversas personas. || Choza con techumbre de ramas o paja situada fuera de una población. || amer. Granja donde se crían caballos y otros cuadrúpedos. || amer. Vivienda de campesinos.

rancio, cia. adj. Se apl. a los comestibles que con el tiempo adquieren sabor y olor más fuerte, mejorándose o estropeándose. || Muy antiguo o apegado a ello. || Referido a una persona, que resulta poco simpática o de carácter adusto. También s.

rango. m. Clase o categoría profesional o social de alguien. || ESTAD. Amplitud de la variación de un fenómeno entre un mínimo y un máximo claramente especificados. || *amer.* Situación social elevada. || *amer.* Esplendidez, desprendimiento.

ranura. f. Hendidura estrecha en la superficie de un cuerpo sólido.

rapar. tr. Afeitar la barba, rasurar. También prnl. || Cortar el pelo al rape.

rapaz. adj. Inclinado al robo. || adj. y f. De las rapaces o relativo a este orden de aves. || f. pl. ZOOL. Orden de aves carnívoras, de pico y uñas fuertes y encorvados.

rapaz, za. m. y f. Muchacho de corta edad.

rapé. adj. y m. Se apl. al tabaco en polvo que se aspira por la nariz.

rapidez. f. Velocidad o movimiento acelerado. || Cualidad de rápido.

rápido, da. adj. Veloz, que ocurre, se mueve o actúa muy deprisa. || Corto, breve. || adv. s. Deprisa. || m. Río o torrente que cae con violencia. || Tren que solo se detiene en las estaciones más importantes de su recorrido.

rapiña. f. Robo, saqueo con violencia.

raptar. tr. Llevarse a una persona por la fuerza o mediante engaño y retenerla contra su voluntad, generalmente con la intención de pedir un rescate.

rapto. m. Retención de una persona contra su voluntad, secuestro. || Impulso, arrebato. || Emoción o sentimiento tan intenso que priva de sentido.

raqueta. f. Bastidor provisto de mango que sujeta unas cuerdas tensadas y cruzadas en forma de red, y se emplea como pala para golpear la pelota en algunos deportes o juegos. || Juego de pelota en el que se emplea dicho instrumento.

raquídeo, a. adj. Del raquis o relativo a él.

raquítico, ca. adj. Que padece raquitismo. También s. || *col.* Demasiado delgado, endeble. || *col.* Escaso, pequeño.

raquitismo. m. Enfermedad crónica infantil, producida por deficiencias nutricionales o trastornos del metabolismo del calcio, que se caracteriza por la mala calcificación, encorvadura y debilidad de los huesos.

raro, ra. adj. Extraordinario, singular, poco común o frecuente. || Escaso en su clase o especie. || De comportamiento e ideas extravagantes. También s. || Que tiene poca densidad y consistencia, aplicado especialmente a los gases enrarecidos.

ras. m. Igualdad en la altura o en la superficie de las cosas.

rascacielos. m. Edificio muy alto y de muchos pisos.

rascar. tr. Frotar una superficie con algo duro o áspero. También prnl. || Limpiar algo con rascador o rasqueta. || Producir un sonido estridente al tocar con el arco un instrumento de cuerda. || *col.* Resultar una bebida áspera al beberla. || *col.* Obtener un beneficio de algo. || intr. Resultar algo áspero y desagradable en contacto con la piel.

rasgar. tr. y prnl. Romper o hacer pedazos, sin la ayuda de ningún instrumento, cosas de poca consistencia.

rasgo. m. Cada uno de los trazos que se hacen al escribir, especialmente los que adornan las letras. || Facción del rostro. Más en pl. || Acción noble y generosa. || Característica, peculiaridad.

rasguño. m. Arañazo leve.

raso, sa. adj. Plano y liso. También m. || Que no tiene un título o categoría que lo distinga. || Referido al cielo, que está libre de nubes y nieblas. || Referido a un recipiente, que está lleno hasta los bordes. || Que pasa o se mueve a poca altura del suelo. || m. Tela de seda lisa y brillante.

raspar. tr. Rallar ligeramente una superficie. || Tener algo un tacto áspero. || Pasar rozando. || Resultar una bebida áspera al beberla.

rastrear. tr. Buscar algo o a alguien siguiendo su rastro. || Averiguar algo haciendo preguntas o investigando. || Llevar arrastrando por el fondo del agua un aparejo de pesca o una rastra. || intr. Trabajar con el rastrillo. || Volar a ras de suelo.

rastrillo. m. Instrumento que consiste en un mango largo cruzado por un travesaño con púas o dientes por su cara inferior, y que se emplea para barrer paja, hierba, hojas, etc. || Instrumento dentado para limpiar el lino o el cáñamo. || *amer.* Maquinilla de afeitar.

rastro. m. Huella o señal que deja algo o alguien a su paso. || Vestigio, huella. || Mercado callejero, especialmente si se comercia con mercancías de segunda mano, que se instala en días determinados. || *amer.* Matadero.

rastrojo. m. Residuo de la mies después de segada. || El campo después de esa labor.

rasurar. tr. y prnl. Cortar a ras de piel el pelo de alguna parte del cuerpo, especialmente de la barba y el bigote, afeitar: rasurarse el bigote.

R

rata. f. Mamífero roedor de cola larga, anillada y desprovista de pelo, cabeza pequeña, orejas tiesas, hocico puntiagudo, patas cortas y pelaje pardo claro o grisáceo. Es muy fecundo y voraz. || com. *col.* Persona tacaña. También adj. || *col.* Persona despreciable. || *amer.* m. Ratero, ladrón.

ratero, ra. adj. y s. Se apl. al ladrón que hurta con maña cosas de poco valor.

ratificar. tr. y prnl. Aprobar o confirmar actos, palabras o escritos dándolos por valederos y ciertos.

rato. m. Porción indeterminada de tiempo, generalmente breve.

ratón. m. Mamífero roedor de pelaje gris, menor que la rata, muy fecundo y ágil. Generalmente vive en las casas o en el campo.

raudal. m. Gran cantidad de agua que corre con rapidez. || Gran cantidad de cosas que llegan o suceden rápidamente y de golpe.

raudo, da. adj. Rápido, veloz.

raya. f. Trazo o señal larga y estrecha en una superficie. || Límite de una división territorial. || Término o límite que se pone a algo. || Señal que queda en la cabeza al dividir los cabellos con el peine.

raya. f. Pez cartilaginoso con el cuerpo aplanado, de color parduzco, rojizo o gris según las especies, y aletas pectorales extendidas en forma de manto. Habita en mares cálidos o templados y su carne es comestible.

rayador. m. *amer.* Ave que se caracteriza por tener el pico aplanado y delgado y la mandíbula superior mucho más corta que la inferior.

rayar. tr. Hacer rayas. || Tachar con rayas lo manuscrito o impreso. || Marcar una superficie lisa o pulida con rayas o incisiones. También prnl. || intr. Compartir límites o fronteras dos o más cosas. || Con las voces *alba, día, luz, sol, etc.,* amanecer, alborear. || Asemejarse o estar una cosa muy próxima a otra.

rayo. m. Línea de luz que procede de un cuerpo luminoso. || Chispa eléctrica producida entre las nubes o entre una nube y la tierra. || Cada una de las líneas, generalmente rectas, que parten del punto en que se origina una determinada forma de energía y señalan la dirección en que esta se propaga. || Persona muy lista o habilidosa. || Lo que resulta muy rápido o eficaz.

rayón. m. Fibra textil obtenida artificialmente a partir de la celulosa y cuyas propiedades son parecidas a las de la seda. || Tela fabricada con esta fibra.

rayuela. f. Juego en el que, tirando monedas o tejos a una raya hecha en el suelo y a cierta distancia, gana el que la toca o se acerca más a ella. || Juego que consiste en sacar de varias divisiones trazadas en el suelo, y sin pisarlas, un tejo al que se desplaza con un pie, mientras se sostiene el otro en el aire.

raza. f. BIOL. Cada uno de los grupos en que se subdividen algunas especies zoológicas y cuyos caracteres diferenciales se perpetúan por herencia. || Casta o condición de origen; linaje.

razia. f. Incursión rápida en territorio enemigo, especialmente con fines destructivos o de saqueo. || Batida, redada.

razón. f. Facultad del hombre de pensar o discurrir. || Argumento o demostración que se aduce en apoyo de algo. || Motivo o causa. || Acierto o verdad en lo que alguien hace o dice. || Palabras o frases con que se expresa un pensamiento. || Cuenta, relación, cómputo. || MAT. Cociente de dos números o de dos cantidades comparables entre sí.

razonamiento. m. Hecho de pensar, ordenando ideas y conceptos para llegar a una conclusión. || Serie de conceptos y argumentos encaminados a demostrar algo.

razonar. intr. Pensar, ordenando ideas y conceptos para llegar a una conclusión. || tr. Exponer razones para probar algo.

reacción. f. Respuesta a un estímulo. || Acción que resiste o se opone a otra. || Actitud de oposición ante cualquier innovación, especialmente en el ámbito de la política. || QUÍM. Combinación de dos sustancias para dar otra nueva.

reaccionar. intr. Responder a un estímulo. || Recobrar una persona la actividad fisiológica que había perdido. || Recuperar la actividad; reactivar. || Rechazar un ataque o agresión. || QUÍM. Actuar una sustancia en combinación con otra para generar una nueva.

reacio, cia. adj. Contrario a algo.

reactor. m. Motor de reacción. || Avión que funciona con él. || Instalación dentro de la cual se provoca y controla una serie de reacciones nucleares en cadena.

real. adj. Que tiene existencia verdadera y efectiva.

real. adj. Del rey, de la realeza o relativo a ellos. || m. Antigua moneda española. || *amer.* Moneda fraccionaria.

real. m. Campamento de un ejército y especialmente donde se halla la tienda del rey o general. También en pl. || Campo donde se celebra una feria.

realidad. f. Existencia real y efectiva. || Todo lo que constituye el mundo real. || Verdad, lo que ocurre verdaderamente. || realidad virtual. La creada y a veces también percibida por medios cibernéticos.

realismo. m. Forma de presentar o concebir la realidad tal como es. || Modo práctico de pensar y actuar. || Doctrina filosófica según la cual las cosas existen aparte e independientemente de la conciencia. || Tendencia artística y literaria que tiende a representar el mundo tal como es.

realizar. tr. Efectuar, hacer algo real y efectivo. También prnl. || En medios audiovisuales, dirigir un trabajo. || prnl. Sentirse una persona plenamente satisfecha por la consecución de sus aspiraciones.

realzar. tr. Destacar, poner de relieve. También prnl. || Levantar una cosa más de lo que estaba. || Labrar de realce.

reanimar. tr. y prnl. Restablecer las fuerzas o el vigor. || Hacer que alguien recupere el conocimiento. || Infundir ánimo al que está triste o deprimido.

reanudar. tr. y prnl. Retomar o continuar lo que se había interrumpido.

rebaja. f. Disminución, reducción o descuento, especialmente hablando de precios. || pl. Hecho de rebajar los comerciantes los precios de sus productos durante determinados periodos de tiempo. || Estos mismos periodos.

rebajar. tr. Hacer más bajo el nivel o superficie horizontal de un terreno u otro objeto. También prnl. || Hacer una rebaja en los precios o en la cantidad de algo. || Hacer algo menos denso, intenso, o fuerte. || Humillar, menospreciar. También prnl.

rebalsar. tr. Detener y recoger el agua u otro líquido, de manera que haga balsa. Más c. int. y prnl. || *amer.* Rebosar, desbordar.

rebanada. f. Loncha, rodaja, especialmente de pan.

rebanar. tr. Hacer rebanadas. || Cortar o dividir una cosa de una parte a otra.

rebaño. m. Conjunto o grupo de ganado, especialmente el lanar. || Grupo de personas, especialmente si es dócil y dirigible.

rebasar. tr. Desbordar, exceder. || Adelantar, dejar atrás.

rebatir. tr. Rechazar con argumentos las razones u opiniones de otra persona. || Volver a batir.

rebelarse. prnl. Sublevarse en contra de la obediencia debida. También tr. || Resistirse a algo.

rebelde. adj. Que se rebela contra algo o alguien. También com. || Difícil de dirigir o doblegar. || Referido a una enfermedad, que no responde a los tratamientos.

rebeldía. f. Cualidad o condición de rebelde. || Acción propia del rebelde. || DER. Estado procesal de la persona que, siendo parte en un juicio, no acude al llamamiento que for-

malmente le hace el juez o no sigue sus indicaciones.

rebelión. f. Sublevación o resistencia ante alguien o algo.

rebenque. m. MAR. Cuerda o cabo corto y grueso. || *amer.* Látigo recio de jinete.

reblandecer. tr. y prnl. Ablandar, poner tierna una cosa.

rebosar. intr. Derramarse un líquido por encima de los bordes de un recipiente. También prnl. || Referido a un recipiente, que no puede de contener el líquido que lo llena y se sale por encima de sus bordes. También prnl.

rebotar. intr. Retroceder o cambiar de dirección un cuerpo en movimiento por haber chocado con un obstáculo. || Botar repetidamente un cuerpo elástico. || prnl. *col.* Enfadarse o molestarse por algo.

rebote. m. Acción y resultado de rebotar un cuerpo elástico. || Cada uno de los botes que después del primero da el cuerpo que rebota. || DEP. En baloncesto, pelota que rebota contra el tablero o la canasta y vuelve a la cancha. || *col.* Enfado, enojo.

rebozar. tr. Bañar un alimento en huevo y harina o pan rallado, para freírlo después. || Manchar mucho a alguien. También prnl. || Cubrir casi todo el rostro con la capa o manto. También prnl. || Disimular un propósito, idea, etc.

rebuscar. tr. Buscar mucho y con cuidado. || Mirar en algún sitio para sacar algo o para seleccionar lo mejor. || Recoger el fruto que queda en los campos después de alzadas las cosechas.

rebuznar. intr. Dar rebuznos.

rebuzno. m. Voz del burro y otros animales semejantes.

recabar. tr. Conseguir con ruegos y súplicas lo que se desea. || Pedir, reclamar algo alegando o suponiendo un derecho.

recado. m. Mensaje o respuesta que se da o se envía a otro. || Envío que se manda a alguien. || Encargo o gestión que debe hacer una persona. || Conjunto de objetos necesarios para hacer ciertas cosas. || *amer.* Conjunto de piezas que componen el apero de montar.

recaer. intr. Volver a caer. || Caer nuevamente enfermo de una dolencia de la que se estaba convaleciente o restituido. || Reincidir en los mismos vicios, errores, etc. || Venir a parar en alguien beneficios o gravámenes.

recalar. intr. MAR. Acercarse el buque a un punto de la costa, para reconocerlo o para atracar en él. || Llegar el viento o la mar a un lugar determinado. || *col.* Aparecer o pasarse por un sitio una persona. || tr. Penetrar poco a poco un líquido por los poros de un cuerpo seco, dejándolo húmedo o mojado. También prnl.

R

recalcar. tr. Decir palabras con lentitud y exagerada fuerza de expresión, para que se entiendan bien. || Destacar algo por considerarlo importante. || intr. Aumentar el buque su escora sobre la máxima de un balance.

recalcitrante. adj. Terco, obstinado. || Aferrado a una opinión o conducta.

recámara. f. En las armas de fuego, lugar del cañón opuesto a la boca, donde se coloca el cartucho o la bala que se va a disparar. || Cuarto que sigue a la cámara, normalmente destinado a guardar ropa y joyas. || col. Reserva, cautela; segunda intención. || amer. Alcoba o aposento.

recambio. m. Acción y resultado de recambiar. || Pieza de repuesto.

recapacitar. intr. y tr. Reconsiderar, reflexionar sobre ciertas cuestiones.

recargar. tr. Volver a cargar. || Aumentar la carga o el trabajo. || Adornar con exceso. || Aumentar la cantidad que ha de pagarse por un impuesto, deuda u otra prestación.

recargo. m. Cantidad adicional de dinero que debe pagarse por una deuda, generalmente por no haberla satisfecho en el plazo establecido.

recato. m. Honestidad, decencia. || Cautela, prudencia, reserva.

recaudación. f. Cobro o recogida de dinero. || Cantidad recaudada.

recaudar. tr. Cobrar o percibir dinero.

recelar. tr. Desconfiar, sospechar, temer. También prnl.

recepción. f. Acción y resultado de recibir. || Acto solemne y festivo en que se recibe a alguien. || En hoteles y centros de reunión, lugar de inscripción e información. || Captación de las ondas electromagnéticas por medio de un receptor.

receptor, ra. adj. Que recibe. También s. || Se apl. al motor que recibe la energía de un generador instalado a distancia. También m. || m. y f. LING. Persona que recibe el mensaje en un acto de comunicación. || m. Aparato que recibe señales electromagnéticas.

recesión. f. Retirada, retroceso. || ECON. Disminución de las actividades económicas, comerciales e industriales.

receso. m. Separación, desvío. || Intermedio, descanso. || amer. Vacación, suspensión temporal de actividades. || amer. Tiempo que dura esta suspensión de actividades.

receta. f. Prescripción médica. || Nota escrita de esta prescripción. || Nota que comprende aquello de que debe componerse una cosa, y el modo de hacerla. || Método para conseguir algo. || col. Multa, especialmente la de tráfico.

recetar. tr. Prescribir el médico un medicamento, indicando su dosis y periodo de administración.

rechazar. tr. No aceptar. || Resistir un cuerpo a otro obligándolo a retroceder en su movimiento. || Resistir.

rechazo. m. No aceptación, no admisión o resistencia a algo. || MED. Reacción de incompatibilidad del organismo hacia los tejidos u órganos que le son trasplantados.

rechistar. intr. Responder, empezar a hablar para protestar.

recibir. tr. Tomar alguien lo que le dan o le envían. || Admitir, aceptar, aprobar una cosa. || Admitir visitas una persona. También intr. || Salir a encontrarse con alguien que viene de fuera para celebrar su llegada. || Sufrir o experimentar algo. || Captar una señal, onda o frecuencia. ||

recibo. m. Escrito o resguardo, a veces firmado, en que se declara haber recibido algo; factura.

reciclar. tr. Someter una materia a un determinado proceso para que pueda volver a ser utilizable. || Someter repetidamente una materia a un mismo ciclo, para incrementar los efectos de este. || tr. y prnl. Actualizar alguien sus conocimientos, ponerlos al día. || Modernizar o actualizar una cosa.

reciente. adj. Acabado de hacer, nuevo, fresco.

recinto. m. Espacio comprendido dentro de ciertos límites.

recio, cia. adj. Fuerte, robusto. || Duro, difícil de soportar. || adv. m. Con dureza y firmeza.

recipiente. m. Utensilio o cavidad para guardar o contener alguna cosa.

recíproco, ca. adj. Se apl. a la acción o sentimiento que se recibe en la misma medida en que se da. || GRAM. Se dice de los verbos, pronombres y oraciones que expresan una acción que se ejerce simultáneamente entre dos sujetos.

recital. m. Concierto de un solo artista, cantante o instrumentista, que ejecuta varias obras musicales. || Lectura de composiciones literarias, especialmente de poemas.

recitar. tr. Decir algo en voz alta, especialmente versos. || Decir algo de memoria en voz alta.

reclamar. intr. Protestar contra algo, oponerse a ello. || tr. Llamar a una persona para que haga algo o se presente en un lugar. || Pedir o exigir algo por derecho; reivindicar.

reclamo. m. Ave amaestrada que atrae a otras con su canto. || Instrumento que imita dicho canto. || Señal o llamada que se coloca en un texto para atraer la atención del lector. || Atractivo, aliciente. || Publicidad, propaganda. || Reclamación.

reclinar. tr. y prnl. Inclinar sobre algo que sirve de apoyo.

recluir. tr. y prnl. Encerrar, someter a prisión voluntaria o forzada.

reclusión. f. Encierro o prisión voluntaria o forzada. || Lugar en el que se está recluido.

recluso, sa. adj. y s. Que está encarcelado.

recluta. com. Persona alistada para el servicio militar, hasta que finaliza su periodo de instrucción básica. || f. Reclutamiento.

reclutar. tr. Alistar reclutas. || Reunir gente para un propósito determinado.

recobrar. tr. Recuperar lo que se había perdido. || prnl. Recuperarse de un daño, ponerse bien. || Volver en sí después de haber perdido la consciencia.

recodo. m. Ángulo o vuelta que se forma al cambiar de dirección.

recoger. tr. Coger algo que se ha caído. || Guardar. || Juntar, reunir.

recolección. f. Cosecha de frutos. || Tiempo en que se lleva a cabo. || Recopilación, compilación.

recolectar. tr. Recoger la cosecha. || Reunir, juntar.

recomendación. f. Consejo, advertencia. || Trato de favor, influencia o ventaja para conseguir algo.

recomendar. tr. Advertir, aconsejar. || Hablar en favor de alguien.

recompensa. f. Compensación, remuneración, premio.

recompensar. tr. Compensar, valer algo la pena. || Remunerar un servicio o trabajo. || Premiar.

reconcentrar. tr. Disminuir el volumen de algo, haciéndolo más denso. || tr. y prnl. Reunir en un punto central lo que estaba disperso. || prnl. Abstraerse, ensimismarse.

reconciliar. tr. y prnl. Restablecer la concordia o la amistad entre varias partes que estaban enemistadas.

recóndito, ta. adj. Muy escondido, reservado u oculto.

reconfortar. tr. Confortar de nuevo, hacer volver la fuerza, la energía o el ánimo.

reconocer. tr. Distinguir de los demás a una persona o cosa por sus rasgos o características. También prnl. || Examinar a una persona o animal para determinar su estado de su salud. || Examinar con cuidado y detenimiento. || En las relaciones internacionales, aceptar un nuevo estado de cosas. || Admitir la certeza ajena o el propio error. || Demostrar gratitud por algún beneficio o favor.

reconquista. f. Recuperación de lo ya conquistado y perdido.

reconquistar. tr. Volver a conquistar. || Recuperar lo perdido.

reconstituir. tr. y prnl. Volver a constituir. || Devolver al organismo o a alguna de sus partes las condiciones normales.

reconstruir. tr. Volver a construir. || Reproducir unas circunstancias determinadas mediante recuerdos e ideas.

reconvenir. tr. Reprender, reñir. || DER. Ejercitar el demandado una acción contra el que ha promovido el juicio.

recopilar. tr. Reunir, recoger diversas cosas utilizando un criterio que les conceda cierta unidad.

récord. adj. Se apl. a lo que constituye una cota máxima en alguna actividad. || m. Nivel o resultado que supera cualquier otro anterior. || DEP. Marca o mejor resultado en una competición.

recordar. tr. e intr. Traer algo a la memoria. || Hacer que alguien tenga presente una cosa. También prnl. || Encontrar parecido entre dos o más personas o cosas, guardar semejanza. || intr. y prnl. *amer.* Despertar el que estaba dormido.

recorrer. tr. Ir o transitar por un espacio o lugar. || Registrar, mirar con cuidado para averiguar lo que se desea saber o hallar. || IMPR. Pasar letras de una línea a otra, o de una página a otra, por correcciones o variación en la medida de las páginas de una obra.

recortar. tr. Cortar lo que sobra de una cosa. || Cortar dando forma. || Acortar, disminuir. || PINT. Señalar los perfiles de una figura. || prnl. Dibujarse el perfil de una cosa sobre otra.

recorte. m. Acción y resultado de recortar. || Lo recortado. || TAUROM. Regate para evitar la embestida del toro. || pl. Porciones sobrantes que se separan de cualquier material que se ha recortado.

recostar. tr. y prnl. Reclinar la parte superior del cuerpo. || Inclinar una cosa apoyándola sobre otra. || prnl. Acostarse durante un periodo breve.

recova. f. Compra de huevos y gallinas que se hace para revenderlos. || Lugar público donde se realiza la venta de gallinas y aves domésticas.

recoveco. m. Vuelta o entrante que se forma al cambiar de dirección. || Rincón escondido. || pl. Aspectos poco claros del carácter de una persona. || Rodeo al hablar.

recrear. tr. Imitar o reproducir un modelo. || Alegrar, entretener. También prnl.

recreo. m. Acción de recrearse o divertirse. || Periodo de descanso y juego entre horas lectivas. || Sitio o lugar apto para la diversión.

recriminar. tr. Reprender, censurar a una persona su comportamiento. || Responder a ciertos cargos o acusaciones con otros. También prnl.

R

recrudecer. intr. y prnl. Hacer algo más difícil, duro o intenso.

rectangular. adj. Con forma de rectángulo. || GEOM. Del ángulo recto o relativo a él. || GEOM. Que tiene uno o más ángulos rectos. || GEOM. Del rectángulo o relativo a él. || GEOM. Que tiene uno o más rectángulos.

rectángulo, la. adj. GEOM. Que tiene ángulos rectos. || m. GEOM. Paralelogramo que tiene los cuatro ángulos rectos y los lados contiguos desiguales.

rectificar. tr. Corregir o perfeccionar. || Modificar alguien sus propias opiniones o conducta. También prnl. || GEOM. Determinar la longitud de una línea curva. || QUÍM. Purificar los líquidos.

rectitud. f. Cualidad de recto, que no tiene curvas ni ángulos. || Integridad, severidad.

recto, ta. adj. Que no se inclina hacia los lados ni tiene curvas ni ángulos; derecho. || Que se dirige a un punto sin desviarse. || Moralmente justo, íntegro. || Se apl. al ángulo de 90°. || m. ZOOL. Última porción del intestino grueso de los vertebrados y otros animales, que termina en el ano. || f. GEOM. Línea recta.

rector, ra. adj. y s. Que rige o gobierna. || m. y f. Persona a cuyo cargo está el gobierno y mando de una comunidad o de una institución, especialmente de una universidad o centro de estudios superiores. || m. Cura párroco.

recua. f. Conjunto de animales de carga, especialmente de mulas. || col. Conjunto de personas o cosas que siguen unas detrás de otras.

recuadro. m. División en forma de cuadro. || En los periódicos, espacio encerrado por líneas para hacer resaltar una noticia.

recuento. m. Comprobación del número de personas o cosas que forman un conjunto. || Hecho de volver a contar algo.

recuerdo. m. Imagen del pasado que se tiene en la memoria. || Lo que sirve para recordar algo o a alguien. || pl. Saludo afectuoso que se envía a alguien.

recular. intr. Retroceder. || col. Ceder uno en su opinión.

recuperar. tr. Volver a tomar o adquirir lo que se había perdido. || Volver a poner en servicio lo que ya estaba inservible.

recurrir. intr. Acudir a alguien o emplear medios extremos para conseguir algo necesario. || DER. Entablar recurso contra una resolución.

recurso. m. Procedimiento o medio del que se dispone para satisfacer una necesidad, llevar a cabo una tarea o conseguir algo.

red. f. Tejido de mallas realizado para diversos usos. || Objetos realizados con este tejido. || Engaño, trampa. || Conjunto sistemático de vías de comunicación o servicios. || Conjunto estructurado de personas y medios con un mismo fin.

redacción. f. Composición escrita sobre un tema. || Conjunto de redactores de una publicación. || Lugar u oficina donde se redacta.

redactar. tr. Expresar por escrito lo que se ha pensado previamente.

redada. f. Hecho de lanzar la red. || Operación policial para atrapar a la vez a un conjunto de personas. || col. Conjunto de personas o cosas que se atrapan de una vez.

rededor. m. Contorno.

redención. f. Resultado de redimir o librar a alguien de una mala situación o dolor. || Rescate del que está cautivo pagando una cantidad por ello.

redentor, ra. adj. y s. Que redime. || m. Para los cristianos, Jesucristo.

redil. m. Aprisco cercado para el ganado.

redimir. tr. Librar a alguien de una mala situación o dolor. También prnl. || Rescatar al que está cautivo pagando una cantidad por ello. También prnl.

rédito. m. Renta de un capital.

redituar. tr. Rendir, producir utilidad, periódica o renovadamente.

redoblar. tr. Aumentar una cosa el doble. También prnl.

redoble. m. Toque vivo y sostenido de tambor. || Práctica de este toque.

redondear. tr. Hacer redondo algo. También prnl. || Convertir una cantidad en un número completo de unidades, prescindiendo de las fracciones. || Terminar, rematar, perfeccionar.

redondo, da. adj. De forma circular o esférica. || Completo, perfecto o muy provechoso. || Se apl. a la cantidad en la que se ha prescindido de pequeñas diferencias en más o en menos, para dar un número completo. || IMPR. Se dice de un tipo de letra de trazo y grueso normal. También f. ||

reducir. tr. Disminuir, acortar, debilitar. || Someter a obediencia. || Transformar una cosa en otra, particularmente si es más pequeña o menos importante. || Resumir, abreviar.

reducto. m. Lugar o fortificación muy seguro y apropiado para la defensa. || Lugar de refugio. || Lugar donde se conservan ideas o costumbres pasadas.

redundancia. f. Repetición inútil de un concepto. || Demasiada abundancia.

redundar. intr. Resultar una cosa en beneficio o daño de alguien.

reembolsar. tr. y prnl. Devolver una cantidad al que la había desembolsado.

reembolso. m. Recuperación de una cantidad o mercancía. || Dinero que se reembolsa. || Pago que hace el destinatario de una mercancía en el momento de la entrega.

reemplazar. tr. Sustituir una cosa por otra. || Suceder a alguien en un empleo o cargo.

reemplazo. m. Sustitución de una cosa por otra. || Renovación parcial del contingente del ejército activo en los plazos establecidos por la ley.

refaccionar. tr. amer. Restaurar o reparar, sobre todo hablando de edificios.

referencia. f. Relato, noticia. || Remisión en un escrito de un lugar a otro. || Informe sobre una persona. Más en pl. || Indicación insertada generalmente en una carta o en un anuncio, a la que hay que referirse en la respuesta. || Obra de información o consulta.

referéndum o **referendo.** m. Procedimiento jurídico por el que se someten al voto popular leyes o actos administrativos. || Despacho o escrito por el que un agente diplomático solicita a su gobierno instrucciones sobre un asunto de importancia.

referir. tr. Relatar, narrar. || Dirigir, encaminar algo a un determinado fin. También prnl. || Poner en relación. También prnl. || prnl. Aludir o hacer mención.

refinado, da. adj. Elegante, de buen gusto, esmerado. || Muy ingenioso, agudo y sutil. || Extremado en la maldad, que se recrea en ella. || m. Proceso por el cual se hace más fina o más pura una sustancia o materia, eliminando impurezas y mezclas.

refinamiento. m. Esmero, cuidado. || Crueldad refinada.

refinar. tr. Hacer más fina o más pura una sustancia o materia, eliminando impurezas y mezclas. || Perfeccionar o educar. También prnl.

refinería. f. Instalación industrial para refinar un producto.

reflector, ra. adj. y s. Que refleja. || m. Aparato de superficie lisa y brillante para reflejar los rayos luminosos. || Foco luminoso de gran potencia.

reflejar. intr. Devolver una superficie lisa y brillante la imagen de un cuerpo. También prnl. || FÍS. Hacer retroceder o cambiar de dirección a la luz, al calor, o al sonido, oponiéndoles una superficie lisa. También prnl. || Manifestar o hacer patente una cosa. || prnl. Sentirse un dolor en una parte del cuerpo distinta a aquella en que se originó.

reflejo, ja. adj. Que ha sido reflejado. || FISIOL. Se apl. a la respuesta involuntaria a un estímulo.

reflexión. f. Hecho de considerar detenidamente algo. || Adver tencia o consejo con que se trata de convencer a alguien. || FÍS. Cambio en la dirección o en el sentido de la propagación de una onda.

reflexionar. intr. y tr. Considerar detenidamente algo.

reflujo. m. Movimiento de descenso de las mareas. || MED. Irrupción de sangre a contracorriente en el sistema venoso de los enfermos con problemas circulatorios.

reforma. f. Cambio de algo para su innovación y mejora. || Movimiento religioso iniciado en la primera mitad del siglo XVI, que dio origen a las iglesias protestantes.

reformar. tr. Cambiar algo para innovarlo y mejorarlo. || Arreglar, corregir, enmendar. También prnl.

reformatorio, ria. adj. Que reforma, corrige o enmienda. || m. Establecimiento donde se intenta corregir y educar a menores de edad que han cometido algún delito.

reforzar. tr. Hacer más fuerte o resistente. || Aumentar, intensificar. También prnl.

refracción. f. FÍS. Modificación en la dirección y velocidad de una onda al cambiar el medio en que se propaga.

refractar. tr. y prnl. FÍS. Hacer que cambie de dirección el rayo de luz que pasa oblicuamente de un medio a otro de diferente densidad.

refractario, ria. adj. FÍS. y QUÍM. Se apl. al material que resiste el fuego o el calor si cambiar de estado ni descomponerse. || Contrario, reacio.

refrán. m. Dicho popular agudo y sentencioso que suele contener un consejo o una moraleja.

refranero. m. Colección de refranes.

refregar. tr. y prnl. Frotar una cosa con otra. || col. Decirle a alguien lo que se sabe que le va a ofender.

refrenar. tr. Contener, aplacar. También prnl. || Sujetar y reducir el caballo con el freno.

refrendar. tr. Legalizar un documento por medio de la firma de una persona autorizada. || Confirmar y corroborar algo.

refrescar. tr. Moderar o disminuir el calor. También prnl. || Recordar o traer a la mente. || intr. Tomar fuerzas. También prnl.

refresco. m. Bebida que se toma para saciar la sed y refrescarse, especialmente si no contiene alcohol.

refriega. f. Combate o riña de poca importancia.

refrigerador, ra. adj. Se dice de los aparatos e instalaciones para refrigerar. || m. Electrodoméstico que enfría y conserva los alimentos; nevera, frigorífico.

R

refrigerar. tr. y prnl. Hacer más frío un lugar. || Enfriar en cámaras especiales ciertos productos, especialmente alimentos, para su conservación.

refuerzo. m. Acción y resultado de hacer más fuerte o resistente. || Lo que refuerza o vuelve más resistente. || Cosa que sirve como ayuda o complemento de otra. || Conjunto de personas o cosas que acuden como socorro o ayuda de otras. Más en pl.

refugiar. tr. y prnl. Amparar, dar asilo, proteger.

refugio. m. Asilo, amparo. || Lugar adecuado para refugiarse.

refulgir. intr. Resplandecer, emitir fulgor.

refundir. tr. Fundir de nuevo los metales. || Incluir varias cosas en una sola. También prnl. || Reformar una obra literaria.

refunfuñar. intr. Hablar entre dientes o gruñir en señal de enfado.

refutar. tr. Contradecir con argumentos y razones lo que otros dicen.

regadera. f. Recipiente portátil para regar, compuesto por un depósito del que sale un tubo terminado en una boca con orificios por donde se esparce el agua.

regalar. tr. Dar algo como regalo. || Halagar, alabar. || Recrear, deleitar. También prnl. || prnl. Procurarse alguien las máximas comodidades posibles.

regalía. f. Prerrogativa o privilegio de que goza un soberano, especialmente el que la Santa Sede concede en asuntos relacionados con la Iglesia. Más en pl. || Cualquier tipo de privilegio. || Beneficio o cuantía que se paga al propietario de un derecho a cambio del uso que se hace de él.

regalo. m. Lo que se da a alguien sin esperar nada a cambio, como muestra de afecto o agradecimiento; obsequio. || Gusto o complacencia que se recibe. || Comodidad y descanso que una persona procura para sí. || Algo muy barato.

regañar. intr. Dar a alguien muestras de enfado o disgusto, con palabras y gestos, por algo que ha hecho. || Disputar, reñir con otro. || Gruñir, refunfuñar.

regar. tr. Esparcir agua sobre una superficie. || Atravesar un río o canal una comarca o territorio. || Recibir sangre de una arteria una parte del cuerpo. || Esparcir, desparramar.

regata. f. MAR. Competición deportiva en la que varias embarcaciones ligeras deben realizar un recorrido establecido en el menor tiempo posible.

regatear. tr. Discutir el comprador y el vendedor el precio de algo. || col. Evitar la ejecución de una cosa. || intr. Hacer regates. || MAR. Disputar una regata varias embarcaciones.

regazo. m. Parte del cuerpo entre la cintura y las rodillas al estar sentada una persona. || Amparo, cobijo.

regencia. f. Gobierno, dirección. || Cargo de regente. || Gobierno de un Estado monárquico durante la minoría de edad, ausencia o incapacidad del heredero de la corona. || Tiempo que dura tal gobierno.

regenerar. tr. y prnl. Restablecer o mejorar algo que degeneró. || Hacer que alguien se corrija o enmiende.

regente. com. Persona que gobierna un Estado monárquico durante la minoría de edad del heredero o por otro motivo. || Encargado de ciertos negocios.

regicidio. m. Muerte violenta de un monarca, de su consorte, del príncipe heredero o del regente.

régimen. m. Modo de gobernarse o regirse en algo. || POL. Forma o gobierno de un Estado. || Conjunto de reglas que regulan la alimentación.

regimiento. m. MIL. Unidad militar compuesta de varios batallones. || col. Grupo muy numeroso de personas.

regio, gia. adj. Del rey, la reina o la realeza, o relativo a ellos. || Suntuoso, grandioso.

región. f. Cualquier extensión de terreno, homogénea en un determinado aspecto. || Cada una de las grandes divisiones territoriales de una nación, definida por características geográficas o histórico-sociales.

regionalismo. m. Doctrina política según la cual en el gobierno de un Estado se debe prestar atención al modo de ser de cada región. || Apego a determinada región. || LING. Vocablo o giro propio de una región determinada.

regir. tr. Gobernar, dirigir. || Guiar o conducir una cosa. También prnl. || GRAM. Tener una palabra bajo su dependencia a otra palabra de la oración. || intr. Estar vigente. || Funcionar bien una máquina, organismo y, particularmente, las facultades mentales.

registrar. tr. Examinar algo o a alguien para encontrar algo que puede estar oculto. || Inscribir en el registro una marca comercial o una propiedad. || Anotar, señalar. También prnl.

registro. m. Examen de algo o a alguien para encontrar algo que puede estar oculto. || Libro, a manera de índice, donde se apuntan noticias o datos. || Lugar y oficina en donde se registra. || Asiento o anotación que queda de lo que se registra. || Padrón.

regla. f. Instrumento de forma rectangular, que sirve principalmente para trazar líneas rectas. || Lo que se debe obedecer o seguir por estar así establecido. || REL. Ley o norma de una orden religiosa. || Conjunto de instrucciones que indican cómo hacer algo o cómo comportarse. || Orden y concierto invariable que guardan las cosas naturales y por el que se desarrollan de un determinado modo.

reglamento. m. Colección ordenada de reglas o preceptos. || DER. Disposición administrativa para el desarrollo de una ley.

regocijar. tr. y prnl. Alegrar, causar gusto o placer.

regocijo. m. Alegría, júbilo.

regresar. intr. Volver al lugar de donde se partió. En América, también prnl. || tr. *amer.* Devolver o restituir algo a su dueño.

regresión. f. Retroceso, acción de volver hacia atrás, especialmente en una actividad o proceso.

regresivo, va. adj. Que hace retroceder.

regreso. m. Retorno, vuelta.

reguera. f. Canal que se hace en la tierra para conducir el agua del riego.

regular. adj. Ajustado y conforme a regla. || De tamaño, calidad o intensidad media o inferior a ella. || Ordenado y sin excesos. || Sin cambios ni interrupciones. || GEOM. Se dice del polígono cuyos lados y ángulos son iguales entre sí, y del poliedro cuyas caras y ángulos sólidos son también iguales.

regular. tr. Ordenar, controlar o poner en estado de normalidad. || Ajustar. || Precisar o determinar las normas.

regurgitar. intr. FISIOL. Expulsar por la boca, sin vómito, sustancias sólidas o líquidas contenidas en el estómago o en el esófago.

rehabilitar. tr. y prnl. Habilitar de nuevo o restablecer a una persona o cosa en su antiguo estado.

rehacer. tr. Volver a hacer. || Reparar, reformar. || prnl. Fortalecerse, recuperarse. || Serenarse, dominar una emoción.

rehén. com. Persona que queda en poder de alguien como prenda o garantía mientras se llega a un acuerdo o pacto con un tercero.

rehogar. tr. Freír un alimento, generalmente hortalizas, ligeramente y a fuego lento.

rehuir. tr. Evitar una situación, obligación o el trato con otra persona.

rehusar. tr. No aceptar, renunciar.

reina. f. Mujer que ejerce la potestad real por derecho propio. || Esposa del rey. || Pieza del juego de ajedrez.

reinado. m. Tiempo de gobierno de un rey o una reina. || Tiempo en que predomina o está en auge alguna cosa.

reinar. intr. Regir un rey o príncipe un Estado. || Dominar o tener predominio una persona o cosa sobre otra. || Prevalecer o persistir una cosa.

reincidir. intr. Volver a caer o incurrir en un error, falta o delito.

reino. m. Estado o territorio gobernado por un rey. || Espacio real o imaginario en que actúa algo material o inmaterial. || BIOL. Cada uno de los grupos de la primera clasificación taxonómica en que se consideran divididos los seres vivos: moneras, protistas, hongos, metafitas y metazoos. || Cada uno de los tres grandes grupos en que se divide la naturaleza: animal, vegetal y mineral.

reintegrar. tr. Restituir o satisfacer íntegramente una cosa. || Poner una póliza o estampilla en un documento. || tr. y prnl. Hacer que alguien vuelva a ejercer una actividad o se incorpore de nuevo a una colectividad o situación social o económica.

reír. intr. y prnl. Manifestar alegría con ciertos movimientos del rostro y sonidos característicos. || tr. Celebrar con risa alguna cosa. || prnl. Burlarse de alguien o algo.

reiterar. tr. y prnl. Volver a decir o ejecutar; repetir una cosa.

reivindicar. tr. Reclamar uno lo que le pertenece. || Adjudicarse alguien la autoría de un hecho. || Intentar rescatar la buena fama o reputación de alguien o algo.

reja. f. Pieza de hierro del arado que sirve para romper y revolver la tierra. || Conjunto de barrotes metálicos o de madera que se ponen en las ventanas y otras aberturas de los muros para seguridad o adorno.

rejilla. f. Celosía fija o móvil, red de alambre, tela metálica, etc., que sirve para cubrir algunas aberturas. || Tejido de tallos vegetales para respaldo y asiento de sillas. || Redecilla que se coloca sobre los asientos en los trenes, autocares, etc., para depositar el equipaje o guardar alguna cosa.

rejuvenecer. tr., intr. y prnl. Dar el vigor o el aspecto propios de la juventud. || tr. Renovar, modernizar.

relación. f. Conexión, correspondencia de una cosa con otra. || Trato, comunicación de una persona con otra. || Referencia que se hace de un hecho. || Lista o serie escrita de personas o cosas. || GRAM. Conexión o enlace entre dos términos de una misma oración o entre dos oraciones. || pl. Las amorosas o sexuales. || Amigos o contactos de una persona.

relacionar. tr. Referir, relatar. || Poner en relación personas o cosas. También prnl.

relajar. tr. y prnl. Aflojar, hacer que algo esté flojo o menos tenso. || Esparcir, distraer la mente de problemas o preocupaciones. || Hacer menos severo o riguroso el cumplimiento de leyes, reglas, etc. || prnl. Conseguir un estado de reposo físico y mental. || Caer en vicios y malas costumbres.

relámpago. m. Resplandor vivo e instantáneo producido entre dos nubes por una descarga eléctrica. || Resplandor repentino.

relampaguear. intr. impers. Haber relámpagos. || intr. Arrojar luz o brillar mucho de forma intermitente, especialmente hablando de los ojos muy vivos o iracundos.

relatar. tr. Referir, contar, narrar.

relativo, va. adj. Que se refiere a algo y es condicionado por ello. || No absoluto. || No mucho, en poca cantidad o intensidad.

relato. m. Narración breve, cuento. || Acción de relatar algo detalladamente.

relator, ra. adj. y s. Que relata.

relax. (voz i.) m. Relajamiento muscular producido por ejercicios adecuados y, p. ext., el producido por comodidad, bienestar, etc.

relegar. tr. Apartar, posponer.

relente. m. Humedad que se nota en la atmósfera en las noches calmadas.

relevar. tr. Librar de un peso o gravamen, y también en un empleo o cargo. || Sustituir a alguien en cualquier actividad. || MIL. Cambiar un cuerpo de guardia. || DEP. Reemplazar a una persona con otra del mismo equipo en una carrera de relevos o durante una prueba.

relicario. m. Lugar en el que están guardadas las reliquias. || Caja o estuche para custodiar reliquias.

relieve. m. Lo que resalta sobre un plano. || ESC. Figura levantada sobre una superficie lisa de la que la parte esculpida forma cuerpo. || Mérito, renombre. || Conjunto de accidentes geográficos de un país, región, etc. También pl.

religión. f. Conjunto de dogmas, normas y prácticas relativas a una divinidad. || Cada una de las diferentes doctrinas según dichas creencias.

religioso, sa. adj. De la religión, de los que la profesan o relativo a ellos. || Piadoso, que cumple con las obligaciones de una religión. || Fiel y exacto en el cumplimiento del deber. || adj. y s. Que ha profesado en una orden o congregación religiosa regular.

relinchar. intr. Emitir su voz el caballo.

reliquia. f. Parte del cuerpo u objeto de un santo digno de veneración. || Vestigio del pasado. || Persona o cosa muy viejas. || Cosa que se conserva de alguien muy querido.

rellano. m. Descansillo de escalera. || Llano que interrumpe la pendiente de un terreno.

rellenar. tr. y prnl. Volver a llenar una cosa. || Llenar enteramente. || tr. Llenar de carne picada u otros ingredientes un ave o cualquier otro alimento. || Llenar con algo un hueco o una cosa vacía. || Cubrir con los datos necesarios espacios en blanco en un impreso.

relleno, na. adj. Que tiene lleno su interior. || col. Se dice de la persona que está un poco gorda. || m. Picadillo de carne para rellenar. || Hecho de rellenar algo. || Cualquier material con que se rellena algo. || Parte superflua que alarga una oración o un escrito. || Mezcla de miga de pan, ajo, perejil y huevo, a la que se le da forma redondeada u ovalada y que se echa al cocido.

reloj. m. Máquina que sirve para medir el tiempo o dividir el día en horas, minutos y segundos.

relojería. f. Técnica de hacer y arreglar relojes. || Taller donde se hacen o arreglan relojes. || Tienda donde se venden.

relucir. intr. Brillar mucho, resplandecer. || Sobresalir uno por alguna cualidad.

remachar. tr. Machacar la punta o la cabeza del clavo ya clavado. || Sujetar o adornar con remaches. || Afianzar, recalcar.

remanente. m. Residuo o reserva de una cosa.

remangar. tr. y prnl. Levantar o recoger hacia arriba las mangas o la ropa.

remanso. m. Detención o suspensión de una corriente de agua. || Lugar en que se detiene o suspende esta corriente. || remanso de paz. Lugar tranquilo.

remar. intr. Mover el remo o los remos para hacer avanzar la embarcación.

rematar. tr. Concluir, terminar. || Poner fin a la vida de una persona o animal agonizante. || Afianzar una costura. || Consumir por completo lo que queda de una cosa. || DEP. Dar término a una serie de jugadas lanzando el balón hacia la meta contraria. || col. Terminar de estropear algo que ya estaba mal. || amer. Adjudicar algo en una subasta.

remate. m. Fin, conclusión de algo. || Extremo. || Lo que se hace para afianzar una costura. || DEP. Lanzamiento del balón hacia la meta contraria tras dar término a una serie de jugadas. || amer. Subasta.

remedar. tr. Imitar una cosa. || Hacer burla a alguien, repitiendo sus gestos y palabras. || Seguir uno las mismas huellas y ejemplos de otro.

remediar. tr. y prnl. Poner remedio, reparar, corregir. || Socorrer, ayudar a alguien. || tr. Evitar que ocurra algo peligroso o molesto.

remedio. m. Medio para evitar o reparar un daño. || Enmienda o corrección. || Recurso, auxilio o refugio. || Medicamento para prevenir o atajar una enfermedad.

remedo. m. Imitación de una cosa, especialmente si la semejanza no es perfecta o resulta grotesca.

rememorar. tr. Recordar, traer a la memoria.

remendar. tr. Reforzar con remiendos o con puntadas algo que está estropeado o roto, especialmente la ropa. || Corregir o enmendar.

remesa. f. Envío de un conjunto de cosas de una vez.

remezón. m. *amer.* Terremoto ligero o sacudimiento breve de la tierra.

remiendo. m. Pedazo de tela que se cose a lo que está viejo o roto. || *col.* Reparación imperfecta o provisional que se hace en caso de urgencia.

reminiscencia. f. Recuerdo de una cosa casi olvidada. || ART. y LIT. Lo que es idéntico o muy semejante a lo compuesto anteriormente por otro autor o en otro estilo. Más en pl.

remisión. f. En un libro, indicación para acudir a otro lugar del mismo. || Perdón. || Pérdida de parte de la intensidad de una cosa.

remiso, sa. adj. Indeciso, reacio.

remitir. tr. Enviar. || Perdonar. || Perder una cosa parte de su intensidad. También intr. y prnl. || Indicar en un escrito otro que puede consultarse. || prnl. Atenerse a lo dicho o hecho.

remo. m. Pala de madera para impulsar las embarcaciones por el agua. || Brazo o pierna en personas y animales. Más en pl. || Ala de las aves. Más en pl. || DEP. Competición deportiva de embarcaciones de remo.

remoción. f. Movimiento repetido de algo. || Cambio de una cosa de un lugar a otro. || Tratamiento de un asunto que estaba olvidado o detenido. || Investigación, indagación. || DER. Separación de uno de su cargo o empleo.

remojar. tr. Empapar una cosa o ponerla en agua para que se ablande. También prnl. || Beber con los amigos para celebrar algún suceso feliz.

remolacha. f. Planta herbácea, de la familia de las quenopodiáceas, de tallo grueso, hojas grandes, flores verdosas en espiga y raíz carnosa, comestible y de la cual se extrae azúcar. || Raíz de esta planta.

remolcar. tr. Arrastrar una embarcación, un vehículo, etc.

remolino. m. Movimiento giratorio y rápido del aire, el agua, el polvo, el humo, etc. || Conjunto de pelos tiesos y difíciles de moldear. || Aglomeración de gente. || Disturbio, alteración.

remolque. m. Desplazamiento de una embarcación o de un vehículo, arrastrándolos. || Vehículo sin motor que es remolcado por otro. || Cabo o cuerda con que se remolca.

remontar. tr. Subir una pendiente. || Navegar aguas arriba en una corriente. || Superar algún obstáculo o dificultad. || Elevar en el aire. || prnl. Subir, especialmente volar muy alto las aves, los aviones, etc. || Retroceder a una época pasada. || Pertenecer a una época muy lejana. || Ascender una cantidad a la cifra indicada.

rémora. f. Pez teleósteo marino con un disco oval encima de la cabeza, con el cual se adhiere a los objetos flotantes y a otros peces con los que establece relaciones de comensalismo. || Obstáculo que detiene o entorpece.

remordimiento. m. Inquietud tras una acción propia censurable.

remoto, ta. adj. Distante en el espacio o en el tiempo. || Improbable. || Impreciso, vago.

remover. tr. Mover repetidamente, agitar. También prnl. || Cambiar una cosa de un lugar a otro. || Revolver o tratar un asunto que estaba olvidado o detenido. También prnl. || Apartar a uno de su cargo o empleo. || intr. Investigar, indagar.

remozar. tr. y prnl. Dar un aspecto más nuevo o moderno a algo.

remuneración. f. Pago de un trabajo, servicio, etc. || Lo que se da como remuneración.

remunerar. tr. Pagar, recompensar un trabajo o servicio.

renacer. intr. Volver a nacer. || Volver a tomar fuerzas o energía.

renacimiento. m. Hecho de volver a nacer o a tomar fuerzas o energía.

renal. adj. De los riñones o relativo a ellos.

rencilla. f. Disputa o riña que crea enemistad. Más en pl.

rencor. m. Resentimiento arraigado y persistente.

rencoroso, sa. adj. y s. Que tiene o guarda rencor.

rendición. f. Sometimiento al dominio o a la voluntad de alguien.

rendija. f. Hendidura o abertura larga y estrecha que se produce en un objeto sólido. || Espacio estrecho entre dos cosas que están muy juntas.

rendimiento. m. Producto o utilidad que rinde o da una persona o cosa. || Amabilidad excesiva que se muestra a una persona para complacerla y servirla; sumisión.

rendir. tr. Obligar al enemigo a entregarse, vencerlo. || Sujetar, someter una cosa al dominio de uno. También prnl. || Dar, entregar, restituir. || Dar producto o utilidad una persona o cosa. También intr. || Cansar, fatigar. También prnl. || MIL. Hacer actos de sumisión y respeto. || prnl. Tener que admitir o aceptar algo.

renegar. tr. Negar con insistencia una cosa. || intr. Rechazar y negar alguien su religión, creencias, raza, familia, etc. || *col.* Protestar, refunfuñar continuamente.

renglón. m. Serie de caracteres escritos en línea recta. || Cada una de las líneas dispuestas en un cuaderno, hoja, impreso, etc., para escribir sin torcerse. || pl. Cualquier escrito o impreso.

rengo, ga. adj. y s. Cojo por una lesión de las caderas.

reno. m. Mamífero ungulado rumiante de pelaje grisáceo, con una crin espesa de color blanco y amplia cornamenta; habita en la región ártica y ha sido domesticado como animal de tiro.

renombre. m. Fama, celebridad.

renovar. tr. Hacer que algo recupere la fuerza o la energía. || Restaurar, remozar, modernizar. También prnl. || Cambiar una cosa vieja o sin validez por otra nueva. || Reanudar.

renta. f. Beneficio o utilidad que produce algo periódicamente. || Lo que se paga por el alquiler de algo.

rentar. tr. e intr. Producir algo periódicamente un beneficio o ganancia.

rentista. com. Persona que percibe una renta, principalmente si vive de ella.

renuencia. f. Resistencia a hacer una cosa.

renunciar. tr. Dejar voluntariamente algo que se posee o a lo que se tiene derecho. || No querer admitir o aceptar una cosa. || Dejar de hacer una cosa por sacrificio o necesidad.

reñir. tr. Reprender, corregir. || Tratándose de desafíos, batallas, etc., ejecutarlos, llevarlos a efecto. || intr. Contender, disputar. || Desavenirse, enemistarse.

reo. m. Variedad de trucha marina asalmonada que vive en la desembocadura de los ríos.

reo, a. m. y f. Persona acusada de un delito o declarada culpable.

reojo (mirar de). loc. Mirar con disimulo o con prevención.

reorganizar. tr. y prnl. Volver a organizar una cosa de forma diferente.

reparación. f. Arreglo de una cosa. || Desagravio, satisfacción de una ofensa o un perjuicio.

reparar. tr. Componer, arreglar una cosa. || Enmendar, corregir, remediar. || Desagraviar a quien se ha ofendido o perjudicado. || Restablecer las fuerzas, dar aliento o vigor. || intr. Fijarse, notar, advertir. || Considerar, reflexionar.

reparo. m. Advertencia, observación. || Duda, dificultad, inconveniente o vergüenza para hacer o decir algo.

repartir. tr. Distribuir una cosa dividiéndola en partes. || Distribuir por lugares distintos o entre personas diferentes. También prnl. || Entregar algo a su destinatario. || Extender o distribuir una materia sobre una superficie. || Adjudicar los papeles de una película, obra dramática, etc., a los actores que han de representarla.

reparto. m. Acción y resultado de repartir. || Relación de personajes y actores de una obra dramática.

repasador. m. *amer.* Paño de cocina.

repasar. tr. Volver a mirar o examinar una cosa, particularmente para corregir imperfecciones o errores. || Recorrer lo que se ha estudiado para refrescar la memoria. || Volver a explicar la lección. || Leer o recorrer muy por encima un escrito. || Recoser la ropa. || intr. Volver a pasar por un mismo sitio o lugar.

repaso. m. Acción y resultado de repasar.

repatriar. tr. y prnl. Hacer que uno regrese a su patria.

repecho. m. Cuesta bastante empinada, aunque corta.

repeler. tr. y prnl. Arrojar, echar de sí a una persona o cosa. || Causar repugnancia algo o alguien. || No admitir una cosa a otra en su composición.

repente. m. *col.* Impulso rápido, inesperado.

repentino, na. adj. Súbito, imprevisto.

repercutir. intr. Trascender, causar efecto una cosa en otra posterior. || Producir eco el sonido, resonar.

repertorio. m. Índice de materias ordenadas para su mejor localización. || Colección de obras de una misma clase. || Conjunto de obras preparadas para ser interpretadas por un artista o compañía.

repetición. f. Acción y resultado de repetir. || RET. Figura que consiste en repetir palabras o conceptos. || de repetición. loc. adj. Se dice del mecanismo o aparato que repite mecánicamente un proceso.

repetir. tr. Volver a hacer o decir lo ya hecho o dicho. También prnl. || Volver un estudiante a hacer un curso o una asignatura por haber suspendido. También intr. || intr. Venir a la boca el sabor de algo comido. || Servirse de nuevo de algo que se está comiendo. || intr. y prnl. Volver a suceder algo.

repisa. f. Plancha o tabla que se sujeta horizontalmente a la pared para colocar objetos sobre ella. || Elemento arquitectónico que sobresale de un muro para asentar un balcón, o el propio para un adorno.

replegar. tr. Plegar o doblar muchas veces. || tr. y prnl. MIL. Retirarse las tropas con orden.

repleto, ta. adj. Muy lleno.

réplica. f. Argumento con que se replica. || Copia exacta de una obra artística.

replicar. intr. Contradecir o argüir contra una respuesta o un argumento. || intr. y tr. Contestar de malos modos o quejarse algo que se dice o manda.

repliegue. m. Pliegue doble o irregular. || MIL. Retirada de las tropas de forma ordenada.

repollo. m. Variedad de col con hojas apretadas. || Cabeza más o menos redonda que forman algunas plantas, como la lombarda y cierta especie de lechugas.

reponer. tr. Volver a poner algo o a alguien en el lugar que ocupaba. || Reemplazar. || Volver a representar o a proyectar una obra dramática o película, o repetir un programa de radio o de televisión. || Responder, replicar. || prnl. Recobrar la salud.

reportaje. m. Trabajo periodístico, cinematográfico o televisivo que informa sobre un personaje, un suceso o cualquier otro tema.

reportar. tr. y prnl. Reprimir, moderar un sentimiento. || tr. Retribuir, proporcionar, recompensar.

reportero, ra. adj. y s. Se dice del periodista que elabora las noticias y sobre todo del que hace reportajes.

reposar. intr. Descansar. || Dormir un breve sueño. || Permanecer algo o alguien en calma y quietud. || Estar enterrado, yacer. || Posarse las partículas sólidas de los líquidos.

reposo. m. Descanso. || Calma y quietud. || FÍS. Inmovilidad de un cuerpo respecto de un sistema de referencia.

reprender. tr. Reñir, amonestar.

represa. f. Obra generalmente de cemento armado, para contener o regular el curso de las aguas. || Lugar donde las aguas están detenidas o almacenadas natural o artificialmente.

represalia. f. Mal que una persona causa a otra en venganza o satisfacción de un agravio. || Medida de rigor que adopta un Estado contra otro para responder a los actos o las determinaciones adversos de este. Más en pl.

representación. f. Actuación en nombre de otra persona o de una entidad. || Conjunto de personas que representan a una persona o entidad. || Función de teatro. || Idea o imagen de la realidad.

representar. tr. Hacer presente algo en la imaginación con palabras o figuras. También prnl. || Ejecutar públicamente una obra dramática. || Sustituir a otra persona o a una entidad. || Ser imagen o símbolo de una cosa, o imitarla perfectamente. || Aparentar una persona determinada edad. || Importar mucho o poco una persona o cosa.

represión. f. Contención de un impulso o de un sentimiento. || Acción que parte generalmente del poder para contener, detener o castigar con violencia actuaciones políticas o sociales.

reprimenda. f. Reprensión fuerte.

reprimir. tr. Contener, refrenar un impulso o un sentimiento. También prnl. || Contener por la fuerza el desarrollo de algo.

reprobar. tr. No aprobar, censurar a una persona o su conducta.

reprochar. tr. y prnl. Criticar, censurar la conducta de alguien.

reproche. m. Censura, crítica, reprimenda.

reproducción. f. Acción y resultado de reproducir o reproducirse. || Cosa que reproduce o copia un original.

reproducir. tr. Volver a producir. También prnl. || Copiar, imitar. || Sacar copia, en uno o muchos ejemplares, por diversos procedimientos. || prnl. Procrear los seres vivos.

reproductor, ra. adj. y s. Que reproduce.

reptar. intr. Andar o moverse arrastrando el cuerpo.

reptil o **réptil.** adj. y m. De la clase de los reptiles o relativo a ella. || m. pl. ZOOL. Clase de animales vertebrados ovíparos de temperatura variable y respiración pulmonar, con la piel cubierta de escamas, que avanzan rozando la tierra con el vientre.

república. f. Sistema de gobierno en que el poder reside en el pueblo, personificado por un jefe supremo llamado presidente. || Nación o Estado que posee esta forma de gobierno.

repudiar. tr. Rechazar, desechar. || Rechazar por ley el marido a su mujer.

repudio. m. Rechazo. || Rechazo por ley del marido a su mujer.

repuesto, ta. p. p. irreg. de reponer. || adj. Restablecido, recuperado de una enfermedad. || m. Pieza de recambio. || Provisión de comestibles u otras cosas para cuando sean necesarias.

repugnancia. f. Aversión que se siente hacia determinada persona o cosa. || Asco, malestar en el estómago que puede provocar náuseas o vómitos, producido por algo que resulta desagradable. || Aversión que se siente o resistencia que se opone a consentir o hacer una cosa. || FILOS. Incompatibilidad entre dos atributos o cualidades de una misma cosa.

repugnar. intr. Causar repugnancia. || tr. y prnl. Ser opuesta una cosa a otra.

repujar. tr. Labrar con martillo un objeto de metal o cuero, haciendo en él figuras en relieve.

repulsa. f. Condena enérgica de algo.

repulsión. f. Repugnancia, asco o aversión.

repuntar. intr. MAR. Empezar a subir o a bajar la marea. || *amer.* Subir de nuevo las aguas de un río. || *amer.* Empezar a manifestarse algo.

reputación. f. Opinión que se tiene de alguien o algo. || Fama, prestigio.

reputar. tr. y prnl. Considerar, juzgar el estado o calidad de una persona o cosa.

requebrar. tr. Cortejar a una mujer piropeándola.

requerimiento. m. Necesidad o solicitud. || DER. Acto judicial por el que se obliga hacer o dejar de hacer algo.

requerir. tr. Necesitar. || Solicitar. || DER. Notificar algo a alguien con autoridad pública.

R

requesón. m. Masa blanca y mantecosa que se hace cuajando la leche y escurriendo el suero sobrante. || Cuajada que se saca de los residuos de la leche después de hecho el queso.

réquiem. m. Oración que se reza en memoria de un difunto. || Composición musical que se canta con el texto litúrgico de la misa de difuntos, o parte de él.

requisar. tr. DER. Expropiar la autoridad competente ciertos bienes considerados aptos para las necesidades de interés público.

requisito, ta. m. Condición necesaria para algo.

res. f. Cualquier animal cuadrúpedo de ciertas especies domésticas o de algunas salvajes.

resabio. m. Sabor desagradable. || Mala costumbre, vicio que se ha adquirido.

resaca. f. Movimiento de retroceso de las olas cuando llegan a la orilla. || Malestar que se siente tras una borrrachera.

resaltar. intr. y tr. Distinguirse o destacarse mucho una cosa de otra. || Sobresalir una cosa entre otras.

resarcir. tr. y prnl. Indemnizar, reparar un daño, perjuicio o agravio.

resbaladizo, za. adj. Que se resbala o hace resbalar con facilidad. || Comprometido.

resbalar. intr. y prnl. Escurrirse, deslizarse. || intr. Cometer un error.

resbalón. m. Movimiento rápido y brusco al deslizarse por una superficie. || Pestillo que tienen algunas cerraduras y que queda encajado en el cerradero por la presión de un resorte. || col. Metedura de pata.

rescatar. tr. Recuperar mediante pago o por la fuerza algo que estaba en poder ajeno. || Salvar, sacar de un peligro. || Recobrar algo perdido u olvidado.

rescate. m. Recuperación mediante pago o por la fuerza de algo que estaba en poder ajeno. || Dinero con que se rescata o que se pide para ello. || Liberación de un peligro. || Juego infantil en el que participan dos equipos elegidos por dos capitanes; los de un equipo intentan atrapar a los del otro, pudiendo ser rescatados los atrapados por los de su propio bando.

rescindir. tr. Dejar sin efecto un contrato, obligación, etc.

rescisión. f. Anulación de un contrato, obligación, etc.

rescoldo. m. Brasa menuda resguardada por la ceniza. || Resto que se conserva de algún sentimiento de pasión o rencor.

resecar. tr. CIR. Efectuar la resección de un órgano.

resentimiento. m. Enojo o enfado por algo.

resentirse. prnl. Empezar a flaquear. || Sentir dolor o molestia por alguna dolencia pasada. || Estar ofendido o enojado por algo.

reseña. f. Artículo o escrito breve, generalmente de una publicación, en que se describe de forma sucinta una noticia, un trabajo literario, científico, etc. || Nota de los rasgos distintivos de una persona, animal o cosa. || Narración breve.

reseñar. tr. Hacer una reseña. || Describir brevemente.

reserva. f. Acción de reservar una plaza o localidad para un transporte público, hotel, espectáculo, etc. || Guarda, custodia o prevención que se hace de algo. || Discreción, comedimiento. || Territorio reservado a los indígenas en algunos países. || pl. Recursos, elementos disponibles para resolver una necesidad o llevar a cabo una empresa. || m. Vino o licor que posee una crianza mínima de tres años en envase de roble o en botella.

reservar. tr. Hacer la reserva de algo. || Dejar algo para más adelante. || Destinar una cosa para un uso determinado. || tr. y prnl. Ocultar algo. || prnl. Conservarse para mejor ocasión.

resfriado. m. Enfermedad vírica de poca importancia que se caracteriza por la inflamación de las mucosas respiratorias.

resfriar. intr. impers. Empezar a hacer frío. || prnl. Coger un resfriado.

resfrío. m. Resfriado, catarro.

resguardar. tr. y prnl. Defender, proteger.

resguardo. m. Defensa, protección. || Documento en que consta que se ha hecho un pago, una entrega, etc.

residencia. f. Hecho de vivir en un lugar determinado. || Lugar donde se reside. || Casa o establecimiento donde residen y conviven en régimen de pensión personas que tienen algo en común. || Establecimiento hostelero de categoría inferior a la del hotel. || Casa, domicilio, especialmente de lujo, que ocupa un edificio entero. || Hospital.

residir. intr. Vivir en un lugar determinado. || Hallarse en una persona una cualidad o corresponderle un derecho, responsabilidad, etc. || Estar o radicar algo en una cosa o en un aspecto de ella.

residuo. m. Parte que queda de un todo. || Lo que resulta de la descomposición o destrucción de una cosa. || MAT. Resultado de una resta. || pl. Materiales que quedan como inservibles en cualquier trabajo u operación.

resignación. f. Capacidad de aceptación de las adversidades.

resignar. tr. Renunciar a un beneficio o a una autoridad, traspasándolos a otra persona. || prnl. Conformarse, someterse.

resina. f. Sustancia sólida o de consistencia viscosa y pegajosa que fluye de ciertas plantas. Es soluble en alcohol y se utiliza en la fabricación de plásticos, gomas y lacas.

resistencia. f. Capacidad para resistir, aguante. || Oposición a la acción de una fuerza.

resistir. intr. Oponerse un cuerpo o una fuerza a la acción o violencia de otro. También prnl. || tr. Aguantar, soportar. También intr. || Tolerar. || Combatir las pasiones, deseos, etc. || prnl. Oponerse con fuerza a hacer algo. || Ofrecer algo dificultades para su comprensión, realización, etc.

resollar. intr. Respirar fuertemente y con ruido.

resolución. f. Solución de un problema. || Determinación o decisión de algo. || Ánimo, valor.

resolver. tr. Solucionar una duda. || Hallar la solución a un problema. || Tomar una determinación fija y decisiva. || Hacer, gestionar, tramitar. || prnl. Decidirse a decir o hacer una cosa. || Terminar o solucionarse una cosa.

resonancia. f. Sonido producido por repercusión de otro. || Prolongación del sonido que va disminuyendo gradualmente. || Gran divulgación o importancia que adquiere un hecho.

resonar. intr. y tr. Producir resonancia. || Sonar mucho.

resoplar. intr. Echar ruidosamente el aire por la boca o la nariz.

resorte. m. muelle, pieza que después de ser movida o experimentar una fuerza puede recobrar su posición inicial. || Medio de que uno se vale para lograr un fin.

respaldar. tr. y prnl. Proteger, amparar, apoyar, garantizar. || prnl. Inclinarse o apoyarse de espaldas.

respaldo. m. Parte de la silla o banco en que se apoya la espalda. || Apoyo moral, garantía.

respecto. m. Razón, relación de una cosa con otra.

respetable. adj. Digno de respeto. || Considerable, enorme. || m. Público de un espectáculo.

respetar. tr. Tener respeto, miramiento o consideración. || Cumplir, acatar. || Cuidar, conservar.

respeto. m. Miramiento, consideración. || Miedo o prevención que se tiene a alguien o algo. || pl. Manifestaciones de acatamiento que se hacen por cortesía.

respetuoso, sa. adj. Que guarda o demuestra respeto.

respingo. m. Sacudida violenta del cuerpo.

respiración. f. Proceso por el cual los seres vivos absorben y expulsan el aire tomando parte de las sustancias que lo componen. || Entrada y salida libre del aire en una habitación u otro lugar cerrado.

respirar. intr. Absorber y expulsar el aire los seres vivos tomando parte de las sustancias

que lo componen. También tr. || Sentirse aliviado después de haber pasado un problema, haber realizado una dura tarea, etc. || Entrar y salir aire en una habitación u otro lugar cerrado. || tr. Mostrar alguien una cualidad o estado o percibirse en un lugar determinado ambiente.

respiratorio, ria. adj. Que sirve para la respiración o la facilita.

respiro. m. Rato de descanso en un trabajo o en una actividad. || Alivio, descanso en medio de una fatiga, pena o dolor.

resplandecer. intr. Despedir rayos de luz o brillar mucho una cosa. || Sobresalir, aventajarse a otras cosas. || Mostrar alegría o satisfacción la cara de alguien.

resplandor. m. Luz muy clara que arroja o despide el Sol u otro cuerpo luminoso. || Brillo de algunas cosas.

responder. tr. e intr. Contestar, satisfacer a lo que se pregunta o propone. || Contestar alguien cuando le llaman o tocan a la puerta. || intr. Corresponder, mostrarse agradecido. || Corresponder con una acción a la realizada por otro. || Replicar o contestar de malos modos. || Volver en sí o salir alguien o algo de la situación de postración en que se encontraba. || Asegurar una cosa garantizando su verdad y cumplimiento. || Hacerse responsable de algo.

responsabilidad. f. Cumplimiento de las obligaciones o cuidado al hacer o decidir algo. || Hecho de ser responsable de alguna persona o cosa. || Obligación de responder ante ciertos actos o errores.

responsabilizar. tr. y prnl. Hacer o hacerse responsable de algo.

responsable. adj. Obligado a responder de alguna cosa o por alguna persona. || Culpable de alguna cosa. || Se dice de la persona que cumple sus obligaciones o pone cuidado y atención en lo que hace o decide. || com. Persona que tiene a su cargo la dirección en una actividad.

responso. m. Rezos que se dicen por los difuntos. || col. Reprimenda.

respuesta. f. Hecho de responder. || Reacción ante un estímulo.

resquebrajar. tr. y prnl. Producirse una grieta superficial o poco profunda en algunos cuerpos duros.

resquemor. m. Sentimiento de amargura o rencor que causa alguna cosa.

resquicio. m. Abertura que hay entre el quicio y la puerta. || p. ext., cualquier otra abertura pequeña. || Ocasión para que ocurra algo.

resta. f. MAT. Operación que consiste en hallar la diferencia entre dos cantidades. || MAT. Resultado de la operación de restar.

R

restablecer. tr. Volver a establecer una cosa o ponerla en el estado que antes tenía. || prnl. Recuperarse de una dolencia, enfermedad u otro daño.

restallar. tr. e intr. Chasquear, crujir, hacer un fuerte ruido.

restañar. tr. Detener la salida de un líquido, particularmente de la sangre. También intr. y prnl. || Curar las heridas, aliviar el dolor, en sentido moral.

restar. tr. Disminuir, rebajar. || MAT. Hallar la diferencia entre dos cantidades. || DEP. En algunos juegos de pelota, devolver el saque del contrario. || intr. Faltar o quedar.

restaurante. m. Establecimiento público donde se sirven comidas y bebidas para ser consumidas en el mismo local.

restaurar. tr. Volver a poner una cosa en el estado o circunstancia en que se encontraba antes. || Reparar una pintura, escultura, edificio, etc. || Restablecer en un país el régimen político o la casa reinante que existían y que habían sido sustituidos por otro.

restituir. tr. Devolver una cosa a quien la tenía antes. || Restablecer o poner una cosa en el estado que tenía antes.

resto. m. Parte que queda de un todo || pl. Sobras de comida.

restregar. tr. y prnl. Pasar una cosa, con fuerza y varias veces, sobre una superficie.

restricción. f. Reducción, limitación de algo. || Limitación impuesta en el suministro de productos de consumo, generalmente por escasez de estos. Más en pl.

restrictivo, va. adj. Que restringe o limita.

restringir. tr. Reducir, limitar, acotar.

resucitar. tr. Volver la vida a un muerto. También intr. || col. Restablecer, renovar, dar nuevo ser o ímpetu a alguien o algo.

resuelto, ta. adj. Muy decidido, valiente y audaz.

resultado. m. Efecto y consecuencia de un hecho, operación o deliberación.

resultar. intr. Venir a parar una cosa en provecho o daño de una persona o de un fin. || Nacer, originarse o venir una cosa de otra. || Ser o llegar a ser lo que se expresa. || Tener alguien o algo cierto resultado. || Aparecer, manifestarse o comprobarse una cosa.

resumen. m. Exposición breve de lo esencial de un asunto o materia.

resumir. tr. y prnl. Reducir a términos breves y precisos lo esencial de un asunto o materia. || prnl. Convertirse, comprenderse, resolverse una cosa en otra.

resurgir. intr. Surgir de nuevo, volver a aparecer. || Recobrar fuerzas o ánimos.

resurrección. f. Vuelta a la vida de un muerto. || col. Recuperación o vuelta a la actualidad de una cosa.

retablo. m. Conjunto o colección de figuras pintadas o talladas que representan en serie una historia o suceso. || Obra compuesta por tallas escultóricas o cuadros que constituye la decoración de un altar.

retaguardia. f. MIL. Hablando de una fuerza desplegada o en columna, parte más alejada del enemigo. || MIL. En tiempo de guerra, la zona no ocupada por los ejércitos. || col. Parte de atrás de algo.

retahíla. f. Serie de muchas cosas que están, suceden o se mencionan por su orden.

retama. f. Planta arbustiva de la familia de las papilionáceas que mide de 30 cm a 2 m de altura, con ramas delgadas, largas y flexibles, y flores amarillas en racimos laterales.

retar. tr. Desafiar, provocar a duelo, lucha o combate.

retardar. tr. y prnl. Retrasar o dilatar.

retardo. m. Demora, tardanza, retraso.

retazo. m. Retal o trozo de una tela. || Trozo o fragmento de un razonamiento o discurso. || p. ext., fragmento de cualquier otra cosa.

retener. tr. Conservar, guardar en sí. || Conservar en la memoria una cosa. || Detener o dificultar la marcha o el desarrollo de algo. || No dejar que alguien se vaya.

reticencia. f. Reparo, duda, reserva. || RET. Figura que consiste en dejar incompleta una frase dando a entender, sin embargo, el sentido de lo que no se dice.

retícula. f. ÓPT. Conjunto de hilos o líneas que se ponen en un instrumento óptico para precisar la visión. || Red de puntos que, en cierta clase de foto grabado, reproduce las sombras y los claros de la imagen. || TOPOG. Placa de cristal dividida en pequeños cuadrados que se utiliza para determinar el área de una figura.

reticular. adj. Que tiene forma de redecilla o red.

retina. f. ANAT. Membrana interior del ojo de los vertebrados y de otros animales, donde las sensaciones luminosas se transforman en impulsos nerviosos.

retirado, da. adj. Distante, apartado. || adj. y s. Se dice de la persona que deja de trabajar o de prestar servicio, conservando algunos derechos, como cobrar una pensión. || f. Separación de una persona o cosa de otra o de un lugar. || Abandono de un trabajo o de una actividad.

retirar. tr. y prnl. Apartar o separar a una persona o cosa de otra o de un lugar. || tr. Afirmar que no es cierto lo que ha dicho, desdecirse. || prnl. Abandonar un trabajo, una actividad, etc. || Apartarse o separarse del trato, comunicación o amistad. || Irse a dormir. || Irse a casa. || MIL. Emprender un ejército la retirada.

retiro. m. Abandono de un trabajo, una actividad, etc. || Situación de las personas que han dejado de trabajar. || Pensión que reciben estas personas. || Lugar apartado del bullicio de la gente.

reto. m. Desafío. || Cosa difícil que alguien se propone como objetivo.

retocar. tr. Volver a tocar o hacerlo repetidas veces. || Recorrer algo ya acabado para corregir algunas imperfecciones.

retomar. tr. Volver sobre un tema, conversación o actividad que se había interrumpido.

retoque. m. Corrección o revisión que se da a algo ya terminado para quitar sus faltas o componer ligeros desperfectos.

retorcer. tr. Torcer mucho una cosa, dándole vueltas alrededor de sí misma. || *col.* Interpretar algo dándole un sentido diferente del que tiene y generalmente malo. || prnl. Hacer movimientos o contorsiones de dolor o de risa.

retórico, ca. adj. De la retórica o relativo a ella. || adj. y s. Versado en retórica. || f. Arte de expresarse con corrección y eficacia, embelleciendo la expresión de los conceptos y dando al lenguaje escrito o hablado el efecto necesario para deleitar, persuadir o conmover. || Tratado sobre este arte. || Lenguaje afectado y pomposo. || f. pl. *col.* Argumentos o razones que no vienen al caso.

retornar. tr. Devolver, restituir. || intr. Volver al lugar o a la situación en que se estuvo.

retorno. m. Vuelta al lugar o a la situación en que se estuvo.

retozar. intr. Saltar y brincar alegremente. || Practicar juegos amorosos.

retracción. f. Acción y resultado de retraer. || MED. Reducción del volumen en ciertos tejidos orgánicos.

retractación. f. Rectificación de lo que se había afirmado.

retractar. tr. y prnl. Rectificar lo que se había afirmado, desdecirse de ello.

retráctil. adj. ZOOL. Se dice de las partes del cuerpo de los animales que pueden retraerse, quedando ocultas en una cavidad o pliegue.

retraer. tr. y prnl. Llevar hacia dentro o hacia atrás, ocultar o apartar. || Convencer o disuadir de algo. || prnl. Apartarse del trato con los demás. || No exteriorizar alguien sus sentimientos.

retraído, da. adj. Se dice de la persona a la que le gusta la soledad. || adj. y s. Poco comunicativo, corto, tímido.

retransmitir. tr. Transmitir desde una emisora de radio o televisión lo que se ha transmitido a ella desde otro lugar.

retrasar. tr. Atrasar o diferir la ejecución de una cosa. También prnl. || Dar marcha atrás a un reloj. || Hacer que algo vaya más lento. También intr. y prnl. || intr. Marchar un reloj más despacio de lo normal. || prnl. Llegar tarde. || Ir por detrás del resto en alguna cosa.

retraso. m. Atraso o demora en la ejecución de una cosa. || Llegada a un lugar tarde. || Desarrollo físico o mental inferior al normal.

retratar. tr. Copiar, dibujar o fotografiar la figura de alguna persona o cosa. || Describir, reflejar. || prnl. Posar alguien para que le hagan un dibujo o una fotografía.

retrato. m. Pintura, dibujo, fotografía, etc., que representa alguna persona o cosa. || Técnica pictórica o fotográfica basada en esta representación. || Descripción minuciosa del aspecto físico y las cualidades morales de una persona. || Persona o cosa que se asemeja mucho a otra. || retrato robot. Dibujo de la cara de una persona que se hace a partir de la descripción aportada por otra.

retrete. m. Recipiente con una cañería de desagüe, dispuesto para orinar y defecar. || Habitación donde está instalado este recipiente.

retribución. f. Recompensa o pago por un servicio o trabajo.

retribuir. tr. Recompensar o pagar por un servicio o trabajo. || *amer.* Corresponder al favor o al obsequio que uno recibe.

retroactivo, va. adj. Que obra o tiene fuerza y validez sobre lo pasado.

retroceder. intr. Volver hacia atrás. || Detenerse ante un peligro o un obstáculo.

retrógrado, da. adj. y s. *desp.* Partidario de ideas, actitudes, etc., propias exclusivamente de tiempos pasados, y enemigo de cambios e innovaciones.

retropropulsión. f. Sistema de propulsión de un móvil en que la fuerza que produce el movimiento se origina por la expulsión hacia atrás de un chorro, generalmente de gas, lanzado por el propio móvil.

retrospectivo, va. adj. Que se refiere a un tiempo pasado.

retruécano. m. RET. Figura que consiste en cambiar el orden de los términos de una frase para construir otra que contraste con la anterior. || Juego de palabras.

retumbar. intr. Resonar mucho o hacer gran ruido o estruendo una cosa.

reúma o **reuma.** amb. *col.* reumatismo. Más c. m.

reumatismo. m. MED. Enfermedad del tejido conjuntivo que se manifiesta generalmente por inflamaciones dolorosas en las partes musculares y fibrosas del cuerpo.

reunión. f. Congregación de personas o de cosas. || Acto en que se reúnen un conjunto de personas, particularmente para tratar algún asunto. || Conjunto de personas reunidas.

reunir. tr. Juntar, congregar, amontonar. También prnl. || Tener algo las cualidades que se expresan. || prnl. Juntarse varias personas para tratar un asunto.

revalidar. tr. Ratificar, confirmar o dar nuevo valor y firmeza a algo.

revancha. f. Desquite o venganza.

revelación. f. Descubrimiento de algo secreto. || Manifestación de Dios a los hombres de lo futuro u oculto.

revelar. tr. Descubrir lo secreto. || Proporcionar indicios o certidumbre de algo. || Manifestar Dios a los hombres lo futuro u oculto. || FOT. Hacer visible la imagen latente impresa en la placa, la película o el papel fotográfico. || prnl. Tener algo cierto efecto o resultado.

revender. tr. Volver a vender lo que se ha comprado al poco tiempo o para sacarle mayor beneficio.

reventa. f. Venta de algo que se ha comprado al poco tiempo o para sacarle mayor beneficio. || Centro autorizado para vender, con un recargo sobre su precio original, entradas y localidades para espectáculos públicos. || col. Conjunto de revendedores de entradas y localidades para espectáculos públicos, que no están autorizados para ello. || com. col. Persona que revende entradas sin autorización.

reventar. intr. Abrirse bruscamente una cosa por impulso interior. También prnl. || Deshacerse una cosa al aplastarla con violencia. También tr. y prnl. || Tener deseo grande de algo. || col. Sentir y manifestar un sentimiento o impulso, especialmente de ira. || col. Desagradar muchísimo. || col. Morir. || tr. col. Estropear o hacer fracasar. || tr. y prnl. Fatigar, cansar mucho. || Hacer enfermar o morir un animal, especialmente una caballería, por exceso de cansancio.

reverberar. intr. Reflejarse la luz en una superficie brillante, o el sonido en una superficie que no lo absorba.

reverdecer. intr. Ponerse verdes otra vez los campos o plantíos que estaban mustios o secos. También tr. || Renovarse o tomar nuevas fuerzas.

reverencia. f. Respeto o veneración que se tiene a una persona o cosa. || Inclinación del cuerpo en señal de respeto, veneración o cortesía. || Tratamiento que a veces se da a algunos religiosos o eclesiásticos.

reverenciar. tr. Respetar o venerar.

reverendo, da. adj. y s. Tratamiento que a veces se da a algunos religiosos o eclesiásticos.

reverente. adj. Que muestra reverencia o respeto.

reversible. adj. Que puede volver a un estado o condición anterior. || Se dice de la prenda de vestir que puede usarse por el derecho o por el revés, según convenga.

reverso. m. Parte opuesta al frente de una cosa, revés. || En las monedas y medallas, cara opuesta al anverso.

revertir. intr. Volver una cosa al estado o condición que tuvo antes. || Venir a parar una cosa en otra. || DER. Volver una propiedad a su antiguo dueño o pasar a otro nuevo.

revés. m. Lado o parte opuesta de una cosa. || Golpe que se da con la mano vuelta. || DEP. En tenis y otros juegos similares, golpe que se da a la pelota llevando el brazo que sostiene la raqueta al lado opuesto del cuerpo antes de golpear. || Infortunio, contratiempo.

revestimiento. m. Colocación de una capa de cualquier material para proteger o adornar una superficie. || Capa que se coloca para esto.

revestir. tr. Cubrir con un revestimiento. || Presentar una cosa determinado aspecto, cualidad o carácter. || Afectar o simular una cosa. || Ponerse el sacerdote las vestiduras y ornamentos adecuados para la celebración de un acto litúrgico. Más c. prnl. || prnl. Llenarse o cubrirse de alguna cosa. || Tomar la actitud necesaria para algo, especialmente en un trance difícil.

revisar. tr. Examinar una cosa con atención y cuidado. || Someter una cosa a un nuevo examen para corregirla, repararla o comprobar su funcionamiento y validez.

revisión. f. Examen cuidadoso de una cosa. || Sometimiento de una cosa a un nuevo examen para corregirla, repararla o comprobar su funcionamiento y validez.

revista. f. Publicación periódica por cuadernos, con artículos y a veces fotografías sobre varias materias o sobre una sola especialmente. || Espectáculo teatral de carácter desenfadado, en el que alternan números dialogados y musicales. || Inspección o revisión que se hace de algo. ||

revivir. intr. Volver a la vida. || Volver en sí un ser que parecía muerto. || Renovarse o reproducirse algo. || Recordar.

revocar. tr. Dejar sin efecto una concesión, mandato o resolución. || Arreglar o pintar de nuevo por la parte exterior las paredes de un edificio.

revolcar. tr. Derribar a alguien y maltratarlo, pisotearlo o revolverlo, especialmente el toro al torero. || prnl. Echarse sobre una cosa, restregándose en ella.

revolotear. intr. Volar haciendo giros rápidos en poco espacio. || Venir una cosa por el aire dando vueltas. || col. Moverse continuamente una persona alrededor de otra.

revoltoso, sa. adj. y s. Que causa alboroto, travieso.

revolución. f. Cambio violento en las instituciones políticas de una nación. || p. ext., inquietud, alboroto. || Cambio importante en el estado o gobierno de las cosas. || ASTRON. Giro completo que da un astro en todo el curso de su órbita. || MEC. Giro o vuelta completa que da una pieza sobre su eje.

revolucionar. tr. Provocar un estado de revolución. || Producir cambios profundos. || MEC. Imprimir más o menos revoluciones en un tiempo determinado a un cuerpo que gira o al mecanismo que produce el movimiento.

revolucionario, ria. adj. De la revolución o relativo a este cambio violento en las instituciones políticas de una nación. || adj. y s. Partidario de la revolución. || Que produce cambios profundos.

revólver. m. Arma de fuego de corto alcance, provista de un tambor en el que se colocan los proyectiles, que se puede usar con una sola mano.

revolver. tr. Mover una cosa de un lado a otro o de arriba abajo. || Mirar o registrar algo moviendo y separando algunas cosas. También intr. || Alterar el buen orden y disposición de las cosas. || Inquietar, causar alteraciones. || Producir náuseas o malestar en el estómago. || prnl. Moverse de un lado a otro, generalmente por inquietud. || En una lucha o pelea, volverse rápidamente hacia el contrario para atacarle o embestirle. || Volverse en contra de alguien. || Ponerse el tiempo borrascoso.

revuelo. m. Turbación, confusión, agitación. || Hecho de revolotear muchas aves o cosas que mueve el aire.

revuelto, ta. adj. Enredador, travieso. || Turbio. || Se dice del tiempo inseguro. || m. Guiso que se hace revolviendo huevos en una sartén y mezclándolos con otros alimentos. || f. Alboroto, insurrección, motín. || Punto en que algo empieza a torcer su dirección o a tomar otra. || Este mismo cambio de dirección.

rey. m. Monarca o soberano de un reino. || Pieza principal del juego de ajedrez, de movimiento muy limitado, cuya pérdida supone el final de la partida. || Carta duo décima de cada palo de la baraja, con la figura de un rey representada. || Hombre, animal o cosa del género masculino que sobresale entre los demás de su clase o especie por sus cualidades superiores. || pl. Regalo que se recibe con motivo de la fiesta de los Reyes Magos. || Reyes Magos. Reyes de Oriente que acudieron a adorar a Jesucristo recién nacido, cuya festividad se conmemora el día de la Epifanía.

reyerta. f. Disputa, lucha, enfrentamiento violento.

rezagar. tr. Retrasar por un tiempo la ejecución de alguna cosa. || prnl. Quedarse atrás.

rezar. tr. Decir oraciones religiosas. También intr. || Recitar la misa o una oración, en contraposición a cantarla. || Dirigir alabanzas o peticiones en señal de culto. También intr. || Decir un escrito una cosa.

rezo. m. Elevación de oraciones religiosas, alabanzas o peticiones en señal de culto. || Oración que se reza.

rezongar. intr. col. Gruñir, refunfuñar a lo que se manda, u obedecer de mala gana.

rezumar. tr. Dejar pasar un cuerpo gotitas de algún líquido a través de sus poros. También prnl. || Referido a un líquido, salir al exterior en gotas a través de los poros o intersticios de un cuerpo. También prnl. || Manifestarse en alguien cierta cualidad o sentimiento en grado sumo.

ribera. f. Orilla del mar o de un río. || Franja de tierra que baña un río o se encuentra cercana a este.

ribereño, ña. adj. De la ribera o relativo a ella. || m. y f. Habitante de la zona de la ribera.

ribete. m. Cinta o tira de tela o piel con que se adorna y refuerza la orilla del vestido y el calzado. || Adorno o franja que rodea una cosa. || pl. Asomo, indicio, detalles que se intuyen.

ricino. m. Planta arbustiva de grandes hojas palmeadas y dentadas, originaria de climas cálidos y templados, de cuyas semillas se extrae un aceite purgante.

rico, ca. adj. Adinerado, acaudalado. También s. || Que tiene muchos recursos. || Abundante en lo que se expresa. || De gran calidad o perfección. || De sabor muy agradable. || col. Bonito, simpático, agradable, gracioso. || col. Se apl. irónicamente a las personas como muestra de enfado o molestia.

rictus. m. Contracción de los labios que deja al descubierto los dientes y da a la boca el aspecto de la risa. || Gesto de la cara con que se manifiesta un sentimiento de tristeza o amargura.

ricura. f. col. Cualidad de lo que resulta simpático, bonito o agradable.

ridiculez. f. Hecho o dicho absurdo, ridículo y extravagante. || Nimiedad, cosa pequeña y sin importancia.

ridículo, la. adj. Que por su rareza o extravagancia produce risa. || Escaso, insuficiente. || Absurdo, falto de lógica. || m. Situación humillante que sufre una persona y provoca la risa o la burla de los demás.

riego. m. Derramamiento de agua sobre una superficie. || Agua disponible para regar.

riel. m. Carril de una vía férrea. || Carril o pieza por la que corre o se desliza una pieza que va acoplada.

R

rienda. f. Cada una de las dos correas que, unidas por uno de sus extremos al freno, permiten dirigir una caballería. Más en pl. || Sujeción o moderación en acciones o palabras. Más en pl. || pl. Gobierno, dirección de algo.

riesgo. m. Proximidad de un daño o peligro. || Cada uno de los accidentes o contingencias que pueden ser objeto de un contrato de seguro.

rifa. f. Juego que consiste en sortear algo entre varios, a los que se reparte o vende papeletas.

rifar. tr. Sortear algo mediante una rifa. || *amer.* Vender una mercancía por debajo de su precio. || prnl. *col.* Disputarse entre varios alguna cosa muy deseada.

rifle. m. Fusil de procedencia estadounidense de cañón estriado en espiral.

rígido, da. adj. Que no se puede doblar o torcer. || Riguroso, severo. || Que no admite cambios ni se adapta a otras cosas.

rigor. m. Severidad excesiva. || Intensidad, vehemencia. || Propiedad y precisión.

riguroso, sa. adj. Muy severo, cruel. || Austero, rígido. || Extremado, duro. || Exacto, muy preciso.

rima. f. Igualdad completa o parcial entre los sonidos de dos o más palabras a partir de la última sílaba acentuada. || Composición en verso del género lírico. Más en pl.

rimar. intr. Tener una palabra rima consonante o asonante con otra. || tr. Hacer una persona que haya rima entre las palabras.

rimbombante. adj. Ostentoso, llamativo.

rímel. m. Cosmético utilizado para colorear y resaltar las pestañas.

rincón. m. Ángulo entrante que se forma en el encuentro de dos paredes o de dos superficies. || Escondrijo o lugar discreto y apartado. || Lugar o espacio pequeño. || *col.* Lugar donde se vive o se pasa gran parte del tiempo.

ring. (voz i.) m. DEP. Cuadrilátero sobre el que combaten boxeadores u otro tipo de luchadores.

rinoceronte. m. Mamífero ungulado perisodáctilo propio de África y el sureste asiático, que mide hasta 3,5 m de largo y 1,5 cm de altura en la cruz, de patas cortas y fuertes, piel gruesa desnuda y uno o dos cuernos corvos sobre la línea media de la nariz.

riña. f. Discusión, pelea.

riñón. m. ANAT. Cada uno de los dos órganos de los vertebrados, situados en el abdomen y pertenecientes al aparato excretor, cuya función es limpiar la sangre de impurezas y elaborar la orina, que se ex pulsa a través de los uréteres. || pl. Parte del cuerpo que corresponde a la pelvis.

río. m. Corriente de agua continua y más o menos caudalosa que va a desembocar en otra, en un lago o en el mar. || Gran abundancia de una cosa líquida y, p. ext., de cualquier otra. || Gran afluencia de personas.

riojano, na. adj. y s. De La Rioja o relativo a esta región española, o a la provincia o la ciudad argentina de La Rioja.

rioplatense. adj. y com. Del Río de la Plata o relativo a este estuario situado entre Argentina y Uruguay.

ripio. m. Palabra innecesaria que se emplea únicamente para completar un verso o conseguir la rima. || Conjunto de piedras, ladrillos y materiales de desecho que se emplean para rellenar huecos. || *amer.* Piedrecita o guijarro que se usa para pavimentar.

riqueza. f. Abundancia de bienes y objetos valiosos. || Abundancia de cualidades o atributos que se consideren valiosos. || Abundancia o diversidad de cualquier cosa. || Cosa rica o muy apreciada. Más en pl.

risa. f. Movimiento de la boca y otras partes del rostro que demuestra alegría o diversión. || Sonido característico que se hace al reír. || Lo que hace reír.

risco. m. Peñasco alto y escarpado.

risotada. f. Carcajada, risa ruidosa y algo vulgar.

ristra. f. Trenza hecha con los tallos de ajos o cebollas. || *col.* Conjunto de ciertas cosas colocadas unas tras otras.

risueño, ña. adj. Que muestra risa en el semblante o ríe con facilidad. || Próspero, favorable.

ritmo. m. MÚS. Orden al que se sujeta la sucesión de los sonidos en la música. || Ordenación armoniosa y regular, basada en los acentos y el número de sílabas, que puede establecerse en el lenguaje. || Orden acompasado en la sucesión o acaecimiento de las cosas. || Velocidad a que se desarrolla algo.

rito. m. Costumbre o ceremonia que siempre se repite de la misma manera. || Conjunto de reglas establecidas para el culto y ceremonias religiosas.

ritual. adj. Del rito o relativo a él. || m. Conjunto de ritos de una religión o de una Iglesia.

rival. com. Persona que compite con otra, luchando por obtener un mismo fin o por superarlo.

rivalidad. f. Competencia entre dos o más personas por conseguir un mismo fin o superarlo.

rivalizar. intr. Competir, luchar contra una o más personas por conseguir algo o superarlo.

rizar. tr. Formar en el pelo rizos, ondas o tirabuzones. También prnl. || Formar olas pequeñas en el mar por efecto del viento. También prnl. || Hacer dobleces menudos en las telas, papel o materiales semejantes.

rizo. m. Mechón de pelo que artificial o naturalmente tiene forma ensortijada, de onda o de tirabuzón. || Pirueta aérea que consiste en hacer un giro vertical.

robar. tr. Apropiarse de algo ajeno contra la voluntad de su dueño, generalmente utilizando la violencia. || Atraer fuertemente algo no material. || Tomar una parte de un todo. || En ciertos juegos de cartas, tomar naipes del mazo, o fichas en el juego del dominó.

roble. m. Árbol de la familia de las fagáceas, de gran tamaño, hojas perennes, flores unisexuales y fruto amargo, llamado bellota, cuya madera es muy apreciada en carpintería por ser dura y compacta. || Madera de este árbol. || Persona o cosa fuerte, de gran resistencia.

robo. m. Apropiación indebida de algo ajeno, contra la voluntad de su poseedor, especialmente si se hace con violencia. || Cosa robada. || Perjuicio, abuso injusto.

robot. (voz i.) m. Máquina electrónica que puede ejecutar automáticamente distintas operaciones o movimientos. || Persona que hace las cosas de forma automática, sin pensar.

robusto, ta. adj. Fuerte, de aspecto saludable.

roca. f. GEOL. Material formado por un conjunto, consolidado o no, de minerales definidos, que forma parte de la corteza o manto terrestres. || Fragmentos de este material. || Peñasco que se levanta en la tierra o en el mar. || Persona, animal o cosa muy dura, firme y constante.

roce. m. Presión ligera entre dos superficies, que se produce cuando se desliza una sobre otra. || Señal que queda al rozar una cosa con otra. || Trato o comunicación frecuente con algunas personas. || Discusión pequeña.

rociar. tr. Esparcir en gotas menudas el agua u otro líquido. || Arrojar algunas cosas de modo que caigan diseminadas. || Acompañar una comida de alguna bebida. || intr. Caer sobre la tierra el rocío o la lluvia menuda.

rocín. m. Caballo de mala figura y poca alzada. || Caballo de trabajo. || col. Hombre tosco e ignorante.

rocío. m. Vapor que con la frialdad de la noche se condensa en la atmósfera en gotas menudas. || Llucia corta y pasajera.

rock and roll. (voz i.) m. Estilo musical ligero que hizo su aparición en Estados Unidos hacia mediados de los años cincuenta, cuyo ritmo se deriva fundamentalmente del jazz y del blues. || Baile que acompaña este ritmo.

rock. (voz i.) m. abrev. de rock and roll. || Nombre que designa varios ritmos musicales derivados del rock and roll. || adj. Del rock and roll o relativo a este estilo musical.

rococó. adj. Del rococó, con rasgos propios de este estilo o relativo a él. || m. Estilo artístico surgido en Francia en el siglo XVIII como renovación del barroco y que precedió al neoclasicismo, caracterizado por una abundancia de la decoración y un gusto muy refinado.

rocoso, sa. adj. Se apl. al lugar que está lleno de rocas.

rodado, da. adj. Se dice del caballo o yegua que tiene manchas redondas de un color más oscuro que el del resto del pelo.

rodado, da. adj. Del transporte y el tránsito con vehículos de ruedas o relativo a ellos. || Que se hace o se dice con facilidad y fluidez. || m. amer. Vehículo de ruedas.

rodaja. f. Pieza circular y plana de madera, metal u otra materia. || Tajada circular de algunos alimentos. || Estrella de la espuela.

rodaje. m. Filmación de una película cinematográfica. || Situación en que se halla un automóvil mientras no ha rodado la distancia inicial prescrita por el constructor. || Experiencia, práctica que tiene alguien en una determinada actividad. || Conjunto de ruedas.

rodar. intr. Dar vueltas un cuerpo alrededor de su eje. || Caer dando vueltas. || Moverse una cosa por medio de ruedas. || Ir de un lado para otro sin establecerse en sitio determinado. || Desarrollarse, transcurrir, funcionar algo. || tr. Hacer que rueden ciertas cosas. || Filmar o proyectar películas cinematográficas. || Interpretar un papel un actor. || AUTOM. Hacer funcionar un vehículo en rodaje.

rodear. intr. Andar alrededor de algo. También tr. || Ir por un camino más largo que el ordinario. || Utilizar rodeos al hablar para evitar cierto asunto. || Funcionar. || tr. Poner una o varias cosas alrededor de otra o estar alrededor de ella. || amer. Reunir el ganado mayor en un sitio determinado. || prnl. Reunir una persona a su alrededor a ciertas personas o cosas.

rodeo. m. Camino más largo o desvío del camino derecho. || Manera indirecta de hacer alguna cosa, a fin de eludir las dificultades que presenta. || Manera de decir una cosa valiéndose de circunloquios. || Reunión del ganado mayor para reconocerlo, contarlo, etc. || Sitio donde se reúne. || amer. Deporte que consiste en montar potros salvajes o reses vacunas bravas y hacer otros ejercicios como arrojar el lazo.

rodete. m. Rosca que se hace en el pelo enrollándolo sobre sí mismo para tenerlo recogido o como adorno. || Almohadilla de tela en forma de rosca que se pone en la cabeza para llevar peso.

rodilla. f. Conjunto de partes blandas y duras que forman la unión del muslo con la pierna. || En los cuadrúpedos, unión del antebrazo con la caña. || Paño basto que sirve para limpiar, especialmente en la cocina.

rodillo. m. Madero cilíndrico con dos mangos en sus extremos, utilizado para trabajar la masa del pan o pastelera. || Cilindro cubierto de pelillo o de material especial para empapar la pintura, y empleado para pintar superficies. || Cilindro muy pesado que se hace rodar para allanar y apretar la tierra. || Cilindro que se emplea para dar tinta en las imprentas o litografías. || Pieza de metal, cilíndrica y giratoria, que forma parte de diversos mecanismos. || *col.* Forma de actuar de un contendiente, venciendo a su adversario sin darle ninguna oportunidad.

roedor, ra. adj. Que roe. || adj. y m. De los roedores o relativo a este orden de mamíferos. || m. pl. ZOOL. Orden de mamíferos caracterizados por poseer un único par de dientes incisivos de gran tamaño, de crecimiento continuo; son generalmente de pequeña envergadura, con el cuerpo cubierto de pelo y vegetarianos.

roer. tr. Cortar en trozos muy menudos y superficialmente con los dientes parte de una cosa dura. || Quitar con los dientes a un hueso la carne que tiene pegada. || Gastar superficialmente, poco a poco, una cosa. || Atormentar, afligir.

rogar. tr. Solicitar algo formalmente. || Pedir algo con súplicas o con mucha humildad.

rojizo, za. adj. Que tira a rojo.

rojo, ja. adj. Primer color del espectro solar, de tono encarnado muy vivo. También m. || De color parecido al oro. || Se dice del pelo de un rubio muy vivo, casi colorado. || POL. De ideas de izquierdas especialmente, radical, revolucionario.

rol. m. Papel que desempeña una persona o grupo en cualquier actividad. || Lista o nómina. || Licencia que da el comandante de una provincia marítima al capitán de un buque, y en la cual consta la lista de la tripulación. || Conducta que un grupo espera de un miembro en una situación determinada.

rollo. m. Cualquier materia que toma forma cilíndrica. || Cilindro de materia dura que sirve para labrar en ciertos oficios. || Madero redondo descortezado, pero sin labrar. || Película fotográfica enrollada en forma cilíndrica. || Persona, cosa o actividad pesada y fastidiosa. || Conversación larga y aburrida y capacidad que tiene alguien para hablar en exceso. || *col.* Sensación o sentimiento. || *col.* Asunto, tema, negocio. || *col.* Ambiente. || *col.* Relación amorosa o sexual y persona con la que se tiene.

romance. adj. y m. Se dice de cada una de las lenguas modernas derivadas del latín. || m. Composición poética de origen español, generalmente en versos octosílabos en la que los pares repiten una misma asonancia, quedando libres los impares. || Relación amorosa pasajera.

romancero, ra. m. y f. Persona que canta romances. || m. Colección de composiciones épicas o épico-líricas destinadas al canto.

románico, ca. adj. Del estilo románico o relativo a él. || LING. Se dice de las diversas lenguas procedentes del latín. || adj. y m. ART. Se dice del estilo artístico que se desarrolló en el occidente de Europa desde fines del siglo X hasta principios del siglo XIII.

romano, na. adj. De la religión católica o relativo a ella. || adj. y s. De Roma, ciudad de Italia o de cada uno de los Estados antiguos y modernos de que ha sido metrópoli. || De cualquiera de los países que componían el antiguo Imperio romano. || adj. y m. LING. Se dice de la lengua latina. || f. Instrumento que sirve para pesar, compuesto de una palanca de brazos muy desiguales, con el fiel sobre el punto de apoyo.

romanticismo. m. Movimiento literario, artístico e ideológico de la primera mitad del siglo XIX, en que prevalece la imaginación y la sensibilidad sobre la razón y el examen crítico. || Época de la cultura occidental en que prevaleció tal movimiento. || Carácter romántico, sentimental y soñador.

romántico, ca. adj. Del romanticismo o relativo a este movimiento cultural. || Se dice de la persona que defiende o sigue este movimiento cultural. También s. || Apropiado para el amor o que lo produce. || Sentimental, generoso y soñador. También s.

rombo. m. GEOM. Paralelogramo que tiene cuatro lados iguales y dos de sus ángulos mayores que los otros dos.

romería. f. Viaje que se hace por devoción a un santuario. || Fiesta popular que se celebra en el campo inmediato a alguna ermita o santuario. || Gran número de personas que acuden a un sitio.

romero. m. Arbusto labiado de hojas muy aromáticas de color azul; se utiliza en medicina y perfumería.

romero, ra. adj. y s. Se dice de la persona que va en romería o participa en una romería.

romo, ma. adj. Obtuso y sin punta. || Poco inteligente, sin agudeza intelectual. || De nariz pequeña y poco puntiaguda.

rompecabezas. m. Juego que consiste en componer determinada figura combinando cierto número de piezas o pedacitos en cada uno de los cuales hay una parte de la figura.

|| Problema o acertijo de difícil solución. || Arma ofensiva compuesta de dos bolas de hierro o plomo sujetas a los extremos de un mango corto y flexible.

rompehielos. m. Buque de formas, resistencia y potencia adecuadas para abrir camino en los mares helados.

rompeolas. m. Dique avanzado en el mar, para procurar abrigo a un puerto o rada.

romper. tr. Separar con violencia las partes de un todo, deshaciendo su unión. También prnl. || Quebrar o hacer pedazos una cosa. También prnl. || Hacer una raja o hendidura. || Estropear, destrozar, gastar. También prnl. || Interrumpir la continuidad de algo no material. || No cumplir un compromiso o una norma. || Deshacer, desbaratar un grupo o cuerpo de gente armada. || intr. Deshacerse en espuma las olas. || Empezar, comenzar. || Abrirse las flores. || Tener un gran éxito, destacar.

rompiente. adj. Que rompe. || m. Bajo, escollo o costa donde, cortando el curso de la corriente de un río o el de las olas, rompe y se levanta el agua.

ron. m. Bebida alcohólica de olor y sabor fuertes, que se elabora con una mezcla fermentada de melazas y zumo de caña de azúcar.

roncar. intr. Hacer ruido ronco con la respiración cuando se duerme. || Llamar el gamo a la hembra cuando está en celo.

ronco, ca. adj. Que tiene ronquera. || Se dice también de la voz o del sonido fuerte y grave.

ronda. f. Conjunto de personas o patrulla destinada a rondar las calles o a recorrer los puestos exteriores de una plaza. || Recorrido que se hace de un lugar para vigilarlo. || Conjunto de jóvenes que se reúnen por la noche tocando intrumentos y cantando a las jóvenes. || Conjunto de cosas que suceden en serie y de forma ordenada. || Paseo o calle que circunda una ciudad o la parte antigua de ella. || En varios juegos de naipes, vuelta o suerte de todos los jugadores. || *col.* Conjunto de las consumiciones que hacen cada vez un grupo de personas. || DEP. Carrera ciclista en etapas. || *amer.* Juego del corro.

rondar. tr. e intr. Andar de noche por las calles, paseando o vigilando una población. || Pasear los mozos las calles donde viven las mozas a quienes galantean. || Andar por un lugar o ir frecuentemente por él. || Pasarle a alguien algo por la mente o la imaginación. || tr. Andar alrededor de uno para conseguir de él una cosa. || Intentar agradar y atraer a alguien. || Amagar, estar a punto de atacarle a alguien una enfermedad o el sueño.

ronquido. m. Ruido o sonido que se hace roncando. || Ruido o sonido ronco.

ronronear. intr. Producir el gato una especie de ronquido, demostrando que está a gusto o contento. || Hacer un ruido parecido las máquinas o los motores.

ronzal. m. Cuerda que se ata a la cabeza o al cuello de las caballerías para conducirlas o sujetarlas.

roña. f. Suciedad pegada fuertemente. || Orín de los metales. || *col.* Mezquindad, tacañería. || Sarna del ganado lanar. || *amer.* Irritación, rabia. || adj. y com. *col.* Persona tacaña.

roñoso, sa. adj. Sucio, cubierto de roña. || Oxidado o cubierto de orín. || *col.* Miserable, tacaño. También s.

ropa. f. Cualquier prenda de tela que sirve para vestir. || Todo género de tela que sirve para el uso o adorno de las personas o las cosas.

ropaje. m. Vestido, sobre todo el que es vistoso o lujoso. || Conjunto de ropas.

ropero, ra. m. y f. Persona que se dedica a vender ropa hecha. || m. Armario o cuarto donde se guarda ropa. || Ropa, conjunto de vestidos que tiene una persona. || Asociación benéfica destinada a distribuir ropa entre los necesitados.

rosa. f. Flor del rosal, de mucho colorido y muy aromática. || Mancha rojiza y redondeada que sale en el cuerpo. || Lazo u otra cosa hecha en forma de rosa. || adj. y m. Se dice del color que resulta de mezclar el blanco y el rojo.

rosado, da. adj. De color rosa o que tiende a él. || adj. y m. Se dice de un tipo de vino, más claro que el tinto.

rosal. m. Planta arbustiva de la familia de las rosáceas, con tallos ramosos que presentan espinas y flores perfumadas muy apreciadas en ornamentación.

rosaleda. f. Sitio en que hay muchos rosales.

rosario. m. Rezo de la Iglesia en que se conmemoran los 15 misterios principales de la vida de Jesucristo y de la Virgen, recitando después de cada uno un padrenuestro, diez avemarías y un gloria. || Conjunto de cuentas, separadas de diez en diez por otras de distinto tamaño que sirve para hacer ordenadamente el rezo del mismo nombre. || Serie, sarta de sucesos especialmente larga.

rosca. f. Conjunto formado por tornillo y tuerca. || Cualquier cosa redonda y cilíndrica que, cerrándose, deja en medio un espacio vacío. || Pan o bollo de esta forma. || Cada una de las vueltas de una espiral, o el conjunto de ellas, particularmente las de los tornillos, tuercas y las de algunos cierres.

roseta. f. Mancha rosada en las mejillas. || Pieza de la regadera llena de agujeros que sirve para dispersar el agua. || Sortija o zarcillo adornado con una piedra preciosa a la que rodean otras pequeñas.

rostro. m. Cara de las personas. || Pico del ave. || Espolón de la nave. || *col.* Cara dura.

rotación. f. Movimiento de un cuerpo que da vueltas especialmente alrededor de su eje. || Alternancia, variación. || rotación de cultivos. Variedad de siembras alternativas o simultáneas para evitar que el terreno se agote en la exclusiva alimentación de una sola especie vegetal.

rotar. intr. Rodar, dar vueltas, especialmente alrededor de un eje. || Ir turnándose varias personas en un trabajo o actividad. || Alternar los cultivos en un terreno para evitar que la tierra se agote.

rotativo, va. adj. y f. Se dice de la máquina de imprimir de movimiento continuo y gran velocidad, que únicamente puede imprimir en papel de bobina. || m. Periódico impreso en estas máquinas.

roto, ta. adj. Que está quebrado o partido en dos o más partes. || Averiado, que ha dejado de funcionar. || Andrajoso, que lleva la ropa rota. También s. || *col.* Muy cansado, agotado. || m. Rotura, raja o agujero, especialmente en la ropa. || *amer. col.* Persona de las clases sociales más bajas. || *amer. col.* Individuo, tipo.

rotonda. f. Plaza circular. || Edificio o sala de planta circular.

rótula. f. ANAT. Hueso de la rodilla, en la parte anterior de la articulación de la tibia con el fémur. || Pieza situada entre otras dos y que permite el movimiento de estas.

rótulo. m. Título de un escrito o de una parte de él. || Letrero, leyenda o inscripción. || Cartel con el que se avisa o anuncia algo.

rotundo, da. adj. Aplicado al lenguaje, lleno y sonoro. || Preciso y terminante. || Redondo o redondeado.

rotura. f. Separación de un cuerpo en trozos, de forma más o menos violenta, o producción de grietas o agujeros en el mismo. || Raja, quiebra o desgarradura en un cuerpo sólido.

roturar. tr. Arar o labrar por primera vez las tierras eriales para ponerlas en cultivo.

round. (voz i.) m. Cada uno de los asaltos de un combate de boxeo.

rozar. intr. Pasar una cosa tocando ligeramente la superficie de otra. También tr. || Tener una cosa semejanza o conexión con otra. || tr. Dejar en una superficie una marca o señal al frotarla o ponerla en contacto con otra. || Gastar algo por el uso. También prnl. || Limpiar las tierras de las matas y hierbas inútiles antes de labrarlas. || Abrir algún hueco o canal en un paramento. || prnl. Tener entre sí dos personas familiaridad o confianza.

rubí. m. Mineral variedad del corindón, de gran dureza, color rojo y brillo intenso.

rubicundo, da. adj. Rubio que tira a rojo. || Se apl. a la persona de buen color y aspecto saludable.

rubio, bia. adj. De color parecido al del oro, aplicado particularmente al pelo y a la persona que lo tiene así. También s. || Se dice de un tipo de tabaco de color y sabor suaves. También m. || m. Pez teleósteo marino acantopterigio de color rosado y escamas duras, de carne poco estimada.

rublo. m. Unidad monetaria de la Rusia zarista, la antigua URSS y, en la actualidad, de la Federación de Rusia, Ucrania, Bielorrusia, Moldavia y otras repúblicas que la formaban.

rubor. m. Color que toma el rostro a causa de la vergüenza. || Vergüenza. || Color rojo muy encendido.

ruborizar. tr. Causar rubor. También prnl. || prnl. Sentir vergüenza.

rúbrica. f. Rasgo o conjunto de rasgos de figura determinada que, como parte de la firma, pone cada cual después de su nombre. || Título, epígrafe, rótulo.

rubricar. tr. Poner uno su rúbrica. || Suscribir, dar testimonio de una cosa.

rubro, bra. adj. Encarnado, rojo. || m. *amer.* Título, rótulo.

rucio, cia. adj. y s. De color pardo claro. || Burro, asno.

rudimento. m. Embrión de un ser orgánico. || Parte de un ser orgánico imperfectamente desarrollada. || pl. Primeros estudios o conocimientos básicos de cualquier ciencia o profesión.

rudo, da. adj. Tosco, basto. || Descortés, grosero. || Riguroso, violento. || Difícil de soportar o de realizar.

rueca. f. Antiguo utensilio que se usaba para hilar, formado por una vara donde se ponía la materia textil y un huso.

rueda. f. Máquina elemental, en forma circular y de poco grueso respecto a su radio, que puede girar sobre un eje. || Círculo formado por algunas personas o cosas. || Tajada circular de las frutas, carnes o pescados. || Turno, vez, orden sucesivo.

ruedo. m. Redondel de la plaza de toros, cubierto de arena, donde tiene lugar la lidia. || Contorno de una cosa redonda. || *amer.* Dobladillo.

ruego. m. Súplica, petición.

rufián. m. Hombre despreciable que vive de engaños y estafas. || Proxeneta.

rugby. (voz i.) m. Deporte de origen inglés que se practica entre dos equipos de 15 jugadores, con un balón de forma ovalada, y en el que se suman tantos llevando el balón cogido con las manos hasta más allá de la línea de ensayo, o introduciéndolo con el pie por encima del travesaño horizontal de la portería.

rugido. m. Voz del léon y otros animales salvajes. || Grito de una persona muy enojada. || Ruido muy fuerte. || Sonido que hacen las tripas.

rugir. intr. Emitir su voz el león y otros animales salvajes. || Gritar una persona enojada. || Crujir y hacer ruido fuerte. || Sonar las tripas.

rugoso, sa. adj. Que tiene arrugas, de superficie no regular.

ruido. m. Sonido inarticulado y confuso más o menos fuerte. || Alboroto. || Novedad, extrañeza o revuelo que provoca algo. || Perturbación o señal anómala que se produce en un sistema de transmisión y que impide que la información llegue con claridad.

ruidoso, sa. adj. Que causa mucho ruido.

ruin. adj. Vil, bajo y despreciable. || Mezquino y avariento. || Pequeño.

ruina. f. Pérdida grande de fortuna. || Decadencia, destrucción muy grande. || Causa de esta decadencia. || Persona o cosa en muy mal estado. || pl. Restos de uno o más edificios destruidos.

ruindad. f. Vileza, bajeza, maldad. || Aquello que resulta ruin.

ruinoso, sa. adj. Que amenaza ruina. || Que produce ruina.

ruiseñor. m. Pájaro de cuerpo rechoncho, de unos 15 cm de longitud, con plumaje pardo rojizo y notable por su canto melodioso.

ruleta. f. Juego de azar para el que se usa una rueda horizontal giratoria numerada por la que se mueve una bolita que al detenerse indica el número que ha ganado la apuesta. || Rueda que se usa en el juego de la ruleta.

rulo. m. Pequeño cilindro hueco y perforado al que se enrolla un mechón de cabello para rizarlo. || Rizo del cabello. || Rodillo para allanar el suelo.

rumano, na. adj. y s. De Rumania o relativo a esta nación europea. || m. LING. Lengua procedente del latín que se habla en Rumania.

rumba. f. Cierto baile popular cubano y música que lo acompaña. || Música y baile gitanos con elementos del anterior.

rumbo. m. Dirección considerada o trazada en el plano del horizonte. || Camino que uno se propone seguir. || Forma en que algo se conduce o desarrolla. || col. Generosidad. || col. Lujo, ostentación.

rumiante. adj. Que rumia. || adj. y m. De los rumiantes o relativo a este suborden de mamíferos. || m. pl. ZOOL. Suborden de mamíferos ungulados artiodáctilos, que carecen de dientes incisivos en la mandíbula superior y tienen el estómago compuesto de cuatro cavidades.

rumiar. tr. Masticar por segunda vez, devolviéndolo a la boca, el alimento que ya estuvo en el estómago. || col. Considerar despacio y pensar con reflexión. || col. Rezongar, refunfuñar.

rumor. m. Noticia vaga que corre entre la gente. || Ruido confuso de voces. || Ruido sordo, vago y continuado.

rupestre. adj. De las rocas o relativo a ellas. || Se dice especialmente de las pinturas y dibujos prehistóricos existentes en algunas rocas y cavernas.

rupia. f. Unidad monetaria de la India, Indonesia, Maldivas, Mauricio, Nepal, Pakistán, Seychelles y Sri Lanka. || col. Peseta.

ruptura. f. Hecho de romper sus relaciones personas o entidades.

rural. adj. Del campo, sus labores o sus gentes o relativo a ellos.

ruso, sa. adj. y s. De la antigua URSS o la actual Federación de Rusia o relativo a este país europeo. || m. LING. Lengua eslava que se habla en la Federación de Rusia y Bielorrusia.

rústico, ca. adj. Del campo o de sus gentes o relativo a ellos. || Tosco, grosero. || m. y f. Campesino. || en rústica. loc. adv. Encuadernación con cubierta de papel.

ruta. f. Camino o itinerario de un viaje. || Dirección u orientación que se toma para un propósito.

rutilar. intr. poét. Brillar intensamente, despedir rayos.

rutina. f. Costumbre inveterada, hábito adquirido de hacer las cosas sin pensarlas. || INFORM. Conjunto de instrucciones que en un ordenador sirven para controlar una función o realizar una operación que se repite con mucha frecuencia.

S

s. f. Vigésima letra del alfabeto castellano y decimosexta de sus consonantes. Fonéticamente representa un sonido fricativo alveolar sordo, aunque con muchas variedades de pronunciación.

sábado. m. Séptimo día de la semana.

sábalo. m. Pez marino malacopterigio.

sábana. f. Cada una de las dos piezas de tela que se colocan en la cama para dormir entre ellas.

sabana. f. Meseta o llanura extensa con gran abundancia de vegetación herbácea, sin árboles.

sabañón. m. Hinchazón y enrojecimiento de la piel causado por el contraste entre un frío excesivo y un rápido calentamiento.

sabatino, na. adj. Del sábado o relativo a él.

saber. m. Sabiduría, conocimiento o ciencia. || tr. Conocer, tener noticia de algo. || Tener la certeza de algo. || Ser docto en alguna cosa. También intr. || Tener habilidad o capacidad para hacer algo. || intr. Tener noticias sobre una persona o cosa. || Tener sabor.

sabiduría. f. Conocimiento profundo que se adquiere a través del estudio o de la experiencia. || Prudencia, cuidado en el comportamiento y modo de conducirse en la vida.

sabiendas (a). loc. adv. Intencionadamente, con pleno conocimiento y deliberación.

sabio, bia. adj. Se dice de lo que implica sabiduría. || adj. y s. Se apl. a la persona que posee sabiduría. || Juicioso, prudente.

sable. m. Arma blanca larga y curva, semejante a la espada, pero de un solo filo.

sabor. m. Propiedad de determinadas sustancias que se percibe a través del gusto.

saborear. tr. y prnl. Percibir detenida y placenteramente el sabor de algo.

sabotaje. m. Destrucción o deterioro de productos o maquinaria e instalaciones como medio de lucha contra el poder establecido. || Oposición u obstrucción disimulada.

sabotear. tr. Realizar actos de sabotaje.

sabroso, sa. adj. Con sabor agradable al paladar.

sabueso, sa. adj. y s. Perro de olfato muy fino y gran habilidad para la caza. || Persona que sabe indagar.

sacacorchos. m. Instrumento que se introduce en el corcho de las botellas a fin de extraerlo.

sacapuntas. m. Instrumento dotado de una cuchilla para afilar lápices.

sacar. tr. Poner algo o a alguien fuera del lugar o condición en que estaba. || Extraer una cosa de otra. || Averiguar. || Conocer, descubrir. || Mostrar, manifestar una cosa. || Hacer que alguien dé o diga algo con persuasión o por la fuerza. || Conseguir, lograr. || Ganar por medio de la suerte. || Hacer las gestiones necesarias para obtener un documento. || Superar con éxito.

sacarino, na. adj. Que contiene azúcar o posee alguna de sus características. || f. Sustancia blanca en polvo, de sabor azucarado, obtenida de la brea mineral.

sacerdocio. m. Dignidad y cargo de sacerdote.

sacerdote. m. Hombre dedicado a los ritos y ofrecimientos de sacrificios a ciertas deidades, así como al cuidado de sus templos.

saciar. tr. y prnl. Satisfacer por completo una necesidad o deseo de alimento o bebida. || fig. Satisfacer por completo una necesidad o deseo.

saciedad. f. Hartura, satisfacción excesiva.

saco. m. Receptáculo o bolsa de tela abierta por uno de los lados. || Saqueo. || _amer._ Chaqueta, prenda de vestir que cubre el tronco.

sacramento. m. Signo sensible de un efecto interior y espiritual que Dios obra en las almas y es causante de gracia. || Misterio.

sacrificar. tr. Hacer y ofrecer sacrificios. || fig. Matar, degollar las reses para el consumo. || Matar a un animal enfermo que no puede ser curado. || prnl. Privarse voluntariamente de algo en beneficio de algo o alguien.

sacrificio. m. Ofrenda que se hace a la divinidad. || fig. Abnegación, renuncia o privación que se hace en favor de algo o de alguien.

sacrilegio. m. Profanación e irreverencia con lo sagrado.

sacristán. m. Persona que ayuda al sacerdote en las iglesias.

sacro, cra. adj. Sagrado.

sacrosanto, ta. adj. Que reúne las cualidades de sagrado y santo.

sacudida. f. Movimiento violento de uno a otro lado.

sacudimiento. m. Acción y efecto de sacudir.

sacudir. tr. Mover algo violentamente de un lado a otro. También prnl.

sádico, ca. adj. y s. Del sadismo o relativo a él.

sadismo. m. Práctica o tendencia malsana en hacer sufrir al prójimo. || Crueldad refinada.

saeta. f. Arma arrojadiza que dispara con el arco. || Manecilla del reloj.

safari. m. Expedición de caza mayor.

saga. f. Leyenda poética perteneciente a una de las dos colecciones de primitivas tradiciones heroicas y mitológicas de la antigua Escandinavia. || Relato de la historia de dos o más generaciones de una familia.

sagacidad. f. Calidad de sagaz.

sagaz. adj. Astuto.

sagrado, da. adj. De la divinidad, de su culto o relativo a ellos.

sagrario. m. Parte interior del templo en que se guardan las cosas sagradas.

sahumar. tr. y prnl. Dar a una cosa humo aromático.

sahumerio. m. Purificación o perfume mediante humo aromático. || Humo que produce una materia aromática que se quema para sahumar. || Acción de sahumar.

sainete. m. Obra teatral de carácter cómico y personajes populares.

sajón, ona. adj. y s. Del pueblo germánico. || De Sajonia.

sal. f. Nombre común del cloruro sódico, sustancia blanca, cristalina, de sabor acre y muy soluble en agua, que se emplea como condimento. || Agudeza, gracia, garbo en el modo de hablar o actuar. || pl. Pequeños cristales de una sustancia perfumada que se usan disueltos en el agua del baño.

sala. f. Pieza de la casa donde se hace vida. || Aposento de grandes dimensiones. || Pieza donde se constituye un tribunal de justicia.

saladero. m. Casa o lugar para salar carnes o pescados.

salado, da. adj. Que tiene sal o más sal de la necesaria. || fig. Gracioso, garboso, con salero. || *amer.* Caro, costoso. || m. Acto de salar.

salamandra. f. Batracio insectívoro parecido al lagarto.

salame. m. Especie de salchichón muy condimentado.

salamín. m. Salame delgado.

salar. tr. Curar o conservar un alimento con sal. || Sazonar con sal.

salario. m. Remuneración que percibe una persona por su trabajo.

salazón. f. Acción de salar o curar con sal.

salchicha. f. Embutido de carne de cerdo picada.

salchichón. m. Embutido de jamón, tocino y pimienta.

saldar. tr. Liquidar una cuenta. || Vender a bajo precio una mercancía.

saldo. m. Pago o finiquito de una deuda u obligación. || Cantidad que de una cuenta resulta a favor o en contra del titular. || Resto de mercancías que el comerciante vende a bajo precio. Más en pl.

salero. m. Recipiente para guardar la sal o servirla en la mesa. || *col.* Gracia, donaire.

salesiano, na. adj. De la congregación religiosa Sociedad de san Francisco de Sales, fundada por san Juan Bosco.

salido, da. adj. Se dice de lo que sobresale en un cuerpo más de lo regular. || f. Paso de dentro afuera. || Lugar por donde se sale. || Partida de un lugar. || Punto de partida. || Acción de salir un astro y momento en que se produce. || Dicho agudo, ocurrencia.

salino, na. adj. Que contiene sal o tiene características propias de ella. || f. Mina o yacimiento de sal.

salir. tr. Pasar de dentro afuera. También prnl. || Partir de un lugar a otro. || Ir a tomar el aire, pasear, distraerse. || Librarse de un lugar o situación peligrosos. || Aparecer. || Brotar, nacer. || || Costar una cosa. || prnl. Derramarse por una rendija un líquido. || Rebosar un líquido al hervir.

salitre. m. Nitro. || Sustancia salina que aflora en tierra, paredes, etc.

saliva. f. Líquido producido por las glándulas salivales para reblandecer los alimentos.

salivar. intr. Arrojar saliva.

salmo. m. Composición o canto de alabanzas a Dios.

salmón. m. Pez marino parecido a la trucha. En otoño desova en los ríos y después vuelve al mar. || adj. y m. Se dice del color rosa anaranjado, como la carne de este pez.

salmuera. f. Agua muy salada.

salpicar. tr. e intr. Saltar o esparcir un líquido en gotas menudas. || tr. Esparcir, diseminar varias cosas sobre una superficie. || Causar un perjuicio o reacción negativa sobre alguien. || tr. y prnl. Mojar o manchar con un líquido que salpica.

salpimentar. tr. Condimentar con sal y pimienta. || Amenizar, contar algo con chispa y buen humor.

salpullido. m. Erupción leve y pasajera en el cutis.

salsa. f. Mezcla de varias sustancias desleídas con que se aderezan las comidas. || Jugo que suelta un alimento al cocinarlo. || Música y baile caribeño de mucho ritmo.

saltamontes. m. Insecto ortóptero de color verde, cuyas patas posteriores, muy largas, le permiten dar grandes saltos.

saltar. intr. Levantarse del suelo con impulso y agilidad para elevarse y volver a caer. || Arrojarse desde una altura. || Salir un líquido hacia arriba con ímpetu, como el agua en el surtidor. || Romperse o abrirse violentamente una cosa. || Desprenderse una cosa de donde estaba unida o fija. || Ascender a un puesto más alto que el inmediatamente superior sin haber ocupado este. || Destacar por la limpieza. || Pasar de una cosa a otra, dejándose las intermedias. || No cumplir una ley, reglamento, etc. También prnl.

saltear. tr. Asaltar, salir a los caminos para robar a los viajeros. || Realizar una actividad sin seguir su curso, de manera discontinua, o dejarla sin terminar.

salteño, ña. adj. y s. De Salta.

salterio. m. Instrumento músico de cuerda.

salto. m. Acción de saltar. || Despeñadero muy profundo. || Caída de un caudal importante de agua a gran desnivel, en especial en una instalación industrial. || Distancia que se ha saltado.

salubre. adj. Bueno para la salud, saludable.

salud. f. Estado en que el organismo ejerce normalmente todas sus funciones. || interj. Se usa como fórmula de saludo y al brindar.

saludable. adj. Que sirve para conservar o restituir la salud.

saludar. tr. Dirigirse a alguien al encontrarse o despedirse con ciertos gestos o fórmulas de cortesía.

saludo. m. Acción de saludar.

salva. f. Saludo hecho con armas de fuego.

salvación. f. Acción y efecto de salvar.

salvado. m. Cáscara del grano de los cereales.

salvador, ra. adj. y s. Que salva.

salvaje. adj. Se apl. a las plantas silvestres. || Se dice de los animales que no son domésticos ni han sido domesticados. || Se dice del terreno abrupto que no ha sido cultivado. || Incontrolado, violento o fuera de las normas establecidas. || adj. y com. Se apl. a los pueblos que no han adoptado el desarrollo, cultura y costumbres de la civilización occidental. || fig. Necio, rudo, sin educación. || Muy cruel.

salvamento. m. Liberación de un riesgo, un peligro o un inconveniente. || Acción y efecto de salvar.

salvar. tr. Poner a salvo, librar de un riesgo o peligro. También prnl. || Evitar un inconveniente, impedimento, dificultad o riesgo.

salvavidas. m. Flotador o cualquier otro utensilio insumergible empleado para mantener a flote a los náufragos o personas que no saben nadar. || com. amer. Socorrista.

salvedad. f. Advertencia, excepción que se emplea como excusa.

salvia. f. Planta labiada, de hojas amargas y aromáticas, cuyo conocimiento se usa como sudorífico y astringente.

salvo, va. adj. Ileso, libre de peligro. Se usa sobre todo en la loc. sano y salvo.

salvo. prep. Fuera de, excepto.

samaritano, na. adj. y s. De Samaria.

san. adj. apóc. de santo..

sanar. tr. Restituir a uno la salud que había perdido. || intr. Recobrar la salud.

sanatorio. m. Centro sanitario habilitado para la estancia de enfermos que necesitan someterse a tratamientos médicos o quirúrgicos.

sanción. f. Pena que la ley establece para el que la infringe. || Autorización o aprobación.

sancionar. tr. Aplicar una sanción o castigo. || Autorizar o aprobar cualquier acto, uso o costumbre. || Dar fuerza de ley a una disposición.

sandalia. f. Calzado compuesto de una suela que se sujeta al pie con correas o cintas. || Zapato ligero y muy abierto.

sándalo. m. Planta herbácea, olorosa. || Árbol parecido al nogal, de madera perfumada.

sandía. f. Planta cucurbitácea anual. || Fruto de esta planta.

sanear. tr. Dotar a un lugar o edificio de las condiciones de salubridad. || Reparar, remediar.

sanedrín. m. Consejo supremo de los judíos.

sangrar. intr. Manar sangre. || tr. Abrir o punzar una vena y dejar salir determinada cantidad de sangre.

sangre. f. Líquido rojo compuesto por plasma y células en suspensión que circula por las arterias y las venas. || Linaje o parentesco.

sangría. f. Punción para la extracción de cierta cantidad de sangre. || fig. Bebida refrescante hecha con vino, agua, limón, azúcar y frutas. || IMPR. Comienzo de una línea más interior que el resto.

sangriento, ta. adj. Manchado, teñido en sangre o mezclado con ella. || Muy cruel, despiadado. || Que causa efusión y derramamiento de sangre.

sanguijuela. f. Gusano de agua dulce, boca chupadora y con una ventosa en cada extremo con que se adhiere a otros animales para alimentarse de su sangre.

sanguinario, ria. adj. Muy cruel, iracundo, sangriento. || f. Piedra semejante al ágata, de color sangre.

sanguíneo, a. adj. De la sangre o relativo a ella.

sanidad. f. Calidad de sano, buena salud. || Conjunto de servicios, personal e instalaciones del Estado para preservar la salud pública.

sanitario, ria. adj. De la sanidad o relativo a estos servicios. || adj. y m. Se apl. al conjunto de instalaciones aptas para el aseo e higiene personal. || m. amer. Escusado, retrete.

sano, na. adj. Que goza de perfecta salud. || Saludable, bueno para la salud. || Sin daño, lesión o defecto. || Entero, no roto o estropeado.

sánscrito, ta o **sanscrito, ta.** adj. y m. Se dice de la antigua lengua indoeuropea de los brahmanes y de lo referente a ella.

sansón. m. Hombre muy forzudo.

santería. f. Superstición, culto exagerado a las imágenes religiosas. || *amer.* Tienda de imágenes de santos y objetos de culto.

santidad. f. Estado o calidad de santo.

santiguar. tr. y prnl. Hacer la señal de la cruz.

santo, ta. adj. Perfecto y libre de toda culpa. || Canonizado por la Iglesia. También s. || Se dice de la persona bondadosa, de especial virtud, abnegación y ejemplo. También s. || Sagrado, inviolable. || m. Imagen de un santo.

santoral. m. Libro que contiene la vida y los hechos de los santos.

santuario. m. Templo en que se venera a un santo. || Lugar sagrado, o importante y valioso. || Lugar usado como refugio, protección o asilo.

sapo. m. Anfibio anuro similar a la rana, de mayor tamaño, cuerpo rechoncho, piel gruesa y verrugosa, patas posteriores fuertes y ojos saltones.

saque. m. Puesta en juego de la pelota. || Acción de sacar.

saquear. tr. Apoderarse violentamente un grupo de gente o soldados de lo que hallan en un lugar o plaza tomada. || Robar o apoderarse de cuanto hay en un lugar.

saqueo. m. Robo o apropiación de cuanto hay en un lugar.

sarampión. m. PAT. Enfermedad febril y contagiosa.

sarcasmo. m. Burla o ironía mordaz, hiriente y humillante.

sarcástico, ca. adj. y s. Que implica o denota sarcasmo.

sardina. f. Pez marino similar al arenque, pero de carne más delicada.

sargento. com. Individuo de la clase de tropa, de rango superior al de cabo y que, bajo la inmediata dependencia de los oficiales, cuida del orden, administración y disciplina de una compañía o parte de ella. || *col.* Persona mandona y excesivamente rígida.

sarmiento. m. Vástago de la vid.

sarna. f. Enfermedad contagiosa provocada por un ácaro llamado arador.

sarpullido. m. Erupción leve y pasajera en la piel, salpullido.

sarraceno, na. adj. Moro, Mahometano, musulmán. También s.

sarro. m. Sedimento o poso que dejan en las vasijas algunos líquidos. || Sustancia calcárea que se adhiere al esmalte de los dientes.

sarta. f. Serie de cosas metidas por orden en un hilo, cuerda, etc.

sartén. f. Recipiente que sirve para freír.

sastre, tra. m. y f. Persona que se dedica profesionalmente a cortar y coser trajes, especialmente de caballero.

satán o **satanás.** m. Lucifer, el demonio.

satánico, ca. adj. Del diablo o relativo a él. || Extremadamente perverso.

satélite. m. ASTRON. Astro que gira en torno a un planeta, describiendo una órbita sometida a la fuerza de gravitación.

satinar. tr. Dar al papel o a la tela tersura y lustre mediante presión.

sátira. f. Escrito donde se censura o pone en ridículo algo o a alguien. || Obra o dicho agudo, picante o mordaz.

satírico, ca. adj. De la sátira. También s. || Del sátiro o relativo a esta figura mitológica.

satirizar. tr. Humillar, mortificar, motejar. || intr. Escribir sátiras.

sátiro, ra. adj. Mordaz, propenso a zaherir. También s. || Hombre lascivo.

satisfacción. f. Alegría, placer, gusto. || Cumplimiento de una necesidad, deseo, pasión, etc.

satisfacer. tr. Saciar una necesidad, deseo, pasión, etc. || Pagar una deuda por completo. || intr. Complacer, producir gusto o ilusión.

sátrapa. m. Gobernador de una provincia de la antigua Persia. || adj. y com. *col.* Se dice de la persona que abusa de su poder o de su autoridad. || Se apl. a quien vive con mucho lujo y ostentación. || com. Persona ladina y que sabe actuar con astucia.

saturar. tr. Hartar, saciar. También prnl. || Llenar, ocupar completamente o utilizar una cosa hasta el límite de su capacidad. También prnl. || FÍS. Impregnar un cuerpo de un fluido. También prnl.

sauce. m. Planta arbórea o arbustiva salicácea, de hojas lanceoladas, con el envés cubierto de vello blanquecino, que crece en las orillas de los ríos.

sauna. f. Baño de calor que produce una rápida y abundante sudoración y que se toma con fines medicinales, relajantes o adelgazantes. || Local en que se pueden tomar estos baños.

saurio, ria. adj. y m. De los saurios o relativo a este suborden de reptiles. || m. pl. . ZOOL. Suborden de los reptiles caracterizados por tener cuatro patas cortas y cola, el cuerpo cubierto por escamas epidérmicas, mandíbulas con dientes, sangre fría y respiración pulmonar, como los lagartos o los camaleones.

savia. f. BOT. Líquido espeso que circula por los vasos conductores de las plantas superiores y cuya función es la de nutrir la planta. || Persona o elemento que comunica energía y vitalidad.

S

saxo o **saxofón.** m. Saxófono. || com. Saxofonista.

saxófono. m. Instrumento musical de viento, formado por un tubo de metal cónico, curvado en su parte final, con boquilla de madera y varias llaves.

sazón. f. Punto o estado de madurez de las cosas. || Gusto y sabor de los manjares. || Ocasión, coyuntura.

sazonar. tr. Condimentar los alimentos. || Poner algo en la sazón y madurez que debe tener. También prnl.

se. pron. Forma átona del pron. pers. reflexivo com. de tercera persona sing. y pl., de los denominados clíticos, que en la oración desempeña la función de complemento directo, o de complemento indirecto, y no admite prep. || Se utiliza para expresar la impersonalidad en las oraciones impersonales.

se. pron. Forma átona del pron. pers. m. y f. sing. y pl. de tercera persona, de los denominados clíticos, que en la oración desempeña la función de complemento indirecto.

sebo. m. Grasa sólida y dura que se extrae de algunos animales y se utiliza para hacer velas, jabones, etc. || Cualquier gordura o exceso de grasa. || Suciedad grasienta. || Grasa secretada por las glándulas sebáceas.

secado. m. Eliminación del líquido o la humedad.

secador, ra. adj. Que seca. || m. y f. Aparato o máquina que sirve para secar.

secante. adj. y m. Que seca. || Se dice de un tipo de papel esponjoso para secar lo escrito. || adj. y f. GEOM. En un triángulo rectángulo, se dice de la relación entre la hipotenusa y uno de los catetos con respecto al ángulo agudo adyacente a ese cateto. La relación inversa es el *coseno*. || MAT. Función matemática periódica que generaliza este concepto a cualquier valor del ángulo.

secar. tr. Hacer que algo o alguien quede sin humedad o seco. También prnl. || *amer.* Molestar, incordiar. || prnl. Marchitarse, perder el verdor las plantas. || Perder fuerza, energía o peso alguna cosa.

sección. f. Separación que se hace en un cuerpo sólido con un instrumento cortante. || Cada una de las partes en que se divide un todo o un conjunto de personas.

secesión. f. Separación o independización de una nación de parte de su pueblo o de su territorio. || Separación de un grupo de personas del conjunto al que pertenecía.

seco, ca. adj. Que carece de jugo o humedad. || Falto de agua. || Se dice del guiso sin caldo. || Se dice del tiempo en que no llueve. || Falto de verdor o lozanía. || Se apl. a las frutas, especialmente a las de cáscara dura, como avellanas, nueces, etc., y también a aquellas a las cuales se quita la humedad excesiva para que se conserven, como higos, pasas, etc. || Áspero, antipático, poco cariñoso. || Árido, poco ameno. || f. Tiempo seco de larga duración, sequía.

secreción. f. Sustancia que elaboran ciertas glándulas, como el jugo gástrico.

secretaría. f. Destino o cargo de secretario. || Oficina donde trabaja. || Sección de un organismo, institución, empresa, etc., ocupada de las tareas administrativas. || *amer.* Ministerio.

secretario, ria. m. y f. Persona encargada de escribir la correspondencia, extender las actas, dar fe de los acuerdos y custodiar los documentos de una oficina, asamblea o corporación.

secreto, ta. adj. Ignorado, oculto. || m. Lo que se tiene reservado.

secta. f. Doctrina religiosa o ideológica que se diferencia o independiza de otra.

sectario, ria. adj. Que profesa en una secta y sigue sus directrices. También s.

sector. m. Parte de una clase o de una colectividad que presenta caracteres peculiares. || Parte de un espacio, territorio, etc. || Cada una de las distintas actividades económicas o productivas.

secuaz. adj. y com. Partidario de una persona, partido, doctrina u opinión. Suele tener sentido *desp.*

secuela. f. Consecuencia, generalmente negativa, de una cosa. || Trastorno o lesión que queda tras la curación de una enfermedad o un traumatismo, como consecuencia de los mismos.

secuencia. f. Serie o sucesión de cosas que guardan cierta relación entre sí.

secuestrar. tr. Detener y retener por la fuerza a una o a varias personas para exigir dinero u otra contraprestación a cambio de su liberación. || Tomar el mando de un vehículo o nave por la fuerza con el fin de obtener un beneficio a cambio de su rescate. || Ordenar el juez el embargo o retirada de la circulación de una cosa.

secuestro. m. Acción y resultado de secuestrar.

secular. adj. Seglar, no religioso. || Que se repite cada siglo, dura un siglo o desde hace siglos.

secundar. tr. Ayudar, favorecer.

secundario, ria. adj. Segundo en orden. || No principal, accesorio. || GEOL. Se apl. a los terrenos triásico, jurásico y cretáceo y a lo relativo a estos periodos de la segunda era de la Tierra. También m. || GEOL. Mesozoico. También m.

sed. f. Gana y necesidad de beber. || Necesidad de agua o de humedad que tienen ciertas cosas, especialmente las plantas o los campos. ||fig. Deseo ardiente de una cosa.

seda. f. ZOOL. Líquido viscoso segregado por ciertas glándulas de algunos gusanos. || Hilo formado con varias de estas hebras producidas por el gusano de seda. || Tejido elaborado con estos hilos.

sedante. adj. y m. Que seda, duerme o tranquiliza. || Se apl. al fármaco que disminuye la agitación nerviosa e induce al sueño.

sede. f. Jurisdicción y potestad del Sumo Pontífice. || Por ext., lugar donde se halla la dirección de cualquier actividad, doctrina, etc.

sedentario, ria. adj. Se apl. a la comunidad o tribu que vive asentada en algún lugar, por oposición a la nómada. || Se dice del oficio o de la vida de poca agitación o movimiento, y de quien lo ejerce o la lleva.

sedición. f. Alzamiento colectivo y violento contra un poder establecido.

sediento, ta. adj. Que tiene sed. También s. || Se dice de los campos o plantas que necesitan agua. || Que desea una cosa con ansia.

sedimento. m. Materia que tras haber estado suspensa en un líquido se posa en el fondo del recipiente que la contiene. || GEOL. Depósito o acumulación de materiales arrastrados mecánicamente por las aguas o el viento.

sedoso, sa. adj. Parecido a la seda o suave como ella.

seducción. f. Fascinación o atracción de una cosa o una persona que provoca su deseo o su afecto.

seducir. tr. Atraer enormemente, ejercer alguna persona o cosa una gran atracción sobre alguien. || Convencer, persuadir sutilmente, especialmente con el fin de que se obre mal.

seductor, ra. adj. y s. Que seduce.

sefardí. adj. y s. Aplícase al judío de origen español.

segador, ra. m. y f. Persona que siega. || f. Se dice de la máquina o aparato que sirve para segar. También adj.

segar. tr. Cortar mieses o hierba para recolectarla. || Cortar, cercenar. || Impedir bruscamente el desarrollo de algo.

seglar. adj. y com. Que no es religioso, eclesiástico o monacal.

segmento. m. Pedazo o parte cortada de una cosa. || GEOM. Parte de una recta que está entre dos puntos.

segregar. tr. Separar o apartar una cosa de otra de la que forma parte.

seguido, da. adj. Continuo, sin interrupción de lugar y tiempo.

seguir. tr. Ir o estar después o detrás de una persona o cosa. || Acompañar con la vista a un objeto que se mueve. || Ir en compañía de uno. || Proseguir o continuar lo empezado. || Perseguir, molestar, acosar a uno yendo en su busca o alcance. || Convenir con una opinión o ideología, ser partidario de ella. || Actuar haciendo caso del ejemplo de otro, de consejos o normas, etc. || prnl. Inferirse o deducirse una cosa de otra.

según. prep. Conforme o con arreglo a.

segundo, da. adj. num. ord. Que ocupa el lugar número dos en una serie ordenada de elementos. || m. Cada una de las sesenta partes en que se divide el minuto de tiempo. || Tiempo muy breve.

seguridad. f. Calidad de lo que es o está seguro. || Certeza, garantía de que algo va a cumplirse. || Fianza.

seguro, ra. adj. Libre y exento de todo peligro o daño. || Cierto, indudable. || Que no falla. || Firme, constante. || m. Lugar o sitio libre de todo peligro. || Contrato por el cual una persona, natural o jurídica, se obliga a reparar las pérdidas o daños que ocurran a determinadas personas o cosas mediante el pago de una prima.

seis. adj. y pron. num. card. Cinco más uno|| m. Signo con que se representa el número seis.

seiscientos, tas. adj. y pron. num. card. Seis veces cien.

selección. f. Elección de una persona o de una cosa entre otras varias. || Conjunto de las personas o cosas seleccionadas.

selecto, ta. adj. Que es o se tiene por mejor entre otras cosas de su especie.

sellar. tr. Imprimir o estampar un sello.

sello. m. Utensilio de metal o caucho que sirve para estampar divisas o cifras grabadas en él. || Lo que queda estampado, impreso y señalado con el sello. || Disco de metal, cera, lacre, etc., con que se cierran cartas o paquetes, impidiendo que sean abiertos. || Trozo pequeño de papel, con timbre oficial de figuras o signos grabados, que se pega a ciertos documentos para darles valor o eficacia y a las cartas para franquearlas o certificarlas. || fig. Carácter distintivo comunicado a una obra u otra cosa.

selva. f. Terreno extenso, sin cultivar y muy poblado de árboles. || Tipo de bosque ecuatorial y tropical. || Lugar lleno de dificultades y peligros en el que impera la ley del más fuerte.

semáforo. m. Aparato eléctrico de señales luminosas que se utiliza para regular la circulación.

semana. f. Serie de siete días naturales consecutivos, empezando por el lunes y acabando por el domingo.

semanal. adj. Que sucede o se repite cada semana.

semanario, ria. adj. Que sucede o se repite cada semana. || m. Publicación semanal.

semántico, ca. adj. De la semántica o relativo a ella. || f. Parte de la lingüística que estudia el significado de las palabras.

semblante. m. Cara o rostro humano. || Apariencia de las cosas, cariz.

semblanza. f. Biografía breve.

sembrado, da. adj. y s. Se dice de la tierra cultivada. || m. Tierra sembrada.

sembrar. tr. Arrojar y esparcir las semillas en la tierra preparada para este fin. || Desparramar, esparcir. || Dar motivo, causa o principio a una cosa.

semejante. adj. Que se parece a una persona o cosa. || De tal clase, de tal forma. || m. Cualquier hombre respecto a uno, prójimo. Más en pl.

semejanza. f. Característica de lo que es semejante o parecido. || Símil, comparación retórica.

semejar. tr. y prnl. Parecerse dos o más personas o cosas.

semen. m. Líquido espeso y blanquecino que segregan las glándulas genitales de los animales del sexo masculino.

semental. adj. y m. Se apl. al animal macho que se destina a la reproducción.

semestral. adj. Que sucede o se repite cada semestre. || Que dura un semestre.

semestre. m. Espacio o periodo de tiempo que dura seis meses.

semi. pref. que significa medio o casi.

semicírculo. m. GEOM. Cada una de las dos mitades del círculo separadas por un diámetro.

semidiós, osa. m. y f. MIT. Hijo nacido de la unión de un dios con un humano. || Héroe o heroína que, por la grandeza de sus hazañas, pasaba a constituirse como divinidad en la mitología griega y romana.

semifinal. f. Cada una de las dos penúltimas competiciones de un campeonato o concurso.

semilla. f. Parte del fruto de los vegetales que contiene el germen de una nueva planta. || Cosa que es causa u origen de otra. || pl. Granos que se siembran.

semillero. m. Sitio donde se siembran y desarrollan los vegetales que después han de trasplantarse. || Sitio donde se guardan y conservan colecciones de semillas. || Origen y principio de algunas cosas.

seminal. adj. Del semen o relativo a él. || De la semilla o relativo a ella.

seminario. m. Semillero de plantas. || Establecimiento para la formación de jóvenes

eclesiásticos. || En las universidades, curso práctico de investigación, anejo a la cátedra, y local donde se realiza. || p. ext., prácticas educativas y de investigación realizadas en otros centros de enseñanza.

sémola. f. Pasta alimenticia en forma de granos pequeños que se usa para sopa.

senado. m. Órgano territorial colegislador formado por personas elegidas por sufragio o designadas por razón de su cargo, título, etc., cuya función es la de ratificar, modificar o rechazar lo aprobado en el Congreso de los Diputados. || Edificio donde se reúne.

sencillo, lla. adj. Que no tiene complicación, fácil. || Formado por un elemento o por pocos. || col. Natural, espontáneo, no presuntuoso. || Ingenuo, que obra sin doblez ni engaño. || Que carece de ostentación y adornos.

senda. f. Camino más estrecho que la vereda, abierto para el paso de personas o de ganado. || Cualquier camino peque ño. || Procedimiento o medio para hacer o lograr algo.

senectud. f. Último periodo natural de la vida humana, vejez.

senil. adj. De los ancianos o la vejez o relativo a ellos. || Que presenta decadencia física o psíquica.

seno. m. Pecho, mama. || Espacio o hueco que queda entre el vestido y el pecho de las mujeres. || Matriz de la mujer y de las hembras de los mamíferos. || Concavidad, hueco. || fig. Amparo, abrigo, protección y cosa que los presta.

sensación. f. Impresión que las cosas producen en la mente por medio de los sentidos. || Emoción producida en el ánimo por un suceso o noticia. || Presentimiento, intuición.

sensacional. adj. Que llama poderosamente la atención o que la causa. || Que gusta mucho.

sensacionalismo. m. Tendencia de los medios de comunicación a producir sensación o emoción en el ánimo con noticias, sucesos, etc., de impacto.

sensatez. f. Prudencia, buen juicio, sentido común.

sensato, ta. adj. Prudente, que se muestra o actúa con serenidad e inteligencia.

sensibilidad. f. Capacidad propia de los seres vivos de percibir sensaciones y de responder a muy pequeñas excitaciones, estímulos o causas. || Tendencia natural del hombre a sentir emociones, sentimientos.

sensibilizar. tr. Hacer sensible o más sensible. || Despertar sentimientos morales, estéticos, etc. También prnl.

sensible. adj. Que tiene sensibilidad o capacidad de percibir sensaciones o de sentir emociones. || Perceptible, que puede ser conocido por medio de los sentidos. || Patente, manifiesto. || Que conmueve o causa sentimientos de tristeza o de dolor.

sensiblería. f. Sentimentalismo exagerado.

sensitivo, va. adj. De las sensaciones producidas en los sentidos, y especialmente en la piel, o relativo a ellas. || Capaz de experimentar sensaciones. || Que estimula la sensibilidad.

sensual. adj. De los sentidos o de las sensaciones que suscitan. || Se dice de los gustos y placeres de los sentidos, de las cosas que los incitan o satisfacen y de las personas aficionadas a ellos. || Del deseo sexual, que lo provoca o relativo a él.

sensualidad. f. Calidad de lo que es sensual o capacidad para serlo.

sentar. tr. Poner o colocar a uno de manera que quede apoyado y descansando sobre las nalgas. También prnl. || Establecer las bases o los fundamentos de una teoría, una doctrina, etc. || Dejar una cosa asegurada o ajustada. También intr. || intr. *col.* Hacer algo provecho o daño. || *col.* Agradar o molestar a uno una cosa. || Cuadrar, convenir, resultar adecuada una cosa para otra. || prnl. Posarse un líquido. También prnl.

sentencia. f. Frase o dicho que implica un juicio, una enseñanza, etc. || Dictamen o resolución de un juez, un tribunal o un jurado. || p. ext., dictamen o resolución dados por otra persona. || LING. Oración o periodo gramatical.

sentenciar. tr. Dar o pronunciar sentencia. || Condenar por sentencia. || Expresar un parecer, juicio o dictamen. || intr. *col.* Estar una cosa condenada al fracaso.

sentido, da. adj. Que incluye o explica con sinceridad un sentimiento. || Se dice de la persona que se ofende con facilidad. || *amer.* Que tiene dolorida una parte del cuerpo. || m. Cada una de las facultades que tienen el hombre y los animales para percibir las impresiones del mundo exterior. || Capacidad para apreciar alguna cosa. || Conciencia, percepción del mundo exterior. || Entendimiento, inteligencia.

sentimental. adj. De los sentimientos, y específicamente del amor, o relativo a ellos. || Que expresa o incita sentimientos afectivos y tiernos. || Que se emociona con facilidad. || Que afecta sensibilidad de un modo exagerado.

sentimiento. m. Impresión que causan en el alma las cosas espirituales. || Intuición o presentimiento confuso e irracional. || Parte del ser humano opuesta a la inteligencia o razón. Más en pl. || Estado del ánimo, especialmente el afligido por un suceso triste.

sentir. m. Sentimiento. || Opinión, parecer.

sentir. tr. Experimentar o percibir sensaciones producidas por causas externas o internas a través de los sentidos. || Oír, percibir por el oído. || Experimentar una impresión, placer o dolor corporal. || Experimentar una impresión o un sentimiento. || Lamentar, compadecerse. || Intuir, barruntar, presentir. || Juzgar, opinar. || prnl. Notarse, hallarse en determinado estado. || Considerarse, reconocerse. || sin sentir. loc. adv. Inadvertidamente, sin darse cuenta de ello.

seña. f. Indicio para dar a entender una cosa. || Gesto, signo, etc., determinado entre dos o más personas para entenderse. || Señal que se emplea para luego acordarse de algo. || pl. Indicación del domicilio de una persona, empresa, etc. || *amer.* Anticipo, señal.

señal. f. Marca que se pone o hay en las cosas para distinguirlas de otras. || Hito o mojón que se pone para marcar un término. || Signo, cualquier cosa que por su naturaleza o convencionalmente evoca idea de otra. || Signo, gesto o medio convenido de antemano que se emplea para hacer o reconocer algo.

señalar. tr. Poner o marcar con una señal una cosa para distinguirla de otra. || Llamar la atención hacia una persona o cosa, designándola con la mano. || Mostrar, demostrar, indicar. || prnl. Distinguirse o singularizarse.

señor, ra. adj. *col.* Noble, elegante, propio de señores. || *col.* Enorme, grande. || m. y f. Persona madura. || Término de cortesía que se aplica a cualquier persona adulta. || Tratamiento que se da a una persona para dirigirse a ella de palabra o por escrito. || Dueño de una cosa o amo con respecto a los criados, y tratamiento que estos le dan. || Persona elegante, educada y de nobles sentimientos. || m. Hombre, en oposición a mujer. || Dios. || f. Mujer, en oposición a hombre.

señorial. adj. Del señorío o relativo a él. || Majestuoso, noble, elegante.

señorío. m. Dominio sobre una cosa. || Territorio perteneciente al señor feudal. || Elegancia, educación y comportamiento propios de un señor. || Conjunto de personas distinguidas y adineradas.

señuelo. m. Cualquier cosa que sirve para atraer a las aves. || Ave destinada a atraer a otras. || Cualquier cosa que sirve para atraer. || *amer.* Grupo de cabestros o mansos para conducir el ganado.

sépalo. m. BOT. Cada una de las hojas duras y de color verdoso que forman parte del cáliz de la flor.

separar. tr. Establecer distancia o aumentarla entre algo o alguien. También prnl. || Privar de un empleo, cargo o condición al que los servía u ostentaba. || Formar grupos dentro de un todo. || Distinguir, reconocer como distinto. || Reservar o guardar una cosa. || prnl. Tomar caminos distintos personas, animales o vehículos que iban juntos o por el mismo camino.

separatismo. m. Doctrina política que propugna la separación de algún territorio de un país para alcanzar su independencia o integrarse en otro.

sepelio. m. Entierro y ceremonias laicas o religiosas que lo acompañan.

sepia. f. Jibia, molusco marino comestible. || Materia colorante de tono ocre rojizo que se extrae de este animal. || adj. y m. Este mismo color.

septentrión. n. p. m. Osa Mayor. || Norte, punto cardinal. || m. Polo ártico y, p. ext., norte, lugar de la Tierra del lado del polo ártico. || Viento del norte.

septiembre. m. Noveno mes del año, entre agosto y octubre, que tiene treinta días.

séptimo, ma. adj. num. ord. Que ocupa el lugar número siete en una serie ordenada de elementos. || adj. num. frac. Se dice de cada una de las siete partes iguales en que se divide un todo. También m.

septingentésimo, ma. adj. num. ord. Que ocupa el lugar número setecientos en una serie ordenada de elementos. || adj. num. frac. Se dice de cada una de las setecientas partes iguales en que se divide un todo. También m.

sepulcro. m. Construcción en que se da sepultura al cadáver de una persona. || Urna donde se depositan las reliquias y hueco del altar en que permanece cerrada y sellada.

sepultar. tr. Poner en la sepultura a un difunto. || Cubrir algo de manera que quede completamente tapado. || Esconder, ocultar alguna cosa. También prnl. || Sumergir, abismar, dicho del ánimo. También prnl.

sepultura. f. Acción y resultado de sepultar. || Hoyo que se hace en la tierra para enterrar un cadáver. || Lugar en que está enterrado un cadáver.

sequedad. f. Carencia o falta de humedad. || Dicho, expresión o ademán áspero y duro.

sequía. f. Largo periodo de tiempo seco. || amer. Sequedad de la boca.

séquito. m. Conjunto de gente que acompaña a una personalidad. || Conjunto de consecuencias ocasionadas por una acción.

ser. m. Esencia y naturaleza. || Vida, existencia. || Cualquier cosa creada, especialmente si está dotada de vida. || El ser humano.

ser. v. cop. Tener alguien o algo una determinada cualidad. || Tener alguien una determinada profesión, oficio o cargo. || Pertenecer, formar parte. || Tener origen, principio o nacionalidad. || Estar constituido, compuesto o formado de cierta materia. || Constituir el resultado de una operación matemática. || Consistir, ser la causa de lo que se expresa. || v. aux. Sirve para formar la conjugación de la voz pasiva. || intr. Haber o existir. || Servir, ser adecuado o estar destinado para la persona o cosa que se expresa. || Valer, costar. || Corresponder, tocar. || intr. impers. Acontecer, ocurrir, tener lugar. || Introduce expresiones de tiempo.

serenar. tr. Sosegar, tranquilizar a alguien o alguna cosa. También intr. y prnl. || Apaciguar disturbios o tumultos. || Templar, moderar el enojo u otro sentimiento que domina a alguien. También prnl.

serenata. f. Música que se interpreta en la calle y durante la noche, para festejar a una persona. || Composición poética o musical destinada a este objeto. || col. desp. Murga, charla, música o ruido intenso, continuado y molesto.

serenidad. f. Tranquilidad, calma, apacibilidad || Título de honor de algunos príncipes.

sereno. m. Humedad que hay por la noche en la atmósfera. || Encargado de rondar de noche por las calles para velar por la seguridad del vecindario.

sereno, na. adj. Claro, despejado de nubes. || Apacible, sosegado. || Sobrio, que no está bebido.

serie. f. Conjunto de cosas relacionadas entre sí y que se suceden unas a otras. || p. ext., conjunto de personas o cosas aunque no guarden relación entre sí.

seriedad. f. Sobriedad, carencia de alegría, de color, de broma, etc. || Rigor, exactitud, esmero en el trabajo.

serio, ria. adj. Severo, poco alegre, grave en el semblante, en actitud y comportamiento. || Enfadado o preocupado. || Formal y cumplidor. || Digno de confianza. || Que no se destina a hacer reír o divertir, sino a informar, educar, etc. || Importante, grave.

sermón. m. Discurso religioso u oración evangélica que se predica para la enseñanza de la buena doctrina. || Amonestación o reprensión insistente o larga.

serosidad. f. Líquido que segregan ciertas membranas. || Líquido que se acumula en las ampollas de la epidermis.

serpentear. intr. Andar o moverse formando vueltas y ondas como la serpiente.

serpentina. f. Tira de papel arrollada que en las fiestas se arrojan unas personas a otras de modo que se desenrolle en el aire. || Mineral silicato de magnesio, de forma laminar o fibrosa y color verdoso que se usa como aislante y en decoración por su gran dureza.

serpiente. f. Reptil del suborden de los ofidios, de cuerpo cilíndrico, escamoso y muy alargado, que, por carecer de extremidades, se mueve arrastrándose.

serranía. f. Espacio de terreno cruzado por montañas y sierras.

serrano, na. adj. Que habita en una sierra o ha nacido en ella. También s. || De la sierra o relativo a ella. || Lozano y hermoso.

serrar. tr. Cortar madera u otra cosa con la sierra.

serrucho. m. Sierra de hoja ancha y de un solo mango. || amer. col. Ganancia ilícita de un funcionario.

servicio. m. Labor o trabajo que se hace sirviendo al Estado o a otra entidad o persona. || Organización y personal destinados a satisfacer necesidades del público.

servidumbre. f. Conjunto de criados que sirven a la vez en una casa. || Condición de siervo y trabajo que realiza. || Obligación inexcusable de hacer una cosa. || Sujeción a una pasión, vicio, afición, etc., que coarta la libertad.

servil. adj. De los siervos o de los criados o relativo a ellos. || Bajo, humilde y de poca estimación. || Adulador, rastrero.

servilleta. f. Pequeño trozo de paño o papel que se utiliza en la mesa para limpiarse los labios y las manos.

servir. tr. Trabajar para alguien como criado o sirviente. También intr. || Trabajar para una persona o entidad. También intr. || Atender al público en un restaurante, comercio, etc. || Llenar el vaso o plato del que va a beber o comer. También prnl. || intr. Ser algo o alguien apropiado para cierta tarea, actividad, etc. || Ayudar, trabajar para otro, aunque sea voluntariamente, haciendo lo que quiere o dispone. || Aprovechar, valer, ser de uso o utilidad. || prnl. Valerse de una persona o cosa para conseguir algo.

sesenta. adj. y pron. num. card. Seis veces diez. || adj. num. ord. Que ocupa el lugar número sesenta en una serie ordenada de elementos, sexagésimo. || m. Conjunto de signos con que se representa este número. || m. pl. Década de los años entre 1960 y 1969. || Edad de sesenta años.

sesgo, ga. adj. Cortado o situado oblicuamente. || m. Hecho de ser oblicua una cosa o estar torcida hacia un lado. || p. ext., curso o rumbo que toma un asunto, negocio, etc.

|| ESTAD. Diferencia entre el valor esperado de un estimador y el verdadero valor del parámetro.

sesión. f. Juntas o reunión de un concilio, congreso u otra corporación. || Conferencia o consulta entre varios para determinar una cosa. || Cada uno de los actos, proyecciones o representaciones que se realizan para el público en cierto espacio de tiempo. || Tiempo durante el cual se desarrolla cierta actividad, se somete a un tratamiento, etc.

seso. m. Cerebro, masa de tejido nervioso contenida en la cavidad del cráneo. Más en pl. || Prudencia, madurez.

seta. f. Cualquier especie de hongo con forma de sombrero sostenido por un pedicelo.

setecientos, tas. adj. y pron. num. card. Siete veces cien. || adj. num. ord. Que ocupa el lugar número setecientos en una serie ordenada de elementos, septingentésimo. || m. Conjunto de signos con los que se representa este número.

setenta. adj. y pron. num. card. Siete veces diez. || adj. num. ord. Que ocupa el lugar número setenta en una serie ordenada de elementos, septuagésimo. || m. Conjunto de signos con los que se representa este número. || m. pl. Década de los años entre 1970 y 1979. || Edad de setenta años.

setiembre. m. Septiembre.

seudónimo, ma. adj. Se dice de la persona y especialmente del autor que oculta con un nombre falso el suyo verdadero. || Se dice también de la obra de este autor. || m. Nombre empleado por una persona, especialmente un autor, en lugar del suyo verdadero.

severidad. f. Rigor, falta de tolerancia. || Rigidez y exactitud en el cumplimiento de una regla, una norma o una ley.

severo, ra. adj. Que actúa con severidad. || Áspero, seco, duro en el trato. || Que no muestra o contiene tolerancia o indulgencia. || Grave, serio. || Se dice de tiempo o del clima inclementes y duros.

sevillano, na. adj. y s. De Sevilla o relativo a esta ciudad española y a la provincia, del mismo nombre, de la que es capital y que se encuentra en la comunidad autónoma de Andalucía. || f. amer. Navaja, arma blanca. || f. pl. Aire musical propio de Sevilla, y danza que se baila con esta música.

sexagesimal. adj. Se apl. al sistema de numeración de base 60, usado sobre todo en la medida de ángulos.

sexagésimo, ma. adj. num. ord. Que ocupa el lugar número sesenta en una serie ordenada de elementos. || adj. num. frac. Se dice de cada una de las sesenta partes iguales en que se divide un todo. También m.

sexo. m. BIOL. Condición orgánica que distingue al macho de la hembra en los seres humanos, los animales y las plantas. || Conjunto de seres pertenecientes a un mismo sexo. || Órganos genitales externos. || Sexualidad, atracción o placer sexual.

sexto, ta. adj. num. ord. Que ocupa el lugar número seis en una serie ordenada de elementos. || adj. num. frac. Se dice de cada una de las seis partes iguales en que se divide un todo. También m. || m. Libro en que están juntas algunas constituciones y decretos canónicos.

sexual. adj. Del sexo o la sexualidad o relativo a ellos.

sexualidad. f. Conjunto de condiciones anatómicas y fisiológicas que caracterizan a cada sexo. || Conjunto de prácticas, comportamientos, etc., relacionados con la búsqueda del placer sexual y la reproducción.

si. conj. cond. que introduce la prótasis de la cláusula condicional. || A veces expresa una aseveración terminante. || Introduce expresiones que indican deseo. || conj. adv. Aunque. || conj. dist. Se usa para contraponer un término a otro. Sobre todo, se emplea repetida. || conj. anunciativa Introduce oraciones subordinadas sustantivas interrogativas indirectas totales. || Ante el adv. *no*, introduce expresiones que equivalen a 'de otra suerte' o 'en otro caso'.

sí. pron. Forma tónica del pron. pers. reflex. de tercera persona, que en la oración desempeña la función de complemento con preposición. / Al unirse con la prep. *con*, forma la voz *consigo*.

sí. adv. afirm. Se emplea para responder a una pregunta afirmativamente. || A veces se usa como intensificador. || m. Consentimiento o permiso.

si. m. Séptima nota de la escala musical.

sibarita. adj. y com. Se dice de la persona aficionada al lujo y a los placeres refinados.

sicario, ria. m. y f. Asesino a sueldo || p. ext., compinche, matón que trabaja para otro.

sida. m. MED. Enfermedad que debilita las defensas nerviosas.

sideral o **sidéreo, a.** adj. De las estrellas o los astros o relativo a ellos.

siderurgia. f. Técnica metalúrgica, o conjunto de ellas, que se aplica en la extracción y la transformación del hierro. || Conjunto de empresas e instalaciones dedicadas a esta industria.

sidra. f. Bebida alcohólica espumosa, que se obtiene por la fermentación del zumo de las manzanas.

siega. f. Corte y recolección del cereal o de la hierba maduros. || Tiempo en que se siega. || Mieses segadas.

siembra. f. Colocación o esparcimiento de las semillas en la tierra para que germinen. || Tiempo en que se siembra. || Tierra sembrada.

siempre. adv. t. En todo o en cualquier tiempo o momento. || Cada vez que ocurre cierta cosa o se da determinada circunstancia. || En todo caso, cuando menos.

sien. f. Cada una de las dos partes laterales de la cabeza comprendidas entre la frente, la oreja y la mejilla.

sierra. f. Herramienta con una hoja de acero dentada que sirve para cortar madera u otros cuerpos duros. || Cordillera de poca extensión de montañas escarpadas y de cimas picudas. || p. ext., región montañosa.

siervo, va. m. y f. Esclavo de un señor. || Persona sometida totalmente a la autoridad de otra o de alguna cosa. || Persona que profesa en orden o comunidad religiosa.

siesta. f. Tiempo después del mediodía, en que aprieta más el calor. || Tiempo destinado para dormir o descansar después de comer.

siete. adj. y pron. num. card. Seis más uno. || adj. num. ord. Que ocupa el lugar número siete en una serie ordenada de elementos, séptimo. También m., aplicado a los días del mes.

sietemesino, na. adj. y s. Se dice del niño que nace a los siete meses de gestación, y no a los nueve, como resulta habitual. || *desp.* Se dice de la persona poco agraciada y como encanijada.

sífilis. f. PAT. Enfermedad venérea infecciosa, que se transmite por contacto sexual o por herencia.

sifón. m. Tubo encorvado que sirve para sacar líquidos del vaso que los contiene, haciéndolos pasar por un punto superior a su nivel. || Botella cerrada herméticamente con un sifón, llena de agua carbónica, que deja pasar el líquido a presión por un tubo central que se abre pulsando el tapón.

sigilo. m. Secreto.

siglo. m. Espacio de cien años. || Seguido de la prep. *de*, época en que se ha desarrollado o ha tenido lugar lo que este expresa. || Espacio largo de tiempo. || Vida civil en oposición a la religiosa.

significación. f. Sentido, significado de una palabra, una frase, un símbolo, etc. || Objeto que se significa. || Importancia, valor, relevancia.

significado, da. adj. Conocido, importante, famoso. || m. Sentido o concepto que representa una cosa, una palabra, un signo, etc.

significar. tr. Ser una cosa signo de otra o representarla. || Ser una palabra o frase expresión de una idea. || Manifestar, señalar una cosa. || intr. Tener importancia. || prnl. Distinguirse por alguna cualidad o circunstancia. || Manifestarse la opinión o postura de alguien.

signo. m. Objeto, fenómeno o acción material que, natural o convenientemente, representa y sustituye a otro objeto, fenómeno o señal. || Cualquiera de los caracteres que se emplean en la escritura y en la imprenta. || Indicio, síntoma o señal de algo. || Señal que se hace a través de un gesto o movimiento. || Cada una de las doce partes iguales en que se considera dividido el Zodiaco. || Señal o figura que se usa en matemáticas para indicar la naturaleza de las cantidades o las operaciones que se han de ejecutar con ellas.

siguiente. adj. Posterior, que va después. También m. || Que va a decirse a continuación.

sílaba. f. Sonido o sonidos articulados que constituyen un solo núcleo fónico entre dos depresiones sucesivas de la emisión de voz.

silbar. intr. Dar o producir silbos o silbidos. || Agitar el aire produciendo un sonido como de silbo. || Manifestar desagrado y desaprobación el público mediante silbidos. También tr.

silbato. m. Instrumento pequeño y hueco que suena como el silbo al soplar con fuerza en él.

silbido o **silbo.** m. Acción y efecto de silbar.

silenciar. tr. Callar. || Acallar, imponer silencio.

silencio. m. Abstención de hablar. || Falta de ruido. || Efecto de no hablar o no manifestar algo por escrito. || MÚS. Pausa musical.

silencioso, sa. adj. Que calla o tiene hábito de callar. || Se apl. al lugar o tiempo en que hay o se guarda silencio. || Que no hace ruido. || m. Silenciador.

sílfide. f. Ninfa, ser fantástico o mitológico elemental del aire. || Mujer muy hermosa y esbelta.

silla. f. Asiento con respaldo, por lo general con cuatro patas, y en el que solo cabe una persona.

sillón. m. Silla de brazos, mayor y más confortable que la normal. || Silla de montar construida de modo que se pueda ir sentado en ella como en una silla normal.

silo. m. Lugar generalmente seco y subterráneo para guardar cereales o forrajes. || Cualquier lugar subterráneo, profundo y oscuro. || p. ext., depósito subterráneo en que se ocultan misiles.

silueta. f. Perfil o contorno de una figura. || Dibujo sacado siguiendo los contornos de la sombra de un objeto. || Forma que presenta a la vista la masa de un objeto más oscuro que el fondo sobre el cual se proyecta. || Figura, tipo de una persona.

silvestre. adj. Se dice de las plantas que se crían naturalmente y sin cultivo en selvas o campos. || Inculto, agreste, rústico.

silvicultura. f. Cultivo y explotación de los bosques o montes. || Ciencia que trata de este cultivo.

sima. f. Cavidad o grieta grande y muy profunda en la tierra.

sima. m. GEOL. Subcapa más interna de las dos de que consta la corteza terrestre.

simbolizar. tr. Servir una cosa como símbolo de otra. || Representar alguien alguna cosa mediante un símbolo. También prnl.

símbolo. m. Imagen, figura, etc., con que se representa un concepto moral o intelectual, por analogía o por convención. || QUÍM. Letra o conjunto de letras convenidas con que se designa un elemento simple. || NUMISM. Emblemas o figuras accesorias que se añaden al tipo en las monedas y medallas.

simetría. f. Armonía de posición de las partes o puntos similares unos respecto de otros, y con referencia a punto, línea o plano determinado. || Proporción adecuada de las partes de un todo entre sí y con el todo mismo.

símil. m. Comparación o semejanza entre dos elementos. || RET. Figura que consiste en comparar expresamente una cosa con otra.

similar. adj. Que tiene semejanza o analogía con una cosa.

similitud. f. Semejanza, parecido.

simio, mia. m. y f. Antropoide, mamífero primate. || Mono, nombre común de los primates cuadrúmanos. || m. pl. ZOOL. Suborden de los mamíferos antropoides.

simpatía. f. Inclinación afectiva y amistosa entre personas, generalmente espontánea y mutua. || p. ext., análoga inclinación hacia animales o cosas.

simpático, ca. adj. Que inspira simpatía o la muestra. || Agradable o gracioso. || Se dice de la parte del sistema neurovegetativo que rige el funcionamiento visceral interviniendo en la regulación de las funciones automáticas e involuntarias del organismo.

simple. adj. Formado por un solo elemento o por pocos. || Fácil, sencillo, sin complicación.

simplificar. tr. Hacer más sencilla, más fácil o menos complicada una cosa. || MAT. Reducir una expresión, cantidad o ecuación a su forma más breve o menos compleja.

simposio. m. Conferencia o reunión en que se examina y discute por los especialistas un determinado tema o asunto.

simulacro. m. Imitación fingida que se hace de una cosa como si fuera cierta y verdadera. || MIL. Acción de guerra fingida para adiestrar las tropas.

simular. tr. Representar una cosa fingiendo o imitando lo que no es.

simultáneo, a. adj. Que se hace u ocurre al mismo tiempo que otra cosa. || Se dice del proceso de traducción que se hace oralmente al mismo tiempo que se está pronunciando un discurso, conferencia, etc.

sin. prep. Denota carencia o falta de alguna cosa. || En ausencia, sin la presencia de. || Fuera de, aparte de, no incluido. || Seguida del infinitivo del verbo, equivale a *no* con su participio o gerundio. || adj. *col.* Se dice de las bebidas que no contienen alcohol o de los alimentos que no contienen azúcar.

sinagoga. f. Edificio en que se juntan los judíos a orar y a oír la doctrina de Moisés. || Congregación o junta religiosa de los judíos.

sinceridad. f. Verdad, falta de fingimiento o mentira en lo que alguien hace o dice.

sincero, ra. adj. Verdadero, sin falsedad o hipocresía.

síncopa. f. GRAM. Metaplasmo que consiste en la supresión de uno o más sonidos del interior de un vocablo.

síncope. m. PAT. Pérdida repentina del conocimiento debida a la parada súbita y momentánea de la acción del corazón. || GRAM. Síncopa.

sincronía. f. Coincidencia o simultaneidad de hechos o fenómenos en el tiempo. || LING. Término propuesto por F. de Saussure para designar un estado de lengua en un momento dado.

sindical. adj. Del sindicato o relativo a él. || Del síndico o relativo a él.

sindicalismo. m. Sistema de organización obrera o social por medio del sindicato. || Movimiento ideológico o político que lo defiende.

sindicato. m. Asociación que defiende intereses comunes a todos los que tienen una misma profesión.

síndrome. m. Conjunto de síntomas característicos de una enfermedad. || p. ext., conjunto de fenómenos que caracterizan una situación determinada.

sinfín. m. Infinidad, sinnúmero.

sinfonía. f. Conjunto de voces, de instrumentos o de ambas cosas que suenan acordes a la vez.

singular. adj. Extraordinario, raro o excelente. || Solo, sin otro de su especie. || GRAM. Número gramatical que se refiere a una sola persona o cosa. Más c. m.

siniestro, tra. adj. Que está a mano izquierda. || Perverso, avieso y malintencionado. || Oscuro, tenebroso o de aspecto desagradable. || m. Avería grave, destrucción fortuita o pérdida importante que sufren las personas o las cosas por causa de un accidente, catástrofe,

etc., que suelen ser indemnizadas por las aseguradoras. || f. Mano izquierda.

sinnúmero. m. Número incalculable de personas o cosas.

sino. conj. ad. Contrapone a un concepto negativo otro afirmativo. || Denota a veces idea de excepción. || Con la negación que le precede, suele equivaler a solamente o tan solo. || Precedido de no solo, denota adición de otro u otros miembros a la cláusula.

sino. m. Hado, destino, suerte.

sínodo. m. Concilio de los obispos. || Junta de ministros protestantes encargados de decidir sobre asuntos eclesiásticos. || ASTRON. Conjunción de dos planetas en el mismo grado de la eclíptica o en el mismo círculo de posición.

sinónimo, ma. adj. Se dice de los vocablos y expresiones que tienen una misma o muy parecida significación. También m.

sinopsis. f. Exposición general de una materia o asunto, presentados en sus líneas esenciales. || Sumario, esquema o resumen.

sinsabor. m. Pesar, pesadumbre. Más en pl.

sintaxis. f. GRAM. Parte de la gramática que estudia la forma en que se combinan y relacionan las palabras para formar secuencias mayores, cláusulas y oraciones y la función que desempeñan dentro de estas. || GRAM. Orden y modo de relacionarse las palabras dentro de la oración o las oraciones dentro de un discurso.

síntesis. f. Composición de un todo por la reunión de sus partes. || Resumen, sumario.

sintético, ca. adj. De la síntesis o relativo a ella. || Que tiene capacidad o aptitud natural para la síntesis.

sintetizar. tr. Resumir, exponer algo limitándose a sus notas esenciales.

síntoma. m. MED. Fenómeno que revela la existencia de una enfermedad. || Señal, indicio de una cosa que está sucediendo o va a suceder.

sintonía. f. Armonía, adaptación o entendimiento entre dos o más personas o cosas. || Hecho de estar sintonizados dos sistemas de transmisión y recepción. || FÍS. Igualdad de tono o frecuencia entre dos sistemas de vibraciones. || Música que señala el comienzo o el final de una emisión.

sintonizar. tr. Hacer que dos o más circuitos tengan la misma frecuencia. || Adaptar convenientemente las longitudes de onda de un aparato receptor y una estación emisora para captar su señal. || intr. Existir armonía y entendimiento entre las personas.

sinuoso, sa. adj. Que forma curvas, ondas o recodos. || Se dice del carácter o de las acciones que tratan de ocultar el propósito o fin a que se dirigen.

sinvergüenza. adj. Pícaro, bribón. También com. || Desvergonzado, insolente, que carece de vergüenza. || *desp.* Se dice de las personas que cometen actos ilegales en provecho propio o que incurren en inmoralidades o faltas de ética. También com.

siquiera. conj. ad. Bien que, aunque. || adv. c. y m. Por lo menos, al menos. Se usa en contextos afirmativos.

sirena. f. Ninfa marina con busto de mujer y cuerpo de ave o de pez. || Persona del sexo femenino que nada bien. || Sonido que se oye a mucha distancia y se usa como señal de aviso en buques, automóviles, fábricas, etc.

sirio, ria. adj. y s. De Siria o relativo a este país asiático. || m. LING. Dialecto del árabe hablado en Siria.

sirviente, ta. m. y f. Servidor o criado. || Persona adscrita a un arma de fuego, maquinaria, etc.

sísmico, ca. adj. Del seísmo o terremoto o relativo a él.

sismo. m. Terremoto, seísmo.

sismógrafo. m. Instrumento que registra durante un seísmo la dirección y amplitud de las oscilaciones y sacudidas de la tierra.

sistema. m. Conjunto de reglas o principios sobre una materia estructurados y enlazados entre sí.

sistematizar. tr. Organizar, clasificar o reducir a sistema.

sístole. f. FISIOL. Movimiento de contracción del corazón y de las arterias para empujar la sangre por el sistema circulatorio del cuerpo. || Licencia poética que consiste en usar como breve una sílaba larga.

sitial. m. Asiento de ceremonia.

sitiar. tr. Cercar, asediar una plaza o una fortaleza para apoderarse de ella. || Cercar a uno cerrándole todas las salidas para atraparle u obligarle a ceder.

sitio. m. Espacio que ocupa alguien o algo o que puede ser ocupado. || Paraje, lugar o terreno determinado a propósito para alguna cosa. || Puesto que corresponde en un determinado momento. || Casa de recreo de una personalidad.

sitio. m. Cerco o asedio al que se somete a una plaza o fortaleza con el fin de apoderarse de ella.

situación. f. Posición, colocación en un determinado lugar. || Lugar donde está situado alguien o algo. || Disposición o estado de alguien o algo.

situar. tr. Poner a una persona o cosa en determinado sitio o situación. También prnl. || Señalar en un lugar donde se encuentra alguna cosa. || Asignar o determinar fondos para algún pago o inversión. || prnl. Lograr una buena posición en una sociedad, empresa, etc.

so. prep. Bajo, debajo de. Actualmente se usa solo con los sustantivos *pena, pretexto, capa* y *color.*

sobaco. m. Concavidad que forma el arranque del brazo con el cuerpo.

sobar. tr. Manejar, tocar, oprimir una cosa repetidamente. || Palpar, manosear a una persona. || *col.* Pegar, golpear. || *col.* Dormir. || *amer.* Dar masaje, friccionar. || *amer.* Fastidiar, molestar.

soberanía. f. Cualidad de soberano. || Autoridad suprema del poder público, sobre un territorio y sus habitantes. || Excelencia, superioridad.

soberano, na. adj. Que ejerce o posee la autoridad suprema e independiente. También s. || Referido a países o territorios, independiente, libre. || *col.* Magnífico, excelente, no superado.

soberbio, bia. adj. Que tiene soberbia o se deja llevar de ella. || Altivo, arrogante. || Grandioso, magnífico. || Muy grande o importante. || Se dice del animal fogoso, orgulloso y violento. || f. Altivez y arrogancia del que por creerse superior desprecia y humilla a los demás. || Cólera o ira expresadas con acciones o palabras altivas e injuriosas. || Magnificencia o suntuosidad excesiva, especialmente hablando de edificios.

sobornar. tr. Corromper a alguien con dinero o regalos para conseguir de él una cosa, generalmente ilegal o inmoral.

soborno. m. Corrupción de alguien con dinero o regalos para conseguir de él una cosa, generalmente ilegal o inmoral. || Dinero, regalo, etc., con que se soborna. || Cualquier cosa que mueve o incita a complacer a otro.

sobra. f. Exceso en cualquier cosa. || pl. Restos de comida que quedan al quitar la mesa. || p. ext., lo que sobra o queda de otras cosas. || Desperdicios o desechos.

sobrar. intr. Haber más de lo que se necesita para una cosa. || Quedar parte de una cosa tras haber consumido o usado lo que se necesitaba. || Estar de sobra, ser alguien o algo innecesario o mal recibido. || tr. *amer.* Burlarse de una persona de manera insolente.

sobre. prep. Encima de. || Acerca de. || Además de. || Aproximadamente, cerca de. || Cerca de otra cosa, con más altura que ella y dominándola. || Con dominio y superioridad. || A o hacia.

sobre. m. Envoltorio, por lo común de papel, en que se introduce una carta, comunicación, tarjeta, etc., para entregarla o enviarla por correo. || Lo que se escribe en dicha cubierta o envoltorio. || Cubierta o envoltorio parecido empleado para usos muy distintos. || *col.* Cama, piltra. || *amer.* Bolso de mujer, cartera.

sobrellevar. tr. Soportar los trabajos o molestias y resignarse a ellos.

sobremesa. f. Tiempo que se está a la mesa después de haber comido. || Tapete que se pone sobre la mesa.

sobrenatural. adj. Que excede los términos de la naturaleza. || Que no pertenece al mundo terrenal. || p. ext., extraordinario, sobrecogedor.

sobrenombre. m. Nombre que se añade a veces al apellido para distinguir a dos personas que tienen el mismo. || Nombre calificativo con que se distingue especialmente a una persona.

sobrentender. tr. Entender una cosa que no está expresa, pero que puede deducirse. También prnl.

sobreponer. tr. Añadir una cosa o ponerla encima de otra. || prnl. Dominar los impulsos y sentimientos.

sobresalir. intr. Exceder en tamaño, altura, etc. || Estar una cosa o una parte de algo más saliente que el resto. || Destacar o distinguirse entre otros por sus cualidades.

sobresaltar. tr. Asustar algo que ocurre o aparece de repente. También prnl.

sobrestimar. tr. Estimar una cosa por encima de su valor.

sobretodo. m. Prenda de vestir amplia, larga, ligera y con mangas, que se lleva sobre la ropa.

sobrevenir. intr. Acaecer o suceder una cosa además o después de otra. || Venir o suceder improvisadamente.

sobreviviente. adj. Que sobrevive. También com.

sobrevivir. intr. Vivir alguien después de la muerte de otro, después de un determinado plazo o de cierto suceso en el que ha habido gran peligro. || Superar una prueba, situación, etc., muy dura o difícil.

sobriedad. f. Moderación. || Carencia de adornos superficiales. || Cualidad del que no está borracho.

sobrino, na. m. y f. Respecto de una persona, hijo o hija de su hermano o hermana, o de su primo o prima.

sobrio, bria. adj. Moderado. || Se dice del que no está borracho.

sociable. adj. Que de una forma natural tiende a vivir en sociedad. || Se dice de la persona afable, a la que le gusta relacionarse con las demás.

socavar. tr. Excavar por debajo de alguna cosa, dejándola en falso.

sociable. adj. Inclinado a la sociedad.

social. adj. De la sociedad o relativo a ella.

socialismo. m. Sistema de organización social y económico basado en la propiedad y admi-nistración colectiva o estatal de los medios de producción y en la progresiva desaparición de las clases sociales. || Movimiento político que intenta establecer, con diversos matices, este sistema.

sociedad. f. Conjunto de personas que conviven y se relacionan dentro de un mismo espacio y ámbito cultural. || Agrupación natural o pactada de personas o animales, con el fin de cumplir, mediante la mutua cooperación, todos o alguno de los fines de la vida.

socio, cia. m. y f. Persona asociada con otra u otras para algún fin. || Individuo de una sociedad o agrupación de individuos. || *col.* Amigo o compinche.

sociología. f. Ciencia que estudia las relaciones entre individuos y sus leyes en las sociedades humanas.

socorrer. tr. Ayudar, favorecer en un peligro o necesidad.

socorro. m. Ayuda que se presta en caso de peligro o necesidad. || Dinero, alimento u otra cosa con que se socorre. || ¡Socorro!, interj. Se usa para pedir ayuda.

soda. f. Bebida de agua gaseosa con ácido carbónico.

soez. adj. Ordinario, grosero.

sofá. m. Asiento blando para dos o más personas, que tiene respaldo y brazos.

sofisma. m. Razón o argumento aparente con que se quiere defender o persuadir lo que es falso.

sofisticado, da. adj. Muy refinado y elegante y, en ocasiones, falto de naturalidad. || Complejo, completo.

sofocar. tr. Ahogar, impedir la respiración. También prnl. || Apagar, extinguir. || Bochornar, avergonzar a uno. También prnl. || Acosar, importunar demasiado a alguien. || prnl. Excitarse, enojarse.

soga. f. Cuerda gruesa de esparto. || ARQUIT. Parte de un sillar o ladrillo que queda descubierta en el paramento de la fábrica.

soja. f. Planta herbácea de aproximadamente 1 m de altura, tallo recto, flores en racimo violetas o blancas y fruto en legumbre, de cuya semilla se extrae aceite vegetal; se usa como alimento y como fibra textil.

sol. m. Estrella luminosa, centro de nuestro sistema planetario. || Luz, calor o influjo del Sol. || Lugar o parte de un lugar donde da el sol.

sol. m. MÚS. Quinta nota de la escala musical.

solapa. f. Parte del vestido correspondiente al pecho que suele ir doblada hacia fuera sobre la misma prenda de vestir. || Prolongación lateral de la cubierta o camisa de un libro que se dobla hacia dentro y en la que se imprimen algunas advertencias o anuncios.

solar. m. Porción de terreno donde se ha edificado o que se destina a edificar en él. || Casa, descendencia, linaje noble. || adj. Se apl. a la casa más antigua y noble de una familia. || adj. Del Sol o relativo a él.

solar. tr. Revestir el suelo con ladrillos, losas u otro material. || Poner suelas al calzado.

soldado. com. Persona que sirve en el ejército. || Militar sin graduación.

soldadura. f. Acción y resultado de soldar. || Material que sirve y está preparado para soldar.

soldar. tr. Unir sólidamente dos cosas fundiendo sus bordes o alguna sustancia igual o semejante a las que se quiere unir.

solecismo. m. Incorrección al hablar, particularmente la sintáctica.

soledad. f. Carencia de compañía. || Lugar desierto o tierra no habitada. || Pesar y melancolía que se sienten por la ausencia, muerte o pérdida de alguna persona o cosa.

solemne. adj. Celebrado públicamente con pompa y esplendor. || Formal, válido, acompañado de todos los requisitos necesarios. || Majestuoso, imponente. || Se usa para encarecer en sentido peyorativo la significación de algunos nombres.

solemnidad. f. Cualidad de solemne. || Acto o ceremonia solemne. || Festividad eclesiástica.

soler. intr. Tener costumbre. || Referido a cosas o hechos, ser frecuente.

solicitar. tr. Pedir o pretender una cosa para la que se necesitan ciertas gestiones o formalidades. || Requerir la presencia, amistad, etc., de una persona. || Requerir de amores a una persona. || FÍS. Atraer una o más fuerzas a un cuerpo, cada cual en su sentido.

solicitud. f. Documento o memorial en que se solicita algo. || Cualidad de solícito.

solidaridad. f. Adhesión circunstancial a la causa o a la empresa de otros.

solidario, ria. adj. Adherido o asociado a la causa, empresa u opinión de otro.

solidarizar. tr. Hacer a una persona o cosa solidaria con otra. También prnl.

sólido, da. adj. Se dice del estado de la materia en el que las moléculas poseen el mayor grado de co hesión. También m. || Firme, macizo, denso y fuerte.

solio. m. Trono con dosel.

solista. com. MÚS. Persona que ejecuta un solo de una pieza vocal o instrumental. || MÚS. Cantante de un conjunto musical.

solitario, ria. adj. Desamparado, desierto. || Solo, sin compañía. También s. || Retirado, que ama la soledad o vive en ella. También s. || m. Diamante que se engasta solo en una joya. || Juego de naipes que ejecuta una sola persona. || f. tenia, parásito intestinal.

sollozar. intr. Producir, por un movimiento convulsivo, varias inspiraciones bruscas, entrecortadas, seguidas de una espiración; es fenómeno nervioso que suele acompañar al llanto.

sollozo. m. Serie de varias inspiraciones bruscas, entrecortadas, seguidas de una espiración, que suele acompañar al llanto.

solo. adv. m. Solamente.

solo, la. adj. Único en su especie. || Dicho de personas, sin compañía.

solsticio. m. Nombre de los dos momentos del año en que se producen sendos cambios estacionales y es máxima la diferencia entre día y noche.

soltar. tr. Desatar o aflojar lo que estaba atado, unido o sujeto. También prnl. || Dejar de tener cogido. || Dar libertad al que estaba detenido o preso. || Dar salida a lo que estaba detenido o confinado. También prnl. || Expulsar, despedir. || Dar.

soltero, ra. adj. Que no está casado. También s.

soltura. f. Habilidad y desenvoltura.

soluble. adj. Que se puede disolver o desleír. || Que se puede resolver.

solución. f. Hecho de resolver una duda o dificultad. || Desenlace de la trama o asunto de una obra literaria, película, etc. || Desenlace o término de un proceso, negocio, etc. || Acción y resultado de disolver. || Mezcla homogénea que se obtiene al disolver una o más sustancias llamadas solutos en otra llamada disolvente.

solucionar. tr. Satisfacer una duda o acabar con una dificultad o problema.

solvencia. f. Capacidad para satisfacer deudas. || Carencia de deudas.

solventar. tr. Arreglar cuentas, pagando la deuda a que se refieren. || Dar solución a algo.

sombra. f. Imagen oscura que proyecta un cuerpo opaco sobre una superficie cualquiera, interceptando los rayos directos de la luz. || Lugar donde no da el sol o se está protegido de él. || Oscuridad, falta de luz. Más en pl.

sombrero. m. Prenda de vestir que sirve para cubrir la cabeza y consta de copa y ala. || BOT. Sombrerillo de los hongos || Techo que cubre el púlpito.

sombrilla. f. Objeto con forma de paraguas utilizado para protegerse del sol.

sombrío, a. adj. Se dice del lugar de poca luz en que frecuentemente hay sombra. || Tétrico, melancólico.

someter. tr. Sujetar a dominio o autoridad a una o más personas. También prnl. || Hacer que una persona o cosa reciba o soporte cierta acción. También prnl. || Subordinar la voluntad o el juicio a los de otra persona. También prnl.

somnífero, ra. adj. Que da sueño. También m.

somnolencia. f. Pesadez y torpeza de los sentidos motivadas por el sueño. || Ganas de dormir.

son. m. Sonido agradable, armonioso. || Tenor, modo o manera.

sonajero. m. Juguete con cascabeles u otras cosas que suenan al moverlas, que sirve para entretener a los niños muy pequeños.

sonámbulo, la. adj. Se dice de la persona que padece sueño anormal, durante el cual se levanta, anda y habla y realiza ciertos actos que no recuerda al despertar. También s.

sonar. intr. Hacer ruido una cosa. || Tener una cosa visos o apariencias de algo. || tr. Hacer que algo produzca sonidos o ruido.

sonata. f. MÚS. Composición para uno o dos instrumentos, estructurada en tres o cuatro tiempos.

sonda. f. Acción y resultado de sondar. || Cuerda con un peso de plomo que sirve para medir la profundidad de las aguas y explorar el fondo. || CIR. Tubo delgado que se introduce en una persona para administrarle alimentos, extraerle líquidos o explorar una cavidad. || Cohete, globo u otro sistema que se envía al espacio para explorar. || Barrena que sirve para abrir taladros de gran profundidad en los terrenos.

sondear. tr. Sondar las aguas o el subsuelo. || Hacer preguntas para averiguar la intención de uno o las circunstancias de algo.

sondeo. m. Realización de preguntas para averiguar algo. || Medición o exploración de las aguas o del subsuelo mediante una sonda.

soneto. m. Composición poética que consta de 14 versos, generalmente endecasílabos, distribuidos en dos cuartetos y dos tercetos.

sonido. m. Sensación producida en el órgano del oído por el movimiento vibratorio de los cuerpos.

sonoro, ra. adj. Que suena o puede sonar. || Que suena bien, o que suena mucho y agradablemente. || Dotado de sonido.

sonrisa. f. Gesto de curvar suavemente la boca, que indica generalmente alegría, agrado o placer.

sonrojar. tr. Hacer salir los colores al rostro de vergüenza. También prnl.

sonsacar. tr. Procurar obtener algo de alguien con habilidad.

soñador, ra. adj. Que sueña mucho, que fantasea sin tener en cuenta la realidad. También s.

soñar. tr. Representar en la fantasía algo mientras dormimos. También intr. || Imaginar que las cosas son distintas a como son en la realidad. También intr. || intr. Anhelar persistentemente una cosa.

sopa. f. Plato compuesto de caldo e ingredientes como verduras, pasta, arroz, etc., cocidos en este caldo.

sopesar. tr. Levantar algo como para tantear el peso que tiene. || Examinar con atención las ventajas e inconvenientes de un asunto.

soplar. intr. Despedir aire con fuerza por la boca. || Correr el viento, haciéndose sentir. También tr. || Inflar una cosa con aire. || Acusar o delatar.

soplo. m. Acción y resultado de soplar. || Instante brevísimo tiempo. || col. Información que se da en secreto y con cautela. || MED. Ruido peculiar de algunos órganos, especialmente del corazón, y que puede ser normal o patológico.

sopor. m. Adormecimiento, somnolencia. || MED. Estado de sueño profundo, provocado por una enfermedad y que precede al coma.

soporífero, ra. adj. Que mueve o inclina al sueño. También m. || Muy aburrido.

soportal. m. Espacio cubierto que en algunas casas precede a la entrada principal. || Pórtico, a manera de claustro, que tienen algunos edificios o manzanas de casas en sus fachadas y delante de las puertas y comercios que hay en ellas. Más en pl.

soportar. tr. Sostener o llevar sobre sí una carga o peso. || Aguantar, resistir.

soporte. m. Apoyo o sostén. || Material sobre el que se pinta. || INFORM. Cinta, disquete, etc., en que se almacena la información.

soprano. m. MÚS. La voz más aguda de las voces humanas, tiple. || com. Persona que tiene esta voz.

sor. f. Tratamiento que se da a las monjas.

sorber. tr. Beber aspirando. || Aspirar algunas cosas aunque no sean líquidas. También prnl. || Recibir o esconder una cosa hueca o esponjosa a otra, dentro de sí o en su concavidad. || Absorber, tragar. || Apoderarse del ánimo con avidez de alguna idea, plan, etc.

sorbete. m. Refresco de zumo de frutas con azúcar, o de agua, leche o yemas de huevo azucaradas y aromatizadas, al que se da cierto grado de congelación.

sorbo. m. Acción y resultado de sorber un líquido. || Porción que se sorbe de una vez. || Cantidad pequeña de un líquido.

sordera. f. Privación o disminución de la facultad de oír.

sórdido, da. adj. Sucio, pobre y miserable. || Mezquino, avariento. || Indecente, inmoral, vil.

sordo, da. adj. Que no oye o no oye bien. También s. || Silencioso y sin ruido.

sordomudo, da. adj. Privado de la facultad de hablar por ser sordo de nacimiento. También s.

sorna. f. Tono irónico con que se dice algo.

soroche. m. *amer.* Mal de la montaña o de las alturas. || *amer.* Galena.

sorprender. tr. Tomar desprevenido.

sorpresa. f. Acción y resultado de sorprender.

sortear. tr. Someter a personas o cosas al arbitrio de la suerte. || Evitar con habilidad o eludir un compromiso o dificultad.

sorteo. m. Acción y resultado de sortear.

sortija. f. Anillo que se ajusta a los dedos, sobre todo el que tiene algún adorno o piedra preciosa.

sortilegio. m. Adivinación que se hace a través de medios mágicos. || Hechizo, embrujo o encanto.

sosegar. tr. Aplacar, calmar, pacificar. También prnl. || intr. Descansar, aquietarse. También prnl.

sosiego. m. Quietud, tranquilidad.

soslayar. tr. Poner una cosa ladeada, atravesada u oblicua para que pase por un lugar estrecho. || Pasar por alto o de largo, dejando de lado alguna dificultad.

soso, sa. adj. Que no tiene sal o tiene poca. || Se dice de la persona, acción o palabra que carecen de gracia y viveza. También s.

sospecha. f. Creencia o suposición hecha a partir de conjeturas. || Desconfianza o recelo hacia una persona basada en la creencia de que ha hecho algo malo.

sospechar. tr. Creer, suponer o imaginar una cosa por conjeturas fundadas en apariencias e indicios. || intr. Desconfiar, dudar, pensar que alguien ha hecho algo malo.

sospechoso, sa. adj. Que da motivo para sospechar. || Se dice de la persona de la que se sospecha. También s.

sostén. m. Acción y resultado de sostener. || Persona o cosa que sostiene y sirve de apoyo moral y protección. || Sujetador, prenda interior femenina.

sostener. tr. Mantener firme o sujeta una cosa. También prnl. || Defender una proposición, idea u opinión. || Prestar apoyo, dar aliento o auxilio. || Dar a uno lo necesario para su manutención.

sotana. f. Vestidura talar negra, abrochada de arriba abajo, que usan algunos eclesiásticos.

sótano. m. Pieza subterránea, entre los cimientos de un edificio.

soviético, ca. adj. y s. De la URSS (Unión de Repúblicas Socialistas Soviéticas) o relativo a este antiguo estado euroasiático. || De los soviets o relativo a ellos.

su, sus. adj. pos. com. sing. y pl. Apócope de *suyo, a, suyos, as,* que siempre antecede a sustantivos. || pl. A veces tiene carácter indeterminado y equivale a 'aproximadamente'.

suave. adj. Liso y agradable al tacto. || Esponjoso. || Dulce, agradable para los sentidos. || Tranquilo, manso.

suavizar. tr. Hacer suave. También prnl.

sub. prep. insep. que significa debajo, o denota inferioridad, disminución, atenuación, etc.

subalterno, na. adj. y s. Inferior, que está bajo las órdenes de otra persona. || Se dice del empleado de categoría inferior que realiza servicios que no requieren aptitudes técnicas. || m. Torero que forma parte de la cuadrilla de un matador.

subasta. f. Venta pública de bienes o alhajas que se hace al mejor postor. || Adjudicación de una contrata, generalmente de servicio público, que se hace de la misma forma.

subastar. tr. Vender efectos o contratar servicios, arriendos, etc., en pública subasta.

subconsciente. adj. Que no llega a ser consciente. || m. Conjunto de procesos mentales que desarrollan una actividad independiente de la voluntad del individuo.

súbdito, ta. adj. Sujeto a la autoridad de un superior. También s. || m. y f. Natural o ciudadano de un país en cuanto sujeto a las autoridades políticas de este.

subdivisión. f. Hecho de dividir subdividir una parte señalada por una división anterior. || Cada una de las partes que se distinguen al subdividir.

subir. intr. Pasar de un sitio o lugar a otro superior o más alto. || Crecer en altura ciertas cosas. || Ascender en dignidad o empleo, prosperar económicamente. || Aumentar, incrementar.

súbito, ta. adj. Improvisto, repentino. || Precipitado, impetuoso, violento. || adv. m. De repente.

subjetivo, va. adj. Del sujeto considerado en oposición al mundo externo, o relativo a él. || De nuestro modo de pensar o sentir, y no del objeto en sí mismo. || Se dice de lo que pertenece al sujeto, en oposición con el término objetivo, que designa lo relativo al objeto.

sublevar. tr. Alzar en rebelión o motín. También prnl. || Producir indignación, promover sentimientos de protesta. También prnl.

sublimar. tr. Engrandecer, exaltar. || FÍS. Pasar un cuerpo directamente del estado sólido al estado de vapor. También prnl. || PSICOL. Transformar ciertos instintos o sentimientos inferiores o primarios en una actividad moral, intelectual y socialmente aceptada. También prnl.

sublime. adj. Excelente, admirable, lo más elevado en su género.

submarino, na. adj. De lo que se encuentra bajo la superficie del mar o relativo a ello. || adj. y s. Miembro de un grupo político infiltrado en otra organización. || m. Buque capaz de navegar en la superficie del mar o sumergido. || *col.* Bocadillo hecho con una larga barra de pan.

subordinar. tr. Hacer depender o sujetar a dependencia. || tr. y prnl. GRAM. Supeditar o hacer depender unos elementos gramaticales de otros.

subrayar. tr. Señalar un texto escrito con una raya por debajo. || Pronunciar con énfasis y fuerza determinadas palabras. || p. ext., Destacar o recalcar.

subsanar. tr. Reparar y resolver un error o resarcir un daño.

subsidio. m. Ayuda o auxilio económico extraordinario concedido por un organismo oficial.

subsistir. intr. Permanecer, mantenerse o conservarse. || Mantener o conservar la vida. || FILOS. Existir una sustancia con todas las condiciones propias de su ser y de su naturaleza.

subsuelo. m. Capa profunda del terreno situada por debajo de la superficie terrestre. || Parte profunda del terreno a la que no llegan los aprovechamientos superficiales de los predios, y que se consideran de dominio público. || *amer.* Sótano.

subte. m. *amer.* Metropolitano, tren de circulación urbana subterránea.

subterfugio. m. Excusa o pretexto artificioso que se usa para evadir un compromiso.

subterráneo, a. adj. Que está debajo de tierra. || Oculto, clandestino. || m. Lugar, espacio o conducto que se realiza por debajo de la tierra. || *amer.* Metropolitano.

suburbano, na. adj. Se apl. a los lugares cercanos a la ciudad. || Suburbial. || m. Tren que comunica los suburbios con la ciudad.

suburbio. m. Barrio del extrarradio de una ciudad que pertenece a su jurisdicción.

subvención. f. Ayuda económica, generalmente oficial, para costear o sostener el mantenimiento de una actividad.

subvertir. tr. Invertir, desestabilizar o destruir lo establecido.

subyugar. tr. y prnl. Someter, sojuzgar o dominar poderosamente.

succionar. tr. Chupar, extraer algún líquido con los labios. || Absorber, aspirar.

sucedáneo, a. adj. y m. Se apl. a la sustancia o elemento que puede reemplazar a otro por tener propiedades similares. || Sustituto de mala calidad.

suceder. intr. Acontecer, ocurrir. Se usa solo en tercera persona. || Continuar o seguir en el orden. || tr. Ocupar el lugar y funciones que tenía anteriormente otra persona. || Entrar como heredero o legatario en la posesión de los bienes de un difunto.

sucesión. f. Sustitución de una persona en su lugar o función. || Prole, descendencia directa de un progenitor. || Conjunto de bienes, derechos y obligaciones transmisibles a un heredero o legatario. || Serie continuada de elementos que se siguen en el tiempo. || MAT. Conjunto ordenado de elementos que cumplen una ley.

sucesivo, va. adj. Lo que sucede o se sigue a otra cosa.

suceso. m. Lo que sucede cuando reviste cierta importancia. || Hecho desgraciado o delictivo.

sucesor, ra. adj. y s. Que sucede a otro y ocupa su lugar y funciones como continuador.

suciedad. f. Mancha, impureza, falta de aseo. || Inmundicia, porquería. || Falta de ética o limpieza en la actuación.

sucinto, ta. adj. Breve, conciso y preciso.

sucio, cia. adj. Que tiene manchas o impurezas. || Que se ensucia fácilmente. || Que produce suciedad. || Se dice de la persona que descuida su aseo personal. || Deshonesto, obsceno o poco ético. || adv. m. Sin observar reglas, haciendo trampas.

suculento, ta. adj. Sabroso, nutritivo o sustancioso.

sucumbir. intr. Ceder, rendirse, someterse. || Morir, perecer. || DER. Perder el pleito.

sudar. intr. y tr. Exhalar o expulsar el sudor. || Destilar los árboles, plantas y frutos gotas de su jugo. || *col.* Trabajar o esforzarse para conseguir algo. || intr. Destilar agua a través de sus poros algunas cosas impregnadas de humedad. || tr. Empapar en sudor.

sudario. m. Lienzo en que se envuelve un cadáver o con el que se tapa su rostro.

sudeste. m. Punto del horizonte entre el sur y el este. || Viento que sopla de esta parte.

sudoeste. m. Punto del horizonte que se sitúa entre el sur y el oeste. || Viento que sopla de esta parte.

sudor. m. Líquido transparente y salado que segregan las glándulas sudoríparas de la piel de los mamíferos. || Jugo que sudan las plantas. || Gotas que se destilan de las cosas que tienen humedad. || Trabajo, esfuerzo o fatiga. || m. pl. Sensación de angustia.

suegro, gra. m. y f. Padre o madre de un cónyuge respecto del otro. || f. Parte más delgada y cocida de la rosca de pan.

suela. f. Parte del calzado que cubre la planta del pie y está en contacto con el suelo. || Cuero de vacuno curtido, particularmente el que se utiliza para hacer esta parte del calzado. || Lenguado. || Zócalo de un edificio. || *col.* Filete de carne seco y duro.

sueldo. m. Remuneración periódica asignada por el desempeño de un cargo o servicio profesional. || Moneda antigua, de distinto valor según los tiempos y países.

suelo. m. Superficie de la Tierra. || Terreno en que viven o pueden vivir las plantas. || Superficie artificial que se hace para que el piso esté sólido y llano. || Piso de un cuarto o vivienda. || Terreno edificable. || Territorio de una nación. || Base de un recipiente u otra cosa.

suelto, ta. adj. Poco compacto. || Separado, que no forma conjunto. || Expedito, ágil. || Libre, desenvuelto. || Ancho, amplio. || Estilo o lenguaje de fácil lectura. || Que padece diarrea. || adj. y m. Se dice del conjunto de monedas fraccionarias. || f. Acción y resultado de soltar.

sueño. m. Acto de dormir. || Representación en la fantasía de sucesos e imágenes mientras se duerme. || Estos mismos sucesos o cosas representados. || Ganas de dormir. || Proyecto, deseo o esperanza sin probabilidad de realizarse.

suero. m. Parte acuosa de la sangre o linfa que permanece líquida tras su coagulación. || Parte líquida que se separa tras la coagulación de la leche. || Solución de agua de sales que se inyecta en el organismo para evitar la deshidratación o como alimento. || El extraído de un animal inmunizado que se utiliza como vacuna.

suerte. f. Encadenamiento de sucesos considerado como fortuito o casual. || Circunstancia favorable o adversa. || Suerte favorable. || Azar, casualidad. || Estado, condición. || Hechos venideros en la vida de alguien o de algo. || Género o especie de una cosa. || Manera o modo de hacer una cosa. || TAUROM. Cada uno de los lances o tercios de la lidia. || Parte de la tierra de labor separada de otra por sus lindes. || amer. Billete de lotería.

suéter. m. Jersey. Se usa más en América.

suficiencia. f. Capacidad, aptitud para la realización de algo. || Presunción, engreimiento del que se cree superior.

suficiente. adj. Bastante, adecuado para cubrir lo necesario. || Presumido, engreído. || m. Calificación equivalente al aprobado.

sufijo, ja. adj. y m. GRAM. Se dice del afijo que va postpuesto. || GRAM. Se apl. a los pronombres clíticos, que se unen al verbo y forman con él una sola palabra.

sufragar. tr. Costear, satisfacer. || tr. e intr. amer. Votar a un candidato.

sufragio. m. Sistema electoral en que se eligen las personas que ocuparán los cargos públicos mediante votación. || Voto. || Ayuda, favor.

sufrimiento. m. Dolor, padecimiento físico o moral. || Paciencia, conformidad con que se sufre.

sugerir. tr. Insinuar o inspirar una idea a otra persona de manera sutil.

sugestión. f. Dominio, control de la voluntad.

sugestionar. tr. Dominar la voluntad de una persona, haciendo que actúe o se comporte de una determinada manera. || Fascinar, entusiasmar a alguien. || prnl. Obsesionarse.

sugestivo, va. adj. Que sugiere. || Que resulta atractivo o emocionante.

suicidarse. prnl. Quitarse voluntariamente la vida.

suicidio. m. Privación voluntaria de la vida. || Conducta peligrosa o dañina para quien la realiza.

suite. f. MÚS. Composición que contiene una serie de piezas, secciones breves o movimientos, de modo que puedan interpretarse seguidas en concierto. || En los hoteles, conjunto de habitaciones comunicadas que forman una unidad de alojamiento.

sujeción. f. Fijación o sustentación de algo. || Lo que se usa para sujetar. || Contención, dominación o dependencia.

sujetador, ra. adj. y s. Que sujeta. || m. Prenda femenina que sujeta y realza el pecho.

sujetar. tr. y prnl. Sostener o asir algo de modo que no se caiga o se mueva. || Someter, dominar. y otro irreg.

sujeto, ta. adj. Expuesto o propenso a una cosa. || m. Persona desconocida o que no se quiere nombrar. || Asunto o materia de la que se habla o escribe. || GRAM. Función oracional realizada fundamentalmente por un sintagma nominal que concuerda en número y persona con el verbo de la oración. || LÓG. Ser del cual se predica o anuncia alguna cosa. || FILOS. El espíritu humano considerado en oposición al mundo exterior.

sulfurar. tr. QUÍM. Combinar un compuesto con azufre. || tr. y prnl. Irritar, encolerizar.

sultán. m. Título dado a los soberanos o gobernadores de países islámicos. || Emperador de los turcos.

suma. f. Operación matemática que resulta al reunir en una sola varias cantidades. || Cantidad resultante de esta operación. || Conjunto de muchas cosas, y sobre todo de dinero. || Compendio, recopilación o resumen de las partes de una ciencia.

sumar. tr. MAT. Efectuar la operación de la suma. || MAT. Componer con varias cantidades un total. || Reunir, añadir o incorporar. || prnl. Agregarse, adherirse.

sumario, ria. adj. Breve, sucinto. || m. Resumen, compendio o suma. || DER. Conjunto de actuaciones encaminadas a preparar un juicio.

sumergir. tr. y prnl. Introducir algo por completo en un medio líquido. || Abstraerse, abismar de lleno.

S

suministrar. tr. Proveer a alguien de aquello que necesita.

suministro. m. Abastecimiento de lo que se considera necesario. || Mercancías o productos de primera necesidad que se suministran.

sumir. tr. y prnl. Hundir o meter bajo agua o tierra. || Abatir, hundir, hacer caer en determinada situación o estado.

sumisión. f. Sometimiento, acatamiento o subordinación. || DER. Acto por el que uno se somete a otra jurisdicción, renunciando o perdiendo su domicilio y fuero.

sumiso, sa. adj. Obediente, dócil. || Rendido, subyugado.

sumo, ma. adj. Supremo, que no tiene superior. || Muy grande, enorme.

suntuoso, sa. adj. Lujoso, magnífico, grandioso.

supeditar. tr. Subordinar, condicionar una cosa al cumplimiento de otra. || prnl. Someterse o acomodarse a algo.

súper. adj. col. Superior, muy bueno. || m. col. supermercado. || f. Gasolina de calidad superior. || adv. m. col. Estupendamente, muy bien.

superar. tr. Aventajar, exceder, ser superior. || Rebasar un límite. || Vencer un obstáculo o dificultad. || prnl. Mejorar las propias cualidades o en cierta actividad.

superávit. m. Diferencia favorable de los ingresos y los gastos, o del debe y el haber de una cuenta. || Exceso de lo que se considera beneficioso o necesario.

superchería. f. Engaño o fraude. || Creencia falsa, superstición.

superdotado, da. adj. y s. Se dice de la persona que posee cualidades, en especial intelectuales, que superan los límites normales.

superficial. adj. De la superficie o relativo a ella. || Que permanece o está en la superficie. || Basado en las apariencias, frívolo y sin fundamento.

superficie. f. Parte externa de un cuerpo que sirve de delimitación con el exterior. || Aspecto externo, apariencia. || Extensión de tierra. || GEOM. Extensión de que solo se consideran dos dimensiones, altura y anchura.

superfluo, flua. adj. Innecesario, sobrante.

superior. adj. Que está más alto o situado en una zona alta. || Que excede a otras cosas en calidad o cantidad. || Excelente, muy bueno. || adj. y com. Persona que tiene autoridad sobre otra.

superior, ra. m. y f. Persona que gobierna o dirige una comunidad religiosa.

superioridad. f. Preeminencia o ventaja. || Persona o conjunto de personas de autoridad superior.

superlativo, va. adj. Muy grande o de alto grado en su género. || adj. y m. GRAM. Se dice del grado de significación máxima del adjetivo.

supermercado. m. Establecimiento comercial de todo tipo de artículos, en especial de alimentación, con sistema de autoservicio.

superponer. tr. Sobreponer, colocar o añadir una cosa sobre otra. || Anteponer una cosa a otra, darle mayor importancia.

supersónico, ca. adj. De velocidad superior a la del sonido.

superstición. f. Propensión a la interpretación no racional de los acontecimientos y creencia en su carácter sobrenatural, arcano o sagrado.

supervisar. tr. Inspeccionar un superior un trabajo o actividad.

supervivencia. f. Prolongación o continuación de la existencia.

supino, na. adj. Tendido sobre la espalda. || De la supinación o relativo a ella. || Cualidad negativa en grado máximo. || m. GRAM. En las lenguas indoeuropeas, forma nominal del verbo latino y rumano.

suplantar. tr. Sustituir ilegalmente a una persona u ocupar su lugar para obtener algún beneficio. || Sustituir, reemplazar.

suplemento. m. Lo que suple, amplía o complementa a otra cosa. || Hoja o publicación independiente del número ordinario que se vende junto con un periódico o revista. || GRAM. En la escuela funcionalista, complemento preposicional regido por el verbo. || GEOM. Ángulo que falta a otro para componer dos rectos o 180°.

suplente. adj. y com. Que suple a otra persona en sus funciones.

suplicar. tr. Rogar, pedir algo con humildad y sumisión. || DER. Recurrir ante el tribunal superior contra un auto o sentencia de vista dictado por él mismo.

suplicio. m. Castigo físico o pena de muerte. || Gran sufrimiento físico o moral. || Persona o cosa muy molesta.

suplir. tr. Completar algo o remediar sus carencias. || Reemplazar, sustituir a algo o a alguien en sus funciones. || GRAM. Dar por supuesto lo implícito pero no expreso en la oración o frase.

suponer. m. col. Suposición, conjetura. || tr. Considerar o conjeturar algo como cierto o existente. || Traer consigo, implicar. || Tener importancia o valor para alguien.

suposición. f. Consideración o deducción de algo como cierto. || Lo que se supone o da por cierto.

supremacía. f. Superioridad, preeminencia. || Grado o categoría superior.

supremo, ma. adj. Superior en su clase. ||

Referido a tiempo, último y más importante. || m. Tribunal Supremo. || f. Pechuga de pollo o de otras aves cocinada con salsa bechamel.

supresión. f. Eliminación, desaparición.

suprimir. tr. Eliminar, hacer desaparecer. || Omitir, callar, pasar por alto.

supuesto, ta. adj. Hipotético o no comprobado. || m. Suposición, hipótesis.

supurar. intr. Producir o expulsar pus.

sur. m. Punto cardinal del horizonte opuesto al norte. || Lugar de la Tierra o de la esfera celeste que cae del lado del polo antártico. || Viento que sopla de este punto.

surco. m. Hendidura que se hace en la tierra con el arado. || Señal o hendidura que una cosa deja sobre otra. || Arruga profunda sobre el rostro o el cuerpo. || Hendidura o ranura de un disco en que se graba el sonido y por donde pasa la aguja para reproducirlo.

sureño, ña. adj. Del sur o relativo a él. || adj. y s. Que está situado o procede del sur de un territorio.

surgir. intr. Manifestarse, aparecer. || Brotar el agua.

surtidor, ra. adj. y s. Que surte o provee. || m. Chorro de agua que brota o sale hacia arriba. || En una gasolinera, bomba para extraer el combustible de un depósito subterráneo y repostar.

surtir. tr. y prnl. Abastecer, proveer a alguien de algo que necesita. || intr. Brotar o manar el agua hacia arriba.

susceptible. adj. Capaz de recibir el efecto o acción que se indica. || Se apl. a la persona quisquillosa, que se ofende fácilmente.

suscitar. tr. Causar, promover o provocar.

suscribir. tr. Firmar al pie o al final de un escrito. || Convenir, estar de acuerdo con la decisión u opinión de otra persona. || tr. y prnl. Abonarse para recibir una publicación periódica. || prnl. Comprometerse a contribuir a una sociedad, obra o entidad con determinados pagos.

suscripción. f. Contribución a una sociedad o entidad. || Abono a una publicación periódica.

suspender. tr. Levantar, colgar una cosa en algo o en el aire. || Detener, diferir. También prnl. || Causar admiración, maravillar. || Privar temporalmente a uno del sueldo o empleo. || No dar a alguien la puntuación necesaria para pasar un examen. También intr.

suspensión. f. Detenimiento o interrupción de una acción. || Conjunto de piezas y mecanismos destinados a hacer elástico el apoyo de la carrocería de los vehículos sobre los ejes las ruedas.

suspicacia. f. Inclinación al recelo y la sospecha. || Idea formada por esta inclinación.

suspicaz. adj. Receloso, inclinado a la sospecha y la desconfianza.

suspirar. intr. Dar suspiros.

suspiro. m. Aspiración profunda y prolongada seguida de una espiración para expresar tristeza, alivio o deseo. || *col.* Brevísimo espacio de tiempo. || *col.* Persona muy delgada.

sustancia. f. Esencia, lo que permanece de un ser más allá de sus estados. || Elementos nutritivos de los alimentos. || Parte más importante de una cosa, en la que reside su interés. || Valor y estimación de las cosas. || Juicio, madurez. || FILOS. Entidad a la que por su naturaleza compete existir en sí y no en otra por inherencia.

sustantivo, va. adj. Que tiene existencia real, independiente, individual. || Esencial, de gran importancia. || GRAM. Del sustantivo o aplicado a los elementos gramaticales que desempeñan su función. || m. GRAM. Parte de la oración con morfemas de género y número y cuya función es ser núcleo del sintagma nominal.

sustentar. tr. Sostener un cuerpo a otro. || Defender, mantener una opinión o teoría. || tr. y prnl. Alimentar, proporcionar lo necesario para vivir. || Basar o fundamentar una cosa en otra.

sustento. m. Alimento y mantenimiento de lo necesario para vivir. || Sostén o apoyo.

sustituir. tr. Colocar a una persona o cosa en lugar de otra para que la reemplace.

sustituto, ta. m. y f. Persona que reemplaza a otra y desempeña sus funciones. También adj.

susto. m. Impresión repentina causada por sorpresa o miedo. || *amer.* Fuerte crisis nerviosa.

sustracción. f. Robo, hurto. || MAT. resta, operación que halla la diferencia entre dos cantidades.

sustraer. tr. Hurtar, robar. || MAT. restar, hallar la diferencia entre dos cantidades. || prnl. Desentenderse de una obligación o un compromiso.

susurrar. intr. Hablar en voz muy baja. También tr. || Moverse produciendo un ruido suave.

sutil. adj. Fino, delicado, tenue. || Agudo, perspicaz, ingenioso.

sutileza o **sutilidad.** f. Finura, tenuidad. || Agudeza, perspicacia e ingenio.

sutilizar. tr. Adelgazar, atenuar. || Limar, pulir o perfeccionar. || Discurrir ingeniosamente.

sutura. f. CIR. Costura con que se unen los dos bordes de una herida. || ANAT. Línea sinuosa y aserrada que forma la unión de ciertos huesos del cráneo. || BOT. Línea de unión de dos márgenes adyacentes.

suyo, a, os, as. adj. y pron. pos. Indica la relación de pertenencia entre lo poseído y un poseedor de tercera persona del singular.

T

t. f. Vigesimoprimera letra del alfabeto español y decimoséptima de sus consonantes. Fonéticamente representa un sonido de articulación dental, oclusiva y sorda. Su nombre es *te*.

taba. f. Astrágalo, hueso del pie. || Juego en que se tira al aire una taba de carnero o un objeto de esta forma, cuyo resultado depende del lado del que caiga.

tabaco. m. Planta solanácea, originaria de las Antillas, que llega a alcanzar 2 m de altura, de tallo velloso y grandes hojas lanceoladas, y flores de color rojo o amarillo. || Hoja de esta planta secada y curada para elaborar cigarrillos o cigarros y ser mascada o aspirada.

tábano. m. Insecto díptero.

tabaquismo. m. Adición al tabaco. || Intoxicación crónica producida por el tabaco.

taberna. f. Establecimiento público donde se venden bebidas, principalmente alcohólicas, al por menor y, a veces, se sirven comidas.

tabique. m. Pared delgada con que se dividen las distintas dependencias de un edificio. || ANAT. Tejido que separa de manera completa o incompleta dos cavidades. || *amer.* Ladrillo que tiene caras cuadrangulares planas.

tabla. f. Pieza de madera más larga que ancha y de poco grueso. || Pieza plana y de poco espesor de alguna otra materia. || Cara más ancha de un madero u otra cosa semejante. || Doble pliegue ancho y plano de una tela o prenda que deja un exterior liso entre los dobleces. || Índice alfabético o temático de las materias de un libro. || Lista o catálogo. || Cuadro de números, símbolos, etc., dispuestos de forma adecuada para realizar cálculos, comprobar su clasificación, etc.

tablado. m. Suelo formado de tablas unidas.

tablero. m. Tabla o conjunto de tablas unidas. || Tabla de una materia rígida. || Tabla cuadrada dividida en cuadros alternos o con símbolos y figuras para variados juegos de mesa.

tableta. f. Porción de chocolate o turrón. || Pastilla medicinal. || Pequeña porción de madera cortada por la sierra.

tabloide. adj. y m. Se apl. a los periódicos de pequeño formato con abundantes fotografías e ilustraciones.

tabú. (voz polinesia) m. Todo aquello que está prohibido hacer o decir, ya sea por convenciones religiosas, psicológicas o sociales.

taburete. m. Asiento sin brazos ni respaldo. || Silla de respaldo muy estrecho, guarnecida de vaqueta o terciopelo. || Escabel.

tacañería. f. Mezquindad, inclinación a realizar los menores gastos posibles. || Acción propia de un tacaño.

tacaño, ña. adj. y s. Mezquino, se dice de la persona que intenta realizar los menores gastos posibles.

tacha. f. Falta, defecto o imperfección. || Especie de clavo pequeño, mayor que la tachuela común. || DER. Motivo legal para desestimar en un pleito la declaración de un testigo.

tachar. tr. Borrar o rectificar lo escrito con rayas o trazos. || Censurar, atribuir una tacha a alguien. || Alegar contra un testigo algún motivo legal para que no sea creído en el pleito.

tacho. m. *amer.* Nombre genérico de varios recipientes de gran tamaño, metálicos o de cualquier otro material.

tachuela. f. Clavo corto de cabeza grande. || *amer. col.* Persona muy baja.

tácito, ta. adj. Callado, que no se expresa formalmente, sino que se supone o sobreentiende.

taciturno, na. adj. Callado, silencioso. || Triste, melancólico.

taco. m. Pedazo de madera u otra materia, grueso y corto. || Conjunto de hojas de papel superpuestas y colocadas formando bloc. || En el billar, vara de madera dura y pulimentada usada para impulsar las bolas. || Baqueta para limpiar el cañón de las armas de fuego. || Cada uno de los trozos rectangulares en que se corta un alimento.

tacón. m. Pieza semicircular que va unida a la suela del zapato en la parte que corresponde al talón. || Esta pieza cuando es alta, así como los zapatos que la tienen.

taconear. intr. Pisar haciendo ruido con los tacones. || Golpear rítmicamente el suelo con los tacones, en especial al bailar.

táctil. adj. Del tacto o relativo a este sentido.

tacto. m. Sentido corporal por el que se aprecia la forma, tamaño, textura y temperatura de los objetos. || Sensación que se experimenta a través de este sentido. || Acción de tocar o palpar.

tafetán. m. Tela delgada de seda muy tupida.

tahona. f. Panadería, establecimiento en que se hace y cuece pan. || Molino de harina movido por un animal de tiro.

tahúr, ra. m. y f. Persona aficionada al juego y hábil en él. || Jugador fullero, que hace trampas.

taiga. (voz rusoturca) f. GEOG. Formación vegetal con abundancia de bosques de coníferas propio de los territorios boreales.

tailandés, esa. adj. y s. De Tailandia o relativo a este país asiático.

taimado, da. adj. Astuto, ladino y engañador. || amer. Obstinado, porfiado.

tajado, da. adj. Se apl. al terreno cortado verticalmente. || f. Porción cortada de una cosa, en especial de un alimento. || col. Embriaguez, borrachera. || col. Ventaja, beneficio. || Ronquera o tos.

tajante. adj. Concluyente, terminante, que no admite discusión.

tajo. m. Corte profundo hecho con un instrumento cortante. || Cortadura en un terreno.

tal. adj. Igual, semejante. || Tanto o tan grande. || Se usa también para indicar algo no especificado. || Se emplea a veces como demostrativo. || Aplicado a un nombre propio, da a entender que el sujeto es poco conocido. || Con el artículo determinado, hace referencia a alguien ya nombrado o conocido. || adv. m. Se usa como primer término de una comparación, seguido de como, cual. || Así, de esta manera.

tala. f. Corte de los árboles por su base. || FORT. Defensa formada con árboles cortados por el pie y colocados a modo de barrera.

taladrar. tr. Horadar o perforar con un taladro o instrumento similar. || Herir los oídos algún sonido agudo. || Provocar un dolor agudo o gran sufrimiento. || amer. Robar a alguien.

taladro. m. Instrumento punzante o cortante con que se perfora un material. || Taladradora. || Orificio hecho con el taladro u otro instrumento semejante.

tálamo. m. poét. Cama de los recién casados o lecho conyugal. || BOT. Extremo ensanchado del pedúnculo donde se asientan las flores.

talante. m. Actitud o estado de ánimo de una persona. || Modo o disposición con que se realiza algo.

talar. adj. Se apl. a los trajes o vestiduras que llegan hasta los talones. || tr. Cortar un árbol por su base. || Destruir, arrasar campos o poblados.

talco. m. Mineral silicato de magnesio, suave al tacto, de color verde claro, blanco o gris y brillo perlado. || Polvo de este mineral usado en dermatología, para el cuidado de pieles delicadas. || Lámina metálica muy delgada que se emplea en bordados.

talego. m. Saco de tela basta largo y estrecho. || Persona poco esbelta y ancha de cintura. || vulg. Cárcel. || vulg. Billete de mil pesetas.

talento. m. Conjunto de facultades o capacidades tanto artísticas como intelectuales. || Persona muy inteligente o destacada en alguna ciencia o actividad. || Moneda imaginaria de los griegos y los romanos.

talismán. m. Objeto, figura o imagen a los que se atribuyen virtudes o poderes sobrenaturales benéficos.

talla. f. Tallado. || Obra de escultura en madera o en otros materiales. || Estatura, altura. || Importancia, valor, altura moral o intelectual. || Instrumento para medir la estatura. || Medida convencional en fabricación y venta de ropa.

tallar. tr. Dar forma o trabajar un material. || Hacer obras de talla, escultura. || Medir la estatura de una persona. || amer. Charlar, conversar. || amer. Molestar a alguien. || prnl. amer. Cortejarse un hombre y una mujer.

tallarín. m. Pasta alimenticia cortada en tiras muy estrechas y planas. Más en pl.

talle. m. Disposición, proporción y apariencia del cuerpo humano. || Cintura del cuerpo humano. || Parte del vestido que corresponde a la cintura. || Forma que se da al vestido, cortándolo y proporcionándolo al cuerpo. || Medida tomada para un vestido o traje, comprendida desde el cuello a la cintura, tanto por delante como por detrás. || amer. Talla.

taller. m. Lugar en que se realiza un trabajo manual. || Lugar donde se reparan máquinas, en especial automóviles. || Escuela, seminario. || Estudio de un artista. || ART. En bellas artes, conjunto de colaboradores de un maestro.

tallo. m. Órgano del aparato vegetativo de las plantas cormofitas que crece en sentido contrario al de la raíz y sirve de sustentáculo a las hojas, flores y frutos. || Renuevo o vástago de una planta. || Germen que ha brotado de una semilla, bulbo o tubérculo. || Trozo confitado de calabaza, melón, etc.

talón. m. Parte posterior del pie humano. || Parte del calzado que cubre esta zona. || Pulpejo del casco de una caballería. || Parte del arco del violín inmediata al mango. || Cada uno de los rebordes reforzados de la cubierta del neumático.

talud. m. Inclinación de un terreno o del paramento de un muro.

tamal. (voz náhuatl) m. amer. Especie de empanada hecha de masa de harina de maíz envuelta en hojas de plátano o de la mazorca del maíz, y rellena de distintos condimentos. || amer. Lío, embrollo. || amer. Fardo, bulto grande y mal formado.

tamaño, ña. adj. Semejante, igual; se usa como intensificador. || m. Volumen o dimensión de una cosa.

tambalear. intr. y prnl. Moverse una cosa a un lado y a otro por falta de estabilidad o equilibrio.

también. adv. m. Se usa para afirmar la igualdad, semejanza, conformidad o relación de una cosa con otra. || Además.

tambo. m. *amer.* Posada que se encuentra en los caminos, en especial para viajeros que transportan animales. || *amer.* Vaquería. || *amer. col.* Burdel.

tambor. m. Instrumento musical de percusión consistente en una caja de forma cilíndrica, hueca, cubierta en sus dos bases con membranas de piel estirada, que se toca con dos palillos. || Persona que toca el tambor. || Nombre que se da a algunos objetos o piezas de forma cilíndrica. || Aro de madera sobre el que se tiende una tela para bordarla.

tamboril. m. MÚS. Tambor pequeño que se cuelga del brazo izquierdo y se toca con un solo palillo.

tamiz. m. Cedazo muy tupido.

tamizar. tr. Pasar algo por el tamiz. || Transparentar o suavizar la luz a través de un filtro. || Elegir con cuidado.

tampoco. adv. neg. Se usa para negar tras otra negación.

tan. adv. c. apóc. de Tanto. Se emplea como intensificador de adjetivos, participios y adverbios, a los que precede. || En correlación con *como*, establece la igualdad de la comparación. || En correlación con *que*, establece la consecuencia.

tanda. f. Turno. || Grupo de personas, animales o cosas que se alternan en algún trabajo. || Número indeterminado de cosas de un mismo género. || Partida de algunos juegos. || *amer.* Sección de una representación teatral. || Período de días en que alternativamente se trabaja o descansa en las minas.

tándem. m. Bicicleta par dos personas que dispone de dos sillines colocados uno detrás del otro. || Tiro de dos caballos enganchados uno tras el otro. || Unión de dos personas para desarrollar una actividad en común aunando esfuerzos. || Conjunto de dos elementos que se complementan.

tangente. adj. GEOM. Se dice de las líneas o superficies que se tocan en un punto sin cortarse.

tango. m. Baile de origen argentino, de compás de cuatro por cuatro, que se baila por parejas. || Música de este baile y letra con que se canta. || *amer.* MÚS. Instrumento de percusión usado por los indígenas, consistente en

un tronco hueco con un extremo cubierto de cuero, donde se golpea.

tanino. m. Sustancia ácida y astringente extraída del tronco de algunos árboles, como el roble y el castaño.

tanque. m. Vehículo blindado de combate, que se desplaza sobre dos cintas o cadenas articuladas que le permiten el acceso a todo tipo de terrenos. || Depósito cerrado de líquido o gases. || Recipiente o depósito de líquido.

tantear. tr. Reflexionar y considerar detenidamente un asunto antes de llevarlo a cabo. || Intentar averiguar las intenciones, opiniones o cualidades de una persona. || Examinar un objeto con cuidado. || Apuntar los tantos en el juego. También intr.

tanto, ta. adj. y pron. Se apl. a una cantidad o número plural pero indefinido. Se usa como correlativo de *como* en construcciones comparativas. || Tan grande o muy grande. || pron. dem. Equivale a *eso*. || adv. c. De tal modo, hasta tal punto. || En correlación con *tanto* y *como*, expresa equivalencia. || m. Cierta cantidad o número determinado de algo. || Unidad de cuenta en muchos juegos o deportes. || pl. Número que se ignora o no se quiere expresar.

tañer. tr. Tocar un instrumento musical de cuerda o percusión, en especial las campanas.

taoísmo. m. Doctrina religiosa y filosófica china que concibe el universo como un equilibrio de fuerzas y destaca la íntima relación entre el hombre y la naturaleza.

tapa. f. Pieza que cierra la parte superior de un objeto o recipiente. || Capa de suela o de otro material que se coloca en el tacón de un zapato. || Cubierta de un libro encuadernado. || Carne del medio de la pierna trasera de la ternera. || Alimento o aperitivo que se sirve como acompañamiento de una bebida. || Vuelta que cubre el cuello entre las solapas de las chaquetas y abrigos.

tapado, da. adj. y s. *amer.* Se apl. al animal de pelaje uniforme y sin manchas. || *amer.* Corto de ingenio. || *amer.* Abrigo o capa de señora o de niño.

tapar. tr. Cubrir o cerrar lo que está descubierto o abierto. || Obturar o rellenar una abertura o hendidura. || Cubrir algo para abrigarlo o protegerlo. También prnl. || Poner algo delante de una cosa de modo que esta quede oculta. || Encubrir, ocultar un defecto. || *amer.* Atascar, atorar. También prnl. || *amer.* Empastar las muelas.

tapera. f. *amer.* Ruinas de un pueblo. || *amer.* Habitación ruinosa y abandonada.

tapete. m. Cubierta de varios materiales colocada sobre los muebles como protección o adorno. || Alfombra pequeña.

tapia. f. Pared construida de una sola vez con tierra amasada, que sirve de cerca o límite.

tapicería. f. Taller donde trabaja un tapicero. || Conjunto de telas y materiales usados para tapizar muebles, hacer cortinas y otras tareas de decoración. || Arte y oficio de quien tapiza o hace tapices. || Conjunto de tapices.

tapicero, ra. m. y f. Artesano que teje o restaura tapices. || Persona que se dedica profesionalmente al tapizado y otras tareas de decoración.

tapioca. f. Fécula que en forma de harina fina se extrae de la raíz de la mandioca o yuca.

tapir. m. Mamífero ungulado herbívoro, de unos 2 m de longitud, con nariz prolongada en forma de pequeña trompa, y pelaje blanco y negro en las especies asiáticas y con diversas tonalidades de pardo, desde el rojizo al amarillento, en las americanas.

tapiz. m. Paño grande de lana o seda usado como colgadura mural, tejido manualmente, que suele reproducir cuadros o dibujos.

tapizar. tr. Forrar o revestir una superficie con tela u otro material que se adapte a ella. || Cubrir las paredes con tapices. || Cubrir por completo.

tapón. m. Pieza, generalmente de corcho, plástico o metal, con que se tapan recipientes de boca estrecha y orificios que dejan salir líquidos. || Acumulación de cerumen en el oído. || Cualquier persona o cosa que produce entorpecimiento u obstrucción. || Embotellamiento de tráfico.

taponar. tr. Cerrar un orificio con un tapón. || Obstruir o atascar un conducto o tránsito.

taquicardia. f. MED. Frecuencia del ritmo de las contracciones cardiacas superior a la normal.

taquigrafía. f. Método de escritura que permite la transcripción al ritmo del habla, basado en ciertos signos y abreviaturas.

taquilla. f. Ventanilla o despacho donde se venden entradas para un espectáculo o billetes de transporte. || Recaudación obtenida de un espectáculo. || Armario, generalmente metálico e individual, en que se guardan ropa y objetos personales. || *amer.* Clavillo pequeño, estaquilla. || *amer.* Taberna, bodega.

tara. f. Defecto físico o psíquico de carácter hereditario. || Defecto que resta el valor de algo. || Peso del recipiente o vehículo continente de una mercancía.

tarado, da. adj. Que padece una tara física o psíquica. || Tonto, alocado.

tarantela. f. Música y baile napolitano de ritmo muy vivo con compás de seis por ocho, acompañados de castañuelas y panderetas.

tarántula. f. Araña venenosa de gran tamaño, hasta 30 cm de longitud, tórax velloso, abdomen redondo con dorso de color negro y vientre rojizo, y fuertes patas.

tararear. tr. Cantar la melodía de una canción sin pronunciar las palabras.

tardanza. f. Detenimiento o retraso en el desarrollo de una acción.

tardar. intr. Detenerse o emplear demasiado tiempo en la ejecución de algo. También prnl. || Emplear cierto tiempo en la ejecución de algo.

tarde. f. Espacio de tiempo entre el mediodía y el anochecer. || Últimas horas del día. || adv. t. A hora avanzada del día o de la noche. || A destiempo, después de lo oportuno o en un futuro lejano.

tardío, a. adj. Que tarda en llegar a la madurez algún tiempo más del regular. || Que sucede después del tiempo oportuno en que se necesitaba o esperaba. || Pausado, lento.

tarea. f. Cualquier obra o trabajo. || Trabajo que debe hacerse en tiempo limitado. || Afán, penalidad por un trabajo o esfuerzo continuo.

tarifa. f. Lista o catálogo de los precios, derechos o impuestos que se deben pagar por algo. || Precio fijo estipulado oficialmente por un servicio o trabajo.

tarima. f. Entablado o plataforma colocado a poca altura del suelo. || Suelo de madera similar al parqué, pero de tablas más largas y gruesas.

tarjeta. f. Trozo de cartulina, pequeño y rectangular, en que se consignan datos personales como el nombre, título, profesión o dirección.

tarro. m. Recipiente de vidrio o porcelana generalmente cilíndrico, más alto que ancho y provisto de tapa.

tarso. m. ANAT. Conjunto de los huesos que constituyen el esqueleto de la extremidad posterior de ciertos animales y el pie del hombre.

tarta. f. Pastel grande, torta.

tartamudear. intr. Hablar con entrecortamiento involuntario.

tartamudo, da. adj. y s. Que tartamudea.

tártaro, ra. adj. De Tartaria (Mongolia oriental), o relativo a ellos.

tártaro. m. QUÍM. Sal de ácido tartárico que forma costra cristalina en el fondo y paredes de la vasija donde fermenta el mosto. || Sarro de los dientes.

tarugo. m. Pedazo de madera corto y grueso.

tasa. f. Determinación del valor o precio de algo.

tasajo. m. Pedazo de carne seco y salado.

tasar. tr. Determinar el valor o precio de algo. || Poner medida o limitaciones a algo.

tasca. f. Taberna.

tata. m. *amer.* Padre, papá.

tatarabuelo, la. m. y f. Padre o madre del bisabuelo o bisabuela.

tataranieto, ta. m. y f. Hijo o hija del bisnieto o bisnieta.

tatuaje. m. Grabación de un dibujo mediante materias colorantes indelebles o pequeños cortes en la piel. || El dibujo mismo.

tatuar. tr. y prnl. Grabar dibujos sobre la piel humana.

taurino, na. adj. Del toro o de las corridas de toros, o relativo a ellos.

tauromaquia. f. Arte y técnica de lidiar toros.

taxativo, va. adj. Que no admite discusión. || DER. Que limita, circunscribe y reduce un caso a determinadas circunstancias.

taxi. m. Coche de alquiler provisto de taxímetro y conductor.

taxidermia. f. Arte y técnica de disecar animales.

taxímetro. m. En los taxis, aparato que calcula automáticamente el importe debido en proporción a la distancia recorrida. || Automóvil de alquiler provisto de este aparato.

taxonomía. f. Ciencia que se ocupa de los principios, métodos y fines de la clasificación.

taza. f. Vasija pequeña, con asa, que se usa para beber.

té. m. Planta arbustiva originaria de China. || Hoja de este arbusto, seca, enrollada y tostada ligeramente. || Infusión, en agua hirviendo, de las hojas de este arbusto.

te. f. Nombre de la consonante *t*.

te. pron. Forma átona del pron. pers. com. de segunda persona singular.

tea. f. Astilla o palo de madera impregnados en resina y que, encendidos, sirven para alumbrar o prender fuego.

teatro. m. Género literario. || Conjunto de todas las producciones dramáticas. || Edificio o lugar destinado a la representación de obras dramáticas o a otros espectáculos escénicos. || Lugar donde se ejecuta o sucede alguna cosa.

techar. tr. Cubrir una superficie con un techo.

techo. m. Parte superior de una construcción, que la cubre y cierra. || Casa, habitación o domicilio. || Altura o límite máximo a que puede llegar y del que no puede pasar un asunto o una negociación.

techumbre. f. Techo.

tecla. f. Pieza que se presiona con los dedos en algunos instrumentos musicales para obtener el sonido. || Pieza que se presiona con los dedos en las máquinas de escribir, ordenadores o aparatos semejantes. || Pieza que se pulsa para iniciar el funcionamiento de un mecanismo.

teclado. m. Conjunto ordenado de teclas.

teclear. intr. Mover o pulsar las teclas.

tecnicismo. m. Carácter de técnico. || Voz característica de una ciencia, una profesión o un arte.

técnico, ca. adj. De la técnica o relativo a ella. || Que conoce muy bien los procedimientos de una ciencia, un arte o un oficio y los lleva a la práctica con especial habilidad. || Se dice de las palabras o expresiones propias de una ciencia, un arte o un oficio. || Se dice de algunas especialidades universitarias de grado medio. || m. y f. Persona que posee los conocimientos específicos sobre una ciencia, un arte o un oficio. || Entrenador de un equipo deportivo. || f. Conjunto de procedimientos o recursos de los que se sirve una ciencia, un arte o un oficio. || Habilidad para hacer uso de estos procedimientos. || Método, táctica, procedimiento para hacer alguna cosa.

tecnología. f. Conjunto de conocimientos técnicos.

tedio. m. Aburrimiento o desgana extremos.

teja. f. Pieza de barro cocido hecha en forma acanalada, y a veces plana, para cubrir por fuera los tejados.

tejado. m. Parte superior de un edificio, cubierta comúnmente por tejas.

tejer. tr. Formar en el telar un tejido con la trama y la urdimbre. || Discurrir, formar planes o ideas.

tejido. m. Disposición de los hilos de una tela. || Material que resulta de entrelazar hilos de cualquier material. || BIOL. Cada una de las estructuras de células de idénticos naturaleza y origen, que desempeñan en conjunto una determinada función en los organismos vivos.

tejón. m. Mamífero carnívoro de piel gris, con franjas blancas y negras en la cabeza y hocico largo y puntiagudo, con cuyo pelo se fabrican brochas y pinceles.

tela. f. Tejido formado por muchos hilos entrecruzados que forman una especie de hoja o lámina. || Tejido que forman las arañas y otros insectos. || Lienzo, tejido fuerte sobre el que se puede pintar. || Pintura, cuadro que se realiza sobre este material.

telar. m. Máquina para tejer.

telaraña. f. Tela que forma la araña.

tele. f. col. Apócope de televisión. || pref. Lejos, a distancia.

telecomunicación. f. Sistema de comunicación a distancia por medio de cables u ondas electromagnéticas.

teleférico. m. Sistema de transporte por medio de cabinas suspendidas de uno o varios cables de tracción que permite salvar diferencias de altitud.

telefonear. intr. Llamar a alguien por teléfono.

teléfono. m. Medio de comunicación que, a través de un conjunto de aparatos y sistemas conductores, transmite a distancia el sonido como señal electromagnética. || Cualquiera de los aparatos para hablar a través de este medio. || Número o letras que se asignan a cada línea telefónica.

telegrafía. f. Técnica de construir, instalar y manejar los telégrafos.

telegrafiar. tr. Comunicar o enviar un mensaje por medio del telégrafo.

telegrafista. com. Persona que se dedica a la instalación y al servicio de los aparatos telegráficos.

telégrafo. m. Sistema de comunicación que permite transmitir con rapidez y a distancia comunicaciones escritas mediante un código. || Aparato utilizado en dicho sistema para enviar y recibir los mensajes. || pl. Administración a la que se adscribe este sistema de comunicación.

telegrama. m. Mensaje transmitido a través del telégrafo. || Papel normalizado en que se recibe dicho mensaje.

telepatía. f. PARAPSICOL. Fenómeno parapsicológico consistente en la transmisión de pensamientos o sensaciones entre personas generalmente distantes entre sí, sin la intervención de los sentidos.

telequinesia o **telequinesis.** f. PARAPSICOL. Desplazamiento de objetos sin intervención de una fuerza o energía observables, por lo general en presencia de un médium.

telescopio. m. Aparato óptico en forma de tubo que permite ver objetos muy lejanos, particularmente cuerpos celestes.

teletipo. m. Sistema de transmisión de textos, vía telegráfica, a través de un teclado que permite la emisión, recepción e impresión del mensaje. || Mensaje transmitido por este sistema.

televisar. tr. Transmitir imágenes por televisión.

televisión. f. Sistema de transmisión de imágenes y sonidos a distancia, mediante ondas hercianas. || col. Televisor. || Empresa dedicada a las transmisiones televisivas.

televisor. m. Aparato receptor de televisión.

télex. m. Sistema telegráfico internacional de comunicación con conexión directa entre los usuarios por teletipos. || Mensaje enviado o recibido por este sistema.

telón. m. Cortina de gran tamaño que se pone en el escenario de un teatro o la pantalla de un cine, de modo que pueda bajarse y subirse o correrse y descorrerse.

telúrico, ca. adj. De la Tierra como planeta o relativo a ella.

tema. m. Asunto, materia o idea sobre los que trata alguna cosa. || col. Cuestión, negocio que preocupa o interesa o del que se habla. || Cada una de las lecciones o unidades de estudio de una asignatura u oposición.

temblar. intr. Agitarse con movimiento frecuente e involuntario. || Vacilar, moverse rápidamente una cosa a uno y otro lado. || Tener mucho miedo o estar muy nervioso.

temblor. m. Movimiento involuntario del cuerpo o de una parte de él, repetido y continuado, debido generalmente al frío, al miedo o al nerviosismo. || Movimiento semejante en cualquier otra cosa.

temer. tr. Tener miedo o temor a una persona o cosa. También intr. || Sospechar un daño u otra cosa negativa. || Creer, opinar. También prnl.

temerario, ria. adj. Imprudente, que se expone o expone a otras personas a riesgos innecesarios. || Que se dice, hace o piensa sin fundamento.

temeroso, sa. adj. Que causa temor. || Que siente temor o recelo.

temor. m. Sentimiento de inquietud y miedo que provoca la necesidad de huir ante alguna persona o cosa, evitarla o rechazarla por considerarla peligrosa o perjudicial. || Presunción o sospecha, particularmente de un posible daño o perjuicio.

témpano. m. Pedazo de cualquier cosa dura, extendida o plana, especialmente de hielo.

temperamento. m. Forma de ser de cada persona. || Manera de ser de la persona enérgica, creativa y emprendedora. || Constitución particular de cada individuo que determina su carácter.

temperatura. f. Magnitud física que mide la sensación subjetiva de calor o frío de los cuerpos o del ambiente. || Grado mayor o menor de calor de un cuerpo o de la atmósfera. || col. Fiebre, calentura.

tempestad. f. Perturbación atmosférica que se manifiesta por variaciones en la presión ambiente y por fuertes vientos, acompañados a menudo de truenos, lluvia o nieve. || Perturbación de las aguas del mar, causada por la intensidad y violencia de los vientos. || Agitación o excitación grande en el estado de ánimo de las personas.

templado, da. adj. Que no está frío ni caliente en exceso. || Se dice del clima suave, en el que no hace frío ni calor extremos. || Moderado, tranquilo, que no comete excesos.

templanza. f. REL. En el catolicismo, virtud cardinal que consiste en la moderación en los placeres y pasiones. || Benignidad, suavidad del tiempo atmosférico.

templar. tr. Quitar el frío de una cosa, calentarla ligeramente. || Moderar o suavizar la fuerza y la intensidad de alguna cosa. || Enfriar bruscamente en un cuerpo líquido un material calentado por encima de determinada temperatura. || Poner en tensión moderada una cosa. || intr. Empezar a calentarse una cosa. También prnl.

temple. m. Carácter o estado de ánimo de una persona. || Capacidad de una persona para enfrentarse con serenidad a situaciones difíciles o peligrosas. || Punto de dureza o elasticidad que se da a un material, como el metal y el cristal, mediante la elevación de su temperatura a cifras muy altas para después enfriarlo bruscamente. || Afinado de un instrumento. || Tipo de pintura que se obtiene al disolver pigmentos en líquidos pegajosos y calientes, como agua con cola.

templo. m. Edificio o lugar público destinado exclusivamente al culto religioso. || Lugar en que se rinde culto a un arte o una ciencia.

temporada. f. Espacio de varios días, meses o años que se consideran aparte formando un conjunto. || Tiempo durante el cual sucede alguna cosa o se realiza habitualmente.

temporal. adj. Del tiempo o relativo a él. || Que dura por algún tiempo, pero no es fijo ni permanente. || GRAM. Que expresa idea de tiempo. || m. Tormenta muy fuerte en la tierra o en el mar. || Periodo de lluvias persistentes. || adj. ANAT. De las sienes o relativo a esta parte de la cabeza. || adj. y m. ANAT. Hueso temporal.

temprano, na. adj. Adelantado, que ocurre o se da antes del tiempo normal. || Se dice de la primera época o momento de un determinado tiempo. || adv. t. En las primeras horas del día o de la noche. || En tiempo anterior al oportuno, convenido o acostumbrado para algún fin, o muy pronto.

tenacidad. f. Firmeza, obstinación y constancia para cumplir un objetivo.

tenaz. adj. Firme, constante, obstinado en el cumplimiento de un objetivo. || Que está muy sujeto o adherido a algo, de lo que es difícil separar o quitar. || Que opone mucha resistencia a romperse o deformarse.

tenaza. f. Instrumento de metal compuesto de dos brazos movibles trabados por un eje, que se emplea para coger o sujetar una cosa, arrancarla o cortarla. Más en pl. || Pinza en que terminan las patas de algunos artrópodos.

tendencia. f. Propensión, inclinación. || Movimiento religioso, económico, político, artístico o semejante, que se orienta en determinada dirección.

tender. tr. Desdoblar, extender, desplegar. || Colocar a una persona o animal sobre una superficie, horizontalmente. También prnl. || Extender o colgar la ropa mojada para que se seque. || Suspender, colocar una cosa apoyándola en dos o más puntos. || intr. Demostrar una determinada tendencia u orientación. || Parecerse o acercarse a cierta cualidad o característica.

tendero, ra. m. y f. Persona que tiene una tienda o trabaja en ella, particularmente si es de comestibles.

tendón. m. Haz de fibras conjuntivas que une los músculos a los huesos.

tenebroso, sa. adj. Oscuro, cubierto de tinieblas. || Tétrico, cargado de misterio.

tenedor, ra. m. y f. Persona que tiene o posee una cosa, en especial la que posee legítimamente una letra de cambio u otro valor endosable. || m. Utensilio de mesa.

tener. tr. Poseer una cosa o disfrutar de ella. || Corresponder a alguien una cualidad o estado. || Contener o comprender en sí. || Disponer de una persona o una cosa. || Construido con algunos nombres, hacer o experimentar lo que estos expresan. || Con los nombres que significan tiempo, expresa duración o edad. || Asir o mantener asida una cosa. || Mantener, sostener. También prnl. || Dominar, sujetar, detener. También prnl. || aux. Construido con un participio, equivale a *haber*. || Construido con la conjunción *que* y el infinitivo de otro verbo, ser preciso algo o estar obligado a algo.

tenia. f. Gusano platelminto que vive parásito en el intestino del hombre o de otros mamíferos.

teniente. m. En el ejército y otros cuerpos militarizados, oficial cuyo empleo es el inmediatamente inferior al de capitán y superior al de alférez.

tenis. m. Deporte que se practica en un terreno llano, rectangular, dividido por una red intermedia, que consiste en golpear la pelota con la raqueta para que vaya de una parte a otra del campo por encima de la red.

tenor. m. Contenido literal de un escrito o enunciado. || a tenor de,. o de lo que. loc. adv. De la misma manera que, a juzgar por. || MÚS. Voz cuyo registro se encuentra entre el de contralto y el de barítono. || Persona que tiene esta voz. || Instrumento cuyo ámbito corresponde a la tesitura de tenor.

tenorio. m. Hombre seductor de mujeres, audaz y propenso a las riñas.

tensar. tr. Poner tensa alguna cosa.

tensión. f. FÍS. Estado de un cuerpo sometido a la acción de fuerzas que lo estiran. || Grado de energía eléctrica que se manifiesta en un cuerpo. || Estado anímico de excitación, impaciencia, esfuerzo o exaltación producido por determinadas circunstancias o actividades.

tenso, sa. adj. Se dice del cuerpo que se encuentra estirado debido a fuerzas contrarias que actúan sobre él. || Que tiene angustia, impaciencia o tensión emocional. || Se dice de la situación en la que se presentan posiciones opuestas de gran hostilidad.

tentación. f. Estímulo que induce a obrar mal. || Impulso repentino que excita a hacer una cosa. || Persona o cosa que induce a algo.

tentáculo. m. ZOOL. Cualquiera de los apéndices móviles y blandos de muchos animales invertebrados, que actúan principalmente como órganos táctiles y de presión. || m. pl. Medios de los que alguien dispone para extender su influencia o poder sobre algo.

tentar. tr. Palpar, tocar. || Examinar y reconocer por medio del tacto lo que no se puede ver. || Inducir o estimular a alguien, generalmente a algo malo. || Resultar muy atractiva para alguien una cosa.

tentativa. f. Acción con que se intenta, prueba o tantea una cosa.

tenue. adj. Débil, delicado.

teñir. tr. Dar a una cosa un color distinto del que tenía. También prnl.

teocracia. f. Gobierno ejercido directamente por Dios o sometido a las leyes divinas a través de sus ministros o representantes, como el de los antiguos hebreos.

teología. f. Ciencia que trata sobre Dios y sobre el conocimiento que el hombre tiene de Él, mediante la fe o la razón.

teorema. m. Proposición que afirma una verdad demostrable. || MAT. Proposición por medio de la cual, partiendo de un supuesto *(hipótesis)*, se afirma una verdad *(tesis)* que no es evidente por sí misma.

teoría. f. Conocimiento especulativo considerado con independencia de toda aplicación. || Serie de leyes que sirven para relacionar determinado orden de fenómenos. || Hipótesis cuyas consecuencias se aplican a toda una ciencia o a parte muy importante de la misma. || Explicación que da una persona de algo, o propia opinión que tiene sobre alguna cosa.

teórico, ca. adj. De la teoría o relativo a ella. || Que conoce las cosas o las considera solo especulativamente. || Sin aplicación práctica. || m. y f. Persona conocedora de la teoría de alguna ciencia o arte, independientemente de su aplicación práctica. || f. Teoría, conjunto de conocimientos de una ciencia o arte, independiente de su aplicación práctica.

tequila. amb. Bebida típica de México, de alta graduación, que se destila de una especie de maguey.

terapéutico, ca. adj. De la terapéutica o relativo a ella. || f. Parte de la medicina que tiene por objeto el tratamiento de las enfermedades.

terapia. f. Parte de la medicina que se ocupa del tratamiento de las enfermedades. || Tratamiento para combatir una enfermedad.

tercer. adj. num. ord. Apócope de tercero. Se usa siempre antepuesto al nombre.

tercero, ra. adj. num. ord. Que ocupa el lugar número tres en una serie ordenada de elementos. También s. || adj. num. frac. Se dice de cada una de las tres partes iguales en que se divide un todo. || adj. y s. Que media entre dos o más personas para el ajuste o ejecución de una cosa. Más en pl.

terceto. m. MÉTR. Combinación métrica de tres versos de arte mayor, generalmente endecasílabos, que riman el primero con el tercero. || MÉTR. Composición poética de tres versos de arte menor con rima consonante, dos de cuyos versos riman entre sí. || MÚS. Composición para tres voces o instrumentos. || MÚS. Conjunto de estas tres voces o instrumentos.

terciar. intr. Interponerse, mediar en una disputa o pelea para poner de acuerdo a las partes o tomar partido por una de ellas. || Intervenir en algo que ya habían comenzado otros.

tercio, cia. adj. num. frac. Se dice de cada una de las tres partes iguales en que se divide un todo. También m.

terciopelo. m. Tela de seda muy tupida y con pelo, formada por dos urdimbres y una trama.

terco, ca. adj. Pertinaz, obstinado.

tergiversar. tr. Desfigurar o interpretar erróneamente palabras o sucesos.

termas. f. pl. Baños de aguas minerales calientes. || Baños públicos de los antiguos romanos.

térmico, ca. adj. Del calor o la temperatura o relativo a ellos. || Que conserva la temperatura.

terminación. f. Conclusión, finalización de algo. || Parte final de una obra o cosa. || LING. Letra o letras que se añaden a la raíz de los vocablos y que forman los morfemas gramaticales o los sufijos.

terminal. adj. Final, último.

terminante. adj. Claro, preciso, concluyente, que no admite discusión alguna.

terminar. tr. Poner término a una cosa, acabarla. || Gastar, agotar. También prnl.

término. m. Extremo, límite o final de una cosa. || Señal que fija los límites de campos y terrenos. || Línea divisoria de Estados, provincias, municipios o distritos. || Paraje señalado para algún fin. || Tiempo determinado. || Palabra o vocablo que expresa una idea, y que generalmente es propia de una actividad o disciplina determinada.

terminología. f. Conjunto de términos o vocablos propios de determinada profesión, ciencia o materia.

termita. f. QUÍM. Mezcla de polvo de aluminio y de diferentes óxidos metálicos que, al inflamarse, produce elevadísima temperatura. || m. ZOOL. Insecto de color blanquecino y vida social organizada en castas, de gran voracidad, que vive en la madera, de las que algunas especies se alimentan, o en nidos bajo tierra.

termo. m. Recipiente de cierre hermético con dobles paredes, entre las cuales se ha hecho el vacío, que permite conservar la temperatura de las sustancias introducidas en él.

termodinámico, ca. adj. FÍS. De la termodinámica o relativo a esta parte de la física. || f. FÍS. Parte de la física que estudia los intercambios de calor y de trabajo que se producen entre un sistema y su entorno y que origina variaciones en la energía interna del mismo.

termómetro. m. Instrumento que sirve para medir la temperatura. || termómetro clínico. El de máxima precisión, que se usa para tomar la temperatura a los enfermos y cuya escala está dividida en décimas de grado.

termostato o **termóstato.** m. Aparato que se conecta a una fuente de calor y que se utiliza para mantener constante la temperatura.

terna. f. Conjunto de tres personas, propuestas para que se designe de entre ellas la que haya de desempeñar un cargo o empleo.

ternero, ra. m. y f. Cría de la vaca. || f. Carne de este animal que se toma como alimento.

ternura. f. Cariño, amor, amabilidad o afecto.

terquedad. f. Porfía, obstinación, tenacidad excesiva.

terraplén. m. Macizo de tierra con que se rellena un hueco, o que se levanta para hacer una defensa, un camino u otra obra semejante. || Desnivel de tierra, cortado.

terráqueo, a. adj. De la tierra o relativo a ella.

terrateniente. com. Persona propietaria de tierras o terrenos, especialmente si son grandes extensiones agrícolas.

terraza. f. Sitio abierto de una casa, a veces semejante a un balcón grande. || Cubierta plana y practicable de un edificio, cubierta de barandas o muros. || Terreno situado delante de un café, bar o restaurante para que los clientes puedan sentarse al aire libre.

terremoto. m. Temblor o sacudida de la corteza terrestre, ocasionado por desplazamientos internos, que se transmite a grandes distancias en forma de ondas.

terrenal. adj. De la tierra o relativo a ella, por oposición a lo celestial.

terreno, na. adj. terrenal. || m. Extensión o espacio de tierra.

terrestre. adj. De la tierra o relativo a ella. || Que sirve o se da en la tierra, en contraposición a *marino* o *aéreo*.

terrible. adj. Digno de ser temido; que causa terror. || Difícil de soportar por ser muy intenso. || De muy mal genio y carácter intratable. || Desmesurado, extraordinario, excesivo.

territorial. adj. Del territorio o relativo a él.

territorio. m. Parte de la superficie terrestre delimitada geográfica, administrativa o políticamente. || Término que comprende una jurisdicción administrativa.

terrón. m. Masa pequeña y suelta de tierra compacta. || Masa pequeña y compacta de algunas sustancias en polvo o granos. || pl. Hacienda rústica de tierras labradas de las que se vive.

terror. m. Miedo, espanto, pavor. || Lo que lo produce. || Género literario y cinematográfico cuya finalidad es producir en el lector o el espectador una sensación de miedo o angustia a través del argumento.

terrorífico, ca. adj. Que infunde terror. || Terrible, muy grande o intenso.

terrorismo. m. Forma violenta de lucha política, mediante la cual se persigue la destrucción del orden establecido o la creación de un clima de temor e inseguridad.

terroso, sa. adj. Que participa de la naturaleza y propiedades de la tierra. || Que tiene mezcla de tierra.

terruño. m. Trozo de tierra. || Comarca o tierra, especialmente el país natal. || Terreno, especialmente hablando de su calidad.

terso, sa. adj. Liso, sin arrugas. || Limpio, bruñido, resplandeciente. || Se dice del lenguaje o estilo puro, claro y natural.

tertulia. f. Grupo de personas que se reúnen habitualmente para conversar o recrearse. || Conversación que siguen.

tesis. f. Conclusión, proposición que se mantiene con razonamientos. || Opinión o teoría que mantiene alguien. || Trabajo científico que presenta en la universidad el aspirante al título de doctor en una facultad.

tesón. m. Firmeza, constancia, inflexibilidad.

tesorería. f. Cargo u oficio de tesorero. || Oficina o despacho del tesorero. || Parte del activo de un negocio disponible en metálico o fácilmente realizable.

tesorero, ra. m. y f. Persona encargada de custodiar el dinero de una colectividad o de una dependencia pública o particular.

tesoro. m. Cantidad reunida de dinero, valores u objetos preciosos que se guarda en algún lugar. || Erario, conjunto de bienes de un Estado para atender las necesidades de la nación. || Tesauro. || Persona o cosa digna de estimación.

test. (voz i.) m. Prueba psicológica para medir las diversas facultades mentales o la capacidad individual de una persona. || Cualquier prueba para comprobar algo o conseguir cierto dato. || Tipo de examen en el que hay que contestar con una palabra o una cruz en la casilla que corresponda a la solución de la pregunta.

testa. f. Cabeza o frente del hombre y los animales.

testaferro. m. Persona que presta su nombre en un contrato o negocio que en realidad es de otra persona.

testamento. m. Declaración que de su última voluntad hace una persona, disponiendo de bienes y de asuntos que le atañen para después de su muerte. || Documento donde consta en forma legal la voluntad del testador. || Escrito en el que una persona expresa los puntos fundamentales de su pensamiento o las principales características de su arte, en forma que se considera definitiva.

testar. intr. Hacer testamento. || tr. Someter a test a una persona o cosa para comprobar sus conocimientos o sus propiedades y calidad.

testarudez. f. Terquedad, cabezonería, obstinación.

testarudo, da. adj. y s. Obstinado, terco.

testear. tr. *amer.* Someter a una persona o una cosa a un test.

testículo. m. Cada una de las dos gónadas masculinas productoras de espermatozoides y de testosterona.

testificar. tr. Declarar como testigo en un acto judicial. || Afirmar o probar una cosa mediante testigos o documentos. || Ser prueba o demostración de algo.

testigo. com. Persona que da testimonio de una cosa, especialmente en un acto judicial. || Persona que presencia o adquiere conocimiento directo de una cosa. || m. Aquello que prueba la verdad de un hecho. || Dispositivo que sirve como indicador.

testimoniar. tr. Servir de testigo. || Atestiguar, dar muestra o demostración de alguna cosa.

testimonio. m. Declaración en que se afirma o asegura alguna cosa. || Prueba, justificación y comprobación de la certeza o existencia de una cosa. || Documento autorizado por notario en que se da fe de un hecho.

teta. f. Cada uno de los órganos glandulosos que tienen los mamíferos en número par y sirven en las hembras para la secreción de la leche.

tétano o **tétanos.** m. PAT. Enfermedad grave debida a un bacilo que penetra en el organismo por las heridas, y las toxinas que segrega atacan al sistema nervioso central y provocan contracciones permanentes y tónicas en los músculos.

tetera. f. Recipiente que se usa para hacer y servir el té. || *amer.* Tetina.

tetraedro. m. GEOM. Cuerpo sólido terminado por cuatro planos o caras.

tétrico, ca. adj. Triste, grave, melancólico. || Fúnebre, relacionado con la muerte.

textil. adj. De la tela, los tejidos y las fibras para tejer o relativo a ellos. || Se dice de la materia capaz de reducirse a hilos y ser tejida.

texto. m. Cualquier escrito o documento. || Lo que constituye el cuerpo de la obra, en oposición a las glosas, notas o comentarios que sobre ello se hacen. || Pasaje citado de una obra literaria. || Libro de texto.

textual. adj. Del texto o relativo a él. || Que reproduce literalmente palabras o textos.

textura. f. Disposición y orden de los hilos de una tela. || Disposición que tienen entre sí las partículas de un elemento. || Sensación que produce al tacto una determinada materia.

tez. f. Cutis, piel de la cara.

ti. pron. Forma tónica del pron. pers. m. y f. de segunda persona singular, que en la oración desempeña la función de complemento con preposición.

tiara. f. Tocado alto con tres coronas, que remata en una cruz sobre un globo, que usaron los Papas como símbolo de su autoridad. || Dignidad de Sumo Pontífice. || Gorro alto, de tela o de cuero, que usaron los antiguos persas.

tibia. f. ANAT. Hueso principal y anterior de la pierna, que se articula con el fémur, el peroné y el astrágalo. || ZOOL. Una de las piezas de las patas de los insectos.

tibio, bia. adj. Templado, entre caliente y frío. || Poco intenso y apasionado.

tiburón. m. Pez marino, con hendiduras branquiales laterales y boca situada en la parte inferior de la cabeza. Es muy voraz. || Intermediario que adquiere solapadamente el número de acciones de una empresa o entidad, necesario para hacerse con su control.

tic. m. Movimiento convulsivo producido por la contracción involuntaria de uno o varios músculos.

tiempo. m. Duración de las cosas. || Periodo tal como se especifica; si no, se entiende que es largo. || Época durante la cual vive alguna persona o sucede alguna cosa. || Estación del año. || Edad. || Edad de las cosas desde que empezaron a existir. || Ocasión o coyuntura de hacer algo. || GRAM. Cada una de las divisiones de la conjugación correspondiente a la época relativa en que se ejecuta o sucede la acción del verbo. || Estado atmosférico.

tienda. f. Establecimiento donde se venden al público artículos al por menor. || *amer.* Establecimiento donde se venden tejidos. || Armazón de palos o tubos clavados o sujetos en la tierra y cubierta a base de telas, pieles o lona, que sirve de alojamiento en el campo.

tiento. m. Habilidad para actuar o tratar a las personas, de las que se pretende conseguir algo, o con las que se trata sobre temas delicados. || Cordura o sensatez en lo que se hace. || Palo que usan los ciegos a modo de guía. || Balancín de los equilibristas. || Seguridad y firmeza de la mano para ejecutar alguna acción. || MÚS. Ensayo que hace el músico antes de tocar un instrumento para ver si está bien afinado. || Tentáculo de algunos animales que actúa como órgano táctil o de presión. || Golpe que se da a alguien. || Trago que se da de una bebida o bocado a un alimento.

tierno, na. adj. Blando, fácil de cortar o doblar. || Se apl. a la edad de la niñez. || Que produce sentimientos de simpatía y dulzura. || Afectuoso, cariñoso y amable. || Inexperto. || m. y f. *amer.* Niño o niña recién nacidos o de pocos meses.

tierra. f. Tercer planeta del sistema solar habitado por las personas. || Parte superficial del globo terráqueo no ocupada por el mar. || Materia inorgánica desmenuzable de la que se compone principalmente el suelo natural. || Suelo o piso. || Suelo sobre el que crecen las plantas. || Terreno dedicado a cultivo o propio para ello. || Nación, región o lugar en que se ha nacido. || País, región. || Territorio o distrito constituido por intereses presentes o históricos. || El mundo, en oposición al cielo o a la vida eterna.

tieso, sa. adj. Duro, firme, rígido. || Tenso, tirante.

tifón. m. Ciclón, huracán, Tromba marina.

tifus. m. PAT. Género de enfermedades infecciosas, graves.

tigre, esa. m. y f. Mamífero carnicero muy feroz y de gran tamaño, con rayas negras en el lomo y la cola y el vientre blanco. || Persona cruel y sanguinaria. || m. *col.* Retrete o servicio, especialmente el de un lugar público. || *amer.* Jaguar. || f. *col.* Mujer muy atractiva y provocadora, y activa en las relaciones amorosas.

tijera. f. Instrumento para cortar, compuesto de dos hojas de acero de un solo filo que pueden girar alrededor de un eje que las traba. Más en pl. || Aspa que sirve para apoyar un madero que se ha de aserrar o labrar. || DEP. En fútbol, patada que se da en el aire haciendo amago con una pierna y golpeando con la otra.

tildar. tr. Señalar a alguien con una nota o calificativo negativos. || Poner tilde a las letras que lo necesitan.

tilde. f. Rasgo que se pone sobre algunas letras, como el que lleva la ñ o el que denota acentuación. || Tacha, cualidad negativa que tiene alguien o algo que se le atribuye. || Cosa mínima.

tilo. m. Árbol que llega a 20 m de altura, con tronco recto y grueso, de corteza lisa algo cenicienta, ramas fuertes, copa amplia, madera blanca y blanda; hojas acorazonadas y serradas por los bordes, flores de cinco pétalos, blanquecinas, olorosas y medicinales, y fruto redondo y velloso.

timar. tr. Quitar o hurtar con engaño. || Engañar a otro en una compra o contrato. || prnl. Entenderse dos personas con la mirada, sobre todo intercambiarse miradas de cariño.

timba. f. Partida de juego de azar. || Casa de juego, garito. || *amer.* Barriga, vientre.

timbal. m. Especie de tambor de un solo parche, con caja metálica en forma de media esfera. || Tambor, atabal. || Masa de harina y manteca, por lo común en forma de cubilete, que se rellena de carne u otros alimentos.

timbre. m. Aparato mecánico o eléctrico de llamada o de aviso. || Modo propio y característico de sonar un instrumento músico o la voz de una persona. || Cualidad de los sonidos o de la voz, que diferencia a los del mismo tono, y depende de la forma y naturaleza de los elementos que entran en vibración. || Sello, y especialmente el que se estampa en seco. || Sello que en el papel donde se extienden algunos documentos públicos estampa el Estado. || Renta del Tesoro constituida por el importe de los sellos, papel sellado y otras imposiciones.

timidez. f. Falta de seguridad en uno mismo, dificultad para hablar en público o relacionarse con otras personas.

tímido, da. adj. Se dice de la persona apocada y vergonzosa. || Ligero, débil, leve.

timo. m. Robo o hurto con engaño, especialmente si es en una compra o contrato, al no cumplir las condiciones previamente pactadas. || ANAT. Glándula endocrina propia de los animales vertebrados que estimula el crecimiento de los huesos y favorece el desarrollo de las glándulas genitales.

timón. m. Pieza articulada, de madera o de hierro, que sirve para gobernar una embarcación o un avión. || Volante o palanca que sirve para transmitir el movimiento a las piezas que se encargan de controlar la dirección. || Palo derecho que sale de la cama del arado en su extremidad. || Lanza o pértiga del carro. || Varilla del cohete que le sirve de contrapeso y le marca la dirección. || Dirección o gobierno de un negocio.

timonel. com. Persona que gobierna el timón de la nave.

tímpano. m. ANAT. Membrana del oído que transmite el sonido al oído medio. || MÚS. Instrumento musical compuesto de varias tiras desiguales de vidrio colocadas de mayor a menor sobre cuerdas o cintas, que se toca con una especie de macillo. || Tambor, timbal.

tina. f. Tinaja, vasija grande de barro. || Vasija de madera con forma de media cuba. || Pila para bañarse.

tinaja. f. Vasija grande de barro, mucho más ancha por el medio que por el fondo y por la boca. || Medida de líquido que cabe en esta vasija.

tinglado. m. Cobertizo.

tiniebla. f. Falta de luz, oscuridad. Más en pl.

tino. m. Juicio, prudencia, sentido común.

tinta. f. Líquido de color que se emplea para escribir o imprimir. || ZOOL. Sustancia espesa y oscura que arrojan como defensa los cefalópodos || pl. Matices, degradaciones de color.

tinte. m. Aplicación de una sustancia que varía el color original de una cosa. || Color con que se tiñe. || *col.* tintorería. || Carácter que comunica a algo determinado aspecto. || Cualidad superficial o falsa apariencia.

tintero. m. Recipiente en el que se pone la tinta de escribir. || Depósito donde va la tinta en las máquinas de imprimir.

tintinar o **tintinear.** intr. Producir un objeto su tintín característico.

tintorería. f. Establecimiento donde se tiñe, se limpia y se plancha la ropa.

tintura. f. Aplicación de una sustancia para variar el color original de una cosa. || Sustancia con que se tiñe. || Líquido en que se ha hecho disolver una sustancia que le comunica color. || Solución de cualquier sustancia medicinal en un líquido que disuelve de ella ciertos principios.

tío, a. m. y f. Respecto de una persona, hermano o hermana de su padre o madre. || En algunos lugares, tratamiento que se da a la persona casada o entrada ya en edad. || *col.* Persona de quien se pondera algo bueno o malo. || *col.* Individuo, sujeto. || *col.* Amigo, colega, compañero.

típico, ca. adj. Característico o representativo de un tipo o modelo, del que reproduce las características. || Peculiar de un grupo, país, región, cultura o época.

tiple. m. La más aguda de las voces humanas, soprano. || MÚS. Pequeño instrumento de cuerda, como una guitarrita pequeña, de sonidos muy agudos. || MÚS. Instrumento de viento semejante al oboe soprano, más pequeño que la tenora, que se emplea en las coblas de sardanas. || com. Persona que tiene voz de tiple.

tipo. m. Modelo, ejemplar que puede imitarse. || Ejemplar característico que posee los rasgos propios de una especie o género a los que representa. || IMPR. Cada una de las clases de letra. || Figura principal de una moneda o medalla.

tipografía. f. Técnica de impresión mediante formas que contienen en relieve los tipos que, una vez entintados, se aplican por presión sobre el papel. || Taller donde se imprime con esta técnica.

tipología. f. Estudio o clasificación de tipos que se realiza en cualquier disciplina.

tira. f. Pedazo largo y estrecho de tela, papel, cuero u otro material delgado y flexible. || Línea de viñetas o dibujos que desarrollan una historia breve.

tirabuzón. m. Rizo de cabello largo que cae en espiral. || Sacacorchos, instrumento para sacar los tapones de corcho.

tirado, da. adj. *col.* Muy barato. || *col.* Muy fácil. || *col.* Sin ayuda, abandonado. || Despreciable, bajo, ruin. También s. || f. *col.* Distancia que hay de un lugar a otro, o de un tiempo a otro. || Cada uno de los movimientos que se realizan en algunos juegos para iniciar una jugada. || Serie de cosas que se dicen o escriben de un tirón. || Reproducción de un texto con una imprenta o un medio semejante. || Número de ejemplares de que consta una edición.

tirador, ra. m. y f. Persona que tira o dispara, especialmente la que lo hace con cierta destreza y habilidad. || Persona que trabaja estirando materiales, generalmente metales para reducirlos a hilos. || m. Agarradero con que se tira para cerrar o abrir algo. || Cordón o cadenilla de la que se tira para hacer sonar una campanilla o un timbre.

tiranía. f. Gobierno ejercido por un tirano. || Abuso o imposición excesiva de cualquier poder, fuerza o superioridad. || Dominio excesivo que un sentimiento o un hábito ejercen sobre la voluntad.

tirano, na. adj. Que posee el gobierno de un Estado de forma ilegítima, y generalmente lo rige sin atender a la justicia, únicamente conforme a su voluntad. También s. || Que abusa de su poder, superioridad o fuerza. || Se apl. al sentimiento o hábito que domina a una persona.

tirante. adj. Tenso, estirado por la acción de fuerzas opuestas. || Se dice de las relaciones violentas o embarazosas, generalmente próximas a romperse. || Comprometido o embarazoso. || m. Cada una de las dos tiras de piel o tela, generalmente elásticas, que sirven para sujetar de los hombros el pantalón u otras prendas de vestir. || Pieza de madera o barra de hierro que impide la separación de los maderos paralelos de un tejado. || Pieza, generalmente de hierro o acero, destinada a soportar un esfuerzo de tensión.

tirantez. f. Conjunto de características de lo que está tirante.

tirar. tr. Arrojar, lanzar en dirección determinada. || Derribar. || Desechar algo, deshacerse de ello, darlo por inservible. || Disparar con un arma de fuego. || Arrojar o hacer explotar un artificio explosivo. || Malgastar o despilfarrar dinero o bienes, desperdiciar. || intr. Hacer fuerza para traer algo hacia sí o para arrastrarlo. || Quedar justa una prenda de vestir o una parte de ella. || Tomar una determinada dirección. || Tender, tener semejanza o parecido, especialmente referido a colores. || prnl. Abalanzarse, precipitarse sobre alguien o algo para atacar. || Arrojarse, dejarse caer. || Echarse, tenderse en el suelo o encima de algo. || Pasar el tiempo haciendo lo que se expresa.

tiritar. intr. Temblar o estremecerse de frío o fiebre.

tiro. m. Lanzamiento de algo en una determinada dirección. || Disparo de un arma de fuego. || Estampido que este produce. || Señal o herida causada por dicho disparo. || DEP. Deporte que consiste en acertar en un blanco con un arma arrojadiza o un arma de fuego. || Lugar donde se tira al blanco. || Corriente de aire que se produce en un horno o chimenea para avivar el fuego. || Distancia entre la parte donde se unen las perneras de un pantalón y la cinturilla.

tiroides. adj. y m. ANAT. Se dice de la glándula endocrina de los animales vertebrados, situada por debajo y a los lados de la tráquea y de la parte posterior de la laringe.

tirolés, esa. adj. y s. Del Tirol.

tirón. m. Movimiento brusco y violento que se produce al tirar de golpe. || Acelerón brusco que incrementa la ventaja frente a otros. || Capacidad para atraer seguidores. || Contracción que agarrota un músculo.

tironear. tr. e intr. *amer.* Dar tirones.

tirotear. tr. Disparar repetidamente armas de fuego portátiles. También prnl.

tisana. f. Bebida medicinal que resulta del cocimiento ligero de una o varias hierbas.

tísico, ca. adj. PAT. De la tisis o relativo a esta enfermedad. || adj. y s. PAT. Que padece tisis.

tisis. f. PAT. Tuberculosis pulmonar. || PAT. Cualquier enfermedad en la que el enfermo se consume lentamente, tiene fiebre y presenta ulceración en algún órgano.

titán. m. MIT. Nombre aplicado a cada uno de los seis hijos de Gea y Urano. || Sujeto de excepcional poder. || Persona de gran fortaleza física o sobresaliente en cualquier aspecto.

titánico, ca. adj. Muy grande, excesivo.

títere. m. Figurilla que se mueve con alguna cuerda o introduciendo una mano en su interior. || Persona que actúa manejada por otra o que carece de iniciativa. || pl. Espectáculo público con muñecos o en el que participan titiriteros.

titi. f. *vulg.* Mujer.

tití. m. ZOOL. Nombre que se aplica a diferentes especies de monos de tamaño pequeño, propios de América meridional.

titilar. intr. Agitarse con ligero temblor alguna parte del cuerpo. || Centellear con ligero temblor un cuerpo luminoso.

titiritero, ra. m. y f. Persona que maneja los títeres o realiza espectáculos de títeres o marionetas. || Persona que realiza ejercicios de equilibrio y agilidad, piruetas y acrobacias.

titubear. intr. Vacilar al hablar o al hacer una elección. || Quedarse perplejo en algún punto o materia, mostrando duda sobre lo que se debe hacer. || Oscilar, perdiendo la estabilidad.

titular. adj. y com. Se dice del que ejerce cargo, oficio o profesión con el título necesario para ello. || Que consta en algún documento como propietario o beneficiario de algo. || m. Título de las noticias y artículos que, en periódicos y revistas, aparece en letras de cuerpo mayor.

titular. tr. Poner título o nombre a una cosa. || prnl. Obtener un título académico.

título. m. Palabra o frase con que se enuncia una obra o una parte de ella, en relación con su contenido. || Dignidad nobiliaria. || Persona que posee esta dignidad nobiliaria. || Documento que acredita la obtención de un grado académico. || Distinción u honor. || Cada una de las partes principales en que suelen dividirse las leyes, reglamentos u otros textos jurídicos. || Demostración jurídica de un derecho u obligación, de unos bienes, o de una dignidad o profesión. || Origen o fundamento jurídico de un derecho u obligación.

tiza. f. Arcilla terrosa blanca que se usa para escribir en los encerados. || Compuesto de yeso y greda que se usa en el juego de billar para frotar la suela de los tacos.

tiznar. tr. Manchar con tizne, hollín u otra materia. También prnl. || Deslustrar o manchar la fama o el prestigio de alguien. || prnl. *amer.* Emborracharse.

tizne. amb. Humo u hollín que se pega a los objetos que han estado puestos al fuego. Más c. m.

tizón. m. Palo a medio quemar que arde produciendo mucho humo. || Parte de un sillar o ladrillo que se acopla con otros en una construcción. || Hongo parásito del trigo y otros cereales que invade las espigas con un color negruzco.

toalla. f. Pieza de tejido de felpa, de rizo de algodón o de otra tela esponjosa y absorbente que se utiliza para secarse después de lavarse. || Tejido de rizo con el que habitualmente se hacen estas piezas.

toba. f. Piedra caliza, muy porosa y ligera, formada por la cal que llevan en disolución las aguas de ciertos manantiales. || Colilla del cigarro. || *col.* Golpe que se da con el dedo índice o el corazón, haciéndolos resbalar en el pulgar.

tobillo. m. Parte del cuerpo humano correspondiente a la unión del pie y la pierna en la que existe una protuberancia de cada uno de los dos huesos llamados tibia y peroné.

tobogán. m. Rampa inclinada por la que las personas, sentadas o tumbadas, se dejan resbalar por diversión. || Especie de trineo bajo formado por una armadura de acero montada sobre dos patines largos y cubierta por una tabla o plancha acolchada. || Pista hecha en la nieve por la que se deslizan a gran velocidad estos trineos especiales.

tocador. m. Mueble en forma de mesa con un espejo, que se utiliza para peinarse y arreglarse. || Habitación destinada a este fin, donde suele haber uno de estos muebles.

tocar. tr. Entrar en contacto las manos u otra parte del cuerpo con un objeto o una superficie. || Llegar a una cosa con la mano, sin asirla. || Tropezar ligeramente una cosa con otra. || Estar una cosa junto a otra o en contacto con ella. También intr. y prnl. || Hacer sonar un instrumento. || Interpretar una pieza musical con un instrumento. || Avisar haciendo sonar una campana u otro instrumento. || Revolver o curiosear en algo. || Tratar o hablar leve o superficialmente sobre algo. || intr. Haber llegado el momento oportuno de hacer algo. || Ser de la obligación de uno, corresponderle hacer algo. || Importar, afectar, ser de interés. || Pertenecer a uno parte de una cosa que se reparte entre varios. || Caer en suerte una cosa.

tocino. m. Gruesa capa de grasa que tienen ciertos mamíferos, especialmente el cerdo, que sirve de alimento.

todavía. adv. t. Expresa continuación de algo comenzado en un tiempo anterior. || Ahora o en un futuro inmediato. || adv. m. Con todo eso, no obstante. || Tiene sentido concesivo corrigiendo una frase anterior. || adv. c. Denota encarecimiento o ponderación.

todo, da. adj. y pron. Se dice de lo que se toma o se considera por entero o en conjunto. || Se usa para ponderar el exceso de algo o intensificar una cualidad. || Seguido de un sustantivo en singular y sin artículo, equivale a *cualquiera: toda persona.* || pl. Puede equivaler a *cada: cobra todos los meses.* || m. Cosa íntegra, o que consta de la suma y conjunto de sus partes integrantes, sin que falte ninguna. || adv. m. Por completo, enteramente.

todopoderoso, sa. adj. Que todo lo puede. || adj. y m. Dios.

toga. f. Manto de mucho vuelo que constituía la prenda principal exterior del traje de los antiguos romanos, y se ponía sobre la túnica. || Traje exterior que usan los magistrados, letrados, catedráticos u otras personas para actos específicos.

toldo. m. Pabellón o cubierta de tela que se tiende para hacer sombra en algún paraje. || Cubierta de lona o de cañas abovedadas sostenida por arcos que tapa un carro. || *amer.* Tienda de indios, hecha de ramas y cueros.

tolerancia. f. Respeto hacia las opiniones o prácticas de los demás. || Margen o diferencia que se consiente en la calidad o cantidad de las cosas o las obras contratadas o convenidas. || Máxima diferencia que se tolera entre el valor nominal y el valor real o efectivo en las características físicas y químicas de un material, una pieza o un producto. || Capacidad de un organismo para soportar ciertos fármacos o drogas. || Condición que permite que un organismo conviva con parásitos sin sufrir daños graves.

tolerar. tr. Sufrir, soportar. || Permitir o consentir algo sin aprobarlo expresamente. || Respetar las opiniones y prácticas de los demás. || Soportar una persona u organismo ciertos alimentos, medicinas u otras sustancias.

toma. f. Conquista, asalto u ocupación por armas de una plaza o ciudad. || Porción de una cosa, que se toma o recibe de una vez. || Acción de filmar o fotografiar imágenes obtenidas. || Lugar por donde se deriva una corriente de fluido o electricidad. || Cauce, acequia o lugar por donde se desvía una salida de agua.

tomar. tr. Asir con la mano una cosa. || Asir algo por otros medios. || Recibir o aceptar. || Ocupar o adquirir por la fuerza. || Comer o beber. || Adoptar una actitud o poner por obra. || Contraer, adquirir. || Recibir los efectos de algo. || Contratar a una persona para que preste un servicio. || Montar en un medio de transporte. || Adoptar un nombre.

|| Entender, juzgar e interpretar una cosa en determinado sentido. || Apuntar algo por escrito o grabar una información. || Filmar o fotografiar. || Elegir una cosa de entre varias. || Empezar a seguir una dirección, entrar en una calle, camino o tramo, encaminarse por ellos. También intr. || intr. *amer.* Beber alcohol.

tomate. m. Fruto de la tomatera.

tomatero, ra. adj. Se dice del alimento que es apropiado para ser cocinado con tomate. || m. y f. Persona que vende tomates. || f. BOT. Planta herbácea, originaria de América, de 1 a 2 m de altura, con los tallos vellosos y endebles, flores amarillas y fruto carnoso, redondeado, rojizo y jugoso.

tómbola. f. Rifa pública de objetos diversos, cuyo producto se destina generalmente a fines benéficos. || Local en que se efectúa esta rifa.

tomo. m. Cada uno de los volúmenes en que, debido a su extensión, está dividida una obra escrita y que se suelen encuadernar por separado. || de tomo y lomo. loc. adj. De consideración e importancia.

tonalidad. f. Gradación de tonos. || MÚS. Sistema de sonidos que sirve de fundamento a una composición musical. || Gradación de tonos y colores. || LING. Entonación.

tonel. m. Cuba grande. || *col.* Persona muy gruesa.

tonelada. f. Unidad de peso o capacidad que se usa para calcular el desplazamiento de los buques. || tonelada métrica. Unidad de peso que en el Sistema Internacional equivale a 1. 000 kg o a 20 quintales.

tonelaje. m. Capacidad de carga de un vehículo, especialmente de un barco.

tónico, ca. adj. Que entona o vigoriza. También m. || LING. Referido a la vocal o sílaba que recibe el acento prosódico. || MÚS. Se dice de la nota primera de una escala musical. También f. || m. Medicamento o preparado para dar fuerzas y abrir el apetito. || Loción astringente que se aplica a la piel o sobre el cuero cabelludo. || f. Bebida refrescante, gaseosa, preparada a base de quinina y ácido cítrico, agua tónica.

tonificar. tr. y prnl. Dar vigor o tensión al organismo, entonar.

tono. m. Cualidad de los sonidos que depende de su frecuencia y permite clasificarlos como graves o agudos. || Inflexión de la voz y modo particular de decir algo. || Carácter de la expresión y del estilo de una obra literaria. || Energía, vigor. || MÚS. Distancia entre las notas de una escala.

tonsura. f. Acción y resultado de tonsurar. || Grado preparatorio para recibir las antiguas órdenes menores. || Coronilla afeitada de quienes recibían este grado.

tontería. f. Calidad de tonto. || Dicho o hecho tonto. || Dicho o hecho sin importancia.

tonto, ta. adj. Se dice de los actos o dichos carentes de lógica o de sentido común. || Absurdo, sin sentido, inútil. || Pesado o molesto. || Pasmado, totalmente asombrado. || adj. y s. Se dice de la persona de poco entendimiento o inteligencia.

topacio. m. Piedra fina, amarilla y muy dura, usada en joyería.

topar. tr. Chocar una cosa con otra. También intr. || Encontrar casualmente. También intr. y prnl.

tope. m. Parte por donde una cosa puede topar con otra. || Pieza que en algunas armas e instrumentos sirve para impedir que se pase de un punto determinado. || Pieza que se pone a algo para amortiguar los golpes. || Extremo hasta lo que algo puede llegar.

tópico, ca. adj. Se dice del lugar común, de la idea o expresión manida. || FARM. Se dice del medicamento de aplicación externa. También m. || m. Lugar común, expresión o frase manida.

topo. m. Mamífero insectívoro del tamaño del ratón, que vive en galerías subterráneas que excava con sus fuertes uñas. || *col.* Persona corta de vista. || *col.* Persona infiltrada en una organización como espía. || Estampado de algunas telas que tiene forma redondeada semejante a un lunar.

topografía. f. Conjunto de técnicas y conocimientos para describir y delinear la superficie de un terreno. || Conjunto de particularidades que presenta un terreno en su configuración superficial.

toponimia. f. Estudio del origen y significación de los nombres propios de lugar.

topónimo. m. Nombre propio de lugar.

toque. m. Acción de tocar una cosa. || Sonido de un instrumento. || Llamamiento, advertencia que se hace a uno. || Aplicación ligera y muy localizada de alguna cosa. || Nota, rasgo, característica. || PINT. Pincelada ligera. || DEP. Estilo de juego futbolístico que consiste en pases frecuentes de balón.

torácico, ca. adj. Del tórax o relativo a él.

tórax. m. ANAT. Pecho del hombre y de los animales. || ANAT. Cavidad del pecho. || ZOOL. Región media de las tres en que está dividido el cuerpo de los insectos, arácnidos y crustáceos.

torbellino. m. Remolino de viento. || Abundancia de cosas que ocurren en un mismo tiempo. || Persona demasiado viva e inquieta.

torcer. tr. Dar vueltas a una cosa sobre sí misma. También prnl. || Encorvar o doblar una cosa. También prnl. || Desviar una cosa de su dirección. || Adoptar una expresión de desagrado o enojo. || Dar bruscamente a un miembro del cuerpo una dirección contraria a la que sería normal, generalmente produciendo una distensión. También prnl. || Desviar una cosa de la dirección que llevaba, para tomar otra. También prnl. e intr. || Interpretar mal, equivocar el sentido de algo. || prnl. Dificultarse y frustrarse un negocio o pretensión que iba por buen camino. || Apartarse del camino y conducta adecuados para el logro de un fin. También tr.

tordo, da. adj. y s. Se dice de la caballería que tiene el pelo mezclado de negro y blanco. || m. Pájaro de pico delgado y negro, lomo gris aceitunado y vientre blanco amarillento con manchas pardas. || *amer.* Estornino.

torear. intr. y tr. Lidiar los toros en la plaza. || tr. Engañar a alguien. || Evitar a alguien. || Burlarse de alguien.

toreo. m. Acción de torear. || Arte de torear.

torero, ra. adj. Del toreo o los toreros o relativo a ellos. || m. y f. Persona que se dedica a torear en las plazas. || f. Chaquetilla ceñida al cuerpo y que no pasa de la cintura.

tormenta. f. Tempestad de la atmósfera. || Tempestad del mar. || Adversidad, desgracia. || Manifestación violenta de una pasión o un estado de ánimo.

tormentoso, sa. adj. Tiempo atmosférico en el que hay tormenta o amenaza tormenta. || Situación tensa y problemática.

tornadizo, za. adj. y s. Que varía con facilidad, especialmente referido a quien cambia de creencia, partido u opinión.

tornado. m. Viento impetuoso giratorio, huracán.

tornar. tr. Cambiar a una persona o cosa su naturaleza o su estado. También prnl. || intr. Regresar al lugar de donde se partió, retornar. || Seguido de la prep. a y un inf., volver a hacer lo que este expresa.

tornasol. m. Girasol. || Cambiante, reflejo o viso que hace la luz en algunas telas o en una superficie tersa y brillante. || QUÍM. Materia colorante azul violácea cuya tintura sirve de reactivo para reconocer los ácidos, que la vuelven roja.

tornear. tr. Labrar, dar forma o redondear algo con un torno. || intr. Dar vueltas alrededor o en torno.

torneo. m. Combate a caballo entre adversarios, practicado en la Edad Media. || Competición deportiva entre varios participantes, campeonato.

tornero, ra. m. y f. Persona que trabaja con el torno. || Persona que fabrica tornos. || f. Monja que atiende el torno en los conventos.

tornillo. m. Cilindro de metal, madera, etc., con resalto en hélice, que entra y se enrosca en la tuerca. || Clavo con resalto en hélice.

torniquete. m. Instrumento quirúrgico para evitar o contener las hemorragias que afectan a las extremidades. || Torno en forma de aspa, por el que solo pueden pasar las personas de una en una.

torno. m. Cilindro horizontal móvil, alrededor del cual va enrollada una soga o cable y sirve para elevar pesos. || Máquina que, por medio de una rueda, hace que algo dé vueltas sobre sí mismo. || Armazón giratorio que se ajusta al hueco de una pared y sirve para pasar objetos de una parte a otra. || Instrumento eléctrico que emplean los dentistas en la limpieza y acondicionamiento de los dientes.

toro. m. Mamífero rumiante, de cabeza gruesa armada de dos cuernos; piel dura con pelo corto, y cola larga, cerdosa hacia el extremo. || Hombre muy robusto y fuerte. || m. pl. Fiesta o corrida de toros.

toronja. f. Cítrico parecido a la naranja, pomelo.

torpe. adj. Que es de movimiento lento, tardo y pesado. || Desmañado, falto de habilidad y destreza. || Poco acertado o inoportuno.

torpedo. m. Proyectil submarino autopropulsado. || ZOOL. Pez marino, selacio, de cuerpo aplanado y orbicular, que produce una descarga eléctrica como defensa o al capturar a sus presas.

torpeza. f. Calidad de torpe. || Acción o dicho torpe.

torrar. tr. Tostar al fuego.

torre. f. Edificio fuerte, más alto que ancho. || Pieza del juego de ajedrez que imita esta construcción. || Cualquier construcción con más altura que base. || Estructura metálica, especialmente la que soporta los cables conductores de energía eléctrica. || En los buques de guerra, reducto acorazado en el que se colocan las piezas de artillería. || Conjunto de cosas, apiladas unas encima de otras; pila.

torrefacto, ta. adj. Tostado al fuego. || Referido al café, tostado con azúcar.

torrencial. adj. Parecido al torrente. || Se dice de la lluvia muy intensa y abundante.

torrente. m. Corriente impetuosa de aguas que sobreviene en tiempos de muchas lluvias o deshielos rápidos. || Curso de la sangre en el aparato circulatorio. || Muchedumbre de personas que afluyen a un lugar.

torreón. m. Torre grande para defensa de una plaza o castillo.

tórrido, da. adj. Muy ardiente o caluroso.

torsión. f. Acción y resultado de torcer o torcerse una cosa.

torso. m. Tronco del cuerpo humano. || Estatua sin cabeza, brazos ni piernas.

torta. f. Masa de harina y otros ingredientes, de figura redonda y aplanada, que se cuece a fuego lento o se fríe.

tortilla. f. Fritura de huevo batido, en la cual se incluye a veces algún otro alimento.

tórtola. f. Ave parecida a la paloma, pero más pequeña, de pico agudo, negruzco y pies rojizos.

tortuga. f. Reptil marino, con las extremidades en forma de paletas y cubierto por una coraza, cuyas láminas tienen manchas verdosas y rojizas. || Reptil terrestre, quelonio, con los dedos reunidos en forma de muñón, espaldar muy convexo y láminas manchadas de negro y amarillo en los bordes. || col. Lo que se desplaza lentamente.

tortuoso, sa. adj. Que tiene vueltas y rodeos. || Solapado, cauteloso, sibilino.

tortura. f. Acción de torturar. || Sufrimiento, dolor o aflicción muy grandes.

torturar. tr. Producir a alguien un intenso dolor físico, como castigo o como método para que hable o confiese. || Atormentar. También prnl.

torvo, va. adj. Fiero, espantoso, airado.

tos. f. Movimiento convulsivo y ruidoso del aparato respiratorio.

tosco, ca. adj. Grosero. || Inculto. También s. || Hecho con poco cuidado o con materiales poco valiosos.

toser. intr. Tener y padecer tos.

tósigo. m. Veneno, ponzoña. || Angustia o pena grande.

tosquedad. f. Calidad de tosco.

tostado, da. adj. De color subido y oscuro. || f. Rebanada de pan dorada al fuego hasta hacerla crujiente. || amer. Tortilla frita.

tostar. tr. y prnl. Poner una cosa al fuego, para que vaya tomando color, sin quemarse. || Poner morena o curtir el sol o el viento la piel del cuerpo. || Calentar demasiado. || amer. Zurrar, vapulear.

total. adj. Completo, general, que lo comprende todo en su especie. || Excelente, muy bueno. || m. Totalidad. || MAT. Resultado de una suma. || adv. En suma, en conclusión.

totalidad. f. Calidad de total. || Conjunto de todas las cosas o personas que forman una clase o especie, total.

totalitarismo. m. Régimen político que concentra la totalidad de los poderes estatales en manos de un grupo o partido que no permite la actuación de otros.

totalizar. tr. Obtener el total que forman varias cantidades.

tótem. m. Ser u objeto de la naturaleza, generalmente un animal, que en la mitología de algunas sociedades se toma como emblema protector. || Emblema tallado o pintado que representa estos seres u objetos. || Columna o poste con las figuras de dichos seres u objetos.

tóxico, ca. adj. y m. Se dice de las sustancias venenosas o que producen efectos nocivos sobre el organismo.

toxicología. f. MED. Parte de la medicina que trata de las sustancias tóxicas y sus efectos sobre el organismo.

toxicomanía. f. Consumo habitual de drogas y dependencia patológica de las mismas.

toxina. f. Sustancia elaborada por los seres vivos y que actúa como veneno, produciendo trastornos fisiológicos.

tozudo, da. adj. y s. Obstinado, testarudo.

traba. f. Acción y resultado de trabar. || Instrumento con que se junta y sujeta una cosa con otra. || Impedimento o estorbo. || amer. Alfiler de corbata.

trabajar. intr. Realizar cualquier actividad, física o intelectual. || Tener una ocupación estable, ejercer una profesión, arte u oficio. || Estar cumpliendo esta profesión u ocupación. || Utilizar un determinado material o comercializar cierto producto. También tr. || Poner fuerza y afán para vencer alguna cosa. || Mantener relaciones comerciales con otra persona o empresa. || tr. Ejercitar alguna cosa o insistir sobre ella para perfeccionarla o desarrollarla. || Dar forma a un material. || prnl. Ablandar a alguien o saberle tratar para conseguir algo de él.

trabajo. m. Acción y resultado de trabajar. || Ocupación que ejerce habitualmente una persona a cambio de un salario. || Lugar donde se ejerce esa ocupación. || Producto de una actividad intelectual, artística, etc. || Esfuerzo humano aplicado a la producción de riqueza.

trabajoso, sa. adj. Que requiere mucho trabajo o esfuerzo.

trabalenguas. m. Palabra o locución difícil de pronunciar.

trabar. tr. Juntar una cosa con otra. || Sujetar una cosa con otra de forma que no pueda moverse. || Enlazar, concordar. || Comenzar, establecer. También prnl. || Espesar un caldo o una masa, ligar. También prnl. || prnl. Enredarse, atascarse. || Entorpecérsele a uno la lengua al hablar.

trabazón. f. Enlace de dos o más elementos. || Conexión, relación.

tracción. f. Acción y resultado de mover o arrastrar una cosa, especialmente vehículos o carruajes.

tractor, ra. adj. Que produce tracción. || m. Vehículo de motor cuyas ruedas se adhieren fuertemente al terreno, y se emplea para el arrastre de maquinaria y en las labores agrícolas.

tradición. f. Comunicación de hechos históricos y elementos socioculturales de generación en generación. || Conjunto de lo que se transmite de este modo.

tradicional. adj. De la tradición o relativo a ella. || Habitual, acostumbrado. || Conservador.

tradicionalismo. m. Apego a las tradiciones. || Sistema político que consiste en mantener o restablecer las instituciones antiguas en el régimen de la nación y en la organización social. || Doctrina filosófica que pone el origen de las ideas en la revelación divina.

traducción. f. Acción y resultado de traducir. || Obra del traductor. || Sentido o interpretación que se da a un texto. || traducción directa. La que el traductor hace desde cualquier idioma a su propia lengua.

traducir. tr. Expresar en una lengua lo que está expresado en otra. || Explicar, interpretar. || Convertir, transformar.

traductor, ra. adj. Que traduce. || m. y f. Que se dedica a la traducción, especialmente el profesional. || f. Máquina electrónica que traduce de un idioma a otro palabras o frases.

traer. tr. Conducir o trasladar al lugar en el que se encuentra el hablante o al que se refiere el discurso. || Atraer, tirar hacia sí. || Causar, ocasionar, acarrear. || Llevar puesto o consigo.

traficante. adj. y com. Que trafica o comercia, especialmente si es de forma ilícita.

traficar. intr. Comerciar, negociar, particularmente con algo ilegal o de forma irregular. || Andar de un sitio para otro.

tráfico. m. Acción y resultado de traficar. || Tránsito de vehículos.

tragaluz. m. Ventana abierta en un techo o en la parte superior de una pared.

tragar. tr. y prnl. Hacer que algo pase de la boca al estómago. || Comer vorazmente. || Absorber. || Dar fácilmente crédito a las cosas. || Soportar o tolerar algo humillante o que disgusta. || Consumir, gastar. || Chocar con algo por descuido. || intr. No tener más remedio que admitir o aceptar algo.

tragedia. f. Obra dramática cuyo desenlace es desgraciado. || Género que constituyen estas obras. || Composición lírica destinada a lamentar sucesos desgraciados. || Suceso fatal o desgraciado.

trágico, ca. adj. De la tragedia o relativo a ella. || Se dice del autor de tragedias. También s. || Infausto, muy desgraciado.

tragicomedia. f. Poema dramático que tiene condiciones propias de los géneros trágico y cómico. || col. Suceso de la vida real que conjuga ambos aspectos.

trago. m. Porción de líquido que se bebe o se puede beber de una vez. || Bebida alcohólica. || Situación desafortunada, difícil o apurada.

traición. f. Violación de la fidelidad o lealtad que se debe. || Delito que se comete contra la patria o contra el Estado, en servicio del enemigo.

traicionar. tr. Cometer traición. || Ser la causa de que algo fracase. || Ser infiel una persona a su pareja.

traicionero, ra. adj. y s. Traidor.

traidor, ra. adj. Que comete traición. También s. || Que implica o denota traición o falsedad. || col. Dañino o perjudicial con apariencia de inofensivo.

traje. m. Vestido completo de una persona. || Conjunto masculino de chaqueta, pantalón y a veces chaleco.

trajín. m. Acción de trajinar. || Actividad o movimiento intensos.

trajinar. tr. Llevar mercancías de un lugar a otro. || intr. Andar de un lado para otro, trabajando o realizando alguna tarea.

trama. f. Conjunto de hilos que, cruzados y enlazados con los de la urdimbre, forman una tela. || Argumento o enredo de una obra literaria. || Confabulación, intriga.

tramar. tr. Preparar con astucia un engaño o trampa, intrigar. || Disponer con habilidad la ejecución de una cosa complicada o difícil. || Atravesar los hilos de la trama por entre los de la urdimbre, para tejer la tela. || En fotograbado, descomponer una imagen en puntos mediante la trama.

tramitar. tr. Hacer pasar un asunto o negocio por los trámites debidos.

trámite. m. Cada uno de los estados o diligencias necesarios para resolver un asunto. || Acción y resultado de tramitar.

tramo. m. Cada uno de los trechos o partes en que está dividida una superficie, camino, andamio, etc. || Parte de una escalera comprendida entre dos descansillos.

tramoya. f. Máquina o artificio empleados en el teatro para efectuar los cambios de decoración y los efectos escénicos. || Enredo dispuesto con ingenio y disimulo.

trampa. f. Cualquier sistema o dispositivo para cazar animales sirviéndose del engaño. || Puerta en el suelo que comunica con una dependencia inferior. || Tablero horizontal y movible de los mostradores de tiendas y bares. || Plan concebido para engañar a alguien. || Contravención de una ley, norma o regla. || Deuda cuyo pago se demora.

trampolín. m. Plano inclinado y elástico en el que toma impulso el gimnasta. || Plataforma elevada para saltar al agua. || Plataforma dispuesta en un plano inclinado sobre la que se lanza un esquiador. || Lo que se aprovecha para ascender o prosperar.

tramposo, sa. adj. y s. Que hace trampas, especialmente en el juego.

tranca. f. Palo grueso y fuerte. || Palo con que se aseguran las puertas y ventanas cerradas. || *col.* Borrachera.

trance. m. Momento crítico y decisivo. || Tiempo próximo a la muerte. || Estado en que un médium manifiesta fenómenos paranormales. || Estado de suspensión de los sentidos durante el éxtasis místico.

tranquera. f. Estacada o empalizada de trancas. || *amer.* Especie de puerta rústica en un alambrado, hecha generalmente con trancas.

tranquilidad. f. Quietud, sosiego. || Estado de paz y armonía.

tranquilizar. tr. y prnl. Poner tranquilo.

tranquilo, la. adj. Quieto, sosegado. || De carácter pacífico. || Despreocupado y algo irresponsable. También s. || Se dice de la conciencia libre de remordimientos.

transacción. f. Acuerdo comercial entre personas o empresas. || Acción y resultado de transigir.

transar. intr. y prnl. *amer.* Transigir, ceder, llegar a una transacción o acuerdo.

transatlántico, ca. adj. De las regiones situadas al otro lado del Atlántico o relativo a ellas. || Se dice del tráfico y de los medios de locomoción que atraviesan el Atlántico. || m. Buque de grandes dimensiones destinado a hacer travesías por mares y océanos.

transbordar. tr. y prnl. Trasladar efectos o personas de una embarcación a otra, de un tren a otro, o de la orilla de un río a la otra.

transcribir. tr. Escribir con un sistema de caracteres lo que está escrito en otro. || Representar elementos fonéticos, fonológicos, léxicos o morfológicos de una lengua o dialecto mediante un sistema de escritura. || Escribir o anotar lo que se oye. || Arreglar para un instrumento la música escrita para otro.

transcurrir. intr. Pasar, correr el tiempo.

transcurso. m. Acción de transcurrir. || Periodo de tiempo. transductor. m. Dispositivo que recibe la potencia de un sistema mecánico, electromagnético o acústico y la transmite a otro, generalmente en forma distinta. || BIOL. Entidad biológica que transforma una acción hormonal en una actividad enzimática.

transeúnte. adj. y com. Que transita o camina por un lugar. || Que está de paso, que reside transitoriamente en un sitio.

transferencia. f. Acción y resultado de transferir. || Operación por la que se transfiere una cantidad de una cuenta bancaria a otra.

transferir. tr. Pasar o llevar una cosa de un lugar a otro. || Ceder a otro el derecho o dominio que se tiene sobre una cosa. || Remitir fondos bancarios de una cuenta a otra. || Extender o trasladar el sentido de una voz para que signifique figuradamente una cosa distinta.

transfigurar. tr. y prnl. Hacer cambiar de forma o aspecto a una persona o cosa.

transformación. f. Acción y resultado de transformar o transformarse. || BIOL. Fenómeno por el que ciertas células adquieren material génico de otras. || LING. Operación que establece formalmente una relación sintáctica entre dos oraciones.

transformar. tr. y prnl. Hacer cambiar de forma o aspecto. || Cambiar una cosa en otra. || Hacer cambiar el carácter, las costumbres, etc., de una persona.

tránsfuga. com. Persona que pasa huyendo de una parte a otra. || Persona que pasa de un partido político a otro.

transfusión. f. Operación que consiste en hacer pasar cierta cantidad de sangre de un individuo a otro.

transgredir. tr. Quebrantar, violar un precepto, una ley o un estatuto.

transgresión. f. Violación de un precepto, de una ley o de un estatuto.

transición. f. Acción y resultado de pasar de un estado o modo de ser a otro distinto. || Paso de una idea o materia a otra. || Cambio de tono y expresión.

transigir. intr. y tr. Consentir en parte con lo que no se cree justo, razonable o verdadero. || Tolerar, aceptar.

transistor. m. Dispositivo electrónico constituido por un pequeño bloque de materia semiconductora, que cuenta con tres electrodos, emisor, colector y base, y sirve para rectificar y amplificar los impulsos eléctricos. || p. ext., aparato de radio.

transitar. intr. Ir o pasar de un lugar a otro por vías o parajes públicos.

tránsito. m. Acción de transitar. || Movimiento de personas o vehículos de un lugar a otro. || Pasillo o corredor. || Paso. || *amer.* Tráfico.

transitorio, ria. adj. Pasajero, temporal. || Caduco, perecedero, fugaz.

translúcido, da. adj. Cuerpo a través del cual pasa la luz, pero que no deja ver sino confusamente lo que hay detrás de él.

transmigrar. intr. Pasar de un país a otro para establecerse en él. || Pasar un alma de un cuerpo a otro, según la teoría de la metempsicosis.

transmisión. f. Acción y resultado de transmitir. || Conjunto de mecanismos que comunican el movimiento de un cuerpo a otro, alterando generalmente su velocidad, su sentido o su forma. || pl. Servicio de un ejército encargado de los enlaces.

transmisor, ra. adj. y s. Que transmite o puede transmitir. || m. Aparato telegráfico o telefónico que sirve para producir las ondas hercianas que han de actuar en el receptor. || Aparato que sirve para transmitir órdenes relativas al movimiento de las máquinas, en maniobras de barcos o ferroviarias. || Aparato que transforma una onda acústica en onda eléctrica, o produce señales para ser transmitidas por cable, mediante onda electromagnética.

transmitir. tr. Hacer llegar a alguien algún mensaje. || Difundir programas una estación de radio o televisión. || Trasladar, transferir. || Comunicar estados de ánimo o enfermedades. || Comunicar el movimiento de una pieza a otra en una máquina. También prnl. || Ceder o traspasar algo a otro.

transmutar. tr. y prnl. Cambiar o convertir una cosa en otra.

transparencia. f. Cualidad de transparente. || PINT. Técnica que emplea pinceladas muy suaves, que dejan ver lo cubierto por ellas. || CIN. Técnica que permite representar en un estudio escenas de exteriores, mediante una imagen fija que sustituye el fondo. || Diapositiva.

transparente. adj. Se dice del cuerpo a través del cual pueden verse los objetos con claridad. || Traslúcido. || Que se deja adivinar o vislumbrar sin declararse o manifestarse. || m. Tela o papel que se coloca delante de ventanas, o ante una lámpara para suavizar o mitigar la luz. || Ventana de cristales que ilumina y adorna el fondo de un altar.

transpirar. intr. Expulsar un cuerpo líquido a través del tegumento o de la piel. También prnl. || Destilar una cosa agua a través de sus poros, sudar. || Dejar pasar el sudor un determinado tejido. También tr. También se escribe *traspirar*.

transponer. tr. Colocar algo en un lugar diferente, más allá del que ocupaba. También prnl. || Transplantar una planta. || prnl. Ocultarse a la vista. También tr. || Ocultarse de nuestro horizonte un astro. || Adormilarse.

transportar. tr. Llevar a alguien o algo de un lugar a otro. || Trasladar una composición de un tono a otro. || Entusiasmar, extasiar. También prnl.

transporte. m. Acción y resultado de transportar. || Medio de locomoción utilizado para trasladar personas o cosas.

transposición. f. Acción y resultado de transponer. || RET. Figura retórica que consiste en alterar el orden normal de las voces en la oración.

transvasar. tr. Pasar un líquido de un recipiente, o de un lugar, a otro.

transversal. adj. Que se encuentra o se extiende atravesado de un lado a otro. || Que se aparta o desvía de la dirección principal o recta. || Perpendicular. || En una carrera universitaria, asignatura complementaria, no troncal.

tranvía. m. Vehículo de tracción eléctrica, para el transporte de viajeros, que circula sobre raíles en el interior de una ciudad.

trapecio. m. Barra horizontal suspendida de dos cuerdas por sus extremos y que sirve para realizar ejercicios gimnásticos. || GEOM. Cuadrilátero irregular que tiene paralelos solamente dos de sus lados, los cuales se llaman bases. || ANAT. Hueso del carpo. || ANAT. Cada uno de los dos músculos que se extienden desde el occipucio hasta los respectivos omóplatos y las vértebras dorsales.

trapichear. intr. *col.* Ingeniarse, buscar medios, no siempre lícitos, para lograr algún fin. || Comerciar al pormenor, especialmente si se hace de forma ilegal.

trapisonda. f. *col.* Bulla, riña, alboroto. || *col.* Embrollo, enredo. || com. *col.* Persona amiga de enredos y alborotos.

trapo. m. Pedazo de tela desechado por viejo, por roto o por inútil. || Paño utilizado en las tareas domésticas. || Vela de una embarcación. || Capote que usa el torero en la lidia. || pl. *col.* Prendas de vestir.

tráquea. f. ANAT. En los vertebrados de respiración pulmonar, conducto que va de la laringe a los bronquios. || BOT. Vaso conductor de la savia de las plantas. || ZOOL. En los insectos y miriápodos, órgano respiratorio.

tras. prep. Aplicada o al tiempo, después de, a continuación de. || En busca o seguimiento de. || Detrás de, en situación posterior.

trascendencia. f. Perspicacia. || Consecuencia grave o muy importante de algo.

trascendental. adj. De mucha importancia o gravedad por sus posibles consecuencias. || Que se comunica o extiende a otras cosas. || FILOS. Se dice de lo que traspasa los límites de la ciencia experimental.

trascender. intr. Empezar a ser conocido o sabido algo que estaba oculto. || Extender o comunicarse los efectos de unas cosas a otras, produciendo consecuencias. || Ir más allá, sobrepasar cierto límite. También tr. || tr. Comprender, averiguar alguna cosa.

trasegar. tr. Trastornar, revolver. || Cambiar un líquido de una vasija a otra. || *col.* Tomar bebidas alcohólicas.

T

trasero, ra. adj. Que está, se queda o viene detrás. || m. col. Culo, posaderas. || f. Parte posterior de algo.

trasfondo. m. Lo que está o parece estar más allá del fondo visible de una cosa o detrás de la apariencia o intención de una acción.

trasiego. m. Acción y resultado de trasegar. || Ajetreo.

traslación. f. Acción y resultado de trasladar o trasladarse. || Movimiento de la Tierra alrededor del Sol. || LIT. Metáfora.

trasladar. tr. Llevar o cambiar una persona o cosa de un lugar a otro. También prnl. || Hacer pasar a una persona de un puesto o cargo a otro de la misma categoría. || Cambiar la fecha de celebración de un acto. || Traducir de una lengua a otra. || Copiar o reproducir un escrito.

traslado. m. Acción y resultado de trasladar. || DER. Comunicación que se da a alguna de las partes que litigan de las pretensiones o alegatos de la otra. || amer. Transferencia bancaria.

traslúcido, da. adj. Translúcido.

traslucirse. prnl. Ser traslúcido un cuerpo. || Deducirse o inferirse una cosa por algún antecedente o indicio. También prnl.

trasluz. m. Luz que pasa a través de un cuerpo traslúcido.

trasnochar. intr. Pasar uno la noche, o gran parte de ella, sin dormir.

traspasar. tr. Atravesar de parte a parte, especialmente con un arma o instrumento. También prnl. || Pasar adelante, hacia otra parte o a otro lado. También prnl. || Pasar más allá, rebasar. || Renunciar o ceder a favor de otro el derecho o dominio de una cosa. || Transgredir o quebrantar un precepto o norma. || Exceder en lo debido o razonable. || Hacerse sentir intensamente un dolor físico o moral.

traspaso. m. Acción y resultado de traspasar. || Cesión a favor de otro del dominio de una cosa, en especial de un local o negocio.

traspié. m. Resbalón, tropezón. || Error, equivocación.

trasplantar. tr. Trasladar plantas del sitio en que están arraigadas y plantarlas en otro. || Implantar en un cuerpo enfermo un órgano sano o parte de él, generalmente procedente de otro individuo. || Introducir en un grupo ideas o costumbres procedentes de otro. También prnl.

trasquilar. tr. Cortar el pelo o la lana a algunos animales. || col. Cortar el pelo de forma desigual. También prnl.

trastabillar. intr. Dar traspiés o tropezones. || Tambalear, vacilar, titubear. || Tartamudear.

traste. m. Cada uno de los resaltos de metal o hueso que se colocan en el mástil de la guitarra u otros instrumentos semejantes. || amer. Trasto. Más en pl.

trastienda. f. Cuarto o pieza situados detrás de la tienda. || Cautela o reserva en el modo de proceder.

trasto. m. Cualquiera de los muebles o utensilios de una casa. || Objeto o mueble viejo, inútil o poco usado. || Bastidor o artificio que forma parte de la decoración del teatro. || col. Persona muy inquieta o enredadora; referido especialmente a los niños. || pl. Utensilios o herramientas de algún arte o ejercicio.

trastocar. tr. Trastornar, alterar, revolver.

trastornar. tr. Inquietar, alterar o perturbar a alguien. También prnl. || Desordenar o trastocar. También prnl. || Causar molestia.

trastrocar. tr. y prnl. Cambiar unas cosas por otras, o confundirlas con ellas.

tratable. adj. Que se puede o deja tratar fácilmente. || Cortés, razonable y amable.

tratado. m. Convenio, conclusión de un negocio. || Escrito o discurso sobre una materia determinada, generalmente extenso y profundo.

tratamiento. m. Acción y resultado de tratar. || Título de cortesía. || Sistema o método para curar enfermedades. || Procedimiento empleado en una experiencia o en la elaboración de un producto.

tratar. tr. Portarse con alguien de una determinada manera. También prnl. || Cuidar bien o mal una cosa. || Tener relación con alguien. También intr. y prnl. || Administrar un tratamiento curativo. || Dar un tratamiento de cortesía. || Tildar o motejar. || Someter a una persona o cosa a cierto tratamiento o proceso. || Discutir un asunto. || INFORM. Procesar datos. || intr. Procurar el logro de algún fin. || Comerciar. También prnl. || Referirse a cierto asunto u ocuparse de él. También prnl.

trato. m. Acción y resultado de tratar o tratarse. || Ajuste o convenio. || Tratamiento de cortesía.

trauma. m. Traumatismo. || col. Choque o sentimiento emocional que deja una impresión duradera en el subconsciente, generalmente a causa de una experiencia negativa.

traumatismo. m. Lesión interna o externa provocada en los tejidos. || Estado del organismo afectado por una herida grave.

traumatología. f. MED. Parte de la medicina referente a los traumatismos y sus efectos.

través. m. Inclinación o torcimiento. || Desgracia, fatalidad.

travesaño. m. Pieza que atraviesa de una parte a otra. || Pieza que forma cada uno de los peldaños de las escaleras portátiles.

travesía. f. Callejuela que atraviesa entre calles principales. || Parte de una carretera comprendida dentro del casco de una población. || Viaje, particularmente el que se realiza en un barco o en un avión.

travestismo. m. Acción de vestirse con ropas del sexo opuesto.

travesura. f. Acción con la que se causa algún daño o perjuicio de poca importancia y que realiza alguien, generalmente un niño, por diversión o juego.

traviesa. f. Madero o pieza que se atraviesa en una vía férrea para asentar sobre ella los rieles.

travieso, sa. adj. Inquieto, revoltoso; referido comúnmente a los niños. || Pícaro o malicioso.

trayecto. m. Espacio que se recorre. || Acción de recorrerlo.

trayectoria. f. Línea descrita en el espacio por un punto en movimiento. || Curso o dirección que sigue alguien o algo al desplazarse. || Curva que traza un proyectil al ser lanzado o en su movimiento. || Evolución, desarrollo.

trazar. tr. Hacer trazos o líneas. || Diseñar el plano o la traza de un edificio u otra obra. || Discurrir los medios necesarios para el logro de un objetivo. || Describir, dibujar los rasgos característicos de una persona o cosa.

trazo. m. Línea, raya. || Forma de la letra manuscrita. || Línea que constituye la forma o el contorno de algo.

trebejo. m. Utensilio, instrumento. Más en pl. || Juguete. || Cada una de las piezas del juego de ajedrez.

trébol. m. Planta herbácea papilionácea de flores blancas o moradas y hojas casi redondas, pecioladas de tres en tres, que se cultiva como planta forrajera. || Uno de los palos de la baraja francesa. Más en pl. || *amer.* Conjunto de cruces y puentes de una autopista.

trece. adj. y pron. num. card. Diez más tres.

trecho. m. Espacio, distancia.

trefilar. tr. Pasar un metal por la hilera para hacer alambre.

tregua. f. Suspensión de hostilidades entre beligerantes, por tiempo determinado. || Intermisión, descanso.

treinta. adj. y pron. num. card. Tres veces diez.

tremedal. m. Terreno pantanoso que tiembla cuando se anda sobre él.

tremendo, da. adj. Digno de ser temido. || Muy grande o intenso. || Se dice de las personas peculiares o sorprendentes.

trementina. f. Resina de los pinos, abetos, alerces y terebintos. Es muy aromática y se usa en industria y en medicina.

tremolar. tr. e intr. Enarbolar los pendones, banderas o estandartes, moviéndolos en el aire.

trémulo, la. adj. Que tiembla. || Se dice de las cosas cuyo movimiento semeja el temblor.

tren. m. Transporte formado por una serie de vagones enlazados o articulados unos tras otros

y arrastrados por una locomotora. || Conjunto de instrumentos o dispositivos para una misma operación o servicio. || Modo de vida de una persona, especialmente si está rodeada de lujos y comodidades. || Marcha, ritmo.

trenza. f. Entrecruzamiento de tres o más hebras o cordones. || Peinado que se realiza entretejiendo mechones de cabello. || Bollo cuya forma semeja ese entrecruzamiento.

trenzar. tr. Entretejer tres o más ramales, cruzándolos alternativamente para formar un solo cuerpo alargado.

trepador, ra. adj. Que trepa. || Se dice de las plantas que trepan agarrándose a los árboles o a algunas superficies. || adj. y f. De las trepadoras o relativo a este orden de aves. || m. Sitio por donde se trepa. || f. pl. ZOOL. Orden de aves caracterizadas por trepar con facilidad.

trepanar. tr. Perforar el cráneo u otro hueso con fin curativo o diagnóstico.

trépano. m. Instrumento quirúrgico para trepanar.

trepar. intr. Subir a un lugar alto o dificultoso ayudándose con manos y pies. También tr. || Crecer las plantas agarrándose a los árboles o a ciertas superficies. || Prosperar social o laboralmente sirviéndose de medios poco escrupulosos. || intr. Temblar fuertemente.

tres. adj. y pron. num. card. Dos más uno. || adj. num. ord. Que ocupa el lugar número tres en una serie ordenada de elementos, tercero. También m., aplicado a los días del mes. || Conjunto de signos con que se representa este número.

trescientos, tas. adj. y pron. num. card. Tres veces ciento.

tresillo. m. Sofá de tres plazas. || Conjunto de sofá y dos butacas o sillones a juego. || Juego de naipes entre tres personas en el que gana el que hace mayor número de bazas. || Sortija con tres piedras que hacen juego. || MÚS. Conjunto de tres notas iguales interpretadas en el tiempo correspondiente a dos de ellas.

treta. f. Artificio, artimaña.

tríada. f. Conjunto de tres seres o unidades estrechamente vinculados entre sí. || Conjunto de tres síntomas característicos de una enfermedad. || Grupo de tres elementos químicos situados en cada columna del sistema periódico.

triangular. adj. De forma de triángulo o semejante a él.

triángulo, la. m. GEOM. Figura geométrica formada por tres rectas que se cortan mutuamente, formando tres ángulos. || Instrumento musical de percusión en forma de triángulo al que se hace sonar golpeándolo con una varilla.

tribu. f. Grupo homogéneo y autónomo, social y políticamente, que ocupa un territorio propio. || Agrupación de pueblos antiguos. || BIOL. Cada uno de los grupos taxonómicos en que muchas familias se dividen, los cuales se subdividen, a su vez, en géneros.

tribulación. f. Congoja, pena. || Adversidad.

tribuna. f. Plataforma elevada desde donde alguien habla o se dirige al público. || Localidad preferente en un campo de deporte. || Plataforma elevada en ciertos espectáculos públicos. || Actividad del orador. || Conjunto de oradores. || Medio de comunicación. || Balcón en el interior de algunas iglesias.

tribunal. m. Magistrado o magistrados encargados de administrar justicia y pronunciar sentencias. || Lugar donde jueces y magistrados administran justicia. || Conjunto de jueces ante el cual se efectúan ciertas pruebas que han de controlar y evaluar. || pl. Vía judicial.

tribuno. m. Magistrado romano que tenía la facultad de poner el veto a las resoluciones del Senado y de proponer plebiscitos. || Orador popular.

tributar. tr. Pagar tributos. También intr. || Manifestar admiración, respeto, afecto.

tributo. m. Cantidad de dinero que debe pagar un ciudadano al Estado para que haga frente a las cargas y servicios públicos. || Sentimiento de admiración, respeto o afecto hacia alguien.

triciclo. m. Vehículo de tres ruedas, provisto de pedales, que utilizan generalmente los niños.

tricolor. adj. De tres colores.

tricot. (voz fr.) m. Punto, tejido.

tricota. f. *amer.* Suéter, prenda de punto.

tricromía. f. Procedimiento fotográfico y fotomecánico de reproducción de todos los colores mediante la estampación sucesiva del amarillo, rojo y azul. || Impresión obtenida con esta técnica.

tridente. adj. De tres dientes o puntas. || m. Cetro en forma de arpón, con tres puntas.

trienio. m. Periodo de tiempo de tres años. || Incremento económico en un salario, cada tres años de servicio activo en una empresa u organismo.

trifulca. f. Alboroto, riña.

trigal. adj. Terreno sembrado de trigo.

trigésimo, ma. adj. num. ord. Que ocupa el lugar número treinta en una serie ordenada de elementos. || adj. num. frac. Se dice de cada una de las treinta partes iguales en que se divide un todo. También m.

trigo. m. Planta gramínea, con espigas terminales compuestas de tres o más carreras de granos, de los cuales, triturados, se obtiene la harina. || Grano de esta planta. || Trigal. Más en pl.

trigueño, ña. adj. Del color del trigo, entre moreno y rubio.

trilla. f. Acción de trillar. || Tiempo en que se trilla. || *amer.* Zurra, paliza.

trillar. tr. Separar el grano de la paja triturando la mies esparcida en la era. || Utilizar algo con exceso, particularmente tratar muchas veces un tema, de forma que pierda originalidad.

trillizo, za. adj. y s. Se dice de cada uno de los hermanos nacidos de un parto triple.

trillón. m. Un millón de billones, expresado con la unidad seguida de dieciocho ceros.

trilogía. f. Conjunto de tres obras de un mismo autor, que mantienen entre sí una unidad argumental.

trimestral. adj. Que sucede o se repite cada tres meses. || Que dura tres meses.

trimestre. m. Espacio de tres meses. || Renta o sueldo que se cobra o paga al fin de cada trimestre. || Conjunto de los números de un periódico o revista, publicados durante un trimestre.

trimotor. adj. y m. Se dice del avión de tres motores.

trinar. intr. Gorjear los pájaros. || Hacer trinos. || Rabiar, impacientarse.

trincar. tr. e intr. Beber alcohol.

trinchar. tr. Partir en trozos la comida, especialmente carnes asadas, para servirla.

trinchera. f. Defensa excavada en la tierra para protegerse los soldados. || Corte hecho en un terreno para camino, con taludes a ambos lados. || Gabardina impermeable que recibe este nombre por haberla usado algunas tropas durante la Primera Guerra Mundial.

trineo. m. Vehículo montado sobre patines o esquíes, para deslizarse sobre el hielo y la nieve.

trino, na. adj. Que contiene en sí tres cosas distintas. || Que consta de tres elementos o unidades, ternario. || m. Gorjeo de los pájaros. || MÚS. Sucesión rápida y alternada de dos notas de igual duración, entre las cuales media la distancia de un tono o de un semitono.

trío. m. Grupo de tres unidades. || Composición musical para tres voces o instrumentos. || Conjunto que las interpreta.

tripa. f. Intestino. || Trozo de intestino de un animal utilizado como material o en alimentación. || Vientre, especialmente el grueso o abultado. || pl. Vísceras. || Relleno de algunos objetos o parte interior de algo.

tripanosoma. m. ZOOL. Género de protozoos que viven en la sangre del hombre y de algunos vertebrados superiores, causándoles la enfermedad del sueño.

tripartito, ta. adj. Dividido en tres partes, órdenes o clases. || Constituido por tres partidos políticos. || Realizado entre tres.

triple. adj. num. mult. Que consta de tres elementos. || adj. Tres veces mayor. También m. || m. Enchufe con tres salidas. || DEP. En baloncesto, canasta de tres puntos.

triplicar. tr. Multiplicar por tres. También prnl. || Hacer tres veces una misma cosa.

trípode. m. Armazón de tres pies para sostener ciertos instrumentos. || Mesa o banquillo con tres patas.

triptongo. m. Grupo de tres vocales (débil, fuerte y débil) que forma una sola sílaba.

tripulación. f. Conjunto de personas que se encargan del manejo de una embarcación o vehículo aéreo o espacial o de atender a los pasajeros.

tripulante. com. Persona que forma parte de una tripulación.

tripular. tr. Conducir, especialmente, un barco, avión o vehículo espacial. || Dotar de tripulación una nave.

triquina. f. ZOOL. Gusano nematelminto de unos tres milímetros de largo, cuya larva se enquista en forma de espiral en los músculos del cerdo y del hombre.

triquinosis. f. Enfermedad parasitaria provocada por la invasión de larvas de triquina que penetran en las fibras musculares.

triquiñuela. f. Treta o artimaña para conseguir algo.

trisílabo, ba. adj. y s. De tres sílabas.

triste. adj. Afligido, apenado. || De carácter melancólico. || Que denota pesadumbre o melancolía o la produce. || Oscuro, apagado. || Funesto, aciago. || Doloroso o injusto. || Insignificante, insuficiente, escaso. A veces, se usa simplemente como intensificador. || m. *amer.* Canción popular de algunos países sudamericanos de tono melancólico y acompañada con la guitarra.

tristeza. f. Cualidad de triste.

triturar. tr. Moler, desmenuzar. || Maltratar, molestar. || Rebatir, censurar.

triunfar. intr. Quedar victorioso, resultar vencedor. || Tener alguien éxito en sus aspiraciones.

triunfo. m. Acción y resultado de triunfar. || Trofeo que acredita haber triunfado. || Carta del mismo palo de la que pinta en ciertos juegos de naipes, por lo cual tiene más valor. || *amer.* Cierta danza popular.

triunvirato. m. Magistratura de la república romana en que intervenían tres personas. || Conjunto de tres personas que dirigen cualquier empresa o asunto.

trivial. adj. Que carece de importancia, interés o novedad. || Del trivio o relativo a él.

triza. f. Pedazo pequeño o partícula dividida de un cuerpo.

trocar. m. Instrumento de cirugía que consiste en un punzón con punta de tres aristas cortantes, revestido de una cánula. || tr. Cambiar una cosa por otra. || Alterar, producir cambios. También prnl. || Equivocar, decir una cosa por otra.

trofeo. m. Objeto que reciben los ganadores en señal de victoria. || Botín obtenido en la guerra.

troglodita. adj. y com. Habitante de las cavernas. || Se dice de la persona bruta, cruel o muy tosca.

troica o **troika.** (voz rusa) f. Vehículo ruso a modo de trineo, arrastrado por tres caballos. || p. ext., carruaje tirado por tres caballos. || Grupo de tres gobernantes, particularmente el formado en la antigua Unión Soviética por el presidente de la república, el jefe del gobierno y el secretario general del partido comunista.

troj. f. Espacio limitado por tabiques, para guardar frutos y especialmente cereales. || p. ext., sitio donde se almacenan las aceitunas.

trole. m. Pértiga de hierro que sirve para transmitir a un receptor móvil la corriente del cable conductor por medio de una polea o un arco que lleva en su extremidad. || trolebús.

trolebús. m. Vehículo eléctrico, sin carriles, que toma la corriente de un cable aéreo por medio de un trole doble.

tromba. f. Columna de agua que se levanta en el mar por efecto de un torbellino. || Gran cantidad de agua de lluvia caída en poco tiempo.

trombón. m. Instrumento musical metálico, parecido a una trompeta grande y cuyos sonidos se obtienen alargando las varas que lleva. || com. Persona que toca este instrumento.

trompa. f. Prolongación muscular, hueca y elástica de la nariz de algunos animales. || Aparato chupador, dilatable y contráctil que tienen algunos insectos. || Prolongación, generalmente retráctil, del extremo anterior del cuerno de muchos gusanos. || Instrumento musical de viento que consiste en un tubo de metal enroscado circularmente y que va ensanchándose desde la boquilla al pabellón. || Bóveda que permite superponer dos estructuras de diferente trazado geométrico, como el de una cúpula sobre una base cuadrada.

trompazo. m. *col.* Golpe fuerte.

trompeta. f. Instrumento musical de viento que consiste en un tubo largo de metal que va ensanchándose desde la boquilla al pabellón.

trompo. m. Peón o peonza.

tronar. intr. impers. Sonar truenos. || intr. Despedir o causar ruido o estampido. || *col.* Despotricar contra alguien o algo.

tronchar. tr. y prnl. Partir o romper con violencia un vegetal por su tronco, tallo o ramas principales. || Partir con violencia cualquier cosa de forma parecida a un tronco. || Agotar, cansar muchísimo. || prnl. *col.* Partirse de risa, reírse mucho.

troncho. m. Tallo de las hortalizas.

tronco, ca. m. Tallo fuerte y macizo de árboles y arbustos. || Cuerpo humano o de cualquier animal, prescindiendo de la cabeza y de las extremidades. || Cuerpo truncado. || Conducto o canal principal del que salen o al que conducen otros menores. || Ascendiente común de dos o más ramas, líneas o familias. || m. y f. *col.* Compañero, amigo, colega.

tronera. f. Abertura en el costado de un buque o de una muralla para disparar los cañones y otras armas de artillería. || Ventana pequeña y estrecha por donde entra poca luz. || Cada uno de los agujeros o aberturas que hay en las mesas de billar u otros juegos, para que por ellos entren las bolas. || Juguete de papel plegado que, al sacudirlo con fuerza, produce un sonido violento. || com. Persona de vida desordenada.

trono. m. Asiento con gradas y dosel que usan los reyes, emperadores, papas y personas de alta dignidad, especialmente en los actos de ceremonia. || Dignidad de rey o soberano.

tropa. f. Conjunto de soldados y cabos. || Muchedumbre de personas, generalmente reunidas con un fin determinado. || Conjunto de militares, en distinción a las civiles.

tropel. m. Movimiento acelerado y ruidoso de varias personas o cosas que se mueven con desorden. || Conjunto de cosas mal ordenadas o amontonadas sin concierto. || en tropel. loc. adv. De forma atropellada y confusa.

tropelía. f. Abuso, arbitrariedad, hecho violento y contrario a las leyes.

tropezar. intr. Dar con los pies en algún obstáculo, perdiendo el equilibrio. || Detenerse o ser impedida una cosa por encontrar un estorbo. || Cometer un error o una falta. || *col.* Reñir o entrentarse con alguien. || *col.* Encontrar casualmente a una persona. También prnl.

tropezón, ona. adj. Que tropieza con frecuencia. || m. Acción y resultado de tropezar. || Falta, error, desliz. || Pedazo pequeño de un alimento que se añade a las sopas, legumbres, etc. Más en pl.

trópico, ca. adj. Del tropo o relativo a él. || m. Cada uno de los dos círculos menores que se consideran en el globo terrestre en correspondencia con los dos de la esfera celeste. || Región comprendida entre estos círculos.

tropiezo. m. Traspié. || Aquello en que se tropieza. || Falta, culpa o equivocación. || Dificultad o impedimento en un trabajo, negocio o pretensión. || Riña o discusión.

troposfera. f. METEOR. Región inferior de la atmósfera, hasta una altura de unos 12 km, donde tienen lugar la mayoría de los fenómenos que afectan al tiempo o al clima.

troquel. m. Molde empleado en la acuñación de monedas, medallas y objetos semejantes. || Instrumento análogo de mayores dimensiones, que se emplea para el estampado de piezas metálicas. || Instrumento para cortar cartón, cuero o planchas metálicas, por medio de presión.

troquelar. tr. Imprimir y sellar una pieza de metal por medio del troquel. || Hacer monedas de este modo. || Cortar con el troquel.

trotamundos. com. Persona aficionada a viajar y a recorrer distintos países.

trotar. intr. Ir el caballo al trote. || Cabalgar una persona en un caballo que va al trote. || *col.* Andar mucho o con prisa una persona.

trote. m. Modo de andar las caballerías y otros animales semejantes, que consiste en avanzar saltando, con apoyo alterno del pie y la mano contrapuestos. || Trabajo o faena apresurada y fatigosa. || Mucho uso que se le da a algo. || al trote. loc. adv. Trotando. || *col.* Aceleradamente.

trova. f. Canción amorosa compuesta o cantada por los trovadores. || Composición métrica escrita generalmente para ser cantada. || Conjunto de palabras sujetas a medida y cadencia, verso. || Composición métrica formada a imitación de otra.

trovador, ra. adj. y s. Que trova o compone versos, poeta. || m. Poeta de la Edad Media, especialmente el que escribía y trovaba en lengua de oc.

troyano, na. adj. y s. De Troya o relativo a esta ciudad de la antigua Asia.

trozo. m. Pedazo de algo que se considera aparte del resto.

trucha. f. Pez teleósteo de agua dulce, que mide hasta 80 cm de longitud, de carne fina y sabrosa.

trucha. f. *amer.* Tienda de mercería.

truco. m. Cada una de las mañas o habilidades que se adquieren en el ejercicio de un arte, oficio o profesión. || Ardid o trampa que se utiliza para el logro de un fin. || Artificio para producir determinados efectos realistas.

truculento, ta. adj. Excesivamente cruel o atroz.

trueno. m. Estampido o estruendo producido en las nubes por una descarga eléctrica. || Ruido o estampido que causa el tiro de cualquier arma o artificio de fuego.

trueque. m. Acción y resultado de trocar. || Intercambio directo de bienes y servicios, sin mediar la intervención de dinero.

trufa. f. Variedad muy aromática de cierto hongo que crece bajo la tierra, muy apreciada en gastronomía. || Dulce de chocolate mezclado generalmente con algún licor y en forma de bombón. || Crema de chocolate y nata. || Nariz de los perros.

truhán, ana. adj. y s. Se dice de la persona que vive de engaños y estafas. || Se dice de la persona que pretende hacer reír o divertir a las demás con bufonadas, chistes y muecas.

truncar. tr. Cortar una parte a alguna cosa. || Cortar la cabeza al cuerpo del hombre o de un animal. || Interrumpir una acción u obra dejándola incompleta o impidiendo que se lleve a cabo. || Omitir palabras en frases o pasajes de un escrito, especialmente cuando se hace intencionadamente.

trust. (voz i.) m. Grupo de empresas bajo una misma dirección cuyo propósito es controlar el mercado de un producto determinado o de un sector.

tsetsé. m. Mosca africana que inocula el tripanosoma que produce la enfermedad del sueño.

tu, tus. adj. pos. com. sing. y pl. Apócope de *tuyo, a, tuyos, as,* que siempre antecede a sustantivos.

tú. pron. Forma del pron. pers. com. de segunda persona singular, que en la oración desempeña la función de sujeto y vocativo.

tubérculo. m. Parte de un tallo subterráneo o de una raíz, que se desarrolla considerablemente al acumularse en sus células una gran cantidad de sustancias de reserva. || PAT. Tumor generalmente de color blanco amarillento, redondeado y duro al principio, que más tarde se reblandece y que adquiere el aspecto y la consistencia del pus. || ZOOL. Protuberancia que presenta el dermatoesqueleto o la superficie de varios animales.

tuberculosis. f. Enfermedad infecciosa producida por el bacilo de Koch.

tuberculoso, sa. adj. Del tubérculo o relativo a él. || Que padece tuberculosis. También s.

tubería. f. Conducto formado por tubos, generalmente para el paso de un fluido, cañería. || Conjunto de tubos.

tubo. m. Pieza hueca, generalmente de forma cilíndrica y, por lo común, abierta por ambos extremos, que se hace de distintas materias y se destina a varios usos. || Recipiente de forma cilíndrica. || Recipiente flexible con un tapón en un extremo y un pliegue en el otro, destinado a contener sustancias blandas. || Nombre que reciben algunos conductos de organismos animales y vegetales. || *col.* Metro, medio de transporte. || *amer.* Auricular del teléfono. || Rulo para rizar el pelo.

tubular. adj. Del tubo o relativo a él. || Que tiene su forma o está formado por tubos.

tucán. m. Ave americana trepadora de pico arqueado, muy grueso y casi tan largo como el cuerpo, con plumaje negro y de colores vivos.

tuco. m. *amer.* Salsa de tomate frito con cebolla, orégano, perejil, ají y otros condimentos.

tuerca. f. Pieza con un hueco labrado en espiral que ajusta exactamente en el filete de un tornillo.

tuerto, ta. adj. Que le falta un ojo o carece de vista en él. También s. || Torcido, que no está recto.

tuétano. m. Sustancia blanca contenida dentro de los huesos. || BOT. Parte interior de una raíz o tallo de una planta.

tufo. m. Emanación gaseosa que se desprende de las fermentaciones y de las combustiones imperfectas. || *col.* Olor fuerte y muy desagradable. || *col.* Soberbia, vanidad. Más en pl. || *col.* Sospecha, impresión, corazonada.

tugurio. m. Habitación pequeña y mezquina. || *col.* Local sucio y descuidado o de mala reputación. || Choza de pastores.

tul. m. Tejido transparente de seda, algodón o hilo, que forma una pequeña malla.

tulipa. f. Tulipán pequeño. || Pantalla de vidrio con forma parecida a la del tulipán.

tulipán. m. Planta herbácea, liliácea, vivaz, con raíz bulbosa, tallo liso, hojas grandes y lanceoladas y flor única, de hermosos colores e inodora. || Flor de esta planta.

tullido, da. adj. y s. Que ha perdido el movimiento del cuerpo o de alguno de sus miembros.

tullir. tr. Hacer que alguien quede tullido. || prnl. Quedarse tullido.

tumba. f. Obra levantada de piedra o excavada en la tierra en que está sepultado un cadáver. || Armazón en forma de ataúd, que se coloca sobre el túmulo o en el suelo, para la celebración de las honras de un difunto.

tumbar. tr. Hacer caer o derribar a una persona o cosa. || Tender, acostar. También prnl. || *col.* Aturdir o quitar a uno el sentido una cosa fuerte. || *col.* Suspender a alguien.

tumbo. m. Vaivén violento. || Caída violenta. || dar tumbos. loc. Tambalearse. || Desenvolverse con tropiezos y dificultades.

tumefacción. f. Hinchazón de una parte del cuerpo.

tumefacto, ta. adj. Hinchado, inflamado.

tumor. m. Hinchazón y bulto que se forma anormalmente en alguna parte del cuerpo. || Alteración patológica de un órgano o de una parte de él, producida por la proliferación creciente de las células que lo componen.

T

túmulo. m. Sepulcro levantado de la tierra. || Montículo artificial con que en algunos pueblos antiguos era costumbre cubrir una sepultura. || Armazón de madera, sobre la que se coloca el féretro, para la celebración de las honras de un difunto.

tunante. adj. y com. Pícaro, bribón, taimado.

tundra. f. Terreno abierto y llano, de clima subglacial y subsuelo helado, falto de vegetación arbórea; suelo cubierto de musgos y líquenes, y pantanoso en muchos sitios.

túnica. f. Vestidura sin mangas, que se usaba antiguamente debajo de la ropa. || Vestidura exterior amplia y larga. || BOT. Telilla o película que en algunas frutas o bulbos está pegada a la cáscara y cubre más inmediatamente la carne. || ANAT. Membrana muy delgada que cubre algunas partes del cuerpo. || ZOOL. Membrana que envuelve por completo el cuerpo de los tunicados.

tupé. m. Cabello que cae sobre la frente o se lleva levantado sobre ella. || Penacho o copete de algunas aves.

tupido, da. adj. Que tiene sus elementos o componentes muy juntos o apretados.

turba. f. Combustible fósil formado de residuos vegetales acumulados en sitios pantanosos, y que al arder produce humo denso. || Estiércol mezclado con carbón mineral, empleado también como combustible.

turbación. f. Acción y resultado de turbar o turbarse. || Confusión, desconcierto.

turbante. m. Tocado propio de las naciones orientales, que consiste en una faja larga de tela rodeada a la cabeza. || Tocado femenino inspirado en el anterior.

turbar. tr. y prnl. Alterar o conmover el estado o curso natural de una cosa. || Sorprender o aturdir a uno, de modo que no acierte a hablar o a proseguir lo que estaba haciendo. || Interrumpir o alterar un estado o situación.

turbina. f. Máquina destinada a transformar en movimiento giratorio, mediante una rueda de paletas, la energía cinética de un fluido.

turbio, bia. adj. Mezclado o alterado con algo que oscurece o quita la claridad y transparencia que le son propias. || Revuelto, dudoso, turbulento, azaroso. || Confuso, poco claro.

turbulento, ta. adj. Confuso, alborotado y desordenado. || Se apl. a la persona agitadora, que promueve disturbios o discusiones, y a su carácter. También s. || Se dice del régimen de una corriente fluida cuya velocidad en cada punto varía rápidamente en dirección y magnitud, formando remolinos.

turco, ca. adj. y s. Se dice del individuo de un numeroso pueblo que, procedente del Turquestán, se estableció en Asia Menor y en la parte oriental de Europa, a las que dio nombre. || De Turquía o relativo a este país de Oriente Próximo, otomano. || m. Lengua árabe hablada en Turquía y otras regiones.

turgente. adj. Abultado, elevado. || MED. Se apl. al humor que hincha una parte del cuerpo.

turismo. m. Afición a viajar por placer. || Organización de los medios conducentes a facilitar estos viajes. || Automóvil de uso privado.

turista. com. Persona que hace turismo. || adj. Se dice de la categoría de algunos establecimientos de hostelería y de ciertos medios de transporte de pasajeros.

turnar. intr. Alternar o hacer turnos para la realización de una tarea. Más c. prnl. || tr. amer. DER. En uso jurídico y administrativo, remitir una comunicación, expediente o actuación a otro departamento, juzgado, sala de tribunales, o funcionario.

turno. m. Orden en que van sucediéndose o alternándose las personas para realizar una tarea. || Ocasión en que a alguien le corresponde realizar una tarea que alterna con otro u otros. || Cada una de las intervenciones que, en pro o en contra de una propuesta, permiten los reglamentos de las Cámaras legislativas o corporaciones.

turquesa. f. Mineral amorfo, formado por un fosfato de alúmina con algo de cobre y hierro, de color azul verdoso, que se emplea en joyería. || adj. y s. De color azul verdoso. Se suele usar solo en singular, como nombre en aposición.

turrón. m. Dulce típico de Navidad consistente en una pasta hecha de almendras, piñones, avellanas u otros frutos secos, tostada y mezclada con miel y azúcar, que se toma en forma de tabletas o porciones.

tutear. tr. y prnl. Hablar de «tú» a alguien, en lugar de «usted».

tutela. f. Autoridad que, en defecto de la paterna o materna, se confiere para cuidar de la persona y bienes de quien no tiene completa capacidad civil. || Cargo de tutor. || Dirección, amparo.

tutelar. tr. Ejercer la tutela de una persona. || Dirigir, amparar o favorecer. || adj. Que dirige, ampara, protege o defiende.

tuteo. m. Acción de tutear o tutearse.

tutor, ra. m. y f. Persona que ejerce la tutela. || Defensor, protector. || Profesor que orienta y aconseja a los alumnos de un curso o asignatura.

tuyo, a, os, as. adj. y pron. pos. Indica la relación de pertenencia entre lo poseído y un poseedor de segunda persona del singular.

U

u. f. Vigesimosegunda letra del alfabeto español y última de sus vocales, cerrada y velar. Es muda en las sílabas *que, qui,* y en *gue, gui.* Cuando en una de estas dos últimas tiene sonido, debe llevar diéresis.

u. conj. disy. que se emplea en lugar de *o* ante palabras que empiezan por *o, ho.*

ubérrimo, ma. adj. sup. Muy abundante y fértil.

ubicación. f. Acción y resultado de ubicar o ubicarse. || Lugar en que se ubica algo.

ubicar. intr. y prnl. Estar situado en un espacio determinado. || tr. Localizar, situar. || *amer.* Orientar.

ubicuidad. f. Calidad de ubicuo, omnipresencia.

ubicuo, cua. adj. Que está presente a un mismo tiempo en todas partes, omnipresente. || *col.* Se dice de quien vive en continuo movimiento para no perderse nada.

ubre. f. En los mamíferos, cada una de las mamas de la hembra.

ucraniano, na. adj. y s. De Ucrania o relativo a este país de la antigua Unión Soviética. || m. Lengua eslava hablada en este país.

ufanarse. prnl. Engreírse, jactarse, gloriarse.

ufano, na. adj. Engreído, arrogante. || Satisfecho, alegre. || Resuelto, decidido.

ujier. m. Portero de un palacio o tribunal. || Empleado subalterno de algunos tribunales y cuerpos del Estado.

úlcera. f. PAT. Lesión que destruye tejidos de la piel o de la mucosa de un órgano. || BOT. Daño en la parte leñosa de las plantas, que se manifiesta por exudación de savia corrompida.

ulema. m. Doctor o maestro de la ley musulmana.

ulterior. adj. Que está a continuación o más allá de algo. || Que se dice o sucede después de algo, posterior.

ultimar. tr. Acabar, terminar. || *amer.* Matar.

ultimátum. m. En el ámbito diplomático, resolución terminante y definitiva, comunicada por escrito. || *col.* Decisión definitiva.

último, ma. adj. Se dice de lo que dentro de una serie no tiene nada detrás. También s. || Lo más remoto. || Definitivo. || Extremado, sin alternativa.

ultra. adj. y com. Extremista, radical, especialmente referido a las ideologías.

ultrajar. tr. Injuriar gravemente a alguien. || Despreciar.

ultraje. m. Injuria. || Ofensa, insulto.

ultramar. m. Conjunto de territorios del otro lado de un mar o de un océano.

ultranza (a). loc. adv. Sin vacilar, resueltamente.

ultrarrojo. adj. Que en el espectro luminoso se encuentra después del color rojo.

ultrasonido. m. Sonido cuya frecuencia de vibraciones es superior al límite perceptible por el oído humano.

ultratumba. f. Ámbito más allá de la muerte. || adv. Más allá de la muerte.

ultravioleta. adj. y m. Se dice de la parte invisible del espectro luminoso a continuación del color violeta, cuya existencia se detecta por acciones químicas.

ulular. intr. Dar aullidos o alaridos. || Producir un sonido parecido el viento.

umbela. f. BOT. Grupo de flores o frutos que nacen en un mismo punto del tallo y se elevan a igual altura. || Tejadillo voladizo sobre un balcón o ventana.

umbilical. adj. Del ombligo o relativo a él.

umbral. m. Parte inferior, contrapuesta al dintel, del vano de una puerta. || Entrada, principio de cualquier cosa. || Valor a partir del cual empiezan a ser perceptibles los efectos de un agente físico. || ARQUIT. Madero que se atraviesa en lo alto de un vano para sostener el muro que hay encima.

umbrío, a. adj. Se dice del lugar poco soleado. || f. Terreno orientado al norte que está casi permanentemente en sombra.

un, una. art. indet. Presenta o introduce sustantivos que designan personas o cosas desconocidas o no mencionadas anteriormente. || adj. indef. Uno cualquiera. || adj. y pron. num. card. Uno.

unánime. adj. Se dice de las personas de común parecer. || Se apl. a ese mismo parecer.

unanimidad. f. Cualidad de unánime.

unción. f. Acción de ungir o untar. || Extremaunción. || Devoción, recogimiento y perfección con que se dedica a algo.

uncir. tr. Atar o sujetar al yugo bueyes, mulas u otras bestias.

undécimo, ma. adj. num. ord. Que ocupa el lugar número once en una serie ordenada de elementos.

U

ungir. tr. Aplicar aceite u otra materia grasa, extendiéndola superficialmente. || Signar con óleo sagrado a una persona, para denotar el carácter de su dignidad, o para la recepción de un sacramento.

ungüento. m. Cualquier materia pastosa, medicinal o cosmética, con que se unta el cuerpo.

ungulado, da. adj. y m. De los ungulados o relativo a este grupo de animales. || m. pl. ZOOL. Grupo de animales mamíferos con cascos o pezuñas.

unicelular. adj. BIOL. Que consta de una sola célula.

único, ca. adj. Solo en su especie. || Extraordinario, fuera de lo normal.

unicornio. m. Animal mitológico de figura de caballo y con un cuerno recto en mitad de la frente. || Rinoceronte.

unidad. f. Propiedad de lo que es uno e indivisible. || Cada uno de los elementos diferenciables de un conjunto. || Unanimidad. || Cantidad o magnitud que sirven como término de comparación de las demás de su especie. || Cada una de las secciones de un organismo que tienen cierta independencia. || Cualidad de la producción literaria o artística en la que solo hay un asunto o pensamiento principal. || MAT. El primer número natural, el número 1.

unificación. f. Acción y resultado de unificar o unificarse.

unificar. tr. y prnl. Hacer de muchas cosas una o un todo, uniéndolas, mezclándolas o reduciéndolas a una misma especie. || Igualar.

uniformar. tr. Hacer uniformes dos o más cosas. También prnl. || Hacer que alguien vista un uniforme.

uniforme. adj. Con la misma forma. || Igual, conforme, semejante, sin alteraciones ni cambios bruscos. || m. Traje igual y reglamentario de las personas de un cuerpo o comunidad.

unilateral. adj. Se dice de lo que atañe o se circunscribe solamente a una parte o a un aspecto de algo. || Que está colocado solamente a un lado.

unión. f. Acción y resultado de unir o unirse. || Punto en el que se unen varias cosas. || Unanimidad. || Matrimonio, enlace. || Asociación de personas o entidades para un fin común.

unipersonal. adj. Que consta de una sola persona. || Que corresponde o pertenece a una sola persona. || GRAM. Se dice de los verbos que solo se conjugan en la tercera persona de singular de todos los tiempos.

unir. tr. Juntar dos o más cosas entre sí, haciendo de ellas un todo. || Mezclar o ligar varias cosas entre sí. || Casar. || prnl. Poner

de acuerdo voluntades, ánimos u opiniones. || Juntarse o buscar una persona la compañía de otra.

unisex. adj. Se dice de lo que se considera adecuado tanto para hombres como para mujeres.

unisexual. adj. Se dice del individuo vegetal o animal que tiene un solo sexo, unisexuado.

unísono, na. adj. Con el mismo tono o sonido. || m. MÚS. Fragmento musical en el que las voces o instrumentos suenan con tonos idénticos.

unitario, ria. adj. De la unidad o relativo a ella. || Que tiene unidad o que tiende a ella. || Partidario del unitarismo.

univalvo, va. adj. ZOOL. Se dice de la concha de una sola pieza. || ZOOL. Se dice del molusco que la tiene. También s. || Se apl. al fruto cuya cáscara o envoltura no tiene más que una sutura.

universal. adj. Del universo o relativo a él. || Que comprende o es común a todos en su especie, sin excepción. || Que pertenece o se extiende a todo el mundo, a todos los países, a todos los tiempos.

universidad. f. Institución de enseñanza superior e investigación con diversas facultades y escuelas, que concede los correspondientes títulos académicos. || Conjunto de edificios destinados a albergar esta institución. || Conjunto de personas que la integran.

universitario, ria. adj. De la universidad o relativo a ella. || m. y f. Profesor, titulado o estudiante de universidad.

universo. m. Conjunto de las cosas creadas, mundo. || Conjunto de elementos que configuran la realidad de un individuo. || Ámbito sobre el que se realiza un estudio estadístico.

uno, na. adj. Que no se puede dividir. || Se dice de la persona o cosa identificada o unida, física o moralmente, con otra. || Idéntico, lo mismo. || Único, solo, sin otro de su especie. || Con sentido distributivo se usa contrapuesto a *otro*. || pron. indef. Referente de alguien o algo cuya identidad no se precisa. || adj. y pron. num. card. Unidad, el primero de los números naturales. || adj. num. ord. Que ocupa el lugar número uno en una serie ordenada de elementos, primero. También m., aplicado a los días del mes. || m. Signo con que se representa este número.

untar. tr. Extender una materia, generalmente grasa, sobre una superficie. || col. Sobornar. || col. Golpear. || prnl. Mancharse, pringarse.

untuoso, sa. adj. Graso y pegajoso. || col. Persona excesivamente cariñosa y zalamera.

untura. f. Acción y resultado de untar o untarse. || Materia con la que se unta.

uña. f. Revestimiento córneo del extremo de los dedos. || Casco o pezuña. || Punta corva en que acaba la cola del alacrán. || BOT. Espina corva de algunas plantas. || Pedazo de rama que queda unido al tronco al podarla.

uranio. m. QUÍM. Elemento químico metálico, radiactivo, dúctil y maleable. Tiene un isótopo capaz de una fisión continuada y se ha empleado en la fabricación de la bomba atómica. Su símbolo es *U*.

uranio, nia. adj. De los astros, del espacio celeste, o relativo a ellos.

urbanidad. f. Corrección y cortesía en el trato con los demás.

urbanismo. m. Conjunto de conocimientos y prácticas aplicados a la planificación, desarrollo y remodelación de núcleos urbanos, con que se pretende mejorar la calidad de vida de sus habitantes.

urbanizar. tr. Construir en un terreno, previamente delimitado, viviendas y dotarlo de todos los servicios urbanos necesarios para ser habitado. || Hacer sociable a alguien. También prnl.

urbano, na. adj. De la ciudad o relativo a ella. || *col.* Cortés, sociable. || adj. y s. Se dice de los miembros de la policía municipal.

urbe. f. Ciudad, especialmente la grande y populosa.

urdimbre. f. Conjunto de hilos que se colocan en el telar longitudinal y paralelamente para formar un tejido. || Estambre o tela ya urdida. || Acción de urdir o maquinar algo.

urdir. tr. Preparar los hilos para tejer. || Preparar algo en secreto, tramar.

urea. f. QUÍM. Principio que contiene gran cantidad de nitrógeno y constituye la mayor parte de la materia orgánica contenida en la orina en su estado normal. Es muy soluble en agua, cristalizable, inodoro e incoloro.

uremia. f. PAT. Acumulación en la sangre y en los tejidos de sustancias venenosas procedentes de la orina que, en condiciones normales, son eliminadas por el riñón.

uretra. f. ANAT. Conducto a través del cual los mamíferos expulsan la orina de la vejiga.

urgencia. f. Cualidad de urgente. || Necesidad o falta apremiante de algo. || Lo que urge. || pl. Departamento de los hospitales en el que se atiende a enfermos y heridos que necesitan cuidados médicos inmediatos.

urgente. adj. Que urge o corre prisa. || Referido especialmente al envío postal que recibe un tratamiento especial por el que llega antes a su destino.

urgir. intr. Correr prisa algo. || Ser muy necesario. || Obligar a algo una ley o precepto.

úrico, ca. adj. Del ácido úrico o relativo a él. || De la orina o relativo a ella, urinario.

urinario, ria. adj. De la orina o relativo a ella. || m. Lugar habilitado para orinar, especialmente si es de acceso público, mingitorio.

urna. f. Arca, caja cerrada, con una ranura, donde se depositan las papeletas en sorteos o votaciones. || Caja de cristales planos destinada a contener visibles y resguardados objetos preciosos o delicados. || Cofre o arca pequeña para guardar ciertos objetos. || *amer.* Caja giratoria y transparente que se emplea para recoger los cupones o papeletas de un sorteo.

urología. f. Parte de la medicina que estudia el aparato urinario y sus trastornos.

urraca. f. Ave paseriforme con pico y pies negruzcos, y plumaje blanco en el vientre y arranque de las alas, y negro con reflejos metálicos en el resto del cuerpo; se domestica con facilidad. || *col.* Persona habladora. || *col.* Persona que recoge y guarda todo tipo de objetos.

urticaria. f. Erupción alérgica de la piel, con manchas y granos rojos y mucho picor.

urunday o **urundey.** m. *amer.* Árbol que alcanza 20 m de altura, con excelente madera de color rojo oscuro, que se emplea en la construcción de casas y buques, y para fabricar muebles.

usanza. f. Uso, moda.

usar. tr. Hacer que un objeto sirva para algo. También intr. || Servirse de algo. || Llevar habitualmente cierta prenda o adorno personal. || intr. Hacer o practicar algo habitualmente o por costumbre. || prnl. Estar de moda.

usina. f. *amer.* Instalación industrial importante, en especial la destinada a producción de gas, electricidad u otras fuentes de energía.

uso. m. Acción y resultado de usar. || Ejercicio o práctica general de una cosa. || Costumbre o práctica que está de moda o es característica de alguien o de una época.

usted, des. pron. Forma del pron. pers. com. de segunda persona, que en la oración desempeña la función de sujeto y de complemento con preposición. || pl. En algunas zonas de América y Andalucía puede emplearse con el verbo en segunda persona en lugar de *vosotros*.

usual. adj. Que se usa o se realiza habitual o frecuentemente.

usuario, ria. adj. y s. Que habitualmente utiliza algo. || Que usa algo ajeno por derecho o concesión.

usufructo. m. Derecho a disfrutar bienes ajenos con la obligación de conservarlos. || Utilidades, frutos o provechos que se obtienen de algo.

usufructuar. tr. Tener o disfrutar el usufructo de algo.

usura. f. Interés, ganancia excesiva por un préstamo. || El mismo préstamo. || Cualquier ganancia excesiva que se obtiene de algo.

usurero, ra. m. y f. Persona que presta algo con usura. || p. ext., persona que en cualquier negocio obtiene un beneficio desmedido.

usurpar. tr. Apoderarse de un bien o derecho ajeno, generalmente por medios violentos. || Apoderarse de la dignidad, empleo u oficio de otro, y usarlos como si fueran propios.

utensilio. m. Objeto de uso manual y frecuente, útil. Más en pl. || Herramienta o instrumento de un oficio o arte. Más en pl.

uterino, na. adj. Del útero o relativo a este órgano.

útero. m. Matriz, órgano en el que se aloja y desarrolla el feto durante la gestación.

útil. adj. Provechoso, beneficioso. || Que puede utilizarse para algo. || Se dice de los días hábiles para la realización de algo, normalmente fijados por la ley o la costumbre.

útil. m. Utensilio, herramienta. Más en pl.

utilidad. f. Cualidad de útil. || Provecho, conveniencia, interés o fruto que se saca de una cosa.

utilitario, ria. adj. Que antepone la utilidad de algo a cualquiera de sus restantes cualidades. || adj. y m. Automóvil pequeño, de bajo consumo y precio reducido.

utilizar. tr. Aprovecharse o servirse de algo o alguien.

utopía o **utopia.** f. Proyecto, idea o sistema irrealizable en el momento en que se concibe o se plantea.

utópico, ca. adj. y s. De la utopía o relativo a ella.

uva. f. Fruto de la vid; es una baya jugosa, de forma esférica, que forma racimos.

uxoricida. adj. y m. Se dice del hombre que mata a su esposa.

uxoricidio. m. Muerte dada a una mujer por su marido.

V

v. f. Vigesimotercera letra del alfabeto español y decimoctava de sus consonantes. Su nombre es *ve* o *uve*.

vaca. f. Hembra del toro. || La carne o piel de este animal.

vacación. f. Periodo de descanso durante el que se interrumpe una tarea o actividad habitual. Más en pl.

vacante. adj. y f. Se apl. al empleo o cargo que permanece libre, sin que nadie lo ocupe.

vaciar. tr. y prnl. Dejar vacío algo. || Sacar, verter el contenido de un recipiente. || tr. Formar un hueco en un sólido, en especial usado en arquitectura. || Formar un objeto vertiendo en un molde una materia para que solidifique. || intr. Desaguar los ríos y corrientes. || Menguar el agua en los ríos o el mar.

vacilación. f. Oscilación, movimiento sin firmeza. || Indecisión, duda, perplejidad.

vacilar. intr. Moverse sin firmeza, tambalearse. || Estar poco firme, oscilar. || Dudar, titubear o estar indeciso.

vacío, a. adj. Falto de contenido. || Ocioso, desocupado. || Vano, hueco, insustancial. || m. Abismo, espacio sin materia.

vacuna. f. Sustancia orgánica o virus convenientemente preparado que, aplicado al organismo, hace que este reaccione contra él preservándolo de sucesivos contagios.

vacunar. tr. y prnl. Administrar una vacuna a una persona o animal. || Pasar por una experiencia que prepara contra las adversidades.

vacuno, na. adj. y m. Del ganado bovino o relativo a él.

vacuo, cua. adj. Vacío, insustancial, falto de contenido.

vadear. tr. Atravesar un río por un vado o por una zona que se puede cruzar a pie. || Sortear una dificultad.

vado. m. Zona de un río o corriente por la que se puede pasar a pie, a caballo o en un vehículo. || Parte rebajada del bordillo y la acera de la vía pública.

vagabundo, da. adj. Errante. || adj. y s. Se dice de la persona que no tiene residencia ni trabajo fijos.

vagancia. f. Pereza, holgazanería, falta de ganas de hacer algo.

vagar. m. Tiempo desocupado y libre para hacer algo. || Lentitud, pausa.

vagar. intr. Andar errante y sin rumbo fijo. || Andar algo libre, suelto o sin el orden esperado.

vagina. f. Conducto musculoso que conecta la matriz de las hembras de los mamíferos con el exterior.

vago, ga. adj. y s. Perezoso, holgazán. || Desocupado, sin oficio. || *amer.* Callejero. || adj. Impreciso, confuso, indeterminado. || Vagabundo, errante. || PINT. Vaporoso, indefinido. || adj. y s. ANAT. Nervio vago.

vagón. m. En los ferrocarriles, cada uno de los vehículos destinado al transporte de viajeros o de mercancías.

vaguedad. f. Imprecisión, falta de exactitud.

vahído. m. Desvanecimiento o mareo momentáneo debido a una indisposición pasajera.

vaho. m. Vapor que despide un cuerpo en ciertas condiciones. || Aliento. || pl. Inhalación terapéutica de vahos con alguna sustancia balsámica.

vaina. f. Funda de las armas blancas o instrumentos de hoja afilada. || Cáscara tierna y larga en que están encerradas las semillas de algunas plantas. || Ensanchamiento del pecíolo o de la hoja que envuelve el tallo.

vainilla. f. Planta orquidácea americana, de tallos muy largos y sarmentosos, hojas enteras ovales, flores grandes y verdosas, y fruto capsular en forma de judía, que contiene numerosas semillas. || Fruto aromático de esta planta.

vaivén. m. Balanceo, movimiento alternativo y sucesivo de un lado a otro. || Inconstancia, cambio imprevisto en el desarrollo o duración de algo.

vajilla. f. Conjunto de los platos, fuentes y demás utensilios para el servicio de la mesa.

vale. m. Papel o documento que acredita una deuda, una compra, un pago o un servicio. || Nota de entrega que acredita que el destinatario la ha recibido. || En algunos juegos de naipes, envite que se hace con las primeras cartas.

valentía. f. Esfuerzo, vigor, decisión. || Hecho heroico realizado con valor. || Arrogancia, jactancia de las acciones de valor y esfuerzo.

valer. tr. Tener algo determinado precio, costar. || Equivaler. || Producir, proporcionar. || Amparar, ayudar. || Tener cierto valor o cualidades. || intr. Ser valioso o útil para algo, debido a sus características. || Tener vigencia una cosa. || Servir de defensa. || prnl. Servirse de algo.

valeriana. f. Planta herbácea, vivaz, de tallo velloso, recto y hueco, fruto seco con una sola semilla, y raíz usada en medicina como sedante.

valeroso, sa. adj. Que tiene valentía y arrojo.

valet. (voz fr.) m. Sirviente, criado, en especial el ayuda de cámara. || Carta de la baraja francesa que representa un sirviente.

valía. f. Valor, precio. || Estimación o aprecio que merece una persona por sus cualidades.

validez. f. Firmeza, exactitud o legalidad.

valido, da. adj. Apreciado o estimado especialmente. || m. Privado, persona que goza de la absoluta confianza del rey o personaje principal e influye en sus decisiones.

válido, da. adj. Firme, exacto o con validez legal. || Se apl. a las personas que pueden valerse por sí mismas.

valiente. adj. y com. Esforzado, decidido, vigoroso. || valentón. || irón. Grande y excesivo.

valija. f. Saco de cuero, cerrado con llave, usado por el servicio de correos para llevar la correspondencia. || La correspondencia en él contenida. || amer. Maleta.

valioso, sa. adj. De mucho valor. || Muy apreciado o de gran estima.

valla. f. Vallado hecho de estacas, tablas o materiales metálicos, que cierra y delimita un lugar. || Armazón o cartelera situada en la vía pública con fines publicitarios.

vallado. m. Cerco formado por tierra apisonada, estacas o tablas, usado para delimitar un lugar e impedir el paso a él.

valle. m. Llanura situada entre montes. || Cuenca de un río. || Conjunto de lugares, caseríos o aldeas de un valle. || Parte más baja o de menor intensidad de un fenómeno o actividad.

valor. m. Precio, suma de dinero en que se valora o aprecia algo. || Cualidad, virtud o utilidad que hacen que algo o alguien sean apreciados. || Importancia de una cosa, acción, palabra o frase. || Cualidad del valiente. || Osadía, desvergüenza. || Equivalencia de una cosa a otra, especialmente hablando de las monedas.

valoración. f. Fijación y determinación del precio de algo. || Reconocimiento o aprecio del valor o mérito. || Revalorización, aumento del valor de algo.

valorar. tr. Señalar el precio de algo. || Reconocer, estimar el valor o mérito. || Revalorizar, aumentar el valor de algo.

valorizar. tr. Valorar.

valquiria. f. Cada una de las divinidades de la mitología escandinava que en los combates designaban los héroes que debían morir.

vals. m. Música y baile de origen alemán, en compás de tres por cuatro y de ritmo vivo, ejecutado por parejas con rápidos giros.

valuar. tr. Valorar, establecer el valor o precio de algo.

válvula. f. En una máquina, pieza que, colocada en una abertura, sirve para dejar libre o cerrar un conducto. || ANAT. Pliegue membranoso de la cara interna del corazón.

vampiro. m. Espectro imaginario de vida nocturna que se sustenta de sangre humana chupada a sus víctimas. || Persona codiciosa y sin escrúpulos que se enriquece a costa de los demás. || Murciélago americano.

vanagloria. f. Jactancia y presunción de los propios méritos o cualidades.

vandalismo. m. Destrucción y devastación que no se atiene a ninguna consideración ni respeto.

vándalo, la. adj. y s. De un antiguo pueblo germano que invadió España y el norte de África. || m. y f. Persona que actúa con brutalidad, violencia y espíritu destructor.

vanguardia. f. Parte de ejército o fuerza armada que va delante del cuerpo principal. || Movimiento artístico, intelectual o conjunto de personas precursoras o renovadoras.

vanidad. f. Arrogancia, envanecimiento y deseo de ser admirado por el alto concepto de los propios méritos. || Ilusión, vana fantasía. || Palabra inútil o vana.

vanidoso, sa. adj. y s. Que tiene y muestra vanidad.

vano, na. adj. Falto de realidad, sustancia o entidad. || Hueco, vacío y falto de solidez. || Inútil, infructuoso. || Se dice de algunos frutos de cáscara cuando su semilla o sustancia interior está seca o podrida. || m. ARQUIT. Hueco de un muro.

vapor. m. Estado gaseoso que adoptan los fluidos por la acción del calor. || Buque de vapor.

vaporizar. tr. Convertir un líquido en vapor, por la acción del calor. También prnl. || Dispersar o esparcir un líquido en pequeñas gotas.

vaporoso, a. adj. Ligero, tenue, muy fino o transparente. || Que causa o emana vapores.

vapulear. tr. Golpear repetidamente. También prnl. || Zarandear de un lado a otro. || Reprender, criticar o hacer reproches duramente a una persona.

vaquero, ra. adj. Propio de los pastores de ganado vacuno. || Se dice de una tela de tejido de algodón muy resistente, generalmente de color azul. || Se apl. a las prendas hechas de esta tela. || m. y f. Pastor o pastora de reses vacunas. || m. Pantalón de tela vaquera. Más en pl.

vaqueta. f. Cuero de ternera, curtido y adobado.

vaquillona. f. *amer.* Vaca de dos a tres años.

vara. f. Rama delgada, limpia y sin hojas. || Palo largo y delgado, en especial la garrocha del picador. || Bastón de mando que ostenta una autoridad. || Medida de longitud equivalente a 835 mm y 9 décimas.

varar. tr. MAR. Sacar a la playa o poner en seco una embarcación para protegerla o repararla. || intr. Encallar y quedar detenidos una embarcación o algún animal marino en aguas poco profundas o en un obstáculo. || prnl. *amer.* Quedar detenido un vehículo por una avería.

varear. tr. Derribar con los golpes y movimientos de la vara los frutos de algunos árboles. || Dar golpes con una vara o palo. || Medir o vender algo por varas. || *amer.* Ejercitar a los caballos de competición para mantener su forma.

variable. adj. Que varía o puede variar. || Inestable, inconstante. || f. MAT. Magnitud que puede tener un valor cualquiera de los comprendidos en un conjunto.

variación. f. Modificación, cambio o transformación. || Variedad, diversidad. || MÚS. Imitación o recreación melódica de un mismo tema o estructura musical.

variar. tr. Modificar, hacer que algo sea diferente de lo que era antes. || Dar variedad. || intr. Cambiar, ser diferente.

varicela. f. PAT. Enfermedad contagiosa benigna, habitual en los niños, que se manifiesta con fiebre y una erupción cutánea similar a la de la viruela.

variedad. f. Diferencia, diversidad. || Conjunto de cosas diversas. || f. pl. Espectáculo teatral ligero, formado por varios números de índole diversa.

varilla. f. Barra larga y delgada. || Cada una de las piezas largas y delgadas que, unidas por un extremo, forman el armazón de un abanico, paraguas o de otro objeto similar.

varón. m. Hombre, persona del sexo masculino.

varonil. adj. Del varón o relativo a él. || Con características que se suponen propias de los varones.

vasallaje. m. En la sociedad medieval, vínculo de dependencia y fidelidad que una persona establece con su señor. || Dependencia, subordinación a una persona o cosa.

vasallo, lla. adj. Sujeto a un señor por el vínculo del vasallaje. || Durante el feudalismo, todo aquel obligado a pagar feudo. || m. y f. Súbdito de un soberano. || Cualquiera que reconoce a otro por superior o tiene dependencia de él.

vasco, ca. adj. y s. Del País Vasco, tanto francés como español, o relativo a él.

vascular. adj. BOT. y ZOOL. De los vasos de animales y plantas o relativo a ellos.

vaselina. f. Sustancia grasa, con aspecto de cera, obtenida de la parafina y aceites del petróleo, que se utiliza en farmacia y en perfumería.

vasija. f. Recipiente de diversos tamaños y materiales destinado a contener líquidos o alimentos.

vaso. m. Recipiente pequeño de forma cilíndrica, generalmente de vidrio, usado para beber. || Cantidad de líquido que cabe en él. || BOT. En los vegetales, conducto por el que circula la savia o el látex. || ZOOL. En un animal, conducto por el que circula la sangre o la linfa.

vástago. m. Renuevo, rama tierna de un árbol o planta. || Conjunto del tallo y las hojas. || Hijo, descendiente. || Varilla, barra que transmite el movimiento a algún mecanismo.

vasto, ta. adj. Amplio, extenso o muy grande.

vate. m. poeta. || Adivino.

váter. m. Inodoro, retrete. || Habitación con instalaciones sanitarias, cuarto de baño.

vaticinar. tr. Pronosticar, adivinar, profetizar.

vaticinio. m. Pronóstico, predicción.

vatio. m. ELECTR. Unidad de potencia eléctrica del Sistema Internacional, equivalente al trabajo de un julio en un segundo.

ve. f. Uve. || Doble ve. *amer.* Uve doble.

vecindario. m. Conjunto de los vecinos de una población, barrio, calle o casa. || Padrón, lista de los vecinos de una población.

vecino, na. adj. Cercano, próximo. || Semejante, parecido. || adj. y s. Se apl. a las personas que habitan independientemente en una misma población, calle o casa.

veda. f. Prohibición por ley o mandato. || Periodo de tiempo durante el que está legalmente prohibido cazar o pescar.

vedar. tr. Prohibir por ley o mandato. || Impedir, estorbar o dificultar.

vega. f. Extensión de tierra baja, llana y fértil generalmente regada por un río. || *amer.* Tabacal. || *amer.* Terreno húmedo.

vegetación. f. Conjunto de los vegetales propios de un terreno, región o país. || pl. PAT. Hipertrofia de las amígdalas faríngea y nasal, sobre todo en la zona posterior de las fosas nasales.

vegetal. adj. Perteneciente o relativo a las plantas, o que procede de ellas. || Que vegeta. || m. Ser orgánico que vive y se desarrolla, pero no tiene capacidad de movimiento o desplazamiento voluntariamente.

vegetar. intr. Germinar, crecer, nutrirse y desarrollarse las plantas. || Vivir una persona con una vida orgánica o vegetativa. || Disfrutar voluntariamente de una vida tranquila, sin trabajos ni preocupaciones.

vegetariano, na. adj. Del vegetarianismo o relativo a este régimen alimenticio. || adj. y s. Partidario o practicante del vegetarianismo.

vegetativo, va. adj. Que vegeta o tiene vigor para desarrollarse. || BIOL. De las funciones básicas de nutrición y reproducción o relativo a ellas.

vehemente. adj. Apasionado, impetuoso, violento. || Se dice de las personas que actúan impulsiva e irreflexivamente.

vehículo. m. Medio de locomoción o transporte, en especial el automóvil. || Lo que sirve para transmitir fácilmente algo.

veinte. adj. y pron. num. card. Dos veces diez.

veinteavo, va. adj. num. frac. Se dice de cada una de las veinte partes iguales en que se divide un todo. También m.

vejar. tr. Maltratar, molestar a alguien, menospreciándolo y humillándolo.

vejez. f. Calidad de viejo. || Último periodo de la vida, edad senil.

vejiga. f. ANAT. Depósito muscular y membranoso en forma de bolsa que recoge y almacena la orina que secretan los riñones. || Ampolla, elevación de la piel. || Bolsita formada en cualquier superficie y llena de algún fluido.

vela. f. Cilindro de cera o sebo, atravesado por una mecha que se prende para alumbrar. || Permanencia despierto durante la noche. || Velatorio. || amer. Velorio. || Deporte en que se compite con embarcaciones de vela.

velada. f. Acción de velar. || Fiesta o reunión nocturna con fines culturales o recreativos.

velador, ra. adj. y s. Persona que vela o cuida de algo. || m. Mesa pequeña, redonda y de un solo pie. || amer. Mesilla de noche. || amer. Luz que suele ponerse sobre la mesilla de noche.

velaje o **velamen.** m. Conjunto de velas de una embarcación.

velar. intr. Permanecer despierto durante el tiempo que se destina a dormir. || Cuidar a un enfermo o acompañar el cadáver de un difunto. También tr. || Custodiar, cuidar con esmero. || Hacer guardia durante la noche. || tr. Cubrir con un velo. También prnl. || Cubrir, ocultar. || Borrarse la imagen del negativo de una fotografía por exceso de luz. También prnl. || PINT. Dar veladuras a una pintura.

velatorio. m. Acto de velar a un difunto durante la noche. || Lugar donde se vela al difunto.

veleidad. f. Carácter o comportamiento caprichoso y voluble. || Inconstancia, ligereza.

velero, ra. adj. Se dice de la embarcación con muy buenas condiciones para la navegación o que navega mucho. || m. Barco de vela.

veleta. f. Pieza metálica generalmente de forma de flecha que, colocada en lo alto de un edificio, gira señalando la dirección del viento.

vello. m. Pelo corto y suave que recubre algunas zonas del cuerpo humano.

vellosidad. f. Abundancia de vello.

velo. m. Tela fina de gasa, tul o tejido similar con que se cubre algo. || Manto con que se cubren la cabeza y la parte superior del cuerpo las religiosas. || Humeral. || Lo que impide ver o pensar con claridad.

velocidad. f. Rapidez y ligereza en el movimiento. || Relación entre el espacio recorrido y el tiempo empleado en recorrerlo.

velocímetro. m. Aparato o dispositivo que indica la velocidad de desplazamiento de un vehículo.

velódromo. m. Estadio o lugar destinado para carreras en bicicleta.

velorio. m. Reunión nocturna que se celebra en las casas rurales con ocasión de alguna faena doméstica. || Velatorio, en especial el de un niño pequeño.

veloz. adj. Ligero, ágil y rápido en el movimiento o el discurrir.

vena. f. Cada uno de los vasos o conductos por los que la sangre vuelve al corazón. || Filón o yacimiento de metal. || BOT. Cada una de las fibras que sobresalen en el envés de las hojas de las plantas. || Veta de tierra o piedra que se distingue de su medio por su color o calidad. || Conducto natural por donde circula el agua en las entrañas de la tierra. || Inspiración. || Humor, disposición variable del ánimo.

venablo. m. Dardo o lanza corta y arrojadiza.

venado. m. Ciervo.

venal. adj. Vendible. || Que se deja sobornar.

vencedor, ra. adj. y s. Que vence.

vencer. tr. Derrotar, rendir al enemigo, competidor o adversario. || Rendir a uno fuerzas físicas o morales difíciles de resistir. || Aventajar o superar en algún aspecto a los demás. || Dominar las pasiones, impulsos o sentimientos. También prnl. || Ladear, torcer o inclinar una cosa. También prnl. || intr. Cumplirse un término o plazo. || Expirar un contrato por cumplirse la condición o el plazo fijado en él. || Conseguir uno lo que desea en una disputa física o moral.

vencimiento. m. Cumplimiento del plazo de una deuda u obligación. || Derrota, rendición.

venda. f. Banda, tira de gasa o tela usada para sujetar una zona del cuerpo o cubrir una herida o apósito.

vendaje. m. Conjunto de vendas que se colocan en determinada parte del cuerpo para sujetarlo o cubrir un apósito.

vendar. tr. Cubrir o sujetar alguna parte del cuerpo con una venda.

vendaval. m. Viento fuerte que no llega a ser temporal declarado, en especial el que sopla del Sur, con tendencia al Oeste. || *col.* Fuerte corriente de opinión.

vender. tr. Ceder la propiedad de algo por un precio convenido. || Delatar, traicionar la confianza de alguien. || prnl. Dejarse sobornar. || Decir o hacer uno, por descuido, algo que descubre lo que quería ocultar. || Ponerse en peligro o riesgo.

vendimia. f. Recolección y cosecha de la uva. || Época en que se recoge.

vendimiar. tr. e intr. Recoger el fruto de las viñas.

veneciano, na. adj. y s. De Venecia o relativo a esta ciudad italiana.

veneno. m. Sustancia que produce en el organismo graves trastornos o la muerte. || Lo que es nocivo para la salud. || Lo que produce daño moral.

venenoso, sa. adj. Que contiene veneno. || *col.* Malintencionado.

venerable. adj. Digno de veneración y respeto por su virtud y cualidades. || Se usa como tratamiento a prelados y otras dignidades eclesiásticas.

venerar. tr. Tener gran respeto a alguien por sus virtudes y cualidades. || Honrar, dar culto a lo sagrado.

venéreo, a. adj. Se apl. a las enfermedades de transmisión sexual. || Del goce sexual o relativo a él.

venezolano, na. adj. y s. De Venezuela.

venganza. f. Respuesta con una ofensa o daño a otro recibido.

vengar. tr. y prnl. Ocasionar una ofensa o daño a alguien como respuesta a otro recibido de él.

vengativo, va. adj. Inclinado a la venganza de cualquier ofensa.

venia. f. Consentimiento, permiso otorgado por una autoridad. || Perdón o remisión de la ofensa o culpa. || *amer.* Saludo militar.

venial. adj. Se dice de lo que se opone levemente a la ley o a un precepto religioso, y por eso es de fácil remisión.

venida. f. Llegada. || Regreso, retorno. || Avenida, crecida de un río o arroyo || DEP. En esgrima, acometimiento mutuo durante todo el tiempo que dura el lance.

venidero, ra. adj. Futuro, que está por llegar o suceder.

venir. intr. Trasladarse o llegar hasta donde está el que habla. También prnl. || Llegar el tiempo en que algo va a suceder. || Ajustarse, acomodarse. || Inferirse, deducirse. || Excitarse o empezar a sentir un deseo o sentimiento. || Figurar, estar incluido o mencionado algo en un libro, periódico, etc. || Recordar, imaginar.

venoso, sa. adj. De las venas o relativo a ellas. || Que tiene o presenta venas.

venta. f. Cesión de la propiedad de algo a cambio de un precio establecido. || Cantidad de cosas que se venden. || Posada establecida en un camino para hospedaje de los pasajeros.

ventaja. f. Superioridad. || Utilidad, conveniencia. || DEP. Margen que un jugador concede a otro presuntamente inferior. || DEP. Beneficio que se obtiene de una falta cometida por el contrario.

ventajoso, sa. adj. Que tiene o produce ventaja, beneficio o provecho. || *amer.* Ventajista.

ventana. f. Abertura hecha por lo general de la parte media a la parte superior de una pared para dar luz y ventilación. || Armazón y cristales con que se cierra esa abertura. || Cada uno de los orificios de la nariz.

ventanal. m. Ventana de gran tamaño.

ventilación. f. Abertura o instalación que sirve para ventilar un lugar. || Corriente de aire que se establece en un lugar cerrado al ventilarlo. || Proceso que se lleva a cabo para ventilar un lugar cerrado.

ventilador. m. Aparato que remueve el aire de una habitación por medio de un aspa giratoria. || Abertura que se deja hacia el exterior en una habitación para renovar el aire de una habitación sin abrir las puertas o ventanas.

ventilar. tr. Hacer circular el aire en un lugar cerrado. También prnl. || Agitar en el aire. || Exponer al viento algo para que se vaya el olor o se quite la humedad o el polvo. || *col.* Resolver con rapidez una cuestión. También prnl. || *col.* Dar a conocer algo públicamente. || *col.* Matar a una persona o animal. También prnl.

ventisca. f. Tempestad de viento y nieve. || Viento fuerte, ventarrón.

ventosa. f. Pieza cóncava de material elástico en la que, al ser oprimida contra una superficie lisa, se produce el vacío, con lo cual queda adherida a dicha superficie. || ZOOL. Órgano que tienen ciertos animales en los pies, la boca u otras partes del cuerpo, para adherirse o agarrarse.

ventrículo. m. ANAT. Cada una de las dos cavidades del corazón que reciben la sangre de las aurículas y la envían a las arterias. || ANAT. Cada una de las cuatro cavidades del encéfalo de los vertebrados.

ventrílocuo, cua. adj. y s. Se dice de la persona capaz de hablar sin mover la boca ni los labios, como si la voz saliera del vientre.

ventura. f. Felicidad o dicha. || Suerte o fortuna. || Casualidad.

ver. m. Sentido de la vista. || Apariencia o aspecto externos.

ver. tr. Percibir por los ojos los objetos mediante la acción de la luz. || Percibir algo con cualquier sentido o con la inteligencia. || Reconocer con cuidado y atención una cosa. || Reconocer alguien en el estado físico de otra persona o de un animal. || Visitar a una persona o estar con ella. También prnl. || Asistir a un espectáculo y seguir su desarrollo. || Considerar, advertir o reflexionar. || Considerar la forma de hacer algo. || Imaginar o representar una imagen de forma material o inmaterial. || Prevenir las cosas del futuro, preverlas o deducirlas de lo que sucede en el presente. || Ser un lugar escenario de un acontecimiento. || Asistir los jueces a la discusión oral de un pleito o causa que han de sentenciar. || Tratar un tema o un asunto. || prnl. Hallarse en algún estado o situación.

veracidad. f. Conformidad con la verdad.

veranear. intr. Pasar el verano en lugar distinto del que se reside.

veraneo. m. Vacaciones de verano que tienen lugar en un sitio diferente al de residencia.

veraniego, ga. adj. Del verano o relativo a él.

verano. m. Una de las cuatro estaciones del año que transcurre entre la primavera y el otoño.

veraz. adj. Verdadero. || Que habla o actúa de acuerdo con la verdad.

verbal. adj. Se dice de lo que se refiere a la palabra, o se sirve de ella. || Que se hace o estipula solo de palabra, y no por escrito. || GRAM. Del verbo o relativo a él. || GRAM. Se dice de las palabras que nacen o se derivan de un verbo.

verbena. f. Fiesta y feria popular al aire libre. || BOT. Planta herbácea anual, con hojas ásperas y hendidas y flores de varios colores, en espigas largas y delgadas.

verbigracia. adv. Por ejemplo.

verbo. m. GRAM. Parte conjugable de la oración que expresa la acción y el estado del sujeto y ejerce la función sintáctica de núcleo del predicado. || Palabra.

verborrea. f. Palabrería excesiva.

verdad. f. Conformidad de las cosas con el concepto que de ellas forma la mente. || Conformidad de lo que se dice con lo que se siente o se piensa. || Juicio o proposición que no se puede negar racionalmente y que es aceptado de forma general por una colectividad. ||

Expresión clara y directa con que se corrige o reprende a alguien. Más en pl. || Realidad, existencia real de una cosa.

verdadero, ra. adj. Que contiene o es verdad. || Real, auténtico. || Sincero, veraz.

verde. adj. De color semejante al de la hierba fresca o a la esmeralda. También m. || Se dice de los árboles y plantas que no están secos. || Se dice de la leña o forraje que están húmedos y recién cortados de un árbol vivo. || Se dice de las legumbres que se consumen frescas, sin ningún tipo de tratamiento de conservación. || Se dice de las cosas que están en los principios y a las cuales les falta mucho para perfeccionarse. || Se apl. a la persona inexperta y poco preparada.

verdear. intr. Mostrar algo el color verde. || Empezar a brotar plantas en el campo. || Cubrirse un árbol de hojas verdes.

verdor. m. Color verde, en especial el vivo de las plantas. || Vigor, lozanía, fortaleza.

verdoso, sa. adj. Que se parece al color verde.

verdugo. m. Persona que ejecuta las penas de muerte u otros castigos corporales. || Gorro de lana que cubre la cabeza y el cuello, dejando descubiertos los ojos, la nariz y la boca. || Persona muy cruel. || Vástago del árbol, renuevo.

verdura. f. Hortalizas en general y especialmente las de hojas verdes. || Follaje que se pinta en lienzos y tapicerías. || Verdor.

vereda. f. Camino estrecho, generalmente formado por el paso de animales y personas. || Camino reservado al ganado trashumante. || amer. Acera de una calle o plaza.

veredicto. m. Decisión, dictamen sobre un hecho de un jurado o tribunal. || Juicio, parecer emitido por alguien conocedor de la materia.

verga. f. Percha de los barcos en que se sujeta la vela. || Pene de los mamíferos. || Palo delgado.

vergel. m. Huerto o jardín con gran variedad de flores y árboles frutales.

vergonzoso, sa. adj. Que causa vergüenza. || Que se avergüenza con facilidad. También s. || m. Especie de armadillo, con el cuerpo y la cola cubiertos de escamas y las orejas desnudas y redondas.

vergüenza. f. Sentimiento ocasionado por alguna falta cometida, o por alguna acción deshonrosa y humillante. || Pundonor, amor propio. || Timidez que una persona siente ante determinadas situaciones. || Sonrojo. || Acto o suceso escandaloso e indignante.

vericueto. m. Sitio alto y accidentado por el que es difícil andar. || pl. Partes o aspectos más difíciles o escondidos de algo.

verídico, ca. adj. Verdadero, o que tiene grandes posibilidades de serlo.

verificar. tr. Comprobar la verdad o autenticidad de algo. || Realizar, efectuar. También prnl. || prnl. Resultar cierto y verdadero lo que se dijo o pronosticó.

verismo. m. Realismo llevado al extremo en las obras de arte. || Corriente literaria y artística de carácter realista.

verja. f. Enrejado.

vermú o **vermut.** m. Aperitivo compuesto de vino blanco, ajenjo y otras sustancias amargas y tónicas que se toma antes de las comidas.

vernáculo, la. adj. Nativo, de nuestra casa o país; se dice especialmente de la lengua.

verosímil. adj. Con apariencia de verdadero. || Creíble.

verruga. f. Excrecencia cutánea, por lo general redonda y rugosa.

versalita. adj. y f. IMPR. Se dice de la letra mayúscula igual en tamaño a la minúscula.

versar. intr. Tratar de una determinada materia un libro, discurso o conversación.

versátil. adj. De genio o carácter voluble e inconstante. || Adaptable a muchas cosas o que tiene varias aplicaciones.

versículo. m. Cada división breve de los capítulos de ciertos libros, especialmente los religiosos. || MÉTR. Verso de extensión variable que no sigue ninguna rima.

versificar. intr. Componer versos. || tr. Poner en verso.

versión. f. Traducción. || Modo que tiene cada uno de referir un mismo suceso. || Cada narración o descripción distinta de un mismo hecho, del texto de una obra o de la interpretación en un tema.

verso. m. Palabra o conjunto de palabras sujetas a medida y ritmo o solo a ritmo. || Obra literaria que sigue estas reglas. || En contraposición a prosa, género literario al que pertenecen este tipo de obras.

versus. (voz lat.) prep. Frente a, contra.

vértebra. f. ANAT. Cada uno de los huesos que, articulados entre sí, forman la columna vertebral.

vertebrado, da. adj. Estructurado, dividido. || adj. y m. De los vertebrados o relativo a esta gran división del reino animal. || m. pl. ZOOL. Gran división del reino animal.

verter. tr. Derramar o vaciar líquidos, y también cosas menudas. También prnl. || Inclinar una vasija o volverla boca abajo para vaciar su contenido. También prnl. || Traducir de una lengua a otra. || Expresar un concepto, una idea o un sentimiento. || intr. Desembocar una corriente de agua. También intr.

vertical. adj. Que es perpendicular a una línea o plano horizontal. || Se dice de la organización fuertemente jerarquizada en la que cada parte inferior depende estrechamente del máximo nivel. || adj. y f. GEOM. Se dice de la recta o plano perpendiculares al del horizonte. || En figuras, dibujos, escritos o impresos, se dice de la línea, disposición o dirección que va de la cabeza al pie.

vértice. m. GEOM. Punto en que se unen los lados de un ángulo o las caras de un poliedro. || Extremo o punto más alto de una cosa.

vertido. m. Cosa que se vierte. || Derramamiento de un líquido o algo semejante. || m. pl. Materiales de desecho que las instalaciones industriales o energéticas arrojan a vertederos o al agua.

vertiente. f. Declive por donde corre el agua. || Cada falda de una montaña, o conjunto de las de una cordillera con la misma orientación. || Cada plano inclinado de un tejado. || Cada aspecto o punto de vista desde los que se puede analizar algo.

vertiginoso, sa. adj. Que causa vértigo o lo produce. || Que se mueve muy rápido.

vértigo. m. Trastorno del sentido del equilibrio caracterizado por una sensación de movimiento rotatorio del cuerpo o de los objetos que lo rodean. || Sensación semejante al mareo, producida por una impresión muy fuerte.

vesícula. f. ANAT. Órgano en forma de cavidad o saco, lleno de un líquido o de aire. || MED. Vejiga pequeña en la epidermis.

vespertino, na. adj. De la tarde o relativo a ella. || m. Diario que sale por la tarde.

vestíbulo. m. Atrio o portal que está en la entrada de un edificio. || En los hoteles y otros grandes edificios, sala de amplias dimensiones próxima a la entrada. || Recibidor, pieza que da entrada a las diferentes habitaciones de una vivienda.

vestido. m. Prenda o conjunto de prendas exteriores con las que se cubre el cuerpo. || Prenda de vestir exterior femenina de una sola pieza, desde los hombros hasta más arriba o abajo de las rodillas.

vestidura. f. Vestido. || Vestido que, sobrepuesto al ordinario, usan los sacerdotes para el culto divino. Más en pl.

vestigio. m. Recuerdo, señal o noticia que queda de algo pasado. || Monumento o ruina que se conserva de pueblos antiguos. || Indicio por el que se infiere la verdad de algo.

vestir. tr. Cubrir o adornar el cuerpo con el vestido. También prnl. || Llevar un determinado vestido, color, o hacerlo de una determinada forma. También intr. || Proporcionar el dinero necesario para el vestido. || Hacer los vestidos para otro. También prnl. || Guarnecer o cubrir una cosa con otra para defensa o adorno. || intr. Ser una prenda, materia, o color, especialmente elegante o apropiada para lucirse. || Llevar vestido con o sin gusto. || prnl. Sobreponerse una cosa a otra, cubriéndola.

vestuario. m. Conjunto de vestidos. || Conjunto de trajes necesarios para una representación escénica. || En instalaciones deportivas, fábricas, u otros lugares públicos, local destinado a cambiarse de ropa. Más en pl.

veta. f. Faja o lista de una materia que se distingue de la masa en que se halla interpuesta. || Filón de un mineral.

vetar. tr. Poner el veto a una proposición, acuerdo o medida.

veterano, na. adj. y s. Se dice de los militares que son expertos por haber servido mucho tiempo o haber participado en la guerra. || Experimentado en cualquier profesión o ejercicio.

veterinario, ria. adj. De la veterinaria o relativo a esta ciencia. || m. y f. Persona que se halla legalmente autorizada para profesar y ejercer la veterinaria. || f. Ciencia que estudia, previene y cura las enfermedades de los animales.

veto. m. En algunas organizaciones internacionales, derecho que tienen las grandes potencias de oponerse a una resolución mayoritaria. || Denegación, prohibición.

vetusto, ta. adj. Muy antiguo o de mucha edad.

vez. f. Cada realización de un suceso o de una acción en momento y circunstancias distintos. || Tiempo u ocasión determinada en que se ejecuta una acción, aunque no incluya orden sucesivo. || Alternación de las cosas por turno. || Tiempo u ocasión de hacer una cosa por turno. || Lugar que a uno le corresponde cuando varias personas han de actuar por turno. || pl. Función de una persona o cosa.

vía. f. Camino por donde se transita. || Raíl del ferrocarril o del tranvía. || ANAT. Cualquiera de los conductos por donde pasan al organismo algunos líquidos, el aire, los alimentos y los residuos de la digestión. || Sistema de transporte o comunicación. || Sistema, método o procedimiento.

viaducto. m. Puente para el paso de un camino o una vía férrea sobre una hondonada.

viajante. adj. y com. Que viaja. || com. Representante comercial que hace viajes para negociar ventas o compras.

viajar. intr. Trasladarse de un lugar a otro, generalmente distante, por cualquier medio de locomoción. || Recorrer un medio de transporte una distancia. || Ser transportada una mercancía. || col. Estar bajo los efectos de un alucinógeno.

viaje. m. Recorrido o itinerario que se realiza para ir de un lugar a otro. || Carga que se lleva de una vez. || col. Estado de alucinación producido por un narcótico.

viajero, ra. adj. y s. Que viaja.

vial. adj. De la vía o relativo a ella.

vianda. f. Comida, especialmente carne y pescado. || amer. Frutos y tubérculos comestibles que se sirven guisados. || amer. Fiambrera, recipiente para guardar y transportar la comida.

viandante. com. Persona que camina o transita un lugar.

viático. m. En la Iglesia católica, sacramento de la Eucaristía que se administra al enfermo que está en peligro de muerte.

víbora. f. Reptil escamoso del suborden de las serpientes, de cuerpo cilíndrico y alargado, cabeza triangular, con dos dientes retráctiles y huecos en forma de gancho, con los que al morder inocula veneno. || col. Persona con malas intenciones.

vibración. f. Cada uno de los movimiento vibratorios o doble oscilación de las moléculas o partículas de un cuerpo elástico, que pasa por una posición central de equilibrio. || Movimiento repetido de los órganos de las cavidades productoras del sonido que crea una onda sonora al salir el aire. || pl. col. Corriente de simpatía o antipatía que se supone emana una persona.

vibrar. intr. Hacer un cuerpo pequeños y rápidos movimientos más o menos intensos. || Sonar la voz de forma entrecortada. || Emocionarse, conmoverse. || Experimentar un cuerpo elástico cambios alternativos de forma, haciendo que sus puntos oscilen.

vicario, ria. adj. y s. Se dice de la persona que sustituye a otra en determinados asuntos o funciones. || m. Juez eclesiástico nombrado y elegido por los prelados para que ejerza sobre sus súbditos la jurisdicción ordinaria. || Sacerdote que ayuda al párroco y está bajo la autoridad de este.

viceversa. adv. m. Al contrario, al revés.

viciar. tr. Dañar o corromper física o moralmente. También prnl. || Alterar un escrito o noticia, cambiando su sentido. || DER. Anular la validez de un acto. || Deformar. También prnl.

vicio. m. Excesiva afición a algo, especialmente si es perjudicial. || Mala costumbre, hábito de obrar mal. || Cosa a la que es fácil aficionarse. || Deformación, desviación o alabeo que presenta una superficie.

vicisitud. f. Circunstancia cambiante. || Sucesión de acontecimientos favorables y adversos.

víctima. f. Persona que padece daño por culpa ajena o por causa fortuita. || Persona que muere en dichas condiciones. || Persona que sufre las consecuencias de sus propias acciones o de las de otros. || Persona o animal sacrificado o destinado al sacrificio.

victimario, ria. m. y f. Asesino. || m. Sirviente de los antiguos sacerdotes encargado de preparar el altar y la víctima para el sacrificio.

victoria. f. Superioridad demostrada en una lucha al vencer a un rival. || Coche de dos asientos, abierto y con capota.

vid. f. Planta vivaz y trepadora con hojas palmeadas, flores de color verde y cuyo fruto es la uva.

vida. f. Capacidad de los seres vivos para desarrollarse, reproducirse y mantenerse en un ambiente. || Existencia de seres vivos. || Espacio de tiempo que transcurre desde el nacimiento de un ser vivo hasta su muerte. || Duración de las cosas. || Conjunto de medios para vivir. || Modo de vivir. || Ser humano. || Relato de la existencia de una persona. || Cualquier cosa que produce una gran satisfacción o da valor a la existencia de alguien. || Animación, diversión. || Expresión, viveza. || Unión del alma con el cuerpo en algunas religiones. || Actividad o conjunto de actividades de un grupo social.

vidala o **vidalita.** f. *amer.* Canción popular argentina, de tono melancólico, y de tema amoroso.

vidente. adj. Que tiene capacidad para ver. || com. Persona capaz de adivinar el futuro y esclarecer lo pasado.

vídeo. m. Técnica para grabar cintas de imagen y sonido (videocasetes) por métodos electromagnéticos que se sirve de una cámara, un magnetoscopio y un televisor. || Aparato para grabar y reproducir videocasetes. || Filmación obtenida mediante este sistema.

vidriar. tr. Dar a las piezas de barro o loza un barniz que fundido al horno toma la transparencia y brillo del vidrio. || prnl. Ponerse vidriosa alguna cosa.

vidrio. m. Sustancia dura, frágil, transparente, formada de sílice, potasa o sosa y pequeñas cantidades de otras bases. || Cualquier lámina u objeto hecho de ella.

vidrioso, sa. adj. Que fácilmente se quiebra como el vidrio. || Se dice del asunto comprometido o embarazoso, que debe tratarse con cuidado. || Se dice de los ojos cuando parecen estar cubiertos de una capa transparente y líquida.

viejo, ja. adj. Se dice de lo que tiene muchos años. También s. || De aspecto poco joven. || Antiguo o del tiempo pasado. || Deslucido, estropeado por el uso. || m. y f. *col.* Padre o madre.

vienés, esa. adj. y s. De Viena o relativo a esta ciudad austriaca.

viento. m. Corriente de aire producida en la atmósfera por el encuentro de diferentes presiones en áreas distintas. || Conjunto de instrumentos de viento de una orquesta o banda de música. || Cuerda larga o alambre que se ata a una cosa para mantenerla derecha en alto o moverla con seguridad hacia un lado. || Rumbo, dirección trazada en el plano del horizonte. || Corriente, moda, movimiento.

vientre. m. Cavidad del cuerpo de los animales vertebrados que contiene los órganos principales del aparato digestivo, genital y urinario. || Conjunto de las vísceras contenidas en esta cavidad. || Región exterior del cuerpo, correspondiente al abdomen. || Panza de las vasijas y recipientes.

viernes. m. Día de la semana, entre el jueves y el sábado.

viga. f. Madero largo y grueso que sirve para formar los techos en los edificios y asegurar las construcciones. || Hierro de doble T para los mismos usos que la viga de madera.

vigencia. f. Cualidad de vigente.

vigente. adj. Referido especialmente a las leyes y costumbres, en vigor, en uso.

vigésimo, ma. adj. num. ord. Que ocupa el lugar número veinte en una serie ordenada de elementos.

vigía. com. Persona que vigila, generalmente desde un lugar elevado. || f. Torre elevada desde la que se vigila.

vigilancia. f. Acción y resultado de vigilar. || Servicio organizado y preparado para vigilar.

vigilante. adj. Que vigila. || com. Persona encargada de la vigilancia y el control de algo.

vigilar. intr. y tr. Cuidar de una persona o cosa. || Espiar, acechar.

vigilia. f. Acción de estar despierto o en vela. || Falta de sueño o dificultad de dormirse. || Víspera de una festividad religiosa. || Abstinencia de comer carne ciertos días de la semana por motivos religiosos.

vigor. m. Fuerza o actividad notable de las cosas animadas o inanimadas. || Viveza o eficacia de las acciones en la ejecución de las cosas. || Hecho de tener validez leyes o normas, o de seguir practicándose modas y estilos. || Entonación o expresión enérgica en las obras artísticas o literarias.

vigoroso, sa. adj. Que tiene vigor, fuerza.

vihuela. f. Instrumento de cuerda pulsado con arco o plectro.

vikingo, ga. adj. y s. De un grupo de pueblos de navegantes y guerreros escandinavos, o relativo a él.

vil. adj. Despreciable. || Indigno, infame. || Se dice de la persona que no corresponde a la confianza puesta en ella. También com.

vileza. f. Cualidad de vil, bajeza. || Acción vil.

vilipendiar. tr. Despreciar a alguien, ofenderlo o humillarlo.

villa. f. Casa de recreo en el campo. || Población con privilegios e importancia histórica. || la Casa de la Villa. El ayuntamiento.

villancico. m. Canción popular, alegre, que celebra el nacimiento de Jesucristo. || Cancioncilla popular breve que frecuentemente servía de estribillo.

villanía. f. Baja condición de nacimiento o estado. || Acción ruin. || Expresión indecente o grosera.

villano, na. adj. Se apl. antiguamente al vecino de una villa o aldea, frente al noble o hidalgo. También s. || Ruin, indigno.

vilo (en). loc. adv. Suspendido, sin el fundamento o apoyo necesario. || Con indecisión, inquietud e intranquilidad.

vinagre. m. Líquido agrio producido por la fermentación ácida del vino y compuesto principalmente de ácido acético y agua. || *col.* Persona de carácter áspero y desapacible.

vincha. f. *amer.* Cinta, elástico grueso o accesorio con que se sujeta el pelo sobre la frente.

vinchuca. f. *amer.* Insecto alado, especie de chinche de unos dos centímetros de largo. || *amer.* Flechilla, rehilete.

vincular. tr. Unir o relacionar una persona o cosa con otra. También prnl. || Perpetuar o continuar una cosa. Más c. prnl. || Hacer que la suerte o el comportamiento de alguien o algo dependan de los de otra persona o cosa. || Sujetar a una obligación.

vincular. adj. Del vínculo o relativo a él.

vínculo. m. Lo que ata, une o relaciona a las personas o las cosas. || DER. Sujeción de los bienes al perpetuo dominio de una familia, sin poder partirlos o enajenarlos.

vindicar. tr. y prnl. Vengar. || Defender, generalmente por escrito, a una persona que ha sido injuriada o calumniada. || Reivindicar.

vinícola. adj. De la fabricación del vino o relativo a ella.

vinicultura. f. Técnica que se ocupa de la elaboración y crianza de los vinos.

vino. m. Bebida alcohólica que se obtiene del zumo de las uvas exprimidas, y cocido naturalmente por fermentación. || p. ext., zumo de otras plantas o frutos.

viña. f. Terreno plantado de vides.

viñedo. m. Terreno plantado de vides, viña.

viñeta. f. Dibujo que se pone como adorno al principio o fin de los libros y capítulos, o en los márgenes de las páginas. || Cada uno de los recuadros, generalmente compuestos de imagen y texto, que forman una historieta gráfica.

viola. f. Instrumento musical semejante al violín, algo mayor y de sonido más grave. || com. Persona que lo toca.

violáceo, a. adj. Se dice del color violeta. También m.

violación. f. Acción y resultado de violar.

violar. m. Terreno plantado de violetas.

violar. tr. Infringir una ley o un precepto. || Abusar sexualmente de una persona contra su voluntad. || Revelar secretos una persona que los tiene por razón de su cargo. || p. ext., revelar cualquier secreto. || Profanar un lugar sagrado o cualquier otra cosa que muy respetada.

violencia. f. Cualidad de violento. || Acción de utilizar la fuerza y la intimidación para conseguir algo. || Acción y resultado de violentarse. || DER. Coacción.

violentar. tr. Aplicar a cosas o personas medios violentos. También prnl. || Violar a una persona. || Poner a alguien en una situación violenta, comprometida o apurada. También prnl. || Dar a algo una interpretación falsa o errónea.

violento, ta. adj. Brusco, muy fuerte o intenso. || Que se sirve de la fuerza en lugar de la razón. || Se dice del periodo en que suceden guerras y otros acontecimientos sangrientos. || Que se irrita con facilidad y tiende a insultar o atacar a otros. || Que está fuera de su estado o postura natural. || Comprometido, difícil, apurado.

violeta. f. Planta herbácea violácea, con flores moradas de olor muy suave y fruto en cápsula. || Flor de esta planta. || adj. y m. Se dice del color de las flores de esta planta.

violín. m. Instrumento musical de cuatro cuerdas, de sonido agudo, que se toca con arco. || Conjunto de instrumentos musicales de cuerda. || com. Persona que toca este instrumento.

violinista. com. Persona que toca el violín.

violón. m. Contrabajo. || com. Persona que toca este instrumento.

viperino, na. adj. De la víbora o relativo a ella. || Que tiene sus características. || Malintencionado, que busca dañar o desprestigiar.

viraje. m. Acción y resultado de cambiar de dirección en un vehículo. || Cambio de orientación, conducta.

virar. tr. Girar cambiando de dirección, especialmente hablando de un buque. También intr. || Evolucionar, cambiar de ideas o de maneras de actuar.

virgen. adj. Se dice del terreno que no ha sido cultivado o está aún sin explorar. || Que está en su estado original, que no ha recibido ningún tratamiento artificial o que todavía no ha sido utilizado.

virginidad. f. Estado de la persona virgen. || Pureza.

viril. m. Vidrio muy claro y transparente que se coloca delante de algunos objetos para preservarlos sin ocultarlos a la vista. || Caja de cristal bordeada con oro que encierra la forma consagrada y se coloca en la custodia para la exposición del Santísimo, o que guarda reliquias y se coloca en un relicario.

viril. adj. Del varón o relativo a él, varonil. || Que posee características consideradas propias del varón.

virilidad. f. Calidad de viril.

virreinato. m. Dignidad o cargo de virrey o virreina. || Tiempo que dura. || Territorio gobernado por un virrey o una virreina.

virrey, virreina. m. y f. Persona que gobernaba un territorio en nombre y autoridad del rey. || f. Esposa del virrey.

virtual. adj. Con propiedad para producir un efecto aunque no lo produzca. || Implícito, tácito. || Que tiene existencia aparente y no real.

virtud. f. Cualidad personal que se considera buena y correcta. || Buena conducta, comportamiento que se ajusta a las normas o leyes morales. || Capacidad para obrar o surtir efecto.

virtuoso, sa. adj. y s. Que tiene virtudes, y obra o se desarrolla según la virtud. || Se dice del artista que domina extraordinariamente una técnica o arte, y particularmente del músico.

viruela. f. Enfermedad infecciosa, contagiosa y epidémica. || Cada una de las pústulas o ampollas producidas por esta enfermedad.

virulento, ta. adj. Ocasionado por un virus o que participa de su naturaleza. || Muy fuerte o violento. || Se dice del estilo o lenguaje mordaz, hiriente.

virus. m. Microorganismo de estructura simple que necesita multiplicarse dentro de las células vivas y es causa de numerosas enfermedades. || INFORM. Programa que se incorpora a un ordenador y que se ejecuta automáticamente modificando o destruyendo los datos contenidos en el ordenador.

viruta. f. Laminilla delgada de madera o metal que salta con el cepillo, la lija y otras herramientas.

visaje. m. Mueca, gesto.

visar. tr. Reconocer, examinar la autoridad competente un instrumento, una certificación, un pasaporte, etc., poniéndoles el visto bueno, por lo general, para un uso determinado. || Dirigir la puntería o la visual de un arma de fuego.

víscera. f. Cualquiera de los órganos contenidos en las principales cavidades del cuerpo (corazón, estómago, hígado).

viscoso, sa. adj. Denso y pegajoso. || f. Cierto tipo de tejido textil artificial obtenido a partir de la celulosa.

visera. f. Parte delantera de la gorra y otras prendas semejantes para proteger la vista del sol. || Pieza independiente con la misma función que se sujeta a la cabeza por una cinta. || Pieza movible en el interior de un automóvil, sobre el parabrisas, para proteger del sol al conductor y a la persona que lo acompaña. || Pieza móvil del casco que cubre el rostro. || Parte del yelmo que cubría el rostro.

visibilidad. f. Calidad de visible. || Posibilidad de ver a mayor o menor distancia según las condiciones atmosféricas.

visible. adj. Que se puede ver. || Cierto, evidente. || Presentable.

visigodo, da. adj. Se dice de una de las dos ramas del pueblo germánico de los godos que fundó un reino en Hispania, con capital en Toledo. Más c. m. pl. || Se dice también de sus individuos. También s. || De los visigodos o relativo a ellos.

visillo. m. Cortinilla fina y casi transparente que se coloca en la parte interior de las ventanas.

visión. f. Acción y resultado de ver. || Capacidad de ver. || Comprensión inmediata y directa de las cosas, de manera sobrenatural. || Capacidad o habilidad para algo. || Punto de vista particular sobre un asunto. || Imagen irreal, sobrenatural o fantástica.

visionario, ria. adj. y s. Se dice del que, por su exaltada fantasía, se figura que ve cosas fantásticas.

visir. m. Ministro de un soberano musulmán. || gran visir. Primer ministro del sultán de Turquía.

visita. f. Acción de visitar. || Persona o personas que visitan un lugar o a alguien. || Acto durante el cual el médico reconoce al enfermo. || Inspección, reconocimiento.

visitar. tr. Ir a ver a uno a su casa o al lugar donde se encuentre, por cortesía, amistad, etc. || Recorrer un lugar para conocerlo. || Acudir con frecuencia a un lugar. || Ir a un templo o santuario por devoción, o para ganar indulgencias. || Ir el médico a casa del enfermo. || Acudir a un lugar para examinarlo, reconocerlo, etc.

vislumbrar. tr. y prnl. Ver un objeto confusamente por la distancia o falta de luz. || Conjeturar por leves indicios.

visón. m. Mamífero carnívoro de cuerpo estilizado, patas con membrana interdigital y un pelaje suave muy apreciado. || Piel de este animal. || Prenda hecha con su piel.

visor. m. Lente o sistema óptico para enfocar una imagen. || Dispositivo empleado en ciertas armas de fuego para una mayor precisión en el disparo.

víspera. f. Día anterior. || Cualquier cosa que antecede a otra. || pl. Una de las horas del oficio canónico.

visto, ta. adj. Muy conocido, por lo que resulta poco original. || f. Sentido corporal con que se perciben los objetos y sus colores, a través de los ojos. || Acción y resultado de ver. || Mirada. || Ojo humano o conjunto de ambos ojos. || Aspecto o apariencia externa. || Conocimiento claro que se tiene de las cosas. || Extensión de terreno o paisaje que se descubre desde un punto. También en pl.

vistoso, sa. adj. Que atrae mucho la atención por su colorido, forma, etc.

visual. adj. Relativo a la vista, a la visión. || f. Línea recta desde el ojo del espectador hasta el objeto.

visualizar. tr. Hacer visible lo que no puede verse a simple vista. || Representar mediante imágenes ópticas fenómenos de otro carácter. || Formar en la mente la imagen visual de un concepto abstracto. || Imaginar con rasgos visibles algo que no está a la vista.

vital. adj. De la vida o relativo a ella. || De suma importancia. || Se dice de la persona activa, de mucho ánimo y optimismo.

vitalicio, cia. adj. Que dura desde que se obtiene hasta la muerte. || m. Póliza de seguro sobre la vida. || Pensión de por vida.

vitalidad. f. Actividad o eficacia de las funciones vitales, energía, vigor.

vitamina. f. Nombre genérico de ciertas sustancias orgánicas indispensables para la vida, que los animales no pueden sintetizar y que, por ello, han de recibir, ya formadas, con los alimentos.

viticultura. f. Cultivo de la vid. || Técnica para cultivar las vides.

vitivinicultura. f. Técnica para cultivar las vides y elaborar el vino.

vitorear. tr. Aplaudir, aclamar con vítores.

vitral. m. Vidriera de colores.

vítreo, a. adj. Hecho de vidrio o que tiene sus propiedades. || Parecido al vidrio.

vitrificar. tr. y prnl. Convertir en vidrio. || Hacer que una cosa adquiera la apariencia del vidrio.

vitrina. f. Escaparate, armario o caja con puertas o tapas de cristal para exponer cualquier objeto.

vitualla. f. Víveres, especialmente los necesarios para una tropa, expedición, etc. Más en pl.

vituperar. tr. Censurar, hablar mal de una persona o cosa.

vituperio. m. Acción de vituperar a alguien. || Deshonra, humillación.

viudez. f. Estado de viudo o viuda.

viudo, da. adj. Persona a quien se le ha muerto su cónyuge y no ha vuelto a casarse. También s.

vivacidad. f. Calidad de vivaz.

vivar. m. Madriguera donde crían algunos animales. || Vivero de peces.

vivar. tr. amer. Vitorear, dar vivas.

vivaz. adj. Agudo, vigoroso, sagaz. || BOT. Se dice de la planta que vive más de dos años.

víveres. m. pl. Alimentos, especialmente como provisión o despensa.

vivero. m. Criadero de árboles y plantas. || Lugar donde se mantienen o se crían peces, moluscos y otros animales. || Origen de algunas cosas.

viveza. f. Prontitud o rapidez en las acciones. || Energía, pasión en las palabras. || Agudeza de ingenio. || Dicho agudo, ingenioso. || Esplendor o intensidad de los colores. || Gracia y expresión en la mirada.

vivienda. f. Edificio, construcción o habitación adecuado para que vivan las personas.

vivificar. tr. Dar vida al o a lo que no la tenía. || Confortar, vigorizar al decaído o débil.

vivíparo, ra. adj. y s. Se dice de los animales cuyas crías efectúan su desarrollo embrionario dentro del cuerpo de la madre y salen al exterior en el acto del parto.

vivir. intr. Tener vida. || Durar con vida. || Pasar y mantener la vida con lo necesario para una persona, una familia, un grupo, etc. || Habitar en un lugar. También tr. || Llevar un determinado tipo de vida. || Acomodarse una a las circunstancias o aprovecharlas. || Mantenerse en la memoria una persona que ya ha muerto o una cosa pasada. || Compartir la vida con otra persona sin estar casados. || tr. Experimentar. || Sentir profundamente lo que se hace o disfrutar con ello.

vivisección. f. Disección de un animal vivo para hacer estudios fisiológicos.

vivo, va. adj. Que tiene vida. También s. || Que dura, subsiste, físicamente o en la memoria. || Se dice del fuego, llama, etc., encendidos. || Intenso, fuerte. || Apasionado, enérgico. || Agudo, sutil, ingenioso. || Listo, que aprovecha las circunstancias en beneficio propio. También s. || Rápido, ágil. || Muy expresivo o persuasivo. || Se dice de la arista o el ángulo agudos. || m. Borde, canto, orilla. || Cinta, cordoncillo o trencilla en los bordes o costuras de los vestidos.

vizcacha. f. amer. Roedor parecido a la liebre, de su tamaño y pelaje y con cola tan larga como la del gato.

vizconde, esa. m. y f. Persona que posee el título de nobleza inmediatamente inferior al de conde. || Antiguo sustituto del conde. || f. Mujer del vizconde.

vocablo. m. Cada palabra de una lengua.

vocabulario. m. Conjunto de palabras de un idioma. || Libro en que se contiene.

vocación. f. Inclinación a una profesión o carrera. || Inspiración especial para adoptar el estado religioso o para llevar una forma de vida ejemplar.

vocacional. adj. De la vocación, relacionado con ella o que tiene vocación.

vocal. adj. De la voz o relativo a ella. || Se dice de lo que se expresa con la voz. || LING. Véase letra vocal. || f. FON. Sonido del lenguaje humano, producido al expulsar el aire, con vibración laríngea, y sin oclusión que impida su paso. || com. Persona con voz en un consejo, junta, etc.

vocalizar. intr. Articular claramente las vocales, consonantes y sílabas de las palabras para hacerlas inteligibles. || Transformar en vocal una consonante. También tr. y prnl. || Añadir vocales en textos escritos en lenguas, como la árabe o la hebrea, en las que suelen escribirse solo las consonantes. || MÚS. Hacer ejercicios de vocalización.

vocear. intr. Dar voces, gritar. || tr. Publicar a voces una cosa. || Llamar a uno en voz alta o dándole voces. || Manifestar con claridad una cosa. || Decir una cosa que se debería callar.

vocero, ra. m. y f. Persona que habla en nombre de alguien.

vociferar. tr. Vocear, hablar a voces.

vodka. amb. Aguardiente de cereales (centeno, maíz, cebada), incoloro y de fuerte graduación alcohólica que se consume mucho en los países de Europa Oriental. Más c. m.

volante. adj. Que vuela. || Que va de una parte a otra sin quedarse fijo en ninguna. || m. Tira de tela fruncida que se pone como adorno de algunas prendas, cortinajes, etc. || Pieza en forma de aro con varios radios que forma parte de la dirección de ciertos vehículos automóviles. || Rueda grande y pesada de una máquina que sirve para regular su movimiento y transmitirlo al resto del mecanismo. || Anillo provisto de dos topes que regula el movimiento de un reloj. || Hoja de papel en la que se escribe alguna comunicación. || Objeto de madera o corcho, con plumas, que se lanza al aire con una raqueta.

volar. intr. Moverse un animal por el aire sosteniéndose con las alas o un aparato por medio de otro sistema. || Viajar en un medio de transporte aéreo. || Elevarse una cosa en el aire y moverse generalmente a causa del viento. También prnl. || Ir por el aire una cosa arrojada con violencia. || Desaparecer rápida e inesperadamente una persona o cosa. || Ir a un lugar con gran prisa. || Hacer las cosas con gran rapidez. || Propagarse las noticias rápidamente. || tr. Hacer saltar en el aire por medio de una explosión. || IMPR. Levantar una letra o signo por encima de la línea de escritura. || Hacer que el ave se levante y vuele para tirar sobre ella. || amer. Irritar, enfadar. Más c. prnl.

volátil. adj. FÍS. Se dice de los líquidos que se volatilizan rápidamente al estar destapados. || Que vuela o puede volar. También com. || Que se mueve ligeramente y se desplaza por el aire. || Mudable, inconstante.

volatilizar. tr. Transformar en vapor. También prnl. || prnl. Desaparecer o disiparse.

volcán. m. Montaña con una abertura por donde salen, o han salido en algún momento, humo, llamas y materias encendidas o derretidas. || Sentimiento muy fuerte, pasión ardiente. || Persona ardorosa, apasionada. || amer. Precipicio. || amer. Montón.

volcar. tr. Volver una cosa hacia un lado o totalmente, o de esta forma hacer que se caiga lo contenido en ella. También intr. y prnl. || prnl. Favorecer a una persona o propósito todo cuanto se pueda o atenderla con gran cuidado.

volframio. m. QUÍM. Elemento químico metálico de color blanco o gris acerado, muy duro y denso. Se halla en minerales como la volframita y se utiliza para fabricar lámparas incandescentes, hornos eléctricos, contadores eléctricos y en aleaciones. Su símbolo es W.

voltaje. m. Diferencia de potencial eléctrico entre los extremos de un conductor, expresada en voltios.

voltear. tr. Dar vueltas a una persona o cosa. También prnl. e intr. || Volver una cosa hasta ponerla al revés de como estaba. || amer. Derribar. || intr. amer. Volver. También prnl. || prnl. amer. Cambiar de partido político.

voltereta. f. Vuelta que se da en el suelo o en el aire enroscando el cuerpo hacia las rodillas.

voltio. m. ELECTR. Unidad de potencial eléctrico y de fuerza electromotriz en el Sistema Internacional, que equivale a la diferencia de potencial que hay entre dos puntos de un campo eléctrico cuando al transportar entre ellos un culombio de carga se realiza un trabajo equivalente a un julio. Su símbolo es V.

voluble. adj. De carácter inconstante, que cambia con facilidad de gustos, opiniones, etc. || Se dice del tallo que crece formando espiras alrededor de los objetos.

volumen. m. Espacio que ocupa una cosa, bulto, corpulencia. || Cuerpo material de un libro encuadernado, ya contenga la obra completa o una parte de ella. || Cuerpo geométrico de tres dimensiones. || Intensidad de la voz o de otros sonidos. || Cantidad o importancia.

voluntad. f. Facultad de hacer o no hacer una cosa. || Ejercicio de dicha facultad. || Libre albedrío o determinación. || Intención o deseo de hacer una cosa. || Esfuerzo, coraje. || Amor, cariño.

voluntario, ria. adj. Que se hace por espontánea voluntad y no por obligación o deber. || m. y f. Persona que se ofrece a hacer un trabajo u otra cosa, no estando obligada a ello. || Soldado que hace el servicio militar antes de que le corresponda hacerlo por su edad o por cualquier otro motivo.

voluptuosidad. f. Incitación o satisfacción de los placeres de los sentidos, especialmente el sexual.

voluptuoso, sa. adj. Que incita o satisface los placeres de los sentidos, especialmente el sexual. || Dado a este tipo de placeres sensuales. También s.

voluta. f. Adorno en forma de espiral o caracol que se coloca en los capiteles de los órdenes jónico y corintio.

volver. tr. Dar la vuelta a algo. || Cambiar de sentido o dirección. También intr. y prnl. || Cambiar a una persona o cosa de aspecto, estado, opinión, etc. Más c. prnl. || Rehacer una prenda de vestir de modo que el revés de la tela quede al exterior, como derecho. || Regresar al punto de partida. También prnl. || Producirse de nuevo una cosa. || Hacer de nuevo o repetirse lo que ya se había hecho. || Reanudar una conversación, discurso, etc., en el punto en que se había interrumpido. || prnl. Girar la cabeza, el torso o todo el cuerpo, para mirar lo que estaba a la espalda.

vomitar. tr. Arrojar violentamente por la boca lo contenido en el estómago. También intr. || Manchar algo con el vómito. || Arrojar de sí violentamente una cosa algo que tiene dentro. || Decir violentamente maldiciones o insultos.

vómito. m. Acción de vomitar. || Sustancia que se vomita.

voracidad. f. Ansia o exceso en el comer. || Ansia o deseo exagerado de consumir, poseer o dominar.

vorágine. f. Remolino impetuoso que hacen en algunos parajes las aguas del mar, de los ríos o de los lagos. || Confusión, desorden y precipitación en los sentimientos, forma de vida, etc.

voraz. adj. Se dice del que come mucho y con ansia. || Que destruye o consume algo rápidamente.

vórtice. m. Torbellino, remolino. || Centro de un ciclón.

vosotros, tras. pron. Forma del pron. pers. m. y f. de segunda persona plural, que en la oración desempeña la función de sujeto o de complemento con preposición.

votación. f. Acción y resultado de votar. || Conjunto de votos emitidos.

votar. intr. Dar uno su voto o manifestar su opinión en una reunión o cuerpo deliberante, o en una elección de personas. También tr.

voto. m. Parecer o dictamen con que se elige entre las opciones presentadas. || Derecho que se tiene a emitir dicho parecer o dictamen. || Papeleta en la que se da a conocer un parecer o dictamen en una elección. || Promesa hecha a Dios, a la Virgen o a un santo. || Cualquiera de las promesas que constituyen el estado religioso y admite la Iglesia, como la de pobreza, castidad y obediencia. || Ruego con que se pide a Dios una gracia. || Juramento, maldición, u otra expresión de ira. || Deseo.

voz. f. Sonido que el aire expelido de los pulmones produce al salir de la laringe, haciendo que vibren las cuerdas vocales. || Cualidad, timbre o intensidad de este sonido. || Sonido que forman algunas cosas inanimadas. || Grito, voz fuerte y alta. Más en pl. || Palabra o vocablo. || Cantante. || Facultad de hablar, anunga en una asamblea. || Medio a través del cual se expresan los sentimientos, opiniones, etc., de una persona o colectividad. || GRAM. Accidente gramatical que expresa si el sujeto del verbo es agente (voz activa) o paciente (voz pasiva). || MÚS. Cada una de las líneas melódicas que forman una composición polifónica.

vuelco. m. Acción y resultado de volcar o volcarse. || Cambio brusco y total.

vuelo. m. Acción y resultado de volar. || Trayecto que recorre un avión, helicóptero, etc., haciendo o no escalas, entre el punto de origen y el de destino. || Amplitud o extensión de una vestidura en la parte que no se ajusta al cuerpo, y p. ext., de otras prendas como cortinas, manteles, etc. || ARQUIT. Parte de una construcción que sale fuera del paramento de la pared que la sostiene.

vuelto, ta. adj. Se dice de la parte de atrás de una hoja o folio que solo está numerado por delante. || m. amer. Dinero que se devuelve porque sobra después de hacer algún pago. || f. Acción de volver. || Movimiento de una cosa alrededor de un punto, o girando sobre sí misma, hasta invertir su posición inicial. || Curvatura en una línea, camino, etc. || Cada uno de los giros que da una cosa alrededor de otra, p. ej., de un cable al enrollarse. || Paseo, generalmente breve. || DEP. En ciclismo y otros deportes, carrera en etapas en torno a un país, región, comarca, etc. || Cada una de las partes o etapas en que se dividen ciertas actividades. || Devolución de una cosa a quien la tenía. || Paso o repaso que se da a una materia leyéndola. || Dinero que se devuelve a alguien, porque le sobra después de hacer algún pago. || Tira de tela que se pone en el borde de las mangas u otras partes de las prendas de vestir, o parte de ellas que queda doblada.

vuestro, tra, tros, tras. adj. y pron. pos. Indica la relación de pertenencia entre lo poseído y dos o más poseedores, entre los que no se incluye el hablante. || A veces se refiere, en sus cuatro formas, a un solo poseedor como fórmula de respeto.

vulcanismo. m. GEOL. Conjunto de fenómenos geológicos relacionados con los volcanes, su origen y su actividad.

vulgar. adj. Común o general, por contraposición a especial o técnico. || Falto de originalidad. || Grosero, ordinario, de mal gusto. || Relativo al vulgo. || Se dice de las lenguas derivadas del latín por oposición a este.

vulgaridad. f. Cualidad de vulgar. || Dicho, hecho o cosa vulgar.

vulgarismo. m. Palabra, expresión o frase vulgar.

vulgarizar. tr. y prnl. Hacer vulgar o común una cosa. || Exponer una ciencia, o una materia técnica cualquiera, de forma fácilmente asequible a gente no especializada.

vulgo. m. Conjunto de la gente popular, sin una cultura ni una posición económica elevada.

vulnerar. tr. Transgredir una ley, un precepto, un mandato, etc. || Dañar, perjudicar.

W

w. f. Vigesimocuarta letra del alfabeto español y decimonovena de sus consonantes. Su nombre es *uve doble*. Solo se emplea en voces de procedencia extranjera.

waffle. (voz i.) m. *amer.* Galleta cuadrada o rectangular hecha de capas de oblea rellenas de crema o dulce.

walkie-talkie. (voz i.) m. Aparato portátil de radiodifusión que actúa tanto de receptor como de transmisor a corta distancia.

walkiria. (voz alem.) f. Valquiria.

wash and wear. (expr. i.) adj. *amer.* Se dice de la tela o la prenda de vestir que no necesita plancha.

waterpolo. (voz i.) m. Deporte de pelota entre dos equipos, que se juega en una piscina.

watt. m. ELECTR. Nombre del vatio en la nomenclatura internacional.

weekend. (voz i.) m. Fin de semana.

welter. (voz i.) m. Categoría de boxeo.

western. (voz i.) m. Película cuyo escenario es el oeste de EE. UU. || Género cinematográfico al que pertenecen estas películas.

whisky o **whiski.** (voz i.) m. Bebida alcohólica.

wind surfing, windsurf o **windsurfing.** (voz i.) m. Deporte acuático que se practica sobre una tabla impulsada por una vela.

wing. (voz i.) m. *amer.* Extremo de la delantera en un equipo de rugby o de fútbol.

X

x. f. Vigesimoquinta letra del alfabeto español y vigésima de sus consonantes. Fonéticamente representa un sonido doble, compuesto de *k*, o de *g* sonora, y de *s*. Este sonido, ante consonante, suele reducirse a *s*. Su nombre es *equis*. || En la numeración romana, diez. || MAT. Signo con que se representa la incógnita, o la primera de las incógnitas si son dos o más.

xerófilo, la, xerofítico, ca o **xerófito, ta.** adj. BOT. Se dice de las plantas y asociaciones vegetales adaptadas a la vida en un medio seco.

xeroftalmia o **xeroftalmía.** f. PAT. Enfermedad de los ojos caracterizada por la sequedad de la conjuntiva y opacidad de la córnea.

xerografía. f. Procedimiento electrostático que se utiliza para imprimir en seco. || Fotocopia obtenida por este procedimiento.

xilema. m. BOT. Conjunto de los vasos leñosos de las plantas, por los que pasa la savia bruta.

xilófago, ga. adj. ZOOL. Se dice de los insectos que roen la madera. También s.

xilófon. m. Xilófono.

xilofonista. com. Músico que toca el xilófono.

xilófono. m. Instrumento de percusión formado por una serie de listones de madera o metal.

xilografía. f. Arte de grabar en madera. || Impresión tipográfica hecha con planchas de madera grabadas.

Y

y. f. Vigesimosexta letra del alfabeto español y vigesimoprimera de sus consonantes. Su nombre es *i griega* o *ye*. Fonéticamente representa un sonido palatal sonoro y generalmente fricativo. Precedida de nasal se hace africada y cuando va al final de una palabra se pronuncia como semivocal.

y. conj. cop. Une palabras o cláusulas en concepto afirmativo.

ya. adv. t. Denota el tiempo pasado. || En el tiempo presente, con relación al pasado. || En tiempo u ocasión futura. || Finalmente o últimamente. || Luego, inmediatamente. || Sirve para conceder o apoyar lo que nos dicen. || Conj. distributiva.

yac. m. Bóvido que habita en las montañas del Tíbet, mayormente de color oscuro, notable por las largas lanas que le cubren las patas y la parte inferior del cuerpo.

yacaré. m. Caimán sudamericano.

yacer. intr. Estar echada o tendida una persona. || Estar un cadáver en la sepultura. || Tener relaciones sexuales.

yachting. (voz i.) m. Deporte de competición que se practica con embarcaciones de vela.

yacimiento. m. Sitio donde se halla naturalmente una roca, un mineral, un fósil, o restos arqueológicos.

yaguar. m. Jaguar.

yanqui. adj. *col.* De EE. UU. o relativo a este país de América del Norte. También com. || De Nueva Inglaterra o relativo a este estado al norte de EE. UU. También com.

yantar. tr. Comer. || m. Comida o alimento.

yapa. f. *amer.* Añadidura, regalo que hace el vendedor al comprador.

yarará. f. *amer.* Serpiente muy venenosa, de color pardo, que puede llegar a medir hasta un metro y medio.

yaraví. m. Cantar melancólico de origen quechua.

yarda. f. Medida inglesa de longitud, equivalente a 0,914 m.

yatagán. m. Especie de sable curvo usado por los guerreros orientales.

yataí o **yatay.** m. *amer.* Palmera que alcanza de 8 a 10 m de altura, de hojas pintadas, curvas y rígidas; su fruto se emplea para elaborar aguardiente, y con las fibras de las hojas se tejen sombreros.

yate. m. Barco de recreo, de velas o de motor.

ye. f. Nombre de la *letra y*.

yedra. f. Hiedra.

yegua. f. Hembra del caballo. || adj. *amer.* Tonto.

yeísmo. m. Pronunciación de la ll *como y*.

yeísta. adj. Del yeísmo o relativo a él. || com. Persona que pronuncia la ll como y.

yelmo. m. Parte de la armadura antigua que resguardaba la cabeza.

yema. f. Porción central del huevo de las aves. || En las plantas, renuevo vegetal en forma de botón que da origen a que se desarrollen ramas, hojas o flores. || Lado de la punta del dedo, opuesta a la uña. || Dulce seco compuesto de azúcar y yema. de huevo.

yen. m. Unidad monetaria de Japón.

yerba. f. Hierba. || *amer.* Mate.

yerbal. m. *amer.* Plantación de mate, planta medicinal americana.

yerbatero, ra. adj. *amer.* Se dice del médico o curandero que cura con hierbas. También s. || m. y f. *amer.* Vendedor de yerbas o de forraje.

yermo, ma. adj. y m. Inhabitado. || Incultivado.

yerno. m. Respecto de una persona, marido de su hija.

yerra. f. *amer.* Hierra, acción de marcar con el hierro los ganados.

yerro. m. Equivocación por descuido o inadvertencia. || Falta contra los preceptos morales o religiosos.

yerto, ta. adj. Tieso, rígido, especialmente a causa del frío.

yesca. f. Materia muy seca y fácilmente inflamable. || p. ext., lo que está muy seco y, por consiguiente, dispuesto a encenderse. || Lo que intensifica cualquier pasión o sentimiento.

yeso. m. Sulfato de calcio hidratado, compacto o terroso, generalmente blanco, que tiene la propiedad de endurecerse rápidamente cuando se amasa con agua, y se emplea en la construcción y en la escultura. || Obra de escultura vaciada en este material.

yeta. f. *amer.* Mala suerte.

yeyuno. m. ANAT. Segunda porción del intestino delgado de los mamíferos, situada entre el duodeno y el íleon.

yo. pron. Forma del pron. pers. com. de primera persona singular, que en la oración desempeña la función de sujeto. || m. Sujeto humano en cuanto persona.

yodo. m. QUÍM. Elemento químico halógeno, de color gris negruzco, que se volatiliza a una temperatura poco elevada, y se emplea como desinfectante. Su símbolo es I.

yoga. m. Conjunto de disciplinas físico-mentales de la India, destinadas a conseguir la perfección espiritual y la unión con lo absoluto. || p. ext., conjunto de prácticas derivadas de estas disciplinas y dirigidas a obtener mayor dominio del cuerpo y de la concentración mental.

yogui. com. Practicante del yoga.

yogur. m. Producto de consistencia cremosa, que se obtiene por fermentación de la leche.

yola. f. Embarcación muy ligera movida a remo y con vela.

yóquey o **yoqui.** m. Jinete profesional de carreras de caballos.

yuan. m. Unidad monetaria de China.

yuca. f. Planta americana, de la familia de las liliáceas, con tallo arborescente, cilíndrico, de 15 a 20 cm, coronado por un penacho de hojas largas y rígidas, flores blancas y raíz gruesa. || Nombre vulgar de algunas especies de mandioca.

yudo. m. DEP. Arte marcial de origen japonés, que se practica como deporte y consiste en lograr la inmovilización del contrario, defendiéndose y atacando sin armas mediante rápidos y diestros movimientos y llaves.

yugo. m. Instrumento de madera al cual se uncen por el cuello las mulas, los bueyes, etc., y en el que va sujeta la lanza del carro o el timón del arado. || Especie de horca, por debajo de la cual, en tiempos de la antigua Roma, hacían pasar sin armas a los enemigos vencidos.

yugoslavo, va. adj. y s. De Yugoslavia o relativo a este país europeo.

yugular. adj. Se dice de cada una de las dos venas que hay a uno y otro lado del cuello, y que recogen la mayor parte de la sangre del cerebro. También f. || Del cuello o relativo a él.

yunque. m. Prisma de hierro acerado, a veces con punta en uno de los lados, que se emplea para forjar metales. || Persona firme y paciente en las adversidades. || ANAT. Uno de los tres huesecillos de la parte media del oído de los mamíferos, situado entre el martillo y el estribo.

yunta. f. Par de bueyes, mulas u otros animales que sirven en las labores del campo. || *amer.* Gemelos para poner en los puños de las camisas.

yute. m. Material textil que se saca de la corteza interior de varios árboles oriundos de Asia y África. || Tejido de esta fibra.

yuxtaponer. tr. Poner una cosa junto a otra o inmediata a ella. También prnl.

yuyo. m. *amer.* Mala hierba, hierbajo, hierba silvestre. || Planta medicinal.

Z

z. f. Vigesimoséptima y última letra del alfabeto español, y vigesimosegunda de sus consonantes. Su nombre es *zeda* o *zeta*.

zafadura. f. Acción y resultado de zafar o zafarse.

zafar. tr. Soltar lo que estaba amarrado o sujeto, desembarazar, libertar, especialmente en el lenguaje marinero. También prnl. || prnl. Escaparse o esconderse para evitar un encuentro o riesgo. || Irse de un lugar. || Excusarse de hacer una cosa.

zafarrancho. m. Acción y resultado de desocupar y preparar una parte de la embarcación para que pueda realizarse determinada actividad. || Riña, destrozo. || *col.* Limpieza general.

zafio, fia. adj. Tosco, grosero.

zafiro. m. Corindón cristalizado de color azul, que se utiliza en joyería.

zafra. f. Vasija de metal ancha y poco profunda, con agujeros en el fondo, en que los vendedores de aceite colocan las medidas para que escurran. || Vasija grande de metal en que se guarda aceite. || Cosecha de la caña de azúcar. || Fabricación del azúcar de caña, y p. ext., del remolacha. || Tiempo que dura esta fabricación. || Escombro de una mina o cantera.

zaga. f. Parte posterior, trasera de una cosa. || DEP. En ciertos deportes, defensa de un equipo.

zagal, la. m. y f. Persona joven, muchacho. || Pastor o pastora joven, subordinados a otro pastor.

zaguán. m. Espacio cubierto, situado dentro de una casa e inmediato a la puerta de la calle.

zaguero, ra. adj. Que va, se queda o está detrás. || m. DEP. En los partidos de pelota por parejas, el jugador que ocupa la parte de atrás de la cancha. || DEP. En el fútbol, defensa.

zaherir. tr. Reprender, mortificar. || Humillar.

zahína. f. Sorgo, planta.

zahorí. m. Persona a quien se atribuye la facultad de ver lo que está oculto, incluso debajo de la tierra. || Persona perspicaz y escudriñadora.

zaino, na. adj. Traidor, falso. || Se dice del caballo o yegua de color castaño oscuro. || Se dice del ganado vacuno de color negro que no tiene ningún pelo blanco.

zalamería. f. Demostración de cariño exagerada o empalagosa.

zamacueca. f. Cueca, baile.

zamarra. f. Prenda de abrigo hecha de piel con su lana o pelo. || Chaqueta de abrigo, pelliza. || Piel de carnero.

zamarrear. tr. Sacudir un animal a su presa a un lado y a otro sujetándola con los dientes, para destrozarla o acabarla de matar. || *col.* Tratar mal a uno moviéndolo con violencia o golpes de una parte a otra.

zamba. f. Danza popular del noroeste de Argentina. || Música y canto de esta danza.

zambo, ba. adj. Persona que tiene juntas las rodillas y separadas las piernas hacia fuera. También s. || *amer.* Se dice del hijo de negro e india, o al contrario. También s.

zambra. f. Fiesta que celebraban los moriscos. || Fiesta con baile que celebran los gitanos en Andalucía. || Alboroto.

zambullida. f. Acción y resultado de zambullir.

zambullir. tr. Meter debajo del agua con ímpetu o de golpe. También prnl. || prnl. Esconderse o meterse en alguna parte, o cubrirse con algo.

zampar. tr. *col.* Comer o beber apresurada y excesivamente. También prnl. || Esconder rápidamente una cosa entre otras. || Arrojar, impeler con violencia una cosa. También prnl. || prnl. Meterse de golpe en una parte. || Presentarse en un sitio.

zampoña. f. Instrumento rústico, a modo de flauta, o compuesto de varias flautas. || Dicho trivial o insustancial.

zanahoria. f. Planta herbácea umbelífera con flores blancas y púrpuras en el centro, de fruto seco y comprimido, y raíz gruesa de color naranja que se utiliza como alimento. || Raíz de esta planta.

zanca. f. Parte más larga de las patas de las aves, entre los dedos hasta la primera articulación por encima de ellos. || Pierna de persona o de animal, sobre todo cuando es larga y delgada. || Madero inclinado que sirve de apoyo a los peldaños de una escalera.

zancada. f. Paso largo.

zancadilla. f. Acción de cruzar uno la pierna delante de la de otra persona para hacerla caer. || Engaño con el que se pretende perjudicar a alguien.

zanco. m. Cada uno de los palos altos, con salientes sobre los que se ponen los pies, para andar en alto.

zancudo, da. adj. Que tiene las zancas largas. || Se dice de las aves que tienen los tarsos muy largos y la parte inferior de la pata desprovista de plumas. También f. || m. *amer.* Mosquito.

zángano, na. m. y f. Persona perezosa, vaga. || Persona torpe o tonta. || m. Macho de la abeja reina.

zanja. f. Excavación larga y estrecha que se hace en la tierra. || *amer.* Surco producido por una corriente de agua.

zanjar. tr. Resolver un asunto, o concluirlo. || Abrir zanjas.

zapa. f. Piel áspera de algunos peces selacios, como la lija. || Piel o metal que al labrarse imita la piel granulosa de esos peces. || Pala con un corte acerado, que usan los zapadores o gastadores. || Excavación de galería subterránea o de zanja al descubierto.

zapador. m. Soldado que trabaja en obras de excavación.

zapallo. m. *amer.* Calabaza. || *amer. col.* Cabeza de una persona.

zapar. intr. Trabajar con la zapa o pala.

zapata. f. Pieza del freno de algunos vehículos que actúa por fricción contra el eje o contra las ruedas. || Pedazo de cuero o suela que a veces se pone debajo del quicio de la puerta para que no rechine. || Tablón que se clava en la parte inferior de la quilla para defenderla de las varadas. || Pieza horizontal que se pone sobre una columna y sobre la que se apoya una viga u otra estructura.

zapateado. m. Baile español que se ejecuta con zapateo. || Música de este baile.

zapatear. intr. Golpear con el zapato. También tr. || En algunos bailes, dar golpes en el suelo con los pies calzados siguiendo un determinado ritmo.

zapatería. f. Tienda donde se venden zapatos. || Taller donde se fabrican o reparan zapatos. || Oficio de hacer o reparar zapatos.

zapatero, ra. m. y f. Persona que por oficio hace zapatos, los arregla o los vende. || adj. Del zapato o relativo a él.

zapatilla. f. Zapato ligero y de suela muy delgada. || Zapato cómodo o de abrigo para estar en casa. || Zapato deportivo ligero, generalmente con cordones y suela de goma. || Pieza de cuero, goma, etc., que sirve para mantener herméticamente adheridas dos partes diferentes.

zapato. m. Calzado que no pasa del tobillo, con la parte inferior de suela y lo demás de piel, tela u otro material.

zapote. m. Árbol americano de fruto comestible. || Fruto de este árbol.

zapoteco, ca. adj. y s. De un pueblo amerindio que habita en México o relativo a él. || m. Lengua indígena hablada por este pueblo.

zar, zarina. m. Título que se daba al emperador de Rusia y al soberano de Bulgaria. || f. Mujer del zar.

zaranda. f. Criba, colador.

zarandear. tr. Mover una persona o cosa de un lado para otro, agitar. || Cribar, colar. También prnl. || prnl. *amer.* Contonearse.

zarapito. m. Ave del tamaño de un gallo, cuello largo y pico delgado, de zancos largos, que vive en las riberas, anida entre juncos y se alimenta de insectos, moluscos y gusanos.

zaraza. f. Tela de algodón estampada.

zarcillo. m. Pendiente, arete. || Órgano largo, delgado y voluble que tienen ciertas plantas, para asirse a tallos u otros objetos.

zarco, ca. adj. De color azul claro.

zarevitz. m. Hijo del zar. || En particular, príncipe primogénito del zar reinante.

zarigüeya. f. Mamífero marsupial americano, de extremidades posteriores con pulgar oponible, cola prensil y lisa, de costumbres nocturnas y omnívoro.

zarista. adj. Del zar o relativo a él. || adj. y com. Partidario del zar o del zarismo.

zarpa. f. Mano o garra de ciertos animales, como el león y el tigre. || *col.* P. ext., mano de una persona. || echar la zarpa. loc. *col.* Agarrar con las manos o con las uñas. || *col.* Conseguir, alcanzar.

zarpar. intr. Levar anclas, hacerse a la mar un barco desde el lugar en que estaba fondeado o atracado.

zarpazo. m. Golpe dado con la zarpa.

zarza. f. Arbusto de la familia de las rosáceas, con tallos sarmentosos, arqueados en las puntas, de 4 a 5 m de largo, ramas con espinas, hojas divididas en cinco hojuelas elípticas, aserradas, flores blancas o rosas en racimos terminales, y cuyo fruto es la zarzamora.

zarzal. m. Sitio poblado de zarzas.

zarzaparrilla. f. Arbusto de la familia de las liliáceas, con tallos delgados, volubles, de 2 m de largo y espinosos, hojas pecioladas y acorazonadas, flores verdosas en racimos axilares, fruto en bayas globosas y raíces fibrosas. || Bebida refrescante preparada con esta planta.

zarzuela. f. Obra dramática y musical en la que se alternan el habla y el canto. || Letra y música de esta obra. || Plato consistente en varias clases de pescados y mariscos condimentados con una salsa.

zepelín. m. Globo dirigible.

zeta. f. Nombre de la letra z. || Sexta letra del alfabeto griego que se corresponde con nuestra z.

zigzag. m. Serie de líneas que forman alternativamente ángulos entrantes y salientes.

zigzaguear. intr. Serpentear, andar en zigzag.

zinc. m. Cinc.

zócalo. m. Cuerpo inferior de un edificio u obra, para elevar los basamentos a un mismo nivel. || Friso o franja que se pinta o coloca en la parte inferior de una pared. || Miembro inferior del pedestal. || Especie de pedestal. || *amer.* En México, plaza principal de una ciudad.

zodiacal. adj. Del zodiaco y relativo a él.

zodiaco o **zodíaco.** m. Faja celeste por el centro de la cual pasa la Eclíptica; comprende las 12 constelaciones que recorre el Sol en su curso anual aparente: Aries, Tauro, Géminis, Cáncer, Leo, Virgo, Libra, Escorpión, Sagitario, Capricornio, Acuario y Piscis.

zona. f. Extensión de terreno cuyos límites están determinados por razones administrativas, políticas, etc. || Cualquier parte de un terreno o superficie encuadrada entre ciertos límites. || GEOG. Cada una de las cinco partes en que se considera dividida la superficie de la Tierra por los trópicos y los círculos polares. || GEOM. Parte de la superficie de la esfera comprendida entre dos planos paralelos. || DEP. Parte delimitada de un campo de baloncesto que está más cerca de la canasta.

zonal. adj. De la zona, relacionado con ella o que se produce en una zona.

zonda. m. *amer.* Viento fuerte, cálido y muy seco, que afecta desfavorablemente a los seres vivos produciendo cierta inquietud y excitación.

zonzo, za. adj. *amer.* Tonto, simple. || Se dice de la persona sosa o insípida. También s.

zoo. m. Expresión abreviada, con el significado de 'parque zoológico'.

zoófago, ga. adj. Que se alimenta de materias animales. También s.

zoófito, ta. adj. ZOOL. Se decía de ciertos animales en los que se creía reconocer algunos caracteres propios de seres vegetales.

zoolatría. f. Adoración o culto a los animales.

zoología. f. Ciencia que estudia los animales.

zoológico, ca. adj. Relativo a la zoología. || m. Lugar donde se muestran al público animales salvajes o poco comunes.

zoomorfo, fa. adj. Que tiene forma o apariencia de animal.

zootecnia. f. Técnica de la cría de animales domésticos.

Zorro. m. Macho de la zorra.

zorzal. m. Nombre popular de varios pájaros; el común tiene el dorso de color pardo y el pecho claro con pequeñas motas.

zozobrar. intr. Peligrar la embarcación por la fuerza y contraste de los vientos. || Perderse o irse a pique. También prnl. || Estar en gran riesgo y muy cerca de no lograr una cosa.

zueco. m. Zapato de madera de una pieza que usan en varios países los campesinos. || Zapato de cuero con suela de corcho o de madera, sin talón.

zulú. adj. y com. Pueblo de raza negra que habita en el sudoeste de África. Más en m. pl. || m. Lengua hablada por este pueblo.

zumaque. m. Arbusto de unos 3 m de altura, con tallos leñosos, hojas compuestas, flores en panoja, y fruto drupáceo.

zumba. f. Broma o burla sin mala intención. || Cencerro grande que lleva el animal que guía un rebaño o una manada. || *amer.* Tunda, paliza.

zumbar. intr. Producir una cosa ruido o sonido continuado y sordo. || tr. Tratándose de golpes, dar, propinar. || Burlarse.

zumbido. m. Acción y resultado de zumbar. || Sonido sordo y continuo.

zumbón, ona. adj. Que zumba. || Que se burla con frecuencia. También s.

zumo. m. Líquido que se extrae de las frutas, vegetales, etc. || Utilidad o provecho que se saca de una cosa.

zuncho. m. Abrazadera, anillo metálico usado como refuerzo. || Refuerzo metálico, generalmente de acero, para juntar y atar elementos constructivos de un edificio en ruinas.

zurcido. m. Remiendo o costura sobre una tela rota.

zurcir. tr. Coser la rotura de una tela, juntando los pedazos. || Remendar con puntadas muy juntas y entrecruzadas un tejido roto.

zurdo, da. adj. Que usa la mano izquierda del mismo modo que la mayoría de las demás personas usan la derecha. También s. || Relativo a la mano o pierna izquierda. También f.

zurra. f. Castigo, especialmente de azotes o golpes. || Acción de zurrar las pieles.

zurrapa. f. Brizna, pelillo o sedimento que se halla en los líquidos y poco a poco se va sentando. Más en pl.

zurrar. tr. Castigar a uno, especialmente con azotes o golpes. || Curtir y suavizar las pieles quitándoles el pelo.

zurriago. m. Látigo con que se castiga o zurra. || Correa larga y flexible con que se hace bailar el trompo.

zurrón. m. Bolsa grande de cuero que usan los pastores. || Cualquier bolsa de cuero. || Cáscara primera y más tierna de algunos frutos.

zutano, na. m. y f. Vocablo usado como complemento, y a veces en contraposición de *fulano* y *mengano*, para aludir a una tercera persona indeterminada.